杭州年鑑

沙孟海题

杭 州 年 鉴 编 辑 部 编 辑
方 志 出 版 社 出 版

图书在版编目(CIP)数据

杭州年鉴. 2002/ 杭州市地方志编纂委员会编. - 北京:
方志出版社,2002.8

ISBN 7-80122-743-3

Ⅰ.杭…　Ⅱ.杭…　Ⅲ.杭州市 -2002- 年鉴

Ⅳ.Z525.51

中国版本图书馆 CIP 数据核字(2002)第 024089 号

杭州年鉴(2002)

杭州市地方志编纂委员会主办

杭州年鉴编辑部编辑

*

方志出版社出版发行

新华书店经销

(方志出版社地址:北京市丰台区角门北路甲 8 号院 1 号楼 106 室

通讯信箱:丰台区西罗园邮电局 7713 信箱)　(邮政编码:100077)

责任编辑:武胜原

杭州余杭人民印刷有限公司印刷　　开本:16 开

2002 年 8 月第 1 版　　2002 年 8 月第 1 次印刷

印张:28.25　　插页:60

字数:1037 千字　　印数:1-4000 册

ISBN 7-80122-743-3/K399　　定价:120 元

编辑说明

1.《杭州年鉴》是综合性地方年鉴,较全面系统地逐年记载杭州市经济和社会发展的主要情况,为读者了解杭州、建设杭州提供丰富、翔实的信息资料。自1987年创刊至今已连续出版了16部。

2.《杭州年鉴》(2002)以邓小平理论和江泽民“三个代表”重要思想为指导,全面反映2001年全市人民在市委、市政府的领导下,围绕“构筑大都市,建设新天堂”目标,与时俱进,开拓创新,努力完成经济和社会发展各项任务,加强社会主义精神文明建设所取得的新成就、新经验,以及在前进中遇到的新情况、新矛盾。

3.本书采用分类编辑法,保持卷首、百科、卷尾三个基本组成部分和类目、分目、条目三个层次的框架结构,对个别类目、分目作了适当调整。卷首设中英文目录、特载、特辑、大事记、总述;百科部分设农村经济、工业经济、个体私营经济、科学技术、商品流通、市场、会展业、对外经济贸易、国家级开发区、城建·城管·环保、园林·文物、旅游、交通运输、邮电、财政·税务、金融·保险、经济管理、信息化建设、党政、民主党派和工商联、职工·青少年·妇女组织、劳动·人事、外事·侨务·台务、政法、军事、教育、文化、新闻出版、卫生、体育、民政·社会、人物、区县(市)等33个类目。卷尾设统计资料、文件索引与地方性法规选编、附录、索引等。

4.为更好地发挥年鉴的作用,自2002年始,同时出版《杭州年鉴》书版、电子版(CD-ROM光盘),并进入杭州市党政机关计算机通信网。

5.为形象地反映杭州市两个文明建设新成就,本书特设“构筑大都市,建设新天堂”彩页专栏,刊登了杭州新貌、“西湖杯”优质工程、代表性企业、文教卫生、乡镇街道和有关单位的彩色图片。

6.本书所刊载的文字内容和数据,均由杭州市有关职能部门提供,并经各级领导审核,主要数据以杭州市统计局提供的为准。一些连续性指标数据,在上年卷刊出后,有关部门作了适当调整,本书中一般不予注明。

7.本书所称“杭州市”是指杭州市所辖8区、5县(市);“市区”是指杭州市所辖8区。

8.《杭州年鉴》编纂工作在中共杭州市委、市政府的领导下,得到各区、县(市)和市属各部门及基层单位领导的支持,广大编纂人员为年鉴撰稿、编辑、校对付出了辛勤劳动。由于成书仓促,水平有限,书中难免有疏漏和不当之处,恳请广大读者批评指正。

杭州年鉴编辑部

2002年8月

杭州概览(2001年)

【行政区划】杭州市辖8个区(上城、下城、江干、拱墅、西湖、滨江、萧山、余杭)、3个县级市(建德、富阳、临安)、2个县(桐庐、淳安)。

全市有49个街道、122个镇、58个乡、4 605个行政村、708个社区(居民区)。

【气象】

指　标	单　位	杭州市区
年平均气温	度(℃)	17.3
日照时数	小时	1 664.3
降雨天数	天	149
降水量	毫米	1 566.6

【经济】全年国内生产总值1 568.01亿元，按可比价格计算，比上年增长12.2%，与1978年比较，年均增长14.1%。三次产业所占比重，第一产业7.1%，第二产业50.6%，第三产业42.3%。人均国内生产总值25 074元。联合国公布中国最具发展前途的25个城市中，杭州名列第七。

市区居民消费价格指数为99.5，商品零售价格指数为95.3。

【就业】

指　标	年末职工人数(人)	各行业所占比重(%)
全市合计	842 609	100.0
其中：农、林、牧、渔业	10 206	1.2
制造业	291 095	34.5
建筑业	40 069	4.8
交通运输、仓储及邮电业	49 388	5.9
批发和零售贸易、餐饮业	63 356	7.5
金融、保险业	36 336	4.3
房地产业	11 972	1.4
社会服务业	77 708	9.2
卫生、体育和社会福利业	46 101	5.5
教育、文艺及广播影视业	102 330	12.1
科研和综合技术服务业	21 531	2.6

失业率4.48%，职工年平均工资17 645元。

【城市环境】

指　标	计量单位	指标值
可吸入颗粒物年日平均值	毫克/立方米	0.121
二氧化硫年日平均值	毫克/立方米	0.051
二氧化氮年日平均值	毫克/立方米	0.053
区域环境噪声平均值	分贝	56.6
烟尘控制区覆盖率	%	100.00
环境噪声达标区覆盖率	%	79.69
工业废水排放达标率	%	97.62
工业固体废物综合利用率	%	97.04
城市污水处理率	%	53.48
生活垃圾处理率	%	100.00
建成区绿化覆盖率	%	35.95
城市环境保护投资指数	%	2.11
污染防治设备运行率	%	100.00

【人口与面积】

项　目	单　位	全　市	市　区
年末总人口(户籍常住人口)	万人	629.14	379.49
其中：男性比重	%	51.3	51.3
人口密度	人/平方千米	379	1237
人口自然增长率	‰	2.92	3.05
户数	万户	195.56	115.81
土地面积	平方千米	16 596	3 068
# 西湖	平方千米	5.66	5.66
# 千岛湖	平方千米	570	-

年末暂住人口：全市为84.65万人，市区74.79万人。

【运输】

项　目	旅客发运量(万人次)	货物运输量(万吨)
全市合计	20 342	12 443
铁路	1 342	452
民航	145	5
公路	18 707	8 588
水运	148	3 398

全市公路里程6 396千米，其中：国道329千米，省道756.3千米。民用汽车拥有量196 680辆，私人汽车58 587辆。

【住在杭州】

全市住宅竣工面积402.46万平方米，其中市区为325.64万平方米。农民人均居住面积49平方米，市区居民人均居住面积11.2平方米。杭州荣获联合国人居奖和国家建设部中国人居环境奖。

【游在杭州】

杭州旅游资源丰富，是国务院确定的全国重点风景旅游城市和历史文化名城。全年来杭的境外游客81.94万人次(其中外国人44.77万人次，港澳台同胞37.17万人次)，比上年增长15.8%；旅游外汇收入3.73亿美元，增长27.7%。来杭国内游客2510.14万人次，增长8.9%；国内旅游收入218.88亿元，增长15.2%。

【学在杭州】

各级各类教育全面发展。全市已有浙江大学等33所普通高校，在校学生17.49万人(其中研究生1.26万人)，比上年增长42.8%，高等教育毛入学率26.7%。

总投资110亿余元，占地面积1467公顷的下沙、滨江、小和山等3个高教园区正在建设中，优越的学习环境已成为众多学子的向往之地。

【创业在杭州】

"两港三区"为重点的"天堂硅谷"建设进展迅速，在杭州投资和创业的环境日趋优越。至年末累计，仅杭州经济技术开发区等4个国家级开发区已开发面积38.31平方千米，已批准进区企业2684个，其中三资企业达660个。杭州已成为投资者和创业者的理想选择地之一。

2001年1月29日,中共中央政治局常委、全国政协主席李瑞环视察位于富阳市的中国古代造纸印刷文化村。

2001年5月1日,中共中央政治局常委、国家副主席胡锦涛视察下城区天水社区服务中心、江干区采荷街道和西湖区文新街道湖畔社区。图为胡锦涛在湖畔社区。

2002年2月1日~4日，中共杭州市第九次党代会在杭州召开。

新当选的中共第九届杭州市委常委合影。
左起：张鸿建、王金财、盛继芳、徐松林、王建满、于辉达、王国平、茅临生、朱报春、叶明、顾树森、谢力刚、于跃敏。

2001年10月1日，市长仇保兴（右一）代表杭州市在日本福冈举行的联合国人居奖颁奖大会上领奖。中为联合国人居中心执行主任安娜女士。

2001年6月16日，隆重举行杭州市获国家环境保护模范城市命名暨总结表彰大会。

改造后的东河解放桥段景色

2001 年 1 月 21 日，中国最大的 DNA 测序分析和生物信息研究发展中心落户杭州。图为华大基因中心人员在研究。

杭州前进齿轮箱集团公司从美国引进高精度检测设备。

2001 年，杭州市有 8 处文物点列入国务院公布的第 5 批国家重点文物保护单位名单。图为西泠印社的汉三老石室。

杭州市 4 项考古工程列入 2001 年度全国十大考古新发现。图为 3 月 11 日在雷峰塔千年地宫出土的金涂塔和佛像。

杭州籍游泳运动员罗雪娟获2001年度全国十佳运动员称号。

2001年9月22日，童话音乐剧《寒号鸟》获全国“五个一工程”奖。

2001年，杭州开始举办全国足球甲级联赛。图为热情的杭州球迷。

2001 年 10 月 20 日，博茨瓦纳国民议会议长摩洛莫（左二）访问杭州。

2001 年 3 月 20 日，阿尔巴尼亚国民议会议长斯坎德尔·吉努什和夫人游览西湖。

2001 年 10 月 21 日，举办中国杭州 2001 年西湖狂欢节。

朱炳仁 铜雕艺术

朱炳仁是铜雕世家的第4代传人，1980年起，创办杭州金星铜工程有限总公司，经过10多年的努力，发展成具有国家甲级资质的、规模化民营企业，职工500人，是国内同行业中规模最大、工艺门类最多、技术含量最高的企业之一。朱炳仁现为浙江省工艺美术协会副理事长、浙江省工艺美术雕塑委员会副主任、中国美院硕士生指导老师和浙江省科协委员、杭州市政协委员。

朱炳仁在灵隐铜殿前接受媒体采访

10余年中，朱炳仁创造出许多作品，其代表作品有高达12.6米的杭州灵隐铜殿，获香港国际专利技术金奖的无锡灵山百子弥勒像，获中国工艺美术金奖、面积108平方米的西安大雁塔唐玄奘求法图，北京人民大会堂香港回归铜雕门，上海金茂大厦铜装饰，获国家发明专利APEC会场的百幅铜壁画，高达47米的桂林中华第一铜塔，举世闻名的杭州雷峰塔和102米高的上海展览中心金铜塔的重建。

1998年，国家建设部中国装饰协会授予朱炳仁中国铜装饰艺术大师称号。2001年8月，在香港举行21世纪封面人物论坛上，朱炳仁被授予“中国铜雕王”称号。2002年5月，灵隐铜殿获铜雕建筑吉尼斯记录。6月15日《桂林晚报》称朱炳仁创建的桂林铜塔为国内第一座铜塔、第一座最高铜塔和第一座最高的水中塔。8月1日，朱炳仁被香港《文汇报》载文誉为“世界巨匠”。

ZHUBINGREN TONGDIAOYISHU

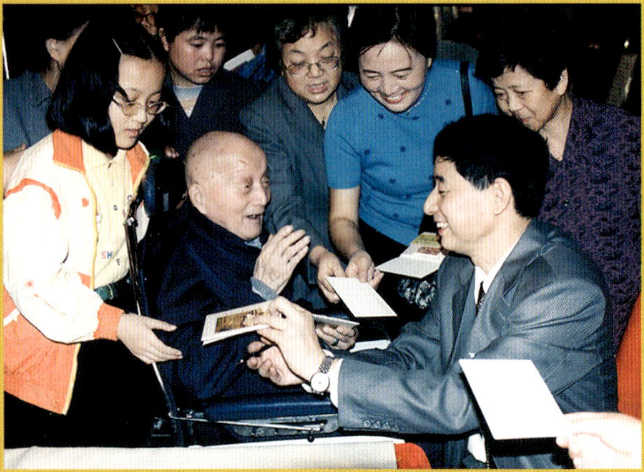
西博会期间游客请朱炳仁签名

朱炳仁和朱军岷及制作的香港回归门

副省长巴音朝鲁（左）勉励朱炳仁攀登世界铜雕艺术高峰

杭州金星铜工程有限总公司

董事长、艺术总监：朱炳仁

联系热线：0571-85357211

85357266

地　址：杭州市中河北路 96 号
客户服务热线：1001
邮　编：310006
网　址：www.zj165.com

总经理徐德钦（右三）陪同全国人大常委会副委员长成思危（右二）和市委书记王国平（右一）参观 2001 年西博会国际通信技术展杭州联通展区

中国联通有限公司杭州分公司

CHINA UNITED TELECOMMUNICATIONS CORPORATION HANGZHOU BRANCH

公司办公楼接待大厅

中国联通是新兴的电信运营企业，公司坚持建立新机制、建设新网络、采用高技术、实现高增长、开展综合业务的发展方向。目前，杭州联通公司经营的主要电信业务有 130/131GSM 和 133CDMA 移动通信业务、127/129/192/199 无线寻呼业务、193 长途电话、17910/17911IP 电话业务、165 互联网业务及数据专线等业务。

“1001”客户代表在为客户服务

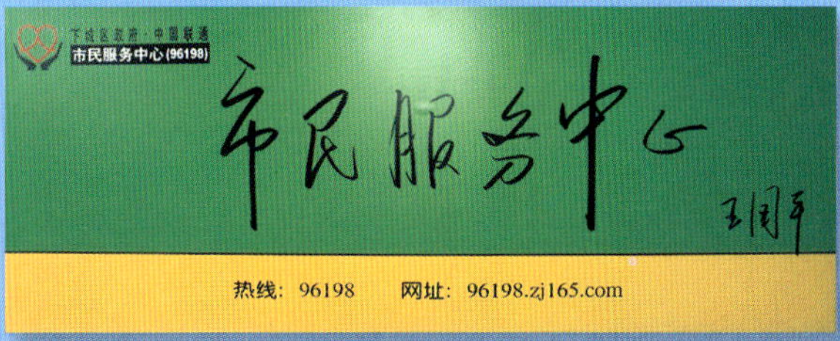

王国平为公司和下城区政府合办的“96198”题字

服务创造价值

浙江省电信实业集团杭州市有限公司

中国电信
CHINA TELECOM

Zhejiang Telecom Industry Group Hangzhou Co.,Ltd

2001年3月16日，浙江省电信实业集团杭州市有限公司成立，这是中国电信为深化国有企业改革所采取的重大步骤。该公司现有员工1920人，业务涉及通信工程设计、施工，网络维护到电信业务营销的全过程。秉承中国电信的技术及网络维护服务优势，使用中国电信品牌，以“服务创造价值”为经营理念，为杭州电信及本地区各基础通信运营商提供专业化的优质服务，是通信运行核心企业的协作系统和支撑系统。愿与社会各界密切合作，共图发展。

浙江省电信实业集团杭州市有限公司成立揭牌仪式

地　址：杭州市清江路126号
电　话：0571-86523682
传　真：0571-86523686
邮　编：310016

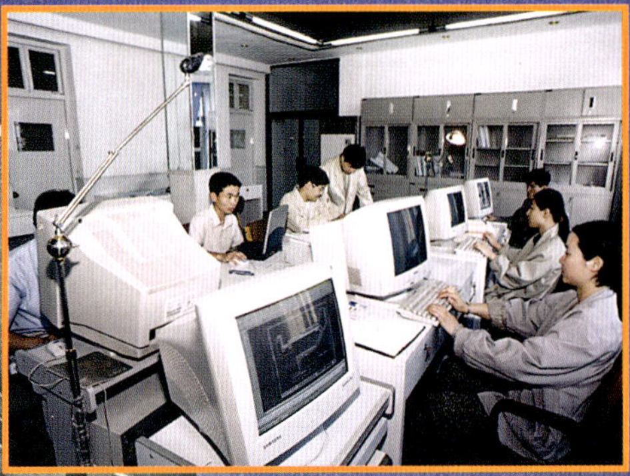
电信规划设计院进行通信工程设计

网络维护员工准备安装ADSL

HZCNC 中国网络通信有限公司杭州分公司
杭州网通信息港有限公司

该公司是由杭州信息网络有限公司、中国网络通信有限公司、浙江省经济建设投资公司共同出资组建的宽带网络运营企业，是杭州城市信息化的主平台之一，可为居民和企事业单位提供宽带互联网接入、IP直拨电话、数据专线出租和其他多种增值服务。

杭州网通以提升城市形象、创造美好生活为己任，倾听用户的声音，贴身迅捷服务，悉心专家指导，客户热线24小时开通，以用户的满意为公司的最大目标。杭州网通将和用户在数字时代共同成长。

王国平、茅临生、叶明等市领导考察公司

地　址：中国杭州市曙光路9号
客户服务热线：1003
　　　　　　　0571-87631000
传　真：0571-85214455
网　址：www.hzcnc.com
电子信箱：service@hzcnc.com

杭州制氧机集团有限公司

该公司是一个集科研开发、工程成套、咨询服务和综合开发为一体的国有大中型企业集团，全国520个国家重点企业、中国机械工业百强企业之一。

公司占地面积60.72万平方米，建筑面积37万平方米，拥有主要生产设备1560台，员工4048人，其中专业技术人员882人，下属20余个具有独立法人资格的子公司。公司业务以成套空分设备为主，并涉足石油化工、天然气液化与分离、环保、钢结构建筑等领域，产品遍布全国并远销30多个国家和地区。

2001年，该公司实现销售收入8.88亿元，利税总额7789.6万元，利润4217万元，创造了承接合同额最多、生产量最大、资金回笼最好、空分设备市场占有率最高等4个历史之最。该公司继生产第6代空分设备和为武钢集团制造3万立方米空分设备后，制造成功宝钢“3万”空分设备，标志着中国大型空分设备的完全国产化，并完成了第7代空分设备内压缩流程的开发，该项技术已进入世界先进行列。第6代空分技术获得2001年全国机械工业及省、市科技进步一等奖。该公司还制造出多套全国最大的乙烯冷箱，成为国家大型乙烯冷箱制造基地。

乙烯冷箱

杭氧与德国林德公司合作为武钢生产的三万立方米空分设备

法定代表人：许虎忠
地　址：杭州市东新路388号
电　话：0571-85373773
传　真：0571-85373773
邮　编：310004

公司生产区

浙江新安化工集团股份有限公司

该公司位于浙江省建德市，是国家重点高新技术企业，省区外高新技术企业，浙江省优秀企业和浙江省文明单位。公司股票（名称：新安股份、代码：600596）已于2001年9月6日在上海证券交易所上市。公司生产高效低毒的新型农药、有机硅新材料、生物及精细化工产品3大类100余种。公司所属主要工厂均通过ISO9002质量体系认证，出口产品销售额占总销售额的60%，是中国最大规模的农药和有机硅生产企业之一。

公司有机硅生产装置

公司领导班子，右五为董事长王伟

地　址：浙江省建德市新安江镇
电　话：0571-64723891-2010
传　真：0571-64726263
邮　编：311600

AMO (HANGZHOU) CO., LTD.

AMO ADVANCED MEDICAL OPTICS 眼力健(杭州)制药有限公司

该公司是美国眼力健公司于1995年在杭投资近3000万美元独资兴建的现代化制药企业，主要从事制造、推广和经销护眼药品、隐形眼镜护理液、人工晶体及眼科医疗手术器械等产品。

该公司设备均由国外引进，眼药水灌装机、水处理系统等主要设备均达到国际先进水准。质量控制实验室有最先进的测试仪器，相关技术人员曾被派往国外接受培训，并通过了由爱尔兰和美国实验室管理层所主持的评估测试。

自1998年工厂正式开工以来，该公司凭借科学、规范、效益化的管理和全方位的质量监控体系相继通过了国家GMP认证和澳大利亚TGA认证，公司生产的隐形眼镜护理产品出口到亚太地区各国。该公司不仅在中国生产销售护眼产品，并且和全球的眼力健公司一样，致力于与中国人民共同发展医疗保健事业。

客户至上

隐形眼镜护理液

地　址：杭州经济技术开发区4号大街
电　话：0571-86910251
传　真：0571-86912379
邮　编：310018

公司外貌

杭州嘉威化学建材有限公司

HANGZHOU JIAWEI CHEMICAL CONSTRUCTION MATERIAL CO.,LTD

该公司成立于1998年8月，地处杭州经济技术开发区，占地面积1.67公顷，建筑面积7000平方米，总资产5000万元。

该公司主要生产建筑门窗用PVC异型材，有60、80、88、95系列，主要生产设备和技术从德国巴顿菲尔(Battenfeld)公司引进，年产量1万吨。该公司是浙江省PVC异型材生产规模最大企业之一，拥有较强的生产与技术开发能力，产品严格按GB/T8814标准组织生产，通过ISO9001(2000版)质量体系认证和产品质量认证。生产的各类PVC异型材于1999年8月通过省级新产品鉴定，并获得杭州市科技进步二等奖。

“嘉威”始终坚持“推陈出新、精益求精、锐意开拓、不断进取”的质量方针和“用户第一、客户至上”的原则，内抓管理，外拓市场，诚信服务，努力为化学建材行业的发展作出新的贡献。

董事长胡国增（右）和副总经理陈勇（中）在生产现场

应用嘉威塑钢材料的工程——莱茵达广场

地　址：杭州经济技术开发区
3号大街3号
电　话：0571-86910713
传　真：0571-86910910
邮　编：310018
网　址：www.jiaweixc.com
电子信箱：jiawei@jiaweixc.com

公司外貌

杭州汇丽绣花制衣有限公司

现代化制衣车间

厂区

该公司创建于1992年，是一个主要生产国际流行时装、女装的港商独资企业，也是2001年杭州市女装十强企业。经过近10年的发展，公司现有职工2700多人，其中技术人员250人。总投资额增加到2950万美元，注册资本1600万美元，总资产2.5亿元。拥有先进服装制作设备2300余台（套），2001年从国外引进3条先进的全电脑控制吊挂女装流水线。年生产各类女装800万件(套)，产品全部出口。2001年，该公司出口销售额4.5亿元，创税利9500万元，名列全国服装行业第13位，净利润名列全国服装行业第8位，工业产值利润率名列全国服装行业第5位，出口交货值名列全国服装行业第11位，并连续获得浙江省出口创汇先进单位称号。

该公司将利用中国加入WTO的大好形势，力争在3年内出口产品翻一番，达到销售10亿元，并与欧美知名品牌强强联合，在欧美市场设立5个连锁店，销售达到500万美元。

法定代表人：高志伟
地　址：萧山经济技术开发区
北塘路6号
电　话：0571-82831717
传　真：0571-82831112
邮　编：311215

国际合作交流

办公大楼

浙江桐庐三亚进出口贸易有限公司

该公司是一个集产品研制、开发、生产、经营各类针织服装为一体的企业，致力于开拓针织服装配套的相关或其他各类商品的进出口贸易业务。公司有强劲的生产实体——桐庐三亚实业有限公司(创建于1984年)。

该公司厂房面积1.9万平方米，拥有各种针型规格针织横机1930台、缝合机240台及其他配套设施，生产各档类真丝、绢丝、绢棉、绢麻、绢毛针织服装，年生产能力150万件(套)以上，产品100%出口美国、法国、英国、意大利、澳大利亚等20多个国家，是全省最大的针织外贸生产基地之一。公司连续多年获杭州市出口创汇“金龙奖”，1998年~2000年连续荣获省自营出口贸易50强企业、杭州市10强私营企业称号。

公司为确保产品质量，制定了“管理严明创新、品质精美优良、服务诚恳周到”的企业质量方针，通过了ISO9000质量管理与质量保证体系认证。本着“团结、诚信、质量、效益”的理念，企业在激烈的国际市场竞争中稳步发展。

董事长、总经理：王三定
地　址：桐庐轻纺工业园
电　话：0571-64244788　64244789
传　真：0571-64244780　64244792
邮　编：311500

产品检验

横机车间

公司外貌

桐庐富春江水泥制品有限公司

公司外貌

质量体系认证证书

产品

车间

该公司又名桐庐富春江钢管制造有限公司，坐落在桐庐县富春江畔，320国道临门而过，交通便利。该公司创建于1983年，1999年转为有限公司，有固定资产5000余万元，占地面积10万平方米，厂房2.5万平方米。有职工420余人，其中研究人员40余人。有输电线路钢管塔专业生产车间1个、蒸汽养护砼电杆生产车间3个和砼排水管生产车间1个。生产设备齐全，检测仪器完善，技术力量雄厚，具有年产2万吨输电线路管杆、20余万支砼电杆、5万米砼排水管的能力。主要产品形成输电线路钢管杆、环形钢筋混凝土电杆、环形钢筋预应力混凝土电杆及钢筋混凝土排水管等四大系列，是全省最大的钢管塔和砼电杆生产厂之一。产品获得电力工业部《输电线路220千伏、110千伏钢管杆制造资质证书》、《电力系统混凝土电杆使用证书》及浙江省电信局《电信系统混凝土电杆使用证书》，通过了GB/T19002—1994质量体系认证。

欢迎新老客户光临指导！

法定代表人：俞金炳
地　址：浙江省桐庐县富春江机械工业园
电　话：0571-64667373　64667277
传　真：0571-64667357
邮　编：311504
网　址：www.cntfs.com

新车间远眺

杭州市长命印刷厂

国家新闻出版署副署长于永湛来厂视察

该厂创办于1985年，是浙江省书刊定点印刷单位，国家农业部命名的中型二档企业，浙江省同行业最大企业之一。企业宗旨：信誉第一、质量第一、服务第一。厂区面积1.62万平方米，厂房8400平方米，绿化面积3200平方米，厂区格局为花园式企业。拥有德国引进高宝104、105四色胶印机3台、德国沃伦贝格大型无线胶订流水线等先进设备，年印刷量80万色令以上，2001年完成产值7800万元，利税1000余万元。2000年通过IS09002质量体系认证，连续六年取得全省印刷质量总分和部优、省优品种前三名，中小学课本印刷质量连续六年名列全省前茅，连续五年获杭州市文明印刷示范单位和产品信得过单位，连续五年获金融资信AAA级企业，连续十二年评为重合同、守信用企业，2001年被省乡镇企业局评为管理先进企业。

从德国引进的沃伦贝格胶订生产线

总经理：陈国民
地　址：杭州市莫干山路瓶窑镇长命桥
电　话：0571-88531869
　　　　88531022
传　真：0571-88531869
邮　编：311115
网　址：www.cmyw.com

从德国引进的四色胶印机

科 技·创 新·品 质·服 务 Technology · Innovation · Quality · Service

德意电气

总经理：

GENERAL MANAGER:GAO DEKANG

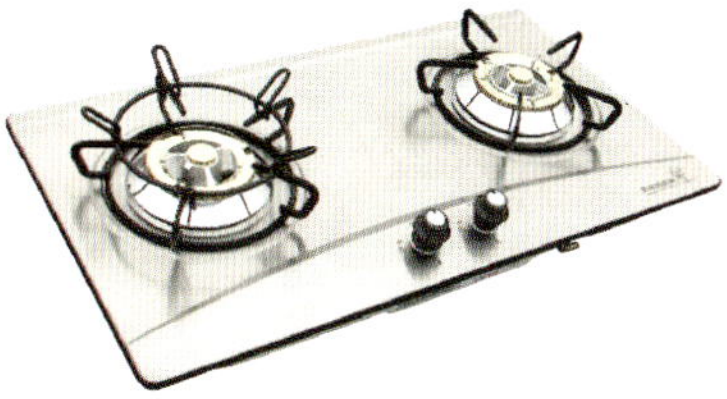

杭州德意电气有限公司是一个专业生产高档燃气灶具、吸油烟机、消毒柜、热水器等厨卫电器的大中型中外合资企业。公司占地5.38万平方米，员工860人，其中大中专以上文化程度的员工占总员工数的2/3，工程技术人员86人，是一个典型的知识化、年轻化、专业化且充满活力的团队组织。

目前，公司已建成年产中高档家用燃气灶具60万台、吸油烟机30万台、消毒柜15万台、燃气热水器10万台的规模，形成强大的模具、冲压、点焊、涂装、电子、五金、总装能力。为确保产品品质，公司按国家标准要求配备了一系列完善的实验设备和检测设施，“德意”牌系列产品历年来经国家、省、市有关技术监督部门检测，完全符合国家标准，荣获中国家用电器安全认证，并通过ISO9002国际质量标准体系认证。

公司秉持“科技、创新、品质、服务”的产业理念，使“德意”品牌自创业以来得到了高速发展。至今，公司销售网络遍及全国30多个省、市、自治区，产品出口多个国家和地区，赢得了良好的经济效益和社会效益。

地 址：浙江杭州萧山经济技术开发区建设三路
电话总机：0571-82834888
传 真：0571-82832777
邮 编：311215
网 址：www.chinadandy.com
电子信箱：dandy@chinadandy.com

中外合资·杭州德意电气有限公司
JOINT VENTURE HANGZHOU DANDY ELECTRIC APPLIANCE CO.,LTD.

DANDY

和平家私博览中心

浙江和平工贸集团公司

PEACE
和平集团

该集团坐落在杭州市中心，组建于20世纪90年代中期，历经发展，已拥有固定资产8亿元，是一个跨行业、多门类产业集团。产业涉及物流配送、房产开发、旅游服务、市场经营、会展贸易、货物仓储等多个行业。下属企业有杭州物资城金属材料市场、和平家私博览中心、物资城建设发展总公司、杭州和平国际会展中心、物资城储运公司及杭州和平饭店等多个单位。该集团坚持“以诚信为企业立足之本”的经营理念，在钢材和物资流通领域中采取统购分销、质押担保、强强联合等措施，为公司的发展奠定基础。杭州和平国际会展中心自1998年起举办20多次全国性大型展览，成为杭州市三大展览基地之一。

和平集团将在5年内出资8亿元在绍兴路、东新路口，建设一个占地10公顷、建筑面积15万平方米的和平广场。和平广场将成为会展中心、钢材结算中心、国际装饰材料超市、进出口商品展示、特色农副产品、农业技术展示、和平家私、名车展销、高档写字楼、易初莲花超市、豪华宾馆为一体的，现代化的、配套齐全的商业广场。热诚欢迎各界朋友参与合作。

浙江农业展览馆
（杭州和平国际会展中心）

筹建中的和平广场

法定代表人：魏志清
地　址：杭州东新路3号
电　话：0571-85379327
传　真：0571-85372567
邮　编：310004
网　址：www.china-peace.com
电子信箱：hpeace@mail.hz.zj.cn

浙江和平工贸集团公司

杭州市燃气（集团）有限公司

杭州燃气大厦

该公司是国有独资企业，2001年9月由杭州管道煤气公司和杭州煤气公司合并而成。有职工2300余人，其中高、中级职称114人，各类专业技术人员占职工总数的12.9%。注册资金4亿元，主要从事人工煤气的制造、加工，人工煤气、天然气和液化石油气的输配、供应及管道的敷设和安装。公司拥有日产30万标方煤制气厂、日产20万标方液化气掺混站各1座，储配站2座，人工煤气储存能力28万立方米，液化石油气灌装储配站4个，转盘式机械化灌装流水线2条，具有储存4200吨液化石油气和年灌装200万瓶的能力，2万立方米/时的空混站正在建造。该公司有居民用户45万户，其中管道燃气用户17万户，瓶装液化气用户28万户，向3个工业用户和300余个公建用户提供燃气。2001年，销售人工煤气7800万立方米，液化石油气5万吨，实现销售收入2.3亿元。遍布杭城的26个营业服务点，为用户提供便捷、高效、优质的服务。公司把握“西气东输”和东海天然气西送的契机，与时俱进，加快发展，以接纳天然气，造福千万家的实际行动，为构筑大都市，建设新天堂作出更大贡献。

图为公司领导班子，中为董事长、党委书记章维明，左四为总经理李恒敬

地　址：杭州市天目山路30号
电　话：0571-88828788-7007
传　真：0571-88838467
邮　编：310007

液化气储配设施

杭州西湖达利工业有限公司
Hangzhou Westlake High Fashion Industry Co.,Ltd.

公司总经理：费建明

该公司地处“丝绸之府”中国杭州，占地9.4万平方米，下属9个分（子）公司，有员工2000多人，是一个专业从事丝绸织造、真丝绸梭织服装、针织服装制作的香港独资企业。注册资金400万美元，年产梭织服装、针织服装各400万件（套），产品出口美国、加拿大、欧洲等国家和地区。

该公司本着“以精美的产品美化人类生活”的经营理念，努力倡导“以顾客为中心”的ROQ理论，大力推行TQM全面优质管理计划，贯彻国际AQL2.5质量标准，并于1997年取得了覆盖梭织服装、针织服装、织造等全过程的IS09002质量认证证书，成为国际上许多欧美名牌服装如CHAUS、JONES NEWYORK、MACY、ANNTAYLOR、LIZCLAIBORNE、CASUALCORNER、WEC等客户长期合作的供货商。

“得益于社会，回报于社会”这是该公司在发展道路上一贯坚守的信念，希望能与全社会互勉，共享企业辉煌灿烂的明天。

公司针织车间

产品检验

法定代表人：林富华
地　址：杭州市西湖区留下街1号
电　话：0571-85229201
传　真：0571-85224033
邮　编：310023
网　址：www.sinosilk.com

公司办公大楼

杭州余杭华明服装总厂

YUHANG HUAMING GENERAL GARMENT FACTORY

该厂创建于1989年8月，是一个专业化女装生产企业，杭州市女装十强企业。地处余杭开发区，占地1.9万平方米，建筑面积1.5万平方米，下设8个制衣厂，职工1200余人。该厂以生产经营高档真丝套装为主，拥有从日本、意大利引进的先进生产设备，年产各式服装近200万件，产品质量、经济效益、出口创汇均列全省丝绸服装行业前三名。该厂注册的“夏尔茜”商标，是省丝绸服装行业重点培育的服装品牌。

该厂以“优秀的品质，迅捷的交货”为经营宗旨，实行“以质量求生存，以管理求效益”的经营方针，连续多年被余杭市（区）评为特级工业企业；2000年被余杭市评为重合同守信用单位，并通过ISO9000质量体系认证；2001年推行ERP质量管理信息系统，实现企业内部计算机网络化管理，打样中心引进了先进的CAD制版，大大提高了质量管理水平和生产效率，产品合格率99%以上，是免检产品。该厂产品除部分内销外，还远销美国、西欧、日本、东南亚等国家和地区，深受用户的称赞。

成品服装展示厅

制衣车间

时装模特

法定代表人：丁明儿

地　址：杭州市余杭区临平开发区振兴路10号

电　话：0571-86223336

传　真：0571-86223146

邮　编：311100

厂区

杭州王星記扇业有限公司

法定代表人：孙亚青

杭州王星记创建于1875年。王星记扇子曾以精湛的技艺、高雅的情趣与丝绸、龙井茶叶一起被誉为“杭产三绝”，名扬天下。

经历了120多个春秋，王星记扇子以她传统的工艺、丰富的品种、优质的品牌，构筑了一个绚丽多姿的“扇子王国”，产品有黑纸扇、檀香扇、白纸扇、舞扇、绢扇、香木扇、挂扇等15个大类400多个品种，是全国惟一的综合性老字号扇厂。

王星记扇子曾获全国首届工艺美术品百花奖银杯奖。1994年，杭州王星记扇厂被国家旅游局、中国轻工协会、国内贸易部、中国纺织总会定为首批全国旅游商品定点生产企业。在杭州西湖博览会首届及第二届中国工艺美术大师作品暨工艺美术精品博览会上，王星记参评的作品分别获金奖和银奖。2001年7月，王星记扇子被评定为浙江省首批传统工艺美术品种。2002年浙江省旅游产品评审中，王星记的作品分别荣获金奖和银奖。同时，获得首届全国旅游产品设计大赛银奖。

地　址：杭州市上城区婺江路37号
电　话：0571-86521577
　　　　86517599
传　真：0571-86517311
邮　编：310016
网　址：www.wangxingji.com
电子信箱：wangxingji@mail.hz.zj.cn
经营部电话：0571-87061327
经营部地址：杭州市湖滨路20号

鸡翅木仿古真丝扇

丰富多彩的扇子

杭州張小泉集团有限公司

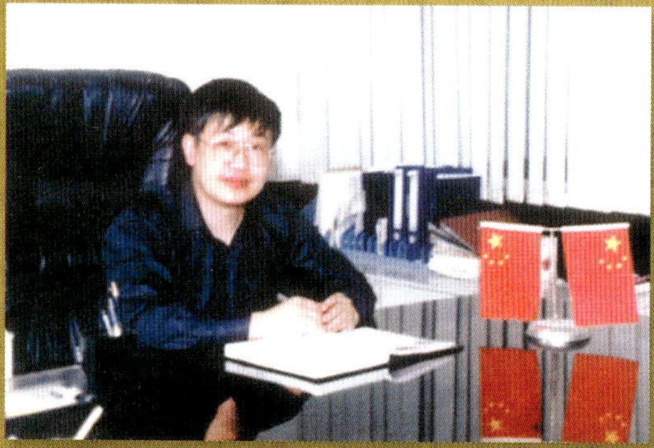

董事长兼总经理：丁成红

该公司是全国同行业中规模最大、产量最高、品种最全的企业，前身为张小泉剪刀厂，建于1953年。该公司占地5万平方米，主要生产民用剪、工业用剪、园林用剪、各类刀具、旅游工艺剪及美容美发剪系列等100多个品种、300多个规格的刀剪产品。产品出口东南亚、欧美等国家和地区。张小泉剪刀创始于清康熙年间(1663年)，清乾隆年间被列为宫廷用剪，以其用料讲究、制作精良、质量一流而驰名中外，多次在国际博览会上获奖，五次获全国第一名，1979年获国优银质奖，1980年获全国著名商标，1997年被认定为中国驰名商标。2002年获世界原产地标记标识注册保护。

地　址：杭州市大关路33号
电　话：0571-88073733(总机)
销售热线：0571-88824240
传　真：0571-88068295
邮　编：310011
网　址：www.zhangxiaoquan.com.cn

套装刀具

临安奥星电子有限公司

LIN AN AO XING ELECTRON CO.,LTD.

该公司创建于1974年，厂区面积3万平方米，员工330余人，设备400多台(套)，总资产5000多万元，年产值上亿元，下设中港合资杭州奥生电子有限公司和无锡奥星分公司，在杭州设有研究开发创新中心，是一个电解电容器铝外壳专业生产企业。该公司产品品质优良，品种齐全，国内市场占有率40%，还出口东南亚、南美等国家和地区，被日本、韩国及香港、台湾地区等著名公司采用。该公司于2002年3月通过IS09001:2000质量管理体系认证，多次被评为AAA级资信企业、杭州市综合管理标兵企业。

生产车间

董事长詹有耕(右)检查模具质量

地　址：浙江省临安市潜川镇
电　话：0571-63821615
　　　　63821177
传　真：0571-63821520
邮　编：311313
网址：www.ao-xing.com
电子信箱：aoxing@la.hz.zj.cn

厂区新貌

余杭区径山四岭名茶厂

茶圣陆羽塑像

该厂坐落在风景秀丽的径山旅游区双溪四岭，径山名茶产地“兰花坪”，是唐代茶圣陆羽著经之地，也是日本茶道之源，此坪采制的茶叶香气四溢。1997 年，申请注册“双径”牌商标，成为径山茶重点生产单位。2000 年 6 月，被农业部茶叶质量监督检验测试中心认可为定点服务单位。该厂有名优茶生产基地 13.8 公顷，生态环境得天独厚，茶叶自然品质优异。近年来，开发生态茶园 24 公顷，系列产品有径山毛峰、径山龙井、径山玉露、谷雨春、双径雨前等。其特点是“三真”：真色、真香、真味；“三绿”：外形色泽翠绿、汤色绿和叶底绿。

该厂严格执行《DB33/T257》径山茶标准，采用有机茶标准管理。1988 年谷雨春获省级优质名茶，1999 年获全国名优茶评比二等奖，2001 年全国名茶评比获一等奖，2000 年和 2001 年双径谷雨春、双径雨前茶在第二、三届国际名茶评比会上获金奖。

茶圣陆羽隐居研究茶事、著《茶经》、种茶种兰的地方——兰花坪

奖牌

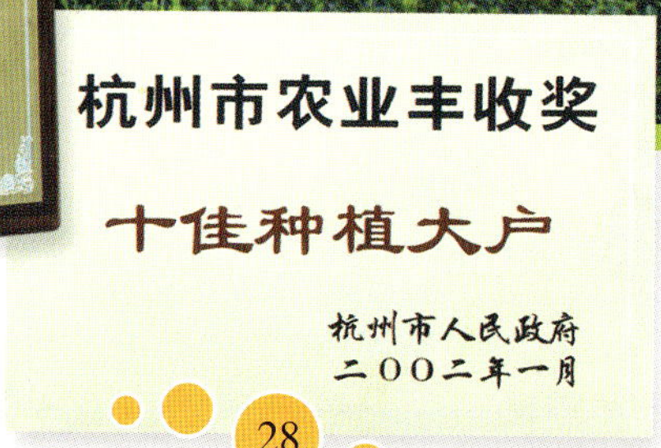

法定代表人：李生龙
地　址：杭州市余杭区双溪四岭村
电　话：0571-88505532
传　真：0571-88505188
邮　编：311117

目 录

特 载

学习贯彻江总书记“七一”重要讲话，掌握解放思想金钥匙，推动经济社会大发展(摘要)——王国平……(1)
政府工作报告(摘要)——仇保兴……(6)

特 辑

中共中央和国家领导人在杭活动……(9)
李鹏进行立法调研
李瑞环视察中国古代造纸印刷文化村
胡锦涛考察社区建设和社区党建工作
温家宝视察江南粮油批发交易市场
成思危参加女装展开幕式等活动
蒋正华在富阳出席农工党中央常委会
毛致用调研非公有制经济
经叔平专题调研中小企业融资问题
罗豪才考察农村工作
杭州市机构改革方案……(9)
附:中共杭州市委、杭州市人民政府机构设置表
市委办公厅、市政府办公厅关于市级党政机关机构改革人员定编定岗的实施意见……(12)
杭州市获联合国人居奖……(13)
2001年杭州市经济发展八大突破……(13)
2001年度市直属机关满意单位、不满意单位评选结果……(14)

大事记

2001年杭州市社会主义物质文明建设10件大事……(15)
2001年杭州市社会主义精神文明建设10件大事……(15)
2001年杭州市大事记……(16)

总 述

历史沿革……(21)
概况
地理概况……(21)
地理位置和面积
地貌
气象特征
湖泊河流
自然资源
人口变迁……(21)
概况
行政区划……(22)
概况
附:2001年杭州市行政区划概况表
撤市设区
乡镇行政区划调整
撤村建居改革试点
勘界工作顺利完成
地名管理
附:2001年杭州市区经批准的标准地名
经济和社会发展概况……(25)
国民经济在结构调整中实现较快增长
扩大内需取得明显成效
外贸出口和利用外资势头良好
财政收入继续较快增长
金融存贷款平稳增加
科技教育不断发展
各项社会事业全面进步
城市建设和管理再上台阶
人民生活进一步改善
经济体制改革……(28)
基本完成市直属企业改制
继续推进企业产权交易市场化
市级国有资产营运机构进一步完善
股份制改造和企业上市取得新进展
事业单位转企改制开始启动
医药卫生体制改革迈出新步伐
小城镇综合改革……(29)
概况
经济综合实力增强
建设特色工业园区28个
突出规划的“龙头”作用
基础设施建设投入多元化
居民生活质量和文明程度提高
经济协作……(30)
概况
强化与上海及长江三角洲城市的区域合作
开拓广西四川云南市场
来杭投资企业发展势头良好
外地驻杭办事机构积极发挥经济合作功能
对口帮扶四川南充脱贫
对口支援三峡库区
附:2001年度杭州市各区、县(市)国内招商引资情况汇总
精神文明建设……(32)
创建文明城市工作
农村精神文明建设
提高市民素质
“五个一工程”出成果
附:2000年度杭州市精神文明建设“五个一工程”获奖作品和单位
依法治市……(33)
立法工作
附:2001年杭州市颁布实施的地方性法规和政府规章
规章清理工作
执法监督
行政复议
社会治安综合治理
市和区、县(市)机构概况……(35)
杭州市市级主要机构及负责人名单
杭州市辖区、县(市)主要机构及负责人名单
附:2001年杭州市政府为民办实事项目考核达标情况
附:20年来杭州市新增省级文物保护单位名单

农村经济

综述……(44)

经济结构战略性调整开局良好
附:2001年杭州市农村经济总收入情况
附:2001年杭州市农村经济总收入产业构成
杭州展团在省农博会上获4个第一
拓宽农产品运销“绿色通道”
命名第4批市级农业龙头企业
工商企业投资效益农业成为亮点
村务公开民主管理更趋规范
取消或停止21个涉农收费项目
市农经委直属企业改革发展加快
实施新一轮结对帮扶计划
建立土地使用权流转机制
调整农业农村现代化试点乡镇
农村能源建设又上新台阶
“杭州龙网”全面改版
表彰农村工作先进单位
种植业……………………………(46)
概况
附:2001年杭州市粮食作物生产情况
附:2001年杭州市棉花、络麻、油菜籽生产情况
附:2001年杭州市蚕茧、茶叶、水果生产情况
农业结构调整稳步推进
“放心菜”工作向纵深发展
布点建设无公害果园
茶叶品牌建设成绩斐然
市茶叶产业协会成立
龙井茶基地保护有法可依
蚕桑生产继续增长
加速推广农业新技术
继续实施中低产田改造
大力推进农业标准化建设
建成各类农业现代化示范园区131个
组织农业执法专项整治活动
林业……………………………(49)
概况
完成生态公益林的区划界定
全民义务植树成效显著
林木种苗生产经营实行许可证制度
设立市级森林公园3个
新建10个林业特色基地
严格采伐限额管理
依法加强林地管理
开展自然保护小区建设
附:杭州市第一批省重点自然保护小区名单
加强野生动物保护管理
山林纠纷调处取得新进展
林区治安基本稳定
森林火灾继续控制在低发水平
畜牧业……………………………(51)
概况
附:2001年杭州市畜牧业生产情况
附:2001年杭州市主要畜产品产量
做好动物防疫工作
市区生猪屠宰监控体系初步形成
实行生猪流通领域准运管理
水产业……………………………(52)
概况
附:2001年杭州市水产养殖面积
附:2001年杭州市水产品产量
水产养殖快速增长
名特优新水产养殖又创新高
水产品市场货足价跌
科技兴渔加快发展
建成一批规模化特色养殖基地
新一轮开发“三江”渔业资源初见成效
专业渔村持续增产增收
加强渔业执法管理
水利……………………………(54)
概况
城市防洪工程全面启动
钱塘江标准海塘建设进展顺利
继续实施清淤配水工程
落实水政监察巡查制度
水土保持工作取得新成绩
汛情灾情
农业机械……………………………(56)
概况
农机化作业范围进一步拓展
秸杆机械化还田工作落到实处
农场企业……………………………(57)
概况
上缴500万元以上的利税大户7个
乡镇企业……………………………(57)
概况
个私经济保持较快增长
重点乡镇和骨干企业的龙头作用明显
外向型经济继续发展
乡村集体企业转制面超过97%
工业园区和块状经济发展迈新步
科技创新取得新进展
气象……………………………(58)
概况
主要天气气候事件
气候条件对农作物生长的影响
气象现代化又有新成果
西博会气象服务受到好评
城市气象服务效益显著
附:2001年杭州市区气温(黑柱)与常年(白柱)比较变化图
附:2001年杭州市区降水(黑柱)与常年(白柱)比较变化图
附:2001年杭州市区日照(黑柱)与常年(白柱)比较变化图

工业经济

综述……………………………(63)
工业经济实现快速增长
规模以上工业利润超过100亿元
工业结构调整初见成效
3个企业授权经营国有资产
调整省“五个一批”企业
8个市属企业实施属地管理
国企改制基本完成
认定22个企业技术中心
水泥钢铁行业淘汰落后生产能力
清理整顿典当行业
中小企业服务网被评为省知名网站
工交离退休人员服务中心成立
组建市工业资产经营公司
帮扶新疆和田丝绸厂
10个企业列入省技术进步优秀企业
工业技改投资94.58亿元
杭州选手获缫丝工全能第一名
14个担保机构列入国家第二批名单
开展第三次工业企业服务月活动
全国市场营销创新论坛在杭举办

附:2001年杭州市规模以上工业主要经济指标完成情况
振兴中小企业调查项目进入第二阶段
整顿和规范市场经济秩序
3个项目列为国家优秀科技成果
民生集团等获全国经贸普法先进
丝绸工业……………………(67)
概况
喜得宝集团有限公司成立
杭州时装有限公司挂牌
都锦生实业有限公司挂牌
杭丝联等5个企业破产
凯地公司退出丝绸生产领域
提交丝绸发展战略与规划建议
4个企业列入十强女装生产企业
纺织化纤工业………………(68)
概况
市纺织化纤工业公司撤销
国有纺织企业扭亏解困
纺织产品结构和装备水平明显提高
外商投资纺织业步伐加快
3个大型企业改制后运行良好
萧山成为化纤和面料生产基地
余杭装饰用家纺织物基地初具规模
女装产业……………………(70)
概况
女装发展领导小组成立
开展"3个十"评选活动
制定加快女装产业发展意见
建立女装产业园区
建设时尚女装特色街
一轻工业……………………(72)
概况
华丰纸业创历史最好水平
西湖啤酒塑造品牌个性
利群环保纸业公司成立
毛源昌眼镜通过国家级抽检
搪瓷总厂破产重组
二轻工业……………………(72)
概况
盘活存量资产支持改制
外贸出口交货4.46亿元
南宋民俗风情作品问世
开展合理化建议活动
共同开发毛家桥住宅区块
再就业中心分流2279人
印铁包装容器开发生产基地建立
机械工业……………………(73)
概况
杭齿集团完成债转股改制
杭氧资产经营公司成立
3个公司制现代科技型企业成立
东风杭州公司产销汽车超过万辆
机电公司成为全国CAD应用工程示范企业
电子信息业…………………(74)
概况
附:杭州市列入2001年度浙江电子信息产品制造业30强企业
9个软件企业列入省10强
加快建设重点软件园区
市软件行业协会成立
2个国家级产业基地申报成功
建立东部软件园
富春江罗依尔光纤制造公司成立
士兰公司建设集成电路芯片生产线
西湖电子集团………………(76)
概况
三菱数源移动通信公司成立
移动通信直放站中标
西湖数源软件园启动
举办高清晰数字彩电演示
数源西湖彩电成为国家免检产品
数源科技公司被评为维修一级企业
化学工业……………………(78)
概况
轿车子午胎项目落址杭州开发区
化工研究所加快科技成果产业化
安万特杭州作物科学公司投产
电力工业……………………(79)
概况
附:2001年杭州市全社会用电量按用电性质构成
附:2001年杭州市全社会用电量按行政区域构成
纪念杭州供电90周年
杭州电网投资15.5亿元
推出10项社会供电服务承诺
500千伏乔司变电所投入运行
农网改造工程全面竣工
基本实现城乡生活用电同网同价
试行居民峰谷电价
湿法脱硫列为国家技改优秀项目
新安江水电厂气象研究获科技奖
乔林输变电工程投入运行
建材冶金工业………………(81)
概况
基本实现国企改革目标
杭州圣戈班维特克斯公司成立
调整改造玻纤生产线
普遍建立预警机制
提前实现禁用实心砖目标
水泥散装总量476万吨
医药业………………………(83)
概况
举办中药与植物药论坛
新药港产业园区通过论证
华大基因研发中心落户杭城
新药波立维上市
基因技术开发生产骨优导
康莱特注射液在美临床试验
喜恩开胶囊通过鉴定
建立昼夜零售药店
食品工业……………………(84)
概况
市食品酿造公司完成改制
娃哈哈集团积极开发饮料
中策啤酒公司全面推进技改
加强酱油食醋产销管理
举办第十六届食品展销会

个体私营经济

经济建设……………………(86)
概况
附:2001年杭州市私营企业和个体工商业情况
生产经营规模不断扩大
块状经济的区域效应日益明显
配合开展整顿规范市场活动
新成立11个行业协会
社会活动……………………(87)
改善个私经济投资软环境
个私协会会员培训中心成立
个私经营者的维权工作得到加强
组织开展社会公益活动
举办首期个私协会系统党支部书记培训班
个体私营企业工青妇工作进展良好
附:杭州市个私经济消费品零

售额占社会零售总额比重变化情况表

科学技术

自然科学……………………(90)
概况
杭州科技合作周
开展科学研究和试验发展资源清查
实行党政领导科技进步目标责任制
科技“创先”工作
专家咨询委员会工作
市创业联合投资协作网
建立中小企业创新服务基地
国家中小企业技术创新基金项目
培育高新技术企业
科研院所改革
科技成果及奖励
重大科技成果简介
科技计划实施
农业科技示范基地
高新技术研究开发中心建设
软科学研究计划
火炬计划
星火计划
科技情报研究
情报信息咨询与服务
专利与发明
科技群众团体
举办第十五届科普宣传周
开展社区科普工作
发挥学术交流主渠道作用
批驳歪理邪说
开展青少年科普教育
社会科学……………………(95)
概况
社科研究成果
办好刊物

商品流通

综述……………………………(97)
概况
附:2001年杭州市销售总额超亿元定点商场经营情况
附:2001年杭州市连锁经营企业销售情况
社会消费品零售总额增幅达13.6%
商贸企业改制基本完成
成功举办第二届中国美食节
继续推进现代商业业态和流通方式的变革
杭州杭菜研究会揭牌
取消蔬菜实物储备改为资金储备
推出26个餐饮名店和特色店
杭州网上商城正式开业运行
个人信贷消费继续高幅上升
命名杭州商贸特色品牌
加强“放心肉”供应工作
杭州商贸业发展战略研究中心成立
杭州市第二次优秀旅游商品征集评选
表彰“放心肉”、“放心豆制品”目标管理优秀区县
市商业总会加强中介服务工作
国有(集体)商业……………(100)
概况
企业产权制度改革实现形式多样化
抓品牌经营和规模优势
国有资产监管和营运体系逐步完善
家友超市公司销售额快速增长
公开招标议标制度向大宗原辅料采购延伸
饮食服务业…………………(102)
概况
4名美发美容选手入围国家队
评定杭州餐饮服务业大师名师
评定杭州美发美容大师名师
全国饮食服务业第11届政研会理事会在杭召开
杭籍名厨24人被评为浙江烹饪大师
服务业有关工种实行持证上岗制度
彩版《极品杭州菜》出版发行
杭州伊萨尔公司首家推出网上洗衣服务
奎元馆上海连锁店开业
中国烹协举办杭州名菜示范研修班
杭州餐饮管理公司发展迅速
粮油商业……………………(103)
概况
各地积极开展“订单粮食”
加大粮源基地建设
粮食清仓查库工作完成
军粮供应工作
培育和发展粮油专业市场
杭州“黑龙江粮油商品一条街”市场开市营业
粮食系统企业改制基本完成
供销合作社…………………(105)
概况
市社本级企业产权制度改革全面完成
盘活存量资产筹措改制资金
化肥销售由降趋升
土特产公司轻纺原料经营规模进一步扩大
果品公司二次转制活力初现
商办工业……………………(106)
概况
杭州五丰冷食有限公司并购湖州震远同厂
生产资料行业………………(107)
概况
严格安全管理责任制确保爆炸物经销安全
杭州木材总厂整体改制为有限责任公司
附:杭州市物资系统2001年主要物资销售情况
烟草专卖……………………(108)
概况

市　场

人才市场……………………(109)
概况
举办人才交流集市
举办人才交流大会
建立经营管理者人才市场
加强人才网站建设
指导人才工作站工作
引进紧缺专业人才
开展人事代理服务
杭州人才市场搬入新址
技术市场……………………(110)
概况
第三届中国国际高新技术成果交易会
国内经济合作洽谈会暨高新技术成果发布会
商品市场管理………………(110)
概况

整顿和规范市场经济秩序工作全面展开
严格市场举办主体的准入及其行为规范
加强市场经营主体的行为监管
开展商标使用行为规范工作
推行市场预赔制度及优化售后服务
强化农贸市场监管
培育与监管经纪行业
附:2001年杭州市成交额超10亿元市场
附:2001年杭州市星级文明规范市场
文化市场管理………………(112)
概况
扎实推进行政执法责任制
重视舆论对音像市场的监督

会展业

综述…………………………(113)
概况
附:国内主要会展场馆情况比较
中国杭州——2001年西湖博览会……………………………(113)
概况
附:中国杭州——2001年西湖博览会项目表(展览项目)
附:中国杭州——2001年西湖博览会项目表(会议项目)
附:中国杭州——2001年西湖博览会项目表(活动项目)
大型展销活动………………(115)
杭州产品(南宁)展销会暨经济技术合作洽谈会
举办杭州优质农产品赴沪推介活动
会展场馆……………………(117)
浙江世界贸易中心会展中心
附:2001年浙江世界贸易中心会展中心部分会展情况
浙江展览馆
附:2001年浙江展览馆部分会展情况
杭州和平国际会展中心

对外经济贸易

综述…………………………(119)
对外经贸快速稳定发展
举办浙江对外经贸洽谈会
参加第三届浙江投资贸易洽谈会
开发区成为对外经贸增长点
外贸…………………………(119)
出口增幅超全国平均水平
主体市场与新兴市场出口同步增长
培育50个重点出口企业
"走出去"步伐明显加快
对外经济合作营业额快速增长
组织企业参加境外投资活动
加强出口产品结构调整
三大交易会出口3.78亿美元
附:2001年杭州市出口额居前20位的国家和地区
附:2001年杭州市出口额居前20位的企业
外资…………………………(121)
召开全市招商引资大会
利用外资快速发展
利用外资发展商业零售业
参加世界华商大会
8个企业列入全国外资500强
7个世界500强公司来杭投资
制定利用外资鼓励政策
外商投资企业效益提高
外商投资两类型企业增加
外资项目质量水平提高
海关…………………………(122)
概况
坚持服务地方经济
加快通关速度
坚持打击走私
出口加工区…………………(123)
概况
出口加工区通过国家验收
出口加工区管理机构建立
易威电子项目落户出口加工区
举办出口加工区投资说明会
检疫检验……………………(124)
概况
加快业务改革步伐
加强疾病监测和预防
开展转关进口废纸检验
加强出口茶叶检验监督
对新列入法检商品开验
规范市场经济秩序
认证企业700个

国家级开发区

杭州经济技术开发区………(126)
概况
附:2001年杭州开发区列入中国外资企业500强情况
加快专业园区建设
高教园区建设初具规模
东方医院投入运行
鸿源科技公司开工
软件企业落户开发区
中肽生化公司投产
萧山经济技术开发区………(128)
概况
技工贸收入突破100亿元
桥南区块东扩
实行封闭式管理
管委会迁址办公
创业中心投入运行
自营出口4.4亿美元
雅马哈钢琴整机生产成功
配套企业快速发展
首次实行土地拍卖
高新技术产业开发区………(130)
概况
高新软件园入选国家软件产业基地
建立集成电路设计产业化基地
留学人员创业园示范试点确定
浙大科技园启动
强化科技创业服务中心孵化功能
杭州高新区被评为全国先进
活水通信城项目签约
之江国家旅游度假区………(132)
概况
宋城实现持续发展
未来世界争创4A级景点
高尔夫俱乐部举办34次赛事
宋城华美学校开学
高尔夫别墅项目加快建设
九溪玫瑰园和东方苑获好评

城建 城管 环保

综述…………………………(134)
概况

第二届市区最佳、最差形象建筑评选
2001年市区道路环境综合整治评选
城市规划……………………(135)
概况
开展行政区划调整后城市总规编制工作
杭州都市区规划专项课题研究
杭州市城市发展概念规划编制完成
公开征求对杭州市总规修编意见
完成杭州城市西部地区保护与发展规划
编制"旅游西进"地区控制性详规
组织西溪风景区规划设计招标
完成钱江新城核心区块城市设计
编制钱塘江两岸规划
科技类标准厂房设计招标
地下管线普查(试验区)成果通过评审
勘测设计……………………(139)
杭州市建筑设计研究院
杭州市城建设计研究院
杭州市勘测设计研究院
完成2100幅地形图更新工作
布设二等水准网
建筑业……………………(140)
概况
深化建筑企业改革
强化工程建设质量
实施建筑施工人员人身意外伤害保险
房产管理……………………(142)
概况
实现房屋交易产权一体化管理
继续深化住房制度改革
完成直管公房综合整治任务
组建三级房屋应急维修机构
举办西博会"一会一展"
土地管理……………………(143)
概况
拓展市区用地空间
实施征地制度改革
首次编制供地计划
扩大土地招标拍卖范围
开展土地市场专项清理整顿
市政市容事业……………………(144)
概况
完成笕桥、半山地区供水管网改造
推进"一户一表、计量出户"工作
完成截污纳管任务
市政设施养护工作首次面向社会公开招标
推出地下管线盖板管理新举措
建立污水处理在线监测系统
市政公用系统信息化建设获部表彰
开展最佳最差公厕评选活动
市政公用行业服务进社区试点
开展"满意窗口"评比
开展"三杯"竞赛活动
完成重大活动期间城市保洁任务
深化环卫改革
市区道路清扫面积逾千万平方米
生活垃圾分类收集全面启动
完成铁路沿线环境卫生综合整治
清除运河上塘河漂浮垃圾
治理环境卫生死角
拆装式流动公厕服务西博会
美化杭城夜景
整治非法涂写招贴广告
进一步落实"门前三包"责任制
加快公交配套建设
城区绿化……………………(148)
概况
省市领导参加义务植树
借地绿化在城区扩绿中唱主角
新建成一批绿化点
市场化运作绿化建设
建设杭州"市民林"
上塘路两株大古樟实施迁移
健全绿化法规
2001年杭州市最佳、最差公园(景区)评比
开展绿化优秀工程评选
开展"绿城杯"绿化摄影大奖赛
城市管理……………………(151)
概况
城市管理综合执法筹备经过
巩固国家环境保护模范城市工作
"让世界清洁起来"活动
有奖举报市容环境卫生问题
推行城管执法新机制
环境保护……………………(152)
概况
附:2001年杭州市城市环境综合整治定量考核主要指标对比
创建国家环保模范城市工作
开展工业园区环保工作检查
实施医疗废物集中处置
开展农业和农村面源污染调查
开展水泥行业专项整治
举办环境国际研讨会
县(市)城镇建设……………………(155)
概况

园林　文物

园林……………………(156)
概况
2001年西湖花会
2001年西湖国际雕塑邀请展
胡雪岩故居正式开放
修编《西湖风景名胜区总体规划》
中国(杭州)"城隍阁杯"优秀社火节目邀请赛
西湖风景区部分园林养护项目向社会公开招标
西湖底泥疏浚二期工程实施
西湖申报世界遗产工作
西湖水质保护
玉泉新景点建成并开放
举办花展节庆活动
西湖西进
文物……………………(159)
概况
杭州市4项考古入选2001年度全国十大考古新发现
新增8处全国重点文物保护单位
良渚大遗址保护取得突破
世界钱币博物馆开馆
杭州历史博物馆开馆
发现南宋恭圣仁烈杨皇后宅遗址
老虎洞窑址发掘结束
衙前农协旧址维修工程完工
完成澄庐保养性维护工程
《杭州文物精萃·馆藏文物图集》出版
附:杭州市区主要博物馆一览

旅　游

综述……………………(163)

概况
“旅游西进”全面启动
旅游市场……………………(163)
重点拓展入境旅游市场
积极开发国内旅游市场
3个黄金周接待游客885万人次
适度发展出境旅游市场
2001年杭州国际旅游区域合作研讨会
2001年杭州旅游交易会
旅游节庆……………………(164)
“西湖之春”旅游节
“杭州之夏”活动
2001年杭州金秋国际旅游节
附:2001年杭州金秋国际旅游节活动一览
旅游产品……………………(165)
旅游资源开发
开展旅游区(点)质量等级评定
旅游经营……………………(165)
旅游饭店经营
附:2001年杭州市接待海外游客前十名星级饭店一览
旅行社经营
附:2001年杭州市接待海外旅游者、外联人数前十名国际旅行社
旅游餐饮与旅游购物
公园景点接待游客量近3300万
旅游管理……………………(166)
加强旅游市场监督检查
加强假日旅游协调与管理
加强旅游教育培训
开展争做“文明导游员”活动
杭州市饭店协会活动
区、县(市)旅游……………(167)
萧山区
余杭区
临安市
富阳市
桐庐县
建德市
淳安县

交通运输

综述…………………………(172)
概况
交通工程质量和管理水平不断提高
加强交通行业管理
长运运输集团改制促发展
水陆运输结构调整步伐加快
开展水路旅游运输经营资质管理
整顿水陆运输市场秩序
重点工程建设………………(173)
概况
绕城公路北线一期工程完工
绕城西线与北线一期实现一体化营运
钱江大桥维修加固如期完成
3项公路改建工程建成通车
交通信息指挥中心交工启用
一批新的交通工程项目开工
“交通西进”公路建设主框架确定
铁路…………………………(175)
概况
附:2001年杭州市铁路客货运量
运输经营目标全面实现
安全生产持续稳定
企业改革进展有序
配合组建铁通浙江分公司
基建工程加大投入
科技教育取得新成果
公路…………………………(176)
概况
公路养护质量全面提高
创建文明样板路取得新进展
路政管理规范化
公路绿化建设成绩斐然
公路旅客运输
公路货物运输
汽车维修行业
汽车出租行业
开展超限运输专项整治
农村客车改造工作全面实行
驾培行业管理力度加大
水运…………………………(178)
概况
水上交通安全形势保持稳定
运河杭州市区段清淤二期工程完成
杭申线杭州段航道护岸完善工程完工
创建文明样板航道
民用航空……………………(179)
概况
实现第1个航空安全年
千方百计提高经济效益
扎实推进企业改革
优质服务工作质量不断提高
杭州至澳门、杭州至曼谷航线开通
杭州萧山机场升格为国际机场
附:2001年杭州萧山国际机场通航航线

邮　电

邮政…………………………(182)
概况
附:2001年杭州市邮政局基本情况
杭州第二邮政枢纽动工
185邮政服务中心投入运行
实施投递体制改革
承销甲B足球联赛绿城主场门票
承销西湖博览会开幕式门票
举办集邮文化展
许仙与白娘子邮票首发式在杭举行
积极发展村级邮政代办点
启用千岛湖风光邮资明信片门票
电信…………………………(184)
概况
附:2001年杭州市电信分公司通信情况
固定电话号码升至8位
取消市话初装费
附:杭州市私人住宅电话初装费变化情况
固定电话用户突破200万户
沪杭福穗光缆二期扩容通过初验
电话磁卡更换IC卡
拱墅科创中心应用宽网技术
“小灵通”电话升级成功
网上营业厅开通
德胜路电信营业厅开业
启动分户账话费查询系统
余杭局注重开发话务量
杭州市电信实业公司成立
实施电信放心工程
开通电信公交专线车
评比网络服务之星
移动通信……………………(187)
概况

模拟移动电话网络关闭
开展 GPRS 业务试用活动
加强短信息增值业务
发送西博会广播信息
推出话费对账单服务
建成 32 个移动信息化示范点
开通短信欢迎系统
移动通信公益伞启用
移动信号覆盖革命老区
联通通信……………………（189）
概况
开展“心系用户、服务创优”活动
扫除 130 网络盲区
推出 CDMA 业务
开通 96198 市民服务热线

财政 税务

财政（国资）…………………（191）
概况
大力支持各项事业发展
确保增资政策落实到位
推进企业改革与发展
加快社会保障体系建设
稳步推进预算管理体制改革
严格政府采购和政府性基建投资项目审价
完善国有资产营运体系
加强国有资产监管
严格财政资金监管
全面清理政策性文件和审批事项
国家税务……………………（192）
概况
重视发挥税收职能作用
规范税务行政执法
整顿和规范税收秩序工作成效明显
深化征管改革
实施科技兴税
加强税收基础管理
开展“纳税人在我心中”活动
地方税务……………………（193）
圆满完成地税收入任务
完善地税征管体系
地税执法监督检查与稽查
附：2001 年杭州市区财政收支情况

金融 保险

中国人民银行杭州中心支行………………………………………（195）
概况
调整信贷结构
提高金融监管实效
完善金融服务
探索外汇管理新方式
附：2001 年在杭金融机构类别（不含证券、保险机构）
中国工商银行浙江省分行营业部………………………………（196）
概况
附：中国工商银行网上银行应用模式简介
中国农业银行浙江省分行营业部………………………………（196）
概况
中国银行浙江省分行（杭州地区）………………………………（197）
概况
中国建设银行浙江省分行营业部………………………………（198）
概况
交通银行杭州分行…………（198）
概况
杭州市商业银行……………（199）
概况
债券交易量居全国第九位
杭州市区农村信用合作社联合社………………………………（200）
概况
杭州工商信托投资股份有限公司………………………………（200）
概况
中国人民保险公司杭州市分公司………………………………（201）
概况
中国人寿保险公司杭州市分公司………………………………（201）
概况
中国太平洋保险公司杭州分公司………………………………（202）
概况
中国平安保险股份有限公司杭州分公司………………………（203）
概况

经济管理

计划管理……………………（204）
概况
参与招商引资工作
深化“十五”规划研究
申报高技术产业化项目 8 项
落实项目建设资金 25 亿元
开展矿山整治
完成固定资产投资目标
完成房地产投资 140 亿元
审计…………………………（205）
概况
预算执行情况审计
开展上对下财政审计
深化金融审计
加大专项资金审计力度
开展工程建设项目审计
加强行业审计
完善经济责任审计
完成政府交办的审计任务
规范内部审计
工商行政管理………………（207）
概况
整顿和规范市场秩序
标本兼治落实长效管理
完成市场办管脱钩任务
深化企业登记注册前置并联审批制度
内部登记审批时限提速 50%
开发“经济户口”综合监管软件
启动企业信用工程
开展“工商进社区”活动
物价…………………………（209）
概况
创造良好的价格环境
深化价格改革
加强价格监督检查
附：2001 年杭州市区主要主副食品零售价格
统计…………………………（210）
概况
实施统计方法改革
加强统计法制建设
开展重大国情国力调查
努力拓展统计服务领域

质量技术监督………………(212)
概况
组织开展专项整治
完善名牌产品培育机制
扎实有效地为企业服务
稳步推进"放心"工程
加强农产品安全管理
技术机构和基础设施建设
药品监督……………………(213)
概况
"打假保健康"专项整治
加强性保健用品市场管理
整顿参类市场
全面清查拜斯亭
加强药监行风监督
恢复药店开办审批
杭州市经济建设规划院……(215)
概况

信息化建设

综述…………………………(216)
概况
杭州市信息化办公室正式成立
信息产业……………………(217)
高新区软件产业发展迅猛
信息基础设施………………(217)
杭州电信网通信能力增强
杭州电信宽带城域网
本地网系统投入运行
接入网监控系统通过验收
杭州网通宽带信息网络投入运行
信息管线资源建设起步
信息化工程…………………(218)
加快城市规划信息化建设步伐
数字电视广播试验顺利进行
数据和宽带新业务发展迅速
稳步推进网络建设
信息技术应用与服务………(219)
积极推进电子政务发展
科技情报信息咨询服务业持续发展
"银联"标志银行卡在杭试点
建设公用事业费收费"一户通"
调研课题成果丰硕
发挥信息服务和技术服务优势
电子社区建设全面展开
推进电子商务试点与环境建设
"杭州网上商城"开通
中小企业服务网江干区信息网点设立
"天堂硅谷"投融资交流大会召开

党 政

中国共产党杭州市委员会…(222)
概况
市委八届七次全体(扩大)会议
市委八届八次全体(扩大)会议暨读书会
农转居多层公寓建设
"旅游西进"战略
迈入"钱塘江时代"
贯彻落实党的十五届六中全会精神调查研究活动
附:2001年中共杭州市委开展系列专题调研活动
开展"春风行动"
附:2001年中共杭州市委举办领导干部系列报告会
重要工作会议
市委新设立和调整的非常设机构
举办"警钟长鸣——窃密泄密案例展"
做好计算机信息系统的安全保密工作
加强机构改革中的保密工作
开展"三个代表"重要思想学习教育活动
领导班子建设
干部人事制度改革
领导干部监督管理
实施"领头雁"工程建设
基层党建工作
开展农业农村现代化教育
加强新闻队伍建设
组织纪念建党80周年宣传活动
西博会文化和新闻宣传活动
对外宣传工作
全市宣传思想工作会议
拓展理论学习与研究的形式
加快文化产业发展
做好社会舆情信息工作
学习、宣传"三个代表"重要思想
杭州城市总体形象研究
政工职称评定工作
宣传干部培训
贯彻落实三级统战工作会议精神
进一步加强党领导的多党合作和政治协商制度
举办民主党派、工商联领导干部读书班
海外联谊联络工作有了新发展
党外知识分子工作
市区党校实行联合办校
党校干部培训教育工作
党校教学科研成果丰硕
党校实施干部人事制度改革
基层党校建设
杭州解放纪念碑广场奠基
市委党史研究室被评为全国党史工作先进单位
《中共杭州历史大事记》公开出版
纪念建党80周年党史宣传教育工作
衙前农民运动80周年纪念活动
老干部工作
关心下一代工作
市直机关党建工作
中国共产党杭州市纪律检查委员会(杭州市监察局)……………(232)
市纪委第六次全体(扩大)会议
全市反腐败工作会议
全市纪委书记会议
市纪委第七次全体(扩大)会议
全国副省级城市纪检监察工作研讨会
全市纪委书记、检察长联席会议
贯彻党风廉政建设责任制
领导干部廉洁自律工作
查办违纪违法工作
纠正行业不正之风工作
党风廉政宣传教育
反腐倡廉成果展览
行政执法监察
反腐败源头治本工作
杭州市人民代表大会………(235)
市九届人大六次会议
市九届人大常委会第三十一次至第三十九次会议
地方立法工作
监督工作
代表工作
纪念市人大常委会设立20周年
杭州市人民政府……………(238)
市政府常务会议

市长办公会议
表彰 奖励 处罚
市政府新设立和调整的非常设机构
完善政务督查工作
目标管理考核工作
第二轮行政审批制度改革
市投资项目集中办理中心运行良好
人大代表建议和政协委员提案办结率达100%
受理来信来访情况
“12345”市长公开电话受理来电逾12万件次
人口机械增长情况
无线电管理
修志编鉴进展顺利
接待工作
市政府驻外办事机构
政协杭州市委员会…………(248)
市政协七届五次会议
市政协七届常委会第二十五次至第三十次会议
市政协常委读书会
市政协工作研讨会
市政协之友联谊会老同志座谈会
宣传与文史资料征集工作
深入进行调研视察
推进团结联谊工作

民主党派和工商联

综述…………………………(251)
概况
附:2001年杭州市各民主党派组织成员情况一览
中国国民党革命委员会杭州市委员会…………………………(251)
概况
中国民主同盟杭州市委员会……………………………………(252)
概况
《杭州民盟简史》《参政议政文稿选编》出版
中国民主建国会杭州市委员会……………………………………(252)
概况
中国民主促进会杭州市委员会……………………………………(253)
概况
中国农工民主党杭州市委员会……………………………………(253)
概况
中国致公党杭州市委员会…(254)
概况
九三学社杭州市委员会……(254)
概况
开展“国际科学与和平周”活动
杭州市工商业联合会………(255)
概况

职工 青少年 妇女组织

职工组织……………………(256)
概况
首个社区工会成立
完成组建工会和发展会员任务
第二次“春风行动”
开展职工技术创新活动
进行“三新三爱”教育
推行事务公开制度
市劳动模范医疗保障资金
设立市属基层工会主席保障资金
争创满意部室(窗口)活动
《杭州工人报》改刊
调整3条社会保障线标准
青少年组织…………………(258)
概况
青少年政治思想教育
创志愿者行动品牌
企业青工创新增效活动
加强团组织建设
发挥农村青年星火带头人作用
创建青年文明号
创建优秀青少年维权岗
青少年校外教育阵地建设
市青联工作
妇女组织……………………(259)
概况
“双学双比”活动
“巾帼建功”活动
社区妇女工作切实有效
创建五好文明家庭
妇女儿童维权工作

劳动 人事

劳动…………………………(261)
概况
进一步推进劳动就业工作
四级就业信息网络建设进展顺利
从事非正规组织就业逾2万人
实行城乡一体化就业
受理劳动争议案件上升27.8%
强化劳动监察
改革企业工资宏观调控办法
推行职业资格证书制度
技校毕业生中级工合格率达99%
安全生产和安全监察
基本医疗保险制度正式实施
全面推进社会保险制度改革
人事…………………………(263)
概况
引进人才逾2.1万人
附:2001年杭州市人才交流会情况
新世纪人才工程启动
公务员培训和专业技术人员继续教育
组织实施人事考试
博士后科研工作站建设初具规模
优化留学人员来杭创业环境
探索职称考评新途径
积极引进国外智力
接收大中专毕业生增长11.2%
机构改革工作基本完成
完善公务员管理
推行事业单位综合配套改革
工资福利工作
接收安置军转干部405人
人事仲裁和调研

外事 侨务 台务

外事…………………………(266)
概况
主要出访活动
附:2001年杭州市其他主要出访团组
主要来访活动
附:2001年杭州市领导会见其他重要来访团组
主要外事活动
附:国际友好城市简介
侨务…………………………(270)
概况

加大留学生创业园引资引智力度
杭州市海外交流协会成立
拓展对外交流渠道
开展华文教育工作
接受华侨捐赠33万余元
举办侨务干部业务培训班
参政议政落到实处
杭州市侨联青田籍归侨侨眷联谊会成立
组织参加“百名博士浙江·杭州行”活动
附:2001年杭州市领导会见来访华侨华人、港澳同胞
台务……………………………(271)
概况
新引进台资企业逾百个
杭台交流交往保持高发展态势
对台宣传与涉台教育形式多样
杭州海峡两岸经济文化交流促进会成立
台北—上海城市论坛会议参访团来杭参观考察
举行海峡两岸“人·水·环境·发展”研讨会

政　法

综述……………………………(273)
概况
签订社会治安综合治理目标管理责任书
开展“严打”整治斗争
开展“法制下乡”活动
矛盾纠纷排查调处
设立市委维护稳定工作领导小组
召开社会治安综合治理工作会议
公安…………………………(274)
概况
全力维护社会稳定
“打黑除恶”专项斗争取得明显成效
严重暴力犯罪案件破案率上升
打击扒窃犯罪行动成绩良好
扎实推进社区警务建设
组建协警支队
开展全警岗位练兵大比武活动
选拔联合国维和民事警察
附:2001年杭州市火灾、交通事故情况
检察…………………………(276)
概况
侦查贪污贿赂等职务犯罪案件207件
查办渎职侵权案件有新突破
受理群众举报3677件
运用检察职能参与“严打”整治斗争
打防结合综合治理
司法监督工作
监所检察
申诉复查
使用检察技术为办案提供科学依据
三项公诉制度改革
预防职务违法违纪研讨会
法院…………………………(278)
概况
突出抓好“严打”整治斗争
严惩严重经济犯罪
依法调整经济关系
依法调整民事关系
行政审判工作
有效开展执行工作
立案和审判监督工作
办结法医技术鉴定案件1179件
积极参与社会治安综合治理
开展“一教育三整顿”活动
实施案件审判流程管理
司法…………………………(279)
概况
监所秩序持续稳定
积极配合“严打”整治斗争
启动“二五”依法治市和“四五”普法
深化法律服务改革
召开第4次律师代表大会
加强基层基础建设
稳步推进调委会建设
案例…………………………(281)
侦破“一二·一九”抢劫杀人案
侦破一起蒙面入室抢劫案
10龄童异位甲状腺被误切引发医疗纠纷案
“蓝白蓝”包装盒引发不正当竞争案
罗鉴宇受贿案
费健政贪污案
附:杭州市及区、县(市)检察院反贪污贿赂侦查局一览

军　事

综述…………………………(283)
概况
人武部三年规划建设见成效
组织国防动员委员会战时行动演练
民兵　预备役　兵役…………(283)
民兵预备役部队军事训练
民兵组织建设
兵役工作
民兵武器装备管理
国防教育与军民共建………(284)
概况
加强机构建设
科技文化双拥共建工作
开展全民国防教育活动
拥军爱民活动
人民防空……………………(284)
概况
提出10个人防建设新目标
庆春广场人防工程开工
选用新型防空警报系统
人防行政执法取得新成效
组织防空袭演习
人防专业队伍整组
灵西隧道开工兴建
武警…………………………(285)
概况
完成执勤任务
加强支队基层建设
增强综合保障能力

教　育

综述…………………………(287)
概况
“两基”工作跻身全国前列
创建教育强区县(市)和强镇(乡)
28所社会力量办学学校通过等级评估
举办中小学生科技节
54所学校成为首批“绿色学校”
治理教育乱收费
对外交流
附:2001年部分国外教育代表团来杭访问情况
附:2001年杭州市教育代表团

出访情况
高等教育……………………(288)
概况
附:2001年在杭高等院校基本情况
举办高等教育改革与发展国际研讨会
普通高中教育………………(290)
概况
附:2001年杭州市普通中等学校情况
16所优质高中同批招生
开办第二届新疆高中班
重点中学招收保送生
中等职业技术教育…………(290)
概况
附:2001年在杭职业技术学校情况
一批中等职业学校更名
义务教育……………………(291)
概况
附:2001年杭州市小学、幼儿园、特殊学校情况
解决流动儿童少年入学问题
小班化教育试点初见成效
幼儿教育……………………(291)
概况
全市幼儿教育工作会议
成人教育……………………(292)
概况
加强成人学校建设
全国农村成人教育改革和发展研讨会
师资队伍建设………………(292)
概况
附:2001年杭州市中小学、幼儿园教职工情况
表彰和引进优秀教师
改善办学条件………………(293)
概况
现代信息技术教育发展迅速
勤工俭学总收益10.78亿元

文　化

综述…………………………(294)
概况
组建红星文化大厦有限责任公司
“西湖风情”艺术系列展
文化交流频繁
专业文艺……………………(294)
新剧(节)目汇演
儿童音乐剧《寒号鸟》获大奖
社会文化……………………(295)
金蛇狂舞闹元宵活动
第十五届“三江”歌手大赛
第二届“风雅颂”民间艺术展示
第五届中国国际民间艺术节暨西湖狂欢节
图书馆业务建设
电影发行放映
西泠印社……………………(295)
概况
中国印学博物馆
附:2001年杭州市文化部门单位(个人)获奖情况
文联与各协会………………(296)
概况
市第五次文代会召开
6个文艺家协会换届
长篇小说创作研讨会
秋季小说笔会
庆祝建党80周年文艺活动
“万民共迎西博会”广场文艺晚会
“美的瞬间”摄影大奖赛
举办企业文化培训班
我们的舞台——大学校园戏剧专场
杭州戏剧代表团访问澳门
区县(市)文联工作
档案事业……………………(299)
概况
档案馆基础建设
网上档案馆
开发利用档案资料
档案工作管理
档案法制建设与宣传
档案教育与档案学研究
OA系统与电子档案国际学术研讨会

新闻出版

综述…………………………(301)
概况
报纸…………………………(301)
杭州日报报业集团
整合报社机构和版面
广播电视……………………(302)
概况
杭州人民广播电台
杭州人民广播电台西湖之声
杭州人民广播电台经济之声
杭州市有线广播电视网络中心
杭州电视台综合频道
杭州电视台西湖明珠频道
杭州电视台生活频道
杭州电视台影视频道
杭州广播影视周报社
出版发行……………………(305)
概况
附:杭州市公开出版的报刊
杭州出版社
西泠印社出版社
整顿规范印刷企业
清理整顿报刊出版发行秩序
电子出版物管理
图书发行效益提高
加强版权保护
“西湖书市”举办成功
“假日书市”开张营业
新闻出版团体………………(307)
杭州市记者协会
杭州市印刷行业协会
杭州市企业报研究会

卫　生

综述…………………………(308)
概况
医药用品集中招标采购
医疗机构产权制度改革
卫生监督和防保体系改革
预防保健……………………(309)
疾病控制
社区卫生服务
妇幼保健
干部保健
农村卫生……………………(309)
概况
地方病防治
医院管理……………………(309)
概况
医疗机构规范执业
加强临床用血管理
中医中药……………………(310)

概况
创建“放心中药房”
医教科研……………………(310)
概况
卫生科技人才培养
卫生监督……………………(310)
概况
开展“三项整治”活动
爱国卫生……………………(310)
概况
创新爱国卫生工作机制
开展爱国卫生工作调研
通过全省卫生复查考核
第十三个爱国卫生月活动
农村改水改厕
红十字会……………………(312)
概况
赈灾募捐工作
群众性卫生救护培训
无偿献血人数增多
红十字青少年活动

体　育

综述…………………………(313)
概况
杭州体育馆维修改造完工
体育竞赛……………………(313)
概况
杭州市第十五届运动会
附:杭州市第十五届运动会成人部成绩
附:杭州市第十五届运动会青少年部前八名成绩
罗雪娟获世界游泳冠军
参加第九届全国运动会
附:杭州籍运动员参加全国比赛夺冠情况
附:杭州籍运动员参加国际重大比赛成绩情况
群众体育……………………(314)
概况
群众体育组织整顿
开展国民体质测试
学校体育工作
业余训练……………………(316)
概况
体育交流……………………(316)
概况
西湖龙舟队参加国际大赛
日本福井市软式排球联盟代表团来访

民政　社会

优抚安置　烈士褒扬………(317)
提高抚恤定补优待标准
附表1:2001年杭州市革命伤残人员抚恤(保健)金标准
附表2:2001年杭州市特、一等革命伤残人员护理费标准
附表3:2001年杭州市区优抚对象定期抚恤、补助金标准
附表4:2001年杭州市区义务兵家属和部分优抚对象优待金标准
市拥军慰问团赴南京军区汇报慰问
参加全国首届双拥成果图片展
江泽民为“杭州舰”题词
开创双拥工作新局面
开展重点优抚对象和优抚事业单位普查
继续开展爱心献功臣行动
退役军人安置
新老兵中转4.23万人次
继承先烈精神建设新天堂
军队离退休干部安置
基层政权和社区建设………(320)
社区建设成绩显著
评比村民自治模范单位
附:杭州市村民自治模范乡镇名单
救灾救济……………………(321)
概况
常捐常赠强化扶贫帮困意识
首批三峡库区移民来杭落户
最低生活保障标准提高
附:杭州市区社会救济对象救济补助标准
社会福利事业………………(323)
实施社区老年服务星光计划
福利企业实现利润大幅增长
福利彩票销售形势喜人
慈善总会募集资金2700余万元
民间组织管理………………(324)
概况
婚姻和收养管理……………(324)
概况
改革婚姻登记管理体制
事实收养儿童户口申报结束
收容遣送……………………(324)
概况
殡葬管理……………………(324)
概况
举行杭州市首次骨灰树葬仪式
残疾人事业…………………(325)
概况
扶贫帮困保障残疾人的基本生活
市残联被评为残疾人就业全国先进
加强社区残疾人组织建设
残疾人康复指标超额完成
“助行工程”进展良好
“视觉第一中国行动”效益显著
残疾人文体活动丰富多彩
民族…………………………(327)
概况
建立少数民族资料信息库
召开民族乡村发展经济工作会议
调研民族乡村种植养殖业发展情况
开展结对帮扶工作
宗教…………………………(328)
概况
开展宗教活动场所年检
调研基督教原教派和青少年宗教信仰问题
举行迎请佛螺髻发舍利供奉法会
十一世班禅大师参访净慈寺和灵隐寺
“南屏晚钟”御碑重建揭碑
揭批“法轮功”邪教组织
开展“情系西部献爱心”活动
人民生活……………………(329)
城乡居民收入增长加快
收入差距的扩大趋势有所减缓
居民消费倾向值提高
消费结构出现新的变化
居住条件进一步改善
计划生育……………………(330)
概况
社区计划生育改革成效显著
宣传教育活动丰富多彩
继续推进计划生育优质服务
加强计划生育依法管理

提高流动人口计划生育管理水平
计划生育协会工作健康发展
老龄工作……………………(332)
概况
加大《老年法》宣传力度
制定老龄事业发展规划
为老年人办实事
组织开展老年文体活动
老年电大教学班发展到292个
开展老龄问题调研
附:2001年杭州市百岁老人名录

人　物

新任市领导简历……………(335)
茅临生　王建满　叶　明　王金财
于跃敏　张鸿建　林振国　朱荫湄
杨戌标　孙景淼　沈　坚　曾东元
俞国庆　陈振濂　韩国熹　郁嘉玲
新闻人物…………………(337)
毛泽平　韩柏青　章方祥　韩国瑛
郭裕茂　陈　灵　周智勇　张仲新
唐孝威　徐世浙　郑树森　潘宏耕
罗雪娟
在杭有突出贡献的老文艺家选介………………………………(340)
黄　源　于冠西　王伯敏　史　行
叶一苇　刘　江　周大风　赵延年
顾锡东　郭仲选
逝世人物…………………(341)
郑志新　刘　晔　杨　敏　马雨亭
高来宾　王峰凯
历史人物选介……………(343)
章炳麟　周传瑛　王传淞

区县(市)

上城区……………………(344)
概况
社会治安综合治理被评为全国先进
上城区成为省教育强区
清河坊历史街区一期工程完工
创建星级社区24个
重建毛主席视察纪念馆
近江展馆建成
区中小企业担保中心成立
扎实开展社区计划生育工作
上城区被命名为全国游泳之乡
下城区……………………(346)
概况
举办下城投资洽谈会
自营出口首次超过1亿美元
下城列为全国社区教育实验区
共建市民服务中心
举办丝绸文化展示会
举办浙江国际家具装饰展
东新园全面开工
完成11条道路整治
江干区……………………(348)
概况
附:2001年杭州市五城区乡镇情况
科技创业服务中心建成
14个项目进入科技经济园
组建39个新型社区
采荷社区学院成立
庆春广场动工
濮家码头退出繁华市区
麦德龙杭州商场开业
三三超市接轨北京华联超市
笕桥镇成为省级教育强镇
拱墅区……………………(350)
概况
举办首届运河文化研讨会
加强与4所高校合作
举办投资说明暨签约仪式
人人集团被评为CAD应用工程示范企业
沈家桥农业园列入市十佳园区
汽车北站小商品市场开业
拱墅城市建设发展中心成立
实施11路1口环境综合整治
组建区疾病预防控制中心
西湖区……………………(352)
概况
努力维护西湖龙井茶声誉
农业资源网开通
颐高数码集团快速成长
关停矿山及矿山制品企业
西湖物价所被评为规范化物价所
完善农村养老保险制度
物美大卖场开张
龙井山园建成迎客
西湖区成为省教育强区
龙坞镇被评为全国群众体育先进单位
北山路被评为省级街容达标路
达盟山庄被评为爱国工程
滨江区……………………(355)
概况
设立6个社区
实施农村多层住宅建设
滨江区成为省教育强区
建立研究生挂职服务基地
33公顷住宅用地成功出让
钱江三桥入城口被评为形象工程
滨江区慈善总会成立
举办文化艺术节暨全民运动会
萧山区……………………(357)
概况
附:2001年萧山区镇情况
萧山撤市设区
萧山财政收入超过20亿元
萧山国税局通过ISO9001认证
万向集团收购美国UAI公司
开发省级以上新产品152种
萧山被定为全国园艺产品出口示范区
花卉苗木推介会在北京举行
农业龙头企业快速发展
三峡移民落户萧山
江寺公园建设启动
萧山再获全国特殊教育先进
海外博士代表团考察萧山
《谁也说不清楚》获全国群星奖
杭州乐园成为4A级景区
余杭区……………………(361)
概况
附:2001年余杭区乡镇情况
余杭撤市设区
唐装面料提供给上海APEC会议
永远的旗帜文艺晚会在余杭举行
良渚遗址管理区设立
余杭被评为全国质量兴市先进
余杭获得大禹杯银奖
杭州余杭高新农业开发区建立
石竹园村列入全国绿化千佳村
虎跑春竹茶叶获大奖
华立集团收购CDMA手机核心技术
西湖之春旅游节在双溪开幕

临平职高成为国家级重点学校
布艺博览会在临平举行
区残联被评为全国残疾人扶贫先进单位
桐庐县……………………(364)
概况
附:2001年桐庐县乡镇情况
分水江水利枢纽工程正式立项
富春江镇成为省级机械专业区
天地保健品公司通过国家星火项目验收
举办首届桐庐蜜梨节
导游组被评为全国巾帼文明示范岗
举办首届富春山水节
淳安县……………………(366)
概况
附:2001年淳安县乡镇情况
行政区划实施重大调整
举办千岛湖秀水节
千岛湖确定为国家级生态示范区
开展学习毛泽平活动
干部与农民组成效益农业合作体
完成农村电网改造
05省道淳安段改建工程开工
千岛湖镇加快城区建设
整顿教育乱收费
努力开发特色文化
建德市……………………(370)
概况
附:2001年建德市乡镇情况
调整乡镇行政区划
新安股份上市
严州中学举办百年庆典
政府采购中心成立
依靠多元化建设城市
城乡生活用电实现同网同价
积极调整信贷结构
草莓市场日均交易150吨
富阳市……………………(372)
概况
附:2001年富阳市乡镇情况
财政收入首次超过10亿元
光通信产业形成规模
光纤预制棒研制成功
建设现代农业示范园区
试行公安队伍管理长效机制
创建企业信用工程
绿芦笋获农博会名牌奖
积极开展“双整治”
200多种动物落户野生动物世界
临安市……………………(375)
概况
附:2001年临安市乡镇情况
吴越国王陵和功臣塔列入全国文保单位
临安至昌化段改建工程通车
临安经济开发区建立
加强与浙江林学院合作
罐头食品公司出口水煮笋2.2万吨
大峡谷镇整合旅游资源
鑫富生化公司生产D-泛酸钙
机械化屠宰场建成

统计资料

统计表……………………(379)
杭州市土地面积、年末户数、人口数及人口变动情况
杭州市国民经济主要指标
杭州市历年国内生产总值及发展指数
杭州市各县(市)经济主要指标
杭州市农林牧渔业总产值
杭州市主要农产品产量
杭州市规模以上工业企业主要工业产品产量
杭州市规模以上工业企业单位数、总产值
杭州市规模以上工业企业主要财务指标
杭州市外商直接投资情况
杭州市进出口情况
杭州市环境保护工业“三废”排放及处理率
杭州市区城市公用事业情况
杭州市金融机构年末存贷款余额
杭州市农村居民家庭平均每百户耐用消费品年末拥有量
杭州市城镇居民家庭平均每百户耐用消费品年末拥有量
第二次全国公路普查杭州市主要数据
杭州在全国15个副省级城市中的位次
杭州经济占浙江省的比重

文件索引与地方性法规选编

2001年中共杭州市委重要文件索引……………………(392)
2001年中共杭州市委办公厅重要文件索引……………………(393)
2001年杭州市人大常委会重要文件索引……………………(393)
2001年杭州市人民政府重要文件索引……………………(394)
2001年杭州市人民政府办公厅重要文件索引……………………(394)
地方性法规选编……………………(395)
杭州市公园管理条例
杭州市西湖龙井茶基地保护条例
行政规章选编……………………(399)
杭州市实施立法听证会制度的规定
杭州市市长公开电话行政投诉办法
杭州市有限合伙管理暂行办法(摘要)

附　录

先进名录……………………(403)
杭州市获2002年全国五一劳动奖状单位
2001年度杭州市模范集体
2001年度杭州市劳动模范
2001年杭州市农业丰收奖
杭州市第三批文明镇
杭州市第三批文明村
2001年杭州市1000万元以上纳税大户
获奖产品名录……………………(405)
2001年度杭州市出口创汇先进企业“金龙奖”名单
浙江省培育发展100个市场占有率居全国第一有竞争力的拳头产品及骨干企业名单(杭州市)
获科技进步奖名录……………………(406)
2001年杭州市获浙江省科技进步奖
2001年杭州市科技进步奖

彩色插页

杭州新貌……………………(1)
朱炳仁铜雕艺术……………………(8)

中国联通有限公司杭州分公司……………………………………………………(9)
浙江省电信实业集团有限公司……………………………………………………(10)
杭州网通信息港有限公司…(11)
杭州制氧机集团有限公司…(12)
浙江新安化工集团股份有限公司…………………………………………………(13)
眼力健(杭州)制药有限公司…………………………………………………(14)
杭州嘉威化学建材有限公司…………………………………………………(15)
杭州汇丽绣花制衣有限公司…………………………………………………(16)
浙江桐庐三亚进出口贸易有限公司…………………………………………(17)
桐庐富春江水泥制品有限公司…………………………………………………(18)
杭州恒达钢结构实业有限公司…………………………………………………(19)
杭州市长命印刷厂…………(20)
杭州德意电气有限公司……(21)
浙江和平工贸集团公司…………………………………………………………(22)
杭州市燃气(集团)有限公司…………………………………………………(23)
杭州西湖达利工业有限公司…………………………………………………(24)
杭州余杭华明服装总厂……(25)
杭州王星记扇业有限公司…(26)
杭州张小泉集团有限公司…(26)
临安奥星电子有限公司……(27)
余杭区径山四岭名茶厂……(28)
余杭区总工会 ………………(29)
杭州兴裕丝绸厂……………(29)
杭州市化工研究所…………(30)
建德市塑料化工有限公司…(30)
杭州市建筑设计研究院……(31)
杭州市房地产开发实业总公司…………………………………………………(32)
杭州复兴建设集团有限公司…………………………………………………(33)
2001年“西湖杯”优质工程…………………………………………………(34)
浙江中豪房开建筑集团有限公司…………………………………………………(45)
杭州达盟物业有限公司……(46)
运河(杭州段)截污工程全面竣工……………………………………………(48)
杭州市绕城公路北线一期工程竣工通车………………………(50)
杭宁高速公路余杭段工程进展迅速……………………………………………(51)
杭州市外商投资企业协会…(52)
杭州解百集团股份有限公司……………………………………………………(53)
杭州市区信用合作社联合社……………………………………………………(54)
杭州市植物保护站…………(55)
杭州市财政局农税征收中心……………………………………………………(56)
杭州吉如养殖场……………(57)
建德市钦堂红娟养殖场……(58)
杭州湖畔居茶楼……………(59)
杭州市中谊药店……………(59)
杭州仲裁委员会……………(60)
杭州市计划生育委员会……(61)
杭州市科学技术局…………(62)
萧山区卫生局………………(64)
杭州市城市管理行政执法局……………………………………………………(65)
杭州市盐务管理局(公司) …(66)
杭州市档案局(馆) …………(67)
上城区市容环境卫生局 ……(68)
余杭区环境保护局 …………(69)
富阳市环境监理站 …………(70)
富阳市供电局 ………………(71)
浙江省湘湖师范学校 ………(72)
杭州第九中学 ………………(73)
浙江省萧山中学 ……………(74)
浙江省淳安中学 ……………(75)
淳安县千岛湖镇南苑社区 …(75)
杭州康桥中学 ………………(76)
杭州市天成小学 ……………(77)
杭州市采荷第一小学 ………(78)
杭州青少年活动中心 ………(79)
下城区武林街道……………(80)
杭州市政府机关幼儿园 ……(80)
萧山区青少年宫 ……………(81)
杭州市佛教协会 ……………(82)
天目山禅源寺 ………………(83)
萧山区老年颐乐园 …………(84)
杭州市第一社会福利院 ……(85)
杭州市第二社会福利院 ……(85)
杭州浙麻离退休人员服务中心……………………………………………………(86)
余杭区残疾人联合会………(87)
杭州市第二人民医院………(88)
杭州市疾病预防控制中心…(89)
杭州市癌症康复协会………(90)
富阳市中医骨伤科医院……(91)
浙江安贤陵园………………(92)
下城区天水街道……………(93)
下城区长庆街道……………(94)
西湖区文新街道……………(95)
西湖区三墩镇三坝居委会…(96)
江干区四季青镇……………(97)
江干区闸弄口街道…………(98)
江干区闸弄口街道机神社区…………………………………………………(99)
江干区彭埠镇 ………………(100)
拱墅区祥符镇 ………………(101)
拱墅区祥符镇阮家桥村股份经济合作社 ……………………(102)
拱墅区康桥镇蒋家浜村经济合作社……………………………………………(104)
拱墅区康桥镇谢村村经济合作社…………………………………………………(105)
余杭区瓶窑镇 ………………(106)
余杭区乔司镇泥桥村 ………(107)
临安市高虹镇 ………………(108)
市公安局之江分局 …………(109)
杭州市西郊监狱 ……………(110)
杭州市第一劳动教养管理所……………………………………………………(111)
桐庐县人民法院……………(112)
余杭区公安分局余杭派出所……………………………………………………(113)
建德市人民法院 ……………(114)
桐庐县公安局横村派出所…(114)
杭州市南山陵园 ……………(115)
杭州殡仪馆…………………(116)

索引

索引 ……………………………(407)
附:笔画检字表
封面…………………………雷峰塔
封三…………………………杭州市地图

Contents

Special Report

Study & uphold President Jiang's July Ist Speech, master the golden key to ideological liberation & advance social & economic development–By Wang Guo Ping ······ (1)
Report on the Work of the Municipal Government (Abstract)–By Qui Bao Xing ······ (6)

Special Edition

Visits of the Party & State Leaders ······ (9)
Guidelines on Institutional Reform of Hangzhou Municipal Government ······ (9)
Decisions by the General Offices of Hangzhou Municipal Party Committee & Hangzhou Municipal Government on Post Specification of Municipal Institutional Reform ······ (12)
UN Bes Habitat Award for Hangzhou ······ (13)
Eight Breakthroughs on Hangzhou's Economic & Social Development in 2001 ······ (13)
List of satisfactory & unsatisfactory units subordinate of municipal government in 2001 ······ (14)

Chonicles of Events

10 Major Events of Hangzhou's Economic Development in 2001 ······ (15)
10 Major Events of Hangzhou's Social Development in 2001 ······ (15)
Chronicle 2001 of Hangzhou ······ (16)

General Survey

Historical Background ······ (21)
Geographical Survey ······ (21)
Administrative Map ······ (21)
Population Changes ······ (22)
An Outline of Economic & Social Development ······ (25)
Economic System Restructuring ······ (28)
Comprehensive Reform of Small Townships ······ (29)
Economic Cooperation ······ (30)
Spiritual Civilization Construction ······ (32)
Legal Affairs ······ (33)
Administrative Organs of the City, Districts & Counties(Cities) ······ (35)

Rural Economy

General Remarks ······ (44)
Planting ······ (46)
Forestry ······ (49)
Animal Husbandry ······ (51)
Aquait Products ······ (52)
Water Conservancy ······ (54)
Farm Machinery ······ (56)
Farm Enterprises ······ (57)
Rural Industries ······ (57)
Climate ······ (58)

Industrial Economy

General Remarks ······ (63)
Silk Industry ······ (67)
Textile Industry ······ (68)
Lady Dress Industry ······ (70)
First Light Industry ······ (72)
Second Light Industry ······ (72)
Machinery ······ (73)
Electronics & Information ······ (74)
The West Lake Electronics Group ······ (76)
Chemical Industry ······ (78)
Power Industry ······ (79)
Building Material & Metallurgy Industry ······ (81)
Medical Industry ······ (83)
Foodstuff Industry ······ (84)

Individual & Private Economy

Economic Construction ······ (86)
Social Activities ······ (87)

Scientific Study

Natural Science ······ (90)
Soclal Science ······ (95)

Commodity Circulation

General Remarks ······ (97)
State (Collective) Commerce ······ (100)
Catering Sector ······ (102)
Cereals & Edible Oil Trade ······ (103)
Supply & Marketing Cooperatives ······ (105)
Commercial Industry ······ (106)
Means of Production Trade ······ (107)

Administration of Tobacco Trade ················ (108)

Market

Personal Resource Market ························ (109)
Technology Market ································ (110)
Commodity Market management ·················· (110)
Cultural Market management ··················· (112)

Conference & Exhibition Business

General Remarkes ································ (113)
The West Lake Exposition 2001,Hangzhou,China ·· (113)
Large-scale Exhibitions and Fairs ··············· (115)
Conference & Exhibition Halls ·················· (117)

Foreign Trade

General Remarks ·································· (119)
Foreign Trade ····································· (119)
International Capital ····························· (121)
Customs ·· (122)
Export Processing Zone ··························· (123)
Commercial Inspection ··························· (124)

National Development Zones

Hangzhou Economic & Technological Development Zone(HETZ) ································· (126)
Xiaoshan Economic & Technological Development Zone(XETZ) ································· (128)
Hangzhou High Tech Development Zone ······ (130)
Zhejiang National Tourist Holiday Resort ······ (132)

Urban Construction, Governance and Environmental Protection

General Remarks ·································· (134)
Urban Planning ··································· (135)
Survey & Design ·································· (139)
Building Industry ································· (140)
Real Estate Management ························ (142)
Land Administration ····························· (143)
Urban Sanitation ································· (144)
Urban Afforestation ······························ (148)
Urban Governance ······························· (151)
Environmental Protection ······················· (152)
Town Construction ······························· (155)

Public Gardens and Relics

Public Gardens ··································· (156)
Relics ·· (159)

Tourism

General Remarks ·································· (163)
Tourist Market ···································· (163)
Tourist Festivals ································· (164)
Tourist Products ································· (165)
Tourist Operation ································ (165)
Tourist Management ····························· (166)
Tourism in Urban Districts,Counties & Cities ··· (167)

Transporation

General Remarks ·································· (172)
Key Construction Projects ······················· (173)
Railroads ··· (175)
Highways ··· (176)
Waterways ·· (178)
Civil Aviation ···································· (179)

Posts & Telecommunications

Postal Service ···································· (182)
Telecommunications ····························· (184)
Mobile Telecommunications ···················· (187)
Unicom Telecommunications ···················· (189)

Finance & Taxation

Finance Control ·································· (191)
State Taxation ··································· (192)
Local Taxation ··································· (193)

Banking & Insurance

Hangzhou Branch of People's Bank of China ··· (195)
Zhejiang Branch of Bank of Industry & Commerce of China ·· (196)
Zhejiang Branch of Agricultural Bank of China ··· (196)
Zhejiang Branch of Bank of China(Hangzhou) ··· (197)
Zhejiang Branch of Construction Bank of China ··· (198)
Hangzhou Branch of Communications Bank ··· (198)
Hangzhou City Commercial Bank ··············· (199)
Hangzhou City Rural Credit Cooperative Union (200)
Hangzhou Industry & Commerce Trust & Investment Co.Ltd ·· (200)
Hangzhou Branch of People's Insurance Company of China ·· (201)
Hangzhou Branch of Life Insurance Company Limited of PICC ·· (201)
Hangzhou Branch of Pacific Insurance Copmany of China ·· (202)

Hanhzhou Branch of Safety Insurance Company Limited of China ······ (203)

Economic Management
Planning Administration ······ (204)
Auditing ······ (205)
Industrial & Commercial Administration ······ (207)
Pricing ······ (209)
Statistics ······ (210)
Technical Supervision ······ (212)
Drug Administration ······ (213)
Hangzhou Economic Construction Planning Institute ······ (215)

Information Construction
General Remarks ······ (216)
Information Industry ······ (217)
Information Infrastructure ······ (217)
Information Project ······ (218)
Information Application & Service ······ (219)

The Party & Government
Hangzhou Municipal Committee of the CPC ··· (222)
Hangzhou Municipal Commission for Inspecting Discipline of the CPC(Hangzhou Municipal Supervision Bureau) ······ (232)
Hangzhou People′s Congress ······ (235)
Hangzhou Municipal Government ······ (238)
Hangzhou Committee of C.P.P.C.C. ······ (248)

Democratic Parties & Association of Industry & Commerce
General Remarks ······ (251)
Hangzhou Committee of the Revolutionary Committee of China Nationalist Party ······ (251)
Hangzhou Committee of China Democratic League ······ (252)
Hangzhou Committee of China Democratic National Construction Association ······ (252)
Hangzhou Committee of China Association for Promoting Democracy ······ (253)
Hangzhou Committee of China Peasants′ & Workers' Democratic Party ······ (253)
Hangzhou Committee of China Zhi Gong Dang ··· (254)
Hangzhou Committee of Jiu San Society ······ (254)
Hangzhou Association of Industry & Commerce ······ (255)

Organizations of Worker,Youth & women
workers Organization ······ (256)
Youth Organization ······ (258)
Women's Organizotion ······ (259)

Labor, Personnel
Labor ······ (261)
Personnel ······ (263)

Foreign Affairs, Overseas Chinese Affairs, Taiwanese Affairs
foreign Affairs ······ (266)
Overseas Chinese Affairs ······ (270)
Taiwanese Affairs ······ (271)

Law
General Remarks ······ (273)
Public Security ······ (274)
Procuratorial work ······ (275)
Court of Justice ······ (277)
Administration of Justice ······ (279)
Law cases ······ (281)

Military
General Remarks ······ (283)
Militia, Reserve Duty & Recruitment ······ (283)
Defense Education and Military-Civilian Joint Construction ······ (284)
People's Air defense ······ (284)
Armed Police ······ (285)

Education
General Remarks ······ (287)
Higher Education ······ (288)
Secondary Education ······ (290)
Technical Education ······ (290)
Compulsory Education ······ (291)
Infant Education ······ (291)
Adult Education ······ (292)
Teacher Training ······ (292)
School Improvement ······ (293)

Culture
General Remarks ······ (294)
Professional Art ······ (294)
Social Culture ······ (295)
Xiling Seal-Engraving Society & Painting Institute ······ (295)
Federation of Art & Various Associations ······ (296)

Archive Administration .... (299)

Press & Publication

General Remarks .... (301)
Newspapers .... (301)
Broadcasting & TV .... (302)
Publication .... (305)
Press Organization .... (307)

Public Health

General Remarks .... (308)
Health & Prevention .... (309)
Rural Health Care .... (309)
Medical Administration .... (309)
Traditional Chinese Medicine .... (310)
Medical Education & Reseach .... (310)
Medical Supervision .... (310)
Patriotic Health Campaign .... (310)
Red Cross Society .... (312)

Sports

General Remarks .... (313)
Sports Competition .... (313)
Mass Sports .... (314)
Amateur Training .... (316)
Sports Exchanges .... (316)

Social Benefits & Society

Preferential Treatment & Resettlement of Martyrs .... (317)
Grassroots Governments & Community Building .... (320)
Disaster Relief .... (321)
Social Welfare Cause .... (323)
Administration of Social Organizations .... (324)
Marriage & Adoption Administration .... (324)
Repatriation of the Homeless .... (324)
Interment Administration .... (324)
Handicapped Administration .... (325)
Nationalities .... (327)
Religion .... (328)
People´s Livelihood .... (329)
Family planning .... (330)
Senior Citizen Administration .... (332)

People

Resumes of Newly Appointed Leaders of the Municipal Government .... (335)
The News Makers .... (337)
Profiles of Aged Writers & Artists of great Contribution .... (340)
The Deceased .... (341)
Selection of Historical Figures .... (343)

Districts & Counties(Cities)

Shangcheng District .... (344)
Xiacheng District .... (346)
Jianggan District .... (348)
Gongshu District .... (350)
Xihu District .... (352)
Bjnjiang District .... (355)
Xiaoshan District .... (357)
Yuhang District .... (361)
Tonglu County .... (364)
Chun´an County .... (366)
Jiande City .... (370)
Fuyang City .... (372)
Lin´an City .... (375)

Statistics

Statistical Tables .... (379)

Document Index & Selected Local Regulations

Document Index for Hangzhou CPC Committee .... (392)
Document Index for Office of Hangzhou CPC Committee .... (393)
Document Index for Hangzhou People´s Congress .... (393)
Document Index for Hangzhou people´s Government .... (394)
Document Index for Office of Hangzhou People´s Government .... (394)
Selected Local Regulations .... (395)
Selected Administrative Regulations .... (399)

Appendix

Lists of Outstanding Institutions & Persons ... (403)
Lists of Awarded Products .... (405)
Lists of Scientific Advancement Awards ...... (406)

Colorful Inserts

Index

Index .... (407)

特 载

学习贯彻江总书记“七一”重要讲话 掌握解放思想金钥匙 推动经济社会大发展(摘要)

——在市委八届七次全体(扩大)会议上的报告

中共浙江省委常委、杭州市委书记 王国平

(2001年7月23日)

这次市委全会的主要任务，就是要进一步学习贯彻江泽民总书记《在庆祝中国共产党成立八十周年大会上的讲话》(以下简称《讲话》或“七一”讲话)精神,结合落实省委十届六次全会精神,把全市各级党组织、广大党员的思想和行动进一步统一到《讲话》精神上来,以更坚定的信心、更饱满的热情、更扎实的工作,深入实践“三个代表”(代表中国先进生产力的发展要求,代表中国先进文化的前进方向，代表中国最广大人民的根本利益)重要思想,掌握解放思想的“金钥匙”,推动经济社会大发展。

一、把握《讲话》精髓,推动思想再解放

《讲话》科学系统地总结了我们党80年奋斗历程、光辉业绩和基本经验,全面阐述了“三个代表”重要思想的科学内涵，进一步指明了党在新世纪的历史任务和奋斗目标,通篇闪耀着马克思主义的光辉,处处体现着解放思想、与时俱进的理论品质。

(一)《讲话》是又一次思想解放的伟大成果。解放思想,实事求是,是马克思主义活的灵魂,是我们党永葆青春活力的法宝。回顾党80年的历程,可以得出一个重要结论:解放思想是推动社会前进的强大力量,什么时候思想解放,我们的事业就成功、就发展;什么时候思想僵化,我们的事业就会遭到挫折、甚至倒退。党的十一届三中全会以来，第一次思想解放是20世纪80年代初关于真理标准问题的讨论,冲破了“两个凡是”桎梏,带来了改革开放的新局面;第二次思想解放是20世纪90年代初邓小平同志南方讲话以后,解决了姓“社”姓“资”问题;第三次思想解放是党的第十五次代表大会前后，我们党提出了以公有制为主体多种所有制经济共同发展的基本经济制度,解决了姓“公”姓“私”问题。可以说,“三个代表” 重要思想的提出是我们党改革开放以来第四次思想大解放。江总书记“三个代表”重要思想和这次《讲话》,是我们党面对国际共运低潮新挑战作出的科学回应，面对世界格局大变革新形势作出的科学回应，面对改革开放新情况作出的科学回应,面对自身建设新课题作出的科学回应，是又一次伟大的理论创新,又一次伟大的思想解放。

(二)《讲话》提出了解放思想的新要求。面对新世纪新考验,《讲话》按照“三个代表”要求,围绕一系列重大理论实践问题特别是党的性质、宗旨和根本任务等,提出了一系列新思想、新观点、新论断。不仅是理论创新的成果、解放思想的典范,而且对推动新的思想解放提出了新的要求。学习领会《讲话》的深刻内涵和精神实质,重要的是要掌握解放思想这把“金钥匙”,运用解放思想这一强大思想武器，自觉地把思想认识从那些不合时宜的观念、做法和体制中解放出来,从对马克思主义的错误的和教条式的理解中解放出来，从主观主义和形而上学的桎梏中解放出来。坚持孜孜以求的学习精神,不断提高马克思主义理论素养;坚持实事求是的科学精神,把实践作为检验真理的惟一标准;坚持与时俱进的创新精神,在继承中探索,在探索中创新,在创新中发展;坚持敢于负责的敬业精神,脚踏实地,埋头苦干,讲求实效,真正实践好“三个代表“重要思想。

(三)以解放思想为强大动力加快杭州经济社会发展。去年,江总书记提出“三个代表”重要思想以来,我市认真组织学习,积极贯彻落实,进一步明确了建经济强市、创文化名城、为人民谋利的目标和解放思想、抢抓机遇、开拓创新、加快发展的主题,并结合“双思”(致富思源,富而思进)教育,通过学先进、找差距、理思路、定目标,梳理出了需要重点解决的国企改革、技术创新、个私经济、对外开放、城建城管、发展环境、市民素质等7个重大问题。一年多来,市委、市政府围绕如何解决好上述7大问题开展了调查研究,组织专门班子,进行专题部署,出台政策举措,实行重点突破,取得了明显成

绩。今年上半年,我们实现了“时间过半、完成任务过半”目标,主要经济指标在全国、全省处于领先位置。可以说,当前是我市历史上最好的发展时期之一。这一大好形势的形成,最根本的是得益于邓小平理论和江泽民同志“三个代表”重要思想的指导,得益于全市广大党员干部不断解放思想,加快发展。

当然,我们在前进的道路上仍然面临着许多困难和挑战。如何抢抓机遇、迎接挑战、乘势而上、加快发展,关键是要乘学习贯彻《讲话》的强劲东风,坚持以“三个代表”重要思想统揽全局,推动新一轮思想大解放。在观念上解放思想,破小富即安、小进则满的思想,树干大事业、求大发展的创业精神;破消极畏难、无所作为的思想,树勇于探索、敢为人先的创新精神;破贪图安逸、追求享受的思想,树艰苦奋斗、埋头苦干的吃苦精神。同时,不断深化“高新技术学深圳、对外开放学苏州、个私经济学温州、城建城管学大连”活动。在改革管理体制上解放思想,努力构筑现代化城市管理体制,适应我国加入WTO(世界贸易组织)新形势的需要。在制定政策上解放思想,以促进发展为检验标准,构筑政策“洼地”。在精神状态、工作方法、工作作风上解放思想,勇于创新,积极开拓,求真务实,干净干事,努力把《讲话》精神贯彻落实到建经济强市、创文化名城、为人民谋利、推进新世纪党的建设新的伟大工程中去。

二、代表先进生产力的发展要求,建经济强市

(一)推进体制创新。体制创新是推动先进生产力发展的动力。我市的改革已进入攻坚阶段,我们要对所从事的工作经常加以检查和总结,看看是不是符合先进生产力的发展要求,符合的就毫不动摇地坚持,不符合的就实事求是地纠正。要扩大国企改革成果,加快个私经济发展,鼓励个私企业参与国企改革,投资基础设施建设,推进市、县、乡(镇)机构改革。

(二)加强科技创新。科学技术是第一生产力。要抓实“一号工程”,围绕信息港、新药港建设,坚持大公司战略和群体战略并举,培育一批“顶天立地”的龙头骨干企业,催生“铺天盖地”的中小民营科技企业。抓好国家级、省级开发区和城区经济科技园区建设,构筑人才高地,努力营造有利于优秀人才脱颖而出的政策和人文环境。把不断提高市民思想道德、科学文化素质和劳动技能摆上重要位置,切实履行好我党代表先进生产力发展要求的“第一要务”。

(三)加快结构调整。结构调整是发展先进生产力的主线。对那些不适应先进生产力和时代发展要求的落后生产方式,我们要按照《讲话》精神,既不能脱离实际地简单化地加以排斥,也不能采取安于现状、保护落后的态度,而要立足实际,创造条件加以改造、改进和提高,通过长期努力,逐步使它们向先进适用的生产方式转变。以效益农业为重点调整第一产业结构。以信息化带动工业化为重点调整第二产业结构。以旅游业为龙头,商贸、金融、房地产和文化产业为重点调整第三产业结构。西博会要在会展内容、招商引资、精神文明建设、市民参与等方面取得新突破,使会展业成为杭州经济发展的新增点、新亮点。

(四)强化招商引资。发展开放型经济是发展先进生产力的重要途径。全面落实有人、有地、有钱、有政策、有办法、有项目招商。特别要通过办好各级各类园区等途径努力解决有地招商问题。要把吸引外资的重点放在跨国公司和有较强经济科技实力的台商投资企业上。加大对内招商力度,大力发展省会经济。

当前影响经济发展的主要因素还是有效需求不足。我们要联系杭州实际,认真分析消费、投资、出口这“三驾马车”的情况,保持清醒头脑,采取一些针对性措施。一是消费。怎么拉动有效消费?最重要的是发展旅游业。因为旅游业是个综合性产业,涉及到吃、住、行、游、购、娱,只要把旅游业抓上去,杭州的消费就能够继续保持现在的好势头。抓旅游就要抓好西博会这个重要载体。去年西博会拉动GDP增长0.42个百分点,如果今年我们继续努力,将会拉动GDP增长0.5个百分点。二是投资。我们要保持当前投资增长比较快的好势头,抓住中央实施积极财政政策的宝贵时机,进一步加大投资力度。当前,投资主要遇到土地和资金两个问题。对土地问题,我们要按照省的要求,根据实际情况,进一步解放思想,切实解决好在投资项目征地过程中的各种困难,保证每一个投资项目都能及时拿到土地。解决资金问题要靠银行信贷,要争取国债项目,但更重要的一手还是招商引资。投资的重点是基础设施建设,特别是交通。市委、市政府提出“交通西进”,涉及到620千米公路的改造和建设,投入60亿元以上,要作为今后一个时期的重点认真抓好。钱江新城、天然气输配、轨道交通等重大项目也要尽快启动,不要错过时机。三是出口。当前的形势非常严峻,我们要认真贯彻落实省委全会精神,制定和出台新的政策,保证下半年出口的适度增长。

三、代表先进文化的前进方向,创文化名城

代表先进文化前进方向,加快文化名城建设,是我们落实“三个代表”要求,加快杭州新发展,率先基本实现现代化的重要内容,也是本次全会要研究部署的一个重点问题。

江总书记“七一”重要讲话,对社会主义文化建设作了深刻的阐述,进一步指明了先进文化的前进方向。《讲话》指出:“我们党要始终代表中国先进文化的前进方向,就是党的理论、路线、纲领、方针、政策和各项工作,必须努力体现面向现代化、面向世界、面向未来的,民族的科学的大众的社会主义文化的要求,促进全民族思想道德和科学文化素质的不断提高,为我国经济发展和社会进步提供精神动力和智力支持。”我们要深入学习《讲话》精神,把代表先进文化前进方向的要求全面贯彻落实到文化名城建设中去。

——代表先进文化的前进方向,创文化名城,是保

持党的先进性的内在要求。先进文化是人类文明的结晶,是人类社会进步的灵魂,是人类历史发展的内驱力。当今世界,文化越来越成为经济社会发展的战略资源,成为一个国家综合国力的重要组成部分和重要标志。一个国家强大与否,取决于经济实力、科技实力、军事实力,也取决于文化力。一个政党能否牢牢掌握政权,取决于它所拥有的政治、经济资源,也取决于它所掌握的文化资源,取决于它是否掌握先进文化发展的主导权。我们党要保持先进性,必须始终代表中国先进文化的前进方向,成为先进文化的领导者、建设者和传播者。

——代表先进文化的前进方向,创文化名城,是发展先进社会生产力的客观要求。人是生产力中最活跃的因素。没有高素质的人,就不可能有先进的生产力。大力发展文化事业,积极开展文化活动,可以陶冶情操,涵养性情,开阔眼界,增长知识,振奋精神,激发人的创造力,是一种高素质劳动力的再生产。从这个意义上说,文化是经济发展水平的重要体现,是社会生产的重要内容,文化也是生产力,文化就是生产力。

——代表先进文化的前进方向,创文化名城,是实现人民群众根本利益的重要内涵。丰富健康的文化生活,是人们生活质量提高的重要标志。始终代表最广大人民的根本利益,一个极其重要的方面,就是要把丰富多采、健康有益的文化产品和精神食粮奉献给人民。

——代表先进文化的前进方向,创文化名城,是贯彻依法治市和以德治市方针的重要保证。文化不仅是道德的内在基础,也是法制的内在基础。大力发展社会主义文化,有利于提高人民群众的思想道德素质,有利于增强人民群众的法律意识和民主法制观念,为推进依法治市、以德治市创造最广泛的群众基础和深厚的思想基础。

——代表先进文化的前进方向,创文化名城,是适应"入世"新形势的迫切要求。经济上的对外开放,必然带来文化上的对外开放。当今的文化产业不仅成为一个国家经济发展的重要增长点,而且已成为经济上对外开放的一个新领域。国外的文化巨头对中国的文化市场极为关注。特别是信息网络技术的广泛运用,文化的发展突破了国界,文化产品、文化资本的跨国流动和文化生产贸易的全球运作,使文化发展的国际性日益明显,世界上各种思想文化相互激荡。这既给我们的文化建设带来新的发展机遇,也带来了西方文化价值观念、文化产品、文化资本的更大冲击。在这样的国际背景下,加快创文化名城步伐具有特别重要的意义。我们要通过创文化名城,以更开阔的眼界、更宏伟的气魄、更集中的力量,把自己的文化产业做强做大,增强文化领域的国际竞争力,与发达国家的"文化航母"相抗衡;我们要通过创文化名城,坚守社会主义文化阵地,用先进文化引导人、培养人、塑造人、鼓舞人,增强广大干部群众识别和抵制西方腐朽反动文化渗透和侵蚀的能力。

——代表先进文化的前进方向,创文化名城,是"构筑大都市、建设新天堂"的重要内容。杭州历史悠久、文化灿烂。新世纪开局之年,我市进行了重大行政区划调整,城市面积和人口在长江三角洲地区已仅次于上海。杭州能否乘势而上、加快发展,关键之一是看文化能否再创辉煌。只有文化繁荣,才有城市繁荣。构筑大都市,需要文化大发展。历史上的杭州是当之无愧的文化名城,现在我们要加倍努力,不能愧对历史。改革开放以来,我市文化建设取得了巨大成绩,但还存在不少问题:文化体制改革滞后,文化资源深度开发不够,文化精品力作不多,优秀文化人才缺乏,文化产业发展滞后,文化市场发育不全,文化经济政策和产业政策不够健全和配套,等等。我们一定要下决心尽快改变这种现状。

前段时间,市委、市政府对全市文化建设特别是文化产业发展问题作了系统调研,形成了进一步推进文化名城建设的基本思路。总的要求是:在"三个代表"重要思想指导下,以推进文化体制改革为动力,以发展文化产业为突破口,以提高市民素质为基础,以德治法治结合为手段,大力发展具有鲜明时代特征、地方特色、大众特性的社会主义文化,把杭州建设成为浙江都市文化的龙头、精神文明的首善之区、长江三角洲乃至我国东南部的重要文化中心之一。

(一)以推进文化体制改革为动力。经济要发展,出路在改革;文化要发展,出路同样在改革。要把文化体制改革摆上重要位置,加大力度,加快推进管理体制改革、事业单位改革、投资体制改革及配套改革。总结推广一批以改革促发展的典型,以点带面,推动改革。不改革就没有出路,只有改革,许多长期困扰我们的问题才能迎刃而解。

(二)以发展文化产业为突破口。文化产业作为新兴产业,投入产出率高,能带来巨大的经济、社会效益,成为国民经济新的增长点和支柱产业。我市文化产业还处于起步阶段,尚未形成规模和优势。加快文化名城建设,必须大力发展文化产业,力争在"十五"期间把文化产业培育成为我市的支柱产业之一。

做强产业。立足资源优势,把握市场需求,优先发展文化旅游业、现代传媒业、艺术品产业、文体娱乐业、教育培训业,最终形成以重点产业为主导、相关产业联动发展的产业格局,以文化产业的大发展带动文化事业的大繁荣。

整合资源。以需求为导向、资产为纽带、品牌为龙头、企业为主体,打破地区、部门、行业和所有制界限,运用市场机制,整合文化资源,调整产业结构,切实解决小而全、低而散,部门分割、各自为政,封闭发展、效益低下等问题。全市各级各部门要开放、开明,积极支持文化资源的优化配置,捏紧拳头,打好"杭州牌"。要牢固树立"只求所在、只求所用、不求所有"的观念,积极争取支持省级部门、省属企业在杭投资文化产业,努力在全省范围内整合优化资源配置,打好"浙江牌"。要面向全国,走向世界,进一步扩大开放,吸引各方投资,集聚八方人才,引进一批国家级、世界级文化大公司,打好"中华牌"、"国际牌"。要实施品牌战略,在科学、教育、文化、卫生、体育、新闻出版等领域培育一批名牌单位,推出一批精品名作。要大力抓好西湖、良渚世界遗产申报工作。

集聚人才。要积极发展专业艺术教育和文化经营管理教育，把培养文化高级人才纳入全市跨世纪人才培养规划中。要在住房、户籍、职称、家庭安置等方面制定政策，引进一批国内外文化名人和优秀文化经营管理人才。要允许和鼓励有特殊才能的各类人才投“知”入股、参与分配,对有突出贡献的人员予以重奖,让文化人先富起来。

创造环境。各级党委和政府要把加快发展文化产业作为我市新世纪发展的一项战略任务，切实加强领导。市委、市政府建立发展文化产业指导委员会,负责研究制定产业发展规划和政策，指导协调落实文化产业发展中的重大工作。抓好文化系统领导班子建设,配好配强领导班子,优化班子结构,提高整体素质。发扬求真务实作风,坚决克服文化建设中的形式主义。建立健全文化产品生产、流通机制,发展文化中介机构,完善文化经纪人制度,培育文化市场。加强行业管理,保护知识产权,规范市场行为,打击非法经营。用足用好国家和省的政策措施,全面落实我市即将出台的《关于加快文化产业发展若干经济政策的意见》和《关于加快市属文化事业单位转企改制的若干政策意见》。加大文化设施建设投入,同时,要重视合理配置、整合现有文化设施,向社会开放,提高利用率。

(三)*以提高人的素质为基础*。要率先基本实现现代化,靠什么?要靠人的现代化。没有人的现代化,城市的现代化是不可能实现的。我们要在始终坚持以经济建设为中心,不断提高人民生活水平;发展社会主义民主政治,健全社会主义法制,保证人民群众依法管理好自己的事情;坚持实施可持续发展战略,改善生态环境,改善公共设施和社会福利设施的同时，努力提高人民的思想道德素质和科学文化素质，实现人们思想和精神生活的全面发展。要始终坚持马克思主义指导地位,始终坚持以科学的理论武装人，以正确的舆论引导人,以高尚的精神塑造人,以优秀的作品鼓舞人,实施好我市即将出台的《提高市民素质的若干意见》,围绕思想道德、民主法制、科学文化、身心健康等重点,不断提高市民整体素质。

提高市民素质,一要抓重点人群。干部是榜样,要强化干部的宗旨意识、奉献意识、全局意识,做到勤政、廉洁、务实、高效,不断提高自身文明素质,带动市民素质的提高。青少年代表未来,要切实加强对青少年的教育引导,努力造就热爱祖国、热爱人民、积极上进、勤奋开拓的年轻一代。窗口服务单位的文明素质是城市文明程度的重要体现,要采取行之有效的办法,不断加强对窗口服务单位职工的教育。要加强对外来务工人员的教育、管理、服务,提升他们遵纪守法意识和文明道德素养。二要抓教育阵地。把幼儿园、学校、社区、企业作为提高市民素质的重要阵地来抓，完善市民素质教育体系。三要抓活动载体。针对市民素质方面存在的问题,一年重点设计一个载体,抓好一个主题,解决一个问题,不断提高市民整体素质。

(四)*以德治法治结合为手段*。道德是基础,法制是保障。我们要深刻领会依法治国和以德治国思想的深刻内涵,在文化建设中始终坚持德治与法治并举。要切实加强和改进党对依法治市工作的领导,认真实施《杭州市 2001 年~2005 年依法治市规划》。推进全市政治、经济和社会各项事业的法制化管理，促进社会文明进步,推进文化名城建设。

四、代表最广大人民的根本利益,为人民谋利

我们要把群众呼声作为第一信号，把群众的利益作为第一要务,把群众满意作为第一标准,倾听群众呼声,反映群众意愿,关心群众疾苦,把工作做到群众的心坎上。当前重点抓好三方面工作。

(一)*富民*。要始终坚持一切为了群众,一切依靠群众,坚持和完善领导干部联系点、重大决策公开征询民意等制度,使各项决策更加得民心、合民意。要充分尊重群众的首创精神,善于发现、总结和推广人民群众发展致富的新鲜经验,树立典型,带动全面。要积极实施“49100”工程(帮扶 49 个欠发达乡镇、100 个经济薄弱村),探索“捆绑式”结对扶贫开发工作新路子,加快经济薄弱乡村的脱贫致富步伐。要坚持环境立市,大力实施城市东扩、旅游西进、沿江开发、跨江发展战略,抓紧钱江新城、城市轨道交通、信息港基础设施、天然气接纳等重点工程建设;进一步推进“蓝天、碧水、绿色、清静”工程,加大依法拆违、综合整治和扩绿力度,巩固“创模”成果,建设国际花园城市;围绕群众反映强烈的热点难点问题,坚持为民办实事;实施综合执法,加强城市管理,深化文明创建,增强社区功能,不断提高城市文明程度和品位;正确处理经济发展同人口、资源、环境的关系,促进人和自然的协调与和谐，提高市民对我们这座城市的满意度和亲和力。

(二)*安民*。要深入开展“严打”整治斗争,依法严厉打击敌对势力、非法组织和各种严重刑事、经济犯罪,深化与“法轮功”邪教组织的斗争,继续组织好“打黑除恶”,维护社会政治稳定。推广“枫桥经验”,坚持标本兼治,强化综合治理,处理好人民内部矛盾,创造良好治安环境。要积极推进城镇职工基本养老保险、失业保险、基本医疗保险制度改革,做到“两个确保”(确保下岗职工领到基本生活费，确保离退休人员按时足额领到基本养老金),落实“三条保障线”(城镇居民最低生活费、下岗职工基本生活费、失业保险金)。要广辟弹性就业、非正规就业岗位,引导下岗职工转变择业观念,促进充分就业。要加强安全生产工作,把各种事故苗头和隐患消灭在萌芽状态。

(三)*爱民*。要时刻把人民群众的冷暖放在心上,特别要关心低收入群体、弱势群体以及那些工作和生活上暂时遇到困难的群众，把他们的冷暖安危摆上重要议事日程,重点考虑,重点解决,切实安排好他们的就业和生活。要办好“12345”市长公开电话,加强信访工作,

努力为群众排忧解难，雪中送炭。要继续广泛开展以“送温暖、献爱心”为主题的“春风行动”，充分发挥民政、工会、妇联、残联、慈善总会等的作用，多渠道募集资金，确保特困群体的生活。对困难较多的企业、矛盾较突出的单位、发生严重自然灾害或重大事故的地方，领导干部要深入第一线解决问题，把党的关怀送到基层群众之中。

五、推进新世纪伟大工程，迎接市第九次党代会召开

《讲话》指出，要使我们党始终走在时代前列，始终成为全国人民的主心骨，始终成为坚强的领导核心，就必须以改革创新精神研究解决党的建设所面临的重大问题，改进领导方式，提高领导水平。我们要按照“三个代表”要求，进一步把全市各级党组织和干部队伍建设好，为建经济强市、创文化名城、为人民谋利提供强有力的组织保证。

(一)加强思想政治建设。全市各级党组织和广大党员都要认真学习《讲话》，用“三个代表”重要思想武装头脑，切实做到：坚持马克思主义在意识形态领域的指导地位；坚持马克思主义的科学原理和科学精神、创新精神；坚持解放思想，实事求是，一切从实际出发，研究新情况，解决新问题；坚持尊重社会发展规律与尊重人民历史主体地位的一致性，从人民群众中汲取前进的不竭力量；坚持理论联系实际，提高领导、决策水平。

(二)增强党的阶级基础，扩大党的群众基础。保持党的先进性，巩固党的执政地位，离不开阶级基础的先进性和社会基础的广泛性。我们要正确认识和把握党员标准，把来自工人、农民、知识分子、军人、干部的党员作为党的队伍最基本的组成部分，把承认党的纲领和章程、自觉为党的纲领和路线而奋斗、经过长期考验符合党员条件的社会其他方面的优秀分子吸收到党内来，通过党这个大熔炉提高广大党员的思想政治觉悟，从而不断增强党的阶级基础和群众基础，不断增强党的社会影响力和凝聚力。要继续以农村、改制企业、社区、新经济组织为重点加强党的基层组织建设，巩固党的全部工作和战斗力的基础。

(三)完善民主集中制。首先要发扬党内民主。要切实保障党员的民主权利，拓宽党内民主渠道，加强党员对党内事务的了解和参与。党委内部要按照集体领导、民主集中、个别酝酿、会议决定的原则，完善议事和决策机制。要正确处理好全委会、常委会、书记办公会议之间的关系，发挥好全委会作用，健全常委会决策程序，重大问题集体决策，集体领导、个人分工，增强班子创造力、凝聚力和战斗力。党委要统揽全局、协调各方，通过科学化、规范化、制度化的机制，加强对人大、政府、政协、人民团体的领导。人大、政府、政协、人民团体的党组及党员领导干部，在依法行使职权的工作中，必须坚决贯彻党的路线方针政策和党委的决定，充分发挥各自职能作用。

(四)推进干部队伍建设。明年市级4套领导班子换届，后年区、县(市)班子换届，建设一支高素质的干部队伍，是市、区县(市)两级党委工作的重点。领导干部要有识才的慧眼、用才的气魄、爱才的感情、聚才的方法，全面贯彻干部队伍“四化”方针和德才兼备原则，知人善任，广纳群贤，不拘一格用人才，把那些思想政治素质好、科学文化水平高、组织领导能力强、政绩突出、群众公认的优秀干部选拔进各级领导班子。特别要配强配好“一把手”。要加强培养选拔年轻干部、女干部、党外干部工作，加强和改进后备干部工作，做好老干部工作。要坚持党管干部原则，推进干部人事制度改革，完善推广公开选拔、考察预告、任前公示、交流轮岗、调整不称职不胜任干部等制度，做到公开、公平、竞争、择优，促进干部奋发工作、能上能下。

(五)抓好党风廉政建设。各级党组织和每个党员都要从党和国家生死存亡的高度，充分认识反腐倡廉工作的重大意义，坚持标本兼治、综合治理，深入开展反腐败斗争，努力铲除腐败现象滋生的土壤和条件，从源头上预防和解决腐败问题。要通过加强党内监督、法律监督、群众监督、民主监督，建立健全依法行使权力的制约机制和监督机制。对任何腐败行为和腐败分子，必须一查到底，决不姑息，取信于民。党的作风，关系党的形象，关系人心向背，关系党的生命。我们要按照《讲话》精神，大力推进党的作风建设。当前特别要注意克服不思进取、无所作为的思想和形式主义、官僚主义的歪风。各级领导干部都要自觉执行市委制定的一系列深入基层、联系群众的制度，处处重实际求实效，以良好的党风政风，带领全市人民为杭州的现代化事业共同奋斗。

政府工作报告(摘要)

——2001年2月20日在杭州市第九届人民代表大会第六次会议上

杭州市市长 仇保兴

一、2000年工作回顾

(一)国民经济持续健康快速发展

全市实现国内生产总值1380.56亿元,按可比价计算,比上年增长11.1%;人均国内生产总值2.23万元,增长11%。全市财政总收入142.85亿元,其中地方财政收入69.19亿元,分别比上年增长39.2%和53.9%。

扩大投资和消费成效明显。全社会固定资产投资514.49亿元,比上年增长18.4%。各项重大项目在保证质量的前提下,基本达到计划要求。实现全社会消费品零售总额403.95亿元,比上年增长12.5%。市区居民消费价格指数为100.8。

经济结构逐步优化。农、林、牧、渔各业调整步伐加快,效益农业势头良好。农业区域布局和支柱产业初步形成,农业产业化经营取得进展。工业生产呈现速度与效益同步增长的良好态势。旅游业、建筑与房地产业、金融业、信息业等有了很大发展。2000年,我市一、二、三次产业占国内生产总值的比重为7.5:51.3:41.2。

西湖博览会取得圆满成功,总成交(营业)额69.61亿元,招商引资项目总投资137.3亿元和3.11亿美元,创造增加值5.5亿元,拉动国内生产总值0.42个百分点。参与西博会活动的人数达573.72万人次。

(二)改革开放继续向纵深推进

国企改革脱困目标基本实现。2000年末,全市国有企业改制面达85.6%,市区13个重点工业改制企业已全部完成改制。市属141个企业(包括经营网点)拍卖所得超过评估资产的48.2%。全市113个国有及国有控股大中型工业企业的亏损面下降到15.04%,42个扭亏责任重点企业已有36个实现脱困,尚未脱困企业也呈现减亏、扭亏的良好势头。

农村改革和非公有制经济发展力度加大。全市农村完成第二轮土地承包,并积极探索土地使用权流转新机制。全市乡镇企业改制面达到96%。进一步扩大了创业自由度,推动了个私经济的引进和发展。

劳动就业和社会保障工作成效显著。全市共安置下岗职工2.94万人,有18.19万城镇失业人员实现再就业,城镇登记失业率为3.48%。养老保险和失业保险分别净增参保职工9.12万人和7.75万人。1.14万人次享受了市区居民最低生活保障补助。出台了市区城镇职工基本医疗保险方案。

对内对外开放保持良好势头。全市实现外贸出口69.65亿美元,比上年增长37.1%,其中市级外贸出口29.61亿美元,增长57%。全年新批利用外资项目315个,协议利用外资6.45亿美元,实际利用外资4.31亿美元,分别比上年增长48.6%、13.8%和2.5%。经国务院批准,建立了杭州出口加工区。外地企业来杭持续增加,对内开放取得了良好成效。

(三)城乡建设取得新进展

规划工作进一步加强。形成并完善了"城市东扩、旅游西进、沿江开发、跨江发展"的战略。根据国家有关部委的意见,对杭州城市总体规划(1996年~2010年)作了新的修改和完善。完成了6城区分区规划、钱江两岸城市景观规划和河坊街历史街区规划等一批重要规划设计项目。7县(市)域城镇体系规划也已编制完成。

建设和管理力度进一步加大。全市基本建设和更新改造中用于基础设施建设的投资达138亿元,比上年增长20.2%。建成一批重大交通基础设施、标准堤塘、退堤还江等工程,并完成市区道路、入城口整治、绿化、临街花园建设、运河疏浚与河道清淤配水、西湖疏浚等工程,使城市形象和环境质量有了新的改善和提高。各县(市)开展环境综合整治也取得明显成效。对严重影响生态环境的189家企业坚决实施了关停并转。全市治理水土流失面积达5790平方千米,绿化造林8932公顷,完成退耕还林1553公顷。新增有效耕地面积1600公顷,连续4年实现耕地占补平衡。

(四)科技教育发展获得新成绩

技术创新工作取得新突破。确立了以"两港三区"为重点建设"天堂硅谷"的一号工程。组建了市高科技风险投资公司。完善创业孵化器协作网和中国联合投资协作网。进一步加强与高等院校、科研机构的联合协作。企业技术创新工作进一步强化。全市13个区、县(市)均已成为全国科技先进县(区)。初步建成全市有线宽带网和各种信息应用平台。

教育发展和人才引进取得新成果。调整市属中学、中专布局结构和管理体制,将33所市属中学划归城区管理,初步整合优化了九年制义务教育资源。44%的镇(乡)进入市教育强镇(乡)行列。市属高校招生数比上年增加1倍。全市引进大学本科以上人才6569名。

(五)精神文明建设和社会事业跃上新台阶

市民文明素质和城市文明程度有新的提高。中央文明委授予我市"全国创建文明城市工作先进城市"称号。下城区和上城区、江干区分别被确定为全国社区服务示范区、全国社区建设实验区和省社区建设实验区。

社会事业取得新发展。一批优秀文艺、广播、电视作品获得国家和省的奖励。完成市卫生防保监督体制改革,全市乡(镇)初级卫生保健达标率为87.2%。全市人口自然增长率为3.57‰,计划生育率达到98.2%。全民健身活动蓬勃发展。民族、宗教、残疾人、老龄、关心下一代和档案等工作取得新成绩。民兵预备役、人防、征兵工作得到加强。

人民生活继续改善。市区居民人均可支配收入9668元，农民人均纯收入4496元，分别比上年增长6.4%和6.8%。市区住宅竣工面积270万平方米，居民人均居住面积达到10.6平方米，比上年增加0.5平方米。市和各区、县(市)政府确定的实事工程得到较好完成，进一步改善了群众的生活质量。

（六）民主法制建设和政府自身建设得到加强

依法治市继续推进。坚持向市人大常委会报告工作，坚持向市政协通报重大政务情况。全年提请市人大常委会审议地方性法规草案5件，发布实施政府行政规章15件。普法教育逐步深入。认真落实社会治安综合治理各项措施，开展专项斗争和整治，严厉打击各种刑事犯罪和经济犯罪活动，维护了社会稳定。

政府职能进一步转变。完成市级行政审批制度改革，共计减少审批、审核和核准事项463项，减幅为38%。建立了市投资项目集中办理中心、市区两级企业注册登记前置并联审批中心和外商投诉中心，提高了办事效率，改善了投资环境。在市级机关组织开展“满意单位不满意单位”评选活动，开展警示教育，廉政建设和反腐败斗争进一步深入。

在充分肯定成绩的同时，也要清醒地认识到我市经济社会发展中存在的困难和矛盾。我市经济的整体素质不高，产业层次较低；结构调整力度不大，创新力和竞争力不强；城市规划空间布局制约矛盾突出，省会中心城市的辐射和服务功能不强；区域科技优势发挥不够，高等教育发展比较滞后，高素质人才和专门人才紧缺。一些政府部门服务观念不强，办事效率不高，极少数人还存在腐败行为。对这些问题，我们一定要在今后工作中切实加以解决。

二、“十五”发展目标和工作重点(略，参见《杭州年鉴》(2001)附录)

三、2001年的主要任务

根据中共杭州市委八届六次全体（扩大）会议精神，2001年政府工作的指导思想是：**以邓小平理论为指导，按照“三个代表”的要求，认真贯彻落实党的十五届五中全会、中央经济工作会议精神，解放思想，抢抓机遇，乘势而上，加快发展，调整经济结构，深化各项改革，扩大对外开放，推进科技进步，优化发展环境，改善人民生活，正确处理改革、发展、稳定的关系，继续加强精神文明和民主法制建设，促进国民经济持续健康发展和社会全面进步，努力实现“十五”计划的良好开局。**

对2001年全市国民经济和社会发展的主要预期目标提出如下建议：国内生产总值增长11%，财政总收入增长12%，城镇登记失业率控制在4%以内，人口自然增长率控制在3.61‰以内。围绕上述要求和目标，必须做好以下10个方面的工作：

（一）进一步扩大内需，促进经济有效增长

继续扩大固定资产投资规模。全年安排固定资产投资596亿元。重点加大对水利建设、现代农业、交通、能源、工业技术改造、城市基础设施、城乡电网改造、城镇防洪综合治理、住宅建设、环境保护、社会事业、旅游等方面的投入。

积极鼓励和引导社会资本，通过参股、转让、拍卖国有资产经营权、社会事业产业化等途径，增加对基础设施和公共事业的投资。充分发挥财政、金融在扩大内需中的促进作用。着力启动消费需求。积极拓展国内市场，扩大杭产品在国内市场的覆盖面和占有份额。

（二）积极推进经济结构调整，形成经济增长的新格局

以提高经济效益为中心，大力推进经济结构的战略性调整，是今年经济工作的主线。

大力发展高新技术产业，加快建设“天堂硅谷”，全市规模以上企业高新技术产业增加值的比重达到28%以上。优化工业结构，促进产业升级。加快传统产业的技术改造，全市技术改造安排投资80亿元，比上年增长12%。加大技术创新力度，全市计划开发新产品1000项，其中200项达到国内先进水平。大力发展旅游业、会展业、房地产业和大文化产业，优化城市经济布局。

扩大创业自由度，加快个私经济发展。

（三）坚定不移地加强农业基础地位，千方百计地增加农民收入

大力发展效益农业。扩大市场适销的高效经济作物种植面积，使全市粮食作物和经济作物的比例调整到58:42。加快畜牧业、水产养殖业发展，使养殖业在农业总产值中的比重达到33%。

推进农业产业化经营。重点扶持80个规模较大、带动力较强、资产质量较好的农业龙头企业。加强20个农业主导产业和骨干农产品基地建设。尽快形成“一镇一业”、“一村一品”的专业化生产格局。推行“公司+农户”、订单农业等经营形式，增加农产品后续效益。

加强农业基础设施建设。抓紧重大水利项目建设，新增和改善灌溉面积2万公顷。继续推进100个现代农业示范园区建设。完善供电、供水和道路等设施。

继续深化农村改革。切实加强农村精神文明建设，促进农村经济和社会协调发展。

（四）进一步加大改革力度，增强经济发展活力

在基本实现国企改革与脱困的基础上，继续推进国有经济的战略性重组，加快建立现代企业制度，健全完善国有资产管理营运监督体系，加快完善社会保障体系。

（五）把握加入世贸组织的机遇，提高对外开放水平

抓住我国即将加入世贸组织的有利时机，及时清理、修订有关规章制度，调整完善管理体制和管理方式。抓紧培养善于运用世贸组织规则的专门人才与企业家，为迎接新一轮对外开放创造有利条件。

努力实现外贸出口持续增长。争取全市外贸出口增长15%，新增自营出口生产企业超过50个，高新技术产品出口的比重达到12%以上。切实加大招商引资

力度，大力引进高新技术项目，逐步扩大商业零售业、旅游业、城市基础设施建设和农业利用外资规模，引导外资进入金融、保险、文化、教育、卫生等领域。充分发挥开发区招商引资主力军作用。

积极实施“走出去”的发展战略。推动有条件的企业以不同方式“走出去”，到境外投资办厂，开展带料加工出口贸易、对外工程承包和劳务合作，带动产品、设备和技术出口，拓展市场空间。

努力加强国内经济技术合作。

（六）切实抓好规划建设管理，加快推进城市化进程

进一步确立城市在新世纪发展中的战略地位，按照“拓展空间，优化布局，完善功能，提高品位”的总体思路，提高规划管理水平，实施以道路交通为重点的基础设施建设，提高城市管理效能，积极推进新一轮城市建设与发展，增强中心城市的集聚和辐射功能。积极促进县（市）城、中心城镇和小城镇建设。

（七）加强生态建设和环境、资源保护，促进可持续发展

坚持以控制污染、整治环境、绿化建设为重点，全面开展生态建设，强化环境综合整治，加强土地资源保护和利用，以争创国家环保模范城市为目标，进一步改善生态环境质量。

（八）深入实施科教兴市战略，开创科技、教育、人才工作新局面

加快建设以企业为主体、产业为主线、覆盖全社会的科技创新体系，特别要改善创业环境，积极吸引高校师生、科研人员以资金、专利、技术等投资入股，兴办各类科技型企业。尽快完善风险投资机制和科技创新投入机制、激励机制。建立一批以民营资本为主、政府资金适当支持的风险投资公司。完善以政府投入为引导、企业投入为主体、社会参与、市场运作的科技投入机制。大胆探索技术、管理等要素参与分配的政策，健全期权激励机制，加大知识产权保护力度。

大力发展教育事业。扩大在杭高校规模。引进国内外名校在我市兴办或参与兴办各类学校。巩固扩大高中教育成果，各类高中招生比例达到83%以上。以德育为核心，以培养学生创新精神和实践能力为重点，以探索中考改革、完善高中招生制度为突破口，整体推进素质教育。继续开展教育强区、县（市）和强镇（乡）创建工作。

实施新世纪人才工程。以建设“天堂硅谷”为重点，认真实施高素质人才引进计划；不断放宽政策，降低门槛，吸纳各类有经营能力、有专业技术的人才进杭，努力形成人才集聚高地。高度重视现有人才培养和使用工作，优化人才资源市场化配置和社会化管理。

全面加强与高等院校合作。充分依靠浙大、浙工大等高校雄厚的科技和人才优势，推进我市“建经济强市、创文化名城”，加快“天堂硅谷”建设。各区、县（市）也要选择一、二所高校开展长期有效的合作。

（九）坚持两手抓、两手硬，推进精神文明和民主法制建设

积极发展各项社会事业。大力加强文化建设，深化文化体制改革，完善文化产业扶持政策，引导和吸收多种所有制经济建设文化产业。加大卫生综合改革力度，优化卫生资源配置，继续巩固和发展创建国家卫生城市成果。进一步稳定我市低生育水平，努力提高人口素质。推动群众性体育健身活动，提高竞技体育水平。办好市第十五届运动会。

加强思想道德建设。认真落实江泽民同志提出的“以德治国”的重要思想，倡导社会公德、职业道德、家庭美德和诚实守信的道德观念，大力宣传和弘扬“自强不息、坚韧不拔、勇于创新、讲求实效”的浙江精神。继续开展精神文明创建活动。

推进民主法制建设。各级政府要自觉接受同级人民代表大会及其常委会的法律监督和工作监督，充分发挥人民政协政治协商、民主监督和参政议政的重要作用。加强基层民主政治建设，进一步完善法律服务体系，深入开展全民普法教育，增强全社会的法制意识。

始终注意维护社会稳定。出台涉及群众切身利益的政策措施，要坚持总体受益和总体承受能力原则，尽可能得到广大群众的理解和支持。切实加强社会治安综合治理，妥善调处矛盾纠纷。依法严厉打击各类刑事犯罪和经济犯罪活动，坚决打击非法宗教活动。继续深化与“法轮功”邪教组织的斗争。坚决防止和减少各类重大人身伤亡事故。

（十）真心实意为群众办实事，努力改善人民生活

要加强市场秩序管理，扩大劳动就业，积极做好扶贫解困和开发工作，继续把事关人民群众生活的突出问题列为政府工作的实事工程。在市区办好以下10件实事：

1.加强“放心菜”工程建设。

2.加快经济适用房和廉租房建设。

3.治理低洼积水。

4.增加公交线路、环卫设施和煤气供应。

5.完善住宅物业管理。

6.确保拆迁户按时回迁。

7.加快社区服务设施建设。

8.推进信息网络建设。

9.加快体育设施建设。

10.巩固文明社区、安全文明小区创建成果。

各县（市）也要根据各自实际，抓好一批与人民群众生活密切相关的实事工程。

四、加强政府自身建设

要按照“三个代表”重要思想，加强政府自身建设，切实改进政府工作，做到廉政、勤政、优政，努力完成“十五”计划开局之年的各项任务。

（一）努力转变职能，改进作风

（二）进一步提高依法行政水平

（三）积极实施政府机构改革

（四）切实加强廉政建设

特　　辑

·中共中央和国家领导人在杭活动·

【李鹏进行立法调研】 4月6日~12日，中共中央政治局常委、全国人大常委会委员长李鹏就制定监督法到浙江进行立法调研。8日，李鹏还在省、市领导的陪同下考察了杭州的教育文化事业，参观了浙江博物馆。　（浙　报）

【李瑞环视察中国古代造纸印刷文化村】 1月29日，中共中央政治局常委、全国政协主席李瑞环到富阳市视察中国古代造纸印刷文化村。中共浙江省委书记张德江、省长柴松岳、杭州市委书记王国平等陪同。在文化村，李瑞环参观了古代造纸作坊、雕版印刷作坊和陈列室，并在作坊里亲自参加操作。他与省、市领导及华宝斋富翰文化有限公司总经理蒋放年等座谈，鼓励华宝斋在挖掘整理出版古代文化遗产的同时，要影印一些当今社会需要、又有经济效益的书，并对文化村二期规划和建设表示肯定。　（雷　君）

【胡锦涛考察社区建设和社区党建工作】 5月1日，中共中央政治局常委、国家副主席胡锦涛在省委书记张德江、省长柴松岳等陪同下，在杭州考察社区党建工作。在听取杭州市委书记王国平关于杭州市社区党建工作、联通浙江分公司总经理朱评关于该公司参与社区建设工作的汇报后，胡锦涛强调指出：加强社区建设和社区党建，关系到城市的改革和发展，关系到社会稳定，关系到党的执政基础的巩固。要坚持把为民服务作为社区一切工作的出发点和落脚点，扎扎实实做好社区建设和社区党建各项工作，把“三个代表”重要思想真正落到实处。

胡锦涛深入到天水街道社区服务中心、采荷文体活动中心和湖畔花园居民小区，察民情，听民声，考察社区建设和城市基层党组织建设，亲切慰问基层党员干部和居民群众，与他们一起欢度“五一”佳节。

胡锦涛还亲切会见在杭的全国劳模和浙江省劳模。　（应雪林）

【温家宝视察江南粮油批发交易市场】 8月14日，中共中央政治局委员、国务院副总理温家宝在省、市领导陪同下，视察杭州江南粮油批发交易市场和黑龙江粮油商品一条街。温家宝仔细查看摊位，详细询问粮油的品种、成本、价格及销售情况等。他对在杭经营的黑龙江客商说：要通过大市场大流通，多销些粮食，缓解粮食主产区的卖粮难。（何　震）

【成思危参加女装展开幕式等活动】 11月8日上午，全国人大常委会副委员长、中国民主建国会中央主席成思危应邀出席杭州西湖博览会2001年中国国际女装展和2001年中国·杭州信息技术产品展览会开幕式，并视察了展馆。下午，成思危到浙江大学出席其被聘为兼职教授、博士生导师的聘任仪式，并作了关于风险投资的学术报告。9日，成思危与40多名民建会员中的民营企业家座谈，并就民建如何做好非公有制经济人士工作提出要求。（洪颖志）

【蒋正华在富阳出席农工党中央常委会】 7月8日~12日，全国人大常委会副委员长、中国农工民主党中央主席蒋正华出席在富阳召开的中国农工民主党第十二届中央常务委员会第十一次扩大会议。在会上，蒋正华强调要认真学习江泽民“七一”重要讲话，进一步加强参政党的建设，进一步做好各项工作，为实现中华民族的伟大复兴和祖国的完全统一作出应有的贡献。蒋正华还参加中国农工民主党杭州干部培训基地揭牌仪式，视察富通集团银湖工场和富阳中学、永兴中学。

【毛致用调研非公有制经济】 11月22日，全国政协副主席毛致用一行在省政协副主席王务迪、杭州市政协主席虞荣仁陪同下，在富阳调研非公有制经济发展情况。毛致用参观了中国古代造纸印刷文化村的造纸、印刷、装订等工序，并与员工座谈，对富阳发展非公有制经济取得的业绩表示赞赏。　（雷　君）

【经叔平专题调研中小企业融资问题】 2月11日~14日，全国政协副主席、全国工商联主席经叔平在浙江专题调研中小企业融资问题。在杭州期间，经叔平召开省、市工商联和民生银行杭州分行的有关部门负责人座谈会，听取中国人民银行杭州中心支行负责人的工作汇报，与中小企业代表座谈，考察富通集团、康莱特集团，并参加省政协八届四次会议闭幕式。对浙江省、杭州市领导高度重视中小企业融资问题，出台了许多行之有效的措施和办法，工商联与政府部门、银行的协调很好，经叔平表示满意。10月4日~5日，经叔平再次来杭考察。（辛　涛）

【罗豪才考察农村工作】 5月20日~30日，全国政协副主席、中国致公党中央主席罗豪才到浙江考察农业和农村现代化建设及农民奔小康问题。在杭州期间，罗豪才深入萧山区航民村的企业和农户实地考察，并与镇村干部、农民群众座谈。他认为杭州市解决“三农”(农村市场繁荣、农民增收、农村稳定)问题的成功经验值得全国其他地区学习和借鉴。在杭期间，罗豪才召集致公党杭州市委会正副主委和秘书长座谈，听取工作汇报。　（李　虹）

·杭州市机构改革方案·

根据《中共中央、国务院关于地方政府机构改革的意见》(中发

[1999]2号)、《中共中央办公厅、国务院办公厅关于市县乡人员编制精简的意见》(中办发[2000]30号)和《中共浙江省委、浙江省人民政府关于印发〈浙江省市县乡机构改革实施意见〉的通知》(浙委[2001]5号)精神,结合杭州市实际,制定本方案。

一、改革的目标和原则

这次机构改革的目标是:进一步加强和改善党的领导,建立与省委、省政府组织机构大体对应的市委、市政府组织机构框架,构建办事高效、结构合理、运转协调、行为规范的党政管理体系;不断完善国家公务员制度,建设高素质的干部队伍,逐步形成适应社会主义市场经济发展要求并体现杭州市经济社会发展水平的管理体制和运行机制。

市委机构改革的原则是:坚持党的领导主要是政治、思想和组织领导的原则;坚持依"党规"定职能,按程序办事情的原则;坚持精简、统一、效能的原则。

市政府机构改革的原则是:转变政府职能,实行政企、政事、政社分开;精简机构和人员,提高办事效率;合理划分事权,理顺各种关系;坚持依法行政,规范政府行为;加强行政组织立法,逐步实现市政府机构组织、职能、编制和工作程序的法制化。

二、理顺关系,转变职能

市委机构改革的重点是:调整、规范工作机构设置,精简部门内设机构与人员编制,合理调整和界定部门之间的职责权限,规范工作关系,进一步理顺党委部门之间、党委部门与政府部门和群众团体之间的关系,调整相关部门的职能,健全科学的管理体制。

市政府机构改革的重点是:围绕"构筑大都市、建设新天堂"的要求进行改革。市政府主要履行区域经济调节、社会管理和公共服务职能。加强城市的规划、建设、管理和服务,发挥城市的中心作用和辐射功能。根据国家法律、法规和宏观调控政策,制订本辖区的经济社会发展战略和中长期发展规划,集中精力抓好区域经济调节、政策指导、行政执法和监督、组织协调,保持经济运行平衡,促进经济和社会健康有序发展。加强发展环境建设,打破地区、条块分割,维护市场秩序,促进统一市场的形成。

根据上述要求,市政府转变职能主要采取以下措施:

1.加强政府的区域经济调节职能,充分发挥市场在资源配置中的基础性作用。

2.解除政府主管部门与所办经济实体、直属企业的行政隶属关系,将生产经营和投资决策权交给企业。政府机关一律不再办经济实体,已办的要限期脱钩。

3.原工业经济管理部门、行政性公司转为经济实体后仍承担的行政和行业管理职能划归政府有关部门承担。尚未转为经济实体的要抓紧完成改组。

4.加强和改善政府对国有企业的监管,建立健全国有资产的管理、监督与运行体系。

5.强化社会服务功能,大力推进政事、政社分开,将一些辅助性、技术性和服务性职能从政府职能中分离出来交由事业单位或社会中介组织承担。

6. 深化行政审批制度改革,进一步取消不符合国家和省有关规定或者不应当由政府履行的审批事项,加强对审批行为的监督,巩固和发展行政审批制度改革成果。

7.合理划分行政层级之间的事权,界定和调整各部门的职责分工,理顺各方面的关系。

8.改革行政执法体制,清理和规范行政执法队伍,逐步实行相对集中行政处罚权制度,健全行政执法监督机制。

三、机构设置与调整

(一)市委机构设置与调整

保留纪律检查委员会机关(监察局与其合署办公)、办公厅、宣传部、组织部、统一战线工作部、政法委员会(市社会治安综合治理委员会办公室与其合署办公)、政策研究室、台湾工作办公室(市政府台湾事务办公室)、直属机关工作委员会。

组建农村工作办公室,主要承担农业和农村工作的综合协调、调查研究等职能。

保留老干部局,由组织部管理。

保密委员会办公室(市保密局)并入市委办公厅,保留牌子。

市机构编制委员会办公室为机构编制委员会的常设办事机构,也是市委、市政府主管机构编制工作的机构,与市人事局合署办公。

调整后市委设置工作机构10个,部门管理机构1个。具体机构设置见附表。

此外,市委讲师团并入市委党校,保留牌子。精神文明建设委员会办公室改为市委宣传部管理的事业单位。

(二)市政府机构设置与调整

1.综合经济部门

计划委员会更名为发展计划委员会。

保留经济委员会。

保留财政局,挂国有资产管理委员会办公室牌子。

2.专业经济管理部门

保留交通局、林业水利局、对外贸易经济合作局。

城乡建设委员会、旅游局分别更名为建设委员会、旅游委员会。

不再保留建筑业管理局、其行政职能交由建设委员会承担。

不再保留农村经济委员会(市委农村经济委员会)、农业局、水产局,组建新的农业局,挂水产局牌子。

贸易办公室更名为贸易局。粮食局与贸易局合署办公。

不再保留商业局,其职能交由贸易局承担。

组建信息化办公室,将政府信息化工作领导小组办公室职能、原属经委的电子信息产品制造行业管理职能等划归信息化办公室。原由计委管理的市经济信息中心划归信息化办公室管理。

不再保留乡镇企业局,其职能并入经济委员会,保留牌子。

物价局改为发展计划委员会管理的机构。

3.执法监督部门

保留工商行政管理局。

技术监督局更名为质量技术监督局。

保留环境保护局，其领导体制改为省环境保护局和市政府双重领导，以市政府领导为主。

不再保留医药管理局、组建药品监督管理局，将药政、药检和药品、医疗器械质量监管职能划入药品监督管理局；原医药管理局承担的药品、医疗器械生产行业管理职能划入经济委员会。

组建城市管理行政执法局，增挂城市管理行政执法支队牌子，承担相对集中城市管理行政处罚执法管理工作。

地方税务局实行省以下垂直管理。

4.社会管理和政务部门

保留办公厅、民族宗教事务局、公安局、监察局、司法局、人事局、规划局、文化局、广播电视局、卫生局、计划生育委员会、审计局、统计局、外事办公室、侨务办公室。规划局同时承担测绘工作管理职能。

科学技术委员会、教育委员会、体育运动委员会、房地产管理局、市政府法制局分别更名为科学技术局、教育局、体育局、房产管理局、市政府法制办公室。

市国家安全局改为省国家安全厅的直属机构。

保留民政局，市老龄工作委员会办公室设在民政局。

不再保留劳动局，组建劳动和社会保障局。现由有关部门承担的社会保险职能，划入劳动和社会保障局。原由劳动局承担的安全生产综合管理、职业安全监察、矿山安全监察职能划入经济委员会；锅炉压力容器监察职能划入质量技术监督局；职业卫生监察(包括矿山卫生监察)职能划入卫生局。

不再保留土地管理局，组建国土资源局。将原计划委员会承担的国土、地质矿产规划、管理、保护与合理利用职能划入国土资源局。

不再保留市政公用局、市容环卫局，组建市政市容管理局，为市政府直属的事业单位。原由市政公用局、市容环卫局承担的除行政执法外的行政职能交由建设委员会和授权市政市容管理局承担。

保留园林文物局，增挂杭州西湖风景名胜区管理委员会牌子。

新闻出版局由市委宣传部管理的事业单位改为市政府工作部门。保留市委、市政府信访局，仍为市政府办公厅管理的机构。

不再保留机关事务管理局，其行政职能并入市政府办公厅，保留牌子。

建立经济体制改革委员会，为市政府高层次议事协调机构，原经济体制改革委员会改为其办事机构，称经济体制改革委员会办公室。保留人民防空办公室，为国防动员委员会的办事机构，也是市政府人民防空工作的管理部门。

调整后市政府共设置工作部门40个(监察局与纪律检查委员会机关合署办公，列入市政府工作部门序列，不计入政府机构个数)，部门管理机构2个，另设置议事协调机构的办事机构2个。具体设置见附表。

市政府工作部门可参照省分为组成部门和直属机构，具体由市确定。

四、人大、政协、法院、检察院和群众团体机关的改革

市人大、政协机关的机构改革，按照《中华人民共和国宪法》、《中国人民政治协商会议章程》定职责的原则，进一步完善机关职能，理顺职责关系，合理调整机构设置，精简人员编制，优化人员结构，形成运转协调、高效的工作机制，为人大依法履行权力机关职能，为政协履行政治协商、民主监督、参政议政职能，提供可靠的组织保证。

法院、检察院机构改革按照中办发[2001]9号文件精神，坚持从审判和检察工作的实际出发，完善职能配置，调整内设机构，精简人员编制，优化人员结构。

工、青、妇等群众团体机关改革，按照中办发[2000]31号文件精神，坚持有利于党对群众团体的领导和群众团体独立自主开展工作的原则；坚持依照有关法律法规和各自的章程确定职责的原则；坚持精简、统一、效能和实事求事、分类指导的原则；改进运行机制，克服行政化倾向；精简内设机构和人员编制，提高干部队伍素质。

人大、政协和群众团体机关的机构改革与当地党委、政府机关同步进行。

五、精简编制和人员分流

杭州市、区机关（不包括萧山区、余杭区，下同)编制由6337名减为5196名（含市区工商行政管理局、质量技术监督局、药品监督管理局)，减少1141名，精简18%；单列管理的市、区政法机关专项编制，按中央和省规定的比例精简，由3615名减为3329名。

萧山区机关编制由1175名减为940名(含区工商行政管理局、质量技术监督局、药品监督管理局)，减少235名，精简20%。单列管理的区政法机关专项编制，按中央和省规定的比例精简，由385名减为344名。

余杭区机关编制由881名减为705名(含区工商行政管理局、质量技术监督局、药品监督管理局)，减少176名，精简20%。单列管理的区政法机关专项编制，按中央和省规定的比例精简，由623名减为574名。

市委、市政府部门领导职数一般配备2名~4名，不再配备部门领导助理。市委办公厅、市政府办公厅主任一般由秘书长兼任，副主任可由副秘书长兼任。

本次机构改革人员编制实行一次性定编定岗，3年完成人员分流任务。根据“带职分流、定向培训、充实基层、优化结构”的人员分流原则，从杭州市实际出发，人员分流的主渠道是：专业经济部门转为经济实体的，人员随转体单位分流；选派一批年轻的公务员进行学历教育或专业培训，学成后充实到需要加强的部门；选调一批公务员到本部门所属单位工作；采取优惠政策鼓励分流人员自谋职业或到企业工作；对达到法定退休年龄的公务员，及时办理退休手续；符合《国家公务员暂行条例》有关提前退休条件的公务员，本人申请，经组织批准，可以办理退休手续；对符合一定条件的公务员，办理离岗退养手续。

六、组织实施

市级机构改革的具体组织实施工作，在市委、市政府的统一领导下，由市机构改革领导小组负责，尽快完成。区、县(市)和乡镇机构改革工作在今年年底前基本完成。

（本方案已经中共浙江省委和浙江省人民政府于2001年10月11日批准）

附：

中共杭州市委、杭州市人民政府机构设置表

市委工作部门
纪律检查委员会机关
办公厅
组织部
宣传部
统一战线工作部
政法委员会
政策研究室
农村工作办公室
台湾工作办公室
直属机关工作委员会

市政府工作部门
办公厅
发展计划委员会
经济委员会
教育局
科学技术局
民族宗教事务局
公安局
监察局
民政局
司法局
财政局
人事局
劳动和社会保障局
国土资源局
规划局
建设委员会
房产管理局
园林文物局
交通局
农业局
林业水利局
贸易局（粮食局）
对外贸易经济合作局
旅游委员会
文化局
广播电视局
新闻出版局
体育局
卫生局
计划生育委员会
审计局
统计局
环境保护局
工商行政管理局
质量技术监督局
药品监督管理局
城市管理行政执法局
信息化办公室
外事办公室
侨务办公室
法制办公室

说 明：

1.市委设置工作部门10个。其中：纪律检查委员会机关与监察局合署办公；政法委员会与市社会治安综合治理委员会办公室合署办公；市委办公厅挂保密委员会办公室(市保密局)的牌子；台湾工作办公室挂市政府台湾事务办公室牌子。设置部门管理机构1个：市委老干部局由组织部管理。机构编制委员会办公室与市人事局合署办公。

2. 市人民政府设置工作部门40个。其中：监察局与纪律检查委员会机关合署办公，列入市政府工作部门序列，不计政府机构个数；贸易局与粮食局合署办公；市政府办公厅挂机关事务管理局牌子；经济委员会挂乡镇企业局牌子；财政局挂国有资产管理委员会办公室牌子；园林文物局挂杭州西湖风景名胜区管理委员会牌子；农业局挂水产局牌子；城市管理行政执法局挂城市管理行政执法支队牌子。设置部门管理机构2个：市委、市政府信访局由市政府办公厅管理；物价局由发展计划委员会管理。设置议事协调机构的办事机构2个：经济体制改革委员会办公室，为市经济体制改革委员会的办事机构；人民防空办公室，为市国防动员委员会的办事机构，也是市政府人民防空工作主管部门。

·市委办公厅、市政府办公厅关于市级党政机关机构改革人员定编定岗的实施意见·

根据省委办公厅、省政府办公厅《关于省级党政机关机构改革人员定编定岗的实施办法》(浙委办〔2000〕21号)精神和市委、市政府关于机构改革的总体要求，现就市级党政机关机构改革人员定编定岗工作提出如下实施意见：

一、指导思想和基本要求

人员定编定岗的指导思想是：按照建立办事高效、运转协调、行为规范的地方行政管理体制的要求，在搞好机构改革“定职能、定机构、定编制”的基础上，坚持干部“四化”方针，注重德才兼备，通过职位设置和人员定岗工作，优化人员结构，建设一支精干、廉洁、高效的高素质专业化的公务员队伍，提高行政效率，以适应社会主义现代化建设和建立社会主义市场经济体制的需要。

人员定编定岗工作的基本要求是：工作需要，群众参与，综合考评，组织决定。工作需要，就是按照机构改革“三定”方案、重新确定职位、明确优化人员结构的要求，选配合适的人员任职，达到因职配人、人尽其才。群众参与，就是增强定岗工作的透明度，坚持走群众路线，注重公开、公平、公正，采取不同方式让群众参与和监督定岗工作。综合考评，就是在配备人员时，对照职位和任职资格条件，由干部人事部门进行综合考察，产生拟定岗人选。组织决定，就是对拟定岗人员，严格按照干部管理权限和有关任用程序，由各单位党委(党组)集体讨论决定，依照规定办理任命手续。

二、定编定岗的主要内容

（一）核定内设机构的编制。根据重新核定的部门编制数，在各内设机构职能分解的同时，通盘考虑编制的分配，核定各处室的编制。

（二）科学合理设置职位。按照《国家公务员暂行条例》和有关规定的要求，确定每个职位的职责和任职资格条件。职位设置要科学合理，统一规范。

1.分解职能，确定职位。在规定的编制限额内，以工作性质、责任轻重、工作难易程度和所需资格条件为依据，调整和设置职位。不得自行提高规格、职级或改变名称、随意设置职位。职位名称要简明、规范，体现职位的特点和所处层次。

2.制订职位说明书。按照职位的要求，修订或编制相应的职位说明书，明确每个职位的职责和任职资格条件，作为人员选配定岗的依据。

3.核定非领导职务职数。按照《杭州市国家公务员非领导职务设置办法》的有关规定，重新核定非领导职务职数，设置非领导职位。

（三）合理配备人员。在人员配备过程中，要按照规定的职位、职数配备各职务层次的干部，同时注意干部的年龄结构、知识结构、专业结构和性别结构，达到最佳组合。人员配备的基本条件必须符合《党政领导干部选拔任用工作暂行条例》和《国家公务员暂行条例》的有关规定；同时按照干部队伍建设的要求，在严格考核“德、能、勤、绩”的基础上选配人员。选配人员应具备以下条件：

1.能够坚定不移地贯彻执行党的基本路线和国家的各项方针政策；

2.具有拟任职位所需的相应学历、专业知识、理论政策水平、组织协调能力和文字、语言表达能力以及必要的工作经历；

3.有较强的事业心、责任感和为人民服务宗旨意识，工作实绩突出，勤政廉政，遵纪守法，团结同志，作风正派；

4. 在年度考核中连续 3 年被确定为称职(合格)以上等次；

5. 身体健康，能坚持正常工作。

三、人员定岗的主要方法

根据党管干部的原则和中组部、人事部《关于党政机关推行竞争上岗的意见》(组通字〔1998〕33 号)的规定，机关工作人员的选配，应着重做好两个方面的工作：

(一)竞争上岗与双向选择。各单位内设机构的领导职位，可根据实际情况采取竞争上岗、双向选择或组织直接确定等方式确定人选，中层以下非领导职位一般采取双向选择的办法确定人选。竞争上岗一般在本单位现有同级职务人员中进行，允许符合晋升条件的下一级职务人员参与竞争。双向选择在领导职位竞争上岗以后进行。竞争上岗、双向选择和组织确定工作要严格按照国家规范的程序组织实施。

(二)轮岗与回避。对在同一职位任职 5 年以上的，从事人、财、物管理或负责证、照、牌核发以及项目、经费、配额审批的国家公务员，原则上都要进行轮岗。要认真执行回避制度，对现有应回避的人员，必须实行回避，同时防止新的应回避现象的发生。

四、组织领导和工作要求

(一)切实加强组织领导。各单位的人员定编定岗工作，由各单位主要负责同志负责，并确定一名分管负责人具体负责。各级人事组织部门要充分发挥职能作用，认真做好实施中的各项具体工作。

(二)要把工作做细、做实。要坚持原则，走群众路线，充分发扬民主，在广泛征求意见的基础上，制定切实可行的实施方案。方案的主要内容包括：定编定岗的指导思想与原则、组织领导、内设机构定编情况、职位设置情况、定岗人选资格条件、定岗的方法程序，以及竞争上岗的范围、资格条件、程序等。要严格掌握政策，把工作做深、做细、做实、做好，及时解决工作中出现的问题，确保定编定岗工作圆满完成。

(三)严肃各项纪律。这次定编定岗工作，是对市级机关全体工作人员党性、党风和组织纪律、大局观念的一次考验。各级领导干部要带头严格执行组织人事纪律，切实做到任人唯贤，不徇私情，不封官许愿，不借机打击报复，严禁突击提拔干部。对违反组织人事工作纪律的，要严肃追究有关领导的责任。同时，要积极引导和教育广大干部顾全大局，增强组织观念，服从组织安排。对不服从组织安排、经批评教育仍无效的，要依据有关规定予以辞退。在人员调整过程中，要保持正常的工作秩序，严格工作纪律和劳动纪律，确保工作正常有序进行，坚决防止影响机关形象的现象发生。

(四)认真执行有关职位管理的规定。各单位要严格按照“三定”方案核定的领导职务职数和组织、人事部门核定的非领导职务职数，设置各级领导职位和非领导职位，不得突破机构规格、职数限额或放宽资格条件任命领导职务和非领导职务。

市级其他机关机构改革人员定编定岗工作参照本意见实施。

(2001 年 9 月 28 日)

·杭州市获联合国人居奖·

2001 年世界人居日纪念大会 10 月 1 日在日本福冈市 ACROS 国际会议中心举行。联合国人居奖颁奖仪式同时举行。中国杭州、日本福冈等 9 个城市和组织获 2001 年联合国人居奖。

2001 年世界人居日的主题是“无贫民窟的城市”。杭州市“因大幅度投入住房和城市基础设施建设从而根本上改善城市居住环境”，获政府组织奖。

联合国秘书长助理、人居中心执行主任安娜女士主持颁奖仪式。她在致辞中高度赞扬杭州作为发展中国家的典范，在改善市民住房条件和城市居住环境等方面取得的卓越成就。

在颁奖仪式后的获奖城市交流大会上，杭州市市长仇保兴第一个发言。他说，杭州是中国著名的风景旅游城市和历史文化名城，自然山水景观和人文景观交相辉映，是一座充满诗意、可以让人悠然自得居住的城市。近年来，在市委、市政府领导下，杭州市大规模建设经济适用房以满足低收入家庭的居住需要，通过建设廉价房解决经济与住房都特别困难的家庭住房需求。目前，杭州市区居民人均居住面积 10.6 平方米，郊区农民人均居住面积 46.2 平方米。同时，杭州市对城市街道、市区河道、铁路两侧和住宅小区进行了全面整治绿化，使居民居住环境逐年改善。杭州市政府在其中扮演了政策制订者、基础设施建设者和鼓动者的角色，更重要的是充分发挥了市场竞争机制和民众自助作用，从而较快地提高了市民居住质量。他表示，杭州市将继续致力于城市住房建设和居住环境的改善，使这座城市的每一个人都幸福地生活，为实现为所有居民提供足够的住房和基本服务这一全世界人民的共同目标作出我们应有的贡献。

仇保兴市长的演讲引起与会者的广泛关注。参加会议的市政府代表团工作人员在仇保兴市长演讲的同时，运用多媒体播放技术，以丰富翔实的图片资料，向与会者展示杭州悠久的历史文化、美丽的自然风光和适宜的居住环境。

(年览室根据报刊资料整理)

·2001 年杭州市经济发展八大突破·

2001 年，杭州市经济在“九五”较快增长的基础上继续保持了良性的发展势头，经济运行的质量和效益持续改善，实现了“十五”计划的良好开局。全市实现国内生产总值 1568 亿元，比上年增长 12.2%，约高于全国、全省 4.9 和 1.7 个百分点，连续第十一年保持两位数增长，经济发展出现了八大突破。

一、人均国内生产总值突破 3000 美元。2001 年全市人均国内生产总值达到 2.5 万元，按年末汇率计算,突破3000美元。这不仅是杭州现代化建设的重大突破,更是建筑起了基本实现现代化的新的起飞平台。

二、地方财政收入突破100亿元。2001年全市实现财政总收入188.46亿元,比上年增长31.9%,其中地方财政收入达到104.28亿元,增长50.7%

三、规模以上工业实现利润突破100亿元。2001年全市工业经济保持了良好的运行态势,企业经济效益继续改善,利润增长快于生产、销售增长。全市规模以上工业经济效益综合考评得分184.3分,比上年提高5.1分;实现利税202.92亿元,比上年增长19.2%;其中利润达到106.67亿元,增长31.9%。

四、市、县(市)属工业技术改造投资突破100亿元。2001年全市加快工业技术改造步伐,全社会工业企业技术改造投资完成131.2亿元,比上年增长42.8%,其中市、县(市)属工业企业技术改造投入103.68亿元,增长57.3%

五、协议利用外资突破10亿美元。全市贯彻落实招商引资大会精神,引资工作步伐加快。全年签订直接利用外资项目483个,比上年增长53.3%;协议利用外资10.3亿美元,增长59.6%。这是1997年亚洲金融危机以来杭州市利用外资增长最快的一年。

六、国家级开发区技工贸总收入突破500亿元。杭州经济技术开发区、萧山经济技术开发区、杭州高新技术产业开发区和之江国家旅游度假区4个国家级开发区的建设和发展不断加快,成为外商投资的热点。2001年4个国家级开发区实现技工贸总收入达到545.57亿元,比上年增长39.8%

七、市区居民人均可支配收入突破1万元。据抽样调查,2001年市区居民人均年可支配收入达到10896元,比上年增长11.9%。

八、市区居民恩格尔系数首次降至40%以下。2001年全市居民的生活水平有了质的提高,开始步入富裕区域。反映居民生活质量的恩格尔系数(即居民用于食品支出的比重)明显下降,市区比上年下降了3个百分点,为39%。

(摘编自《杭州日报》)

·2001年度市直机关满意单位、不满意单位评选结果·

一、政府部门及审判、检察机关

(一)平均满意率最高的前6名

1.市政府办公厅
2.市发展计划委员会
3.市西湖博览会组委会办公室
4.市计划生育委员会
5.市经济委员会
6.市信访局

(二)平均满意率第7—54名

7.市人事局
8.杭州经济技术开发区管委会
9.市财政局
10.杭州高新技术产业开发区管委会
11.市建设委员会
12.市民政局
13.市农业局
14.市外经济贸易合作局
15.市园林文物局
16.市科学技术局
17.市档案局
18.市外事办公室
19.市统计局
20.市林业水利局
21 市交通局
22.市侨务办公室
23.市公安局
24.市民族宗教事务局
25.市检察院
26.市劳动和社会保障局
27.市广播电视局
28.市国土资源局
29.市经济协作办公室
30.市工商行政管理局
31.市市级机关事务管理局
32.市审计局
33.市体育局
34.市环境保护局
35.市商业银行
36.市旅游委员会
37.市法院
38.市司法局
39.杭州之江国家旅游度假区管委会
40.市教育局
41.市贸易局
42.市经济体制改革委员会办公室
43.市人防办公室
44.市规划局
45.市法制办公室
46.市市政市容局
47.杭州市区农村信用联社
48.市物价局
49.市质量技术监督局
50.市卫生局
51.市文化局
52.市新闻出版局
53.市供销社
54.市城管执法局

(三)平均不满意率相对较高的前2名

1.市房产管理局
2.市药品监管局

二、党群及其他部门

(一)平均满意率最高的前3名

1.市委办公厅(市委政研室、市委保密办)
2.市人大机关
3.市政协机关

(二)平均满意率第4—22名

4.市委组织部
5.市委宣传部
6.市纪委机关(市监察局)
7.市委老干部局
8.市委统战部
9.市妇联
10.市委农村工作办公室
11.市委台湾工作办公室
12.市总工会
13.市委党校
14.市委政法委
15.市残疾人联合会
16.市委党史研究室
17.团市委
18.市科学技术协会
19.市归国华侨联合会
20.市社科联(市社科院)
21.市贸促会
22.市文学艺术界联合会

(三)平均不满意率相对较高的单位

杭报集团

(摘编自《杭州市委办公厅、市政府办公厅通报》)

大　事　记

·2001年杭州市社会主义物质文明建设10件大事·

1.调整市区行政区划,城市发展空间扩大。2001年,经国务院批准,萧山、余杭撤市设区,杭州市区面积由原来的683平方千米扩大到3068平方千米,城市发展前景广阔。

2.人均国内生产总值突破3000美元,经济发展登上新台阶。2001年,全市实现国内生产总值1568亿元,按可比价格计算,比上年增长12.2%,连续第11年实现两位数增长。全市人均国内生产总值达到2.5万元,按年末汇率计算突破3000美元。

3.实施“旅游西进”战略,旅游业健康发展。2001年,全市接待海外游客81.94万人次,旅游外汇收入3.73亿美元,分别比上年增长15.8%和27.7%;接待国内游客2510万人次,旅游收入218.88亿元,分别增长8.9%和15.2%。

4.加大招商引资力度,利用外资、引进内资取得新进展。全年签订直接利用外资项目达483个,比上年增长53.3%;协议利用外资10.3亿美元,实际利用外资5.03亿美元,分别增长59.6%和16.8%。全年引进内资到位资金59.36亿元。

5.城市建设和管理水平提高,荣获联合国人居奖。2001年是杭州市道路整治、环境绿化力度最大的一年,开展城市管理综合执法试点,努力解决市容环境卫生的薄弱环节,旧城改造不断深入,市区居民人均居住面积达11.2平方米。

6.九年制义务教育全国领先,高等教育规模进一步扩大。2001年被评为全国“双基”(基本普及九年义务教育,基本扫除青壮年文盲)工作先进地区。高等院校招收全日制新生比上年增长23%。

7.成功举办西湖博览会(以下简称西博会),会展经济渐成规模。2001年西博会直接参加人数达606万人次,会展成交额达74亿元,实现增加值9.85亿元,拉动全市GDP增长约0.67个百分点。西博会成了杭州老百姓的节日。

8.市区居民收入突破万元,恩格尔系数首次降至40%以下。据抽样调查,2001年市区居民人均年可支配收入达到10896元,比上年增长11.9%;恩格尔系数由上年的42%降至39%,开始步入富裕区域。

9.实施“49100”工程,经济欠发达地区奔小康步伐加快。市委、市政府决定对全市尚未实现小康的49个欠发达乡镇和100个经济薄弱村再进行重点帮扶。市、县两级共落实帮扶开发项目790个,总投资达8632万元。

10.基本医疗保险制度推出,社会保障体系进一步完善。医疗制度改革方案顺利推进,全年参保单位达1.6万个,参保人员达73.47万人。至此,全市以基本养老、失业、医疗保险为主要内容,加上女工生育、工伤保险等的社会保障体系进一步健全。

·2001年杭州市社会主义精神文明建设10件大事·

1.国家环境保护总局授予杭州市全国环境保护模范城市荣誉称号。

2.省委、省政府命名杭州市为浙江省文明城市。

3.围绕纪念中国共产党建党80周年唱响主旋律,宣传教育活动丰富多采。

4.文明社区创建再上新台阶。

5.城市综合执法管理取得新突破。

6.深入开展市民思想道德教育活动。

7.2001年西博会系列文化活动丰富多采。

8.西湖文化广场、杭州大剧院相继开工。

9.农村“双整治”(整治社会风气,整治居住环境)工作成效明显。

10.“春风行动”传递人间真情。

(市社会经济评价中心、市文明办、市统计局、杭州日报社组织评选,年鉴室整理)

·2001年 杭州市大事记·

1月

1日　标志着“2001年体育健身旅游年——游在杭州”活动正式开始的元旦火炬长跑活动在西子湖畔举行。

△杭州市协警支队成立。

2日　市领导王国平、仇保兴等出席杭州高新技术产业开发区城区科技经济园授牌仪式，向6城区负责人授牌。

5日　杭州市首例公开竞拍国有企业获得成功。杭州企业产权交易所与浙江国信控股集团有限责任公司签订《竞卖招商成交确认书》，后者以12345万元购买中兴纺织厂的改制资产。

8日　中共杭州市委（以下简称市委）、杭州市人民政府（以下简称市政府）召开全市城区工作会议，要求加快社区建设和城市管理体制改革（9日结束）。

10日　中共杭州市纪律检查委员会（以下简称市纪委）举行第六次全体（扩大）会议。

11日　临安市被国家旅游局评为第二批中国优秀旅游城市。

12日　市委、市政府召开全市政法工作会议。

15日　市劳动局、市总工会就加快建立企业工资集体协商机制作出部署，要求以非公有制企业为重点，力争年底前有60%的外资企业、20%的私营企业和20%的其他类型企业建立工资集体协商制度。

16日　市委、市政府召开全市农村工作会议（17日结束）。

19日　市委召开全市宣传思想工作会议。

20日　修复后的“清末巨商第一宅”——胡雪岩故居正式开放。

21日　中国最大的DNA测序分析和生物信息研究发展中心——杭州华大基因研究发展中心落户西子湖畔的西山路。

29日　中共中央政治局常委、全国政协主席李瑞环到富阳市视察中国古代造纸印刷文化村。

2月

2日　公安部、建设部公布：全国“畅通工程”评价体系评定，杭州城市交通管理达到二等（优秀）水平。

8日　市党政考察团赴苏州及吴江、昆山等地考察招商引资工作（9日返杭）。

12日　市政府召开全市交通工作会议。

△12时10分，淳安县千岛湖镇至汾口公路的邵家码头段突发山体滑坡，从山上飞滚而下的巨石将一辆中型客车撞入千岛湖中，车内23人，死亡15人，伤8人。

13日　市政府召开全市统计工作会议。

14日　全国政协副主席、全国工商联主席经叔平来杭就中小企业融资难问题进行调查研究，并考察了杭州富通集团和浙江康莱特药业集团。10月4日～5日，经叔平再次来杭考察。

16日　市政府召开全市工业经济工作会议。

19日　中国人民政治协商会议杭州市委员会（以下简称市政协）七届五次会议开幕（23日闭幕）。

20日　杭州市九届人民代表大会（以下简称市人大）六次会议开幕。会议审议通过《杭州市国民经济和社会发展第十个五年计划纲要》，选举王国平为杭州市第九届人大常委会主任（25日闭幕）。

△西湖区人民检察院被最高人民检察院授予“人民满意检察院”称号。

23日　市委、市政府召开全市计划生育和环境保护工作会议。

27日　全市旅游工作会议确定2001年为杭州旅游西进年。

3月

1日　上城区公安分局被公安部评为全国优秀公安局，下城区公安局长庆派出所获“人民满意单位”称号，汪旭峰、姚国强、陈灵、陈坚强获“全国优秀人民警察”称号。

6日　市长仇保兴率市政府代表团访问美国、日本（18日返杭）。

11日　雷峰塔千年地宫开启，出土珍贵文物60余件。

12日　市政府召开新闻发布会宣布，经国务院、省政府批准，杭州市将扩大市区行政区域，撤销萧山、余杭两个县级市，设置萧山区和余杭区。25日，萧山区和余杭区正式挂牌运作。

16日　市委、市政府召开全市反腐败工作会议。

17日　2001年中国杭州吴山广场艺术大展开幕。

18日　杭州市首次社区居委会主任直接选举在江干区凯旋街道景芳社区举行。

22日　中共浙江省委（以下简称省委）召开常委会，专门听取杭州市委、市政府的工作汇报，研究进一步加快杭州市发展的问题，要求杭州在全省现代化建设中发挥龙头作用。

△杭州市与荷兰皇家壳牌集团公司签订天然气项目合作意向书。

23日　市委、市政府召开市直机关作风建设暨行政区划调整工作会议。会上对市直机关开展“满意单位不满意单位”评选活动的情况作了讲评，并部署了2001年评选活动的有关工作。

25日　国内运算速度最快的超大型计算机——“曙光3000”正式落户杭州。

30日　市文联第五次代表大会开幕。大会选举产生新一届领导班子，孙银标当选为市文联主席（4月1日闭幕）。会前，市委、市政府于26日召开文化艺术界知名人士座谈会。

△联合国教科文组织立项课题——《城市流动人口基础教育》在明珠实验学校正式开题。同时，市教委举行首次流动人口子女教育专题研讨会。

31日　市委、市政府召开全市乡镇企业工作会议（4月1日结束）。

4月

1日　国家高性能计算中心在杭成立，并举行揭牌仪式。同时揭牌的还有浙江省基因组信息学重点实验室和浙江大学基因组信息学研究所。

△ 水城门公园复建竣工。水城门公园建在杭州市区仅存的古水城门遗址上。

7日 市委、市人大常委会、市政府、市政协领导与浙江大学领导举行战略合作研讨会。

8日 中共中央政治局常委、全国人大常委会委员长李鹏在杭视察。

10日 市委、市政府召开全市招商引资大会,发布《关于进一步鼓励外商投资的若干意见》等6个政策性文件,要求全市上下齐心协力,实现"三年引资倍增"的目标。

△根据国务院部署,市政府决定成立杭州市整顿和规范市场经济秩序工作领导小组。

11日 市委、市政府召开全市社会治安工作会议。

12日 2001年杭州产品(南宁)展销会暨经济技术合作洽谈会开幕。会展期间,杭州与南宁签订经济合作项目合同、销售合同(意向)总金额15.2亿元(16日闭幕)。

13日 市委作出《关于开展向心系百姓的好干部毛泽平同志学习的决定》和《关于追认毛泽平同志为优秀共产党员的决定》。

16日 市委、市政府召开科技文化双拥共建工作会议。

△新一届杭州市慈善总会领导班子产生,省委常委、市委书记、市人大常委会主任王国平任名誉会长,市委常委、副市长马时雍任会长。

18日 市九届人大常委会决定,任命杨戌标为杭州市副市长。

20日 经国家民航总局批准,杭州至泰国曼谷、杭州至澳门航线开通。

22日 杭州老人潘宏耕获国家环保总局和香港"地球之友"联合设立的"地球奖"。

23日 杭州市首次骨灰树葬活动在龙居寺公墓举行。

28日 一代伟人毛泽东在杭采茶处纪念碑在刘庄(西湖国宾馆)揭碑。

5月

1日 中共中央政治局常委、国家副主席胡锦涛在杭州考察社区党建工作。

△ 历经64载风雨的钱江一桥在不中断铁路列车正常运行的情况下修缮一新,恢复桥面通车。

3日 杭州解放纪念碑在钱塘江畔奠基。

9日 中央电视台与杭州市委宣传部、杭州电视台联合摄制的大型旅游专题片《"人间天堂"杭州游》在中央电视台国际频道首播。

10日 由光纤同轴混合网和宽带城域网构成的网络系统——数字电视杭州有线网正式投入运行。

△ 浙江省暨杭州市首届人力资源交流大会在杭开幕。

18日 零时,杭州市电话号码由7位升至8位。

20日 杭州市与兰州市缔结为友好城市。

△ 市智残青年培训就业托管中心成立。

△ 杭州最古老的中学——杭州第十中学欢庆建校195周年。杭十中的前身是宗文义塾,创建于1806年。

22日 省委常委、市委书记王国平率杭州市代表团赴安徽省黄山市学习考察,与该市领导共谋联手发展旅游大计。两市旅游、交通部门分别签订了《关于促进旅游业务合作与发展的协议》和《关于建设两地间连接公路意向书》。

△ 总投资4.9亿元的国家重点技改项目——杭州半山发电厂烟气脱硫工程正式投入运行。

25日 九三学社杭州市第五次代表大会开幕。大会选举产生新一届委员会,朱荫湄任主任委员,黄致甲、徐兆骥当选为名誉主任委员(27日闭幕)。

26日 位于吴山风景区的中国财政博物馆开工仪式在杭举行。

27日 全国政协副主席、中国致公党中央主席罗豪才来杭视察和调研农村工作。

28日 中国民主促进会杭州市第十次代表大会开幕。大会选举产生新一届委员会,韩国熹任主任委员,卜昭晖当选为名誉主任委员(31日闭幕)。

6月

1日 中国民主建国会杭州市第十届代表大会开幕。大会选举产生新一届委员会,蒋福弟任主任委员(3日闭幕)。

△ 市中医院对外公布:该院中医妇科实验室于4月发现一例异常染色体核型,经国家医学权威机构确认为世界首次发现的人类异常染色体核型。

4日 浙江康莱特药业有限公司董事长李大鹏教授在杭接受俄罗斯医学科学院外籍院士证书。

6日 公安部警务局通报:经年初对全国26个省会市、4个直辖市的明查暗访,群众对社会治安和公安机关民警接待的满意率,杭州市名列第一。

△市级机关会计结算中心正式运作。

7日 省委常委、市委书记、市人大常委会主任王国平率市友好代表团访问英国、法国和瑞士,重点考察欧洲旅游业发展情况(20日返杭)。

△ 中国农工民主党杭州市第七次代表大会开幕。大会选举产生新一届委员会,李松春任主任委员(8日闭幕)。

8日 杭州江南粮油批发交易市场和"黑龙江粮油商品一条街"开业。

△杭州市留学人员高新技术产业开发区创业园被科学技术部等4部局联合确定为国家留学人员创业园示范建设试点。

12日 杭州市代表团在历时5天的第三届浙江投资贸易洽谈会上共签约30个项目,总投资3.54亿美元,合同利用外资2.76亿美元,外贸出口成交额67万美元。

15日 杭州市工业资产经营有限公司成立,同时撤销杭州化工控股(集团)有限公司、杭州轻工控股(集团)有限公司、杭州市医药管理局和杭州纺织化纤工业公司。

16日 杭州市获国家环境保

护模范城市命名暨总结表彰大会隆重举行，国家环保总局局长解振华到会颁发匾牌。

17日　中国民主同盟杭州市第十次代表大会开幕。大会选举产生新一届委员会，陈振濂任主任委员，李明法当选为名誉主任委员(19日闭幕)。

18日　中国国民党革命委员会杭州市第八次代表大会开幕。大会选举产生新一届委员会，陈重华任主任委员，郁简当选为名誉主任委员(20日闭幕)。

19日　中共杭州市党的建设研究会成立，市委副书记朱报春任会长。

21日　《中共杭州历史大事记(1919.5~2000.12)》出版。

22日　中国致公党杭州市第三次代表大会开幕。大会选举产生新一届委员会，郁嘉玲任主任委员，董燮清当选为名誉主任委员(24日闭幕)。

26日　浙江大学茶学系应届毕业生、共产党员谢杭奋不顾身救起掉入2米多深水塘的母子俩。7月1日，浙江大学党委授予谢杭优秀共产党员称号，杭州市见义勇为奖励基金会向谢杭颁发荣誉证书和奖金。

△凌晨4时40分左右，位于拱墅区半山镇石塘村沈家浜的杭州光富摩擦材料有限公司建筑工地一临时民工工棚，因山洪暴发被冲塌，造成22人死亡，7人受伤。

27日　市委隆重举行大会，纪念中国共产党建立80周年，表彰全市先进基层党组织、优秀党员和优秀党务工作者。

△杭州市劳动模范医疗保障资金建立。

28日　《之江英魂——杭州英烈诗文选》出版。

29日　杭州高新技术产业开发区软件园被选为全国10个国家软件园之一。7月6日，杭州高新技术产业开发区东部软件园投运。

30日　市委党史研究室被授予全国党史系统先进单位称号。

7月

1日　杭州市钱江新城暨杭州大剧院建设工程破土动工。

△由长河集团和万利集团共同出资20万元在长河中学开办的“宏志班”诞生。该班录取51名品学兼优的特困生，免除高中3年的全部费用。

3日　市委、市政府召开全市旅游发展工作会议，同时出台《中共杭州市委、杭州市人民政府关于加快推进“旅游西进”战略的实施意见》和《杭州市人民政府关于加快杭州市旅游业发展的若干政策措施的通知》。

△市工商业联合会第十次会员代表大会开幕。大会选举产生新一届执行委员会，鲍世甲任会长。

6日　以著名文学家金庸命名的小行星——金庸星命名典礼在杭举行。

△市建筑业管理局直属国有企业改制全面完成，新的市建工集团举行首届董事会。

10日　浙江大学城市学院和杭州华大基因研究开发中心举行合作办学签字仪式，共同培养跨学科应用性人才。

11日　杭州市第十五届运动会开幕(28日闭幕)。

12日　杭州市软件行业协会成立。

18日　南宋皇城遗址及太庙遗址、文澜阁、西泠印社、凤凰寺、梵天寺经幢、宝成寺麻曷葛剌造像名列国务院公布的第5批国家重点文物保护单位。

20日　最高人民法院院长肖扬来杭考察市中级人民法院工作。

23日　市委召开八届七次全体(扩大)会议，审议通过《关于杭州市2001年~2005年依法治市规划的决议》等4个文件(24日结束)。

26日　市领导王国平、仇保兴、虞荣仁、吴键等率领的市拥军慰问团赴南京军区汇报工作，慰问解放军官兵(28日返杭)。

27日　在杭州市城市总体规划专题研究初步成果评审会上，6个单位的5个课题研究成果通过评审。

28日　市委、市政府召开区、县(市)机构改革工作会议。

31日　市纪委举行第七次全体(扩大)会议。

△法国圣戈班维特克国际公司签约投资2360万美元，与杭州玻璃集团有限公司合资建设年生产能力为7500吨的无碱纤维池窑拉丝生产线，法资占总资本的80%。

8月

2日　市委宣传部与浙江大学人文学院签订协议，双方在杭州市和浙江大学战略合作委员会的指导下，就文化发展、学科建设、人才培养进行长期全面合作。

杭州市纪念中国共产党建党80周年暨先进党组织、优秀党员和优秀党务工作者表彰大会

9日　纪念昆曲传习所80周年暨昆剧表演艺术大师周传瑛(90周年)、王传淞(95周年)诞辰活动开幕(11日闭幕)。

11日　美国布朗斯维拉市工业园区与杭州经济技术开发区签订姐妹开发区协议。

12日　来自重庆市奉节镇的首批三峡移民155户、575人入住萧山区,50户、188人入住余杭区。

14日　中共中央政治局委员、国务院副总理温家宝视察杭州江南粮油批发交易市场和黑龙江粮油商品一条街。

20日　省市联合举办的“反对邪教，崇尚文明”大型展览开展(9月4日结束)。

22日　市委、市政府召开市“二五”依法治市、“四五”普法教育动员大会。

27日　杭州市政府与浙江大学联合举办智能交通学术报告会。会上，仇保兴市长向英国南安普敦大学交通运输工程研究中心资深研究员吴建平博士颁发杭州市城市规划专家咨询委员会委员聘任书。

28日　由省委常委、市委书记王国平、市长仇保兴率领的杭州市党政代表团赴京，先后拜望中共中央政治局常委、国务院副总理李岚清,中共中央政治局委员、北京市委书记贾庆林,老同志乔石、王芳,及有关部门负责人，向他们汇报杭州市经济社会发展情况及2001年中国杭州西湖博览会筹备情况，邀请他们在西博会期间来杭。30日下午，在国务院新闻办公室新闻发布厅举行西博会新闻发布会。

△中央宣讲团成员、中共中央组织部党建研究所所长王庭大来杭作江泽民总书记“七一”重要讲话宣讲报告。

31日　市委、市政府在北京举行“服务北京奥运,加快杭州发展”恳谈会,杭州市30多个企业领导与北京市有关方面负责人进行交谈。省委常委、市委书记王国平,北京市副市长汪光焘，国家体育总局副局长张发强等出席会议并讲话。

9月

1日　中国科学院研究生院基因组信息学培训基地在杭州举行揭牌仪式。同时举行的有美国麻省理工学院WHITEHEAD基因研究中心、中国科学院基因组信息学中心暨华大基因研究中心组成姐妹中心的揭牌仪式。

△市贸易办公室等9单位决定授予胡俊等9位营业员“杭州商贸特色服务品牌”称号。

2日　来自海内外的专家、学者聚会纪念章太炎逝世65周年暨黄侃诞辰115周年。章太炎是近代著名的革命家和国学大师，其学生黄侃也是造诣颇深的国学大师。

3日　市政府第61次常务会议决定，取消政府规章中与行政审批制度改革规定和政府职能转变不相符合、与市场经济的要求不相适应的110项行政审批事项。

5日　新利软件(集团)股份有限公司股票正式在香港联交所创业版(GEM)挂牌交易。这是杭州市、浙江省第一个上市的软件企业。

9日　杭州市城市管理行政执法局挂牌成立。

15日　杭州高新技术产业开发区被科技部授予先进国家高新技术产业开发区称号。

△杭州第一个“全民国防教育日”宣传教育活动启动仪式在武林广场举行。

18日　首届杭州科技合作周开幕,70余名国内外专家、学者和98个国家级工程技术中心和研究中心的代表出席。合作周期间,市政府与中国科学院签订科技合作协议;上千个企业参加合作洽谈,洽谈项目达276项（次);500多项科技成果进行展示。

19日　杭州市与巴西库里蒂巴市缔结友好城市关系协议书签字仪式在库里蒂巴市举行。

20日　全国人大常委会副委员长铁木尔·达瓦买提在杭视察。

22日　全国“五个一工程”奖在京颁奖，杭州艺术创作中心沈经纬编剧、杭州越剧院演出的童话音乐剧《寒号鸟》榜上有名。

24日　市第五届老年人运动会开幕(27日闭幕)。省暨市首届老年文化艺术周开幕(28日闭幕)。

25日　杭州市公安局西湖分局看守所民警张仲新被公安部追授为全国公安二级英模。

27日　省市举行大会,纪念衙前农民运动80周年。萧山区衙前镇于1921年9月27日成立了中国共产党领导下的全国第一个农民协会——衙前农民协会。

30日　作为杭州标志性城市建筑之一的西湖文化广场奠基。西湖文化广场位于武林广场运河北岸,占地13.33公顷(200亩),总建筑面积22万平方米。

△小学教师国家级培训实践基地铜牌揭牌仪式在文一街小学举行。

10月

1日　仇保兴市长代表杭州市政府在日本福冈举行的联合国人居奖颁奖大会上领奖并作交流发言。

△杭州全市范围内开通柑橘“绿色通道”。除高速公路外,运送杭产柑橘的车辆凭“绿色通道”通行证,免交过路、过桥、过隧道费。有效期至12月31日结束。

3日　杭州市公安局交通治安分局正式成立。

8日　位于吴山北麓的杭州市历史博物馆开馆。博物馆占地1.3万平方米,展馆分正副两楼,有8个正式展厅。

11日　省委、省政府批准杭州市机构改革方案。此前,9月28日,市委办公厅和市政府办公厅印发《关于市级党政机构改革人员定编定岗的实施意见》。

△毛泽东主席视察杭州市区小营巷纪念馆重建后正式开馆。纪念馆因年久失修,损坏严重,于8月开始将原建筑全部拆平就地按照原来式样重建。

14日　“百名海外博士浙江·杭州行”活动开幕。120位海外归来的博士携带280个科技项目与杭州、温州等地的企业家进行合作洽谈。

18日　位于上城区的清河坊历史街区正式开街。

△全省最大的高教园区——杭州下沙高教园区(一期)建成,浙江

工程学院、杭州电子工业学院、中国计量学院、浙江司法警官职业学院、杭州职业技术学院等5所高等院校喜迎1.8万名新生入学。

20日　2001年中国杭州西湖博览会开幕，老同志乔石，全国人大常委会副委员长王光英、吴阶平、蒋正华，全国政协副主席李贵鲜等出席开幕式(11月10日闭幕)。12月6日，市委、市政府召开西博会总结表彰大会，并对办好2002年西博会提出要求。

21日　市长仇保兴代表市政府向韩国前总理赵淳颁发杭州市政府经济顾问聘任书。

△出席APEC第九次领导人非正式会议的各国(地区)领导人穿着杭州裕兴丝绸厂、杭州亭趾丝绸花本试样有限公司织造的彩色织锦缎、纯白真丝面料制成的"唐装"和衬衣，在上海亮相。

24日　全国政协副主席陈锦华在杭视察旅游景点。

△位于西子湖畔、老和山下的浙江大学国家大学科技园奠基。

30日　杭州市海外交流协会成立。

11月

1日　第五届亚洲有机农业科学大会在杭开幕。

△杭州电网城乡居民生活用电基本实现同网同价。

2日　中国杭州首届运河文化研讨会在杭开幕，国内经济、历史、文学、考古、建筑、旅游等方面专家聚集一堂，为运河发展出谋划策。

3日　杭菜在第二届中国美食节上入选新八大菜系。

5日　省委决定，因工作调动，免去仇保兴杭州市委副书记、常委、委员职务。26日，市九届人大第三十八次会议决定，同意仇保兴辞去杭州市市长职务。

△全国城市社区计划生育工作会议在杭召开。国务委员、国务院秘书长王忠禹出席会议，并考察了江干区、上城区的计划生育工作(7日结束)。

△西湖区在全国经济林产业建设现场经验交流会上获"中国龙井茶之乡"称号。

8日　全国人大常委会副委员长、中国民主建国会中央主席成思危在杭州出席2001年中国国际女装展览会开幕式等活动，并受聘任浙江大学兼职教授、博士生导师，在浙大作学术报告。

8日　杭州日报报业集团成立。

12日　经复查整顿，全市有11个单位因卫生水平"滑坡"被取消市级爱国卫生先进单位称号。

13日　在全省精神文明建设表彰大会上，杭州市被授予省文明城市称号。

18日　市委、市政府作出部署，在全市开展以"社会各界送温暖，特困职工沐春风"为主题的第二次"春风行动"。

17日　2001年杭州市中小学生科技节开幕。

21日　全国政协副主席毛致用在杭视察非公有制经济发展情况(22日离杭)。

△杭州市城市发展概念规划研讨会召开。中国城市规划研究院、上海城市规划研究院和南京大学分别汇报了规划成果(22日结束)。

28日　市"万名干部下基层"活动正式启动。市级机关321名干部启程分赴全市各地农村，宣讲江泽民总书记"三个代表"重要思想，帮助、指导村级"学教"活动。

△全市各区、县(市)药品监督管理局正式成立。

29日　省委常委、市委书记王国平率5个老城区和市有关部门负责人赴上海市就加快商业特色街区建设问题进行考察学习。

12月

1日　杭城各定点医疗机构开始实行实名制，参保病人看病需凭医保卡和证历本。

9日　由杭州高新技术产业开发区、普天东方通讯集团有限公司和活水(海外)公司共同筹备的杭州活水宽带通信系统城工业园区正式启动。

12日　市区廉租住房管理办法正式实施。29日，第一批46户住房、经济特困家庭领到了廉租住房资格证。

13日　杭州萧山机场更名为杭州萧山国际机场。

17日　全国政协副主席万国权在杭出席杭州凤凰城等项目的新闻发布会和开工典礼。

20日　市委召开人大工作会议暨纪念市人大常委会设立20周年大会。

△著名杭州十景之一"南屏晚钟"的御碑重建揭幕。

25日　市委、市政府召开女装产业发展工作会议，提出打造"中国女装之都"的目标。

27日　市委召开八届八次全体(扩大)会议暨读书会，回顾2001年工作，研究2002年的工作指导思想和主要任务(28日结束)。

△杭州富通集团研制成功光纤预制棒，提前实现2000年5月11日对视察该集团的江泽民总书记的承诺。

28日　江干区公安分局闸弄口派出所获团中央、公安部联合颁发的"全国青年文明号"奖牌。

△千年老店保和堂药铺在河坊街重新开张。《白蛇传》中的许仙传说曾在保和堂当伙计。

△富阳市常安镇塘头村一石宕发生塌方事故，死亡10人，轻伤2人。

30日　市司法局获全国司法系统先进集体称号，淳安县司法局局长章伯顺被评为全国司法系统先进个人。

△在中华医院管理学会发起的"百姓放心医院"评选活动中，市第三人民医院和市第一人民医院名列277个"全国百姓放心医院"之中。

(市委办　市府办　年鉴编辑部)

总　述

·历史沿革·

【概况】 考古发现表明,5 万年前就有智人“建德人”在今杭州市地域建德李家乡一带活动。从新石器时代后期的良渚文化开始，杭州已有5000 多年的历史。

秦王政二十五年（公元前 222 年)置钱唐县、余杭县,属会稽郡。

隋开皇九年(公元 589 年)始称杭州。

五代时的吴越国(公元 907 年~978 年)在杭建都。

南宋建炎三年(公元 1129 年),赵构南渡至杭州,升杭州为临安府。绍兴八年(公元 1138 年),南宋正式定都临安,历时 140 余年。

民国元年(公元 1912 年)2 月,以钱唐、仁和县地并置杭县。民国 16 年(公元 1927 年)5 月,划杭县城区等地设杭州市,杭州置市始此。

1949 年 5 月 3 日,杭州解放。

杭州是中国的七大古都之一,现为浙江省省会,全国 15 个副省级城市之一，被国家列为全国历史文化名城和重点风景旅游城市。

（陈光熙）

·地理概况·

【地理位置和面积】 杭州市地处东南沿海的长江三角洲南翼，杭州湾西端，钱塘江下游，京杭大运河南端，是长江三角洲重要中心城市和中国东南部交通枢纽。市域界于北纬 29°11′~30°34′和东经 118°20′~120°37′。全市土地面积 16596 平方千米,其中市区 3068 平方千米。

【地貌】 境内地貌类别多样。西北部和西部系浙西中山丘陵区，主要山脉有天目山、白际山、千里岗山等,全市最高点是海拔 1787 米的清凉峰。东北部和东南部属浙北平原地区,地势低平,海拔仅 3 米~6 米,地表江河纵横,湖泊密布。在全市土地面积构成中,山地丘陵占 65.6%,平原占 26.4%,江、河、湖、荡、水库占 8%。

（年鉴室）

【气象特征】 杭州气候属亚热带季风性,四季分明,温暖湿润。年平均气温 15.0℃~17.7℃,呈南高北低分布。极端最高气温 38.0℃~43.0℃,极端最低气温-7.0℃~-15.0℃。年平均相对湿度 76%~82%。无霜期 230 天~260 天。每年都出现多种灾害性天气,影响比较严重的有:暴雨、台风、高温、干旱、雷击、寒潮、大雪等。

2001 年度杭州总的气候特点是:气温明显偏高,降水偏多,日照偏少。各季气候特点是:冬季气温明显偏高,为典型的暖冬季节;春季气温仍持续偏高,回暖快,3 月气温创历史新高,降水偏少明显;梅汛期局部地区发生洪涝灾害，夏季凉热不均,出梅后前热后凉,降水特多,日照偏少;秋季降水明显偏少,日照偏多,天气晴好。全年除短时局部地区洪涝造成灾害外，无台风和其他重大灾害性天气发生，属农业生产较好年景。

（郦仲华）

【湖泊河流】 市域内主要河流有钱塘江(境内长 74 千米)、东苕溪(境内长 96 千米)、京杭大运河（境内长:杭申甲线 49.21 千米;杭申乙线 39.78 千米)、萧绍运河和上塘河等。钱塘江水系包括新安江、富春江。新安江水库又名千岛湖，面积 570 多平方千米,蓄水量达 178 亿立方米,湖内有大小岛屿 1078 个,是中国东南部沿海地区最大的水库。千岛湖与杭州市中心的西湖（南北长 3.3 千米，东西宽 2.8 千米，水面面积 5.66 平方千米）同被列为全国重点风景名胜区。

【自然资源】 杭州土壤以红壤和水稻土为主。红壤分布于丘陵区,质地粘重,呈酸性反应,宜种茶树、果树,以西湖龙井一带出产的茶叶品质最优。水稻土集中分布在东北平原区,该区是粮、油、棉、麻、桑和多种蔬菜的主要产地。

杭州处于中亚热带常绿阔叶林植被带,平均森林覆盖率为 62.8%,生物种类繁多,资源十分丰富。其中属国家一级保护动物有 13 种,二级保护动物有 55 种;二级保护植物有 13 种。临安市的天目山、清凉峰被列为国家级自然保护区。

矿产资源有萤石、白云石、石灰石、膨润土等大型非金属矿床和铁、钼、铜等中型金属矿床。临安昌化出产一种罕见的鸡血石,质地细腻,色彩鲜艳，为收藏石和图章石中的珍品。

（年鉴室）

·人口变迁·

【概况】 2001 年，全市总户数 1955622户，比上年增加 20836 户，增长率为 1.07%；总人口 6291387 人,比上年增加 75619 人,增长率为 1.21%;平均每户 3.22 人。其中男性 3227839 人，占总人口的 51.31%；女性 3063548 人,占 48.69%。性别比为 105.36:100。全市非农业人口 2377694 人，占总人口的 37.79%，比上年增加 107748 人，增长率为 4.75%。由于户口政策放宽后,被批准农转非迁入的投靠户口比往年增加,引进人才、投资纳税入户等人员大量迁入,再加上区划调整、乡镇村撤扩并、撤村建居等原因,使相当一部分人员由农业户口转为非农业户口，全市非农业人口占总人口比例比上年增长 1.27 个百分点。

市区总户数为 1158112 户,比上年增加 604695 户；总人口为 3794934人，比上年增加 2003139 人；平均每户 3.28 人。其中男性 1945922 人，占总人口的 51.29%；女性 1849012 人,占 48.71%。性别比为 105.24:100。市区非农业人口 1932612 人，占总人口的 50.93%，比上年增加 495758 人,非农业人口增长率为 34.50%。市区户数、人口及非农业人口增加较多,是因为萧山、余杭撤市设区划归市区建制。

全市出生人口 52088 人，比上年减少 10212 人,出生率为 8.33‰,比上年下降 1.74 个千分点;死亡人口 33827 人，比上年减少 6391 人,死亡率为 5.41‰；自然增长 18261 人,自然增长率为 2.92‰,比上年下降 0.65 个千分点。

市区出生人口 30902 人，出生率为 8.22‰，比上年下降 1.1 个千分点；死亡 19439 人，死亡率为 5.17‰,比上年下降 1.07 个千分点；自然增长 11463 人，自然增长率为 3.05‰(上年因计算口径有误,出生率应为 8.33‰，死亡率应为 6.24‰)。

全市现有建制镇 122 个，其中市辖镇 98 个、县辖镇 24 个。市辖镇人口 3510585 人，比上年减少 94548 人；县辖镇人口 577797 人，增加 36017 人。市辖镇人口大幅下降是因为余杭、萧山区撤销一部分建制镇,改建为街道。

全市迁移人口 268668 人,比上年增加 38188 人,以省内迁移为主。人口机械增长 60476 人，其中市区机械增长为 59727 人,与上年相比,增长幅度较大。主要原因是放宽户口政策，解决了大批投靠户口并吸引了大量人才进杭落户。

全市常住人口未落实户口 20158 人,占总人口的 0.32%,比上年增加 1908 人。其中,超计划生育小孩 905 人，夫妻投靠 1059 人,投靠其他亲戚 1526 人,投靠人员携带子女 368 人,谋生定居 167 人,其他 16133 人。未落实常住户口人数比上年增加的原因是：部分地区因校舍新建，新招大中专院校学生户口尚未来得及落入。 (市公安局)

·行政区划·

【概况】 2001 年,杭州市新建 2 个市辖区、14 个镇、6 个乡、19 个街道办事处、260 个社区、6 个居民区,撤销 2 个县级市、32 个镇、42 个乡、575 个居民区、5 个行政村,1 个镇和 3 个社区、1 个行政村更名。

经国务院批准,撤销萧山市、余杭市,设立杭州市萧山区、余杭区。

经省人民政府(乡、镇建制的撤销和设立)、市人民政府(市辖区街道办事处的设立和界线变更)批准:

江干区调整凯旋街道与采荷街道管辖界线,以庆春东路为界,将庆春东路以北原由采荷街道管辖的区域划归凯旋街道管辖，将庆春东路以南原由凯旋街道管辖的区域划归采荷街道管辖。

萧山区撤销义盛镇、头蓬镇建制,合并设立义蓬镇;撤销云石乡建制,将其行政区域并入戴村镇;撤销许贤乡建制，将其行政区域并入义桥镇;撤销欢潭乡建制,将其行政区域并入进化镇;撤销前进乡建制,将其行政区域并入新湾镇；撤销来苏乡建制,将其行政区域并入所前镇;撤销城厢镇、石岩乡、新塘乡建制,设立萧山区城厢、北干、蜀山、新塘街道办事处。

余杭区撤销獐山镇、东塘镇、云会乡建制,合并设立仁和镇;撤销亭趾镇、博陆镇、五杭镇建制,合并设立运河镇;撤销潘板桥镇、双溪镇、长乐镇建制,合并设立径山镇;撤销良渚镇、勾庄镇、安溪镇建制,合并设立新的良渚镇;撤销五常乡建制,将其行政区域并入闲林镇；撤销彭公乡建制，将其行政区域并入瓶窑镇;仓前镇金星村划归余杭镇;撤销临平镇、星桥镇建制,设立余杭区临平、南苑、东湖、星桥街道办事处。

桐庐县撤销方埠镇、横村镇建制,合并设立新的横村镇;撤销洋洲乡建制,将其行政区域并入桐庐镇。

淳安县撤销茶园镇、富溪乡建制,合并设立石林镇;撤销东亭乡、桐子坞乡建制,合并设立界首乡;撤销龙源乡、百亩畈乡建制,合并设立横沿乡;撤销里商乡、许源乡建制,合并设立新的里商乡;撤销鸠坑乡、南赋乡建制,合并设立新的鸠坑乡;撤销淡竹乡建制，将其行政区域并入千岛湖镇;撤销叶家乡建制,将其行政区域并入威坪镇。

建德市撤销大同镇、劳村镇建制,合并设立新的大同镇;撤销乾潭镇、安仁镇建制,合并设立新的乾潭镇;檀村镇更名为大慈岩镇;撤销新安江镇、邓家乡建制,设立建德市新安江、洋溪、更楼街道办事处。

富阳市撤销湖源乡、窈口乡建制,合并设立新的湖源乡;撤销新义乡建制,将其行政区域并入高桥镇;撤销三山镇建制，以其部分行政区域(程坟、蛇浦、新店、包家淇、下际、小桐洲、庙坞口、赵家山、陆家坞、后山边、汤赵、孙家、俞家、董赵等 14 个行政村）设立新桐乡；撤销富阳镇，将其行政区域和原三山镇除上述程坟等 14 个行政村以外的其余行政区域设立富阳市富春、东洲、春江、鹿山街道办事处。

临安市撤销青云镇、东天目乡、杨岭乡、临目乡建制,合并设立太湖源镇;撤销塔山乡、马山乡、紫水乡建制，合并设立潜川镇；撤销颊口镇、顺溪镇建制，合并设立清凉峰镇;撤销龙井桥乡、鱼跳乡、上溪乡建制,合并设立大峡谷镇;撤销河桥乡、石瑞乡建制,合并设立河桥镇;撤销石门乡建制，将其行政区域并入高虹镇；撤销堰口乡、绍鲁乡建制,将其行政区域并入於潜镇;撤销洪岭乡建制，将其行政区域并入湍口镇;撤销锦城镇、青山镇、玲珑镇、上甘乡建制,设立临安市锦城、青山湖、玲珑、上甘街道办事处。

经各区、县(市)人民政府或民政局批准:

上城区紫阳街道撤销严官巷、通江桥、抽分厂、袁井巷、上仓桥、雄镇楼、彩霞岭、过军桥、北落马营、吴山新村、十五奎巷、金钗袋巷、大狮子巷、上羊市街、茶啾弄、大马弄、兴汤、车驾桥、候潮门居民区,新建十五奎巷、北落马营、严官巷、袁井巷、彩霞岭、候潮门、雄镇楼、太庙社区;闸口街道撤销八卦田、甘水巷、水澄桥、立新、玉皇、山南、复兴北苑、复兴南苑居民区,新建复兴北苑、复兴南苑、山南、十亩田、白塔岭、玉皇、海月花园社区；望江街道撤销木场巷、上灰团巷、大通桥第一、大通桥第二、三多村、霞晖南村、始板桥东村、始板桥新村、甘王新村、近江、莫邪塘西村、兴隆东村、兴隆西村、新丰新村、清泰门、永明新村、望江、莫邪塘南村第一、莫邪塘南村第二居民区,新建清泰门、莫邪塘、始板桥、大通桥、木场巷、甘王、兴隆、霞晖、海潮社区；近江街道撤销华龙、耀江、恒丰、世纪坊、天福、徐家埠、近江、江边路、滨江新苑、滨江家园居民区，新建江滨、耀华、徐家埠、江边路、近江家园第一社区；清波街道撤销四条巷、四宜亭、清波门、华光巷、扇子巷、高银巷、劳动路、荷花池头、吴山、源茂里、定安路、南山路、后市街、惠民路居民区，新建清波门、劳动路、定安路、高银巷、清河坊、惠民苑社区；城站街道撤销建一、西牌楼、江城路、城站路、姚园寺巷、断河头、吉祥巷、信余里、凝海巷、义井巷、城头巷、金鸡岭、金钱巷、茅廊巷、上马坡巷、建国中路、民生路居民区，新建茅廊巷、金钱巷、义井巷、梅花碑、长明寺巷、姚园寺巷、西牌楼、吉祥、城站社区；小营街道撤销小营巷、田家园、下马市街、上马市街、下皮市巷、小塔儿巷、杨绫子巷、皇诰巷、上八界巷、永宁院、菜市桥、万安花园、老浙大、横河新村、小河下、华藏寺巷、大河下、叶家弄、大学路居民区，新建小营巷、马市街、紫金、丰乐、万安、菜市桥、老浙大、大学路、葵巷社区；湖滨街道人民路社区更名为涌金门社区。

下城区武林街道撤销凤凰街、麒麟街、长寿、鸿碧、仙林桥、军督司巷、焦营巷、王衙前、孩儿巷、山子巷、中庆、永丰、广福、西庆春路、中北、环城、洗马、安吉路、达三、宝带、观巷、桃花河、混堂、环西、杭江、孝丰居民区，新建仙林、竹竿巷、凤凰、长寿、安吉、环西社区；天水街道撤销武林新村、戒坛寺巷、万寿亭、小北门、体育场路、仓桥、清远桥、皇亲巷、余官巷、百井坊巷、百井坊新村、延安新村居民区，新建戒坛寺巷、仓桥、延安新村、皇亲巷社区；朝晖街道撤销应家桥、文苑、陆北、大木桥、浙工大、塘南、塘北、塘二、叶青兜、潮王庙、潮王路、虹园、西园、老房地、大树山、兴福桥、黎园、双河、河东路、上塘路、玉公桥、积公桥、华联居民区，新建黎园、玉公桥、华联、老房地、应家桥、大木桥、浙江工业大学、塘北、塘南、河东、潮王、虹园、稻香园、施家花园、青园社区；艮山街道撤销下小营巷、永寿寺、小营新村、工人新村、环东、流水桥、流水北苑、河坓上、头营巷、宝善桥、锦园、大树、南园、东园新村、北大树巷、体育场东路、树园、中江、北花园弄、定香寺、骆驼桥、流水东苑、艮山上居民区，新建树园、艮园、东园、体东、永康苑、流水西苑、流水东苑社区；潮鸣街道撤销廻龙庙、知足弄、游泳巷、石板巷、大塘、刀茅巷、小天竺、珠碧弄、金郎中巷、花灯巷、盐卤缸巷、坛仙巷居民区，新建石板巷、知足弄、小天竺、潮鸣、刀茅巷、东河社区；长庆街道撤销新华、张御史巷、夏候巷、健康路、仓河下、大东门、助平、省体委宿舍、大营前、窑瓶巷、石匠弄、浙报、长庆、水陆寺巷、杭高、王马巷、吴牙巷、木庵、杭大、新桥、庆春坊、三角荡、柳营巷、海狮沟、青河、横燕子弄、遥祥寺巷、水星阁、池塘居民区，新建吴牙、王马、柳营、新华坊、十五家园、水星阁社区；石桥镇撤销和平、中舟、打铁关、王马、杭锅、杭氧、重机、颜家、长木、源通、新关、利通、珠畔、蝶飞、利普、利源、石桥、汽轮、轴承、二院居民区，新建同心苑、和平苑、通合苑、富春园、长青苑、中舟、新颜苑、天堂园、君祥苑、三塘北苑、沁苑、三塘苑社区；同心苑社区更名为打铁关社区、通合苑社区更名为杭氧社区。

江干区闸弄口街道撤销闸弄口第一、闸弄口第二、闸弄口第三、闸弄口第四、闸弄口第五、闸弄口第六、闸弄口第八、濮家第一、濮家第二、濮家第三、濮家第五、机神第一、机神第二、京江桥、三里亭、金菊、幽兰、红梅、翠竹、春光、春晖居民区，新建天杭、闸弄口、春晖、天仙、机神、天城、京江桥、濮家、三里亭、闻皇庙、京惠、红梅社区；采荷街道撤销采荷第一、采荷第二、芙蓉、翠柳、洁莲、青莼、玉荷、红菱、江汀、江津、怡静坊、居安坊、静怡花园、商教新村第一、天水、商教新村第二、凯旋公寓、荷花塘、采荷东区、青荷苑、凯旋第一、凯旋第二、凯旋第三、人民新村、双菱、红星第一、红星第二、水电、常青、金谷、采荷东区第二、玉荷第二、紫藕、思安坊、江浦居民区及杭州茶厂、邵逸夫医院家属委员会，新建芙蓉、洁莲、红菱、健风、江汀、静怡、双菱、人民、绿茗、新凯苑、商教苑、荷花塘、青荷苑、常青苑社区；凯旋街道撤销景芳第一、景芳第二、景芳第三、景芳第四、景芳第五、景芳第六、景芳第七、景芳第八、景芳第九、景芳第十、南肖埠第一、南肖埠第二、华家池第一、华家池第二、华家池第三、华家池第四、景芳东区、北景西苑、复兴苑、水湘苑、庆春苑、景华、景苑、金秋花园、庆春门第一、景芳、绿萍、景元、景芳住宅区第十一、水湘苑第三、水湘苑第五、水湘苑第六居民区及浙大华家池校区、浙大景芳家属委员会，新建景昙、景芳、景华、华家池、南肖埠、景秀、景新、景湖、金兰池、庆春门、金秋花园、凯西社区。

拱墅区米市巷街道撤销左家新村、长板巷、新河坝、米市巷、维元弄、锦绣新村、沈塘桥、大塘新村、清河闸、莫干、古新路、清水潭居民区，新建夹城巷、米市、锦绣、红石板、大塘巷、沈塘桥社区；湖墅街道撤销茶亭庙、信义巷、湖墅新村、双荡弄、大夫坊、仓基上、霞湾巷、香积寺巷、长乐南苑、长乐北苑、仁和仓、德胜路居民区，新建卖鱼桥、双荡弄、仓基新村、霞湾巷、长乐苑、仁和仓社区；和睦街道撤销华丰、和睦、李家桥、樟树、乡邻、和新、宋家居民区，新建华丰、和睦、李家桥社区；拱宸桥街道撤销麻舍新村、湖州新村、金华新村、台州路、棉舍新村、瓯江新村、舟山路、新昌新村、里马路、丝联新村、登云新村、桥西、吉如、杭印路、登云桥、永宁街、福海里、拱宸新村、定海新村居民区，新建温州路、台州路、登云路、桥西、衢州路社区；大关街道撤销东苑第一、东苑第三、东苑第五、东苑第七、西苑第三、西苑第五、西苑第七、南一、南二、锦花、红雨、东新、丹叶、翠玉、东新关居民区，新建东苑第一、东苑第二、西苑第一、西苑第二、八丈井、德胜、翠玉社区；小河街道撤销大浒路、紫荆街、长征桥、小河、明真宫、董家新村、台公堂、杨家门、观音桥、娑婆桥、荷花塘、南塘、塘河南村居民区，新建大浒路、紫荆家园、长征桥、小河、明真宫、董家新村、娑婆桥、余杭塘路社区；半山镇撤销杭奶、明和、雨花弄、崇光路、东塘、西塘、刘文村、桃园、金昌路、阔板桥居民区,新建田园、杭钢北苑、杭钢南苑、杭钢西苑、杭玻阔板桥社区;上塘镇撤销东新、大关、沈塘湾第一、沈塘湾第二、七古登第一、七古登第二居民区,新建红建河、七古登居民区;祥符镇撤销三宝、李家桥居民区。

西湖区灵隐街道撤销灵隐、东山小区第一、东山小区第二、曙光新村、玉泉、庆丰新村、高塘、道古桥、金沙港、茅家埠居民区及"117"医院、浙大第一、浙大第二、浙大第三、浙大第四家属委员会,新建"117"、金沙港、曙光、东山弄、玉泉、浙大求是、庆丰、黄龙社区;翠苑街道撤销俞家圩第一、俞家圩第二、林家浜第一、林家浜第二、李家塘第一、李家塘第二、李家塘第三、金家浜第一、金家浜第二、九莲新村第一、九莲新村第二、花园南村、花园北村、花园西村、古荡湾、曲河、保亭新村、九莲庄、东二居民区,新建保亭、花园、九莲、黄菇山、翠苑一区、翠苑二区、翠苑三区、翠苑四区、古荡湾、曲河社区;南山街道撤销净寺、三台山、六和塔、王家山、九溪居民区,新建净寺、三台山、九溪社区;文新街道撤销紫金公寓、金都新城、金成花园、沁雅花园、丹枫新村、香樟公寓、华苑公寓、金田花园、高教新村、雅仕苑、中兴公寓、康乐新村、物华、桃园春居居民区,新建金乐、星洲、新金都、竞舟、府新、德加、香樟、桂花园、沁雅社区;西溪街道撤销省委党校、文一路、白荡海、铁佛寺、香炉园、打索桥、石灰桥新村、教工路、上宁桥、下宁桥、文二新村、求智巷、日晖、建工厅、邮电新村、沈塘新村、武林门新村、沈塘、天目、杭磁、文三新村、铜佛寺居民区,新建白荡海、文教、石灰桥、求智、下马塍、花园亭、文天、上马塍社区;古荡镇撤销古荡新村第一、古荡新村第三、古荡新村第五、古荡新村第六、古荡新村第八、古荡新村第十、古荡新村第十一、古荡、财神殿、黄龙、保亭、宋江、古荡湾居民区,新建古荡东区、古荡南区、古荡北区、莲花、文华、古墩、益乐社区;三墩镇撤销庙西街、庙前街、范家湾居民区,新建庙前街居民区。

附: 2001年杭州市行政区划概况表

单位:个

单位名称	街道	乡	镇	社区	居民区	行政村
上城区	9			67		
下城区	6		1	65		9
西湖区	6	3	6	55	25	142
江干区	3		6	39	15	64
拱墅区	6		4	46	14	30
滨江区			3	6		29
萧山区	4		22		155	739
余杭区	4	1	14	15	61	505
市区小计	38	4	56	293	270	1518
富阳市	4	7	15		31	612
临安市	4	7	15		21	662
建德市	3	11	12		62	518
桐庐县		11	12	7	14	408
淳安县		18	12		16	899
合计	49	58	122	300	414	4 617

滨江区浦沿镇撤销浦沿居民区及龙山化工厂家属委员会,新建新浦、之江社区;西兴镇撤销西兴第一、西兴第二、西兴第三、西兴第四居民区,新建西陵、水电社区;长河镇撤销长河第一、长河第二、长河第三、长河第四居民区,新建天宫、中兴社区。

萧山区临浦镇撤销高田陈、詹家埭、谭家埭、柏山陈行政村,新建高田陈、詹家埭、谭家埭、柏山陈居民区,张家畈行政村更名为张家坂行政村。

余杭区东湖街道撤销北大街、东大街、庙东、碧天、庙前、天都、罗庄、梅堰、阮船埭、陆家埭居民区,新建桂芳桥、庙东、庙前、罗庄、梅堰社区;临平街道撤销工农新村、水车埠头、新大地、西大街、杨家桥、邱山、景星观、星火街、荷花塘、会龙桥居民区,新建工农新村、西大街、邱山、星火、荷花塘社区,撤销东安行政村,新建东安居民区;南苑街道撤销保障桥、河南埭、东湖、东安、南大街、新城、东海居民区,新建保障桥、河南埭、东安、新城社区;星桥街道撤销星桥居民区,新建星都社区。

桐庐县桐庐镇撤销圆通、城西、迎春、安乐、东门、南门、天目、鑫鑫、康乐、洋塘居民区,新建东门、迎春、南门、洋塘、鑫鑫、迎宾、圆通社区;富春江镇新建渡济居民区。

至2001年末,在杭州市行政区划范围内,有县级市3个、县2个、市辖区8个,建制镇122个、乡58个、街道办事处49个,社区300个,居民区414个、行政村4617个(社区、居民区、行政村数均为建制数)。

【撤市设区】 2000年末,市委、市政府在充分调查、科学论证、多方协调的基础上,提出扩大杭州市区行政区域,撤销萧山、余杭两个县级市,设置市辖萧山区和余杭区的请示。2001年2月2日,获得国务院批准。3月25日,杭州市萧山区和余杭区正式挂牌。市区扩大行政区域后,市辖区由6个增加到8个,面积由683平方千米扩大到3068平方千米,人口由175.27万人增加到367.96万人。

【乡镇行政区划调整】 根据市委、市政府《关于乡镇行政区划调整的意见》,乡镇行政区划调整工作自2001年6月开始,至9月圆满完成。

此次乡镇行政区划调整工作,涉及萧山区、余杭区、临安市、富阳市、建德市、桐庐县、淳安县等2区、

5县(市)的部分乡镇。本着“适时、适度、适当、适量并乡扩镇”的原则,将234个乡镇调整为180个乡镇,减少54个乡镇,撤并率为23.08%;涉及调整的乡镇有91个,占原乡镇总数的38.89%。为推进城市化,撤销萧山区城厢镇、余杭区临平镇、建德市新安江镇、富阳市富阳镇、临安市锦城镇,建立19个街道办事处。全市街道办事处从原30个调整到49个,增加63.33%。

【撤村建居改革试点】 经过3年努力,第一批撤村建居改革试点工作基本完成。全市共撤销34个行政村建制,1.5万人农转非,1066.67公顷集体土地依法征用转为国有,原村集体经济组织基本完成股份合作制改革。

【勘界工作顺利完成】 杭州市的勘界工作自1996年开始,历时5年,顺利完成了界线核定、埋设界桩、资料整理、协议书报批和总结表彰等各项工作任务。1条省界线(浙江安徽线)、5条地市界线(杭州嘉兴线、杭州衢州线、杭州金华线、杭州绍兴线、杭州湖州线)和28条县(市)区界线共2204.164千米全部核定,报经国务院和省政府批准,成为法定线。测绘界线950千米,埋设界桩115个,建立勘界档案770卷。市政府通报表彰了3个勘界工作先进集体和28名先进个人。 (梁 军)

【地名管理】 2001年,杭州市出台《杭州市地名管理办法》、编制《杭州市门(幢)牌管理规定(草案)》,全市共命名各类地名421处,其中市区命名地名318处。全市新命名道路名称62处,住宅地名称154处,大型建筑物名称205处。根据市政府的要求,进行地名管理的调研,完成《推动城市化进程中我市地名工作亟待加强》的调研报告。全市共设置各类地名标志5.7万余块。市区在25条道路环境整治中进行门(幢)牌设置工作,设置门(幢)牌1.2万块。编制了《桐庐县地图》、《淳安县地图》、《富阳市中英文对照地图》等资料1万余份。完成地名补查更新资料的上交工作,共复制各类成果表、资料6000余份,1:10000、1:50000地形图117幅。

附:2001年杭州市区经批准的标准地名

道路名称:楚庆巷、康宁街、沈家巷、科园路、常陇路、振业路再行里、文渊路、文泽路、文溯路、文津路、学圃街、学源街、学林街、求是路、登云路、新风路、道古桥路、绍兴支路、同心弄、将军路、保俶北路、东新路(延伸段)、化仙桥路、水车路、兴业路、双菱路(延伸段)、采荷路、草荡巷、谢村路、储鑫路、花园岗巷、石桥路781弄、亭苑街、三里亭路、顾家畈路、池塘庙路、尧典桥路、邮驿路、长浜河下、长浜三弄、金二路、为民路、振兴路、里湖横路、三鹰路、红阳路、义新路、新甸路、临江路、裕民一路至七路、灯塔路、宁安路、加贸路、都市丽人步行街、城桥路、萧然东路、萧然西路、萧然南路、崇明路、新北横路

住宅地名称:锦江半岛花园、华庭公寓、绿洲湾公寓、运河人家、三塘公寓、万家花园、左岸花园、东方苑、双子座公寓、景月湾别墅、西溪梅园、嘉景苑、吴庄、望江公寓、阳光花园、金棕榈花园、枫丹白露山庄、幸福人家、西湖高尔夫别墅、春晓花园、浪琴翠园、云裳公寓、正和居、金鹿雅园、青龙山庄、拱宸小花园、嘉禾苑、红石公寓、新河公寓、名仕家园、新星小区、清水公寓、芙蓉居、影秀居、竹露居、池月居、松风居、惠民苑、风起苑、好望角公寓、华东园、湖墅嘉苑、江滨花园、百大花园、学苑春晓花园、十亩田家园、月雅苑、星都嘉苑、文都苑、白鹿苑、含晖苑、嵩阳苑、岳麓苑现代城、广福公寓、九月森林别墅、杭州九里松花苑、新丰苑、河畔花园、长隆公寓、三里新城·兰苑、三里新城·竹苑、康莱特公寓、五里塘苑、六和源花园、华海园、吴山名苑、北国之春人家、明月公寓、龙王公寓、朝阳公寓、金都雅苑、碧天家园、水乡人家、窑山花园、景和园、金箭公寓、康家公寓、碧云阁、碧景园、碧桂园、翠河公寓、闲富花苑、清水湾别墅、城桂公寓、锦湖新园、荷花绿园、浜河绿园、广和绿园、梅堰绿园、史家埭绿园、锦亭文化公寓、名苑公寓、红枫苑、盛雅公寓、华励公寓、新月花园、瑞金公寓、华临山庄、千喜百富山庄、香山人家、紫金时代公寓、星育佳园、南门公寓、塘栖嘉园、凤仪家园、嘉利花园、白云深处别墅、佳丽苑、都市丽景公寓、后河西址、郭村、后梅林、玫瑰苑、东藩小区、南欣公寓、文家塘张家坂村、牡丹苑、盈兴公寓、怡和公寓、南峰公寓、崇河公寓、阳光华庭公寓、西湘公寓、萧然人家、三江花园、怡佳公寓、富春苑、浦阳苑、文涛苑、文澜苑、山河花园、开元名都、富盛公寓、宁安一至三苑、宁东一至四苑、宁税一至四苑、宁新一苑、宁北一苑、新中一、二苑、宁牧一至十一苑、和丰一苑

建筑物名称:滨江广场、求是大厦、银苑大厦、杭州中惠大厦、新华大厦、之江大厦、国都发展大厦、金泰商务大厦、杭州瑞丰国际商务大厦、浙江钱江科技大厦、嘉江大厦、平海旺角商务楼、铭杨大厦、西湖国贸中心澳门娱乐广场、浙江物产大厦、欣荣大厦、蓝天商务中心、信义商街、易盛大厦、文锦大厦、彩虹城、杭州德源大楼、杭州国际汇丰中心、元华商城、黄龙世纪广场、金顶苑商务楼、三塘综合楼、浙江文化大厦、太平洋商业中心、现代城、标力大厦、永通信息广场、利群大厦、广茵大厦、浙江世界贸易中心、浙江科技产业大厦、武林大厦、东河世纪大厦、华夏银行大厦、国信证券大厦、绿都世贸广场、世纪名家家居广场、馨星大厦、杭州萧山国际商务中心、金苑大厦、莱茵达商务楼、萧山商业城机电市场、杭州超世界机动车市场、金都综合楼、金贸大厦、义蓬建材市场、浙江世纪建材装饰市场、新安公园、时代公园、理想车城、华谷科技园、余杭大厦、人民广场、嘉元广场。 (顾建多)

·经济和社会发展概况·

【国民经济在结构调整中实现较快增长】 2001年,杭州市国民经济运行质量和效益继续改善,实现了

“十五”计划的良好开局。全年实现国内生产总值1568亿元,按可比价格计算,比上年增长12.2%,约高于全国、全省4.9和1.7个百分点,连续第11年实现两位数增长。三次产业结构由上年的7.5:51.3:41.2调整为7.1:50.6:42.3。人均国内生产总值达25074元,比上年增长11.1%,按年末汇率折算突破3000美元,标志着杭州市经济和社会发展登上了一个新的台阶。

农业结构调整成效明显,效益农业发展势头良好。2001年,杭州市抓住粮食购销政策放开的契机,优化农业生产结构,主动调减粮食生产计划,经济作物种植面积增加较多,粮经比由上年的64.4:35.6调整为58:42。全市粮食种植面积为24.73万公顷,总产量134.78万吨,分别比上年下降14.2%和11.7%;蔬菜种植面积8.89万公顷,产量249.08万吨,分别增长11.4%和14.7%;药材种植面积0.13万公顷,产值1.19亿元,分别增长32.5%和98.6%;水果种植面积2.93万公顷,产量39.47万吨,分别增长7.7%和22.3%;花卉种植面积1.32万公顷,比上年扩大1.28倍。林、牧、渔业生产持续增长。全年造林面积2175公顷,封山育林14.18万公顷。主要畜产品中,肉类总产量27.64万吨,比上年增长9.5%;禽蛋总产量6.48万吨,增长6.7%。淡水产品产量11.51万吨,增长17.1%。全市农业实现增加值111.46亿元,比上年增长7.4%。

工业生产快速增长,产销衔接较好,运行质量提高。全市实现工业增加值676.90亿元,比上年增长12.8%。全部国有和年销售收入500万元及以上非国有工业企业(以下简称规模以上工业企业)完成工业总产值1919.51亿元,比上年增长26.1%;工业销售产值1869.55亿元,增长24.6%。规模以上工业企业销售产值中,国有经济176.26亿元、集体经济188.82亿元、股份制经济883.07亿元、外商及港澳台商投资经济504.75亿元。轻重工业分别增长31%和18.4%,轻工业增速略快于重工业。全市规模以上工业企业产销率97.4%,比上年提高0.41个百分点;实现利税208.54亿元,其中利润107.56亿元,分别增长29%和41.2%。列入全省统一考核的11项经济效益指标综合得分184.30分,比上年提高5.09分。

工业结构调整取得积极进展。规模以上工业企业高新技术产业销售产值424.37亿元,比上年增长13%,占同口径工业销售产值比重为22.7%。技术改造力度加大,全年工业技术改造投入131.2亿元,比上年增长42.8%。技改竣工项目1017个,开发新产品1351项,新产品产值300.36亿元。在技术改造的推动下,一些传统产业的生产和效益明显改善。

第三产业平稳发展,占国内生产总值比重提高。2001年,第三产业实现增加值662.97亿元,比上年增长12.5%,占国内生产总值比重比上年提高1.1个百分点。旅游业积极实施“旅游西进”战略,着力打响“游在杭州”品牌,全年接待海外游客81.94万人次,旅游外汇收入3.73亿美元,分别比上年增长15.8%和27.7%;接待国内游客2510.14万人次,国内旅游收入218.88亿元,分别增长8.9%和15.2%;旅游产业增加值97.94亿元,增长15.7%。房地产开发投资规模扩大,市场交易活跃。全年完成房地产开发投资140.91亿元,比上年增长38.8%;商品房施工面积1449.13万平方米,增长30%;商品房销售面积363.27万平方米,增长14.3%。

【扩大内需取得明显成效】 固定资产投资规模继续扩大。全年完成全社会固定资产投资630.97亿元,比上年增长22.4%。其中,基本建设投资193.89亿元,增长13.8%;更新改造投资99.63亿元,增长29.4%;房地产开发投资140.91亿元,增长38.8%;农村投资167.5亿元,增长20.6%。民间投资增长势头迅猛,非国有经济已成为杭州市投资增长的主体。全社会固定资产投资中,非国有单位投资379.27亿元,增长41.2%,占全部投资的60.1%,比上年提高8个百分点。

消费品市场购销活跃。全年实现社会消费品零售额458.82亿元,比上年增长13.6%,其中市区373.28亿元,增长13.9%。分行业看,批发、零售贸易业295.75亿元,增长16.8%;餐饮业43.27亿元,增长21.3%;其他行业119.8亿元,增长4.1%。商业结构进一步调整,新兴业态发展较快,至年末,全市超市连锁经营企业达29个,连锁门店640个,连锁门店销售额45.2亿元,比上年增长27.1%。商品交易市场稳步发展,至年末,全市拥有各类商品市场660个,年成交额715亿元,比上年增长11.7%。个私经济、股份制经济、外商经济成为市场零售主体,所占比重达到60.9%,比上年提高6.1个百分点。县(市)以下农村市场年成交额出现较为明显的回升,增幅达11.5%,为近4年来最高。

成功举办西博会,会展经济渐成规模。2001年西博会有606余万人次参加,会展成交额达74亿元。据测算,西博会拉动全市GDP增长约0.67个百分点。

市场物价基本稳定。2001年市区居民消费价格指数为99.5。其中,食品类下降1.7%,衣着类下降5.8%,家庭设备及用品类下降2.9%,医疗保健类下降1%,交通与通信工具类下降5.1%,娱乐教育文化用品类上升3%,居住类上升4.1%,服务类上升5%。

【外贸出口和利用外资势头良好】 2001年,全市出口总额72.84亿美元,比上年增长4.6%;扣除省级外贸公司出口额为35.23亿美元,增长19%。在出口产品构成中,工业制成品占95.3%,机电产品占38.1%。全市进口总额40.14亿美元,比上年增长14.3%。

利用外资步伐加快。全年新签外商直接投资项目483个,比上年增加168个;协议外资10.30亿美元,比上年增长59.6%;实际利用外资5.03亿美元,增长16.8%。利用外资项目规模继续扩大,全年新批1000万美元以上项目有35个,协议外资5.68亿美元,分别占全市新签项目数的7.2%和协议外资额的55.1%。

4个国家级开发区的建设和发展加快,全年共新签进区外商直接投资项目136个,协议外资6.71亿美元,实际利用外资3.02亿美元,分别占全市的28.2%、65.1%和60%。4区共实现技工贸总收入545.57亿元、利税63.58亿元、出口创汇14.46亿美元,分别比上年增长39.8%、19.9%和39.8%。

【财政收入继续较快增长】 2001年,全市财政总收入188.46亿元,比上年增长31.9%,其中地方财政收入增长50.7%,达104.28亿元,突破百亿大关。全年财政支出104.93亿元,增长42.9%。随着财政收支规模的扩大,地方财政对区域经济的调控能力得到加强。

【金融存贷款平稳增加】 2001年末,全市金融机构各项存款余额2621.51亿元,比年初增长25.5%;贷款余额2087.70亿元,增长23.8%,其中中长期贷款余额647.20亿元,短期贷款余额1274.70亿元,分别增长33.4%和16.4%。金融贷款规模的扩大,较好地支持了经济的发展。全年金融机构现金收支相抵货币回笼191.53亿元,与上年基本持平。

保险业务不断拓展。全市保险机构承保金额6260.01亿元,保费收入39.79亿元,分别比上年增长40.4%和53.0%。其中,财产保费收入12.42亿元,人身保费收入27.32亿元,分别增长18.2%和76.7%。

【科技教育不断发展】 2001年,全市深入实施科教兴市战略,加快"天堂硅谷"建设,改善创新创业环境,进一步出台鼓励科技人员创新创业、促进高新技术成果转化等有关政策,使杭州成为海内外科技人员创业的首选城市之一,先后被确定为全国信息化试点城市、国家集成电路产业化基地和国家软件产业化基地。全市获省级科技进步奖49项、市级科技进步奖87项。全市认定登记技术合同20079项,成交额25.8亿元,其中技术交易额22.11亿元,分别比上年增长13.7%、19.7%和3.1%。全年受理专利申请2356件,授权专利1431件。

教育事业在改革调整中加快发展。全市九年义务教育成效显著,入学率、巩固率、完成率等继续保持全国和全省领先地位,小学入学率达99.99%,小学毕业升入初中比例为99.92%,初中毕业升入高中段比例为85.31%。2001年,杭州市被评为全国"双基"(基本普及九年义务教育,基本扫除青壮年文盲)工作先进地区。高等教育规模进一步扩大,市属高校结构调整进展顺利,由原杭州师范学院、杭州教育学院、杭州师范学校等6所大中专院校合并组建新的杭州师范学院,实现了资源的重组和优化。至年末,全市有普通高等院校33所,在校学生17.49万人,比上年增长42.9%。全市参加高等教育自学考试的有21.67万人,比上年增长32.3%。社会办学进一步发展,至年末,社会力量举办的各类各级学校有53所,在校学生4.16万人。特殊教育继续受到重视。

【各项社会事业全面进步】 2001年,杭州市文化事业多姿多彩。文艺作品获国家级奖项31个、省级奖项58个。电视剧《我亲爱的祖国》、儿童音乐剧《寒号鸟》获中宣部"五个一工程"奖。成功举办了第五届中国国际民间艺术节、中国杭州2001年西湖狂欢节等重大节庆活动。群众性文化活动丰富多彩,全市有"东海明珠"集镇85个,其中省级22个。新闻、出版和广播电视事业日益繁荣。"数字杭州"建设迈出重要步伐,市区有线电视网络改造升级基本完成,有线宽带网和各种信息应用平台初步建成。

城乡医疗卫生条件不断改善,预防保健得到加强。急性传染病总发病率继续下降,2001年为294.99人/10万人。全市农村自来水普及率89.03%,合作医疗覆盖率达40%。计划生育工作成绩显著,全市人口出生率为8.33‰,自然增长率为2.92‰。

竞技体育水平不断提高。杭州籍运动员参加国际比赛获金牌2枚、银牌2枚、铜牌4枚;参加全国比赛获金牌46枚、银牌42枚、铜牌32枚。成功举办了杭州市第十五届运动会。全民健身运动蓬勃开展,全市100%的街道和98%的乡镇建立了群众性体育机构,市区经常性参加体育锻炼人口比例达43%。全市举办区、县(市)级以上群众性体育健身和竞赛活动895项次,36.64万人次参加。中小学全面实施《国家体育锻炼标准》,学生达标率98.64%。

社会保障事业不断发展。至年末,全市参加养老保险的企业22864个,国有企业、集体企业养老保险面均达到99%,非公有制企业养老保险面达78%;参加养老保险的在职人员85.22万人,其中个体工商户及自由职业者19.11万人。全市参加失业保险的单位11315个,参保职工95.52万人。工伤保险、生育保险继续发展。基本医疗保险开始实施,参保单位16048个,参保职工73.47万人。社会福利事业继续发展,最低生活保障制度逐步走向规范。

【城市建设和管理再上台阶】 2001年,全市城镇用于道路、供排水、公用事业、电力等基础设施建设的投资165.53亿元,占建设总投资的35.7%。市区路网进一步完善,绕城高速公路一期工程建成通车,迎宾路、建国北路延伸、和睦路等工程建成。全年实施道路综合整治48条、总长度140千米,拆违面积89.6万平方米。旧城改造进展顺利,城市面貌又有较大的变化。

邮电通信事业加快发展,通讯能力进一步提高。至年末,全市城乡交换机总容量289.49万门,比上年末增长17.1%;固定电话用户203.52万户,移动电话用户192万户,分别增长26.3%和92.9%。全市固定电话主线普及率达32.41线/百人,其中市区41.66线/百人。全市因特网注册用户发展到18.28万户。全市邮电业务总量59.53亿元。

城市公用事业取得新发展。市区净增配变电容量10.8万千伏安,供电能力有新的提高。"一户一表"达47万户。全年市区用电量133.12亿千瓦时,比上年增长14.3%,其中居民生活用电16.79亿千瓦时,增长16.1%。全年市区供水量5.2亿吨,比上年增长15.3%,其中生活用水量2.57亿吨,增长16.5%;供水质量进一步提高。随着市区面积扩大,市区公交线路增加24条,总长度增加326千米,营运车辆增加98辆。全年公共汽车和电车客运量8.54亿人次,比上年增长6.8%。市区居民燃气用户年末达到61.03万户,比上年增长11%,气化率达到96.02%。

环境保护和治理成效显著。建成了第三污水系统主干管、连通管,四堡污水厂投入运行,七格污水处理工程正在建设中,生活污水的截污纳管得到加强。西湖清淤二期工程全面开工。通过实施"蓝天、碧水、绿色、清静"工程,深化"禁硫"行动,进一步加强对建设项目的环境管理。全市工业固体废物综合利用率93.92%,工业废水排放达标率98.93%,工业烟尘排放达标率96.73%。

城市绿化进一步加快,市区完成扩绿面积767.8公顷。至年末,市区园林绿地面积7076公顷,公共绿地面积1323公顷,建成区绿化覆盖率35.95%,人均占有绿地面积7.82平方米。

2001年,杭州市被命名为国家环境保护模范城市,获联合国人居奖。

【人民生活进一步改善】 2001年,全市城乡居民收入继续提高。据抽样调查,市区居民人均可支配收入突破万元,达到10896元,比上年增长11.9%;人均消费性支出8968元,增长17.2%,恩格尔系数(即居民用于食品支出的比重)由上年的42%降至为39%。农民人均纯收入4896元,比上年增长8.9%。住宅建设步伐加快,居民居住面积进一步增加。全年住宅建设完成投资104.17亿元,比上年增长21.2%,住宅施工面积1251.92万平方米,竣工面积402.46万平方米。市区居民人均居住面积11.2平方米,农民人均住房面积49平方米。居民银行存款继续增加。至年末,全市城乡居民储蓄存款余额941.84亿元,比年初增加153.28亿元,其中城镇居民储蓄存款余额739.68亿元,比年初增加130.36亿元。 (陈国勇)

·经济体制改革·

【基本完成市直属企业改制】 2001年,市委、市政府继续以产权制度和劳动用工制度改革为重点,深化企业改革,大力推进体制创新,基本完成市直属企业改制任务。

围绕年初市委、市政府确定的工作目标,市政府坚持每月召开一次企业改制工作专题会议,协调解决企业改制中遇到的困难和问题,并加强督促检查,落实会议精神。企业改制进度10天一报。市委、市政府从有关部门抽调局级干部和业务骨干,组成两个改制工作联络组,到改制任务比较重的机电控股公司、建冶控股公司帮助指导。有关综合部门加强对改制企业、特别是困难企业的指导和政策协调。各主管局(公司)、控股(资产经营)公司和企业从实际出发,提出和实施符合各不同企业具体实际的改制具体办法。全市实现了基本完成企业改制任务的工作目标。

为及时解决企业改制中出现的新问题,市有关部门通过调查研究,先后就改制企业的职工身份转换、土地涉及规划红线等问题,提出具体解决办法,加大企业改制的政策扶持力度。2001年,市土管部门通过土地储备中心收购的形式,支持市属工业企业盘活40余公顷存量土地;市财政部门通过级差地租返还等形式,解决企业改制成本问题。近两年改制的企业中大部分职工实施了身份转换。

市有关部门在抓企业改制的同时,组织力量对已改制企业进行"回头看",促进改制企业加快转换经营机制,改善内部管理。在"回头看"中,发现不少已改制企业工商执照和房产证、土地证变更滞后,便积极加以协调解决。至年末,市属工交系统自2000年以来经批复同意改制为公司制的63个企业中,除个别因"债转股"或改制形式调整等因素外,已办理了工商执照变更手续的有57个,占93.4%;房产证和土地证的变更工作也都在抓紧进行之中。在"回头看"中还发现一些已改制企业存在法人治理结构不健全、融资困难和现金流量不足等问题,各有关部门分别提出了解决意见。

至年末,列入考核的市经委、商贸、园林、旅游、农口系统直属企业279个,累计完成改制274个,改制面达98.2%,比上年提高近15个百分点。其中,市直属国有企业224个,累计完成改制219个,改制面达97.8%,比上年提高16个百分点;市直属集体企业55个,已全部完成改制。按系统分,市属工交系统直属企业171个,累计完成改制169个,改制面为98.8%;其他系统直属企业108个,累计完成改制105个,改制面为97.2%。完成改制的274个市直属企业中,改为有限责任公司161个、股份有限公司4个、股份合作制14个,实施破产31个、歇业30个、并购转让公开拍卖27个,其他形式7个。在改为公司制的企业中,除4个国有独资有限责任公司外,都有3个以上投资主体,实现了股权结构多元化;大部分改制企业的主要经营者都相对持大股。大部分改制企业建立了新型劳动用工关系,约3万名职工进行了工龄置换;破产企业和歇业企业职工都按规定进行补偿,并与原企业解除了劳动合同。

企业产权制度和劳动用工制度改革,为企业进一步发展提供了强大的动力。据市工交系统在杭政[1999]17号文件下发后改制为公司制的74个企业统计,2001年共实现销售收入117.07亿元、利税14.53亿元、利润7.72亿元,比上年分别增长4.2%、36.1%、100.4%。

【继续推进企业产权交易市场化】 2001年,实施公开拍卖和转让的8个企业,都按照市场运作的要求进入市产权交易中心,同时也及时筹措了职工分流安置的资金。至年末,全市累计有188个企业（包括经营网点）实行公开拍卖，拍卖所得共8.19亿元，比起拍价高出2.66亿元，增值48.2%。

【市级国有资产营运机构进一步完善】 根据企业改制的进展情况，市政府对市级工业资产营运机构实施了部分重组，同时扩大了国有资产授权经营范围，进一步落实国资营运责任。以原杭州化工控股公司、轻工控股公司、纺化工业公司和市医药管理局的企业国有资产为基础，新组建了杭州市工业资产经营公司，并授权经营原4个局(公司)所属企业的国有资产；原化工、轻工、纺化3个公司的156名机关工作人员全部分流。对国有资产规模较大、企业发展前景较好、经营班子较强的青春宝集团公司、杭州信息科技有限公司和杭氧资产经营公司，市政府授权其经营国有资产。非工业类国有资产营运机构组建方案已经制定并开始实施，城建、旅游等国有资产营运机构正在筹建中。为推进文化产业发展，市政府同意组建杭州广播电视集团(筹)和杭州日报报业集团，并授权经营国有资产。

【股份制改造和企业上市取得新进展】 2001年，杭州市经审核批准新设或变更设立股份有限公司16个，合计注册资本8.59亿元，全部是非公有制企业。至年末，全市累计有股份有限公司85个。

2001年，全市有25个拟上市股份有限公司陆续进入辅导期。至年末，有8个股份有限公司先后结束辅导期。

2001年，全市新增上市公司2个。8月6日，浙江新安化工集团股份有限公司成功发行A股4400万股，其中4000万股为新股，400万股为减持国有股；每股发行价为7.3元，共募集资金2.8亿元。9月6日，新安化工流通股在上海证券交易所上市，上市日的收盘价为18元。此外，华立集团成功收购海南省的ST恒泰并进行重组和整合，将原公司更名为华立科技股份有限公司，将公司注册地由海口迁入杭州高新技术产业开发区，实现了“买壳上市”。至年末，全市累计有上市公司10个，其中A股9个、B股1个；合计总股本19.26亿元，共募集资金25.34亿元。

至2001年末，全市有期货经纪公司10个、期货营业部9个。10个期货经纪公司2001年度全部盈利。

【事业单位转企改制开始启动】 2001年，市政府颁发了《关于市属事业单位改制若干政策的意见》、《关于加快市属文化事业单位转企改制的若干意见》，推动市属科研院所和文化、卫生及其他事业单位改革。市节能技术设计研究所、市机械科学研究所、杭州自动化技术研究院、杭州轴承试验研究中心等应用型科研院所和市园林设计院等事业单位先后进行转企改制。市水产科学研究所等公益型科研院所进行了可面向市场部分的分立改制。

【医药卫生体制改革迈出新步伐】 2月24日，市政府发布《杭州市城镇职工基本医疗保险暂行规定》，市区城镇职工基本医疗保险从4月1日起正式实施。至年末，市区参保单位1.5万多个，各类参保人员80余万人。针对实施中出现的新问题，市体改办等有关部门拟订了《杭州市职工基本医疗保险管理奖惩试行办法》，报送市政府审议。

根据3月份全省医改工作会议精神和省政府下发的《关于推进城镇医药卫生体制改革的意见》，市政府继续推进城乡医药卫生体制改革。市体改办会同市卫生局、市药监局等单位，就杭州市医疗机构分类管理、发展社区卫生服务、药品流通体制改革等专题开展调查研究，在调研基础上拟订了《关于杭州市城乡医药卫生体制改革的实施意见》，于年底上报市政府。 （丁 琦）

·小城镇综合改革·

【概况】 2001年，杭州市政府根据中共中央关于促进小城镇健康发展的文件精神，出台了《关于加快我市中心镇改革试点若干政策的意见》，用政策措施促进小城镇增强政府的经济和社会管理调控权限，完善镇级财政管理体制，加强自我发展能力，在解决体制性矛盾和政策障碍方面有所突破。列入综合改革试点的各中心镇、试点镇，抓住发展机遇，锐意进取，奋力开拓，以改革促进体制创新和生产力发展，加快产业和人口集聚，并带动了人口素质提高和居民生活质量改善，促进经济和社会协调持续发展。据18个试点镇统计，2001年工业总产值378.27亿元，比上年增长26.6%，其中有15个镇超过10亿元；建成区总人口达到33.6万人，试点镇的城市化水平上升到41%。

【经济综合实力增强】 经过综合改革，各试点镇经济发展很快，主要指标增幅超过所在区、县(市)平均水平。据16个试点镇统计，2001年国内生产总值达到118.33亿元，比上年增长21.9%，其中有7个镇超过4亿元，5个镇超过10亿元，萧山区瓜沥镇达到13.4亿元。据18个试点镇统计，2001年财政总收入8.43亿元，平均每个镇4685万元，远高于全省建制镇的平均水平，其中7个镇达5000万元以上，最高的瓜沥镇达到1.46亿元。18个试点镇2001年农民人均收入5410元，比上年增长9.21%，比全市平均水平高出514元。

【建设特色工业园区28个】 为吸引新办企业向镇区集中，各试点镇都把建设特色工业园区作为招商引资、以工兴镇、发展经济的创业平台。18个试点镇共建设工业园区28个，面积3782公顷，投入资金14.82亿元，进入工业园区的企业有535个，促进了小城镇块状经济发展，成了农村城镇化的一个标志。桐庐县分水镇通过工业园区建设，促进了制笔业发展，全年产销笔25亿支以上，全镇工业总产值达13.8亿元，比上年增长45%。建德市梅城镇为了拓展发展空间，实现跨江发展战略，移山填滩，辟山填壑，建起了城南工业园区，仅半年多时间就完成首期23.3公顷工程量的70%。建德市寿昌镇把工业园区建设作为打好经济翻身仗的重头戏，两年多来投资802万元(其中400多万元是80多名机关干部集资、借贷来的)，平整土地12公顷，完成110千伏生产用电和200KVA基建用电架线及300米排污管道埋设工作，签订入园协议的企业13个，协议投资6470万元。

【突出规划的“龙头”作用】 2001年，不少试点镇在建设中坚持“高起点规划，高标准建设，高效能管理”，使城镇面貌明显改观。建德市乾潭镇强调规划的“龙头”作用，大手笔构筑新型城镇框架，投资1300万元，新建和延伸镇区道路3.5千米，建成占地2公顷的乾潭世纪广场，围绕广场周围，镇行政中心的建筑群拔地而起，现代化气息提高了城镇品位。临安市昌化镇投资10余万元制作了12平方米的城镇总体规划模型和40平方米宣传广告牌，加强宣传，使城镇总体规划深入人心。富阳市新登镇按照现代规划管理的要求，建立计算机地理信息系统，对城镇各项规划的实施进行动态监测管理，使规划管理的科学化程度明显提高。分水镇在完成编制总体规划的基础上，全年40多个工业和商贸住宅建设项目、9万多平方米建筑面积，118户农民建房、2.83万平方米建筑面积，都严格按规划实施建设。由于试点镇建设管理引入了城市设计理念，使小城镇的集聚功能大大加强。至年末，18个试点镇建成区面积和镇区人口分别达到54.43平方千米和33.6万人，平均每个镇3.02平方千米和1.86万人，远高于全市建制镇的平均水平。

【基础设施建设投入多元化】 2001年，18个试点镇城建投入6.29亿元，比上年增长16.1%。其中，财政投入1.06亿元，仅占16.8%，其余为企业、个人等民间投资和银行贷款。小城镇建设开始更多依赖市场运作筹集建设资金，改变了传统的投资方式，多元化投资体制逐渐形成。临浦镇10个城建工程总投资2.5亿元，2001年投入1.5亿元，其中财政投入仅1952万元，占13%，其余是引进的外地和民间资金。分水镇确立“经营城市”理念，把城镇作为最大的国有资产、最大的资源聚合体来经营和建设，公开拍卖商贸用地2.57公顷，共得出让金1445万元，镇净得860万元，使城镇建设有了滚动发展的财力。地处浙西山区的威坪镇和文昌镇，通过加强基础设施建设和创造良好的投资环境，使土地资产不断升值。文昌镇土地拍卖收入最高达到500元/平方米；威坪大桥通车以后，其所在的虹桥地区地价每0.067公顷（1亩)也高达100多万元。

萧山区临浦镇第一小学

【居民生活质量和文明程度提高】 随着经济持续发展，试点镇的各项社会事业也有了长足进步。2001年，18个试点镇文化、教育、科技、卫生等事业投入达39911万元，一批具有现代化气息的学校、文化体育场馆、公园、广场、医院以及环保设施等相继开工或建成，创造了良好的人居环境。各试点镇认真贯彻中央关于创建文明小城镇的要求，普遍加强思想道德教育，增强居民文明意识和社会公德意识，加大城镇管理力度，从解决“脏乱差”入手，开展拆除违章建筑、整顿交通秩序、整治环境卫生、强化社会治安等工作，7个镇成了省级卫生镇，11个镇成了市级卫生镇，5个镇成了市级文明镇。各镇还大力开展丰富多彩的文体活动，努力满足群众求美、求乐、求知的需要。如富春江镇经常举办农民卡拉OK比赛、健身操比赛、体育运动会和纳凉晚会等，有些项目多次在全市和全县比赛中获奖；富春江沙湾龙舟队、富春江冬泳队、富春江老年腰鼓队开展的活动在全县影响较大；全镇各单位还组织了“庆七一”等文艺会演，丰富了群众文化生活。 （叶后法　胡云超）

·经济协作·

【概况】 2001年，市政府出台《杭州市人民政府关于鼓励来杭投资发展的若干规定》等重要的政策性文件，并采取建立国内招商引资工作目标责任制、国内经济合作统计制度等措施，积极推进国内经济合作。全年共推出经济技术合作项目1080项，发布高新技术成果130项，协议引进内资156.85亿元，实际到位59.36亿元。其中，西博会期间举办10项经贸活动，签订经济技术合作项目132个，总投资143.36亿元，引进内资119亿元。在市政府举办的2001年杭州国内经济合作洽谈暨高新技术成果发布会上，签订合作项目34个，总投资73.25亿元，引进内资70.35亿元。各区、县(市)和4个国家级开发区也积极开展招商引资活动。上城区举办了投资说明会，下城区举办了投资洽谈会，江干区举办了第四届招商引资签约仪式，西湖区举办了经贸洽谈会，拱墅区举办了投资说明会暨项目签约仪式，萧山区举办了第三届农业开发横向合作洽谈会、钱江观潮节和萧山杨梅节等经贸活动，桐庐县举办了富春山水节经贸洽谈会，淳安县举办了千岛湖秀水节暨经贸洽谈会，余杭区成功吸引深圳海王药业公司、北京巨能集团来杭投资。杭州高新技术产业开发区充分发挥区位优势，全年引进内资到位 26.13 亿元。

【强化与上海及长江三角洲城市的区域合作】 4 月 27 日~29 日，长江三角洲 15 城市经济协调会第三次会议在绍兴举行。会议决定要进一步深化商贸旅游、产权交易、高新技术成果转化和信息网络 4 个专题的合作，推进长江三角洲城市的经济技术合作与交流。5 月 11 日~12 日，浙江、江苏、上海 3 省市领导及有关部门负责人在淳安千岛湖开经济发展座谈会，就推进长江三角洲经济一体化，构建长江三角洲新的综合竞争优势取得了一致意见，并确定从构建长江三角洲交通框架、环境保护、旅游、信息化、天然气利用等 5 个方面展开实质性的合作。根据市委、市政府“接轨上海，加强合作，优势互补，错位发展”的方针及座谈会精神，8 月，市经济协作办公室会同市委政研室、市计委等 11 个部门，就杭州市接轨上海、加强与上海及长江三角洲地区合作的问题进行调研，形成了《关于杭州市接轨上海的工作建议》。

【开拓广西四川云南市场】 2001 年，市委、市政府按照“政府引导、企业为主、市场运作”的工作方针，积极推进企业与西部地区的经济合作，取得新的突破。4 月 12 日~17 日，在南宁举行 2001 年杭州产品（南宁）展销会暨经济技术合作洽谈会期间，全市共推出合作项目 130 个，签约 14 个，总投资 10.25 亿元。6 月，一批杭州企业参加了浙江省与四川、云南两省的经贸洽谈会，与四川省有关单位和企业签订 19 个合作项目，涉及总投资 7.54 亿元，新增杭州市在四川省投资 2.73 亿元；与云南省签订合作项目 9 个，涉及总投资 2.05 亿元。

【来杭投资企业发展势头良好】 2001 年，来杭投资企业队伍不断壮大，一批重大项目落户杭城。北京牛津—剑桥国际集团投资 1.1 亿元，在杭设立杭州天海新材料科技有限公司，生产具有国际领先水平的柔性抽油线缆。以杭州华大基因研发中心为主体的国家高性能计算中心（杭州）、浙江省基因组信息学实验室、浙江大学基因组信息学研究所同时在杭成立。浙江三花钱江实业有限公司投资 2.2 亿元在杭州经济技术开发区建设四通阀生产项目。浙江九洲药业股份有限公司投资 1 亿元在杭州经济技术开发区建设国家二类新药生产项目。浙江香娟集团、浙江华孚纺织有限公司等外地企业总部先后迁杭。

来杭投资企业发展势头良好。浙江银泰百货有限公司 2001 年度销售收入 10.26 亿元，比上年增长 52%；实现利润 3186 万元，增长 46%；上缴税收 4072 万元，增长 41%。浙江华元建设置业有限公司继 2000 年出巨资购买延安饭店和梦梁楼后，2001 年与滨江区政府签订了建设华元世纪广场项目，投资总额 2 亿元。杭州宋城集团在西博会上签订了 21 世纪庆典城建设项目，总投资 19 亿元。康恩贝集团公司 2001 年在杭投资 2.5 亿元，实现销售收入 10.15 亿元，比上年增长 22.2%；实现利税 2.03 亿元，增长 40.3%。

【外地驻杭办事机构积极发挥经济合作功能】 2001 年，杭州市新审批登记外地驻杭办事机构 367 个。至年末，外地驻杭办事机构累计 895 个。

外地驻杭办事机构积极发挥经济合作功能，2001 年的主要活动有：

组织物资协作。各驻杭办事机构凭借本地的资源优势，向杭州提供大量生产、生活物资，同时为本地引进杭产品，实现优势互补。2001 年共向杭州提供各种生产、生活物资 1593 万吨，销售杭产品 11.9 亿元。

联系本地企业总部迁杭和来杭投资兴业。诸暨市政府驻杭办事处联系盾安集团公司、浙江友谊电缆厂总部迁杭。巨化集团公司经驻杭办事处牵线，与余杭区塘栖镇政府合作成立浙江巨化广川氨基酸有限公司，注册资金 700 万元。五洋建设集团股份有限公司经驻杭办事处牵线，投资 7000 多万元收购了杭州市商业开发有限公司和杭州商业房地产开发有限公司。经佳木斯市政府驻杭办事处牵线，佳木斯市大光明眼镜店有限公司投资 5700 万元收购了杭州香港服装店。

为杭州企业外拓牵线搭桥。经江西省政府驻浙江办事处牵线，余杭区绵城轻纺有限公司独资 1000 万元在江西永新县建立新绵茧丝有限公司；建德嘉华工贸公司与南昌市城市建设局合作投资 6500 万元建立童装市场；淳安西园房地产公司与南昌东湖房屋改造开发公司合作开发占地 2.33 公顷的金瑞花园，总投资 5.03 亿元。甘肃省政府驻浙江办事处促成了甘肃定西地区协作总公司等企业与杭州正大青春宝药业集团公司联合开发中药材项目。

【对口帮扶四川南充脱贫】 2001 年，为对口帮扶四川南充脱贫，全市共筹集捐赠资金 486 万元，安排雷竹、太空蔬菜、黄羊养殖、果林基地等农业开发性项目 17 个，社会公益事业项目 16 个（包括改造卫生院 4 所，援建希望小学 3 所，建“超越温饱线示范村”9 个），新修公路 40 千米，取得良好的经济效益和社会效益。

企业合作取得丰硕成果。娃哈哈广元分公司 2001 年完成销售收入 1.51 亿元，实现利税 3172 万元，完成利润 2284 万元。青春宝集团公司九龙制药厂 2001 年推出 10 个准字号产品，完成销售收入 550 万元，实现利税 41 万元，完成利润 22 万元。华立集团与南充市营山电力公司合作组建南充市华立电表有限公司,总投资100万元,预计2002年投入正常生产。杭州自然人吴钢在南充高坪区投资建立浙川化纤公司,企业发展趋势良好。

此外,根据省委、省政府的要求,杭州市参与西充县多扶镇卫生院和嘉陵区木老乡中华寿桃基地建设,2个项目预计在2002年上半年竣工。

【对口支援三峡库区】 娃哈哈集团公司涪陵有限责任公司成立6年来,各项指标不断创出新高,连续4年跻身当地3大创利大户,2001年实现销售收入26168万元、利税4351万元,其中利润3016万元。金义集团涪陵有限责任公司自1998年2月成功兼并涪陵二轻公司下属5个企业后,共接收移民700多人,2001年实现销售收入2652万元、利税156万元。

根据国务院三峡工程建设委员会和省政府的安排,2001年,余杭区和萧山区接受三峡库区农村移民348户,共1418人。移民安置工作在10月顺利结束,受到国务院三峡工程建设委员会和重庆市领导的肯定。 (王浩亮)

附: 2001年度杭州市各区、县(市)国内招商引资情况汇总

单位:万元

单 位	引进项目个数	完成招商引资的情况	
		协议资金	到位资金
上城区	34	33 129	12 021
下城区	150	84 021	52 563
拱墅区	99	101 258	37 079
江干区	71	88 441	29 634
西湖区	46	70 600	22 754
滨江区	12	30 510	1 203
萧山区	65	289 407	67 318
余杭区	16	155 517	15 355
富阳市	4	6 200	9 780
建德市	18	33 745	11 765
临安市	19	62 270	1 623
桐庐县	21	47 567	11 321
淳安县	47	37 613	14 716
杭州经济技术开发区	16	75 920	43 175
杭州高新技术产业开发区	293	261 260	261 260
之江国家旅游度假区	4	191 025	2 000
合计	915	1 568 483	593 567

·精神文明建设·

【创建文明城市工作】 2001年,杭州市加大城市建设管理力度,全面强化市容环境、交通道路、社会治安综合治理,成立城市管理行政执法局,探索城市长效管理的措施和办法,城市管理水平有了新的提高,相继获得浙江省文明城市、全国环境保护模范城市等荣誉称号和联合国人居奖。

全市坚持环境立市,继续实施"蓝天、碧水、绿色、清静"工程,加大对工业污染控制力度,烟尘控制区覆盖率达到100%;继续实施西湖、运河、市区河道底泥清淤、配水工程,完成计划清淤工程量的90%;继续加大城市绿化力度,借地绿化面积超过500万平方米;加强对工业企业、建筑工地及社会噪声的管理;继续拆除违法建筑和到期临时建筑。在改革社区体制、新建社区组织、加强社区管理、强化社区功能等方面进行积极探索,对全市原有的居民区进行调整重组,建立了新型社区。广泛开展"倡导文明新风,共建美好家园"活动,文明社区的创建覆盖面达到100%,市级文明社区达到30%以上。

【农村精神文明建设】 2001年,萧山、余杭两个县级市撤市建区后,全市以市区行政区划调整为契机,加大了文明镇、村创建活动。市文明办修订下发了《杭州市创建文明乡镇活动评比意见及考核验收细则》,采取以城带镇、以镇带村、城乡联动的方式,推动农村创建工作进村入户。广泛开展对农村群众的思想道德教育,促进农村文明程度和农民素质的提高。同时,开展以"整治社会风气、整治居住环境"为突破口的农业农村现代化教育,集中抓了转变农村社会风气和改善农村居住环境的工作。通过一年整治,农村的社会风气明显好转,生活环境明显改善,农民逐渐养成科学的生活方式和良好的卫生习惯,自觉遵守社会公德。至年末,全市有57个乡镇、219个村被评为文明乡镇和文明村。

【提高市民素质】 作为市委、市政府年初确定的重点课题,4月份,市委宣传部市民素质调研课题组在到上城、西湖等区机关和基层调研的基础上,起草了《关于提高市民素质的调查与思考》专题报告。同时组织13个区、县(市)和18个市级机关部门分别不同重点开展专题调研,形成33份调研材料。5月31日,市委、市政府召开提高市民素质工作座谈会,市委副书记吴键出席并讲话。会议讨论形成的《关于提高市民素质的若干意见》(初稿),在市委八届七次全体扩大会议上审议通过,形成正式意见后下发。

全市各级党政机关充分利用市民学校、基层党校等阵地,坚持不懈地开展市民思想道德教育,编发了11万余册《杭州市民教育读本》,组织全市家庭开展读书和知识竞赛活动。市属各新闻媒体围绕《公民道德建设实施纲要》和《关于提高市民素质的若干意见》,加大公德教育宣传力度。市工商局、市文明办和市各新闻媒体开展“公益广告设计大奖赛”活动。以“与文明结伴，为杭城增辉”为主题，组织开展第三届“我看杭城新变化”、“文明从脚下起步”等一系列市民思想道德教育活动。举办“反对邪教、崇尚文明”大型展览。通过各种教育活动，市民思想道德素质明显提高，进一步促进了良好社会道德风尚的形成。

【“五个一工程”出成果】 12月14日，市委宣传部发出通知，表彰2000年度市精神文明建设“五个一工程”获奖作品和单位。在2000年度市精神文明建设“五个一工程”评选中，有理论文章4篇、图书7部、戏剧2部、电视剧2部、电视专题片4部、广播剧1部、歌曲3首、摄影美术作品5件、其他节目7个获奖；市广电局、文化局、文联、杭师院、萧山市委宣传部等5个单位获组织工作奖。（徐建华）

附:2000年度杭州市精神文明建设“五个一工程”获奖作品和单位

获奖类别	作品名称	获奖单位
理论文章	21世纪杭州发展定位研究	杭州市社科院
	中国城市化进程中的文化因素	杭州市委党校
	把农村党员的思想教育抓紧抓实	萧山区
	论国家能力的强化是当代中国政治发展的战略支撑点	杭州师范学院
图书	中国社会生活文库	杭州市社科院
	守护一生	杭州市文联
	桂雨文丛	杭州市文联
	西湖文化博览丛书(第一辑)	杭州出版社
	抗美援朝的日日夜夜	杭州市文联
	萧山文学五十年作品选	萧山区
	祭坛古歌与中国文化	杭州师范学院
戏剧	寒号鸟	杭州市文化局
	欢乐人家	杭州市文化局
电视剧	我亲爱的祖国	杭州市广电局
	茶妹情	杭州市广电局
电视专题片	百年夏衍	杭州市广电局
	三代强国梦	杭州市广电局
	与世纪同行	杭州市广电局
	血染的报旗	临安市
广播剧	拯救小狮王	杭州市广电局
歌曲	做你的孩子真好	西湖区
	绿色多美好	共青团杭州市委
	友谊大道世纪桥	杭州市文联
节目	小品《虚拟爱情》	杭州师范学院
	小品《邻里之间》	萧山区
	小品《燕归来》	余杭区
	曲艺《绝招》	杭州市文联
	杂技《彩蝶纷飞》	杭州市文化局
	杂技《彩绸魂》	杭州市文化局
	民间艺术《余杭滚灯》	余杭区
摄影美术作品	摄影《山村学子》	临安市
	摄影《茶馆的早晨》	杭州市文联
	美术《情弦委婉》	杭州市文联
	书法《草书条幅》	杭州市文联
	书法《草书中堂》	杭州市文联

·依法治市·

【立法工作】 2001年，市法制局根据市人大常委会和市政府的立法工作计划，从杭州市实际出发，调研、起草地方性法规、规章29件。其中，《杭州市有限合伙管理暂行办法》等14件政府规章已经市政府常务会议审议通过并颁布实施；《杭州市良渚遗址保护管理条例》等5件地方性法规草案已提请市人大常委会审议；其他10件地方性法规草案和政府规章草案已经完成送审稿，待市政府常务会议讨论。《杭州市有限合伙管理暂行办法》、《杭州市良渚遗址保护管理条例》、《杭州市市长公开电话行政投诉办法》、《杭州市相对集中行政处罚权实施办法》等地方性法规和政府规章，颇具地方特色。

附:2001年杭州市颁布实施的地方性法规和政府规章

一、地方性法规

1.杭州市地名管理办法(市人大常委会第17号公告)

2.杭州市公园管理条例(市人大常委会第18号公告)

3.杭州市制定地方性法规的规定(市人大常委会第19号公告)

4.杭州市城市房地产开发经营管理若干规定(市人大常委会第20号公告)

5.杭州市西湖龙井茶基地保护条例(市人大常委会第21号公告)

二、政府规章

1.杭州市城镇职工基本医疗保险暂行规定(市政府令第165号)

2.杭州市危险房屋安全管理办法(市政府令第166号)

3.杭州市依法没收的建筑处置办法(市政府令第167号)

4.杭州市实施立法听证会制度的规定(市政府令第168号)

5.杭州市城市管理相对集中行政处罚权实施办法（市政府令第169号）

6. 杭州市保安服务管理办法(市政府令第170号)

7.杭州市地下管线盖板管理办法(市政府令第171号)

8.杭州市市长公开电话行政投诉办法(市政府令第172号)

9.杭州市临时建设工程管理规定办法(市政府令第173号)

10.杭州市有限合伙暂行管理办法(市政府令第174号)

【规章清理工作】 2001年,市法制局结合行政审批制度改革，对现行的政府规章181件进行全面清理，并对第一次审批制度改革中保留的787项行政审批事项再次进行了清理。经市政府常务会议审议通过，决定废止不符合市场经济要求的政府规章51件;取消市政府现行规章中规定的行政审批事项142项、市政府各部门和直属单位的行政审批事项119项。

【执法监督】 2001年,全市认真贯彻实施《浙江省县级以上人民政府行政执法监督条例》,建立和完善行政执法监督机制，强化行政执法监督,深化行政执法责任制,促进行政机关依法行政，切实维护广大人民群众的合法权益。

一、强化行政执法责任制评议考核。完善考核办法,建立行政败诉案件报告制度，将评议考核与各部门年终目标责任考核结合起来,与行政复议及行政诉讼结果结合起来，使行政执法责任制渗透到行政执法机关的具体行政行为中，发挥行政执法责任制在推进依法行政中的作用。

二、建立行政执法公示制和行政投诉制度。市政府各部门和区、县(市)政府上报的规范性文件,经过审查后准予备案和不予备案的,其目录都在《杭州日报》和《杭州政报》上公示。凡准予备案的可以作为各部门的执法依据，不予备案的不能作为执法依据；市政府各执法部门上年的执法情况，即行政复议和行政诉讼结果,也在《杭州日报》上予以公示。公示制度扩大了行政执法监督的广度和深度，促进了行政执法机关执法质量的提高。为进一步拓宽行政执法监督渠道，在政府法制网页上设立行政执法投诉站,进一步密切与群众的联系。

三、强化对行政机关不作为行为的监督。根据市政府《关于行政效能监察的规定》,将政府各职能部门是否严格履行职责，行政责任制是否到位，有无行政不作为和工作不负责任的失职、渎职行为,列入行政监督的重要内容。

四、继续加强规范性文件和重大行政处罚的备案审查工作，确保法律法规的严肃性和权威性。全年对区、县(市)政府和市政府各部门制定上报的71件规范性文件进行审查，对其中6件与现行法律法规或规章相抵触的，责成制定部门修改后重新上报。对行政执法部门上报的130件重大行政处罚决定逐个进行审查，对一部分违反法定程序作出的处罚决定提出了纠正意见。

五、继续开展行政执法人员的法律业务培训和执法证件年审工作。对全市尚未参加过法律培训的1000余名行政执法人员进行了执法业务培训,审核发放执法证1154本。对2171名行政执法人员进行执法证件年审，其中598名不具备执法资格的不予年审，确保了行政执法队伍整体素质的提高。

【行政复议】 2001年,全市继续加大《行政复议法》的宣传和贯彻实施力度,认真办理案件,较好地发挥了行政复议制度在监督行政机关依法行政,维护公民、法人和其他组织的合法权益等方面的重要作用。

一、下发了《关于杭州市人民政府行政复议案件处理程序若干问题的通知》，对行政复议工作中的受理、审理、决定等程序作了进一步规范。

二、建立健全信访与行政复议相结合制度。制定了《杭州市市长公开电话行政投诉办法》，充分运用“12345”市长公开电话的功能,对属于可以通过行政复议解决的问题，积极引导当事人通过行政复议化解矛盾,为改革、发展、稳定服务。

三、切实履行职责,努力提高办案质量。2001年,市本级和市政府各部门及各县(市)、区政府共收到行政复议案件395件,受理365件,比上年分别上升了170%和155%；受理案件占收到案件总数的92.2%。按内容分:公安147件,占案件总数40.2%；城建105件,占28.8%;工商38件,占10.4%;土地32件，占8.8%；交通11件,占3.0%;劳动9件,占2.5%;计划生育8件;林业7件;其他8件。在受理的案件中，维持原具体行政行为的214件,占受理案件总数的58.6%;撤销20件,占5.5%;变更4件,占1.1%;责令履行1件,占0.3%;确认违法55件,占15.1%;撤回申请60件,占16.4%;其他4件,占1.1%;未审结6件,占1.6%。 (姚小敏)

【社会治安综合治理】 2001年初,市委、市政府主要领导与13个区、县(市)和17个市级有关部门签订了2001年度综治目标管理责任书。各区、县(市)和市级有关单位也与下属乡镇、街道和部门层层签约,把综合治理各项措施落实到基层。年末,经市综治委、市纪委、市委组织部、市人事局、市监察局考核,30个单位全部达标，其中拱墅区、淳安县、市农经委、市妇联等4个单位被评为优秀达标单位,受到市委、市政府的表彰。同时受表彰的还有194个社会治安综合治理先进单位和100名先进个人。

根据中央和全省的统一部署,自4月初起,全市政法、综治部门全面开展“严打”整治斗争,狠狠打击了各类刑事犯罪。市综治委对全市一批治安重点地区进行整治，改善了治安环境。

各区、县(市)认真贯彻市委办公厅《关于进一步加强矛盾纠纷排查调处工作的实施意见》,集中开展3次矛盾纠纷的排查调处，并对排查出的矛盾纠纷进行了及时有效的处置。

市综治委深入推广“枫桥经验”,广泛开展“法制下乡”活动,编印《农村常用法律知识读本》一书，送到全市每一农户，并组织农村青少年法律知识竞赛，提高了广大农民特别是农村青少年的法制意识。

根据“深化内涵，拓展外延”的要求，全市在巩固安全文明小区（村）的基础上，全面开展了创建安全社区活动。多数城区对外来人口实行公寓化管理，江干区对外来人口推行信息网络化、服务规范化、管理社会化的“三化”管理模式，流动人口管理工作取得新进展。

各区、县（市）积极探索刑释解教人员安置帮教工作的新举措，普遍建立帮教责任制，巩固改造成果，减少了重新违法犯罪的发生。2001年，全市刑释解教人员重新犯罪（错）率为1.9%。（楼敏雄）

·市和区、县（市）机构概况·

【杭州市市级主要机构及负责人名单】

中国共产党杭州市第八届委员会

书　记：王国平
副书记：仇保兴（–2001.11）　于辉达　吴　键　朱报春
常　委：王国平　仇保兴（–2001.11）　于辉达　吴　键　朱报春　马时雍　王建满　史久武（–2001.4）　王永昌（–2001.11）　徐松林　顾树森　盛继芳　谢力刚
委　员：（按姓氏笔画为序）
丁德明　于跃敏（女）
于辉达　马时雍
王永昌（–2001.11）　王国平
王建满　王铁军
王基信　王梓祥
仇保兴（–2001.11）
叶德范（–2001.1）
史久武（–2001.4）　朱报春
华丽珍（女）　安志云
杨　刚　杨戌标
杨耀梁　李兆强
李端阳　来坚巨
吴　键　吴德隆
佟桂莉（女）　应建华（女）
张鸿建　陈继松
金胜山　郑素成
项　勤　赵传武
俞国庆　施锦祥
顾树森　徐松林
盛继芳　韩柏青
曾东元　谢力刚
谢春山　虞荣仁
候补委员：史定张　陆瑞芬（女）　陈如昉　林振国　张鸣放（女）　王水法　郭泰鸿　邬丽娜（女）
秘书长：王永昌（–2001.11）

市委工作部门：

办公厅
主　任：赵传武
组织部
部　长：王建满（–2001.8）　王金财（2001.8–）
宣传部
部　长：顾树森
统战部
部　长：熊恩生
政策研究室
主　任：王水法
政法委员会
书　记：于辉达
国防动员委员会（人民武装委员会）
第一主任：王国平
主　任：仇保兴
保密委员会
主　任：于辉达
党史研究室
主　任：史及伟（–2001.11）　叶建新（2001.11–）
党　校
校　长：朱报春
杭州日报社（–2001.11）
社　长：史定张
总编辑：赵　晴
杭州日报报业集团（2001.11–）
社　长：史定张
总编辑：赵　晴
党委书记：史定张
干部理论学习讲师团
副团长：朱金中
老干部局
局　长：柳宗宝（–2001.5）　程浙山（2001.5–）
市直机关党工委
书　记：翁卫军
农村工作办公室（2001.10–）
副主任：余生瑞　王建华　徐纪林

中国共产党杭州市纪律检查委员会

书　记：吴　键
副书记：俞宝祥　徐泉海
常　委：吴　键　俞宝祥　徐泉海　陈树龙　钟丽萍（女）　潘再高　周志辉　吴水根

杭州市第九届人民代表大会常务委员会

主　任：王国平（2001.2–）
代主任：丁可珍（女）（–2001.2）
副主任：丁可珍（女）　张在堂　张明光　华丽珍（女）　李松春　蒋福弟　杨耀梁
委　员：（按姓氏笔画为序）
丁沛华　王镇光
卞　松　方吾权
史定张　曲万业
朱重庆　刘争平
许永芬（女）　孙长和
李佩璋（女）　沈惠娟（女）
陈建伟　佟桂莉（女）
赵传武　胡崇杏
洪芳柏　郑贤祥
俞国庆　徐爱秀（女）
高定康　郭林祥
郭惠忠　唐森灿
龚源良　韩柏青
詹家光
秘书长：李秋清
党组书记：丁可珍（女）
党组副书记：张在堂　张明光

市人大常委会工作部门

办公厅
主　任：方吾权
研究室
主　任：唐森灿
代表工作室
主　任：郑贤祥
法制委员会
主任委员：张在堂

财政经济委员会
主任委员:蒋福弟
城乡建设环境保护委员会
主任委员:张明光
教科文卫、民宗侨委员会
主任委员:李松春
法制工作委员会(2001.4-)
主　任:刘争平
财经工作委员会(2001.4-)
主　任:徐爱秀(女)
城乡建设环境保护工作委员会(2001.4-)
主　任:高定康
教科文卫、民宗侨工作委员会(2001.4-)
主　任:郭林祥

杭州市人民政府

市　长:仇保兴(-2001.11)
副市长:马时雍　安志云
丁德明　安志云
陈重华(女)　金胜山
项　勤　杨戌标(2001.4-)
党组书记:仇保兴
市长助理:杨戌标(-2001.4)
秘书长:娄延安

市人民政府工作部门

办公厅
主　任:詹家芳
党组书记:娄延安
计划委员会(-2001.10)
主　任:王梓祥
党委书记:王梓祥
发展计划委员会(2001.10-)
主　任:王梓祥
党委书记:王梓祥
经济委员会
主　任:李兆强
党委书记:李兆强
科学技术委员会(-2001.10)
主　任:高德仁(-2001.2)
谢春山(2001.2-)
党组书记:高德仁(-2001.2)
谢春山(2001.2-)
科学技术局(2001.10-)
局　长:谢春山
党组书记:谢春山
教育委员会(-2001.10)
主　任:张绪培
党委书记:张绪培
教育局(2001.10-)
局　长:徐一超(2001.11-)
党委书记:徐一超(2001.11-)
经济体制改革委员会
经济研究中心(-2001.10)
主　任:沈　坚
党组书记:沈　坚
经济体制改革委员会办公室(2001.10-)
主　任:沈　坚
党组书记:沈　坚
财政局
局　长:范广照(-2001.10)
党委书记:范广照(-2001.10)
国有资产管理局
局　长:范广照(-2001.10)
国家税务局
局　长:杨采妹(女)
地方税务局
局　长:范广照(-2001.10)
监察局
局　长:俞宝祥
人事局
局　长:俞吾尧
党组书记:俞吾尧
劳动局(-2001.10)
局　长:王斯舜
党委书记:王斯舜
劳动和社会保障局(2001.10-)
局　长:王斯舜
党委书记:王斯舜
民政局
局　长:徐祖尊
党委书记:徐祖尊
公安局
局　长:盛继芳
党委书记:盛继芳
国家安全局
局　长:黄宝贤
司法局
局　长:章建成
党委书记:章建成
交通局
局　长:严华好
党委书记:严华好
医药管理局(-2001.10)
局　长:陈大钧
党委书记:陈大钧
药品监督管理局(2001.10-)
局　长:陈大钧
党委书记:陈大钧
贸易办公室(-2001.10)
主　任:吴德隆
党委书记:吴德隆
粮食局(-2001.10)
局　长:林宗霖
党委书记:林宗霖
贸易局(粮食局)(2001.10-)
局　长:吴德隆
党委书记:吴德隆
对外经济贸易委员会(对外贸易经济合作局)
主　任:陈如昉
党委书记:陈如昉
城乡建设委员会(-2001.10)
主　任:杨戌标
党委书记:杨戌标
建设委员会(2001.10-)
主　任:朱金坤
党委书记:朱金坤
钱江新城建设指挥部(2001.12-)
总指挥:杨戌标
党委书记:王光荣
规划局
局　长:朱国海
党组书记:朱国海
房地产管理局(-2001.10)
局　长:杨　坚
党委书记:杨　坚
房产管理局(2001.10-)
局　长:杨　坚
党委书记:杨　坚
土地管理局(-2001.10)
局　长:朱寅传
党组书记:朱寅传
国土资源局(2001.10-)
局　长:朱寅传
党组书记:朱寅传
环境保护局
局　长:高乙梁
党组书记:高乙梁
园林文物局
局　长:刘　卫(-2001.10)
张建庭(2001.10-)
党委书记:李子荣
市政公用局(-2001.10)
局　长:朱金坤
党委书记:朱金坤
市政市容管理局(2001.10-)
局　长:何荣坤
党委书记:何荣坤

建筑业管理局(–2001.10)
局　长:王光荣
党委书记:王光荣
市容环境卫生局(–2001.10)
局　长:赵荣福
党委书记:赵荣福
城市管理行政执法局(2001.10–)
局　长:赵荣福
党委书记:储根荣
旅游局(旅游总公司) (–2001.10)
局　长(经理):陈炳虎
党委书记:陈炳虎
旅游委员会(2001.10–)
主　任:项　勤
党委书记:盛成皿
信息化办公室(2001.10–)
主　任:王梓祥
党组书记:王梓祥
审计局
局　长:王高麟
党组书记:王高麟
统计局
局　长:顾晓奋(女)
党组书记:顾晓奋(女)
工商行政管理局
局　长:王大安
党委书记:王大安
物价局
局　长:王乃成(–2001.10)
　　　　李爱国(2001.10–)
党组书记:王乃成(–2001.10)
　　　　李爱国(2001.10–)
质量技术监督局
局　长:潘荣琨
党委书记:潘荣琨
农村经济委员会(–2001.10)
主　任:来坚巨
党委书记:来坚巨
农业局
局　长:邵银泽
党委书记:邵银泽
林业水利局
局　长:洪航勇(–2001.2)
　　　　许保水(2001.2–)
党委书记:洪航勇(–2001.2)
　　　　许保水(2001.2–)
乡镇企业局(–2001.10)
局　长:胡　强
党委书记:胡　强
文化局
局　长:单标成
党委书记:张连水
卫生局
局　长:邬丽娜(女)
党委书记:邬丽娜(女)
广播电视局
局　长:杨志毅(女)
党委书记:杨志毅(女)
体育运动委员会(–2001.10)
主　任:陈　忠
党委书记:陈　忠
体育局(2001.10–)
党委书记:陈　忠
计划生育委员会
主　任:陆瑞芬(女)
党组书记:陆瑞芬(女)
外事办公室
副主任:洪美珑　董祖德
党组书记:詹家芳(–2001.4)
侨务办公室
主　任:汪金熙(–2001.10)
　　　　周开疆(2001.10–)
党组书记:汪金熙(–2001.10)
　　　　周开疆(2001.10–)
法制局(–2001.10)
局　长:平世月
党组书记:平世月
法制办公室(2001.10–)
主　任:平世月
党组书记:平世月
民族宗教事务局
局　长:翁焕灿
党组书记:翁焕灿
人民防空办公室
主　任:丁德恩
党组书记:丁德恩
台湾事务办公室
主　任:陈建伟
经济技术协作办公室
主　任:王　晨
党组书记:王　晨
市政府驻京办事处
主　任:郑浙民(2001.2–)
市政府驻沪办事处
副主任:蔡易然
市政府驻深圳办事处
主　任:李鸿昌

中国人民解放军浙江省杭州军分区

党委第一书记:王国平
党委书记:谢力刚
司令员:叶有福
政治委员:谢力刚
陆军预备役步兵师高炮团
党委第一书记:吴　键
党委书记:朱伟良
团　长:张炳新
第一政治委员:吴　键
政治委员:朱伟良

中国人民政治协商会议杭州市第七届委员会

主　席:虞荣仁
副主席:沈者寿　熊恩生
　　　　李明法　陈士良
　　　　胡克昌　施锦祥
　　　　徐兆骥　鲍世甲
　　　　董燮清　卜昭晖
　　　　管竹苗
常务委员:(按姓氏笔画为序)
　　　　王　践(女)　王大安
　　　　毛　宏(女)　毛伟志
　　　　毛耀武　丘永宁
　　　　朱宁康　朱舟海
　　　　孙丽云(女)　孙银标
　　　　孙锡培　李小花(女)
　　　　祁国宁　吴卫华
　　　　吴伟根　吴锡根
　　　　何立尊　何嘉琳(女)
　　　　汪宏儿　沈治平
　　　　沈国荣　沈荣发
　　　　张云溪　张荣官
　　　　陈成惠　陈伯滔
　　　　陈金义　妙　高
　　　　严希仁　应建华(女)
　　　　林正范　林雪玲(女)
　　　　郑　昶　郑洪德
　　　　赵绥绥(女)　俞宝祥
　　　　姚建华(女)　钱申贤
　　　　徐冠巨　郭禾阳
　　　　翁启蕴　翁焕灿
　　　　黄伟成　黄洪章
　　　　戚俊生　梅钧安
　　　　葛美刚　葛琼珊(女)
　　　　童华宝　董吾恩
　　　　程家宽　傅水玉(女)
　　　　储念治　薛家柱
　　　　戴少莹(女)
　　　　濮兰英(女)　魏皓奔
秘书长:赵纪来(2001.2–9)
代秘书长:赵纪来(–2001.2)

党组书记:虞荣仁
党组副书记:沈者寿　熊恩生
　　　　　管竹苗
办公厅
主　任:丁志光(2001.1-)
综合局
局　长:金先镠

市人民检察院
检察长:刘晓刚
党组书记:刘晓刚

市中级人民法院
院长:王基信
党组书记:王基信

民主党派和工商联

中国国民党革命委员会杭州市委员会
主　委:陈重华(女)
中国民主同盟杭州市委员会
主　委:李明法(-2001.6)
　　　陈振濂(2001.6-)
中国民主建国会杭州市委员会
主　委:蒋福弟
中国民主促进会杭州市委员会
主　委:卜昭晖(-2001.5)
　　　韩国熹(2001.5-)
中国农工民主党杭州市委员会
主　委:李松春
中国致公党杭州市委员会
主　委:董燮清(-2001.6)
　　　郁嘉玲(女)(2001.6-)
九三学社杭州市委员会
主　委:徐兆骥(-2001.5)
　　　朱荫湄(女)(2001.5-)
杭州市工商业联合会
会　长:鲍世甲
党组书记:曲万业(-2001.7)
　　　　赵天行(2001.7-)

部分人民团体

杭州市总工会
主　席:韩柏青
党组书记:韩柏青
中国共产主义青年团杭州市委员会
书　记:佟桂莉(女)(-2001.7)
　　　胡　侠(2001.7-)
党组书记:佟桂莉(女)(-2001.7)
　　　　胡　侠(2001.7-)
杭州市青年联合会
主　席:佟桂莉(女)(-2001.7)
　　　胡　侠(2001.7-)
杭州市妇女联合会
主　席:许永芬(女)(-2001.10)
　　　陈建华(女)(2001.10-)
党组书记:许永芬(女)(-2001.10)
　　　　陈建华(女)(2001.10-)
杭州市归国华侨联合会
主　席:詹家光
党组书记:詹家光
杭州市科学技术协会
主　席:周林本
党组书记:周林本
杭州市文学艺术界联合会
主　席:孙银标
党组书记:孙银标
杭州市老龄工作委员会
主　任:陈　侠
杭州市社会科学界联合会
主　席:魏皓奔(-2001.10)
　　　史及伟(2001.10-)
党组书记:魏皓奔(-2001.10)
　　　　史及伟(2001.10-)
杭州市残疾人联合会执行理事会
理事长:董吾恩
杭州市对外友好协会
名誉会长:王国平
会　长:虞荣仁

其他行政事业机构

市政府专家咨询委员会
主任委员:史济烜
市爱国卫生运动委员会
主任委员:陈重华(女)
市地方志编纂委员会
主　任:仇保兴
市机构编制委员会
主　任:仇保兴
市无线电管理委员会
主　任:马时雍
市电力局
局　长:刘孝忠(-2001.7)
　　　马益明(2001.7-)
党委书记:刘孝忠(-2001.7)
　　　　潘金华(2001.7-)
浙江省电信公司杭州市分公司
总经理:时永生(2001.1-)
党委书记:钟　斌(女)
市邮政局
局　长:王曙东
党委书记:王小明(2001.7-)
市气象局
局　长:王国华
党组书记:王国华
市供销合作社
主　任:樊国强
党委书记:樊国强
市级机关事务管理局
局　长:蔡刚生(-2001.10)
　　　何铨之(2001.10-)
党组书记:蔡刚生(-2001.10)
　　　　何铨之(2001.10-)
市委、市政府信访局
局　长:何　楷
党组书记:何　楷
市档案局
局　长:张树兴
党组书记:张树兴
市新闻出版局
局　长:卢万元(-2001.10)
　　　魏皓奔(2001.10-)
党组书记:卢万元(-2001.10)
　　　　魏皓奔(2001.10-)
市烟草专卖局(杭州烟草分公司)
局长(经理):方祖英
党组书记:方祖英(-2001.1)
　　　　钟　祥(2001.1-)
西湖博览会组委会办公室(2001.2-)
主　任:冯　俊
杭州经济技术开发区管理委员会
主　任:金胜山
党工委书记:孙　远
萧山经济技术开发区管理委员会
杭州钱江外商台商投资区江南管理委员会
主　任:林振国
党工委书记:林振国
杭州高新技术产业开发区管理委员会
主　任:吴一鹏
党工委书记:吴一鹏
杭州之江国家旅游度假区管理委员会
主　任:董建平
党工委书记:董建平
市经济规划院
院　长:王梓祥
中国人民银行杭州市中心支行
行　长:龚方乐
党委书记:龚方乐
中国工商银行浙江省分行营业部
总经理:沈立强

党委书记:沈立强
中国建设银行浙江省分行营业部
总经理:余静波
党委书记:余静波
中国农业银行浙江省分行营业部
总经理:姜瑞斌
党委书记:姜瑞斌
交通银行杭州分行
行　长:刘毓钧(–2001.1)
　　　　陈蛟琦(2001.1–)
党组书记:刘毓钧(–2001.1)
　　　　陈蛟琦(2001.1–)
杭州市商业银行
行　长:吴太普
党委书记:吴太普
中国人民保险公司杭州市分公司
总经理:华美春
党委书记:华美春
中国人寿保险公司杭州市分公司
总经理:朱卫星
党委书记:朱卫星
中国太平洋保险公司杭州分公司
总经理:陆安平
党委书记:陆安平
市社会科学院
党组书记:魏皓奔(–2001.10)
　　　　史及伟(2001.10–)
市工业资产经营有限公司(2001.6–)
董事长:许荣森
党委书记:丁德明
杭州机械电子控股(集团)有限公司
董事长:卞　松
总经理:姜　云(–2001.5)
党委书记:卞　松
监事会主席:王大安
杭州轻工控股(集团)有限公司(–2001.8)
董事长:周和根
总经理:周和根
党委书记:周和根
监事会主席:钮容量
杭州丝绸控股(集团)公司
董事长:谭中东
总经理:孙孝明
党委书记:谭中东
监事会主席:钮容量
市纺织化纤工业公司(–2001.8)
经　理:宋志庆
党委书记:宋志庆
杭州化工控股(集团)有限公司(–2001.8)
董事长:许荣森
党委书记:许荣森
监事会主席:宋志庆
杭州二轻控股(集团)有限公司
董事长:孙振洲
总经理:张锦铭
党委书记:孙振洲
杭州建材冶金控股(集团)有限公司
董事长:郦加清
总经理:唐以松
党委书记:郦加清
监事会主席:冯　俊
杭州商业资产经营公司
董事长:汪力忠
总经理:戴国强
党委书记:汪力忠
市物资总公司
经　理:陈康森
党委书记:陈康森
市城市建设综合开发总公司
总经理:赵炎林
市房屋建设开发总公司
总经理:樊文兴
党委书记:李玉厚
市建筑设计研究院
院　长:傅志远
党委书记:胡建一
市城建设计研究院
院　长:刘辉石
党委书记:宋建清(–2001.11)
　　　　施国栋(2001.11–)

【杭州市辖区、县(市)主要机构及负责人名单】
中国共产党杭州市上城区第五届委员会
书　记:李端阳
中国共产党杭州市上城区纪律检查委员会
书　记:朱履林
杭州市上城区第十一届人民代表大会常务委员会
主　任:沈国友
上城区人民政府
区长:张鸣放(女)
中国人民政治协商会议杭州市上城区第一届委员会
主　席:徐　军
上城区人民法院
院　长:葛成富
上城区人民检察院
检察长:陈合达

中国共产党杭州市下城区第六届委员会
书　记:于跃敏(女)
中国共产党杭州市下城区纪律检查委员会
书　记:朱钟毅
杭州市下城区第十一届人民代表大会常务委员会
主　任:范育珍(女)(–2001.3)
　　　　于跃敏(女)(2001.3–)
下城区人民政府
区　长:陶柏文
中国人民政治协商会议杭州市下城区第一届委员会
主　席:王长春(女)
下城区人民法院
院　长:胡叶高
下城区人民检察院
检察长:王建成

中国共产党杭州市江干区第六届委员会
书　记:王海超
中国共产党杭州市江干区纪律检查委员会
书　记:徐苏宾(女)
杭州市江干区第十一届人民代表大会常务委员会
主　任:沈雅萍(女)
江干区人民政府
区　长:蒋妙玉(–2001.3)
　　　　洪航勇(2001.3–)
中国人民政治协商会议杭州市江干区第一届委员会
主　席:王海超(–2001.3)
　　　　蒋妙玉(2001.3–)
江干区人民法院
院　长:张世文
江干区人民检察院
检察长:金福泉

中国共产党杭州市拱墅区第三届委员会
书　记:张鸿建
中国共产党杭州市拱墅区纪律检查委员会
书　记:王叶林
杭州市拱墅区第三届人民代表大会常务委员会
主　任:张鸿建

拱墅区人民政府
区　长:许勤华
中国人民政治协商会议杭州市拱墅区第一届委员会
主　席:毛　宏(女)
拱墅区人民法院
院　长:周进军
拱墅区人民检察院
检察长:郑惠明

中国共产党杭州市西湖区第五届委员会
书　记:曾东元
中国共产党杭州市西湖区纪律检查委员会
书　记:吴国良
杭州市西湖区第十一届人民代表大会常务委员会
主　任:章连弟(女)(–2001.3)
　　　曾东元(2001.3–)
西湖区人民政府
区　长:许小富
中国人民政治协商会议杭州市西湖区第一届委员会
主　席:周妙兴(–2001.3)
　　　柳宗宝(2001.3–)
西湖区人民法院
院　长:袁法苗
西湖区人民检察院
检察长:章月华

中国共产党杭州市滨江区第一届委员会
书　记:赵申行
中国共产党杭州市滨江区纪律检查委员会
书　记:朱关泉
杭州市滨江区第一届人民代表大会常务委员会
主　任:王铁军
滨江区人民政府
区　长:陈　述(2001.3–)
代区长:陈　述(–2001.3)
滨江区人民法院
院　长:郑重圭
滨江区人民检察院
检察长:邱关林

中国共产党萧山市第十一届委员会(–2001.2)
书　记:史久武
中国共产党杭州市萧山区第十一届委员会(2001.2–)
书　记:史久武(–2001.4)
　　　王建满(2001.4–)
中国共产党萧山市纪律检查委员会(–2001.2)
书　记:周先木
中国共产党杭州市萧山区纪律检查委员会(2001.2–)
书　记:周先木
萧山市第十二届人民代表大会常务委员会(–2001.2)
主　任:施松青
杭州市萧山区第十二届人民代表大会常务委员会(2001.2–)
主　任:施松青
萧山市人民政府(–2001.2)
市　长:林振国
萧山区人民政府(2001.2–)
区　长:林振国
中国人民政治协商会议萧山市第十届委员会(–2001.2)
主　席:陈福根
中国人民政治协商会议杭州市萧山区第十届委员会(2001.2–)
主　席:陈福根(–2001.3)
　　　沈奔新(2001.3–)
萧山市人民法院(–2001.2)
院　长:潘季林
萧山区人民法院(2001.2–)
院　长:潘季林
萧山市人民检察院(–2001.2)
检察长:郑初勤
萧山区人民检察院(2001.2–)
检察长:郑初勤

中国共产党余杭市第十届委员会(–2001.2)
书　记:徐松林
中国共产党杭州市余杭区第十届委员会(2001.2–)
书　记:徐松林
中国共产党余杭市纪律检查委员会(–2001.2)
书　记:汪宏儿
中国共产党杭州市余杭区纪律检查委员会(2001.2–)
书　记:汪宏儿
余杭市第十一届人民代表大会常务委员会(–2001.2)
主　任:程德鑫
杭州市余杭区第十一届人民代表大会常务委员会(2001.2–)
主　任:程德鑫(–2001.3)
　　　徐松林(2001.3–)
余杭市人民政府(–2001.2)
市　长:何关新
余杭区人民政府(2001.2–)
区　长:何关新
中国人民政治协商会议余杭市第七届委员会(–2001.2)
主　席:李小花(女)
中国人民政治协商会议杭州市余杭区第七届委员会(2001.2–)
主　席:李小花(女)
余杭市人民法院(–2001.2)
院　长:郑丁全
余杭区人民法院(2001.2–)
院　长:郑丁全(–2001.3)
　　　王德璋(2001.3–)
余杭市人民检察院(–2001.2)
检察长:方加明
余杭区人民检察院(2001.2–)
检察长:方加明

中国共产党桐庐县第十届委员会
书　记:王忠德(2001.1–)
中国共产党桐庐县纪律检查委员会
书　记:翁久安
桐庐县第十二届人民代表大会常务委员会
主　任:吴　耀(–2001.3)
　　　王忠德(2001.3–)
桐庐县人民政府
县　长:王忠德(–2001.3)
　　　陈祥荣(2001.3–)
中国人民政治协商会议桐庐县第五届委员会
主　席:吴祖宏
桐庐县人民法院
院　长:邵天一
桐庐县人民检察院
检察长:竺泉海

中国共产党淳安县第十届委员会
书　记:郑素成
中国共产党淳安县纪律检查委员会
书　记:丁洪汇
淳安县第十二届人民代表大会常务委员会
主　任:卢樟财(–2001.3)
　　　郑素成(2001.3–)

淳安县人民政府
县　长:孙景森
中国人民政治协商会议淳安县第五届委员会
主　席:程德国
淳安县人民法院
院　长:王德璋(–2001.3)
　　　程建飞(2001.3–)
淳安县人民检察院
检察长:董志林

中国共产党建德市第十届委员会
书　记:王金财(–2001.8)
　　　赵纪来(2001.8–)
中国共产党建德市纪律检查委员会
书　记:方建生(–2001.2)
　　　王健儿(2001.2–)
建德市第十二届人民代表大会常务委员会
主　任:葛彰生
建德市人民政府
市　长:许保水(–2001.3)
　　　杨　军(2001.3–)
中国人民政治协商会议建德市第十届委员会
主　席:刘志新
建德市人民法院
院　长:胡世乾
建德市人民检察院
检察长:方新建

中国共产党富阳市第十届委员会
书　记:郭泰鸿
中国共产党富阳市纪律检查委员会
书　记:王土田
富阳市第十二届人民代表大会常务委员会
主　任:王金水
富阳市人民政府
市　长:孙建华
中国人民政治协商会议富阳市第五届委员会
主　席:凌培法
富阳市人民法院
院　长:陈志华(–2001.3)
　　　王少青(2001.3–)
富阳市人民检察院
检察长:吴炳林

中国共产党临安市第十届委员会
书　记:谢春山(–2001.1)
　　　张建华(2001.1–)
中国共产党临安市纪律检查委员会
书　记:朱永祥
临安市第十二届人民代表大会常务委员会
主　任:杨均英
临安市人民政府
市　长:张建华(–2001.3)
　　　王　坚(2001.3–)
中国人民政治协商会议临安市第五届委员会
主　席:祝培根
临安市人民法院
院　长:汪金良(–2001.3)
　　　郎长华(2001.3–)
临安市人民检察院
检察长:高万洋

(市委组织部)

附:

2001年杭州市政府为民办实事项目考核达标情况

实事项目	考核内容	考核情况	考评意见
一、加强"放心菜"建设工程。	1.建立1333.33公顷放心菜示范基地。 2.在3333.33公顷蔬菜基地中推广应用"放心菜"生产技术。 3.完善基地和外地进杭蔬菜农药残留的检测制度。	1.全市全年共建成"放心菜"标准化示范基地3333.33公顷,完成计划的250%。新建"放心菜"示范园区410.4公顷,累计面积536.4公顷,其中市级示范园区21个、155.53公顷,区、县(市)级45个、380.8公顷。 2.在4066.67公顷蔬菜基地中全面推广了"放心菜"生产技术。其中防虫网应用面积94.27公顷,生物类农药应用面积3556.6公顷,推广频振式杀虫灯135套,性引诱剂11250粒,面积达510公顷。 3.建立杭州农产品质量检测中心,进一步加强对留地和上市蔬菜的管理。据统计,基地留地待上市蔬菜检测合格率达92.8%,比上年提高9.3个百分点,超过计划要求7.8个百分点;上市蔬菜抽检合格率为82.5%,比上年提高7.9个百分点。	优秀
二、加快经济适用房和廉租房建设。	1.全年经济适用房新开工面积50万平方米;竣工面积25万平方米。 2.市区人均居住面积达到11平方米。 3.组织落实2万平方米以上廉租房。	1.至年末,全市经济适用房新开工面积114.9万平方米,竣工面积51.2万平方米。全年共完成1111套、11.4万平方米的经济适用房销售工作。 2.市区人均居住面积达到11.2平方米。 3.至年末,2万平方米的廉租房房源已全部落实。其中在5000平方米存量住房中落实63套,首批46户申请家庭已领到住房;新建的经济适用房中落实1万平方米,并已开工建设;采用租金补贴配租方式解决5000平方米,现补贴资金已经到位,补贴标准为20元/月·平方米。	基本达标
三、治理低洼积水	1.汛期前完成机场路一弄、老之江路、杭印路(小河路至巨州路段)、天官路、马市街、函婆桥函洞分流等低洼积水治理项目。 2.改造石桥低压供水区。	1.机场路一弄、老之江路、杭印路(小河路至巨州路段)、天目山路延伸段4个专项整治工程和天官路、马市街、函婆桥函洞分流等12处低洼积水整治工程,均在汛期前完成。共投资860余万元,铺设各类管道3000余米,修复路面3.2万余平方米,疏挖淤泥7800余立方米。各区政府也组织实施了12处低洼积水整治工程。 2.投资900万元,按期完成了石桥低压供水区改造工程,铺设DN400至DN600供水管道4.9千米,解决了近20万人口用水困难。	基本达标

（续表）

实事项目	考核内容	考核情况	考评意见
四、增加公交线路、环卫设施和煤气供应。	1. 建设3座公交中心站(灵隐、黄龙体育中心和客运西站)。 2. 新辟公交线路15条,延长6条公交线路营运服务时间。 3.新建候车亭100个。 4.发展管道煤气、液化气用户3万户。 5. 新改建公厕20座,新改建垃圾中转站10座。	1.黄龙公交中心站于上年年底前开工建设。原定于年内建成投入使用的灵隐、客运西站公交中心站,由于拆迁受阻,工程未开工。 2.全年共新辟公交线路25条,延长营运服务时间的公交线路有22条,超额完成计划目标任务。 3.新建候车亭110个,超额完成计划目标任务。 4.全年共新增管道燃气用户和液化气用户24489户,完成计划的81.63%。管道煤气新增用气量达到1141万立方米。 5.全市新改建公厕25座,新建垃圾中转站11座,超额完成计划目标任务;全市收费公厕保洁率达到了预定的100%目标要求。	基本达标
五、完善住宅物业管理。	1.2万平方米规模以上的住宅小区物业管理覆盖面达到75%。 2. 物业管理规范服务达标率达到80%以上。 3.全国物业管理优秀(示范)小区达到16个,市级物业管理优秀小区达到90个。	1. 至年末,全市2万平方米规模以上住宅小区的物业管理覆盖面达到75%以上;全年新增物业管理面积559万平方米,累计达到2000万平方米。 2.物业管理规范服务达标率达到80%以上。 3.19个小区(大厦)被评为全国物业管理示范小区(大厦),市级物业管理优秀小区达到95个,超额完成计划目标任务。 在提高物业管理质量方面,实施了精品小区整治改造措施,已完成上城区彩霞岭社区、下城区稻香园小区、西湖区曙光新村、江干区洁莲社区和拱墅区登云新村的整治试点。对35个小区、大厦的物业管理采取招投标的办法确定中标单位,有效地提高物业管理工作的整体水平。组建了杭州房屋应急维修机构,并与区房管局和街道房管站构成三级网络,实行全天候服务。该机构从2001年10月成立至年底,共受理房屋急修482件,完成442件,维修满意率达到98%。	优秀
六、确保拆迁户按时回迁。	基本完成在外过渡3年拆迁户的回迁安置,回迁安置率达到90%以上。	2001年全市在外过渡3年以上的拆迁安置居民共有10848户。根据年内安置拆迁居民回迁率90%以上的实事目标,全市共需安置回迁居民9763户。通过加强对承担安置任务的31个责任单位进行检查、督促等多种措施,积极开发安置房源,认真做好协调、安置工作。至年末,全市已安置拆迁居民10023户,安置率达92.4%,超过计划目标任务。	达标
七、加快社区服务设施建设。	1.30%以上街道建立1000平方米左右的社区事务管理中心。 2. 确保大部分社区居委会有不少于300平方米的办公、活动、服务用房。	1.至年末,全市已有闸口、湖滨、小营、城站、紫阳、望江、拱宸桥、米市巷、凯旋、灵隐、古荡街道和石桥镇等12个街道、乡镇建立了1000平方米的社区事务管理(服务)中心,完成计划目标任务的120%。各社区事务管理(服务)中心根据本地区实际,分别设有老年活动(健身)室、图书室、社区卫生服务中心(计生站)、工商(财税)业务受(办)理点、市民学校等。 2.杭氧北、三塘小区、复兴13号地块、春天花园、政新花园、府新花园、中兴花园、西溪别墅、稻香园、和平小区等24个社区新建社区居委会各类用房5609平方米,平均每个社区拥有233.71平方米的居委会办公、活动、服务用房,其中面积最大的是复兴15号地块社区居委会,有580平方米。	优秀
八、推进信息网络建设。	1. 市区有线电视网络实现750兆传输,有线电视收视质量从3级提升为4级。实现“千兆到小区,百兆到楼幢,十兆到家庭”的宽带接入覆盖目标。 2. 完成市话号码升8位工作。	1.至年末,全市全面完成有线电视网的技术改造工作,传输频率从550兆提高到750兆,有线电视节目从原来的25套增加到32套,电视画面质量从3级提高到4级。市区已有90%以上的用户用上了有线电视新网。完成“千兆到小区、百兆到楼幢、10兆到家庭”的宽带城域网组网工程,新发展个人用户近3万户,集团用户3000多个,宽带网创收2000万元。 2.2001年5月18日前全部完成市话号码由7位升至8位的工作。	达标

（续表）

实事项目	考核内容	考核情况	考评意见
九、加快体育设施建设。	1. 完成原省体育馆改造，市、区属体育设施向全社会开放。 2. 建成30个健身苑和100个健身点，逐步满足市民锻炼身体的需要。	1.原省体育馆改造工程在2001年10月底前全部完成。该工程除原馆的框架结构未作改动外，馆内的系统设施以及馆内外的装饰和周围道路、绿化均进行了改造。市、区属单位的体育设施在2001年暑假前后已全部向社会开放。 2.2001年10月底前建成健身苑38个、健身点112个，提前超额完成任务。	达标
十、巩固文明社区、安全文明小区创建成果。	1.文明社区达标率达到30%。 2.安全文明小区巩固率达到80%以上。开展创建“安全文明社区”的试点推开工作。	1. 至年末，市区各级文明社区累计已达123个，占市区社区总数的44.24%，超额完成了文明社区创建任务。在2001年创建的文明社区中，有全国文明社区示范点1个，省级文明社区24个，市级文明社区68个。 2.至年末，市区共建成安全文明小区655个，其中当年新建的30个。经过各区综治部门和公安机关复核，巩固率达到93.9%，比计划提高了13.9个百分点。同时，城区已有92个社区开展了创建“安全文明社区”活动，占已建成社区总数的34.2%。上城区复兴南苑社区、下城区竹竿巷社区、拱墅区蚕花园社区已建成安全文明社区。通过创安工作，市区受益群众达158万人。	优秀

附：

20年来杭州市新增省级文物保护单位名单

名称	时代	地址	名称	时代	地址
龙兴寺经幢	唐	延安北路灯芯巷口	史量才墓	1930年	双峰村积庆山马婆岭上
雷峰塔遗址	五代	西子宾馆内夕照山	于子三墓	1952年	万松岭
大麦岭摩崖题记	宋	浙江宾馆内大麦岭东麓	丁家山毛泽东读书处	现代	丁家山刘庄内
通玄观造像	南宋	太庙巷紫阳小学内			
卫匡国墓	清	留下乡东岳村	小古城遗址	新石器时代	余杭区潘桥镇
香积寺巷石塔	清	香积寺巷	南山造像	元	余杭区瓶窑镇
郭庄	清	西山路卧龙桥边	广济长桥	明清	余杭区塘栖镇
龚佳育墓	清	六和塔牌楼里月轮山麓	章太炎故居	清	余杭区仓前镇
浙江体育会摩崖题记	民国	云居山	吴昌硕墓	近代	余杭区塘栖镇
			越王城遗址	春秋战国	萧山区城厢镇城山
浙江图书馆旧址（含孤山馆舍和大学路馆舍）	近代	孤山西泠桥东及大学路	衙前农协旧址（包括李成虎墓等）	现代	萧山区衙前镇凤凰村
求是书院	1897年	大学路3弄5号	恩波桥	明	富阳镇
蒋庄	1901年～1923年	花港公园内	受降厅	1945年	受降镇
			双烈园	现代	富阳镇
基督教青年会会所旧址	1918年～1919年	青年路	南屏塔	宋清	昌化镇南屏山
浙江兴业银行旧址	1923年	中山中路	乌龟洞“建德人”遗址	旧石器时代	李家镇新桥村

（摘编自《杭州日报》）

农 村 经 济

·综述·

【经济结构战略性调整开局良好】2001年，杭州市围绕增加农民收入，认真落实党的农村政策，积极推进农业和农村经济结构调整，大力发展农业产业化经营，切实加强农业基础设施建设和生态环境建设，深化改革，农业和农村经济继续保持较快的发展势头。

以"减粮扩经"为特征的种植业结构调整幅度较大。按照市委《关于进一步调整结构发展效益农业的政策意见》，抓住粮食放开的机遇，放手进行种植业结构调整。全年粮食作物播种面积24.73万公顷，粮食总产量134.78万吨，分别比上年减少14.2%和11.7%；蔬菜种植面积8.89万公顷，总产量249.08万吨，分别增长11.4%和14.7%；水果果园面积2.11万公顷，总产量39.47万吨，分别增长6.4%和22.3%；花卉种植面积1.30万公顷，增长1.28倍；茶叶总产量2.47万吨，产值6.53亿元，增长29.1%；蚕茧总产量1.08万吨，产值1.75亿元，分别增长15.7%和5%。全市粮经作物种植面积比例调整为58：42，产值比例调整为22.7：77.3。

畜牧业生产稳步增长，水产养殖结构进一步优化。全市生猪存栏179.14万头、出栏298.91万头，分别比上年增长4.1%和8.5%；家禽存栏1939万羽，出栏4621万羽，分别增长5.7%和10.1%；全市肉类总产量27.64万吨，蛋类总产量6.48万吨，奶类总产量4.54万吨，分别增长9.5%、6.6%和13.1%。全市水产养殖面积6.1万公顷，水产品总产量11.51万吨，增长17.1%；名特优新水产养殖面积2.1万公顷，产量5.1万吨，分别增长5%和16.4%；开发稻田养殖鱼、蟹、虾等水产品9483公顷，产量2.22万吨，分别增长74.5%和191.7%。养殖业产值占农林牧渔业总产值的32.5%。

乡镇企业保持快速增长，经济效益明显提高。全市乡镇企业完成企业总产值2258亿元，完成工业销售产值1954亿元，分别比上年增长24.3%和24.2%。外贸出口高速增长，外向带动作用明显。完成出口交货值292亿元，增长26.8%。经济效益明显回升，乡镇工业完成利润总额84亿元，实现国家税金83.4亿元，分别增长36.5%和26.7%。经有关部门批准规划建设的各类工业园区101个，形成了桐庐圆珠笔、萧山轻纺羽绒城、富阳通讯电缆等一批区域块状特色经济。

基础设施建设力度加大，综合抗灾能力进一步提高。全市投入水利建设资金10.19亿元；水利基本建设投工4668万工，完成土石方4864万立方米。完成堤塘建设100千米，新增和改善灌溉面积1820公顷，改造中低产田7133公顷，治理水土流失面积4150公顷，加固加高堤防36.5千米，年末全市有效灌溉面积17.0万公顷。小水电总装机达21.7万千瓦，疏浚河道646千米。全市拥有农业机械总动力260.94万千瓦（不含渔业机械），比上年增长0.8%。有大中型拖拉机1006台，联合收割机1206台。全市农村用电量43.90亿千瓦时。

绿化造林步伐加快，生态环境明显改善。全市新造林面积2175公顷，完成迹地更新面积3076公顷。八大生态林工程建设取得新的进展，林种、树种结构调整步伐加快，效益林业建设势头良好，营造经济林1341公顷；退耕还林914公顷，共有封山育林面积14.18万公顷；低产林改造力度加大，改造低产林1662公顷。全市建有国家、省、市三级森林公园17个，国家自然保护区2个，省级自然保护区7个，经营面积共14.1万公顷。

农村经济全面发展，农民收入稳定增长。全年实现农业增加值111.46亿元，比上年增长7.4%，占国内生产总值的比重为7.1%。农林牧渔业总产值165亿元，增长8.1%。其中，农业产值96.50亿元，增长6.8%；林业产值14.93亿元，增长9.1%；牧业产值36.23亿元，增长9.3%；渔业产值17.34亿元，增长12%。全市农村经济总收入1998亿元，增长24.8%，扣除各项费用后的纯收入为335亿元，增长17.9%。农民人均纯收入4896元，比上年增加400元，增长8.9%。农民人均收入在4000元以上的有131个乡镇、2939个村，分别占总数72.8%和63.7%；在5000元以上的有88个乡镇、1858个村，分别占总数的48.9%和40.2%。萧山区宁围镇农民人均收入仍居全市乡镇之首，达11311元，增长5.3%。

附：　2001年杭州市农村经济总收入情况

	金　额(亿元)	比上年增长(%)
合　计	1 997.97	24.8
市　区	1 367.79	27.0
其　中：		
萧山区	680.50	42.3
余杭区	278.62	23.4
富阳市	234.00	15.1
临安市	134.59	28.4
建德市	89.20	13.2
桐庐县	132.79	29.0
淳安县	39.59	16.9

附：　2001年杭州市农村经济总收入产业构成

	金　额(亿元)	比重(%)	比上年增长(%)
第一产业收入	125.95	6.3	6.8
第二产业收入	1 506.80	75.4	24.5
第三产业收入	365.22	18.3	34.0

【杭州展团在省农博会上获4个第一】 2001年浙江省农业博览会于11月30日～12月3日在浙江世界贸易中心隆重举行。这次农博会全面展示了11个市农业生产、农村发展所取得的成就，展销名特优新农产品，开展招商引资、经贸洽谈。杭州市12个区、县(市)和下沙经济开发区组团参加了这次活动，有195个企业的农产品参展，147种农产品获省优质农产品奖，销售优质农产品1006万元，招商引资总金额25.3亿元，均名列全省第一。杭州展团还获得大会组委会颁发的“最佳组织奖”和“最佳设计奖”。

【拓宽农产品运销“绿色通道”】 杭州市从1999年开通新鲜叶菜、淡水产品、鲜牛奶、草莓、竹笋、西瓜、桃、梨等8种农产品运销“绿色通道”，2001年又增加了柑橘等品种，全年发放“绿色通道”通行证10.45万张、免费通行车辆3.44万辆次、运载农产品10.73万吨，分别比上年增长89.6%、74.1%和86%，为农民带来直接经济效益200多万元。3年来，累计发放“绿色通道”通行证17.71万张、免费通行车辆5.78万辆次、运载农产品18.52万吨，为农民带来直接经济效益350多万元。

【命名第4批市级农业龙头企业】 随着杭州市效益农业的发展和农业产业化经营的推进，各区、县(市)围绕农业主导产业，相继培育和发展了一批带动力强、经济效益好、与农民关系密切的农产品加工型、种子种苗型、市场营销型、信息服务型农业龙头企业。为促进杭州市农业龙头企业的发展，推进农业结构的战略性调整，市委、市政府决定，命名杭州美丽健乳品有限公司等20个企业为杭州市第四批市级农业龙头企业(名单见附录)。至此，市委、市政府命名的市级农业龙头企业累计达80个。市委、市政府对命名的市级农业龙头企业实行政策倾斜，2001年落实100万元贴息资金给予重点扶持。

【工商企业投资效益农业成为亮点】 近几年，全市有327个工商企业投资效益农业9.81亿元，其中投资规模在1000万元以上的企业14个。2001年实现产值12.64亿元，利润1.02亿元，创汇1.56亿元。投资领域包括种植业，养殖业，农产品加工、流通业及观光农业等，如万向集团公司投资1500万元，按股份制形式与临安人长久公司联合开发山核桃基地和经营山核桃加工。

【村务公开民主管理更趋规范】 2001年，为加强村级财务管理，市农经委会同市委组织部、监察局等部门，组织力量对全市村务(财务)公开情况进行了全面检查和暗访。全市村务(财务)公开工作无论在形式、内容、时间和程序上，规范化程度都有较大提高，公开率、规范率分别在99%、95%以上；有913个村实现了会计核算电算化，37个乡镇实行村会计代理制，纳入会计代理的村达816个；2380个村完成年度财务决算审计，对76个村进行了专项或重点审计。

【取消或停止21个涉农收费项目】 杭州市全面推行农民负担监督卡制度，2001年通过专项检查共取消或停止涉农收费项目21个，减轻农民负担3800万元，人均减负9.5元。据全市1200户农民负担监测户负担情况统计，全年农民负担村提留乡统筹费严格控制在上年农民人均收入的0.77%之内。及时调查处理涉农收费信访案件，查处涉农收费案件3起，处理有关责任人员5名。

【市农经委直属企业改革发展加快】 市农经委直属企业加大科技投入，加快新产品开发，2001年共投入技改资金1300余万元，用于澳医保灵药业有限公司GMP认证、美丽健乳品公司ISO9002-2000认证和奶业公司的自动化挤奶设施等；完成开发国家二类新药依巴斯汀等新产品3类9种。加快企业转制步伐，完成农村能源环境公司等6个企业的转制工作。销售收入和实现利税同步增长，全年完成销售收入2.29亿元，比上年增长13.4%；实现利税合计1719万元，增长5.4%。

【实施新一轮结对帮扶计划】 2月13日～14日，市委、市政府召开全市挂钩结对帮扶工作会议，总结第二轮帮扶致富奔小康工作的成绩和经验，部署新一轮挂钩结对帮扶工作。市委、市政府决定，2001年～2002年实施新一轮结对帮扶计划，即市里每年拿出500万元帮扶专项资金，由40名副市级领导干部和8个区政府、8家在杭的金融保险机构和78个市级机关部门对口联系41个欠发达乡镇、重点帮扶100个经济薄弱村。一年来，市、县两级共落实各类帮扶开发项目353个（包括全市面上帮扶开发项目共计790个)，总投资超过3000万元，其中杭州市财政和市级各挂钩帮扶单位共筹集到位帮扶资金1974万元。通过帮扶，改善了被帮扶乡村的基础设施条件，农民收入水平有了明显提高。列入重点帮扶的欠发达乡镇，2001年农民人均纯收入达2970元，比上年增收290元，增长10.8%，高于预期增收目标。

【建立土地使用权流转机制】 杭州市在完善第二轮土地承包工作的基础上，重点在100个村建立土地使用权流转机制。

2001年底，全市土地、山林使用权流转形成的规模经营面积达到5.47万公顷，其中经营大田100亩(6.67公顷)以上的大户、企业699户，面积1.14万公顷；山林规模经营面积2.59万公顷，经营面积在50亩（3.33公顷）以上的大户、企业2499户。

【调整农业农村现代化试点乡镇】 1999年，杭州市确定了15个市级农业和农村现代化试点乡镇，在实施《杭州市农业和农村现代化建设规划》中发挥了典型示范作用。鉴于试点乡镇涉及行政区划调整的情况较多，市农业和农村现代化建设领导小组在2001年对试点乡镇进行了调整。调整后的市级农业和农村现代化试点乡镇是：萧山区的宁围镇、衙前镇，余杭区的运河镇、乔司镇，西湖区的转塘镇，滨江区的西兴镇，富阳市的高桥镇、受降镇，临安市的高虹镇、太阳镇，桐庐县的横村镇、分水镇，建德市的乾潭镇、杨村桥镇，淳安县的千岛湖镇。

【农村能源建设又上新台阶】 农村生态环境建设与村落改造开局良好，在全面完成滨江区长河镇柴家坞村生态村项目的基础上，2001年又完成了滨江区鸡笼坞村生态环境建设与村落改造规划。市农村能源办公室承担的旅游西进重点项目——西湖区梅家坞村的生态环境建设与村落改造项目方案规划通过评审。

沼气技术推广欣欣向荣。全年实施以治理规模养殖场和农产品加工业污染为重点的大中型沼气工程19处，总容积2500立方米。完成6个养殖场污染治理实施方案。推广生活污水净化沼气池3540立方米，建成浙江花木城、浙江高新农业园区生活污水处理沼气工程。完成乡镇工业污染治理工程3200立方米。

市农村能源办公室积极开拓与美国普渡大学、宾夕法尼亚大学、加州大学及国际温洛克基金会等在沼气技术和农业废弃物治理技术方面的合作。2001年引进美国规模养殖场生物除臭技术和污染生物处理技术，据初步试验，通过投加生物制剂，化学耗氧量去除率达到70%以上；引进美国高温厌氧技术，应用于农业废气物的蛋白质转化。

农村生产生活节能工作取得新成绩。全年推广太阳能热水器3.8万平方米，节煤器600座，省柴灶3.88万户。杭州市农村生产生活节能成绩显著，2001年被评为省级节能先进单位。

【"杭州龙网"全面改版】 农业综合经济信息网站"杭州龙网"在2001年进行改版，主页从整体布局、色调、标志等都进行重新设计，栏目在原有12个项目的基础上新增5个。"杭州龙网"开通一年多来，为广大农业龙头企业、农户提供了大量的政策、经济、科技、价格、气象等信息，共登载涉农政策法规206个，发布供求信息6105条、价格信息1.61万条、招商引资项目109个，总点击率达9万余次，平均日点击率200次，在全国农业专业网站中名列前茅。

【表彰农村工作先进单位】 市政府作出《关于表彰2001年度农业丰收奖、农经成果奖先进单位和个人的通报》。全市获农业丰收奖的有108个项目。其中萧山区人民政府等6个单位获综合奖；下城区石桥镇等10个单位获农业丰收奖十佳乡镇；拱墅区半山镇沈家桥园区等10个园区获十佳现代农业园区；余卫东等10个农户获十佳种植大户；陆东泉等10个农户获十佳养殖大户；沈灵芝等10个农户获十佳营销大户；淳安县农业局粮油技术推广站等单位的《春玉米套番薯高产高效技术推广》等58个项目获项目奖。

获农村经营管理成果奖的单位有21个。其中西湖区农村经济局等5个单位获综合奖；萧山区农业和农村工作办公室的《完善土地使用权流转机制促进效益农业发展》等16个项目获单项奖。　　（邵雅萍）

·种植业·

【概况】 2001年，全市粮食作物种植面积24.73万公顷，比上年减少4.25万公顷，减幅14.2%；每公顷平均产量5450千克，增加168千克，增幅3.1%；总产134.78万吨，减少18.3万吨，减幅11.7%。全市蔬菜种植面积8.89万公顷，总产249.08万吨，分别增长11.4%和14.7%；其中常年性蔬菜基地4018公顷，年产蔬菜39.30万吨，产值3.99亿元，分别下降7.1%、2.5%和6.6%。种植棉花1730公顷，总产皮棉1960吨，分别下降11.7%和7.2%。种植络麻270公顷，总产原麻1746吨，分别下降20.6%和20.5%。种植油菜籽4.46万公顷，总产7.83万吨，分别下降0.2%和2.7%。年产各类毛茶2.47万吨，下降0.3%，总产值6.53亿元，增长29.1%；其中名优茶产量8707吨，产值5.34亿元，分别增长13.4%和27.1%。全年饲养蚕种25.29万张，总产蚕茧1.08万吨，分别增长12.8%和15.7%。水果总产量39.47万吨，增长22.3%。　　（何有良）

【农业结构调整稳步推进】 杭州市紧紧抓住粮食购销市场化改革的契机，加大农业结构的调整力度，种植业结构进一步优化，养殖业发展步子加快。2001年调整面积1.62万公顷，其中常年性调整面积7247公顷，季节性调整面积8993公顷。全市结构调整总面积累计达11.95万公顷，大田粮经比已降至58：42。农业结构的不断优化为农民增收打下了基础。　　（叶　安　何有良）

【"放心菜"工作向纵深发展】 为保证市民食用蔬菜安全，尤其是确保几大节日、西博会期间市民和来宾食用蔬菜的安全，根据《杭州市上市和留地蔬菜农药残留量监测管理办法》等有关规定，2001年进一步加强了放心菜生产的依法管理力度。在5万亩(3333公顷)市级蔬菜基地全面推广"放心菜"生产技术，采取定性和定量相结合、重点品种和一般品种相结合的原则，对基地蔬菜和待上市蔬菜开展定量检测419批次、定性检测7421批次，对不合格蔬菜依法进行了处理，严禁上市；开展专项执法检查55次，查处了12家违规经营农药的单位，并对个别使用违禁农药的生产者进行了查处。

加大宣传力度，市政府统一部署，在5月份开展了以"让放心菜走进千家万户"为主题的"放心菜"宣传月活动，进一步宣传了"放心菜"相关法规、制度，增强了经营者的法制意识和消费者的自我保护意识。全市"放心菜"管理水平和"放心度"进入了全国先进行列。基地蔬菜定性、定量检测合格率达到97%和92.8%,分别比上年提高8个和9.3个百分点。经质量技术监督部门市场抽检,合格率达82.5%,比上年提高8.5个百分点。至年底建成“南村”、“采风”等放心菜品牌24个,市场份额日益扩大。“放心菜”工作实现了“四个延伸”:从“放心菜”示范园向蔬菜基地延伸;从市区向各县(市)延伸;从生产环节向市场准入延伸;从依法管理向市场调节和品牌建设延伸。

【布点建设无公害果园】 为了减少果品中的农药残留量,提高水果品质,从2000年起,杭州市在各区、县(市)布点建设无公害果园,至2001年底共建基地18个272.53公顷。在无公害水果生产基地严禁使用高毒农药,推广应用生物农药、高效低毒低残留农药、生物有机复合肥、无污染专用果袋等综合无公害生产技术。 (陈今杰 项芬娇)

【茶叶品牌建设成绩斐然】 2001年,杭州市茶叶创品牌、创名牌建设成绩喜人,全市品牌名茶在各类展览会上共获奖22项次,杭州茶叶的知名度进一步提升。其中西湖龙井茶、径山茶、雪水云绿、千岛玉叶、千岛银珍等5种名茶获省精品名茶展示会金奖;云山银峰茶、谷雨春、天堂莲蕊、香茗茶、天龙茶、桂花茶等6种名茶获2001年西湖博览会暨第四届中国国际茶叶博览交易会金奖;古钟牌径山茶、千岛玉叶牌千岛玉叶、壶源牌雪水云绿、新安江牌千岛银珍、文丽牌天目青顶等5种名茶被北京2001年中国国际农博会认定为名牌产品;狮峰牌极品龙井茶、御牌龙井茶、千岛玉叶牌千岛玉叶、壶源牌雪水云绿、新安江牌千岛银珍等6种名茶获中国浙江国际农博会金奖。

茶叶生产标准化建设进一步加强,市农业局、市茶叶科学研究所等单位制订的茶树品种兼用母本园和苗圃建设、长河桂花茶等2个标准,由市质量技术监督局发布实施。

【市茶叶产业协会成立】 8月28日,杭州市茶叶产业协会在中国茶叶博物馆举行成立大会,来自各区、县(市)茶叶生产、科研、加工、流通、管理、茶饮等领域的百余位代表和有关领导参加了会议。大会通过了《杭州市茶叶产业协会章程》,选举产生了第一届理事会、常务理事会和会长、副会长、秘书长。杭州市副市长安志云当选为会长。

农业科技示范园区的花卉栽培

【龙井茶基地保护有法可依】 4月18日,为加强对西湖龙井茶品牌的保护力度,保护和建设好龙井茶生产基地,市第九届人大常委会第34次会议审议通过了《杭州市西湖龙井茶基地保护条例》,6月29日经浙江省第九届人大常委会第27次会议批准,7月16日市人大常委会公告公布实施。

该《条例》共26条,对西湖龙井茶基地实行分级保护,对保护范围、职责分工、保护措施、农药和肥料的施用作了明确的规定,并构建了西湖龙井茶基地地力、施肥效应、环境污染的监测和评价机制。根据杭州市政府关于要求对龙井茶实施原产地域保护的报告,10月26日,国家质量监督检验总局发布28号《龙井茶原产地域产品保护》公告,批准龙井茶原产地域为西湖产区、钱塘产区、越州产区,其中西湖产区为杭州西湖区行政区域内,面积168平方千米,茶园面积900公顷;钱塘产区为杭州市的萧山、余杭、富阳、临安、桐庐、建德、淳安等行政区域。 (胡新光 何有良)

【蚕桑生产继续增长】 杭州市蚕桑生产持续升温,2001年饲养量比上年增加12.8%,蚕茧总产量增长15.7%。

蚕桑基地建设呈区域化、规模化发展趋势,全市有30个蚕桑生产重点乡镇,其中产茧量500吨以上的乡镇有4个。蚕桑新品种、新技术推广取得新成绩,全市引进推广农桑12号、农桑14号等新品种903万株,新发展桑园600公顷。

淳安“千岛湖”品牌茧商标获国家工商管理总局注册,制定了质量标准,并指导蚕农按生产技术规范操作,茧质和效益明显提高,综合蚕茧质量达到一级,名列全省前茅,茧农户均增收827元。

蚕桑基地建设的较快发展,新品种、新技术的推广,形成了区域农业经济特色,提高了规模效益,增加了农民收入,促进了蚕桑产业升级。

(朱时建 何有良)

【加速推广农业新技术】 杭州市把加强良种繁育基地建设作为推进种子工程建设的突破口,至2001年底已建成粮油、蔬菜、瓜果、桑茶等高标准种子种苗繁育基地2000公顷。全年引进粮油、蔬菜、瓜果新品种

347个,许多新品种显示出优质高产的优势,全市种植业良种覆盖率达到96%。以良种应用为前提,一大批农业新技术加速推广。单季稻"双百工程"(每亩即1/15公顷增产100市斤,增收100元)实施面积3.97万公顷,总增效益可达6725万元;"放心菜"非农药治虫新技术累计应用面积506.67公顷。此外,名优茶、柑橘高接换种、蚕桑省力化等一大批农业增产高效新技术都得到进一步的推广应用,各项新技术应用面积可达13.33万公顷。

全市各级各类农业技术培训总人数达10万余人次;有1.2万个农民通过"绿色证书"培训,2/3的乡镇农技站站长参加了知识更新培训。市和各区、县(市)配合,全年开展了7次内容丰富、形式创新的科技下乡活动。培训和咨询活动的开展,普遍提高了农民的科技意识和综合素质。 (陆瑞端 项芬娇)

【继续实施中低产田改造】 2001年,全市完成中低产田改造面积7133公顷。其中,建设市级示范工程21个,面积1083公顷,项目于6月通过市级验收。示范工程的规模、建设标准和实施质量都比往年有明显提高,实现了"低改"工程和现代农业园区建设及其他农业项目的紧密结合,促进了农业结构的调整和主导产业的进一步发展。

(方亚伟 项芬娇)

【大力推进农业标准化建设】 2001年,杭州市《无公害高山蔬菜生产技术规程》等9个系列22个农业标准通过了省市有关专家的审定并正式公布实施。至此,全市已公布实施的省、市、县(市)三级农业地方标准达到18个系列165项,初步形成水稻、无公害蔬菜、经济特产、畜产品、水产品等农业标准体系,为农产品质量的提高和农业的规范化发展奠定了基础。随着农业标准化的推进,农业生产者和管理者的品牌意识进一步增强,涌现了一批有较强市场竞争力和影响的名牌、品牌农产品。在11月上旬举办的北京中国国际农博会上,全市有26个产品获得名牌产

附:

2001年杭州市粮食作物生产情况

		面积(千公顷)	比上年增长(%)	总产量(吨)	比上年增长(%)
总计		247.31	-14.2	1 347 800	-11.7
稻谷	小计	139.65	-15.4	1 000 883	-12.0
	早稻	12.54	-53.2	68 829	-54.4
	晚稻及迟中稻	127.11	-8.1	932 054	-5.6
春粮	小计	42.41	-24.3	140 689	-25.2
	大麦	2.78	-38.6	9 006	-42.3
	小麦	35.09	-25.3	121 462	-25.2
	其他	4.54	-0.2	10 221	1.6
夏秋杂粮	小计	65.25	-2.9	206 228	2.9
	夏秋番薯	16.52	0.5	86 074	3.4
	夏秋玉米	13.81	0.1	46 870	14.8
	夏秋大豆	30.46	-7.4	63 174	-5.1
	其他秋杂粮	4.46	8.8	10 110	2.6

附:

2001年杭州市棉花、络麻、油菜籽生产情况

	面积(千公顷)	比上年增长(%)	总产量(吨)	比上年增长(%)	单产(千克/公顷)	比上年增长(%)
棉花	1.73	-11.7	1 960	-7.2	1 131	4.8
络麻	0.27	-20.6	1 746	-20.5	6 419	-1.8
油菜籽	44.56	-0.2	78 270	-2.7	1 756	-2.6

附:

2001年杭州市蚕茧、茶叶、水果生产情况

面积:公顷 总产量:吨 单产:千克/张

		数量	比上年增长(%)	单产	比上年增长(%)
桑园面积		11 000	14.9	-	-
饲养蚕种张数		252 861	12.8	-	-
其中	春蚕	107 711	8.7	-	-
	夏蚕	16 865	44.8	-	-
	秋蚕	128 285	13.2	-	-
蚕茧总产量		10 772	15.7	42.6	2.6
其中	春茧	4 933	15.6	45.8	6.3
	夏茧	562	19.8	33.3	-17.4
	秋茧	5 277	15.5	41.1	2.0
茶园面积		28 761	-3.3	-	-
茶叶产量		24 732	-0.3	-	-
其中	春茶	15 987	5.6	-	-
	夏茶	4 147	-6.1	-	-
	秋茶	4 598	-12.6	-	-
果园面积		21 122	6.4	-	-
其中:柑橘园		8 113	-0.3	-	-
水果产量		394 710	22.3	-	-
其中:柑橘		83 665	61.4	-	-

品称号,居全省首位。

（陆瑞端　项芬娇）

【建成各类农业现代示范园区131个】 2001年,杭州市现代农业园区建设速度进一步加快,全市建成各级各类园区5933公顷,建设量为历年之最。其中,新建成市级园区12个,面积488.33公顷,总投资1923万元,新增效益325万元。至2001年底,全市累计建成园区131个,面积165.13万公顷,总投资3.9亿元。农业园区建设呈现出多类型、多元化、多层次的趋势,园区类型由单一的粮食型向多种经营型、综合开发型、休闲观光型、园艺型、设施栽培型、高科技型发展。在已建成的园区中,有国家级园区4个,省级园区11个,市级园区39个,县(区、市)级园区77个,呈梯状发展态势。现代农业园区建设的蓬勃发展,有效地促进了农业增效、农民增收和农业现代化建设。（叶　安　何有良）

【组织农业执法专项整治活动】 根据国务院《关于整顿和规范市场经济秩序的决定》精神,杭州市在2001年组织农业执法专项整治活动5次。即3月~4月的绿剑打假保农业(春耕),7月~8月的进口动物产品及兽药市场专项执法检查,9月的种子市场整治和打假,10月的农药、化肥专项执法检查,7月~10月的拖拉机(农机具)交通安全质量整治。通过专项整治活动,加大对各类农业违法行为的查处力度。全市共办理违法案件3315起,上缴罚没款145.1万元,为农民挽回经济损失469.34万元,保护了生产者的合法权益,保障了农业生产的健康发展。

为提高农业执法办案水平,促进农业执法人员素质的提高,全市首次开展了农业执法案卷质量评查工作。在各区、县(市)农业局自查的基础上,市农业局组织集中评查,共抽查、评查了1999年至2001年6月的292宗案卷,评选出最佳案例10个。整套评查的方法、标准得到省农业厅的肯定并在全省农业系统推行。　（张祖林　项芬娇）

·林业·

【概况】 2001年,杭州市着力发展生态经济型林业,推进林业分类经营,切实抓好产业发展与资源保护,林业工作成效显著。

在林业生态体系建设方面,完成了《杭州市生态公益林建设规划》(2001年~2010年)和国家、省、市(县)级生态公益林区划界定,首次开展市级森林公园审批工作,设立市级森林公园3个。

在林业产业体系建设方面,全年新造林面积2175公顷(含退耕还林面积914公顷),其中经济林1341公顷,用材林192公顷,防护林642公顷;迹地更新面积3076公顷;低产林改造面积1662公顷。沿海和农田高标准绿化工程造林394公顷,长度329千米;“四旁”植树470万株。封山育林14.18万公顷,封山护林28.3万公顷。林业八大生态公益林工程,完成新造和补植改造面积2105公顷。农村效益林业发展继续保持良好势头。新建省级林业特色基地3个,面积2915公顷;市级林业特色基地7个,面积5618公顷;区、县(市)级林业特色基地7个,面积3485公顷。全市有300万人次(不含管理投工)参加义务植树,义务植树尽责率87%。森林资源保护管理进一步规范,林木实际采伐量120万立方米,继续控制在年度采伐限额指标林木134.94万立方米之内,保持森林增长量大于消耗量的良好态势。

野生动物保护工作不断加强,全面实行非国家重点保护野生动物经营利用限额审批制度,全市核发非国家重点野生动物经营利用核准证704份。林地征占用审核率达到100%。森林防火全面实施综合治理工程,森林火灾受害率继续控制在低发水平,实际森林受害率为0.06‰;森林病虫害防治率为98%,高于78%的省定标准;成灾率0.039‰,低于0.3‰的省定标准。森林病虫害监测覆盖率99.9%,高于90%的省定标准;产地检疫率97.5%,超过90%的省定标准。松材线虫病疫区除治面积2214公顷,其中皆伐面积1342公顷,择伐面积871.7公顷。经国家林业局检查验收,拱墅、余杭区发病点基本拔除。林区治安大局稳定,全市林业公安受理查处各类破坏森林案件806起,查处率99.8%。调处山林纠纷59起,调解面积66.4公顷。

（陈亚德）

【完成生态公益林的区划界定】 2001年,《杭州市生态公益林建设规划》通过专家评审,并由市政府批准实施。全市生态公益林区划为浙东北平原绿化农田防护林区和浙西北山地水源涵养林保护区两大区,按照生态保护型、防护型、景观型、多功能型、城镇环境型等五大类型建设要求,将对生态脆弱区、生态重要区等生态建设重点和森林公园、森林生态旅游开发区等景观建设重点区域进行规模整治。全年完成生态公益林建设区域内封山育(护)林面积37.3万公顷,造林绿化面积0.2万公顷。

为明确生态公益林的建设管理事权,将生态公益林建设落实到地块,并争取国家资金补助,按照生态重要性和生态脆弱性两个指标,在群众自愿的基础上,完成了全市生态公益林的区划界定工作。初步划定国家公益林43万公顷、省级公益林12.2万公顷、市(县)级公益林1.2万公顷,共计56.4万公顷,为今后顺利开展生态公益林建设奠定了重要基础。

【全民义务植树成效显著】 2001年是全民义务植树运动20周年。20年来,全民义务植树运动深入开展,活动形式多样,义务植树的法定性、公益性意识得到加强,取得了良好成效。全市累计义务植树1.7亿株,消灭荒山8.1万公顷,并初步建成生态公益林16.7万公顷。至2001年底,全市森林覆盖率达到62.8%,森林面积104.6万公顷,森林蓄积量2393万立方米。市区绿地面积达到0.6万公顷,绿地率31%,绿化覆盖率34.3%,人均公共绿地6.8平方米。农村城镇绿化得到迅速发展,城市绿肺、城郊绿带的绿色生态网络正在逐步形成。杭州市先后有3人被全国绿化委员会评为全国绿化劳动模范,18人次获得“全国绿化奖章”荣誉称号,评出3个“全国全民义务植树先进单位”,5个“全国造林绿化先进单位”,17个“全国部门造林绿化400佳单位”,5个“全国绿化百佳县”,21个“全国绿化千佳村”。杭州市先后被全国绿化委员会命名为“全国绿化先进单位”、“全国绿化造林十佳城市”等。（宣子灿）

【林木种苗生产经营实行许可证制度】 7月1日起,杭州市开始对行政区域内从事林木种苗生产经营的单位和个人发放《林木种子生产许可证》和《林木种子经营许可证》。根据《中华人民共和国种子法》和《浙江省＜林木种子生产许可证＞和＜林木种子经营许可证＞核发管理暂行办法》规定,“两证”实行分级审批发放制度。上城、下城、江干、拱墅、西湖、滨江区范围内的单位与个人申领“两证”由市林业水利局负责办理。全市举办林业种苗生产经营人员职业资格培训班4期，培训人员300余名,确保了“两证”核发管理工作的顺利进行。

【设立市级森林公园3个】 5月，根据原国家林业部发布的《森林公园管理办法》规定,杭州市首次开展市级森林公园审批工作。经市林业水利局批准,建德市绿荷塘、临安市南屏山、萧山区大岩山等3处首批成为市级森林公园，经营面积1779公顷。至此,全市已建成国家、省、市三级森林公园17个,经营面积12.3万公顷;国家级自然保护区2个,经营面积1.59万公顷；省级自然保护小区7个,经营面积2138公顷。总经营面积14.1万公顷，占全市有林地面积的15.1%。（郭新保）

【新建10个林业特色基地】 2001年，全市新建林业特色基地10个，其中省级3个，市级7个，总面积8528公顷。省级基地有:萧山区花卉苗木高效示范基地1333公顷,临安市岛石山核桃示范基地667公顷，淳安县山茱萸特色基地915公顷。市级基地有：余杭区苦竹基地803公顷，萧山区大青梅基地800公顷，富阳市意杨基地1333公顷，桐庐县板栗基地676公顷，临安市天目笋干竹基地667公顷，淳安县山核桃基地667公顷,建德市香榧、薄壳山核桃基地667公顷。各地也相应建立了一批县级林业特色基地,全市已初步建成省、市、县三级林业特色基地示范网络。林业特色基地主导品种的产量和效益均在全市林特产品中名列前茅，具有较高的社会知名度和市场竞争力。林业特色基地的产值,干果、笋干竹每年亩(1/15公顷,下同)均达到1500元以上，山地水果和木本药材每年亩均达到2500元以上,种苗花卉类每年亩均达到5000元以上,工业原料林每年亩均蓄积生长量1立方米以上。（翁逸锋）

【严格采伐限额管理】 省政府下达杭州市“十五”期间的年林木采伐限额总量为134.94万立方米,比“九五”期间减少5万余立方米,对采伐限额管理提出了更高的要求。

2001年是执行“十五”采伐限额的第一年,各区、县(市)制定了一系列措施，严格控制源头消耗。富阳、临安、桐庐等县(市)实行林木采伐公示制,把采伐地点、数量、树种等情况,在村务公开栏公示,接受群众监督。林业部门与采伐申请者签订责任状,发放林木采伐须知,明确权利义务，告知应注意事项和法律责任,起到预防和警示作用。为探讨新形势下林木管理的有效方法，充分发挥基层组织在森林资源保护管理中的重要作用，市林业水利局在建德市新安江镇新宅村和桐庐县瑶琳镇开展森林资源综合管理试点的基础上,总结推广试点经验,加强了林木源头管理。

据统计，全市实际采伐林木120万立方米，控制在省政府下达的采伐限额之内。

【依法加强林地管理】 按照市政府的规定，杭州市停止对新办采矿点的林地征占用审批，对按市政府关停转迁要求搬离风景名胜区和其他重点生态区域的采矿单位，严格按市政府规定依法审核。3月19日开始，市林业水利局派专人到市政府投资项目审批中心办理林地征占用审核手续。按照国家和省林业局的要求,2001年开展了林地执法大检查。全市经林业部门审核的林地征占用188起,面积659.4公顷,收取林地规费2493万元,其中森林植被恢复费1983万元,林地资源保护费510万元，林地规费总量为历年之最。

【开展自然保护小区建设】 2001年,为保护森林生物的多样性,保护野生动植物资源的栖息环境，按照《浙江省森林和野生动物类型自然保护小区管理办法(试行)的通知》精神，全市首次规划自然保护小区20个。其中建德、淳安两县(市)的7个自然保护小区被省林业局确认公布为首批省级重点自然保护小区，具体名单见附表。

【加强野生动物保护管理】 4月15日，市林业水利局与省林业局联合在吴山广场举办“爱鸟周”暨野生动物保护宣传月大型宣传活动,这是继1994年以来举办的第8次大型“爱鸟周”宣传活动。2001年继续加强陆生野生动物经营利用管理，规范审批程序和收费办法，完善审批条件，根据资源情况调减市区经营利用野生动物限额，在《杭州日报》刊登办证公告,进行3期野生动物保护法规培训，与经营单位签订责任书。全市核发野生动物经营利用核准证704份，驯养繁殖许可证27份，收取野生动物资源保护费105万元。其中,市本级核发野生动物经营利用核准证118份，驯养繁殖许可证6份。

【山林纠纷调处取得新进展】 年初，杭州市尚有历史遗留的在册山林纠纷积案60起(省际7起、市际53起)，其中建德市姚村乡横坞口村与浦江县石宅乡东岭村的“山顶平”纠纷、建德市麻车乡黄山岗村与兰溪市横溪镇国庆村的“黄山岗”纠

附：　　　　杭州市第一批省重点自然护小区名单

单位：公顷

	小区名称	规划面积	核定补助面积
建德市	建德林场风景林自然保护小区	362.80	362.80
	建德林场木兰园自然保护小区	2.07	2.07
	铜官自然景观保护小区	254.27	254.27
	新安江江南自然景观保护小区	349.67	349.67
淳安县	白马石山后鬣羚自然保护小区	352.07	352.07
	白马官川香果树自然保护小区	458.80	333.33
	龙门里楠木植物群落自然保护小区	417.53	335.67

纷、淳安县龙源乡坦村与开化县大溪边乡墩上村的“西坞山”纠纷等3起纠纷被列入全省确定的10起热点山林纠纷。由于经济利益驱动，新的山林纠纷时有发生，为加快山林纠纷调处步伐，市政府办公厅下发了《关于加强山林纠纷调处工作的通知》，要求各区、县（市）人民政府和各有关单位统一认识，加强领导，进一步加强山林纠纷调处工作，维护农村社会稳定。针对山林纠纷出现的新情况，市林业水利局召开全市山林纠纷调处工作座谈会，交流经验，剖析典型案例，请省山林办、市政府法制办和市中级人民法院的领导、专家到会指导点评，收到了良好的效果。全年调处山林纠纷59起，其中市际积案18起，热点纠纷3起，占全省热点纠纷调处数的60%。（陈勤娟）

【林区治安基本稳定】 2001年，全市森林公安机关受理各类森林案件806起，其中刑事案件48起，治安案件23起，林业行政案件654起。查获犯罪团伙8个。处罚违法犯罪人员1087人次，其中逮捕31人，治安拘留16人。挽回经济损失291.12万元。与上年相比，案件总数增加38.8%，其中刑事案件减少12.5%，林业行政案件增加26.5%。从案件种类来看，盗伐林木案件占17.9%，滥伐林木案件占41.9%，木材非法经营案件占19.2%，非法捕捉、经营野生动物案件占10.1%。主要是盗伐、滥伐林木案件增幅较大。盗伐林木案件144起，滥伐林木案件338起，分别比上年增加89.4%和126.9%。

7月17日，抓获4名在杭钢渣山上非法捕捉鹭鸟的疑犯，移交市林业公安处查处。经侦查，18日凌晨将两名主犯抓获。湖北籍人熊某某多次组织有关人员在杭非法捕捉鹭鸟，向深圳、广州等地出售，数量达4000余只。杭州市拱墅区人民法院根据有关法律，对熊某某等4人分别判处了一年半以下不等的有期徒刑。这是市区查处的第一起非法狩猎刑事案件。（俞荣林）

【森林火灾继续控制在低发水平】 2001年全市发生森林火灾18起，其中火警5起，一般火灾13起；过火面积91.3公顷，受害森林面积53.83公顷；损失立木蓄积1856立方米，幼树2.91万株。没有重特大森林火灾和人员伤亡事故的发生。森林火灾受害率0.06‰，森林火灾发生率1.9次/10万公顷，森林火灾控制率为3.0公顷/次，森林火灾查处率为94%。取得了1980年以来的最好成绩，继续走在全省前列。

从已查明火因的17起森林火灾分析，烧荒烧田坎草6起，占35.3%；炼山造林4起，占23.5%；上坟烧纸4起，占23.5%。

2001年总体雨水较多，对森林防火工作较为有利。但3月份、4月中旬及11月份也出现4次降雨少、湿度小、风力大的连续高火险天气。全市不断深化森林火灾综合治理；严格执行森林火灾行政领导责任制，并在建德市航头镇开展森林重点火险区综合整治的试点，抓好关键时期的森林防火工作，确保森林火灾继续控制在低发水平。西湖风景名胜区连续14年，西湖区连续5年保持无森林火灾。

（童修耀）

·畜牧业·

【概况】 2001年，全市畜牧业在农业结构调整中得到了稳定发展。生猪、家禽饲养量再创历史新高，草食牲畜增长速度加快。全年生猪饲养量478.05万头，比上年增长6.8%；存栏179.14万头，增长4.1%；出栏肉猪298.91万头，增长8.5%。家禽存栏1939万羽，增长5.7%；出栏4621万羽，增长10.1%，其中优质肉禽占49%。奶牛存栏1.38万头，增长21%。羊出栏18.39万只，增长8.2%。兔出栏52.49万只，增长384.2%。蜂存栏18.41万箱，增长22%。主要畜产品产量与上年相比，肉、蛋、奶、蜂蜜分别增长9.5%、6.6%、13.1%和29.4%，其中食草牲畜肉类产量增长32.5%。全年畜牧业总产值36.23亿元，占农林牧渔业总产值的22%。

【做好动物防疫工作】 根据全国动物防疫工作会议的统一部署，杭州市从4月中旬起用了两个月时间，在全市范围内开展动物疫病普查、防疫、补疫工作。普查乡镇234个，普查率达到100%；普查行政村4495个，普查率达97%；普查生猪103.14万头，占存栏总数的98%。对查出的应免未免的生猪全部进行了补疫，从根本上遏制了疫病的发生。

【市区生猪屠宰监控休系初步形成】 9月20日起，杭州市建立了比较完善的市区生猪宰前尿样抽检、先检后宰的管理机制。待宰生猪必须在当天下午3时进入市区各定点屠宰场，由动物检疫员抽取尿样；下午5时样品全部送到杭州市畜牧兽医总站实验室检测；当晚9时前，将检测结果通知各定点屠宰场，阳性猪必须进行隔离饲养观测。据统计，从9月20日至12月31日，共抽检尿样7081个，检出阳性尿样96个，阻止了4738头阳性猪宰杀上市，有效地保障了上市猪肉的质量安全。

【实行生猪流通领域准运管理】 12月10日，杭州市召开省际生猪防疫

附： 2001年杭州市畜牧业生产情况

		单位	年内出栏数	比上年增长(%)	年末存栏数	比上年增长(%)
生猪		万头	298.91	8.5	179.14	4.1
牛	小计	万头	0.57	14.0	4.31	0.9
	其中奶牛	头	–	–	13758	21.0
羊		万只	18.39	8.2	21.48	-0.9
兔		万只	52.49	384.2	35.98	178.5
禽		万羽	4 620.62	10.1	1 938.51	5.7
蜂		万箱	–	–	18.41	22.0

附： 2001年杭州市主要畜产品产量

		单位	数量	比上年增长(%)
主要畜产品产量	肉类	吨	276 367	9.5
	蛋类	吨	64 832	6.6
	奶类	吨	45 365	13.1
	绵羊毛	吨	204	-23.3
	兔毛	吨	30	76.5
	蜂蜜	吨	21 286	29.4
全市人均占有量	肉类	千克	43.93	8.2
	蛋类	千克	10.30	5.3
	奶类	千克	7.21	11.8
	绵羊毛	克	32.43	-24.2
	蜂蜜	千克	3.38	27.5

和畜产品安全管理联防会议，与江苏、山东、安徽和本省的7个市的11个县(市)签订了生猪防疫和畜产品安全联防协议书，建立起生猪供销的新体系。杭州市从过去的6个省30多个县(市)调入生猪的散乱局面得到改善，促进了生猪防疫和质量安全管理工作的有序开展。

（赵 敏 项芬娇）

·水产业·

【概况】 2001年，杭州水产业围绕市场需求，抓住取消粮食定购和农业产业结构实施战略性调整的有利机遇，加强引导和规划，充分调动广大渔农民发展水产养殖的积极性，实现产量、产值同步增长。全市水产养殖面积6.10万公顷，比上年减少313.8公顷；水产品总产量11.51万吨，增长17.1%，是“七五”以来增幅最大之年；渔业总产值17.34亿元，增长12%。全市有乡村办渔场208个，从渔8773户、2.62万人；从渔劳力4.40万人，其中专业2.20万人。有机动渔船2244艘、7443吨位；非机动渔船8141艘、7640吨位；渔业机械动力5.66万千瓦。全市水产行政事业机构31个，有职工369人，其中高、中级科技人员76人。

【水产养殖快速增长】 全市水产养殖水域的水产品产量10.78万吨，比上年增长17.6%，高出上年增幅2.7个百分点。分水域每公顷产量为：内塘7935千克，下降35千克；外荡1828千克，增加22千克；山塘2104千克，增加37千克；水库106千克，增加9.6千克。夯实放养基础。全年总放仔口鱼种1.24亿尾、5336吨，分别下降10.5%和35.3%；总放老口鱼种6531万尾、1.15万吨，分别增长5%和6.7%。调优养殖模式，总结推广近20种高产高效养殖模式技术，实行常规鱼与名特优结合、专养与混养结合、工厂化与生态绿色养殖结合，促进品质和效益的提高。开发新的养殖领域，开发大中水域网箱养殖成鱼58.7公顷，产量3256吨，增长17.3%；开发稻田养殖鱼、蟹、虾等水产品9483公顷、产量2.22万吨，分别增长74.5%和191.7%。继续改善渔业生产条件，全市整修改造鱼塘1506公顷，增长19.2%，其中长久性护坡改塘292.9公顷、清淤挖深改塘1458公顷，分别增长28.8%和40.8%。

【名特优新水产养殖又创新高】 2001年，全市名特优新水产养殖面积2.1万公顷，其中专养面积6913公顷，分别比上年增长5%和12.8%；名特优新水产品产量5.1万吨，增长16.4%。工厂化养鳖面积1333公顷，其中温室112.97万平方米，池塘生态养殖982公顷，分别增长21.7%和79.3%，产量1.31万吨、产值5.85亿元，分别增长90.6%和28%；河蟹养殖3500公顷、产量3532吨，分别增长16.7%和17.7%；虾类养殖(青虾、罗氏沼虾、南美白对虾)4186公顷、产量7500吨，分别增长56.8%和58.1%；乌鳢养殖2480公顷、产量1.07万吨，分别增长8.2%和35.8%；加州鲈鱼养殖406.7公顷、产量657吨，分别下降6.7%和41.1%；鳜鱼养殖247公顷、产量192吨，分别增长107.4%和90%；珍珠养殖2988公顷、产量77.55吨，分别增长48%和70.4%。

【水产品市场货足价跌】 2001年，全市城乡水产品成交量18.45万吨，比上年下降4.1%，其中批发12.95万吨，增长18.6%。市区成交量增加，农村有所下降。全年市区水产品成交量14.56万吨，增长23%；而农村则下降47%，剔除萧山、余杭撤市设区这一因素，仍下降10%。专业水产批发市场的集散、辐射功能增强。农都近江和蒋村两个水产批发市场的成交量达8.47万吨，增长5.6%，占市区成交量的58.2%。其货源除本地和浙江沿海外，主要来源于苏、闽、皖、赣和广东、湖南、湖北等地。其销货辐射流向为杭州市和浙江省的甬、绍、金、衢、丽、湖、嘉，以及沪、苏、闽、皖等地。价格继续下跌，尤其是一些名特优和中档水产

附：　　2001年杭州市水产养殖面积

单位:公顷

	面　积	比上年增减
(一)总　计	61 001.2	-313.8
其中:鱼苗种塘	469.9	-35.0
(二)养殖水域		
内　塘	7 431.1	+441.3
外　荡	6 160.3	+73.2
山　塘	2 066.0	+25.0
水　库	44 128.0	-308.0
其　他	745.9	-1 015.2
(三)网箱养殖		
成鱼	58.7	-0.9
鱼种	4.0	+0.3

附：　　2001年杭州市水产品产量

单位:吨

	产　量	比上年增长(%)
(一)总　计	115 087	17.1
其中:养殖	107 778	17.6
捕捞	7 309	9.9
(二)主要水域		
内　塘	58 962	6.3
外　荡	11 259	2.4
山　塘	4 346	3.1
水　库	4 683	1.5
富春江、钱塘江	2 524	2.3
其　他	28 528	37.0
(三)主要品种		
青　鱼	1 081	4.6
草　鱼	14 467	1.7
鲢　鱼	22 188	0.8
鳙　鱼	9 776	14.9
鲫　鱼	13 316	14.5
鳊　鱼	5 310	9.8
鲤　鱼	3 412	9.9
罗非鱼	771	69.1
鲶　鱼	428	38.5
鳖	13 127	90.6
蟹	3 532	17.7
虾　类	7 500	58.1
加州鲈鱼	657	-41.1
乌　鳢	10 728	35.8
鳗、鳜鱼	194	70.2

品跌幅较大,季节性波动幅度收窄。常规鱼中的鲢、鳙、草鱼下降6%~8%,中高档水产品中的鳖、蟹、南美白对虾、鳜鱼、加州鲈鱼,平均分别下降18%~28%、17%、30%、10%和25%。与往年相比,水产品价格波动区间收窄,仅在2、7、8月和春节、国庆两大节日稍有波动,其他时间一直低迷。

【科技兴渔加快发展】 杭州市紧紧围绕品种调良、质量调优、效益调增、内容调宽的工作思路,加大科技支撑渔业的发展。注重抓好种子种苗工程建设。2001坚持在巩固、提高常规鱼原良种生产的同时,多渠道筹资增加投入,在萧山、余杭、江干、淳安等地启建了鳖、蟹、青虾、乌鳢、黄鳝等优质良种繁育基地。市水产科研所承担的国家级钱塘江三角鲂原种场通过专家评审,被农业部正式立项启建。全市生产鱼苗4.83亿尾、夏花2.73亿尾、鱼种1.71亿尾,分别比上年减少13.7%、25%和增长70.8%,其中原良种常规鱼苗3.68亿尾,增长21.4%,推广面积达到1.09万公顷,覆盖面超过95%,直接增加产量3000余吨,净增利润3000余万元。注重抓好新技术、新品种的引进和推广,加快成果转化。全年组织实施科研、推广课题21项,为深化渔业结构调整、促进增产增效起到重要作用。组织实施渔业丰收计划7项,面积6375公顷,实现产量1.72万吨、产值5.3亿元、利润2.2亿元,分别超计划目标62%、63.4%和84.7%,获市政府农业丰收奖一等奖1个、二等奖2个、三等奖4个。引进南美白对虾、鲟鱼、三纹鱼等10多种新品种养殖获得成功,其中南美白对虾在6个区、县(市)扩大推广面积达到266.7公顷。积极组织科技下乡,继续开展以"绿证"为重点的各类科技培训,建立示范点、示范户、示范场(村),促进科技与生产的良好结合。

【建成一批规模化特色养殖基地】 杭州市扶持建成一批"一乡一品"、"一区(县、市)一特"的规模化特色养殖基地。

2001年已形成的鳖、蟹、虾类、乌鳢、珍珠等主导产品养殖面积达1.5万公顷、产量3.4万吨,分别占名特优养殖的71.4%和66.7%,并涌现出博陆乌鳢、亭趾生态养鳖、瑶琳鳖、围垦蟹等一批特色乡镇。扶持建设了一批高科技、高标准、优质水产品养殖示范园区。江干万事利、余杭博陆、萧山天潮被命名为省级水产示范园区；余杭万亩中华鳖养殖被国家质量监督检验检疫局命名为国家级标准化示范区。加强渔业标准化建设,打响品牌优势。至2001年底，全市已注册品牌商标的水产品近50个;制订省、市和区、县(市)水产品牌技术质量标准近20个;组织筛选20个名优水产品参加2001年省首届渔博会,获金奖6个、银奖5个、优质奖10个,本牌中华鳖、中得野生风味甲鱼、晶龙牌千岛银鱼、金达牌外塘中华鳖获2001年中国国际农业博览会名牌产品；打响了淳安千岛湖鲢、鳙鱼和罗非鱼有机绿色水产品牌。开发旅游休闲渔业初见成效。全市开发集吃、住、钓、玩和观赏为一体的养殖场所逾50家,面积达2000公顷,通过引资和包装建设,涌现出余杭南苑、良渚人家、西湖双流农庄、九溪渔园、江干中得、万事利特种水产养殖场等20余家上规模、上档次的垂钓休闲渔场,既满足了广大群众的需要，又增加了企业的经济效益。淳安县新安江开发公司利用举办旅游秀水节之际,组织推出“巨网捕鱼”活动,引来八方游客观赏,社会、经济效益显著。

【新一轮开发“三江”渔业资源初见成效】根据市政府确定的“十五”开发利用“三江”(钱塘江、富春江、新安江)渔业资源的目标任务,增加养护和管理渔业资源的投入。全年市及有关区、县(市)用于“三江”渔业资源养护和管理的开发资金共80万元,在富春江水库、钱塘江内投放鲤鱼夏花498.4万尾、鱼种83.5万尾;在千岛湖增放鲢、鳙鱼种786万尾,促进“三江”渔业资源回升。钱塘江、富春江捕捞产量为2524吨,比上年增长2.3%；千岛湖捕捞产量2230吨,其中鲢、鳙鱼起捕量由上年260吨上升到500吨，增长92.3%。坚持禁渔区禁渔期制度。千岛湖继续实施13.3万公顷水面的封库禁渔和三个月的季节性休渔,并加强封库禁渔期间的执法检查,全年查处各类违规案件893起、1786人次。在加强对富春江、钱塘江水域禁渔区保护和管理的同时,依法加强对违法违规渔具的管理。建德市渔业行政主管部门依法取缔在富春江水库内的定置张网397件；钱塘江沿岸渔政管理部门加强对蟹笼的管理与查处。开发“三网”养殖。建德市在富春江水库开发网围、网拦、网箱养殖40.5公顷;淳安县在千岛湖开发商品鱼网箱养殖710户、面积15公顷，实现产量1200吨、产值1198万元,分别占该县总产量、总产值的27%和29%。

【专业渔村持续增产增收】 2001年,全市专业渔村20个,全年生产水产品3780吨,其中捕捞1849吨、养殖1931吨，分别比上年增加13.4%、55.5%和减少9.9%。全年总收入1.31亿元,增长31.9%,其中捕捞收入527.21万元、养殖收入1623万元，分别增长33.8%和4.3%;农林及劳务收入1549万元,第二、三产业收入9945万元,其它收入600.4万元，分别增长330.6%、39.4%和19.4%。全年参与分配的有1448户、4238人,总劳力2626人,户均收入1.41万元、人均收入4802元、劳均收入7750元,分别增长12.7%、14.1%和15.0%。

【加强渔业执法管理】 2001年,全市有渔业执法管理人员208人,配有渔政船14艘、艇13艘，渔政车11辆、摩托车7辆。加强渔业法律法规的宣传。以学习、宣传、贯彻新《渔业法》为重点,先后召开10个渔民座谈会，举办3次渔民安全法规学习会，印发宣传资料2000余份,增强渔农民法制意识,提高知法、懂法、守法的自觉性。加强渔业资源的保护与管理。根据部、省渔业行政主管部门的统一部署，组织开展了内陆渔业捕捞证换发工作，全市换(核)发捕捞许可证1527本,收取渔业资源增殖保护费102万元；重视钱塘江鳗苗捕捞的监督检查，组织杭、嘉、绍三市渔政部门60余人开展联合大检查，确保鳗苗捕捞安全无事故，全市核发鳗苗捕捞许可证305本、收购许可证2本,收取渔业资源增殖保护费5.1万元；组织专项执法检查141次561人次，查处违规案件240起，收缴渔业资源赔偿费5.5万元；调查处理水生野生动物保护案件20起,救回放生鲟鱼15条、江豚2条、疣螈2条、大鲵1条等。加强渔业水域环境监督检查。全年发生污染死鱼案件88起,面积1744公顷，直接经济损失329万元，已查处34起，挽回损失77.07万元。同时,由市水产、环保、财政3部门负责补偿余杭、西湖、拱墅3区2000年度城市综合污水污染渔业水域补偿款66.4万元。加强渔港渔船监督管理。全年组织渔船安全大检查3次，检查渔船2000余艘,查处违规渔船29艘、事故隐患37处；组织渔船检验1437艘,收取渔船检验费7.49万元;根据省渔船检验局的统一部署，于10月~11月开展了渔船检验机构资质认可初审,市渔政渔港渔船监督管理总站及淳安等7个区、县(市)站初审合格。加强执法检查和队伍建设。全市出动各类渔业执法检查1604次、1.06万人次；查处各类违规案件1510起,其中炸鱼4起、毒鱼58起、电鱼319起,收缴电鱼器、网具、毒药2659件(套)和渔船10只,收缴罚款32.51万元，赔偿渔业资源损失费32.72万元。 (干富泉)

·水利·

【概况】2001年,杭州市围绕强市名城目标和实施水利世纪攻坚战的各项任务,突出打好标准塘建设、城防工程建设、山区小流域治理和市区河道清淤配水四大硬仗，重点水利工程建设取得新的进展，年度水利建设各项指标全面完成。

全力抓好防汛防台工作，确保了大江大河和大中型水库的安全度汛,夺取了抗御“六二六”洪灾的胜利。钱塘江标准海塘建设五期工程8.4千米全面完成,六期5.5千米及四格闸站改建工程于12月上旬开工,西险大塘39千米全线完成防渗加固任务，水涛庄水利工程已完成主体工程70%的工作量,分水江水利枢纽工程的纵向围堰工程动工,华光潭电站工程绕坝公路开工建设，严家水库工程进入前期准备工

钱塘江标准海塘一角

作。农田水利建设成效显著,小流域治理和病险水库除险加固力度加大。10座小(二)型以上病险水库基本得到加固。

市政府公布了杭州市水土流失重点防治区,为有效预防和治理水土流失,减轻水旱灾害,建立良好的生态环境,促进经济和社会可持续发展奠定了基础。加大了河道整治力度,环境水利迈出坚实步伐。坚持以法规范,水利管理工作得到加强。至年末,全市累计投工4668万工,完成土石方4864万立方米,新增改善灌溉面积1820公顷,治理水土流失面积4150公顷,疏浚河道646千米、984万立方米,小水电装机达21.7万千瓦,年发电量5.49亿千瓦时。全市累计投入水利建设资金20.04亿元(含劳力折价9.85亿元)。 (李朝秀)

【城市防洪工程全面启动】省委、省政府要求各地加快城市防洪工程建设,用三年左右时间在全省建成高标准城镇防洪体系。

按照这一要求,杭州市高度重视全市的城镇防洪工程建设,加强领导,落实责任,明确目标,分解任务,强化规划,抓好行动,面上的城防工程全面启动。至2001年底,累计完成防洪堤122千米,治理河道27.44千米,建闸14座、泵站13座,完成土方976万立方米,石方280万立方米,混凝土97.8万立方米。杭州市本级的西险大塘和钱塘江标准海塘建设,大大提高了杭城的防洪标准,并经受了"六二六"洪水的考验。

【钱塘江标准海塘建设进展顺利】杭州市钱塘江海塘总长169.4千米,其中南岸105千米,北岸64.4千米,是杭州市东部的防洪屏障,保护着杭城及萧绍平原、杭嘉湖平原数百万人民生命财产和浙赣铁路、沪杭甬高速公路、萧山国际机场等国民经济大动脉。

为了提高钱塘江海塘的防洪、防潮标准,市委、市政府决定进行标准海塘建设。南岸按100年一遇标准建设,北岸主城区按500年一遇标准建设,西湖区南北塘按50年一遇标准建设,其他按100年一遇标准建设。从1996年开始至2001年,钱塘江标准海塘建设任务已完成五期,第六期工程5.54千米标准海塘和四格闸站改建于12月动工。通过几年的建设,除北岸还有2.9千米标准海塘未建外,钱塘江标准海塘已基本完成。

标准海塘的建设,为杭州"城市东扩、沿江开发、跨江发展"战略的实施奠定了基础。 (金锡康)

【继续实施清淤配水工程】 2001年是贯彻实施市政府三年对市区河道全面清淤一遍总体要求的第二年,通过各区和有关部门的认真实施,全年实际完成市区河道清淤127条,长度294.6千米,清淤量341万立方米,清除垃圾飘浮物4.48万吨,拆除违章建筑1.30万平方米,投入资金1.17亿元。

在开展河道清淤的同时,加强落实河道长效管理,至年底已落实长效管理措施的河道有128条,长395千米,占市区河道总长的50.4%。配置打捞保洁船只141只,专职保洁人员286名,初步形成了长效管理网络体系。通过两年的市区河道清淤整治,有效地改善了市区河道水环境,提高了通航排水能力,美化了河道及周边环境,有的河道已显现出良好的生态景观功能,成为市民生活休闲的好去处。

配水是改善河道水质的关键,市林业水利局德胜坝、七堡翻水站承担着实施东部配水、改善运河和上塘河水系水质的重任。全年德胜坝翻水站翻水量1.89亿立方米,七堡翻水站翻水量2.11亿立方米,有效改善了市区河道水环境。

(汪 健)

【落实水政监察巡查制度】 2001年,通过建立《水政监察巡查记录》并开展互查互评活动,在省内率先落实了市、县两级较为规范的水政监察巡查制度。

全市共出动巡查3467次,其中市水政监察支队巡查53次。在这些巡查中,规模及影响较大的为6月~7月市支队联合各大队对02、03、04省道和杭州绕城公路北线工程、东线工程5处组织的执法巡查活动。全年查处水事违法案件402起,查处率达99%。市支队依法立案查处了市区某房地产开发公司擅自破堤施工案、葛某在河道中偷排泥浆案、骆某损毁堤防案及临安马某违法占用青山水库库区建房案4起重大水事违法案件,收缴罚款1.6万元。

【水土保持工作取得新成绩】 4月,市政府批准建立杭州市水土保持委员会及其办公室。7月,市林业水利局编制完成的《杭州市水土保持规划》经市政府批准实施。11月,市林业水利局划定全市水土流失重点防治区,经市政府发文依法予以公告。加快小流域治理,2001年市级完成了余杭、富阳、桐庐、建德、淳安5区、县(市)5条小流域水土保持综合治理任务,通过了省水利厅的验收,发挥了较好的示范作用。落实水土保持“三同时”制度,即水土保持设施与主体工程同时设计、同时施工、同时投产使用,主要抓好水土保持方案编报审批和实施监督两个环节。全年审批水土保持方案176项,开发建设项目水土保持方案编报率、省市级工程实施率都达95%以上。全市组织开展了水土保持专项执法活动,取得了明显成效。

(姜明华)

正在配水作业的德胜坝翻水站

【汛情灾情】 2001年汛期,全市平均降雨量1182毫米,比上年同期多450毫米,比多年平均值少21%。其中,新安江库区汛期平均降雨1240毫米,分水江流域1252毫米,东苕溪流域1186毫米,杭州市区1154毫米。

全市6月10日入梅,6月28日出梅。梅汛期平均雨量317毫米,新安江库区325毫米,分水江流域301毫米,东苕溪流域315毫米,杭州市区355毫米。

6月21日至27日,全市普降大到暴雨,局部地区大暴雨。21日8时～27日8时,全市平均降雨量220毫米,其中最大的是富春江电厂站,达304毫米。最大日降雨量发生在6月25日～26日,全市降雨普遍在100毫米以上,其中最大的是淳安郭村站达220毫米。东苕溪日平均降雨量116毫米,分水江流域119毫米,杭州市区120毫米。

强降雨导致江河水位猛涨,东苕溪流域、钱塘江流域和运河流域各有一个水位站超过危险水位,暴发了“六二六”洪水。东苕溪青山水库水位从6月22日16时22.90米到6月26日22时涨至最高30.90米,超过警戒水位3.39米。下游余杭站最高水位10.23米,接近10.50米的危险水位。瓶窑站最高水位8.74米,超过危险水位0.24米。运河拱宸桥站最高水位5.30米,超过危险水位0.30米。钱塘江流域桐庐站最高水位14.14米,超过危险水位0.64米;富阳站10.46米,接近10.50米的危险水位。新安江水库坝前水位也从6月25日8时的97.41米涨至27日8时的99.55米。27日开始,各流域干流水位全线回落。

据水利部门统计,2001年汛期全市受灾面13个区、县(市),涉及乡镇227个,受灾人口143.34万人。全市农作物受灾面积8.98万公顷,成灾面积4.70万公顷,绝收面积9690公顷。一些水利设施损毁,其中损坏堤防441千米,损坏护岸961处,冲毁塘坝464座,损坏灌溉设施2942处,倒塌房屋0.22万间,死亡32人(包括拱墅区的山洪暴发导致工棚倒塌死亡的22人),造成直接经济损失11.39亿元。灾情主要发生在“六二六”洪水期间。

(王亦卿)

·农业机械·

【概况】 2001年全市拥有农业机械总动力260.94万千瓦(不含渔业机械),比上年增长0.8%。其中,柴油机动力142.19万千瓦、汽油机动力27.39万千瓦、电动机动力91.37万千瓦。

全市拥有各类拖拉机5.53万台,与其配套的各类农机具2.8万台(套);收获机械22.48万台,其中联合收割机1206台、谷物烘干机43台、水稻栽植机械181台;排灌机械8.03万台;农副产品加工机械3.39万台;各类温室设施面积896公顷;农机原值达20.18亿元。全市机耕作业面积23.61万公顷,其中春耕5.6万公顷、夏耕11.88万公顷、冬耕6.13万公顷;机收作业面积7.77万公顷,收割机跨区作业1.53万公顷;机械秸杆还田5.48万公顷;机械栽植0.74万公顷。

农机安全生产得到加强,全市组织3万余名驾驶员进行安全培训,开展上道路检查4221人次,检查拖拉机1.79万辆,纠正违章2191例,拖拉机和驾驶员的检审率分别达94%和85%。

【农机化作业范围进一步拓展】 各区、县(市)在加大粮食生产主要环节的收割、烘干及播、抛、插机械的引进、试验、推广力度的基础上,更加注重效益农业机械的推广应用,全年新增效益农业机械890台套,资金投入达2000余万元。

全市首座高性能变频恒压自控喷滴灌果园供水和农药喷洒设施在滨江区星民垦殖场投入正常运行;“凯马”多功能耕作机、南京市机械研究所最新研制的碧螺春成形机及其配套机械、有机茶蒸气杀青机、高性能植保机及农产品深加工机械得到推广应用，促进了果蔬茶等效益和休闲农业的进一步发展。

【秸杆机械化还田工作落到实处】 为了保护生态环境，确保杭州萧山机场半径15千米、高速公路和国道线两侧各2千米范围及主要旅游景区附近禁烧秸杆，根据省政府有关文件精神，2001年继续确定禁烧区域，实施秸杆还田。

据统计，全市投入农作物秸杆还田机具6500台（套），实施面积6.06万公顷，其中机械化作业达4.59万公顷，比上年增加60%，在禁烧区内未发生大面积秸杆焚烧和由此引发的灾害事故。

（王伯元 项芬娇）

·农场企业·

【概况】 2001年，杭州市农场系统实现国内生产总值10.20亿元；工农业总产值（1990年不变价）43.79亿元；营业收入38.14亿元，比上年增长8.8%；上缴国家税金2.82亿元，增长34.3%；实现税前利润3779万元。年末拥有总资产57.36亿元，所有者权益20.55亿元，资产负债率为64.2%。年末农场从业职工2.19万人，离退休0.58万人；在岗职工年人均收入11469元。全年固定资产投资5.06亿元，其中基本建设投资2.46亿元，更新改造投资2.60亿元。外贸出口4.7亿元。

萧山区农场管理局在2001年的机构改革中，由原行政局改成事业局；原行使行政职能的余杭区农垦总公司在机构改革中被撤销并入余杭区农业局。

【上缴500万元以上的利税大户7个】 2001年，全市农场系统上缴500万元以上的利税大户有7个，依次排名为：萧山区红山农场1.35亿元、萧山区棉麻试验场8972万元、萧山区钱江农场3177万元、萧山区第二农垦场3136万元、浙江西泠啤酒厂2485万元、杭州澳医保灵药业有限公司701万元、萧山区红垦农场524万元。

（张建江 项芬娇）

·乡镇企业·

【概况】 2001年，杭州市乡镇企业依托国内经济平稳运行的宏观条件，采取积极应对措施，克服世界经济衰退带来的对外出口增势减缓、结构性矛盾突出等困难，保持了经济持续快速增长的良好势头。至年底，全市有各类乡镇企业11.5万个，其中集体企业4096个，私有企业11万个，从业人员124万人，占农村劳动力总数的49.5%。完成企业总产值2258亿元，比上年增长24.3%，其中萧山区、桐庐县、余杭区的产值增幅超过全市平均水平，分别达36%、30.7%和25.4%。完成工业总产值2014亿元，增长24.4%；工业销售产值1954亿元，增长24.2%；实现利润84亿元，增长36.5%；实现国家税金83.4亿元，增长26.7%；资金利税率、成本费用利润率分别为14.5%和4.2%；全部企业流动资金周转天数108天；全员劳动生产率3.49万元/人，提高5800元/人。亏损企业5822个，累计亏损金额6.7亿元。乡镇企业的平均生产规模进一步扩大，全市6.43万个工业企业的年均产值为313万元，增加53万元，其中营业收入及资产总额均超2000万元的工业企业560个，超5000万元的207个，有143个工业企业的营业收入超亿元，21个工业企业超5亿元，6个工业企业超10亿元。

随着乡镇企业的进一步发展，其所处的地位更加突出，发挥的作用更加显著。一年中，全市乡镇企业提供支农资金7405万元，提供农用水泵14.78万台，中小农具5.68万件，磷肥2.83万吨，塑料制品35.3万吨，发放工资总额113.15亿元，比上年增长18.4%。

【个私经济保持较快增长】 农村个私经济在连续多年高速增长的基础上，继续呈现快速发展的良好态势。至2001年末，据市乡镇企业局统计，全市农村个私企业发展到11万个，从业人员93万人，完成企业总产值1629亿元，工业总产值1515亿元，比上年分别增长38.6%和37.9%，分别高出全市平均增幅14.3和13.5个百分点。全年实现利润总额56.6亿元，实缴税金45.6亿元，分别增长48.2%和57.8%。在乡镇企业总量中，个私企业所占比重已由上年的64.7%上升到72.2%，成为全市乡镇企业发展的主体力量。在总量不断扩大的同时，个私企业的发展水平和规模档次不断提高，浙江传化集团、浙江万马集团、浙江锦江集团等一批企业的年产值超过5亿元。有的私营企业经过规范化股份制改造，正着手申请上市，通过募集社会资金，进一步拓展企业的发展空间。

【重点乡镇和骨干企业的龙头作用明显】 2001年，杭州市继续采取考核竞赛、分析指导、培训服务以及每月通报主要经济指标完成情况等多种形式，集中抓好年初确定的30个重点乡镇和82个骨干工业企业。各区、县（市）结合实际，进一步完善落实扶优扶强的各项措施。在政府的引导服务和企业的积极努力下，重点乡镇和骨干企业的强队优势继续得到有效发挥，在全市乡镇企业发展中的龙头带动作用更显突出。30个重点乡镇完成企业总产值109.7亿元，工业销售产值925.3亿元，分别比上年增长24.7%和24.6%，两项指标分别占全市总量的48.6%和47.3%；实现营业收入1076亿元，利税总额84.9亿元，分别增长25.2%和32.1%。82个骨干工业企业实现工业总产值405.6亿元，产品销售收入385.4亿元，分别增长24.3%和24.4%，占全市乡镇企业总量的比重进一步上升，其中浙江万向集团的营业收入、利税总额分别达86.4亿元和8.9亿元，高居全市乡镇企业之首，增幅分别达27.5%和44.7%。

【外向型经济继续发展】 受世界经济衰退和美国“九一一”事件的影响，杭州市乡镇企业的外贸出口遇到了较大困难，但通过采取积极的应对措施，仍保持了较快增长。至年底，全市共有各类乡镇出口企业2690个，比上年增加389个。全年完成出口交货值292亿元，增长26.8%，高于工业销售产值增幅2.6个百分点，其中直接出口257.5亿元，占88.2%。临安、滨江、余杭、拱墅等4个区、县(市)和杭州经济技术开发区的出口交货值增长超过全市平均增幅，分别达55.5%、67.2%、27.8%、28%和67.5%。出口交货值占工业销售产值的比重由上年的14.6%上升到14.9%。

在整个出口生产中，个私企业的出口增长较为迅猛，全年完成出口交货值171.3亿元，增长58.5%，占全市乡镇企业的出口比重由上年的54%上升到58.7%。

为增强出口竞争力，增加出口收益，各区、县(市)积极调整优化出口产品结构，鼓励扶持重点企业申报自营出口权。在13个大类的出口产品中有3类的外销势头较好，五金矿产类、纺织类、工艺类产品完成出口交货值分别增长78.3%、71.6%和55.6%；山货类产品销售趋疲，下降97.9%。全年新增自营出口企业92个，累计达381个。

在大力开拓国际市场、增加出口创汇的同时，全市乡镇企业积极利用现有政策和自身优势，进一步加大招商引资力度，扩大与外商的合作领域。全年新签外资利用合同192个，协议外商投资8366万美元，实际投资7183万美元。同时，一些实力较强的企业积极走出国门，直接到国外创办实业，谋求发展。全市累计兴办各类境外企业15个，其中万向集团美国公司等部分企业已初步显示出较强的国际经营能力。

【乡村集体企业转制面超过97%】 杭州市继续抓乡镇企业的转制进度，推动未转制企业进入转制轨道，至2001年底全市乡村集体企业的转制面已超过97%，绝大多数企业已基本完成改制。在抓进度的同时，重点做好乡镇转制工业企业的“两证”办理工作，完善企业的法人财产权。一年来，在市委、市政府的积极引导和政策推动下，各区、县(市)尤其是各城区抓住机遇，全力推进，“两证”办理工作得到了有效落实，取得了明显进展。市区乡镇转制工业企业已有161个领取了国有土地使用证，30多个企业领取了房屋所有权证，另有100多个企业进入了办证程序。各县(市)的“两证”办理也取得了较快进展，有的已进入扫尾阶段。

在重点抓好“两证”办理工作的同时，各区、县(市)还结合实际，进一步加大对职工集体股的量化、产权的流动与重组、企业上市以及创建现代企业制度等方面的工作力度，使乡镇转制企业的运行日趋规范和完善，较好地建立与市场经济相适应的产权制度和内部运行机制。

【工业园区和块状经济发展迈新步】 各区、县(市)结合当地的资源优势、区位优势、产业优势以及工业结构调整的实际需要，积极发展工业园区，培植块状特色经济，取得了新的成效。至2001年底，全市经有关部门批准规划建设的各类园区已达101个，总规划面积1.71万公顷。其中县(市)级工业园区7个，规划面积7364公顷；区级工业园区6个，规划面积1596公顷；乡镇级工业园区88个，规划面积8108公顷，已启动面积1461公顷，入园企业606个，投入各类资金达41.3亿元。一批有特色、有优势的块状经济已崭露头角。全市共有各类块状园区30多个，其中桐庐县分水镇的圆珠笔，萧山区的羽绒制品、五金工具，富阳市的造纸、羽毛球拍，余杭区的纺织、蜜饯产品等都已形成一定规模，在市场竞争中具有较强优势，有力地推动了地方经济的振兴和繁荣。

【科技创新取得新进展】 杭州市乡镇企业进一步加大技术改造和科研开发力度，加强人才培养和科学管理工作，使企业的内在素质有了新的提高。2001年仅乡村集体企业就培训各类职工5.62万人次，其中学历培训9356人次，短期培训4.68万人次。

至年底，全市乡镇集体企业共有大专以上学历职工1.56万人，拥有各类专业技术人员2.41万人，其中高级职称2008人，中级职称6365人。

乡镇工业企业全年直接用于固定资产投资达136.6亿元，比上年增长48.5%。与往年相比，呈现出大项目多、科技含量高、进展步伐快等特点。萧山区全年实施技改项目1216个，计划投资108亿元，其中106个重点项目已投入21亿元，且大部分是国外先进设备的引进改造，单体投入1亿元以上项目就达12个。余杭区全年完成工业投入16亿元，增长40%，108个重点项目有89个动工建设，完成投资7亿元，其中43个项目已竣工投产。

乡镇企业的管理工作再上台阶。在安全管理方面，杭州市与各区、县(市)签订了安全生产责任状，层层分解落实安全管理目标，分层次对安全管理人员进行业务培训，组织力量对重点行业、重点企业的安全生产工作进行不定期检查，较好地消除了事故隐患。全年发生事故40起，死亡56人，安全事故伤亡率控制在年初确定的计划指标以内。

在质量管理方面，通过强化日常基础管理，落实专项管理措施，涌现出一批先进单位和名牌产品。全年有300余个企业通过ISO9000认证，累计达500多个。市级以上名牌产品81种。

在全市乡镇企业中积极推行现代企业制度，通过下发现代企业制度标准，开展相应的检查验收活动，一批有条件的企业逐步建立起与市场经济相适应的现代管理制度和内部运行机制，为企业进一步发展壮大奠定了基础。 (沈根林)

·气象·

【概况】 2001年杭州市总的气候特点是：气温明显偏高，降水偏多，日照偏少。冬季气温偏高明显，为典型的暖冬季节；春季气温仍持续偏高，回暖快，3月气温创历史新高，降水偏少明显；夏季凉热不均，出梅后，前热后凉，降水特多，日照偏少，梅汛期局部地区发生洪涝灾害；秋季降水明显偏少，日照偏多，天气晴好。

气温 全市年平均气温16.4℃~17.4℃，比常年偏高0.3℃~1.2℃，北部地区偏高较明显。各月平均气温除8月气温明显偏低，6、9、11月北部地区稍偏高、南部地区稍偏低，12月接近常年或略偏低外，其余7个月月平均气温都比常年偏高。其中1、2、3、7、10月偏高2.0℃以上，尤其是1月的萧山、桐庐、建德等地，3月的市区、临安等地，7月的临安都创了历史同期的最高记录。

冬季（2000年12月~2001年2月），各地平均气温6.6℃~7.9℃，较常年偏高1.8℃~2.3℃，暖冬现象明显，其中市区气温创历史记录。

年极端最低气温-5.0℃~-2.1℃，市区最低气温-3.5℃，出现在12月26日。

春季（3月~5月）各地平均气温16.1℃~16.9℃，较常年偏高1.1℃~1.7℃，市区偏高较明显，其中3月各地月平均气温有3个站达到历史最高值，3个站达到历史同期次高值。

日平均气温≥10℃的回暖初日除临安出现在3月18日外，其余各地出现在3月10日，较常年提早10天~20天。

终霜日除临安出现在3月25日，富阳、桐庐出现在3月13日外，其余各地出现在3月9日，较常年偏早12天~24天。

夏季（6月~8月）各地平均气温26.4℃~27.1℃，建德最低，萧山最高。北部地区较常年偏高0.1℃~0.3℃，其中萧山偏高稍明显。7、8月气温起伏较大，7月各地月平均气温较常年高0.8℃~3.3℃，7月下旬市区平均气温为有记录以来的最高值，临安气温之高为当地历史同期最高值。8月各地气温较常年偏低0.7℃~2.3℃，除市区外各地偏低均在2℃以上，其中临安和建德月平均气温创下了有历史记录以来的同期最低值。8月气温偏低幅度之大为12个月中最明显的一个月。6月月平均气温大部分地区接近常年，南部建德、淳安较常年分别偏低0.5℃和0.7℃。

年极端最高气温各地都在38.0℃~39.2℃左右，富阳、淳安并列最低，桐庐最高，出现在7月中、下旬。

日平均气温≥35℃高温天数各地为21天~26天，桐庐最多，淳安最少，中、北部地区较常年偏多1天~6天，南部各地较常年偏少6天~14天。其中富阳偏多较明显，建德偏少较明显。

秋季（9月~11月）各地平均气温17.6℃~18.9℃，按地理分布，自北而南逐渐升高，较常年偏高0.1℃~1.0℃，市区偏高较为明显。南部各地接近常年，其中9月和11月月平均气温均为北部和中部地区偏高，南部地区偏低。10月各地月平均气温较常年偏高1.1℃~1.7℃。市区、富阳稍明显。

日平均气温≤23℃的秋季低温初日出现在8月底或9月中、下旬，除桐庐出现在8月31日，建德出现在9月19日外，其余各地出现在9月25日或26日。除桐庐较常年提早13天外，其余各地较常年偏迟4天~14天左右。

初霜日期大部分地区出现在11月15日~17日，较常年提早2天~3天。

降水 各地年降水量1521.1毫米~1752.9毫米之间，均较常年偏多，其中市区较常年偏多110毫米，其余各地较常年偏多在160毫米~280毫米之间，其中建德降水量最大，为1752.9毫米，较常年偏多251.2毫米；富阳1690.4毫米，偏多达283.9毫米。

全年暴雨日数各地有4天~8天，临安、桐庐、建德、淳安在5天以上，萧山、临安、桐庐、建德、淳安的暴雨日数是常年的2倍以上。各地年暴雨日数较常年多1天~5天。临安、富阳、萧山、桐庐、建德、淳安还出现了大暴雨，其中淳安出现的最大，24小时降水量达130.6毫米。

1月各地降水量较常年偏多36%~75%，淳安降水量偏多最明显。2月降水南北分布不均，中、北部地区降水量较常年偏多20%~40%，南部较常年偏少8%~20%。春季（3月~5月）各地降水量为208.7毫米~404.2毫米之间，富阳降水量最少，偏少也最为明显，与常年同期相比偏少24%~52%。3个月中除4月临安降水比常年稍偏多外，各地降水持续偏少，幅度在20%~62%，3月偏少稍明显。各地雨日在33天~45天之间，比常年同期偏少，市区、富阳偏少较为明显。4月富阳出现了一次暴雨，5月建德和淳安各出现了一次暴雨，淳安暴雨量最大达84.4毫米。夏季（6月~8月）各地降水量在803.9毫米~958.9毫米之间，建德、富阳、市区降水量超过900毫米，与常年同期相比明显偏多，临安偏多50%，其余各地都偏多80%以上，市区偏多幅度最大，达97%。夏季3个月中，降水量明显偏多的月份以6月和8月为主，6月除临安降水是常年的1.4倍外，其余各地降水量均为常年的1.8倍~2.4倍。8月降水偏多更为明显，其中市区和建德月降水量接近常年的3倍，市区8月降雨量为历史最高值，其余各地是常年的1.8倍~2.3倍。7月降水北少南多，北片偏少7%~41%，临安最少，南片偏多8%~66%，淳安降水量最多。各地雨日43天~49天，建德最多，淳安最少。比历年同期偏多5天~8天，建德偏多稍明显。秋季（9月~11月）各地降水量在107.9毫米~174.8毫米之间，中部富阳和桐庐在1500毫米以上，其余各地在1000毫米~1300毫米之间，与常年同期相比偏少44%~57%。9月~11月各地降水均偏少，仅为常年同期的1/2~1/4，淳安更是少得出奇，9月降水仅6.6毫米，为历史上有记录以来同期最少的一个月。12月降水量全市明显偏多，其中市区为117.8毫米，偏多1.5倍。

杭州各地自6月10日入梅至6月28日出梅，梅汛期19天，梅雨量362.7毫米~437.7毫米，以桐庐的梅雨量最多，淳安稍少。

11月28日至12月21日，杭州出现持续阴雨天气。12月上旬及中旬市区雨量分别为历史记录的第二多和第三多。

日照 各地年日照时数1664.4小时~1847.3小时，其中临安、淳安在1800小时以上，富阳、建德在1700小时以上，市区日照时数为全市最少。与常年相比，各地偏少9.8

小时~414.6小时。

【主要天气气候事件】

2月寒潮 2月24日~25日，受北方强冷空气影响，各地出现了一次寒潮天气过程，过程降温幅度48小时达11.1℃~13.5℃之间，并出现了雷暴、阵雨、降雪和霜冻。因前期气温较高，最低气温-1.3℃~0.9℃，且出现在2月份，对农作物的影响较小，仅有部分幼树和茶叶受到轻冻害。

梅汛期暴雨、洪涝 杭州市自6月10日入梅到6月28日出梅，全市共出现22站次的暴雨或大暴雨。各地梅汛期雨量分别为淳安362.7毫米，临安365.6毫米，市区372.4毫米，建德420.4毫米，富阳426.9毫米，桐庐437.7毫米。梅汛期间主要出现三次降水过程，第一次为6月10日，日降水量51.2毫米~67.3毫米。第二次为6月19日，日降水量18.5毫米~49.9毫米。第三次为6月22日~6月26日，其中25日~26日出现全市性的连续暴雨和局部大暴雨天气，这次连续暴雨过程各地降水量：市区134.7毫米，临安167.9毫米，富阳191.8毫米，桐庐194.9毫米，建德154.6毫米，淳安184.3毫米。其中临安、富阳、桐庐、淳安等地出现了日降水量≥100毫米的大暴雨天气，淳安26日出现的日降水量130.6毫米是本年度全市出现的日最大降水量。梅汛期时间短，较常年少5天左右，而降水量却比往年偏多3到4成，降水时段集中，过程性明显，并且受台风“飞燕”环流的影响，出现超常降水，形成局部地区山洪暴发、山体滑坡，洪水冲毁堤坝、道路及工棚，冲翻车辆，造成多人伤亡，直接经济损失严重。

“七一二”大风、冰雹 7月12日16时30分前后，建德市寿昌镇22个行政村受大风袭击，石泉、里诸等村还遭到冰雹袭击，灾情十分严重。此次过程风力极大，冰雹也相当密集，大的如乒乓球，小的也有鸟蛋大。大风持续了1个多小时，冰雹持续了十几分钟。大风、冰雹损坏经济作物54公顷，杂交稻40余公顷，损坏民房500多间，倒塌4间，路边田间直径25公分以上大树连根拔起或拦腰截断的有200多株（不包括山上），损坏校舍50多间，通讯供电设施损坏严重。全镇直接经济损失527万余元。

8月低温、连阴雨 8月份由于副热带高压势力较弱，同时受台风外围和冷空气影响多，各地降水明显偏多，降水量达217.7毫米~390.2毫米，为常年的1.8~2.8倍，月降水超过300毫米的有市区、富阳、建德等地。

各地雨日多达19天~21天，“三伏”天出现如此多的雨日，为历史所罕见，并且8月月平均气温也较常年明显偏低，各地气温较常年低0.7℃~2.3℃，临安、建德等地出现了历史同期的最低记录，市区也为历史同期次低记录。盛夏的这种低温连阴雨天气在杭州地区历史同期极为少见。

【气候条件对农作物生长的影响】

对大小麦的影响 大小麦全生育期气象条件为前期偏差，后期偏好，属正常年份。

大小麦播种期推迟，严重影响了播种面积、播种进度和播种质量；分蘖越冬期大部分地区降水继续偏多，部分田块积水严重，麦苗根系渍害较重，影响分蘖和拔节；3月份气温高降水少，有利麦类孕穗分化，提高穗粒数；4月至5月气温高、降水少、光照正常，有利麦类抽穗扬花、灌浆成熟及收获。

对早稻的影响 早稻全生育期气象条件可概括为：晴好天气利播种出苗，温水合理促返青分蘖，低温阴雨抑孕穗结实，温高雨少致高温逼熟，雨少光足利收获储存。

3月下旬至4月初以晴好天气为主，日平均气温稳定在10℃以上，有利于早稻播种出苗，整个育秧晴好天气多、未出现“倒春寒”天气，有利早稻培育壮秧；4月下旬至5月下旬前期，有利于早稻移栽返青分蘖和搁田；5月底至6月初，各地出现不同程度的“五月寒”天气，不利颖花分化，降低了早稻的穗粒数；6月上旬后期至中旬温光水配合较好，有利早稻孕穗；6月下旬前中期各地降水集中，不利早稻抽穗扬花结实；6月29日~7月4日和7月9日~13日，出现持续高温天气，使早稻出现一定程度的高温逼熟，不利提高其千粒重；7月下旬晴热无雨天气对早稻入库十分有利。

对晚稻的影响 晚稻整个生育期利多弊少，未遭受大范围的洪涝灾害，为丰产年景。

5月下旬前期以晴好天气为主，有利晚稻播种出苗，后期的阴雨天气则对播种出苗不利；6月上旬降水多、日照少，不利秧苗生长，中旬降水少，日照正常，有利培育壮秧；6月下旬降水多，日照正常，有利移栽返青；7月降水少，光照足，有利晚稻分蘖、搁田，形成良好的群体结构；8月降水多，光照少，不利晚稻孕穗分化和结实，导致穗粒数减少，空瘪粒增多；9月~10月气温高、降水少、光照充足，有利晚稻灌浆成熟，不利病虫害的发生；11月5日之后出现连晴天气，有利晚稻收晒入库，确保其颗粒归仓。

对春茶叶、春桑蚕生产的影响 春季回暖早，到3月中旬，全市各地日平均气温>10℃的积温已普遍达30℃以上，有利于茶叶的生长，使春茶的开采期比上年提早近半个月。特别是3月下半月起，天气晴多雨少，有利于一芽一叶特优茶的生长和采摘。4月，各地气温仍偏高，阴雨天偏少，光照足，对一芽二叶及一芽三叶优质早茶的产量和质量的提高十分有利。良好的气候条件对春茶增产创造了有利条件。

春季气温较高，使春桑叶生长较快，春蚕催情发种相对提早。5月中、下旬阴雨天不多，湿度较小，有利春蚕生长及结茧吐丝，有利春蚕质量的提高。

对水果的影响 冬季没有冻害，春、秋季节光足、温高、降水适中，夏季没有明显的伏旱影响，这一系列良好的天气条件对水果生长都较为有利。

特别是柑橘生产，4月、5月多晴暖少雨，温度起伏波动不大，无异常高温影响，花芽萌动早，开花授粉顺利。入夏后，气温正常，雨水调

市气象局为西博会提供现场气象服务

匀,无明显旱情发生,有利柑橘稳果座果。9月多晴雨相间天气,温光适量。10月气温较常年偏高1℃～2℃,连晴日数较多,对柑橘果实的膨大、着色、提高品质十分有益,使柑橘的产量和质量都比往年有明显提高。

【气象现代化又有新成果】 3月,杭州市气象局建成可视会商系统,这是一个基于2M光缆的集现代多媒体和通信技术于一体的高速宽带数据网,上连省台,下接区、县(市)局,从而真正实现资料共享,使天气会商可视化,天气联防实时化,气象通信高速化。为及时了解、掌握各地的天气实况,尤其是小流域的降水情况,更好地开展"定时、定点、定量"预报,气象部门加快"中尺度天气监测预警系统"建设,各区、县(市)局都在上年设立5个气象观测点的基础上建立了自动气象站,并与市区的自动站连网,为全面、及时了解掌握降水分布状况提供条件。市气象局还和浙江大学合作进行曙光3000高速计算机用于数值天气预报的试验,有望在2002年投入业务试用。

【西博会气象服务受到好评】 市气象局在西博会开幕之前就主动向组委会提供西博会期间的气候概况和关键时段的降水概率等气象信息资料,10月15日起提供"每日天气快讯",介绍天气变化情况和未来5天的天气趋势预报,总共发布了32期气象专题服务材料。天气预报准确,提前10天报准重点活动时段开幕式期间19日～21日将以多云为主,提前3天预报出在东海海面活动的第21号"海燕"台风将在沿海转向对杭州市不会产生影响,提前4天预报出"美食节"期间将以连阴雨天气为主,开幕式时以阴天为主。气象部门还打破常规,现场服务,为组委会安装了气象服务微机终端,充分利用了气象遥测站的资料,进行定时定点预报,增加发布现场气温、云量云高、风向风速及穿衣指数等内容,并到开幕式等现场进行服务,受到普遍好评。市委书记王国平专门批示予以表扬。

【城市气象服务效益显著】 3月23日,市气象局向社会推出五大服务项目:生活气象指数服务、旅游气象服务、空气污染条件气象预报、居住区气候环境评估和市区分片天气预报,通过广播、电视、报纸等新闻媒体和121电话等逐步对外发布。这些服务内容很快引起了广泛的社会关注,受到市民的热烈欢迎。3月中旬,市气象局还首次发布了西湖桃花观赏期预报,《人民日报》、浙江卫视、《文汇报》等新闻媒体对此作了报道。"六五"世界环境日前,市气象局和市环保局一起联合推出了空气质量预报,更好地为城市人民生活服务,同时努力开展科学控制治理空气质量的研究。下半年又发布桂花观赏期预报,取得了显著的社会效益和经济效益。市区行政区划调整后,气象部门应用先进的数值气候诊断模式和卫星遥感等先进技术,开展了新一轮城市规划的气候评价工作,为城市规划布局如工业区的选址等提供决策依据。

(郦仲华)

附：2001年杭州市区气温(黑柱)与常年(白柱)比较变化图

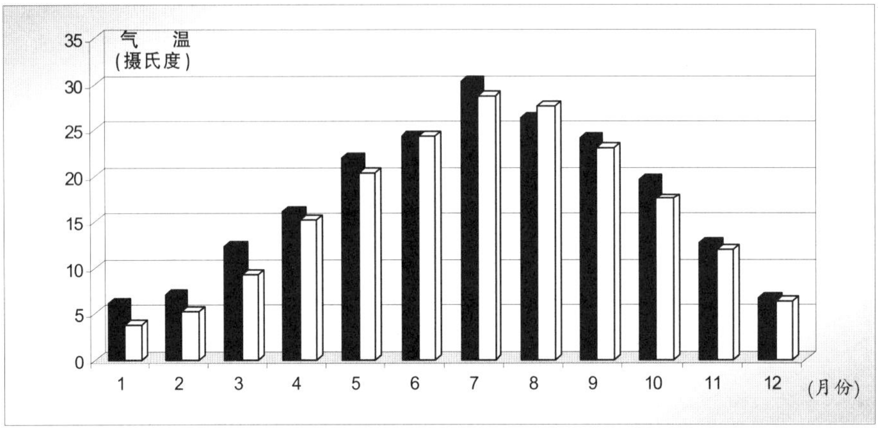

附： 2001年杭州市区降水量(黑柱)与常年(白柱)比较变化图

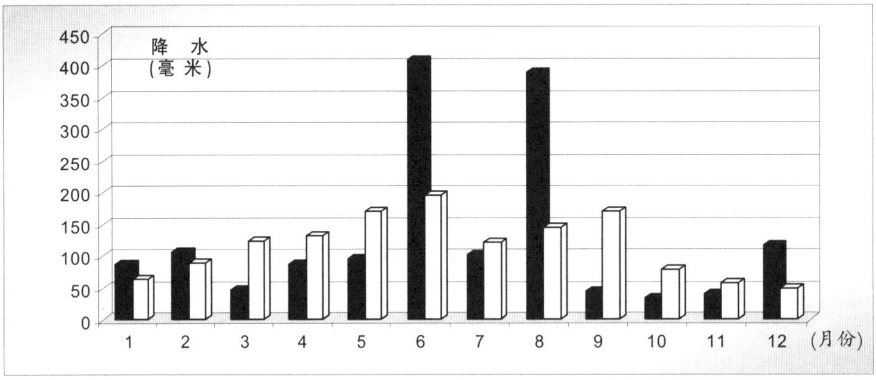

附：2001年杭州市区日照(黑柱)与常年(白柱)比较变化图

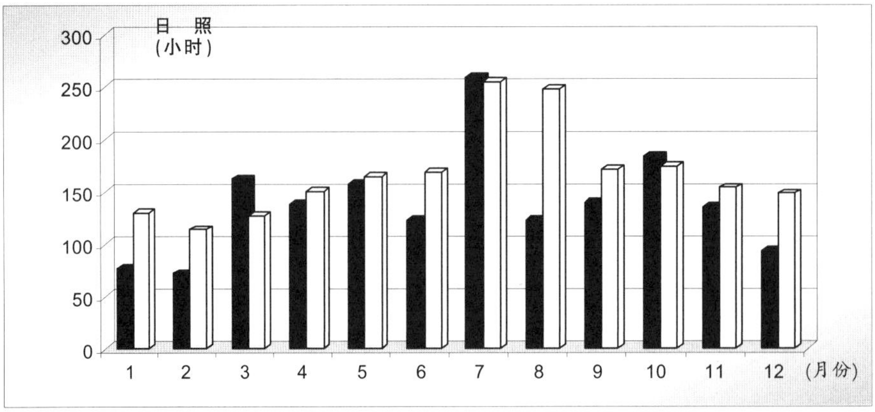

工 业 经 济

·综述·

【工业经济实现快速增长】 2001年,杭州市有工业企业65428个,其中规模以上工业企业3580个,有职工74.75万人。全部工业实现增加值676.90亿元,比上年增长12.8%;完成销售产值2787.58亿元,增长19.1%。规模以上工业企业完成工业总产值1919.51亿元,增长26.1%;实现销售产值1869.55亿元,增长24.6%;工业产品产销率97.40%,提高0.21个百分点。区、县(市)工业保持高速增长,5县(市)完成销售产值292.56亿元,增长29.4%,占全市规模以上工业销售产值的15.6%;市区完成销售产值1576.99亿元,增长23.8%,占全市的84.4%。全市规模以上工业总量和增幅均列全国42个中心城市第7位,较上年上升1位。

【规模以上工业利润超过100亿元】 工业企业经济效益全面改善,规模以上工业企业实现产品销售收入1828.28亿元,比上年增长24.8%。实现利税208.54亿元,增长29%;其中实现利润107.56亿元,增长41.2%。规模以上工业实现销售收入、利税、利润的增长速度均高于全省平均水平,在省内排名均进入前3位,延续了2000年以来利润增幅高于销售收入增幅、销售收入增幅快于产值增幅的良好局面。

【工业结构调整初见成效】 杭州工业快速发展,不断适应市场竞争,工业产业升级和结构优化的效果逐步显现,经济要素进一步向优势明显、骨干企业突出的行业集中,形成了与城市定位相适应、在国内外市场具有较强竞争能力的机械、电子、食品、纺织等4个支柱产业,加上近年来发展较快的化工、医药产业,成为新一轮工业增长的主要产业。2001年,上述6大产业纳入行业统计口径的348个企业实现销售产值823.21亿元、利税120.47亿元、利润64.85亿元,分别占全市规模以上工业的44.0%、59.4%、60.8%。

通过实施“大公司”发展战略,有效地促进各类生产要素快速向大企业、大集团集聚,对全市经济的带动作用日益增强,发展势头强劲。2001年,全市100个重点骨干企业完成销售产值836亿元、利税126亿元、利润70亿元,分别占规模以上工业总量的44.7%、61.9%和65.5%,成为支撑杭州工业经济的中坚力量。东方通信公司、万向集团公司、娃哈哈集团公司、杭州卷烟厂、杭钢集团、UT斯达康公司、华立集团、杭橡集团、恒逸集团、荣盛化纤公司、华东医药公司、富通集团公司、富春江通信集团公司、西子奥的斯公司、汽轮集团、杭氧集团等大企业集团成为杭州工业发展的主导力量和进一步发展的加速器。

股份制经济获得快速发展,成为杭州工业经济的重要组成部分。同1996年相比,按规模以上工业产值的总量比例计算,全市国有企业由33.4%下降到10.8%,集体企业由37.2%下降到13.9%,股份制企业由5.1%上升到42.4%。股份制企业的销售产值已占全市总量的70%左右。

通过加快企业技术创新体系建设,技术创新能力显著提高,科技型企业大量涌现,杭州产品在国内外市场上的占有率提高。据统计,杭州有106种产品年销售总量占据全国同类产品的前3名,实现销售收入占全市规模以上工业总量的30%。

【3个企业授权经营国有资产】 2001年,市政府批复组建杭州杭氧资产经营有限公司、杭州信息科技有限公司,并授权杭州杭氧资产经营有限公司、杭州信息科技有限公司、中国(杭州)青春宝集团有限公司3个企业经营国有资产。上述3个授权经营企业的党委划入市经委党委管理。至年末,全市已有西湖电子集团、汽轮集团、杭氧集团、信息科技公司、青春宝集团等5个国有资产授权经营企业。

【调整省“五个一批”企业】 按照动态管理的原则,经省“五个一批”重点骨干企业培育工作领导小组审议通过,省政府同意,公布2001年度重新调整后的省“五个一批”重点骨干企业,其中杭州市仍为75个,但企业作了调整。

大企业、大集团原为13个,调整为12个,减少杭州西泠集团公司1个。“小型巨人”企业原为25个,调整为27个,增加浙江恒逸集团、浙江荣盛化纤公司、浙江永泰纸业公司、杭州协和陶瓷公司4个,减少杭州新华集团、杭州炼油厂2个。名牌产品企业原为11个,调整为10个,增加杭州德意电气有限公司1个,减少杭州老板实业公司、杭州化纤集团2个。出口创汇企业原为12个,调整为10个,减少浙江万新集团公司、浙江华谱电子公司2个。高新技术企业原为14个,调整为16个,增加杭州新利软件有限公司、浙江华达通信器材集团2个。

【8个市属企业实施属地管理】 为加快国有经济的战略性调整,放开搞活中小企业,市委、市政府决定对部分已完成改制、注册资本在1500万元以下、没有市本级国有股权的市属中小企业分批实施党群职能、政府职能和社会职能属地管理。市经委移交首批属地管理的有杭州羊毛衫厂、杭州纺织化纤供销有限公司、浙江麻纺织有限公司、杭州爱大制药有限公司、杭州东南化工有限公司、杭州云母绝缘材料有限公司、杭州牙膏厂、杭州食品厂8个企业。

(王明兴)

【国企改制基本完成】 1998年底,

市属工交部门有一级企业171个。2001年列入改制计划的15个市属工交企业,完成了14个。至2001年底,除浙江横山铁合金厂未改制外,其余170个企业完成了改制,改制面99.5%,国企改制任务基本完成。按照改制的具体形式,170个已改制企业可分为五大类型:按照市政府杭政[1999]17号文件改制的企业74个,17号文件以前改制的企业28个,破产企业28个,停产歇业企业26个,并购(出让)企业14个。通过引进外来资本、拍卖、债权转让及经营者、职工入股等形式,推动国有资本有序退出,实现投资主体多元化。坚持职工入股、经营者持大股,通过资本纽带将经营者和职工的利益与企业的兴衰联系在一起,不少改制企业的主要经营者持股在100万元以上。

随着企业两项制度改革的逐步到位,改制企业的初始效应逐步显现,到2001年末,完成改制的170个企业(统计口径含改制后分立的企业)实现销售额180.08亿元,尽管有49个企业破产和歇业,比上年仍增长4.8%;利税和利润分别达到19.97亿元和8.69亿元,分别增长24.0%和84.0%。其中,74个按17号文件改制的企业和13个中外合资企业实现利润超过部门内其他企业总额,成为市属工交部门企业经济总量的核心,呈现出总量稳步增长、效益大幅提高的局面。

【认定22个企业技术中心】 为适应社会主义市场经济体制和现代化科学技术发展要求,建立以企业为主体的技术创新体系,推动以技术中心为主要方式的创新体系的建立,全年认定正大青春宝药业有限公司技术中心等22个杭州市企业技术中心。这些企业技术中心均有较完善的组织体系建设和运行机制,由主要经营者为责任人,开发研究经费有一定保证。技术中心在收集调研和分析国际国内相关行业技术发展趋势、制定企业技术创新战略规划、培养技术人才方面,发挥了较好的作用。2001年,市财政投入资金360万元,对市属的12个企业技术中心每个补助30万元。

2001年,按国家和省经贸委要求,对杭州市已建的省级技术中心进行指标体系考评,大力推广企业好的做法,了解技术中心运行中存在的问题,并争取省级财政给予资金支持。经省经贸委评定确认,浙江天屹集团有限公司等3个企业被评为优秀,浙江传化集团有限公司等2个企业被评为良好,杭州华东医药(集团)公司等20个企业被评为及格。按省经贸委要求,对于制度完善、运行良好的企业技术中心,积极做好推荐工作。根据《杭州市鼓励和支持大中型企业建立技术中心的试行办法》,推荐杭州恒生电子股份有限公司等8个企业技术中心申报省级企业技术中心。

【水泥钢铁行业淘汰落后生产能力】 2001年,经过全市各级政府部门及企业的共同努力,水泥钢铁行业淘汰落后生产能力工作全面完成省下达的任务。拆除直径2.2米(含)以下的水泥窑19台(超额完成2台),拆除横列式小型轧机生产线4条。按照市政府“关于矿山及矿产品加工企业关停转迁计划”的要求,关停水泥窑直径2.2米以上的水泥企业8个,水泥窑15台(条)。其中2.5米窑11台、3米窑3台、小型回转窑1条。3年来,全市累计拆除水泥窑50台,占全省拆窑总数的23%,压缩水泥生产能力305万吨,压减幅度为全市水泥生产能力的31%;拆除10吨以下炼钢电炉5座,压缩炼钢能力6.5万吨;拆除小轧机生产线4条,压缩轧钢能力15万吨,已停止生产普通碳钢。杭州市按照市场需求,实施产业结构调整,使水泥行业逐步走出困境,全年生产销售和实现利润大幅度增长。

【清理整顿典当行业】 2001年是典当行监管职责移交市经委后的第一年,根据国家经贸委、公安部联合下发的《关于典当行清理整顿的通知》精神,依据《典当行管理办法》、《典当业治安管理办法》、《关于进一步做好典当行业监管职责交接工作的通知》及有关法律法规,由市经委牵头,市公安、工商等部门参加,组建了杭州市典当业清理整顿工作办公室和杭州市典当业清理整顿综合检查组。

通过调查摸底,掌握了5个方面情况:典当行经营主体、经营业务、经营机构、人员素质等方面的基本情况;杭州地区违规设立典当经营机构的情况:有1家典当行违规设立了分支机构,有9家(其中淳安县8家、桐庐县1家)非典当企业存在经营典当业务的问题;杭州市典当行的分布情况:全市有5家典当行,其中萧山区1家,原市区4家;拟开设典当行以及拟设立分支机构的情况;有关部门对监管工作及发展典当业的主要意见和建议等。通过2个月的典当业清理整顿,对5家典当行存在的问题进行整改,关闭1家未取得合法资格的典当行分支机构,对非典当机构从事典当业务的商行依法规范经营范围。

附: 2001年杭州市规模以上工业主要经济指标完成情况

名　称	数值(亿元)	位次	比上年增长(%)	位次
工业总产值(不变价)	2 065.19	6	19.3	6
工业总产值	1 916.57	7	17.2	5
工业销售产值	1 869.51	7	17.7	7
出口交货值	364.12	9	18.6	8
工业增加值	425.44	8	15.1	11
产品销售收入	1 827.33	6	18.1	5
利税	202.92	6	19.2	13
利润	106.66	6	32.0	12

注:根据国家经贸委的初步统计资料,杭州市规模以上工业主要经济指标在全国42个中心城市中的位次。

(童荣华)

【中小企业服务网被评为省知名网站】 杭州“中小企业服务网”是市经委与日本国际协力事业团合作创办的一个面向中小企业的服务性公共网站。2001年3月正式开通后，坚持“网上在线服务与网下中心服务”的原则，设置“政策之窗”、“办事指南”、“中介服务”、“融资服务”、“企业百花园”、“科技信息”等8个主要栏目。有109个中小企业和68个中介服务机构成为网站的会员，9个小企业在网站上免费建立了网站，有48个企业网站进行了链接。2001年，网站参加工业企业服务月暨中小企业银企洽谈大会、杭州西博会等活动的宣传报道和现场服务。在江干区开展“送信息上门”服务活动。开出“杭州女装”专栏，开通“时装秀”的视频系统。

至年末，网站的有效点击率累计达到43万次。经浙江省计算机协会、浙江省计算机学会和浙江日报社、家庭教育导报社的联合评定，杭州“中小企业服务网”被评为2001年度浙江省知名特色网站。

【工交离退休人员服务中心成立】 为深化杭州市国有企业和工业管理体制改革，稳定工交系统离退休人员队伍，确保各主管控股公司转体改制工作的实施，市委、市政府决定建立杭州市工交系统离退休人员服务中心。8月29日，召开服务中心成立大会暨揭牌仪式，市委副书记朱报春出席并讲话。该服务中心是一个由财政全额拨款的事业单位，隶属市经委领导，党委建制。主要任务是对市工交系统7个控股公司机关800多名离退休人员和114个企业的1200多名离休人员实行统一管理并提供相关服务。至年末，已有近300名离退休人员的管理关系进入服务中心。

【组建市工业资产经营公司】 6月6日，为了建立和完善杭州市国有资产管理、监督、营运体系和机制，加快实施国有经济战略性调整和国有企业战略性重组，市委、市政府决定撤销杭州化工控股（集团）有限公司、杭州轻工控股（集团）有限公司、杭州市医药管理局和杭州市纺织化纤工业公司，组建杭州市工业资产经营有限公司。根据《公司法》和《国有企业监事会暂行条例》，市工业资产经营公司建立法人治理结构，公司定编为60人左右。公司党委受市委直接领导，党委成员由市委管理，公司党委受市委委托对所属企业的党组织实施领导和管理。公司党委书记由杭州市副市长丁德明担任，董事长由许荣森担任。6月15日召开公司成立大会，7月1日进入正常运转。

【帮扶新疆和田丝绸厂】 为贯彻西部大开发战略的重大举措，促进边疆地区的经济发展、民族团结和社会稳定，支持新疆和田地区茧丝绸业的振兴和发展，杭州市与省经贸委对新疆和田丝绸厂开展帮扶，制定了帮扶计划和措施。无偿援助6组自动缫丝机和150万元流动资金，将原有的落后立缫机全部淘汰。援助6组自动缫丝机所需的资金以及配套的流动资金，均由省、市共同承担；由杭州纺织机械有限公司完成自动缫丝机生产制造。为和田丝绸厂技术骨干来杭培训提供无偿服务，选派农技干部和丝绸技术干部到和田地区开展对口技术支援。杭州西湖达利公司为和田丝绸厂设立驻杭办事处提供办公用房，向和田丝绸厂订购了近1000万元产品。

【10个企业列入省技术进步优秀企业】 按照省政府《关于推动工业企业技术进步的若干规定》，根据《浙江省技术进步企业评选办法》，经省技术进步优秀企业评审委员会评定，全省有67个企业为2001年浙江省技术进步优秀企业。杭州制氧机集团有限公司、西子电梯集团有限公司、浙江新安化工集团股份有限公司、杭州胡庆余堂药业有限公司、杭州娃哈哈集团有限公司、杭州西湖啤酒朝日有限公司、杭州新华集团公司、杭州玻璃集团公司、杭州富通集团公司、浙江天屹网络科技股份有限公司等杭州市10个企业名列其中。 （陈 珊）

【工业技改投资94.58亿元】 杭州市全年完成工业技术改造投资94.58亿元，比上年增长32.6%。全市实施工业技术改造项目1508项，计划总投资187.17亿元。其中竣工项目1017项，完成总投资87.30亿元，总用汇1.61亿美元。全市重点技术改造项目中，有16个被列入国家国债专项资金技术改造项目，总投资18.26亿元，用汇8460万美元；有24个被列入国家重点技术改

杭州橡胶集团公司引进的轮胎生产线

造“双高一优”项目导向计划,其中第一批“双高一优”项目10项、总投资7.79亿元,第二批“双高一优”项目14项、总投资19.35亿元;列入省重点技改项目的有25项,总投资12.1亿元。

【杭州选手获省缫丝工全能第一名】 11月26日~30日,省总工会、省劳动和社会保障厅、省经贸委、省丝绸联合公司等9部门联合举办2001年浙江省缫丝工技术大赛。来自杭州、嘉兴、湖州、绍兴等地的30名选手,经过5天紧张、激烈的角逐,杭州市代表队的杭州商辂丝绸有限公司叶家丝厂的吕红兰获挡车工个人全能第一名。这是杭州市近几年来第一次获得全省缫丝行业挡车工全能第一名。杭州金富春丝绸化纤有限公司的郑彩萍获全能第四名。吕红兰、郑彩萍被授予高级技师证书和省级操作能手称号。

【14个担保机构列入国家第二批名单】 9月17日,国家公布了由国家经贸委和国家税务总局审核备案的全国122个担保机构第二批名单。其中,杭州市有14个担保机构:杭州市西湖区中小企业信用担保中心、杭州市江干区中小企业信用担保促进会、桐庐县企业贷款担保促进会、建德市企业贷款担保信用促进会、余杭区中小企业贷款担保信用促进会、浙江中财担保有限公司、杭州高新投资担保有限公司、杭州市拱墅区中小企业担保有限公司、萧山闻堰担保有限公司、杭州惠民担保有限公司、富阳市诚信担保有限公司、临安市振兴咨询担保有限公司、杭州市萧山区义桥镇担保服务有限公司、萧山区宁围镇担保有限责任公司。这些担保机构为中小企业提供信用担保业务种类主要有银行贷款担保、商业信用担保以及履约担保、责任担保等。据统计,全市担保机构成立以来,累计为杭州733个中小企业提供了急需的贷款担保,累计担保资金额7.74亿元。

【开展第三次工业企业服务月活动】 市政府决定在4月~6月开展第三次“工业企业服务月”活动。市政府成立了“服务月”活动领导小组,由丁德明副市长任组长,在市经委设立活动办公室。4月5日召开动员大会,主题是“改善发展环境,加快结构调整”。会后,列出18个大项、45个小项活动项目,分成大型活动、企业个案和政策措施三大板块作为活动的重点。这次“服务月”在服务对象上做到“五个不分”,即不分企业隶属关系、不分中资外资、不分企业规模大小、不分企业所有制性质、不分本地外地企业。各部门积极开展为企业服务,市经委为企业争取到列入2001年第一批省重点高新技术产品试制试产计划18项、列入2001年第一批省工业新产品试制试产计划156项。争取到国家优化资本结构计划和债转股优惠政策。为杭州丝绸印染联合厂、杭州新华丝厂和浙江麻纺织厂等核销银行呆坏账资金额8.33亿元;为杭氧集团、杭齿集团、杭玻集团、磁带厂等解决债转股资金6.83亿元。

“服务月”期间,市经委与中国人民银行杭州中心支行联合主办了杭州市银企合作洽谈会暨中小企业融资服务大会。市政府职能部门,在杭的15个商业银行及其他金融机构、担保机构、中小企业服务中心和技术创新中心、风险投资公司、资信评估机构等40多个单位参与融资洽谈,接待咨询、洽谈1000多人次。

【全国市场营销创新论坛在杭举办】 8月2日,由杭州市营销协会发起成立的全国市场营销协会首次联席会议,即全国市场营销协会创新论坛在杭州举办。国家经贸委贸易市场局及来自江苏、安徽、山西、四川、湖北等12个省(市)的营销协会负责人出席,讨论通过了联席会议章程。国家经贸委贸易市场局副局长邸建凯作了发言,上海交通大学管理学院副院长、中国市场学会副会长王方华,中国太平洋经济合作全国委员会人力资源开发委员会企业培训主任卢勇分别主讲《新型营销方式在企业中的应用》和《中国市场营销环境与企业营销优势构筑》。

【振兴中小企业调查项目进入第二阶段】 根据中国和日本双方签订的《中华人民共和国杭州市中小企业振兴计划调查实施细则》和《中华人民共和国杭州市中小企业振兴计划调查会谈纪要》及双方协商确定的计划安排,2月11日~3月31日,杭州市中日合作实施中小企业振兴计划调查项目进行第二阶段工作。日本国际协力事业团派出26名专家,中方参加调查的有浙江大学工商管理学院、杭州商学院的教师和研究生10余人,杭州大厦集团公司、杭州机电控股(集团)公司、轻工控股(集团)公司、纺化工业公司、食品工业协会、杭州市中小企业服务中心、人民银行杭州中心支行和市经委、工商局、劳动局、外办等单位的36人。

第二阶段主要完成7个方面工作。完成对52个性质不同、分散在各区、县(市)中小企业的调查研究和帮助指导,对10个中小企业进行重点调查诊断、回访检查和指导帮助,编写《杭州市重点诊断企业案例集》(草案)。走访省市有关部门、行政事业单位、金融机构、中介服务机构和大中专学校等54个单位,完成政策体制、金融机构、技术经营、人才培养、风险投资与信息等6个方面调查任务。中方专家协助日方完成《进展报告书》及《中间报告书》等材料,探讨研究解决问题的办法和措施。举办3场日本中小企业振兴报告会,1000余人听了日方专家报告,发放有关资料20余种、2万余份。在日方资金支持和专家指导下,3月28日正式开通《中小企业服务网》。完成杭州市风险投资公司筹备工作。组织2批中方工作人员赴日研修。

【整顿和规范市场经济秩序】 4月12日,根据国务院《关于整顿和规范市场经济秩序的决定》和省政府部署,成立杭州市整顿和规范市场经济秩序工作领导小组,市长仇保兴为组长,常务副市长马时雍为常务副组长,副市长丁德明、项勤为副组长,市政府办公厅、经委等30个部门主要负责人为领导小组成员。4

月16日，召开领导小组第一次全体会议。4月27日，由市政府办公厅转发《关于开展整顿和规范市场经济秩序工作实施意见的通知》，明确5个重点，即严厉打击制售假冒伪劣商品违法行为，整治重点商品交易市场，加强安全生产，整顿和规范文化市场，加强行业自律。开展食品、农资、药品、建材、拼装汽车、非法印制商标等7个专项联合打假行动，进行浙江钱江小商品市场、杭州环北小商品市场、萧山商业城3个重点市场专项整治。加强安全生产，强化交通、矿山、化学危险品、烟花爆竹、易燃易爆物品安全管理。开展"迎西博会"、"放心市场"、"放心经营户"、安全过冬、烟草市场打假、医疗器械等专项整治行动。至年末，全市在整顿期间共出动17.53万人次，检查生产经营单位32.20万个，查获违规单位7.81万个，立案1.15万个，涉及金额6.24亿元，结案1.06万个、罚没款4766万元，捣毁窝点1723个，受理举报投诉8501件。（胡传明）

【3个项目列为国家优秀科技成果】 4月，国家经贸委、科技部等4单位公布了"九五"国家科技攻关计划的优秀科技成果。浙江省有4个项目获得国家重点科技攻关计划中的重大装备国产化创新研制优秀成果称号，杭州市有3个项目名列其中，分别是杭州锅炉厂的岭澳1000兆瓦核电站常规岛辅机项目、杭州制氧机集团公司的3万立方米/小时等级空分设备项目、杭州汽轮动力集团公司的大型乙烯裂解气压缩机驱动用汽轮机项目。

【民生集团等获全国经贸普法先进】 4月，在全国经贸系统法制工作会议暨"三五"普法总结表彰大会上，杭州民生药业集团有限公司、杭州长运集团公司党委书记洪其虎分别被授予全国经贸系统普法先进单位和个人。6月，洪其虎被评为全国"三五"普法先进个人。（童荣华）

·丝绸工业·

【概况】 2001年，杭州丝绸控股(集团)公司(以下简称丝绸公司)持有的国有资产全部从原所属企业退出。有10个企业和丝绸公司保持党组织隶属关系，其中港商独资企业1个，股份制企业1个，有限责任公司8个。按行业性质分，丝绸印染企业1个，丝织企业2个，针织服装企业1个，丝绸服装企业2个，丝绸机械企业2个，经纬线加工企业1个，其他企业1个。职工数7398人，总资产10.17亿元，净资产1.83亿元。

主要产品产量有增有减。完成工业总产值9.56亿元，比上年增长19.9%；销售收入10.49亿元，增长11.7%；白厂丝30.86吨，下降65.9%；丝织品769.31万米，下降52.9%；印染绸3517万米，下降13%。服装1137万件（套），增长24.1%。

企业调整成效进一步显现。随着杭州丝绸印染联合厂、新华丝厂等原亏损企业的破产和其他企业的转制，企业资产质量进一步提高，盈利能力增强，行业全面扭亏为盈。实现利润1350万元，比上年增长130.5%；利税2947万元，增长79.9%；出口创汇1.56亿美元，增长79.9%。5月18日，杭州丝绸机械厂改制成为杭州丝绸机械有限公司，注册资本770万元，其中职工持股会400万元，占51.9%；自然人370万元，占48.1%。西湖达利工业有限公司原职工持股协会持有40%的公司股权，全部转让给香港达利制衣集团。西湖达利公司成为港商独资企业，注册资金400万美元。7月12日，杭州丝绸房产开发公司经杭州企业产权交易所公开拍卖转让，浙江省旅游集团有限责任公司以1110万元中标。

科技创新有新进展。全年开发四新产品21种，产值1.02亿元，创利税2000余万元。喜得宝集团公司、西湖春雷公司、纺织机械有限公司等企业坚持用高新技术改造传统产品和工艺，真丝绸染色电脑测配色项目经省科委鉴定达到国际先进水平，真丝绸重磅光洁度染色绸、真丝绸高温高压精炼产业化研究等8个科研项目分别列入国家和省的开发计划。

【喜得宝集团有限公司成立】 2月28日，杭州喜得宝集团公司改制为杭州喜得宝集团有限公司，正式挂牌。喜得宝集团公司前身为杭州丝绸印染厂，于1949年由34家私营炼染作坊联合组建，逐步从单一的丝绸印染生产发展成工、贸、科技、服务为一体的综合性企业。改制后的喜得宝集团有限公司注册资本1000万元，其中自然人出资250万元，占25%；职工持股会出资750万元，占75%；均以货币方式出资。

【杭州时装有限公司挂牌】 5月8日，杭州时装厂改制为杭州时装有限公司并挂牌。原时装厂是市属丝绸行业的骨干服装企业，于1961年由多家小服装店联合组建逐步发展而成，属集体所有制性质。改制后的杭州时装有限公司注册资本800万元，其中丝绸公司代管联社股权10%，职工持股会持股69%，自然人持股21%。

【都锦生实业有限公司挂牌】 7月6日，杭州都锦生丝织厂改制为杭州都锦生实业有限公司并挂牌。都锦生丝织厂是著名爱国实业家都锦生于1922年创立，是全国最大的丝织工艺品生产企业，在国内外享有盛誉。1926年该厂生产的丝织风景画在美国费城国际博览会上获金奖。该厂20世纪50年代就作为对外开放单位，一直受到党和国家领导人的重视和关心，数十年来接待包括国家元首、政府首脑在内的大批国外客人。改制后的都锦生实业有限公司注册资本1060万元，其中职工持股协会795万元，占75%；自然人265万元，占25%。

【杭丝联等5个企业破产】 杭丝联、杭丝织总厂、杭州红雷丝织厂、幸福天成丝织厂和新华丝厂分别于11月26日和12月6日由杭州市中级人民法院裁定破产清算终结。上述5个企业的破产，均属国家优化城市资本结构试点计划项目。破产终结后，可核销银行呆坏账共

70501万元。

【凯地公司退出丝绸生产领域】2001年,杭州凯地丝绸股份有限公司退出丝绸生产领域,将地处萧山区的丝绸印染、服装生产基地的全部资产,以8000万元的价格转让给西湖达利工业有限公司。

【提交丝绸发展战略与规划建议】2001年,鉴于丝绸公司行将完成历史使命,丝绸公司组织业内前辈和专家经过历时一年的调研,编写了《关于杭州丝绸发展战略与规划的建议》,提交市委、市政府主要领导人及有关部门。《建议》分现状分析、发展战略、发展规划、对策措施四大部分,全文4.4万字。

【4个企业列入十强女装生产企业】12月,杭州市女装发展领导小组表彰杭州市"十强女装生产企业"。杭州西湖达利工业有限公司,杭州喜得宝集团有限公司、杭州时装有限公司、杭州利民中式服装厂4个企业榜上有名。（钱诚尔）

·纺织化纤工业·

【概况】杭州市纺织工业基本形成从原料到纺纱、从织布到印染、最终到成品的衔接,拥有棉纺织、毛纺织、丝绸、针织、麻纺织、印染、复制、装饰、化纤纺丝、纺机、纺器、产业用纺织等行业配套门类齐全的产业体系,并具有一定的经济规模,成为杭州支柱产业之一。

全市6个城区(不含萧山、余杭区)有纺织企业(含服装)2917个,年销售收入500万元以上纺织企业(含化纤、服装)671个,从业人员年平均人数17.5万人。至2001年末,杭州市原37个国有纺织企事业的国有资本经过兼并、破产、改制、重组后,国有资本已基本退出,杭州市纺织行业的企业结构基本上以有限责任公司为主体及民营、外商独资、中外合资4种类型。

全市有棉纺锭46.4万锭,印染后整理年加工能力约19亿米,化纤纺丝能力57万吨,毛纺锭3.7万锭,服装年加工能力1.6亿件(套)。各类织布机6.2万余台,缫丝机2117台,其中自动缫丝机占35%。簇绒地毯年生产能力500万平方米。引进的非织造布生产线9条,年生产能力3600吨。全市规模以上的纺织工业总产值290.57亿元,利税总额16.07亿元。

全面调整杭州纺织工业生产布局。通过"九五"期间的改造调整,原位于杭州市中心地区的主要纺织企业全面退出黄金地段,向市郊和区、县(市)拓展。形成以萧山区为主的化纤抽丝、印染后整理配套的化纤及交织物的面料生产基地,以余杭区为主的装饰用家纺织物基地,桐庐县以外贸出口为主的针织衫基地,临安市的服装辅料生产基地。

【市纺织化纤工业公司撤销】为使杭州纺织业走上社会主义市场经济轨道,尽快与国际接轨,真正做到政企分开,根据市委、市政府决定,原行政性主管公司——杭州市纺织化纤工业公司撤销,并于8月份完成人员分流。

为了加强行业自律,提高杭州纺织业的整体竞争力,杭州中汇棉纺织公司、杭州中纬实业公司、杭州纺机公司、浙江春江轻纺集团公司、杭州第二毛纺织总厂5个企业发起组建"杭州市纺织行业协会",于2001年9月20日经市民政局批准注册登记,业务主管单位为杭州市经济委员会。至年末,发展会员单位66个,会员单位职工总数4.3万人,2001年总产值113亿元。会员单位遍及杭州市,包括棉纺织、毛麻纺织、针织、印染、化纤、纺机纺器、产业用纺织、装饰等门类的企业。

【国有纺织企业扭亏解困】杭州市属的18个国有纺织生产性企业(不含丝绸),通过破产、兼并、改制、重组后,走上良性循环发展的道路。扭亏解困首先从"压锭"入手,杭州市政府与省政府签订了在1998年、1999年两年内整体压缩7万锭的责任状。市属国有棉纺企业1996年总量21.3万锭,1997年初通过转移到河北产棉区压缩2.5万锭。1998年在原杭州第二棉纺织厂压缩5.03万锭,销毁1293型细纱机121台。1999年在原杭州第一棉纺织厂压缩2万锭,销毁A512型细纱机49台。在1997年~1999年3年中,杭州市国有企业纱锭总量压缩了9.5万锭,占全省国有棉纺企业纱锭总量压缩数的27.7%。

在18个企业中,杭州第二棉纺织厂、第一棉纺织厂、浙江麻纺织厂列入国家优化资本结构破产计划。市政府对此高度重视,每个厂有一名市领导联系,并成立由市经委负责人任组长的破产工作指导小组。1998年,原杭二棉破产,实际核销银行呆坏账2.72亿元,通过公开拍卖后,由上市公司——中汇纺织股份公司收购重组。1999年,原杭一棉破产,实际核销银行呆坏账3.4亿元,最后由香港查氏集团整体收购。2000年,原浙麻厂破产,实际核销银行呆坏账1.29亿元,通过拍卖收购,原地毯生产线改组为浙江家园纺织公司,原麻纺织生产线改组为浙江麻纺织公司。除上述3个厂外,5个企业进入正常的常规破产,8个企业通过经营者持大股的办法改制为有限责任公司,2个企业正在改制中。至2001年末,原国有纺织企业中的国有资本基本退出,并扭亏脱困。

【纺织产品结构和装备水平明显提高】杭州市纺织产品结构通过"九五"期间的调整、改造,有了较大提高。根据在原国有纺织企业的调查统计,棉纱的无结头纱和精梳纱在总量中所占的比重,由"八五"期末的23%和15%分别提高到2000年的56%和32%。化纤行业中的差别化纤比重已达到20%。毛纺织中的羊绒织物已占领日本市场。桐庐的绢丝针织衫出口欧美市场,在同类产品中位居全国首位。萧山的化纤织物从原较为单一的涤纶长丝产品,发展到多种纤维交织。以宽幅窗帘布、沙发布为主体的余杭家纺织物产品畅销全国,并初具规模。杭州市从国外引进的9条无纺布生产线投产后,高档次的产业用布已经起步。但在总体结构上看,需进一步调整,衣着用纺织品占75%,装饰用与产业用纺织品仅占15%和10%。

纺织装备水平明显提高。至2001年末,全市棉纺的清梳联合机已有6套(其中5套进口),自动络筒机52台。全行业的无梭织机比重达到36%,自动缫设备已占35%。先进的化纤直接纺技术应用快速发展。印染后整理设备有较大改进,如进口一批拉幅定型等后整理设备,选用一批国产先进的前处理设备。主要骨干企业纺丝设备都选用德国和日本的国际先进设备,恒逸集团和荣盛公司两个大型化纤企业的装备水平全部达到国际先进水平。

【外商投资纺织业步伐加快】 近几年来,外商投资杭州纺织业的步伐加快,规模趋大。2001年上半年,全市批准纺织和服装行业外商投资企业50个,总投资1.14亿美元,协议外资6367万美元,分别占全市的19.5%、15.2%和12.7%。至2001年10月底,杭州市累计批准纺织和服装行业外商投资企业970个,总投资15.66亿美元,协议外资10.05亿美元,分别占全市累计数的21.2%、12.4%和13.2%;总投资1000万美元以上的企业有17个,总投资5.86亿美元,协议外资3.32亿美元。纺织和服装行业外商投资企业主要分布在杭州经济技术开发区、萧山区和萧山经济技术开发区。

【3个大型企业改制后运行良好】 杭州中汇棉纺织公司前身是1958年国家投资的大型棉纺织企业——杭州第二棉纺织厂。2001年2月13日,重组后的杭州中汇棉纺织公司正式运行。新公司从管理体制上进行改革,投入800余万元,改造和调整产品结构,提高市场竞争力。公司拥有5.8万纱锭和140台无梭布机,改造了1万锭落后的细纱机,新增先进的精梳机,引进2台具有国际先进水平的自动络筒机,全面推广电子清纱和空气拈接,布机车间安装新型除尘设备,成功开发了TENCEL等新型纱线。至年末,共产棉纱7517吨,坯布706万米;实现销售收入1.35亿元,利税2004万元,其中利润1652万元。

杭州一棉纺织有限公司前身是一个具有百年历史的杭州第一棉纺织厂,2000年由香港查氏集团整体收购并重组启动,2001年全面正常运行。查氏集团按市场经济规律来管理和经营,重视产品质量与企业信誉,产品质量和档次明显提高。重视技术改造,投入近6000万元,新增108台喷气织机、6台拈线机、12台自动络筒机。已有5万枚纱锭,640台布机,其中无梭织机280台。印染改造完成后,具有7000万米的加工能力。2001年产棉纱5083吨,棉布1407万米,印染布1131万米。

浙江春江轻纺集团公司通过改制,原富阳市拥有的国有资本已全面退出,改由中国纺织品进出口公司控股、经营者持大股、生产经营骨干参股的有限责任公司。新企业全年投入3000余万元,引进具有国际先进水平清梳联、气流纺、自动络筒和国内先进的精梳设备,更新改造部分细纱机,并开发成功用各种新型纤维纺制的8种新型纱线产品。2001年拥有棉纺锭6.8万锭,实产棉纱1.33万吨,实现销售收入1.26亿元,利税1417万元,其中利润711万元。

【萧山成为化纤和面料生产基地】 萧山区通过近几年的调整、改造和发展,已成为杭州市乃至浙江省的化纤及面料生产重要基地,并形成一定的规模优势。大部分纺织、化纤企业集中在萧山东部的8个镇,紧邻"中国轻纺城"。全区有不同规模的纺织化纤企业3100个左右,从事纺织化纤行业的职工12万人,总资产201亿元,2001年产值290亿元左右,其中年产值超过10亿元的有恒逸集团、荣盛公司2个。

全区有规模以上棉纺企业23个,拥有纱锭22.5万锭、气流纺600头,年产棉纱能力4.4万吨。有规模以上化纤企业17个,拥有先进的纺丝生产线81条,年化纤纺丝能力达50万吨,其中恒逸集团、荣盛公司年纺丝能力分别达到15万吨和12万吨。全区聚脂生产能力23万吨,加弹能力32.6万吨。有织机3.26万台,其中各类无梭织机达2.69万台,占82.7%;2001年下半年引进国际一流的喷气织机800余台。全年可生产以化纤交织物为主体的各类面料24.6亿米。有印染企业56个,染色设备1670台,印花设备13台,定型后整理设备179台,年染整能力达15亿米。

【余杭装饰用家纺织物基地初具规模】 余杭区的纺织行业占全区工业产值的31%,居余杭工业首位。有中小纺织企业2927个,服装企业1086个,其中规模以上纺织服装企业95个;纺织业的从业人员6.7万

三亚公司生产出口纺织品

人，总资产36.76亿元。全区年纺织能力为白厂丝1000吨、棉纱2510吨、各类织物3亿余米，服装5000万件(套)，印染加工能力2亿米。全区纺织行业（含服装）2001年产值突破100亿元，其中2000万元以上的企业45个。有织造企业2900余个，拥有织机1.7万余台，其中无梭织机1676台，占9.8%。有中小印染企业27个，有4台平网印花机和300台卷染机及其他染色设备。

从2000年开始，根据杭州市的“十五”纺织工业发展计划和余杭区的地理优势、区域特点，余杭纺织着手进行调整、改造、发展，引导集体、民营的纺织企业大力拓展以窗帘和各类沙发布为主体的家纺装饰织物(布艺产品)。至2001年末，形成崇贤、仁和2个镇为主的家纺布艺生产的块状经济，用于布艺产品生产的织机3000余台，其中剑杆织机1000余台；年产量8000万米左右，产值超过16亿元。围绕家纺布艺产品的发展，形成位于临平镇的“杭州布艺城”市场。以奥坦斯公司、柯力达公司装饰用布艺龙头企业为代表的产品，产品质量和花色品种在国内名列前茅，设计上融入了中国文化特色，产品远销欧美、日本等国家和地区。

加快发展家纺布艺生产的2个工业园区。临平纺织工业园区总规划53公顷土地，一期工程建成13公顷，已进入园区的14个家纺布艺企业，总投资超过1亿元，新增宽幅剑杆织机1050台。崇贤装饰锦特色园区总规划用地53公顷，一期工程20公顷已经启动。为了进一步发展和提高家纺布艺产品，实施22个骨干织造企业的技改项目，总投资3.54亿元。（姚　挺）

·女装产业·

【概况】 杭州市委、市政府把发展女装产业作为杭州一个新的经济增长点，成为解决就业问题、打响杭州工业品牌、体现杭州城市特色的重要举措，力求使杭州成为中国女装的设计、制造、时尚和贸易中心。

杭州素称“丝绸之府”，服装业自隋代起就相当兴盛。唐代，杭产丝织品经京杭大运河远销北方，并通过丝绸之路运往欧亚大陆。唐长庆三年（823年）任杭州刺史的白居易，在“杭州春望”中写道“红袖织绫夸柿蒂，青旗沽酒趁梨花”，将杭州丝织品中的“柿蒂绫”与杭产名酒“梨花春”并提。

清末民初，杭城服装业逐步从成衣铺转向操衣、西服的制作。1912年，杭州西服业只有六七家。1949年底，西服业有178家，从业人员700人。解放后，杭州服装业经过复苏、低谷、逐步发展的过程。1978年，杭州市区有服装企业31个，职工3649人，拥有设备1408台，年生产能力389.3万件(套)。

20世纪80年代初，杭州市服装企业均为国营、集体和乡镇企业，分布在工业、商贸和乡镇企业等系统。经过整合，1985年，工业服装企业有15个，职工3346人，年产大衣6.39万件、西装33.71万件、衬衫232.04万件，年工业总产值8854万元、利润696.67万元。顺风牌衬衫、精工牌茄克、云峰牌西服曾在杭城风靡一时，在国内占有一席之地。杭州时装厂的文冠牌丝绸双面穿彩云衫获轻工业部优秀新产品一等奖，并参加巴黎国际时装博览会。杭州童装厂的女童套裙获全国儿童生活用品金鹿奖。1985年，出口服装148.57万件，出口合格率99.89%，被列为全国12个服装出口基地之一。由于杭州服装行业初具规模，日本政府赠送给中国的第一条西装生产线就选址落户在杭州。

20世纪90年代，真丝砂洗面料火爆，企业品牌意识增强，杭州服装企业尤其是丝绸服装企业得到迅猛发展。喜得宝集团、凯地集团、西湖达利工业公司、万事利集团、杭州时装厂等企业把重心转向服装生产，万事利、喜得宝、凯地、永达兰、心河等品牌应运而生。90年代中期，杭州涌现出一批年轻的、富有创造力和想象力的服装设计人才，一批品牌女装企业脱颖而出。90年代后期，全市服装企业发展到近1000个，企业以私营为主，规模以中小型为多，服装以女装尤其是少女装居多，女装品牌有160多个。生产厂房多为租赁，每个企业装备平缝机100台左右，其中超过2000万元的企业有10多个。销售网络除覆盖杭州外，辐射到华东各省(市)及华北、东北地区。销售特点多为设专卖店、加盟店，在大商场设立品牌专柜等。

2001年，杭州市女装生产企业有1000余个，其中规模以上企业260个。主要分为4类，第一类是以蓝色倾情、浪漫一身、秋水伊人为代表的杭州女装。创业者大部分是“江南学院派”，毕业于中国美术学院浙江工程学院或浙江科技学院，凭借杭州地理环境、文化底蕴和自身设计的优势，创立了一批有江南特色的100多个女装品牌，成为中国女装业的新亮点。第二类是以喜得宝集团、万事利集团、凯喜雅公司为代表的丝绸女装企业，有300多个，大部分是从原国有、集体和乡镇企业改制而成。服装面料以丝绸为主，逐步向其他面料延伸。个别企业规模较大，在同行业中占重要地位。第三类是以西湖达利工业公司、汇丽制衣公司为代表的中外合资或独资企业，有50多个，企业规模较大，设备精良，管理先进，基本采用定牌加工国外品牌女装并返销的形式。2001年开始逐步转向国内市场，并推出自己的品牌。第四类是小型作坊式的服装加工厂，有500多个，主要依托于服装批发市场，以加工为主，生产普通女装。在繁荣市场、吸纳少量下岗职工等方面起了积极作用。除上述4类企业外，还有专门生产皮革类、羽绒类、针织类女装的企业。

杭州女装在全国女装业占有突出地位，女装业逐步成为杭州市重要的特色产业，具有产业基础、市场、人才、品牌、企业群体优势和经营体制优势。杭州女装产业也面临着严峻的形势，存在着发展空间小、资金缺乏、规模尚小、技术装备滞后、管理水平低下等问题。“十五”期间，国内将在北京、上海、广州、温州等10个城市建设服装城市，日、韩等国及港、台地区的知名服装品牌企业来势迅猛，将成为杭州的竞争对手。

【女装发展领导小组成立】 11月9日，市政府发出关于决定成立杭州市女装发展领导小组的通知。领导小组由副市长丁德明任组长，市委宣传部、市计委等21个部门为小组成员单位。领导小组下设办公室(设在市轻工纺织丝绸行业管理办公室)。11月26日，市政府新闻办公室和市女装发展领导小组办公室联合举办“杭州市女装产业发展工作新闻发布会”，来自香港地区以及省内外的新闻记者参加发布会。12月25日，市政府召开女装产业发展工作会议，确立女装产业作为杭州都市工业的战略地位。

【开展“3个十”评选活动】 11月~12月，根据市委、市政府的要求，杭州市开展了2001年杭州市“十强女装生产企业”、“十大女装品牌”和“十佳服装设计师”的评选活动。经企业和设计师自愿报名，杭州市服装协会、杭州市总商会杭派服装商会和杭州市服装设计师协会资格审查及推荐，杭州市女装发展领导小组办公室审核以及专家评审委员会的评审，产生“十强女装生产企业”，他们是万事利集团有限公司、杭州汇丽绣花制衣有限公司、杭州西湖达利工业有限公司、杭州余杭华明服装总厂、浙江秋水伊人服饰有限公司、杭州时装有限公司、杭州喜得宝集团有限公司、杭州江宁丝绸制衣有限公司、浙江兽王集团有限公司和杭州利民中式服装厂。

评选出的“十大女装品牌”是杭州江南布衣服饰有限公司的“江南布衣”、杭州海伦服装有限公司的“永远的女人”、杭州海桦时装有限公司的“古木夕羊”、杭州浪漫一身服饰有限公司的“浪漫一身”、浙江蓝色倾情服饰有限公司的“蓝色倾情”、杭州薰香服饰有限公司的“薰香”、杭州红袖服饰有限公司的“红袖”、杭州流金岁月服饰有限公司的“流金岁月”、杭州女性日记服饰有限公司的“女性日记”和杭州静子服饰有限公司的“罗马情怀”。

评选出的“十佳服装设计师”是杭州海伦服装有限公司陈维香、杭州江南布衣服饰有限公司李琳、杭州海桦时装有限公司王海桦、杭州浪漫一身服饰有限公司孙红、浙江蓝色倾情服饰有限公司郑红梁、杭州薰香服饰有限公司张义超、杭州樱之秀服饰有限公司李樱、杭州流金岁月服饰有限公司金州州、杭州市丝绸服装进出口有限公司陈寅初、杭州静子服饰有限公司耿怡静。

评选活动对近年来获得省以上荣誉称号的品牌和个人进行表彰奖励，其中有获得国家驰名商标、浙江省名牌产品称号的万事利集团有限公司的“万事利”；获得浙江名牌产品称号的杭州喜得宝集团有限公司的“喜得宝”，浙江兽王集团有限公司的“兽王”，杭州时装有限公司的“永达兰”；获得“中国十佳服装设计师”的中国美术学院吴海燕、浙江工程学院赵伟国、中国美术学院张辛可、杭州女性日记服饰有限公司邓力夫、万事利集团有限公司房莹、浙江秋水伊人服饰有限公司应翠剑。

【制定加快女装产业发展意见】 12月24日，杭州市政府制定《关于加快女装产业发展的若干意见》，就加强与高等院校的合作等5个方面，提出20项政策性措施。这些措施包括市政府与国内外有关高等学校建立长期的合作关系，推动“产学研”三结合，加强对相关专业人员的培养，鼓励和帮助引进不同层次的专业技术人才；优选列为市重点技改项目，建立专项发展资金，鼓励担保机构为女装企业服务；加大女装企业结构调整力度，支持和鼓励女装企业扩大出口，鼓励国内外名牌女装生产企业和著名设计师来杭投资创业；每年举办“中国国际女装展”，每两年评选一次“3个十”活动；开辟时尚频道专栏和女装专版及组建“中国女装网”，优秀品牌女装广告视同公益广告；市女装发展领导小组统一领导，市服装协会等要发挥桥梁作用。

【建立女装产业园区】 根据市委、市政府关于发展女装产业的要求，决定在江干、萧山区各建一个女装产业园区。建立工业园区有利于上档次、上规模，不少前店后厂的小企业可以在园区内找到发展空间，有利于形成集聚效益，树立杭州女装的整体形象。江干区十分重视女装产业园区建设，取得初步进展。四季青服装研究发展中心位于江干区科技经济园内，总投资10亿元，占地66.67公顷，是拥有服装科研中心、信息中心、展示中心和生产中心功能的大型服装基地。至年末，四季青服装研发中心的科技、办公、展览用房的施工图审查完成，申领了土地出让证，生产管理中心开工建设。

萧山区启动在萧山经济技术开发区建设“国际女装城”工业园区，面积4.5平方千米，建立集展览、商贸、研发设计、创业孵化基地于一体的大型服装和面辅料中心，并建立一个展览馆，以杭州国际女装展为主题，定期开展信息发布，长期进行时装展示，形成大型商贸区。

【建设时尚女装特色街】 杭州女装企业崇尚“设计师是服装的灵魂”，以“流行、时尚”为宗旨，形成千姿百态、风格迥异的品牌，如具有浓厚田园气息的休闲女装“浪漫一身”，个性强、简洁雅致的职业类淑女装“蓝色倾情”，风格清新甜美的少女装“女性日记”、“江南布衣”等。建立时尚女装特色街，有利于集中展示杭州女装，树立整体形象，形成市场氛围，扩大女装销售。杭州市决定在市区武林路、杭海路建立2条杭州时尚女装特色街。

武林路西邻美丽的西湖，东靠繁华的延安路。1994年起，武林路逐步自发形成女装销售企业近300个，他们经营的女装款式新颖时尚，质量上乘，价格适中，深受青年女性的钟爱，其中经营国内外和台湾、香港地区的知名品牌服装企业占45%以上。该特色街由下城区政府负责建设，部署特色街以武林路和凤起路交叉口为中心，与延安路闹市连接，形成“回路”购物格局。

杭海路上拥有四季青服装市场、杭派精品服装市场等13个专业服装市场，服装商铺8000余家，云集国内外服装精品，商流、物流、人流、信息流在此集聚，是全国最大的服装集散地之一，年成交额近100

亿元。江干区负责杭海路四季青女装特色街的规划、提升及配套建设等事项。初定范围为西起清泰街立交桥，东至秋涛路，总长约1100米。（童荣华）

·一轻工业·

【概况】 杭州轻工控股(集团)有限公司(以下简称轻工控股公司)所属企事业单位27个,其中股份有限公司1个、有限责任公司11个、股份合作制企业4个、中外合资企业3个、破产企业4个、歇业企业3个、职工技校1个。

6月,市委、市政府决定撤销轻工控股公司等单位，组建杭州市工业资产经营有限公司。根据市政府要求,轻工控股公司机关51名工作人员全部分流，其中分流到其他行政事业单位18人,到市工业资产经营公司9人。原轻工控股公司所属27个企事业单位的隶属关系相应作了调整，其中杭州华丰纸业有限公司、杭州新华集团有限公司、杭州西湖啤酒朝日(股份)有限公司、杭州人民印刷有限公司、杭州西湖香精香料有限公司、杭州孔凤春化妆品厂、杭州光华实业股份合作公司、杭州毛源昌信义光学眼镜有限公司、杭州照明电器有限公司、杭州人民包装有限公司、杭州手表有限公司、浙江轻机实业有限公司、杭州安琪儿置业股份有限公司、杭州轻华热电有限公司、杭州轻工实业总公司、杭州轻工技工学校等16个单位归市工业资产经营有限公司管辖,杭州东南化工有限公司、杭州牙膏厂、杭州食品厂3个单位归杭州市上城区管辖，杭州云母绝缘材料有限公司归富阳市管辖。杭州佳力工贸总公司、杭州武林纸业实业总公司、杭州搪瓷总厂、杭州电池厂、杭州钟厂、杭州轻工机械一厂、杭州脚蹬厂等7个破产歇业企业的遗留问题由专门工作小组处理。

按原口径统计，轻工控股公司所属企业全年完成销售产值18.27亿元,比上年下降9.1%;工业产销率达到98.86%，提高1.5个百分点。实现利税3.09亿元，增长5.1%；其中实现利润1.12亿元,增长31.8%。

【华丰纸业创历史最好水平】 2001年，杭州华丰纸业有限公司生产经营取得4项历史新高。完成销售收入3.95亿元,实现利税6215万元,其中利润3681万元，人均年收入1.7万元，均比上年有较大幅度增长。其重要产品——卷烟纸在国内市场占有率为20%,其中高档卷烟纸市场占有率达到30%。

【西湖啤酒塑造品牌个性】 杭州西湖啤酒朝日(股份)有限公司重塑西湖啤酒鲜明的品牌个性，将原来使用的圆标换成方标，规范统一西湖标志。采用西湖啤酒专用瓶包装,该专用瓶具有瓶壁更厚、耐内压更高、抗冲击力更强、保鲜度更好等优点。改进生产工艺,提高啤酒内在质量。在2001年全国啤酒质量抽检中名列前茅，受到国家质量技术监督局的通报表扬。11度普通西湖啤酒和11度“世纪之星”西湖啤酒经严格评选，获中国酿酒工业协会颁发的“中国优质新产品啤酒”称号。

【利群环保纸业公司成立】 4月1日，杭州利群环保纸业有限公司成立。该公司注册资本600万元,由杭州卷烟厂、杭州光华实业股份合作公司等企业员工全部以自然人身份出资组建。4月19日,主导科研产品——烟草薄片通过国家烟草专卖局鉴定,并投入批量生产。

【毛源昌眼镜通过国家级抽检】 2001年,国家眼镜玻制品质检中心人员以顾客的身份，在杭州毛源昌眼镜有限公司门市部定制了3副该公司生产的眼镜，并带回中心进行检测,结果表明13个项目均符合标准。毛源昌眼镜有限公司成为浙江省惟一的连续七次通过国家权威部门抽测的眼镜生产经销单位。

【搪瓷总厂破产重组】 2000年8月,杭州搪瓷总厂宣告破产后,部分职工自愿出资，从杭州市区的大浒路移址余杭区，组建民营企业杭州搪瓷有限公司。2001年11月,新组建的公司正式开业,有员工150人,注册资本120万元，预计年销售额可达到2000万元。（夏　霄）

·二轻工业·

【概况】 杭州二轻控股(集团)有限公司(以下简称二轻控股公司)所属企事业单位42个，其中工业企业33个。总资产42.38亿元，净资产16.90亿元。有职工1.46万人,其中各类专业技术人员1664人。主要有家用电器、塑料皮革、五金、工艺美术等四大行业。

二轻控股公司改革取得重大进展,经济运行质量有所提高,列入计划的企业整体改制或分立改制全部完成,抓好已改制企业后续工作,引导企业争取新的发展。工业生产制止连续三年下滑的被动状况，生产经营全面恢复性增长，经济运行质量明显改善，全年完成工业总产值36.38亿元，比上年增长30.3%;完成销售产值27.63亿元，增长4.5%;实现利税1.66亿元,其中利润6490万元，分别增长6%和48%。

积极深化企业改革，努力维护稳定局面。立足自身,寻找克服困难的途径和办法。通过统筹运作,盘活存量,以物抵贷,出让股份等措施,筹措了改制成本，解决了一些遗留问题。完成万里塑料厂、工艺美术研究所、五金公司、京杭丝织厂的改制,完成衡器厂、锁具公司的分立改制。把规范改制工作列入重要日程,对金鱼有限公司、杭塑有限公司等15个企业,按有关规定进行从改制评估基准日到改制企业挂牌之日的财务清算，调整完毕新企业具体账务。抓紧对改制企业报废资产酌情处置,13个企业处置报废资产814万元。及时帮助有关改制企业解决后续问题，使其早日进入新轨道正常运行。切实做好信访工作,以政策法规为依据,耐心宣传、解释,力求把问题解决在基层。

依靠科技进步，提高经济运行质量。帮助企业与大专院校、科研单位合作,走“产学研”联合开发的路子。张小泉集团公司在浙江工业大学激光中心指导下，激光熔覆硬质合金刀具研究获得成功，使刀具硬度、耐磨度显著提高。二轻控股公司全年开发新产品62种，完成技术改造8项，投资额6039万元。主导产品生产势头强劲，剪刀、地毯、复合硬片、液体膜、燃气具、电饭煲、马达等有较大增长。新光塑料厂、浙江美术地毯厂等企业技改项目投产，增强了产品的市场竞争力。公司年销售产值3000万元以上的17个重点企业，销售产值增长的12个，增加绝对值达到5.47亿元。新成立的伊莱电器(杭州)公司，全年生产空调器15.29万台，新增销售产值3.34亿元。

紧紧围绕企业改革、发展、稳定大局，开展党建思想政治工作。以纪念建党80周年、学习江泽民“七一”讲话为契机，组织促进基层党建现场会。11月1日，参加杭州市职工计算机网络知识比赛，二轻公司工会获团体总分第一名。

【盘活存量资产支持改制】 二轻控股公司在深入调查研究、摸清家底基础上，在政策、法规允许前提下，从拆迁、进土地储备中心、拍卖和转让等4个方面开展工作，制订切实可行的盘活存量资产方案，全年对存量资产进行全方位盘活，盘活存量收入1.35亿元，有力地支持了部分企业改制，为有关企业清偿了债务，下拨了有关歇业、停产企业的职工安置补偿费。

【外贸出口交货4.46亿元】 二轻控股公司坚持与国际市场接轨，进行技术创新，全年出口交货总值4.46亿元，比上年增长40.9%。其中杭州松下家用电器有限公司出口日本台式洗衣机10万台，扩大了该洗衣机在日本市场的份额；杭州松下马达电子有限公司出口日本松下公司为空调器配套的直流马达，因采用节能、降噪、高功率技术而备受欢迎。2个公司出口分别增长99%和185%，增加的绝对值1.57亿元。

【南宋民俗风情作品问世】 9月，由杭州市工艺美术研究所为客户定制的《南宋杭城民俗风情》系列木制工艺品启运香港。作品选取南宋杭州为历史背景，以当时的官署民舍、街巷河桥、商铺酒楼、民俗风情等为场景，研制成“官巷灯会”、“诸库迎煮”、“市俗风情”3件系列作品。作品分别长1.2米、高0.4米、深0.5米。这件艺术作品选用雕、刻、剪、扎、编、粘、绘等手法，塑造约500个人物，个个穿戴有致，姿态万千，如货郎、小贩、渔翁樵夫、医家相士，还有风俗节庆活动中登场的耍流星、踩高翘、划旱船、舞蛮刀等人物。

【开展合理化建议活动】 二轻控股公司各级工会围绕经济建设，广泛组织开展合理化建议活动，内容涉及企业的生产、经营、增收节支、管理、后勤、技术开发、销售策略等方面，全年有151个单位(部门)、2057名职工参加合理化建议活动。职工提合理化建议3058条，其中被采纳997条，创经济效益1748万元。

【共同开发毛家桥住宅区块】 为建造一流的精品楼盘，开发杭城西部总建筑面积为40万平方米的毛家桥住宅园区，11月6日，杭州二轻房屋开发公司与杭州房屋建设开发总公司、浙江南都房产集团有限公司、杭州火炬房产发展公司、杭州高新房地产开发公司共同出资组建杭州星辰房地产开发有限公司。公司依法在工商行政管理局登记注册，注册资金2000万元。开发实行独立核算，自主经营，自负盈亏，各股东以出资额为限对公司承担责任。

【再就业中心分流2279人】 2001年，二轻控股公司做好下岗进再就业中心人员基本生活费、养老、失业、医疗和住房公积金等按月拨付工作，加大了分流进中心人员的力度，通过鼓励职工自谋职业、内部安置、解除合同等途径，减少再就业中心人员。二轻再就业服务中心从年初的4091人，至年末已减到1812人，实际分流人员2279人，其中女性1113人，完成杭州市再就业领导小组下达的全年分流进中心人员过半的任务。全年还办理缩短托管期人员1585人，自谋职业91人。

(蔡　捷)

【印铁包装容器开发生产基地建立】 11月29日，在杭州中粮美特容器有限公司举行中国印铁包装容器开发生产基地授牌仪式。该基地是由杭州市和浙江省包装协会推荐，经国家包装协会批准、国家经贸委备案同意，在杭州中粮美特容器公司设立的中国金属包装行业国家级开发生产基地。(童荣华)

·机械工业·

【概况】 杭州机械电子控股(集团)有限公司(以下简称机电控股公司)有企事业单位60个，职工3.26万人，其中各类技术人员6185人。总资产59.81亿元，净资产20.01亿元。全年完成工业总产值36.51亿元，比上年增长5.7%；完成销售产值35.62亿元，增长6.8%；工业产销率99%，提高2个百分点；实现利税2.92亿元，增长90.9%；其中利润1.45亿元，增长3.5倍。

打好企业改制攻坚战。根据市政府统一部署，机电控股公司重点工作是对未完成改制目标的企业，开展以产权制度改革和劳动用工制度改革为重点的企业改制，这些企业大多是资产质量差，债务沉重，正常的生产经营活动难以为继，改制所需的资金缺口大，人员分流困难。机电控股公司每周召开改制专题会议，协调难点，落实措施。全年完成14个企事业单位的改制，包括3个事业编制的科研院所，另有9个改制企业完成工商登记挂牌。至年末，市政府下达机电控股公司的企业改制任务全部完成，改制为有限责任公司35个，其中国有控股1个，国有参股4个，没有国有股的30个；改制为股份合作制企业2个；由外部优势企业并购9个，破产、歇业11个。

生产经营指标创新高。企业改制后积极转换经营机制，开拓和适应市场。机电控股公司大多数企业改制后形成产权明晰、政企分开新格局。改制时政府出资帮助分流冗员,部分企业减少了人工费用开支。由于剥离一些非经营性资产,核销不良资产,使企业资产规模缩小,折旧等管理费用减少,生产成本降低,增强了企业的竞争力。全年主要经济指标比上年有较大幅度提高,产销同步增长。

加强国有资产的监管。拟改制企业的负责人,在企业改制后大多数仍为主要经营者,并持有较大股份。他们与控股公司的关系,从原来的下级与上级的行政隶属关系变成资产处置时的买方、卖方关系。这要求控股公司既要确保国有资产不因人为失职流失,又要使企业在改制时尽可能依法享受改制的政策优惠。机电控股公司严格规范企业改制程序和审批程序,依法规范操作,2001年高质量完成14个改制企业的资产处置。

【杭齿集团完成债转股改制】 杭州前进齿轮箱集团有限公司是杭州市列为全市13个国有大型重点改制企业之一,也是国家经贸委推荐并批准的601个债转股企业之一。

2000年5月30日,由杭州机电控股公司、中国华融资产管理公司、中国信达资产管理公司、中国东方资产管理公司和企业5方共同签署《杭齿债转股协议》,债转股额度12079万元。其中,华融公司6000万元,信达公司3600万元,东方资产管理公司2479万元。随后连同《改制方案》和《债转股协议》,由华融公司报送国家经贸委审批。2001年2月13日,国家经贸委正式批准杭齿集团实施债转股企业改制方案和12079万元债转股额度。杭齿集团由国有独资改制为国有多法人投资的有限责任公司。9月,经杭州市工商管理局萧山分局审批同意注册登记,企业名称不变。

杭齿集团公司注册资金27134万元,其中机电控股公司出资15055万元,占注册资本的55.48%;中国华融资产管理公司债权转股权出资6000万元,占22.11%;中国信达资产管理公司债权转股权出资3600万元,占13.27%;中国东方资产管理公司债权转股权出资2479万元,占9.14%。

【杭氧资产经营公司成立】 9月,杭州市政府批复组建杭州杭氧资产经营有限公司并授权经营国有资产。新组建的公司是市政府授权经营国有资产的国有独资公司,主要从事授权范围内企业的资本经营,对授权范围内国有资产进行监管,以国有资产保值增值、实现资产收益最大化为主要经营目标。杭氧资产经营公司授权经营范围为公司直接占有的国有资产和控股、参股企业中的国有股权。杭州电气控制设备厂的国有资产划入杭氧资产经营公司的授权经营范围。

【3个公司制现代科技型企业成立】 机电控股公司所属的3个事业编制科研院所,即杭州自动化技术研究院、杭州市机械科学研究所和杭州轴承试验研究中心,原分别是经费差额预算和自收自支的科研事业单位。根据省政府和市政府文件精神,3个科研院所从本单位的实际和发展目标出发,采取体制改革、产权制度改革、运行机制转变相结合的方式,以市场为导向,按照现代企业制度及科技发展规律的要求,将已有体制转变为现代科技型企业,事业法人变更为企业法人。改制后的杭州自动化技术研究院有限公司、杭州市远欣科学技术有限公司和杭州轴承试验研究有限公司,按《公司法》建立法人治理结构,设立股东会、董事会及监事会或监事,实行企业的劳动用工制度、分配制度和财务制度。

【东风杭州公司产销汽车超过万辆】 东风杭州汽车有限公司是股份制企业,其中东风汽车有限公司占62%股份,机电控股公司占38%股份。该公司通过产品结构调整,加大产品开发力度,加强内部管理等措施,走上良性发展道路。继2000年扭亏脱困后,2001年产销两旺,主导产品客车及客车底盘产销突破万辆,全面超额完成计划目标。全年生产各类汽车1.17万辆,比上年增长20.8%;销售各类汽车1.21万辆,增长26.3%。实现销售收入9.64亿元,增长30.2%;实现利润4374万元,增长78.5%。

【机电公司成为全国CAD应用工程示范企业】 2001年,机电控股公司开发新产品70余种,其中国际水平10种、国内以上先进水平50种。投产新产品123种,新产品产值达10.27亿元。在投产的新产品中,产值1000万元以上的25种,其中19种为2001年开发的新产品。公司积极配合市政府关于开展科技创新,建设"天堂硅谷"的部署,承担杭州市科技发展计划重大项目——杭州机电系统CAD技术应用示范,促进企业以信息技术改造来提升传统产业,推动科技进步和经济效益提高。1月,通过了项目验收,并在全公司进行总结和推广。全年示范企业CAD技术覆盖率达到95%,全公司CAD应用普及率达到76.7%,获得"全国CAD应用工程示范企业"称号。 (徐东敏 许 明)

·电子信息业·

【概况】 杭州是全国电子信息业发展基础较好的地区之一,电子信息产业初具规模,产业涵盖通信设备、通信传输材料、计算机外围设备、网络设备、微电子和电子元器件、电子材料、软件、网络服务和电子商务等,其中软件和通信设备、通信传输材料、电子材料等具备一定的优势和较强的竞争能力。近年来产业规模不断扩大,产业结构进一步优化,产品技术档次得到提升。在全市电子信息产业结构中,软件及服务业、移动通信及通信传输材料、电子元器件、数字视听及信息家电等占有较大比重和份额,由此带动了整个信息产业快速、健康的发展。2001年,全市电子信息产业实现工业总产值199.63亿元,比上年增长11.3%;实现电子信息产业增加值98.32亿元,增长11.4%。实现利税19.15亿元,增长25%;其中实现利润10.73亿元,增长15%;成为杭州市工业经济新的增长点之一。

杭州软件业以中小型民营企业为主。近几年来，由于机制灵活，软件产业以年均增长46.7%的速度发展。1999年全市软件业(含系统集成)实现技工贸总收入近10亿元，2000年为21亿元，2001年达到31.6亿元。软件企业主要集中在高新技术开发区，区内有软件企业516个，其中外商投资的软件企业85个。杭州拥有一批具有知名度的软件公司、系统集成企业和优势产品，如恒生电子、浙大兰德等公司。应用软件及系统集成具有较高的市场占有率，已应用到工业控制、金融证券、财务管理、机电一体化、服装设计和印染、医院管理、电信、多媒体、教育等行业和领域，并培育出一批国内著名软件品牌。一批重点软件项目为产业的持续发展增添了后劲。据统计，全年有42个项目列入浙江省软件和电子信息产业发展项目，共投资2.7亿元，获财政补助1015万元。这些项目主要集中在网络产品、政务管理信息系统、教育软件、安全软件、芯片等领域，技术含量较高，市场应用前景良好。

杭州市有规模以上电子制造企业270余个，拥有一批在国内具有一定影响、在行业中具有代表性的骨干企业，主要有普天东方通信集团、UT斯达康（杭州）通讯有限公司、杭州摩托罗拉移动通信设备有限公司等。东方通信集团在主导产品移动通信及光通信技术、光机电综合技术、ASIC芯片设计、通信软件等领域实现了技术进步和经济规模的飞跃，处于中国电子100强企业前列，已成为国内通信产业规模最大的国有控股上市公司，是杭州市首个产值超100亿元的通信企业。UT斯达康通讯有限公司主要生产通讯接入网，短短的5年时间就占有国内市场同类产品20%以上份额，近几年销售收入增长率都在100%以上，2001年营业收入达到33.72亿元。

通信传输材料业快速发展。浙江省是全国线缆生产的第二大省，杭州市线缆行业工业总产值占全省的一半以上。其中富阳光电子产业是杭州的特色优势产业，电缆、光缆均占国内市场的1/4强，成为全国通信器材行业重要生产基地。据统计，2001年富阳光电子特色园区拥有通信器材工业企业300余个，企业总资产64.41亿元，比上年增长41.8%；总产值67.18亿元，增长22.8%；实现销售收入58.66亿元，增长14.6%。该行业科技含量迅速提升，逐步形成以光纤预制棒为技术标志、光纤光缆电缆为基础、高中低技术器件相配套的产业链。

信息服务业较快发展。2001年全市软件与信息服务业增加值达到50.27亿元，比上年增长25.7%。通信服务市场已形成多家竞争的局面，在杭开展业务的网络运营企业主要有浙江省电信公司杭州分公司、浙江移动通信有限责任公司杭州分公司、中国联通有限公司杭州分公司、杭州网通信息港有限公司、铁道通信信息责任有限公司杭州分公司、吉通网络通信股份有限公司杭州分公司。

【9个软件企业列入省10强】 据浙江省信息产业厅评定，杭州恒生电子股份有限公司、浙江大学快威科技集团有限公司、杭州信雅达系统工程股份有限公司、浙江中程兴达科技有限公司、杭州东信北邮信息技术有限公司、浙江浙大网新快威科技有限公司、浙江浙大中控技术有限公司、新利软件(集团)股份有限公司、杭州创业软件有限公司列入2001年度软件企业省10强。“新利软件”、“浙大兰德”已在香港创业版顺利上市。浙江新中大财务软件公司总经理石钟韶被评为全国十大软件领军人物之一。“西软酒店计算和管理系统”、“新中大国际财务管理软件”、“恒生银行中间业务系统”、“时比特国税纳税申报系统”、“浙大网络校园软件平台”等被中国软件行业协会授予2001年“中国优秀软件产品”称号。至年末，杭州市有117个软件企业通过“双软”(软件企业、软件产品)认定，占全省已认定数的80%以上。

【加快建设重点软件园区】 2001年，杭州有高新软件园、东部软件园、数源科技软件园、浙大网新软件园、经济技术开发区信息产业园等园区。杭州高新软件园二期工程年底已启动，留学生创业大楼、火炬软件开发大楼、信雅达软件科技大楼、亚琪科技大楼等6个工程项目正式开工建设。园内配有高速宽带的通讯网络，建有软件研究开发、生产管理用房，设有学术报告厅、科技交流馆等适应软件开发的平台和先进的配套设施。

【市软件行业协会成立】 7月12日，在市委、市政府的关心和有关部

东风杭州汽车公司自动控制油漆线

门的大力支持下，杭州市软件行业协会召开成立大会。市委书记王国平、市长仇保兴分别题词、致函祝贺。软件行业协会的成立,将推动杭州市信息港建设，加速软件企业的规模化和国际化，进一步促进杭州市经济和社会的信息化。在软件行业协会的组织引导下，软件企业通过参与信息化工程建设,开发产品,寻找市场,增强了企业竞争力。

【2个国家级产业基地申报成功】 在组织专家评选的基础上，国家计委、信息产业部研究决定建设10个国家软件产业基地。为创造软件产业发展的良好环境，推动杭州市软件产业实现跨越式发展,市计委、市科技局、市信息办公室与高新区管委会做了大量基础工作，积极向国家计委申报争取。7月12日,国家计委、信息产业部在京召开“国家软件产业基地”命名授牌大会,杭州被列为国家软件产业基地之一。

随着国际集成电路产业布局的重大调整，国家决定选择若干有条件的城市建立国家集成电路设计产业化基地。杭州是中国重要的高新技术产业基地，也是国家信息化试点城市，拥有国家级高新开发区和国家软件产业基地，具备比较完整的电子信息技术研究、产品开发、规模生产和市场支持体系。有浙江大学等著名的集成电路技术研究和人才培养单位，以及杭州士兰微电子股份有限公司等一批生机勃勃的民营集成电路和生产设计企业。省委、省政府和市委、市政府在确立电子信息产业为主导产业之后，制定了相应的实施细则，并为集成电路设计产业化基地的建设提供了政策、资金和组织保证。10月9日,科技部专家组听取并论证了《国家集成电路设计杭州产业化基地建设方案》后认为,杭州基本具备建立国家基地的条件;建设方案比较完整、全面,具有良好的可操作性;建设思路正确,重点突出,目标可行。杭州被列为继北京、上海等之后的第六个基地城市。

【建立东部软件园】 7月,东部软件园正式成立。东部软件园建设是市委、市政府作出的一项重大决策,作为专业孵化器是杭州“两个基地”(国家级软件产业基地和国家级集成电路设计产业化基地）建设的重要组成部分。该软件园地处杭州高新技术开发区和文教区东部，文三路原杭州磁记录设备厂内。初期规划占地8公顷，园区规划建筑面积约28万平方米。

按照现代高科技园区的要求，高标准、高起点规划建设,既有适应高新技术企业的科研办公楼，又有设施齐全的国际商务中心及适合生活、居住的专家楼。园区按多功能、生态园区的理念进行规划设计,道路宽敞,中心绿化广场布置合理,绿地率达40%，集综合配套服务楼、地下停车库、商场于一体,是理想的科研办公场所。至2001年底,入园企业和中介机构近60个。园区已提供总建筑面积1.5万平方米的科研办公楼,在建的科技展示楼2500平方米即将竣工，东软科技大厦建筑面积5.6万平方米完成初步设计。力争经过3年~5年的努力,使东部软件园成为有相当知名度的高科技精品园区。

【富春江罗依尔光纤制造公司成立】 6月6日，浙江富春江通信集团公司抓好光纤项目的实施，组建中美合资浙江富春江罗依尔光纤制造有限公司。已完成预制棒项目的前期工作，计划一期工程达到12吨光棒、40万芯千米光纤的生产能力。该公司2001年实现工业总产值18亿元,销售收入12.5亿元,出口交货值9980万元，利税总额1.35亿元,项目投资总额1.08亿元。企业经营规模和综合实力争取进入中国电子信息百强企业前50名,全国民营500强企业前40名,全国电线电缆行业前5名。

【士兰公司建设集成电路芯片生产线】 杭州士兰集成电路有限公司是0.8微米~1.0微米级宽集成电路芯片的生产企业。2001年,该公司按照“一次设计、分期实施”的原则，建设集成电路芯片生产线，项目总投资1.63亿元,其中用汇499万美元,企业自有资金6289万元,银行贷款9995万元。一期工程形成月处理15厘米(6英寸)硅片5000片的生产能力,二期工程形成月处理15厘米硅片2万片的生产能力。至年末，基本完成厂房单体建筑装修和动力、工艺设备的安装。

（周永华　陈丽华）

附:杭州市列入2001年度浙江电子信息产品制造业30强企业

名　　称	营业收入(万元)	排序
普天东方通信集团	972 896	1
UT斯达康(杭州)通讯有限公司	337 202	2
华立集团有限公司	284 569	3
浙江富春江通信集团有限公司	213 020	5
杭州富通集团有限公司	191 270	6
华伦集团有限公司	108 755	8
浙江华达通信器材集团有限公司	57 818	9
浙江飞虹通信集团有限公司	53 053	11
杭州士兰微电子股份有限公司	38 560	13
浙江天屹集团公司	34 761	16
西湖电子集团有限公司	30 708	20
杭州南都电源动力股份有限公司	26 402	22
杭州永磁集团有限公司	19 018	28

·西湖电子集团·

【概况】 西湖电子集团有限公司

(以下简称西湖电子集团）总资产16.68亿元,净资产6.78亿元。西湖电子集团以控股上市公司——数源科技股份有限公司（以下简称数源科技公司)为依托,以高科技数字电子信息产品为主业，加快产业结构调整,稳步迈进通信产品领域。主要经营数字视频和音频产品、数字彩色电视机、卫星广播电视设备、移动通信系统及设备、计算机软件等高新技术信息、通信产品的研发、销售和咨询等,进行科技软件园建设。全年完成工业总产值2.34亿元,销售收入3.1亿元，出口创汇502.38万美元。实现利税544万元,其中利润123万元,税金421万元。

加快产业结构调整。面对彩电行业激烈的价格竞争形势，为尽快摆脱产品单一、"命系彩电"的局面,坚持发展高新产业的目标，加快产业、产品结构调整,快速、高起点地进入移动通信产业领域。合资的三菱数源移动通信设备有限公司投入运行。试制的CDMA直放站获准进入联通CDMA移动通信网运行。创建西湖数源软件园，以优良的服务和环境吸引众多知名企业入园。

数源科技公司抓住中国加入WTO的机遇,根据市场化、专业化的要求,对彩电业务进行改革。公司通过与国内具有较高知名度的彩电配套企业合作,降低彩电产品成本,提高价格竞争力。12月起,推出数源"激情V"系列彩电,产品销量不断攀升,彩电业务再现兴旺景象。加紧研发数字视像新产品。数源科技公司在2000年研制出具有国际先进水平HD系列高清晰数字彩电的基础上,2001年对该HD系列产品进行适应市场需求的改进，提高了产品档次,有效降低了成本。第三代HD系列机"3D机芯"的研制进展顺利。西湖电子集团年初立项、与国际先进技术保持同步的TFT—LCD液晶显示背投影彩电的核心部件——光学引擎的开发取得突破性进展。至年底,首批光学引擎完成试生产并进行销售，加紧进行液晶背投影彩电整机的研制。

西湖电子集团全年新产品产值占总产值的比重在60%以上。数源科技公司HD系列高清晰数字彩电获浙江省"九五"技术创新优秀奖和科技进步三等奖；西湖电子集团液晶投影光学引擎项目获国家计委立项,获拨款1000万元;数源科技公司经考核再次被认定为"浙江省高新技术企业"。

深化企业改革。西湖电子集团在企业改制工作中,处理遗留问题,落实相关政策，完成中山大酒店的拍卖转让，提高改制后控股企业的经济效益。根据《证券法》的要求,在市委、市政府的关心下,基本处理好西湖电子集团与数源科技公司相互关系,使上市公司更加规范。

加强房产经营管理和开发。西湖电子集团完成"中兴公寓"商品房的全部销售;2.2万平方米"中兴南苑"商住楼完成房屋结顶。全年实现房产销售收入3367万元。

改进工作作风，提高办事效率方面。开展形式活泼的座谈讨论和"头脑风暴会"，开拓思路，转变观念,树立信心。制订中层以上干部列席经理办公会制度，推行公司事务公开，给高级管理人员的工作业绩评分,建立有效约束机制。恢复或制订工作讲评、考核制度,激发员工工作潜能,提高办事效率。

【三菱数源移动通信公司成立】 2001年,西湖电子集团公司与日本三菱电机株式会社合资在杭州经济技术开发区成立三菱数源移动通信设备有限公司。三菱电机株式会社具有市场开拓能力和先进的产品技术，西湖电子集团公司具有数字技术产品开发实力，双方确立了合作基础，计划在杭州建立年产能力200万台以上GSM数字蜂窝移动通信手机的生产基地和研究开发中心,产品60%外销。项目获国家主管部门同意,2月取得国家计委的正式批准,6月在杭州注册落户,9月正式开工。该合资公司注册资本800万美元，其中西湖电子集团出资302万美元，占股份的37.75%。合资公司实现当年建厂、当年批量投产手机62.25万台，生产的"小菲"、"小易"手机以全新的形象,受到市场欢迎。三菱数源移动通信公司的成立，为西湖电子集团快步进入通信产业领域打下了坚实基础。

【移动通信直放站中标】 2001年初，西湖电子集团得知中国联通公司即将开通的CDMA移动通信网络中需要大量的CDMA直放机,紧紧抓住机遇,将CDMA直放站作为通信领域新的增长点。该公司从"零"起步,成立由两名副总经理负责，数名专业技术骨干组成的攻坚班子。在2个月内完成联通公司所需的5瓦、10瓦光纤直放站和10瓦射频直放站3种产品的研发和生产技术准备。产品通过国家无线电监测中心的检测，取得国家无线电管理委员会颁发的型号核准证书，企业通过邮电通信质量体系认证中心的质量体系审查。公司各部门发扬团队精神,紧密配合,按中国联通公司标书的要求，备齐所需的文件资料。9月,西湖电子集团的CDMA直放站一举中标，获准进入中国联通CDMA移动通信网运行。至年底，西湖电子集团的首批100台CDMA直放站，按浙江联通公司的合同要求安装到位,并网运行。

【西湖数源软件园启动】 西湖电子集团根据市委、市政府有关建设"信息港"的精神和公司产业结构调整的需要,2001年在教工路1号地块创建了西湖数源软件园。公司按照创建"国家级"软件园区的构想进行规划建设。至年底,软件园基本完成对沿街房的外墙装修，主要楼房按智能大楼的标准进行整体改造,建立了100Mb/S高速宽带网到桌面的数据通信系统。优良的服务和环境吸引了众多知名企业,UT斯达康公司、智网信息(杭州)技术公司等20余个通讯、软件企业入驻。

【举办高清晰数字彩电演示】 在2001年杭州西湖博览会上,杭州市通过杭州宽带网进行高清晰度数字电视演示试验。西湖电子集团根据市政府统一布置,在市政府大楼、浙江世贸中心、杭城几大商场、星级宾馆设立40多个高清晰数字电视演示点,根据场地摆放74厘米(29英寸)、81 厘米 (32 英寸) 和 86 厘米(34 英寸)规格的数源“神通”系列高清晰数字彩电 50 余台,及相配套的机顶盒。

各演示点常常被市民围得水泄不通，应邀参加西博会的外宾不时驻足观看。据统计,在西博会召开的20 天中,有 100 万人次观众直接领略到高清晰电视节目效果。

【数源西湖彩电成为国家免检产品】 数源科技公司围绕提高全员质量意识,健全质量保证体系,促进产品质量稳步提高。9 月,开展“质量月”活动,强化“质量改进”工作。通过组织“访用户、听意见”活动,收集用户对产品质量和服务质量的意见；针对提出的影响产品质量的主要问题，召开现场会和专题分析会，逐个找出原因,群策群力,攻关改进。通过行之有效的质量改进措施，使彩电产品的车间返修率降低、商业开箱合格率不断提高。

2001 年,数源科技公司通过浙江质量体系审核中心的 ISO9001 质量保证体系认证。数源 HD 系列出口机分别通过 UL、FCC、FDA 和 CB 等国际认证。数源西湖品牌彩电以可靠的质量保证体系和优良的产品品质，被国家质量技术监督局认定为“国家质量免检产品”。

【数源科技公司被评为维修一级企业】 数源科技公司技术服务工作从基础管理抓起，进一步健全门市维修、上门服务等制度,实行规范化操作，按现代化企业管理要求建立计算机管理系统。加强对维修服务人员进行新产品知识培训，增强服务意识,提高服务技能。通过规范的“全天候”服务,使广大消费者满意,投诉率大幅度下降。2001 年,数源科技公司通过杭州市质量技术监督局对技术服务工作的评审,获“视音频产品维修一级企业”称号。

(方泽民)

·化学工业·

【概况】 杭州市为进一步建立和完善国有资产管理、监督、营运体系和机制，加快实施国有经济战略性调整和国有企业战略性重组,6 月,市委、市政府决定,撤销杭州化工控股(集团)有限公司(以下简称化工控股公司)等单位,组建杭州市工业资产经营有限公司。原化工控股公司所属企事业单位，按照市有关文件规定全部进入新组建的市工业资产经营公司。市化工部门拥有生产企业 13 个、非生产单位 2 个,13 个化工生产企业均改组成股份制企业。有职工 1.53 万人。主要产品有化肥、农药、基本化工原料、石油制品、磁(光)记录材料和信息产业、化工机械、日用化学品及化学试剂等 20 大类 1500 种(类)。

原化工控股公司和新组建的市工业资产经营公司深化改革，优化结构,开拓创新,规范管理,使杭州化工有新的发展。全年工业总产值完成 59.88 亿元，比上年增长 13.4%。实现利税 5.85 亿元，增长 23.4%；其中利润 2.12 亿元，增长 76.7%;税金 3.73 亿元,增长 5.4%。万元产值综合能耗 0.8 吨标煤,下降 5.9%。职工年人均收入 1.31 万元,增长 2.3%。

市化工部门坚持以科技求发展,以改制调整生产关系,着力培育新的经济增长点。2001 年,是市化工企业改制后的第一年，较好地解决了改制与科技创新的关系，推进企业技术进步。全年开发成功新产品 32 种,其中达到国内领先及先进水平的有芦水环保型废纸脱墨剂、300-15/250-15 出口工业胎等 10 种；达到国际水平的有新一代乙烯分离过程抗垢剂、全地形式运输车橡胶履带、柔印胶印用紫外光固化油墨的研究和生产、牛奶包装凹印油墨的研究和应用、新型高留着型表面施胶剂的开发 5 项。全年新产品产值 7.11 亿元,实现利税 5400万元,其中利润 2600 万元。年产值在亿元以上的新产品有 1 项,1000万元以上的有 12 项。2001 年,上报国家重点技术创新项目 10 项、省重点技术创新项目 15 项,市科技发展项目 13 项。杭州龙山化工有限公司、杭州新奥特种化学品有限公司和杭州纸友科技有限公司被认定为省级高新技术企业,杭州橡胶(集团)公司和杭州新奥特种化学品有限公司技术中心被认定为市级技术中心。杭州橡胶(集团)公司的全钢载重子午胎技术攻关项目获省科技进步三等奖、市科技进步二等奖。全年完成固定资产投资 3.1 亿元,其中杭州橡胶(集团)公司完成投资额 8000 万元,杭州电化集团有限公司完成 5000 万元。技改有力地促进了企业发展,杭州橡胶(集团)公司的载重子午胎项目、40 万套轿车子午胎填平补齐项目的投产成为企业新的经济增长点。

改制后的企业自营出口意识增强,积极捕捉市场需求信息,调整产品结构,扩大出口。全年出口交货值 6.6 亿元,创汇 7956 万美元。杭州中策橡胶有限公司和杭州庆丰农化有限公司出口交货值分别达到 4.97 亿元和 1.06 亿元。

【轿车子午胎项目落址杭州开发区】 杭州橡胶(集团)公司是全国 500 强企业之一,是省“五个一批”大型企业集团,生产规模、经济效益、技术力量、市场占有率、出口创汇水平在国内同行中处于领先地位。2001 年实现工业总产值 31.8 亿元,居全国轮胎行业第二位;实现利润 7825 万元,居全国同行业第一位。该集团公司形成年产 490 万套轮胎、3800 万套自行车胎和 200 万套手推车胎的生产经营规模,产品畅销国内市场,远销欧、美、亚洲等 62 个国家和地区。日本国横滨橡胶株式会社是一家主要从事汽车轮胎生产及销售的企业，在日本的同行业中排名第二位,国际市场的占有率排名第七位,具有雄厚的经济实力和技术优势。杭橡集团深感引进外来技术和资金有利于企业的发展，提高自身产品档次和技术含量，扩大市场的占有份额,提高竞争能力。

该集团公司通过与横滨橡胶株式会社的洽谈,经国家、省、市有关部门批准,12 月 29日由杭州橡胶(集团)公司、横滨橡胶株式会社和新加坡友发集团公司三方出资在杭州经济技术开发区正式成立杭州横滨橡胶有限公司,项目总投资 2997 万美元，注册资本1200 万美元,出资比例中方为50%，外方分别为45%和5%。项目一期建设期一年左右,生产能力为150万条轿车用子午线轮胎(其中一期75万条),建成后预计年销售收入2700万美元,利润860万美元,税金180万美元。

【化工研究所加快科技成果产业化】杭州市化工研究所是杭州市科研院所体制改革的试点单位,2000年3月完成部分改制。该所是人才与技术成果相对集中的单位，科技人员占全所职工总数70%以上,曾获得各级各类科技成果100多项。改制以后,职工的观念发生重大变化。过去宁可将成果送给“别人”或锁在“抽屉里”，也不愿或不敢投资建厂的状况有明显改变。2001年,该所分别在萧山和下沙两个成果产业化基地投入资金3000多万元,基地建设初具规模。

加快萧山经济技术开发区的科技成果产业化基地建设。由化工研究所改制企业控股的华科精细化工技术开发公司2001年投资近300万元，进行技术改造，将原年产1000吨的特种造纸化学品车间扩大到年产4000吨,造纸用新型干增强剂、柔软剂等产品已投入生产,取得较好的经济效益，新增产值200万元。还准备建设国家“九五”科技攻关项目——印刷适性改进剂生产线。2001年，该公司销售额超过1000万元,比上年增长40%。

加快杭州经济技术开发区科技成果产业化基地建设。为了实施省政府、省科技厅下达的2万吨/年非木材纤维专用增强剂系列产品高新技术产业化项目，组建了一个由化工研究所改制企业（杭州新奥特种化学品有限公司）、原杭州化工控股(集团)公司、浙江省科技风险投资公司以及科技人员参股的多元投资的杭州纸友科技有限公司，注册资本从800万元扩股到1200万元,并引进香港王宽诚教育基金会资金100万美元,以1:2.45的溢价投入,预计2002年1月可正式投入生产。纸友科技公司在变性淀粉产业化基地上,边建设、边生产、边销售,不断扩大市场占有份额，全年实现销售收入2000多万元，利税700多万元。全部工程结束后,将成为国内最大的造纸用变性淀粉专业生产厂。

该所由于机制的转变,制度的创新,激发了职工的工作热情,调动了科技人员积极性，推动了科技创新和成果产业化。“非木材纤维造纸专用增强剂”被列为国家科技型中小企业技术创新基金项目,“2万吨/年非木材纤维造纸专用增强剂系列产品产业化”被列为省政府重大高新技术产业化项目,“新一代乙烯分离过程抗垢剂产品产业化”被列为市科技局科研院所专项资金项目。全年申报省科技厅、市科技局科研新项目各3项；国家经贸委技术创新项目5项，省经贸委技术创新项目6项;通过省级成果鉴定1项;“松香系中性施胶剂及其制备方法”、“新闻纸湿部专用化学品”获得国家发明专利。

【安万特杭州作物科学公司投产】杭州庆丰农化有限公司与法国安万特作物科学公司合资建设的“锐劲特”原药及制剂项目进展顺利。“锐劲特”是苯基吡唑类新型杀虫剂,是原罗纳普朗克农化公司（现为安万特作物科学公司）于20世纪90年代末为改善农药产业结构，取代高毒农药，开发生产高效低毒的新农药,1997年已在法国建成世界上第一套生产“锐劲特”装置。

杭州庆丰农化有限公司和安万特作物科学公司合资成立安万特杭州作物科学有限公司，负责实施这一项目。1999年12月国家外经贸部批准该项目,2000年2月合资公司正式成立,2000年4月18日在杭州经济技术开发区举行揭牌奠基仪式。该合作项目总投资5442万美元,按法方75%、中方25%的比例投资,注册资金1850.28万美元,规模为“锐劲特”原药年生产能力150吨、制剂3000吨。2000年10月，一期3000吨制剂项目开始土建,2001年7月制剂车间试产,8月在中国市场销售,10月19日正式投产。二期工程150吨“锐劲特”原药项目于2001年5月开工，预计2002年10月建成投产。(华招林)

·电力工业·

【概况】2001年,杭州市部、省属发、供电企业职工总数7911人;固定资产原值116.47亿元，净值80.58亿元;上缴税金3.68亿元。

全市电力工业发电设备总容量236.15万千瓦，比上年增长1.4%。全年发电量82.57亿千瓦时，下降1.2%。其中华东电力管理局直辖新安江和富春江水力发电厂发电量19.48亿千瓦时,下降2%;省辖半山发电厂、萧山发电厂发电量40.79亿千瓦时,与上年基本持平;地方办的公用热电厂（6000千瓦及以上）21个,发电量18.53亿千瓦时,增长13.5%;农村小水电发电量1.5亿千瓦时,下降25%;企业自备发电站发电量3.43亿千瓦时，下降34.5%。

杭州市有35千伏及以上公用变电所192座,变电容量1349万千伏安,比上年增加202.9万千伏安;有35千伏安及以上输电线路526条，线路总长度5590千米，增加1034千米。有10千伏配电变压器(含用户)3.63万台，总容量819.77万千伏安，增加105.36万千伏安;有10千伏配电线路1295条，总长度1.6万千米。

按电度表户为计算单位，杭州市电力用户84.76万户，比上年增加17.03万户。年供电量163.74亿千瓦时，售电量153.09亿千瓦时,分别增长13.1%和13.3%。杭州电网(不含建德、淳安)年最高用电负荷277.3万千瓦,增长16.5%。

2001年7月,杭州市电力局被国家电力公司授予“国家一流供电企业”称号。6月26日,杭州市电力局工会被中华全国总工会授予“全国模范职工之家”称号。在全国电力部门广泛开展的“电力市场整顿和优质服务年”活动中,杭州市电力局城北供电局被评为国家电力公司先进集体。杭州市电力局、萧山电厂及萧山供电局、余杭供电局、市电力局路灯管理所被授予“省级文明单位”称号。

【纪念杭州供电90周年】 7月8日，杭州市电力局隆重庆祝杭州供电90周年。市委书记王国平、市长仇保兴分别为纪念日题词。1911年7月8日，杭州市电力局的前身——浙省大有利电灯股份有限公司正式发电。经过几代人的努力，杭州市电力局达到特大型供电企业的规模。至2001年底，供电区域9780平方千米，拥有固定资产原值75亿元，35千伏及以上变电所166座，变电总容量1257万千伏安，年售电量144亿千瓦时，最高负荷277万千瓦。

【杭州电网投资15.5亿元】 2001年，杭州电网建设完成投资15.5亿元，新增35千伏及以上变电容量194.2万千伏安，再创历史最高水平。新建、扩建35千伏及以上变电所22座，其中新建、扩建500千伏乔司变电所1座，220千伏乔林、宁围、古荡、合兴变电所4座，110千伏丁桥、婺江、永兴、常安、锦南、庆春等变电所12座，35千伏西武、洋洲、岛石等变电所5座。新建变电所均达标移交生产部门投入运行。有5项220千伏和13项110千伏输变电工程进入前期或施工阶段。

【推出10项社会供电服务承诺】 2001年，全国电力部门广泛开展“电力市场整顿和优质服务年”活动。为贯彻“优质、方便、规范、真诚”的供电服务方针，市电力局向社会推出10项供电服务承诺，包括延长营业时间，县以上营业场所实行无周休日制度；不断提高城市、农村地区安全可靠优质供电水平；城市地区供电可靠率不低于99.9%，农村地区供电可靠率不低于99.5%；至2001年底，杭州电网实现城乡居民生活用电基本同网同价；提供24小时电力故障保修服务等内容。市电力局设立局及窗口单位两级投诉、举报与监督机构，受理并监督投诉执行情况。各区、县(市)供电局也推出了各自的供电服务承诺。

【500千伏乔司变电所投入运行】 5月16日，500千伏乔司变电所正式投入运行。这是继1987年500千伏瓶窑变电所投入运行后，杭州市第二座超高压变电所。该所位于杭州市钱塘江围垦地，占地面积8.17公顷，与500千伏瓶窑变电所、兰亭变电所(绍兴)、王店变电所(嘉兴)、秦山核电站的超高压输电联接，是华东电力主网核电、水电、火电电源功率交换的枢纽变电所，也是杭州东、南部地区220千伏变电所的主要电源供给点。

该所按国内新一代超高压变电所的标准设计，最终主变容量3500兆伏安，500千伏线路10回，220千伏线路16回，采用综合自动化监控系统和微机化运行管理模式，一期工程总造价2.7亿元，主设备处于国内领先技术水平。

【农网改造工程全面竣工】 10月，杭州电网的一期农网改造工程全部竣工并通过省计委、省经贸委等6部门组成的专家组验收。1998年以来，市电力局共投入农村电网建设和改造资金18.2亿元，对2981个乡村行政村的高、低压电网进行改造，改造农村10千伏高压线路2096千米，改造农村低压线路1.3万千米；新增农村配电变压器4698台，新增配电变压器容量72.2万千伏安；更换农村高损耗变压器1046台，变压器容量6.61万千伏安；安装农村村民一户一表91.8万户。经过3年多的农村电网建设和改造，提高了农村电网的供电可靠率，促进了农村社会进步和经济发展。

【基本实现城乡生活用电同网同价】 11月1日，随着一期农村电网建设改造工程的全面竣工，杭州市区和富阳、临安、桐庐、建德、淳安等县(市)相继实现了城乡居民生活用电同网同价。杭州电网的城乡居民生活用电统一为每千瓦时0.53元，大

附： 2001年杭州市全社会用电量按用电性质构成

分　类	用电量(万千瓦时)	构　成(%)	增长(%)
农林牧渔水利业	37 109.56	2.20	6.50
工业	1 202 260.47	71.15	14.23
地质普查和勘探业	217.68	0.01	-13.88
建筑业	20 478.72	1.21	7.08
交通运输、邮电通讯业	18 229.43	1.08	4.32
商业、饮食、供销、仓储	94 991.23	5.62	13.93
其他事业	96 313.68	5.70	6.55
生活用电	220 184.45	13.03	14.46
合　计	1 689 785.22	100.00	13.38

附： 2001年杭州市全社会用电量按行政区域构成

地　区	用电量(万千瓦时)	构　成(%)	增长(%)
六城区	733 893.92	43.43	9.73
萧　山	442 576.83	26.19	24.62
余　杭	154 773.40	9.16	9.83
富　阳	155 757.13	9.22	11.79
临　安	73 741.98	4.36	23.87
桐　庐	32 145.82	1.90	4.01
建　德	77 009.54	4.56	0.16
淳　安	19 886.60	1.18	5.66
合　计	1 689 785.22	100.00	13.38

500千伏乔司变电所

大减轻了农民负担。实现农村电价电费的"五统一"(统一电价、统一发票、统一抄表、统一核算、统一考核),使农村的用电消费做到"四到户"(销售到户、抄表到户、收费到户、服务到户),电费收取过程"三公开"(电量公开、电价公开、电费公开),使农村用电的混乱现象基本得到抑制。随着用电电价的降低,农村生活用电量大幅度上升。

【试行居民峰谷电价】 11月19日,市物价局、市经济委员会、市电力局联合发文,杭州市城镇居民生活用电试行峰谷电价计收电费。市区的朝晖、采荷、东园、东山等6个住宅小区的2.5万户居民试行峰谷电价的优惠政策,居民通过申请安装一种特殊电表后,可在用电低谷时段(22时~次日8时)享受每千瓦时0.28元的优惠电价;其他时段按每千瓦时0.56元的电价执行。

在居民中推行峰谷电价政策,目的是利用低谷低价的优势,鼓励广大居民消费低谷电力,充分利用电热水器、家用空调等电器设备,享受洁净能源的价廉物美,提高居民的生活质量;能对电网起到"削峰填谷"作用,提高电网的负荷率。

【湿法脱硫列为国家技改优秀项目】 3月18日,杭州半山发电有限公司4号、5号锅炉烟气脱硫装置投入运行。该工程是浙江省电力公司"九五"期间实施的重大环保技改项目之一,被列为国家"九五"重点技改工程、浙江省重点工程、国家电力公司烟气脱硫示范项目。总投资达到4.9亿元,是浙江省电力部门历年来单项投资最大的环保改造项目。工程全套引进德国脱硫设备和技术,是一套完整的湿法烟气脱硫系统,设计脱硫效率95.4%,实际脱硫效率98%,废水排放达到国家排放标准,标志着省电力公司所属火电企业二氧化硫的排放控制上了新台阶。整套系统移交生产后,运行稳定,系统可靠,达到国内一流水平。2001年,该项目被国家经贸委确定为"九五"国家技术改造优秀项目。

【新安江水电厂气象研究获科技奖】 新安江水力发电厂与中国气象科学研究院合作,利用1951年~1996年气象和降水量系统数据资料,对30个气象预报对象进行全面演算。2001年完成《新安江流域月季降水量和旱涝强度时段预报方法研究》课题,创造出一套新的预报物理模型和预报数学方程(模型)。这对提高新安江流域月、季降水量等方面的预报质量,提高新安江水电站的经济效益、社会效益,保障流域地区人民生命财产安全,将产生重要影响。该研究成果获2001年华东电网科技进步一等奖。

【乔林输变电工程投入运行】 6月16日,桐庐县境内首座220千伏变电所——乔林输变电工程投产运行。该所位于桐庐江南开发区,占地面积2.73公顷。一期工程为一台15万千伏安自耦低耗变压器,220千伏出线2回,110千伏出线4回,35千伏出线6回,35千伏无功补偿装置2×8400千乏。该变电所的投产运行,进一步提高了桐庐县的供电质量和可靠性,为当地经济和社会发展提供了电力保证。 (沈百强)

·建材冶金工业·

【概况】 杭州建材冶金部门经过改制,有企事业单位23个,其中投资主体多元化的有限责任公司7个,中外合资、外商独资企业6个。有职工9075人,其中各类专业技术人员695人。主要产品有玻璃、玻璃纤维、加工玻璃、水泥、水泥输送机械、塑钢门窗、加气砼砌块、建筑石料、铁合金、电解铜、铁精矿、钼铁、黄金、白银等。

杭州建材冶金控股公司全年完成工业总产值13亿元,比上年增长5.5%;完成销售产值12.9亿元,增长3.6%;产销率99%。外贸出口受世界经济和贸易增长率下滑的影响,完成出口交货总值7030万元,下降15.3%。

推进和深化国有企业改制。按照市委、市政府提出的基本实现国有企业改制目标要求,控股公司加大改革攻坚力度。突出重点,集中精力抓好县(市)境内建材冶金企业的改制,取得明显成效。全年完成改制和批复同意改制的企业10个,其中改制为有限责任公司2个,完成破产、歇业的企业3个,确定结构调整的企业1个,国有企业改制面累计达到100%。大部分改制企业的生产经营形势有明显起色,经济效益好于改制之前。采用多种途径分流富余人员,全年平稳有序地分流安置职工3500余名,是近几年来分流安置工作力度最大的一年。筹集再就业资金376.9万元。控股公司离退休人员服务中心接收破产企业的离退休人员169人。企业按时足额发放生活费和代缴各项劳动保险费用，没有发生拖欠和少缴的情况。

技术改造和引进外资取得新进展。全年有8种新产品经杭州市经委考核，达到国内先进水平。杭玻集团池窑拉丝技术、土工格栅布和横山铁合金厂的氮化铁合金获得杭州市新技术、新产品奖。技改项目完成投资3981万元，协议利用外资2320万美元，实际利用外资2358万美元。杭玻集团与法国圣戈班公司合资兴建的年产池窑拉丝7500吨项目投入生产。

【基本实现国企改革目标】 2001年，建材冶金控股公司抓住产权制度和劳动用工制度两项改革重点，采取多种改制形式，积极推进企业改制。在市委、市政府改制联络组的指导帮助和余杭区、建德市政府的通力支持下，控股公司在建德、余杭境内的企业改制工作取得实质性的进展。新安江水泥制品厂已经歇业，土地、设备等资产基本拍卖完毕，人员全部安置分流到位。建德水泥厂、绝缘材料厂依法实施破产，资产实行公开转让，人员全部完成分流。嘉威化学建材厂和獐山石矿在改制中形成了新的投资主体，实现股权结构多元化。装饰材料总厂的改制方案，经过反复论证，已由控股公司会同市国资局批复同意。闲林埠钼铁矿通过土地收储，基本落实安置费用，为实施闭矿歇业创造了条件。横山铁合金厂的结构调整方案，经过多次专题调研，形成操作方案，待市政府批复后具体实施。至年末，列入2001年改制和结构调整计划的企业，都如期完成进度要求。

【杭州圣戈班维特克斯公司成立】 随着国内外玻璃纤维行业的发展，尤其是中国加入世贸组织后，对电子玻璃纤维纱、缠绕纱的需求量明显增加。为适应玻纤市场的变化，杭州玻璃集团有限公司积极寻找对外合资合作发展新玻纤的路子。7月，与法国圣戈班公司就合资兴建7500吨级池窑拉丝项目签署合同，项目总投资2.44亿元，其中法方出资80%，外资已全额到位。12月1日，成立杭州圣戈班维特克斯玻璃纤维有限公司。合资项目的建成，将为国内外市场提供应用于多领域的玻纤纱。该项目是杭州市工业企业2001年最大的引进外资项目。根据协议，双方将建设投资4000万美元、年产2.5万吨级池窑拉丝的二期工程。

【调整改造玻纤生产线】 坩埚法拉丝生产线是杭玻集团公司创始初期建设的一条玻璃纤维生产线。由于受生产工艺技术制约等因素的影响，经济运行状况不佳，尤其是近几年来，该生产线每年出现数百万元亏损。2001年，以改制为契机，通过调整生产布局、扩大生产规模、优化劳动组合、加强产销衔接、强化内部核算以及推进以计件工资为主的多种分配形式等有效措施，给老的玻纤生产经营带来生机和活力。通过调整改造，以20万元低成本、低投入实现从年初20余台坩埚生产扩大到65台，新的分配制度调动了员工积极性。2001年，该生产线扭转连续多年亏损，实现利润115万元。

引进塑钢型材生产线

【普遍建立预警机制】 为了平稳有序地搞好国企改制，控股公司工会在各企业普遍建立"预测、预审、预报、预防"的"预警"机制。工会定期对改制中涉及职工切身利益的敏感问题进行研究、分析，测定职工合法权益受到侵犯的可能性，超前提出协调劳动关系、维护职工合法权益的办法。通过职代会和工会参加企业改制领导小组等途径，提前介入企业改制方案的制订。明确基层工会主席是工会劳动关系预警机制的第一责任人。通过建立预警机制，控股公司各企业从厂部、车间(分厂)到班组形成了纵向到位、横向到边的信息传递反馈网络，强化了信访处理、法律援助、法律监督、劳动争议调解、情况通报等工作。

【提前实现禁用实心砖目标】 2001年，杭州市提前实现国家关于沿海及土地资源稀缺的城市禁用实心粘土砖的要求。全市新型墙材产量达到7.06亿块标砖，完成计划的106%；新墙材产量占全市墙材总量16.24亿块的43.5%，比上年提高4.92个百分点。全年关停、改建砖瓦企业49个，实心粘土砖产量下降到9.18亿块，下降9.8%；新墙材应用比例达86.8%，其中杭州市区达到98.6%，提高17个百分点。与浙江大学共同开展的混凝土小型砌块的试点应用取得突破。经建设部组织的专家鉴定，该项目达到国际先进水平。9月14日~15日，第九届全国南方省、市墙体改革工作研讨会议在杭召开，杭州市墙体改革领导小组作专题发言。

【水泥散装总量476万吨】 2001年，全市散装水泥供应总量创下476万吨的新记录，连续三年居全国大中城市第一位，比上年增加44.82万吨，增长10.4%；全市散装率达到52.27%，提高2.83个百分点，高出全省平均水平近14个百分点，比全国平均水平高出近31个百分点。其中杭州水泥集团供应散装水泥62.44万吨，居省、市同行业前茅，散装率高达91.7%。全市因供应散装水泥可节约包装纸2.86万吨，折合优质木材15.71万立方米，创综合经济效益1.95亿元。2001年，杭州市和萧山区分别开展争创"九五"全国、全省散装水泥示范市、县(市)活动，均通过国家和省验收组的考核验收。 (余显幕)

·医药业·

【概况】 2001年，杭州市医药管理局和杭州市药品监督管理局同时运行。6月，市委、市政府撤销市医药管理局。至10月底，全部完成医药管理局所属企、事业单位的产权制度和用工制度的改革，国有资产管理职能全部移交给有关单位，行业管理职能全部移交给市经委。

市医药行业有归口管理的单位1718个，其中药品生产企业68个、药品批发独立法人企业35个、药品零售企业662个、医疗器械生产企业144个、医疗器械经营企业787个、医药包装材料企业22个。

全行业完成工业总产值39.96亿元，比上年增长12%；其中化学药品工业产值19.19亿元，增长9.3%；中成药产值14.46亿元，增长24.4%；医疗器械产值5.31亿元，增长0.6%。工业实现利税8.12亿元，增长36.2%。主要产品产量中，24大类原料药1483吨，与上年持平；中成药4614吨，增长16%；产品质量稳定提高率100%，市场抽查合格率100%。医药商业全年销售额32.06亿元，增长15.2%；市医药局部门商业实现利税1.26亿元，下降2.9%。在全省11个市中，杭州医药工业总产值居第二位，销售收入居第二位，利税、利润居第一位，杭州市医药商业销售额中的利润、利税分别居全省第二位和第一位。

配合杭州经济技术开发区加大"新药港"产业园区的招商力度，浙大生物科技有限公司、艾康生物技术有限公司、国光药业有限公司、九洲药业有限公司4个企业进驻产业园区。

中药研究、开发、生产及装备条件大大改善。正大青春宝公司和康莱特药业公司运用现代化技术对传统制作工艺进行改造，提高中药的质量和疗效。康莱特注射液已进入美国临床试验。杭州天目山药业公司铁皮石斛基地建设进展顺利。

医药孵化器建设进程加快，浙江亚克药业医疗器械孵化器挂牌运作，九源基因生物医药孵化器开始营业。杭州华东医药公司、天目山药业公司、胡庆余堂公司、杭康药业公司等建立了省级技术中心或科研开发中心。

【举办中药与植物药论坛】 10月18日~22日，"中药与植物药国际高级论坛"在浙江世贸中心召开。这是西博会期间举办的国际性学术交流活动，也是国家药品监督管理局成立以来，首次举办的大型国际会议。国家药品监督管理局局长郑筱萸担任"论坛"组委会主席，肖培根、王永炎、姚新生等国内中药界知名专家、学者组成专家顾问组，杭州市四套班子的主要负责人出席开幕式。论坛邀请世界卫生组织(WHO)、美国食品及药物管理局(FDA)、日本、欧共体等药品管理部门的官员，国内外中药与植物药专家，国内外从事药品生产、经营、研发、教学及科研院所等500余名代表参加。论坛安排30个专题报告，针对一些议题安排分会场进行研讨。还举办了中药与植物药研究、开发及生产业绩展示活动。

论坛突出了国际性、权威性、专业性和参与性，为塑造杭州形象，宣传、推动"新药港"建设发挥积极作用，获2001年西博会优秀会议项目惟一的金奖。

【新药港产业园区通过论证】 为组织实施"新药港"工程，市医药管理局和杭州开发区联合筹建"新药港"产业园区。1月18日，杭州"新药港"产业园区总体规划通过省经贸委组织的论证。

"新药港"产业园区位于杭州开发区东部区块，总规划用地面积166.82公顷，本着高起点、优结构、外向型、复合型的原则，将"新药港"产业园区划分为5个区块。第一区块为天然药物及制剂区块，占地面积54.35万平方米；第二区块为生物基因工程区块，占地面积28.08万平方米；第三区块为医疗器械及包装区块，占地面积19.39万平方米；第四区块为综合配套区块，提供危险品的储存、实验动物中心、培训研究开发中心等公共配套服务设施；第五区块为二期预留用地，占地面积56.68万平方米，为"新药港"的进一步发展提供空间。

【华大基因研发中心落户杭城】 1月21日，世界一流的DNA测序分析中心——杭州华大基因研究发展中心宣告成立，此举对杭州跨入世界生物产业的先进行列，加快"新药港"建设具有重要的推动作用。

中心是以杨焕明博士为首的中国生物领域优秀科学家在杭创办的。杨焕明是北京华大基因研究中心和中科院基因组信息中心主任、中国人类基因组计划秘书长、国际人类基因组计划1%测序工作的首席科学家。2000年，杨焕明一行对杭州创业环境进行全面考察后，坚定了在杭设立研发中心的决心。在市委、市政府和省有关部门的鼎力支持下，华大基因研发中心在杭州筹建完成。杭州市医药管理局快速启动市生物基因工程产业化风险资金，落实项目5000万元贷款资金。海关以最快的速度办理进口设备免税手续，47台测序仪运抵杭州开始运作。

基因研究中心成立后，在继续完成人类基因组计划的同时，将与杭州、浙江和其他省、市的生物、医药界一起，为中国的特有物种、优良品种和宝贵的中医药资源提供知识产权鉴定依据，对生物资源进行大规模的基因开发。首选目标是具有特殊疗效的中医药中小型基因组的“冬虫夏草”项目，及具有重要经济意义的水稻、家猪和螺旋藻等大中型基因组。2002年底前，将建立拥有全套基因组学、生物信息与蛋白质组学技术的基因开发平台。

【新药波立维上市】 9月8日，治疗心血管病的新药——“波立维”由杭州赛诺菲圣德拉堡民生制药有限公司推出，经国家药品监督管理局批准，在全国各地上市。成立于1996年的杭州赛诺菲圣德拉堡民生药业有限公司，是法国赛诺菲圣德拉堡集团公司在中国设立惟一的合资公司，年销售额从成立之初的1000万元上升到2001年的4亿元。有关调查显示，缺血性心脏病和脑血管病症已成为人类的主要杀手。过去常用的药物，疗效和副作用存在局限性。该公司不断加快新药开发步伐，这次推出的特异强效抗血小板新药“波立维”，在国内与欧洲基本同步上市。

【基因技术开发生产骨优导】杭州华东医药集团继组建九源基因工程有限公司，生产出升白细胞基因药物“重组人粒细胞集落刺激因子”(商品名“吉粒芬”)后，9月1日，公司基因技术研究所的又一基因产品“骨优导”，经国家药品监督管理局批准，进入医院实施临床试验。“骨优导”材料由天然原料制成，易被机体吸收，制作严格，无污染，是用重组的基因技术形成的一种新型、有生物活性的卫生材料（属国家三类医疗器械），用来治疗骨缺损的基因产品，属国家863计划项目。该产品具有自主知识产权，获得三项技术专利。经专家鉴定，该产品已达到国际先进水平。

【康莱特注射液在美临床试验】 2月，该药通过美国FDA临床试验前的答辩，并获得美国FDA批准在美进行临床试验。6月5日，浙江康莱特药业公司生产的抗癌中药——康莱特注射液在美国盐湖城进行首例临床试验，对国药走向世界具有重要意义。据悉，受试病人感觉良好，医生非常满意。《盐湖城论坛报》记者托里·古德曼报道：汉兹门癌症研究所开始对从草药中提取的一种抗癌药物进行一项小规模的人体临床试验。这一药物如被证明安全，就可获得美国药政管理部门的批准。

【喜恩开胶囊通过鉴定】浙江杭康生物药业有限公司是一个从事医药开发研制和生产的高新技术企业，被杭州市政府列为“新药港”规划中的3个孵化器之一——“海洋药物专业孵化器”所在地。

8月18日，杭康药业公司开发的海洋生物新药——喜恩开胶囊，通过浙江省科技厅举行的“科技兴海”成果鉴定。喜恩开是在传统中医理论指导下，从海蛇体内提出有效活性成分，经现代生物技术提炼的海洋生物促智药。该药用2号胶囊包装，改变了传统中药的大汤、大丸形象。喜恩开已获国家药监局批准，2001年3000万粒投放市场。

【建立昼夜零售药店】5月8日，杭城首家24小时不间断营业的零售药店——杭州武林药店有限公司半道红连锁店亮相。无论市民何时前往购药，都有药师提供用药指导。为适应医药卫生制度改革新形势，满足市民的用药需要，药店提供多种服务，如为顾客提供外伤急救包扎、缺药登记、到货联系、免费煎药、函购药品、出借轮椅等。 （柳静波）

·食品工业·

【概况】杭州市食品工业有食品加工业、食品制造业、饮料制造业、烟草加工业4大类，分38个自然行业。全市食品工业中国有及年销售额500万元以上的企业153个，年平均从业人员3.7万人。其中食品加工业51个，从业人员5400余人；食品制造业60个，从业人员1.77万人；饮料制造业41个，从业人员1.28万人；烟草加工业1个，从业人员1100余人。

近几年来食品制造业和饮料制造业发展较快，食品加工业相对萎缩。2001年食品工业完成工业总产值188.34亿元，销售产值184.33亿元，实现利税55.82亿元，其中利润23.95亿元，分别比上年增长47.5%、46.1%、39.1%和43.3%。

【市食品酿造公司完成改制】4月，由原杭州市食品工业公司、杭州利民食品厂、杭州脱水菜厂等企业改制组建成杭州市食品酿造有限公司。下设工农酿造厂、东风酿造厂、西湖酒厂、西湖酒厂桐庐富春江分厂、利民食品厂、新盛大酒店、豪盛大酒店、公司经理部、供销分公司、食品工业研究所等10个单位，主要生产经营调味品、酱菜、糖制食品、糖果、冷制品、饮料、软馅等9类600余种产品，成为集食品生产经营、酒店业、食品批发、食品科研开发于一体的多元化经营企业。

组建后的新公司调整企业经营管理组织结构，努力实现制度、管理和技术的改革和创新，集中主要精力抓好酿造调味品中的酱油、食醋和月饼的生产经营，推进企业品牌战略的实施。拥有多个强势品牌，具有一定的市场竞争力，湖羊牌酱油是2001年浙江省和杭州市的著名商标、省和市的名牌产品；“五味和”月饼是杭州市的著名商标和名牌产品，在“中国月饼节”上获得“中国名牌产品”称号；双鱼牌米醋、北高峰牌黄酒、丹凤牌酱菜曾多次评为部和省、市优质产品。2001年，公司工业总产值3900万元，实现税利1400万元，均比上年增长11%。

【娃哈哈集团积极开发饮料】2001年，杭州娃哈哈集团有限公司加大科研开发力度，在热罐装饮料、液体奶及乳饮料、保健食品系列中，开发出非常茶饮料、娃哈哈系列果汁饮料、娃哈哈纯牛奶、乐酸乳等一批新产品，成为新的经济增长点。推出的非常低糖绿茶以龙井茶叶为主要原料，结合传统制茶技术与现代科技，保留原茶有效成分，蕴涵龙井茶特有韵味，口味醇厚，茶香怡人。非常冰红茶以滇红茶和祁门红茶为原料，经萃取、调配，保留红茶特有营养成分及浓郁茶香，口感清新爽口。

娃哈哈系列果汁饮料以进口天然鲜橙汁、水蜜桃汁等为原料,采用超高温瞬时灭菌工艺，最大程度地保留了水果的营养成分和天然风味。娃哈哈乐酸乳选用优质牛奶经乳酸菌发酵，以进口优质奶粉和一次性乳酸菌进行发酵,产品风味自然清新。

娃哈哈集团以开发研制新产品为中心,在生产、质量、成本、设备等方面加大管理力度，成立桂林、新乡、天水、吉林4个分公司和杭州乐维公司。至2001年底,已在全国17个省市建立40余个全资和控股子公司。全年生产饮料250万吨,比上年增长11.9%，约占全国饮料总产量的16%,饮料“十强”企业总产量的38%;完成产值62.18亿元,销售收入62.32亿元，实现利税13亿元,其中利润9.14亿元。

【中策啤酒公司全面推进技改】 2001年,中策啤酒有限公司全面开展技术改造。与日本朝日啤酒公司进行技术交流，吸收日本的先进生产技术；应用计算机配料及现代生物技术生产啤酒；采用日本朝日啤酒品质保证方式，积极推进纯生化控制模式，提高啤酒口味稳定性;引进世界一流的啤酒酿造专业设备及质量分析仪器;建立技术标准体系。在酿造生产线方面,主要新增发酵罐、发酵罐自控装置及公用配套设施，新建发酵公用设施操作室,新增变压器等。增加一条灌装生产线及配套设施，新建生产车间和成品车间。

中策啤酒公司开发成功“10度冷泉冰爽”、“8度虎跑泉牌” 和“10度冷泉清爽”等啤酒新产品,产品辐射到江西、上海、福建、湖南、江苏、北京等省外市场。西湖啤酒被浙江省名牌产品认定委员会再次认定为“浙江名牌产品”，西湖牌商标被浙江省工商局再次确定为“浙江省著名商标”。公司全年完成工业总产值1.47亿元,比上年增长12.2%;实现利税6100万元,增长15.3%。

【加强酱油食醋产销管理】 杭州市深入贯彻实施省政府《关于整顿酱油食醋产销秩序的通知》,市酱油食醋整顿办公室把工作重点转移到日常监督管理，开展专项整治和年检年审。了解市场动态，捕捉有关信息，积极开展酱油食醋专项整治活动。针对市场和行业存在的问题,及时向有关职能部门反映，及时予以查处。2月,查处一起冒用名优产品包装图案和标志的案件;7月,会同市质量技术监督局检查所、市质检中心和市食品工业协会联手查处临安于潜镇一个既无营业执照和卫生许可证，又无合格的生产设备和检验设备的地下工厂;查获2个无“准产证” 的企业生产配制食醋冒充酿造食醋的违法行为。通过专项整治，堵截了伪劣产品的生产源头，维护了正规酿造企业的合法权益，改善了市场秩序,保护了消费者利益。

根据省酱醋整顿办公室《关于开展酱油食醋生产企业年检年审工作的通知》精神,市酱油食醋整顿办公室于10月12日召开年检年审工作会议。10月16日~31日,由市轻纺行业办公室、市工商局、市食品工业协会和市酱油食醋办公室组成市检查考核小组，对分布于淳安、建德、富阳、临安、萧山、余杭、江干、西湖、拱墅等9个县(市)、区的27个酱油食醋生产企业,按照《浙江省酱油食醋生产企业考核办法》进行检查,查看企业的生产工艺和设备、检测技术设施的配套、记录的建立和执行，实施新定酱油食醋标准的情况,占应检企业数的81.8%。检查结果各企业情况良好，未发现严重违规行为。对个别不足方面，给予批评、帮助、限期整改。经省酱油食醋整顿办公室复查，除1个企业停产拍卖、3个企业因城市建设需要搬迁重建外,其余企业全部合格通过。

【举办第十六届食品展销会】 1月16日~21日,杭州市第十六届食品展销会在浙江展览馆举行，设140个展位,近200个工商企业参加。展销会实行市场化运作方法，坚持以会养会，以给参展商家和消费者提供方便和实际利益作为办好展销会的动力，吸引各地著名企业和名、特、优、新产品,提供金华火腿、嘉兴棕子、舟山黄鱼、黑龙江木耳、陕北大红枣、贵州牛肉干、大连海蜇头等产品，许多商家以优惠价格和优质服务开展促销宣传，方便和实惠成为展销会的最大特色。

展销会重视现场管理,对食品质量层层把关，招商开始就有质保协议;商品进场后加强检查,及时处理问题;展销会结束后一个月内,仍对消费者负责处理质量投诉。由于采取一系列维护消费者权益和便利消费者选购的措施，丰富的商品和优惠的价格赢得群众的信任，展销会接待参观购物者8万余人次,现场零售额600余万元。

(陈曾三)

个体私营经济

·经济建设·

【概况】 2001年,市委、市政府出台一系列支持个体私营经济发展的政策和措施,进一步改善了投资的软环境,增强了个私经营者的投资积极性,个私经济继续保持稳定、健康的发展态势。至年末,全市共有个体工商户17.73万户,从业人员29.91万人,注册资金40.76亿元,分别比上年增长4.7%、12.9%、15.8%;共有私营企业4.45万个,投资人数9.68万人,雇工人数48.46万人,注册资金337.85亿元,比上年增长41.3%、59.2%、41.5%、70.9%。全市个私经济实现工业总产值1198.76亿元,消费品零售额170.31亿元,分别比上年增长27.7%和21.1%。

私营企业增长迅速。2001年全市新开业的私营企业11228个,比上年增长15.4%。全市共有633个企业从原有挂靠在国有、集体企业中“摘帽”为私营企业;63个企业被拍卖后转为私营企业;共有456个个体工商户扩大规模,转为私营企业,促进了私营企业的扩张。

高新技术企业发展势头迅猛。产业结构合理,经济运行良好。全市高新技术开发区已有高新私营企业679个,投资者3872人,雇工1461人,注册资金14.40亿元,分别比上年增长70.1%、60.8%、50.7%、32.5%。

组织形式进一步优化。有限责任公司已占主导地位,个人独资企业的快速增长促进了独资企业数量的扩张。随着《公司法》、《公司登记管理条例》的实施以及全市股份合作制企业二次改制的推进,有限责任公司这种产权清晰、权责明确的企业组织形式得到了广大私营企业主的青睐和认可,成为私营企业的主要发展形式,且增长速度最快。全市有限责任公司2.9万个,个人独资企业3383个,比上年增长57.2%和1.85倍。

三次产业有新的发展。个体私营经济中的第一产业,已初步形成了以粮食生产为龙头、蔬菜瓜果、花卉苗木种植、水产养殖为优势的农业发展格局。至年末,全市农村种植、养殖专业户有1216户,比上年增长44.6%。第三产业仍是个体私营经济发展的主要领域,年末共有个私企业17.91万个,比上年增长9.1%,商业、饮食、服务、修理等传统第三产业因其投资小、见效快,发展迅速,但也出现了新型材料、生物技术开发、房地产开发等新兴行业。信息咨询服务与计算机应用服务企业分别达到1672个、1949个,比上年增长59.7%和1.26倍。服务业中,会展布置、心理咨询、形象设计、幼儿及小学生上园校护送等新型服务行业不断涌现。第二产业增长平稳,年末共有个私企业4.13万个,增长15.6%,其中制造业有3.96万个,占第二产业户数的95.9%,随着行业领域的不断拓宽,制造业已从传统的加工业、造纸业、通信电缆等行业逐步扩展到了生物医药、机械电子、环保化工、仪器仪表等新兴行业。

企业创品牌的意识不断提高。至年末,全市累计注册个私商标4562只。2001年新注册1457只,其中获杭州市著名商标28只,浙江省著名商标21只。商标注册从工业品向旅游服务、农副土特产品等领域拓展,如千岛湖的旅游点——蛇岛、锁岛,分别以岛名进行商标注册。“中得”甲鱼饲料商标、“钱江”弹簧商标等分别被列为省、市著名商标的新培植对象。

参与国际竞争的能力进一步增强。随着国家对私营企业申报自营进出口权条件的进一步放宽,全市个私企业不断拓展国际市场,外贸出口势头强劲,全市共有870个个体私营企业的产品出口,出口地域主要以欧洲、美国、日本、韩国、香港等国家和地区为主。2001年,实现产品交货值115.29亿元。同时,个私企业的出口产品已从传统的科技含量低、制作工艺相对简单的针织服装、工艺品、玩具和农特产品为主,逐步向科技含量和产品附加值较高的汽车零配件、电子五金、化工、机电、食品发展,出口产品已涉及10余大类近千品种。

【生产经营规模不断扩大】 受国家

杭州市个私协会会员培训中心挂牌仪式

宏观财政、金融政策的影响,内需逐步扩大,个体私营企业普遍注重吸纳丰裕的民间资金,扩大生产经营规模。全市个体工商业户均注册资金为2.3万元,私营企业户均注册资金为75.94万元,比上年增长10.6%和20.9%。私营企业注册资金在100万元~500万元的有5048个,比上年增长77.8%;500万元~1000万元的有972个,增长81.7%;1000万元以上的有531个,增长2.77倍;资产超亿元的私营企业达31个,私营企业集团已发展到43个,比上年新增14个。年产值在100万元~500万元的有6103个,500万元~1000万元的有1275个,1000万元~5000万元的有596个,5000万元~1亿元的有75个,1亿元以上的有41个。

【块状经济的区域效应日益明显】至年末,全市已有初具规模的个私专业村20多个,个私工业园区40多个。如桐庐县分水镇的圆珠笔专业村、萧山区瓜沥镇大义化纤布专业村、富阳市上官乡羽毛球专业村、建德市顾家工业园区、富阳市灵桥造纸工业园区等。这些专业村及工业园区以自身的特色产品为纽带,以龙头企业为依托,以大带小、以强扶弱推动了整个地区经济的全面发展。

位于萧山新塘桥南沈村的杭州金利发羽绒制品有限公司,全年产值1.2亿元,出口创汇1亿元,年税利达500多万元,带动了该羽绒制品专业村内其他羽绒个私企业的发展,取得了良好的经济效益,并解决了当地农村剩余劳动力的就业问题。

【配合开展整顿规范市场活动】2001年,全市各级个私协会积极配合工商部门开展整顿规范市场活动,加强对个私企业经营者的教育,引导他们提高思想认识,自觉规范经营行为。7月,市个私协会配合市工商局有关处室进行"前置审批回头看"检查工作,对涉及人民群众生命财产安全的烟花爆竹、化学危险品等易燃易爆产品生产经营企业及部分文化娱乐场所进行了检查,以

杭州市个体私营企业美发美容大赛获奖者

确保安全生产和人民群众生命财产安全。

11月,市个私协会向全市个私经营者发出"诚实立身,信誉兴业"倡议书,各县(市)、区协会积极响应,纷纷开展"诚信"教育活动。萧山等一些区、县(市)协会还发出加强行业治理规范经营的倡议书,并与个私经营户代表签订《守法经营责任书》,组织个体户会员进行自查自纠。建德等地协会举办个私经营户识假防假培训班,收到良好效果。滨江区个私协会组织会员参加消费者权益保护法知识讲座,并向会员发放《绿色消费手册》。

【新成立11个行业协会】 2001年,市个私协会抓行业协会组建工作成效明显,全市除滨江区、杭州经济技术开发区、高新技术产业开发区个私协会外,其他个私协会都已组建行业协会,涉及美容美发、摄影、茶馆、饮用水、澡巾布、通讯行业、轻纺原料、眼镜、摩托车修理、烟花爆竹等18个行业。2001年新成立11个(上城区餐饮行业分会、西湖区茶馆茶楼行业分会、拱墅区摄影行业分会、建德市眼镜行业分会、淳安县饮用水行业协会、余杭区乔司烟花爆竹行业分会,下城、江干、萧山区和临安市、桐庐县美容美发行业分会)。同时,行业分会活动也积极开展。如下城区举办全区美容美发大赛,临安餐饮分会组织会员参加本地名菜评选活动等。

·社会活动·

【改善个私经济投资软环境】2001年,市工商局按照市委《关于进一步促进个体私营经济发展的若干意见》,进一步放宽了市场准入限制,扩大经营、交易的自由度;引导个私企业开展种养植业登记;创设注册商标;简化审批手续,实行网上并联审批等,努力改善投资软环境,大力发展个私经济。5月,市工商局在开展电话传真并联审批的基础上,进行了计算机网上并联审批试点,使审批流程更顺畅,审批行为更透明,审批部门配合更密切。此后,下城、建德工商分局也推行了网上并联审批。12月,市政府正式下发了《关于在全市实行企业(个体)注册网上前置并联审批的通知》。这一做法得到了国务院及国家工商总局领导的肯定。余杭工商分局也完成了个体工商户前置并联审批"全覆盖"的试点任务,得到了省工商局的肯定。

【个私协会会员培训中心成立】2001年,市工商局与市委党校联合组建了这一培训中心。上城、下城、西湖、江干、拱墅、萧山、余杭、临安、建德、淳安、桐庐等区、县(市)个私协会单独或与党校联合先后成立会

附：　　2001年杭州市私营企业和个体工商业情况

项目	私营企业				个体工商业		
	户数（户）	投资者人数（人）	雇工人数（人）	注册资金（万元）	户数（户）	从业人员（人）	注册资金（万元）
合计	44 491	96 800	484 582	3 378 490.00	177 283	299 139	407 576.00
农林牧渔业	580	1 007	5 454	36 682.00	756	1911	2 487.00
其中:1.种植业	308	528	2 889	14 553.00	400	1072	937.00
2.畜牧养殖业	224	388	2 077	20 086.00	284	631	1 200.00
3.捕捞业	4	6	13	55.00	1	8	1.00
其中:农林牧渔服务业	11	16	83	204.00	25	53	46.00
采掘业	138	209	1 773	3 948.00	506	1 967	1 479.00
制造业	18 730	34 510	253 033	1 302 729.00	20 907	62 747	48 297.00
其中:印刷业	692	1 140	8 538	54 979.00	615	2 926	1 738.00
建筑业	753	2 313	10 223	151 968.00	314	759	1 273.00
交通运输、仓储业	295	1 012	3 110	26376.00	12 768	17 670	59 711.00
其中:交通运输业	197	772	2 172	19 173.00	11 718	16 157	52 941.00
批发和零售贸易、餐饮业	17 703	40 609	148 719	1 267 384.00	116 112	177 785	224 908.00
其中:批发零售贸易业	16 430	36 892	133 317	1 196 967.00	100 340	148 569	201 628.00
社会服务业	5 567	15 065	55 912	428 370.00	25 494	35 334	68 202.00
其中:1.理发及美容化妆业	48	75	424	1 154.00	6 711	9 820	8 922.00
2.沐浴业	11	12	112	686.00	254	503	930.00
3. 日用品修理业	196	276	1 424	6 618.00	6 071	7 883	12 611.00
4.旅馆业	97	234	1 075	15 206.00	1 191	1 932	2 423.00
5.娱乐服务业	220	449	2 205	12 656.00	1 596	2 563	5 002.00
6.信息咨询服务业	1 130	2 931	9 627	55 130.00	542	881	1 458.00
7.计算机应用服务业	1 414	5 477	19 826	165 616.00	535	870	1 883.00
其他行业	725	2 075	6 358	161 033.00	426	966	1 219.00

员培训中心。各级协会针对形势的发展、会员的需求制定培训计划,开展法律法规、经济管理知识、WTO知识讲座等培训。市个私协会先后举办个私企业厂长经理普法培训班、WTO知识讲座等，共有400余人参加学习培训；会同浙江光彩美容美发学校对全市城区美容美发行业70余名从业人员进行上岗培训，并与市劳动局、团市委成功举办了杭州市个私美容美发大赛。2001年，全市各级协会举办各类培训班658期,培训人员达2.32万人次。

【个私经营者的维权工作得到加强】 全市个私协会认真贯彻《杭州市个体私营保护办法》组建个私维权机构,充分发挥个私协会职能作用,在帮助个私企业抵制“三乱”(乱收费、乱摊派、乱罚款),实行缴费登记卡制度等方面积极开展工作。1.加大组建维权机构力度。市个私协会、上城、下城、江干、拱墅、西湖、滨江、余杭区、杭州经济技术开发区,临安、建德市,桐庐、淳安县个私协会先后成立了维权服务中心。全市除了富阳市和高新技术开发区，其他协会都已建立维权机构，为更好地开展个私企业的维权工作打下基础。2.继续开展协会负责人接待日制度。各级个私协会负责人每月抽出2至3个工作日,受理会员的各类投诉,帮助、协调和解决会员在生产经营和发展中遇到的难点和疑点问题。市个私协会还与浙江海浩、浙江六和、浙江天峰3个律师事务所签订协议,聘请其律师为常年法律顾问。2001年，全市受理会员各类投诉522起,已处理468起。3.做好缴费登记卡的扩面工作。2001年1季度、3季度，市个私协会会同市物价、纪检、监察等部门对实行缴费登记卡制度和执行情况进行了回访检查，并针对检查中发现的一些问题采取有效的措施，有力地维护了个私企业的合法权益。各区、县(市)协会也积极开展此项工作,全市扩面缴费登记卡企业已达16264个。

【组织开展社会公益活动】 市个私协会组织广大个私经营者参与各类社会公益活动，较好地树立个私经营者的良好形象。主要表现在:1.在“三五”学雷锋活动日,全市各级协会组织个私经营者开展声势较大的便民服务活动，全市共组织191次为民服务活动，有6784名个私经营户、工商干部参加，顾客受益金额56万余元。2.市个私协会和各城区协会响应市委、市政府号召，开展了两次为困难职工送温暖的“春风行动”，协会工作人员、理事骨干和个私会员纷纷捐款，2次共捐款人民币32.31万元。3.积极开展“光彩服务周”活动。建德、桐庐、萧山、余杭、富阳、西湖、拱墅等区、县(市)个私协会在“光彩服务周”中积极开展各种捐助、便民活动，向社会捐款、捐物达70余万元。2001年，市个私协会受市工商局党委委托，先后3次赴淳安县光昌乡龙源村扶贫慰问。全市各级个私协会还走访慰问特困职工、孤寡老人及部分城区的特困个体工商户，向他们送去了党和政府的关怀和全市个私经营者的一份爱心。

【举办首期个私协会系统党支部书记培训班】 为提高个私协会系统党支部书记的党建工作理论水平，加强全市个私企业党建工作，2001年，市个私协会在市委党校举办了首期全市协会系统党支部书记培训班，培训班上就建国以来中国共产党执政的基本经验、江泽民总书记提出的“三个代表”和21世纪党建等内容进行了系统的学习。市委组织部领导专门讲授了关于新世纪如何加强非公有制党组织建设工作的课程，全市40余名基层党支部书记参加了培训。个私协会党建工作进一步加强，至年末，全市个私协会系统已建立党委1个(萧山个私协会党委)、党总支4个(余杭区个私协会、临安市个私协会、建德市个体劳动者协会、淳安县个体劳动者协会党总支)、党支部43个、市场党组织12个、市个体劳动者协会党组织82个，私营企业协会员党组织1100个，其中个私协会系统2001年新组建的，有3个党总支、7个党支部和5个市场党支部。

【个体私营企业工青妇工作进展良好】 2001年，市私营企业工会配合市总工会积极开展工会组建工作。年内，举办了一期市属私营企业工会(工会联合会)主席培训班，进行了以《浙江省私营企业工会条例》为主要内容的培训，进一步增加了私营企业工会干部的业务知识，为打开工会工作新局面奠定基础。10月，市协会组织人员对市属私营企业工会联合会档案进行重新整理，并连续召开了33次工会组建工作会议，2001年已将全部私营企业会员纳入各工会联合会。

上半年，市个私协会配合团市委在个私企业中开展“青年文明号”的复评和新命名活动，杭州新三毛大酒店等14个企业被继续认定为“市级青年文明号”，杭州天鹰食品有限公司等7个个私企业被新命名为“市级青年文明号”，浙江传化集团第三车间被命名为“全国青年文明号”。滨江区个协团支部被命名为“市级青年文明号先进集体”。

妇委会工作得到加强，全市各级个私协会妇委会根据实际，组织女会员开展教育培训工作。8月，与市妇联联合召开妇女权益保障座谈会，同时发放100多份调查问卷。市个私协会妇委会推荐临安女个体户钱水仙事迹入编《女共产党员的风采》一书，并推荐杭州三替服务有限公司总经理陶晓莺为市“三八红旗手”，推荐萧山个私协会妇工委为“三八红旗集体”。同时配合有关部门做好计划生育工作。(李红来)

附：

杭州市个私经济消费品零售额占社会零售总额比重变化情况

(1978年~2001年)

年份	个私经济零售额(万元)	社会消费品零售总额(万元)	个私经济零售额占社会零售总额的比重%	年份	个私经济零售额(万元)	社会消费品零售总额(万元)	个私经济零售额占社会零售总额的比重%
1978	72	93 580	0.1	1 990	99 173	770 011	12.9
1979	102	117 840	0.1	1 991	130 361	906 103	14.4
1980	259	160 795	0.2	1 992	169 772	1 104 687	15.4
1981	574	184 988	0.3	1 993	237 013	1 491 075	15.9
1982	1 837	196 598	0.9	1 994	372 095	2 051 922	18.1
1983	8 449	214 356	3.9	1 995	470 636	2 347 609	20.0
1984	16 648	269 263	6.2	1 996	629 019	2 727 330	23.1
1985	33 724	374 528	9.0	1 997	818 175	2 992 188	27.3
1986	42 287	437 234	9.7	1 998	944 777	3 276 992	28.8
1987	53 512	515 383	10.4	1 999	1146 646	3 589 596	31.9
1988	77 708	678 995	11.4	2 000	1405 787	4 039 458	34.8
1989	91 158	726 822	12.5	2 001	1 703 106	4 588 190	37.1

科 学 技 术

·自然科学·

【概况】 2001年,杭州市科技工作围绕实施“两港三区”(信息港、新药港、高新技术产业开发区、经济技术开发区、高教园区),建设“天堂硅谷”为重点的“一号工程”,发展高新技术及其产业,培育高新技术企业。连续三次荣获“全国科技进步先进城市”称号,13个区县(市)全部通过全国科技进步考核(复查),其中上城区、西湖区、下城区、萧山区、余杭区成为全国科技进步先进区县(市)。全市获省科技进步奖49项,市级科技进步奖87项。

科技政策环境改善。市政府下发《杭州市科学技术“十五”发展计划》、《杭州市2001年~2010年高新技术产业规划纲要》和《杭州市新世纪人才工程的实施意见》,继续贯彻科学技术是第一生产力,高新技术产业是第一增长点,人才是第一资源的战略。出台《关于进一步鼓励科技人员在杭创新创业,促进高新技术成果转化的若干意见的通知》、《关于进一步促进科技企业孵化器建设和发展的实施意见》等文件,加强科技创新创业环境和服务体系建设,初步建立以政府引导、企业为主、社会参与、市场运作的科技投入体制,风险投资稳步发展,高新技术成果转化资金作用明显。“两港”建设初见成效,杭州市被列入国家集成电路设计产业化、软件产业化基地,组织申报国家电子商务、电子政务试点城市和智能交通系统示范工程等“十五”重大科技攻关项目,为推进高新技术成果产业化,加快技术创新步伐提供有效平台。杭州“新药港”建设被列入省“十五”计划医药工业“三大工程”之一。全市科技企业孵化器建设发展迅猛,创业环境优化。至年末,全市科技孵化面积9.9万平方米,孵化企业300余个,开发高新技术项目436个,总销售收入2.65亿元。增强知识产权保护力度,安排专利专项奖励资金,鼓励专利发明,全年受理专利申请2356件。全市有自然科学研究机构33个。

科技发展计划,突出重点,兼顾一般。深化科技计划管理制度改革,公开征集计划项目600余项,进行专家咨询、科学评估。配合行政区划重大调整,设计2个重大软科学项目向社会公开招标。列入国家创新基金项目24项,争取国家科技经费1945万元,项目数和经费数占全省43%。开展科技合作,与浙江大学共同实施提高企业创新能力的“5112工程”;举行首届杭州科技合作周,杭州市与中科院签订科技合作协议,中科院院长路甬祥等一批国内外知名专家在“西湖论坛”、高新成果展示洽谈会、风险投资洽谈会等活动中传经送宝。编制市防震减灾“十五”计划,完成数字化地震台网中心搬迁和全年地震监测分析任务,设置强震仪记录站点,启动数字化前兆网站建设改造。 (许 平)

【杭州科技合作周】 由杭州市政府主办,市科技局等单位承办,得到国家科技部、中国科学院的支持,于9月举行。该活动由高新技术成果展示会、“西湖论坛”——科技文化与创新、杭州市与中科院科技合作签约仪式暨高新技术成果发布会、杭州创业投资合作洽谈会、科技企业孵化器建设发展研讨会等5项活动组成,成为杭州规模最大、内容最丰富的科技活动。根据市委书记王国平创办“名城、名院、名校”的指示,邀请领导及国内外专家学者70余人。副市长丁德明与中科院副秘书长邓麦村分别代表杭州市和中科院签订《杭州市与中国科学院科技合作协议》;市部分企业与中科院有关研究所签订高新技术项目合作协议6个,科技合作项目协议金额378万元。科技合作周范围涉及政府部门、高等院校、科研院所、商业界人士、企业家及广大市民,参加活动2万余人次。 (夏校良)

【开展科学研究和试验发展资源清查】 经国务院批准,国家科技部、统计局、财政部、计委、经贸委、教育部、国防科工委联合在全国开展2000年度全社会R&D(科学研究和试验发展)资源清查。杭州市R&D资源清查工作由市科技局和统计局牵头,会同市财政局、市计委、市经委、市教育局联合成立清查领导小组,

杭州市首届“科技活动周”

负责解决清查中重大问题协调及经费落实。至3月末，对县及县以上科研机构、普通高等院校、大中型工业企业（含有科技活动小型工业企业）、各级各类高新技术企业、民营科技企业、一二级资质建筑企业、计算机应用服务业等单位进行全面统计调查。清查的主要数据于12月由市统计局公布。（黄德林）

【实行党政领导科技进步目标责任制】 2001年，市有关部门和各区、县（市）科技进步目标责任制考核，采取市考核小组实地考核、有关单位报送考核自查表与备查材料、听汇报相结合方式进行。4月，市考核小组分组对江干区、萧山区、余杭区、富阳市等进行实地考核。依据自查总结、考核实际和省科技进步统计监测结果，萧山区、下城区、富阳市被评为年度省级考核先进单位，西湖区、上城区、江干区、余杭区被评为年度市级考核先进单位。年末，省政府召开市县党政领导科技进步目标责任制研讨会，杭州市选送的《广揽人才，建设"天堂硅谷"》（仇保兴）获优秀论文特别奖，《以科技进步目标责任制为载体，大力改善杭州创新环境》（市委、市政府）和《落实科技进步目标责任制，加快发展高新块状经济》（郭泰鸿）获优秀论文一等奖；《广泛开展产学研合作，推动高新技术产业的发展》（余杭区委、区政府）和《从实际出发抓好区域科技创新工作》（蔡潮永）获优秀论文三等奖。（徐长明）

【科技"创先"工作】 杭州各区、县（市）在创建国家、省科技进步先进县后，研究制定一系列具有地方特色的关于加强技术创新、加快发展高新技术及其产业的政策措施，为科技进步创造良好环境。在人才引进、技术创新和高新产业发展方面取得显著成绩，巩固了国家、省科技"创先"成果。其中，参加省科技进步先进县（区、市）复查的余杭区高新技术产业园区成为第一批被省政府批准命名的园区。上城区建设区域科技创新体系，创建5500平方米科技创业中心。拱墅区实行区、乡（镇）党政领导科技进步目标责任制，在引进人才、资助创业、建设区域科技创新服务体系、特色科技经济园区等方面创出特色。江干区实施科技项目184项，建立"西子电梯"等一批企业技术研究中心和城郊都市农业示范基地。（章惠丽）

【专家咨询委员会工作】 杭州市专家咨询委员会围绕市委、市政府中心工作和实施"十五"计划开展调查研究，咨询论证。参加杭州《"十五"计划纲要》、"天堂硅谷"制度建设、新杭州城市规划思路等重要咨询活动，为改善创新环境，加快技术创新和现代化进程建言献策。参与市第九次党代会报告咨询工作和市党代会报告起草小组咨询活动。上报《制度创新仍然是新一轮发展的主动力》调研报告，为区域经济新一轮发展提出策略和措施。市专家咨询委员会方民生、朱家良等委员参与市重大软科学研究项目的选题评标、结题评审及市科技成果评审工作。（徐长明）

【市创业联合投资协作网】 年初，该协作网开始实行会员制。为80余个协作网成员单位安排企业上市融资实务报告。收集和精选浙江大学、杭州仪器仪表学会等单位的15个项目，组织16个投资机构进行合作洽谈。配合首届科技合作周，为杭州投资机构和中科院合作交流、杭州创业投资合作洽谈会等活动做了筹备、服务工作。

【建立中小企业创新服务基地】 该基地位于文教区内，总面积3000平方米，入驻单位28个。主要为中小企业提供培训、信息发布、技术洽谈、技术推广等服务。组织中小企业参加制造业信息化研讨及新品发布会、中小企业计算机信息技术讲座和新品推介等。接受委托，开展各类中小企业创新服务活动，组织召开了下城区产学研合作交流洽谈会、企业组织环境管理和形象策划讲座等活动，为中小企业创新服务做出了成绩。（许　平）

【国家中小企业技术创新基金项目】 2001年，杭州市的国家科技型中小企业技术创新基金项目申报取得好成绩。列入国家创新基金项目24项，占全省42.8%；争取国家科技经费1945万元，占全省43.3%。争取国家农业成果转化资金项目8项，占全省25.8%；得到资助430万元，占全省27.2%。组织企业参加创新基金项目申报工作培训，20个创新基金项目企业参加上海举行的国家创新基金项目成就展，18个项目推荐上报国家创新基金管理中心。在全市范围内开展创新基金项目监理和验收。（陈定安）

【培育高新技术企业】 2001年，强化区外高新技术企业培育和申报认定工作，宣传省、市政府对高新技术引导政策和对高新技术企业扶持措施，组织63个企业申报省级高新技术企业。全市11个企业被认定为第九批省级高新技术企业，16个企业被认定为第十批省级高新技术企业。81个区外省级高新技术企业实现年销售收入141.96亿元，利润14.23亿元，税收15.27亿元，出口创汇1.72亿美元，其中销售收入超亿元企业41个。高新技术龙头企业对杭州经济持续增长起了较大辐射和带动作用，如杭州富通集团等骨干高新技术企业，以科技为先导，形成光纤、光缆生产新产业，培育了区域新兴产业，促进当地经济发展。组织41个企业申报市级高新技术企业，杭州富春江电信设备有限公司等20个企业被认定为第三批市级高新技术企业，全市累计已达53个。（蔡　康）

【科研院所改革】 全市加快科研院所改革步伐，对社会公益类、应用类研究所进行改制。10个社会公益类研究所进行分类改革。市医药情报所转为中介服务机构；植物园成立3个部、1个中心；市水产科学研究所完成了分立改制。市机械科研所、纺织科研所、节能科研所、工艺美术科研所、自动化技术研究院、轴承中心等6个研究院所的改制方案通过主管部门审定批复并实施。（沈乐书）

【科技成果及奖励】 杭州市执行国家、省科委科技成果鉴定办法，科技成果鉴定(评审)管理严格规范，全年完成科技成果鉴定（评审)163项，其中省级鉴定86项、市级鉴定48项、市级评审29项。计划内99项，计划外64项。

全年申报市科技进步奖项目231项，“采用规整填料塔及全精馏制氩技术的新型大中型空分设备”等87个项目获市科技进步奖；推荐68个项目参加省科技进步奖评选，49项获奖，其中，一等奖3项、二等奖13项、三等奖33项。部分科技成果产生明显经济效益和社会效益，据统计，108个工业申报项目预计年增产值17.5亿元，新增利税4.04亿元；22个农业申报项目预计年增产值1.89亿元。

根据市政府《杭州市优秀科技工作者评选办法》，开展了1999年度~2000年度优秀科技工作者的评选，全市推荐申报93人，孟琼华等53人被评为市优秀科技工作者，蒋有水等10人被评为市有突出贡献的优秀科技工作者。（夏校良）

【重大科技成果简介】 *采用规整填料塔及全精馏制氩技术新型大中型空分设备* 该项目运用规整填料上塔和全精馏制氩工艺的核心技术，采用无冷冻机空气预冷工艺及单塔高纯氧提取工艺，工艺流程设计、计算模型及流程控制方案可靠、先进，设备主要性能指标达到国际先进水平和国内领先水平。

恒生证券交易管理系统 该项目采用多种软件新技术，可开放性强，实用、安全、可靠，符合中国当前证券交易需要，具有自主知识产权，技术含量高，总体技术处于国内同类软件领先水平。在国内900余个证券公司营业部使用，提供超过1000万股民股票交易的服务能力，国内市场占有率较高。

草甘膦副产氯甲烷用于甲基氯硅烷合成新工艺 该工艺首次将草甘膦生产过程中产生的氯甲烷进行净化回收，大规模应用于甲基氯硅烷工业化生产，甲基氯硅烷副产品HCl用于草甘膦生产，实现氯元素总体大循环。工艺技术国际首创，降低了草甘膦生产对环境的污染，生产成本降低。（夏校良）

【科技计划实施】 2001年，杭州市科技发展计划项目列计划两批，第一批列重点项目23项，经费558万元，一般项目88项(其中软科学研究计划项目19项)，经费649.5万元，历年结转项目116项，各区、县(市)其它项目67项(不拨经费)。第二批列重点项目15项，经费380万元，一般项目16项，经费111万元。计划安排中重点项目占27%，经费占59%。

全年科技发展计划安排呈现以下特点：围绕实施“两港三区”建设“天堂硅谷”为重点的“一号工程”，突出发展高新技术及其产业，在全市重点发展的电子信息、生物医药、新材料、环保及其产业等高新技术领域集中安排了一批项目。突出产学研结合，发挥以浙江大学为主的在杭大专院校、科研机构作用，体现杭州市人才、技术密集优势和利用优势为杭州经济发展服务，重点计划项目中半数以上是大专院校、科研院所承担或协作参与。强调解决市委、市政府领导所关注的热点、难点问题，将重大调研课题列入软科学研究项目。强调以高新技术改造提升传统产业，具体项目安排与能力建设相结合，在具有优势的传统产业企业安排项目和建立高新技术研究开发中心，提高企业创新能力。突出重点、示范引导、注重解决经济建设和社会发展急需的关键技术，促进科技与经济相结合，提高科学技术在经济建设中的显示度。（陈定安）

【农业科技示范基地】 *临安“万亩菜竹笋”无公害生产技术示范* 该项目实施以来，建立菜竹笋无公害生产技术示范园区866.67公顷，推广面积6667公顷。编制菜竹笋无公害生产技术标准，组织示范区重点农户开展无公害生产技术培训，培育农户技术带头人140人，建立典型调查户30个。推广应用有机肥、生物肥、专用有机复合肥，应用合理的肥料配比方案和施肥方法。实施病虫害综合防治措施，推广生物、物理防治技术。

临安优良食用竹笋产业化科技示范基地 全年完成基地773.67公顷，超计划666.67公顷的11.6%。鲜笋产量7953吨，超计划5950吨的33.6%。竹材产量2230吨，超计划1600吨的39.3%。笋、竹总量产值4136万元，超计划2965万元的39.5%。临安青云镇建设雷竹早出笋覆盖示范基地66.67公顷。青云竹笋市场建摊位100余个，日均交易量100吨。

萧山农业高科技示范园区 该园区固定资产投资4000万元，建成组培生产大楼2800平方米、法国引进智能化育苗温室2万平方米、荷兰引进全自控玻璃温室1万平方米、国产连栋大棚1.35万平方米、单栋大棚6.67公顷等高科技农业生产设施，全部调试成功并投入生产，具备年产数十万盆中高档花卉生产能力。承担国家科技部“东南沿海地区设施农业关键技术研究”的课题，与欧盟合作进行有机园艺生产，成为国际有机园艺研究计划重要成员单位。

建德杨村桥草莓产业化科技示范基地 该基地引进先进技术，掌握较为系统的草莓栽培管理技术，生产规模化、产业化、市场化。建立省育苗中心，开展草莓新品种引进、试验、示范、推广、繁育，全年繁苗5000万株。建立草莓高产示范基地，为引进和推广先进的草莓种植技术，增加科技含量打好基础。带动三产发展，吸引全国各地客商前来收购鲜草莓。建立草莓观光园，接待游客500余人。全年草莓种植面积333余公顷，总产值4288万元。

滨江区蜜梨产业化科技示范基地 该基地推广蜜梨网架设施栽培20公顷。实施标准化生产，推行品牌战略。执行浙江省蜜梨地方商品标准，按照国际惯例，进行蜜梨生产技术操作。与杭州市各大果园联营，扩大技术示范辐射。提高周边地区农业生产科技含量，带动全市2333公顷蜜梨产业发展。晶龙牌蜜梨荣获中国国际农业博览会名牌产品、中国(浙江)国际农业博览会优质农产品

金奖和浙江省绿色放心营养标志产品。全年产优质晶龙牌蜜梨750吨,出口150吨,总产值1300万元,创利130万元,创汇30万美元。(周　军)

【高新技术研究开发中心建设】 杭州市企业高新技术研究开发中心建设取得新进展。一批企业高新技术研究开发中心列入省、市级中心。杭州中美华东制药有限公司的浙江省华东药物研究开发中心、杭州杭康生物药业有限公司的浙江省杭康海洋药物研究开发中心、浙江天松集团的浙江省天松涂料树脂研究开发中心、浙江南都电源工业有限公司的浙江省南都化学电源研究开发中心列入省级中心;桐庐分水镇的浙大——分水制笔技术研究开发中心和杭宝集团公司的杭宝生物工程与保健食品研究开发中心列入市级中心。浙江省有机硅工程技术研究开发中心、浙江省电梯工程技术研究开发中心、浙江省南都化学电源研究开发中心、杭州市高性能子午胎研究开发中心通过科技部门组织的专家认定。建设中的企业高新技术研究开发中心取得实质性进展,一批科技研究成果为企业提供了具有市场竞争力的新产品,为企业培养和培训了人才,企业自身技术创新能力和经济效益提高。(陈定安)

【软科学研究计划】 为提高科学决策水平,加强软科学研究计划管理和改革,申报市软科学计划项目须结合杭州实际,突出重点。分两批组织实施建设"天堂硅谷"制度,推进区域经济结构、产业结构调整;高新技术改造传统产业;中小企业技术创新;城市管理体制改革;建设学习化城市等一般计划项目23项。首次组织"加快杭州市高新技术产业发展对策及杭州高新技术产业开发区拓展发展空间的研究","杭州构筑大都市、建设新天堂总体形象的研究"两个重大项目公开招标,并分别完成了高质量研究报告,财政拨款105.5万元。全市当年鉴定和评审软科学研究成果13项。(徐长明)

【火炬计划】 全市新上火炬计划项目53项,其中市级3项、省级15项、国家级35项。3项列入国家级重点火炬计划项目。SLD-9501高速公路紧急电话报警系统、接入网用中心管式层绞式光纤带光缆等35项国家级项目分属电子信息、生物制药、机电一体化、新材料和环保节能等高新技术领域,科技含量高,产品技术水平达国内、国际先进水平。实施的42项火炬计划项目,年销售额21.77亿元,利润2.07亿元,税收1.76亿元,创汇1433万美元,成为杭州发展高新技术产业新经济增长点,对经济增长和产业结构调整起到辐射和带动效益。4项火炬计划通过验收:杭州之江有机硅化工有限公司承担的国家级火炬项目——JS-6000建筑用硅酮结构密封胶,实现销售收入7235万元,利税1429万元;杭州大明荧光材料有限公司承担的国家级火炬项目——低光衰稀土三基色荧光粉,实现销售收入3150万元,利税673万元;杭州远见智能数字设备有限公司承担的国家级火炬项目——多媒体可视电话系列产品,实现销售收入2100万元,利税505万元;杭州纺织机械有限公司承担的市级火炬计划——飞宇2000型自动缫丝机,实现销售收入7530万元,利税1009万元。项目达到立项经济技术指标,经费使用合理,还贷正常,经济效益和社会效益较好。11月30日~12月2日,组织杭州爱科电脑技术有限公司"ECHO服装CAD一体化系统"、杭州科利化工有限公司"氯化聚乙烯橡胶"等11个国家级火炬项目参加南宁市举行的国家火炬计划项目成果(南宁)交易会。(蔡　康)

【星火计划】 杭州市星火计划工作围绕农业和农村经济结构战略性调整,推进效益农业和非农产业发展,加快传统农业转变,力求在区域农业科技创新服务体系、星火科技产业化、星火计划国际合作与交流、星火计划发展环境等方面取得进展。抓好星火计划项目实施与管理,组织申报国家星火计划项目25项,星火计划农业产业化科技行动重点项目5项、星火计划外向型企业3个。加强星火计划国际合作与交流。中国星火计划与埃及"曙光计划"合作进展顺利,杭州萧山蜂产品研究所在埃及建立养蜂示范场和蜂王浆生产企业,萧山派出2名科技人员并提供蜂种,国家科技部提供30万元资金在埃及启动实施。培育星火区域性支柱产业,形成地方特色区域性支柱产业,如建德草莓产业,萧山花卉苗木产业,余杭仿野生中华鳖产业,桐庐蜂产品产业,临安山核桃产业,富阳食用菌产业等。萧山苗木成功打入昆明"世博会"。

加强星火培训和人才培养,组织农村科技示范户、企业职工、农民企业家等开展实用技术和企业管理知识培训,市科技局、团市委、市妇联联合开展农村青年"星火带头人"和妇女"双学双比"活动培训。全年组织实施安排各级星火计划项目160项(其中国家级8项、省级22项、市级8项),新增产值13.13亿元,利税1.28亿元,创汇2770万美元,培训各类人才9.44万人次,市级以上星火计划项目验收率80%以上。(俞　华)

【科技情报研究】 杭州市全年下达科技情报调研计划20项,按计划完成和通过专家评审17项(3项跨年度)。课题涉及生物医药产业、旅游和企业电子商务、高等教育产业化、风险投资、发展生态农业和效益农业、旅游与环保、高新技术产业发展、历史文化遗产保护,以及科技、经济、法制建设、社会保障等领域。城市化与杭州历史文化遗产保护研究、新阶段增加农民收入的途径研究、杭州市生物医药产业发展研究、高新技术发展信息跟踪系统研究、杭州市"十五"期间资源环境保护问题研究、萧山区企业电子商务运作情况调查分析和对策、临安市和淳安县发展生态旅游和生态农业对策研究等课题,具有较高学术水平和决策参考价值。各区、县(市)科技局制订相应科技情报调研计划,列项117项。

【情报信息咨询与服务】 杭州市科技信息咨询服务业持续发展,有科技情报和信息咨询服务机构1100

余个，从业人员2.5万余人。各区县(市)科技情报和信息咨询服务业发展较快，萧山区被国家计委和信息产业部确定为信息化试点县(市、区)，区内企业开展电子商务在全省前列。淳安县科技信息服务中心于6月成立，开通千岛湖科技信息服务网站（www.qdhk.com）和咨询电话，为农户和企业提供科技信息和产供销市场信息。（陈志良）

【专利与发明】 全市专利工作围绕提高专利意识、营造良好氛围、完善管理体系、增加专利申请量进行。5个区、县(市)科技局建立专利机构，初步形成了专利管理体系。试行企业专利工作联系制度，建立省级以上专利示范企业7个，市级企业专利工作联系点50个，市级专利试点企业20个，制订《杭州市专利申请费资助办法》，从科技三项经费中每年安排100万元资助专利申请，鼓励企业拥有自主知识产权。

杭州市全年受理专利申请2356件，比上年增长26.8%。其中发明524件，实用新型1131件，外观设计701件，分别占总量的22.3%、48%、29.8%。专利授权1431件，其中发明92件，实用新型824件，外观设计515件，分别占总量的6.4%、57.6%、36.0%。从全省来看，杭州市专利申请量、授权量与杭州经济总量还不相称，按市本级统计，杭州以2142件和1017件的申请量、授权量排名第一；以行政区域统计，杭州市排在宁波市、温州市之后，居第三位。（许　平）

【科技群众团体】 市科技协会坚持以经济建设为中心，充分发挥学术交流主渠道、科普主力军、国际民间科技交流与合作主要代表的作用，建设"科技工作者之家"。举办第15届科普宣传周和青少年科技节，开展社区科普活动，创建科普示范街道、社区。完善科普设施，建成科普画廊80个，总长度超过2000米；开辟1300余个科普橱窗，提高市民科学文化素质。围绕经济结构战略性调整和技术创新，开展学术研讨交流和科技咨询、教育培训，各专业学会参与西博会活动，为经济建设、科技进步服务。在市级学会中建立党支部，非公有制经济部门建立科协组织取得进展。

【举办第十五届科普宣传周】 6月2日，以"科学、文明、发展"为主题，突出马克思主义唯物论和无神论宣传教育，弘扬科学精神，传播科学思想，揭露"法轮功"邪教本质和危害；推进"科教兴市"战略，促进两个文明建设，提高全民科学文化素质；突出"建经济强市，创文化名城"和"建现代化国际风景旅游城市"总目标宣传，办好科普宣传周活动。

全市推出各级各类科普宣传项目4125项，其中各类重点项目566项，市级重点项目30项。著名院士何祚庥应邀在滨江区作"当代科学技术发展若干重大特点及其对我国经济建设的影响"专题报告。科普宣传周活动主题鲜明，重点突出，内容丰富，公众广泛参与，社会反响强烈。

【开展社区科普工作】 结合社区文明建设，推进社区科普工作，市科协召开了全市社区科普工作会议。按照全市社区建设的整体部署，以街道为主体、社区为基础，加强科普网络、科普队伍、科普阵地建设。

上城区和下城区率先建立社区科普组织网络、市民科普学校、社区科普画廊等，开展科普文明楼院、科普文明家庭等系列活动。下城区科协与企业共建科普画廊，西湖区、江干区、拱墅区科协也相继开展了创建科普文明社区活动。萧山区、余杭区在原城关镇开展了社区科普工作。

【发挥学术交流主渠道作用】 市科协先后邀请院士和知名科学家，举办21世纪国际教育改革的趋势与创新、生物芯片在肿瘤治疗中的应用、社会变革与心理卫生健康等大型科技论坛，开阔科技工作者视野、提高学术水平。市心理卫生学会代表中国出席泛亚太地区国际心理卫生交流大会；市结构与地基处理研究会等单位主办"我为杭州跨江发展做贡献"大型学术研讨活动等。市级学会通过联合集成，发挥多学科优势，组织开展综合性、跨学科、开放式的学术研讨活动，如建设"天堂硅谷"投融资交流大会、杭州城市化发展进程中的城市质量问题研讨会、第四届西湖文化研讨会、技术创新体系的建立与研究研讨会、杭州市效益农业研讨会、生态林业建设与社会经济发展研讨会等。通过引进来和走出去的办法，开展国际民间学术交流活动。市科协组团赴澳大利亚和新西兰考察农业技术；市农机工程学会等8个学会邀请国外专家来杭讲学；市针灸学会接待前

在武林广场举办科普展

来学习培训针灸推拿技术的国外人士160余人次。

【批驳歪理邪说】 各级科协组织团结广大科技工作者，在政治上与中共中央保持一致，以科学为武器，反击“法轮功”邪教组织的罪恶行径。举办报告会、图片展，向群众宣传科学思想、科学精神，宣传无神论。市科协按照中国科协统一部署，于2月7日~9日在市府大楼、杭州汽轮动力集团公司、杭州成人科技大学、杭州中策职业高级中学、杭州第四中学等单位举行万人签名活动，现场举办“崇尚科学、反对迷信、批驳邪教”大型图片展，用科学武器和具体案例宣传教育群众，帮助人们崇尚科学、反对邪教组织、自觉抵制迷信愚昧，促进全市的社会主义精神文明建设。

【开展青少年科普教育】 开展全市中小学生信息知识大赛和网页设计竞赛，正确引导青少年学习网络知识、利用网络资源。开展市第六届青少年生物和环境实践活动，一批优秀项目获得国家和省、市奖励。11月17日~25日，市科协与市教委联合举办市青少年科技节、青少年创新大赛、青少年科普报告会，以及科普征文、演讲比赛、科技小制作、小发明、小论文等活动，把开展科技活动与校园精神文明建设有机结合起来，丰富青少年的科技知识，启发创新意识，提高学科学热情。各区、县(市)确定了一批青少年科普教育基地和红领巾科普实验基地。萧山区科协与区教育局合办青少年农业农技科普学校颇具规模，安排全区中小学生用两天时间学习农业农技基本知识，体验农业劳动生活。

（吉京杭）

·社会科学·

【概况】 2001年，杭州市社会科学紧扣“构筑大都市、建设新天堂”主题，开展形式多样的学术活动。召开社科类学术年会60余次，举办第二届全国大城市文化产业发展论坛、“钱塘江文化”专题研讨会等200余次，“构筑大都市、建设新天堂”等学术讲座报告会300余场次，WTO等咨询服务150余次，举办劳动、档案等多种培训班400余期。组织杭州市第九届社会科学优秀成果评奖。市社科院、市社联及所属60个学会撰写出版《中国酒事大典》、《杭州手册》、《酒文化研究文集》等专著20余部，发表《21世纪杭州发展定位研究》等论文和调研报告3500余篇。10月，全国十二次大中城市社会科学界联合会会议在南昌召开，96个城市、200多名代表参加，杭州市社联被评为全国先进。

【社科研究成果】 杭州市社会科学院、市社会科学界联合会 2001年，科研作品颇丰，精品层出不穷。电视剧方面，与杭州环宇影视广告有限公司一起，完成电视历史剧《南宋皇朝》(80余万字）剧本出版工作。《中国酒事大典》(250万字)公开出版；为配合杭州西博会的召开和宣传杭州，杭州出版社出版《杭州手册》；中华书局出版《酒文化研究文集》；完成《杭州通史》(8卷本)大纲及写作轮廓90余万字。《21世纪杭州发展定位研究》、《杭州创建国际风景旅游城市研究》、《杭州市文化产业发展研究》、《国内外城市化发展比较研究》、《以德治国思想的现实意义》、《“三个代表”与理论创新》、《把握现实与市场的经纬》、《新世纪中国面临的十大难题》、《谈杭州传统文化的消极方面》、《发展繁荣社会科学》、《半山千年寺—显宁寺岌岌可危亟待保护》、《关于杭州历史文化的特点》、《关于历史上杭州的中外文化交流》、《杭州市城市社区管理体制的发展研究》等调查报告和论文，受到市领导和决策层的高度评价和重视。

围绕中心工作，针对现实，强化服务，及时为领导决策提供最新的理论依据，不定期编写《社科新视野》(领导参阅专辑资料)6期。编写了《专家学者论21世纪》、《论现代化国际风景旅游城市》、《全国35个城市未来发展远景蓝图》、《80年来中国共产党对马克思主义的重大发展》、《深化对劳动和劳动价值理论的研究和认识》、《论代表中国人民根本利益的四个基本问题》等专辑。

开展杭州市第九届社会科学优秀成果评奖，7月至12月，收到申报作品378件，经过初评、复评、终评及评委专家们无记名投票，评出一等奖6项、二等奖26项、三等奖58项，作品内容涵盖政治、哲学、历史、社会、经济、文化、教育、金融等各学科，由市政府统一颁奖。

中共杭州市委党校 全年撰写论文（含课题报告、调研报告)117篇，其中公开发表77篇，省级以上32篇，其中有7篇被人大复印资料转载。应焕红《公司文化管理—永续经营的动力源泉》(中国经济出版社)，刘自新《中小企业技术创新》(浙江大学出版社)，包学松《新制度经济学派论纲》(黑龙江人民出版社)出版。安蓉泉《管理者的思维方式》(经济科学出版社)、张洞《理性思维的轨迹》(当代中国出版社)两部文集出版。承担国家行政学院课题1项，完成省重大招标课题1项，承担并完成省委党校邓小平理论中心课题1项，承担市社科规划课题12项，完成7项校级课题。获市级以上奖励26项。主要有全国党校系统纪念建党80周年理论研讨会二等奖1项；浙江省党校系统理论研讨会获二等奖1项，三等奖4项；浙江省精神文明建设“五个一工程”入选理论文章1篇；杭州市精神文明建设“五个一工程”奖入选理论文章1篇；杭州市第九届优秀社科评奖获得一等奖2项，二等奖4项，三等奖1项。

杭州市体改委、市经济研究中心 围绕加快建立和完善社会主义市场经济体制，适应加入WTO再创体制优势的要求，积极开展国企改制、医药卫生体制改革、上市公司资产重组、农村小城镇改革等方面重大课题调研。全年撰写调研报告主要有《杭州市国企改革进展及问题探讨》、《改革中求发展，发展中促改革》、《关于我市国有企业改制中职工身份转换情况的调查》、《关于推进我市医药卫生体制改革若干问题的思考》、《关于对“凯地丝绸”重组及现状的调查报告》、《我市上市公司质量亟待提高》、《关于搞好我市中心镇扩容的调查和建议》、《适应小城镇大战略“目标改革小城镇行政”管理体制》、《关于妥善处理拟改制企业地块涉及规划红线问题的思考》、《推进企业产权拍卖，调整国有资本布局》、《英国公务车考察报告》、《关于部分商贸改制企业情况调查及建议》、《杭州市整形医院改制情况调查》、《杭州文化中心步履维艰出路在于改革》、《拱墅区“撤镇建街”存在的问题亟待解决》。调研成果许多形成改制新政策、发展新思路，为市委、市政府在作出改革与发展重大决策中起到参考作用。参与市委、市政府重点课题调研，撰写《转变政府职能，重塑政府角色—论建立符合国际惯例的行政管理体制和运行机制》。《改革与市场》杂志全年出刊6期，约50万字。

杭州师范学院　发表学术论文569篇，出版学术专著19部，各类编著、工具书、译著等74部。获得市(厅)级以上社科成果奖励24项，其中省哲学社会科学优秀成果奖4项，省“九五”教育科学规划重大研究成果奖1项。科研项目获准立项为国家级课题1项，省部级课题10项，市厅级课题58项，横向委托课题17项。其中《浙江流动人口的社会效应及构建我国流动人口服务机制的研究》获准为国家社会科学基金项目；《浙江财团研究》获准为省哲学社会科学重大研究项目。完成省教育规划课题9项，省社联重点项目3项，省教育厅计划项目5项，省教育厅师范重点课题9项、一般课题18项，科研经费37.5万元。学院区域文化研究所完成省社联重点课题《浙江旅游产业的发展与浙江城市化》及杭州市旅游委员会委托的《梅家坞茶文化休闲研究》课题，为省市旅游事业的发展提供决策参考。学院组织承办全国性学术会议13次，参加国内外学术交流活动234人次。

杭州市教育科学研究所　组织省、市两级教育科研课题的申报、论证、推荐，16项课题被列入浙江省“十五”教育科学重点研究课题，58项列入浙江省年度教育科学规划课题，109项列入杭州市年度教育科学规划课题。组织省、市两级教育科学优秀成果的申报、评审、推荐，16项成果在省“九五”教育科学重大成果评审中获奖，其中一等奖2项、二等奖7项、三等奖7项；12项成果在省2001年度优秀科研成果中获奖，其中一等奖2项、二等奖2项、三等奖8项；96项成果获杭州市第16届教育科学优秀成果。《中等职业学校实施素质教育的理论与实践比较》获教育部“面向21世纪职业教育课程改革规划项目”一等奖，《学校对现代家庭教育指导模式的研究》获浙江省“九五”教育科学重大研究成果一等奖。获得省二等奖3项，市一等奖1项，二等奖1项，一批论文在省内外刊物上发表。完成《杭州市区流动人口子女教育问题》和《中学教师心理健康状况》2项调研。全年举办学术报告会、研讨会等学术活动20余次，1500余人次参加；举办教育科研专题讲座60余场次，师生近万人次参加；举办心理健康、班主任工作等培训班7期，600余人次参加；对6000余名中学生进行心理测试与咨询；与市教育工会建立教师心理热线，开展教师心理健康的咨询辅导活动。

杭州市青少年研究所　成立于1991年，专职研究人员11人，是省内惟一从事青少年研究的专门研究机构。完成“现代化进程中的中国青年”调查，样本量6万份。建立青年研究计算机数据库。完成省哲学社会科学“九五”课题《迈向21世纪的杭州青年》，了解跨世纪青年基本状况。出版《跨入新世纪的浙江青年》等教材、专著，发表《努力营造青少年心理健康的良好环境》、《拉一把、扶一程》、《要善于与孩子沟通》、《如何增强孩子经受挫折的能力》等论文。《21世纪中国青年闲暇生活特点》、《探讨建立国有企业人力资源系统的必要性与可行性》、《群体化社会发展理论述评》分获省青年研究会优秀成果一等奖、三等奖和优秀成果奖。开展与中国社科院等部门及国际间学术交流活动。

【办好刊物】《英语画刊》为面向高中、初中学生的国内外公开出版的旬刊。与中央电视台、浙江电视台联合举办浙江省英语画刊杯和全国英语风采大赛，5万人参赛。配合中国加入WTO和2008年北京奥运会，画刊创办“杭州英语画刊语言培训中心”已初步建成，采用先进教育设施和国内外最新教材，聘用中外一流师资任教，为培训高质量外语人才做出贡献。该刊连续五年被评为国家级质量优秀期刊。

《杭州研究》作为市社科院、市社联举办的综合性内部季刊，把握正确办刊方向，注重内容丰富和新颖性，响应市委、市政府“建经济强市、创文化名城”号召，新开辟《文化研究》专栏。2001年入选《中国社科成果索引》数据库。

《杭州师范学院学报》全年出刊7期，其中增刊1期。围绕中国城市社会与经济发展战略研究、中国当代社会问题研究、20世纪学术回眸、90年代研究、吴越文化研究、美国文化研究、语言及应用研究、教育与教学研究等专题，在关注学术热点、研究社会现实问题方面有所突破，不少文章被引用转载。9月，中国人文社会科学学报研究会统计，《杭州师范学院学报》的转摘率在全国近千家文科学报中居第60位，比上年上升16位；据中国人民大学复印资料社统计，《杭州师范学院学报》被《人大复印资料》转载的论文名列全国17位。

《中共杭州市委党校学报》全年出刊6期，80余万字。结合浙江和杭州改革实践，发表研究成果和调研报告，提高了学校教学质量，为杭州市委、市政府决策提供参考。实施对来稿进行匿名处理后请省内知名专家审阅制度（来稿匿名审稿制），并作为刊用的主要依据。

《语文新圃》作为全国中学语文学会学法研究中心会刊，以提高学生整体语文素养为目标，探讨学习方法为主要特色，将读者群从原来高中学生调整为中学文学社团成员，全年出刊12期。　（周建富）

商品流通

·综述·

【概况】2001年,全市商贸工作大力开拓城乡市场,进一步推进企业改革,加快商业特色街建设步伐,深入推进“百城万店无假货”示范活动和创塑品牌(创塑服务品牌、创塑企业品牌、实施商品品牌战略)工程,提升商贸品位,整顿和规范市场经济秩序,商品市场平稳运行,消费需求稳中趋旺。全市社会消费品零售总额实现458.82亿元,比上年增长13.6%,增幅比上年提高1.1个百分点。其中市区为373.28亿元,比上年增长13.9%;五县(市)为85.54亿元,增长12.1%。

商贸改革全面推进。按照“有进有退、有所为有所不为”的要求,加快了商贸业国有资本的退出步伐,通过改制、改组、拍卖等有效形式,以产权制度和劳动用工制度改革为重点,积极推进市属商贸企业改革,推动了商贸流通业多元化、市场化进程。至年末,市属商贸企业已有69个企业完成产权制度改革,改制面为98.6%。市属商贸企业中有39处商业网点进行了公开拍卖,成交额1.27亿元。各区、县(市)商贸企业产权制度和用工制度改革不断深化,区、县(市)属商贸企业改制基本完成。

加快现代流通的发展。全市流通领域投资规模继续加大,流通基础设施进一步完善。麦德龙超市、欧尚超市、易初莲花超市、百安居杭州置业有限公司、杭州物美大卖场商业有限公司、上海康诚仓储有限公司、北京华联超市等国内外零售企业相继入驻,加快杭州流通产业的结构调整,丰富商业业态,有效地促进传统商业的发展和改造提升。连锁经营继续向规范化、规模化发展。至年末,市区已有连锁经营企业29个、拥有门店640个;连锁经营销售额达45.2亿元,比上年增长27.1%,相当于全市社会消费品零售额的9.9%。住房、汽车等信贷消费市场进一步拓展。以全国流通领域信息化试点城市验收合格为契机,着力推动商贸信息化进程。

创塑商贸特色品牌、商业特色街区建设等工作取得新进展。市政府授予百大集团等9个商贸服务企业为“杭州商贸特色企业品牌”称号,市贸易办等10个单位联合授予9名营业服务人员为“杭州商贸特色服务品牌”称号。这些企业品牌、服务品牌已经成为杭城商贸服务业的“精品、亮点”。下城区丝绸特色街二期工程和上城区清河坊历史街区相继于西博会前开街迎客;湖滨商贸旅游步行街区建设规划设计方案已经制定,并已开始动迁准备工作。“百城万店无假货”示范活动增添新活力,余杭区临平北大街被命名为省级“百城万店无假货”活动示范街,国大百货、武林药店被命名为省级示范商店,杭州东方家私市场被命名为省级示范市场,临安市衣锦街被命名为市级示范街。

积极开展以“放心食品”系列工程为重点的市场经济秩序整顿工作。全年市区市场供应“放心肉”100余万头,比上年增长22.4%,市场占有率达98%以上。加大了市场稽查力度,取缔私屠滥宰窝点。针对杭州地区发生的瘦肉精中毒事件,及时处理并采取了积极的防范措施。加强了五一、国庆和西博会等重大节假日期间的食品安全工作,以及市区超市“放心菜”销售管理工作,在市区10个超市25个门店实施“放

附: 2001年杭州市销售总额超亿元定点商场经营情况

单位:万元

商场名称	销售总额(含税)	利润总额
杭州大厦购物中心	138 035.30	8 395.40
杭州百货大楼	105 793.90	6 303.00
银泰百货	102 606.74	3 186.22
解放路百货商店	98 670.90	4 515.40
国大百货	20 108.00	—
利星购物中心	14 442.77	-629.63
景福百货大楼	13 842.50	272.78
萧山二轻购物中心	13 210.00	219.50

备注:国大百货2001年9月企业重组,9月后新企业入主。

附: 2001年杭州市连锁经营企业销售情况

单位:万元

企业名称	销售总额	零售总额
华商集团家友超市公司	100 826.10	100 826.10
浙江联华万家福超市公司	58 044.10	58 044.10
杭州顶仁乐购超市公司	24 487.90	23 365.90
杭州好又多购物中心	19 438.20	19 438.20
杭州解百超市发展中心	13 980.30	7 994.20
北京华联超市杭州有限公司	5 264.50	5 264.50
杭州物美大卖场商业有限公司	4 874.50	4 874.50
杭州华东大药房	4 420.40	4 420.40

心菜”销售管理，门店数比上年增长25%，并在家友、万家福超市设立“放心菜”销售专区。“放心豆制品”、“放心早点”供应工作有了明显改善。

【社会消费品零售总额增幅达13.6%】 2001年，全市商贸行业加大商贸营销力度，以西博会、美食节、国庆节等重大节庆为契机，开展丰富多样的促销活动。认真开展了农村消费市场的调查研究，以市场为导向，积极引导农村、农民调整优化结构，加强农商联手，扩大农村市场流通网络建设，推进连锁经营和“绿色通道”，搞活农产品流通，提高了农村市场购买力。商品市场平稳运行，消费需求稳中趋旺。全市社会消费品零售总额实现458.82亿元，在全国15个副省级城市中排名第9位，保持上年水平；比上年增幅为13.6%，列15个副省级城市第3位，比上年提升2位，增幅比上年提高1.1个百分点。市区实现社会消费品零售额373.28亿元，比上年增长13.9%；5县（市）85.54亿元，增长12.1%，创造“九五”以来的历史新高。

【商贸企业改制基本完成】 至年末，市属商贸企业已有69个企业完成产权制度改革，改制面为98.6%。市属商贸企业中有39处商业网点进行了公开拍卖，成交额1.27亿元。在改制过程中，有5934名职工进行了工龄置换，有10432名职工按市有关政策进行了妥善的安置分流。各区、县（市）商贸企业产权制度和用工制度改革不断深化，企业改制进程加快，区、县（市）属商贸企业改制基本完成。

【成功举办第二届中国美食节】 由中国商业联合会和杭州市人民政府联合主办，以“美食创新·绿色健康”为主题的第二届中国美食节，活动内容丰富多彩，规模宏大，延续时间长，群众参与性强，是2001中国杭州西湖博览会群众参与性最强、人气最旺的活动项目之一。全国有50余个城市，香港、台湾地区及美国等地共148个代表团、2000余名代表前来参赛、参展与观摩。本届美食节参赛档次高，共9项活动中，国家级的奖项评定活动就占了5项，参加评审的评委均有国家一级评委的资格。评比中体现了公平、公正、公开的原则。美食节各项活动的总营业（成交）额1.6亿元，人流量134.5万人次。市委书记王国平出席了美食节开幕式。

【继续推进现代商业业态和流通方式的变革】 全市流通领域投资规模继续加大，基础设施进一步完善。2001年随着麦德龙超市、欧尚超市、易初莲花超市、百安居杭州置业有限公司、杭州物美大卖场商业有限公司、上海康诚仓储有限公司、北京华联超市等国内外零售企业的相继入驻，加快了流通产业的结构调整步伐，丰富了商业业态，有效地促进了传统商业的发展和改造提升。连锁经营继续向规范化、规模化发展。至年末，市区已有连锁经营企业29个（拥有门店640个），其中，超市企业10个，便利店5个，专业连锁、专卖连锁店7个，餐饮连锁店5个，服务业2个。连锁经营销售额45.20亿元，比上年增长27.1%，相当于全市社会消费品零售额的9.9%。住房、汽车等信贷消费市场进一步拓展，至年末，消费信贷余额189.42亿元，比上年末增加72.04亿元，增长61.4%。以全国流通领域信息化试点城市验收合格为契机，着力推动全市商贸信息化进程，杭州网上商城（WWW·0571·net）正式开业运行。抓好流通领域电子商务试点企业申报工作，有18个商贸流通企业被列入省流通领域电子商务试点企业。中商商业自动化生产力促进中心杭州分中心正式挂牌运作。

【杭州杭菜研究会揭牌】 11月1日，在第二届中国美食节的开幕式上，市委书记王国平，中国烹饪大师胡忠英为杭菜研究会揭牌。杭菜具有深远的饮食文化历史传承，改革开放以来杭菜的发展更快。杭州市区已有餐饮网点5200余个，全市餐饮业营业额为43.27亿元，与10余年前的1990年相比，营业额增长了10.5倍。杭州餐饮业在立足本地发展的同时，纷纷进驻上海、北京、南京等地，杭菜在海内外的知名度日益提高。为进一步推动杭州饮食文化的发展，努力把杭菜发展成为在国内具有较大影响力的高品位的典型的城市菜系。打响杭州“美食天堂”的品牌，杭州迫切需要建立一个专业组织——杭菜研究会。该组织承担制订杭菜的烹饪规范标准、拓展和创新杭菜菜品体系、组织杭菜烹饪技术培训和交流、开展烹饪技术和业务经营的咨询服务、参与杭菜等级厨师的职称考核、培训等9项主要任务。

【取消蔬菜实物储备改为资金储备】 长期以来，杭州市在蔬菜流通环节主要采用蔬菜实物储备的办法对蔬菜市场进行宏观调控。用储备的蔬菜对市场调节淡旺，抗灾救灾，平抑菜价。但也存在着鲜菜储备损耗削价损失较大，监督和管理相对较难的问题。随着蔬菜生产的发展及蔬菜大市场、大流通格局的形成，蔬菜市场自我调节的功能日趋增强，蔬菜供应受淡灾期影响的风险有所减弱。蔬菜供应已形成以基地菜和外地菜为依托，以蔬菜批发交易市场为中枢，以遍布城区的农贸市场（包括部分超市）为基础的框架体系。在这一框架体系中，蔬菜批发交易市场处于龙头核心的位置。为适应蔬菜市场的发展变化，实施政府调控方式从实物储备补贴向加强流通基础设施建设转变。10月，市政府决定取消蔬菜实物储备改为资金储备，并将其纳入市副食品风险基金统一管理范围（风险基金管理使用办法另行制订），通过对风险基金的调度使用，实行对蔬菜市场的宏观调控。

【推出26个餐饮名店和特色店】 第二届中国美食节上，市政府命名了一批杭州市餐饮名店、特色小吃名店：

杭州市饮食业名店24个：

知味观	蓝宝大酒店
楼外楼菜馆	天外天菜馆
南方大酒店	山外山菜馆

太子楼大酒家 新开元大酒店
大阳光酒店 张生记酒店
新阳光大酒店
杭州大厦锦园酒楼
红泥砂锅城 万隆酒家
红泥花园 福禄寿大酒家
花中城大酒店 喜乐城酒店
天香楼大酒店 娃哈哈大酒店
萧山开元美食娱乐城
万家灯火大酒店
奎元馆 新三毛大酒店
杭州市特色小吃名店2个：
永和餐饮有限公司豆浆总店
新丰餐饮经营公司新丰小吃城

【杭州网上商城正式开业运行】 由杭州市贸易局牵头，杭州科希盟科技有限公司、杭州邮政投递服务公司、中国联通有限公司浙江分公司、杭州信息网络有限公司共同参与建设的杭州网上商城(www.0571.net)于12月30日正式开业运行。市委书记王国平为杭州网上商城开业发来贺信。省、市有关部门领导、商界代表、近20个新闻媒体的记者共150余人出席了杭州网上商城开业仪式暨新闻发布会。杭州网上商城将进一步扩大联盟和加盟中小商贸企业，完善和健全商城网上流转流程，营造网上销售环境，为加速流通领域电子商务的发展和建设杭州信息港作出贡献。

【个人信贷消费继续高幅上升】 2001年的个人消费贷款延续了上一年的火爆之势，继续快速增长，至年末，全市个人消费贷款余额189.42亿元，比上年末净增72.04亿元，增长61.4%。住房按揭贷款成为信贷消费主流。住房贷款年末余额135.09亿元，增长66.9%，已占全部个人消费贷款的71.3%。汽车消费贷款余额11.75亿元，增长77%，其消费用途从原来的生产资料消费(购出租车等)为主逐步转向生活资料消费(购自备车)，满足了部分居民拥有私家车的梦想。教育助学贷款增幅达67.5%。

【命名杭州商贸特色品牌】 2001年8月，市政府授予百大集团、解百集团、杭州大厦购物中心、银泰百货、家友超市庆春店、楼外楼、知味观、武林药店、张生记饭店等9个商贸服务企业为“杭州商贸特色企业品牌”，市贸易办等10个单位联合授予胡俊、张建萍、朱敏燕、周明娟、黄晨、朱冬英、李丹青、严艳、钱永平等9名营业服务人员为“杭州商贸特色服务品牌”。在国庆和西博会期间，通过杭州电视台、《杭州日报》等新闻媒体，对特色企业品牌和服务品牌进行了集中、系列的宣传报导，同时组织了巡回讲演，制作了VCD专题片和书刊专辑进行广泛地宣传。实施挂牌亮证服务，展示了杭州商贸服务业良好的形象。这些品牌企业、品牌个人已经成为杭城商贸服务业的“精品、亮点”。

【加强“放心肉”供应工作】 杭州市的“放心工程”工作不断取得进展，至年末，全市193个乡镇已有153个开展了生猪定点屠宰，开展率达79.3%，比上年增加14.5个百分点。萧山区、余杭区及建德市已全面开展定点屠宰；桐庐、临安、富阳、淳安等县(市)生猪定点屠宰扩面工作有新进展。执法力度进一步加强，大力整顿市场经济秩序，全市出动检查1.5万人次，立案124件，查扣未检猪肉66.38吨，取缔私屠滥宰窝点51个，处罚金9.21万元。市本级出动检查5892人次，检查农贸市场2179场次，路检车辆1648辆次，查扣未检肉44.7吨，取缔私屠滥宰窝点11个。严格检疫检验，建立检测制度，市场得到了进一步规范，使“放心肉”更加安全卫生。3月，国务院经济体制改革办公室组织了国家经贸委、农业部、卫生部、国家工商总局等部门对杭州市的肉食卫生质量进行了专题调研，对杭州市在实施生猪定点屠宰运行机制中采取政府宏观调控与市场调节相结合，管理工作中采取堵疏结合、部门配合相结合以及联合执法等做法给予肯定。2001年，全市定点屠宰生猪198.51万头，比上年增长13.4%；检出病害猪1929头，病害内脏162.43吨。杭州市区经定点屠宰上市的生猪102.60万头，日均2850头，比上年增长22.4%。

【杭州商贸业发展战略研究中心成立】 为加强杭州市商贸业发展战略的研究，推进杭州商贸业现代化进程，努力营造杭州旅游购物天堂，市贸易办公室和杭州商学院协商决定联合成立杭州商贸业发展战略研究中心。6月1日在杭州商学院举行了正式成立会议。中心的主要任务是按照杭州经济和社会发展的战略目标，研究杭州商贸业建设和发展的重大课题；研究与商贸业密切相关的旅游等服务业发展课题；开展消费市场调查、预测、分析和策划；开展商贸业经营管理人才和中高级职员的培训；提供国内外商贸流通业建设发展的信息服务。

中心聘任杭州商学院、省经贸委、市贸易办、市有关部门和部分省市骨干商贸企业对商贸工作有研究的40余名教授、企业经理、机关干部为特约研究员和研究员，以院校、机关、企业各方面优势互补，广开思路，探讨研究杭州商贸发展的重大课题，推动杭州商贸业的更大发展。杭州商学院党委书记王光明、院长胡祖光、市贸易办主任吴德隆等担任中心顾问。

【杭州市第二次优秀旅游商品征集评选】 经过社会展示、群众评议、专家评审、机构公证等程序，从征集到的200多种商品、22件自然人的旅游商品创意设计作品和图稿中，评选出2001年杭州市优秀旅游商品金奖3个、银奖3个、铜奖10个和优胜奖20个；旅游商品创意设计二等奖1个，三等奖4个。9月28日，市政府召开2001年优秀旅游商品颁奖大会。为了在“十一”旅游黄金周方便广大游客购买，给新评选出的优秀旅游商品一个集中展示形象的机会，9月30日，在工联大厦四楼举办了2001年杭州市优秀旅游商品、西博会选用产品大联展，有近80个生产企业参加。

【表彰“放心肉”、“放心豆制品”目标管理优秀区县】 为弘扬先进，经市“两放心”领导小组办公室考核验收，并报领导小组讨论通过，对2001年度“两放心”目标管理的优秀城区、县(市)予以表彰：

2001年度“两放心”目标管理优秀城区：拱墅区、上城区、滨江区。

2001年度“放心肉”目标管理优秀县(市)、区：临安市、余杭区。

2001年度“两放心”目标管理合格城区是：杭州经济技术开发区、下城区、江干区、西湖区。

2001年度“放心肉”目标管理合格区、县(市)：萧山区、建德市、桐庐县、富阳市、淳安县。（郑永标）

【市商业总会加强中介服务工作】 2001年，杭州市商业总会认真贯彻为政府决策和工作目标服务，为企业发展和提高经济效益服务的宗旨，在全市经济建设和社会发展，特别是在营造竞争有序，健康运行的流通市场中，发挥商业总会在政府和企业之间的桥梁、纽带作用。通过会刊，宣传政府及有关部门，主要是商贸主管部门在各个时期的工作；参与了市委宣传部、市贸易办等部门开展的创塑商贸品牌、提升商贸品位方面的工作；在市物价部门指导下，组织行业协会在国庆、西博会期间开展了对61个企业的物价大检查；认真贯彻全市“诚实立身、信誉兴业”主题教育工作会议精神，向全市商贸服务企业发出开展诚信活动倡议，并积极组织参与这次活动。

运用培训讲座、组织考察等多种形式，为会员单位服务。自4月份到年底办培训班32期，对33个企业的2433名员工进行了培训，其中2367名员工获得了由劳动部门颁发的《浙江省职业技能培训结业证书》，合格率达97.3%。3月，举办了《世纪晨钟——杭州市宣传“十五”计划报告会》；6月，邀请美国纽约大学管理科学博士、梦想热讯网络集团董事长许乃威先生为市区连锁企业负责人作了《连锁发展之路》专题讲座；12月，与市贸易局联合召开了杭州市商贸、餐饮服务业民营企业座谈会，并邀请了杭州商学院工商管理学院副院长朱明伟教授就中国加入WTO后，流通领域及民营企业的机遇、挑战和对策作了报告。先后组织几十个会员企业赴大连、青岛等城市学习考察；应俄罗斯莫斯科市商会的邀请，赴莫斯科等4个城市进行商务考察；赴湖南等地学习考察当地景区商贸服务业配置情况；推荐了市粮食局和杭州大厦两会员单位有关人员赴法国培训考察。从维护会员企业在市场竞争中的合法权益出发，还组织法律顾问，为会员企业提供诸如法律咨询等方面的服务。

加强了同各地商业联合会（总会）交流，参加了在重庆市举行的全国部分城市商业联合会(总会)第四届工作例会，在中国商业联合会二届二次理事暨会员代表大会上，会长吴德隆被增补为常务理事。

2001年，发展了麦德龙杭州商场等14个新会员，企业会员已达181个、团体会员15个、个人会员20人。与浙江展览馆、天水街道联合出资组建了杭州展视展览有限公司。（张顺龙）

·国有(集体)商业·

【概况】 2001年，杭州商业资产经营公司继续强化经营管理，努力调整经营结构，不断拓展市场空间，各项工作取得新成绩。全系统实现销售(营业)、成交额73.59亿元，比上年增长5.8%；实现利税3.02亿元，其中实现利润1.2亿元。

企业产权制度改革基本完成。公司党委深入推进国有企业的产权制度创新，改制面进一步扩大，至年末，系统直属企业改制面达97%，基本完成了公司系统企业的产权制度改革。

不断深化营销策略、营销方式的调整和改革。公司系统各企业面对入世和外资进入的冲击，围绕市场需求，在拓展市场方面成效明显。华商集团、解百集团、杭州饮食服务公司等继续大力发展连锁超市，销售额大幅上升。杭州联合肉类公司、金龙集团公司、杭州盐业公司等把实施品牌战略作为参与市场竞争的重要手段，加大品牌促销力度，有效地扩大了市场销售，提高了市场占有率。储运公司打破传统的工作思路和运作模式，转变经营方式，充分利用现有设施，开拓新的经营领域，开办了粮油、果品市场，其中果品市场年成交额1.30亿元。杭州蔬菜公司三里亭分公司不断完善现有场地布局和设施建设，开辟新区货源，把经营重心放在各种商品的多渠道引进，形成了中低档商品兼备的经营格局，提高了市场知名度、信誉度，扩大了经营量。2001年实现销售(成交)量23.29万吨，比上年增长12.3%。解百集团积极参与市场竞争，在推出多项主题促销活动的同时，努力寻求具有自身特点和风格的营销方式，商品销售比上年增长12%。

在加强基础管理的同时不断实现管理创新。主要做法是：1.制度管理得到强化。各企业在实现制度化管理方面迈出了新的步伐。解百集团把制度建设作为2001年的一项重要工作，成立了专门工作小组，认真研究企业运行中出现的新问题，修改了一系列规章制度，细化了管理内容，较好地适应了现代企业的管理要求。联合肉类公司、化工公司等一批企业在改制后，根据新企业运行要求和建立现代企业制度需要，修订、出台了多项管理制度，在实现内部经营机制的转换中，规范了从法人治理结构到具体经营行为的管理准则，初步完善了改制企业的后续规范体系，促进了新机制的正常运行。2.现代化管理手段运用得到了进一步发展。各企业注重新的管理技术的吸收、消化和应用。华商集团充分运用计算机和网络技术，提高了企业运行的组织化程度。2001年完成了总部和配送中心的信息系统升级工作，提供了商品采购技术和商品配送技术，适应了超市发展的需要。五丰公司运用计算机信息技术加强基础管理，全年已有13个分公司及中转库的数据库和总公司销售联网，实现了动态掌握企业产供销存情况，加快了企业对市场的反应速度，增强了企业的应变能力。解百集团成立了浙江第一个网上商城，1600余种商品上网陈列销售。

【企业产权制度改革实现形式多样化】 在推进公司系统企业改革的进程中，坚持"有所为有所不为"原则和实事求是的思想路线，区别不同情况，实行分类指导，对不同企业采取不同的改革方式：对资产状况良好、有市场前景的企业，采取组建国有资产参股的有限责任公司；对从事重要商品经营、涉及市场安全或以新型业态为特征、发展势头强劲、资产增值较快的企业，则组建国有资产控股的有限责任公司；对一些资不抵债、失去市场竞争能力或发展前景不佳、随时可能被市场淘汰的企业实施破产、歇业或撤销等措施。实现了国有资本在流通领域真正意义上的"有进有退"。为确保国有资产合理配置，对部分小企业或网点进行拍卖改制。公司系统149个企业，已改制的有134个，其中改为股份有限公司和有限责任公司59个，外商投资企业13个，股份合作制企业4个，合并改制14个，其他形式改制15个，报歇、撤销26个，破产3个。

【抓品牌经营和规模优势】 杭州商业资产经营公司重视商品的品牌经营，注重发挥规模优势，保持了销售的稳定增长。

1.抓品牌。金龙集团年初把宝洁产品从思美家化公司分立出来单独成立思美广洁公司，公司成立后增加了经营品种，从传统的洗发类商品扩展到卫生清洁用品、护肤用品和纸制品，同时密切了厂商关系，加大了促销力度，销售大幅上升，同比增长28%。豆制食品有限公司整合了企业拥有"浪花"、"鸿光"两个品牌，与公司司标成一体，避免了消费者在认购上的偏差，提高了企业和产品品牌的认知度。盐业公司适应市场需求，发挥蓝海星品牌优势，新开发了保健足浴盐、果蔬洗涤盐等新品种，市场占有率进一步提高，销售额比上年增长10.9%。金鹏交家电公司抓住格兰仕、美的等系列知名品牌抢占市场，全年销售达1.8亿元以上。2.抓规模。五丰冷食公司在年初兼并接收了湖州震远同食品厂，组建了湖州五丰冷食有限公司，进一步扩大了生产能力。并及时安排技术改造项目，积极扩大公司拳头产品甜筒系列产品的生产，日产量从8000箱增加到1.8万箱，仅"上口爱"单只产品就销售108万箱，销售额达1937万元，体现了明显的规模优势。化工公司高度重视规模商品的培育和经营，2001年运用总经销、总代理、特约经销等形式千方百计做大做强，以大促强，其中醋酐、醋酸乙酯和磺酸等14种(类)规模商品占公司销售额的51%，确保了全公司销售上升，2001年该公司销售总额达3.82亿元，再创历史新纪录。 （徐建中）

【国有资产监管和营运体系逐步完善】 2001年，杭州商业资产经营公司根据所属企业改制的实际，按照转变自身职能的需要，进一步加强对国有资产的监管，完善营运体系。主要做法是：1.制定《企业改制国有资产处置管理办法》，规范了国有资产的处置，防止国有资产的流失和损失。对改制成有限责任公司的企业，经企业申请，由公司指定并委托有关中介机构对该企业进行审计清算，并对审计报告签署意见、出具调账通知后，企业才能进行有关账户的调整。同时，企业的全部资产要列入评估范围，未列入评估范围的国有资产由公司收缴；未进入改制企业股本的租赁资产和非经营性资产及闲置报废的经营性资产，其所有权归公司。对拍卖和拆迁歇业的企业，其收入全额归本公司，实行专款专用，统一管理。2.对国有控股、参股企业制定了《加强改制企业财务管理的试行办法》，以正确反映企业经营成果，维护投资各方的合法权益，确保资产的保值增值。其中除了要求企业依照有关法律、法规修订完善适应本企业情况的财会制度等外，还就建立对外投资决策程序，实施对企业及经营者在资本运作、生产经营、收入分配、用人决策和廉洁自律等重大问题上的监督，加强企业对外信用担保风险的管理，企业对外资金的拆借，企业工资总额的提取等问题作了明确规定。3.对已完成改制的企业制定《关于国有股权代表工作制度的若干规定》和《企业经营者薪酬指导性管理试行办法》。充分发挥国有股权代表在维护国家股权利益、参与企业经营决策、实现国有资产保值增值中的作用，调动企业经营者的积极性和创造性。其中对企业经营者薪酬的管理遵循了"市场取向、指导管理，效率优先、兼顾公平，责任、风险、利益相一致和经考核兑现"等原则，按各企业的总股本大小、净资产收益率的高低，确定经营者的基本薪酬和效益薪酬。上述这些规定对改制后的新企业建立规范的国有资产监管营运体系和企业内部运行机制，起到了积极的作用。

【家友超市公司销售额快速增长】 杭州华商集团家友超市公司进一步实施扩张战略，构筑多层次的连锁网络，确定了以浙江省为目标市场，坚持重点地区重点开发，以点带面连片开发的发展战略，在优势业态上进一步做专做强，以大型综合超市作为公司的主力业态，不断扩大"家友"品牌在省内的知名度和影响力。2001年，公司新开了海宁、绍兴、余姚、新昌、淳安等地及市区内连锁门店8个，新增营业面积2万平方米，公司连锁超市全年销售额10.08亿元，比上年增长35.1%。为扩大"家友牌"的影响，杭州家友超市加快自有品牌商品的开发步伐。至年末，注有"家友牌"的商品已发展到涉及百货、食品、生鲜等21个大类的316个品种，年销售额达1700多万元，平均每月销售近150万元，毛利率18%以上。创造了以较少的品种实现了较大的毛利。如"家友牌"酱鸭，在冬季旺销期间，虽然该品种数在该类别中只占4%，但销售额却占该类别的48%、毛利额占该类别的32%，2001年一次性定货15万只还供不应求，促使酱鸭类商品销售量增幅达1.5倍以上。"家友牌"坐垫，其8个品种只占同类商品的18%，但销售额却占该类商品的77%，毛利额占该类商品78%，使坐垫类商品销售量比上年增长2.8倍，毛利增长2倍。

【公开招标议标制度向大宗原辅料

采购延伸】 2001年,市商业系统不少企业通过加强企业管理,努力降低经营成本,从基建工程到大宗原辅料采购实行公开招标议标方式。杭州商业储运有限公司在果品市场扩建和加油站翻建项目中实行公开招标,仅8000平方米的钢结构从招标前的预算价260元/平方米降到140元/平方米,节约开支96万元;钢筋混凝土地坪,从预算价72元/平方米降到51元/平方米,使1万平方米的地坪节约费用21万元。杭州豆制食品有限公司在采购大宗原辅物料中引入竞争机制,对外采用议标的形式,实行公平、公开、公正操作,对内实行企务分开,接受员工监督,确保了所采购的原辅物料质优价廉,降低成本达100余万元。杭州五丰冷食有限公司利用电子信息技术,采取互联网招标方式对生产所需的大宗原辅料进行采购,通过比较进行综合评价,确定最终供应商,增加了采购业务的透明度,有效地降低了采购成本。 (张鑫浩)

·饮食服务业·

【概况】 2001年,杭州饮食服务业市场经营态势良好,行业细分化的趋势使企业特色与个性化更为明显,企业的创新能力、经营手段、管理水平与人才保证等方面成为竞争的焦点。名优企业的市场扩展力度加大,国有饮食服务业经过改革整合,经济效益也有了较大提高。市饮食服务公司系统2001年营业收入6.49亿元,比上年增长12.7%;实现利润6900万元,增长93.3%。

餐饮业发展迅猛。杭州连续两年(2000年~2001年)成功举办两届中国美食节,有力地促进了餐饮市场的繁荣。2001年全市餐饮业营业收入43.27亿元,比上年增长21.3%,餐饮业走上了饮食文化和餐饮经济互补的发展道路。全年餐饮业有以下几个特点:1.民营化现象日益突出。民营餐饮企业经营灵活,竞争力强,民营餐饮市场份额已占78%。2.大众化消费增多。2001年,杭州餐饮人均消费已由上年的80元~100元降至50元~60元。3.连锁化、规模化趋势明显。1万平方米以上营业面积的餐饮店又出现多个,张生记、红泥、新三毛、新开元、新喜乐等酒店都能同时容纳2000余人用餐,其员工有四五百人。不少大型餐馆还不断开出连锁店,如知味观在市区已有13个连锁店,并取得较好的经济效益。4.餐饮企业管理水平进一步提高。价格、文化、环境、服务相互融合,成为企业争取客源的重要方面。

旅馆业发展趋好。来杭旅游探亲访友的旅客对中高档客房的需求量增大,对一些较大规模,具有多种休闲娱乐的大型宾馆饭店受到青睐,不少宾馆饭店适时推出全新营销策略,取得较好效果。

美发美容行业有新的发展。至年末,市区美发美容店已达3300多个,也出现了规模大、档次高、技术力量强的店家,如“东方名剪”营业面积达1700平方米。营业面积在300平方米以上的店家全市已有10多个,这些店家的共同点是店内环境舒服、整洁、营业正规、服务项目多、价格公道。小的不正规的美发美容店正在减少。随着打假治劣工作的深入,美发美容用品、设备质量有所提高,价格也逐步走向正规。另外,从业者提高技艺的紧迫性增强,要求培训、参加比赛和交流的人员不断增多,对促进全行业技术水平的提高起了积极作用。 (张治平)

【4名美发美容选手入围国家队】 12月,第26届亚洲发型、化妆大赛国家队选拔赛在杭举行。杭州队的赵伟芳获新娘妆冠军、袁思华获晚宴发型亚军、毛晓义获晚宴发型第4名、何 龙获梦幻妆亚军。4人进入国家队,将参加2002年6月在新加坡举行的第26届亚洲发型化妆大赛。 (王德友)

【评定杭州餐饮服务业大师名师】 为全方位提高杭州餐饮业品位,促进餐饮服务技艺的进一步提高,经过专业技术考核和评审,杭州市贸易办公室于10月29日批准授予丁凯兰、方丽玉、王建英、刘小英、陈娟娟、张少燕、林咏梅、孟敏青、凌美娟、龚顺英、堵晓燕、韩明珠、谢敏燕、潘小慈、戴万新等15人为杭州餐饮服务大师;丁月华、王圣华、王兰萍、王亚军、王茜、朱文彩、许志忠、沈骏燕、孙慧珠、李兰香、金丽华、李健、金晓滢、孟敏姿、张静、赵金英、姚俊、季燕、贾红、莫玲玲、袁勤、谢一莹、章小琴、龚吴花琳、章琴、蒋宏文、傅晓华等27人为杭州餐饮服务名师。 (周世椿)

【评定杭州美发美容大师名师】 根据国内贸易局关于评定美发美容大师的要求,杭州市开展了评定活动,于9月13日圆满结束。评出吴秀华、陈琴美、陈卓红、戴一江、童佩华、沈叶娟、蔡晨辉、钱勤、郭岚、赵亚仙、田建军、许红波、贾代余、陈智清、陈义清、叶先根、费云月、谢尚尧等18人为杭州美发美容大师;王华、张玲、孔代红、丁金仙、汪爱翠、陶方花、吴燕、江凤林、王雅、葛银珠、王加伦、翁宝珍、钟国琪、陈卫国、斯亚峰、谢幼康、张君微、金文祥、郑玲玲、郑丽丽、童伟民、何忠华、章建龙等23人为杭州美发美容名师。 (吴祝元)

【全国饮食服务业第11届政研会理事会在杭召开】 全国饮食服务业第11届思想政治工作研究会理事会议在杭州召开,来自沈阳、西安、杭州等9个城市12个理事单位的20名代表出席了会议。会议主要内容是针对国有饮食服务企业改制后思想政治工作如何适应新形势,进一步推进国有饮食服务企业改革发展等内容进行讨论和交流。同时,经过酝酿和协商,理事会一致推选杭州市饮食服务公司党委书记梁建军为全国饮食服务业思想政治工作研究会会长兼秘书长,聘请前任会长廖显伦为名誉会长。 (高亦飞)

【杭籍名厨24人被评为浙江烹饪大师】 由浙江省经贸委主办、省烹饪协会承办的浙江烹饪大师、名师认定工作,历时3个月(8月~10月)结束。杭州市被评上浙江烹饪大师的有胡忠英、王仁孝、陈善昌、杨初定、章乃华、徐步荣、冯洲斌、戴桂宝、董顺翔、王政宏、吴顺初、何祥根、束沛如等13人。被评上浙江烹饪名师的有陶海明、宣启明、沈宝兴、裘顺泉、蒋金根、王晓波、郑忠伟、胡大亮、黄世伟、陈国良、陈寅红等11人。（张治平）

【服务业有关工种实行持证上岗制度】 为规范全市商贸服务业的用工秩序，提高劳动者的技术素质，根据有关法律和规定，2001年1月10日，市贸易办公室、市劳动局和市商业总会联合发出《关于商业、服务业营业员、服务员等实行持证上岗制度的通知》，饮食服务业实行持证上岗的工种是：营业员、中式烹调师、中式面点师、西式烹调师、西式面点师、调酒师、餐厅服务员、前厅服务员、客房服务员、保健按摩师、美发师、摄影师、照相器材维修工等。

（吴　华）

【彩版《极品杭州菜》出版发行】 该书由杭州烹饪协会常务副会长戴宁主编，精选了在首届中国美食节评出的14名杭州烹饪大师和23名杭州烹饪名师的84款冷菜、热菜和点心的彩色图片和制作说明，于10月底由当代中国出版社出版发行。

（何　奈）

【杭州伊萨尔公司首家推出网上洗衣服务】 9月，与新浪网、中华洗网联合首创“网上洗衣、电话洗衣”服务项目，把传统洗衣行业与电子商务完善结合起来。消费者只要在网上点击“中华洗网”，伊萨尔洗衣公司就会派人上门服务，并打折收费。伊萨尔公司在杭州有8个连锁店；经常出差的人可以在全国各地200余个伊萨尔连锁店得到服务。（吴乃彰）

【奎元馆上海连锁店开业】 有135年历史、被誉为“江南面王”杭州奎元馆与上海汇联商厦联手在上海徐汇区开设的杭州奎元馆连锁店，9月7日开张营业。杭州奎元馆派出特级技师徐荣祥等掌勺供应50多种名面，吸引了众多上海市民前往品尝。如素油爆、猪油炒、麻油浇的虾爆鳝面，以其色、香、味、形俱佳的特色，深受上海食客的喜爱。

（吴　华）

【中国烹协举办杭州名菜示范研修班】 5月，在杭州举办。40多位来自北京、天津、重庆、新疆、吉林、黑龙江、湖南、江苏及省内各地有多年实际烹饪操作经验的烹饪技师参加，由具有中国烹饪大师、国家高级技师、杭州烹饪大师等技术职称的杭菜名厨讲授和示范操作。研修班共介绍了具有杭菜特色的42只热菜、冷菜和点心，为杭菜走向全国打下了基础。（吴乃彰）

【杭州餐饮管理公司发展迅速】 杭菜的走红使杭州厨师身价倍增，应运而生的餐饮管理公司规模日趋扩大。

至年末，杭州的餐饮管理公司有23个，规模较大的有杭州建文酒店厨房管理有限公司、杭州兴合餐饮管理公司等。这些公司除承包管理市内的一些著名菜馆外，还管理外地的杭菜馆，并向法国、荷兰、德国等地的海外中餐馆输送厨师。

（芦　荫）

·粮油商业·

【概况】 2001年，市粮食系统切实抓好粮食购销市场化改革，加强和完善粮食工作职能，粮食购销、市场建设、仓储管理、企业改制取得新进展。

粮食购销市场化改革取得阶段性成果。2001年，市粮食系统开始实施取消粮食定购任务、全面放开粮食市场、放开粮食购销价格的粮食购销市场化改革。在粮食购销体制发生重大变化的情况下，为确保粮食供求平衡和粮食供给安全，市粮食部门主要措施：1. 抓储备粮规模的扩大。着重抓好新增储备粮计划落实。全市储备粮规模从19.95万吨增加到27.05万吨，新增7.1万吨。其中市本级从13.50万吨增加到17.50万吨（其中1.50万吨系资金储备）。各区、县（市）都已确定了新增储备粮的品种和数量，落实了规模和资金。2.开展“订单粮食”工作。各级粮食部门从原来的“定购”变为“订单”。全市“订单粮食”签订合同8.21万吨（其中早稻1.85万吨，晚稻6.36万吨），占上年粮食定购数的73.6%。3.加强粮源基地建设。市本级粮食部门与黑龙江、江西、内蒙、湖北、湖南、河北等产粮区联系，通过代储代销、统购分销、联合经营等形式，加强与粮食主产区的合作，充实了粮源。4.搞好粮油市场建设和管理。为应对粮食购销市场化改革，市粮食系统利用南星桥粮库现有仓库、场地，建设江南粮油批发市场，对现存的3座仓库改建为营业用房90间，设立粮食交易区3个，引进以黑龙江省为主的8个省粮油商品，于6月8日开市营业，交易兴旺，至年末，江南粮油批发市场销售量6.8万吨，销售额1.35亿元。杭州粮油批发市场继续搞好管理和特色服务，提高了市场的知名度和信誉，全年共实现销售量47.8万吨，销售额10.15亿元，比上年分别增长22.8%和25%。年末，全市共有粮油批发市场10个，其中市区（含萧山、余杭）7个，全市的粮油销售量98.51万吨。

仓储管理和建设取得新突破。主要表现为：1. 抓好粮食清仓查库工作。全市各级粮食部门认真搞好自查自纠工作，经市清查小组核对账册和清点实物，市本级及各区、县（市）均达到账账、账表、账卡、账实相符，做到品种清、性质明、数量准。清仓查库工作还顺利通过省检查组的复检抽查。2.加强仓储管理。全市各级粮油仓储单位认真执行各项储备粮管理制度，扎扎实实做好“一符四无”（账实相符、无虫害、无鼠雀、无霉变、无事故）工作，经检查，各粮食仓储单位均达到了上述要求。保粮人员的业务水平进一步提高，市粮食收储公司仓储管理人员的计算机普及率达到75%。各单位还积极探索科学保粮新路子，确保储粮安全，市收储公司城东分公司对储粮全部采用了电子测温系统，南星桥分公司也与有关科研单位开展了对数字化粮温检测分析控制系统的试验。3.仓储建设得到加强。各区、县(市)粮食局和市收储公司通过资产重组、资金投入等不同方式,加大仓库建设和中心库建设的力度。市粮食收储公司投入181万元,对半山、义桥、城东等分公司的仓储设施进行维修改造,投资500余万元做好803地下库的扩建工程,新增仓容1万吨。临安和淳安的中心粮库已初具规模,建德市的中心库建设已经奠基,桐庐县也已征地,拟建设中心粮库。

企业改制取得新进展。2001年,市粮食系统的零售企业继续抓好拍卖。特困企业解困取得成效。粮油商业企业改制工作有明显进展。半山粮库、粮运公司、饲料公司、油脂公司、粮油贸易公司、西兴粮管所均已完成改制,国有资产全部退出,组建成新的有限责任公司。至年末,市粮食系统企业改制基本完成。

(邵镇平)

【各地积极开展"订单粮食"】 经国务院批准,2001年,全省实行粮食购销市场化改革,即取消粮食定购任务,全面放开粮食市场,放开粮食收购价格。为确保粮食购销市场化改革顺利实施,对一时难以调整种植结构的种粮农民特别是种粮大户,在一定时期内,由粮食部门委托国有粮食企业与种粮大户签订产销合同,按保护价收购,即实行"订单粮食"。2001年,全市"订单粮食"签订合同8.21万吨(其中早稻1.85万吨,晚稻6.36万吨),占上年粮食定购数的73.6%。实际收购粮食6.80万吨,合同兑现率为82.8%,全市除淳安、桐庐外都开展了"订单粮食"工作,其中市本级与233户农户签订粮食订单3502吨。 (何 震)

【加大粮源基地建设】 随着粮食放开,市本级的储备粮轮换所需粮源历来由省内调进的情况发生了变化。为了确保储备粮的轮换和市场的有效供给,各区、县(市)都十分重视粮源采购工作,主动与产区联系,加强合作,建立粮源基地。余杭区政府牵头协调,计划在内蒙古自治区通辽市建立6666.7公顷基地,第一期已开发333.3公顷。萧山区粮食部门也与黑龙江木兰县、安徽蒙城县等地建立密切的合作关系。市粮食部门组织人员到黑龙江省对江南粮油批发市场进行招商引资,引进黑龙江35个业主进杭,还与黑龙江、山东、河南、江西、安徽省粮食主产区沟通联系,加强与粮食主产区的合作。在黑龙江垦区八五四农场建立6666.7公顷约5万吨东北粳稻生产基地,与江西省分宜县签订了5000吨早籼谷购销合同,又与武汉市签订2002年1.5万吨早稻产销合同。同时,还到内蒙、河北、湖北等产粮区进行联系,通过代储代销、统购分销、联合经营等形式和途径,加强与粮食主产区的合作,形成了稳固的粮源。

【粮食清仓查库工作完成】 为贯彻全国粮食清仓查库电视电话会议和省政府召开全省粮食清仓查库工作会议精神,全市各级粮食部门普遍建立组织、组织培训、搞好自查。经过清查小组账账核对,杭州市分解表与各区、县(市),及各区、县(市)与下属单位统计报表均核对无误;库点保管账与粮堆囤头卡数量、品种、性质一致。清仓查库工作顺利通过省检查组的复检抽查。

【军粮供应工作】 随着企业改制的不断深化,企业经营机制转换,法人变更,军粮供应工作出现一些新情况和新问题。

为了进一步做好军粮供应工作,市粮食局认真抓好军粮供应体制改革,较好地理顺了军粮供应关系,有效地保证了军粮供应。主要做法是:

1.调整和改造军供网点。2001年,投入39万元,改造新建了杭州市军粮供应中心,撤销了车驾桥军供站,并将其余3个军供站逐步过渡为军供中心的代销点,改善了军供环境,提高了服务质量。2.加强了军粮质量管理。市粮食部门从采购、加工等环节把好质量关,并不断加大对军供粮油质量的监督,确保军粮的质量。3.坚持送粮上门,电话预约,定点供应等做法。为方便部队调剂伙食,常年开展品种串换业务。

【培育和发展粮油专业市场】 2001年,杭州市各粮油专业市场抓住粮食购销市场化改革机遇,加强招商与管理,新建杭州江南粮油批发交易市场和余杭粮油批发交易市场。加强对各粮油专业市场的监督,确保市场粮油的质量,规范交易行为,增强管理力度。提高服务质量,稳定和扩大客商队伍。大力开展促销活动,充分调动场内客户的积极性,粮油成交(销售)量大幅度上升,全市共计销售粮油98.51万吨(其中粮食88.69万吨、食油9.82万吨),销售金额20.90亿元,分别比上年增长91.8%和105.7%。

杭州市老城区的杭州市粮油批发交易市场、杭州江南粮油批发交易市场、浙江省农都农副产品批发市场、杭州市农副产品批发市场、杭州近江农副产品综合市场等5个市场,全年粮油成交总量达76.97万吨(其中粮食69.12万吨、食油7.85万吨),比上年增长1.15倍;成交总额为16.52亿元,增长1.19倍,占全市成交总量的78.1%。

【杭州"黑龙江粮油商品一条街"市场开市营业】 为进一步加强杭州与黑龙江两地建立长期稳定的粮食购销及经营合作关系,加快杭州农业结构调整的步伐,发展效益农业,市粮食局利用现有3座仓房进行内部简易分隔,建造营业用房90间,设立粮食交易区3个,组建了江南粮油批发交易市场(一期),引进了以黑龙江省为主的8个省粮油商品,其中黑龙江客商有35个,有30多个粮油精品。

市场于2001年6月8日开市营业。至年末,粮油销售量6.8万吨,销售额1.35亿元,销售量、销售额保持着日均350吨和72万元左右的水平。中共中央政治局委员、国务院副总理温家宝,省委书记张德江、省长柴松岳及杭州市委书记王国平、市长仇保兴等领导先后到市场视察。

【粮食系统企业改制基本完成】

2001年,市粮食系统认真抓好所属企业体制改革，企业改制工作进展良好。至年末,全系统企业改制已基本完成,主要表现在:1.零售企业继续抓好拍卖。市粮油食品公司、西湖粮油食品总公司 2001 年又推出 5 批商业网点进行公开拍卖。至年末累计，共拍卖了 71 处网点和仓库，总成交价为 7118 万元，其中 2001 年拍卖了 18 处网点，总成交价为 1828 万元。2.特困企业的解困有实质性突破。杭州粮油化工厂采取土地出让，出让所得用于安置职工和处理债务，企业歇业的方式进行改制,2001 年已完成。杭州润滑油脂厂和杭州油脂厂采取地块出让的方式进行改制。3.粮油商业企业改制进展顺利。粮运公司、饲料公司、粮贸公司、油脂公司、西兴粮管所等企业改制已完成。华盛房产开发公司通过市产权交易中心进行公开拍卖,拍卖成交价为 3420 万元。南星桥粮库已基本做好改制的准备工作,部分职工采取“协缴”方式已进行分流，五洋宾馆由市政府统筹安排。4.人员分流工作积极稳妥进行。在人员分流工作中,做到政策讲透,工作做细,化解矛盾在基层,职工分流平稳有序。2001 年全系统改制企业分流职工 564 人，累计共分流职工 2100 余人。（何 震）

·供销合作社·

“黑龙江粮油商品一条街”第一交易厅

【概况】 2001 年,杭州市供销社系统销售总额 34.90 亿元,其中,市社本级企业销售额 16.5 亿元,均与上年持平。市社本级企业创利税合计 2.45 亿元,比上年增长 36%;费用总额却比上年略有下降;资产负债率由上年末的 67.1%下降到 2001 年末的 58.5%；企业偿债能力有了提高。

市社本级企业的改制任务全面完成。一些改制中的难点、热点问题得到妥善解决。在改制过程中,市社坚持把好资产评估、确认、核销关,认真做好人员分流、资产拍卖、权证过户等各项工作。杭州西子味精厂破产清算工作经过 3 年多的艰苦努力,处理了 10003 万元的债务,妥善安置了 343 名在职职工和 133 名离退休人员，破产财产分配方案得到法院的认可,市中级人民法院在 12 月就破产做出终结裁定。对于系统内的特困职工，市社及各企业从精神上和物质上给予了关心和照顾。

发挥联合社指导和协助的作用。主要是协助余杭区社搞好直属企业的改制定位，帮助拱墅区社完善改制方案，指导西湖区社天目山饭店转让方案的制定，参与滨江区社资产拍卖、职工分流及一区一社整体改制方案的设计和操作。同时,市社致力于推进农业产业化经营,总结农业产业化经营与开放办社的典型经验,于 12 月初,召开了全市供销社基层工作会议，介绍了各地供销社积极参与农业产业化经营、强化服务功能、推进开放办社、改善内部管理、开拓业务渠道、争取政府支持等方面交流了典型经验。会议形成了进一步强化服务“三农”的意识,拓宽服务领域,改进服务形式,增加服务效益，通过与农民结成真正的利益共同体，证明供销合作经济在农村市场的优势，进一步巩固和提高对供销社地位的共识。

全市供销社已先后组建专业合作社 17 个,入股社员 435 户,股金总额达 54.7 万元，其中农民股金 16.34 万元,有农业龙头企业 7 个。

建立和完善产权明晰、权责明确的现代企业制度。市社与企业着手解决市社与企业间、企业与企业间多年形成的连环贷款担保关系,改过去行政隶属关系形成的承担无限责任的贷款担保方式为现行由企业以财产抵押为主,市社按股权比例承担相应担保责任。企业间的相互担保也基本理顺。同时,对多年形成的企业与市社及企业间互欠的债权债务关系也得到了妥善的解决。

各企业着眼于尽快建立与市场经济相适应的企业机制，相继制订或完善各项管理制度，不少企业制订了《员工手册》。通过建立严明的制度,规范权限,运用经济手段和行政手段，将奖惩机制引入企业正常运行中。（韩莉萍）

【市社本级企业产权制度改革全面完成】 至 2001 年 9 月,市社本级企业的改制全面完成，实现了预定的改制目标。所属的 78 个企业经撤并调整后进入改制程序的为 23 个,其中破产 1 个,兼并 2 个,公开拍卖转让 1 个,内部招标转让 7 个,改制重组 12 个。

改制过程中,共平稳分流职工 3200多人,占原职工总数的75%;盘活资产2.7亿元，处理历史包袱 1.8 亿元。改制后组建有限责任公司 19 个，在全部公司股本中市社持股占 22.1%,职工出资占 65.6%,其中企业主要经营者个人出资占职工出资额的 25.1%，为总股本的16.4%,经营者个人出资平均为98万元。实现了市社参股不控股,让职工占大头,让经营者持大股的设计目标,从体制上为激活企业机制创造了条件。
(杨伟英)

【盘活存量资产筹措改制资金】 为筹措改制资金,市社推出社有资产进行公开拍卖和转让。2000年8月在《浙江日报》等多个媒体公告,推出杭州供销大厦的白天鹅大酒店公开拍卖,最终以9570万元的价格在2001年2月6日将白天鹅大酒店转让给杭州新开元大酒店有限公司,资金按时足额到位,促进了杭州供销大厦改制的顺利启动。2001年,市社系统先后推出3批(12处)房地产进行公开拍卖,其中延安路189号、246号,中山中路66号,建国北路352号和佑圣观路31-2号等5处建筑面积达1538平方米的房产拍卖成功,成交额达2747.87万元。另外,市社还通过闲置地块交由杭州市土地储备中心收回等形式盘活存量,筹集资金2500余万元,有力地支持了企业转制改革工作。
(楼奎龙)

【化肥销售由降趋升】 2001年,农业生产资料市场在总体需求继续减少,全市供销社系统在化学农药、农用薄膜销量比上年下降的情况下,化肥销售开始出现回升迹象,全年销售32.14万标吨,比上年增长6.2%,其中复合肥销量达8.19万吨,增长76%。

其主要原因:1. 农村产业结构和农民种植结构进一步调整,经济作物面积继续扩大,对化肥特别是复合肥需求上升;2. 由于连续几年供大于求,且价格一路下跌,生产企业不再扩大生产规模,农村各级也基本不再提前贮备,年初局部地区出现了阶段性紧缺现象,导致消费者除即用即买外,又开始适量贮备。
(顾利江)

【土特产公司轻纺原料经营规模进一步扩大】 2001年,市土特产有限公司以诚信为本,扬信誉优势,把握商机,抓住中国石油天然气股份有限公司销售体制调整的机遇,通过设立中转仓库,提供中转仓储服务,扩大中油产品经营,同时贴近客户,在浙江省轻纺原料集散地之一的绍兴钱清原料市场开设经营部,在湖州、嘉兴等地区发展销售网络。公司还积极开拓新品种经营,满足客户求新需求。2001年,轻纺原料销售量达到9700吨,比上年增长2.6倍。在价格下跌50%的情况下,全年实现轻纺原料销售额8000万元,比上年增长64.4%。 (都 伟)

【果品公司二次转制活力初现】 杭州市果品总公司1998年转制为股份合作制企业,2000年又进行了以减人减债换机制为核心内容的二次转制,成立了杭州果品有限公司。新公司成立后,狠抓企业管理,制定了《员工手册》,内容包括企业精神、岗位职责、服务规范、奖惩制度、安全制度,建立动力和目标机制、利益和激励机制、约束和监督机制及教育培训机制,使企业管理走向制度化、规范化、科学化。年内已有35名职工获得奖励,2名职工违纪受到处罚。对市场内交易人员,坚持处罚与教育相结合,严格按市场交易规则办事。一年内共调解各类纠纷1000余起,处理违规行为500余起。一个安全有序的交易环境被客户普遍认可。同时,努力拓展经营深度,向专卖、总经销方向努力,一年内新增浙江平湖"金平湖"牌微型西瓜、温岭"玉麟"牌西瓜,奉化溪口水蜜桃、广东阳西"玉荷包"鲜荔枝等品牌商品在杭设专卖点,促进了果品的销量,2001年公司总销量达到10万吨,比上年增长20%。 (缪涛柱)

·商办工业·

【概况】 2001年,杭州商办工业企业进一步深化内部改革,转变观念,转变机制,突出品牌经营,努力拓展市场。全年市区商办工业实现产值15.60亿元,比上年下降4.4%;销售收入16.90亿元,比上年增长3.9%;实现利润1.5亿元,比上年下降10.2%。

抓好"菜篮子"、"米袋子"产品生产,丰富居民生活。2001年,杭州豆制品总厂黄豆投料量为7712吨,豆制品产量为1.4万吨,产量比上年下降10.1%;杭州肉类联合加工厂全年宰猪30.5万头,下降5.7%。市粮食系统等一些商办工业企业以品牌占领市场,加工大米2.2万吨,面粉8.36万吨,生产味精2.6万吨,方便面1300吨,各种酱油4200吨,满足了不同层次的市民需求。

以市场为导向,加大营销力度,扩大市场占有率。杭州味精厂全年生产味精2.6万吨,实现销售收入2亿元,利润139万元。改制后杭州东南面粉有限公司2001年生产面粉8.33万吨,比上年增长11.9%;销售面粉8.28万吨,增长12%;实现利润200.50万元,创造了较好的经营业绩。五丰冷食有限公司在巩固原有产品的同时,针对消费者的不同需求,积极开发新产品,全年实现销售收入1.98亿元,实现利润1039.70万元。杭州食品工业公司为适应现代消费崇尚健康、追求口味的特点,在月饼销售旺季除推出了口感新颖、营养健康的果蔬菜月饼外,还开发了供糖尿病、高血脂病人及忌糖人群可享用的无糖月饼,进一步挖掘了月饼市场的消费潜力;杭州茶厂面对剧烈的市场竞争,利用自身优势,抓紧机遇,大打品牌战略。到北京等地开设"西湖牌"龙井茶专卖店,同时在河坊街上开设了"西湖茶庄"。杭州中萃食品有限公司在加强内部管理、压缩费用开支、扩大市场销售方面做了大量卓有成效的工作,创造了企业组建以来最高水平,全年实现销售收入7.16亿元,利润8375万元,分别比上年增长6.6%和26%。

实施科技创新,加大技改投入,提高科技含量。杭州味精厂精制一车间年产8000吨味精的扩建项目已完成投产。杭州东南面粉厂对车间的麦路、筒库进行分析研究,对卧式打麦机、粉碎机、打包秤等设备的风机、风网进行改造,并对89台次设备进行检修,提高了关键设备的机械效率,降低了损耗,节约了成本。杭州食品工业公司2001年斥资引进国内最先进的枕式全自动包装机、自动喷码打印机设备，使“五味和”月饼生产的工艺流程实现了高度的机械化、自动化。杭州中萃食品有限公司经过调查研究和可行性分析，购进与下沙现厂区毗邻的5公顷土地，为扩大生产规模创造了条件。紫江包装有限公司计划在完成新厂房土建的基础上，追加投资200万美元，新增SBO/200型吹瓶生产线一条，以扩大生产能力。

加快改制步伐，转换经营机制，逐步建立现代企业制度。随着杭州东南面粉有限公司的建立，职工进行了工龄置换，并按公司章程进行了参股，彻底置换国有企业职工的身份，职工成为公司的股东。杭州粮油化工厂土地已出让，职工已得到安置，改变困难的局面。粮食系统的部分企业和粮店都完成改制和拍卖。杭州肉联厂、杭州豆制品厂、杭州食品工业公司等企业先后都已改制成了有限责任公司。商办工业通过不同形式的改制，有力地促进了企业综合实力的提高，为今后发展打下了坚实的基础。（沈静芳）

【杭州五丰冷食有限公司并购湖州震远同厂】 该公司进一步实施扩张战略，2000年12月出资并购原中华老字号企业湖州震远同食品厂大部分资产，组建了湖州五丰冷食有限公司，并于2001年4月正式投入生产。企业注册资金3300万元，总资产3600万元。根据资产收购协议，湖州五丰面向湖州震远同厂招聘了152名各级管理人员和员工。通过规范严格的岗位培训，同时引入杭州五丰的企业文化、经营理念和管理模式，湖州五丰正逐步发挥出其巨大的潜能和显现出蓬勃的活力。湖州五丰的建立，使杭州五丰总公司有了在继杭州、嘉兴后的第三大生产基地，使总公司在产品拓展、生产规模、储运能力等方面有了更大的发展空间。公司组建以来，共投入设备改造资金150万元，对原各生产线的制冷系统、机房、动力设备进行了较大规模的改造；投入资金550万元，新增立体模产品成套设备、车间空调系统、1000隧道系统等，同时对车间生产线场地、设施系统进行了全面改建，形成了年产1.5万吨生产能力。2001年，已开工6条生产线共生产产品3180吨。管理工作上通过转变观念、建立员工绩效评价体系、与总公司的计算机联网等，各项工作步入正轨，融入到了“杭州五丰”的大循环中，使之成为总公司开拓浙江、进军华东市场的先锋阵地。（张鑫浩）

·生产资料行业·

【概况】 2001年，市属物资系统实现销售额13.54亿元，比上年下降30.5%；完成工业产值8486万元，比上年下降16.5%。

全面完成改制任务。2001年，市物资总公司以产权制度改革为核心，加快企业改制步伐，在2000年完成改制面87.5%的基础上，总公司与最后一个企业杭州木材总厂签订改制责任书，明确目标、落实责任，年内已完成改制任务。同时总公司积极推进本公司机关和所属事业单位的机构改革。主要是做好3个事业编制的经营部门实行企业化改制的准备工作，清理辞退临时借调人员，进行资产、档案、经济合同、债权债务等清理核实。至年末，市物资总公司机关行政机构改革的各项准备工作基本完成。通过改制，取得初步成效。1.初步形成投资多元化的格局。市物资总公司原下属的8个国有物资企业中，拍卖1个、歇业1个，改制为有限责任公司6个。在改制为有限责任公司6个企业的8140万总股本中，国有股1582.5万元，经营者持股1307.5万元，职工持股5250万元，分别占总股本的19.4%、16.1%、和64.5%。这6个企业中，完全由经营者和职工持股的3个。2.初步建立企业新型劳动关系。按照改制的要求，6个企业通过工龄置换，转变职工身份，重新签订劳动合同，建立新型劳动关系。6个企业共有3058名职工进行工龄置换，1516名职工通过签订劳动合同，与改制后的企业建立新的劳动关系。3.初步形成新的经营机制。6个企业都制订了新的分配、奖励办法，充分体现按劳按股和按贡献大小分配奖励的原则，调动经营者和广大职工的积极性；对企业的组织机构、管理模式进行积极主动的适应性调整和改革，全面调整和制订企业新的规章制度，加强企业内部监管，按照产权明晰、权责明确、自主经营、自负盈亏、自我约束的要求，规范企业行为，增强企业市场竞争力，促进企业持续健康发展。（孙继群）

【严格安全管理责任制确保爆炸物经销安全】 杭州市化工轻工民爆器材有限公司，是杭州市爆炸物品专营单位，担负着全市重点工程爆炸物的供应任务，是具有销售爆炸物品资格的单位。2001年，该公司严格执行爆炸物供应的法律法规，从保证社会、政治稳定的高度，把安全管理作为企业的头等大事。实行一票否决制，层层签订安全管理目标责任书，明确任务，落实责任。公司为确保爆炸物经营安全，严格把好购、销、运、存四个环节。即购，凭公安部门的购买证采购；销，凭客户出具的公安部门的购买证明供应；运，实行配送制，专车、专人押送；存，实行炸药、雷管专库专用，双门双锁，专人保管。2001年3月、10月，省、市公安机关、省国防科工办民用爆破器材经营企业专项安全整顿督查组，先后对公司进行安全检查，一致认为该公司对安全管理重视，制度健全，责任落实，人员、器材配备齐全，保证了爆炸物经销安全和杭州重点工程爆炸的物资供应。（胡天麟）

【杭州木材总厂整体改制为有限责任公司】 杭州木材总厂是一个具有50多年历史，全省最大的木材生产、加工、综合利用的森工企业。建厂几十年来，企业曾有过辉煌的业绩，曾被国务院授予全国木材行业排头兵、全国木材资源综合利用先进单位等荣誉称号，木材综合利用率和综合效益排名均据全国同行前列。近几年，因市场竞争激烈，企业体制不能适应市场经济运作，国有企业的弊端日益显露出来。2001年

12月，该厂整体改制为有限责任公司，实现了资产、人员、产业结构的重组。改制企业总股本为2100万元，其中职工持股会出资1528万，占72.8%；自然人出资572万元，占27.2%；在职职工人数从1700人减少到600余人。产业结构实现了工业生产、贸易、服务三足鼎立的发展格局。（戚国良）

附：　杭州市物资系统2001年主要物资销售情况

名　　称	计量单位	销 售 量	比上年增长%
煤　炭	万吨	115.5	6.0
生　铁	吨	7 679.0	-56.1
钢　材	吨	122 826.0	-13.4
铜	吨	524.0	-33.8
铝	吨	11 617.0	-7.4
锌	吨	10 038.0	8.2
硫　酸	吨	152.0	-65.2
烧　碱	吨	11 649.0	-20.8
纯　碱	吨	2 769.0	-54.2
橡　胶	吨	13 922.0	14.1
塑料原料	吨	13 959.0	32.9
轮　胎	套	2 653.0	51.2
水　泥	吨	14 778.0	19.6
木　材	立方米	1 725.0	-55.7
汽　车	辆	3 065.0	-36.3

（吴小苗）

·烟草专卖·

【概况】 2001年，杭州市烟草专卖局（公司）为创建“三个一流”（一流的经济效益、一流的管理水平、一流的精神文明）的烟草强市，大力抓好新的网络工程建设，规范经营行为，整顿市场秩序，强化基础管理，进一步提高了市场控制力和市场占有率，各项工作取得了明显成效。

主要经济指标全面上升。2001年，全市烟草系统经济效益继续保持良好的发展态势。全年实现销售总值28.61亿元，比上年增长14.4%；总销量25.28万箱，增长7.5%；毛利6.02亿元，增长29.6%；利润4.21亿元，增长25.4%。其中市本级实现销售总值8.95亿元，比上年增长8%；销量7.42万箱，增长2.1%；毛利1.95亿元，增长38.6%；利润1.4亿元，增长37.5%，荣获省行业“功勋企业”称号。

成功实施新的网络运转模式。在网络建设上，市局（公司）制订并实施“专销结合，访送分离，定时到户”的信息管理运转模式，规范网络运转体系，提高网络运行质量，创建了一条以信息化带动网络现代化的运行机制。市局（公司）本级和区、县（市）公司的星级网点全部实施访送分离。全市投入数千万元资金，按标准对所有网点进行了设施改造，优化了网点硬件设施。全地区54个网点中，有35个被评为三星级以上网点。信息化带动网络现代化，完成了局域网与地区主干网络的建设及联网，统一销售、专卖、财务软件，电话预约、网上订货已试点成功并逐步推开。电子货币结算已达到85%以上。POS机、GPS车辆卫星监控和二维条形码贴标等均已运转到位。

专卖管理工作进一步加强。坚持以户籍化管理为载体，以专卖网络建设为主线，抓拓展求创新，成效明显。1. 全面推进专卖网络建设。健全了基层专卖管理所机构设置，根据区域特点，全市增设专卖管理所7个，对所有专卖所长实施竞争上岗制。专卖管理所实行定人、定户、定责任的目标管理。实施专卖和网点联动考核，积极推进“文明经商信誉管理”活动，树立先进，监管违规，有效地提高市场监控能力。2.认真开展专卖管理“素质年”活动。大力加强制度建设，实现正规化管理，规范化办案，先后出台了《关于加强专卖管理若干规定》等14个规定、7项制度和3个职责，形成了比较完整的管理制度体系，使管理有章可循，用制度管人，用制度强化管理。3.深入整顿和规范市场经济秩序。以卷烟“三打”（打私、打假和打击乱渠道进货）为手段，营造规范有序的市场经营环境，为卷烟销售保驾护航。全年查获卷烟违法案件近万起，整治乔司制售私假烟问题已取得决定性成果，得到国家局的肯定。

大品牌工程的实施使结构效益向品牌效益转变。2001年，全市烟草系统进一步调整优化品牌结构，扩大适销有效的大品牌的市场份额，经营效益大幅提高。全市利群、大红鹰、红五一、上游、中华、双喜、银绿杭州等7种适销有效品牌全年销售总量达到5.5万箱，比上年增长22%，占总销量的26%。市局（公司）本级7种大品牌的销量为1.71万箱，比上年增长14.3%，占总销售额的29.4%。在业务经营中，把卖好销好省产烟作为工作的重点，同时处理好省产烟与省外烟的关系，全市省内外卷烟的销量比例为70:30，基本形成了以中华、利群、大红鹰、红五一为主的高档烟市场，以双喜、红塔山、新安江、上游、西湖、石林、红河、红梅、红山茶、白沙为主的中档烟市场，以绿杭州、绿西湖、沙河、大洋、汉双喜为主的低档烟市场。以上主销品种占全市总销量的85%以上，大品牌的地位更趋明显，使市场结构、品牌结构、效益结构得到优化，较好地促进了经济效益的提高，而且为打破地区封锁，培育全国名优烟创造良好的市场条件。（市烟草局办）

余杭区总工会

余杭县总工会成立于20世纪50年代初。建立工会后，积极发动工人恢复和发展生产，积极参加社会主义革命和建设。1977年9月，县总工会重新恢复活动。在工会八次代表大会之后，余杭工会贯彻落实"依法维权，依法治会"的工作方针，坚持"方向要正、观念要新、思路要清、职责要明、重点要准、工作要实、出手要快、一流要争"的要求，积极探索工会工作的新途径和新领域。工会工作向法制化、群众化、民主化和社会化方向发展，取得可喜成就。1998年被省总工会命名为"先进县工会"，在全国工会十三大上被全总授予"全国模范市工会"称号。1996年至2001年连续六年被杭州市总工会评为工会重点工作目标考核优秀单位。

地　址：杭州市余杭区临平邱山大街78号
电　话：0571-86225998
传　真：0571-86223897
邮　编：311100

市委常委、区委书记徐松林（右）和区政协副主席、工会主席莫炳法慰问困难职工

杭州兴裕丝绸厂

该厂创建于20世纪70年代，坐落在"丝绸之府"的运河镇，地理位置优越，有得天独厚的天然蚕丝资源。兴裕丝绸厂和佳裕丝绸公司两个厂区共有织机200多台，职工500多人，主要生产织锦缎和高档唐装面料，是国内专业生产高档色织丝绸面料的企业。该厂产品花色齐全，质量优异，达到GB9070—88织物标准，2001年获得省科技产品金奖，并是2001年上海APEC会议各国领导人唐装面料惟一指定生产厂家。产品畅销欧美、非洲、东南亚等国家和地区。

法定代表人：胡炳年
地　址：杭州市余杭区运河镇
电　话：0571-86285157
传　真：0571-86285320
邮　编：311103

供应APEC会议的面料

该所是我国专业从事造纸化学品、石油加工用助剂、高分子材料用抗静电剂等精细化工产品开发的专业机构，同时是化学工业（全国）造纸化学品工程技术中心、全国造纸化学品信息站和民政部注册登记的国家一级行业协会——中国造纸化学品工业协会常设机构所在地。

该所在造纸化学品等精细化学品开发及应用技术研究方面处于国内领先地位，并拥有自主知识产权，在下沙杭州国家经济技术开发区和萧山国家经济技术开发区建有成果产业化基地。

研究开发精细化工产品

法定代表人：姚献平
地　址：杭州市湖墅石灰坝7号
电　话：0571-88315409
传　真：0571-88315409
邮　编：310014

杭州市化工研究所
Hangzhou Research Institute of Chemical Technology

东 方

建德市塑料化工有限公司

该公司位于建德市北部，近邻桐庐，紧靠320国道，交通便利。是一个综合性的实业公司，列入建德市32个重点企业，有固定资产3500万元，技术力量雄厚，生产设备先进，专业生产各种PVC、旋具、透明塑粒料和PP改性塑料、PVC新型建筑管材以及双色系列螺丝批等。产品除内销外，远销美国、欧洲、东南亚等国家和地区。

新安江车辆有限公司是该公司的下属企业，专业生产各种款式新颖的农用运输车。

公司以一流的质量服务社会，竭诚欢迎各界朋友光临垂询、合作发展。

总经理：应文珠

法定代表人：张桂龙
地　址：建德市安仁镇金秋街71号
电　话：0571-64179198
　　　　64179637
传　真：0571-64179209
邮　编：311601

新安江车辆有限公司制造的农用车

生产电线电缆的原料

HANGZHOU ARCHITECTURAL DESIGN & RESEARCH

杭州市建筑设计研究院

施工中的上海市公安局指挥中心

该院是经国家批准的甲级设计单位，具有国家颁发的甲级设计资格证书和建筑智能化系统工程设计资质证书以及ISO9001质量体系认证证书。具有对外合作经营权，承担建筑工程以及相应工程咨询和装饰设计。是浙江省首批勘察设计行业综合实力十强单位之一，全国CAD应用工程示范企业，市级文明单位。该院以质量和信誉求生存，以务实和创新求发展，在全国享有一定声誉。

2001年，该院按照深化改革、抓住机遇、加快发展的方针，不断开拓市场，确保设计质量，全面完成各项任务，取得明显成果。获得省级以上优秀设计奖励10项，其中杭州铁路新客站获得国优银奖，杭州国际假日酒店、红星文化大厦获得省“钱江杯”优秀设计一等奖，超长地下室不设温度缝设计与试验研究获得市科技进步二等奖。

施工中的杭州市第一人民医院

中标设计的温州世贸中心（模型），高301米，68层

院　长：傅志远
地　址：杭州市浣纱路102号
电　话：0571-87920920
传　真：0571-87028353
邮　编：310001

杭州市房地产开发实业总公司

该公司成立于1984年，是杭州市首批国家城市综合开发一级公司，浙江省、杭州市文明单位。

历年来，公司独家或参与开发建设了塘苗、和睦、朝晖、翠苑、长庆、见仁里、大关、潮鸣等10多个住宅区。公司分别与香港特别行政区、美国的房地产开发商合资开发了涉外高级公寓——西湖花苑和西子公寓。目前，公司正在潮鸣开发建设云龙公寓系列房产，共10余万平方米，其中腾龙阁和翔龙阁已交付使用，并在房地产市场中得到了很高的品牌认知度。公司在潮鸣开发的还有商务楼——诚信大厦和城市之光，合计建筑面积约7万平方米。

公司将一如既往为建设新杭城，打响"住在杭州"的品牌作出应有的贡献。

诚信大厦效果图［杭售许字（2002）第0044号］

公司负责人研究工作，左二为总经理张新国

地　址：杭州市开元路66号
电　话：0571-87028786
传　真：0571-87011919
邮　编：310001

云龙公寓［杭售许字（2000）第0078号］

复兴南苑

法定代表人：边志军
地　址：杭州市上城区
秋涛路 18 号 18~19 楼
电　话：0571-86061268
传　真：0571-86804378
邮　编：310008

杭州复兴建设集团有限公司

复兴北苑

该公司又名复兴地区开发总指挥部，组建于 1993 年，下设办公室和财务、前期、动迁、工程、物业等 5 个部。下属投资公司有杭州复兴房地产开发有限公司、复兴建设工程公司、浙江金潮物业发展有限公司、广复房地产建设有限公司、复兴加油站和杭州外滩针织服装市场有限公司，主要致力于复兴地区的房地产开发。该公司经过 9 年的努力，完成复兴路等 7 条道路和美政花园、复兴南苑、复兴北苑、紫花苑等 8 个小区开发建设，完成学校、幼儿园、街道办事处、派出所、交警中队、农贸市场、文化活动中心等一批配套设施工程。复兴地区将建设 160 万平方米花园式住宅小区和 100 万平方米多功能商贸中心。

该公司以“团结拼搏、务实高效”为复兴精神，以“建设复兴、造福百姓”为己任，努力把复兴地区建成为集现代化金融、商贸、旅游、娱乐、居住为一体的“杭州外滩”。

紫花苑小区

紫花苑小区

2001年“西湖杯”

工程名称：浙江省交通规划设计研究院科研业务楼
承建单位：浙江省一建建设集团有限公司

工程名称：浙江教育学院教师培训大楼
承建单位：浙江省一建建设集团有限公司、

工程名称：杭州红星文化大厦
承建单位：浙江省一建建设集团有限公司

工程名称：东方通信 D.E 厂房
承建单位：浙江省二建建设集团有限公司

工程名称：邵逸夫医院医教综合楼
承建单位：浙江省长城建设集团股份有限公司

工程名称：杭州公交一公司综合楼
承建单位：浙江省长城建设集团股份有限公司

工程名称：浙江省出版印刷物资大楼
承建单位：浙江省长城建设集团股份有限公司

工程名称：华立金顶苑办公楼
承建单位：浙江省长城建设集团股份有限公司

优质工程

工程名称：杭州师范学院滨江校区 A 标段教学楼
承建单位：浙江省长城建设集团股份有限公司

工程名称：杭州汇丽绣花制衣有限公司综合楼
承建单位：浙江省长城建设集团股份有限公司

工程名称：浙江省交通职业技术学院综合教学楼
承建单位：浙江省长城建设集团股份有限公司

工程名称：广利·普希金花园 5 号-6 号楼
承建单位：浙江省长城建设集团股份有限公司

工程名称：杭州市保俶塔小学教学楼
承建单位：浙江省通力建设集团有限公司

工程名称：杭州铁路给水电力段综合楼
承建单位：浙江省通力建设集团有限公司

工程名称：杭州电连接器厂
承建单位：浙江省通力建设集团有限公司

工程名称：浙江省血液中心综合大楼
承建单位：浙江省通力建设集团有限公司

2001年"西湖杯"

工程名称：杭州市中医院综合楼
承建单位：浙江省通力建设集团有限公司

工程名称：淳安千岛湖阳光大酒店(省电力局千岛湖电力培训中心综合楼)
承建单位：浙江省通力建设集团有限公司

工程名称：学军中学体育艺术馆
承建单位：杭州建工集团有限责任公司

工程名称：杭州历史博物馆
承建单位：杭州建工集团有限责任公司

工程名称：潮鸣小区B5高层住宅楼
承建单位：杭州建工集团有限责任公司

工程名称：浙江省商业职业技术学院图书行政楼
承建单位：杭州二建建设有限公司

工程名称：
白荡海人家B组团
19号-21号楼
承建单位：
杭州二建建设
有限公司

工程名称：艮山上二期二号高层住宅楼
承建单位：杭州二建建设有限公司

优质工程

工程名称：浙江省卫生厅办公综合楼
承建单位：杭州三箭建设集团有限公司

工程名称：杭州师范学院学生公寓C号楼
承建单位：杭州三箭建设集团有限公司

工程名称：阳光地带住宅小区排房P3
承建单位：杭州三箭建设集团有限公司

工程名称：荣邦·嘉华公寓
承建单位：杭州三箭建设集团有限公司

工程名称：金山大厦
承建单位：杭州三箭建设集团有限公司

工程名称：潮鸣小区A6号楼
承建单位：杭州市第四建筑工程公司

工程名称：潮鸣小区G7号楼
承建单位：杭州市第四建筑工程公司

工程名称：高新技术产业开发总公司办公楼
承建单位：杭州市第四建筑工程公司

2001 年“西湖杯”

工程名称：惠民苑农贸市场 3 号楼住宅
承建单位：杭州市第四建筑工程公司

工程名称：
国信·翰林花园
19 号楼
承建单位：
杭州市第五建筑
工程有限公司

工程名称：杭州府苑新村 F2 号楼
承建单位：浙江省钱江建筑工程公司

工程名称：杭州府苑新村 F4 号楼
承建单位：浙江省钱江建筑工程公司

工程名称：新华大厦
承建单位：杭州湾建筑工程公司

工程名称：维也纳春天 14 号–17 号楼
承建单位：杭州湾建筑工程公司

工程名称：浙江树人大学 A2–B2 教学楼
承建单位：杭州湾建筑工程公司

工程名称：笕桥农村信用社
业务用房
承建单位：杭州湾建筑工程公司

优质工程

工程名称：凯旋花苑 20 号–22 号住宅
承建单位：杭州湾建筑工程公司

工程名称：
拱北小区 R2 地块
7 号、8 号高层住宅
承建单位：
浙江新盛建筑工程
有限公司

工程名称：桂花城初阳苑 2 号–3 号楼
承建单位：杭州中豪建筑工程公司

工程名称：凯旋花苑 16 号楼
承建单位：杭州通达建筑工程公司

工程名称：
复兴 15 号地块
回迁工程 4 号楼
承建单位：
杭州复兴建设
工程公司

工程名称：浙江艺术职业学院教学主楼
承建单位：浙江宝业建设集团有限公司

工程名称：杭州紫荆小学教学楼
承建单位：浙江宝业建设集团有限公司

工程名称：杭州桂花城栖霞苑组团
承建单位：栖霞苑Ⅰ标段浙江宝业建设集团有限公司
栖霞苑Ⅱ标段浙江耀江建设集团股份有限公司

2001年“西湖杯”

工程名称：浙江省高级人民法院审判大楼
承建单位：龙元建设集团股份有限公司

工程名称：浙江世贸中心二期工程
承建单位：龙元建设集团股份有限公司

工程名称：景湖苑住宅楼
承建单位：中天建设集团有限公司

工程名称：裕达大厦
承建单位：中天建设集团有限公司

工程名称:吴山商务综合楼
承建单位:中天建设集团有限公司

工程名称:桐庐富春花园时代广场商住楼
承建单位:中天建设集团有限公司

工程名称：万安城市花园东苑南组团商务楼
承建单位：广厦建设集团有限公司总承包公司

工程名称:浙江树人大学A1–B1教学楼
承建单位:广厦建设集团有限公司总承包公司

优质工程

工程名称：浙江林学院教学主楼
承建单位：广厦建设集团有限公司总承包公司

工程名称：杭州机床厂大型数控平磨生产基地
承建单位：浙江泛华工程有限责任公司

工程名称：浙江远洋综合楼
承建单位：浙江泛华工程有限责任公司

工程名称：杭州耀江发展中心
承建单位：浙江耀江建设集团股份有限公司

工程名称：浙江黄龙体育中心主体育场
承建单位：宁波华丰建设集团股份公司

工程名称：杭州市车管所综合办公楼
承建单位：浙江中达建设集团股份有限公司

工程名称：紫桂花园一期2标段组团工程11号-17号楼
承建单位：临海市第一建筑工程公司

工程名称：华立·星洲花园B组团13号-16号楼
承建单位：临海市第一建筑工程公司

2001 年“西湖杯”

工程名称：紫桂花园 1 号–3 号、5 号–9 号楼
承建单位：浙江樟塘建筑集团有限公司

工程名称：锦江半岛 2 号楼
承建单位：浙江樟塘建筑集团有限公司

工程名称：锦江半岛 5 号楼
承建单位：浙江樟塘建筑集团有限公司

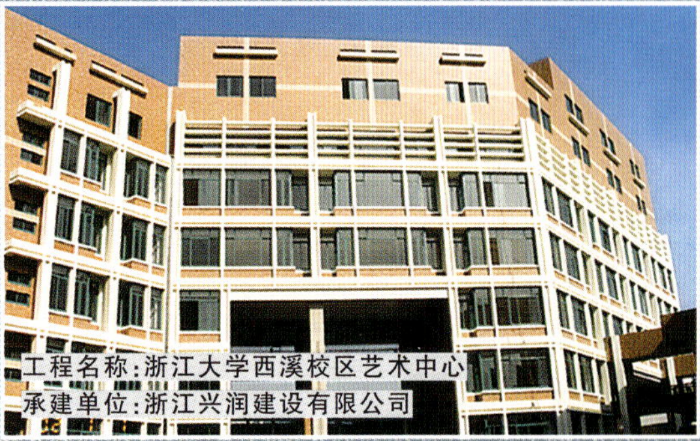

工程名称：浙江大学西溪校区艺术中心
承建单位：浙江兴润建设有限公司

工程名称：浙江幼儿师范健身房
承建单位：浙江省东阳市第二建筑工程有限公司

工程名称：杭州久阳·锦绣家园
承建单位：浙江省东阳市第四建筑工程公司

工程名称：文一路小学教学楼
承建单位：浙江省东阳市第四建筑工程公司

工程名称：浙江图书音像发行大厦
承建单位：八方建设集团有限公司

优质工程

工程名称：仙林桥小区一期5号高层住宅楼
承建单位：浙江中强建工集团有限公司

工程名称：昌地火炬大厦
承建单位：浙江萧山建工集团有限公司

工程名称：东方通信C厂房
承建单位：浙江萧山建工集团有限公司

工程名称：锦江半岛梦园二期3号楼
承建单位：杭州萧山第二建筑工程有限公司

工程名称：宝盛宾馆
承建单位：浙江宝盛建筑有限公司

工程名称：萧山时代广场工程1号-4号组团
承建单位：2号-3号楼　浙江华成建设实业有限公司
1号楼　浙江萧山建工集团有限公司
4号楼　浙江宝盛建筑工程有限公司

工程名称：萧山歌剧院
承建单位：浙江华成建设实业有限公司

工程名称：萧山经济技术开发区综合服务大楼
承建单位：杭州萧山第二建筑工程有限公司

2001年“西湖杯”优质工程

工程名称：萧山宁围镇人民政府大楼
承建单位：杭州萧山第二建筑工程有限公司

工程名称：余杭碧天家园13号-16号组团
承建单位：14号、15号 杭州华临建筑工程有限公司
13号、16号 杭州中临建筑工程有限公司

工程名称：余杭梅堰小区53号-55号楼
承建单位：杭州余杭第二建筑工程有限责任公司

工程名称：余杭瓶窑中学科技楼
承建单位：杭州瓶窑建筑工程有限公司

工程名称：富阳市人民检察院办公楼
承建单位：浙江省东阳城市建设工程有限公司

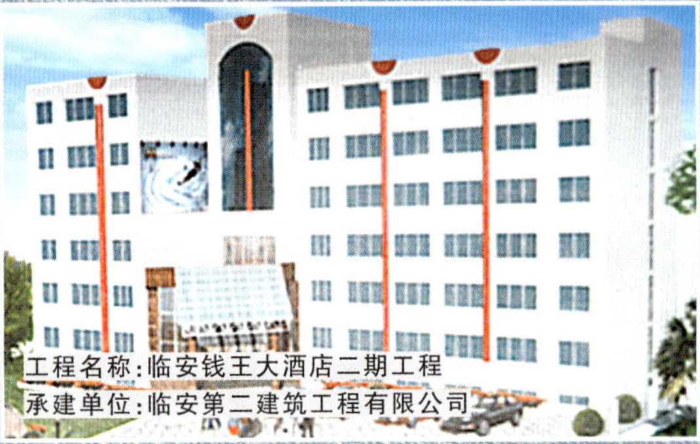
工程名称：临安钱王大酒店二期工程
承建单位：临安第二建筑工程有限公司

工程名称：临安天目高中体艺馆
承建单位：浙江宝盛建筑工程有限公司

工程名称：建德信成公寓1号楼
承建单位：建德市信成建设有限公司

工程名称：滨江高教园区A区学生食堂
承建单位：浙江海滨建设集团有限公司

浙江中豪房开建筑集团有限公司

董事长、总经理：徐国耀

杭州中豪大酒店

该公司是一个集房屋开发、建筑、建材市场、花卉市场、宾馆、电子商务、园林为一体的综合型集团企业。有固定资产1.2亿元，拥有高、中级等各类专业人才200余人。开发的建筑工程曾数次获“西湖杯”、多次被评为优良工程，在同行中有较高的知名度。

浙江中豪房屋建设开发有限公司是该集团公司的龙头产业，以“务实奉献、回报社会、创意房地产发展新潮流”为宗旨服务社会。中豪建筑工程公司为集团公司支柱产业，以创优质工程为战略目标。投资8000万元的杭州中豪大酒店是三星级涉外饭店，拥有客房210间，配套设施齐全，集吃、住、行、玩和购物为一体的大型现代化宾馆。中豪建材、中豪花卉是集团涉足三产市场的服务项目。园林、电子商务是集团向多元化发展的延伸。

该集团以“创建房屋开发建筑名牌企业，以支柱业促进其他产业”为发展战略目标，全面走向21世纪。

在建中的中豪·凤起广场

杭州中豪建筑装饰材料市场

地　址：杭州市秋涛北路73号
电　话：0571-86045098
传　真：0571-86960646
邮　编：310020

達盟山莊 Diamond Resort

The treasure over the century
跨世纪的珍藏

杭州达盟物

在首届杰出女性创业成就国际展示会暨女性创业与世界经济论坛活动中，董事长凌晓明女士（中）与联合国官员陈澜燕女士、美国前商务部长助理朱迪·巴纳特女士切磋女性创业的心得。

业有限公司

达盟山庄位于西子湖畔宝石山下，依山傍水，距断桥、少年宫广场仅 100 米，与省政府行政中心隔路相望，总建筑面积 2 万平方米。1993 年，为改变城市面貌，市政府提出加快旧城改造的要求，达盟物业有限公司依靠诚信、稳健、进取的企业文化精神，优秀、独到的经营理念和以坚韧的毅力，以精品意识引进成熟的经营方法，将山庄定位为酒店式涉外商住区，组建达盟国际商务俱乐部参与管理。

该项目 2000 年被中华爱国工程联合会评为爱国工程，公司董事长、总经理凌晓明被授予“中华爱国之星”称号。2001 年 6 月，该公司被授予“巾帼创业明星企业”称号；10 月，凌晓明应国务院侨办邀请，参加 2001 年全国百家侨资企业负责人国庆观礼团，受到党和国家领导人的亲切接见。2002 年 3 月，达盟山庄“绿宝公寓”被联合国妇女发展基金会、中国妇女儿童事业发展中心授予“国际女性创业著名品牌”。

董事长、总经理：凌晓明
地　址：杭州市保俶路 39 号
宝石山下三弄
电　话：0571-87057718
87057717
传　真：0571-87057712
网　址：www.hzdiamond.com

达盟山庄实景图

运河(杭州段)截

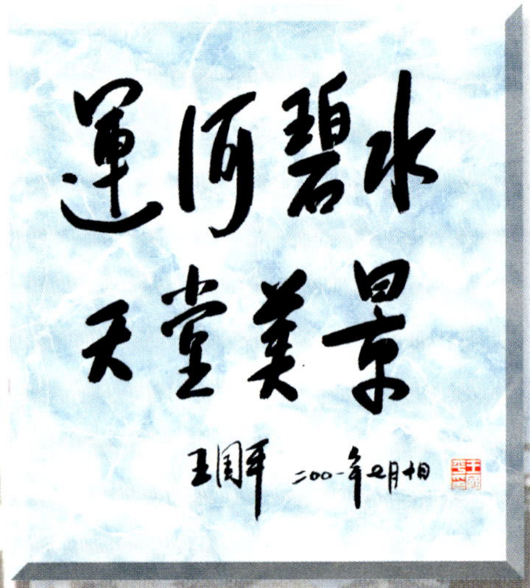

京杭大运河全长1789千米，距今已有1300多年历史。运河杭州段南起三堡船闸，北至武林头，长30.5千米。原杭城市区北部49万平方千米、50万人口，每天近50万吨的生产生活污水直接排入运河，导致水质的污染，影响生产、生活和旅游事业的发展，每年政府支付数百万元赔偿费。

1982年，市政府着手对运河治理进行研究，1993年开始实施运河(杭州段)截污工程，并列入杭州市"八五"重点工程项目，总投资9.63亿元。工程要求敷设1条主干管、1条连通管、5条次干管，总长约40千米，新建、扩建10座污水提升泵站，扩建四堡污水处理厂。经过建设者8年的艰苦努力，工程在2001年7月全面竣工。

运河(杭州段)截污工程是杭州迄今为止投资最大、历时最长、服务区域最广、社会环境效益最显著的环境整治工程。该工程的建成使运河重现历史的辉煌成为可能，为优化杭州城市环境，创建国家环境保护模范城市和营造"碧水"工程打下良好的基础。

杭州市运河污染综合治理指挥部

法定代表人：邵剑明

地　址：杭州市朝晖路1号公交总公司三楼

电　话：0571-85092041

传　真：0571-85092041

邮　编：310004

电子信箱：yanheone@mail.hz.zj.cn

杭州市四堡污水处理厂扩建工程

污工程全面竣工

运河（杭州段）截污工程分布图

横跨京杭运河的特大桥

杭州市绕城公路北线一期工程竣工通车

该工程是杭州市绕城高速公路的重要组成部分，是国道主干线上海至云南瑞丽高等级公路杭州段工程，是浙江省、杭州市“九五”期间的交通重点工程，也是杭州市实施跨江发展、城市东扩、旅游西进战略和全市交通“一小时半”公路圈的基础工程之一。

北线一期工程1998年12月开工，2001年12月建成通车。从乔司至余杭塘河，与已建成的绕城公路西线相接，全长29.29千米，工程总投资17.5亿元，设计时速100千米/小时，按全封闭、全立交控制出入的高速公路标准建设。工程地处江南水网地带，河道纵横，全线软土地基占70%，施工难度大，技术要求高。全线各类桥梁56座、5通区4处、涵洞54道，其中黄鹤山隧道全长1400米，双向6车道，净宽15米。

浙江省委常委、杭州市委书记王国平（中）、副省长王永明（右二）、市政协主席虞荣仁（左二）等在黄鹤山隧道前为北线一期工程竣工通车剪彩

绕城公路北线一期工程的乔司至杭宁互通立交以西段

杭州市交通设施建设处
法定代表人：金惠荣
地　址：杭州市湖墅南路111号
电　话：0571-88388880
传　真：0571-88388659
邮　编：310015
电子信箱：yyy/98/@21cn.com

杭宁高速公路余杭段工程进展迅速

杭州—南京高速公路余杭段全长12千米，总投资6.6亿元，起点东苕溪(与德清县交界处)，终点良渚镇勾庄。主线设计行车速度每小时120千米，路基宽为34.5米，路面和桥梁均按双向6车道设计。该段有良渚互通和南庄兜互通，有顺水桥和红眉山2座分离立交桥，有主线特大桥1座，中大桥13座，通道12座，涵洞23道。经过建设者的努力，在工程质量、进度、安全、管理等方面都处于杭宁全线的前列，2002年将建成通车。该指挥部办公室被余杭区政府评为文明单位，杭州市政府授予市模范集体称号。

杭宁高速公路余杭段工程建设指挥部
法定代表人：胡健民
地　址：杭州市仁和镇云会西南山街
电　话：0571-86331230
传　真：0571-86331230
邮　编：311007

省交通厅张治中副厅长等视察杭宁工地

良渚互通绿化

杭宁主线桥与D匝道桥

杭州市外商投资企业协会

该会是在杭外商投资企业及港、澳、台同胞和华侨投资企业的群众性组织，也是外商投资的服务机构。改革开放以来，陆续出台许多政策、法规，该会及时举办相应的讲座、报告及座谈会等，利用会刊《通讯》进行宣传，交流经验，互通信息，受到会员企业的欢迎。该会积极组织会员企业参加各种展销活动，大力开拓国际市场，扩大出口创汇。该会本着团结、服务、开拓、创新的宗旨，努力为会员企业办实事、办好事，使协会工作不断有新进展。

举办政策讲座

外商投资企业协会通讯

外资企业协会副会长怀瑟先生颁发文艺演出优秀奖

地　址：杭州市延安路 457 号
电　话：0571-85175368
传　真：0571-85155825
邮　编：310006

杭州解百集团股份有限公司

杭州解百新世纪大酒店

该公司是一个以百货零售为主业，多元化、连锁化发展的集团公司，也是浙江省最早颇具规模的商业类上市公司。总部位于西子湖畔，是一座集商场、宾馆、餐饮、娱乐、停车场于一体的多功能、智能化购物中心，经营面积10万平方米，其中商场营业面积3.3万平方米。商场推行“诚信、品位、实惠”的经营理念，汇集国内外各类知名品牌7万余种，迎合大众和中高档消费群体，销售业绩在浙江省大型零售企业中名列前茅，以良好的信誉获得多项国家、省、市级荣誉。按四星级标准建设的新世纪大酒店拥有各档客房200余间，有各类娱乐配套设施和大型停车场，使购物旅游完美结合。

新世纪商厦女装部

该公司注重经营业态的创新，构成以大型百货分店和连锁超市为主体的规模化发展网络。2001年，公司有自营、加盟连锁便民超市15个，大型综合超市3个，百货连锁分店8个，参股企业10余个，并积极涉足高科技、电子商务、旅游、进出口贸易等领域。

董事长：周自力
地　址：杭州市解放路251号
电　话：0571-87016888
传　真：0571-87068081
邮　编：310001

杭州解百新世纪商厦

杭州市区农村信用合作社联合社

市区联社党课教育大会

市区联社在双菱路进行业务咨询活动

该社（下称市区联社）成立于1989年，是一个由辖区农村信用社按合作制原则入股成立的农村金融联合组织，辖23个农村信用社、3个本级营业部、117个营业网点，主要分布在除萧山、余杭区以外的其他城区，现有职工1127名。1998年2月，列为市政府直属单位。

近年来，市区联社积极实施品牌战略，争创一流合作金融机构，强化内控，加快发展。以结构调整为主线，以人事制度改革为动力，以科技创新为先导，坚持走质量立社、效益兴社之路。相继建立和完善了独立的现金供应系统、资金清算中心和计算机通讯网络。业界合作不断加强，员工队伍素质显著提高，服务手段和服务功能日新月异，较好地满足了广大客户的需求。截至2001年底，各项存款余额90.87亿元，各项贷款余额57.42亿元，分别为该社成立之初的23倍和28倍；资产总额134.4亿元，自有资金7.57亿元，当年实现利润3300余万元，在全省信用联社中继续名列前茅。

该社全体同仁愿以最诚挚的服务，与您携手并进，共创辉煌。

举行庆祝中国共产党建党80周年大型歌咏会

辖属营业机构

主　任：郑维宝
地　址：杭州市中山北路503号
电　话：0571-85238023
传　真：0571-85238023
邮　编：310014

杭州市植物保护站

模范集体合影

该站为市农业局直属事业单位，主要社会职能:全市农作物病虫草鼠害发生规律、预测预报与防治技术研究,发布病虫情报信息,指导全市开展病虫草鼠害防治,培训农技队伍,推广植保新技术，为基层农技和农资部门提供技物配套服务等。该站履行社会职能取得丰硕成果,在改革开放中得到很大发展,由当初几个人、占用农业局2间办公室的小站，发展成有上千万元资产、科研和推广能力较强的全国植保先进集体。该站引导全市植保工作由封闭型、行政型、单功能型向开放型、服务型、多功能型转变。围绕实施"放心菜"工程和农产品安全生产,进行植保新技术开发与推广，培训农技人员和生产大户,为营造都市农业进行积极探索,得到有关方面的肯定与表彰,先后被授予市、省级"青年文明号"和杭州市模范集体荣誉称号,连续两年在市农业局系统开展的创满意单位工作中被评为满意单位，被市有关部门授予实施"放心菜"工程先进单位。

地　址：杭州市杭海路328-1号
技术咨询：0571-86781309　86781355
技术服务：0571-86781360　86781359
传　真：0571-86781353
邮　编：310020
网　址：www.hzpps.com
电子信箱：hzszbz@mail.hz.zj.cn

技术人员在花圃诊断盆花病虫害

技术人员进行田间调查

杭州市财税局农税征收中心

办税指南

该中心是市财政局的派出机构，成立于1997年12月，有干部15人。中心主要负责市区农业税收（契税、农业税、农特税、耕地占用税）的征收管理及契证的发证工作，承担市区房改房上市交易的各项税收征收工作。受市地方税务局征管分局委托，征收市区房地产交易环节的营业税、城建税、教育费附加和印花税。负责办理市区房改房上市优惠政策的兑现和市企业契税财政补贴的受理与兑现。该中心全体人员解放思想，理清思路，以组织收入为中心，严格依法治税，规范税收征收管理，2001年征收各项税费5.5亿元，实现收入55%的增长率。

该中心在维护国家利益、依法征收税费的同时，竭诚为广大纳税人提供优质服务。

办税大厅

电脑查询

单位负责人：谢　永
地　址：杭州市庆春路155号中财发展大厦二楼
电　话：0571-87895147　87241111
传　真：0571-87234185
邮　编：310003

杭州吉如养殖场

该场坐落在余杭区中泰乡，占地面积4公顷，其中猪场占地1.3公顷，猪舍6000平方米，附属用房500平方米，各项配套设施齐全。该场饲养各种优良品种的瘦肉型种猪和商品猪，年出栏商品猪1万余头，是杭州市商品猪生产基地之一。该场走“科技兴场”之路，根椐市场需要引进英国优良种公猪14头、母猪200头，成为英国PIC公司在杭州地区的示范场，每年可供“PIC”、“大长”等种猪1000余头。该场被浙江省科委评为省级农村科技示范户，场长何美英被杭州市政府授予劳动模范称号。

热忱欢迎各级领导和同行莅临指导！

市劳动模范、场长：何美英

地　址：杭州市余杭区中泰乡
　　　　石鸽良种场内
电　话：0571-88636758
手　机：13957196154
邮　编：311100

整齐的猪舍

猪舍内景

良种母猪

建德市钦堂红娟养殖场

该养殖场始建于1993年，由一名下岗女工借资8万元起家，办起饲料加工厂，经过近10年的艰苦努力，发展到饲养依莎蛋鸡8000羽、柴鸡8000羽、黄鸡2万羽，饲料加工产值100万元，全年产值500万元，利润50万元的企业，成为钦堂乡最大的养殖场。该养殖场的成功之路在于努力学习和掌握科学技术，提高生产经营水平，发展规模养殖，善于科学管理，紧跟市场信息，把握经营方向。为使刚起家的饲料厂生存和发展，支援资金紧缺的养鸡户，陈红娟垫饲料款近100万元，使该乡的养鸡户从原来二三户猛增到130户。为掌握信息、引进新品种，她到省14届家禽展销会取经，引进了江西柴乌鸡和绿壳蛋。2001年9月，她参加美国大豆协会在扬州举办的家禽营养讲习班。她还尽力帮助本县及周边县发展养殖事业，走共同富裕道路。

2001年，养殖场被评为杭州市"双学双比"生产养殖基地先进集体，陈红娟荣获创新业带头人，三八红旗手，杭州市劳动模范等称号。

苗鸡

法定代表人：陈红娟
地　址：建德市钦堂乡钦堂村
电　话：0571-64170588
邮　编：311601

建德市第二届
百名农村科技带头人
中共建德市委员会
建德市人民政府
2001年12月

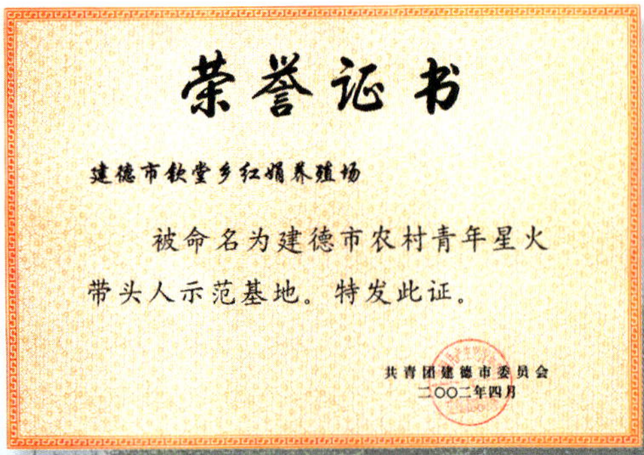
荣誉证书
建德市钦堂乡红娟养殖场
被命名为建德市农村青年星火带头人示范基地。特发此证。
共青团建德市委员会
二〇〇二年四月

新产品绿壳蛋

湖畔居

该茶楼位于西湖六公园北侧，倚城依湖，连岗三面，在水一方。登临三层各具风格的濒湖茶楼，湖光山色尽收眼底。

茶楼有名闻中外的特级西湖狮峰龙井茶，有全国各地的优质名茶、功夫茶100余种，且用纯天然虎跑泉水冲泡，有中外各色花茶、饮料、啤酒、各式名牌自磨自煮咖啡豆，有韵味独特的江南茶宴，有各具特色精湛的茶艺表演和江南丝竹，古今特色的各类茶壶、茶具。

该茶楼有举办300人以上的会议展厅，有容纳2人~30人享用的各式包厢，可供各种会议、商务洽谈。

品天下好茶，赏西湖美景。

湖畔居茶楼欢迎您！

杭州市中谊药店

该店坚持“诚实立身、信誉兴业”的经营宗旨，始终把顾客利益放在首位，真正做到文明待客、周到服务，经常为孤、寡、老、残顾客和急需用药的顾客免费上门送药。自1992年以来，多次被评为上城区文明单位、市商业优质服务单位、市巾帼文明示范岗、市重合同守信用单位、省集体商业模范企业。连续五年被评为计量、质量、物价“三信”企业和延安路“百城万店无假货”活动示范街先进单位。2000年和2001年完成销售额920万元，实现利税124万元，人均销售额和利税两项指标名列全市同类企业的前茅，被杭州市人民政府授予杭州市模范集体称号。

中谊药店

法定代表人：王亚萍
地　址：杭州市延安路249号
电　话：0571-87063542
传　真：0571-87063542
邮　编：310006

杭州仲裁委员会

HANGZHOU ARBITRATION COMMISSION（HAC）

杭州仲裁委员会工作人员为当事人提供义务咨询服务

该会成立于1996年8月28日，是依照《中华人民共和国仲裁法》的规定组建的独立于行政机关的仲裁机构。拥有一支由法律、经贸专家和具有调处各种经济纠纷经验的专业人员190人组成的仲裁员队伍。仲裁委受理案件范围是：平等主体的公民、法人和其他组织之间发生的经济、运输、房地产、建筑工程、涉外经济等合同纠纷，以及金融、证券、期货、保险、投资、质量、知识产权等方面的纠纷和其他财产权益纠纷，其裁决与法院的判决具有同等的法律效力。该会的宗旨是：以公正、合理、快捷、方便的仲裁方式，解决各类经济合同纠纷和其他财产权益纠纷，保护当事人合法权益，促进社会主义市场经济健康发展。仲裁根据事实，依照法律，对案件独立进行审理和裁决。裁决自作出之日起产生法律效力，对双方当事人均有约束力。

法定代表人：平世月
地　址：杭州市湖墅南路356号
锦绣大厦6楼
电　话：0571-88390369
传　真：0571-88394759
88387382
邮　编：310005

2002年6月该会主任张在堂（前左三）、副主任平世月（前右二）率团访问台湾辅仁大学时与该校法学院院长陈荣隆（前右三）等合影

市　场

·人才市场·

【概况】　杭州市及各区、县(市)人才中心,认真贯彻落实市委、市政府关于“构筑大都市、建设新天堂”的战略方针,大力开发和合理配置整体性人才资源,积极发挥人才市场选人择业的作用。2001年,全市通过举办人才交流集市和人才交流大会,使75.02万人次进入人才市场择业,其中12.34万人达成了选人择业意向。成功地举办了2001年新世纪杭州人才交流大会和2001年西湖博览会杭州人才交流大会,进一步打响了“创业在杭州”的品牌,被市委、市政府评为“2001年西博会组织优秀奖”。根据市场经济的发展和人事制度改革的需要,扩大了人事代理范围,提高了人事代理质量,全年新增人事代理单位500余个,增加人事档案1.5万余份,加强了人事档案的管理和服务,杭州市人才开发中心被中共中央组织部评为“2001年全国干部人事档案工作管理一级目标单位”。

【举办人才交流集市】　杭州人才市场在坚持“市场天天开(含节假日、双休日)、岗位日日有”,为人才供需双方提供选人择业的政策咨询、供需信息、审批招聘、推荐人才和办理手续等服务。一年来,审批了招聘单位3603个次,进场设台招聘2625个次,张榜招聘3346个次,查阅人才库信息200余个次,推荐人才1397人次。在此基础上,每逢周四、周五举办人才交流集市,同时还举办了人才交流夜市、大中专毕业生就业招聘专场和大学生暑期勤工俭学招聘专场等50场次,2743个企事业单位参加集市、夜市和专场设台招聘人才,共接待登记各类专业人才9.1万人次,其中达成选人择业意向2.72万人,发挥了人才市场大力开发和合理配置整体性人才资源的基础性作用。萧山、余杭、临安、富阳和建德等区、县(市)人才市场每月举办一次人才交流集市。一年来,全市共举办人才交流集市和专场119场次,9300个单位设台招聘人才,51.7万人次进场择业,其中14.8万人达成聘用意向,保证了人才供需双方选人择业的需要。

【举办人才交流大会】　市人才开发中心分别成功地举办了2001年新世纪杭州人才交流大会和2001年西湖博览会杭州人才交流大会,两次大会组织了1521个企事业单位参加大会设台招聘人才,共接待各类专业人才23.32万人次,其中达成选人择业意向96178人,分别为博士生342人,硕士生4919人,本科生58320人,大专生25399人,中专生7040人,打响了“创业在杭州”的品牌,为杭州“构筑大都市,建设新天堂”和“两港三区”提供了人才保障。

【建立经营管理者人才市场】　市人事局会同市委组织部建立杭州市经营管理者人才市场,市场办公室设在杭州人才市场,负责经营管理者人才市场的日常工作,健全经营管理者人才库,登记高中级专业技术人才和经营管理人才3700余名,成功地举办了3次“世纪精英”杭州知名企业高级人才招聘会,组织395个企事业单位参加高级人才招聘会设台,立足杭州,面向全国招聘具有硕士以上学历、高中级职称和部门以上经理的专业技术人才和经营管理人才,共接待各类人才8846人次,达成初步意向1292人。

【加强人才网站建设】　杭州人才市场加强了人才网站的硬件建设和软件建设,完成了光纤接入工作,开发了人才供需信息系统,用人单位既可直接在网上输入需求信息,各类人才也可直接在网上输入求职信息,实现了通过互联网办理人才招聘信息发布。一年来,500余个企事业单位在杭州人才网站上发布了招聘信息,1.8万余人在网上办理了择业登记手续,在举办人才交流大会期间,最高日访问量达到了1万余人次,全年总访问量126.42万人次。上城、下城、西湖、拱墅和高新人才网站建设较快,发挥选人择业作用较好。

【指导人才工作站工作】　市人才开发中心指导浙江大学、浙江工业大学、杭州商学院和杭州市卫生局的人才工作站,积极开展了本系统的人才交流、人才培训和人事代理等工作,4个人才工作站的业务内容不断增加,服务范围不断扩大,服务质量不断提高,共代理了120余个单位的人事关系,代管2026名专业技术人员和经营管理人员的人事档案,接收应届大中专毕业生700余名,提供人事档案的利用与服务400余人次。

桐庐县人才中心也同浙江工业大学、浙江工程学院、浙江科技学院和中国计量学院建立了人才工作站,拓宽了大学生参加社会实践和自主择业的渠道。

【引进紧缺专业人才】　杭州人才市场组织浙大中控、浙江富通和万向集团等25个知名企业,先后3次到大专院校和科研院所比较集中、人才比较富裕的北京、武汉和西安等大中城市招聘引进急需的高中级人才,共登记各类高中级人才2245人次,其中达成引进意向1226人。余杭、萧山、建德、桐庐和临安等区、县(市)人才中心,多次组织用人单位到哈尔滨、沈阳、西安、成都、重庆和武汉等大中城市引进高中级人才。

【开展人事代理服务】　杭州人才市场积极宣传人事代理的政策规定、代理内容和服务办法等,不断提高人事代理质量,增加人事代理单位

250余个，增加人事代理人员2700余人，增加人事档案4500余份，共代管流动人员人事档案1.8万余份，认真搜集和整理人事档案。省、市委组织部严格检查了流动人员人事档案进、管、出的管理与服务情况，经省委组织部验收报请中共中央组织部批准，市人才开发中心被评为“2001年全国干部人事档案工作管理一级目标单位”。

【杭州人才市场搬入新址】 杭州人才市场于2001年12月底，搬迁到地段繁华、交通便利和人流量大的体育场路335号办公，解决了原来人才中心与人才市场不在同一地方办公带来的困难，减少了找工作、选人才和办手续的中间环节，受到人才供需双方的欢迎。2001年12月，杭州市委书记王国平为杭州人才市场题词“培育人才市场，优化人才配置，促进杭州经济发展”。（程宏全）

·技术市场·

【概况】 2001年，全市“四技”（技术开发、技术转让、技术咨询、技术服务）项目合同达20079项，合同成交额25.80亿元，其中技术交易额22.11亿元，分别比上年增长13.7%、19.7%和3.1%。为规范技术合同认定登记工作，确保技术市场优惠政策有效地发挥作用，促进技术市场健康有序地发展，对全市技术合同认定登记点的合同登记情况进行了检查，使合同登记工作进一步规范化。

【第三届中国国际高新技术成果交易会】 市科技局组织全市12个企业参加在深圳举办的这次交易会，有14个高新技术及产品进行了展示交易，6个企业参加了商业配对活动，发送有关技术资料，宣传杭州高新技术产品和投资环境，并通过展示、演示，扩大了产品和高新成果的知名度，拓展了销售渠道，建立联系。丁德明副市长赴深圳参加高交会，考察了中兴、海王等企业，并介绍了杭州经济发展情况和投资环境，全市有近80人参加了洽谈。

【国内经济合作洽谈会暨高新技术成果发布会】 为加强与扩大杭州市与国内有关高校、科研院所的友好合作关系，拓宽合作领域，引进高新技术成果，促进产品、产业结构的调整，培育新的经济增长点。在2001年西湖博览会中，举办了杭州“信息港”建设研讨会、高新技术成果发布会和创业投资论坛，请来了一批知名专家围绕杭州市以“两港三区”为重点的“一号工程”建设，为杭州“两港三区”建设和高新技术企业出谋划策，为企业带来一批科技成果，受到有关企业的好评及社会的关注。（夏校良）

·商品市场管理·

【概况】 2001年，全市各级工商行政管理部门按照“控制总量，调整结构，盘活存量，有序发展”的原则，积极参与市场的规划，加强了市场的登记管理，努力引导市场规范化经营，提升市场的整体质量，开创了市场发展的新趋势。至年末，全市共有各类市场696个，其中消费品市场568个，生产资料市场92个，生产要素市场36个。杭州市区共有各类市场541个，其中消费品市场431个，生产资料市场77个，生产要素市场33个。全年全市市场实现成交额715亿元，比上年增长11.7%；市区市场成交额668亿元，增长9.7%。全年全市成交额超亿元市场有64个，超10亿元市场有13个。市场在规范中求发展，呈现以下两个特点：1. 商品市场的区块效应及功能集聚效应逐步显现。市区“一街三群”（秋涛路市场一条街、四季青服装市场群、新声路服装市场群、高新技术区块电脑群）的区域市场群体格局已基本形成并日趋成熟，区域市场群体的形成，促进了市场资源、经营户资源的合理互补和强化，使得专业市场的综合优势得以进一步体现和发挥。2.商品市场深挖经营发展内涵及设施功能创新，促使市场整体质量提升。

【整顿和规范市场经济秩序工作全面展开】 2001年，全市各级工商部门按照市委、市政府的部署，统一思想，周密组织，积极开展商品交易市场经济秩序的整顿工作，对全市商品交易市场进行了全面执法检查。在对商品市场整顿工作中出动执法人员之多、整治重点之突出、查处力度之大都是历年来所没有的。在对商品市场开展亮证经营规范、售后服务规范、专营专卖行为规范等日常性的整治工作的同时，重点开展了食品副食品市场、汽车配件市场、茶叶市场、服装小商品市场、文化市场、货运市场等专项整治，有效地查处了一大批扰乱商品市场经济秩序的违法行为。全年全市检查

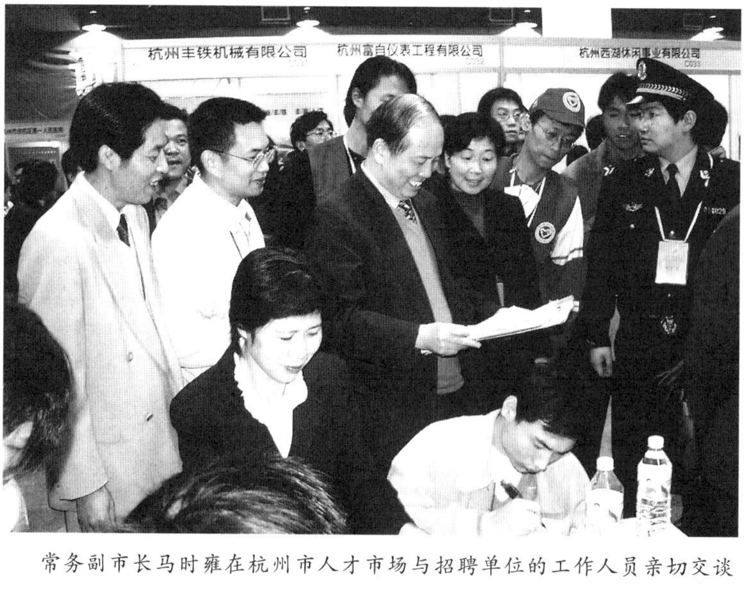

常务副市长马时雍在杭州市人才市场与招聘单位的工作人员亲切交谈

各类市场共出动人数8000余人次，检查商品市场6000余个次，检查经营户30余万户次，查获各类案件5360起。整顿和规范市场经济秩序取得了明显成效，促进了商品市场的繁荣有序，有效地维护了区域经济健康发展。

【严格市场举办主体的准入及其行为规范】 2001年，全市各级工商行政管理部门严把商品市场的主体准入关，在市场审批过程中，注重对举办主体资格、市场行业门类、土地权属关系等条件的把握，使市场的行业结构及分类布局得到一定优化。全年全市共新办市场26个、变更市场46个、注销市场11个。强化市场年检工作，通过年检对全市114个消防条件不具备的市场进行了分类确认，逐步补办了相关手续，并实施了市场的消防前置审批工作。继续抓好市场法人登记，实现市场组织创新，市区已办理市场法人登记46个。市场法人登记工作的实施，对规范和发展市场起到了积极作用。做好商品展销会的审批登记，从举办单位的资格审查入手，严把商品展销会的主体准入，全年共审批商品展销会78起，对促进杭州会展业的发展提供了较好的服务。同时，加强了对市场举办主体的监管引导，深化了市场基础管理工作，按照“谁主办，谁负责”的原则，督促帮助市场建立各项管理制度，许多商品市场均建立物业管理、秩序管理、经营行为管理等各项基础制度，促进了市场的规范管理工作。商品市场管理人员的责任意识得到了增强，经营户的自律意识也有提高。

【加强市场经营主体的行为监管】 杭州市各级工商行政管理部门在全市各行业市场开展了经营户违法违章行为和不良行为记录工作的试点，制定了市场经营户的经营档案和不良行为档案，对经营户在日常经营过程中的各类违法违章行为和不良行为实施分值设定和处罚扣分制度，逐步完善了市场的预警警示制度，为经济户口的动态监管、建立完善市场信誉体系作了有益的尝试。2001年，全市已有196个市场实行了经营户不良行为记录制度。

【开展商标使用行为规范工作】 市工商行政管理部门清理整顿了市场内总经销、总代理的不规范现象，加强了对经营户经销代理资格的认定和日常监管。对涉及人身安全及生命健康的重要行业市场，建立打假协作网，加大对商品品牌的保护力度，提高了市场打假治劣的针对性、准确性和时效性，提高了市场上市商品的质量和商品市场的信誉度。另一方面，工商部门还积极引导市场经营户开展商标注册工作，以多种形式对经营户进行商标注册的教育引导，并作好相应的服务。在全市的服装、食品等行业市场中涌现出一大批有一定知名度的商标，使市场经营户结构及上市商品结构得到提升。

【推行市场预赔制度及优化售后服务】 市工商行政管理部门深化市场功能，全市已有200个市场实行了预赔制，共设立市场预赔基金4662万元。在推广市场预赔制的基础上，工商部门连续多年在全市市场开展“优化售后服务，提高市场信誉”的主题活动，2001年还向全市商品市场发出“诚实立身、信誉兴业”的倡议活动，深化“满意在市场”的内涵，使商品市场的售后服务工作进一步规范。

【强化农贸市场监管】 市工商行政管理部门在“放心肉”的监管工作中，加强了对市区鲜肉批发市场及农贸市场的日常监管和巡查工作，积极引导市场开展争创“放心肉”先进摊位活动，督促建立健全肉品经营户不良行为记录制度，通过建立完善“放心肉”查办案件联系制度，加强对肉品案件的查处工作。2001年，全市共出动检查人员2.74万人次，检查市场1020个次，查处案件32起，查处非法猪肉9.7吨。由于农贸市场监管工作到位，确保了“放心肉”上市目标的实现。同时，积极配合做好销售环节的“放心菜”管理工作，组织农贸市场广泛开展了“放心菜”宣传月活动，“三一五”期间，组织市区部分农贸市场向全市农贸市场发起了以“倡导绿色消费，维护健康权益”的主题倡议活动。同时加强指导市场完善“放心菜”销售管理制度，强化对上市蔬菜的检测工作，逐步对农贸市场的“放心菜”实施长效管理。全年市区共对12起销售违法蔬菜案件进行了查处。

【培育与监管经纪行业】 2001年，市工商行政管理部门对经纪行业坚持一手抓培育发展，一手抓监督管理，较好地促进了经纪行业的健康发展。重视对经纪人主体资格的审核工作，全年共核发经纪人资格证书1489份。积极抓好经纪人的培训考核工作，会同各行业主管部门加强对行业经纪人的专业培训，促进了行业经纪人的行为规范。注意对新型行业经纪人的培育，全市文体中介机构实行统一规范，建立经济户口，将文体经纪人纳入了监管范围。通过对经纪行为的集中整顿，进一步强化了行业经纪人的行为规范。针对经纪行业中存在的一些违规行为和群众反映的热点问题，开展对房地产经纪行业整治，特别对10个媒体公开的“放心中介”进行执法检查，有效地促进了房地产中介行业行为的规范。 （郑 彦）

附：2001年杭州市成交额超10亿元市场

市场名称	成交额（亿元）
萧山商业城	109.00
杭州四季青服装市场	53.46
杭州物资城	47.10
杭州环北小商品市场	30.60
杭州汽车东站小商品市场	30.27
杭州浙江汽配城	30.30
杭州中国丝绸城	29.00
浙江汽配二场	22.27
杭州陶瓷品市场	20.70
杭州彭埠钢材现货交易市场	14.15
杭州新声综合市场龙翔服饰城	12.00
浙江省家电市场	10.65
杭州近江农副产品综合市场	10.50

·文化市场管理·

【概况】 2001年，杭州市文化部门管理的文化经营单位有综合性娱乐场所235个、舞厅歌舞厅347个、卡拉OK厅328个、电子游戏机房142个、棋牌室326个、音像制品零售出租及放映单位806个、书报刊销售单位1505个、网吧653个。此外，有74支民间职业剧团和300个个体演出人员活跃于娱乐场所。

强化依法管理职能，打击违法经营活动。2001年，市文化局按照“抓落实，抓巩固，出成绩，防反弹，密切协作”的要求，开展了以音像和游戏机市场为重点的“扫黄打非”行动。共组织相关部门联合执法11次，暗访282人次，出动检查3139人次；检查经营场所1936个次，取缔无证经营84个，收缴各类非法音像制品25.6万盒（张），书刊4533册，处罚违规经营单位101个，罚没款39.4万元，吊销许可证1个；检查游戏机经营场所825个，取缔违规经营单位9个。先后3次与省级有关部门联合举办销毁非法出版物活动，现场销毁盗版音像制品32.8万盒（张）、非法电子出版物7万余盒（张）、有赌博功能的游戏机电路板136台（块）、非法书刊2.6万册。在各部门的密切配合下，关闭4个音像制品集中经营场所。

整顿压缩电子游戏经营场所。根据省政府《关于整顿和规范市场经济秩序的实施意见》和市政府的要求，市文化局制定了全市电子游戏经营场所整顿压缩方案，截至11月底，完成了全市电子游戏经营场所整顿压缩任务，游戏机经营场所从602个减至142个，压缩了76.4%，比省有关部门下达的指标任务多压缩23个百分点。

重新审核互联网服务经营场所。从6月份开始，市文化局对全市互联网上网服务营业场所（网吧）进行了专项整治。整治期间，市、区、县（市）两级组织17次联合集中行动，先后出动2500人次，共检查网吧1136个（次），查获无证照经营180个，证照不全259个，经营不规范、安全制度不落实的430个，经营场地不达标的170个，涉嫌经营有害信息内容的153个；距中、小学距离不到200米违规设立的网吧97个，分别移交工商、公安等部门依法进行了处理。在加强对经营户管理的同时，从促进和支持文化娱乐业规范发展的角度出发，大力支持社会资金兴办健康有益的与旅游、健身、休闲密切结合的文化娱乐业。

加强音像制品管理法制宣传大型广场活动

【扎实推进行政执法责任制】 为缓解稽查任务重、人员少、力量弱的矛盾，市文化局机关工作人员长年参与文化市场夜查，加大了执法力度。全年组织普法宣传4次；经营单位持许可证率、年检年审率、经营场所负责人岗位培训与持证上岗率均达到100%；举报、信访处结率达100%；案件处结率达100%。文化市场经营秩序得到了进一步规范。市文化市场稽查队因工作成绩突出，被文化部评为2001年全国文化工作先进集体。

【重视舆论对音像市场的监督】 2001年5月，省、市、区文化部门在吴山广场举办了浙江省暨杭州市音像市场大型广场宣传活动。活动现场设立了法制咨询台，播放专题宣传片，分发宣传资料，通过制作宣传板，就市民关心的音像制品真伪鉴别方法、进口原装音像制品的鉴别、最新音像制品防伪标志的认定等进行宣传，并通过正版VCD光盘与盗版VCD光盘进行实物对比、讲解，现场接受群众的举报。《西湖之声》广播电台对宣传活动进行了现场直播。 （陆 惠）

附：2001年杭州市星级文明市场

星级	市场名称
三星级	杭州杭派精品服装市场
	杭州颐高数码科技市场
二星级	杭州鞋革批发市场
	杭州三塘农副产品综合市场
	杭州下沙农副产品综合市场
	杭州转塘农贸市场
	浙江汇宇棉纱市场
	淳安千岛湖茶叶市场
一星级	杭州余杭临平轻纺原料市场

会 展 业

·综述·

【概况】 杭州市会展业在西湖博览会的带动下有了较大发展，促进了全市经济的增长。2001 年，全市举办市级以上的各项专业展销会共 25 次，引进内资 136.91 亿元(其中西博会占 86.9%)，协议外资 7.1 亿美元(均为西博会)。

每年举行的西博会已成为杭州会展业的重要品牌，杭州城市的“金名片”。西博会的举办，带动了旅游、商贸、交通运输、邮电通讯、文化教育业和高新技术产业的发展。广告业也因西博会的举办获得商机，广泛参与了西博会的配套服务。

2001 年，杭州举办展览 109 个，除独立承办专业展览的有关协会外，还有 60 余个展览公司。可供展览的场馆主要有浙江世界贸易中心会展中心、浙江展览馆、杭州和平国际会展中心等。2001 年，浙江世贸中心举办的主要展览 38 个，其中带有国际性的展览 16 个，占 42 %；参与展览的展位 7974 个，展出面积 23.29 万平方米，参展单位 6934 个。

(冯 俊)

附： 国内主要会展场馆情况比较

城市	展 览 场 所	室内展览面积（万平方米）	国际标准展位数(个)	2000年展览场次(次)	2001年展览场次(次)	增长率(%)
北京	中国国际展览中心	6.40	68	96	41	
北京	中国国际贸易中心	1.00	560	40	44	10.0
北京	全国农业展览馆	1.80		38	42	10.5
北京	北京国际会议中心	1.00		30	38	26.7
上海	上海新国际博览中心	20.00				
上海	上海国际展览中心	2.50	1 400	38	80	110.5
上海	上海光大会展中心	3.00	2 000	64	77	20.3
上海	上海世贸城	4.00	2 500	50	62	24.0
上海	上海国际会议中心	0.42	280	13	15	15.4
广州	广东现代国际展览中心	15.00(在建)				
广州	广交会展馆	17.00	8 000	83	85	2.4
深圳	深圳中国高新技术成果交易会展览中心	3.60	2 300	55	62	12.7
武汉	武汉国际会议展览中心	4.66	2 800		60	
大连	大连星海会展中心	1.40	729	58	53	-8.6
成都	成都国际会议展览中心	5.50	2 400	50	59	18.0
重庆	重庆技术展览中心	2.80	1 310		26	
厦门	厦门国际会议展览中心	3.30	2 200		23	
南京	南京国际展览中心	4.40	2 068	32	34	6.3
苏州	苏州国际会议中心	1.50	550	15	16	6.7
无锡	无锡展览馆	0.40	220	26	28	7.7
昆明	昆明国际贸易中心	7.00	3 000		25	
青岛	山东青岛国际会展中心	2.53	1 528		25	
长沙	湖南国际会展中心	5.00	1 771	2002年6月投入使用		
杭州	浙江省世贸中心	1.40	500	34	38	11.8

注：摘自冯俊《杭州市会展业发展的对策研究》

·中国杭州——2001 年西湖博览会·

【概况】 由国家旅游局、国家广播电影电视总局、浙江省人民政府、中国国际贸易促进委员会、中国文学艺术界联合会、中国轻工业联合会主办，杭州市人民政府承办，香港贸易发展局为支持单位的 2001 中国杭州西湖博览会于 2001 年 10 月 20 日至 11 月 10 日在杭州市举行，为期 22 天，共设 46 个项目(其中展览 23 个、会议 14 个、活动 9 个)，会展取得圆满成功。原中共中央政治局常委、全国人大常委会委员长乔石，全国人大常委会副委员长王光英、蒋正华、成思危，原全国人大常委会副委员长陈慕华，全国政协副主席李贵鲜、陈锦华、经叔平，原国务委员、公安部部长王芳，中央和国家有关部门、武警总部、西博会主办和支持单位领导，浙江省、杭州市领导和兄弟城市、国际友好城市代表，中外来宾和观众约 606 万人次参加西博会。会展期间，各项成交额 74 亿元，协议引进内资 119 亿元，协议外资 7.1 亿美元，直接门票收入 1553 万元。有 5 万余名来宾观看《人间天堂》开幕式文艺晚会。全市有 90%以上家庭通过电视、电台收看、收听现场直播,21万名观众在互联网上观看直播,30万人次参加了国际民间艺术节和西湖狂欢节,54万人观看了国际烟花大会,134.5万人次在中国美食节品尝了各地风味食品。

12月6日,市委、市政府召开西博会总结表彰大会,对2001年西博会的先进单位、优秀项目、先进个人以及作出特别贡献的单位和个人予以通报表彰。

在广博中求精专。西博会以展览、会议、活动三大板块的项目互为补充、互相渗透、有机结合,形成“广博”的声势、宏大的气魄、轰动的效应。46个展览、会议、活动项目中安排了146个子项目,展中有会有活动,会中有展有活动,活动中有展有会,内容丰富,广泛地吸引具有各种兴趣爱好与文化背景的人们参与到西博会中来。西博会项目依托全市的文化、产业、资源等优势,围绕“住在杭州”、“游在杭州”、“学在杭州”、“创业在杭州”的城市品牌和全球化、新经济的要求,求专求精,形成品牌系列。体现“住在杭州”的项目有人居展、家具展、布艺展和中国物业管理论坛,体现“游在杭州”的项目有旅游交易会、旅游区域合作研讨会、西湖花会、雕塑展、国际民间艺术节、西湖狂欢节、西湖国际烟花大会等,体现“学在杭州”的项目有国际教育展、西湖书市和一系列专业性论坛、研讨会等,体现“创业在杭州”的项目有“天堂硅谷”国际创业论坛、国际青年计算机会议、百名海外博士浙江杭州行和人才交流大会等。

项目举办单位趋向多元化。西博会项目有联合国教科文组织、国际有机农业运动联合会亚洲分会等国际组织举办的,有政府部门举办的,有行业组织举办的,也有会展企业举办的,还有高等院校、科研机构和民营企业举办的。有4个国际机构和中国港澳台机构,45个政府部门,49个全国性和省市行业机构,7所高等院校与科研院所,35个企业(其中有11个专业展览公司、10个民营企业)主办或承办了西博会46个项目(包括分项目),体现了八方参与的办会方针。全市各区、县(市)对西博会的参与度不断提高,上城、下城、江干、拱墅、西湖、滨江、萧山、余杭、桐庐、淳安、建德、富阳、临安等各区、县(市),除了举办汽车展、五金展、音博会、家电展、家具展、丝绸文化展示会、信息技术展、休闲经济论坛、布艺展、国际旅游区域合作研讨会等项目外,还积极组织招商引资洽谈、组团参加狂欢节的表演及相关展会、节庆活动。

项目国际化程度提高。西博会组委会面向国际招商、招展、引资与宣传工作的力度增强,先后组织了赴欧洲、东南亚的促销团。西博会邀请的8412名境外宾客来自五大洲37个国家和地区,国际性展览比上年增多,国际展商数量增加。西博会中国际性会议就有9个,是上年的3倍,有国际民间艺术节、国际烟花大会、国际武术交流会等;参会的有世界卫生组织、联合国粮农组织、世界旅游组织、世界休闲组织、世界旅行社协会、亚太旅游协会、国际体育联合会等国际组织官员、专家学者和著名跨国公司百安居、美商网等境外客商。

2001年金秋西湖书市

会展对经济发展的推动作用日益明显。西博会的举办带动了相关产业的经济增长。1.带动旅游、商贸业的发展。公园景点门票收入同比增长9.9%;旅游业收入增长25.3%;商业销售总额增长18.5%;餐饮业营业收入增长27.9%。西博会成了杭州商贸旅游业的“黄金月”,成为继全年三个“黄金周”以后的又一个营业高峰期。2.带动交通、运输业的发展。西博会期间杭州的民航、铁路、公路、水路客运票款收入同比增长了33.5%。不少搬家公司为展览项目提供布展、撤展的运输服务,生意红火。3.带动邮电、通讯业的发展。西博会期间杭州的邮电业务收入同比增长28%;电信公司本地网通讯量增长26%,长途电话通讯量增长17万张话单;移动通讯公司话务量增长1.5倍;联通公司通讯业务收入增长80%。浙江移动通信杭州分公司在西博会期间,新开通15个新建基站、7个扩容站,新增载频130余个,系统容量新增1000Erl,话务总量创历史新高。4.带动展览、广告业的发展。从上年西博会以来,全市新注册成立的展览公司、广告公司达180多个。许多展览、广告设计和装饰公司因西博会的举办而获得了商机,广泛参与了西博会的配套服务。5.带动文化、教育业的发展。开幕式文艺晚会、新剧(节)目汇演和各项文艺活动的门票收入总金额达1000多万元,进一步促进了文化产业发展和文化消费市场的繁荣。国际教育展促进了中外教育界的合

附：　　　　中国杭州——2001 年西湖博览会项目表(展览项目)

序号	项 目 名 称	主 办 单 位	举 办 日 期
1	第二届中国工艺美术大师作品暨工艺美术精品博览会	杭州市人民政府、中国工艺美术协会、中国工艺美术(集团)公司	2001-10-18～22
2	2001年中国(杭州)友好城市国际消费品展览会	中国人民对外友好协会、杭州市人民政府	2001-11-01～04
3	2001年中国(杭州)旅游交易会	国家旅游局、杭州市人民政府	2001-11-01～04
4	2001年中国国际女装展	中国国际贸易促进委员会、杭州市人民政府	2001-11-08～12
5	中国(杭州)第二届最佳人居环境展览会	杭州市房地产管理局	2001-11-16～19
6	第四届中国国际茶博览交易会	杭州市人民政府	2001-11-19～22
7	第四届西湖艺术博览会	浙江省文学艺术界联合会、中国文联艺术指导委员会、中国艺术发展促进会、中国名人艺术研究院、杭州市人民政府	2001-10-24～29
8	2001年中国(杭州)国际信息技术产品展览会	浙江省科技厅、杭州市人民政府	2001-11-08～11
9	杭州国际教育展览会	浙江省教育厅、杭州市人民政府	2001-10-31～11-02
10	2001年中国(杭州)集邮文化展	中国集邮总公司、中国邮票博物馆、浙江省邮政局	2001-10-19～23
11	第二届中国(杭州)国际汽车展览会	杭州市人民政府、中国汽车工业总公司、中国汽车工业销售总公司	2001-10-19～23
12	2001年中国(杭州)国际五金展览会	杭州市上城区人民政府	2001-10-21～24
13	第二届中国西湖电子音像博览会暨第二届中国(杭州)国际音响器材展览会	中国文学艺术界联合会、中国音像协会、杭州市人民政府	2001-10-26～30
14	浙江国际家具装饰展览会	中国室内装饰行业协会、杭州市下城区人民政府	2001-10-26～29
15	2001年杭州西湖花会	中国公园协会、杭州市园林文物局、杭州市农村经济委员会	2001-9-25～10-31
16	2001年中国(杭州)国际智能家用电器展览会	中国家用电器协会、杭州市人民政府	2001-11-08～11
17	首届中国油画大展	中国美术家协会、杭州市人民政府	2001-11-03～10
18	“西湖风情”书法、国画、篆刻艺术系列展	杭州市人民政府	2001-10-22～11-10
19	2001年中国丝绸文化节	浙江省文化厅、杭州市人民政府	2001-10-19～11-20
20	2001年金秋西湖书市	浙江省新闻出版局、中共杭州市委宣传部	2001-10-26～30
21	2001年西湖国际雕塑邀请展	杭州市人民政府、全国城市雕塑建设指导委员会、中国美术学院	11月2日开展；室外11-02～12-02；室内11-2～16
22	2001年中国(杭州)布艺博览会	中国家纺协会、杭州市余杭区人民政府	2001-10-19～23
23	2001年中国(杭州)国际食品博览会暨浙江省第七届食品交易会	浙江省经济贸易委员会、杭州市人民政府	2001-10-14～16

作，传播了先进的教育思想和理念，交流了先进的办学经验，使教育进一步适应市场经济的人才需求。6.带动高新技术产业的发展。西博会的网络峰会、光电会议、中药论坛、创业论坛等会议，为杭州市“两港三区”建设提供了新的思路。国内经济合作洽谈会中的高新技术成果发布会发布高新技术成果 100 项，签订合作项目 34 个。“海外博士浙江·杭州行”达成高新技术合作意向项目 125 个。信息技术展邀请电信、网通、INTEL、EPSON、ACER、索尼、佳能、TCL 等知名公司加盟，对最新信息技术的市场推广起到了积极作用。（王　平）

·大型展销活动·

【杭州产品(南宁)展销会暨经济技术合作洽谈会】　2001 年 4 月 12 日～16 日在南宁广西展览馆举行。此次展销会是杭州市积极参与西部大开发，不断加强杭邕两地经济技

附：中国杭州——2001年西湖博览会项目表(会议项目)

序号	项目名称	主办单位	举办日期
1	2001年杭州国内经济合作洽谈会暨高新技术成果发布会	杭州市人民政府	2001-10-26~28
2	“天堂硅谷”国际创业论坛	杭州市人民政府	2001-10-18~21
3	2001年(杭州)国际旅游区域合作研讨会	浙江省旅游局、杭州市人民政府	2001-10-21~24
4	2001年杭州人才交流大会	杭州市人民政府	2001-11-10~11
5	中国物业管理发展论坛	国家建设部、中国物业管理委员会、杭州市人民政府	2001-11-15~17
6	2001年浙江对外经贸洽谈会	浙江省对外贸易经济合作厅、中国国际贸易促进会浙江省分会、杭州市人民政府	2001-10-26~29
7	第五届亚洲有机农业科学大会	中国农业科学院、杭州市人民政府、国际有机农业运动联合会亚洲分会	2001-10-31~11-4
8	第九届全国光电技术及系统学术会议	中国光学学会专业委员会	2001-10-15~20
9	第六届国际青年计算机会议	中国计算机学会	2001-10-24~25
10	中国休闲经济国际论坛	国家旅游局、杭州市人民政府	2001-11-12~15
11	2001年现代物流与经济发展国际论坛	浙江省发展计划委员会、浙江省经济贸易委员会	2001-10-23~25
12	中药与植物药国际高级论坛	国家药品监督管理局	2001-10-18~22
13	百名海外博士浙江·杭州行	浙江省委统战部、杭州市人民政府、浙江省工商业联合会、浙江省归国华侨联合会	2001-10-13~16
14	2001年中国网络峰会第二届“西湖论剑”大会	阿里巴巴(中国)网络技术有限公司	2001-10-21

附：中国杭州——2001年西湖博览会项目表(活动项目)

序号	项目名称	主办单位	举办日期
1	开幕式文艺晚会	2001年中国杭州西湖博览会组委会	2001-10-20晚
2	第五届中国国际民间艺术节	中国文学艺术界联合会、杭州市人民政府	2001-10-19~25
3	2001年西湖狂欢节	2001年中国杭州西湖博览会组委会	2001-10-21上午
4	2001年杭州市新剧、节目汇演	杭州市文化局	2001-11上、中旬
5	闭幕式文艺晚会	2001年中国杭州西湖博览会组委会	2001-11-10晚
6	2001年杭州西湖国际烟花大会	杭州市旅游节庆领导小组	10月21日晚
7	“美的瞬间”摄影大奖赛	浙江省摄影家协会、杭州市摄影家协会、钱江晚报社	2001-10-1~11-10
8	中国武术国际交流大会暨体育用品洽谈会	浙江大学	2001-11-02~04
9	第二届中国美食节	中国商业联合会、杭州市人民政府	2001-11-01~06

术合作交流，进一步拓展杭产品市场的重要举措。杭州市共有300多个企业参展，经济技术合作项目130多个，共签订经济技术合作项目合同、销售合同(意向)金额15.2亿元。为提高展销会实效，在展销会期间，先后组织了新闻发布会、工作座谈会、工商恳谈会、合作项目签字仪式、杭州营销协作网南宁站成立大会以及越南市场与边境贸易报告会等一系列活动。

杭州娃哈哈集团有限公司、杭

州西子奥的斯电梯有限公司、浙江华日集团公司、杭州金利普电器有限公司、杭州老板实业集团有限公司、万事利集团有限公司、杭州中策橡胶有限公司等知名企业的上千种名特优新产品参与展销，成为杭州市近几年在中西部地区举办杭产品展销会规模最大的一次。设计精美的展厅，形式多样的促销活动，吸引了3万余名客商和市民前来参观，较好地提升了杭产品的整体知名度。

市委副书记吴键、市人大常委会副主任杨耀梁、副市长丁德明、市政协副主席李明法率杭州市党政代表团出席展销会的主要经贸活动，同时分别参加了杭州西子奥的斯电梯有限公司、杭州中策橡胶有限公司等企业的宣传促销活动。（胡传明）

【举办杭州优质农产品赴沪推介活动】 为展示杭州名、优、特、新农产品，提高杭州市农产品在上海的知名度和市场占有率，拓展和接轨上海市场，由市政府主办，市贸易办、市农经委协办的2001年杭州优质农产品推介活动于5月27日~30日在沪举行。杭州市110个农产品生产企业的500多种优质农副新产品到沪进行推介，并邀请了上海100多个大型农业超市、商贸企业、农产品批发市场及杭州在沪的餐饮企业参加了洽谈，上海51个商贸企业与杭州34个农业企业签订产销协议71项，协议购销金额2.71亿元。（邵雅萍 郑永标）

·会展场馆·

【浙江世界贸易中心会展中心】 该中心以浙江世界贸易中心国际展厅（室内展场实用面积1.4万平方米，室外展场3000平方米）为主要经营场所，地处杭州市金融、商业和文化中心的显著位置，毗邻浙江大学、黄龙饭店、浙江图书馆和黄龙体育中心，地理位置优越、交通十分便利。会展中心以主办及承办国内外各类展览、展销会为主业，拥有功能齐全的现代化国际展览馆、多功能厅及各种规格的会议室，并配有一支专业化的办展队伍，可提供高水准的展览美工设计、装修制作及周到细致的展览配套服务。同

附： 2001年浙江世界贸易中心会展中心部分会展情况

序号	展览会名称	展位数（个）	展出面积（平方米）	展出单位数（个）
1	英国教育展	50	1 250	50
2	2001年杭州人才交流会	360	10 700	712
3	中国（浙江）国际消防与安防技术及产品展览会	85	2 300	68
4	新世纪西湖文物珠宝室内艺术博览会	164	4 500	132
5	2001年国际电力、电源、仪器、仪表、自动化设备（杭州）展览会	106	2 300	96
6	城市化与可持续化发展展览会	150	3 300	120
7	杭州市第二届现代家居装饰及家居用品展览会	250	8 000	163
8	杭州观赏鱼、宠物及用品展览会	80	2 300	68
9	浙江省第八届房地产展销会	760	13 800	532
10	第二届浙江国际建材与室内装饰展览会	560	13 500	448
11	2001年（杭州）国际染料工业展览会	115	2 300	92
12	2001年浙江（国际）模具、塑胶机械博览会	149	8 800	155
13	2001年中国（浙江）国际智能楼宇技术展览会	125	3 000	45
14	世界瑰宝——共和国三代领导人国务礼品精品展	110	2 300	1
15	2001年浙江省特许经营项目招商合作展览会	64	1 250	48
16	浙江绿色环保建筑装饰博览会	419	13 500	300
17	浙江国际汽车、摩托车工业展览会	150	4 400	105
18	国际美容美发化妆品展览会	131	3 500	80
19	全国国家工程技术研究中心生产力促进中心高新技术展示洽谈会	159	3 500	105
20	2001年中国国际（浙江）精细化工展览会	139	4 400	100
21	第十二届中国软件交易会	300	6 700	210
22	2001年浙江（国际）包装、印刷机械展览会	156	5 650	110
23	第二届中国工艺美术大师作品暨工艺美术精品博览会	516	13 500	380
24	2001年浙江对外经贸洽谈会	439	13 500	350
25	2001年中国（杭州）友好城市国际消费品展览会	210	4 500	147
26	2001年中国（杭州）旅游交易会	350	8 800	250
27	首届中国国际女装展览会	550	13 500	380
28	2001年杭州最佳人居环境展览会		13 500	590
29	2001年中国国际照相器材博览会	251	10 050	200
30	浙江省农业博览会	407	13 500	350
31	2001年首届浙江（国际）金融设备展、浙江省金融成就展	100	2 300	60
32	浙江（国际）医疗器械及口腔器材展览会	291	7 750	210

时还开辟了设计、制作、代理、发布国内各类广告业务、进出口贸易、拍卖等多个经营领域，与展览业务相互配合，相互促进。2001年，会展中心主办、承办国内外各种展览、展销活动38个，展出面积23.29万平方米，参展单位达6934个。浙江世界贸易中心会展中心已成为浙江省及杭州市开展经济技术交流和贸易活动的重要窗口。（钱 缨）

【浙江展览馆】 建于1969年，是浙江省建馆最早、影响最大、办展频率最高的展览馆。位于杭州市最繁华、人气最旺的商业文化中心——武林广场。集展览、贸易、广告、设计制作、旅游和综合服务为一体，拥有宽广的无柱展厅和8000平方米的广场展场。2001年，浙江展览馆共举办经济类展览33场，共设展位5041个，参展人数达96.3万人次。文化艺术展览、广场展览及活动分别达到17场和52场，为发展杭州经济作出了积极贡献。（陈方贤）

【杭州和平国际会展中心】 会展中心位于杭州市区中心4条主干道的交汇口，四周拥有西湖文化中心广场、和平国际广场、朝晖现代城等。和平国际广场拥有会展、进出口商品展示、家私市场、百货建材家电超市、宾馆和写字楼等配套设施。和平国际会展中心是浙江和平集团所属和平广场的重要组成部分，总建筑面积11.8万平方米，其中一期工程建筑面积5.8万平方米，二期工程建筑面积6万平方米，展馆面积4.1万平方米，商务办公楼1.9万平方米。一期工程建成以来，杭州和平国际会展以一流的服务、良好的信誉成为杭州展览业的一个重要会展之地，成功举办了多层次的国际、国内展览和会议。2001年，会展中心举办了浙江国际家具展览会、浙江国际装饰展览会等9个展销会，共设展位3621个、展览面积13.2万平方米，有1738个单位、30.25万人次参展，成交金额6.7亿元。会展中心还为参展公司提供午餐、保安、贵宾室、会议室等各项中、高档次的服务。（吴家仲）

附： 2001年浙江展览馆部分会展情况

序号	展览名称	展位数（个）	参展人数（万人次）
1	2001年新潮服装及工艺品展销会	170	2.8
2	2001年迎春商品展销会	175	3.1
3	2001年浙江吃、穿、用年货展	178	3.5
4	杭州市第十六届食品展销会	165	5.8
5	2001年国际包装机械展览会	190	1.0
6	西湖文化广场规划建筑方案展示会	20	2.0
7	第十六届全国丝绸博览会暨服饰展示会	170	2.2
8	2001年浙江国际纺织机械交易会	130	2.2
9	第十四届中国（浙江）国际科研医疗仪器设备技术交流展览会	140	1.1
10	浙江省教育仪器设备、教育用品展示会	170	2.5
11	春季建材交易会	165	2.0
12	杭州第七届计算机展览会	170	2.4
13	浙江国际广告新技术、新材料、新媒体及印刷设备展览会	120	1.8
14	2001年五一节假日休闲商品展销会	185	3.5
15	浙江省人力资源交流大会	110	1.8
16	2001年国际建设四新成果推广应用（杭州）展览会	120	1.0
17	世纪阅兵展（模型）	188	5.7
18	锅炉、暖通空调产品展览会	120	1.0
19	2001年浙江省中老年用品博览会	170	2.1
20	浙江省教育用品展	120	2.5
21	浙江家庭装饰及配套材料大型咨询展示会	130	1.8
22	杭州国际美容美发、化妆用品及婚纱摄影展览会	140	1.5
23	首届（杭州）国际民间手工艺品展览会	184	8.5
24	2001年中国杭州国际食品博览会暨浙江省第七届食品交易会	188	5.4
25	第四届中国国际茶博览交易会	175	4.8
26	第四届西湖艺术博览会	150	3.2
27	第二届中国国际服饰设计与丝绸博览会	165	3.1
28	2001年（杭州）国际信息技术产品展览会	128	1.2
29	第二届中国（杭州）国际礼品暨家庭用品展览会	179	3.9
30	2001年国际环保绿色产品节能设备展览会	120	2.1
31	丽水市名优新产品展示会暨项目洽谈会	180	4.8
32	浙江省皮革制品及技术展览会	148	3.0
33	生活用品展览会	178	4.0

对外经济贸易

·综述·

【对外经贸快速稳定发展】 2001年,杭州市营造开放型经济氛围,努力改善招商引资环境,千方百计扩大外贸出口,大力推动国际经济技术合作,对外经贸得到持续快速稳定发展。对外贸易进一步扩大。全年对外贸易进出口总额112.98亿美元,比上年增长7.8%;自营进出口总额63.55亿美元,比上年增长22.8%;自营出口35.23亿美元,增长19%。

利用外资继续发展。全市新批外商投资企业483个,比上年增加168个;总投资15.44亿美元,增长72.0%;协议外资10.30亿美元,增长59.6%;实际利用外资5.03亿美元,增长16.8%。杭州市外商投资企业生产经营保持健康发展,生产规模扩大,经济效益提高。

国际经济技术合作有新的进展。全年批准设立各类境外企业(机构)20个,比上年增长33%;其中非贸易性企业5个、贸易性机构15个。全市自营外派各类劳务人员667人。新增获对外经济技术合作权的企业1个。至2001年底,全市有外经权的企业17个。

【举办浙江对外经贸洽谈会】 10月26日~29日,2001年浙江对外经贸洽谈会在浙江世贸中心举行。洽谈会由杭州市政府、省外经贸厅、省贸促会联合主办,杭州市外经贸委承办。洽谈会场馆面积1.4万平方米,共设550个摊位,集中了一批浙江省和杭州市的出口名牌产品,如凯喜雅服装、维科床上用品、万向汽车配件、东方通信等产品,世界500强在杭投资企业如摩托罗拉、松下、默沙东等公司也展示了自己的产品。前来参加洽谈会的有百安居采购团、美商网采购团、阿里巴巴采购团以及德国工商会、美国工商会、英国工商会、法国工商会、马来西亚霹雳州代表团等境外团组,参加专业洽谈的国内外客商超过3000人,其中境外客商1000余人。洽谈会外贸成交1.8亿美元,引进外资签约7.13亿美元。

【参加第三届浙江投资贸易洽谈会】 6月8日~12日,第三届浙江投资贸易洽谈会、浙江进出口商品交易会在宁波天马国际会展中心举行。杭州市组成以金胜山为团长,市有关单位和区、县(市)400余人组成的代表团参加,杭州市人大常委会副主任杨耀梁、副市长金胜山和邀请的部分外商参加了开幕式。杭州代表团在洽谈会投资区域设立“杭州投资馆”,在外贸展区设立20个标准摊位。杭州市代表团在洽谈会上签订利用外资项目81项,总投资6.51亿美元,协议外资4.48亿美元,外贸出口成交667万美元。

【开发区成为对外经贸增长点】 杭州经济技术开发区、杭州高新技术产业开发区、杭州之江国家旅游度假区和萧山经济技术开发区4个国家级开发区加快开发建设,作为对外开放中的基地和窗口作用进一步增强,开发区成为杭州对外经贸重要的增长点。

2001年,杭州市制订了鼓励加快开发区发展的政策文件,进一步突出开发区在外向型经济中的重要地位。全年4个国家级开发区技工贸总收入545.57亿元,比上年增长39.8%;批准外商投资项目136个,合同外资6.71亿美元,占全市合同外资总额的65.1%;实际利用外资3.02亿美元,占全市实际利用外资总额的60%。4个国家级开发区外贸出口增长迅速,全年出口14.46亿美元,占全市出口总额的19.9%。

·外贸·

【出口增幅超全国平均水平】 杭州市采取措施,努力扩大外贸出口企业队伍,鼓励和帮助更多的企业获得自营进出口权,帮助企业提高业务能力,使杭州外贸企业队伍不断壮大,竞争实力和发展后劲增强。全市新增自营进出口企业271个,其中私营企业占70%以上。至2001年末,全市有专业外贸公司58个、生产企业进出口公司28个、自营生产企业558个,有出口实绩的外商

举行经济贸易洽谈会

投资企业750多个。各类企业从自身实际出发,采取多种措施,外贸出口继续保持快速增长趋势,其中外贸企业出口14.38亿美元,比上年增长4.8%,占全市出口总额的40.8%;外商投资企业出口20.85亿美元,增长30.4%,占出口总额的59.2%。累计全年自营出口35.23亿美元,增长18.6%;出口增幅高出全国平均增幅11.8个百分点,比全省平均增幅高出0.4个百分点。

【主体市场与新兴市场出口同步增长】 杭州市大力实施“市场多元化”战略,开拓外贸出口市场空间,进一步巩固和深化出口主体市场,积极开拓新兴市场,使主体市场和新兴市场出口同步增长。2001年全市对美国出口12.94亿美元,占总额的36.7%;对欧盟出口6.34亿美元,占总额的18.0%;对日本出口5.13亿美元,占总额的14.6%;对香港地区出口2.22亿美元,占总额的6.3%。以上四大主体市场合计出口26.63亿美元,比上年增长19.4%,占全市出口总额的75.6%。对开拓的主要新兴市场东盟、南美、韩国、澳大利亚、新西兰、非洲、中国台湾、加拿大等出口合计增长9.5%;其中出口南美市场增长14.4%,澳新市场增长17.7%,非洲市场增长21.1%。

【培育50个重点出口企业】 杭州市发展壮大外贸出口队伍,注重扶持培育出口骨干力量,进一步发挥重点出口企业的龙头作用。2001年,对杭州市外贸企业、外商投资企业出口各前25个企业进行动态排序,实行跟踪服务,较好地发挥了重点企业在外贸出口中的骨干作用。全年出口前50个企业合计出口20.28亿美元,比上年增长34.4%;企业数仅占全市总数的4%,出口额占全市总额 的57.6%。

【“走出去”步伐明显加快】 杭州市将实施“走出去”战略作为对外经贸工作的重点,积极宣传、引导、鼓励和推动具有优势,尤其是私营企业“走出去”快速发展,境外办企业的数量和质量明显提高。全市新设各类境外企业(机构)20个,比上年增长33%;其中境外非贸易性企业5个,注册资本321.42万美元,中方协议出资281.42万美元。对外投资的主要国别是美国、法国、澳大利亚、俄罗斯、阿联酋、乌拉圭和泰国。至2001年末,杭州市累计批准设立各类境外企业(机构)121个。其中境外非贸易性企业62个,总投资1.10亿美元,注册资本5039万美元,中方协议出资3129万美元;其他各类境外贸易机构59个。

【对外经济合作营业额快速增长】 杭州市对外经济合作工程承包劳务合作发展迅速,全市实际营业额9107万美元,比上年增长15.4倍。自营外派劳务发展较快,全市自营外派各类劳务人员667人,比上年的151人增加516人,增长4.4倍。外派劳务涉及纺织、服装、建筑、农业、电子、机械、饮食等行业,对外劳务合作的主要国家和地区有新加坡、日本、马来西亚、缅甸、柬埔寨、阿联酋、尼日利亚、沙特、越南等10多个国家和地区。

【组织企业参加境外投资活动】 杭州市认真组织有关部门和企业参加一系列境外投资活动。这些活动主要有浙江南非投资合作洽谈会、乌克兰投资环境介绍会、马来西亚霹雳州经贸推介会、中国(威海)APEC成员国投资洽谈会、浙江实施“走出去”战略北京新闻发布会等。通过这些活动,增强了“走出去”的氛围,使企业更多地了解部分国家的投资环境、法规和政策,有的初步达成了投资意向。有针对性地组织企业参加省、市组团的出国考察活动,先后赴埃及、阿联酋、马来西亚、越南、柬埔寨等地进行对外经济技术合作考察,扩大信息来源,取得良好效果。

【加强出口商品结构调整】 2001年,杭州市大力实施“以质取胜”战略,加强商品结构调整,提高出口商品质量,增强出口商品市场竞争力,出口商品结构更趋合理。出口的大宗商品数量多,全市出口超过1000万美元的商品大类有31个,其中有

附: 2001年杭州市出口额居前20位的国家和地区

序号	国别(地区)	出口额(万美元)	比重(%)
1	美国	129 400	36.73
2	日本	51 287	14.56
3	中国香港	22 239	6.31
4	德国	14 244	4.04
5	英国	11 403	3,25
6	荷兰	8 603	2.44
7	意大利	8 064	2.29
8	韩国	6 835	1.94
9	法国	6 228	1.77
10	澳大利亚	5 927	1.68
11	中国台湾	4 798	1.36
12	加拿大	4 593	1.30
13	阿拉伯联合酋长国	4 537	1.29
14	新加坡	4 382	1.24
15	西班牙	4 046	1.15
16	印度尼西亚	3 923	1.11
17	墨西哥	2 867	0.81
18	比利时	2 819	0.80
19	印度	2 668	0.76
20	菲律宾	2 441	0.69

不少技术含量高、附加值高的产品，如手持或车载无线电话、汽车零件、集成电路及微电子、电视机等。对传统的轻工、纺织、丝绸等出口商品采用新款式、新工艺使其升级换代，质量和档次进一步提高。全年初级产品出口 1.64 亿美元，比上年增长 0.9%，占出口总额的 4.7%。工业制成品出口 33.59 亿美元，增长 19.6%，占出口总额的 95.4%；其中机电产品出口 13.42 亿美元，增长 25.1%，占出口总额的 38.1%；高科技产品出口 4.41 亿美元，增长 78.8%，占出口总额的 12.5%。

【三大交易会出口 3.78 亿美元】每年两届的中国出口商品交易会(广州交易会)与每年一届的华东交易会是杭州市外贸出口的重要渠道。2001 年，杭州市参加三大交易会，出口成交 3.78 亿美元，比上年增长 31.7%。

3 月 1 日~7 日，第十一届华东出口商品交易会在上海世贸商城和国际贸易展览中心举行，杭州市组织 46 个单位、200 余人参加交易会，其中外贸公司 11 个，自营出口生产企业 23 个，外商投资企业 12 个，分布 4 个展区 68 个摊位，出口成交 2562 万美元，比上届"华交会"增长 74.7%。其中与日本成交 667 万美元，占成交总额的 33.0%；与欧盟成交 387 万美元，占总额 19.2%；与美国成交 217 万美元，占总额的 10.8%；与港澳地区成交 242 万美元，占总额的 12.0%；与东盟成交 99 万美元，占总额的 4.9%。成交金额在 50 万美元以上的商品有梭织服装及制品 469 万美元，针梭制品 411 万美元，其他纺织品类商品 410 万美元，其他轻工工艺品类商品 351 万美元，其他土畜产类商品 60 万美元，花色布 52 万美元。

4 月 15 日~26 日，第八十九届中国出口商品交易会在广州举行。杭州交易团组织 59 个企业、300 余人参加，其中市、县(市)外贸公司 15 个，自营生产企业 30 个，外商投资企业 12 个。共设摊位 91 个，分布于 6 个行业馆的 21 个展区。出口成交 1.72 亿美元，比上届交易会增长 15.1%。其中外贸公司出口成交 8079 万美元，占总成交额的 47%；自营生产企业成交 7384 万美元，占总成交额的 43%；外商投资企业成交 1713 万美元，占总成交额的 10%。成交金额在 200 万美元以上的商品有服装、特艺礼品、茶叶、其他日用消费品、家用电器、电器产品、办公用品、工具、灯具、农副产品、土畜产、汽车配件、机械产品设备、箱包、体育器械健身用品等。

10 月 15 日~26 日，第九十届中国出口商品交易会在广州举行。杭州市交易团组织 70 个企业、300 余人参加，其中市、县(市)外贸公司 20 个，自营生产企业 32 个，外商投资企业 18 个。杭州市设 100 个摊位，分布于 6 个行业馆的 21 个展区。在交易会总成交比上届下降 15.4%的情况下，杭州市代表团出口成交 1.80 亿美元，比上届交易会增长 5.0%。成交金额在 200 万美元以上的商品有服装、家用电器、化工产品、汽车配件、特种工艺品、电子产品等 20 种。

·外资·

【召开全市招商引资大会】4 月 10 日，市委、市政府召开全市招商引资大会。市委书记王国平等市四套班子主要负责人出席大会，市级机关各部门、各区、县(市)及有关部门负责人及有关企业代表共 800 多人参加大会。大会要求全市各地区、各部门充分认识招商引资的重要性，积极开展招商引资活动，努力推动杭州市外向型经济的进一步发展。

市政府分别与各区、县(市)及国家级开发区签订了 2001 年利用外资目标责任状，实施开放型经济目标考核责任制，对各区县(市)及全市各直属单位的招商引资实行年度目标考核。杭州市颁布了一批鼓励利用外资及外向型经济发展的文件。

【利用外资快速发展】2001 年，杭州市以加入 WTO 为契机，抓住国际资本转移的机遇，努力改善投资环境，以招商引资为重点，积极转变政府职能，全年协议利用外资 10.30

附：2001 年杭州市出口额居前 20 位的企业

序号	单　位	出口额(万美元)
1	杭州摩托罗拉移动电话系统有限公司	30 991.36
2	杭州市轻工工艺纺织品进出口有限公司	13 765.48
3	杭州市粮油食品土畜产进出口有限公司	9 463.55
4	浙江庆丰纺织印染有限公司	8 235.21
5	杭州市五矿机械化工进出口有限公司	7 376.07
6	杭州西湖达利工业有限公司	6 963.55
7	浙江华越家具工业有限公司	6 853.89
8	浙江兽王进出口有限公司	6 694.07
9	杭州中策橡胶(股份)有限公司	5 528.15
10	杭州市丝绸服装进出口有限公司	5 439.87
11	浙江省二轻企业集团	4 943.24
12	萧山对外经济贸易有限公司	4 770.18
13	杭芝机电有限公司	4 533.70
14	万向进出口有限公司	4 515.22
15	杭州得力纺织有限公司	4 167.25
16	浙江中汇(集团)股份有限公司	4 099.72
17	杭州市对外经济贸易服务有限公司	3 604.54
18	杭州桦桐家具有限公司	3 550.38
19	淳安县对外贸易公司	3 491.44
20	杭州市萧山进出口贸易有限公司	3 292.99

亿美元,比上年增长 59.6%;实际利用外资 5.03 亿美元,增长 16.8%。合同利用外资、实际利用外资的绝对值和增长幅度均是近几年来杭州市增长较快的一年。至 2001 年末,杭州市累计批准外商投资项目 4664 个,总投资 130.29 亿美元,注册资本 78.53 亿美元,协议利用外资 78.32 亿美元,实际利用外资 40.66 亿美元。累计来杭投资的国家和地区达到 76 个。

【利用外资发展商业零售业】 杭州市为适应加入 WTO 的需要,加大服务业引进外资的力度,在商业零售利用外资上取得突破,2001 年相继批准成立台湾利星购物广场、法国欧尚公司、英国建材零售超市百安居等在杭的外资项目,麦德龙(德国)超市在年内开业。批准了杭州市首个广告业利用外资项目——中联国际企划广告公司。商业零售等服务业利用外资的发展,使杭州市利用外资领域更加广泛,结构更趋合理。2001 年,杭州市利用外资以制造业为主,遍布一、二、三产业,涉及农林牧渔业、卫生、体育、科研技术服务等 60 个行业。

【参加世界华商大会】 9 月 17 日~19 日,第六届世界华商大会在江苏南京召开,杭州市外经贸委及部分区(市)、开发区有关负责人和招商人员 40 余人参加。大会吸引了 3000 余名海外华商和 1500 余名国内华商参加,是历届华商大会参加人数最多的一届。杭州市抓住这一机会,以参加华商大会经贸洽谈会为重点,积极开展招商引资活动。会议期间,香港大东集团、加拿大华人企业家协会、意大利华商总会、澳大利亚南太平洋有限公司、美商芝加哥顾问服务公司等企业(机构)负责人参观了杭州展位并进行了洽谈。

【8 个企业列入全国外资 500 强】 经国家外经贸部和国家统计局按 2000 年销售收入排序,排出 2000 年~2001 年度全国最大的 500 个外商投资企业名单,杭州市有 8 个外商投资企业榜上有名,他们是杭州娃哈哈保健食品有限公司、杭州摩托罗拉移动通信设备有限公司、杭州东信移动电话有限公司、UT 斯达康(杭州)通讯有限公司、杭州中策橡胶有限公司、杭州顶益国际食品有限公司、杭州大厦有限公司、杭州松下家用电器有限公司。

【7 个世界 500 强公司来杭投资】 随着投资环境的进一步改善,国际著名大公司对杭州市投资前景看好,2001 年有 7 个世界 500 强企业落户杭州,他们是意大利伊莱克斯公司、法国圣戈班公司、法国欧尚公司、英国百安居、法国博世公司、日本三菱公司以及可恩索公司。至年末,来杭州投资的世界 500 强企业已达 37 个。

【制定利用外资鼓励政策】 2001 年,杭州市在国家法律法规允许范围内,结合本地实际情况,制订了一批发展利用外资的鼓励性政策。其中《关于进一步加快开发区建设和发展的若干意见》,鼓励外商进入国家级开发区投资,以进一步加快国家级开发区在促进对外开放、经济发展、体制创新、产业集中的示范、幅射和带动作用;《关于进一步鼓励外商投资若干意见》,制订优惠政策,鼓励外商来杭投资;《关于对外商投资项目引荐者实行奖励的若干意见》,对引荐者实行物质奖励,以充分调动全社会招商引资的积极性,推动利用外资的进一步发展;《关于实施开放型经济目标责任制考核的通知》,将市直机关的招商引资工作纳入年度机关目标责任制考核管理体系,根据各单位招商引资目标任务完成情况进行奖惩。

【外商投资企业效益提高】 杭州市加强对外商投资企业的管理,使外商投资企业进一步健康发展。2001 年投产开业的外商投资企业有 1773 个,比上年增加 73 个,投产率 64.2%;实现销售收入 663.5 亿元,利润总额 41.5 亿元,分别增长 22.1%和 24.1%;实现税金总额 27.9 亿元。外商投资盈利企业增多,盈利额稳定增长,在全市投产的外商投资企业中有 774 个赢利,实现赢利额 45.86 亿元,增长 19.7%。在全市外商投资企业中,销售额超亿元的企业 127 个,实现销售收入 485.8 亿元,占全市总额的 73.2%。利润总额超 1000 万元的企业 86 个,实现利润总额 35.8 亿元,占全市总额的 86.3%。外商投资企业出口 20.85 亿美元,占全市出口总额的 59.2%,成为外贸出口的新增长点和主力军。

【外商投资两类型企业增加】 根据国家外经贸部关于确认和考核外商投资企业先进技术企业和产品出口企业的有关规定,杭州市对申报两类型外商投资企业进行考核。经省外经贸厅批准,2001 年度杭州市新确认两类型企业 23 个,其中技术先进外商投资企业 2 个,产品出口外商投资企业 21 个。至年末,全市累计两类型企业 746 个,其中技术先进外商投资企业 69 个,产品出口外商投资企业 677 个。

【外资项目质量水平提高】 杭州市利用外资在规模扩大的同时,项目质量水平进一步提高。全年新批外商投资项目 483 个,其中投资额在 1000 万美元以上的项目 41 个(其中增资项目 6 个),比上年增加 17 个,合计投资总额 9.52 亿美元,协议外资 5.68 亿美元,分别占当年全市总数的 61.7%和 55.1%。全年来杭投资的独资项目多,新批独资项目 202 个,协议外资 6.78 亿美元,实际利用外资 2.68 亿美元,分别占全市总额的 41.8%、65.8%和 53.2%。日本、欧美国家和地区投资增长快,全年日资增长 3.4 倍,美资增长 67%。投资项目中信息技术、计算机软件开发和通讯器材等高科技技术项目比重增加。

(王诗义 葛志海)

·海关·

【概况】 杭州海关认真贯彻落实“依法行政、为国把关、服务经济、促进发展”的方针和全国海关关长会议精神,从严治关,加强队伍建设,深化改革,较好地完成了税收、打私、监管、统计等任务。

认真履行海关职能，完成税收任务。面临应税进口货物、货值总量下降，原油进口数量减少等不利因素，杭州海关严格依法治税、综合治税，确保应收尽收，全年征收“两税”56.08亿元（征收关税15.03亿元、代征进口环节税41.05亿元），超额完成税收指标3.5亿元。

加大进出境货物监管力度。全年货运渠道监管进出境货物970.8万吨，货值47.6亿美元；监管运输工具3.80万艘(辆)次，比上年增长36.4%。行邮渠道加大对非法携带外汇出境、“法轮功”宣传品、“黄、毒、独”的查禁力度。监管进出境人员旅客40.7万人次，行邮物品217.1万件，查扣违禁物品2.5万件，查获非法携带出境外币折合人民币1461万元。

加工贸易管理进一步规范，全年备案各种加工贸易合同1.57万份，备案金额27.3亿美元，到期合同核销率达到99.9%，核销补税1.15亿元。积极参与杭州出口加工区建设，协助加工区通过国家8部委的验收并正式封关运作。独立设计、开发了加工贸易管理系统单耗数据库，填补了原有系统单耗核定和自动预警的空白，并在全国海关推广应用。规范进出口秩序，促进公平竞争，加强报关市场管理，清理和整顿了30个监管场所和转关运输市场，设立了1个监管点和5个临时监管点。

积极参与浙江省“十五”规划的制定和外经贸形势分析会，为各级地方党委、政府提供信息咨询和经济形势分析，辅助科学决策。进一步增强预警预测功能，全年为省政府等各级部门提供及时、准确的统计数据30余万条。海关公开咨询电话开始运作，互联网主页和“红机网”如期开通。全年编发信息4808条，各类新闻媒体刊播稿件688篇。

加强领导班子建设，坚持把建设一个团结、民主、务实、廉洁的领导班子作为队伍建设中的重中之重来抓。积极推行政务公开，提高行政执法透明度，公开海关收费标准。开展树优良作风、创优质服务、做优秀公仆活动，涌现一批先进集体和个人，有5个集体、5名个人受海关总署表彰，1个专案组被公安部记集体一等功。

【坚持服务地方经济】 杭州海关紧密结合浙江地区进出口贸易特点，采取各项支持措施，整顿规范进出口秩序，着力营造良好的外部环境。用足用好国家政策，为地方减免“两税”45.2亿元，比上年增长37.6%。

深化通关作业改革，做到严密监管和便利贸易相统一，制定了《支持浙江省扩大外贸出口八项措施》等政策。加强与地方有关部门的协作，与浙江省外经贸厅签定联系合作备忘录。认真落实节假日预约通关制度，对大型高新技术企业实行便捷通关。积极推广跨关区快速通关，缩短转关运输时间，加快出口退税联签发。积极与地方政府合作，推动与口岸的运输、港务、仓储、理货、检验检疫部门的联系协调，努力营造良好的大通关环境。

【加快通关速度】 杭州海关进一步便利企业通关，便捷通关迈出实质性步伐，每票进口报关单从货物申报到放行平均仅需20分钟。口岸电子执法系统转入实体运行，有5173个企业入网，如期开通出口收汇子系统。网上报关试点工作有序开展，完成15个企业的相关授权及安装调试工作，每票耗时仅12分钟。跨关区快速通关改革收效明显，简化了手续、降低了成本，转关速度比改革前缩短1天~2天，取得了良好的经济和社会效益。

【坚持打击走私】 杭州海关运用行政和刑事两种手段，强攻疑案积案，对违法犯罪行为决不姑息。开展打击成品油走私的专项行动，连续查获走私汽车、象牙、香烟等大案，关区范围内的走私活动得到有效遏制。全年查处走私违规案件246起，案值4.5亿元，罚没收入1.23亿元。侦查部门立案走私犯罪案件25起、案值1.4亿元，侦查终结21起，抓获犯罪嫌疑人54名，法院判决61名。（闻　晓）

·出口加工区·

【概况】 2001年是浙江杭州出口加工区(以下简称出口加工区)建设全面启动，实施招商引资，进入规范运作的重要一年。出口加工区设在杭州经济技术开发区内，经杭州市委、市政府批准，由杭州经济技术开发区管委会实施“两块牌子、一套班子”的管理体制。在国家有关部委，省、市政府的关心支持下，出口加工区通过国家验收，进入封关运作。

4月30日，海关总署副署长李克农到出口加工区检查指导。李克

海上缉私

农肯定了杭州出口加工区的建设进度，希望杭州出口加工区建设中要站得高，看得远，争创一流水平。6月15日，海关总署批复杭州海关，明确杭州出口加工区海关机构编制。杭州经济技术开发区海关驻出口加工区办事处正式成立，履行海关对出口加工区的监管职责。

【出口加工区通过国家验收】 出口加工区是海关监管的特殊封闭区域，享受相关优惠政策。为早日通过验收，浙江杭州出口加工区建设者发扬连续作战的精神，经过6个多月的日夜施工，在杭州海关等部门的密切配合下，3月26日，出口加工区通过省政府组织的预验收。

5月18日，由海关总署、国家计委、国家经贸委、财政部、外经贸部、国家税务总局、国家工商总局及国家外汇管理总局组成的联合验收小组，对浙江杭州出口加工区进行正式验收。联合小组认为浙江杭州出口加工区坚持高起点规划，高标准建设，规定验收的四大系统即围网、巡逻道及监控设施，卡口系统，海关监管用房，海关验收场地及仓库设施均达到国家验收质量标准要求，一致同意通过验收。浙江省副省长王永明和海关总署副署长赵光华分别代表地方政府和联合验收小组签署《浙江杭州出口加工区验收纪要》，并为浙江杭州出口加工区揭牌。赵光华向杭州市副市长金胜山颁发了《浙江杭州出口加工区验收合格证书》。5月23日，海关总署正式批复杭州海关，认定浙江杭州出口加工区验收合格，要求组织实施封闭监管，封关运作。

【出口加工区管理机构建立】 2月27日，根据国务院办公厅文件精神，为加强对浙江杭州出口加工区的领导，本着精简、高效的原则，浙江省编委批复杭州市编委，同意杭州开发区管委会增挂浙江杭州出口加工区管委会的牌子。3月23日，杭州市编委批复同意杭州经济技术开发区(浙江杭州出口加工区)经济贸易局增挂综合管理局牌子，负责出口加工区的日常管理。

【易威电子项目落户出口加工区】 根据省、市政府对杭州出口加工区招商工作的定位，即重点引进投资密度大、技术含量高、出口量大、行业前景好的电子信息、精密机械、生物医药等出口加工企业，出口加工区招商引资与基础设施建设同步开展，并取得成效。8月1日，第一家企业——易威电子科技（杭州）有限公司正式落户出口加工区。该项目总投资2998万美元，注册资本1200万美元，由爱德华(香港)股份有限公司投资，主要生产电脑显示器以及电脑相关产品的研制、生产、销售，预计年销售额3600万美元。

【举办出口加工区投资说明会】 8月28日，为扩大出口加工区影响，吸引省内外出口企业进区设立企业，杭州市政府和省外经贸厅在联合举办出口加工区投资说明会，40多个加工贸易企业参加会议。会上，省外经贸厅、杭州海关、浙江出入境检验检疫局、国税局、外管局分别介绍了情况，对出口加工区政策进行了宣讲。（汤 峻 虞付月）

·检验检疫·

【概况】 浙江出入境检验检疫局认真贯彻落实“忠于职守、勇于负责、严格把关、保国安民”的精神，以开展作风建设为抓手，积极推进业务管理模式改革和干部人事制度改革，努力服务外贸，为浙江检验检疫事业的进一步发展打下坚实基础，也为杭州市外向型经济的迅猛发展和对外开放水平的提高作出了积极贡献。

全省检验检疫部门全年检验进出口商品41.99万批，检验金额178.64亿美元。其中杭州进口商品3100批、金额5.03亿美元，不合格的有194批、金额561万美元；出口商品8.02万批、金额27.26亿美元，不合格的127批、金额450万美元。

全省检疫进出境动植物及动植物产品5.91万批次，总金额15.01亿美元，其中杭州6536批次、1.18亿美元。检疫运输工具1.24万架(艘)次，集装箱93.2万标箱，木质包装2.44万批、88.77万件；其中杭州分别是2145架(艘)次，3.0万标箱，2563批、12.95万件。截获松材线虫、桔小实蝇、芒果果实象甲等有害生物75批次，有效防止了国外危险性有害生物的传入。

对出入境的各类人员开展疾病监测体检5.08万人次，预防接种11.43万人次，发现病例1.01万例；其中杭州开展疾病监测体检1.06万人次，预防接种6.30万人次，发现病例1371例。

全省签发检验检疫证书7万份，其中杭州2.28万份。普惠制证26.04万份，金额71.73亿美元；其中杭州8.64万份，金额27.97亿美元。产地证4.35万份，金额11.23亿美元；其中杭州7290份，金额2.94亿美元。

加强WTO知识的学习与宣讲，成立了局WTO课题研究小组。派员参加瑞士WTO有关规则协议的培训，回国后对WTO有关规则进行宣讲。举办WTO与检验检疫等专题的知识讲座，为省政府办公厅综合处、农业处以及省直机关农口5个厅(局、办)的干部作《进入21世纪的国际食品、农产品安全质量控制》的专题报告。建立CAC(国家质量监督检验检疫系统食品法典专家委员会)网站，及时提供检验检疫信息，方便企业掌握有关动态。积极开展原产地标记注册试点，湖州双羊牌毛笔成为浙江检验检疫局第一个注册产品。

开展以“树优良作风，创优质服务，做优秀公仆”为主题的机关作风建设年活动，制定实施了《关于加强和改进浙江检验检疫系统作风建设的有关意见》。5月28日，由浙江省出入境检验检疫有关企事业单位为主组成的浙江省出入境检验检疫协会成立。

【加快业务改革步伐】 针对入世新形势，把检验检疫监管重点转移到涉及安全、卫生、环保、健康和反欺诈的项目上。根据出口商品质量情况对分类管理企业实行动态管理，制订了《浙江省出口电器跟踪检验实施细则》、《浙江省出口机械轻工产品过程检验实施细则》和《出口服装周期监督检验管理实施细则》，对出口服装试行“周期监督检验”的管理模式，杭州江宁丝绸制衣有限公司成为浙江省首家试行周期监督检验管理的出口生产企业；对出口电器（杭芝机电有限公司生产出口的吸尘器）试行了“跟踪检验”的管理模式；对出口机械轻工产品（杭州现代起重机械设备制造厂生产出口的手拉手扳葫芦）试行了“过程检验”的管理模式。新的检验模式改变了批批检验的传统，由成品检验向企业生产全过程延伸。

进一步完善出口商品检验分类管理，加大实施力度，将其扩大到除检疫、特别敏感和有特殊要求以外的所有商品，适当放宽对出口企业规模和出口年限的要求。将分类考核、产品监督抽查、周期检验、质量体系检查、实施出口质量许可制度、质检员考核、企业年检等措施组合应用，建立企业档案，加强对生产过程动态监控。至2001年末，杭州地区有一类管理企业31个、二类管理企业31个。

【加强疾病监测和预防】 针对近几年检疫、监测传染病的严峻态势，进一步加强检验检疫监测，严格控制疫病疫情的传入、传出，及时通报国内、省内的传染病疫情。成立炭疽病控制领导小组，制定了《浙江出入境口岸炭疽应急处理实施方案》。

加强对三资企业等境外人员的管理，做好境外人员的体检、验证证明签发等传染病监测工作。对检出的境外6个传染病患者，与公安部门一起监护其离境，并进行流行病学调查和卫生消毒处理。对8个传染病患者（船员）禁止其入境，防止了传染病由境外人员传入国内。

【开展转关进口废纸检验】 进口废纸涉及安全、卫生、环保问题，政策性较强，以前一直在入境口岸实施通关和检验检疫。2001年，海关为适应进出口贸易的高速发展，推行了快速通关模式，对从上海口岸入境到杭州地区的进口废纸实施快速通关。浙江检验检疫局主动与杭州海关联系，制定了一套适应于杭州地区转关废纸的“检验检疫—通关放行”程序。6月22日，正式开检转关进口废纸。至年末，共检验转关废纸182批、2365个集装箱，检验金额625.2万美元。

【加强出口茶叶检验监督】 2月20日起，针对欧盟对茶叶农残限量执行新标准的实际情况，浙江检验检疫局对出口欧盟的茶叶实施批批检验，重点对中国茶叶较易检出的氰戊菊脂、联苯菊脂、优乐得等14种农残项目实行检测。针对部分出口茶叶存在着色掺假现象，及时向全省出口茶叶生产企业宣传其危害性。向全省茶叶生产经营企业发出《关于加强茶叶卫生检验管理，杜绝掺杂使假行为的紧急通知》。

【对新列入法检商品开验】 3月1日，国家检验检疫局和外经贸部、海关总署联合下发《关于对出口打火机、点火枪类商品实施法定检验的通知》，决定自2001年6月1日起，对出口打火机、点火枪类商品实施法定检验。浙江检验检疫局及时与杭州海关、省外经贸厅进行联系和沟通，联合下发了文件。做好生产企业的登记审查，由温州检验检疫局做好实验室的筹建工作。浙江检验检疫局组成了登记审查领导小组和6个现场登记审查组，制定了一套考核程序和考核记录。至5月28日，考核登记工作全面完成，保证打火机、点火枪类商品的正常开验。

【规范市场经济秩序】 浙江检验检疫局为了整顿规范市场，成立打假办公室，与技术监督、工商等部门建立沟通协调制度。协同有关部门组织对冷库肉品进行检查，对多起非法入境疫区肉品、假冒注册代号和假冒企业品牌商品进行调查处理、处罚。

加强对流通领域商品的监督管理，会同省、市有关部门对辖区内进口摩托车、电视机、手机、化妆品等进行联合执法检查，其中对手机市场进行专项检查，查处了38家有问题的销售商。加强进口食品、化妆品的后续管理，对检查中发现的无证、无标、中文标签不符合规定或不能提供有效卫生证书、保质期过期、未加贴CIQ标志等情况，及时进行了查封、禁售处理，并且责成商家限期改进。

针对出口水产品存在的问题，检验检疫部门开展深入的调研，加强对出口水产品的检验检疫，查清了出口水产品存在问题的原因，并进行专项检查，对出口水产企业进行清理和整顿，在全省对欧盟注册的水产企业进行评审和HACCP验证，对出口韩国的水产企业的金属探测仪进行验证。

加大打击假冒UL标志行为的力度，对假冒UL标志案件进行查处。2001年，浙江检验检疫局被国家检验检疫局评为打击假冒UL认证产品先进集体。

【认证企业700个】 浙江检验检疫局进一步加快ISO9000、ISO14000等系列认证工作，所属的万泰认证中心（CQC浙江评审中心）推进新标准、新行业认证认可，开拓多层次、多元化、多领域认证，取得了开展TL9000通信行业质量管理体系认证、OHSAS18000安全卫生质量管理体系认证的资质。

推动海外认证，扩大国际影响，万泰（泰国）公司在运输、医院等领域有了新的发展，其中医院认证在泰国已形成规模。通过寻求国外合作联盟，有效地对日本、韩国以及马来西亚等地认证市场作了开发。2001年，受理申请认证企业近800个，通过评审认证的企业700个。累计评审认证企业达到2500个，其中海外认证企业超过200个。

（梁文懋）

国家级开发区

·杭州经济技术开发区·

【概况】 2001年,杭州经济技术开发区(以下简称杭州开发区)进一步解放思想,抢抓机遇,加快高教园区、出口加工区、专业工业园区建设,推进东部开发,扩大对外开放,加大招商引资力度,不断增强区域综合竞争优势,提高经济增长质量和效益,全年实现国内生产总值57.5亿元,比上年增长22.4%。

经济保持快速增长。工业总产值204.39亿元,比上年增长20.9%;利税26.26亿元,增长25.8%;财政收入11亿元,增长33.5%;出口总额4.85亿美元,增长42.2%。经济增长质量和效益明显提高,全年新增投产工业企业18个,累计有119个工业企业投产;有34个企业年产值超亿元,其中6个企业年产值超10亿元。

经济结构逐步优化,支柱产业增长明显,规模效应突出。杭州摩托罗拉移动通信设备有限公司、东信移动电话有限公司、娃哈哈集团下沙生产基地、顶益国际食品有限公司、中策橡胶股份有限公司5个企业增幅较大,其产值占全区总产值的70%。出现一批增长较快、产销两旺、效益明显的优势企业,如松下马达有限公司、华春化纤染织有限公司、西门子(杭州)高压开关有限公司、顶津食品公司、中财塑胶公司、顶园食品有限公司、松下燃气具有限公司、华新电力线缆有限公司等企业,增幅均超过30%。

在全球经济衰退、出口形势严峻的情况下,开发区保持较高的出口增长,全年进出口总额13亿美元,比上年增长52.9%;东信移动电话公司、中策橡胶公司、松下马达公司、松下燃气具公司、松下厨房公司、得力纺织有限公司、泰尔茂医疗产品(杭州)有限公司等企业的出口保持较高增长势头。2001年,有6个外资投资企业被列入全国外商投资企业500强。

招商引资实现新的突破。全年批准外商投资项目54个,总投资4.76亿美元,比上年增长39.5%;协议利用外资4.01亿美元,增长61.1%;实际利用外资1.62亿美元,增长35.4%。引进外资项目个数和利用外资水平均比上年提高,其中投资额超1000万美元的项目有8个。在引进项目上,呈现出显著特点:高科技项目大量增加,“信息港”、“医药港”项目增多,“以外引外”项目明显上升,增资项目比例加大。重视抓好对中国台湾和日本市场的招商引资,特别是对日招商方面取得明显成效,引进矢崎配件有限公司、横滨橡胶轮胎有限公司、三菱综合材料有限公司等一批日本大企业财团的投资项目。引进内资工业项目39个,注册资本4.19亿元,取得明显成绩。不仅数量大幅增长,而且投资规模大、质量高,如三花实业、浙大药业、国脉电信等10个项目的注册资金均超过1000万元。

基础设施建设进程加快。加大对城市基础设施的投入,新增建设资金投入近4亿元,比上年增长7.5%。全年实施市政道路工程项目39项,完成道路总长35.7千米,河渠9.1千米,市政道路建设长度达到开发区建区前8年的建设总量。3月,下沙公路拓宽改造工程全面竣工。完成自来水加压泵站的扩容建设、区内8座10千伏开关站及相应的电缆配网工程的建设。钱江六桥、绕城高速公路北线和东线的建设进度加快。

东部开发取得实质性进展。东部17平方千米范围的市政规划设计全部完成,影响东部开发的土地问题基本解决。东部开发中具有重要意义的12号道路基本贯通。至年末,东部10条道路、河渠进入全面开工建设阶段,开工道路总长17.6千米、河渠4.2千米。东部城市道路基础设施网络初步形成,其中“新药港”产业园区首期完成“七通一平”。3月14日,士兰电子项目正式开工建设。该项目由杭州士兰微电子股份有限公司与开发区北方总公司合资组建,总投资1.78亿元。公司投产后,年生产能力达到15.24厘米(6英寸)硅片6万片,这是开发区东部区块引进的首家企业,标志着东部开发进入实质性建设阶段。

农业和农村工作得到加强。下

高教园区中的中国计量学院

沙镇优化和调整农业产业结构初见成效,5种农产品获全省优秀科技产品金奖和银奖。加快实施效益农业发展规划,在绕城公路以北设立占地28.7公顷的现代农业示范园区,已完成规划进入土地平整阶段。重视抓好水利设施工程建设,全年投入资金2355万元,全区清淤驳坎河道17条,完成区域河道总长度的71%,基本实现河渠"水畅、河清、岸绿、景美"的目标。2001年,下沙镇在培育效益农业、扩大工业生产规模、发展第三产业、提高教育水平、强化土地管理等方面都取得可喜的成效,农民生活水平进一步提高。全镇实现社会总收入10亿元,比上年增长25%;财政收入1400万元,增长107%;农民人均纯收入达到7511元,增长7.9%;新增生产性固定资产投入1.02亿元,增长70%。

城市综合管理水平不断提高。抓好开发区"ISO14000国家环保示范区"的创建工作,4月,开发区管委会ISO14001环境管理体系首先通过国家环保总局组织的认证;11月,通过国家环保总局环境管理体系审核中心的第一次年审,使开发区环境建设上了新台阶。严格依法行政,推行公安、工商、城建监察、文化、环保、卫生等部门的联合执法管理体制。有效开展综合整治,全区拆除各类违章建筑9500平方米,新增绿化面积31万平方米。成立月雅河派出所,加强高教园区的社会治安管理。改善区内各类公用服务设施,新增公交线路4条,开展区内机动车辆专项整治活动,加强主要道路交通整治和对重点路段违章占道设摊的管理。

【加快专业园区建设】 杭州开发区设有新药港产业基地、IT产业基地、机电工业园区、化工工业园区、轻纺工业园区、高新科技园区6个专业园区。经过几年建设,专业园区充分发挥产业集聚功能优势,形成了产业链纽带,产业规模效应更显突出。围绕杭州市"医药港"、"信息港"建设目标,2001年加快区内新药港和IT产业基础建设步伐,加大对通信电子和生物医药项目的引进力度,重点引进与"两港"产业发展相衔接的投资项目。其中新药港产业基地有九洲、国光、艾康、多肽等7个国内外知名的医药项目落户;IT产业园区有投资项目9个,主要是移动通信、集成电路、多层电路板、光盘、消费类电子等项目,如易威电脑、华芯集成电路、鸿源科技、三菱电子、士兰电子、普腾电子、立鼎软件等电子项目。机电工业园区和化工工业园区,根据专业化特点,已有一批投资规模大、技术含量高的项目落户。

浙江工程学院新校区绿化

【高教园区建设初具规模】 杭州开发区高教园区西区规划面积4.03平方千米,已有杭州电子工业学院、浙江工程学院、中国计量学院、杭州职业技术学院、浙江司法警官职业学院、浙江广播电视高等专科学校6所院校入区。西区总建筑面积220万平方米,其中院校建筑面积121.69万平方米,生活后勤学生公寓67.7万平方米,教师宿舍15万平方米,道路7条,桥梁7座,总投资约34.6亿元。高教园区自2000年末开工建设以来,仅用10个月时间,就完成高教园区的规划设计,400公顷土地的征用,300多户农房拆迁以及市政道路桥梁建设等艰巨任务,协助完成供电、供水、供气、通讯、邮政、公交等工程建设任务。西区一期开工面积71.40万平方米,竣工面积41.69万平方米,院校和后勤生活设施及基础配套工程全面完成。至10月,除浙江广播电视专科学院正在建设外,其他5所高校开学,有1.8万名新生入校学习。

【东方医院投入运行】 5月23日,浙江省东方医院投入运行。该院前身是杭州经济技术开发区医院,由开发区管委会投资8000多万元兴建的区域性综合医院,职能是为进

附: 2001年杭州开发区列入中国外资企业500强情况

排 序	名 称	销售额(万元)
34	杭州娃哈哈保健食品有限公司	258 935
93	杭州摩托罗拉移动通信设备有限公司	171 416
111	杭州东信移动电话有限公司	424 605
189	杭州中策橡胶有限公司	215 255
299	杭州顶益国际食品有限公司	114 907
371	杭州金光纸业产品服务有限公司	92 584

注:据《国际商报》公布的2000年度~2001年度企业销售收入额排序。

区企业和杭城东部地区居民群众提供一流的医疗服务。为更好地发挥省中医院的技术优势,解决和完善开发区的各种医疗需求,开发区管委会和省中医院经多次协商,决定将开发区医院并入省中医院,成立浙江省东方医院(省中医院下沙院区)。这家花园式现代化新型医院,建筑面积2.64万平方米,设有300张医疗床位,成为杭城东部地区最大的综合医疗机构和急救中心。

【鸿源科技公司开工】 6月3日,鸿源科技(杭州)有限公司开工建设。该项目是由台湾鸿源科技公司投资,首期总投资2980万美元,注册资金1200万美元。鸿源公司是台湾省印刷电路板10强企业之一,其主导产品印刷电路板是电子工业的基础元件,产品行销全球。鸿源科技项目落户开发区,填补了浙江省大规模印刷电路板生产的空白,对发展开发区信息电子产业起到积极的推动作用。

【软件企业落户开发区】 11月5日,立鼎资讯科技(杭州)有限公司开业,这是在开发区落户的首家软件企业。该公司由台湾省知名的两家软件开发公司——宏瞻信息股份有限公司和中菲计算机股份有限公司投资组成,总投资210万美元。立鼎公司将引进宏瞻和中菲两大公司在专案管理和软件品质管理控制方面的技术,建立与国际接轨的ISO9001质量保证制度,为海峡两岸及国外客户提供专业和高品质的服务,成为提供IS及客户成熟度CMOM5标准(软件企业开发标准)的软件服务主要输出厂商。

【中肽生化公司投产】 11月16日,杭州中肽生化有限公司投产。该公司总投资176万美元,是由中美医药有限公司(UCP)和美国多肽公司(APC)共同组建的外商投资企业,也是APC的总公司伊藤集团在中国的第一个生化制品公司。杭州中肽生化有限公司是在开发区生物医药孵化器落户的第一家企业,主要生产新一代多肽类生化产品,用于抗体生产、药物筛选、生物基因工程,公司90%以上产品销往美国、日本等制药公司、生物科技公司和其他生物研究公司。

(汤 峻 奚宇飞)

·萧山经济技术开发区·

【概况】 2001年,萧山经济技术开发区(以下简称萧山开发区)以"创造新优势、实现新突破、再上新台阶、确保新发展"为工作主旋律,突出招商引资重点,加大基础设施投入,着力改善投资环境,开发区经济和社会事业全面快速发展,完成和超额完成各项目标任务。

招商引资成效显著。全年新批外资项目和办理外资增资项目53个,总投资2.26亿美元,协议利用外资1.52亿美元,实际利用外资8003万美元,分别比上年增长66%、35%和11%,分别占萧山区的70%、72%和78%,其中协议利用外资和实际利用外资分别占杭州市的15%和16%。引进内资项目34个,总投资10.9亿元,增长78%。至2001年末,萧山开发区累计批准进区企业358个,其中内资企业155个,总投资30亿元;外商投资企业203个,总投资12.72亿美元,协议利用外资9.26亿美元,实际利用外资4.29亿美元。有24个国家和地区的外商进区投资。随着投资环境的日益改善,企业纷纷增资扩产,19个外商投资企业申请办理增资,共增资7340万美元,占全年引进外资总额的32%。累计有76个外商投资企业办理增资,增加总投资3.56亿美元,注册资本2.12亿美元。

加大基础建设投入。桥南区实施土地成片开发2平方千米,统一征地,统一配套,基础设施建设投入资金1.87亿元,实现"七通一平"。完成市北区部分市政道路、河道整治工程。开发区全年建设路网1.29万米,面积27.3万平方米,敷设通讯线路1.1万米、热网2300米,埋设输变电线3800米、排污干管8000米、供水管道7500米,砌驳河坎1450米,新建排污泵站2个、电力开关站5个。全年出让土地38幅,面积61.8公顷,完成65个项目的规划定点,批准建筑面积54.5万平方米,竣工40.6万平方米。

区容区貌美化亮化。全年投入绿化工程资金1000余万元,新建和改造绿化面积27万平方米,其中桥南区红旗河滨河绿化8万平方米,市心路两侧临时绿化工程15万平方米。市政管理不断加强,区内79万平方米公共道路全天候保洁,亮灯率保持95%以上,更换市北区内所有路牌,增开区内18路公交车。

管委会机构改革"三定"方案确定。12月29日,公布《中共萧山经济技术开发区工作委员会、萧山经

萧山开发区管委会办公大楼

济技术开发区管理委员会职能配置、内设机构和人员编制方案》,明确开发区党工委、管委会办公室,经济发展局,国土规划建设局,人事劳动局,社会事业发展局,直属党委等6个工作机构及16个科室,行政编制58名。为支持开发区发展,保持财政体制的相对稳定,6月12日,萧山区政府下文明确维持开发区原定财政体制、政策不变,时间延长三年,执行期至2005年底止。

社会保障和安置工作取得进展。新增参保人员3100人,完成萧山区政府下达任务的124%;安置征地劳力264人,历年累计安置总人数6219人。区内企业录用大中专毕业生319人,为失业职工提供就业岗位1118个,安置失业、下岗人员再就业50名。

依法治区有效推进。强化安全管理,管委会与155个企业签订安全生产责任制,组织专项安全大检查4次,处理工伤事故97起,调解劳动争议59起。加大违章建筑查处力度,拆除农户违章搭建39户、1954平方米,查处企业违章建筑7120平方米。市北小商品市场,宁东、宁税农贸市场相继投入运营。推进企业转制,完成省纺织品进出口公司江南分公司、市北公司酒店的国有股权转让。

精神文明建设有新成果。举办建党80周年系列活动,组织3次党课教育。新建外资企业党支部4个,发展新党员7名;新建企业工会15个,吸收会员2000余名;新建企业团委(支部)2个。管委会与杭州边防检查站建立军民共建关系。企业在自身获得发展时,不忘饮水思源,回馈社会。1月17日,在管委会组织的"扶贫济困献爱心捐款仪式"上,浙江庆丰纺织印染公司、杭州汇丽绣花制衣公司、乐荣电线电器公司、金元陶瓷(中国)公司等6个企业、杭州市台商协会及管委会共捐资50万元,受到社会各界的好评。

【技工贸收入突破100亿元】 萧山开发区区域经济快速增长,有工业投产企业165个,注册运行商贸企业23个,其中工业产值超亿元企业18个,形成了浙江庆丰纺织印染有限公司、浙江华越家具工业有限公司、杭州娃哈哈永盛饮料有限公司、杭州汇丽绣花制衣有限公司等工业产值在4亿元以上的规模大和产出高的企业群。开发区经济高速增长,全年实现工业产值92.4亿元,比上年增长45.2%;利润6.3亿元,增长95.7%;商贸企业销售收入10.9亿元,增长3.2倍。2001年,技工贸收入首次突破100亿元,达到103.2亿元,增长55.9%,开发区成为萧山经济的重要增长点,工业产值约占萧山全区的1/9。由于经济规模不断扩大,实现税收同步增长,开发区全年实现税收3.7亿元,增长47.4%,占萧山财政收入的16%。

【桥南区块东扩】 6月12日,为解决萧山开发区新的发展用地,萧山区政府批复同意扩大省级开发区桥南区块开发范围,规划向东延伸,面积约4.5平方千米。范围为杭甬(宁波)高速公路以南,杭州萧山国际机场专用公路以北,东至杭甬高速公路与机场专用公路互通立交处,西至浦十四线。至此,整个开发区规划面积达到23.3平方千米。

【实行封闭式管理】 7月12日,为理顺管理体制,进一步改善投资环境,确保萧山开发区的各项管理权限,萧山区政府制定《关于萧山经济技术开发区实行封闭式管理的若干意见》,进一步明确开发区管委会作为区政府的派出机构,代表区政府对开发区实行统一领导、统一规划和统一管理。文件规定今后区级有关职能部门不再直接进入开发区企业进行各种形式的检查、监察、处罚等管理活动,实施开发区内的事情委托管委会负责办理的新的运行管理体制。为了落实封闭式管理,管委会加强管理力量,经批准增设了环境监理站、消防站、社会文化管理办公室、劳动仲裁派出庭、劳动监察中队等机构。

【管委会迁址办公】 9月28日,萧山开发区管委会机关结束了在区外办公的历史,正式迁址开发区内新大楼办公,为进一步方便服务企业、优化投资环境创造了条件。当日,管委会机关全体人员参加了国旗升旗仪式。管委会新大楼位于萧山区市心北路99号,邮政编码311215。1999年5月开工建设,2001年8月竣工。大楼总投资9000万元,分主体工程、附房和绿地广场三部分,占地面积1.33公顷,建筑面积2.2万平方米,主楼13层,高64米。大楼采用框架剪力墙结构,安装有防盗监控系统、2台观光电梯和1台室内电梯及中央空调。2层~12层为办公用房,内设各类会议室、办公室、会见厅、展示厅及健身房等。1层为餐厅、客房、多功能厅等设施。大楼广场建有音乐喷泉和绿地,15米宽的人工河与大楼相隔,形成开放式的建筑群。大楼主体工程由萧山第二建筑工程公司建设,监理单位为杭州市建筑工程监理公司。该工程获2001年杭州市"西湖杯"奖。

【创业中心投入运行】 萧山高新技术产业园区创业中心于2000年5月经萧山区政府批准设立后,为吸引高科技企业孵化培育服务,由开发区管委会投资700多万元,建设创业中心大楼。大楼位于开发区市北区块通惠路东侧,利用一幢标准厂房改建,2001年7月正式投入运行。创业中心大楼有7200多平方米设施完备的科研、办公场地,设有1000万元创业种子基金。至年末,进驻孵化的高新企业6个,在孵企业拥有专利5项、省级以上科技项目9项。

【自营出口4.4亿美元】 2001年,萧山开发区对外经济贸易快速发展,自营出口在500万美元以上的企业19个、1000万美元以上的11个,有出口交货值在1000万元以上的企业31个。开发区投产企业中出口型企业占58%,其中浙江庆丰纺织印染有限公司、浙江华越家具工业有限公司自营出口额分别达到8235万美元和6853万美元,位居杭州市出口企业第2位和第4位。

开发区全年实现出口交货值45.7亿元,自营出口4.4亿美元,分别比上年增长19.6%和16.8%。其中自营出口占杭州市外商投资企业出口的21%,占杭州经济技术开发区、萧山经济技术开发区、杭州高新技术产业开发区、之江旅游度假区4个国家级开发区出口的42%。

【雅马哈钢琴整机生产成功】 10月25日,萧山雅马哈乐器有限公司举行钢琴整机首次出货仪式,标志着世界钢琴市场占有量第一的雅马哈钢琴整机在萧山开发区正式生产。该公司于1997年在开发区设立,是日本雅马哈株式会社在华投资惟一的独资企业。总投资2600万美元,主要生产键盘、击弦机、制音等钢琴心脏部件。2000年增加了长笛、萨克斯等管乐器生产项目。2001年,该公司开始试制钢琴整机。至年末,共生产钢琴50架。

【配套企业快速发展】 随着萧山开发区的快速发展,对萧山经济的辐射、带动作用日益显著。据初步统计,截至2001年末,为开发区企业生产配套的萧山当地企业有1000余家,配套从业人员2万余人,年创产值20多亿元。如区内的浙江华越家具工业有限公司,就有配套企业85个,配套从业人员800多人,年创产值1.2亿元。

【首次实行土地拍卖】 9月,为加快开发区建设,盘活存量土地,管委会首次参加土地公开拍卖活动,对位于开发区的2幅土地实行拍卖。一幅位于开发区建设三路以北、市心北路以东、保登科技项目以西,面积1.33公顷;另一幅位于开发区市心北路以西、烟草公司地块以北、绿都宾馆项目以南,面积0.93公顷。2幅土地分别以1650万元、1000万元的价格,由杭州一方房地产开发有限公司拍得。此次拍卖,根据《萧山区土地储备、招标拍卖办法(试行)》规定,经区政府批准由区土地储备中心实施,土地用途为商贸、公建,出让年限为50年。

(高解明 史国荣)

·高新技术产业开发区·

【概况】 杭州高新技术产业开发区(以下简称高新区)以贯彻实施"一号工程"为主要目标,加快特色园区建设,大力推进科技创新,经济建设取得更快发展。

主要经济指标持续快速增长。全年实现技工贸总收入234.29亿元,比上年增长31.8%;利税25.94亿元,增长0.4%;出口创汇4.1亿美元,增长76.3%。全区基建新开工面积46万平方米,竣工面积32万平方米,完成投资额9.1亿元,新开工面积、竣工面积、完成投资额分别增长31.4%、25.9%、76.8%。

高新技术产业呈现强劲发展态势,进区企业、产业规模和发展特色更为鲜明。新批进区企业206个,累计1014个;其中新认定高新技术企业47个,累计277个;进入商品化生产或推广应用的高新技术产品及项目累计1127个。年产值亿元以上规模企业从上年18个增至21个。现代通信、生物医药、新材料、光机电一体化等优势产业发展良好,其中现代通信产业继续处于领先地位,软件产业总产值从上年的21.9亿元增至31.7亿元,成为杭州高新区崛起的优势产业。

对外开放全力推进。全年新批外商投资企业57个,总投资1.80亿美元,协议外资1.04亿美元,实际利用外资5280万美元,分别比上年增长60.8%、81.8%和14.6%。累计引进外商投资企业237个,总投资8亿美元,协议利用外资4亿美元,实际利用外资2.1亿美元。

之江科技工业园基础设施投入和开发建设力度加大。高新区管委会投入基础设施和土地开发资金4.5亿元,完成1号路桥、3号路桥、六和路桥、南新路、南环路、西环路、新生路段等建设,中兴路改造工程全面启动,永久河驳坎局部完工,钱江一桥入城口整治基本完成。园区后勤服务中心1号楼、2号楼、4号楼相继竣工;完成绿化面积15万平方米。由主区直达之江科技工业园的526路等公交线路开通,投资环境日臻完善。市重点项目东方通信城(二期)、软件园一期续建(8号楼、9号楼)竣工,软件园二期工程进展迅速;华为公司杭州基地桩基工程顺利开建。

科技创新能力不断增强。组织申报各类科技项目140余项,争取各项财政扶持高新企业资金6325万元,其中高新区给予企业项目配套资金、软件园企业财政资助资金、兑现企业扶持资金及留学生创办企业房租补贴等3833万元,比上年增长72%。进一步开展中小企业融资担保工作,高新区风险投资担保公司担保企业贷款累计达1.85亿元,

东方通信城观光长廊

增长1.53倍。在批准的科技计划项目中，有国家863科技攻关计划2项；国家火炬计划项目17项，其中国家火炬计划重点企业2个；国家重点新产品计划项目15项，其中国家重点新产品计划重点企业2个。全年引进人才6197名，增长105%；其中本科生3742人，硕士以上或具有高级职称358人，博士45人。

精神文明建设协调发展。新建企业基层党支部8个，党员人数从1279名增至1723名。新组建企业工会77家，累计企业工会227家；集体合同签订率达100%。高新区团工委正式成立并开展工作。企业文化、社会公益活动和精神文明建设得到有效开展和加强。

【高新软件园入选国家软件产业基地】 6月29日，国家计委、信息产业部颁布关于建设国家软件产业基地的决定，在充分利用原有软件园的基础上，建设北京、上海、杭州等10个国家软件产业基地，并予授牌。杭州高新区软件园成为全国首批国家软件产业基地之一。

杭州国家软件产业基地规划分A、B、C 3个区块建设。A区1998年1月始建，用地面积5万平方米，建筑面积4万平方米，主要为产业用房，已全部投入使用运行。B区已有6个工程项目于2000年12月开建。规划用地面积7万平方米，建筑面积14万平方米，由多层、高层软件研究、开发、生产管理用房及会议、银行、邮政、娱乐文体等配套设施组成。C区规划用地面积12万平方米，建筑面积20万平方米。基地总用地规划24万平方米，总建筑面积38万平方米，其中由高新区管委会建设17.5万平方米，投资额5.8亿元。

按照国家计委、信息产业部制定的《国家软件产业基地管理办法》和市场经济的要求，基地将进一步贯彻落实国务院颁布的《鼓励软件产业和集成电路产业发展的若干政策》，在发展思路、运行机制、管理模式等方面不断创新，创造软件产业发展的良好环境，形成良好的创业机制和创新能力，参与和扩大国际合作，充分发挥示范和带动作用，使其真正成为中国软件产业的龙头，带动全国软件产业的发展。

【建立集成电路设计产业化基地】 12月5日，科学技术部批复同意建立国家集成电路设计杭州产业化基地。该基地位于杭州高新区东部软件园内，首期规划1万平方米；前期投资8000万元，其中4000万元用于基地初期技术装备等投入。基地将在国家产业政策的支持下，以杭州高新技术产业开发区为基础，以浙江大学等一批从事集成电路研究开发的高等学校、科研机构为技术依托，以市场为导向，以产品为目标，以孵化和培育集成电路设计企业为主要任务，采用“政府营造环境，企业自主运作”方式，集科技、经济、体制等综合优势，加快相关科技成果转化、企业孵化和人才培养，在促进浙江省乃至全国集成电路设计业的发展中发挥重要作用。

【留学人员创业园示范试点基地确定】 6月8日，科学技术部、人事部、教育部、国家外国专家局联合发文，确定杭州市留学人员高新区创业园等为国家留学人员创业园示范建设试点。

杭州高新区留创基地于1999年经浙江省人事厅、杭州市政府批准建立，2000年被国务院侨务办公室批准为全国2个重点联系单位之一。2001年，该基地新增留学生创办企业23个，留学生创业人员31人；累计留学生创办企业71个，留学生创业人员230余人；企业总投资额折合1.23亿美元，注册资金总额9000余万美元；实现技工贸总收入38.38亿元。

【浙大科技园启动】 为充分发挥浙江大学科技、人才及科研设施等资源优势，加快推进浙江大学国家大学科技园区开发建设，杭州高新区管委会于6月29日成立浙大科技园老和山区块建设指挥部，负责组织实施老和山区块的统一规划和开发建设。

该科技园老和山区块紧邻浙江大学，位于老和山北麓，东起古荡加油站，西至浙江中汇纺织造布厂和杭州长江客车有限公司，北至天目山路。规划用地面积59.14万平方米，建筑面积60.84万平方米。在省、市领导重视及有关部门配合支持下，该区块前期工作进展顺利。至年末，组织编制、通过了浙大科技园控制性详规的会审，完成老和山区块地质灾害评估编制、评审工作和区块修建性详规及天目山路街景设计。有关项目立项、规划用地、土地征用、市属单位拆迁等前期工作等进展顺利，为开工奠定了基础。

【强化科技创业服务中心孵化功能】 杭州高新区为充分发挥科技创业中心的核心作用，推进“一区多园多点”和“天堂硅谷”全面建设，2001年以加强“软件专业孵化器”建设为龙头，加快市、区各级孵化器网络形成为目标，完善服务功能，提高孵化能力，延伸孵化领域，拓展孵化空间，孵育企业和辐射功能迅速增强。杭州软件专业孵化器累计有44个软件高新技术企业入驻孵化，全年技工贸总收入7954万元，比上年增长2.86倍。区(市)级高新区科技创业分中心从3个增至7个，孵化基地增至13个；高新区科创中心及各城区分中心合计孵化面积已达9.92万平方米，其中分中心7.53万平方米；在孵企业从286个(分中心169个)增至352个(分中心212个)；累计开发新产品436个，完成技工贸总收入3.45亿元，增长30%。初步建成了以信息交流、人员培训、规范管理为纽带的全市创新创业和孵化网络。

【杭州高新区被评为全国先进】 杭州高新区“争创全国一流高新区”活动取得阶段性成果。9月16日，在武汉召开的纪念邓小平“发展高科技，实现产业化”题词10周年暨2001年国家高新技术产业开发区所在市市长座谈会上，杭州高新区被授予先进国家高新区称号。这是科技部首次在全国53个国家高新区中组织的评选，杭州高新技术产业开发区进入全国18家先进国家高新区行列。

【活水通信城项目签约】 12月9日,杭州高新区管委会、普天东方通信集团有限公司与活水国际有限公司(Livewaer Int´l Tech Co.Ltd)就"杭州活水宽带通信系统城项目"(简称活水通信城)引进达成一致意见并签署框架协议。

活水通信城将引进国际知名的电子通信产业及其相关的微电子、新材料、新能源厂商入驻,致力于引进世界先进的宽带通信系统及其配套的元器件生产项目,与东方通信城的通信系统设备和终端产品的开发生产平滑链接,形成完整的现代移动通信和光通信产业链,整体提升通信产业链上各企业的价值。该项目包括工业园区和SOHO居家园区,分3期组织实施。高新区管委会作为政府部门,具体承担协调和保障该项目的开发条件,落实优惠政策及适时分期供地,提供高效、便捷一条龙服务。普天东方通信集团有限公司、活水国际有限公司作为活水通信城招商引资的责任主体,根据园区产业规划,将引进资金15亿美元。协议明确,将由浙江东信控股有限公司、活水国际有限公司和杭州高新技术产业开发总公司共同投资组建杭州活水通信产业开发服务有限公司推进该项目的实施。 (王祥焜)

·之江国家旅游度假区·

【概况】 2001年,杭州之江国家旅游度假区(以下简称度假区)加快发展步伐,协议利用外资1543万美元,实际利用外资1260万美元;协议利用内资19亿元,实际到位1.2亿元;累计引进总投资5.14亿美元及10.5亿元人民币。全年各类营业收入3.45亿元,比上年增长48.7%;税收5456万元,增长47.5%。完成建设投资5.1亿元,各类建筑竣工4.8万平方米,累计完成建筑40.84万平方米。

做好假日经济文章,三大景区效益显著。管委会和"宋城"、"未来世界"、"高尔夫球场"三大景区增大对客源市场的宣传和促销力度,扩大度假区影响,提高景区知名度,对度假区整体环境和游乐设施进行大规模整治与优化,精心编排推出新节目,丰富景区游乐表演,提升服务质量,客源市场稳步拓展,假日经济效益明显。全年接待游客近300万人次,其中春节期间游客7.4万人次,门票收入323万元;五一节期间游客26.5万人次,门票收入1217万元;国庆期间游客25万人次,门票收入926万元。

加大招商引资力度,加快引进综合旅游度假项目。建立健全招商引资工作责任制,从完善功能配套出发,瞄准度假休闲及会议市场,加大招商引资力度,积极发展综合旅游度假项目,使度假区招商引资有新的突破。与上海中融置业发展有限公司签定"杭州国际会议中心"项目,占地65.3公顷,总投资9.5亿元,内容包括中央广场、国际会议中心、国际展览中心、国际会议度假村等。与杭州宋城集团有限公司签定"21世纪杭州庆典城"项目,占地106.7公顷,总投资19亿元,内容包括"海洋巨蛋"、夏威夷度假旅游区、高科技展览影视中心等。与美国休斯卡纳公司签订投资开发"航天科技教育城"大型高科技项目意向,占地20公顷,总投资1亿多美元,主要建设航天科技旅游、航天科技教育、旅游度假村、旅游综合配套等项目。

突出征地工作重点,加快推进在建项目进程。基本完成度假区南片"杭州国际会议中心"、"21世纪杭州庆典城"、"航天科技教育城"等项目333.3公顷用地的报批任务;开征北片所有项目86.7公顷用地,并完成其中46.7公顷土地的初步交地工作。在项目建设上,"新西湖花园"、"名人乐园"等项目已经开工;"九溪玫瑰园"二期、"灵丹王度假山庄"、"高尔夫别墅"、"枫丹白露"等项目完成工程量50%。

抓好环境整治,完善基础设施配套建设。投入1000多万元,完成东方苑供电工程建设和3号区块高压线3个环线迁移工程,之江供电所电力综合设施开工建设;完成扩绿面积1.04万平方米。

拓展度假区新的发展空间。为充分发挥度假区在旅游西进中的龙头和辐射作用,管委会在充分调查研究的基础上,多次拟定"度假区扩容方案"报市政府审批。11月中旬,杭州市批准度假区在现有9.88平方千米基础上,向周边拓展15平方千米,将度假区范围扩大至25.43平方千米,为度假区发展拓展了新的空间。

优化服务,提高度假区整体管理水平。通过争创"满意单位"活动,管委会机关作风建设,服务质量和

西湖花园别墅

办事效率有明显提高。度假区被评为杭州市的“无毒区”,获市通报表彰;梦湖山庄获“市安全文明小区”称号;消防工作扎实有效,保持火灾“零”纪录。通过开展创“最佳旅游景区”和“最佳人居环境”活动,努力提升景区、景点品味,为游客提供优质的旅游产品。“宋城”被评为全国首批4A级旅游景区后,进一步加强管理和服务;“未来世界”主题公园积极争创4A级旅游景区。

之江发展总公司按照企业三年规划确定的发展目标,坚持以旅游业为主,实行多元化结构,专业化经营的思路,以经济效益为中心,不断深化改革,积极调整产业结构,优化资源配置。全年完成总投资7000万元,实现利润530万元。公司总资产达到2.31亿元,净资产7129万元。

【宋城实现持续发展】 宋城景区保持国家4A级景区的荣誉,强化科学管理,美化景区形象,提升企业品牌。围绕景区建设精品化的要求,对九龙广场办公楼、特色小吃街、文化广场、艺术广场、金明池水上舞狮台、城楼广场等主要公建进行重点整修改建。根据国家4A级景区要求,进一步规范管理与服务。

景区通过周详的市场调查,抓住游客需求特点,策划推出了“三八”妇女节演艺大反串节目、“五一”龙舟赛、金秋火把节、“鼓打五千年”等活动,均取得成功。其中“五一”宋城龙舟大会,推出划龙舟、戏迷擂台、挑战毽子王、象棋车轮战等一系列互动式活动,调动了游客参与的积极性;金秋火把节以全新的形象出现在游客面前,热烈欢快的“火”文化令游客陶醉;为丰富景区表演引进的口咬杂技、安塞腰鼓、水上舞狮等特色节目,获得游客好评。成功举办了东方红大型音乐会、第五届中国国际民间艺术节开幕式和颁奖晚会、杭州市国庆52周年文艺晚会暨“风雅颂”民间艺术展示、中国国际武术交流会等大型庆典活动,受到社会各界广泛关注。全年接待游客124.3万人次,门票收入5124万元,取得了良好的社会效益和经济效益。

【未来世界争创4A级景点】 2001年,“未来世界”主题公园的主要目标是争创国家AAAA级旅游景点,公园确定“树精品意识、创经典乐园”质量方针,努力打造集休闲、娱乐、度假、旅游、购物于一体的“东方迪斯尼”。未来世界游乐有限公司的管理逐渐与国际接轨,引进建立ISO9000-质量管理体系和ISO14000环境管理体系,并通过了认证。结合创评4A级景区和引进ISO质量管理体系,加强对员工的培训,使员工素质、服务质量、环境质量、景观质量、游客满意度有了质的提高。为提高在旅游市场的竞争力,增强吸引力,投资引进了天旋地转、空中飞人、豪华电网碰碰车、豪华转马等新、奇、乐游乐项目,策划举办了首届东方斗牛节、仿古代民间斗鸡表演、未来世界老人节、南瓜节、圣诞狂欢派对等大型活动,吸引了大批游客参与。全年接待游客80.7万人次,门票收入3229万元。

【高尔夫俱乐部举办34次赛事】 西湖国际高尔夫乡村俱乐部(WLGC)管理服务及配套水平明显提高,球会业务稳步拓展,全年举办各类赛事34场次,接待球友2万余人次,其中会员约占65%,打球人数比上年增长42%。主要活动有南都·西湖高尔夫别墅国际商务邀请赛、“静冈县知事杯”、萧山“高山杯”日籍球友赛、杭州—大连高尔夫球友配对赛及一系列排名赛和月例赛,参赛者仍以杭州及周边地区,包括华东地区的球友为主。

【宋城华美学校开学】 9月15日,杭州宋城华美学校建成开学,美国国际合作委员会主席、著名社会活动家、美籍华人陈香梅女士专程从美国飞赴杭州参加了开学庆典。该校是一所高标准、国际化的高级寄宿制民办学校,位于度假区南片区域,毗邻宋城景区,总投资3亿元,占地20公顷,建筑面积9.6万平方米,学校总容量3000人,招收幼儿园、小学、初中、高中各年级学生。学校建有图书馆、艺术馆、体育馆、科技馆、报告厅、演播厅、学生剧院,国际标准的篮球场、网球场、足球场、塑胶跑道,所有教学、生活、行政活动都实现网络化计算机管理。首批招收学生34个班、900人。

【高尔夫别墅项目加快建设】 随着高尔夫球运动的逐渐普及,开始出现与之相配套的度假房产。2000年11月28日,位于杭州之江国家旅游度假区高尔夫球场内的南都·高尔夫别墅区一期工程开工,在生态自然环境中打造运动休闲景观别墅住宅。该项目由浙江西湖高尔夫置业公司投资,由国际景观设计公司EDSA精心规划,与大师杰克·尼古拉斯设计的球场水乳交融,占地11.3公顷,建筑面积3.4万平方米,总投资6000万元。至2001年末,基本完成南都·高尔夫别墅所有单体建筑。

【九溪玫瑰园和东方苑获好评】 位于杭州之江国家旅游度假区的九溪玫瑰园一期项目共建别墅121幢,小区建设成为国内住宅建筑与自然和谐结合的典范,2000年获建设部“全国新世纪人居经典住宅小区综合大奖”;东方苑为浙江省首个中美合作产业化住宅项目,一期工程共建别墅65幢,充分体现了环保节能的“绿色”品牌,小区房产开盘之日即销售一空。8月,为表彰九溪玫瑰园与东方苑在房地产营销与品牌创建上取得的成功业绩,中国房地产业协会授予杭州之江国家旅游度假区的九溪玫瑰园与东方苑2001年“房地产成功经营模式典范”称号。

(周　起)

城建 城管 环保

·综述·

【概况】2001年，杭州城市建设围绕加快城市化发展，优化城市空间结构，加快城市环境建设，完善城市基础设施，提高城市管理水平的目标，开拓进取。全市投入城市基础设施建设资金164.38亿元，市区(除萧山、余杭区)投入城市维护建设资金45.53亿元，为杭州市“构筑大都市，建设新天堂”打下了良好基础。

城市规划、建设和管理工作完成既定任务。积极开展杭州市区行政区划调整后，新一轮城市总体规划修订工作和城市发展概念性规划的研究；组织“旅游西进”规划设计、钱江新城核心区块城市设计成果会审；做好行政区划调整后与萧山、余杭的规划衔接工作；对天然气输配、大学城、浙大科技园区及基础部等项重大工程，组织开展规划设计。

钱江新城建设开局良好。2001年7月1日，钱江新城先期开发的3.29平方千米的核心区块内，新杭州大剧院开工，标志着杭州市“城市东扩”拉开了序幕，杭州从“西湖时代”迈向了“钱江时代”。同时，会展中心、行政中心等工程已进行建设的前期工作；连接市区的主要道路和区内的道路骨架大多完成设计，有的已开工建设。

市政建设取得新进展。基本建成上塘高架、复兴立交的主体工程；望江立交暨望江路改造实施顺利；建成迎宾路、城市防洪堤江干段、建国北路延伸(绍兴路-文晖路段)和河坊街(中河路-江城路)、和睦路等工程；灵西隧道、潮王路东段延伸、德胜路工程、上石立交、文晖路立交等工程，克服种种困难开工建设并进展顺利；钱江四桥工程建设的各项前期工作基本完成；全市人民十分关注的地铁1号线工程建设，在时间紧、人员少、准备工作复杂的情况下，经过努力，顺利完成预可行性方案研究，并通过专家评审，拟报国家计委申请立项。

环境治理实现重大突破。环境保护工作围绕创建“国家环保模范城市”(以下简称“创模”)为目标，坚定不移地打了“创模”攻坚战，杭州市荣获新世纪第一批国家环保模范城市的称号。完成了第三污水系统主要工程项目；四堡污水处理厂二期工程完成并且运行情况良好；七格污水处理厂进度加快，地基处理通过验收，构筑物及厂前区工程全面开工；整治了机场路一弄、小河路等低洼积水点；基本完成新开河、沿山河等6条河道的整治，完成清淤12.45万立方米；加快实施了生活小区和公建单位的截污纳管工程，全市污水处理率达55%；西湖清淤二期工程已全面开工。对市区总长度达120千米的25条道路实施综合整治，实现了旧貌换新颜。同时完成了半山入城口和钱江一桥南入城口整治；西湖引水工程在西博会前完成，进一步改善西湖水质；完成了铁路沿线长达30.4千米的综合治理任务，并全面落实了长效管理的各项措施；开展中河路两侧、西湖大道等处的屋顶整治工作，共完成“平改坡”(将房屋屋顶由平面改为坡面)100幢；拆除违法建筑(以下简称“拆违”)工作以市区剩余违法建筑为重点，以农村党员干部违法建筑为突破口，全年拆违89.6万平方米；实施道路综合整治48条，长度140千米。开展了最佳、最差形象建筑等评选活动。

旧城改造和住宅建设成效显著。2001年，全市完成房地产开发投资140.91亿元，比上年增长38.8%；全年商品房施工面积1449万平方米，增长30%；竣工面积428万平方米，比上年下降了7.6%；商品房销售走势趋旺，全年商品房销售面积363万平方米，增长14.2%。

全年住宅建设完成投资104.17亿元，比上年增长21.2%；住宅施工面积1251.92万平方米，竣工面积402.46万平方米。

经济适用房建设新开工114万平方米，竣工50万平方米。同时落实了三墩、祥符、九堡等处经济适用房的选址工作；出台了经济适用房建设、销售、管理的一系列新政策。

市区居民人均居住面积11.2平方米，农民人均居住面积49平方米。人居环境的显著改善，使杭州市获得2001年联合国“人居奖”和建设部“中国人居环境奖”。

全年市区扩大绿地面积767.8公顷，是历年来绿化力度最大的一年。市区人均绿地面积7.82平方米。扩绿的质量有了新的提高。

园林建设完成了胡雪岩故居修复、玉泉景点改造；建成了杭州历史博物馆、杭州解放纪念碑；万松书院二期工程进展顺利；孔庙(碑林二期)复建工程，钱王祠、雷峰塔重建工程，“西湖西进”等都开展了各项前期工作。

市政公用事业发展迅速。全年新辟公交线路20条，延长公交营运服务时间22条，新建公交候车亭110个；完成了石桥路等处低压供水区改造工程；发展管道燃气用户3万户；新改建公厕24座，垃圾中转站11座，新增50座共200个厕位的拆装式活动公厕。

人防建设方面，全年结建防空地下室6万平方米，新增防空警报器18台，组织中学生开展防空袭演练。96110电话全年受理各类信息3500件，及时有效地处理一批关系人民生命和国家财产安全的事故。

各城区围绕全市城建总目标，根据各自的工作特点，以环境综合整治为重点，强化建设管理和小区物业管理，做好道路整治、市政管理与养护、小区整治、借地绿化、村镇规划等方面工作，以改善各城区居住环境和创新发展的硬环境，特别是“迎国庆”、“迎西博”期间的环境整治成效显著。完善管理体制，严格依法行政，深化住房制度改革，加强行风建设，较好地营造了城区发展的软环境。西湖、上城、江干、下城、拱墅和滨江区都把推进城市化工作作为重点，着力抓好环境建设，使各区的空间环境、生态环境和人居环境得到改善。余杭、萧山两区积极配合“构筑大都市，建设新天堂”的总体目标，抓住机遇，加快建设，改善环境，促进发展，取得了显著成绩。

城市管理实现创新。新成立了杭州市城市管理行政执法局，实现了城市管理工作的重大突破。至年底，综合执法实效初步显现，多头执法、重复处罚、执法扰民等问题明显减少，审批权和监督处罚权的适当分离，为改革现行行政管理体制积累了经验，并初步形成了新的行政执法机制，树立了良好的行政执法形象。国土资源管理实施政府垄断土地一级市场，提高了土地的综合效益。市政公用事业改革实现创新，促进各项服务工作全面提高。

【第二届市区最佳、最差形象建筑评选】 为推进全市创建全国文明城市活动向纵深发展，提高城市建设和管理水平，改善城市面貌，市政府组织市建委等部门开展了第二届市区最佳、最差形象建筑评选活动。经群众评选、专家评议和市公证处公证，评选结果如下。

一、最佳形象建筑

杭州萧山国际机场

环城北路改建工程

城站火车新客站

吴山城隍阁

四堡污水处理厂扩建工程

中大广场

南都·德加公寓

新金都城市花园

杭州国际假日酒店

上海浦东发展银行杭州分行业务综合楼

二、最差形象建筑

杭州火车东站

百姓装饰城

杭州现代建筑物资公司综合楼

【2001年市区道路环境综合整治评选】 市政府组织市建委等部门开展这次评选，按考核标准，自下而上推荐，经有关部门现场评议，报市政府审查同意，评比结果如下。

一等奖：空缺

二等奖：

古翠路(西湖区)

新华路(下城区)

三等奖：

西湖大道(上城区)

凤起东路(江干区)

潮王路(拱墅段)

优秀奖：

建国中路、建国北路(上城区、下城区)

中山中路、中山北路(上城区、下城区)

中河路(上城区、下城区)

文晖路(下城区、拱墅区)

莫干山路(西湖区、拱墅区)

教工路(西湖区、拱墅区)

复兴大道(上城区)

之江路(上城区)

东新路(下城区)

河东路(下城区)

学院路(西湖区)

文二路(西湖区)

文三路(西湖区)

文苑路(西湖区)

文新路(西湖区)

玉古路(西湖区)

天城路(江干区)

大关路(拱墅区)

03省道(滨江区)

良好奖：

德胜路(下城区、拱墅区)

上塘路(下城区、拱墅区)

绍兴路(下城区、拱墅区)

秋涛路(上城区、江干区)

文一路(西湖区)

文华路(西湖区)

天目山路(西湖区)

石祥路(拱墅区)

沈半路(拱墅区)

杭海路(江干区)

十甲路(滨江区)

潮王路(下城段)

区管道路：

延安南路(上城区)

直大方伯(上城区)

江城路(上城区)

定安路、华光路(上城区)

省级街容达标路：

环城东路(上城区、下城区)

北山路(西湖区)

(鲍世明)

·城市规划·

【概况】 2001年，杭州市区行政区划作了调整，城市规划工作面临历史性变化，对城市规划的科学性、系统性、超前性、权威性提出了更高的要求。经过各方共同努力，城市规划各项工作都取得新进展。

一、编制好新一轮城市总体规划

年初，市政府重新建立了杭州市城市总体规划修订工作领导小组，市规划部门建立了专门工作班子，抓紧开展总规修订工作，至年底，《杭州市城市总体规划纲要》(征求意见稿)按期完成。

组织国内权威规划设计研究单位分别编制杭州市城市发展概念性规划，这在杭州市总规修编历史上是第一次。

7月，上海举行世界规划院校大会期间，市规划部门特邀了一批世界著名院校规划专家来杭咨询交流城市总体规划编制情况，收到良好效果。

二、积极组织做好各项建设项目的规划设计编制工作

开展的主要工作：1. 密切配合“旅游西进”战略的实施，高起点、高标准组织规划工作，完成《杭州市城市西部地区保护与发展规划》。2.组织完成钱江新城城市新中心核心区块城市设计。市委、市政府决定钱江新城范围扩大15平方千米后，及时组织编制该地区控制性详细规划。3.抓好各区及有关镇科技园区的规划，落实各区科技园区的控规方案。江干、西湖、拱墅科技园区从无到有迅速启动，上城、下城科技园区进一步完善，以及滨江区3个镇的科技工业园开始启动。4.杭州市城市综合交通规划，由中国城市规划设计研究院与杭州市规划院合作，完成了初步成果并组织专家评审。5.开展轨道交通可行性方案研究，完成了《杭州市轨道交通线网布局规划》、《杭州市轨道交通一期工程客流预测报告》等多项研究成果。6.与

美国哈佛大学规划专家合作进一步开展钱塘江两岸规划深化设计研究，借用国外先进设计理念和方法提高规划设计水平。7.会同有关部门和区政府，组织运河拱墅段城市设计方案成果公开展示、评审和完善等项工作，为运河两岸规划方案和综合整治的全面开展做好前期准备。8.根据“旅游西进”规划和景区分期实施计划，率先组织西溪风景区规划设计方案国内外公开招标，完成了规划方案成果，为“旅游西进”首期启动区块的规划建设创造了有利条件。9.组织开展各区科技园区标准厂房设计方案竞选工作，对各区科技园区科技化标准厂房建设发挥指导作用。10.协同有关部门筹备组织开展杭州会展中心设计招标工作。

继续超前组织开展拱宸桥西、留下镇、下沙高教园区东区等一批重要地区控规编制、设计等工作。全年市规划部门共完成各类规划设计项目50项，投入经费及完成产值共计2300余万元。

进一步重视科学管理和研究工作。市规划设计研究院主动参与规划设计市场竞争，抽调技术骨干建立了城市规划研究室，集中力量完成重点任务，及时编辑出版《杭州城市分区规划图集汇编》等规划成果资料，参加建设部《城市水系规划规范》的编制，有7项成果获2000年度省优秀工程咨询成果二、三等奖。

为进一步提高规划编制水平，经市机构编制委员会批准，组建了杭州市城市规划编制中心。

三、进一步加强和优化规划管理

优化投资环境，提高服务水平。实施第二轮规划审改方案，将审批项目由17项减为12项，进一步减少审批项目和简化办事程序。还拟订了办理重大、特殊建设项目“绿色通道”，即由窗口直接办理小型项目管理审批办法。截至12月底，市规划部门在市投资项目集中办理中心办理事项近6800件，约为中心窗口办理事项总量的1/3。

在建设项目办理工作中，做好项目预审及计划立项前的规划选址工作，配合市有关部门做好规划协调及审批工作。全年市规划部门共受理建设项目4443件，其中发放勘测设计件2283件，方案235件，规划建设用地许可证1018件；总用地2851.61万平方米，其中调拨698.38万平方米，征用1755.48万平方米，企业改制办理397.75万平方米；建设工程规划许可证826件（总建筑面积778.63万平方米），临时建设项目81件。

四、进一步加强基础测绘工作

地形图更新进一步加快。按照地形图3年~5年更新的周期要求，完成了杭州市1087.2平方千米测绘1/5000地形图151幅，1087.2平方千米缩编1/10000地形图44幅，吴山测区10.8平方千米1/500地形图216幅，袁浦、蒋村测区航空摄影180平方千米，蒋村测区的10.8平方千米1/500地形图216幅及36.4平方千米1/1000地形图182幅，袁浦测区108平方千米1/1000地形图540幅，九堡、丁桥、三墩测区59.6平方千米1/500地形图192幅，以及和睦测区28.8平方千米缩编1/1000地形图144幅，市区缩编1/1000地形图312幅，并全部采用数字化制作、光盘操作。

完成杭州市区二等水准网的布点和测量工作共计150座水准点、430千米线路；地下管线普查一期工程(试验区)，探测管线21765个，总长346千米，工程通过了专家评审；组织开展了杭州市第二期地下管线普查工作。

五、认真贯彻落实行政执法责任制

做好拆违工作。全年累计立案查处违法建设123件，处罚面积19.75万平方米；结案123件，结案率为100%。加强建设项目批后跟踪管理，进一步提高了建设项目竣工验收质量，全年共发放建设工程竣工验收合格证534件。同时对违法建设进行处罚后，建设单位向国家有关部门补缴各类规费216.31万元。

六、加强城市规划信息化建设和档案管理

由市城市规划信息中心负责的杭州市基础空间数据库的设计与开发，通过初步验收；完成了基础空间数据库的数据标准化体系设计、数据接口设计、数据库结构设计和数据库管理系统综合应用系统等工作。

全年整理规划审批档案2300个编号计3600余卷和文书档案1531件计37卷，档案条目输入计算机计3600余条，并按2001年国家档案标准《归档文件整理规则》，将文件按卷整理改为按件整理和开放式装订，初步完成电子文件归档系统课题研究，制定了局电子档案类目编号方案。

【开展行政区划调整后城市总规编制工作】 国务院于2001年2月2日正式批复杭州市行政区划调整，杭州市区行政区域面积从原683平方千米扩大到3068平方千米。建设部按国务院办公厅意见，要求杭州市重新修订城市总体规划后再报国务院审批。

市政府新建立了杭州市城市总体规划修订工作领导小组及办公室。市规划局成立专门的工作班子，明确萧山、余杭两区参与总体规划的修编人员，并分别对余杭、萧山进行了现场调查，掌握第一手资料。同时，组织国内著名高校和规划设计单位，开展城市发展概念规划研究和都市区规划专题研究，以便能够全方位、多方案地为城市总体规划纲要的编制提供依据，进而完成新一轮城市总体规划的修编。4月30日，市城市总体规划修订领导小组召开了全体成员(扩大)会议，确定城市总体规划的修编要实现“八个突破”的基本原则：突破时间上的限制，突破空间上的限制，突破过于注重微观研究的限制，突破单一的物质规划的限制，突破计划经济模式的限制，突破现有规划、计划等方面的限制，突破单一部门编制规划的限制，突破规划按可批性编制的限制。

根据领导小组会议的精神，市规划部门拟订了工作计划，抓紧展开各项工作。新一轮城市总体规划纲要初稿于年底完成，并征询有关部门意见作进一步修改。

【杭州都市区规划专项课题研究】 城市发展空间狭小一直制约着杭州市的城市发展，也是近年来总体规划修编工作的一大难点。2000年5月，市规划局委托浙江省城乡规划设计研究院完成了《新世纪杭州城市总体规划工作思路研究》。2001年1月13日，市规划局召开杭州都市区发展规划前期研究工作专家座谈会，邀请中科院地理所、北京大学、同济大学、浙江大学等有关院校专家研究总体规划深化问题，决定突破行政区划限制，尽快开展都市区规划，从都市区的范围研究杭州未来的发展问题，并确定了研究重点和工作大纲。

2001年2月，市规划部门组织课题承担单位，以新的市区为研究重点，开展杭州都市区规划专题研究。至年底，完成了5个研究课题：

1.同济大学承担的《杭州都市区地域空间组织结构研究》。通过对这次研究课题的背景、目标与规划原则、都市区经济增长与土地利用、基于生态理念的城市空间布局、基于TOD模式的都市空间结构的研究，提出了杭州都市区地域空间组织结构可供选择的两种空间布局模式，即平行结构(城市为轴向发展)和组团结构（城市将跳跃式发展)。承担同一课题研究的北京大学通过对杭州都市区的地域组织的评价、杭州都市区人口和经济的空间集聚与扩散研究、杭州都市区对外经济联系的空间格局等3个方面的研究，提出杭州都市区空间优化方案，包括杭州城市内部空间结构优化，杭州都市区基于外部空间结构的发展定位和杭州都市区的广义空间优化。

2.南京大学承担的《杭州都市区功能定位研究》。通过总体研究思路、杭州城市多功能的回顾、杭州都市区职能发展的优势环境与制约条件分析的研究，初步提出了杭州都市区的功能定位，并就实现杭州都市区的功能定位提出了总体策略。

3.华东师范大学承担的《杭州都市区产业布局研究》。从杭州都市区的产业布局现状形成的机制研究出发，提出了杭州都市区产业布局总体思路，分析了杭州都市区产业布局的10个主要问题，提出了杭州都市区产业空间布局调整的9条对策。

4.浙江大学承担的《杭州都市区人口规模预测与环境容量预测》。通过研究背景与技术路线、杭州市区现状人口环境容量比较与分析、杭州市区人口发展的时间特征及趋势分析、市区人口空间演变轨迹及趋势分析、市区用地适宜性分析和人口容量分区的研究，确定杭州市人口终极规模。

5.浙江大学承担的《杭州都市区历史文化与自然资源的保护》。课题组研究都市区三级行政区划的沿革、都市发展的本身规律、都市区历史文化的载体调查、历史文化风貌的保护、自然资源的调查和历史时期运河的调整等6个方面内容。杭州都市区规划专题研究的完成对杭州城市发展重大决策和总规编制工作发挥了重要指导作用。

【杭州市城市发展概念规划编制完成】 此项工作分别由中国城市规划设计研究院、南京大学城市规划设计研究院、上海市城市规划设计研究院等3个国内知名规划设计单位进行编制，经过近半年的努力全部完成。

2001年11月20日~22日，杭州市政府在西湖国宾馆召开杭州市城市发展概念规划研讨会，邀请全国人大环境人口资源委员会、建设部、同济大学、浙江大学、香港大学、英国伦敦大学和北京、上海、南京、广州等市规划局的专家、领导共同研讨未来几十年杭州城市建设与发展的大计，对3个设计研究单位编制的概念规划进行审查。全国人大环资委副主任、原建设部副部长叶如棠到会并讲话，市领导王国平、仇保兴等及有关方面负责人出席了研讨会。

11月21日，会议认真听取了中国城市规划设计研究院、上海市城市规划设计研究院、南京大学城市规划设计研究院等3个规划设计单位关于杭州城市发展概念规划(战略规划)的介绍，并就有关问题进行提问。11月22日，与会专家重点围绕杭州城市发展的功能定位、城市发展规模、城市产业发展、城市用地发展方向、城市用地功能组织与形态结构、城市中心结构体系、城市交通组织、历史文化遗产与生态环境保护等方面，对概念规划的3个方案和杭州市城市总体规划的编制工作进行了深入研讨。3个单位的研究成果和提出的发展思路得到了与会专家、领导的充分肯定和重视，大家认为3个规划各有特色和长处，很有新意，体现了较高的规划水平。

杭州市城市发展概念规划的编制完成，为新一轮城市总体规划编制工作提供了充分的依据和指导。

【公开征求对杭州市总规修编意见】 杭州市规划局于2001年5月25日在《杭州日报》上刊登通告，并向省市有关部门、国有和个私企业，以及房地产开发企业等单位专门发函，公开征求对编制新一轮城市总体规划的意见、建议。这是杭州市首次在城市总体规划修编阶段听取全社会的意见。

通告发出以后，市民提出了许多好的建议和意见，归纳为15类问题，计141条意见、建议，主要涉及西湖保护、道路交通、历史街区、轻轨交通、艺术博物、景观标志、行政区划、城市绿化、市区铁路、布局结构、规划理念、旅游资源、钱江两岸、运河西溪、会议会展等方面。

9月14日，《浙江青年报》全文刊登了《杭州市民关心的十五类问题》报道。同时，记者针对来信人所提出的建议和意见进行深入采访，开辟《我为杭城规划提建议》专栏，进行连续报道，并通过新闻热线继续广泛听取市民建议。

9月28日，市规划局邀请经评选产生的10名优秀建议人参加座谈会，双方表示今后要多组织这一类活动，共同努力把杭州城市规划好、建设好、管理好。

【完成杭州城市西部地区保护与发

展规划】 “旅游西进”是加快新世纪杭州发展的重大战略举措。市规划部门组织编制了《杭州市城市西部地区保护与发展规划》。

规划指导思想是：坚持总体与局部统一、保护与发展并重、现实与目标结合的指导思想，在发展的基础上，加强西部地区自然生态环境的保护，坚持有所为，有所不为，以有控制的发展（即发展旅游和观光农业、效益农业）和有限度的发展（即低密度）为原则，严格控制可能造成的污染和破坏，来确保西部地区的整体环境质量。规划地域空间界定为：西湖区的留下镇、蒋村乡、转塘镇、龙坞镇、袁浦镇、周浦乡6个乡镇，之江国家旅游度假区及余杭区闲林镇的部分用地（约27平方千米），区域总面积226平方千米。11月，市委召开常委会讨论并原则通过该规划，并对认真实施规划，加快“旅游西进”步伐作了部署。

【编制“旅游西进”地区控制性详规】 市规划部门将涉及“旅游西进”的有关规划工作分解成13项具体规划设计项目，组织开展编制工作。其中风景旅游区规划项目6项，分别为龙坞风景区、西溪文化旅游区、之江旅游度假区、灵山风景区、沙洲风景区、浮山农业观光区；交通及市政工程规划项目2项，分别为“旅游西进”交通专项规划和给水、排水、电力、电信等相关专项规划；城镇及科技经济园规划5项，分别为转塘镇区、龙坞镇区、袁浦镇区、周浦集镇镇区（居民点）和西湖科技经济园（上泗区块）。

【组织西溪风景区规划设计招标】 为加快“旅游西进”的步伐，在加强对西溪自然与生态环境及资源保护，正确引导风景旅游资源开发利用的同时，充分合理地开发和利用西溪丰富的旅游资源，杭州市规划局从7月至12月，组织了西溪风景区规划设计公开招标，面向海内外设计单位招标征集设计方案。邀请了中国城市规划设计研究院、北京林业大学、澳大利亚H.R.P集团和杭州市园林设计院等设计单位参加西溪风景区的方案招标。11月底，4个设计单位完成了方案设计后，市规划局向社会公开展示，召开专家评审会，确定中标方案。由中国城市规划设计研究院完成的C方案获得绝大多数专家的支持。

C方案突出了西溪风景区在区域与城市生态系统中的作用，明确提出了西溪风景区是“长江三角洲中绿洲”的区域定位和“以观光、休闲为主的郊野风景区，江南水乡旅游度假地，区域旅游服务基地”的功能定位；明确了“水乡文化景区、民俗及植物景区、生态农业观光景区、度假野营景区、生态保护培育区（4平方千米）”的景区功能布局结构和景区游览交通组织及产业与居民点调整策略。

【完成钱江新城核心区块城市设计】 2001年，市规划局委托上海市城市规划设计研究院和杭州市城市规划设计研究院共同编制的《杭州市江滨城市新中心城市设计》（即《钱江新城核心区块城市设计》）按期完成。根据城市设计方案，钱江新城核心区块规划用地范围为：东靠钱塘江，南至清江路，西临规划钱江路，北至规划庆春路，总用地面积2.56平方千米，其中可开发用地115公顷，建筑面积总量约227万平方米。用地性质确定为：杭州市级中心之一，以行政办公、金融、贸易、会展、文化娱乐、旅游服务为主体功能的区域商务中心，是未来上海CBD多级网络组成部分。公共交通分别设立轨道交通和公交换乘枢纽及站点，并建立自行车系统、步行系统和主要公共建筑与城市广场之间的地下公共空间的地下人行系统。城市设计同时对空间布局、景观规划、地下空间和重要节点设计等提出各项具体要求。

【编制钱塘江两岸规划】 2000年，美国哈佛大学设计学院协助杭州市开展西湖申报世界遗产工作，在完成西湖风景区未来多维规划项目过程后提出，保护西湖地区风景的长远政策和规划利益在于钱塘江两岸，包括钱塘江和大运河连接地带，开展钱塘江两岸发展研究，提供新机场的入城地带。为此，建议采取多方案发展战略。同时检验该地区对公共和私人投资开发的吸引力。经市政府同意，市规划部门与哈佛大学设计学院合作开展钱塘江两岸规划研究，项目负责人为哈佛大学Carl Steinitz教授，哈佛大学设计学院研究生和杭州市规划设计人员参加。

该项目主要内容：1.从大杭州、大区域比例背景考虑，产生以景观城市为构架的多个未来大杭州发展方案。2.从项目比例，研究大杭州未来可能发展的具体项目和内容，尤其侧重在滨江两岸的规划，以及大运河两岸和萧山方向滨江新区的连接区域的未来规划机遇。

【科技类标准厂房设计招标】 为提高杭州市高新科技经济园区科技类厂房建设水平，进一步提升高新科技经济园区形象，市规划局会同市建委组织开展科技类标准厂房设计招标工作，公开向国内设计单位征集优秀设计方案。招标要求设计方案应充分体现工业建筑创新概念，使工业建筑同时具备空间的物质性和建筑形象的艺术性双重内涵，并与自然环境相协调。平面功能布局和立面设计应具有高新产业建筑特性和时代气息。厂房类型分单层厂房和多层厂房两种，考虑到不同工业类型的不同要求，由设计院自行确定，设计重点侧重于建筑造型和立面设计，以提供多种方案供企业考虑选用。

设计招标共邀请省市8个建筑设计单位参加，完成后提交16个投标方案，经有关规划和建筑专家评审选出优秀方案，其中单层厂房设计优秀奖由浙江省工业设计院和杭州市工业设计院获得，多层厂房设计优秀奖由浙江省建工设计院和浙江省工业设计院获得。（王 宁）

【地下管线普查（试验区）成果通过评审】 市规划部门从2000年下半年开始，在武林门周边4平方千米范围内进行地下管线普查试验区工作，并向全国进行公开招标，确定山东正元地理信息工程有限责任公司、保定金迪地下管线探测工程有限公司、国家测绘局地下管线勘测工程院、河南省地球物理工程勘察院等4个探测单位中标。经实地调查、物探、测绘,编制综合地下管线图,并建立管线数据库。2001年5月,试验区管线普查成果经建设部科技委地下管线管理技术专业委员会专家评审,认为杭州市政府实施的地下管线普查措施得力,试验区成果达到国内先进水平,可以在全市全面展开。下半年在东至贴沙河,西至湖滨路,南至西湖大道,北至环城北路范围进行地下管线普查工作。 (陈晓勇)

·勘测设计·

【杭州市建筑设计研究院】 2001年,该院不断开拓创新,发展经营,提高经济效益,坚持抓质量,出精品,取得了明显的成果。全年共签订设计合同51项,合同产值6866万元;完成施工图设计项目36项,施工图面积105.3万平方米,比上年增长32%;施工图设计投资19.46亿元;完成设计收入2840万元,增长45%;实现利润259万元,增长62%;上缴各项税费358.56万元;共出图3.4万张(折2#),比上年增长21%;CAD出图率达100%。

进一步完善技术经济承包责任制,不断开拓设计市场,先后在杭州、温州、绍兴、嘉兴等地组织参加设计方案投标37项。在开标的31项中,杭州华盛银河苑(10万平方米)、杭州市第三人民医院门诊综合楼(2.8万平方米)、杭州文化商城(5万平方米)、源创大厦(2.3万平方米)、富强超市(2.1万平方米)、浙江科技产业大厦(1.3万平方米)、温州人才市场大厦(7.3万平方米)、嘉兴阳光城(15万平方米)、乐清江城大厦(3万平方米)、温州世界贸易中心(总建筑面积近20万平方米,68层,总高超过300米,是目前浙江建筑第一高楼)等16项中标,中标率在50%以上。成立了深基础研究所和智能化研究所,负责承接相应工程任务的技术研究、设计及技术咨询。完成外单位设计施工图审查80多项。积极组织力量,配合省、市重点工程,做好新杭州大剧院的方案设计和施工图设计配合工作,确保了按期开工。

抓质量,出精品。严格贯彻实施ISO9001质量保证体系,按照质量体系的标准,完善了相应的质量管理制度。严格执行国家的建设方针、政策及各种规范、规程,强制性标准等,做到对承接的设计项目符合国家基本建设程序,设计深度符合建设部关于设计文件编制的要求。开展设计创优,获得省建设工程“钱江杯”优秀设计奖励9项。其中杭州国际假日酒店、杭州红星文化大厦荣获一等奖,杭州学军中学图书馆及教学楼荣获二等奖,杭州师范学院附属三墩高级中学、市政协办公大楼、上海金山区政府办公大楼、上海市第二中级人民法院荣获三等奖,杭州棋院获表扬奖。组织有关部门和人员对项目施工图进行质量抽查,优良率达到100%。积极推广运用建设新技术、新产品,立足与工程结合开展科研活动。《超长地下室不设温度缝设计与试验研究》获杭州市科技进步二等奖。经市科委主持评审,通过了该院“CAD应用示范工程”,并被授予“全国CAD应用工程示范企业”称号。

抓好资源配置,满足生产发展所需。通过多种渠道引进技术人员30名,其中调入5人,接收大学毕业生25人。注重在职专业技术人员的培训,有130多人参加上级组织的强制性标准学习培训。注重技术装备的更新,投入了较多的财力,更新了电脑、晒图机、彩色绘图机等,使生产一线专业技术人员都拥有一台PⅡ型以上的电脑绘图,保证了生产所需。 (余思鸿)

【杭州市城建设计研究院】 全年签订建筑工程设计合同28项,完成施工图面积170万平方米;签订市政工程设计合同34项,完成市政工程投资26亿元;共出图2.4万张(自然张数),CAD出图率100%;完成设计总产值2609万元,比预期的指标翻了一番。通过了ISO9001质量体系认证和市级综合档案达标验收。获得浙江省优秀设计奖共7项。

拓宽经营思路,扩大市场占有率。继续充分发挥土建、市政两大设计力量的竞争优势,同时把握杭州市城市道路大会战、钱江新城建设的契机,把经营工作的重心放在杭州市,积极主动与各方面沟通联系,牢固占领市场。在省内经济发达,交通便捷的地区进行业务开拓。如土建在台州,市政在永康、乐清、嵊州、义乌等地经营工作得到加强。在经营中有目的地选择公共建筑,大型或技术复杂的桥梁隧道工程,来提高技术水平,增强方案竞争能力。全年共中标21项,其中在杭州市的有:小和山高教区、浙江省司法警官学校、萧山科技文化广场、钱江新城新安江路、杭州市德胜路工程;在外地的有:台州广播电视中心、龙港综合办公大楼、东阳中山大桥、金丽温高速公路永康段接线工程、嘉兴市杭州塘大桥。

坚持技术创新,提升设计水平。抓好培训和继续教育工作,对注册建筑师、工程师和申报职称的技术人员及新职工,分别进行岗位、强制性条文、外语、计算机、质量管理规范和职业道德培训。

获得浙江省“钱江杯”优秀设计奖5项,其中:环城北路改造工程获二等奖;杭州市公安局指挥中心、杭州百货大楼二期配套工程、杭州市少儿图书馆3项获三等奖;杭州市城站广场改造工程综合管廊设计获表扬奖。完成浙江省标准图集《钻孔灌注桩》、《工程作法》、《建筑给水排水设计常用技术资料》的编写。

注重优势技术的开发和实践。完成瑞丰大厦钢结构设计,得到建设部、公安部专家学者认可,也证明市城建设计研究院钢结构设计技术在全省的领先地位。自行完成《市政给排水计算机辅助设计系统》、《市政工程概算软件》、《交通分析软件》、《立交三维建模及动画制作软件》、《工程设计网络管理系统》等5项软件研究工作,并通过专家组的鉴定。

重视人才培养和引进,完善管理制度。有序地完成人员合理流动

38人，引进人才20人，其中硕士生4人，本科生16人。为提高人才知名度，有利于人才发展，选拔推荐1人为杭州市“131计划”优秀科技人才，18人为杭州市新世纪优秀人才，申请科研经费8万元。

完善管理制度。先后修订《关于在职职工离院办法》、《关于在院工作的非正式职工进行规范管理实施意见》、《关于专业技术人员职称实行公示制度实施意见》等制度，做到有章可循，落实责任制。（陈 易）

【杭州市勘测设计研究院】 2001年，该院继续深化改革，努力适应市场经济发展需要，提高综合竞争能力。

工程勘察：积极参与城市总体规划、沿江跨江发展战略、城市快速路网和轨道交通研究等重要项目相关工作，在地质灾害评估防治和工程地质研究方面为政府决策提供资料和咨询。

岩土工程：充分发挥自身优势，以优质服务抢占商机，基坑支护、边坡治理工程市场份额居全市前列。

测绘工作：努力适应市场需求，加强数字化产品生产开发，在行政区划调整时及时采用计算机全数字编绘最新版杭州市区地图供上级部门和新闻媒体使用。自行研制开发和推广应用《测绘资料管理应用系统》、《灰线项目管理系统》等软件成果。

坚持科技兴院方针。组织建立“杭州市都市圈统一坐标系”等9项市级和本院的课题研究及“轻轨地质可行性研究”等工程新技术开发项目研究，成果已被应用。有8篇论文获省、市自然科学优秀论文奖。院岩土工程勘察、设计、治理和工程测量通过了ISO9001:2000质量管理体系认证；大关南R1组团工程等4项工程成果分别荣获2001年度省建设工程“钱江杯”优秀勘察二、三等奖、表扬奖，并有6个勘测项目在第三届华东城市勘察测绘优秀工程项目评比中获二、三等奖。全院综合产值达2600万元，比上年增长10%。

【完成2100幅地形图更新工作】 2001年，杭州市规划局委托杭州市勘测设计研究院、国家测绘局第四地形测量队、西安煤航现代测绘工程公司，对九堡、丁桥、三墩等测区69.2平方千米进行1:500数字化地形图更新工作，对蒋村、袁浦测区144.4平方千米进行1:1000数字化地形图工作，共完成2100幅地形图更新任务。

【布设二等水准网】 杭州市勘测设计研究院于2000年在杭州市原行政区域683平方千米范围内布设二等水准网后，经冬季、雨季点位埋设稳固，2001年进行二等水准线路观测、计算，共完成二等水准点125点，其中浅层基岩标石3座，混凝土基本水准标石8座，混凝土普通水准标石104座；二等水准线路74条，构成28个闭合环；跨江水准1处，水准线路总长429千米，改变了杭州市原有水准高程控制网薄弱的状态，基本满足城市规划建设和工程测量的需要。（陈晓勇）

·建筑业·

【概况】 2001年，杭州市建筑业稳步发展。全年建筑业实现增加值116.68亿元，比上年增长12.1%；各类房屋建筑施工面积2318.95万平方米，增长34.7%；竣工面积830.05万平方米，增长11.5%。

全市建筑业等级企业累计完成施工产值254.33亿元，比上年增长40%；全市城镇以上各类房屋竣工面积621.7万平方米，全行业利润总额5.2亿元，建筑业增加值达46.17亿元。市区商品混凝土实际供应量400万立方米。

整顿和规范建筑市场秩序，建筑业竞争环境有了明显改善。全市各级建筑主管部门努力实现依法行政，建筑业管理法制化形态基本确立。十多年来，根据市场经济发展的需要，并结合杭州实际，相继制定了工程报建、招投标、队伍、质量、安全、造价、文明施工等一系列法规、规章，形成了比较完善的建筑管理法规体系。

2001年4月，根据省、市人大常委会的工作部署，杭州市开展了《建筑法》及相关法律法规执法检查，分自查和抽查两个阶段，全市共有2797项工程参加了自查。房屋建筑工程自查了2664项，建筑面积1561.03万平方米，其中公建项目1421个，建筑面积759.84万平方米；住宅项目1243个，建筑面积765.19万平方米。在自查的基础上，市、县(市)两级分别抽调专人组成了抽查工作组，对工程项目进行了抽查。全市共检查项目数95098项，其中存在各类问题856项，占检查总数的0.9%。至年底，各类问题在各县(市)主管部门的督促下已全部落实整改。

坚持创新，深化建筑市场改革。大张旗鼓地开展《建筑法》执法检查，查处一些违法违规工程和行为。为此，杭州市依法加强对建筑市场的管理，坚持制度创新。

1.全面开放建筑市场。根据《招标投标法》有关规定，结合2000年开展的行政审批制度改革工作，将资质等级为一、二级的外地企业进杭施工由审批制改为备案制，欢迎外地高素质的建筑企业来杭参与市场竞争。2001年5月，经市政府同意，市建筑业管理局作出了进一步开放市场，退还所有外地施工企业进杭注册保证金的规定。

2.完善招标投标制。1986年始，杭州市试行建设工程招标投标制度，并逐步加大覆盖面。至今已实现建设工程的勘察、设计、施工、监理招标投标制度化。交通、水利等专业工程也按照《招标投标法》的规定推行了招标投标，招投标量逐年加大。2000年，市区施工招标项目398项，中标总价40.1亿元，建筑面积400.73万平方米。自2000年1月《招标投标法》实施后，杭州市及时对地方性法规规章中与《招标投标法》有抵触的地方进行了修改，确立强制招标制度，凡应招标的工程必须招标，应公开招标的必须公开招标；确定公开和邀请两种招标方式，取消和禁止议标做法；废除了标底的有效幅度控制，并在全省率先推出了“无标底”招标投标；抓好评标程序，所有工程的评标办法、标准均在招标文件中予以明确，评标一律通过专家库成员评标，推荐中标候选人提交业主决定；实行中标候选人公示制度，接受公众对招标公开、公平、公正性的监督。4月，市政府批准在政府、事业和国有企业投资项目中试行“无标底”(即工程量清单)招标。7月起，在市区全面推行。至年底，累计完成工程“无标底”招标项目296个，建筑面积370万平方米，中标价33.7亿元。据不完全统计，这些实施“无标底”招标的项目，中标的合同价平均比预算定额价降低了约15%~20%。

3.进一步加快有形建筑市场建设。自1997年5月市区建立了全省第一个建设工程交易市场后，1998年4月淳安县建立了全省第一个县级建设工程交易市场，1998年底，市属各县(市)已全部建立有形建筑市场。1999年4月，市政府下发了《进一步规范我市有形建筑市场管理工作意见》，按照“属地进入、共同管理”的原则，全市水利、电力、交通及开发区建设项目全部进入交易中心进行承发包。有形建筑市场推行公开、公正、公平的原则，办事效率进一步提高。实行纪检监察部门进驻市场办公和重点工程项目承发包活动进行跟踪监察办法。加强对有形建筑市场建设的引导，对各参与单位在有形建筑市场的管理、目标、领导分工和联系处室均作了明确规定。2001年6月，在全省率先完成了市招标办与市交易中心的机构分设工作，将监督、管理与服务职能分离，进一步加强招投标管理和有形建筑市场的规范运作。规范社会中介机构的管理，按照建设部的意见，上半年完成了工程造价咨询机构与政府部门脱钩改制的工作。进一步增加评标专家库评委，从原来的180名调整为280名，同时建立计算机管理系统，与中国工程建设和建筑业信息网联网，提高透明度，接受社会监督。

4. 抓好安全生产和文明施工。组织开展了“百日安全生产活动”，尤其是“六二六”山洪灾害，造成市区一起工棚倒塌人员伤亡事故发生后，全市建筑业进行了1个月的专项整治工作，把工作重点放在日常性的管理上，加强了对建筑工地的巡查工作。西博会期间，市区安监部门通力合作，确保建筑工地安全生产万无一失。全力推进市区建筑工地文明施工，继续在施工现场开展亮化、美化、硬化活动，基本改变了施工现场脏、乱、差的状况，消除了城市环境建设的一个死角。

5.促进科技成果转化，着力提高企业综合素质和竞争活力。召开了杭州市建筑业技术创新大会，提出“十五”目标，部署了2001年工作。在40个市级新技术应用工程中，推荐12个项目申报省级示范工程，由宁波华丰集团公司施工的浙江黄龙体育中心，获全国建筑业新技术示范工程银奖。由市建管局主持完成的《2M镙锚束予应力锚拉体系研究》获得了省科技进步三等奖、市科技进步二等奖。开展多层次的培训工作，全市有700余名管理人员参加了《工程建设标准强制性条文》的培训和考试，有1198名施工员取得中级岗位证书。

继续做好深基坑支护方案和论证备案工作，并会同市土木建筑学会联合举办建筑基坑技术规程研讨班，有80名工程技术人员参加。

【深化建筑企业改革】 杭州市建筑行政主管部门注重引导行业改革。1.抓了行业组织结构的调整。根据市场要求，着手抓好全行业的新资质就位工作，积极探索和发展具有总承包能力、智力密集型的龙头骨干企业，引导中型施工企业向施工承包转变。对工程项目实行总承包，由总承包企业负责，引导一批中小型企业向劳务型的专业承包转换，提供劳务用工队伍，精化专业施工。2.引导企业深化改革，加快建立现代企业制度的步伐。以产权制度和用工制度改革为主，把大批国有施工企业改革、改造成为符合现代企业制度要求的企业形态，采取股份制、中外合资、私营、租赁、承包经营等形式，减员增效，经营机制更接近市场需求，使国有建筑业企业走出困境。如市建筑业管理局属企业，2001年开始采取拍卖、转让、控股、参股等多种形式，完成了13个企业的改制任务，盘活了杭州市国有建筑业资产，使企业增加了活力，妥善安置了近8000名职工。

杭州市建工集团由市政府批准，由中国广厦建设集团、市投资控股有限公司和市建工集团职代会共同投资组建，以增强杭州建筑业在国际、国内市场的竞争能力。

【强化工程建设质量】 2001年，市建管局为此抓了4项工作：1. 强化工程建设强制性标准的推行。按照建设部《实施工程建设强制性标准若干规定》(建设部第81号令)的要求，遵照省建设厅的总体布置，结合杭州市实际情况，制定了《强制性条文》的培训计划和具体实施步骤，认真组织了有关管理人员和广大工程技术人员学习和掌握《强制性条文》的内容，健全机构，明确职责，责任到人。市建筑(市政)工程安全监督站对工程建设施工阶段安全强制性标准的情况实施监督。市建筑工程质量监督站对工程建设施工监理、验收等阶段执行强制性标准情况实施监督。2.加大工程质量管理薄弱环节的整治。实施施工图设计审查制度，严把工程前期关。从2001年下半年起，全市范围内的新建、扩建的住宅、教学楼及二级以上建筑工程施工图均经符合施工图审查资格的设计部门审查后，才进入施工阶段，以确保工程施工设计质量。严格工程竣工验收制度，把好工程出口关。同时，实行工程质量监督报告制度，坚决杜绝不合格工程流入社会。积极组织实施工程质量问题跟踪管理。3.组织开展全市工程质量与安全生产大检查。全市在建工程由各施工企业普遍开展了自查，在企业自查的基础上，市区建筑主管部门组织了抽查。4.建立创建优质工程激励机制，市区建筑主管部门每年都在企业上报“创优”计划后，明确“创优”目标，把“创优”与队伍、市场管理有机地结合起来，以此调动企业的“创优”积极性。全市共评选出2001年度“西湖杯”优质工程99项，荣获2001年度浙江省建设工程“钱江杯”工程27项，获奖总数居浙江省辖11个市的首位。杭州萧山国际机场等4项工程申报了国家“鲁班奖”。

【实施建筑施工人员人身意外伤害保险】 2001年,杭州市建筑业管理局下发了《关于依法实施建筑施工人员意外伤害保险的通知》,制订了《杭州市建筑工程施工人员人身意外伤害保险实施细则》,并从4月1日起在市区实行。至年底,市区已有502个新开工工程实施了这一制度。 (韩金发)

·房产管理·

【概况】 2001年,杭州市房产管理部门围绕打响“住在杭州”品牌的目标,结合房地产发展形势,进一步更新观念,转变职能,为完成房产管理各项工作和杭州市荣获联合国“人居奖”、“中国人居环境奖”作出了积极努力。

1.基础管理。全年市区6个城区(不包括萧山、余杭区)办理房屋所有权证10.6万本,其中房改房2.14万本,初始、转移登记4.37万本,房屋产权验(换)证3.05万本;测绘房屋建筑面积457万平方米;接收房屋所有权登记发证卷宗4.84万卷。

2.交易管理。全年核发商品房预售证112件,建筑面积247.79万平方米;办理房产交易51163件,交易面积1095.61万平方米,交易金额319.15亿元;办理租赁许可证1933件,涉及租赁金额1.33亿元,租赁面积19.47万平方米。

3.物业管理。全年新增物业管理面积559万平方米,物业管理总面积达2000多万平方米;2万平方米以上住宅小区物业管理的覆盖面达到75%;物业管理规范服务达标率达到了80%以上;35个小区、大厦物业管理实施了招投标;19个小区(大厦)被评为全国物业管理示范小区(大厦)。物业管理水平在全国各大城市中名列前茅。

4.拆迁管理。全年共审批城市房屋拆迁许可证142件,拆除房屋建筑面积154.28万平方米,拆迁居民(单位)9964户;调解拆迁纠纷57件,结案率100%;审批拆房验收合格证94件,查处违章拆迁15件;回迁安置在外过渡3年以上被拆迁居民(单位)10023户,占应回迁安置户数的92.4%。

5.房改工作。全年共审批离退休人员住房补贴10289人,涉及补贴建筑面积28.1万平方米,补贴资金3.72亿元,实际发放补贴资金3.37亿元;审批新职工住房公积金补贴893人。共完成经济适用住房准购资格认定8052户,对1580套经济适用房实行了公开摇号销售;完成2万平方米廉租房筹集,其中5000平方米为收购的存量房实物形式,5000平方米为租金补贴形式,1万平方米在新建经济适用房中解决。审批公房出售14436套,其中新购14127套,换购309套,总建筑面积76万平方米。发放住房公积金个人抵押贷款2797户,金额4.26亿元;累计发放住房公积金个人抵押贷款6172户,金额8.35亿元。

6.白蚁防治。杭州市区全年签订新建房屋白蚁防治合同555份,合同面积730.69万平方米,施工面积557.30万平方米。

7. 房屋鉴定。全年鉴定房屋2117处,建筑面积63.37万平方米。

【实现房屋交易产权一体化管理】 2001年1月22 日,杭州市房地产交易管理所和杭州市房地产产权监理处两个单位合并,从交易、权属管理一体化入手,重新梳理内部管理程序,简化办事环节,制订卷宗传递、签收保管制度,实行产权登记发证流水操作,加强计算机协管功能,提高了发证管理准确性、高效性。

【继续深化住房制度改革】 2001年,杭州市住房制度改革主要抓了以下4项工作:

1.逐步完善住房分配货币化各项政策,积极做好住房补贴审批发放工作,相继拟定完善了《杭州市市区住房补贴资金管理暂行办法》、《杭州市市区企业单位住房分配货币化实施指导意见》等配套办法。2.发展经济适用住房,推出2万平方米廉租住房。已初步建立廉租住房配租对象档案112户,对首批符合条件的46户家庭进行了廉租住房配租,其中实物配租11户,租金配租35户。3.进一步推进现有公房改革,制定出台了《杭州市市区进一步扩大公房出售范围的意见》,加快市区存量公房出售步伐。4.加大住房公积金归集力度,强化住房资金规范化管理,发展住房公积金个人抵押贷款。杭州市房改工作得到了国家建设部的肯定。

【完成直管公房综合整治任务】 2001年,杭州市区完成中河路(包括延伸段)两侧、曙光新村、西湖大道、吴山新村(城隍阁范围内)和定海新村的直管公房屋顶整治工作,共计“平改坡”100幢,建筑面积30.73万平方米,屋面面积5.59万平方米;完成25条道路两侧374幢直管公房的综合整治,建筑面积85.57万平方米,取得了良好的社会效益和环境效益。

【组建三级房屋应急维修机构】 2001年,杭州市房管局建立“房屋应急维修监督中心”,各区局建立“房屋应急维修受理中心”,各房管站(房产经营公司)、物业公司、单位售后房原产权单位,具体实施所属房屋的管理维修工作,形成“监督协调层”、“受理运作层”、“维修操作层”三级范围维修网络,开展维修服务。

【举办西博会“一会一展”】 中国物业管理发展论坛和中国(杭州)第二届最佳人居环境展览会(简称“一会一展”)于11月15日~11月19日分别在之江饭店和浙江世贸中心举行。建设部副部长刘志峰,建设部总经济师、住宅与房地产业司司长谢家瑾,市委书记王国平、省人大副主任祝耀祖、市长仇保兴等领导分别参加了会展。物业管理发展论坛有来自全国各地房地产行政主管部门、中国物业管理协会会员和部分专家学者共1209人参加,是物业管理新兴行业产生以来的首次大聚会。会议对中国实施物业管理20年来的情况进行了总结，对未来中国物业管理发展趋势和对物业管理企业如何应对“入世”挑战等重大课题进行了探讨，具有里程碑的意义。为期4天的第二届人居展，参观人数36.9万人次；包括多层住宅、高层住宅、别墅、商业用房、办公用房等各种类型房产在内，共达成交易2055套，成交面积24.14万平方米，成交金额14.19亿元。（市房管局）

·土地管理·

【概况】 2001年，杭州市土管系统积极贯彻落实《土地管理法》和国务院有关文件，紧紧围绕保护耕地和保障供地这两条主线，资源管理和资产管理这两大主题，土地管理各项工作取得了新成绩。

连续五年实现了耕地占补平衡。2001年，全市共垦造耕地3991.3公顷(59869亩)，其中异地委托垦造耕地2320.3公顷(34804亩)，市内垦造耕地1671公顷(25065亩)，超出省下达计划52%。市区由于采取了异地委托垦造耕地等措施，建立补充耕地储备库，实现“先补后占”，为今后继续实现耕地占补平衡奠定基础。2001年，全市共投入资金1162万元用于灾毁耕地复垦，全市2284.2公顷(34263亩)灾毁耕地中，已复垦2191.9公顷(32879亩)，复垦率达96%。

土地整理和标准农田建设成效明显。自1999年开展标准农田建设以来，已建成标准农田48413.3公顷(72.62万亩)，新增耕地6.88万亩。其中2001年共投入资金3.06亿元，完成2.32万公顷（34.77万亩），新增耕地4586.7公顷(4.69万亩)，获得折抵指标2193.3公顷(3.29万亩)，占总完成计划的48%。萧山、建德、桐庐等地超额完成当年土地整理和标准农田建设任务数20个百分点以上。土地整理规模扩大，涌现了桐庐县江南4666.7公顷(7万亩)土地整理项目一期、建德市杨涯畈土地整理项目、临安市於潜片2000公顷(3万亩)土地整理等一批规模大、质量高的工程。

用地供应明显增加。通过争取计划指标和调剂使用土地整理折抵指标，满足建设用地需求。2001年全市共报批农用地转用254个批次；农用地总面积6169.3公顷(92540亩)，比上年增长55.3%。其中耕地4374.1公顷（65611亩)，比上年增长45.7%。

在市区范围内对1999年、2000年批而未用的土地进行了清理，共清理出批而不用的项目107个，面积1173.3公顷(1.76万亩)。通过督促用地和调剂用地，已有87%的土地得到盘活。

土地收购储备工作得到较好坚持。2001年，全市共投入收购资金25.3亿元，收购土地203宗，面积979公顷(14685亩)。其中市区投入收购资金17.6亿元，收购土地56宗，面积295.1公顷(4426亩)，收购面积比上年增长121.4%。同时，逐步将工作重心放到“净地”加工上来，增加出让土地的市场竞争力，加快收购资金的回笼。对储备地块上房屋的拆迁安置，采取与所在地政府联手合作的方式，并按市场化规则运作。全市共供应储备土地116宗，面积553公顷(8295亩)，回笼资金30.97亿元，其中“净地”出让土地61宗，面积424公顷(6360亩)，占总数的77%。其中，市区推出储备土地39宗，土地面积111.9公顷（1679亩)，回笼资金17.4亿元；共拆迁储备地块上的房屋64.8万平方米。

土地市场供应量加大。2001年，市区共出让土地266宗，面积344.2公顷(5163亩)，比上年增长40.3%。针对房地产市场需求旺盛的实际，加大房地产用地供应力度，共出让房地产用地176.5公顷(2647亩)，比上年增长28%。2001年，全市共收取土地出让金55.13亿元，比上年增长89%。其中，市区收取土地出让金40.64亿元，增长78.4%。全市共办理改制企业土地资产处置1547宗，面积1075.8公顷(16137亩)。其中，市区共办理国有改制企业土地资产处置481宗，面积468.1公顷(7022亩)。

建立综合执法预防和立体监察机制。土地执法监察已初步形成了日常巡查、重点巡查、集中巡查相结合，土地巡查与快速反应系统相辅相成的预防机制。第二次利用卫星遥感技术开展了执法检查。经对全市11个县(市)、区的1203宗卫星遥感图进行检查，发现并查处违法用地241宗。坚持查事查人相结合，召开土地违法案件新闻发布会，公开曝光10起典型案件，对其中5起案件的责任人提出了党纪政纪处理建议，收到了较好的社会效果。2001年，全市移送相关部门追究行政或刑事责任的土地违法案件当事人已达13人。全市基本形成了天上有卫星监控，地面有动态检查，查人查事相结合的立体式土地监察机制。加大了土地执法力度，全市共立案查处各类土地违法案件450件，涉及土地面积86.7公顷(1300亩)，其中耕地47.5公顷(713亩)。

土地信息化工作得到强化。初步建成地籍信息系统，基本完成土地资源信息系统建库工作。土地信息网站建成并逐步完善；土地档案影像管理系统建成并通过验收，实现了土地档案的数字化管理。全面完成市区6个城区（除萧山、余杭区）的城镇及村庄图数一体化地籍测绘与建库工作，测绘面积共400平方千米，绘制了1:500的地籍图8550幅。市区两级土管部门实现了计算机联网。

【拓展市区用地空间】 为解决市区近几年发展空间问题，2001年，市区共外移基本农田8633.3公顷(12.95万亩)，其中2666.7公顷(4万亩)调剂给萧山、余杭两区，解决了新区的燃眉之急。基本农田外移后，老市区的待置换用地面积从原先的5333.3公顷(8万亩)增加到了1.13万公顷(16.95万亩)。

【实施征地制度改革】 2001年9月21日，市政府下发了《关于进一步加强和改进市区征地管理工作的通知》，在征地程序、征地主体和征地剩余劳动力安置等方面采取了一系列改革措施。如由原先用地报批批准后再下达征地任务书的串联式办理，改为用地报批和下达预征地任务书同步进行的并联式办理;征地任务书由市政府下达给区政府,明确主体,落实责任;进行督查,实施考核,建立征地进度每月一次通报制度等。征地改革措施的实行,使征地进度明显加快。2001年,市区共下达征地任务书170个,完成124个,交地面积840公顷(1.26万亩),比上年增长112%。完成了浙大基础部、浙大城市学院、钱江新城、杭州大剧院等省、市38个重点项目的征地任务。市区全年共拆迁集体土地上房屋80余万平方米,审核征地劳动力"农转非"21709人。

【首次编制供地计划】 2001年,市土管局会同市计委首次编制了市区《土地储备与供应计划》,计划收购土地166.7公顷(2500亩),推出房地产用地146.7公顷(2200亩),其中招标拍卖土地66.7公顷(1000亩)。上述计划指标年底全部实现。

【扩大土地招标拍卖范围】 年初,市政府下发了1号常务会议纪要,将土地招标拍卖工作由城区延伸到各县(市)。年底,各县(市)均已推行实施了较规范的土地招标拍卖制度。全年全市共计招标拍卖土地98宗,面积196.3公顷(2944亩),成交金额38.5亿元。

【开展土地市场专项清理整顿】 12月20日,市政府制定了贯彻落实国务院15号文件具体方案。市土管局与市监察局联合开展了土地市场专项清理整顿工作。通过自查与群众举报,全市共查处和补办用地手续1498宗,土地面积104.1公顷(1562亩),补缴地价款5亿余元。 (朱根钱)

·市政市容事业·

【概况】 2001年,杭州市市政市容管理局坚持以人为本、依法管理,坚持"两个文明"一起抓,促进各项工作的协调发展,较好地完成了年度各项工作任务。

市政公用市容环卫事业进一步发展。全年市区公交营运线路达194条,公交营运车辆2238辆;客运量8.54亿人次,比上年增长6.8%;市区自来水供水量52000万吨,其中生活用水量25710万吨,比上年增长15.3%;市区日供水能力218万吨。煤气供气总量32583万立方米;年末市区居民液化气和管道煤气用户达61.03万户,气化率达96%;城市集中供热管网主干管长度40千米,已有46个单位并网用热,年供热20.61万吉焦,分别比上年增长100%、100%和80.8%;城市污水(二级)处理量达17491.35万吨,日处理47.92万吨,增长34.6%;环卫专业道路清扫面积1044.78万平方米,其中机械化清扫面积468.64万平方米,年清运处理垃圾93.48万吨,分别比上年增长10.67%、13.9%和4.8%。

为民办实事工程全面完成。1.如期完成了6处低洼积水治理、2处低压供水区改造、改善公交设施、开辟公交新线、延长服务时间等实事项目。新改建公厕24座,垃圾中转站11座,发挥了较好的经济和社会效益。2.接纳天然气工作取得了实质性进展,完成了接纳天然气可行性研究、项目业主组建、应急气源工程等10项年度工作计划,为下一步搞好设施建设和技术改造奠定了良好基础。3.推进了自来水"一户一表、计量出户"工作,公交IC卡平稳推行,完成西湖引水完善工程、下沙高教园区和钱江新城等市政公用配套建设工作。

扎实开展创建"国家环境保护模范城市"工作。1.突出抓好河道整治工程。以新开河整治为重点,组织了河道整治攻坚大会战,实施了西溪河、古新河、沿山河、余杭塘河等河道整治,基本完成了市区10条河道整治主体工程,全年累计驳坎15千米,实际完成河道清淤20万立方米,恢复、新建绿地10万平方米,完成房屋拆迁12万平方米。通过实施科学换配水,城区河道水质得到明显改善,达到了国家地面水五类标准以上。2.抓好生活污水截污纳管工作。全年共完成污水纳管生活小区68个、公建单位72个,日新增截污量9.7万吨。3.继续抓好市容市貌长效管理,重点抓好主要入城口、铁路和运河沿线、绿色社区、撤村建居区域、城郊结合部和在建道路,以及窗口地区的卫生管理工作,采取提前介入、专项验收、经常保洁等措施;开展了户外广告整治和亮灯工程检查,对非法涂写招贴广告进行了专项整治,初步遏制了城市"牛皮癣"的蔓延;加强早点、夜市摊位的管理,市区店容街貌得到了较大的改善;市区共有1.8万多个单位签订了"门前三包"责任书,市区和城郊结合部达标率分别为97%和85%;市区实行12小时~16小时全日制清扫保洁道路338条,面积首次突破1000万平方米。该局被评为杭州市"创模"突出贡献单位。

以人为本、依法管理水平不断提高。进一步建立和完善法规、规章。制订上报了《杭州市城市集中供热管理办法》、《关于贯彻国务院做好供水节水和水污染防治工作的实施意见》、《杭州市城市供水取消多层住宅屋顶水箱实施方案》;制订了《城区河道保护管理暂行办法》、《杭州市燃气具销售目录管理办法补充规定》;修改完善了《城市公共客运专营管理办法》和市政公用系统"十五"发展规划,市政公用和市容环卫法规体系框架已基本形成。加强行业管理。组织开展了《杭州市排水管理办法》、《杭州市地下管线井盖管理办法》的宣传贯彻活动。对《建筑法》、《浙江省县级以上人民政府行政执法监督条例》和《杭州市城市公共客运管理条例》实施情况进行检查,开展了专项整治和联合整治,保证了基础设施安全运行;组织开展了创建节水型城市的申报和迎检工作,并顺利通过了省建设厅、省经贸委组织的预考核;组织了23个课题的调查研究工作,取得较好的成果,获得了市委颁发的调查研究组织奖。实现了保安全、防事故工作目标。科技进步和信息化建设促进了管理水平的提升,局系统各单位计算机网络基本形成,自动化管理工作取得新进展,被建设部评为"信息工作先进单位"。

精神文明建设取得新进展。该局系统有2个单位被评为全国建设系统精神文明先进单位,7个单位的党组织分别被省委、市委和市建委党委授予先进基层党组织称号,5个单位被命名为省级文明单位,12个单位被命名为市级文明单位。

(吴文良)

【完成笕桥、半山地区供水管网改造】 两地区处于城市供水管网末梢,自来水管埋设年代已久、口径小且锈蚀严重,导致居民用水压力不足、水质不佳。2001年初,市政府把这两大供水薄弱区管网改造工程列为实事工程。两地区供水管网改造主要有俞章路和石桥路供水工程,时间紧、任务重、困难多,又逢雨季施工。特别是石桥路供水工程需敷设管道1.46千米,而此地道路较窄,交通十分繁忙,2/3的工作量只能采取晚上施工,以保障白天的交通正常通行。杭州市自来水总公司精心组织,科学安排,经过2个多月的紧张施工,笕桥、半山地区供水管网改造工程相继竣工通水,改善了两地区的供水状况,解决了居民用水难问题。

【推进"一户一表、计量出户"工作】 随着人民生活节奏加快,迫切要求供水企业有效地解决由用户轮流收水费问题。在总结试点经验的基础上,杭州市自来水总公司开放式地推进"一户一表、计量出户"工作。加大了新闻媒体的宣传力度,制定了实施办法,确定了改造1万户用户、取消1000只屋顶水箱的目标;主要实施范围以清泰、南星、祥符3个水厂为中心、半径1千米的区域,古荡、和睦、九莲、朝晖和翠苑等5个住宅小区。"一户一表"安装改造采用新型钢塑涂敷管材、PP-R管材及配件,代替用户室内原老化管道,减少了自来水的二次污染。至年底,共完成"一户一表、计量出户"成片改造13086户。 (董 欣)

【完成截污纳管任务】 2001年,市政府下达了55个生活小区,68个公建单位的截污纳管任务。市市政市容管理局及所属的杭州市截污纳管工作协调小组办公室多次召开专题会议,明确任务,落实责任。注重加强与各区政府、各区建设局和各公建单位的沟通联系,及时做好指导、协调和服务工作,努力帮助解决实际工作中的热点、难点问题。至年底,实际完成61个生活小区、86个公建单位的截污纳管工作,日增截污量9.7万吨,比上年日截污水量2.8吨有大幅度提高,全面超额完成市政府确定的截污纳管任务。

【市政设施养护工作首次面向社会公开招标】 2001年,杭州市市政设施管理处依照国家和地方有关建设工程招投标的法规,依照"公开、公平、公正"的原则,制定了《市政设施养护和维修招投标管理规定》、《市政设施养护和维修考核办法》等规章制度,逐步将养护作业推向市场。1.对莫干山路、文一路、教工路、天城路、中山北路、老之江路等需开支50万元以上的整治工程和低洼积水治理工程通过市招标办公开招标。2.对年初新接收的梅灵隧道的养护实行公开招标,开创单项市政设施养护招标的先例。3.对新近接收的5条公路养护进行全社会公开招标,不仅较好地体现公平竞争,而且对管理工作也起到明显推动作用;4. 加强对养护单位工作的检查监督,制定了一系列考核办法并付诸实施。通过引导多元化的经济成分进入市政养护市场,为逐步培育与建立竞争有序的市政养护市场奠定了良好的基础。

【推出地下管线盖板管理新举措】 随着城市化进程的加快,地下管线的门类、数量也急剧增加,至2000年,杭城的市政、供水、供热、电力、电信、有线电视盖板(窨井盖)已达20多万只。由于人为和自然的损坏,地下管线盖板失少的现象时有发生,由此引发的伤亡事故也逐年增加。2001年9月,《杭州市地下管线盖板管理办法》以政府令颁布施行后,市市政市容环卫局组织开展了包括大型咨询活动在内的一系列宣传贯彻活动。同时,由市政设施管理处负责牵头,对杭州市的地下管线盖板实行网络化管理,设立了24小时举报电话,配备了专职人员,制定了专门的值班制度,落实了管理责任制,加强了巡查力量,实行了全天候管理。对不属市政部门的盖板,做到发现失少及时通知落实有关责任单位,并最大限度地做好临时处置措施。 (臧志军)

【建立污水处理在线监测系统】 由杭州市市政设施管理处组织实施的四堡污水处理厂排放口水质自动监测系统于2001年12月建成。该系统运用自动采样、自动分析技术获得COD、PH、SS、流量等指标,通过四堡污水处理厂自动控制局域网的PLC站处理后送至中控室监测终端,为工艺运行提供必需的实时信息。同时所获得的监测信息通过电信电话网拨号与市内各相关单位联接,以便及时掌握污水处理厂运行状况和相关数据,实现资源共享。该系统的建立,对提高杭州市污水处理行业的管理水平,改善水环境质量具有重要意义。

【市政公用系统信息化建设获部表彰】 2001年,原杭州市市政公用局被建设部评为全国建设系统信息工作先进单位。

市政公用行业近几年来相继完成了杭州管道煤气生产调度计算机管理系统、杭州市煤气管网信息系统(GIS)、公交GPS卫星调度系统、杭州市自来水管网计算机信息管理系统(GIS)和MOSCAD+DCS调度控制系统、水厂滤池自控系统国产化研制、LPG管道输送工程计算机数据采集、监控系统及市政施工计算机辅助决策与管理系统等。正在研制有公交停车场智能化综合管理系统、杭州市城区排水泵站系统计算机监控可行性研究、GIS地下管线查询系统、防汛抗灾指挥决策系统等。局机关已建成局域网,局及局属公交、供水、供气、市政等单位也相继完成了网站的建设、注册和发布,内部网络已基本形成。杭州市燃气有限公司还完成了电子商务网站的建设和发布。 (金浩川)

【开展最佳最差公厕评选活动】 2001年,经市政府同意,市市政市容管理局首次将环卫、园文部门管理的公厕和其他部门管理的地处车站、码头等重要窗口的公厕列入评选范围,在全市开展"最佳公厕"和"最差公厕"评选活动。评选采取各有关部门自荐、各区市容环卫局推荐、专家和市民评议、政府批准的方法进行,整个评选活动历时8个月。在自荐、推荐的基础上,经市市政市容管理局、园文局、交通局等有关部门多次联合检查评选后,提出17座"最佳公厕"、5座"最差公厕"候选名单,于12月16日在《杭州日报》上刊登,供市民投票评选。登报后的10天内,共计收到市民投票来信1003封。此次活动共评选出六公园公厕、清波门公厕、环北公厕、打铁关公厕、采荷公厕、沈塘桥公厕、里湖公厕、长桥公厕、曲院风荷公厕、郭庄公厕等10座"最佳公厕";婺江路公厕、玄坛弄公厕、宝石一路公厕等3座"最差公厕"。通过这次评选活动,进一步提高了现代化城市公厕的管理水平和文明程度。 (孙苗妙)

杭州市最佳公厕——六公园公厕

【市政公用行业服务进社区试点】 2001年6月5日,市政公用行业党、团志愿者服务队,各社区有关代表,新闻单位记者等百余人在浙大御跸苑社区,举行市政公用行业党、团志愿者服务队进社区的签约仪式。市委副书记吴键、市政协副主席李明法、下城区副区长沈骥等领导参加了签约仪式。

服务进社区活动以"创建满意单位、共建文明社区"为主题,通过"热线服务通社区、上门服务到社区、热点难点解决在社区、文明行业满意在社区"这一形式,创新服务模式,拓宽服务范围,提高服务水平,提升行业形象,为民办好事实事,创建满意单位。至年底,局系统与273个社区建立了双向服务沟通平台,先后与长庆街道、大关街道等41个街道、社区签定服务协议,开展上门服务37次。以大关街道为试点,与街道党委、社区建立了新型的社企服务新模式。

【开展"满意窗口"评比】 2001年10月,为了迎接西博会,深入开展优质服务双月竞赛活动,杭州市市政市容系统开展了评比文明行业、"满意窗口"活动,评选范围包括市区营运公交线路、城区主要河道、燃气经营站点、市管道路等局属108个窗口部门。评选主要通过向全市社区、街道、人大代表、政协委员、行风评议代表、厂矿院校发放选票等形式,共计发放选票5500份。评选出群众满意的燃气经营站点是横河供应站、大关供应站和管道煤气天目山路营业大厅;群众满意的河道是贴沙河和东河;群众满意的公交线路是K16路、K555路、38路和游1线;群众满意的市政道路是环城西路、虎跑路和环城北路。 (朱剑修)

【开展"三杯"竞赛活动】 2001年,杭州市市政市容局系统开展了以党建、领导班子建设为重点的"公仆杯",以"创建文明行业、文明单位、文明机关、文明窗口"等活动为主要内容的"新风杯"("满意杯"),以改革、管理、科技、品牌、思想政治工作创新为重点的"创新杯"竞赛活动。经评选,杭州市自来水总公司、杭州市公共交通总公司、杭州市市政公用工程质量监督站、杭州市热力有限公司荣获本年度"公仆杯"优胜单位;杭州市自来水总公司、杭州市管道煤气公司、杭州煤气公司、杭州市市政设施管理处荣获"新风杯"优胜单位;杭州市燃气热力管理处荣获"满意杯"优胜单位;杭州市公共交通总公司、杭州市市政工程集团有限公司、杭州市市政设施管理处荣获"创新杯"优胜单位。

【完成重大活动期间城市保洁任务】 2001年,市市政市容管理局为此采取多项措施。修订完善《杭州市假日旅游和西博会期间环境卫生工作预案》、《狂欢节环境卫生工作预案》和《烟花大会流动公厕设置预案》,对环卫工作做到早计划、早动员、早部署,并重点走访一些基层环卫所,将工作落实到位。加强各项大型活动期间城市保洁工作。"五一"、"十一"旅游黄金周和西博会期间,各区市容环卫局和有关街道增加清扫保洁人员和清扫保洁、洒水次数,采取普扫与巡回保洁相结合,确保路面干净。对因人流密集无法正常清扫、洒水的地段,组织人员,分段包干,捡拾路上的瓜皮、纸屑和塑料袋等有色垃圾,保持路面基本整洁。将北山路、白堤等路段的单位、居民生活垃圾清运时间调整到清晨和夜晚,避免白天因交通不畅造成的垃圾堆积。并在这些主要路段上临时放置密闭塑料垃圾桶300多只,作为临时垃圾投放点,避免垃圾随地乱扔。为确保西博会开幕式演出,烟花大会和狂欢节结束后人散场清,几千名环卫职工各就各位,在西博会开幕式晚会结束后1个小时内清理了场馆;烟花大会当天晚上,在烟花施放结束后40分钟左右,有关区市容环卫局和街道组织的突击人员迅速进入责任地段,在3个小时内完成了任务;狂欢节这天,上城、下城、西湖区市容环卫局的突击队员尾随狂欢队伍清扫路面,确保在最短时间内使狂欢队伍经过路线变得整洁。第二届中国美食节暨中华美食小吃的规模及设摊范围均比上年扩大1倍,共设置320个摊位。11月1日~6日,上城区市容环卫局每天白天派出20多人巡回保洁吴山广场。 (邹若望)

【深化环卫改革】 2001年,杭州市各区市容环卫局主要做法是:1.部分地区的道路清扫、公厕保洁权向社会公开招标。西湖区文新街道内所有新接收道路和滨江区的中兴路等清扫保洁权全部向社会公开招标。一些环卫系统外的单位,如钱江三桥路桥公司等,承担环卫作业工作,打破了环卫自身独家经营的格局。2.对外业务逐步扩大。上城区市容环卫局利用自身优势,与上海至诚清洁服务公司合作,走出传统作业领域,以市场化经营模式,承揽车站、办公楼、商贸大楼等单位的内部保洁服务,并将业务扩展到嘉兴、宁波等地。西湖区西溪环卫所积极承揽社区保洁。下沙开发区清洁服务公司还开展了外墙清洗、废品回收等业务。3.内部改革日益深化。各区市容环卫局通过内部管理、人事、分配制度的改革,逐步形成了“七制”:专项业务承包制、地块责任承包制、垃圾清运结算制、质量考核制、经费包干制、岗位聘用制、末位告诫制等。如下城、拱墅区市容环卫局将部分基层环卫所撤并,西湖区市容环卫局建立了基层单位垃圾清运结算制度。通过这些改革,环卫部门的活力进一步增强,环卫作业与管理水平进一步提升。 (何加明)

【市区道路清扫面积逾千万平方米】随着城市建设的发展,道路清扫面积不断增加。据统计,1998年,市区环卫部门清扫道路面积为667.06万平方米,1999年为753.84万平方米,2000年为918.84万平方米,2001年达到1044.78万平方米,平均每年递增10.5%。由环卫部门清扫保洁的338条(段)道路(其中2001年新增22条〈段〉)全部实行12小时~16小时全日制清扫保洁。 (周秋冬)

【生活垃圾分类收集全面启动】2001年,根据市政府的统一部署和创建“国家环境保护模范城市”的要求,上城、下城、江干、拱墅、西湖区相继开展了生活垃圾分类收集试点工作。各有关部门、单位对开展生活垃圾分类收集试点工作比较重视,选定了以“绿色社区”、“绿色学校”为主要对象的试点区域,运用黑板报、宣传栏、张贴标语、举办环保知识竞赛和向居民发放公开信等形式,宣传生活垃圾分类收集常识,大力营造良好的社会氛围。在分类收集设施建设中,各区积极筹措资金,因地制宜地新建、改建垃圾房(箱)或配置标准塑料垃圾桶,张贴标志和分类投放说明,引导群众准确投放。至年底,市区47个社区、155个单位的生活垃圾分类收集试点工作进展良好。 (郑孝钰)

【完成铁路沿线环境卫生综合整治】杭州市区铁路沿线存在的环境卫生脏乱差,两侧违法建筑和破烂建筑林立等现象,与杭州市的发展目标和美丽的西湖极不相称。2001年初,市政府决定对市区铁路沿线环境卫生实行综合整治,整治铁路沿线长约30千米,涉及上城、下城、江干区13个街道、乡镇和铁路、地方的百余个单位。为了保证综合整治工作顺利开展,成立了市铁路沿线环境综合整治领导小组,负责全市铁路沿线环境综合整治工作的领导和协调,铁路杭州分局和上城、下城、江干区政府均成立了由分管领导负责的工作班子,落实综合整治任务。铁路沿线环境卫生综合整治工作第一阶段重点抓好环境卫生的整治、违法建筑的拆除;第二阶段重点制定铁路沿线建设规划,落实长效管理措施;第三阶段依据规划进行绿化和设施建设。在环境综合整治期间,共清除各类垃圾1.67万吨,露天粪坑202只,整治建筑立面57.9万平方米,拆除违法建筑3.1万平方米,违法猪棚19处,绿化74.8万平方米,同步建设公厕21座、密闭垃圾箱9只、倒粪池2座。铁路沿线环境综合整治历时一年,在市、区有关部门和铁路杭州分局的精心组织、共同努力下,铁路沿线环境得到较彻底的整治,已成为杭州一条整洁、有序、美丽的绿色长廊。 (孙锡祥)

【清除运河上塘河漂浮垃圾】 根据河道整治工作的要求和太湖流域水污染防治目标任务,2001年,市市政市容管理局确定了朝晖六区等3座垃圾中转站作为运河、上塘河漂浮垃圾中转场地。为有效控制乡镇河道白色垃圾污染,督促运河、上塘河沿线7个乡镇进一步完善环卫设施,扩大村级垃圾收集和保洁范围,至年底,7个乡镇共建有垃圾箱5845只,沿河两侧基本按规定设置了密闭垃圾箱。对农灌河相对较多的上塘镇、石桥镇分别购置了8艘和35艘河道垃圾打捞船。各乡镇进一步调整、充实垃圾收集保洁人员。7个乡镇共有环卫作业人员(含村级)910人,其中上塘镇和石桥镇共有河道白色污染垃圾专职打捞人员43人,每天8时~16时30分对辖区内河道进行巡回打捞。全年共处置运河、上塘河等河道漂浮垃圾340多吨。 (何加明)

【治理环境卫生死角】 为进一步巩固和深化“创模”成果,2001年,市市政市容管理局继续查找环卫薄弱环节,督促有关部门、单位整改。通过在全市范围内开展拉网式巡查,共发现了40多个市容环境卫生突出问题,一一拍成了录像,发出限期整改通知书,并严格复查,对整改情况予以通报,促使有关区和部门落实长效管理措施。同时结合专项整治活动,找准薄弱点,切实做到发现一个整治一个。在元旦、春节期间开展了主题为“美化市容、优化环境、提高质量、加强服务”的新春优良服务活动。4月,开展了第13个“爱国卫生月”活动。7月、8月,开展了夏季市容环境卫生整治活动。9月,开展了主题为“人人动手,清洁城市”的“让世界清洁起来”、市容环境卫生问题有奖举报活动等,5城区共出动541人次,车辆49辆(台),清除堆积的垃圾、渣土167吨。(何加明)

【拆装式流动公厕服务西博会】 2001年,市市政市容管理局通过设计、生产招标,制造了50座(计200个厕位)造型美观、结构新颖的拆装式流动公厕。为方便群众使用,还为每座流动公厕配置了标志牌和指路横幅。由于拆装式流动公厕设计合理,设置地点适宜,管理到位,以往群众排队上厕的现象基本消除,得到了社会的认可和群众的好评。

(孙苗妙)

【美化杭城夜景】 2001年,杭州市加强了元旦、春节、元宵节、“五一”、“十一”等重大节日,特别是西博会期间的亮灯管理工作。

加强夜间日常巡查和突击检查,会同城管执法部门和区、街道主管部门对市区繁华路段、窗口地区、西湖风景区等重点亮灯区域的沿街单位检查78次,出动人员234人次;对300多个存在破损霓虹灯和灯箱广告的责任店家发出限期整改通知书,对不按规定亮灯的单位视不同情况依照有关规定给予口头警告,督促其整改。按市政府要求,及时通知和督促各区、街道做好对亮灯工作的管理和检查。与工商管理部门协调沟通,督促广告经营单位按时使广告载体实现亮化。督促各区市容环卫部门及时反映夜景灯光检查情况。通过检查、整治,杭城的夜景更加亮丽。(方海波)

【整治非法涂写招贴广告】 2001年,杭城非法涂写、招贴广告蔓延泛滥,严重影响市容市貌。为遏制城市这一“牛皮癣”,市政市容管理局联合市有关部门及新闻单位开展了整治,对非法涂写招贴广告上所示的通信工具进行停机,共停电话机、传呼机487只;抓获乱涂乱写者和制假证者54人次,并及时扭送公安机关处理。专业管理与群众管理相结合,发动市民广泛参与清除非法涂写招贴广告,并发起了公共设施认管活动,共有7000多名市民、学生报名参加认管。与市公交总公司一起研究改进了公交站牌的形式,向社会有奖征集有效清污材料,更换公交站牌5000多块。督促有关单位对陈旧破损的报刊亭、电话亭、广告灯箱、果壳箱进行更换、清洗,力求保持公共设施的完好和整洁。

(褚进云)

【进一步落实“门前三包”责任制】 2001年,杭州市区“门前三包”责任制工作从主城区向城郊结合部延伸,使市区的“门前三包”责任制工作基本做到责任到人,管理到位,保洁到边,垃圾清完,秩序井然。全年有1.8万个单位签订了“门前三包”责任书,其中自包占38%,实行代管占62%。经考核“门前三包”责任制单位达标率为98.5%。在抓好城区主要道路的同时,加大了对城乡接壤处等薄弱地区的检查督促,注重均衡发展和长效管理。主要措施:继续推进街长负责制,开展优秀街长评选活动;在拱墅区试行与农贸市场签订责任书;与创建“国家环保模范城市”相结合,部分地区“门前三包”保洁时间与环卫保洁时间调整相一致;针对存在问题,及时召开各区市容环卫管理工作会议,加强部门之间、上下之间的协作。

(王国梁 徐亚琴)

【加快公交配套建设】 2001年,杭州市公交总公司为配合杭州区域扩大,着力推进城市化建设步伐,新辟线路22条,延长线路服务时间27条,调整、优化、延伸线路32条,新增欧Ⅰ、欧Ⅱ排放标准的营运车辆341辆。填补了文新路西段、文华路部分路段、德胜公铁立交、塘河新村等地区的公交站点的空白;改善了滨江地区、莫邪塘小区、凯旋新村、松艮路小区、西斗门生活区、康桥镇居民的出行;沟通了杭氧、石桥、半山至城站火车站的衔接,加强了汽车北站与西站的交通联系;解决了下沙高教园、滨江区杭州国家高新技术产业开发区和高教园区的公交配套,增加市民出行的选择形式,方便小区居民直接进入市区或风景区,乘客的平均换乘系数基本达到1.5次,减少了出行时间。积极配合市政工程建设,做好上塘路、江城路、望江路等工程的公交线路调整配套工作。在此基础上,为方便乘车,优质服务,进一步抓好在主要道路上设置的45只灯箱式导乘图的内容更新工作,新增7处IC卡发售点,新建候车亭103座,主城区线路换上新颖美观的公交站牌3015块。

(冯金钩)

·城区绿化·

【概况】 2001年,市城区绿化职能部门早计划、早部署、早实施,周密安排,精心打造,扩绿速度呈加快态势,为改善城市生态环境、巩固“国家环保模范城市”荣誉称号、争创国际花园城市作出了积极努力。

绿地面积继续扩大,借地绿化成为“主角”。全年城区新增绿地面积767.8公顷,年末市区园林绿地面积为7076公顷,公共绿地面积为1323公顷,建成区绿化覆盖率达到35.95%,市区人均绿地面积7.82平方米。

专项扩绿和市政建设配套绿化成效显著。运河北岸中山花园-中河立交桥段的公共绿地、艮山东路八堡-迎宾路段的道路分车绿带、运河西岸杭一棉段公共绿地、钱江三桥北段桥荫及道侧绿地、东新路绿带、改造后对外开放的丁家花园、教四路西侧的冯家河河岸绿地、耀江大厦绿地、马寅初故居绿地等完工。

绿化养护管理质量稳步提高。对公共绿地的景观质量进行了充实完善,更换草坪,增加乔木和宿根花卉,美化、彩化程度进一步提高。全面清理了市区主要街道行道树的无效支撑、乔木上的烂草绳、绿化隔离带中的刺铁丝网,制作了精美的绿化护栏,道路景观明显改善。城区最佳、最差公园评比成为改善公园养护管理质量的有效手段,促使城区公园面貌焕然一新。国庆节和西湖博览会前夕，城区主要道路都摆放了鲜花,制作了精美的宣传小品,布置了西湖花会“花之颂”展区,美化了市容市貌,增强了节日气氛。绿化的市场化运作机制日趋完善，节资促效成果明显。凡属财政投资的绿化工程,按公平、公正、公开的原则，全面推行市场竞争机制，节约了资金,提高了方案设计、建设施工与养护管理水平。由市园林设计院、市规划设计院共同研究制订的新一轮《杭州市城市绿地系统规划》、《杭州市绿地五年近期实施规划》正进行编制。义务植树活动再掀高潮,市民参与意识日益增强。广受关注的杭州市“市民林”建设已于2002年3月9日正式揭碑。“绿城杯”城区绿化摄影大奖赛取得圆满成功。

全年城区有71.94万人次的公民履行了绿化植树义务（不含单位内部绿化量的折算),以资代劳收取义务植树费41.28万元。义务植树尽责率达到70.1%，比上年度提高了0.4个百分点。市民爱绿、建绿、护绿热情很高，绿化氛围更趋浓厚。（彭水生）

【省市领导参加义务植树】 2001年是开展全民义务植树运动20周年。2月28日上午,省领导张德江、柴松岳、李泽民、刘枫、李金明、梁平波、周国富、吕祖善等与机关干部、武警战士、中小学生等500余人在六和路东侧义务植树。3月6日上午,市领导王国平、于辉达、吴键、朱报春、王建满、王永昌、顾树森、盛继芳、谢力刚等与机关干部、驻杭部队官兵、中小学生、护绿使者等300余人在六和路两侧义务植树。省、市领导在六和路两侧共种植银杏、香樟、杜英、桂花、鸡爪槭、茶花等树种近3000株,绿化面积2.8万平方米。（钟国荣）

【借地绿化在城区扩绿中唱主角】 为贯彻落实国务院关于加快绿色通道建设的要求，杭州市把改善生态环境与农业种植结构调整结合起来,在城郊主要道路、绕城公路,沪杭甬高速公路、铁路沿线两侧及部分城市楔形、块状规划绿地等地,采用农业种植结构调整(即借地绿化）的办法大规模实施绿化造林。2001年计划实施借地绿化450万平方米，实际完成509.54万平方米,超额完成年度计划的113.2%,占全年扩绿总量的70.4%，其中上城区完成9.8万平方米,下城区完成36.93万平方米，拱墅区完成88万平方米，江干区完成100.62万平方米，西湖区完成119.64万平方米,滨江区完成30万平方米，余杭区完成124.55万平方米。事实证明,借地绿化是一种投资少、见效快、效果好的城区扩绿新途径。（彭水生）

【新建成一批绿化点】 2001年,杭州市区新建一批有代表性的绿化点。

运河北岸（机场路-秋涛路)绿地。东起城东桥,西至京江桥,绿化面积2.66万平方米。以人为本,以绿为主,是该绿地建设的设计理念。因而,建设时配套设施较为齐全,以尽可能满足周边居民的要求。还采用多种形式的地面材质,色彩协调,富于变化，避免了通常敷装地千人一面、呆板沉闷的格调。绿地设计新颖,注重植物造景,绿量浓郁,成为当地又一舒适、怡人的游憩活动场地。

冯家河(二期)绿地。南起天目山路，北至余杭塘河，全长1.8千米,面积近4万平方米。该绿地平面布局流畅，地形通过人工堆坡而有张有弛,注重乔木、灌木和地被植物的有机搭配,绵延数里,满目葱茏,给人一种简洁、舒朗、明快的愉悦感，已成为城西文教区内最大的一块公共绿地,也是冯家河畔、古翠路西侧的一条绿色长廊，改善了城西地区的环境面貌。

耀江大厦西侧绿地。位于武林门市政府所在地南方，东起耀江发展中心,西至环城西路,北为环城北路,面积3400平方米。耀江大厦西侧绿地是在耀江大厦地下车库顶部进行绿化。考虑到车库的承重,设计采用了下沉式。该绿地以精致取胜。由于绿地面积较小,只能因地制宜,巧妙地利用地下车库顶面处理好平立面布局、承重、排水等方面的复杂因素,建造了不锈钢休息廊架、扇形水池、水幕、雾喷、浮雕墙等园林小品。该处绿地北面、西面紧靠市中心的环城北路、环城西路,其利用车库屋顶建成的土坡绿地，丰富了道路绿化景观。各园林小品在隆起土坡的东南侧,从路侧看,有藏而不露之感。廊架、水池、喷泉、浮雕的配置相得益彰。特别是富于杭州历史文化底蕴的浮雕墙体和铜铸门环，给人以艺术的美感。

六和路绿地。位于滨江区杭州市高新技术开发区内，与滨江大道垂直相交,全长1.3千米,道路两侧绿带宽30米，绿化面积7.18万平方米。六和路绿地与六和塔遥相呼应，有绵延翠黛的山体和宽阔的钱塘江面作背景,环境条件得天独厚。其较高的道路绿化建设标准，使两侧绿地犹如两条翠带镶嵌在钱塘江边；远处的六和塔已成为该绿地的主要借景,从而构成了一副“自然山水画”景观。

中兴路两侧绿地。滨江区借地绿化建设项目。东接杭州萧山国际机场高速专用车道，西接钱江四桥(复兴大桥),全长4.41千米,道路60米外两侧各25米范围实施绿化。同时实施绿化的还有60米道路中2米的隔离带,总绿化面积23万平方米。滨江区政府为将中兴路建设成为一条景观大道，投入建设资金2000余万元。中兴路绿地强调了道路景观的整体性,绿化风格清新、简洁和现代,令人赏心悦目,已成为滨江区城市化进程的标志性工程。

独城生态村绿地。位于拱墅区康桥镇独城村周边，东起杭钢制气厂,西至杭宣铁路,南起计家村,北至电厂河，绿化面积25.53万平方米。独城生态村的设计采用因地制宜的手法,地势较低的挖池,地势较高的堆坡,土方就地平衡;绿地内的水系和周围水系沟通以利绿地排水;以生态为主,大量乔木营建景观林;兼顾休闲游憩功能,在城市的北部营建了一个开放式的自然生态公园，为当地市民的游憩提供了良好的活动空间。（冯 红）

【市场化运作绿化建设】 2001年,杭州市城区绿化主管部门招标项目

62个，工程面积346.57万平方米，建设资金1.11亿元，有76个单位参加了上述绿化工程的招投标。此外，余杭、江干等区也对6个项目的257.45万平方米的绿化工程进行了招投标，建设资金2095万元。绿化建设市场化运作，有利于确保政府部门规范、引导绿化市场，最大限度地节约建设资金；为绿化建设创造了公平、公开、公正的竞争环境。参加招投标的施工单位对绿化的招标办法深表拥护，无一投诉。（冯 红）

【建设杭州“市民林”】 这项公益活动于2000年5月由市绿化委员会城区绿化办公室与《杭州日报·下午版》共同倡议发起，受到社会各界的响应和支持，有3486人出资50余万元，认育各类树木21种共2505株。杭州“市民林”一期工程建设历时两年，于2001年12月基本建成。工程位于钱塘江北岸防洪大堤，东自钱江三桥，西临闸口白塔，全长7.34千米，平均林宽27米，占地19余公顷，植树木43种、1.35万余株。省委常委、市委书记王国平为市民林碑题词。（徐飞燕）

【上塘路两株大古樟实施迁移】 由于上塘路架路建设的需要，原栽于上塘路路中的两株树龄分别为300年、500年的香樟树必须实施迁移。根据市政府[2000]23号市长办公会议纪要“对上塘路大樟树迁移，做好科学论证及实施的准备工作”的要求，杭州市城市规划专家咨询委员会对古樟树迁移工作进行了科学论证。由市建委牵头，市园文局、市城市基础设施开发总公司等单位组成了上塘路古樟迁移协调小组。协调小组于2000年11月初开始工作，11月下旬先后在《中国建设报》、《中国绿色时报》、《杭州日报》上刊登了对古樟迁移进行全国招投标的公告。公告刊登后，前来参加投标报名的单位有16个，其中经过资质审查有6个单位被获准参加投标。12月18日~19日进行评标。评标结果：杭州申华市政园林建筑工程有限公司、杭三箭建设集团有限公司以268万元的最优方案、最低价位中标。迁移工程于2001年3月3日开始施工，至6月16日将两株古樟迁移到位。两株古樟树从上塘路迁至上塘路与文晖路交叉口的东北角，迁移距离约90米。从2001年6月16日至2003年6月16日止，为2年养护保活期。杭州申华市政园林建筑工程有限公司将对两株古樟义务养护3年。（韩建国）

【健全绿化法规】 2001年，杭州市取得的主要成果是：1. 公布施行新的公园法规——《杭州市公园管理条例》（市人大常委会2001年2月18日公告第18号）。至此，杭州市公园管理开始有了专项法规。公园是城市绿化系统的重要组成部分，对维护城市生态环境具有十分重要的作用。至2000年底，市区拥有公园113个，面积630公顷，是解放初期公园面积23公顷的27倍多。但是，众多的公园却没有相应的专项法规进行约束，导致公园管理中难以依法管理的诸多弊端。如一些部门缺乏公园对城市生态环境重要作用的认识，发生蚕食公园用地，改变公园用途，开展与公园功能性质不符的活动等，影响了公园的景观和环境质量。也有个别市民不讲公德，在游览公园时或损害公园设施，或发生有碍观瞻的行为等，较大程度地影响了公众的利益。《杭州市公园管理条例》的公布实施，是杭州市绿化法规体系继续完善、公园管理进入依法管理轨道的一项重要举措。2.《杭州市城市绿化管理条例》进行修改（市人大常委会2001年11月14日公告第22号）。该《条例》发布于1988年，1997年曾作过局部修改。这次修改是《条例》发布以来所进行的第二次修改。由于规定了城市绿化总目标应当高于国家的规定，因而在实施中各项绿化指标水平将作相应的提高。同时体现在审批权的进一步集中上，如规定“占用现有绿地50平方米以上的，由城市绿化行政部门审核后报市政府审批”。

2001年，市城市绿化行政主管部门共查处案件43件，立案24件，结案24件；案件涉及侵占绿地（包括规划绿地）8574平方米、违法砍树204株、违法迁树137株，处以罚款49.68万元，恢复绿地4007平方米。依法进行绿化行政审批，全年对城区各类建设项目进行绿化审批894件，比上年增加153件；行政审批受理894件，比上年增长20.7个百分点，其中项目会审415件，方案会签141件，绿地验收50件，杂项审批（树木的迁移、砍伐）288件；收取绿地易地补偿费259.36万元。

（朱文林）

【2001年杭州市最佳、最差公园(景区)评比】 2001年，杭州市区（不含萧山、余杭区）共有57个公园（景区）参加了评选活动，比上年增加了24个公园，其中A类公园（风景区公园）31个，B类公园（城区公园）26个。在市园文局组织下，通过对参评公园（景区）的园林养护、园容管理、园林基建设施管理、商业服务管理、文物保护等五大方面情况的全面检查、评比，并经杭州市最佳、最差公园（景区）评选委员会决定，西湖风景区的黄龙洞和城区的华浙公园分别被评为2001年度杭州市区A、B类公园的“最佳公园”，杭州少儿公园和翠苑四区公园分别被评为杭州市区A、B类公园的“最差公园”。

凡被评为年度“最佳公园”的给予一次性奖励3万元；被评为“最差公园”的由新闻媒介给予曝光，并扣减公园管理单位领导、员工本年度工资中津贴部分的40%。（王福章）

【开展绿化优秀工程评选】 2001年，市园文局组织有关部门负责人和园林专家，对各城区选送参评的绿地逐一进行现场察看，认真评选，有12个绿化工程被评为2001年度城区园林绿地优秀工程。其中，运河北岸（机场路–秋涛路）绿化、冯家河二期绿化被评为一等奖；耀江大厦西侧绿化、高新技术开发区六和路绿化被评为二等奖；艮山东路（八堡–迎宾路）绿化、运河北岸（中山花园–中河立交桥）绿化被评为三等奖。

2001年，在高速公路、绕城公

路、铁路沿线实施的城区农业种植结构调整(借地绿化)的生态林建设过程中,涌现了一批优良项目。市园文局等有关部门根据市政府杭政办发[2000]249号文件精神实施评选。其中,滨江区中兴路两侧绿化被评为一等奖;拱墅区独城生态村绿化被评为二等奖;铁路沿线下城段被评为三等奖。（劳 天）

【开展“绿城杯”绿化摄影大奖赛】 为了提高全社会建绿、爱绿、护绿的意识,杭州市绿化委员会城区绿化办公室主办、浙江绿城房地产开发有限责任公司协办本次大奖赛。

2001年5月28日《杭州日报》第二版刊出了大奖赛通告,要求参赛摄影作品应多角度地展现近年来杭州市城区(不含西湖风景区)绿化的新面貌、新变化,以及杭州市民建绿、爱绿、护绿的新风貌。摄影大奖赛办公室总共收到参赛作品405件。12月12日,市城区绿化办邀请省、市摄影家协会4名专家对参赛作品进行认真评选,共评出《铁路绿化》、《中河下》、《恢宏气势》、《阳光下》等获奖作品93件。2002年1月1日~7日,摄影大奖赛获奖作品展览在湖畔居茶楼展出,吸引了不少参观者。市领导王国平、马时雍、项勤等参观了获奖作品。（徐 康）

·城市管理·

【概况】 2001年9月9日,在武林广场隆重举行杭州市城市管理行政执法局成立仪式。该局是杭州市人民政府在城市管理方面相对集中行使行政处罚权的工作部门。根据国务院法制办公室《关于在浙江省杭州市开展相对集中行政处罚权试点工作的复函》(国法函〔2000〕145号)、浙江省人民政府《关于在杭州市开展相对集中行政处罚权试点工作实施方案的批复》(浙政函〔2001〕107号)和《杭州市城市管理相对集中行政处罚权实施办法》(市政府令第169号)的规定,集中行使市容环境卫生、城市规划、城市绿化、市政公用、环境保护等方面的社会生活噪声污染和建筑施工噪声污染及城市饮食服务业排污行为、工商管理方面的无照商贩、公安交通管理方面的侵占道路行为等7个方面法律、法规、规章规定的行政处罚权,同时履行省、市人民政府规定的其他职责。

市城市管理行政执法局围绕城市高效能管理目标,加大行政执法力度,着重抓好重点难点问题的整治。到年底,市、区城市管理行政执法局共查处各类违法案件28002起,教育整改42719件、55724人次,确保了良好的市容市貌和秩序。同时,以建章立制、机制创新、沟通协调、宣传教育等为抓手,进一步提高了行政执法效率和城市管理水平。

认真受理信访投诉。市城市管理行政执法局建局伊始,制定印发了《杭州市城市管理行政执法局局长公开电话工作细则》,并逐步建立健全了市、区城市管理行政执法局信访处理网络。由于综合了7个相关部门的职责,一段时间内市民投诉比较多,行政执法局实行24小时值班制,成立夜间突击小分队,实现“半小时到现场”承诺。9月9日至12月底,共受理群众来电2510个,处理率和反馈率达到100%,满意率达到98%,使投诉件件有落实、有反馈。（戴志刚 陈伯荣）

【城市管理综合执法筹备经过】 杭州市开展相对集中行政处罚权试点筹备工作经历了3个阶段:

1.调查研究阶段。在前几年开展调查研究、形成综合执法试点方案的基础上,2000年9月,市政府正式向省政府法制办请示,要求在杭州市开展城市管理综合执法试点工作。10月,省政府法制办向国务院法制办上报了在杭州市开展城市管理综合执法的请示。12月11日,国务院法制办《关于在浙江省杭州市开展相对集中行政处罚权试点工作的复函》,同意杭州市开展相对集中行政处罚权试点工作。12月28日,省政府法制办《关于在杭州市开展相对集中行政处罚权试点工作的复函》转发了国务院法制办的复函。

2.方案制定和实施阶段。2001年1月,市政府成立了市综合执法筹备办公室,着手开展各项筹备工作。2月,市委办公厅、市政府办公厅转发了市综合执法筹备办公室制定的《关于杭州市开展相对集中行政处罚权试点筹备工作的实施计划》,明确了筹备工作的主要内容、时间安排和有关要求。随后,市各有关部门按照分工,抓紧调查研究,完成了包括职责权限、机构设置、管理体制、人员录用、人员分流、队伍管理、保障措施等内容的20多个专项工作方案,经多方沟通、协调、论证,多次讨论、修改,最终形成了《杭州市开展相对集中行政处罚权试点工作的实施方案(送审稿)》。6月26日,省政府批复同意杭州市开展相对集中行政处罚权试点工作实施方案。7月24日,市委办公厅、市政府办公厅转发了综合执法筹备办公室关于《杭州市开展相对集中行政处罚权试点工作的实施方案》。8月28日,市政府批准关于杭州市城市管理行政执法局职能配置、内设机构和人员编制规定,同意组建杭州市城市管理行政执法局。

3.执法队伍组建阶段。为确保执法队伍高素质,筹备办制定了严格的录用标准。经过报名、资格审查、笔试、面试、政审、体检等程序,通过严格的法律基础知识、专业法律知识培训和军事训练,并需考取浙江省人民政府颁发的城市综合管理行政执法证,正式录用了执法队员1024名,其中向社会公开招考336人,原市容环卫、市政公用、规划3个支队的城建监察人员和街道城管队员1922人,通过竞争上岗录用688人。

【巩固国家环境保护模范城市工作】 市城市管理行政执法局采取分解工作目标办法,积极开展城市环境整治工作。1.强化运输密闭化管理。9月和11月,开展了对车辆密闭化运输的专项整治活动,共检查建筑施工工地227处,查处违章车辆205辆次,并及时与建筑施工工地签订管理责任书。配合建筑垃圾、散体物料运输车辆密闭化管理工作,加强车容车貌管理,督促不洁车辆及时冲洗。会同交警、运管等部门发布

《关于严禁占用城市道路和公共场地清洗车辆的通告》,组织专项整治32次,查处违章冲洗车辆点400多处。经过专项整治,维护了城市道路整洁,降低了城市道路扬尘污染。2.市、区行政执法局建立日常监察管理制度,落实“定人、定点、定时间、定责任”(“四定”)管理,形成全天候、全时段管理模式,每天7时至21时对辖区内露天烧烤,尤其是无证羊肉串烧烤摊进行巡查,共查处无证烧烤摊点417起,教育违章者358人次。同时,对随意焚烧垃圾、枯草、树叶等行为进行劝导和教育。(戴志刚)

【“让世界清洁起来”活动】 这是联合国环境规划署在全球范围内开展的一项社区环保活动。市城市管理行政执法局于9月19日~23日组织开展了这一活动。

广泛宣传,营造氛围。21日,市行政执法局在武林广场、吴山广场、火车站等窗口地区开展执法宣传和咨询活动,向广大市民宣传环境保护、市容环境、交通管理等方面的法律、法规。对现场举报的违章养犬、建筑噪音等行为,当即予以查处。

整治非法涂写招贴广告。22日,市行政执法局在市区武林广场举行7000多人参加的公共设施自认管理发证仪式,组织青年志愿者和公共设施认管单位上街清除非法涂写招贴广告。同时督促有关部门对陈旧破烂的报刊亭、电话亭、广告灯箱进行更换、清洗,促使公共设施的整洁。

开展行政执法专项整治活动。从9月21日起,市城市管理行政执法局对水果摊点、夜间大排挡占道经营等违章行为进行整治;加强对车辆密闭化运输的管理,整治运输车辆带泥行驶等违章现象。共劝导违章占道行为120多起,查处违章车辆52辆。同时还受理各类群众举报361起,处理率、办结率均达到100%。

【有奖举报市容环境卫生问题】 为了充分调动广大市民群众参与市容环境卫生管理的积极性,强化社会监督,让各种市容环境卫生违法行为无容身之地,形成“文明城市人民建,文明城市人民管”的良好氛围。

市城市管理行政执法局对随意倾倒、焚烧垃圾,施工污染道路,车辆倾倒垃圾、废土,随意张贴广告标志,销售使用不可降解的一次性快餐餐具等严重违反市容环境的行为实行有奖举报,同时向社会公布了举报热线电话,并承诺在市区(除萧山、余杭区)范围内,接到群众举报后半小时内,执法队员必须赶到现场,快速处理。全年奖励举报69人,奖励金额1.56万元,其中奖励金额最高一次2000元。实行有奖举报后,对遏制违反市容环境卫生法规的行为收到了一定效果。(虞绍青)

【推行城管执法新机制】 市城市管理行政执法局采取的主要措施:

1.全面推行“三三制”(三人为一小组,三小组为一分队,三分队为一中队)徒步巡查、“二阵一网”(阵地式督岗与阵风式支撑相结合组成的管理网络)管理模式,建立网络式执法机制。派驻在街道(乡镇)的执法中队落实阵地式督岗,以3人为一小队,实行“定人、定点、定时间、定责任”的现场管理。市局直属大队和各区局直属中队开展集中整治,在全市形成一个比较完整的管理网络。2.试行岗位竞争机制。根据管理需要划定管理责任岗位,定责任、定工资,公开招标,竞争上岗。3.开展执法队员进社区机制试点。在社区公开城管执法的工作职责,设立执法中队投诉电话和监督电话,发放便民联系卡,聘请行风监督员、执法联络员,以便及时掌握并处理各种违法违章行为,提高市民的认同感。4.实行处理投诉“半小时到现场”,建立快速反应机制。凡市区10千米范围内,执法队员接到群众投诉后必须在半小时内到达现场进行处理。5.实行有奖举报,建立市民参与机制,以调动市民参与城市管理的积极性。(程永平)

·环境保护·

【概况】 2001年,全市环保工作取得明显成效,6月,荣获“国家环保模范城市”称号;10月,获联合国“人居奖”。

环境空气质量总体保持稳定,空气污染仍以煤烟型污染为主,呈现煤烟与机动车废气混合型污染特征。首要污染物为可吸入颗粒物。二氧化硫、二氧化氮均达到国家空气质量二级标准,可吸入颗粒物略超过二级标准。酸雨影响程度有所加重,地表水水质总体有所好转,主要污染指标为氮、磷和石油类,呈现与生活污水、农业面源和航运有关的污染特征。千岛湖、钱塘江、苕溪干流水质基本稳定;城市主要内河、运河水质有明显好转;饮用水源地水质略有下降;西湖仍处于富营养化状态。噪声污染较上年减轻,但生活噪声影响广泛,依然是居民的投诉热点。

各级领导进一步重视环保工作,重要活动不断。1月11日,市创建国“家环境保护模范城市”工作领导小组召开会议,仇保兴市长提出要充分利用道德的、舆论的、行政的、法律的、市场的力量,五管齐下抓好创建“国家环境保护模范城市”工作。2月15日、3月5日、4月18日、6月19日,市领导多次主持召开领导小组会议,专题研究“创模”工作。2月23日,市委、市政府召开环境保护工作会议,项勤副市长作工作报告,仇保兴市长与各区、县(市)政府签订2001年度环境保护目标责任书,省委常委、市委书记王国平作重要讲话。2月21日~23日,国家环保总局副局长汪纪戎率调研组来杭,对杭州市创建“国家环保模范城市”工作情况进行考察调研,并在杭主持召开江、浙、沪三省(市)太湖流域水污染防治检查总结会议和全国26个重点城市环境功能区达标工作会议。3月23日,市政协副主席沈者寿、陈士良率市政协人口资源环境委员会的委员,视察环境保护工作。3月27日~29日,国家环保总局副局长王玉庆对富阳市环保有奖举报、千岛湖水环境保护及杭州市“创模”工作进行专题调研。6月16日,国家环保总局局长解振华来杭，命名杭州市为“国家环境保护模范城市”。6月19日，柴松岳省长、卢文舸副省长专题听取杭州市大气污染防治工作情况汇报。9月23日，市人大副主任张明光率部分委员、代表就杭州市执行《中华人民共和国环境保护法》的情况进行了检查。11月14日~15日，市委书记王国平对杭州市生态环境保护和建设工作进行专题调研。12月14日，杨戌标副市长到市环保局调研。

落实长效管理措施，确保工业污染源稳定达标。编制、调整了总量控制计划，制订了《杭州市排污总量控制管理办法》，组织实施总量控制试点工作。制定了《杭州市污染源稳定达标管理暂行办法》，全面实施污染物排放许可证制度，规范排污单位行为。开展“一控双达标”“回头看”活动，对存在的问题积极进行整改，顺利通过国家环保总局的核查和省环保局回头看检查。规范和加强重点污染源的日常监督管理，调整了重点污染源名单，研究确定污染源管理信息系统数据库方案，实现重点污染源的动态管理。开展污染源在线自动监测试点和推广工作，四堡污水处理厂等4个企业率先实施在线监测。

深入实施“蓝天、碧水、绿色、清静”工程。“蓝天”工程主要是深化“禁硫”行动，巩固烟尘控制区建设成果。开展入城口、“一部三沿”(城郊接合部、沿高速公路、沿铁路线、沿主要江河）地区烟尘污染专项整治工作，实施酸雨防治规划。进一步加大对煤质的监督检查力度，据监测统计，煤质平均含硫量为0.69%。完成烟尘控制区内燃烧设备复测工作，并建立动态管理档案。开展机动车排气污染治理。采取年检、定点路检、上路巡查、公开曝光、限期整改、上门服务等措施，加大机动车排气污染治理力度，全年年检机动车8.75万辆，路检车辆9100多辆。加强对扬尘污染的监督管理。市环保局会同市建管局等有关部门出台《关于进一步加强扬尘污染管理的通告》，对全市建筑、拆房、道路施工工地和废土运输等提出明确的扬尘污染防治要求。

“碧水”工程重点是督促抓好工业企业截污纳管，并督促市政部门开展生活小区、公建设施的截污纳管。全年完成51个工业企业(含养殖业)纳管，纳污量7.2万吨/日；48个公建单位纳管，纳污量0.66万吨/日；70个生活小区纳管(含蒋村商住区)，纳污量6.14吨/日；孩儿巷泵站纳污约2万吨/日。市区新增纳污总量达16万吨/日，市区(不含萧山、余杭区)生活污水处理率达到60%以上。同时，协调做好第三污水干管2#、4#次干管的开通工作，督促实施四堡污水处理厂扩容、七格污水处理厂、杭大污水泵站等工程建设。抓好太湖流域水污染防治工作，完成了太湖流域水污染防治“九五”计划情况的总结，编制完善了《太湖流域杭州市水污染防治“十五”计划和2010年中期规划》，并将目标任务分解成15个方面、68项任务，下达到各责任单位。巩固和创建合格饮用水源保护区。对钱塘江流域的4个水厂的污染源进行了排查，提出了控制对策，拆除了九溪水厂上游1000米范围内的5个黄沙码头，消除了该厂饮用水源地的一大污染源。市区饮用水源地水质达标率达96%以上。

“绿色”工程主要是督促开展绿化工作，开展生态建设，组织生态示范点建设、规划与实施工作，重点抓好临安市全国生态示范区的巩固和淳安县国家级生态示范区创建工作，并组织了对建德大同养殖场、临安正兴牧业、临安市太湖源镇666.7公顷(1万亩)无公害笋用林基地等生态示范点的建设工作。全市创建省、市级生态乡(镇)4个、生态村12个、生态养殖场2个。

“清静”工程主要是加强对固定声源、建筑施工噪声，特别是夜间建筑施工和学生中考、高考期间的噪声监督管理。

加强对建设项目的环境管理。在新建项目审批中，严格执行《建设项目环境保护管理条例》、《杭州市产业发展导向目录》和环保“三同时”制度，全年共审批建设项目4626项（工商并联审批1491项），其中工业企业2708个，餐饮服务业1918个。同时，大胆行使否决权，全年否决或建议作重新选址、调整方案438项，控制了一批污染严重或与区域环境发展不相协调的建设项目，有效控制了新污染源的产生。

开展有奖举报工作。制订市区开展环境违法行为公众有奖举报方案，从2月8日开始实施，全年共接到各类举报553件，其中属有奖举报范围114件；查实违法案件和处罚55件，处罚金额累计96万元；有35名举报人员领取了举报奖金共计3.85万元。9月，又进一步扩大有奖举报范围，巩固有奖举报成果。市、区两级环保部门加大对各类违法案件的处罚力度，全年共作出行政处罚640件，罚款311.3万元。

认真抓好环境信访和建议、提案办理工作。继续抓好“12345”市长公开电话、环保局长公开电话的投诉受理工作，实行环保执法人员24小时值班制度。全年受理各类环境投诉9086件，其中“12345”市长公开电话2663件；接待群众来访76批、129人次。各类信访投诉反馈率100%、办结率100%、满意率94.6%。办理各级人大代表和政协委员的建议、提案37件，办结率、满意或基本满意率均达100%。

环保宣传教育工作有声有色。围绕“创模”工作，全年发表新闻稿件1000余篇(条)。在市区新设大型公益宣传牌65块，中型公益宣传牌2552块，灯箱广告1900块，悬挂宣传牌幅800多条，制作出租车广告3500条，喷制公交整车广告27辆，1500多辆公交车内张贴“创模”广告，交警显示屏全天候插播宣传标语，制作“创模”标牌6000多份。实施“创模”细胞工程，在市区117所学校和111个社区分别开展了“绿色学校”、“绿色社区”创建活动，命名了首批市级22所“绿色学校”和13个“绿色社区”，并组织开展了“创模”文艺宣传车、环保知识竞赛、发行市民手册等一系列主题活动。在“六五”世界环境日，开展了“城市·水·生命——千年古运河重现清波”水上项目表演活动，仇保兴市长在《杭州日报》上发表了《巩固“创模”成果，共建绿色杭州》的纪念文章。

加强和规范排污申报与收费管理工作。深化排污总量收费制度，建立排污收费稽查制度，进一步落实“收支两条线”的规定，统一排污收费软件和收费标准，规范收费和减免程序，确保全面、足额征收。全年对9040多个单位、8.75万余辆机动车征收了排污费，金额达9480万元。同时，做好排污申报和换发污染物排放许可证工作，对5293个单位实施了排污申报，4196个单位换发了排污许可证。

加强环境科研和监测工作。完成56项科研项目的申报和17项科研项目的确定工作；建立环保专家咨询委员会；组织参加青岛全国重点城市环保成果展和厦门“绿博会”；完成市区新增空气监测点位的认证、选址及实施工作；调整部分内河、西湖水功能区标准执行类别。完成489个单位环保相关产业的调查汇总和24个企业的产品复审工作，有17个单位通过了ISO14000环境管理体系认证。出台进一步推进杭州市ISO14000环境管理体系工作的实施意见。同时，开展太湖流域交界断面水质和饮用水源地水质公报及空气质量日报，并从6月5日起发布空气质量预报。重点做好“创模”考核验收的跟踪监测、突发事件的应急监测和烟控区等10多项专项监测。开展恶臭、危险废物、油烟等新项目的监测，并完成了常规例行监测任务。全年完成各类环境监测数据71.21万个。

【创建国家环保模范城市工作】 杭州市创建“国家环保模范城市”工作从1998年启动，3年中，共投入70多亿元用于城市环境综合整治。2001年是“创模”攻坚阶段，市政府向各区政府和市有关部门下达了117项任务，并加强督查。通过“创模”，市区环境质量明显改善，各项指标达到了国家考核标准。4月16日~18日，国家环保总局对杭州市“创模”工作进行考核验收；5月31日，国家环保总局命名杭州市为“国家环保模范城市”；6月16日，在杭州市“国家环保模范城市”命名暨总结表彰大会上，国家环保总局局长解振华将“国家环保模范城市”的牌匾授予仇保兴市长。获得荣誉后，市政府提出“创模”是永远进行时，要求思想不松、组织不散、力度不减，并下达了147项巩固“创模”成果的任务。

附：2001年杭州市城市环境综合整治定量考核主要指标对比

序号	指标类别	考核项目	计量单位	上年指标值	本年指标值
1	环境质量	可吸入颗粒物年日平均值	毫克/立方米	0.142	0.121
2		二氧化硫年日平均值	毫克/立方米	0.046	0.051
3		二氧化氮年日平均值	毫克/立方米	0.046	0.053
4		饮用水源水质达标率	%	100.00	100.00
5		城市地面水水质达标率	%	100.00	100.00
6		区域环境噪声平均值	分贝	56.9	56.6
7		交通干线噪声平均值	分贝	68.7	68.2
8	污染控制	烟尘控制区覆盖率	%	100.00	100.00
9		环境噪声达标区覆盖率	%	82.94	79.69
10		工业废水排放达标率	%	93.38	97.62
11		汽车尾气达标率	%	88.03	88.09
12		工业固体废物综合利用率	%	95.09	97.04
13		危险废物处置率	%	98.75	99.80
14	环境建设	城市污水处理率	%	50.55	53.48
15		城市集中供热率	%	54.52	51.69
16		城市气化率	%	95.67	96.02
17		生活垃圾处理率	%	100.00	100.00
18		建成区绿化覆盖率	%	34.33	35.95
19		自然保护区覆盖率	%	12.21	12.35
20	环境管理	环境保护机构建设	%	100.00	100.00
21		城市环境保护投资指数	%	2.57	2.11
22		“三同时”合格执行率	%	100.00	100.00
23		排污费征收面	%	244.23	255.08
24		污染防治设施运行率	%	100.00	100.00

【开展工业园区环保工作检查】 为规范工业园区的环保管理，12月初，中共杭州市委办公厅、市政府办公厅发出《关于开展工业园区环境保护专项检查的通知》，要求各县（市）统一思想，在肯定工业园区对优化产业布局、发挥区域经济优势的同时，充分看到园区发展中暴露出的问题：如一些地方在招商引资项目工作中对项目不加筛选，盲目引进一些污染大、工艺落后的项目；有的工业园区环境基础设施不配套，影响和制约园区的可持续发展等环境保护方面的问题。检查内容包括：工业园区的设立审批、基本概况、环保审批、主要产业结构及主导发展方向、环境基础设施建设、环保“三同时”执行情况等。在各区、县（市）政府自查的基础上，市委办公厅、市政府办公厅组织市委宣传部、市计委、市经委、市建委、市监察局、市国土资源局、市规划局、市环保局等部门进行督查。根据检查结果，按扶持一批、整改一批、淘汰一批的原则，提出加强管理的意见，使工业园区建设工作走上有序发展的轨道。

【实施医疗废物集中处置】 杭州市共有各级医疗单位400多个，每月产生各类医疗废物300吨左右，均由医疗单位自行处置，造成环境污染并存在隐患。根据《杭州市有害固体废物管理暂行办法》，市环保局、市卫生局对医疗废物的处置作出具体规定：产生医疗废物的单位均要向环保部门办理申报登记手续，禁止将医疗固体废物与其他废物混合储运和处置；实施指定地点存放，统一回收、处置。根据市场化运作的原则，实行代处置制度，由杭州大地维康医疗废物处理公司集中处置。至年底，已有133个医疗单位的医疗废物和240个医疗单位的一次性医疗器械纳入统一回收、处置渠道，全年共处置各类废物2900余吨。

中国杭州环境社会·环境教育暨西湖FM国际研讨会

【开展农业和农村面源污染调查】 为摸清全市农业和农村面源污染状况，从1月开始，市环保局、农经委、农业局、水产局等部门联合对全市所有234个乡(镇)的农业和农村面源污染进行调查，历时1年，基本摸清了全市畜禽养殖、水产养殖、化肥农药使用、生活污水排放、废弃物处置等基本情况和污染状况，查清了主要污染物质和重点污染地区，确立了畜禽养殖排污系数、农膜专项系数及水土流失系数，提出了农业和农村面源污染的控制对策。通过调查，全市共建立农业和农村面源污染档案163卷，为加强污染控制工作提供了技术支持。

【开展水泥行业专项整治】 根据国家环保总局等4部委关于严肃查处环境违法行为的电视电话会议精神，杭州市以水泥行业为突破口，对主要入城口公路沿线39个水泥厂的71条水泥生产线的粉尘排放进行全面整治。对污染防治设施不正常使用的或排放污染物超标的水泥企业第一次处罚5万元，第二次处罚10万元，第三次责令停产整顿。对杭州第二水泥厂、浙江交通水泥厂等超标排污企业进行严肃查处。对屡次检查均超标的留下水泥厂等提前实施了关停，有效地遏制了水泥企业污染反弹的现象。同时，加强水泥企业生产许可证环保审查，对36个不符合环保要求的水泥企业提出了缓发生产许可证和限期整改的意见。

【举办环境国际研讨会】 10月30日~11月2日，中国杭州环境社会·环境教育暨西湖FM国际研讨会在杭举行。会议以促进城市可持续发展、构筑环境社会为主题，着重从环境教育、公众参与、湖泊的生态保护三方面进行了研讨。来自广州、南京、青岛、杭州等市和日本、韩国等国的专家学者及有关人士100余人参加了研讨会。在为期3天的会议上，中外专家学者发表了在环境教育和环境治理方面的真知灼见，提出了环境管理和研究领域的新观点、新理念。会议突破了一般意义上专家学者间单纯的学术交流，吸纳了一部分非专家学者谈开展环境教育活动中的所见所感，让更多的人来关注环保、参与环保。会议期间，有4位专家作了大会主题发言，16位代表发表了论文。大会组委会共采用论文36篇，并委托中国环境科学出版社出版了大会论文集——《构筑可持续发展的环境社会》。代表们考察了杭州市的主要水系——钱塘江、运河(杭州段)、西湖，参观了杭州市部分“绿色学校”。（严张良　莫水龙）

·县(市)城镇建设·

【概况】 2001年，杭州各县(市)继续重点抓好基础设施建设、环境综合整治、城镇绿化、规划管理等工作。

1.各县(市)都突出规划“龙头”作用。建德市完成了城市总体规划的修编及论证工作，编制老城区全面改造的详规并通过论证，完成了乾潭、寿昌、梅城等6个镇的总规修编调整。富阳市通过抓规划管理，已开始形成由总体规划、分区规划、控制性规划、详细规划和专项规划组成的规划体系。临安、桐庐、淳安也都积极加快规划编制，强化规划管理工作。

2. 继续加快各项基础设施建设。桐庐全年投入建设资金8000多万元，建成了中心广场、富春江大街东延、新区广场路等工程。淳安建成新安东路拓宽工程、丁字街综合改造工程等，全年新建改建道路总面积20万平方米。临安市加大投入，实施了市政道路大贯通、城市环境大绿化和地下管网大连接三大工程。富阳、建德都增加投入，加快了各项基础设施建设。

3. 重视环境美化工作。各县(市)在城市绿化、道路整治、水环境整治上下大功夫，绿化面积达到60万平方米，使城镇面貌更加整洁、美观。4.各县市房地产都保持良好的发展势头，经济适用房开工、竣工面积都比上年增加。

（鲍世明）

园林 文物

·园林·

【概况】 2001年,杭州市园林文物管理部门坚持新景点建设与老景点改造一起抓,加快西湖风景区建设,充实公园景点的游览活动内容,加大公园综合整治力度,各项工作都取得明显成效。

一批园文新项目建成。胡雪岩故居修复并开放。杭州历史博物馆建成开放,填补了杭州缺乏综合性博物馆的空白。玉泉景点扩建改造工程完成并对外开放,充实了"鱼乐人亦乐"的文化内涵,为老景点改造积累了经验。梁山伯与祝英台在杭州就学的万松书院复建工程开工建设,其反映的"梁祝文化"引起社会各界关注。杭州解放纪念碑建成。西湖环湖南线动迁建设工程继续深入开展,为钱王祠复建工程、南线景区改造打下良好基础。桃源岭村征地拆迁和环境绿化工作完成。此外,"西湖西进"工程等进入规划方案修改等前期阶段。虎跑后山等部分风景区山林游览线贯通。配合有关部门实施的雷峰塔重建工程进展顺利。

西湖风景区园林管理水平稳步提高。市园文局以创建国家环保模范城市为载体,落实创建责任制,被授予"杭州市创建国家环保模范城市先进单位"称号。西湖申报世界遗产工作继续深入,围绕"申遗",各项整治工作有序展开。继续开展"最佳、最差公园"评选活动,提高城区公园建设和管理水平。全面加强西湖风景区的综合治理工作,创建安全景区和安全达标单位工作进一步落实,西湖风景区的旅游秩序明显改善。西湖风景区山林安全度过第14个防火期,确保3800公顷风景山林的安全。

以参与西湖博览会和发展假日经济为抓手,推出各种文化旅游活动。圆满完成"西湖花会"、"西湖国际雕塑邀请展"等西博会项目,并积极配合做好西湖国际烟花大会和狂欢节等重大旅游节庆活动。市园文局被评为西博会先进集体,三公园西湖博览会牌坊被评为西博会最佳公益广告设计奖。配合各类节庆活动,在太子湾、花港、曲院风荷、花圃、植物园、城隍阁等景区举办了丰富多彩的文化旅游活动和西湖夜游活动,"五一"、"十一"和西博会期间在西湖风景区和城区摆花260万盆,营造了浓厚的喜庆氛围。

西湖风景区游客量继续保持良好增长势头。全年接待中外游客突破2000万人次,比上年增长10.2%。圆满完成李鹏、李瑞环、胡锦涛等党和国家领导人、外省市级党政代表团和重要外宾等接待工作,共计520多批8900多人次。

转企改制和体制创新迈出新步伐。市园林设计院已完成转企改制。西湖风景区公园景区126个商业网点进行公开拍卖,并加强拍卖后的管理工作。通过改制,多数园林企业在市场竞争中取得新发展。

园林文物执法管理工作加强。配合杭州市城市管理行政执法局的成立,与《杭州市公园管理条例》的颁布实施,及时调整执法重心,加大对西湖风景区的执法管理力度。全年依法立案查处各类违法案件198起,拆除违法建筑1480平方米;受理各类违法占绿、毁绿、破坏文物及违法建设情况380多起,其中依法立案查处198起。全年实施行政处罚2000多起,通过对配套绿地未达标的单位督促整改,增加绿地面积5.19万平方米。

【2001年西湖花会】 于9月25日在杭州柳浪闻莺公园和杭州老年公园同时开幕。本届花会由中国公园协会、市园林文物局和市农村经济委员会联合主办。整个会展一直持续到11月10日,历时47天,有45个参展单位,35个贸易单位和250件个人作品参加花会,共接待游客40万人次。

花会展出面积达20万平方米,以"花与当代生活"为主题,依照景观特色,内容分为"花之美"、"花之仙"、"花之居"、"花之颂"、"花之梦"、"花之趣"、"花之语"、"花之乡"、"花之谐" 九大景区、四个室内展点和一大花卉贸易区。整个展销活动充分展示花卉造型、花坛花境、奇葩异果、现代插花、盆景赏石、花鸟鱼虫等。主办单位还组织了花卉科普教育、花艺大赛、文娱演出等活动。

花会的亮点之处是由杭州8个城区和市园文局下属的9个单位共同奉献的园林精品——"花之居"、"花之颂"两个展区。整个花会活动依托西湖得天独厚的优美环境,全方位地营造集观赏、养殖、经贸与文化于一体的新颖主题会展,展示了杭州市园林建设的新成果,提升了西湖形象,也为参展商提供了展示最新成果的良机,实现"以花为媒,以旅促销,以会聚友,促进发展"的花会宗旨。

【2001年西湖国际雕塑邀请展】 于11月2日在孤山公园开幕。本届展览由杭州市人民政府、全国城市雕塑建设指导委员会、中国美术学院主办,杭州市园文局和浙江省雕塑家协会承办,中国美术学院雕塑系、杭州雕塑院、市园文局岳庙管理处协办。展览分为室内与室外两个部分,结束时间分别是11月16日和12月2日。

本届雕塑展的学术主题是"岁月如歌",意在唤起人们怀古思今的情怀,激励后人沿着前辈的文化足迹,谱写新的篇章。室外展示的是来自6个国家和国内8个城市的50位雕塑家的佳作。这些参展作品按照国际惯例,由展览组委会确定好作品的放置地点,特邀国内外雕塑家针对选定的环境进行设计的,还有一些作品则是组委会在公开向国内外雕塑机构广泛征集设计方案的基础上选定的。作品侧重于对西湖风光和自然美景的诗性诠释,对蕴含在西湖胜景中人文精神的张扬。室内展则汇聚了中国美术学院、中央美术学院等中国主要美术高等学府雕塑系研究生的62件毕业作品,向人们集中展示了当代雕塑学子们的最新创作成果,共有2万多人参观了雕塑展览。参加本届雕塑展的部分室外作品将长期存放在西湖风景区内公共空间。

【胡雪岩故居正式开放】 杭州市市级文物保护单位胡雪岩故居南邻元宝街,北近望江门直街,东起牛羊司巷,西至袁井巷。共占地0.72公顷(10.8亩),建筑面积5815平方米。故居总平面呈长方形,内部按使用功能分为待客议事的中轴区,轴线西侧为观赏游玩的园林区——芝园,东面为生活居住区,中轴与居住区之间为过渡和附属型的院落,是一处典型的清代木结构建筑。

自2001年1月20日开放以来,以它独有的建筑风格和历史文化内涵受到专家学者和中外游客的好评。到11月底,参观人数已达22万人次,其中接待部级以上领导95人,中共中央政治局常委、全国人大常委会委员长李鹏,中共中央政治局常委、全国政协主席李瑞环,全国政协副主席经叔平、陈锦华、王光英和乔石、陈慕华、谭启龙、王芳等老同志分别到故居考察。

【修编《西湖风景名胜区总体规划》】 2001年11月13日,该《规划》修编稿讨论会在中国茶叶博物馆举行,并通过专家论证。

修编《规划》是保证杭州市旅游业可持续发展和加快历史文化名城建设的需要,是规范风景名胜区管理的需要,同时也是西湖风景区申报世界遗产工作的一个重要组成部分。2000年来,市园文局再次组织力量,在1987年的总体规划的基础上,严格按照建设部颁布的《风景名胜区规划规范》编制要求,结合西湖风景区保护利用现状进行了重新修订。根据专家提出意见和建议,修编部门将进一步完善西湖风景名胜区总体规划修编成果。

【中国(杭州)"城隍阁杯"优秀社火节目邀请赛】 2001年元宵节前后(1月24日~2月8日),市园文局在吴山城隍阁景区邀请了来自全国各地的11支表演队伍,演出13个比赛项目。其中,有体现力与美、刚与柔的河北"沧州狮舞",场面壮观的"长兴百叶龙",表现山东好汉耿直豪放、刚劲潇洒的"好汉秧歌",有可以让人领略到春雷滚动、虎啸龙吟动人效果的"中华龙鼓",富有浓郁乡土气息的"淳安竹马"、"海盐滚灯",有来自花鼓灯艺术之乡的"欢腾的鼓"、"得胜鼓"、"大傩",有击之如雷、动之如涛的"开封欢庆盘鼓"等。这些节目在全国的各类比赛中都享有盛誉。中国文联主席周巍峙,市领导马时雍、项勤等出席了开幕式。这次比赛的举办,丰富了市区群众文化活动,推动了吴山景区的文化建设。

【西湖风景区部分园林养护项目向社会公开招标】 2001年,市园文局共推出苏堤南段、吴山景区、太庙遗址公园、宝石山、九溪、西山路林带等10个园林养护、清洁卫生项目向社会公开招标,面积达97万平方米,比上年增加3个项目,面积增加9.8万平方米,公开参考标价合计90.5万元。共有20个单位参加投标,实际投标标次50次,特别是一些大型园林企业也纷纷加入养护市场的竞争。中标标价合计为59.2万元,优惠幅度为34.6%,节省费用31.3万元。此举为逐步实现西湖风景区园林养护、清卫社会化和市场化打下了良好基础。

【西湖底泥疏浚二期工程实施】 该工程原则上采取多点排放、堆积的方式。工程于2001年3月29日公开招投标,同年5月16日决标。共有11个单位报名参加了工程施工和工程监理投标。河南省水利第一工程局、上海航道局、天津航道局、浙江省围海工程公司、浙江省疏浚工程有限公司等5个施工单位和4个监理单位参加了工程投标。

经过专家评标,最后确定施工单位天津航道局,监理单位江苏华宁交通工程咨询监理公司。由于多方面的原因,工程方案多次改动,导致前期工作困难重重。经市园文局多次与沿途十几个单位和施工单位主动沟通协调,终于使18千米的陆上输泥管、水上4千米沉管及400米浮管、6个陆上加压泵站顺利完成敷设与安装,并于年底开吸。 (金霄航)

【西湖申报世界遗产工作】 2001年,西湖申报世界遗产进展基本顺利。

1月,美国哈佛大学的专家学者就西湖申报世界遗产规划问题向市领导和各有关部门进行汇报。申报规划主要围绕西湖的道路交通、水体保护、城市建筑、景观保护等展开,主要意见:一是在西湖环湖现有的道路(西山路、南山路、北山路)外侧再设一条道路环线,分流现有道路的交通流量,变现有道路为真正的景观道路。二是在环湖的少年宫一带、植物园附近、净寺、西湖大道设数个交通中心,分流客流。同时利用少年宫和西湖大道的地缘优势,建设大型商务设施。三是大力建设滨江区块,通过政府引导,吸引开发商投资建设商住设施,使其成为未来杭州的行政商务中心,缓解市中心的压力。四是加强对南宋皇城遗址、南山路一带的文物古迹的保护,搬迁民居和单位。不再建类似宋城一类的人造景观,而应着力恢复像雷峰塔这样的文物古迹。五是注重建筑的高度和色彩,使其与西湖相协调。六是西湖周边应建设数块湿地公园,以截留净化流向西湖的污染物;加强西湖疏浚力度,清除富营养化的底泥;加强西湖周边溪流的整治和绿化,减少污染物;在滨江区块建设大型生态湿地公园,改善环境。

在美国哈佛大学编制的西湖申报世界遗产规划的基础上,有关部门于10月完成西湖申报世界遗产文本初稿的编写。11月,市园文局对西湖申报世界遗产工作领导小组下设的办公室、秘书组、规划整治组、宣传联络组成员进行调整,补充一批新的力量。市园文局专程赴京向建设部、国家文物局等部门作汇报,听取有关方面领导和专家的意见,明确下一步西湖申报世界遗产工作方向。

【西湖水质保护】市园文局加强对西湖水质全方位的监测。经全年43频次、12个样本点,总计18个项目的采样分析,共获得6000多个数据,为及时掌握西湖水质变化、改善水质而采取适当措施提供了科学依据。加强西湖引水工作,对泵站设备进行了全面检修,更新改造并重新安装了部分电器设备。全年引水3900多万立方米,大大超过往年2400万立方米的引水量。做好湖面的保洁工作。全年清理垃圾280多吨,6月份连续大暴雨,大量的生活垃圾、水草、树枝等倾入西湖,梅雨季节共打捞清运垃圾80多吨,有效保证了西湖湖面的洁净。

抓紧实施西湖疏浚二期工程。完成入湖四大溪流的整治方案编制工作,方案将采用国际流域整治的先进经验,运用生态工程的方法和技术手段,对流入西湖的污染物进行截留、净化,同时结合生物资源的配置和生态系统的培育,达到重建西湖入湖溪流生态系统的目的,使其能够自我循环、自我维持。进一步加强执法管理及巡查。为确保西湖上游综合整治成果,增加了对入湖4条溪流的巡查频次,全年责令限期治理案186起,排污整改案13起,处理违法案件568起,教育239人次,无处罚权移交4起。全年共疏浚污泥1600多立方米,清除沿湖建筑垃圾10多吨,各种残桩100多根,打捞沉船20多条,疏挖长桥湾铁箔外流入湖口淤泥500多立方米。以上措施有效扭转了西湖水质富营养化的趋势,水质各项指标较往年有所好转。

玉泉新景点

【玉泉新景点建成并开放】经过近半年施工,于2001年9月建成并开放。

玉泉景点于20世纪60年代中期改造,曾是老景点改建的范例,也是西湖风景名胜区著名景点之一。因年久失修,设施老化,已不能适应现代旅游发展的需求,以至趋于冷落。此次根据“修旧如旧”、“延续历史文脉,突出主题景观”的原则,进行了全方位的整治,包括拆迁玉泉南侧的居民住宅,扩建景点等,以恢复历史文化内涵,扩大景点容量,焕发景观风貌。经改造后的玉泉新景点面积由原来的7500平方米增加到1.48万平方米,分南园和北园两个部分。北园(鱼乐园)的平顶屋面、漏窗墙面、地面砖块、观鱼栏杆、地下管道、水池等进行了全面的整修与改造。南园(亦乐园)的扩建主要由清乐堂、如鱼得水、碧莹亭、玉泉鱼跃等4组建筑组成,面积500平方米,新挖水塘2760平方米,新建绿地面积2500平方米。

改造工程还包括面积为600平方米的人工湿地观鱼池污水处理系统。

【举办花展节庆活动】2001年,市园文局所属各公园分别举办各类精彩纷呈的花展节庆活动。杭州花圃举行第三届迎春花展、新世纪杭州兰展、杭州首届极品兰花拍卖会、风筝艺术节、非洲尼罗河鳄鱼展、浙江省第三届插花暨浙江·静冈花艺交流活动、首届中国国际插花花艺博览会(浙江赛区选拔赛)、第三届金秋花会、娃哈哈狂欢节等较大规模的花展节庆活动。曲院风荷公园举办了“相约新世纪”迎春花展、第4届西湖荷花展、“七彩童年”金秋花展。太子湾公园内举办了第8届郁金香展、世界风车展。花港公园举办了“童话世界”花展、金秋菊展等。西博会期间,在柳浪闻莺公园举办了首届西湖花会。各式的花展节庆活动,将西湖风景区装扮得更加色彩缤纷、喜气洋洋。

【西湖西进】市园文局基于对湖西区域生态环境的保护、西湖水质的改善、旅游和社会效益的分析、历史文化景观的挖掘等方面的认识,提出“西湖西进”初步设想,重点实施4个地块:一是西山路以西、灵隐路以南、金沙涧以北的三角地块,面积约10公顷;二是丁家山以北、128医院以南,即茅家埠周围,面积近53.3公顷;三是西山路以西、花家山以北、空军疗养院以南的乌龟潭地块,面积约20公顷;四是花港公园以西、虎跑路以北的赤山埠地块,面积约10公顷。

市园文局于2000年12月22日委托上海同济大学、北京林业大学和杭州园林设计院等3个单位编制“西湖西进”可行性论证方案，并于2001年3月6日举行了“西湖西进”可行性方案成果汇报会暨方案竞标会。有关方面的专家对3个单位的设计方案，以无记名投票的方式评选出北京林业大学提交的研究成果为优选方案。

6月，根据杭州市城市规划专家咨询委员会提出的对“西湖西进”中的引水、交通、泥沙与污染物处理、产业结构及农居点调整等问题应列出专题，进行专业性论证的要求，市园文局委托钱塘江河口海岸研究所、浙江经济规划研究院、浙大生命科学学院等单位对以上专题进行了研究。9月18日召开“西湖西进”可行性研究成果讨论会，与会专家对规划景源分析中景点的描述、六大景区的名称、用加药沉淀法解决含沙量和总磷偏高的设想、引水水源的设计规划、上游水土保持和污水处理措施等方面提出了修改意见。针对专家意见，各研究单位对各自方案进行了修改，并于11月1日再次召开“西湖西进”可行性研究报告会。与会专家对报告给予了肯定，并原则通过可行性方案。此后，各设计单位根据专家意见进一步完善和充实了可行性研究报告。同时“西湖西进”工程进入编制规划方案阶段。根据规划方案，整个项目占地334公顷，其中水域面积为30余公顷，在规划范围内将开辟的六大景区，自南向北依次为花山鹃霞、法相探春、三台泽韵、茅乡水情、双峰插云、金沙醇浓。

12月20日，由市园文局和西湖区政府联合组建的“西湖西进”工程筹建处正式成立，标志着该项工程将进入实施阶段。（徐青山）

清河坊历史街区

·文物·

【概况】 2001年，杭州市文物部门围绕“创文化名城”目标，在文物保护、立法、机构建设等方面取得新突破，为文物事业的快速发展创造了有利条件。

遗址保护工作得到重视。良渚遗址立法、机构建设、拆除违法建筑和环境整治、世界遗产申报、国家遗址公园建设等工作均取得突破性进展。《杭州良渚遗址保护管理条例》于12月经市人大常委会二审通过，将为良渚遗址的保护提供有力的法律保障；严重影响遗址保护的石矿已全部关停；良渚国家遗址公园建设和申报世界遗产工作也有了实质性进展，良渚遗址申报世界遗产领导小组及其办公室和专家委员会相继成立，国家遗址公园的项目建议书和世界遗产申报文本经初步论证；杭州市良渚遗址管理区管委会和浙江省杭州良渚遗址管理局正式组建并开始运转，为良渚遗址的保护与利用提供了组织上的保证。

名城保护工作成果显著。市政府专门成立了杭州市历史文化名城保护委员会，完成了杭州城市总体规划修订前期课题——《杭州历史文化保护研究》，为新一轮历史文化名城保护规划的修订完善打下了基础。历史街区的保护工作取得实质性成果，市政府出台了《杭州清河坊历史街区保护管理办法》；河坊街两侧历史建筑的修复工程基本完成并对外开放；包括湖边村、思鑫坊等历史街区在内的湖滨地区保护整治工作已完成城市设计方案编制；北山街历史街区保护已进行前期调查和方案设计。

大批历史人文景观得到维修和利用，特别是重要历史文化遗存的保护基本得到落实。2001年，杭州市有8处文物点被公布为第5批全国重点文保单位，使杭州市的“国保”单位增加到14处，文保单位总量增加到277处，极大提高了杭州历史文化名城的品位。

胡雪岩故居等大型文物建筑的修复和对外开放，大大丰富了城市的历史文化内涵，为全国文物建筑的修复和利用提供了成功范例。一些现状较差的文物建筑维修和保护已列入年度计划或正在进行：文保点梁宅内住户的搬迁大部分完成；“国保”单位凤凰寺的屋顶翻漏等抢救性保护措施已实施；“市保单位”万源绸庄旧址的修复方案正在进一步深化；文保点高家花园的管理和维修经费已落实；“省保单位”龚焦育墓、“市保单位”汪宅的整治和维修前期工作已开始进行。年内完成了岳庙忠烈祠、六和塔、祇园寺斋堂、藏经阁等处对外开放的重点古建筑和衙前农协旧址——东岳庙的抢修工程，并修复了沈括墓。

一些文保单位的环境整治工作正在分步进行。“市保单位”马寅初故居的环境整治和绿化工作已完成；陈文龙墓旁建筑的拆除和环境整治工作已完成；文保点丁家花园经保护整治，已对外开放，成为市中心的一处人文景观。

石质文物的保护工程继续进行。“国保单位”梵天寺经幢的纠偏工程竣工并通过省文物局验收，裂缝粘接加固已进入试验阶段；飞来峰造像保护整治方案已由中国文物研究所编制完成并报国家文物局审批；慈云岭造像、吴汉月墓、石龙洞造像、司马光家人卦刻石等重点文物的保护工程已进入方案论证阶段；在完成“国保单位”白塔去污和防风化保护工程的基础上，白塔公园的建设也已列入近期计划。

部分文物重建、扩建工程陆续启动。鼓楼、雷峰塔重建及万松书院二期工程已开始；各方关注的钱王祠重建、杭州碑林扩建等工程的方案论证、拆迁等前期工作正在进行中；于谦景区三期工程在省市领导的关心下，正式启动；西施庙大殿于年内重建竣工。

文物保护机构建设、普查、保护范围规划编制等基础工作取得进展。全市已拥有文物保护管理和考古研究机构15个，从业人员600余名，其中具有中级以上文博职称的专业技术人员近百名。文保工作实现市、区、街道网络化。2001年，编制完成了40处第3批市级文保单位的用地保护规划，确定每处文保单位的保护范围和保护整治计划，实行法定图则，使历史文化资源的保护更加科学化、规范化。文物普查工作全面展开，至年底，野外调查工作已基本结束。

加大文物依法管理力度。建立了文物定期巡查制度，对全市文物保护单位保护状况和文物流通市场进行经常性的执法检查。加大了对建设项目的文物监控力度，按文物保护为主的原则，及时调整建设项目，有效保护了汪宅、柏庐、大资福庙、南宋临安府治遗址等文物古迹。

博物馆建设成为历史文化名城的亮点。全市已拥有各类专题博物馆(纪念馆)32座。10月8日杭州历史博物馆的建成开放，使杭州告别了没有综合性博物馆的历史。都锦生织锦博物馆、南宋钱币博物馆、高氏相机收藏馆、世界钱币博物馆等民办博物馆的建成，也为杭州的博物馆事业增添了一份社会化色彩。正在筹建中国财政博物馆、中国运河博物馆等国家级大型专题博物馆。

考古工作取得新成绩。全年进行了19次抢救性发掘，取得重要学术成果。老虎洞窑址二期发掘完成。2001年，在吴庄进行抢救性发掘，出土了保存完好、规模宏大的南宋恭圣仁烈杨皇后宅遗址，这是中国首次发现保存完好的南宋时期南方古代园林。

开展多种形式的宣传活动。杭州市将5月定为《文物法》宣传月，制作了一套《文物法》公益广告在电视台播放，印制了宣传标语在文保单位、博物馆、公园悬挂和张贴。会同省文物局组织在杭的26个博物馆，在武林广场举办了纪念“五一八”国际博物馆日暨文物法宣传活动。与《文物天地》杂志社合作出版了《文物天地·历史文化名城杭州专题》。编辑出版了《杭州文物精萃·馆藏文物图集》，向海内外展示杭州名城风采，扩大了杭州文物的影响。（卓　军）

【杭州市4项考古入选2001年度全国十大考古新发现】 经《中国文物报》与国内专家评选，2001年度全国十大考古新发现中，杭州市的萧山跨湖桥新石器遗址、五代雷峰塔地宫遗址、南宋老虎洞官窑窑址与南宋恭亲圣仁烈杨皇后宅遗址4个考古工程名列其中。

一个地区同时有4个考古工程入选，并且有两个相同时代的遗址同时榜上有名，这在全国十大考古新发现评选活动中尚属首次。

【新增8处全国重点文物保护单位】 根据国家文物局和省文物局推荐第5批全国重点文物保护单位的要求，杭州市园林文物局在全市现存的文物点中筛选了13处(市区10处)具有较高价值的文物点，将其列入第5批全国重点文物保护单位推荐名单。

经专家评估，2001年7月，国务院正式公布了第5批全国重点文物保护单位，杭州市上报的13处文物点中有8处名列其中，即南宋临安城遗址、凤凰寺、西泠印社、文澜阁、宝成寺麻曷葛剌造像、梵天寺经幢、临安吴越王族陵墓、临安功臣塔。

杭州新增8处全国重点文物保护单位，使杭州全国重点文保单位的数量由原有的飞来峰、六和塔、岳飞墓庙、白塔、良渚遗址和胡庆余堂等6处增加到14处，丰富了杭州历史文化名城的内涵。（郎旭峰）

【良渚大遗址保护取得突破】 全国重点文保单位余杭良渚遗址是全国同类遗址中内涵最丰富，分布最集中的遗址群落，迄今已发现119处遗址点，是实证中华5000年文明史最具规模和水平的地区之一，被誉为“东方文明的圣地”，已列入世界文化遗产预备清单。

为进一步加强遗址的有效保护和管理，省政府和杭州市委、市政府作出重大决策，决定设立由杭州市领导、余杭区负责管理的杭州良渚遗址管理区，将调整合并后的余杭区良渚、瓶窑两镇，即原良渚、瓶窑、安溪、勾庄、彭公5个乡镇的242平方千米区域划入管理区范围，成立杭州良渚遗址管理区管委会，并挂浙江省杭州良渚遗址管理局的牌子，统一负责管理区的文物保护、城乡规划、经济开发、社会管理等工作。

规划以开发区的模式，通过良渚遗址外围的开发建设，带动遗址保护利用工作，缓解遗址内生产、生活的压力。良渚遗址专门成立保护机构，解决了部门职责不清、相互推诿的问题，省、市、区、镇形成合力，为良渚遗址保护提供组织上的保证。

2001年9月25日，市政府常务会议讨论通过了《杭州市良渚遗址保护管理条例(草案)》，并提请市人大常委会审议。

同年12月26日，市九届人大常委会第三十九次会议审议通过，已提请省人大常委会批准。

（卓　军）

【**世界钱币博物馆开馆**】2001年9月18日开馆，位于河坊街178号，是一座以收藏和陈列世界钱币为主的博物馆，收藏有当今世界上200多个国家和地区的流通硬币、纸币，中国人民银行发行的金银纪念币及世界各国的历史货币。

该馆共二层，建筑面积300平方米，首期展出有“中国现代金银币展”、“中国银行收兑的外币真伪鉴别展”、“外国政府发行中国题材纪念币展”、“外国样币展”、“各国流通币展”等，另设咨询、鉴别服务台。同时代理销售中国人民银行发行的各类钱币，以及新加坡、澳大利亚等造币厂生产的各类现代钱币。该馆馆名由原国家文物局局长、现中国博物馆学会理事长吕济民题写。匾额“心献大众”由著名学者、国民党元老陈立夫先生题写。

（朱珠珍）

【**杭州历史博物馆开馆**】该馆坐落在吴山山麓，占地面积1.3万平方米，建筑面积6700平方米，总投资6000余万元。馆内设施先进，环境幽雅，是杭州市第一座综合性市级博物馆。

整个展览共分10个展厅，集中反映杭州从5000多年前的新石器时代一直至明清时期的历史文化，其中展出国宝级文物2件、国家二级以上文物200余件以及其他众多珍贵展品，许多文物为首次与观众见面。展厅按内容分为基本陈列厅和主题厅。基本陈列厅沿袭朝代轨迹布展，重点突出吴越、南宋两代，以充分反映杭州的历史特色。主题展厅有书画厅、邮票厅，并与内蒙古博物馆合作，推出临时展览《成吉思汗后裔文物展》，以兼顾不同观众的观赏需求。

本着“不求最大，但求最精”的建馆原则，该馆运用了多项先进的陈列手段，大量采用文物陈列和遗迹复原相结合、静态展示和动态模拟相结合的手法以及声、光、电技术，力求体现时代特色。其中邮票展厅陈列以现代高科技手法，通过电脑屏幕放大展示138个国家和地区的2000余枚邮票，为国内首创；运河景观模拟展厅的流水行船的动态展示也受到游客的普遍好评。10月8日上午，举行了隆重而热烈的开馆典礼，省市有关领导以及全国各地的几十位文博界同行出席。开馆两个多月以来，已有近万名游客前来参观。

（杭州历史博物馆）

【**发现南宋恭圣仁烈杨皇后宅遗址**】2001年5月~9月，为配合四宜路旧城改造工程，杭州市文物考古所对吴庄基建工地进行了抢救性考古发掘，历时120天，发掘面积约1800平方米，发现南宋恭圣仁烈皇后宅遗址主体建筑一处，包括正房、后房、庭院、东西两庑和夹道遗迹。整座建筑均建在用黄粘土夯筑的地面上，其中正房、后房和两庑建在夯土台基上。出土了大量的建筑构件和许多精美的南宋官窑、龙泉窑瓷片及其他生活用具。

正房、后房面宽为七间，南北宽12.2米，东西长34.72米，正房台基向北面庭院内延伸出一月台。东西两庑面宽为五间，南北长22.34米，东西宽7.33米。正房、后房、东西两庑的台基和庭院之间都有台阶供上下。庭院南北长22.2米，东西宽17.42米，中部有一方池，北半部有假山，方池和假山构筑都十分考究，庭院方池和台基之间用香糕砖竖敷成地面，地面花纹呈多种几何形。

此次考古发现的南宋建筑遗迹的位置和《咸淳临安志》所附南宋皇城图、京城图上恭圣仁烈皇后宅的位置相符。从出土遗迹的规模和出土遗物的质量，也可以确定这组遗迹应是南宋恭圣仁烈皇后宅遗址的一部分。

此处南宋时期的建筑、房屋台基和地面基础都经过夯筑，台基周围均有砖砌护墙，地面全部用砖铺成。尤其是庭院中的方池和有完善排水设施的夹道，制作均非常考究。房屋开间和庭院中的假山，规模十分宏大，为普通古代园林少有。南宋恭圣仁烈皇后宅遗址是杭州乃至全国首次发现保存完好的南宋时期的古代园林，遗址保存之好，也为历来宋代园林考古所未见，填补了南宋时期园林研究的空白，为研究南宋时期的园林布局和营造法式提供了重要的实物资料，对研究中国古代建筑史和杭州城市的历史变迁都有不小的价值。

【**老虎洞窑址发掘结束**】老虎洞窑址位于杭州市上城区凤凰山与

杭州历史博物馆

九华山之间的山岙中，面积约2000平方米，海拔高度约90米，毗邻南宋皇城，现为杭州市市级文物保护单位。

老虎洞窑址于1996年9月被发现，1998年5月～12月、1999年10月～2001年1月，杭州市文物考古所先后进行了两次大规模考古发掘，发现了保存较好的龙窑、素烧炉、淘洗池、辘轳坑、房基及瓷片堆积坑等一大批遗迹和遗物，初步揭示了宋、元两个重要的地层堆积，为该窑址的断代提供了重要的考古依据。元代层厚约0～30厘米，发现素烧炉、作坊及素烧堆等遗迹，并出土了大量的仿官窑瓷片和窑具。瓷片整体质量较差，大都为厚胎薄釉，胎质以灰胎为主，黑胎次之，有少量灰红胎；釉色有青灰、青中带黄、粉青色等；器型有碗、瓶、盘、盆、鸟食罐、象棋子等。窑具有匣钵、支烧具等，制作规整，部分支烧具上模印八思巴文“大吉”、“小”等文字，另有虎、鹿、鸟等动物图案。南宋层厚约20厘米～40厘米，发现龙窑、素烧炉、淘洗池、辘轳坑等作坊遗迹及10余处瓷片堆积坑。瓷片整体质量较好，器型丰富，胎釉特征以厚胎薄釉、厚胎厚釉为主，薄胎厚釉较少。胎色有黑色胎、香灰胎、深灰色胎、紫色胎等。（市文保所）

【衙前农协旧址维修工程完工】 2001年初，萧山市政园林建筑设计所编制了衙前农协旧址维修工程方案，即衙前农村小学维修方案。由萧山区衙前镇政府、萧山区文化局、萧山区文管办共同组成修建办公室负责实施。工程于6月初施工，至8月31日竣工。12月28日，工程通过省文物局组织的专家验收。（萧山区文管办）

位于湖滨一公园的澄庐

【完成澄庐保养性维护工程】 澄庐坐落于湖滨一公园内，南邻南山路，北滨西湖，是2000年7月公布的杭州市市级文物保护单位，建筑面积约为250平方米。业主为清末巨富盛宣怀。蒋介石来杭时曾作行辕。现为杭州市老干部活动中心。该建筑主体系三层西式楼房，二层有阳台正对西湖，三层大部分为露台。入口大厅气势非凡，并采用彩花玻璃。楼梯为双跑式，由白色天然大理石敷设。楼上设有厢房、客厅、舞厅等。装潢考究，木质门套精细，石膏线脚细腻。由于年久失修，部分屋顶渗漏，墙壁潮湿渗水。杭州市级机关事务管理局委托杭州市园林设计院编制保养性维护方案，用两个多月的时间对澄庐内外的基础设施进行改造，工程于2001年9月底完工并对外开放。

【《杭州文物精萃·馆藏文物图集》出版】 杭州市园林文物局经过一年多的精心筹备，与人民美术出版社和南京王朝文化公司合作，于10月编辑出版了第一本综合介绍杭州馆藏文物的图录《杭州文物精萃·馆藏文物图集》。该书集中展示了从杭州历史博物馆、余杭区文管会、萧山博物馆和临安、富阳、桐庐、建德、淳安等区、县(市)的文博机构以及一些专题博物馆、纪念馆收藏的数以万计的藏品中精选的四类(陶瓷器、玉石器、书画善本和金属器杂件)计230余件(组)文物珍品，旨在介绍杭州收藏的文物精品。（郎旭峰）

附：

杭州市区主要博物馆一览

馆名	地址	公交线路	馆名	地址	公交线路
浙江博物馆	孤山路25号	7路、27路、28路	张小泉剪刀博物馆	大关路33号	1路、15路、23路
浙江自然博物馆	教工路71号	58路、11路、15路	都锦生织锦博物馆	凤起路519号	12路、14路、21路
中国丝绸博物馆	玉皇山前	31路	中国印学博物馆	孤山西泠桥畔	7路、27路
中国茶叶博物馆	龙井双峰村	27路、游3路	南宋钱币博物馆	酱园弄12号	151路、152路
南宋官窑博物馆	玉皇山南麓	20路、39路、31路	杭州世界钱币博物馆	河坊街178号	5路、8路、13路
胡庆余堂中药博物馆	大井巷	8路、K8路	浙江西湖美术馆	孤山路25号	850路
胡雪岩故居	元宝街	8路、K8路、13路、62路	杭州历史博物馆	河坊街东侧	8路、40路、85路
良渚文化博物馆	良渚镇西北	313路、513路	于谦祠	西山路三台山	游5路

旅 游

·综述·

【概况】 2001年是市委、市政府实施“旅游西进”的第一年。全市接待海外旅游者81.94万人次，旅游外汇收入3.73亿美元，分别比上年增长15.8%、27.7%；接待国内旅游者2510万人次，国内旅游收入218.88亿元人民币，分别比上年增长8.9%、15.2%。全市旅游业总收入达249.73亿元人民币，相当于全市国内生产总值的15.9%。全年旅游产业增加值97.94亿元，比上年增长15.7%。全年平均客房出租率达到67.9%，比上年上升了3.9个百分点。

“旅游西进”开局良好。王国平等市领导及有关部门负责人到各区、县(市)、有关景区景点，及上海、南京、黄山、绍兴等城市进行考察，召开各种类型的会议，进行科学论证。7月3日，召开杭州历史上规模最大的全市旅游发展工作会议。印发《中共杭州市委、杭州市人民政府关于加快推进“旅游西进”战略的实施意见》、《杭州市人民政府关于加快杭州市旅游业发展若干政策措施的通知》，“旅游西进”工作全面启动。市委、市政府加大对旅游业投入，确定从2001年起，每年筹集和安排不少于4000万元的旅游发展资金；决定将杭州市旅游局更名为杭州市旅游委员会，明确市旅委的职能和归口协调部门，初步理顺杭州旅游管理体制。市有关部门和各区、县(市)分别出台新的政策和措施，推进“旅游西进”战略的落实。市委宣传部与市“旅游西进”领导小组办公室联合组织市属9个新闻单位的30多名记者，进行为期10天的采访报道活动，发表新闻报道近百篇。

广泛开展招商引资活动。全市立项开发和新建景区(点)50余处。继续重视抓好国际国内旅游市场宣传促销和假日旅游工作，以及办好各种旅游节庆、会展活动，促进全市旅游客源和旅游业经营收入的增长。

全年新评星级饭店46个，有9个景区(点)通过了初评。全市旅游行业教育培训工作不断加强，桐庐、萧山、建德、临安、淳安先后成立了旅游培训中心，一个大杭州的旅游培训网络初步形成。

在机构改革中，余杭区风景旅游局升格为处级单位，原属区建设局承担的风景区管理职能划归区旅游局承担；拱墅区和江干区设立了商贸旅游局；杭州市饭店协会划归杭州市旅游委员会主管。

【“旅游西进”全面启动】 2001年，杭州市“旅游西进”是以“三江两湖一山”(钱塘江、富春江、新安江、西湖、千岛湖、天目山)为基础，通过规划共绘、交通共建、市场共拓和产业共兴，整合和优化旅游资源，构筑全市1.5小时交通圈、旅游圈和经济圈。按照“统一规划、有序开发、合理布局、永续利用”的原则，编制全市“旅游西进”规划。在杭州市城市总体规划修编中，充实“旅游西进”内容。《杭州市旅游业“十五”计划和2015年远景规划纲要》作了4次修改。“西湖西进”核心景区为西湖风景区，近郊景区是指8个城区，远郊景区是指市辖5县(市)。《杭州城市西部地区保护与发展规划》和“西湖西进”工程进入实施阶段。8月16日，市人大常委会第36次会议审议通过了《关于我市“旅游西进”公路建设规划实施计划的报告》。8月31日和10月17日，市政府两次召开会议专题研究“交通西进”工作，“交通西进”工程全面启动。围绕市场共拓，市旅委制定了《杭州市旅游促销机制方案》，成立了杭州市旅游形象推广委员会和杭州市旅游形象推广中心，对全市旅游促销工作进行专业化整体策划。年内与各区、县(市)多次参加国内外旅游促销活动。在余杭、淳安、桐庐举办了“西湖之春”旅游节开幕式、杭州金秋国际旅游节暨千岛湖秀水节开幕式和“富春山水节”。在“旅游西进”推动下，又有一批旅游项目投入开发建设。

·旅游市场·

【重点拓展入境旅游市场】 针对美国“九一一”事件发生后欧美游客下降的形势，杭州市旅游主管部门及时调整了营销策略，突出重点抓好日本、韩国、东南亚和中国港澳台市场。杭州市政府组织了赴英国、法国、瑞士等国的宣传促销活动。市旅游局全年分批组织大杭州旅游宣传促销团赴德国、法国、意大利等国进行旅游招徕。同时分别派员参加国家、省旅游局组织的赴澳大利亚、新西兰、日本、韩国等国的宣传促销活动。组团参加了香港国际旅游交易会和在昆明举办的中国国际旅游交易会。积极寻求与国际旅游组织合作，加入了太平洋亚洲旅行协会(PATA)。邀请和接待了美国、英国、法国、澳大利亚、泰国、新加坡、马来西亚、印度尼西亚、韩国及中国港澳台等国家和地区的旅行商和记者来杭考察，多方位、多角度拓展入境旅游市场。同时，注重资源整合，推出适合入境旅游市场需求的精品线路。面向欧美市场，联合上海、苏州，推出华东“金三角”旅游线；面向东南亚、日本、韩国市场，联合绍兴、乌镇，推出“杭州-绍兴-乌镇”文化旅游线；面向港澳台和东南亚市场，联合黄山，推出“西湖-千岛湖-黄山”山水文化旅游线。

【积极开发国内旅游市场】 年初，市旅游局组团赴海南进行宣传促销，意在开拓海南市场。3月，组团参加南京周边地区旅游展，组团赴广东(东莞、汕头、顺德)进行促销，并参加广州国际旅游展。4月，参加市政府在南宁举办的2001年杭州产品(南宁)展销会暨经济技术合作洽谈会；组团赴温州参加2001年浙江省(温州)旅游交易会。9月组团参加宁波世界旅游日(中国)的会展活动。国内游客仍以省内和周边城市为主,省内占37.1%,上海和江苏分别占24.3%、10.5%。随着杭州经济社会发展,已成为国内最大的旅游客源市场之一。2001年,辽宁、福建、山西、江西、南京、广州、成都、哈尔滨、牡丹江、湖州、嘉兴、象山、兰溪、扬州、北京等省市,纷纷组织各种旅游促销团来杭进行宣传促销,招徕杭州游客到上述各地旅游。

【3个黄金周接待游客885万人次】 春节、"五一"、"十一"3个黄金周是旅游高峰期,在国内旅游市场上占有重要份额。2001年,全市3个黄金周共接待游客885万人次,比上年同期增长7.8%。"五一"黄金周,市区10个主要商场零售额1.72亿元,增长46.8%。全市公园共接待游客352万人次,其中市区各公园景点接待259万人次。市区接待国内游客147万人次,旅游收入9.16亿元。全市宾馆饭店客房出租率平均达到84%。据知味观等5个餐饮企业统计,黄金周期间,实现营业收入814.8万元,比上年同期有所增长。国庆、中秋双节临门,黄金周期间,全市各公园景点接待游客321万人次,比上年同期增长18.9%;宾馆饭店客房出租率平均达到80.3%,上升了3.7个百分点。

【适度发展出境旅游市场】 2001年,随着出境旅游目的地增加、护照有效期延长、到香港旅游限额放宽、旅行社组团包机增加和旅游费用相对降低,出境旅游市场相当活跃。全市旅行社组织出境旅游达到11.6万人次,比上年增长58.2%;主要目的地依次为香港、澳门、泰国、新加坡、马来西亚、韩国、澳大利亚、菲律宾和日本。韩国旅游界看好杭州出境旅游市场。6月29日,有韩国第一旅游胜地之称的全罗南道组团来杭作旅游促销宣传。11月3日,韩国国家旅游局率领国内旅游资源最丰富的5个省市的旅游队伍来杭推介,推出2002韩-日足球"世界杯"纪念促销活动。

【2001年杭州国际旅游区域合作研讨会】 为在更高层面上探讨国际、国内旅游区域合作的理论和实践的相关关系,及实际操作的可行性,力争在国际、国内市场打响"游在杭州"的品牌,10月20日,杭州国际旅游区域合作研讨会在桐庐召开。来自美国、意大利、澳大利亚、日本、泰国、越南等国家和中国台湾、香港、澳门、北京、上海、苏州等地的近百名代表出席了会议。议题涉及资源的整合和共享、产品的更新和开发、区域功能的调配和分工、市场的开拓与培养。会议期间,代表们还参观考察了杭州及桐庐两地的新景点。

【2001年杭州旅游交易会】 西博会项目之一,于11月1日在浙江世界贸易中心国际展览厅举行,历时4天。展览面积4500平方米,设展位240个,参展代表700余人。来自北京、上海、深圳、广州、济南、南京、厦门、青岛、苏州、泰安、烟台、无锡、黄山等外省20余个城市,及省内宁波、绍兴、嘉兴、温州、兰溪、湖州、舟山等市的旅游主管部门、宾馆饭店、旅行社、景区景点近100个单位,杭州市属萧山、余杭、淳安、临安、桐庐、建德、富阳等区、县(市)旅游局、有关部门和部分旅游企业参展。接待参观者45万人次,分发各种旅游资料105万余份,旅游商品交易零售额达200多万元。

旅交会以国内旅游商家洽谈、交易为主,涉及吃、住、行、游、购、娱等领域,为参展城市及企业提供了宣传促销阵地,也为杭州市民带来选择全国各地精品旅游点的机遇。

·旅游节庆·

【"西湖之春"旅游节】 2月28日至5月在杭州举行,共推出17项活动:"春茶会"、自行车艺术节、西湖风筝艺术节、"西湖情——玫瑰婚典"、国际兰花展览会、双溪漂流(余杭)、《春到桐庐》电视专题片制播邀请赛、第二届千岛湖旅游节、新世纪西湖文物珠宝室内艺术博览会、龙井山园"山花烂漫节"、西湖高尔夫友谊赛和排名赛、杭州花圃"春之韵"活动、西湖杜鹃节、HAPPY春天春游节、山里人家"亲近自然"、大清谷"我和春天有个约会"、杭州乐园"运动之旅"和民间民俗"花朝节"。节庆已形成一定的规模和档次,深受游客和市民的喜爱。

【"杭州之夏"活动】 7月~8月"杭州之夏"活动以江、河、湖水上活动为主线,汇集了新安江耐寒勇士漂流竞赛、富阳"新沙岛之夏"旅游节、天钟山登山朝圣旅游节、千岛湖夏

附: 2001年杭州金秋国际旅游节活动一览

时间	活动内容
9月15日~10月31日	西湖国际桂花节
9月30日~10月2日	"月是西湖明"中秋赏月活动
9月	"千岛湖——日月潭"喜结姊妹湖系列联谊活动
10月	"西湖情"玫瑰婚典
10月	中国国际(萧山)观潮节
10月	全国野外运动邀请赛(大清谷)
10月	建德大慈岩攀岩活动
10月21日	西湖国际烟花大会
9月~10月	宋城民俗文化节
10月1日~15日	颂金秋花展(杭州花圃)
9月~10月	西湖高尔夫友谊赛和排名赛
10月1日~15日	金秋东方文化艺术节(东方文化园)

之梦、“雾之森”健身节、萧山杜家杨梅节、夏日紫薇与戏水风情旅游等7项活动，将消暑、度假、运动、休闲结合起来。

【2001年杭州金秋国际旅游节】 9月15日~10月21日举办，以“继承传统精品，开发项目亮点”为目的，推出12项杭州市与各区、县(市)连动的旅游活动和28条旅游特色线路，成为富有魅力的节庆活动。

·旅游产品·

【旅游资源开发】 在“旅游西进”战略带动下，全市招商引资取得较大进展，旅游资源开发建设形成热潮。

上城区的清河坊历史街区和西湖区的龙井山园先后建成开放，雷峰塔、钱王祠重建工程，万松书院二期工程、龙井御茶园工程开工建设。萧山区推进了东方文化园二期、世外桃源、杭州生态园、杭州乐园二期等一批大型项目的建设进程。余杭区中国良渚文化村、余杭文化休闲主题公园和大禹谷休闲度假项目分别进入立项施工和总体规划设计阶段。临安市开发推出了石长城、神龙川、浙西千顷天池等3个新景点，大明山、东天目的开发建设正在加紧进行。富阳市的通天飞瀑、天钟山景区、杭州野生动物世界已建成开放，中国古代造纸印刷文化村二期工程正在建设中。富春山居一期项目高尔夫球场及配套服务设施已基本完成。黄公望森林公园批准立项，富春桃园(碧湖双洞)景区一期工程正在施工。桐庐县共有13个项目投入建设和筹建之中，其中琴溪香谷、富春江七里银滩已建成开放，鸬鹚景群、新恒基健康世界、“女儿村”民俗文化园等正在建设。建德市正在开发建设千岛湖东铜官(十八坞)景区项目。淳安县的千岛湖石林、鸵鸟乐园、三潭岛、龙山、猴岛先后完成改造并对外开放，羡山景区和开元旅游度假村正在建设中，“水上大世界”项目已经启动。

【开展旅游区(点)质量等级评定】 根据国家旅游局《关于全面开展旅游区（点）质量等级评定工作的通知》精神和浙江省旅游局实施旅游区(点)质量等级评定工作的部署，全市有9个旅游区(点)申报参加质量等级评定工作，经杭州市和浙江省旅游局初评，有7个被初评为4A级旅游区(点)，2个被初评为3A级旅游区(点)。经上报国家旅游局审评，杭州西湖环湖景区率先被评为4A级旅游区(点)。为了更好地开展旅游区(点)质量等级评定工作，举办了一期由区、县(市)旅游局及旅游区（点）管理人员参加的旅游区(点)质量等级检查员培训班。

·旅游经营·

【旅游饭店经营】 根据全市星级饭店复核情况资料，2001年全市旅游饭店的营业收入、客房出租率、平均房价和净利润都有所提高。全市平均客房出租率达到67.9%，比上年上升了3.9个百分点；累计平均房价为253元，高于一般地区水平。其中客房和餐饮收入分别比上年提高10.8%和16.7%，总体形势看好。但利润总额和投资收益比上年有所下降。星级饭店的硬件达标普遍较好，软件能在细微之处下功夫，通过多种方式提高声誉创品牌。环保意识不断增强，把创建“绿色饭店”的理念和措施融入饭店经营管理之中，在节约能源、预防环境污染的同时，努力为客人提供高质量的产品和高质量的服务。倡导“绿色消费”，合理使用资源，逐渐成为饭店和住宿客人的共识。又有一批饭店投入争创“绿色饭店”活动中。

按照“旅游西进”战略部署，积极推进“产业西进”，下放一、二星级饭店评定权，加快了全市星级饭店评定步伐。2001年，全市新评星级饭店46个，比上年增长45%。到年底，全市共有星级饭店148个，其中市区103个，各区、县(市)45个。继2000年全市星级饭店突破百个后，市区星级饭店数量又突破百个。全市饭店业的产业规模和发展水平在全国同类城市中名列前茅。已形成一个种类多样、结构合理的饭店体系。全市有五星级饭店3个、四星级饭店14个，两者占星级饭店总数的11%；三星级饭店50个，占总数34%；二星级饭店71个、一星级饭店10个，两者占总数的55%。

一、二星级饭店的评定权下放到区、县(市)后，调动了区、县(市)积极性，使得一、二星级饭店从上年的48个增加到2001年的81个。全市各区、县(市)都有三星级以上的饭店，其中萧山区、余杭区、建德市、淳安县星级饭店数均突破10个，提升了接待档次，增强了接待服务能力。

【旅行社经营】 2001年，杭州市旅行社总数208个，其中国际旅行社27个，国内旅行社181个(比上年增加23个)。全市有5个国际旅行社、9个国内旅行社分别进入全国国际旅行社、国内旅行社百强之列。

附：2001年杭州市接待海外游客前十名星级饭店一览

名次	单位名称	接待海外旅游者(万人次)	比上年增长(%)
1	黄龙饭店	7.17	3.7
2	杭州五洲大酒店	6.19	51.4
3	世界贸易中心大饭店	4.21	-2.6
4	杭州香格里拉饭店	3.49	21.6
5	望湖宾馆	3.14	-2.6
6	杭州皇冠大酒店	2.79	-2.7
7	浙江大酒店	2.76	18.3
8	杭州湾大酒店	2.59	-10.6
9	杭州香溢大酒店	2.43	-13.1
10	杭州新侨饭店	2.05	-12.0

双百强总数列上海、北京之后，为全国第三；国内百强数列上海之后，为全国第二；杭州园林旅游贸易公司列入国内旅行社百强社第二位。国际旅行社有7个列入全国国际旅行社外联人天数指标前100名。

旅行社经营活动出现新变化：1.浙江省旅游集团公司在吴山广场设立了景区展示、咨询、票务、汽车营运，以及为散客出游提供一条龙服务的旅游集散中心。2.从9月1日起实施旅行社投保旅行责任险，以保障旅游者和旅行社双方的合法权益。3.旅行社互相合作联合经营。杭州梅苑国际旅行社与杭州大厦旅行社合作推出"杭州假期"品牌；浙江建设国际旅行社等15个旅行社组成浙江"万里行"联合体，共同推出国庆游线路。4.组团包机旅游大量增加，出境旅游费用降低，旅游者得到了较大实惠。

【旅游餐饮与旅游购物】 根据抽样调查，海内外旅游者在杭人均花费中，旅游餐饮和购物所占比例均达30%以上，其中海外游客达35%；"西湖一日游"达到51%。这表明上述两项是旅游活动中极为重要的环节。为应对"入世"，市政府在清理地方性法规中，旅游餐饮和旅游购物定点经营的规定已被取消，这在更大范围内为旅游企业建立以质取胜的经营环境创造了条件。

为推动旅游餐饮发展，提高菜肴烹饪水平，10月24日~25日，杭州市旅游局等4个单位联合举办了"食在杭州"烹饪技能大赛暨市级技术比武烹饪赛，对获得团体总分前6名的饭店给予了奖励，其中杭州之江度假村、黄龙饭店、星都宾馆、金马饭店获得前4名被授予"杭州旅游餐饮名店"称号。在2001年"食在浙江"全省烹饪大赛上，杭州市选手获得了个人单项赛3金5银7铜牌和团体赛一、二等奖的佳绩。

开展了浙江省旅游纪念品设计大赛杭州赛区活动。经过3个多月的征集与评选，西湖十景旅游帽、真金彩绘西湖风景黑纸扇等3件获金奖；天堂牌风铃伞、檀香宫扇等5件获银奖，同时评出优质奖24件。

附：2001年杭州市接待海外旅游者、外联人数前十名国际旅行社

旅行社	接待(万人次)	排 名	旅行社	外联(万人次)	排 名
杭州中旅	8.20	1	浙江金桥	3.99	1
浙江中旅	6.73	2	浙江中旅	3.70	2
杭州海外	5.41	3	浙江中山	3.69	3
浙江海外	5.10	4	杭州海外	3.66	4
杭州春光	4.03	5	浙江海外	3.48	5
浙江金桥	4.00	6	杭州中旅	3.21	6
浙江国旅	3.20	7	海内外商务	2.57	7
浙江中青旅	2.71	8	浙江中青旅	2.51	8
浙江职工	2.50	9	浙江海峡	2.24	9
桐庐中旅	2.41	10	浙江新世纪	1.40	10

【公园景点接待游客量近3300万】 2001年，全市各公园景点在以西博会为龙头的旅游节庆、会展活动和春节、"五一"、"十一"黄金周假日旅游带动下，积极开发新景点、新项目，增加新设备，改善旅游环境，加强宣传促销，取得了较好的经营效果。全市各公园景点接待游客量3293.8万人次，比上年增长11.6%。其中市区公园景点接待游客2765.1万人次，增长9.9%。全市实现门票收入5.55亿元，比上年增长5.1%。其中，市区4.05亿元，增长0.5%。

从各区、县(市)接待游客情况看，富阳市各公园景点接待游客由上年5.7万人次，增加到21.8万人次，增长2倍多。余杭区接待69.4万人次，增长75.6%。以下依次为：萧山区147.7万人次，增长36.4%；桐庐县189.6万人次，增长26%；淳安千岛湖景区（大门票）90.1万人次，增长10.9%；建德市93.1万人次，增长7.8%。

从全市各公园景点情况看，接待游客超百万人次以上的景点有8个，比上年增加1个，其中灵隐景区以474.6万人次居首位，其他依次是：三潭印月239.9万人次、岳庙182万人次、宋城124.3万人次、六和塔112.6万人次、花港公园104.3万人次、杭州乐园102.54万人次和虎跑100.4万人次。游客接待量增长幅度超过50%的有7个景区(点)：萧山东方文化园162.6%、山里人家129.6%；桐庐垂云通天河增16%、白云源106.2%；杭州植物园83.7%、城隍阁67%、柳浪闻莺50%。

·旅游管理·

【加强旅游市场监督检查】 2001年，杭州市旅游管理部门对旅游市场共进行了115次监督检查，其中与工商、交通、卫生等部门及省质监所联合执法检查13次，检查涉及到690个旅游团队、导游、旅游定点单位和旅游企业，查处各类违章108起，分别不同情况作了处理，其中下达行政处罚书19起，共计罚款4.47万元。及时受理和处理旅游者投诉，保护旅游者的合法权益。全年收到各类投诉206件，属受理范围的127件，比上年下降11.2%；核查处理结案125件，办结率98.4%；共为游客挽回经济损失7.57万元。

对旅行社设立营业部、门市部分支机构的情况进行了整顿。全市有36个旅行社设立74个分支机构，其中未经批准的有14个，占总数的18.9%，依据不同情况分别作了处理。在整顿的基础上出台了《杭州市旅行社设立门市部、营业部管理办法(试行)》。

【加强假日旅游协调与管理】 杭州市假日协调小组重视做好春节、"五一"、"十一"黄金周假日旅游协调和管理工作，在每个黄金周到来之前，都召开有关部门负责人会议作出部署，并组织力量开展安全大检查活动，确保假日旅游健康有序地进行。从有关部门抽调力量成立假日旅游

办公室，坚持每天24小时值班，与各有关单位建立信息网络，每天汇集情况向省和国家“假日办”及市四套班子领导报送统计预报信息和《假日旅游快讯》。假日旅游工作得到各方面的重视和支持。杭州气象台及时提供假日气象预报，杭州电视台每日预报全市20个景点的接待情况，“西湖之声”电台派员参加“假日办”值班并及时播发假日旅游信息，有4个媒体开通旅游服务热线，为游客提供食、住、行、游、购、娱等多方面信息。市旅游局与团市委共同组织500名引导员(志愿者)经过培训后到20个公园、景点上岗，为游客担任“义务导游”，在现场讲解和服务。作为电子商务试点城市的杭州，多条电子旅游网开通。杭州旅游电子商务公司已形成“三网一中心”的格局，即中国酒店预订热线网(WWW.hotelonline.com.cn)、杭州旅游网、相约江南网和旅游服务呼叫中心(96123)，能提供吃、住、行、游、购、娱一条龙服务。

【加强旅游教育培训】 2001年，市旅游局共举办各类培训班25期，培训总人数达7349人次，比上年增长33%。其中饭店员工上岗证书培训班11期，有1189人参加考试。这项培训历时7年，一大批饭店员工经过培训和自学取得了岗位合格证，持证率达到了省、市旅游主管部门的要求。把导游培训作为重点来抓，全年举办导游资格年审培训班6期，参加者达1135人；组织导游资格辅导考试，参加者706人。首次举办了旅游景区、景点中级管理人员培训班1期，参加者41人。2001年出现了报考导游热，报名参加考试的有2900人。市旅游主管部门精心安排了考务工作。为提高培训质量，组织3名教师参加国家旅游局举办的全国导游资格考试师资培训班；组织部分企业及学校选派业务骨干参加省旅游局组织的考评员培训班并获得考评员资格证书。

【开展争做“文明导游员”活动】 中央文明办和国家旅游局决定从2001年起联合在全国导游队伍中开展争做“文明导游员”活动，围绕文明健康游览、文明科学讲解、文明优质服务三方面内容，通过业务培训、技能竞赛、质量检查等多种形式，加强导游队伍管理，提高导游人员的思想道德素质。省、市文明办和省、市旅游局相继作出部署。经过逐级推荐并向社会公示，全市有28名导游员获杭州市市级“文明导游员”称号，7名导游员获浙江省省级“文明导游员”称号，2名导游员被评为首批全国“文明导游员”。

为加强对社会导游员的教育和管理，合理配置导游人力资源，解决导游供需矛盾，年初成立了杭州市导游服务有限公司，至年底，注册登记的社会导游员400余名，60%的导游员被旅行社长期聘用。

【杭州市饭店协会活动】 该协会成立于1985年，至今已有宾馆、饭店会员单位110余个，其中四星级以下旅游饭店30余个。随着管理体制改革的深入，按行业属性，于2002年2月5日划归杭州市旅游委员会主管。

2001年，杭州市饭店协会坚持服务、合作、创新、发展为宗旨，为会员单位服务做了大量工作。发挥政府与企业之间的桥梁和纽带作用，在“五一”期间及时传达市假日协调会议精神，要求会员单位做好接待服务工作，实现“安全、秩序、效益”目标。配合杭州市创建“国家环保模范城市”，在宾馆饭店开展创建“绿色饭店”活动。在“五一”、国庆、西博会期间，配合物价局开展物价大检查，做好明码标价工作。协会多次参与市政府提出的“金秋杭州·购物·享受”的主题促销活动；参与评定杭州餐饮服务大师、名师和杭州餐饮名店活动；积极反映会员呼声，维护会员利益，协会以书面形式向有关部门反映宾馆、饭店遇到的来自各方面的乱收费现象，引起有关部门注意，在一定程度上得到制止；代表宾馆、饭店向市领导和物价部门递交了《关于要求水电费享受与一般企业用水、用电同等待遇的报告》，引起了有关部门的重视。

发挥饭店服务职业技能鉴定站作用和协会的组织作用，开展培训考察工作。先后举办了明码标价培训班，客房、前厅服务员培训班和餐厅服务员培训班。与浙江省教育学院联手举办了“旅游大专”培训班。为了做好节能增效工作，与杭州科灵水处理科技有限公司合作，开办了第一期中央空调系统故障诊断与节能、节水技术问题培训暨研讨班。为了拓宽营销市场，吸取外地及国外经验，协会组织部分会员单位进行交流考察活动。4月赴温州参加第二届省旅交会，5月组织10个会员单位赴韩国进行考察，6月参加成都全国旅交会。同时，先后接待了陕西、安徽、深圳、温州、湖州等同行，交流协会工作经验，互通情况和信息。为了提高员工培训质量，省、市劳动部门对协会的饭店服务职业技能鉴定站进行了检查鉴定，该站被评为2000年度优秀职业技能鉴定站。 (马金海)

·区县(市)旅游·

【萧山区】 2001年，全区实现旅游收入13.2亿元，接待国内外游客209万人次（其中景点接待游客达142万人次）。13个旅游饭店实现营业收入3.24亿元，比上年增长14.6%，平均客房出租率达78.3%。

景区景点开发建设取得较大进展。由宋城集团投资的杭州乐园二期工程，即杭州世界休闲博览园，前期征地拆迁工作基本完成。杭州东方文化园二期的道教区、佛教区、滑草场已基本建成，正在抓紧实施配套项目的建设。由浙江省登峰集团投资的杭州生态园，总体规划设计方案和中心区块功能方案已通过评审，基础设施全面铺开。浙江万达集团总投资2亿元的世外桃源旅游项目一期工程的道路、环境整治等基础工程全面展开，到区内的道路基本铺成。杭州迪佛通信股份有限公司投资兴建的“钱塘时代”项目在河庄镇围垦四工段顺利奠基，项目分为钱塘楼建筑群、钱塘文化休闲公园等区块。

举办旅游节庆等宣传促销活动。10月1日~6日，2001年中国国际(萧山)钱江观潮节在钱江观潮度假村举行。同时举办了杭州乐园狂欢节、东方文化园金秋艺术节等活动。钱江观潮节达到了"隆重、安全、有序、实效"的目标,5天时间观潮者达68万人次。同时落实招商引资项目72个,其中外商投资项目38个,总投资2.01亿美元;内资项目34个,总投资14.8亿元人民币。6月18日~24日,在所前镇杨静坞森林公园举办第3届萧山杜家杨梅节,共接待游客5万余人次,引进投资额6亿元。杨梅节期间,首次推出了农家旅游接待点。3月,组织区内各旅游企业到南京、扬州、苏州、无锡、镇江等地开展巡回促销活动,以扩大萧山旅游在苏南的知名度。组团参加在杭州吴山广场举行的"锦绣江南旅游精品展"和在宁波举行的"世界旅游日"活动,把钱江观潮节和萧山旅游推向旅游市场。"十一"黄金周前,在萧山新世纪广场举行旅游咨询活动。

加强行业管理。以抽查和全面普查相结合,重点对景区及宾馆饭店的娱乐设施和消防进行检查,预防各类事故的发生。批准成立了龙海酒店、哥德曼俱乐部、中华大酒店等3个二星级饭店。开元城市酒店被批准为三星级饭店。新设立杭州飞扬假日旅行社、杭州萧山假期旅行社,以及杭州海外旅游公司萧山分公司等中介机构。开元旅行社被评为全国百强国内旅行社和杭州市优秀旅行社。国际酒店通过了ISO9002/1400国际标准化质量和环境管理体系认证。金马饭店通过了ISO9000/1400国际标准化质量和环境管理体系认证。杭州乐园通过省级4A级景区验收。全年组织了3期岗位培训班,共有200多名员工参加培训。经过考试,95%的员工取得了上岗证书。全年共有110人参加了导游培训,完成了对各景区内导游员上岗发证工作,有28人获得景点导游证书。 (裘晓莉)

【余杭区】 2001年全区接待游客120万人次,旅游收入达5.37亿元,均比上年增长53%;接待境外游客1.8万人次,增长115%;旅游创汇7863万美元。

余杭双溪竹海漂流景区

余杭区委、区政府积极支持发展旅游业,在机构改革中单独设立了正处级的余杭区风景旅游局,将原属区建设局承担的风景区管理职能划归区风景旅游局承担。为了加快径山旅游度假区的开发,专门成立了正处级的径山风景旅游开发区管委会。11月26日,余杭区委、区政府召开全区旅游产业发展工作会议。余杭区委书记徐松林、区长何关新到会并讲话,区属各部门和镇乡党政一把手,旅游企业、房地产企业和特一、二级企业负责人300余人参加会议。这是余杭历史上规格最高、规模最大的一次旅游产业发展工作会议。区委、区政府出台了《关于进一步加快旅游业发展的若干意见》,并决定从2002年起,区财政每年安排500万元旅游专项资金,用于发展旅游事业。

加大旅游宣传促销力度。围绕"体育健身旅游年"主题,重新编印了《余杭之旅》宣传品。在中央电视台《旅游风向标》中播放《余杭之旅》专题片2集,在《香港大公报》、《华东旅游报》、《江南游报》、《都市快报》上整版宣传余杭旅游。及时更新余杭旅游网站,并与国内外100多个著名专业网站链接。2月28日,在双溪竹海漂流景区成功举办杭州"西湖之春"旅游节开幕式,江浙沪300个旅行社和100多位记者参加,中央电视台播发新闻,新华社发了通稿,为余杭旅游营造声势。开幕式后,双溪旅游开发公司投入100多万元广告费,并在沪杭宁等8个城市设立了办事处,打响了"江南第一漂"的品牌。参加2001年杭州国内旅游交易会,共散发旅游资料6万余份,获得最佳展台奖。

区风景旅游局与塘栖镇政府合作举办了第三届中国塘栖枇杷节;与鸬鸟镇政府合作举办了"余杭之夏"活动。开通了杭州至余杭一日游旅游专线班车,每周六、日在杭州吴山广场发车。

分别组团参加了中国国内旅游交易会,南京、温州、宁波、义乌等地举办的旅游及旅游商品交易会,累计散发各类资料30万份。

积极开展旅游项目的招商工作,吸引了多种经济成分参与投入余杭旅游资源的开发。南都集团总投资20亿元的中国良渚文化村项目已正式立项,进入征地和规划阶段;广厦集团总投资80亿元的杭州科幻乐园天都城项目已正式动工;横店集团正式加盟超山风景区的开发;浙江金成房产公司投资2亿元的余杭文化休闲主题公园已完成方案设计,开始进入施工阶段;上海杰邦电器公司投资1亿元的大禹谷休闲度假项目已完成了总体规划设计,景区道路已浇筑完毕;由华城、华夏两个房产公司投资2700万元的九龙瀑景区已正式启动；双溪竹海漂流二期扩建项目被列为杭州“旅游西进”十大重点项目之一。

加强行业管理。2001年新评瓶窑大厦(杭州香桂花园酒店)为预备三星级饭店,北苑、西园、悦来、华莹、腾龙等5个为二星级饭店,全区星级饭店总数达11个。

新成立江南旅行社等2个旅行社和杭州西湖旅行社临平经营部等3个分支机构，使旅行社及其分支机构达10个。各旅行社都推行旅游责任保险，与游客签订国家标准组团合同。余杭旅游公司、杭州假日旅行社相继进入杭州市优秀旅行社行列。抓好旅游行业的安全生产,会同区治安、消防、卫生、环保、林水、技术监督等部门，进行旅游行业安全检查,发现隐患及时整改,为游客创造了安全、整洁、文明的旅游环境。

首次组织举办景区景点导游员、讲解员培训班,28人获得了省旅游局颁发的景区景点导游证。临平宾馆总台和临平大酒店餐饮部继续保持浙江省“青年文明号”荣誉。

(余杭区风景旅游局)

【临安市】 临安市委、市政府及旅游主管部门抓住“旅游西进”机遇，从可持续发展的高度出发，制订了旅游“二次创业”的发展战略。2001年接待游客总量达到198万人次，比上年增长21.6%；旅游经济总收入超过10亿元,再创历史新高。引进投资20余批次,成功签订投资协议6个，开发推出了石长城、神龙川、浙西天池等3个新景点。浙西大峡谷、天目山景区顺利通过4A级景点初评，钱王陵通过3A级景点初评。根据《临安市国民经济和社会发展第十个五年计划纲要》的构想,编制完成了临安市旅游产业“十五”总体规划，明确把临安建设成为生态旅游强市的旅游总体目标。

围绕“政府指导,企业联合,集中力量主攻华东”的市场开发策略,3月与湖州市南浔镇政府联合赴苏南促销并推出“名山名镇精品旅游线路”,达到优势互补,客源共享的目的。同时积极开拓二级市场,先后参加了广州、成都等地的旅游交易会。下半年,在《江南游报》的协助下，与安徽歙县联合举办浙西皖南“绿色画廊”精品线路研讨会。浙皖“绿色画廊”又与浙江“万里行”联合体的15个旅行社联手推出了大规模跨省联合的生态与文化联姻的线路。国庆期间,浙皖“绿色画廊”精品旅游线进入中央电视台2001年度全国国内旅游“十一”旅游黄金周最受欢迎的20条线路排行榜。

集中力量主攻华东市场取得了成效。据调查,2001年临安市旅游客源结构为:上海占45%,苏南占20%,浙江占20%,其他占15%。

进一步加强旅游教育培训和行业管理。2001年举办培训班9期，其中导游年检培训班2期,170名导游人员参加；景点员工上岗培训班2期,87人参加,其中73人考试合格；景点导游人员培训班1期，100人参加,其中72人考试合格并取得导游证；星级饭店员工上岗培训班2期,49人参加培训。临安市天目山管理局的傅强荣获“全国文明导游员”称号。

开展星级饭店评审工作，水缘山庄、天目山财政休养所、於潜大酒店、银杏大酒店荣膺二星级饭店称号。至此临安共有星级饭店9个。

成立了东方旅行社有限公司和交通旅行社,临安共有旅行社6个。经旅行社年检,天目山旅行社、临安旅行社、钱王旅行社进入浙江省50强旅行社行列。加强旅游市场整治,7月20日~31日,临安市旅游监察大队在昌化地区对无证导游进行了重点治理，遏制了无证导游猖獗的现象。8月中旬,会同工商、公安等部门对旅游商品市场进行综合整治，收缴不合格量具29件套。10月，对白水涧和白马崖等景点的轿夫进行整治,实行明码标价,统一管理。

(临安市旅游局)

【富阳市】 2001年,富阳市旅游业根据“旅游西进”战略部署,围绕完善旅游规划,突破开发建设,强化市场营销，规范行业管理以及健全企业机制等方面开展工作。全年共接待中外游客141万人次，比上年增长34.3%(其中接待境外游客998人次，外汇收入44.09万美元)；旅游总收入5.15亿元,增长24.2%。

接轨“旅游西进”。8月13日，富阳市委、市政府成立了富阳市旅游和交通西进工作领导小组，富阳市委书记郭泰鸿任组长，市长孙建华任常务副组长。10月25日,市委、市政府分别下发了《关于加快旅游业发展的实施意见》、《关于加快富阳市旅游业发展的若干政策措施的通知》等文件,多方面培植、支持旅游业向产业化发展。10月31日，富阳市旅游工作会议在市政府会议中心召开，部署接轨杭州“旅游西进”战略和今后一段时期的旅游工作任务。市委书记郭泰鸿、市长孙建华到会并讲话。市四套班子领导、市属机关、乡镇以及旅游企业代表共100余人参加。12月20日,按照“旅游西进”目标和“高起点规划,高品位建设,高标准发展”的要求,编制完成了《富阳市旅游业发展规划》。

旅游景区(点)开发与建设。年初以来，开展了第2次全市风景旅游资源调查工作，挖掘了一批风景旅游资源，并先后两次邀请省内专家对这些旅游资源进行实地考察鉴定。其中常绿黄弹石梯景观、常安横坑坞皇天堂瀑布群、万市洞山灵隐洞、新登长兰石林、曹操后裔东图上村聚居地等一批自然景观和人文资源列入景源序列,编制成招商项目，进入旅游招商项目库。

至年底，位于杭州市区近郊的杭州野生动物世界一期工程基本完成；中国古代造纸印刷文化村二期工程的造纸、印刷一条街正在施工；杭州富春山居项目进展顺利，其中一期高尔夫球场及配套服务设施已完成,二、三期项目中的高星级酒店以及别墅、住宅配套、旅游度假中心相继动工建设。2月17日,浙江金义集团投资5000万元开发碧湖双洞景区签字仪式举行。5月20日，“两江一湖”总体规划富阳部分的修编工作完成，通过申报，使原有的11个景源增加至28个。为加快龙门景区旅游资源开发，打响三国时代孙权品牌,8月，完成了龙门古镇石牌楼工程建设。同时,由浙江东南汽运股份有限公司与龙门镇政府合作组建的杭州龙门古镇旅游开发有限公司，开始对龙门古镇进行整体开发。9月29日，浙江富春江集团公司投资的黄公望森林公园项目正式批准立项。10月1日，由民间投资开发的天钟山、通天飞瀑景点正式对游人开放。

旅游宣传促销。3月15日~17日和9月27日~29日，由富阳市人民政府和上海市旅委共同举办的2001年富阳旅游上海春季（秋季）促销会在上海新亚大酒店举行，富阳市副市长洪庆华带领全市20余个旅游企业及部分旅游乡镇的负责人与上海70多个旅行社洽谈业务。部分景点、宾馆（饭店）与上海旅行社签订了组团合同。3月，邀请上海旅行社考察团和上海新闻界考察团到富阳进行实地踩点、踩线。下半年，上海近300个（次）旅行社老总或业务代表到富阳进行业务考察。4月11日和11月1日，富阳市风景旅游局组织部分旅游企业，赴温州参加2001年浙江省旅游交易会和西博会期间举办的杭州旅交会。在西博会旅交会上，富阳市旅游展台以其独特的设计和布置吸引了众多人士前来咨询、洽谈，起到了较好的宣传效果，被评为优秀展台。

旅游产业继续发展。由富通集团与香港投资商合作开发，总投资2.2亿元、按四星级标准建设的南中国宾馆设计方案通过论证；由红太阳大酒店投资2650万元、按二星级标准建设的新红太阳大酒店，以及由春城餐饮有限公司投资3500万元的春城度假村设计方案均通过评审。杭州富阳宾馆被批准为三星级旅游饭店。富阳国际大酒店和新疆疗养院富春山庄经过改造后被批准为二星级旅游饭店。以私人资本形式参与旅行社业务的富阳市阳光旅行社成立。浙江省中国旅行社、杭州森特假日旅游有限公司分别在富阳设立了营业部。至此，富阳市设有旅行社5个和门市部（营业部）5个。（董明敏）

【桐庐县】 全县旅游业继续按“大旅游”的发展思路，紧密结合旅游国有股份转让和社会办旅游的实际，努力开拓，取得较好成绩。全年接待游客251万人次，比上年增长13.1%；营业收入2.37亿元，增长8.3%；全社会旅游总收入6.9亿元，增长12.2%。

为接轨杭州“旅游西进”战略，推进全县旅游产业发展，努力实现旅游强县目标，县风景旅游局主持制定了《关于进一步加快旅游业发展的通知》，报县政府同意后下文施行。编制完成了《桐庐县旅游产业“十五”发展规划》（送审稿）。成立了桐庐旅游发展有限公司（为国有独资公司），其主要职责是根据旅游发展规划，推出旅游、度假招商项目，广泛开展招商中介服务；加大宣传促销力度，包装桐庐旅游整体形象，通过市场化运作，使桐庐旅游招商引资取得新突破。

开展宣传促销活动。4月，由中国广播电视学会电视文艺研究会和县人民政府主办，杭州明珠电视台和桐庐县风景旅游局承办了“富春江畔”电视艺术片采风拍摄活动，并邀请浙江、上海、山东、南京、大连、福建等15个电视台参加。活动以秀美清丽的富春江为主线，结合人文历史景观和近年富春江两岸发生的变化，以音乐、散文电视的创作手法来宣传桐庐县旅游事业和其他社会事业发展情况。拍摄的片子已在15个电视台多次播出。

9月20日~22日，由杭州市旅游局、杭州市城乡建委、桐庐县人民政府共同举办了2001年杭州·桐庐富春山水节，活动内容由“春江花月夜”、“中国电视吉尼斯竞技大赛”和“会展经贸活动”3部分组成。活动期间，接待有关领导和市民达2万多人次，商品零售额12.6万元。经贸洽谈签约投资17项，总投资5.03亿元，其中正式签约10项，投资额2.92亿元。11月30日至12月1日，由县四套班子领导带队，县风景旅游局组织18个旅游企业，赴宁波举办杭州桐庐富春山水旅游（招商）推介会，开展各种形式的洽谈活动100余次，向宁波市民分发宣传资料近1万份；加强与宁波旅游界的联合，双方企业还就今后旅游信息沟通、线路优化组合等实质性问题达成共识。

抓好景区景点建设。由桐庐富春江七里银滩风景旅游有限公司投资开发的七里银滩风景区于5月1日建成开放，至年底已接待游客2万人次。由新天地旅业开发有限公司投资开发的琴溪香谷风景区9月22日建成开放后，已接待游客1.8万人次。瑶琳仙境、垂云通天河投资240万元用于设备更新，并申报4A级旅游景区，通过了浙江省旅游局的初评。

在旅游行业精神文明建设中，桐庐县瑶琳风景管理处洞厅服务部导游组被评为全国“巾帼文明示范岗”称号。在全市评选文明导游员活动中，有2名导游员被评为首批杭州市“文明导游员”。（华闻闻）

【建德市】 2001年，全市完成旅游综合收入7.81亿元，比上年增长7%；旅游业直接收入1.64亿元，增长5.4%；接待国内外游客185.18万人次，增长8.7%；旅游饭店客房出租率为54.7%，比上年上升了9.4个百分点。

深化创建”中国优秀旅游城市”工作。3月9日，建德市召开全市旅游工作会议暨“创优”总结表彰会，提出要以成功创建中国优秀旅游城市为契机，在新的起点上谋求建德旅游更快更好地发展。会上，市风景旅游局等11个“创优”工作先进集体和21名先进个人受到了市政府的表彰。7月10日开始，建德市政协组成6个评议组，分16个小组深入全市110多个基层单位明查暗访，向1200多名市民和游客发放创建“中国优秀旅游城市”成果民主评议问卷调查表，收到意见和建议890条。从调查看，无论是本市市民还是外地游客，对建德市旅游发展都很关心。市政协的民主评议活动，对改进旅游城市工作，巩固“创优”成果，提高旅游业发展水平起到了较大的促进作用。各有关部门和单位对调查中存在的问题进行了整改。建德市政协对整改情况进行了督查，整个活动历时4个月。按照“创优”要求，加强了饭店评星工作，有6个饭店进入星级饭店行列，使星级饭店数达到12个。同时评选出

10名导游员为建德市首批“文明导游员”。

接轨“旅游西进”。9月6日,建德市聘请本省市和上海风景旅游专家18人,组成了建德旅游专家咨询委员会,对“旅游西进”与建德旅游发展进行了研讨。12月5日,举行了旅游业发展总体规划编制座谈会,各旅游企业及相关部门、乡镇的代表出席了会议。该规划包含近期5年、中期10年、远期20年3个阶段性目标,由华东理工大学文化艺术学院编制,计划2002年3月完成。

招商引资开发建设新项目。1月17日,建德市政府在杭州新侨饭店召开旅游招商暨新景点、新线路说明会,向社会各界推出新叶古民居、铜官峡等10个旅游招商项目。2月18日,位于建德市寿昌镇与航头镇之间的千岛湖通用机场正式开工建设,对于完善建德市交通网络和投资环境,开展空中旅游和发展航空俱乐部,提升旅游城市档次将发挥重要作用。11月6日,杭州凯利达实业有限公司租赁开发千岛湖铜官峡景区的签字仪式在千岛宾馆举行,该公司将投资2500万元,租赁开发面积为233.33余公顷(3800余亩)的铜管峡景区。

举办旅游节庆等活动。7月15日,由杭州市旅游局和建德市人民政府联合主办的“杭州之夏·新安江旅游节”隆重开幕。省旅游局、杭州市、建德市有关领导出席开幕式。中央电视台、浙江电视台、浙江日报社等10多个新闻媒体到会采访。旅游节期间,向国内外游客展示了“红新安江杯”耐寒勇士漂游新安江、第二届荷花节暨三地(建德、兰溪、龙游)民间艺术表演、大慈岩攀岩比赛等丰富多彩的节目。8月6日,举行了《亲山爱水新安江》旅游风光碟片首发式。10月9日,以建德市新安江风景区的锦绣风光为主要内容的《锦绣新安江》邮册正式发行,邮册收集了1964年发行的新安江水电站特种邮票仿印银箔珍藏版,周恩来、董必武、郭沫若为新安江水电站题词的纪念邮票等,展示了建德市旅游景点、人文景观和现代化建设事业的风貌。 (何永生)

千岛湖旅游组团群英大会

【淳安县】 千岛湖风景区全年接待游客90万人次,比上年增长10%;门票收入6292万元,实现旅游经济收入6.03亿元,分别增长11%和24%。同时荣获首批国家4A级旅游区、全国保护旅游消费者权益示范景区和省级“青年文明号”景区等荣誉称号。千岛湖旅游经济进一步发展,使千岛湖品牌进一步提升。

2001年,全县投资3000万元用于景点改造建设。千岛湖石林、鸵鸟乐园、三潭岛、龙山、猴岛完成改造并开放,梅峰观岛、五龙岛、温馨岛等景点增添了特色项目并完成绿化美化工程。至此,千岛湖初步形成自然风光、人文风情、生态野趣、娱乐参与四大主题内容和龙山、屏峰、梅峰、羡山、石林、动物系列六大景区。千岛湖石林被省评为精品景点。

出台新政策吸引集团企业来千岛湖投资开发大型、特色项目。北京龙缘俱乐部投资2000万元开发千岛湖休闲潜水项目。杭州海外海集团公司投资7000万元建设的四星级宾馆建成开业。为接轨“旅游西进”,完成了05省道淳安段一级公路50%改造。投资近百万元在杭州市区和富阳、桐庐、临安境内制作了千岛湖旅游交通指路标志牌。

举办千岛湖旅游群英大会,兑现组团奖励金共500万元,并签订组团协议,进一步巩固了江浙沪旅游客源市场。组团赴北京、山东、江西及温州等地宣传促销,推出了“名湖名窟名居”和温州至千岛湖(火车天天班)散客专线等精品旅游线路。成功举办了首届“2001中国·淳安千岛湖秀水节”。以“人·水·发展”为主题,共策划20多个项目,是淳安县迄今为止规模最大、档次最高、影响力最深远的综合节庆活动。推出“千岛湖养生之旅”、“千岛湖绿色环保夏令营”及“春之约”、“夏之梦”、“秋之韵”、“冬之情”等主题旅游活动,活跃了旅游市场。出版发行《心泊千岛湖》散文集、大型千岛湖风光画册和千岛湖风光VCD,进一步塑造千岛湖良好的旅游形象。

建立千岛湖旅游教育培训中心,开设全省惟一县级全国导游员资格考核考点,为培育更多合格导游人才奠定基础。开展饭店评星活动,新评1个预备四星级旅游饭店,1个三星和3个两星级旅游饭店。千岛湖风景区已有星级饭店13个。制定并出台了《千岛湖风景区景点管理考核办法》,五龙岛被评为2001年度风景区最优景点。推出景区报告单和景区检票员登记建档制度,设立行风监督机制,对景点旅游服务进行检查监督,改善工作作风。在游船(艇)业主中开展“争创文明游船(艇)、争做文明管理员”活动,并与游船(艇)业主签订责任状,不断提高从业人员的服务水平和服务质量。 (唐四萍)

交通运输

工作,加大对建设市场的监管力度。同时,加强交通工程项目法人制度建设,明确经营性项目和非经营性项目法人组建的要求,使一般交通建设工程组建的非经营性项目法人得到了落实。（王跃飞）

·综述·

【概况】 2001年,杭州市交通部门紧紧围绕交通现代化的目标,抓住发展交通各项事业、增强交通综合实力这一主题,制定好交通中长期发展规划,在确保工程建设质量前提下加快交通建设步伐,为顺利实施交通基础设施在“十五”期间实现高等级、网络化的目标打好基础。以法治交,规范运输市场,加强路政、运政、航政、港政、驾培和公路养护管理,提高行业管理效能。坚持体制创新和科技进步,深化改革,推进交通产业结构的战略调整,促进交通产业持续发展。坚持以人为本,继续加强党的建设和精神文明建设,取得了新的成效。全年完成全社会货物运输量1.24亿吨,比上年增长6.8%,其中公路、水路1.20亿吨,增长8.6%。全社会旅客运输量2.03亿人次,增长9.3%,其中公路、水路1.89亿人次,增长9.1%。市和区、县(市)交通运输部门完成货物运输量800万吨、周转量10.13亿吨千米,分别比上年下降11.4%和13.3%;完成客运量4186万人次、周转量28.95亿人千米,分别增长9.4%和16.8%。

2001年是“十五”计划实施的第一年。市交通局坚持建设与管理并重,深化交通改革,加快建设步伐,提高管理效能,提升队伍素质,推进行业文明建设,努力实现交通“十五”计划的良好开局。全年交通基础设施建设总投资32亿元,是杭州交通发展史上投资最多的一年。在绕城公路和一批交通重点工程的项目资金筹措中克服困难,加强与银行和社会的联系,使交通基础设施建设筹融资工作取得较大进展,并强化项目资金的集中调控和监管,保证交通重点工程建设的顺利进展。绕城公路北线一期工程等8个交通重点工程建成并投入使用,杭州汽车西站等一批新的交通建设项目开工建设。交通工程项目建设的质量和管理水平不断提高,全年通过省级交竣工验收鉴定的各项工程均被评为优良工程。

交通行业管理市场化、规范化进程加快。加大对水陆运输市场的监管力度,集中进行专业市场货运、旅游客运、危险品运输等专项整治,实施了搬家运输业的纳轨工作。

交通运输企业改制进入攻坚阶段。杭州市交通工程集团有限公司完成转制,杭州长运运输集团有限公司及5个单独改制的公司于5月转制挂牌。杭州港航实业总公司和杭州市第一汽车运输总公司完成了整体改制方案的报批工作,部分二级企业基本完成分立改制。交通企业在抓好改制的同时,继续强化经营管理,企业经营效益保持稳中有升,实现了新的发展。至年底,市交通局有直属单位18个,职工总数1.16万人。（邬炳炎）

【交通工程质量和管理水平不断提高】 杭州交通建设在连续两年“质量年”活动的基础上,按照争创鲁班奖和高分优良工程目标,在绕城公路等工程建设中加大了质量管理力度。2001年,交通建设主管部门督促业主切实采取解决质量通病的措施,对发生的软基沉降、桥头跳车、桥面铺装、通道裂缝等工程建设质量通病,配合业主组织专家论证和科技攻关,切实加以治理,使所有在建工程的建设质量明显提高。全年通过省级交竣工验收鉴定的各项工程均为优良工程,优良率为100%,其中绕城公路北线一期工程被评为高分全优工程。在交通建设管理上,结合交通建设市场秩序整顿,通过完善招投标程序、资质年检等基础

【加强交通行业管理】 2001年,市交通局完成《杭州市道路旅客运输管理若干规定》、《杭州市机动车驾驶员培训管理办法》等法规的修改和报批工作,落实行政执法责任制,规范行政执法操作程序,抓好文明执法单位创建和行政复议等工作,行业管理市场化、规范化进程加快。组织实施了省际旅游客运、市区旅游观光巴士和部分营运货车经营权服务质量招投标,确立了以质量信誉招投标为主要模式的运力投放新机制。完善规范联托运、货船更新改造的市场准入条件。根据运输市场季节性、节假日供求状况变化等特点,加大对水陆运输市场的监管力度,进行专业市场货运、旅游客运、危险品运输等专项整治,落实行政执法责任制,规范行政执法操作程序,使运输市场秩序有所好转。此外,还完成了市区行政审批客运出租车经营权的并轨工作。

（俞闻军）

【长运运输集团改制促发展】 5月28日,杭州长运运输集团有限公司在原杭州长运集团公司基础上改制挂牌。为满足客户需求,该公司更新经营理念,优化产品结构,加大硬件和软件的投入,使企业步入高速发展的快车道。全年完成营业收入3.3亿元,创利润2800万元。

杭州长运运输集团有限公司致力于实现“一流品牌、一流规模、一流效益”的总体发展目标,逐步淘汰落后的车辆承包经营模式,实施车辆高档化、班次密集化、服务高要求、管理高标准的快客改造发展战略。至年底,公司拥有高速班线9条,快客班线44条,高档车200余辆,提升了交通运输企业在全社会的形象。为了给乘客提供“安全、快捷、舒适、温馨”的服务,在硬件建设上投资2.5亿元新建汽车北站、西

站和南站，扩建汽车东站；投资400余万元对售票系统进行改造；投资200余万元对公司所属东、南、西、北四个车站的快客候车室进行改造和装修。在软件建设上，开展“我是公司，我是长运”主题教育活动；推行服务质量一票否决制；坚持服务承诺和违诺赔偿制，打造诚信服务；采用GPS等现代化高科技手段管理行车安全，赢得了广大乘客的青睐。2001年春运、五一、国庆黄金周，公司所属4个车站的乘客出口量连续打破历史记录，超过了铁路和民航的乘客量，成为杭州市客运运输的主力军。据统计，春运期间发送乘客178万人，比上年同期增长20.3%；国庆节当天发送乘客8.6万人，比上年同期增长20.2%，创日发送乘客人数的最高记录。

（张红卫）

【水陆运输结构调整步伐加快】 通过政策引导，水陆交通运输结构调整初见成效。运力结构方面，2001年全市班车客运高档车投入比上年递增5.1%；旅游客车中档以上车型已占总量的61.5%；农用客车更新改造比例达90.8%，其中临安农用中巴车已全部更新改造为普通中巴车，市区及临近县（市）的500辆中巴车80%已通过报废更新为空调中巴；钱塘江水域已全部淘汰水泥船，船舶向大吨位方向发展。运输经营结构方面，公路快客网络建设步伐进一步加快，杭州至省内各市和临近省已开通18条高速、45条快客线；旅游客运市场得到迅速发展，全年通过实施三次省际旅游客运、市内旅游观光巴士经营权服务质量招投标，新投放210辆旅游客车，建德等地增开至各景区旅游专线车；农村客运市场覆盖面有所提高，全市乡镇班车通车率达98.4%，行政村班车通车率达87.8%；物流业开始起步，杭州市已有2个具有一定规模的物流运输企业，水路集装箱运输量比上年增长近1倍。（徐汇）

【开展水路旅游运输经营资质管理】 2001年，杭州市按照交通部《国内船舶运输经营资质管理规定》精神，开展客旅游运输企业、船舶评估和整顿工作，抓好经营资质准入，制定行业管理标准，确保全航区所有经营水路客运经营人的经营资质和客旅游船的营运条件符合规定。全年重点对48个客运旅游运输企业和7个危险品运输企业重新进行经营情况的调查和资质评估。实施运输船舶强制报废制度，对6艘船龄到期的船舶强制报废并退出运输市场，18艘存在缺陷的危险品运输船舶、11艘不符合规范要求的挂桨机油船（均为加油船）作出限期整改或停止营运的处理。对不符合资质要求的7个客运和5个危险品运输企业发出整改通知，重新组建了4个旅游运输企业和1个危险品运输企业。相继制定了水路运输运营的相关法规，以确定经营者准入、营运标准和条件，保障水路客旅游运输安全，促进水路客旅游运输市场健康有序地发展。（钱利屏）

【整顿水陆运输市场秩序】 根据杭州市水陆运输实际情况，2001年开展了水陆运输市场的专项整治。在水运管理中，重点整治水路客运市场秩序、危险品货物运输市场秩序、乡镇船舶安全管理和钱江航区短途运输船舶秩序。坚决取缔“三无”（无证、无照、无船名号）船舶和无证无照码头的非法经营，确保经营人的合法经营资格，进一步规范船舶进出港行为，确保船舶证照齐全，船名船号标识规范，使全市水路运输秩序和安全状况明显好转。在监管并重、重拳出击整治公路运输市场工作中，全年查处无证非法营运汽车2253辆次，其中市区1009辆次。查获并销毁各类非法营业人力三轮车2774辆次，取消三轮车营运资格2辆。此外，还依法取缔无证经营托运点7个，无证汽车修理点52个，查处违章经营405次，查扣各类机具286件。（俞闻军　钱利屏）

·重点工程建设·

【概况】 2001年，杭州交通基础设施建设完成投资32亿元，比前三年平均投资额增长23.4%，是杭州交通建设史上投资规格最大、发展速度最快的一年，再创交通基础设施建设投资新高。全年建成二级以上高等级公路131.3千米，其中高速公路29.3千米，一级公路71千米，二级加宽公路31千米。完成改建高级、次高级路面377.8千米，完成通乡公路4.3千米，新增等级公路175.8千米，建成通行政村简易公路175.2千米，全市行政村的通车率已达到99%。

全年有绕城公路北线一期、钱塘江大桥维修加固、04省道余杭段改建、余杭良塘公路改建、02省道临安至昌化段改建、杭申线杭州段航道护岸完善、京杭运河杭州市区段清淤二期、杭州交通信息指挥中心等八大交通重点工程建成并投入使用，绕城公路北线二期、绕城公路东线、绕城公路南线、05省道淳安段改建等工程进展顺利，杭州汽车西站、16省道桐庐至焦山段、03省道萧山东复线等工程在年内开工建设。这一大批重点工程项目的建成和相继开工，为杭州交通在“十五”期间基本建成“一个半小时公路交通圈”和形成水陆并举、干支相连、港站配套、功能协调的杭州交通体系创造了良好的开端。

（邬炳炎　王跃飞）

【绕城公路北线一期工程完工】 杭州绕城公路北线一期工程是杭州市绕城高速公路的重要组成部分，是国道主干线上海至云南瑞丽高等级公路杭州境内段工程。该工程横贯杭州城北衔接杭州绕城公路西线，和104国道、320国道、杭宁高速公路、沪杭高速公路、杭金衢高速公路相连。

绕城公路北线一期工程从乔司至余杭塘河桥，全长29.29千米，总投资17.5亿元，设计时速100千米/小时，按全封闭、全立交控制出入的高速公路标准建设。起点乔司K8+877.28至杭宁互通立交以西K26+000，是浙江省第一条长达17千米的双向六车道高速公路。全线有互通立交10处，桥梁56座（计9819延米），通道37座（计1154延米），涵洞54处（计1995延米），其中黄鹤山

绕城公路南线工程进展顺利,图为建设中的钱江五桥

隧道是目前全国高速公路中跨径最大、最长的三线双洞隧道工程之一,全长1400米,双向六车道,净宽15米。工程于1998年12月6日开工,2001年12月29日完工。

绕城公路北线一期工程地处杭州城郊北部江南水乡地带,河道纵横,全线软土地基约占70%,技术要求高,施工难度大,建设者们经过三年的艰苦努力,整个工程按期完工并取得了单位工程全优、全省交通工程质量评定并列第一的优秀成绩。

绕城公路北线一期工程是杭州市构筑现代化大都市高等级公路网络的主要标志,它的建成通车改善了杭州过境和进出车辆的交通状况,也为实现杭州市在新世纪跨江发展、城市东扩、旅游西进战略和全市"一小时半公路交通圈"的目标打下了良好基础。

【绕城西线与北线一期实现一体化营运】 杭州绕城公路北线一期工程12月29日完工,12月30日0点起与全面整修后的杭州绕城公路西线实现一体化通车营运。绕城西线建成于1997年,双向4车道,设计时速100千米/小时,为使其达到高速公路标准与绕城北线一期顺利联网收费,2001年对西线路面进行了大修。一体化营运后的杭州绕城高速公路已建成的通车里程达48.88千米。 (王 伟)

【钱江大桥维修加固如期完成】 钱江大桥自1937年建成通车63年以来,投资最大、历时最长、整修最全面、加固最彻底的大桥维修加固工程,于2000年4月15日动工,2001年5月1日如期完成,并恢复通车。整个工程(封闭交通)历时383天,总投资3968万元。

维修加固工程包括更换主桥公路桥的全部桥面板和锈蚀严重的钢桁梁杆件,重新安装排水系统、路灯等,对桥墩裂缝修补及压浆封闭,对桥墩局部冲刷抛石加固。工程达到了"保安全、保功能、保寿命、保景观"的要求,既保持了原有的建筑风格,又融入了现代的生活理念。钱江大桥维修加固后的桥面行车道宽由6.10米增加到6.50米,行车更为安全、舒适。桥上古朴的栏杆、灯柱,配上泛光照明,赋予大桥全新的景观内涵,成为杭城又一道亮丽的风景线。 (洪发生)

【3项公路改建工程建成通车】 04省道余杭段(彭公至幽岭)改建一级公路,设计行车速度60千米/小时,路基宽22.5米,全长24.9千米,沥青砼路面。工程总投资2.5亿元,1999年10月开工,2001年11月完工通车。该工程途径余杭彭公、横湖、百丈三个乡镇,与安吉相接,沟通了104国道、318国道及余杭沿线乡镇及安吉的陆路交通。

余杭良塘公路(104国道余杭东连接线)改建工程全长16.51千米,按二级公路技术标准建设,设计行车速度80千米/小时,路基宽17米,沥青砼路面。工程总投资1.65亿元,1999年10月开工,2001年10月完工通车。该工程途径余杭塘栖、东塘、獐山、云会、良渚,沟通09省道、杭宁高速公路、104国道,对改善杭州外围的交通条件及沿线乡镇的经济发展具有重要作用。

02省道临安至昌化段改建一级公路,设计行车速度60千米/小时,新线路基宽22.5米,拼宽路段路基宽24.5米,沥青砼路面。工程

维修加固后的钱江大桥

改建后的02省道临安至昌化段

总投资4.6亿元。1998年2月开工，2001年7月完工通车。

【交通信息指挥中心交工启用】 杭州交通信息指挥中心位于中河北路106号，是交通部批准立项的重点工程，总投资6200万元，于10月交工启用。该项目是杭州地区交通建设和维护、运输车船调度、交通行业管理的远程遥控指挥和智能化管理中心。

【一批新的交通工程项目开工】 为加快杭州交通建设步伐，杭州汽车西站等又一批交通工程重点项目在2001年开工。杭州汽车西站是根据杭州城市总体规划立项的公共型车站，于9月26日动工，总投资4000万元，占地面积约4公顷，其中0.73公顷规划为新建道路用地，室外停车场面积为1.15万平方米，建筑面积为1.42万平方米，按交通部一级客运站标准和日发2万人次、停车200辆的规模及功能进行设计。整个车站按生产服务、组织管理、通讯信息和生产生活辅助服务四个子系统进行建设，将引进一流的现代化智能设施。至2001年底，其单项工程综合楼、主站房、辅楼主体框架已全部结顶，可望在2002年6月底完成主站房、辅楼及综合楼交工验收，交付使用。

新开工的交通重点工程项目还有16省道桐庐至焦山段和03省道萧山东复线等工程。16省道桐庐至焦山段全长16.2千米，按一级公路技术标准建设，设计行车速度60千米/小时，路基宽22.5米，沥青砼路面，总投资1.6亿元，于3月开工，预计2003年完工。03省道萧山东复线全长45.03千米，按一级公路技术标准建设，设计行车速度80千米/小时，路基宽24.5米，总投资6.9亿元，于4月开工，预计2003年完工。 （王跃飞）

【“交通西进”公路建设主框架确定】 2001年，为从根本上改善杭州地区西部公路交通状况，完善公路交通网，提高公路辐射能力，促进杭州区域经济发展，推进“旅游西进”和现代化进程，杭州市着手制定了“交通西进”公路建设主框架，力争用五年左右的时间，使杭州市区到所属各县(市)和各县(市)之间的公路基本形成快捷、便利、舒适、安全的“一个半小时交通圈”，即基本建成以“一绕、三线、三连、四大接口”为主框架的交通公路圈。“一绕”为杭州绕城高速公路；“三线”为杭州至千岛湖高速公路、杭州至昱岭关高速公路和杭州至淳安一级公路；“三连”为彭公至浦阳公路、桐庐至於潜公路和昌化至文昌公路；四大接口为临安“昱岭关”与安徽黄山接口、淳安“前山”与安徽歙县接口、建德“会泽里”与衢州龙游接口、建德“檀村”与金华兰溪接口。以此构成杭州境内的3个交通环线和1个大交通圈。“交通西进”公路建设项目涉及总里程813.86千米，其中新建、改建的路线长709.56千米，估算总投资130.58亿元。 （徐 汇）

·铁路·

【概况】 杭州铁路分局管辖浙江省境内沪杭、浙赣、宣杭三条干线和金千、北仑、长牛三条支线计776.9千米营业线路，共有客、货车站96个。配属机车232台(内燃机车221台、蒸汽机车11台)，配属客车629辆。全分局职工人数2.73万人。2001年，完成旅客发送3071万人，比上年增长5.7%，其中杭州市1342万人，增长11.6%；货物发送1588万吨，增长9.6%，其中杭州市452万吨，增长8.4%；运输收入35.65亿元；实现运输利润1506万元，超额完成上海铁路局核定计划；运输全员劳动生产率达到19.08万元/人·年和160.75万吨千米/人·年，分别增长35.6%和9.9%。

【运输经营目标全面实现】 2001年，杭州铁路分局以市场为导向，加大营销力度，优化运输组织，提高服务质量，努力增运增收。紧紧抓住春运、春游和五一、国庆等运输客流高峰期，优化运力配置，挖掘运输潜力，增加旅客发送。对长途热门车实行区段限售，合理使用运能，提高客票收入率。加强行包专列组织和管理，行包收入继续得到较快增长。对普通旅客列车进行整治，改善乘车环境，提升服务质量。盯住重点货主单位，主动争取增开西南方向班列，保证运量稳中有升。加强集装箱运输组织，保持良好增长势头。经营坚持“以收定支、总量控制、收支弹挂、动态调控”原则，加强对成本支出的动态控制与分析，优化成本支出结构，抓好成本控制措施的落实。加强日常运输组织，搞好车流调整，严格按计划组织排空，控制运用车保有量。加强卸车出货组织，加速车辆周转，提高货车使用效率。加强财务管理，严肃财经纪律，切实堵塞了各类

附：　2001年杭州市铁路客货运量

站　名	旅客发送量（人）	货物发送量（吨）	货物到达量（吨）
石　濑	0	1 262	64 684
仓　前	3 740	96 498	564 136
三　墩	3 396	0	0
杭州北	10 162	772 717	5 727 283
临　平	173 346	245 610	649 847
笕　桥	0	1 115	48 675
艮山门	0	743 374	1 624 505
杭　州	10 015 160	0	60
杭州东	2 028 849	0	0
南星桥	0	855 140	1 887 187
钱塘江	0	5 552	57 198
萧山西	0	424 497	1 840 166
萧　山	930 914	6 080	3 763 453
白鹿塘	0	399 003	71 819
临　浦	35 173	33 894	378 369
浦　阳	0	21 000	240
排　塘	25 523	66	3 136
寿　昌	75 216	69 108	179 410
更　楼	21 285	295 954	207 321
新安江	57 159	83 901	451 731
朱家埠	6 369	304 798	5219
千岛湖	34 082	160 174	53 157
合　计	13 420 374	4 519 743	17 577 596

漏洞，确保运输经营目标全面超计划完成。

【安全生产持续稳定】 继续认真贯彻江泽民总书记关于安全生产的重要批示，坚持“规范管理、强基达标”为主线，深入推进安全基础建设。2001年，以客车和提速安全为重点，狠抓道口、施工、货物装载、中间站调车安全等关键控制。组织开展安全生产大检查和专项整治，紧紧围绕主要整治内容，层层细化展开，反复查找问题，加大资金投入，落实整改措施，解决了一大批安全隐患和老大难问题，组织有关单位联合整治攻关，取得了实效。全年分局先后夺取4个行车、劳动百日安全，4月27日胜利实现行车安全10周年，至年底分局行车安全达3901天。

【企业改革进展有序】 2001年，按照上海铁路局新一轮综合经营责任制，分局相应调整完善了“星级”管理考核办法，加大了对主要经营指标和基层单位领导班子经营风险责任的考核力度，制订实施增运增收激励措施。撤销金华电务段建制，并入杭州电务段。实施建筑业的资产重组，以建筑工程公司为主体组建了杭州神龙铁路建筑工程公司。深化支线改革，根据实际完善金千、长牛支线改革方案。进一步加大干部人事制度改革力度，首次公开推荐分局级后备干部；拓宽选人视野，提高用人透明度。

以运输企业与多元经营企业“三分开”(企业分设、财务分帐、人员分开)为重点的企业改革，在铁路发展史上尚属首次。通过宣传、组织和有关部门的通力协作，扎实工作，基本理顺产权关系、劳动关系和交易关系，达到了预期目标。分局迈出了企业重构，资产重组，现代企业制度的第一步，全面完成各项经营任务。全年在市场竞争激烈，工作难度增大的严峻形势下，经济效益实现稳步增长。多元经营企业完成销售收入6.10亿元，为年度计划的134%，比上年增长15.3%。

【配合组建铁通浙江分公司】 根据铁道部《关于组建铁道通信信息有限责任公司的通知》精神，为保证铁路通信指挥安全畅通，确保运输安全，分局遵照上海铁路局部署认真做好与铁道通信信息有限责任公司浙江分公司的有关交接工作。4月20日，在杭州成立中国铁道通信有限公司浙江分公司(简称“铁通浙江分公司”)，该公司是隶属铁道通信信息有限责任公司的省级分公司。公司享有全国铁路通信网的经营管理权，承担向铁路和社会公众提供全国范围的综合性电信业务与服务。

【基建工程加大投入】 围绕安全、营销、科技等重点项目，切实加大投入，全年完成基建更新改造投资2.09亿元，比上年增长13%。组织工务、电务、车务、基建等有关单位，开展集中会战，实施提速工程，更换提速道岔45组，改造曲线7处，确保铁路运输新图顺利实施。围绕安全基础建设和运输生产经营，更新和增设一批机车、车辆、线路检测设施及运用设备。

【科技教育取得新成果】 加强科技攻关，全年投入科研经费246.5万元，取得分局级以上科技成果36项，其中省级6项、局级2项。积极配合部、局对沪杭、浙赣线进行提速试验，取得圆满成功。计算机售票系统进一步完善，实现了所有客站计算机售票。完成运输预、确报系统的更新过渡和TMIS高速通道的切换工作。先后实现办公信息系统无纸化发布和分局文件网上发布。职工教育工作围绕提高职工队伍整体素质，强化各类培训，全年共有8.54万人次参加各类适应性培训，6235人次参加技术表演赛，2.26万人次参加技术讲座。　（袁　锋）

·公路·

【概况】 2001年底，杭州市从事汽车运输的经营单位（含个体联户）2.04万个，有营运客货汽车4.35万辆，其中营运货车2.77万辆、9.15万吨位;营运客车 1.58 万辆、16.93 万座位。从事货物运输的拖拉机 1.84 万辆。市区的营业性人力客货三轮车 953 辆。从事搬运装卸的单位 29 个,从事运输服务的单位 640 个。全年征收养路费 4.91 亿元,比上年增长 11.6%;征收养路费附加费 6620 万元,增长 13.3%;公路建设基金 1.63 亿元,增长 4.5%。

至年末,杭州市公路总里程(不含市区的市政养护道路)为 6394 千米,其中国道 329 千米、省道 756.3 千米、县道 3180 千米、乡道 2056 千米、专用道 72.7 千米。

(朱平 俞闻军 倪定国)

【公路养护质量全面提高】 全年公路路况稳定、路面平整、行车舒适,桥涵构造物及公路沿线设施维护完好,好路率稳中有升。专业公路年平均好路率 50.99%,县乡公路好路率 53.19%。认真落实公路“三防”(防台、防洪、防雪)工作,确保了春运期间和汛期公路畅通。专业公路完成新植绿化里程 127 千米,补植绿化里程 126.6 千米;县乡公路完成新植绿化里程 82 千米,补植绿化里程 379 千米。新安装 7 台自动化观测仪,使交通量观测自动化程度达到 83%。根据公路养护机制改革的要求,继续做好管理模式的转换工作,重点加强对公路养护计划执行情况的监督和养护作业的技术指导。注重培育养护市场,尝试养护市场化改革,编制了全省公路系统第一本《公路养护工程(小修保养总承包)招标文件》样本。公路主管部门根据《杭州市公路养护质量检查评比实施细则》,加强定期检查和巡查,规范养护操作,使养护质量得到全面提高。在省公路局对全省 11 个市的干线公路养护与管理工作检查评比中,杭州市公路管理处被评为浙江省公路养护管理优胜单位。

【创建文明样板路取得新进展】 2001 年,全市创建和巩固文明样板路总里程 509.87 千米,其中巩固路段 466.41 千米,新创路段 43.46 千米。根据省、市创建文明样板路活动考评标准等有关规定,全年养护整治工程完成水泥砼破板修复 3.66 万平方米,板底压浆 1 万平方米,灌缝 37.1 千米,沥青路面大中修 23.13 千米,修复硬路肩 18.2 千米,修复边沟 670 米,修复挡土墙 870 立方米,修复桥梁伸缩缝 1.4 千米。路政部门出动路政人员加强巡查,发出责令停止违法行为通知书 414 份,拆除违法建筑 4.58 万平方米,处理接线接坡 1644 米,整治马路市场 33 个、加油站 59 个,整治营业性边沟 1048 米,拆除非公路标牌 2802 块,清除堆积物 10.23 万平方米,使国省道路容路貌得到了较大改观。通过创建路段沿线各级政府和有关部门的共同努力,使创建路段达到路面平整、排水畅通、边坡稳定、线形流畅、路基坚实、桥涵整洁、绿化美观。在交通部 320 国道文明样板路检查验收中,浙江省创建工作获得第一名,杭州市创建工作在全省名列前茅。

【路政管理规范化】 路政管理部门努力加强规范化管理,重点做好公路建筑红线的控制、超限运输车辆的查处工作。2001 年查处路政案件近 2 万件,依法收缴了公路赔补偿款,对违法行为进行了处罚。路政案件结案率为 100%,错案率为零,没有发生一起行政复议或诉讼案件。富阳路政大队作为全省路政管理规范化工作试点单位,在 8 月 24 日举行的 320 国道创建文明样板路路政规范化管理现场会上通过了省公路局的检查验收,并获得好评,其试点经验在 320 国道浙江省境内 15 个路政大队中进行了推广。余杭、市郊、桐庐、建德 4 个路政大队的规范化管理也基本符合省定标准,通过了省公路局的检查验收。

【公路绿化建设成绩斐然】 2001 年,全市完成公路绿色通道建设 113 千米,绿化面积 302.4 万平方米。其中,完成省交通厅公路绿色通道建设计划 85 千米,绿化面积 224.4 万平方米;完成市调整农业种植结构绿化计划 28 千米,绿化面积 78 万平方米。沪杭高速公路杭州段、绕城公路西线、320 国道杭州段、石大线、石祥路等 5 条公路列入了借地绿化计划。在公路绿化建设中,注重绿色通道建设与工程建设同步实施,不同地形采用多种设计,立体式、多层次绿化,使公路建成后进一步体现“畅、洁、绿、美”的要求。结合杭州市对几个入城口的整治,调整、改善了入城口的绿化方案,提升了城市形象。杭沪高速公路大井立交桥被评为杭州市最佳入城口,环城公路留下立交桥经大规模的改造建成了庭院式绿化,面貌焕然一新。 (朱平 林旻)

【公路旅客运输】 2001 年,全市从事公路旅客运输的单位有 5520 个(含个体联户),拥有营运客车 1.58 万辆、16.93 万客位,其中大客车 927 辆、3.75 万客位,中型车 3711 辆、7.28 万客位,小型车 1.12 万辆、5.90 万客位。全市客运班车每天发送 12694.25 班次,其中发往省外 624.75 班次,发往省内其他市 2018.5 班次,市内跨县(市)3959 班次,市属各县(市)境内 6092 班次。杭州市区每天发送班车 2585.5 班次,其中汽车东站 1469 班次,北站 394 班次,西站 341 班次,南站 199.5 班次。

全市有等级客运站 47 个,其中一级站 2 个,二级站 9 个,三级站 13 个,四级站 23 个。

全年完成公路旅客运输量 1.87 亿人次、周转量 83.17 亿人千米,分别比上年增长 9.4%和 5.2%。春节运输期间 (1 月 9 日 ~2 月 17 日),公路运输部门调集 120 辆社会客车支援春运,全市共投入客运车辆 3558 辆、7.86 万客位,发送 42.7 万班次(其中加班 7284 班次),完成客运量 708.57 万人次。其中市区投入客车 754 辆、2.35 万客位,发送 12.35 万班次 (加班 2245 班次),完成客运量 219 万人次。

【公路货物运输】 2001 年,全市从事公路货物运输的单位有 1.50 万个(含个体联户),拥有营运货车 2.77 万辆、9.15 万吨位,其中,市区 504 个、9317 辆、3.95 万吨位。全年完成货物运输量 8588 万吨、周转量 42.06 亿吨千米,分别比上年增长 9.2%和 1.5%。

杭州市驾培服务大厅启用仪式

全市有货运交易市场3个，道路货运站5个（其中集装箱中转货运站2个、货运零担站3个）。

【汽车维修行业】2001年，全市有汽车维修企业3432个，从业人员1.99万人。其中，一类维修企业99个，二类维修企业499个，三类维修企业1465个，摩托车维修点1369个，全年维修各类车辆121.65万辆次。市区有汽车维修企业739个，全年维修车辆29.82万辆次。全市有汽车综合性能检测站11个，其中A级站2个，B级站9个，设计年检测能力21.2万辆次，2001年实际检测车辆11.81万辆次。

【汽车出租行业】2001年，全市有客运出租汽车经营企业120个，经营车辆5003辆；个体客运出租汽车经营者2724户，经营车辆2832辆。其中，市区经营企业102个，经营车辆4406辆；个体经营者1829户，经营车辆1851辆。

全市汽车出租行业继续开办小型零担快捷货物运输业务，受理短途接取送达服务。2001年底市区拥有“货的”(0.75吨以下小型货运出租汽车)1378辆。

杭州市区汽车租赁业自1995年起步，2001年底有汽车租赁企业57个，共有租赁车辆3038辆。

【开展超限运输专项整治】杭州市继续加强超限运输管理，2001年开展了超限运输管理宣传整治月和高速公路超限运输专项整治活动。全年查处超限运输车辆近3万辆，并通过收缴赔(补)偿费、处罚、卸载等手段，对超限运输车辆实施了整治，使违章率从交通部2号令实施前占被检车辆的86%下降到48%，有效地遏制了超限运输蔓延的势头，稳定了路况，改善了道路通行条件。

【农村客车改造工作全面实行】杭州市原有2421辆农用车投入营业性运输，由于档次低，安全性能差，服务质量难以保证。2000年制定了《杭州市短途客运改造实施意见》，明确了改造原则、方法、重点与期限，计划用三年时间全面淘汰农村客运车辆，替代以中档客运中巴车(面包车)。2001年，全市农用客车改造工作全面实行。杭州至萧山的农用车按原三辆农用车改造为二辆普通中巴车的办法(三改二)全部改造完成。余杭、富阳、临安、桐庐等地根据区域经济和道路发展状况，对农用车改造采取“三改二”或“二改一”等多种方法，已基本完成改造。至年底，全市已改造2198辆，改造完成率为90.8%。（俞闻军）

【驾培行业管理力度加大】为满足道路运输和社会对驾驶人员的需要，履行政府赋予交通部门“规划、协调、监督、服务”的职能，市驾驶员培训管理处依据法律法规，加大对驾培行业的监管力度，启动机动车驾驶员教练培训管理工作。2001年，完成了全市驾培业户许可证换发工作，开展了机动车驾驶员理论教员的培训和教员准教证的核发工作。在对驾培教员上岗资格培训中，注重培养教员自觉贯彻行业管理法规规章意识，按照全省统一的教学计划、教学大纲及教材教学，并以全省统一的培训技术标准来确保培训质量。

为培育社会化、公平竞争的驾培市场，市驾驶员培训管理处筹备主办了华东地区首家“驾培超市”(服务大厅)，于1月18日挂牌运作，市委书记王国平题词“服务群众，服务社会，促进杭州驾培行业健康发展”。（姚燕明）

·水运·

【概况】2001年，全市有水路运输企业51个，其中专业运输企业9个。全航区有运输船舶4599艘、19.9万千瓦、42.15万吨位、1.58万客位；有渡口81个，渡船100艘。全年完成货物运输量3398万吨、周转量33.4亿吨千米，分别比上年增长7.1%和12.9%。完成客运量148万人次、周转量5759万人千米，分别下降17.3%和15.5%。三堡船闸全年通过船舶11.95万艘、1345万吨、1.55万闸次，分别增长5.4%、17.5%和下降5.3%。

全市通航里程2141千米，其中等级航道1219千米，有船闸8座。航道养护全年疏浚土方28.02万立方米，打捞沉船31艘、944吨位，维护航标2436次/285座。

杭州航区全年发生水上交通事故55起，死亡12人，沉船30艘，经济损失196.26万元，四项指标分别比上年下降18.5%、14.3%、37.5%和增长13.4%；杭州市籍船舶发生事故62.5起，死亡13人，沉船35艘，经济损失247万元，分别下降16%、7%、28.6%和增长29%。全年完成船舶检验4248艘、27.87万总吨、20.09万千瓦，其中制造检验242艘、3.73

杭申线杭州段航道新景观

万总吨、2.49万千瓦。审批新建船舶设计图纸28套。

全年征收航道养护费2700万元,比上年增长18.2%;货物港务费664.31万元,增长7%;船舶港务费633.34万元,增长21.7%;水路运输管理费593.03万元,增长22%;船舶检验费379.76万元,增长70.4%。

杭州港完成货物吞吐量2337万吨,比上年增长6.9%,其中进口2130万吨、出口207万吨,分别增长8.9%和下降10.2%。公用码头完成吞吐量823万吨,增长9.9%。全年征收各类港政规费1579万元,增长36.9%。

【水上交通安全形势保持稳定】 2001年,通过抓好重点船舶、重点水域、重点季节的安全管理,进一步开展"水上运输安全管理年"的活动,杭州航区水上交通安全形势继续保持稳定。加强对重点船舶的安全检查并开展船员培训工作,抓好乡镇船舶管理的基础工作,确保渡口安全管理责任书签订率达100%。加强危险品货物进出港申报管理和装卸安全管理,完成航区内30个危险品码头的认可工作。加强节假日和"三防"(防潮涌、防洪、防台)期间安全监督,组织力量打击非客船违章载客现象。加强重点水域管理,制订千岛湖水域安全管理方案,落实钱江五桥、六桥的现场维护管理,确保了施工水域的通航安全。

【运河杭州市区段清淤二期工程完成】 根据市政府巩固国家环境保护模范城市的要求,使运河杭州市区段达到"河深、流畅、水清、岸绿"的治理目标,2001年在上年清淤一期工程的基础上,清淤二期工程于2月25日开工,4月30日完成并通过交工验收。二期工程自北星桥至京江桥,全长10.9千米,清淤土方87.1万立方米,工程质量被评定为优良等级。

运河杭州市区段清淤工程的完成提高了该段运河的水质,改善了运河的环境,对杭州市创建和巩固国家环境保护模范城市,提升城市品位具有重要作用。

【杭申线杭州段航道护岸完善工程完工】 杭申线杭州段航道护岸完善工程自塘栖至博陆,全长13.87千米,工程总投资3552万元,新建护岸22.38千米。整个工程在已改造后的四级航道(通航500吨级船舶)基础上,实施对航线内无护岸及护岸破损段予以新建。护岸一般为仰斜式浆砌块结构,护岸后方设置防洪堤,堤顶标高不低于20年一遇防洪要求。工程自2000年11月开工,于2001年6月底完工并通过交工验收,工程质量达到优良标准。

该项工程对巩固四级航道的建设成果,完善航道设施,改善通航条件,增强两岸防洪能力,防止水土流失等具有明显效果。

【创建文明样板航道】 8月,交通部命名京杭运河浙江段为全国第一条国家级文明样板航道,其中杭州段全长39千米,占全省创建文明样板航道总里程的39%。近几年来,杭州市港航管理处根据交通部和省创建考评标准等有关规定,运河航道沿线管理检查站点全部实现统一挂牌,公开收费,站容站貌整洁,内部管理制度健全,政务公开,公示内容统一,管理人员着装整齐,做到执法文明规范,服务热情周到。航道沿线护岸和绿化完好整洁,各类航道标志、标牌配布合理,规范醒目,航道畅通无阻,通航保证率达到100%,初步建成"畅、洁、绿、美"的水运大通道。三堡船闸闸区环境整洁美观,在闸区建成的京杭运河陈列馆已成为杭州市爱国主义教育基地。船闸在设施设备技术方面以良好的状况,完善的运行、维护与管理制度,保证了船舶过闸安全、有序。

(钱利屏)

·民用航空·

【概况】 2001年,是杭州萧山国际机场通航运营的第一年。全年保障各类航班安全起降3.65万架次,比杭州笕桥机场2000年同期增加40.4%。完成旅客吞吐量298.13万人次,增长21.2%;其中旅客发运量145万人次,增长16.9%。完成货邮吞吐量8.69万吨,增长16.4%;其中货邮发运量4.58万吨,增长26.1%。全年平均客座率54.6%,载运率49.9%。机场新辟杭州至曼谷往返定期国际航线和杭州至澳门往返定期包机航线,以及至呼和浩特、银川、徐州等国内航线,恢复杭州至张家界航线,通航城市49个,航线航班密度大大增加。

由国家民航总局和浙江省共同投资、共同建设、共同管理,并由民航控股的杭州萧山机场有限公司于2000年3月6日在浙江省工商行政管理局登记注册,2000年12月28日挂牌正式成立,负责机场的安全运行和经营管理。面对新机场通航运营初期安全生产、经济效益、改革管理等各方面的压力，机场公司始终不渝地坚持“安全第一、预防为主”的指导方针，切实加强对安全工作的组织领导和管理，提高安全工作质量，保持了全年安全工作形势的平稳有序发展。圆满完成了李鹏、李瑞环、胡锦涛等党和国家领导人的专机，上海APEC会议期间专机备降准备，中央经济工作会议及“两会”代表、委员等各类要客，以及2001年春运、2001年杭州西湖博览会等重大活动的保障任务。坚持以效益为中心，以改革为动力，积极开拓市场，大力降低成本，努力提高经济效益，扎实做好增收减亏工作。全年累计完成业务总收入1.93亿元，上缴营业税金及附加费共747万元。发生亏损7586万元，实现了将亏损额控制在折旧额之内的目标。坚持“为客户提供优质服务”的宗旨，加大优质服务工作力度，不断开发“绿、美、特、秀”的精品服务项目，为旅客、货主提供满意优质服务。2001年8月，杭州萧山国际机场被中国质量管理协会用户委员会评为2001年全国用户满意服务单位。

【实现第1个航空安全年】 2001年，杭州萧山机场有限公司强化安全生产、安全管理的基础工作，狠抓安全工作责任制和全年各项安全目标任务的落实。结合新机场、新程序、新流程的特点，全面开展整章建制工作，健全完善各类安全台帐和操作规程。针对“三二”匿名电话非法干扰航空安全事件、“三一六”石家庄居民楼爆炸案件和美国“九一一”事件，强化安全宣传教育。深入开展学习应急救援规则活动，规范航空器和非航空器紧急事件的处置程序，成功举行了“五一五”应急救援演练和“九二九”反劫炸机模拟战术演练。加强安全监察机构和监察队伍建设，加大安全督查力度。重点抓好航行管制、通信导航、机务维修、机坪运行、飞行区管理、净空维护等安全保障工作。严格执行有关空防安全规定，切实加强对进入隔离区人、车、物和通行证件的安全检查，加强对旅客(货主)携带、托运违禁物品的检查，强化对飞行区各道口、航空器活动区、机场围界的安全控制和管理。杜绝了各类安全事故，顺利实现新机场第一个航空安全年。

【千方百计提高经济效益】 大力发展航空运输主业。密切与各航空公司的联系与协作，筑巢引凤，尽力为航空公司创造良好的营运服务环境，吸引航空公司运力投放，新辟航线，新增航班，提高机场利用率。切实抓住春运、五一、国庆和暑期等运输“黄金时期”，下大力气组织运输生产，以优质服务吸引客货。拓展航空延伸服务，以副业补主业。主动适应机场由直接经营型向管理型转变的要求，对候机楼商业、餐饮等非航空性收入业务实行所有权与经营权分离，采取招标、租赁等形式，搞活商业经营。加强对下属11个附属企业的经营承包考核工作，实行利润完成与部门领导、职工收入挂钩，增强各单位的市场经济意识、经营意识和利润意识，提高拓展市场、提高效益的自主性和积极性，在航空配餐、汽车运输服务、停车场服务、广告业务和航空旅游上实现了利润增长。强化企业内部管理，做好节支增效工作。在保证生产指标完成的前提下，核定下发了6个生产保障部门可控费用指标，实行节支有奖、超支扣减工资的办法进行费用指标考核，严格控制费用支出。依据机场公司章程，研究制定、逐步实施新机场的各项管理制度，对机场生产业务流程和业务工作管理程序进行优化完善，全面开展企业规范化基础管理。加大劳动力宏观调控力度，认真抓好减员增效、转岗分流工作，严格控制人工成本和消费基金的增长。

加强财务管理，编制财务预算，建立了公司会计核算体系。设立财务结算中心，推行财务主管委派制，实施统一的财务管理。加强资金筹集与运用，努力降低财务费用。加强国有资产管理，对原笕桥机场转入新机场的资产进行清查、整理，防止国有资产流失。严肃财经纪律，加大审计监督力度，努力堵塞漏洞。

【扎实推进企业改革】 按照建立现代企业制度的要求，机场公司不断健全完善公司法人治理结构和运行机制。召开了公司一届三次股东会、董事会和监事会会议，充分发挥董事会对重大问题的统一决策，监事会有效监督的作用。按照“双向进入”的原则，妥善处理好公司“新三会”(股东会、董事会、监事会)和“老三会”(党委会、工会、职工代表大会)的关系，积极发挥各自应有的作用，形成合力。根据精简、高效的要求，合理设置内部机构。完成了对公司二级机构、三级机构的调整和26个二级机构管理人员的选配工作，初步建立公司三级管理模式。从地方上调入机场工程建设指挥部和指挥部招聘的28名人员圆满、妥善地得到安置。深化劳动、人事制度改革，增强人员的竞争意识和岗位风险意识，建立公司与员工双向选择的用工机制。对部分不适应工作的员工实行下岗、转岗，经培训考核合格后，重新安排上岗。全年公司共安排转岗人员近80人，退养7人。在6个二级机构副职岗位中实施竞争上岗，同时在部分三级机构和机关管理人员配备上推行了竞争上岗制度。深化工资制度改革，制定了工资调整方案，逐步建立和完善以岗位绩效工资为主要形式的工资分配制度。设立了总经理奖励基金。积极转换经营机制，组建成立了杭州萧山机场航空货站有限公司、机场汉莎航空食品有限公司和机场绿化工程有限公司。

【优质服务工作质量不断提高】 杭州萧山国际机场在巩固和发展笕桥机场传统服务优势的基础上，加大了服务创新力度。在要求窗口员工实行“敬语服务”、“亲情服务”、做好要客服务及“老弱病残孕”特殊旅客服务的基础上，推出了“全天候值机服务”(即随到随办值机手续)、“流动服务”等，并在候机大厅问讯处为旅客免费提供乘机指南、便笺纸、晕机药等服务。杭州武林门民航售票处进一步拓展电话订票、送票上门及电话预定座位、机场行前取票业务，并推出了“买机票送车票”、“市

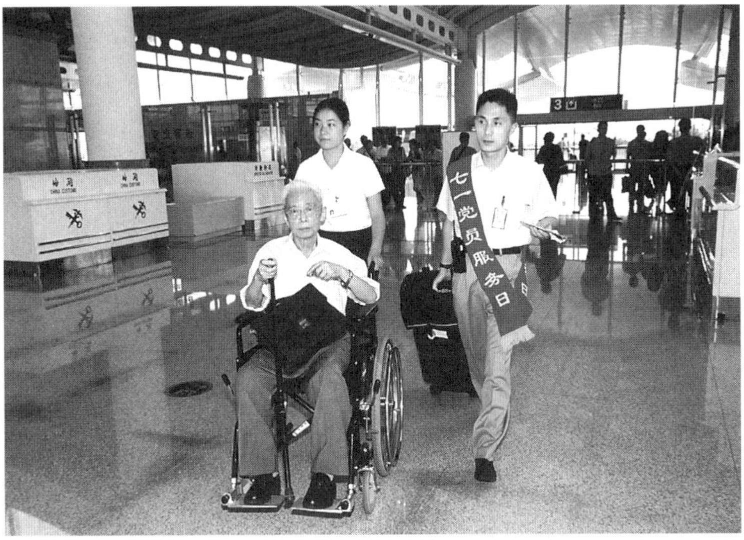

提供热情周到的服务

内值机服务”、“机场贵宾卡服务”等。机场货物托运推出了“快速通道服务”等项目。机场还加强和改进了航班不正常情况下的服务工作。建立内外结合的服务质量监督体系，狠抓服务质量的督查落实。在航站楼、民航售票处、航空货站等公共场所设置了意见箱或意见薄，将投诉电话进行公示，并定期发放用户意见调查表，积极收集、了解旅客(货主、用户)的意见，及时采纳合理化建议。

【杭州至澳门、杭州至曼谷航线开通】 4月20日，厦门航空公司使用波音737飞机开通杭州至澳门往返定期包机航线。这是杭州萧山国际机场启用后新辟的首条地区航线，也是浙江民航开辟的第6条地区航线。由杭州市副市长丁德明为团长的浙江首航代表团同机抵澳访问。同日，新机场首条国际航线杭州至曼谷往返定期航线开通。这两条航线的开辟，对促进浙江省和杭州市经贸、旅游事业的发展和机场的运输生产，具有十分重要的作用。

【杭州萧山机场升格为国际机场】 12月13日，中国民用航空总局批复同意将杭州萧山机场更名为杭州萧山国际机场。于2000年12月30日建成投入使用的杭州萧山机场，是国内干线机场、旅游城市机场和国际定期航班机场，设施先进，功能齐全，流程顺畅，场区环境优美，建筑风格独特。飞行区技术指标为4E级，可起降目前世界上最大的B747-400型飞机。

机场高峰小时航班和旅客保障能力可达15架次和3600人次。机场年旅客吞吐量可达800万人次、货邮吞吐量11万吨。航站楼国际联检厅9500平方米，配套服务设施完善。机场内还建有边防检查、海关、检验检疫等查验单位的办公、生活用房9700平方米。

口岸查验工作正常有序，国际及地区航线航班保障有力。2001年，机场共保障国际及香港、澳门地区进出港旅客29．5万人次。

杭州萧山国际机场名称的确立，为新机场进一步发展运输生产、开辟国际航线航班创造了有利条件，同时也结束了浙江没有国际机场的历史。

（蒋德高）

附：2001年杭州萧山国际机场通航航线

国际航线：曼谷（定期）、吉隆坡、清州、安克雷奇（不定期包机）

地区航线：中国香港、澳门

国内航线：北京、广州、海口、武汉、张家界、贵阳、厦门、济南、桂林、呼和浩特、三亚、合肥、天津、汕头、银川、南宁、太原、昆明、大连、温州、长沙、哈尔滨、南昌、青岛、郑州、长春、成都、兰州、珠海、重庆、晋江、沈阳、烟台、西安、上海、深圳、福州、乌鲁木齐、徐州、黄山、宁波、连云港、南京

祝贺杭州至澳门顺利通航

邮　电

·邮政·

【概况】 杭州市邮政局(以下简称市邮政局)有职工4246人(区、县〈市〉1304人),其中专业技术人员653人(区、县〈市〉175人);固定资产原值8.53亿元(区、县〈市〉5.24亿元),邮政局所348处(区、县〈市〉244处)。3月25日,根据杭州市委、市政府及省邮政局关于实施撤市设区的文件精神,原萧山、余杭两市邮政局更名为杭州市萧山、余杭区邮政局。全局围绕以发展为中心,以机制创新、技术创新为动力,进一步加强管理,增加效益,努力促进企业两个文明建设和整体素质提高的方针,各项工作取得新进展。全年完成邮政业务总量5.07亿元(其中区、县〈市〉1.62亿元),比上年增长5.9%;完成邮政业务收入5.37亿元(区、县〈市〉1.48亿元),增长10.4%;全员劳动生产率12.68万元/人,增长13.2%。

通信能力建设再上新台阶。加快邮政实物网建设,第二邮政枢纽土建主体工程基本完工,三里亭、三塘苑邮政所建成并投入使用,河坊街邮政支局改造成仿古邮局并投入使用。新增邮政社区服务中心10个。实施综合网、绿卡网建设,综合网按照国家邮政局部署,完成广域网的初验。绿卡网完成主机系统升级改造,电子汇兑开通34个网点。电子邮政示范工程按国家邮政局安排完成网站系统、认证系统的设备安装。7月1日,全国20个省会城市的106个网点开通24小时电子汇款业务,杭州市的延安路邮政支局、保俶路邮政支局、城站邮政支局、朝晖邮政支局、古翠路邮政支局被列为首批开通的网点。综合信息系统的办公自动化系统投入运行,实现网上公文流转和信息发布。干线邮路制单联网系统投入运行,实现T31/32次邮政车微机制单联网。总包邮件交接系统在包刷分局、信函分局、转运分局投入运行,实现总包邮件交接无纸化。邮政储汇账务处理系统、速递延伸业务处理系统、集邮业务管理系统、邮政车辆管理系统、混合信函业务处理系统、邮政直递业务处理系统均完成软件开发并投入使用。

市场营销取得新发展。建立市邮政局、专业公司、区邮政局三级营销体系,市邮政局成立市场开发室和大客户服务中心,专业公司、区邮政局成立大客户服务部,组建100人的专业营销队伍。以专业营销队伍为依托,整合各种营销资源,广泛开展互动式营销。稳步推行销售代表制、客户关系管理等新型营销模式,与电信、社保、民政等部门合作,发展代办类业务,实现代办类业务利润27万元。积极介入文化产业,全年参与票务经营14笔,实现销售额1500万元。

加强和深化企业管理,稳步推进企业效益提高。在财务方面,加强资金的运作和管理,减少资金占用,加快资金周转,提高资金效能。加强收入稽查,确保收入及时上划。完善成本考核办法,加强对成本费用支出的核算管理。在基建款项的使用中,采取费用卡管理形式,降低建设成本。规范业务代办费的支付标准、范围和手续。加强投资计划管理,理顺投资关系,规范报批程序,全年完成22个工程项目审计,审计2455万元,审减358万元,审减率14%。在运行维护管理方面,统一指挥调度,加强与铁路、民航等部门及兄弟局的联系。加强生产现场检查,定期检查邮车准班准点、遵章守纪、执行发运计划和安全行车等情况,发现问题及时处理。实施《杭州市邮政局设备管理办法》,完善设备管理网络,全局设备利用率在90%以上。在质量管理方面,建立专、兼职结合的视察队伍,加强监督检查,定期发布视察简报。开展“新世纪、新面貌百日优质服务”竞赛和“服务西博会,邮政送真情”优质服务活动。实行营业星级评定制,开展星级服务评比活动。在行业管理方面,建立市局、县(区)局两级专、兼职结合的执法队伍。全年调查快递公司31个,查处非法收寄信件的快递公司20个。办理3个集邮市场许可证的审批,对4个集邮市场和19个信封生产厂家进行检查。联合市工商局、公安局、国家安全局、保密局转发了省关于清理整顿邮政市场秩序的联合通告。在安全管理方面,完善安全保卫组织网络,全局配备41名专、兼职保卫人员。按照“谁主管,谁负责”的原则,逐级落实安全责任制,开展邮政安全防护设施达标年活动,全年无责任死亡事故、重大交通事故和重大邮政三类案件发生。

积极推进经营、人事和分配体制改革。实现考核办法的多样化,实施《经营目标风险抵押办法》、《业务收入和收支差额考核评价办法》和《增收节支考核奖励办法》,对不同的经营生产单位分别实行收支差额管理、贡献考核和成本考核。实施《关于进一步加强劳动用工管理和深化劳动用工制度改革的实施办法》,规范劳动用工。坚持实行“工效挂钩”政策,完善生产单位计件工资制,对作出突出贡献的营销人员和青年专业技术骨干实行市场开发贡献奖和青年科技人员成才奖。

【杭州第二邮政枢纽动工】 1月17日,市重点工程——杭州第二邮政枢纽工程在萧山城厢镇兴议村动工。第二邮政枢纽建筑面积3.5万平方米,具备邮件总包转运、包件、信函、印刷品、报纸期刊、国际邮件的分拣封发等功能,建成后将成为浙江省最大的邮件集散处理中心。

【185邮政服务中心投入运行】 5月16日,杭州市邮政局185客户服务中心建成并投入运行。185邮政客户服务智能平台有电话中继线

30条、服务台席18座，利用交换机先进的排队功能及时对话务员分组，实现对来话的分类处理。该服务中心充分整合邮政“三流合一”(物流、资金流、信息流)优势，为客户提供业务范围涉及EMS(邮政特快专递)揽收、自考服务、物流配送、邮政咨询、用户投诉等方面的服务。

【实施投递体制改革】 市邮政局积极向物流配送领域发展，邮政投递公司在送桶装水、牛奶的基础上，尝试与杭州网上商城、麦德龙超市、娃哈哈集团等单位合作，提供配送服务。投递服务质量得到较大改善，《都市快报》、《今日早报》等实现早报早投。推出上门收订、网上收订、185收订、党报“私订公助”等报刊收订形式，一次性完成2002年度报刊收订流转额8345万元，比上年度增长13%，高于全省平均增幅8个百分点。

【承销甲B足球联赛绿城主场门票】 1月22日，市邮政局与浙江绿城足球俱乐部在杭州邮政宾馆举行签约仪式，以230万元的价格买断2001年度全国足球甲B联赛绿城俱乐部杭州赛区11场主场门票的经营权，包括门票的制作、定价、销售等。市邮政局成立了销售领导小组，采取各种方式进行门票销售。第一场球赛观众就有3万多人，最多一场有4万多人。2001年赛季足球门票销售获得圆满成功，实现足球门票销售收入400余万元。通过足球门票销售，杭州邮政展示了“值得信赖的合作伙伴”的良好形象，一些重大活动组织者纷纷前来商谈合作事宜。

【承销西湖博览会开幕式门票】 一年一度的西湖博览会开幕式文艺晚会万众瞩目。2001年西博会开幕式门票的销售权，市政府采取公开竞拍方式进行。9月25日，市邮政局在杭州交易权拍卖中心以830万元摘得2001年西博会开幕式文艺晚会门票总承销权。市邮政局依靠自身优势，运用在票务市场的经验，采取与市场紧密接轨的经营模式，进行市场化运作，经过短短20天，门票销售获得圆满成功。

【举办集邮文化展】 10月19日~10月23日，由中国集邮总公司、中国集邮博物馆、浙江省邮政局主办，杭州市邮政局、市集邮协会承办的中国杭州——2001年西湖博览会集邮文化展在浙江图书馆举行。国家邮政局局长刘立清出席邮展开幕式并为开幕式剪彩。浙江省邮政局局长潘尚总、杭州市副市长丁德明分别致辞。省人大常委会副主任徐志纯、副省长巴音朝鲁、杭州市委副书记朱报春、市人大常委会副主任李松春、市政协副主席董燮清、中国邮票博物馆馆长朱熠等出席开幕式并参观邮展。杭州市委书记王国平于19日下午参观了邮展。

中国(杭州)2001年集邮文化展是西博会会展板块的重要组成部分，有230框、3680张贴片参展，展品分国外集邮家获奖邮集、中国集邮博物馆邮集、浙江省邮展获奖邮集、民间收藏品、青少年邮票设计图稿5个部分，汇集了国内外的集邮精品，丰富了西博会的文化内涵。这次邮展有世界级拍卖行的高林菲勒经理选送的世界邮展大镀金奖、全美邮展全场最佳奖等精品，以及中国邮票博物馆提供的“大龙”、“蓝军邮”、“全国山河一片红”、“梅兰芳舞台艺术”等一批馆藏珍品及辨伪邮集，杭州集邮家居洽群1958年捐赠给国家的解放区珍邮也回到故里参展。邮展期间，开展了“新世纪行”青少年集邮日、集邮文化日、爱心集邮活动日、集邮与环保日等主题活动。5天邮展实现销售收入803万元，参观者10余万人次。

【许仙与白娘子邮票首发式在杭举行】 12月5日，《民间传说——许仙与白娘子》特种邮票首发式在杭城河坊街仿古邮局举行。全国人大常委、浙大历史系教授毛昭晰，市政协副主席、市委统战部部长熊恩生，省作家协会副主席薛家柱，省邮票局局长杨全以及文化界、美术界的专家、学者，兄弟省市邮票局、鄞县人民政府和新闻单位的代表出席首发式。“许仙与白娘子”又称“白蛇传”，以白娘子和许仙的爱情故事为内容，在民间广为流传。此套邮票1套4枚，图案名称及面值分别为“游湖借伞”(80分)、“仙山盗草”(80

附：2001年杭州市邮政局基本情况

项 目	单 位	实 绩	增长(%)
邮政业务总量	亿元	5.07	5.85
邮政业务收入	亿元	5.37	10.36
固定资产原值	亿元	8.53	–
职工人数	人	4246	–1.21
全员劳动生产率	万元/人	12.68	13.16
邮电局所	处	348	–2.25
自有房屋建筑面积	万平方米	28.89	0.73
邮路单程长度	万千米	4.36	–12.35
邮运汽车	辆	178	67.92
计算机	台	964	32.05
总包邮件损失数	件	0	–
函件	亿件	1.01	14.24
包件	万件	113.30	14.09
汇票	万张	215.50	3.36
报刊累计份数	亿份	2.39	9.03
特快专递	万件	232.30	13.46
集邮业务	万枚	4 297.70	–10.88
邮政储蓄	亿元	28.70	12.64

分)、“水漫金山”(80分)及“断桥相会”(2.80元),推出小本票1本(售价8元)。邮票由著名画家戴敦邦以中国画技法绘制,小本票设计者为王虎鸣。由北京邮票厂以影写版承印,发行量1700万套,小本票发行量500万本。

【积极发展村级邮政代办点】 2001年,余杭撤市设区后,为进一步延伸邮政服务网络,更快更好地满足农村的用邮需求,妥善解决农村邮政服务“最后一公里(千米)”问题,余杭区邮政局计划建设20个村级代办点。具体操作中,坚持“择优录取、宁缺勿滥”原则,按照代办员信用及能力评判标准,采用公开招聘的方式选好人员。按照《余杭区村级邮政代办点业务处理流程》,对代办人员进行邮政基础知识培训,并抓好日常业务检查、监督和指导,确保资金、人员、重要凭证的安全。通过努力,全年发展村级代办点48个。

【启用千岛湖风光邮资明信片门票】 6月,淳安县邮政局与千岛湖风景旅游管理局本着互惠互利、共同建设的原则,经协商并征得有关部门同意,从7月1日起,千岛湖旅游门票全部启用千岛湖风光邮资明信片门票。该门票是一种副片式邮资明信片门票,1套4枚,分千岛湖“春、夏、秋、冬”四季风光图案。门票价格80元,邮资面值0.6元。既具有普通门票功能,又具有收藏价值,还可进行邮寄。至年末,该套明信片销售近100万张。 (张红庆 邵大丁)

附: 2001年杭州市电信分公司通信情况

项　目	单 位	全 市		市 区	
		总 计	增长(%)	总 计	增长(%)
业务收入	亿元	24.81	6.12	16.54	6.17
业务总量	亿元	23.59	32.44	15.83	35.51
国内长途电话通话量	亿次	3.18	10.48	2.09	-0.91
国际、港澳电话通话量	万次	554.15	10.37	357.78	-14.95
本地电话期末到达户数	万户	203.52	26.26	101.30	21.23
便携电话用户	万户	25.42	82.48	11.69	71.66
电话普及率	部/百人	44.46	10.18	56.11	2.77
电话主线普及率	线/百人	32.35	6.42	46.32	8.02
公用电话普及率	部/千人	7.45	0.41	9.13	-0.02
长途电话业务电路	万路	38.71	177	38.71	177
本地电话交换机总容量	万门	289.49	-	147.40	-
数据基础业务	户	9 117	10.22	6615	5.05
因特网业务	万户	44.02	100	36.75	90

注: 萧山、余杭设区后,电话普及率、电话主线普及率和公用电话普及率结算仍按原范围统计,表中数字分别为比上年增加的百分点。

·电信·

【概况】 2001年,浙江省电信公司杭州市分公司(以下简称电信公司)根据省电信公司进一步深化改革,推进多元化经营工作的要求,于3月16日成立浙江省电信实业集团杭州市有限公司。分营后,电信公司有机关部室11个、基层单位20个,辖区、县(市)电信局7个,有职工2529人,其中市公司1588人。围绕深化改革、加快发展、强化管理、用心服务、提高效益的方针,坚持以业务收入增长和员工队伍建设为企业发展的两条主线,圆满地完成各项目标任务。

综合通信能力进一步增强。全年完成固定资产投资14.73亿元,其中市区10.70亿元。累计固定资产原值53.85亿元,净值27.31亿元。抓好骨干传输网和本地传输网建设,配合完成浙江省波分复用系统扩容工程一期和二期、国内卫星通信网五期扩容、高速传输网浙江段等工程,新增长途业务电路24.76万路,累计电路38.71万路。本地传输网工程完成杭州同步数字系列(SDH)五期至七期工程设备安装调测,2个局西门子交换机替换工程的配套传输工程等。新建本地电话智能网,分别在东新、景芳新建2个汇接局和2个零母局,新增便携电话(PAS)网基站,使全市PAS覆盖面达到108平方千米。新增本地电话交换机73.29万门,其中市区33.28万门;总容量289.49万门,其中市区147.40万门。加快数据通信网建设,完成杭州宽带城域网工程和浙江电信宽带IP网后台系统杭州备份认证计费系统工程,建成市区部分宽带接入过渡网工程,完成“宽带一条街”的概念工程。完善支撑服务网的建设,完成本地网112系统富阳局的建设,完成交接间集中监控系统和配线架集中告警监控系统建设。不断提高网络安全性和网间结算能力,完成对本地网7号信令调网,完成20个局点的升版扩容和计费采集的验收,建成新的故障申告自动处理系统。

电信业务持续发展。抓住国家对电信资费结构性调整和取消电话初装费的时机,及时推出固定电话、PAS、来电显示、宽带接入、电话卡、网络元素出租等业务促销活动。累计宽带用户2.08万户,其中市区1.5万户;长途电话通话量3.24亿次,其中市区2.12亿次。电信业务总量23.59亿元,其中市区15.83亿元。电信业务收入24.81亿元,比上年增长6.1%。全员劳动生产率91.72万元/人,其中市区95.73万元/人。

电信服务进一步改善。公司以“用户至上、用心服务”为出发点和落脚点,采取一系列改善服务的措施,整体服务质量和水平有了提高。认真学习《电信服务标准》,狠抓营业窗口规范化服务,重点是礼仪服务、规范用语以及“首问负责制”。加快本地账务处理系统的建设,开通“网上营业厅”。加强大客户服务工作,扩大服务范围,建立大客户受理“绿色通道”,举办各类大客户座谈会。做好用户来电、来信、来访的处理,加强对用户承诺的落实力度。全网主要通信质量指标均达到或超过省公司的考核标准,其中中继可用率99.3%,高级信令链路完好率99.5%,网路接通率95%,长途省内去话接通率58.4%,因特网上网接通率99.3%,数字数据中继合格率97%,电缆障碍和非电缆障碍修复及时率99.9%。

企业运行效率逐步提高。加强企业管理,深化分配制度改革,建立积极有效的激励机制,继续实施《杭州电信县(市)局长绩效考核办法》,重新制订《机关部室考核办法及基层单位绩效奖考核办法》,制订《市公司领导、机关部室负责人与各县(市)电信局业绩挂钩考核办法》,规范企业内部运作和上下之间的沟通。积极稳妥地推进“五集中”(财务、维护、采购、资源、计费)管理,实行市、县财务一体化管理,加强资金控制和加速资金融通,制订了网络维护集中管理总体方案,开展本地网管线资源大清查。全年完成工程审计项目2513个,其中市区1574个。加强安全生产管理,与各部门签订《综合治理目标责任书》。有6个QC成果获杭州市优秀质量管理奖,2项QC成果分获浙江省、全国优秀质量管理奖。

两个文明建设协调发展。抓好党委理论中心组的学习,定期召开民主生活会,加强基层党支部建设和党建网站建设。开展“满意不满意”部室活动,促进机关作风的改进。加大对员工的教育和培训力度,举办各类培训班33期,有1480人(次)参加技术业务、经营管理等培训。积极开展创建文明单位和“青年文明号”活动,有28个单位被命名为全国、省、市级“青年文明号”,其中杭州市电信分公司武林广场电信营业厅被团中央命名为2000年度全国“青年文明号”。

11月8日,全国人大常委会副委员长成思危在浙江展览馆参观杭州市电信公司展台。 (许烈弟)

【固定电话号码升至8位】 5月18日零点,杭州本地固定电话号码正式由7位升至8位。此次电话号码升位涉及到杭州本地固定电话网内所有的通信设备,包括交换系统、管理系统、测试系统、账务系统、信息台、营业计费系统、多媒体查询系统、公用电话、用户交换机等九大系统,以及与其他各类通信网互连互通的衔接系统。需要增加软件的程控交换机系统77个,需要升版扩容交换机系统11个,成千上万的资料数据需要调整和设置。市电信公司投入大量的人力和物力,制订了严密的实施方案,进行反复的预演和测试。升位后,原7位号码首位为“2、5、6、7、8”的,在原号码前加“8”,其他加“6”,特别服务号码不变。

【取消市话初装费】 收取市话初装费是国际普遍通用的做法,许多国家的电话公司在用户初装电话时一次性收取一定数额的初装费用,以加快投资的回收速度。中国为了解决邮电通信落后状况,缓解邮电建设资金不足的矛盾,曾由国家开征专项用于邮电通信建设的市话初装费。这项费用由电信部门代为收取,然后统一上交国家财政部门并用于市话通信建设。征收市话初装费政策对通信的发展起到了重要作用,在“七五”、“八五”期间,全国大约1/3的电话建设资金来源于初装费。随着改革的深入和市话通信的飞速发展,7月1日起,杭州取消收取市话初装费。

【固定电话用户突破200万户】 11月30日,杭州固定电话用户数突破200万户,标志着杭州的通信能力、通信水平和地方经济的发展达到新的高度。从1907年杭州第一个电话用户的产生,到第一个五年计划完成后的1957年,50年发展电话用户2843户。25年后的1982年,电话用户超过了1万户。20世纪90年代,固定电话进入飞速发展的时期,电话用户以每年超过10万户的速度增长,1998年末杭州固定电话用户突破100万户。仅仅过了3年,

附: **杭州市私人住宅电话初装费变化情况**

年 月	资 费(元)	用户数(户)
1979-09-16 ~ 1980-08-31	1 000	-
1980-09-01 ~ 1983-03-22	300	20
1983-03 ~ 1985-05	0	177
1985-06-01 ~ 1986-04-30	180	725
1986-05-01 ~ 1988-03-31	300	6 205
1988-04-01 ~ 1990-09-30	940	21 600
1990-10-01 ~ 1992-04-30	2 500	73 110
1992-05-01 ~ 1998-12-20	3 500	365 893
1998-12-21 ~ 1999-03-20	3 000	495 489
1999-03-21 ~ 2001-06-30	960	562 111
2001-07 起	不收费	606 698

注: 1. 1979年9月~1980年8月1千米以内1000元,每增加1千米加收300元。
2. 住宅电话用户数除2001年6月30日一栏为6月底外,其余均为年末数。

杭州固定电话用户突破了200万户。至2001年末，全市电话交换机总容量289.49万门，固定电话用户203.52万户，电话普及率44.46部/百人，在全国省会城市中名列前茅。

（江　瀛）

【沪杭福穗光缆二期扩容通过初验】 2月21日，沪（上海）杭（州）福（州）穗（广州）直埋光缆干线波分复用（DWDM）二期扩容改造浙江段工程，通过省电信公司组织的专家组初验，投入试运行。

该工程是中国电信集团为缓解东南沿海地区省际通信传输通道的紧张状况，在1998年建成的沪杭福穗DWDM（一期）工程的基础上，为满足IP（因特网电话）业务为代表的数据通信迅猛发展，确保传输网络的运行安全，由杭州市电信公司具体负责实施的（二期）扩容。工程采用国际先进的密集波分复用技术，通过增配相应的DWDM设备，成倍地拓展光缆的带宽容量，极大地提高了网络运行的安全性能。

【电话磁卡更换IC卡】 12月1日起，为适应IC卡等新型卡式电话的迅速发展，磁卡电话即将被取消。根据中国电信集团的统一部署，电话磁卡更换IC卡工作在杭州正式启动。客户持有效身份证件和所需更换的电话磁卡，便可进行更换。

杭州市区的客户统一至武林广场电信营业厅，7个区、县（市）的客户至当地指定的电信营业厅办理换卡。更换的电话磁卡有原邮电部电信总局、中国邮电电信总局发行的所有全国通用电话磁卡和纪念卡、浙江省通用电话磁卡以及原杭州市电信局发行的地方电话卡。新更换的IC电话卡（含浙江省编码的）由中国电信集团公司统一发行，采用没有有效期，有纪念意义，专用于更换的IC电话卡，面值为10、20、30、50、100、200元6种；用于更换浙江省地方电话卡的200/IP电话卡由浙江省电信公司统一发行，面值有5、10、20、30、50元5种。电话磁卡更换没有数量限制，只更换，不退款。客户未使用过的全国电话磁卡换成等值的中国电信IC电话卡，使用过的电话磁卡根据卡上剩余金额，更换成等值的IC电话卡。电话磁卡更换时间截至2002年3月底。

【拱墅科创中心应用宽网技术】 3月，市电信公司和拱墅区政府合作，杭州市首个应用光纤至楼宇宽带接入方式——在拱墅区科技创业中心开通。该中心作为高科技企业“孵化器”，有40多个公司入驻，开通后桌面电脑（PC）达到10兆带宽的因特网接入，使入驻的企业只要稍加开发，便可实现视频会议、可视电话、高速数据交换等宽带信息应用，与外界的信息交流变得顺畅和方便。

【“小灵通”电话升级成功】 为增强便携电话（PAS、俗称“小灵通”）的市场竞争能力，杭州市话传输中心在相关部门配合下，对市区无线市话系统进行软件升级。对全网51个机房，共355套RPC（基站控制器）进行同步。11月24日，经UT斯达康公司和市电信公司的共同努力，对所有系统进行升级，系统软件由3.1版全面升至3.2版。对48伏逆变器元件进行替换，减少了因逆变器故障引起的信令链路中断，提高了网络安全性。通过升级，还增加了数据业务、短消息和自由呼叫等服务功能。

【网上营业厅开通】 8月30日，网址为http//www.zj.ct1000.com.cn/hz全国首家网上营业厅在杭州电信分公司正式开通。中国电信集团公司发来贺电，省电信公司副总经理叶利生等为网站开通剪彩。

2000年10月网上营业厅试运行后，市电信公司营业中心和浙大网新公司合作，结合中国电信集团统一分配的网址标志，协同对原网上营业厅功能做了改进，增强了系统的安全性能，具有客户身份认证、业务自动链接、工单自动流转等功能。客户只需登陆网址，输入客户身份认证号码及密码，在系统进行身份确认后，足不出户便可选择办理各项电信业务。

【德胜路电信营业厅开业】 1月18日，新建的德胜路电信营业厅开业。该营业厅位于德胜路12号，营业面积100　平方米，受理的业务主要有固定电话业务申装，待装户改址、退初装费，移机（包括注销移机）、改址（包括改址不移机），改名、过户、电话号码刊登号簿或保密，程控新业务等市话综合业务。受理多账合一电话缴费，销售便携电话机、各类电信电话卡，国际、国内直拨电话和市内公用电话，移动电话、电报及传真和163/169数据等业务。

【启动分户账话费查询系统】 7月起，杭州电信公司账务中心在原有的明细账清单查询系统上，增添了灵活、方便的服务。新的分户账话费查询系统包括长途电话、信息费、市话、因特网、用户电报、分组交换和可视图文等话费清单。杭州市区的单位客户要获得分户账话费清单，不需要去账务中心营业厅窗口查询，只需拨打电话87228950，进入查询系统，分户账话费清单就能自动传真到用户手中。　（杨建幸）

【余杭局注重开发话务量】 2001年，余杭电信局积极发展电话用户，充分重视对话务量的开发，摸索出“开源、保畅、截流”的做法，促进了业务收入的提高。该局针对农村电话业务收入占全局业务收入比重大的特点，着重开发农村话务量。3月，余杭区开始实行城乡电话一体化，该局加大宣传力度，使农村电话用户了解城乡电话同价，鼓励电话消费。满足用户的不同通信需求，加大网络优化力度，自行开发了PAS系统话务统计分析、网络节点话务负荷统计等软件，对各区域的话务量进行动态分析，通过用组控或增加基站方式提高接通率。充实PAS维护力量，安排专门的技术维护人员对每个基站进行定期现场检测，确保基站处于最佳状态。做好各类电话卡的销售，在电话卡销售中采取“跟踪追击”的策略，组织优质卡源，利用中国电信品牌形象和质量优势，推出品牌卡种。全年电话通话量4.76亿次，比上年增长81%；电信业务收入1.69亿元,增长7.2%。
(黄建平)

【杭州市电信实业公司成立】 根据中国电信集团公司关于“主附、主辅分离,精干主业,壮大实业”的改革精神,从2000年10月开始,浙江省电信实业集团杭州市有限公司(以下简称市电信实业公司)进行筹建工作。2001年1月16日,浙江省电信实业集团公司任命李海平为市电信实业公司总经理。3月9日,市电信实业公司完成工商登记,注册成立。3月12日,中共浙江省电信实业集团杭州市有限公司委员会建立。3月16日,市电信实业公司举行成立大会暨揭牌仪式,杭州市副市长丁德明、省电信实业集团公司总经理卢耀辉以及杭州市电信分公司、浙江大学、浙江移动通信公司、浙江联通公司、浙江网通公司、浙江吉通公司、杭州联通公司、杭州移动公司等企业负责人出席。同日,杭州7个区、县(市)电信实业公司挂牌成立。市电信实业公司总部设在杭州市清江路126号钱塘大厦7楼。

电信公司主辅分离后,由市电信分公司划入市电信实业公司的员工1038人。至年底,公司总人数1920人,其中电信员工841人,其他用工人员1079人。市电信实业公司确立了“更新观念、改变方法、营造环境、讲求实效”的工作方针,秉承中国电信的技术及网络维护服务优势,以通信网络维护、通信工程设计施工和电信业务营销为主营业务,集工程规划、设计、施工、物资供应、建筑工程、房地产开发、黄页号码等多行业、多专业的企业联合体,为杭州电信及本地区各基础通信运营商提供专业化服务,是通信运营核心企业的协作和支撑系统。

【实施电信放心工程】 8月,省电信实业集团公司启动以强化服务意识、深化服务内容、提高服务质量、树立服务形象为主题的“让主业放心、让用户满意”的“放心工程”。市电信实业公司制定了“创服务品牌、建样板工程”的实施计划,将品牌应用、服务规范及标准与“放心工程”结合起来,各区局、公话公司、网络公司分别召开动员大会,进行市场环境分析教育,促使员工增强忧患和服务意识。

公司从统一行为规范,改善硬件环境入手,统一网络维护标志、维护人员的着装、言行规范;投入资金,整治交接间和“三线交越”等项目;业务部门主动与电信主业进行联系,做好支撑工作,建立了一支精干、专业的维护队伍;联系浙江电视台都市频道、《杭州日报》等新闻媒体,跟随外线维护员工实地工作,对表现较好的员工进行现场采访,鼓励向服务意识强、业务技术精的员工学习;探索改革创新的新路子,调动员工积极性,在7月1日起,取消市话初装费后的装机中,7月份共装、移机35865部,创造月业务量的新记录,圆满完成装机任务。

【开通电信公交专线车】 5月17日是世界电信日,杭州电信实业公司和市公交总公司在天鸿饭店举行仪式,祝贺517路电信公交专线车开通。这是杭州市第一条以世界电信日为编号、以行业命名的行业公交专线。

517电信公交车线路从沈塘桥天鸿饭店至近江三号地块第二长途通信枢纽大楼,全长10.5千米,配置10辆高档空调车运营,沿途设置17个站,路经浙一医院庆春路电信营业厅、孩儿巷杭州移动公司营业厅、延安新村浙江联通公司营业厅、武林广场电信营业厅等电信办公大楼和营业场所,方便电信客户及员工的乘车,公交车站名的副站名以电信运营商名称或大楼命名。

【评比网络服务之星】 8月21日~9月20日,为进一步提供良好的服务,树立企业形象,市电信实业公司与《杭州日报》、《杭州电信报》联合发起评选“服务之星”的活动。通过在全市范围内介绍、宣传网络维护员工的先进事迹,发动市民或单位为上门安装电话、维修线路的电信维护员工打分。客户在投票中认为施工人员和网络维护人员没有吃、拿、卡、要现象,对维护员工的工作予以肯定;存在的主要问题是装机时走线有时不征求用户意见,市话话费清单无法提供,服务态度需进一步提高。活动共收到选票11760张,133名员工获得提名。根据评选条件,并征求部门意见,9名员工光荣当选为“服务之星”。 (张 敏)

·移动通信·

【概况】 浙江移动通信有限责任公司杭州分公司(以下简称杭州移动公司)设机关部室6个,区、县(市)分公司7个,拥有固定资产20亿元,有员工366人,其中大专以上学

杭州电信实业呼叫中心

历216人。

综合运营能力进一步增强。全年杭州移动公司实现通信业务收入16亿元,比上年增长3%。手机用户总数突破130万户，市场占有率70%左右，服务质量评比居全省第二位。新建交换机2台,交换机容量超过260万门;新建基站165个,基站总数超过1000个。长途来话接通率66.4%,无线接通率99.8%,掉话率0.7%。更换短信设备,处理能力由原来的75条/秒提高至250条/秒。开展沪杭甬高速公路及宣杭铁路信号覆盖测试,覆盖比例99.4%。6月8日,杭州DCS1800网络割接顺利完成，双频手机用户可获得真正的双频网络服务。加大旅游节庆等活动的移动通信保障工作力度，成功保障西博会、"西湖之春"旅游节、"秀水节"等大型活动期间移动通信的畅通。加大新技术应用力度，开启增强型全速率编码功能(EFR),通话品质更加清晰自然；开通智能天线试验系统，信号质量有较大提高。开展为期2个月的"网络大会战"活动,平均话音接通率由58.5%上升到62.2%。

推出多种新业务，业务资费不断下调。相继推出172上网、亲情号码、GPS车辆定位系统、"神州行"短信业务、手机证券、IP充值卡、全球通自由呼、VPMN虚拟移动电话专网、IQQ网上互动游戏等新业务,3月21日推出"金卡神州行"业务新品牌。1月,取消"全球通"、"本地通"基本通话费0.10元和移动电话长途附加费。2月21日零时起,调整长途电话资费，调整后的中国移动通信各品牌移动电话国内、国际及港澳台长途电话按移动电话基本通话费或漫游通话费（以1分钟为计费单元)加相应长途通话费(以6秒为计费单元)收取,具体费用:国内长途0.07元/6秒钟，国际电话0.80元/6秒钟，港澳台地区0.20元/6秒钟。7月1日起,移动电话入网费取消。12月5日起,免收"全球通"与"金卡神州行"互转手续费40元/次。从12月起,调整重入网及新入网当月的月租费标准。

加强服务网点建设，方便移动通信客户。5月17日,杭州移动公司首家合作营业厅开张。该厅服务功能齐全,分为移动通信产品、业务受理、手机展示、终端售后服务、自助服务(演示)、咨询(投诉)和客户休息等区域，经营除现金缴费和明细账单查询以外的所有业务。至年末，共有3家合作营业厅和1家自办营业厅开张。为了规范社会代销点的经营管理，重新修订代销管理考评办法和酬金考核办法，为51家特约代销点安装代销业务管理系统,并择点试行物流管理系统。在三墩"温州村"、半山生活区等地新增8家特约代销点。3月15日,宣布建立杭州市消费者协会中国移动通信杭州移动监督联络站,各区、县(市)分公司成立监督联络站。11月,在西湖国际高尔夫球乡村俱乐部正式启用杭州第一家移动宽带网吧,上网采用无线方式和GPRS手机数据线链接的方式接入CMNET。

企业管理上新台阶。从强化监督机制入手,在重大问题决策、重要人事任免、重要建设项目安排和大额度资金的使用等方面力争决策"零失误",坚持民主集中制、协商报告制、操作流程规范制。建立和完善《供应商—项目—合同管理办法》,对土建等工程及重大设备的采购、选型实行公开招标、竞价制度。制定《财务收支计划》、《固定资产投资计划》、《成本控制实施办法》,完成《网络投资分析》、《合作营业厅方案分析》，对成本费用进行有效使用、合理控制。8月,通过香港品质管理局对杭州移动公司的ISO9000质量管理体系监督审核。

开展创建文明单位和开展"青年文明号"活动,4个班组被命名为省、市级"青年文明号",1个团支部被授予杭州市级先进团支部称号。结合建党80周年举办党员教育活动,开展丰富多彩的工会活动。公司与建德市毛家村结为帮扶对象，出资6万元帮助该村修建公路和发展草莓生产，并把6台电脑和2万元扶贫款送到石屏乡政府和毛家村。6月14日~17日,在杭州市萧山区体育馆举行"全球通"杯第二届世界女子乒乓球俱乐部锦标赛,中国乒联主席徐寅生在开幕式上向杭州移动公司颁发"冠名留念杯"。11月,为期半年的浙江大学2001年暑假社会实践表彰会暨"全球通"杯浙江大学第二届学生课外学术科技成果展落下帷幕。在2001年西博会表彰大会上，杭州移动公司被杭州市委、市政府授予"特别贡献奖"。

9月25日，在中国移动（香港)公司李振群副总裁、郦荣技术副总监陪同下，全球最大的移动通信运营商——沃达丰公司的代表参观了杭州移动公司营业厅和客户服务中心。

【模拟移动电话网络关闭】 模拟移动电话属于第一代移动通信技术，该业务于1992年5月17日在杭州投入运营。刚开通时,整个A网只有EMX250交换机1台,大区制基站2个,网络容量仅2000户。随着移动通信的迅猛发展，网络容量扩容升级至EMX2500交换机2台，基站100余个，网络容量15万户，杭州地区客户有12万户左右。随着现代移动通信技术和信息技术的高速发展，以及第二代数字移动电话系统的全面应用，模拟移动通信已不能适应广大客户对移动通信的需求。模拟移动通信与数字移动通信相比,通信质量和保密性差,易被并机盗打;只能实现话音业务,无法实现丰富多彩的增值业务；网络覆盖范围小且漫游功能差；模拟手机体积大、重量沉、样式陈旧,加上手机生产商2年前停止生产模拟手机及配件,使维修与更新受到严重制约。

根据信息产业部和中国移动通信集团公司有关文件精神，杭州移动公司从2001年5月1日正式启动模拟电话转网工作。为了保证客户的通信不中断，为转网客户提供1个月的呼叫转移功能和5个月的免费语音通知服务。6月30日前，逐步停止模拟移动电话网客户的国际、国内漫游;12月31日24时关闭模拟移动电话网，停止经营模拟移动电话业务,98%以上的模拟手机客户办理了转网手续。

【开展GPRS业务试用活动】 7

月,杭州移动公司开展具有“2.5 代移动通信”之称的 GPRS 新业务试用跟踪活动。GPRS 的中文名称是通用分组无线业务,它能提供高于固定因特网接入速率,是无线数据接入的较先进方式,可以实现因特网接入、收发电子邮件、WAP(无线接入)等新业务。在试用阶段的上网速率达 30 K~50K,设计最高速率可达 171K。杭州是中国移动公司启动的 GPRS 一期工程的试点城市,公司选择 60 名试用人员,签定了《GPRS 业务试用协议》。经过 2 个月的跟踪试用,获取了大量信息,为推广该业务提供了制定市场营销策略的依据。

【加强短信息增值业务】 短消息业务越来越得到客户的认同。为了更好地宣传和推广短信业务,杭州移动公司把新业务融入一些大型社会活动中进行推广,如与今日早报社联合推出了“与国足共享快乐人生——短信点评”、与新浪网合作推出“我看我评西博会短信有奖评选”等活动。采用不同的包装形式进行宣传,如与“移动大富翁”、IQQ、亲情号码等新业务的推广与基础业务的发展溶为一体。至 2001 年末,杭州地区短消息计费用户占总计费用户的比例达到 30.4%,全年短信发送量超过 1 亿条。

【发送西博会广播信息】 10 月 20 日起,为宣传 2001 年西博会各项信息,为用户提供更方便的信息接收方式,杭州移动公司和东方通信公司合作推出了频道小区广播服务。小区广播是 GSM 网络的一种新业务,主要特点是可以实时地向特定区域的用户以短消息的方式提供信息,接收信息时不影响正常通话。该业务无需办理任何手续即可使用、操作简单方便、免费收阅信息。小区广播服务作为一种占用系统资源少,实时性好,可以支持天气预报、交通流量、业务通告、付费通知、商务广告等多种公众信息的业务,非常适合为大型展会、庆祝等活动提供服务。西博会期间推出的小区广播服务包括西博会新闻、活动预告、交通指引、景点介绍、商业信息等 5 种内容,用户可以在手机上开通不同的小区广播频道,接收感兴趣的信息,信息在手机上短暂停留后就会自动删除。

【推出话费对账单服务】 12 月起,杭州移动公司对客户寄送新的话费对账单。与以往的话费对账单相比,新话费对账单对话费的服务项目作了细化,将原增值业务费细分为来电显示月费、中文秘书月费等服务项目,并向“全球通”客户发送话费金额短信提醒通知。出于保密考虑,将话费对账单送至多家对账单服务商打印。

【建成 23 个移动信息化示范点】 10 月 10 日,杭州移动公司首个移动信息化示范点在杭州商学院投入使用,师生可以不经过固定电话网,通过分机直接拨打 17951IP 长途电话,也可直接拨打移动电话通信。商学院局域网中的 1000 多台计算机可通过 CMNET 畅游网际。

移动信息化是杭州移动公司 2001 年的工作重点,经过半年的推广,建立政府、学校、大厦、企业等移动信息化示范点,使更多的集团客户享受个性化服务,公司达到经济效益与社会效益的共同提高。至年末,杭州市政府、杭州商学院、杭州日报社、西湖国际高尔夫球乡村俱乐部等 23 个移动信息化示范点建成并投入使用。

【开通短信欢迎系统】 2 月 16 日,杭州移动公司开通针对外地用户的短信欢迎系统。该系统覆盖 G4 交换机下的杭州萧山国际机场、火车东站、汽车东站等杭州门户区域,当外省用户进入杭州时,可立即收到由短信中心自动发送的短信欢迎词:“欢迎您来到浙江,中国移动通信为您提供服务,杭州服务热线 0571-1860。”

【移动通信公益伞启用】 杭州移动公司积极参与社会公益事业,与共青团杭州市委共同发起公益伞活动。6 月 11 日,一批印有“中国移动通信”字样的杭州市“青年文明号”公益伞借还网点正式启动,在杭城公交、银行、商场、医院、交警岗亭、宾馆、风景点等“窗口”设置 100 个网点,首批投入 5000 把公益伞。该活动实行公益伞押金借还联网运作方式,借伞人付 10 元押金,在任一网点归还时退回押金。

【移动信号覆盖革命老区】 8 月 25 日,桐庐县政府和浙江移动桐庐分公司在新合乡联合举行新合移动基站开通暨桐庐乡镇移动信号全覆盖庆典仪式。该基站的开通,实现了中国移动通信信号在桐庐 25 个乡镇覆盖率达到 100%。新合曾是金萧支队(抗日队伍)所在地,新合基站的开通改善了当地的投资环境,将促进革命老区经济的发展。

白马乡位于淳安县南部边界,是杭州市政府首批命名的革命老区乡。以前由于该乡地势复杂,基站覆盖范围小,一直没有建移动通信基站。近年来,随着白马乡经济情况日益好转,农民要求开通移动通信。9 月 10 日,移动信号直放站开通,白马乡结束了没有移动通信的历史。

(卢 臻)

·联通通信·

【概况】 中国联通有限公司杭州分公司(以下简称杭州联通公司)是新型综合电信运营企业,设 12 个部门和 7 个区、县(市)营业部,有员工 568 人。拥有总资产 14.02 亿元,全年完成通信业务收入 6.01 亿元,比上年有较大增长。

综合业务实力有较大提高。充分利用综合电信运营商的优势,抓住机遇,保持 GSM 移动通信业务快速增长,大力发展长途、数据和互联网业务。在原有 130/131 移动通信签约用户、“如意通”、“轻松如意通”用户等智能预付费基础上,推出虚拟专用网和“亲友电话”业务。大力发展移动通信增值业务,推出短消息、手机炒股、“移动 QQ”等业务。充分利用综合业务的优势,推出拨号虚拟专用网(VPDN)、主机托管、IP 电话会议、企业短消息发布系统、线路出租、企业专线接入、公话业务以及联通在信、集团寻呼、电子商务等业务。电信运营商的优势逐渐显现，非移动通信收入占有的比重逐步提高。

综合通信能力进一步增加。全年移动通信网络建设主要有GSM网七期扩容和CDMA网络一期建设工程，新建GSM基站342个，新增容量50万门。新建CDMA基站205个、直放站76个，实现容量16万门。加快长途、数据、互联网的建设，全年完成ATM数据骨干网二期扩容、VOIP电话网三期扩容和长途TS机房升版、扩容等工程。互联网建设完成杭州骨干节点等工程。加快光缆、管道工程建设，传输设备容量比上年增长1.7倍。

围绕“改革、创新、发展”主题，以提高规模效益为目标，以强化基础管理为手段，建立、完善一系列规章制度，建立内部沟通渠道，加大人事制度改革力度。引入ISO9001(2000版)标准质量体系，制订1套质量手册、23个程序文件、49个细则文件，整理203种质量记录表式，公司管理更加系统化，通过广州赛宝质量体系认证中心的认证鉴定。根据联通公司总部的要求，公司注册为中国联通有限公司杭州分公司(港资)，先后注销原中国联合通信有限公司杭州分公司和原国信通信有限公司杭州分公司的工商、财税关系，完成与191联通寻呼的业务整合。

加强精神文明建设。公司党委与下城区仓桥社区党总支签订《社区联合共建协议书》、《结对共建责任书》，参与社区建设；与建德洋尾乡高楼下村挂钩结对，以实际行动扶贫帮困。积极参与“爱心助学”、“春风行动”和“保护母亲河”等活动，关心、帮助弱势群体，真诚回报社会。公司寻呼部话务中心连续两次获得“全国青年文明号”称号，公司团委被评为杭州市“西博会志愿者活动”先进集体，公司被下城区政府评为2001年度文明单位。

【开展心系用户、服务创优活动】 2001年，中国联通公司开展“心系用户、服务创优”活动。杭州联通公司服务窗口积极行动，1001客户服务热线以“你的方便、我的心愿”为宗旨，制定了客户代表规范服务手册，建立经常性业务培训和考核、激励制度。完善客户服务的咨询、投诉流程，制定一般问题当天解决、复杂问题3日内解决、疑难问题7日内给用户答复、特殊问题主动上门服务的制度。全年受理用户咨询15.36万人次、受理用户电话投诉7547人次，答复率达到100%，“1001”客服热线成为公司联系客户，服务大众的窗口。

杭州联通公司延安路营业厅积极倡导“真诚服务、真情联通”，制定、完善服务规范和服务质量检查考核办法。配备多台触摸屏式电脑业务查询台，以先进技术手段方便客户咨询业务，查询账单和电话清单。加强岗位培训，努力达到高品质的服务技能。建立、健全消费者权益维护机制，对外实行“首问责任制”，对内设立投诉处理流程，用诚信服务赢得业务快速发展。12月，延安路营业厅被评为杭州市“消费者信得过单位”。

【扫除130网络盲区】 为进一步优化网络质量，扫除通信“盲区”，使用户享受到完善服务，杭州联通公司成立了网络优化小组，对杭州市的区、县(市)、农村乡镇等进行定期或不定期的路测和室内覆盖测试。通过测试和话务统计分析，及时发现网络中存在的问题。通过加快基站工程建设，利用直放站或大功率室外微蜂窝的形式，改善网络的覆盖等有效措施予以解决。全年测试路程达到2.5万千米，对56个基站进行了扩容和站型调整，详细调测了微蜂窝的覆盖及宏蜂窝的配合情况，年末通信质量与1月相比，忙时话务量由3300次/时增加到4800次/时，掉话率由1.8%降到0.8%，无线接通率85.5%，网络阻塞率由5.0%降到3.0%。

【推出CDMA业务】 按照国务院和信息产业部的部署，中国联通公司正式启动CDMA建设项目。CDMA是Code Division Multiple Access的缩写，中文意思是“码分多址数字无线技术”，能够支持高速无线分组数据传输，支持手机一直在线，并可向第三代移动通信(3G)平滑过渡。CDMA具有话音清晰、不易中断、接通率高、保密性好等优点，被称为“绿色产品”。至2001年末，杭州已完成CDMA网络一期工程的建设，CDMA信号覆盖了城区、主要乡镇、交通要道和风景旅游区。11月9日，在“2001年西湖博览会国际通信技术展”上，联通CDMA正式亮相，全国人大常委会副委员长成思危，市委书记王国平等参观了杭州联通展区，详细询问CDMA的建设及业务情况，希望中国联通能尽早向社会开放此项业务，给广大用户带来更好的通信服务。12月8日起，杭州联通公司面向社会公众，接受CDMA入网预约登记。

【开通96198市民服务热线】 12月12日，由杭州联通公司与下城区政府共建的市民服务中心成立，96198市民服务热线开通，市委书记王国平、副市长杨成标、下城区政府及各网络服务单位的代表出席开通仪式。96198市民服务热线充分利用中国联通公司的通信、网络资源，开展为民服务活动，体现了政府为民服务、企业回报社会的双重意义。市民只要拨打96198服务热线或者登录服务中心网站96198.zj165.com，中心立刻会受理申请，并将信息发送到网络成员单位。由网络成员单位为居民提供有偿服务，然后向中心反馈处理意见，接受监督。至年末，该中心能提供家政、家教、票务、医疗保健等服务，居民足不出户，便可享受到优先、优质、优惠、快速的服务。 (张荣洁)

财政 税务

·财政(国资)·

【概况】 2001年,杭州市财税部门根据“解放思想,抢抓机遇,乘势而上,加快发展”方针和“建财政大市,促‘强市名城’”目标,实施积极的财政政策,调整和优化财政支出结构,充分发挥财税宏观调控职能,稳步推进各项财税改革,大力开展整顿和规范市场经济秩序工作,通过严格依法理财治税,圆满完成各项工作任务,促进全市经济和各项社会事业的发展。全市完成财政总收入188.46亿元,比上年增长31.9%;其中地方财政收入提前一年实现上百亿目标,完成104.28亿元,增长50.7%。市区完成财政总收入161.22亿元,增长30.3%;其中地方财政收入88.47亿元,增长47.5%。全市地方财政支出104.93亿元,增长42.9%;其中杭州市区财政支出84.95亿元,增长41.2%。全市各级财政均实现收支平衡。

【大力支持各项事业发展】 市财政部门积极稳妥地筹措和调度资金,加大对农业、教科文事业和城市建设、开发区建设的资金投入。全年预算内安排农林水和支农支出1.01亿元,比上年增长33.5%;预算外安排水利建设资金、造地专项资金、农发基金3.98亿元。重点用于支持效益农业,促进农业产业结构调整,扶持农业龙头企业,增加对农产品市场建设、农业产业化基地建设和农业科技推广应用投入;支持“放心菜”工程,加大对肉食、蔬菜的检测力度和城市副食品基地的环保治理;支持钱塘江海塘、西险大塘、水涛庄水库等重点水利工程建设,建成市防汛、防旱、防火、防台现代化指挥中心。

实施“科教兴市”战略,加大对科教文事业、公检法司和精神文明建设的投入,为建“文化名城”提供了财力保障。全年市级科技支出1.34亿元、教育事业费支出2.07亿元、文化事业和精神文明建设支出5439万元,分别比上年增长21.3%、33.5%、26.3%。2001年除预算内教育事业费达到法定增长外,预算外安排教育经费7572万元,教育经费占财政经常性支出比重比上年提高1.5个百分点,确保了教育的优先发展地位。进一步完善政法机关的经费保障机制,及时核拨资金改善政法机关技术装备和补充办案经费。筹措资金3280万元,保证了2001年杭州西湖博览会和第5届中国国际民间艺术节的成功举办,进一步拓展西博会筹资渠道,为构建西博会市场化运作机制确定初步框架,进行了有效探索。

为加快城市化建设进程,增强城市集聚功能,全年安排城市建设资金45.53亿元,财政直接安排的城建资金28.77亿元。完成市区59条道路、13条河道的整治和建设,扩绿面积724万平方米,市委、市政府确定的“十大工程”建设资金得到全面落实。财政担保的城建负债规模控制在50亿元以内。

调整确定杭州经济技术开发区、高新技术产业开发区和之江国家旅游度假区的新一轮财政体制,继续在资金调度、项目安排和政策等方面支持开发区建设。全年3个开发区实际到位资金7.07亿元。

【确保增资政策落实到位】 2001年,根据国务院先后两次调整行政事业单位工作人员基本工资和增加离退休人员离退休费政策的实际,市财政部门合理安排和调度财政资金,确保增资来源的落实。对行政事业单位的津(补)贴、奖金、福利等进行清理,统一发放政策。全年市本级行政事业单位人均增资470元,对纳入会计结算中心取消基本存款账户的94个单位,采取“垫凳脚”政策,使人均福利水平不低于6000元。

【推进企业改革与发展】 制定和落实各项财政扶持政策,促进企业改革与发展。参与制定了关于进一步鼓励外商投资、鼓励来杭投资发展、鼓励科技人员创业促进高新技术成果转化等政策性意见,有效地促进杭州市区域经济特别是高新技术产业的发展。全年市本级用于支付企业改制成本、兑现财政优惠政策等各项财政性资金10.8亿元。妥善解决了浙江麻纺厂、杭州第一棉纺厂、杭州丝绸联合厂等破产企业的2.8万名离退休人员的基本医疗保险问题。

【加快社会保障体系建设】 多渠道筹集社会保障资金,加快社会保障体系建设。全年市本级财政预算内安排社会保障事业支出5.85亿元,占当年财政经常性支出的21.8%,比上年增长45.9%;征集企业养老保险基金20.65亿元,基本医疗保险基金2.75亿元;适时调整“三条社会保障线”(下岗职工基本生活费、失业救济金、城镇居民最低生活保障)标准。及时拨付帮困和再就业资金1.34亿元,拨付企业离休人员“两费”(离休金、医药费)补助资金5400万元;有6700余人次的困难居民享受了市区最低生活保障补助,对9500余名离退休人员兑现货币分房政策3.45亿元。

【稳步推进预算管理体制改革】 2001年,市财政局进一步深化预算管理制度改革,逐步实现预算管理的透明、公平与规范。在早编细编预算、试编综合预算、实行零基预算的基础上,对市级行政事业单位全面实行部门预算,并采取“两上两下”的预算编制程序,确保预算编制的科学性和合理性。加快财政集中支付改革步伐,规范财政收支管理。实施市级机关(事业)单位会计集中结算和行政单位在职及离退休人员财政统发工资制度,有市级主管部门94个、行政事业单位475个进入会计结算中心，有103个单位的1万余名在职人员工资和离退休人员生活费纳入财政统发工资范围。

预算外资金全面列入财政收支计划，“收支两条线”管理力度进一步加大。通过清理收费、强化收费票据管理等手段，继续扩大财政专户和“收支两条线”管理范围，全年市本级预算外资金财政专户缴存额66.55亿元，比上年增长47.6%。

【严格政府采购和政府性基建投资项目审价】 继续实行政府集中采购和政府性基建投资项目审价工作，减少支出环节上的浪费。全年市本级政府采购365批次，采购金额2.28亿元，节约率15.1%；审核政府性基建投资项目167个，核减金额1.9亿元，核减率8.7%。

【完善国有资产营运体系】 2001年，调整重组了工业、非工业类国有资产营运机构，基本完成工业系统国有资产营运体系建设。撤并组建了杭州工业资产经营有限公司、杭州信息科技有限公司、杭氧资产经营公司、中国(杭州)青春宝集团有限公司，并进行国有资产授权经营。加快非工业类国有资产营运机构建设，充实调整了杭州商业资产经营公司、杭州投资控股公司，组建了杭州日报报业集团和杭州广电集团。

【加强国有资产监管】 市国资局研究制定了《加强国有资产转让收益管理和改制中有关国有资产处置的若干意见》。该《意见》对企业改制中资产评估立项、确认和资产核销都有明确规定，要求对房地产用收益现值法进行评估，对收益的取值等指标进行严格审查，避免国有资产流失。仅此一项，杭州市国有资产评估增值6亿元左右。通过对12起群众举报的国有资产流失案件的查处，制止国有资产流失2400余万元。充分发挥产权交易中心的中介作用，加强国有产权交易监管。全年通过市产权交易中心实现产权交易146宗，成交额6.38亿元。

【严格财政资金监管】 杭州市进一步强化对财政资金的监管。开展1998年~2000年财政贴息资金专项检查，针对检查发现的问题和不足，及时修订相应的贴息资金管理办法，严格把好审核关；进一步落实转贷责任制，加强对国债资金的监管，确保国债资金安全有效使用。改革副食品储备制度，经市政府批准，先后取消市区冻猪肉、蔬菜、食糖等商品物资的实物储备，相应建立具有5000万元规模的副食品风险资金，顺利实现副食品储备方式的重大政策性调整；对“粮改”后市本级储备粮规模进行调研，初步建立起实物与资金并存的储备体系，提高了资金使用效益。

【全面清理政策性文件和审批事项】 为适应WTO规则，市财政局对规范性文件和审批事项进行清理。经清理检查，废止1990年以来相关文件55件，继续保留18件，报请市政府废止18件；通过开展第2轮行政审批制度改革，再次取消审批项目13个，占原审批事项的30%；取消审批项目中的部分内容4项，占原审批事项的9%；降低审批项目级次18项，占原审批事项的60%。

（陈毓莉）

·国家税务·

【概况】 2001年，杭州市国家税务局坚持依法治税，规范执法，狠抓征收管理和税收收入均衡入库，加强税源监控与预测，大力清理欠税，税收收入再创历史新高。全年组织税收收入141.69亿元，完成年度计划104.9%，比上年增长15.9%。其中增值税、消费税收入109.10亿元，完成年度计划103.4%，增长15%。全年国税部门组织的收入占全市财政总收入188.46亿元的59.7%，为杭州社会和经济发展提供了有力的财力保证。

【重视发挥税收职能作用】 全市国税部门在大力组织税收收入的同时，进一步发挥税收的宏观调控作用，认真落实各项税收优惠政策，支持企业的改革和发展。全年全市办理出口退税19.5亿元，比上年增加6.64亿元，增长51.7%；其中市区办理出口退税9.45亿元，增加3.93亿元，增长71.3%。审批外商投资企业和外国企业享受所得税减免优惠5.61亿元；办理171个企业购买国产设备投资额的审核报批，可抵免所得税3479万元；办理645个福利企业退还增值税4.27亿元；办理29个软件企业超税负退还增值税1761万元。审批办理591个饲料生产企业、资源综合利用企业、废旧物资回收企业的免税销售额35.51亿元。

【规范税务行政执法】 2001年，全市国税系统认真贯彻落实全国、全省依法治税工作会议精神，围绕依法治税这条主线，严格规范执法。重点开展了税务行政执法自查自纠，针对自查的问题，及时进行整改，促进了执法水平的不断提高。进一步完善执法责任制和过错责任追究制，规范重大税务案件二级审理制度。在二级案件审理中突出依法治税，客观公正地处理涉税案件，促进稽查工作规范化和科学化。积极开展ISO9000质量体系认证的试点，系统内9个局通过认证，提高了税收管理水平。

【整顿和规范税收秩序工作成效明显】 按照国家税务总局的要求，开展打击骗取出口退税，规范出口退税秩序专项斗争。全年查处偷骗税案件22起，涉及税额2109万元。开展打击虚开、伪造、倒卖增值税专用发票专项行动，联合公安等部门进行重点整治。7月，市区开展为期3个月的商贸企业重点检查，检查纳税人949户，查补罚款1775万元。认真落实欠缓税金核算办法，清理陈欠，遏制新欠，首次在媒体公开曝光欠税大户，全年清缴欠税2.77亿元。认真开展日常税收检查，检查纳税户8568户，查出有问题户3925户，查补税款及罚款3.4亿元，入库3.32亿元；向公安部门移送涉税案件72件，判刑12人，有力地打击了涉税违法犯罪活动。

【深化征管改革】 2001年，全市国税部门对征管机构、征管体制和征管职能进行改革、重组和调整。市区实现了“集中征收、一级稽查、属地管理”的征管模式,以县(市)为单位的“集中征收”模式得到进一步完善,初步理顺征、管、查三线运行的职责,为进一步实现以市为单位的“信息数据集中处理、税款集中征收、稽查相对集中、人财物统一管理”新体制打下了基础。将征管改革与机构改革有机结合起来,既推进了征管改革,又确保了机构改革的顺利完成。

税收宣传

【实施科技兴税】 2001年,全市国税系统全面推广、应用CTAIS(中国税收征管信息系统)征管软件。从人、财、物、组织、技术等方面做好保障工作,对全市业务布局、数据集中方式、数据准备方法、CTAIS初始化方式、环境和设备准备等作出周密部署。在初始化现场集中计算机100多台,录入基础数据资料50多万份,集中培训操作人员2800多人次。10月,该软件在前台成功运行,为全市税收征管信息化和科技加管理奠定了基础。投入大量的资金、技术,对硬件设备、网络环境进行全面改造和升级,新铺设市国税局到市区各局、县(市)局点上的通讯线路,各县(市)局全面改造了到基层点的线路,使网络环境大大优化。坚持以方便纳税人为出发点,依托计算机技术,积极推行一般纳税人网上申报和个体工商户电话申报等多元申报方式。“金税工程”运行稳定,运行质量日益提高,全市有12863户增值税一般纳税人进入防伪税控系统,占全部一般纳税人的44.6%。

【加强税收基础管理】 抓住征管改革和CTAIS实施的有利条件,重点加强征管基础建设。规范税收业务操作规程,严密税收监控体系,落实各项征管措施,提高了税收征管质量。纳税评估试点取得初步成效,全市对689个企业进行增值税纳税评估,在评估中发现有问题户291个,追补税款1645万元。流转税、出口退税和所得税管理进一步得到加强,对21588户一般纳税人进行年审,取消一般纳税人资格1682户,限期整改19户;完成2000年度企业所得税汇算清缴工作,对24个企业进行反避税审计调查,审计调整11个企业应纳税所得额6664万元,调增税额1454万元。加强市区专业市场和集贸市场的税收征管,全年组织个体税收7.24亿元,比上年增长46.3%。

【开展“纳税人在我心中”活动】 全市国税系统大力开展以“纳税人在我心中”为主题的争创满意单位活动,坚持把服务放在第一位,把方便让给纳税人,形成了文明务实、廉洁高效的行业风气,“为纳税人着想,使纳税人方便,让纳税人满意”已成为系统上下一致共识。在CTAIS推广应用期间,各局通过广泛宣传以及设立服务台、配备引导员、延长工作时间等应急服务措施,得到广大纳税人的理解与支持。CTAIS上线运行后,及时推出为纳税人全程服务措施,受到纳税人的欢迎。认真开展税收宣传,联系有关方面开展协税护税工作,对扩大国税影响面、促进全社会增强税收观念起到一定的作用。 (张 轸 栾国庆 周凌明)

·地方税务·

【圆满完成地税收入任务】 全市地税部门坚持依法征税、应收尽收、坚决不收“过头税”的原则,采取有效措施,全面提高税收征管水平,促进了税收收入的持续稳定增长。全年全市组织各项收入108.69亿元,比上年增长41.9%;其中地税收入78.15亿元,增长53.4%。

加强重点税源监控,规范税收源头管理。2001年进入市地税系统重点税源数据库管理的企业有237个,占全部地税收入的33%;其中上报国家税务总局的企业38个,上报省地税局的企业76个。通过开展税务登记户籍管理专项清查,清理漏征漏管户8180户,补办税务登记9128户。

【完善地税征管体系】 2001年,市地税系统继续深化税收征管改革,巩固和完善符合市场经济要求的地税征管体系。全面起用TF2000新版征管软件,完成“税友”软件升级换代工作,促进地税征管信息化、法制化和科技化;进一步加大引税力度,积极探索现代化纳税申报、税款缴纳办法;开通地税征管网站,为纳税人提供税收政策法规、网上涉税事宜咨询等服务;地税垂直管理力度加大,市区地税机构垂直管理、属地征收的管理模式得到积极推进。

【地税执法监督检查与稽查】 市地

税局结合宣传贯彻新《征管法》,强化地税执法监督。对内全面开展税收执法检查、下查一级重点检查、稽查办案复查和税收票款检查，狠抓建章立制和整改落实；对外加大对用税人及社会各界的财税法规普及宣传和各类专项检查的力度，进一步整顿和规范市场经济秩序，促进财税执法行为的规范化和法治化，优化了依法理财治税环境。

严格税务稽查“选案、检查、审理、执行”四分离制度,规范稽查办案,增强地税执法刚性。全年地税稽查部门通过开展各类专项检查,检查企事业单位5795户，补税罚款1.66亿元，处罚率35.2%，公告率27%，入库率104.8%(含清欠数)。与公安部门联手在全市范围内开展依法严厉打击涉税犯罪联合行动，查处涉税违法案件57件，追缴税款、罚款697万元;其中向公安机关移送案件24起，刑事拘留6人,判刑2人。受理信访举报，查补税款1496万元。

(陈毓莉)

附：

2001年杭州市区财政收支情况

单位:万元

收　入

项　目	金 额	为上年(%)
地方财政收入合计	884 738	147.5
一、分税制财政体制收入	845 422	150.1
1.增值税(25%)	184 878	119.0
2.营业税	230 760	125.0
3.企业所得税	220 018	238.5
4.涉外企业所得税	56 536	148.6
5.企业所得税退库		
6.个人所得税	90 488	172.3
7.城市维护建设税	79 942	114.5
8.其他税收	35 379	100.4
9.国有企业亏损补贴	-142 002	113.4
10.农业四税	62 343	162.9
其中:契税	47 699	163.4
11.其他收入	27 080	117.3
二、专项收入	39 316	107.7
1.教育费附加	27 755	115.8
2.排污费	11 561	92.2

支　出

项　目	金 额	为上年(%)
地方财政支出合计	849 479	141.2
一、基本建设支出	41 664	232.6
二、企业挖潜改造资金	36 859	117.4
三、科技支出	21 461	131.2
1.科学事业费	3 438	136.3
2.科技三项费用	18 023	130.2
四、农林水及支农支出	34 954	130.5
五、工交流通部门事业费	14 223	205.7
六、文体广事业费	15 676	120.7
其中:文化事业费	4 355	120.8
七、教育事业费	106 361	140.2
八、卫生经费	50 843	130.9
其中:1.卫生事业费	16 290	118.4
2.中医事业费	1 642	185.1
3.行政事业单位医疗经费	32 311	133.5
九、抚恤和社救事业费	12 028	124.5
十、行政事业单位离退休人员经费	39 729	148.8
十一、社会保障补助支出	12 899	141.3
十二、行政管理费	58 981	146.2
十三、公检法司支出	60 985	142.5
十四、城市维护费	136 366	133.4
十五、专项支出	37 424	104.2
其中:1. 教育费附加支出	11 383	51.7
2. 排污费支出	25 986	187.7
十六、其他事业及其他支出	140 526	160.1
十七、高新、之江开发区支出小计	28 500	141.9

注:(1)国有企业亏损补贴主要用于粮食、“菜篮子”和公交、煤气等城市公用事业的政策性亏损补贴及补充社会保障后备资金。

(2)本表为新市区口径。

金融 保险

·中国人民银行杭州中心支行·

【概况】 2001年,中国人民银行杭州中心支行认真落实各项货币信贷政策,加强内部管理,强化金融监管,切实防范金融风险,推进金融业务创新与合作,有力地支持了地方经济发展。

年末,全市金融机构各项人民币存款余额2621.51亿元,比上年增长25.5%。其中,储蓄存款余额941.84亿元,增长19.4%,增量是上年的3.34倍;企业存款余额1333.81亿元,增长21.9%。各项人民币贷款余额2087.7亿元,按可比口径增长22.8%。股份制商业银行市场份额明显扩大,已占增量贷款的30.4%。全年各金融机构现金累计收入5579.6亿元,现金累计支出5388.07亿元,分别增长27.9%和29.2%。外汇存款余额24.75亿美元,增长4.1%;外汇贷款余额4.73亿美元,减少0.42亿美元。

全市各金融机构实现利润比上年增加17.54亿元,增长78.0%。其中,国有独资商业银行实现利润翻番,达33.94亿元;股份制商业银行实现利润3.55亿元,增长30.0%。

【调整信贷结构】 该行积极引导全市各金融机构调整信贷结构,支持中小企业、农业和外贸出口企业。总结推广8种适合中小企业的信贷方式,积极鼓励商业银行进行信贷方式创新;指导农村信用社完善公议授信办法,简化农民贷款手续;制订出台《金融支持我省外贸出口双八条意见》,联合市政府和工商联举办中小企业和民营企业融资洽谈会。加大资金投入,该行全年累计发放中小金融机构再贷款70亿元,增强对中小企业的贷款发放能力。累计发放支农再贷款5.07亿元,增强信用社支农实力。

完善助学贷款政策体系。在全国率先推出以学生家长为贷款人的生源地助学贷款。全年有12152名学生接受各类生源地和就学地助学贷款7035万元,财政贴息(中央和地方)助学贷款余额8082.5万元。

规范发展票据业务。指导在杭各商业银行设立票据专营窗口,使杭州成为区域性票据中心,票据业务占全省的50%;选择25个企业作为商业承兑汇票再贴现试点企业。全年商业银行办理票据承兑494.38亿元,贴现551.79亿元,再贴现49.70亿元,分别为上年的2.1倍、5.1倍和1.4倍。

【提高金融监管实效】 2001年,该行以降低不良贷款为监管工作重心,强化金融监管。组织开展对所辖商业银行分支机构和信用社贷款质量的检查,实现了全市金融机构不良贷款率比上年下降2.8个百分点,其中国有商业银行、股份制商业银行、农信社的不良贷款率分别下降2.4、3.3和4.1个百分点。深入整顿金融秩序,制定实施了杭州市整顿和规范金融秩序工作方案,以打击企业逃废债、加强外汇管理、取缔金融"三乱"(乱集资、乱批设金融机构、乱办金融业务)、打击制贩假人民币和维护公平竞争环境为重点,组织开展专项整治活动。进一步规范银行卡发卡业务,严肃查处违纪违规发卡行为。改进金融监管方式,向杭州市商业银行、杭州市区农信联社、10个股份制商业银行杭州分行派驻监管小组,实施全面动态持续监管。加强对银行内控建设的督促检查,完善银行业分类分层次监管。积极应对入世挑战,于3月制订出台《杭州银行业现代化发展指引》,提出未来5年杭州银行业现代化发展的目标与措施。

【完善金融服务】 该行积极引导各金融机构进一步树立金融服务理念,提高金融服务水平。大力推进金融电子化进程,认真做好"银联"标志银行卡推出前的各项准备工作,确保杭州作为全国5个试点城市之一在2002年初率先推出"银联"卡。积极稳妥地推进国家金库会计核算新系统建设,顺利实现新老核算系统的并行。继续推广"一户通"系统在转账征收税款、社保基金等方面的应用。清理整顿同城特约委托收款业务,开展了同城特约委托收款对私业务的规范工作,分步实施"分类分阶段"收费方案,促进了各金融机构结算类中间业务的健康发展。

【探索外汇管理新方式】 外汇管理局浙江省分局对外汇管理方法作了改进,实施中小企业开立外汇账户保留限额外汇的试点,降低了中小外贸企业的交易成本,便利了企业

附: 2001年在杭金融机构类别(不含证券、保险机构)

类别	性质	机构数(个)
国有独资商业银行	一级分行	4
国家政策性银行	一级分行	2
股份制商业银行	一级分行	10
农村信用社联合社	法人	8
城市商业银行	法人	1
资产管理公司	办事处	4
信托投资公司	法人	5
金融租赁公司	法人	1

的对外贸易活动；改革自营外汇贷款登记方式、外汇贷款偿还审核方式和外汇贷款专用账户管理方式，鼓励企业用足用好国内外汇资金；推行外商投资外汇资本金结汇管理方式改革，努力使外汇管理由直接管理向间接管理模式转变。

（蒋海峰）

·中国工商银行浙江省分行营业部·

【概况】 2001年，中国工商银行浙江省分行营业部把拓展有效市场、强化风险管理和支持杭州城市化建设与促进经济结构调整有效结合起来，使各项业务保持较好的发展势头。

年末，人民币各项存款余额684.4亿元，比上年增加89.7亿元，增长15%。在全市4家国有商业银行人民币存款增量中占比为40.3%，上升12.6个百分点。人民币各项贷款余额549.78亿元，增加69.3亿元，增长14.4%。其中“三项精品贷款”市场占比稳步扩大，有效促进信贷结构调整，项目贷款增加42.27亿元，个人住房贷款增加23.67亿元。在全市4家国有商业银行中，各项贷款余额和增量占比分别为41%和27.4%。“三项不良贷款”余额减少3.44亿元，占比下降1.7个百分点。

该营业部在总行对同级行的综合考评中位居第二，绩效评比再上一个等级为A-。

加大结构调整力度，促进产业结构优化。新增贷款的90%以上投向AA级以上信用优等客户，争取到89个城建、教育行业优质新客户，增加贷款28.17亿元。AA级以上优质信用客户贷款余额占比达70.4%，提高10.7个百分点；中长期贷款余额占比55.4%，提高4.9个百分点。贷款收益率比上年提高2.4个百分点。把从技术含量低、竞争能力弱、发展前景差的行业与企业中退出贷款，作为控制和降低存量贷款风险的主要措施。确定退出名单和退出日期，一户一策地制定退出措施和方案，退出贷款12.05亿元，清户212户。通过追查、起诉、执行等法律形式收回贷款4.43亿元。

努力扩大资金来源。为省市政府、财政部门和各级医疗、养老保险等事业单位提供资金归集、账户管理等配套服务，促进存款的稳定增长，日均人民币存款余额636亿元，比上年增加67亿元。开辟同业存款新领域，与66个中小商业银行机构签定保证金主办行协议；增加33个代理支付结算客户，代理金融机构总数达241个，占全市的93%；同业存款日均余额增长22.2%。聘任营业部、支行两级客户经理，外勤人员占员工总数比例为25.6%，市场营销和服务水平进一步提高。

推进机构和管理体制改革。成立资金营运处、电子银行处和票据中心，主营个人金融业务的延安中路分理处挂牌营业。推进后勤管理体制改革，初步实现全行后勤服务社会化。深化个人金融业务集约化经营，新建、迁址、改造、装修网点16个，撤并低效网点14个。亿元所已达114个，所均余额1.24亿元，比上年提高2600万元。推出银期转账、B股银证通、个人汇款直通车、牡丹灵通卡支付163和169网费及代理保险、委托贷款、应收账款质押贷款、流动资金循环额度贷款和生源地贷款等新业务。顺利完成综合业务系统整合版投产，被总行、省分行授予特别奖。网上银行发展客户3.6万户，全年网上交易额197.1亿元。成功代理南方稳健成长基金的销售发行业务，销售额列全国5城市（包括直辖市在内）工商银行第二位。

完善监督机制。组织10个检查组对全行各营业机构进行检查，对检查结果整改不力的支行予以通报批评，处罚有关责任人员。业务稽核覆盖面达100%。认真执行防案分析会和员工行为动态分析会制度，建立员工行为自查报告制度。加强财务管理，实施集团采购，杜绝大宗物品采购中的不正之风。进一步完善对二线服务部门的监督、检查和考核机制。

（邵庆义）

附：中国工商银行网上银行应用模式简介

中国工商银行利用网上银行系统所提供的功能，结合银行与客户双方管理和业务上的需要，创造出许多网上银行应用模式，适应了个性化的服务需求。

集团理财模式 适用于在工商银行开有存款账户的集团（系统性）客户，统一归集调动集团内部资金达到：实时监控各地分（子）公司银行账户动态情况；加速销售资金回笼，提高资金使用效益；加强销售网络财务管理，实现个性化结算服务。

远程监控和授权模式 适用于法人或主管部门等授权人对其管辖范围内账户每笔超限额资金的流出进行远程监控、授权的财务管理模式。

财务集中处理，账户远程管理模式 适用于异地设有分公司，其财务由总部集中处理，账户实行总部远程管理的客户。基于因特网先进的会计核算软件的应用，各地销售分公司的日常财务处理完全通过因特网直接在总部集中处理完毕，公司可以做到当地不需要财务人员。但在传统的银行结算方式下，如果不派驻财务人员，是无法完成账户资金进出的管理。该模式通过网上银行特有的不受时间和空间限制的特点，利用工商银行遍布全国的营业机构和电子网络，总公司可以在全国范围内实现账户远程管理，大大降低企业运营成本，实现资源上的优化配置。

支持BtoB和BtoC等多种商务模式 适用于撮合型网站（为买卖双方企业提供交易平台的网上商城的资金结算模式）和网上采购及分销型网站（由卖方自己搭建的网上商城的资金结算模式）。

·中国农业银行浙江省分行营业部·

【概况】 2001年，中国农业银行浙江省分行营业部围绕“呼应省会经济、发展省会金融”的发展主题，按照“资源配置结构与城市经济结构同步调整，业务经营功能与城市经济功能同步提升，业务发展与管理水平同步提高”的基本工作方针，抓改革，抓调整，抓发展，树形象，各项业务长足发展。

年末，本外币各项存款余额331亿元，比上年增加56.5亿元，增长20.6%；其中同业存款余额30.9亿元，增加6.4亿元。本外币各项贷款余额274.6亿元，增加48.8亿元，增长21.6%。

改善资产质量。完善信贷管理机制和基础管理，着重抓好信贷结构调整，在区域结构、行业结构、客户结构、期限结构和方式结构等方面，实现或提前实现了五年规划目标。年末，不良贷款绝对额比上年下降3.2亿元，不良贷款率9.5%，下降3.5个百分点。

发展代理业务。全年完成国际结算12.6亿美元，比上年增长26%，市场占有率提高1.6个百分点；办理结售汇10.8亿美元，增长23.4%。年末，银行卡发卡量累计172万张，增加54万张，增长45%；银行卡存款余额10.7亿元，消费额4.5亿元，均比上年翻了一番。开发代收代付项目21个，已涵盖通讯、供电、交通、税收、保险、证券、教育、报业、物业管理等社会经济生活的各个领域，全年受理各类代理业务总数1018万笔，增长26%；代收费总额99亿元，增长30%。票据贴现业务异军突起，承办省分行票据贴现中心，全年累计办理贴现业务36.3亿元，向人民银行办理再贴现(回购)业务7.6亿元。中间业务收入5627万元，增长61.6%。

狠抓结构调整。为防范化解信贷资产风险，改善信贷运行机制和加强信贷基础管理，对信贷结构作了优化调整，实现不良贷款余额和占比双下降。进一步调整人员结构，全年分流人员300多人，其中自谋职业145人。实施网点结构调整，按照效益、效率两项标准，在国家级开发区增设和升格支行2个，在优势区块升格分理处8个，在欠发达乡镇撤销分理处和储蓄所17个，对发展潜力不大的5个低效机构进行迁址。调整带来了活力，储蓄大幅回升，当年新增21.4亿元；实现利润4.45亿元，增加1.23亿元。所辖支行级机构中赢利超1000万元的支行12个，超5000万元支行4个。

稳步推进经营机制改革。着重抓好解放路支行和临安支行经营机制改革的试点，对城市行和亏损行的发展出路作了有益的探索。加强形象建设，对所辖95%营业网点的老标志门楣进行改造，实行门楣、着装、服务用语“三统一”；推出示范营业网点6个；开办95599客户服务中心；在市区、县城及重要区位树立了一批有影响的广告牌。以“共建”带动创建，以创建促进“共建”，全年创建县(区)级文明单位43个、市级文明单位7个。（倪爱娟）

·中国银行浙江省分行(杭州地区)·

【概况】 2001年，中国银行浙江省分行(杭州地区)从转变思想、转变观念、转变作风、转变经营机制入手，深化改革，加强管理，抓住杭州市经济快速发展的有利时机，积极开拓市场，改进金融服务，各项业务进展顺利。

年末，该行杭州地区人民币存款余额140.6亿元，比上年增加31亿元，增长28%；外汇存款余额10.23亿美元，增加8003万美元，增长9%。人民币贷款余额204.62亿元，增加41.29亿元，增长25%；外汇贷款余额1.71亿美元，略有下降。全年完成国际结算业务量40.54亿美元，结售汇累计42.54亿美元，均略有增加。信用卡总卡量57.7万张，增长33%；交易额102.4亿元，增长53%；其中直接消费交易当年新增6.05亿元，增长25%。个人外汇买卖交易金额1.56亿美元，增长164%。累计办理票据贴现9.7亿元。实现本外币利润2.31亿元，增长2.73倍。

加大在杭州地区贷款的投入力度。中行浙江省分行在新账贷款不良率、资产利润率、存款增长等方面经营状况良好的基础上，积极向中行总行反映浙江省包括杭州市经济发展的有效信贷需求，争取到总行把浙江省作为重点投入省份，实施重点倾斜的政策，使信贷规模由总行年初核定的46.8亿元增加到年末的119.91亿元。该行杭州地区机构的新增贷款大于新增存款，贷款的新增绝对额、增幅及存贷差额，均再次创下历史记录；人民币贷款比上年多增10.59亿元，增幅提高2.3个百分点，占省分行新增贷款的35.6%。

该行杭州地区机构将贷款的重点放在优质企业和重点项目上，有力地支持了杭州市经济特别是外向型经济的发展。继续支持丝绸、茶叶等传统产品出口，大力支持科技含量高、附加值大的机电产品出口，基本满足了外贸进出口资金的需求。重点支持浙江丝绸集团公司、东方集团股份有限公司等外贸企业，与新组建的荣大集团控股有限公司建立了良好的银企合作关系。支持交通、通讯、能源、原材料、城建、电子、石化、医药等重点行业和高科技领域的发展，重点支持UT斯达康(杭州)通讯有限公司、富通集团有限公司、锦江绿色环保能源有限公司、广厦建设集团有限公司等在杭优质企业。通过支持重点行业、重点客户的发展，进一步优化了贷款结构，提高了信贷资产的整体质量和综合盈利能力。大力发展零售贷款业务。根据市场需求变化，及时调整零售贷款结构，将住房、汽车贷款等列为全年消费贷款的重点品种，与多家房地产开发公司、汽车经销商、大专学校、保险机构建立业务协作关系，并全面开办了业务。积极调整资产结构，把发展风险小、效益好、企业需求大的票据业务作为工作重点，开办再贴现、转贴现业务，省行在票据业务相对集中的杭州开元支行成立了票据中心，使票据业务得到较快发展。

开展服务创新，开发新的业务品种。1.依托科技，提高资金清算汇划速度。实现全辖数据大集中，建立了比较完整的省辖本外币资金快捷汇划电子化网络，实现实时收付、实时清算和实时到账。2.为企业客户和居民客户提供优质高效的保值增值、规避汇率风险等服务。大力推广个人外汇买卖、代客外汇买卖、远期结售汇、货币市场代理、外汇资金管理等本外币资金业务，实现银行和客户的"双赢"。3.推广国际结算新业务。为浙江南都电源动力股份有限公司等企业叙做保理（即银行承购出口赊销企业应收账款）和福费廷（即银行包买出口企业中长期票据）等新的国际贸易融资业务，有效地改善企业的报表结构，优化企业的财务管理。4.根据客户需求，推出银证转账和各类代理业务。如保费低、保额高、保障多的"家家乐"、"岁岁保"等"银保组合套餐"，以及多功能理财卡、个人出国留学贷款、在校大学生小灵通个人消费信贷等业务。5.改进对优质企业的服务。逐步推广客户经理制，并推出受理客户咨询、调查国外客商资信、为客户讲授国际贸易和国际结算业务知识等服务项目，深受企业欢迎。

（阮黎辉）

·中国建设银行浙江省分行营业部·

【概况】 2001年，中国建设银行浙江省分行营业部结合杭州实际，坚持管理与经营并重，以经营效益为中心，以结构调整为主线，以改革创新为动力，以规范管理为依托，在业务发展、风险防范和队伍建设等方面取得了良好成绩。

年末，本外币全口径存款余额397.19亿元，比上年增加65.62亿元，增长19%；本外币一般性存款余额354.87亿元，增加52.09亿元，增长17%；人民币一般性存款余额337.50亿元，增加52.20亿元，增长18.3%。人民币贷款余额268.42亿元，增加47.11亿元，增长21.3%。

调整和优化客户结构。贯彻"区分客户、区别服务"的"双区"策略，积极争夺重点市场，拓展新兴市场，挖掘潜在市场。重点支持西湖文化广场、杭宁高速公路二期工程、杭州剧院、浙江大学城市学院、宋城集团、省电力公司、省电信公司、钱江水利股份有限公司等重点项目和优质客户，组建东方通信股份有限公司和顶益集团有限公司销售结算网络，与浙江大学、浙江财经学院、铁道通信杭州分公司、省体育彩票管理中心、中国人民保险公司杭州市分公司、省药品监督管理局等多家客户签订银企合作协议。全年累计发放各项贷款299.65亿元，授信34.31亿元。根据杭州市房地产产销两旺的特点，大力支持国家级、省级大型住宅项目，拓展个人住房贷款业务。年末个人住房贷款余额50.61亿元，比上年增加18.28亿元。

切实提高资产质量。根据国务院提出的2001年为"资产质量年"的要求，将不良资产的"减额降比"工作作为当年工作的重中之重。加大考核力度，把不良贷款考核与费用分配、信贷授权、优秀行长评选等挂钩。实行"双呆"（呆滞、呆账）贷款的集中经营和管理，因地制宜地开展盘活处置、呆账核销、偿债物处置等工作。加强对不良贷款的风险监管，完善信贷资产质量分析报告制度，做好高风险贷款的审查和风险预警与防范。稳步推进责任认定工作，强化责任约束。年末，营业部不良贷款的各项控制指标均好于全省建行平均水平。

大力拓展中间业务。抓住人民银行出台《商业银行中间业务管理暂行办法》的契机，规范中间业务管理，完善考核办法，中间业务得到整体拓展，业务收入大幅增长。国际结算量突破10亿美元大关，达到12.65亿美元，增长32%；售汇累计8.15亿美元，增长32%。根据客户需求开发设计出外债偿付基金转存、飞机租赁、船舶融资出口等金融产品组合方案，推出保理、资金托管、出口卖方信贷等新业务产品。龙卡业务保持强势增长，发卡量累计188.85万张，新增37.40万张；全年消费交易额9.15亿元，增长186%。代理业务品种不断完善，新开办网通宽带网开户缴费、人民保险公司"金锁"家财险、代扣铁通公司话费等业务。"一户通"系统新增联通IP话费、省国税局税费等4项代扣业务。全年发展代扣业务37962人（项），发展代发工资户61770户，代理各类保险12339户（份）。依托电子网络优势，推出CALL CENTER（客户服务中心）"速汇通"、"银证通"和网上银行等业务，发展前景良好。积极开拓投资银行业务，出任浙江飞虹通信集团、浙江省化工研究院、万马集团、东冠集团、民生药业、浙大海纳等上市公司和优质客户的金融顾问。

夯实管理基础，完善内控机制，全面实现"安全年"目标。进一步加强对会计、信贷、零售、科技等业务检查，强化监察、保卫、法规部门与业务部门之间的协调配合，运用重点检查、全面检查和专项检查等多种形式，及时发现和整改问题，降低风险度。完善安全目标责任管理和案件查防责任制，努力抓好以规范运钞安全操作规程为主的专项整治。该营业部经济民警中队在全市经济民警"大练兵、大比武"活动中夺得团体总分第一名，被荣记集体三等功。营业部进入杭州市创安全防范示范样板百个单位行列。完善组织架构，加强对基层网点的建设和管理，对支行实行"区域加特色"的分类管理。合理配置人力资源，建立、健全人事管理体制和激励约束机制，员工整体素质得到提高。巩固职业道德教育成果，深化各项创建活动，大力推进具有特色的企业文化建设。2001年，该营业部有2个单位获省级文明单位称号，有3个单位获市级文明单位称号。（徐 滢）

·交通银行杭州分行·

【概况】 2001年，交通银行杭州分行确立以效益为中心的经营思想，严格信贷管理，调整业务结构，完善激励机制，较好地完成了全年的目标任务。

年末，人民币存款余额112.09亿元，比上年增长21.1%；其中储蓄存款余额19.32亿元，增长28.3%。人民币贷款余额为77.01亿元，增长17.1%。外汇存款余额7110万美元，外汇贷款余额1994万美元。全年完成国际结算业务4.09亿美元，增长8.5%；个人外汇买卖业务交易量6.16亿美元。太平洋信用卡发卡量增加12.8万张，太平洋卡消费交易额8668万元，外卡交易额66.7万美元。全国通业务交易量累计120亿元，代理发行华安开放式证券投资基金22764万元，代理证券收付(含电话银行转账)4.8万余笔、25亿元，代理发售凭证式国债3000万元。全年实现本外币利润15824万元。

完善目标考核体系。该行对市区经营单位实行单独利润核算，完善百基分考核办法。通过加强对利润指标的考核，进一步重视成本和收益分析，考虑投入产出比，对贷款客户的选择，在安全性有保证的前提下，充分考虑贷款资源的综合效益，努力促使利润最大化；各管理部门认真履行职责，严格按规定考核，促进各经营单位的利润核算和成本费用管理。

积极调整业务结构。1.认真组织开展以“创优、发卡”为主题的私金业务百日竞赛活动和以宣传太平洋卡为中心的集中营销宣传活动。2月与9月，分别召开专题业务工作会议，对竞赛活动进行动员部署，明确竞赛任务、办法和奖励政策；各支行、各部门根据分行要求层层发动，分解量化目标任务，并适时、适度地加以宣传，促使竞赛活动达到预期效果。2.成功代理发行“华安创新”开放式基金。该行被总行确定为分销行后，按照总行的统一部署，经过近一年的筹备，成功完成代理发行“华安创新”开放式基金分销份额。经过3个月的封闭期，12月20日起进入正常的申购、赎回阶段。3.推动外汇业务的发展。先后两次召开专题会议，研究、探讨推进外汇业务特别是国际结算业务的新途径和新方法，出台了鼓励各支行发展国际业务的奖励政策；重构国际业务后台操作流程，成立了国际结算中心，建立起新的业务运行模式；引进国际业务结算软件，改善业务运作的科技支持环境。通过加强业务辅导、培训和信息服务，促进了全行外汇业务的健康发展。

加强信贷管理。正确分析信贷工作中存在的薄弱环节，根据人民银行监管意见，有针对性地采取并落实了一系列措施：健全内控机制，对下属11个支行，实行贷款三级审批制，并落实审查岗，严格贷审分离制度；把加强规范管理、积极发挥贷审会作用和落实督查制度作为提高授信管理水平的重点工作来抓，转变经营理念，将贷款五级分类法运用到日常授信工作中；切实落实《交通银行杭州分行授信工作暂行办法》，加强授信工作检查力度，通过经常性的现场和非现场检查，规范全行授信业务运作，促进贷后管理制度化；加大不良资产清收力度，采取一户一策、责任到人、定期考核的办法，切实做好贷款核销工作。

加快电子化建设。调整充实电子化建设领导小组，制订电子化建设项目管理办法，筛选确定全年开发、应用、维护的重点项目28个。完成综合业务处理系统、开放式基金代理系统和校园卡、网络电话、有线网络收费、驾校计费管理、无线POS等系统的开发，已投入运行。综合业务处理系统和开放式基金代理发行系统是2001年电子化建设的重点工程，按照总行有关综合业务处理系统上线工作的统一部署，年初制定详细、周密的系统上线工作计划，并开展系统上线业务培训。经过努力，综合业务处理系统于9月顺利通过总行检查组验收；10月8日，新系统在市区所有对公网点成功切换正式上线运行。开放式基金代理发行系统也于年内成功上线，有力地支持和保障了发行工作的顺利进行。

完善激励机制，推进人事制度改革。实施客户经理制和科技项目制暂行管理办法，突出和强化对外勤、科技人员的激励。加强业务培训，全年组织国际业务、综合业务系统、开放式基金、信贷业务、办公自动化等各类培训，参加培训800多人次。 （韩立波 王佶菁）

·杭州市商业银行·

【概况】 2001年，杭州市商业银行积极拓展业务领域，努力优化业务结构，以转化和防范风险为重点，加强基础管理，取得良好业绩。

年末，各项存款余额143.89亿元，比上年增加30.39亿元，增长26.8%，完成年度计划的102.8%；其中储蓄存款余额28.53亿元，增长34.4%，创历年储蓄存款最高水平。各项贷款余额104.02亿元，增加19.62亿元，增长23.2%；其中个人贷款余额6.32亿元，增加1.81亿元。全年实现利润8817万元，完成计划的147%。至2001年末，该行资产总额243.03亿元。

积极支持杭州市的经济建设。先后贷款支持南都房地产公司、江干科技经济园区、西湖科技工业园区等优质客户；为省级机关经济适用房省直政苑小区投入封闭贷款1.2亿元；支持三里亭北区经济适用房工程建设项目，投放封闭贷款2亿元。积极探索中小企业综合化服务体系，组建“各区中小企业担保基金”，扶持中小企业发展。服务市民，积极推出个人信贷业务。

中间代理业务发展迅速，业务品种不断丰富，业务量不断扩大。1月，正式办理市级行政单位财政统发工资业务，年末统发工资人数1.6万人。西湖医保卡于上半年全面启动，年内发卡12.9万张。6月，杭州市市级机关会计结算中心成立，该行成为其开户行。该行与杭城首家参有外资股份的保险公司新华人寿保险公司杭州分公司签定业务合作协议，全面代理“红双喜”两全保险业务。与海通、国信等多家证券公司联合开办西湖卡银证通业务，增加了西湖卡的含金量。年末，该行西湖卡加入" 银联"(银联标志银行卡)，成为首批可在北京、上海、广州、深圳、杭州5城市跨市使用的信用卡。

加快金融电子化建设。自行设计、开发的计算机业务综合系统平稳升级，大大扩充了计算机业务处理系统容量，全面优化了业务处理能力。

开辟业务发展新领域。2001年，正式开办外汇业务，并获得中国外汇交易中心会员资格。与花旗银行签订了互为代理合作协议，加强双方在资金清算、外币投资、经营管理、业务培训等方面的合作与学习。

重视基础管理，加强风险防范。正式出台《内部控制工作考评暂行办法》，下发多项科技工作管理制度，为切实防范各类风险提供了有效的保障。总行部门引入竞争机制，在全行范围内公开招聘工作人员。所属支行基本实行双向选择、竞聘上岗。

【债券交易量居全国第九位】 到2001年末,杭州市商业银行债券交易量已达2435.85亿元,居全国第九位。全年现券交易量42.19亿元,在全国债券市场排名第八位。作为中央国债登记公司首批批准的39个甲类债券托管账户之一,5月起至年末,为15个农信社开立债券托管丙类账户,总户数位居全国第五位。该行被评为2000年~2001年度全国债券市场前10家优秀结算成员。 (张红舸)

·杭州市区农村信用合作社联合社·

【概况】 2001年,杭州市区农村信用合作社联合社认真贯彻省、市农村信用社工作会议精神,锐意改革、大胆创新,不断强化内部管理,切实改善资产质量,大力拓展业务规模,努力提高队伍素质,各项工作进展顺利。

年末,各项存款余额90.87亿元,比上年增加14.66亿元,增长19.2%;各项贷款余额57.42亿元,增加6.9亿元,增长13.7%。不良贷款比例下降3.1个百分点,全年实现利润3300余万元。

提升服务档次,完善存款组织工作长效机制。积极协调各方关系,在市委、市政府和上级主管部门的支持下,为杭州市部分乡镇建立村级账务中心提供各种配套服务。全年新增存款中,近30%来源于村级账务中心。投入资金和技术力量,建成计算机中心机房,顺利开通综合业务系统,实现全城储蓄业务的通存通兑。大力开展"青年文明号"、"巾帼示范岗"等创建活动和劳动竞赛,改善服务环境,提高服务质量。

拓宽信贷投放渠道,加大资金运营力度。积极开展农户贷款需求调查和信贷支农工作,切实增加对"三农"(农业、农民、农村经济)的信贷投入,重点支持科技农业、高效农业和生态农业,简化农贷手续,推广公议授信,大力发展农户联保贷款。年末,该社农业贷款余额46.6亿元,其中农户贷款、农村经济组织贷款余额分别为3.9亿元和6.12亿元。按照有进有退的原则,控制大户贷款规模,严格执行"控制、压缩、清理"的方针,积极扶持一批产品有市场、技术含量高、行业前景好的中小企业,努力解决农村中小企业贷款难的问题。同时,积极发展货币市场业务,全年债券回购交易额累计达60多亿元,各类债券投资余额12亿元,票据贴现金额4亿元。

努力化解信贷风险,切实改善资产质量。为进一步盘活抵债资产,该社抓住健全组织机构、明确科室职责、落实目标考核三个重点,不断加大工作力度,全年处理变现抵债资产7000多万元。继续开展不良贷款集中清收活动,层层落实责任,严格考核兑现,取得了较好的清收效果。组织实施贷款风险责任界定工作,进一步把贷款责任制落到实处。全年受到奖励的信用社、营业部11个,奖励金额12万元;按规定被扣款的信贷人员53人,扣款金额近30万元。

深化人事制度改革,不断健全激励机制。2001年,该社参加双聘活动的职工1129人,其中被聘用1097人,待聘或落聘18人,内退14人。对所辖11个信用社、营业部的负责人进行调整和交流。

进一步完善内控机制,强化内部管理。系统性地开展了制度建设,针对业务发展的新特点、新形势和面临的新任务,先后制订《杭州市区信用社抵债资产管理办法》等10多项管理制度。在财务、信贷、安全保卫、机构管理、档案管理和行风建设等方面开展大检查,提出整改意见300多条,落实整改261条。

(孙胜 方刚)

·杭州工商信托投资股份有限公司·

【概况】 2001年,杭州工商信托投资股份有限公司严格遵循市场化的经营运作机制,以"认清形势、把握机遇、规范运行、平稳过渡"为经营指导方针,证信分业、信托重组获得实质性进展。至年末,公司证券交易总额164亿元,比上年减少57%;资产总额22.7亿元,减少24%;实现利润3010.5万元,减少47%;净资产收益率达16.1%。

积极推进证信分业与信托重组工作。以所属证券资产与省内其他两家信托投资公司共同出资组建天和证券经纪有限公司的筹建工作基本完成;重组方式由原合并保留变更为公司单独保留重组;实施增资扩股工作,注重引进有丰富投资银行操作经验的外资股东,有些已达成实质性的合作意向。

证券、信托、投资三大主业规范稳健运行。清理规范原有业务,通过成立投资银行部加大资本运作力度,积极寻求新的利润增长点,实现可持续发展的目标。证券业务以多元化的优质服务来稳定客户、吸引客户、发展客户,相继推出多维信息系统、专家门诊、股民培训班、服务热线等各类特色服务。5月,实现清泰和湖墅两个营业部A股的通买通卖;11月,完成庆春营业部的扩建改造。尝试开展手机炒股、B股二级代理、银证通等业务,全年新增股民开户数6179户。根据国家清理整顿的要求和《信托法》、《信托投资公司管理办法》的有关规定,全年清收不良资产2553.2万元。依据国家产业政策和信托发展战略,经市场调研与项目考察,形成《新业务发展计划和可行性报告》,并做好项目储备,为公司重建业务新模式、开展品牌化经营铺石开路。投资业务以东河丽景为房地产开发的主导项目,工程施工、房产营销和资金回笼等各项工作进展顺利。年内销售房产3.36万平方米。

不断提升内部建设和管理水平。在综合分析市场规模、市场占有率、成本投入、平均利润等因素的基础上,对证券营业部与信托业务部的《目标责任制考核办法》进行实质性的修改。实行新的《行员等级工资管理办法》,将劳动成果直接与个人收入挂钩,按智分配、按劳分配。

3月,该公司被评为省级文明单位。 (徐玲)

·中国人民保险公司杭州市分公司·

【概况】 2001年，中国人民保险公司杭州市分公司围绕“加快发展步伐，确保全面进步，争创一流业绩”的工作目标，坚持以提高经济效益为中心，深化改革，强化管理，优化结构，防范风险，加强服务，促进业务快速健康发展，创造了历史上最好发展水平，被中共浙江省委、省人民政府命名为“文明单位”。全年承担各类风险责任2498.7亿元，保费收入8.28亿元，比上年增长8.9%；赔款支出3.48亿元，赔付率42%。

坚持效益为先，加快发展步伐。全面超额完成省公司下达的全年各项经营目标任务，在全国省会城市中保费总量继续保持第二位。调整优化业务结构，巩固发展效益险种和积极发展新险种。车辆险加强精细化管理，增加技术含量，保费收入4.49亿元，增长7.4%，赔付率45.2%；企财险着眼于发展，严格控制风险，保费收入1.42亿元，增长2.9%；货运险适时改变经营方式，坚持“以增量补存量”，已跃居成为第二大险种，保费收入1.48亿元，综合赔付率达45%，取得规模和效益的同步提高；新险种业务以“建立保险大超市”为目标，不断满足客户需求，保费收入4262万元，赔付率44.3%。

加快机制创新，强化经营管理，建立科学的风险控制机制。按照上级公司体制改革的要求，成立了客户服务中心、业务管理中心和财务管理中心，制定了相应的工作职能，并在短期内重组工作流程和调整机构与人员。深化争创一流的用人机制，加大干部交流力度，对机关、支公司、营业部的38名干部进行岗位交流（其中城区处级干部9名）。建立重大业务决策管理机制，着重解决承保、理赔、保险代理、售后服务等重大问题。制订《重要客户管理办法和服务细则》、《重大项目保险管理规定》、《核保核赔权限规定》等规章制度，加大管理力度。加强与地方政府及有关部门的联系，先后与各专业银行、邮政局签订代理保险协议，与交警、消防、高速公路支队等职能部门保持经常性联系，为业务发展创造比较宽松的外部环境。

强化经营管理，依法合规经营。1.着力提高资产质量。严格执行“统一领导、定额管理、收支两条线”的资金管理办法，确保资金周转顺畅，提高了资金调度效率。2.依法接受监管，规范业务管理。公司派出工作组深入18个业务单位开展检查，在找出存在问题的同时，帮助分析产生问题的原因，制定规范经营的对策措施。通过总公司和省公司的整顿和规范业务经营工作检查验收，接受中国保监委杭州特派员办事处对该公司车辆险业务的专项检查。加强对兼业代理机构和代理人的管理，全年向杭州保监办申报代理机构779个，组织参加保险代理人考试559人次。3.加大投入，提高电子化应用水平。开发应用核心业务处理系统、事故车辆定损系统和重要客户管理程序；在实施全市联网的基础上，实行CALL CENTER的升级换代。实施机关办公自动化和内部办公网的改版，采用WEB数据库，使公司内部网焕然一新。加强基础建设，实施计算机网络改造，实现网络升级，保证了业务处理网络的畅通。4.精心组织开展防汛抗洪工作，确保财产安全。该公司认真贯彻省公司《关于做好2001年防汛防台工作的通知》和杭州市政府《关于切实做好主汛期防汛抗洪工作的紧急通知》精神，落实防灾防损工作责任制，做到组织、人员和后勤保障三到位，按照防汛防灾预案，及时对大保户组织开展防汛防灾检查，发现问题及时解决，控制和防范了经营风险。

坚持以人为本，抓好队伍建设。组织开展领导干部警示教育和从政道德教育，对所属9个单位进行执法监察，执法监察面达50%。重点抓好“人事权、财务权、理赔权”的规范运用。萧山支公司被中央金融工委评为全国金融系统先进基层党组织。

坚持以客户为中心，以市场为导向，进一步推进名优工程建设，把优化服务贯穿于一切工作之中。深化全方位创名优工程。及时制订《创名优工程实施细则》和《考核办法》，对企财险、车辆险和货运险三大险种的各项工作提出明确的要求，在实施过程中，注重抓好各项工作的落实和深化，及时完善服务举措，优化服务项目，提升服务档次。先后出台了《小额赔款快速处理暂行规定》、《机动车辆互碰赔案处理办法》、《事故车辆定损系统实施办法》。不断完善扩充95518的服务功能。全年全市系统接95518客户服务专线电话35808次，良好的服务，解除了保户的后顾之忧，增强了市场竞争力，进一步提高了中国人民保险公司的信誉度。11月27日晚~28日晨，中国质量万里行促进会对该公司的窗口服务和售后服务进行突击查访，查访后对中国人保公司杭州市分公司的服务表示满意。充分利用各种载体，突出人保公司品牌宣传，树立公司形象。在全市一些主要入城口和国道、省道公路边建立15块95518保险服务大型广告牌；采用记者招待会、新闻发布会、保险座谈会、大型保险咨询活动等形式广泛开展宣传，其中配合“金锁”系列家财险和“金牛”投资保障型家财险的推出，分公司召开2次新闻发布会，省、市新闻单位现场采访。 （陈济明）

·中国人寿保险公司杭州市分公司·

【概况】 2001年，中国人寿保险公司杭州市分公司面对市场主体增多，竞争激烈的不利环境，积极改革创新，强势拓展业务，取得了较好的经营业绩。

全年实现保费收入12.25亿元，比上年增长32.2%，在全国系统75个大中城市分公司中居第四位，杭州市场占有率48.8%；满期给付1.67亿元，各类赔款支出6400余万元，为保障人民的生活和社会的稳定发挥了积极作用。

及时更新发展观念。寿险市场主体增至5家，竞争更趋激烈。该公司及时更新观念，树立起危机意识、竞争意识和快速发展意识，把提高市场占有率作为目标，以保险深度和密度作为衡量公司发展的重要标准，前后3次调整目标任务，最后确定为12亿元，实现超常规发展。

不断创新发展思路。以新颖的业务竞赛促进业务增长，开展跨地区擂台赛、“跨越世纪，拥抱未来”、“超越时空，闯关夺旗”等业务大比武活动。以新的展业方式促进业务增长，引入产品说明会、投资理财沙龙讲座等形式，销售分红产品，现场签单保费超过5000万元。以网点延伸促进业务增长，公司投资1000余万元，在城郊及乡镇设营销网点81个，新单保费为8000余万元。以人力扩张促进业务增长，卡式业务实现保费近1000万元，学生平安险保持90%以上的市场份额。此外，还全面开展银行代理业务。

强化基础管理。电脑应用程序CBPS7.0版顺利升级，建成以公司内部网站为主的企业信息平台，推广业务查询分析系统，实现了业务情况和多项指标实时查询。开通95519全国服务专线电话，为客户提供查询、咨询、挂失、投诉等一站式服务。实行业务集中管理，实现全市系统业务的统一核保、统一出单。实现全市系统会计核算、财务及资金的集中管理。

高度重视宣传企划。专门成立宣传企划领导小组，制定整体宣传的远期规划和近期规划，充分利用各种媒介，开展多形式、立体化的业务宣传，如系列分红保险广告发布、新闻宣传和个人代理人系列专访等。进一步拓宽宣传渠道，树立形象，策划公益宣传形式，如参与组织“中国人寿”新春音乐会、“中国人寿”少年交警演习比赛和中国人寿迎西博会环西湖长跑比赛等活动。

不断深化内部改革。进行分配形式的改革探索，实行按当年可提费用的一定比例作为全年工资额度，并结合职工的岗位、职级、技术、贡献大小，实行“定职、定岗、定薪”，形成“职变薪变、岗变薪变”的考核体系。打破身份界限，实行竞聘上岗，广泛吸纳优秀人才，一些能力强、素质高、专业精的优秀人才脱颖而出，走上领导岗位。

保险咨询服务

大力加强教育培训。注重员工及业务人员的培训教育工作，尤其是对新人的培育，以9个月为时段，坚持高频率、快节奏的培训方式。

2001年，该公司被评为省级文明单位，所辖临安市支公司被太保总公司评为全国系统内十佳文明单位之一。 （陈晓静）

·中国太平洋保险公司杭州分公司·

【概况】 2001年，中国太平洋保险公司杭州分公司坚持“以市场为导向，以客户为基础，以效益为中心”的经营指导思想，改革创新，稳健经营，为社会各界提供了良好的保险保障服务。全年产险承保各类社会资产1492亿元，支出赔款2.2亿元。寿险保费收入9.7亿元，比上年增长77%；处理各类赔案27335件，赔款支出3291.9万元（不含给付）。

业务规模不断增长，业务结构向多元化发展。该公司在产险业务经营中，牢牢抓住机动车辆险、企业财产险等传统龙头险种，取得较好业绩。全年机车险保费收入3.71亿元，比上年增长42%；企财险保费收入1.25亿元，增长10%。加大对大工程、大项目的攻关力度，围绕项目保险为客户提供更广泛、更深入的服务，推动了业务的发展。如杭州分公司本级成功地承揽总保额近10亿元的杭州大地废物处理有限公司工业固体废物处理工程的建筑安装工程险等业务。注重开发新的市场，拓展新的业务，确保业务发展拥有充足的后劲和潜力。通过对新兴业务和新兴市场的挖掘和开发，使家庭财产险、责任险等原规模较小的业务得以快速发展，分别比上年增长210%和152%。寿险业务开办养老保险、医疗保险、意外保险等人身险产品90多个，2001年新推出终身住院医疗补贴、万能寿险、“康健一生”等险种，受到客户认同和欢迎。

加大创新力度，不断推出服务新举措。车险服务推出“理赔提速，服务宽带”新主张，对原有的车险理赔作了改进，推出免费代办上牌、办证、年检等服务；萧山支公司从细化服务着手，推出随保单附客户意见反馈表、限时出单等服务；余杭支公司推出以提供急难救助和法律援助为主要内容的“两卡三服务”，并施行车险简易案件快捷程序等服务，在当地获得良好的社会反响。尝试销售方式创新，加大产险营销的拓展力度，成立专门科室负责产险营销业务的发展和管理。在行业合作领域进行新的探索，与招商银行杭州分行合作，借助其信用卡业务所拥有的客户资源，推出“一卡通”保险套餐服务，通过刷卡保险，得积分、拿奖品，使银行和保险公司的资源实现互通和互补，进一步拓宽了业务渠道；与一些房产物业管理公司建立合作关系，通过保险服务扩充物业管理公司的服务范围，通过物业管理公司挖掘客户资源，互利互惠。结合客户服务年活动，寿险业务开通95500全国统一服务电话，发送客户急难救助卡，推出客户住院上门探望制度；首创客户服务专员活动，即根据邮政编码定人定区域，对客户实行一年两次的上门服务。在拱墅区的“六二六”洪灾特大理赔案中，该公司于10日内将234万元赔款送到22位死者家属手上。

扎实开展防灾防损工作，有效控制经营风险。进一步完善《防汛防台工作预案》，认真部署，严格落实，使灾害损失降低到最低限度。4月下旬始，公司各级便对承保企业进行了多轮防灾检查，对存在的隐患及时提出整改意见，配合、支持客户采取相应的防范措施。6月中、下旬，由分公司领导班子成员带队分4组到所辖公司进行实地检查，使防汛防台工作得到进一步加强和落实。公司各级完善了防灾防损工作档案，为今后长期性地做好这项工作打下了扎实基础。7月底，热带风暴"桃芝"袭击浙江时，抢险救灾小组、查勘定损小组等迅速赶往现场，积极抢救物资、查勘定损，主动协助客户做好各项灾后工作，并坚持"迅速、主动、准确、合理"的理赔原则处理赔案，以优质高效的理赔服务赢得客户的肯定，维护了客户的利益，保证了灾后生产、生活的迅速恢复。加强对干部、员工队伍的培养和培训工作，全年举办各类培训班162期次，参加培训8520人次。深化用人用工和业绩考核等制度的改革，取得了较好的收效。

（汤　琪　陆文雯）

·中国平安保险股份有限公司杭州分公司·

【概况】 2001年，中国平安保险股份有限公司杭州分公司以“深化改革、加快发展、提升品质、追求价值”为方针，以全面创新为动力，以规范经营为保证，经过努力，完成总公司下达的各项任务。全年实现保费收入25.25亿元。其中，产险保费收入4.90亿元，增长50%；寿险保费收入20.35亿元，增长124%；产险市场占有率为11.3%，寿险市场占有率为23.7%。

创新求变，突出优势，力促业务全面攀升。1.延伸经营区域。面对保险市场竞争加剧的严峻形势，在巩固原有客户的同时，确定以“合规性、效益性、可控性”为原则，积极拓展县(市)保险市场。年内基本形成以中心支公司为经营中心，以县(市)兼业代理为支撑点的遍布全省各地的服务网络。2.培育新的业务增长点。利用公司现有资源，广泛借助社会力量，实现展业方式和渠道多样化，拓展销售渠道；在各中心支行组建综合开拓专员团队，下发《综合开拓管理办法》、《综合开拓团险管理规定》等制度性文件，进行车辆险、家财险、企财险等综合开拓业务培训，推广综合开拓业务；试行网上销售业务，5月15日成功举办网上销售新闻发布会，并于当日在绍兴签下第一张保单；大力发展代理业务。3.创新保险品种。为满足社会对保险产品多样化、个性化的需求，先后推出20多个保险品种，涉及火险、责任险、货运险和寿险、分红险、投资连结险等险种。4.努力拓展大项目。修订了大项目管理办法，落实有关项目拓展的组织架构、信息收集、承保条件、费用支出、考评激励等举措，使大项目承保呈现良好的发展势头。

苦练内功，规范管理，确保效益稳健增长。按照总公司的要求，结合分公司的实际，制订了切实可行、又有创新精神的岗位技能比武活动方案和考核要求，在全省系统内的共同资源、两核(核保核赔)、销售三大系列举行8个岗位的技能大比武，收到较好的效果。5月，根据保监会和总公司关于整顿和规范市场秩序要求，在分公司范围内开展整顿和规范保险市场秩序的自查自纠活动。活动采取中心支公司自查与分公司复查相结合、一般检查与重点抽查相结合、检查与整改相结合的方式，收到了实效。

持续创新，优化服务，打造市场竞争优势。在坚持“客户至上”的前提下，引导员工树立全新的服务理念，革除陋习，优化服务，提高效率。在巩固原有客户的同时，把关注的重点转向中小企业，抢占客户资源，拓宽服务对象。在为客户提供常规服务的基础上，通过协助客户做好防灾防损工作、成立车险俱乐部为保户提供衍生服务、组建客户服务中心提供门店式服务等形式，延伸服务内涵，丰富服务举措，提升服务品质。

吸引人才，留住人才，大力开发人力资源。全年组织3次公开招聘，择优录用干部20余人；吸收了一批从业经验丰富、社会基础好、进取心强、综合素质好的复合型人才充实销售和管理队伍。分公司新成立了培训学院，通过组建专(兼)职讲师队伍，有针对地编写、选用教材，采用灵活的教学方式等举措，加强员工的业务培训。科学运用激励、竞争和淘汰机制，创造出“机制留人、环境留人、待遇留人、感情留人”的良好氛围。

（张梦成）

经济管理

·计划管理·

【概况】 2001年,杭州市计划委员会认真贯彻落实市委、市政府的一系列重大战略决策,进一步解放思想、开拓创新、真抓实干,加强重大问题的调查研究和规划指导,充分发挥市综合管理部门职能,提高综合协调水平,努力当好市委、市政府的参谋和助手,圆满地完成市委、市政府交给的工作任务,为杭州市国民经济和社会事业的快速发展作出了积极贡献。全市完成国民生产总值1568亿元,比上年增长12.2%。

围绕“建经济强市,创文化名城”目标,编制完成“十五”规划。在上年“十五”规划编制的基础上,继续做好《纲要》的征求意见和修改完善工作。经市人大常委会提议,市长仇保兴批准,在2月28日和3月3日的《杭州日报》上全文刊登了《杭州市“十五”规划纲要》和副市长马时雍所作的《纲要说明》。市计委和有关部门共同组织“世纪晨钟———杭州市‘十五’规划百场报告会”活动;配合市委宣传部绘制宣传图板100块,在吴山广场上宣传“九五”成就,展望“十五”发展前景。5月始,收集43个专项规划和杭州市区、县(市)规划,汇编成《杭州新世纪初的发展蓝图》一书。

围绕“一号工程”、“三个天堂”的目标,加强综合协调,推进经济结构调整。1.积极推进特色工业园区和科技园区建设及重点企业、重点项目的扶持协调工作。按照“一区多园多点”战略,重点做好园区发展的调研、协调、服务工作,会同市经委重新确认重点工业企业100个,有重点地扶持杭州锅炉厂环保产业、华东医药集团、天目药业公司及富通集团等重大投资、技改项目。2.认真做好全市社会事业项目立项工作。社会影响较大的项目有良渚遗址国家公园、浙江大学国家大学科技园、下沙高教园区、美人峰森林公园、杭州射击基地、杭州棋院、市一医院、市六医院、杭州市疾病控制中心、杭州长寿村老人公寓、陈经纶体校扩建等。3.积极推进经济和社会信息化工作。在筹建杭州市信息产业办公室工作中,按照“一面筹建机构,一面开展工作”的要求,完成市政府信息化管理部门的组建方案,在协调和推进城市经济和社会信息化方面做了大量工作。主要有:牵头协调市有线电视宽带网工程、旅游电子商务建设、中科院南方基因中心扩大“曙光3000”计算机应用领域等重大问题;牵头组建杭州市软件行业协会;西博会期间在44个展示点布置高清晰显示器57台,实现了杭州市数字电视广播的首次试播,参观人次近100万;筹备、召开建设“天堂硅谷”投融资交流大会,到会的有各高新技术企业、风险投资公司和各大商业银行。

围绕“构筑大都市,建设新天堂”目标,抓好重大项目建设。努力做好重点工程建设和重大项目前期立项、协调等服务工作,“十五”期间的重大项目经3次大范围征求县(市)、区和市各有关部门的意见,已经定稿。加强重点项目建设过程中的协调、监督检查工作,促进重点项目的顺利实施。全年完成全社会固定资产投资628亿元,比上年增长21.9%,增长率比年初计划高出近6个百分点。多次与国家开发银行杭州分行商议重点支持杭州市地铁一号线、天然气输配工程等城市基础设施建设,编制和提出《杭州市轨道交通建设资金筹资方案》和《杭州市轨道交通建设资金筹措建议》。2001年新增国债项目6项,争取国债资金1.24亿元,其中中央债券4350万元,地方债券8000万元。

市计委围绕市委、市政府的中心工作和重大战略决策,注意跟踪、研究经济和社会发展中出现的苗头性、倾向性问题,提出对策措施和建议,为市领导决策当好参谋。针对城市东扩、钱江新城建设步伐加快,各方投资钱江新城外围江干区四季青地区积极性高涨的情况,适时地提出提高当地城市景观的品位、加快商贸业的升级改造、促进城东商业次中心形成的思路,引导和推动一批高质量的项目得以迅速立项并顺利实施,如三新购物中心(乐购购物中心)、航达建材超市(百安居建材超市)、常青服装市场(意法服装城)、华夏大酒店配套项目(杭派服装市场)等。随着商贸形势的走好和国家扩大内需政策力度的加大,及时提出商贸业发展的重点转移到城区商业次中心的观点和构建农村商业网络的观点,进一步放开零售业市场,促进商贸业充分竞争,形成《我市市区现代商业街建设的几点思考》、《构筑我市农村商品流通网络的调研报告》、《从战略高度重视我市现代物流业的发展》等多篇调研文章,为各级部门和领导提供了较有价值的参考决策意见。中国加入WTO后,撰写了《利用外资发展文化产业对策措施》、《国际经济环境对杭州对外经贸的影响》等调研分析文章,为杭州市适应加入WTO形势,利用外资提供了思路。针对农业投入不足的难点问题,开展杭州市工商企业投资农业现状与对策的研究,针对市区科技园区建设中出现的问题,通过调研提出对策建议,为领导决策提供了预警信息。

【参与招商引资工作】 市计委积极做好利用外资引进大型项目的前期协调工作,如活水宽带通信系统城工业园区。在该项目的引进过程中,做了大量的协调和论证工作,年内已正式签约启动。西湖区的汽车城项目和拱墅区的欧尚项目、欧佩德项目等重点项目,都有良好的进展。积极做好招商引资的基础工作,完成杭州市商业利用外资的规划定点工作,为全市商业利用外资合理规划布点提供了依据。首次编制杭州市吸引外资重点项目库，用中英文两种文字输入到杭州市投资项目集中办理中心的计算机网络上，并汇编成书和制作成光盘，为投资者寻找投资方向提供指导。

【深化“十五”规划研究】 为科学合理地编制好“十五”规划，市计委积极开展重点课题调研。开展5县(市)经济发展研究。会同市委政研室、省计委经济所、市属5县(市)计经委等单位，通过考察调研、座谈会、研讨会等形式，听取各方意见和建议，汇编成《杭州加快县域经济发展研讨会文集》。其中《加快5县(市)经济发展调研报告》和《杭州5县(市)在全省的发展地位分析》两篇论文，运用定量和定性分析相结合的方法，对5县(市)发展的现状及与全省经济发展的比较分析、指导思想、存在问题、措施建议等，作了较深入的分析研究。

配合做好新一轮城市总体规划的相关研究工作。萧山、余杭撤市设区后，新市区如何发展成为摆在市委、市政府面前的一个紧迫课题。市计委积极开展杭州新市区经济和社会中长期发展研究以及新市区产业布局调整研究。通过研究，提出了新市区2010年、2020年经济和社会发展的总体目标，主要任务和二、三、一产业布局的总体设想，为编制杭州市新一轮城市总体规划提供了重要依据。

配合完成市委、市政府的重点调研课题。开展了杭州构筑大都市的基础性研究，提出杭州市构筑大都市的必要性、可能性和未来5年杭州大都市建设的发展目标、重点任务及对策措施；完成市委、市政府重点调研课题《未来5年杭州经济发展战略和新经济增长点研究》，为市第九次党代会报告起草和杭州市“十五”规划的深化、细化提供了参考依据。组织开展14个重点课题的调查研究，促进新市区和5县(市)的更快发展。

【申报高技术产业化项目8项】 2001年，杭州市被批准列入省高技术产业化项目20项；上报国家计委产业化示范项目8项，年内已批复7项(杭州国家级软件基地、杭州宏华数码喷印系统、中恒世纪二维条型码技术及装备、余杭金城激光数码彩扩系统、西湖电子集团液晶投影光学引擎、杭州国芯国家级高技术数字后处理芯片、杭州水处理技术开发中心万吨级反渗透海水淡化及其组器技术)。积极争取国家和省的资金支持，全年争取到国家高技术产业化专项资金5700万元。

【落实项目建设资金25亿元】 年初，市计委根据市政府确定的重大项目，向各家银行推出“杭州市商请银行贷款10个项目”推荐本，供金融机构选择。及时协调银企关系，追踪建设资金落实情况，至年末，各家银行贷款落实项目建设资金25.24亿元，主要投向城市基础设施建设项目、高新技术项目、旧城改造项目及大型水利项目等。

【开展矿山整治】 为创环保模范城市，2001年杭州市确定关停转迁矿山及砖瓦企业161个。市计委切实发挥监督、服务职能，对严重影响生态环境的采矿和砖瓦企业实行关、停、转、迁，对一些规模小、经济效益差、安全隐患突出的矿山予以关闭或合并。至年末，实现关、停、并、转、迁的企业240个。按照《杭州市矿产资源总体规划》的要求，对矿山布局进行调整，有力地促进了全市的矿产企业上规模、上水平，矿产企业依法开采的意识大为加强。

【完成固定资产投资目标】 杭州市继续加大对固定资产的投资力度，重点建设项目进展顺利。各重点项目均按要求实行“四制”(即项目法人制、招投标制、工程监理制、合同管理制)，项目业主和监理单位、施工单位三方以合同为约束，各自履行职责，发挥优势，保证了工程质量和进度。50万伏杭东变电所建成投运；下沙高教园区西区建成，新学年已启用；四堡污水处理厂二期扩建工程全部建成，萧山、临安、富阳污水处理厂已建成并投入运行；钱塘江杭州段城市防洪工程和建德、桐庐、富阳、临安的城市防洪工程进展顺利；杭宁、杭金衢高速公路杭州段和杭州绕城公路以及09省道余杭段、05省道淳安段改造工程进度较快，其中绕城公路北线约有20千米年内通车；城市扩绿600余万平方米，超计划完成；市区有线电视网改造和宽带信息网工程建成使用；市中医院综合楼建成交付使用。全年全社会完成固定资产投资额628亿元，比上年增长21.9%。

【完成房地产投资140亿元】 2001年，全市完成房地产投资140.28亿元，比上年增长38.2%。市区销售商品房面积289.06万平方米，增长47.5%。全年住房新开工建设706.37万平方米，其中市区605.49万平方米；住宅竣工419.27万平方米，其中市区340.53万平方米。市区经济适用房新开工建设114万平方米，竣工50.8万平方米。(邵士民)

·审计·

【概况】 2001年，全市审计机关认真贯彻《审计法》和《实施条例》，积极发挥审计为经济管理和领导决策服务的职能作用，各项工作进展顺利。全年完成审计项目868个(市局本级105个)，为省审计厅下达年度计划600个项目的145%，并完成各级党委、政府交办的多个专项审计或调查事项。查出各类违规行为金额46.68亿元(市局本级33.5亿元)，其中应上缴财政、应减少财政拨款或补贴、应归还原渠道资金4亿多元(市局本级2.49亿元)。提交各类审计工作报告、信息简报364篇，被各级领导批示、批转或被有关部门及新闻单位采用154篇。

【预算执行情况审计】 全市审计机关按照《审计法》规定，开展2000年度预算执行情况审计工作，如期向各级政府提交《审计结果报告》、向各级人大常委会作《审计工作报告》，各级审计部门依法向财政、地税部门出具审计意见书和审计决定。

在对当地财政、地税部门的审

计中，结合预算执行情况审计的需要，开展财政周转金清理情况、政府集中采购情况、地税部门代征代扣手续费管理使用情况的审计。通过审计，基本摸清了财政周转金的规模、贷款余额和清理情况，对违反只收不贷等规定的行为，提出了审计意见；对在政府集中采购和地税部门代征代扣手续费的管理使用中反映出的一些问题，提出完善和规范的意见建议。

全市开展对当地科技经费、环保资金、外贸出口发展基金的审计。在科技经费审计中，反映出部分科技经费没有按年度预算和年度计划执行、部分单位挪用挤占科技经费、资金出借贷款逾期未收回、科技项目承担单位财务核算欠规范等问题；在环保资金（重点是排污费）审计中，反映出欠征数额较大、征收的排污费未及时足额解缴国库和挤占挪用、违规发放环保贷款、财务核算及管理不规范等问题；在外贸发展基金审计中，评价了该项基金及出口商品贴息的统筹、管理、使用总体情况。审计对上述3项资（基）金管理使用中存在的问题和不足之处，分析了原因，提出了审计意见建议。把预算执行情况审计与行政事业审计、固定资产投资审计、社会保障资金审计、企业审计等有机结合起来。如市审计局结合杭州市实际，对改制企业国有资产核销情况、财政补贴贴息技改贷款情况、地方财力安排的基本建设项目、财政资金世界银行还贷情况等组织进行审计或调查。不少县（市）审计局开展了对财政资金的绩效审计，选择数额或影响大的几项资金，进行跟踪审计，评价资金的使用效益；有的县（市）审计局针对审计发现的问题，提出了建设性的意见建议，受到当地人大、政府的好评。

【开展上对下财政审计】 2001年，市审计局对余杭、江干、拱墅、上城等4区的财政决算进行“上审下”审计。审计反映了预算收支方面和税收征管方面的一些问题，主要是部分收入应作未作预算收入、违规退库、混淆预算级次、部分单位预算外收入未实行收支两条线管理、应征未征部分税款、越权减免部分税款等。针对存在的问题，分别作出审计决定和审计意见，并结合各区实际，提出审计建议。

萧山、西湖等11个区、县（市）审计局对所属66个镇（乡）的财政决算开展审计，审计覆盖面28.2%。审计反映的主要问题是：一些镇（乡）财政赤字依然严重，其中全口径赤字镇（乡）18个，占审计数的27%；一般预算赤字、预算外赤字、隐形赤字的镇（乡）为38个，占审计数的58%。还反映出虚增收入、支出挂账、应缴未缴甚至坐支各项收入、资金核算和财务管理不规范等问题，部分镇（乡）存在招待费开支较大、违规出借资金、公款私存等现象。审计分析了这些问题产生的原因，提出了改进意见和建议。

【深化金融审计】 按照审计署授权，全市有关审计机关对中国人保公司杭州市分公司本级及其在杭州地区的分支机构17个单位的资产、负债、损益情况进行审计。审计查证了少计收入、多计支出、账外经营造成损失、违规承保等问题，提出纠正和处理的意见建议。

根据审计署授权，全市有关审计机关对杭州市高速公路、内河航运、集装箱、自来水、造林等17个利用世界银行贷款项目的建设项目开展公证审计。审计以促进严格依法、合理有效利用外资为目标，督促项目单位严格遵守项目协议，规范财务管理和会计核算，为改善投资环境、提高利用外资质量、防范外债风险服务。

市审计局对杭州市12个利用外国政府贷款项目情况进行审计调查，摸清了资金来源、资金投向、项目进度和还贷情况，客观评价了资金使用的效益，反映了部分项目存在的前期论证不充分、汇兑损失金额较大、移用项目资金、未按计划实施、管理薄弱以及因还贷不及时造成损失等问题。针对审计反映的问题，及时提出了纠正和完善的意见建议。

【加大专项资金审计力度】 全市审计机关对当地企业职工基本养老保险基金的收支情况进行审计，就养老保险金扩大面情况进行审计调查。审计反映了该项基金在收、支、用中存在的一些问题，并检查以往年度审计反映问题的整改情况，分析扩面工作中存在的问题，提出了审计意见建议。

有关审计机关对当地的支农资金进行审计调查。摸清了支农资金的投入、农业发展基金的建立、建设项目的进展等情况，进行了审计评价，并就审计中反映出来的问题提出审计意见。

市审计局和部分县（市）审计局，对当地住房资金的管理、使用情况进行审计。审计情况表明，杭州市的住房公积金管理比较理想，但在其他住房资金的管理、运作上，除市本级较好外，各县（市）存在着逾期贷款数额较大、违规出借资金损失严重、欠息现象影响资金的安全增值、运作失误等问题。

根据杭州市政府要求，市审计局对凤起路改建工程建设资金、延安南路贯通工程建设资金、蒋村商住区建设资金的来源、使用、管理情况进行专项审计，并向市政府提交了审计结果报告。

【开展工程建设项目审计】 根据国家审计署要求和省审计厅部署，全市有关审计机关对市县两级电力局负责建设的农村电网建设与改造项目进行审计，对国家“两改一同价”政策在杭州市的贯彻执行情况进行审计调查。延伸审计了与项目有关的单位，走访了所辖行政村和农户，进行现场测量核实。审计反映出项目在建设程序、计划执行、管理、资金和物资等方面存在的问题，提出了审计意见建议。

根据省审计厅要求，对320国道（富阳段）、104国道（萧山、余杭段）等省重点建设项目的竣工决算进行审计，对审计中反映出的法人责任制不健全、招标不规范、漏列概算、移用出借建设资金、多结工程款价、偷漏国家税金等问题，作出审计决定，提出整改意见，为规范工程项目和节约建设资金发挥了作用。

市审计局本级和部分县(市)审计机关，对当地地方财力安排的一些交通设施、市政公用建设项目进行审计。就审计反映的建设资金在管理、使用上存在的一些问题,提出改进要求。

【加强行业审计】 根据审计署授权和省审计厅部署,对全市电力企业、“三电”办公室的财务收支进行审计。反映出的主要问题是部分“三电”资金没有做到专款专用、财务核算不规范等。对萧山、临安两地的农村电价进行调查。按上级审计机关统一要求，对以上问题进行了纠正处理。

全市审计机关对检察系统的财务收支情况进行审计。审计以是否严格执行“收支两条线”规定,有无挤占挪用财政资金及有无“三乱”问题为重点。针对审计反映的问题,作出审计处理,提出改进要求。

全市有关审计机关以真实性审计为基础，对部分重点工交商贸企业的资产负债损益进行审计，摸清企业家底,促进企业改制,规范了经营管理。

【完善经济责任审计】 全市审计机关认真贯彻全国、全省经济责任审计工作会议精神，按当地政府和组织部门要求，完成经济责任审计项目310项（其中市局本级完成20项）。审计情况表明,经济责任审计形成制度以来，领导干部的经济责任意识逐步得到加强，多数单位能积极配合审计，财经领域的违纪违规现象有所减少，以往年度审计中反映的盲目投资、拆借资金、违规集资担保等问题逐步得到遏制。但部分单位在经济决策、资金使用、执行财经纪律、规范财务会计核算和对下属单位的监管等方面还存在一些问题。

杭州市审计局会同市委组织部、市纪委,分别对部分区、县(市)经济责任审计工作的开展情况进行了督查。督查情况表明,该项工作扎实有序,不少地方在加强组织管理、促进成果运用、完善操作规范等方面做了大量工作。全省经济责任审计工作会议后,完善了市委、市政府领导下,由纪检、组织、监察、人事、审计等部门密切配合的经济责任审计联席会议制度。杭州市的经济责任审计工作受到中央五部委督查组的肯定。

【完成政府交办的审计任务】 根据省、市政府的交办,在省审计厅部署下,杭州市局和上城区局、淳安县局抽调审计人员30余人,按照“全面审计、分清责任”的总体要求,对省改革月报集团公司下放杭州市的8个企业(市区6个)进行审计或审计调查。摸清了这些企业的基本情况，初步核实企业的资产状况，反映出企业严重亏损、国有资产流失、大量拖欠职工工资和社会保险金、财务管理混乱等问题,进行分析后,提出了审计意见建议。

市审计局根据市委、市政府领导批示,承担涉及国有资产流失、金融风险、企业改制、固定资产投资、账外账、“小金库”、损失浪费等方面的审计调查事项30项。各区、县(市)审计局完成了人大“两项评议”审计、重点部门年审轮审、企业清产核资和经济案件查账审计等任务，为维护经济秩序和社会稳定发挥了作用。

【规范内部审计】 至2001年末,全市有内审机构395个，配备内审人员1154人,其中乡镇内审机构134个、内审人员474人。全年全市完成内审项目4662项,其中工程审计项目2835项，占项目完成总数的61%；完成经济责任审计项目500个。纠正违规行为金额4412万元,查出损失浪费金额5899万元,建议给予行政处分51人,向司法机关移送案件8件、10人。9月,召开全市内部审计先进单位和先进个人表彰大会,表彰内审先进单位20个和内审先进个人18人。 （邵德根）

·工商行政管理·

【概况】 2001年,杭州市工商行政管理局以整顿和规范市场经济秩序、服务和促进经济发展为重点,以接轨、拓宽、深化为主线,勇于创新,狠抓落实，圆满地完成了全年工作任务。

依法规范市场主体准入行为。全市工商行政管理部门充分发挥职能作用,突出“优化服务促发展”主题,以登记管理为手段,认真清理、规范企业注册登记程序。全市新注册登记内资企业2444个,注册资本21.85亿元；内资企业累计48137个,注册资本740.35亿元。新注册登记外商投资企业417个，注册资本4.68亿美元;外商投资企业累计3074个,注册资本53.06亿美元。新注册登记私营企业11228个，注册资本103.23亿元；私营企业累计44491个,雇工484582人,投资者96800人,注册资本337.78亿元。新登记个体工商户36100户，注册资金8.03亿元；个体工商户累计177283户,从业人员299139人,注册资金40.76亿元。

2001年,市委、市政府出台的一系列吸引外地企业及投资者来杭投资、兴办企业的政策,给予外地投资者优惠及方便，使投资环境进一步改善，外地企业及投资者来杭投资踊跃。全年注册登记外地来杭企业1295个,注册资本12.11亿元。

加强合同管理,促进企业发展。全市办理企业抵押物登记1117件，鉴证各类合同42257份，调解合同争议624件,查处违法合同129件。进一步对建筑市场、市场摊位租赁的交易行为进行规范管理，加强对政府采购等重要商品合同签约行为的监管。依法监督、指导拍卖企业走正规、稳定、发展的轨道。全市有拍卖企业28个，工商部门现场监拍317场,鉴证委托拍卖合同207份。

切实指导企业实施名牌战略，帮助企业争创中国驰名商标和省、市著名商标，不断提高企业的市场竞争力。通过上门走访、加强商标注册的宣传,规范企业商标的使用,增强了企业的商标意识。全年代理注册商标申请3019件,新增杭州市著名商标40件。至年末,全市有中国驰名商标7件、浙江省著名商标101件，驰名商标和著名商标数均占全省的1/4。

进一步加强干部队伍和制度建设。在全市工商行政管理系统推行“末位警示制”，按照公开、公正、民主的原则，将平时考核与年终考核结合起来，形成优胜劣汰、奖勤罚懒的竞争机制。加大教育培训工作力度，全年举办执法资格、计算机、外语、公务员礼仪等各类培训班30多期；组织2610人次参加全省工商行政管理系统的执法资格考试，合格率达90%。

深入开展文明工商所(局)的创建活动。2001年，全系统有11个分局被命名为省级文明规范工商局，71个工商所被命名为省级文明规范工商所，90个工商所被命名为市级文明规范工商所。（焦琳）

【整顿和规范市场秩序】2001年，全市工商行政管理部门按照市委、市政府的部署，统一思想，周密部署，围绕热点、难点问题，全力以赴开展工商“整顿大会战”。重点是抓好对重点区域制假售假、商品交易市场售假、虚假违法广告、非法印制商标、非法拆卸拼装汽车、货物托运业、取缔室内无照经营和公用企业限制竞争等12个专项执法整治，期间进行拉网式、地毯式的检查，较好地维护了市场经济秩序。全年查处各类经济违法违章案件24533件，其中大要案1261件、移交司法机关处理案件14起；各类案件总值达2.23亿元。

【标本兼治落实长效管理】全市工商行政管理部门把规范市场主体和经营行为作为整顿、规范市场经济秩序的重点环节，实行标本兼治，落实长效管理。在全面加强综合治理中，做到重点整治与加强面上秩序管理并举，提高市场监管层次；强化工商职能与实行联合执法并举，增强市场监管的力度；严厉打击与防范疏导并举，增强市场的活力；扶持培养与企业自律并举，促进市场经济的发展。进一步加强“12315”(96315)消费者举报投诉工作，加大举报查处力度，强化对消费者权益的保护。全年受理各类举报、投诉电话27214个，调解纠纷10043件，为消费者挽回经济损失1155.48万元。市工商局“12315”举报投诉中心被共青团中央、国家工商总局命名为全国工商行政管理系统优秀“青少年维权岗”，被省委宣传部、省工商局、共青团省委评为“优秀文明维权窗口”。

【完成市场办管脱钩任务】2001年，全市工商行政管理部门认真贯彻落实国家工商总局《关于工商行政管理机关限期与所办市场彻底脱钩有关问题的意见》，并根据省、市政府的要求，把完成市场办管脱钩作为转变工商职能、提高工作效能的重要举措来抓。全系统96个市场(其中自办市场56个，联办市场40个)，均如期完成了市场办管脱钩工作。

【深化企业登记注册前置并联审批制度】市工商局在市政府第2轮行政审批制度改革中，全面推行企业登记注册前置并联审批制度，优化投资环境。开发网上并联审批软件，将传递手段由电话传真升级为利用计算机网络技术来实现，并于5月9日在上城分局开通试运行。12月，市政府正式下发《关于在全市实行企业(个体)注册网上前置并联审批的通知》，进而在市区全面推行。此举进一步提高了企业登记注册审批的办事效率和服务质量，使审批流程更顺畅，审批行为更透明，审批部门配合更密切，省工商局将此作为行政审批制度改革的一项内容予以肯定。9月，国务院副秘书长徐绍史在杭视察时，到市工商局观看网上并联审批的现场演示，听取了工作汇报。此项制度在全国属率先实施。

根据省、市政府的要求，对开发区涉外登记工作予以重新明确和改进，实行工商分局“一门受理，代办登记，全程服务”的新模式。

【内部登记审批时限提速50%】市工商局按照“简化环节、规范流程、高效审核”的要求对内部登记审批制度进行改革。针对不同申办企业的特点，分简易、一般和特殊3种类型实施审查员、核准人“一审一核”的注册程序制，使各注册窗口承诺的办照时间大幅度缩短，简易类和一般类登记申请的审批时限与原来相比提速达50%。

【开发“经济户口”综合监管软件】2001年，市工商局在全面推行工商巡查的基础上，积极探索新的监管模式。按照“分级登记、属地管理、上下联动、动态监管”的思路进行深化和完善，开发“经济户口”综合监管系统应用软件，制订“经济户口”管理制度，并在西湖分局进行“经济户口”综合监管系统的试点，配套实施工商所事权、机构调整和巡查制完善等措施，使工商行政管理工作向属地化、动态化、综合化、长效化管理迈出重要一步。12月，“经济户口”综合监管系统应用软件已通过国家工商行政管理总局和中国软件评测中心数据标准、功能和性能的测试，获得中国软件评测中心颁发的《测试证书》。该软件经浙江省工商行政管理局认可，将在全省工商系统推行使用。

【启动企业信用工程】为规范企业的经营行为，倡导诚实守信，市工商局在富阳分局实行企业信用工程试点，取得较好的成绩。在此基础上，7月，市政府在富阳召开现场会，在全市工商行政管理系统全面推行企业信用记录制度，启动企业信用工程。全系统确定向社会公示的申报企业1962个，社会公众均可通过工商系统各注册大厅的电脑触摸屏查询公示企业的工商登记及合同履约等基本情况。此系工商部门融服务职能与监管职能为一体的创举，既有利于提高企业交易的透明度，有效地保障企业交易安全，也有利于工商部门建立企业信用记录制度，形成对企业的激励机制和约束机制，为社会公众提供了解、查询企业信誉的便捷通道。

【开展“工商进社区”活动】9月，市工商局在上城区部分社区开展“工商进社区，维权到千家”活动的试点。11月,市工商局会同市文明办联合在上城区召开推广试点经验现场会,并向全市下发《关于开展“工商进社区,维权到千家”活动的实施意见》,全面推行“工商进社区”活动。该项活动从社区居民生活的切入点抓起,做到解决居民消费投诉问题不出社区,有力地推动整顿和规范市场经济秩序工作的深入进行,促进社区精神文明建设,深受街道、社区、居民的欢迎,被誉为政府放心、群众满意的“民心工程”。

(张锡炯)

·物价·

【概况】 2001年,杭州市物价工作围绕全市工作大局,着力规范市场价格秩序,继续清费治乱减负,积极推进价格和收费改革,完善价格形成机制,加大价格执法力度,加强价格法制建设,为杭州市扩大内需、调整经济结构、改善市场经济秩序、促进经济发展和社会稳定发挥了积极作用。

2001年,杭州市居民消费价格指数99.5%,在全国36个大中城市中位居第26位。主要原材料燃料动力购进价格指数99.2%,工业品出厂价格指数98.6%,均比上年下降;房地产销售价格指数106.2%。

全年价格总水平运行的主要特征:1.消费价格指数保持基本稳定。市场价格总水平在低位徘徊,国际市场商品价格持续下行,对国内市场价格影响较大;需求不足对市场物价的抑制作用仍比较明显;原材料、燃料等上游产品价格的持续走低,对下游产品价格的成本推动力进一步减弱。价格同比指数年内波动较为频繁,但波幅不是很大,高低落差2.1个百分点,其中8个月下跌,4个月上涨;环比指数累计为98.2%,比上年底的价格水平有一定幅度的下降。2.食品类价格持续走低。价格同比指数98.3%,比当年消费价格指数低1.2个百分点,食品价格走低是导致消费价格指数下跌的重要因素。3.政策性调价力度及其对消费价格指数的影响有所减弱。服务类、公用事业类价格指数上涨在很大程度上受企业市场化程度不高和人均收入增长缓慢的影响,对消费价格指数拉动力减弱。4.受市场供大于求状况的影响,工业消费品价格水平下跌。5.房地产价格上涨明显。政府增加土地供给和经济适用房的建设规模,房地产市场较为活跃,价格稳中有升。

【创造良好的价格环境】 2001年,全市物价部门认真做好清费治乱减负工作。实施企业缴费登记卡制度,加大定期回访检查力度。下发《关于在市属企业推行缴费登记卡制度的通知》和《关于在个私企业中实行缴费登记卡制度的通知》等文件,积极抓好落实;增加建卡企业覆盖面,建卡企业由上年1000个扩大到1700个,建立了相应的工作联系网络;每季对建卡企业进行检查回访,对典型的乱收费情况进行通报批评。据统计,全年回访企业261个,核查执收部门收费80余次,收缴违规收费2.06万元。

清理取消不合理收费,完善相关收费制度。认真抓好行政事业性收费的审核公布工作,对市本级54个部门报送的204个收费项目进行审核清理;全面清理涉及住房建设的行政事业和经营服务收费,落实国家、省公布取消和降低标准的收费项目;根据政府的有关规定,取消了乡镇企业管理费、治安联防费、暂住人员管理费等收费项目;针对外资企业反映强烈的投资环境问题,会同有关部门在经济开发区实施“一站式”收费服务,进一步规范收费行为,提高办事效率;制定了《杭州市行政事业单位培训班收费管理办法》,对纠正群众反映强烈的各类培训班过多过滥和收费混乱现象起到了积极的作用。

积极治理农村乱收费,努力减轻农民负担。下发《关于加强2001年涉农收费(价格)管理工作》的通知,大力开展涉农价格和收费整顿管理工作;组织开展涉农价格和收费专项调查研究工作,重点围绕农民反映强烈的农村建房收费、医药价格、中小学收费、电价、邮政电信等5个专题进行深入的调查,明确整治重点和目标;在全市农村推行涉农价格和收费公示制,要求对涉及农民的国家行政机关收费、公益服务性收费,实施政府定价的经营服务性收费均采取设立公示栏、公示牌和价目表等方式向农民公开明示。集中开展农村教育收费专项检查,检查中小学176所,查处价格违法所得41.87万元;组织开展农村电网改造和农村用电收费专项检查,检查乡镇103个、村209个,走访农户近600家,查处价格违法案件8件,没收违法所得1.52万元,责令有关部门退还农民多收款近30万元。

【深化价格改革】 2001年,杭州市物价部门进一步深化价格改革,理顺价格关系,促进了经济发展和结构调整。加强公用事业价格管理,促进城市基础建设发展。认真组织实施电价改革,完成全市农网村级改造,农村居民生活用电全部实现同网同价,全年减少农民支出1.6亿元。完善小火(水)电上网价格政策,较好地解决了小火(水)电发展遇到的困难。调整市区污水处理费和地下水资源费标准,进一步理顺了水价体系。实施杭州市公交月票票制改革,推广公交IC卡,进一步提升城市品位。在企业试行宽带网络服务收费,服务于“天堂硅谷”战略的实施。

加强旅游业收费管理,促进旅游业发展。根据杭州的实际情况,放开旅店业、娱乐业价格。在建立全市客房价格监测制度的基础上,向社会公布各等级旅店客房的中准价,由各旅店依据中准价和规定的浮动幅度,自主确定价格。发出《关于“五一”假日期间加强价格和收费管理确保市场价格秩序稳定的通知》和《关于加强“十一”黄金周及西博会期间收费(价格)管理的通知》,强化节假日和西博会期间旅游价格管理。

加强基础教育收费管理,规范教育收费行为。坚决治理中小学、幼儿园乱收费,有重点地整治8项不规范收费行为,取消自行车停车管理费、搭伙费、小学午餐午休管理费、初中毕业会考费等收费项目。在中、小学生中推行收费联系卡制度，向学生家长和社会公布有关教育收费项目、标准及监督举报电话，进一步提高收费政策透明度，加大社会监督力度。

配合城镇职工基本医疗保险制度的改革，积极推进医药价格改革。出台了《杭州市定点医疗机构和药店的管理考核办法》等13个有关医药价格改革的配套措施。加强市本级医疗机构集中招标采购药品的价格管理，兼顾医院和患者利益，确定中标价格与现行零售价之间的价差，降低招标采购药品的价格。完成对市级医院自制制剂价格的清理、公布工作，降低制剂品种20余个，降价金额200多万元。

【加强价格监督检查】 2001年，全市各级物价部门突出整顿规范市场经济秩序这一重点，围绕群众关心、政府关注、社会反映强烈的价格热点开展价格监督检查。对药品价格和医疗收费开展专项检查，查处价格违法案件116件，价格违法所得654.65万元；认真开展涉农收费的监督检查；把旅游市场价格检查和节假日市场价格专项检查的重点放在“吃、住、行、游、购、娱”等方面，集中开展旅游市场价格检查；在全市范围内开展土地和住房建设收费检查，严肃查处土地和住房建设收费中的违法行为；对房管、环保等行业的价格进行检查，查处了房地产交易、产权监理、房屋拆迁中存在的价格违法行为，没收违法所得23万余元；加大明码标价工作力度，规范标价行为；整顿职工物价监督组织，加强同各行业协会的配合，充分发挥社会监督作用。全年查处各类价格违法案件1051件，实施经济制裁1861.56万元，其中上缴财政1135.1万元。　　　（陈安红　吴征涛）

附：　　2001年杭州市区主要主副食品零售价格

单位：元/千克

品　名	规　　格	2001年12月价格	上年同期价格	比上年增长(%)
猪肉	去骨夹心新鲜肉	11.56	12.7	-9.0
	无骨新鲜腿肉	12.84	14.56	-11.8
	新鲜条肉	11.20	12.02	-6.8
鲜蛋	新鲜完整鸡蛋	5.0	4.4	13.6
	新鲜完整鸭蛋	6.14	4.92	24.8
水产品	500克~ 1000克鲢鱼	4.44	4.60	-3.5
	500克~ 1000克鳙鱼	7.24	7.04	2.8
	1000克以上草鱼	7.40	7.36	0.5
	250克以上鳊鱼	9.74	9.98	-2.4
家禽	1000克以上食用鸡	7.64	7.06	8.2
	1000克以上麻鸭	10.18	9.84	3.5
蔬菜	青菜	1.44	1.82	-20.9
	包心菜	1.44	1.52	-5.2
	芹菜	1.90	2.26	-15.9
	花菜	1.88	2.50	-24.8
	菠菜	3.60	3.84	-6.3
	番茄	3.54	3.72	-4.8
	萝卜	1.26	1.64	-23.2
	马铃薯	2.16	1.88	14.9
	冬笋	7.12	6.0	18.7
大米	标一早籼米	1.60	1.44	11.1
	标一晚籼米	1.62	1.93	-16.1
	标一晚粳米	2.10	2.00	5.0
	标二晚粳米	2.30	2.20	4.5
面粉	特一粉	1.70	1.67	1.8
	特二粉	1.60	1.47	8.8
食油	二级菜油	5.00	5.40	-7.4
	色拉油	5.20	5.93	-12.3
苹果	红富士	3.50	4.30	-18.6
芦柑	一级	3.00	4.53	-33.8

·统计·

【概况】 2001年，全市统计工作围绕“建经济强市、创文化名城、为人民谋利”的总体要求，把“为领导决策服务、为经济发展服务、为社会公众服务”放在首要位置，按照“快、精、准”的要求，反映发展、促进发展、服务发展、宣传发展，迎难而上，开拓进取，较好地发挥了统计在经济和社会发展中的信息、咨询、监督职能。

全市各级统计部门强化经济运行监测分析力度，及时展望经济运行前景，提出加快经济发展的建议，主动当好领导的参谋。在市委召开的经济形势分析会上，及时提供经济运行、宏观经济预警和企业景气情况等有参考价值的统计分析材料。下半年，杭州市工业经济增速出现下滑的态势后，进一步加大监测力度，将原按季提供经济运行情况分析改为按月报送，并增加专题分析，及时跟踪研究可能给全市经济发展带来的负面影响。

努力收集与杭州市具有可比性城市的经济社会发展指标。通过与周边城市、省内城市比较，市统计局撰写了《杭甬经济发展对比分析》、《苏杭工业经济发展差异比较》、《国企改革力度不能放松》、《杭州城市综合竞争力的位次与发展》等一批分析调研报告，引起市委、市政府主要领导的重视和肯定。萧山、余杭、建德、桐庐、淳安等统计局撰写的统计分析材料也受到当地党委、政府的高度评价。

积极做好为社会各界的服务工作。在市区4个主要办事大厅开设《企业服务之窗》，根据企业的不同需要，提供不同的统计信息；摆放有关杭州市经济社会发展情况的统计资料，供企业和来杭投资者索取。将《杭州统计年鉴》改为中英文版，编纂《杭州概览》，方便国内外投资者了解杭州经济社会发展的情况。各级统计部门认真做好"两会"材料的数据审核和撰写参阅件，在服务内容和手段上都有创新。市统计局开发的统计信息多媒体查询系统，以崭新的界面、翔实的内容为"两会"代表、委员了解情况和参政议政提供了帮助，得到代表、委员和社会公众的好评。

借助新闻媒体加大统计宣传力度。按季向社会发布国民经济和社会发展情况，开展杭州市物质文明和精神文明"双十件"大事的评选，发布年度杭州市国民经济和社会发展统计公报。用统计特有的数字语言反映杭州以及各区、县（市）经济建设和社会发展成就的新闻稿件刊发后，在社会上产生积极影响。全年全市统计部门提供统计信息、统计分析、统计报告788篇，被各级党委、政府刊物采用218篇，通过各类新闻媒体发布统计信息299篇次，市和区、县（市）党委、政府批示48篇次。

中加住户调查培训班在杭举办

【实施统计方法改革】 2001年，统计部门结合杭州市的实际，积极推行统计方法改革。

实施建立反映杭州发展目标的统计制度。制定了信息产业和现代生物医药产业的季度核算制度，采用抽样调查、重点调查、典型调查等非全面调查技术，按季对这些产业的增加值进行核算；根据市委、市政府每年举办西博会的工作要求，专门制定西博会统计制度；根据全市招商引资大会精神，制定国内经济合作统计调查制度，全面反映招商引资情况；为反映个私经济发展情况，制订了非公有制经济核算制度等。

推行适合杭州实际的抽样调查方法，平稳实现规模以下工业用抽样调查数替代全面报表数。规模以下工业实施抽样调查是国家统计改革的一项重要任务，也是加快统计工作与国际接轨的重要举措。为了做好这项工作，各级统计部门进行了大量的调查研究，采用"绝对数按国家要求到位，速度按同口径反映"这一符合杭州市实际的衔接办法。加强对抽样调查数据的分析、论证、评估，以村为单位建立"规模以下工业企业名录库"、"个体工业名录库"和"规模以上工业企业名录库"，把抽样调查工作列入区、县（市）统计局的工作目标进行考核，确保各个报告期抽样调查数据的可靠和稳定。年内，全市规模以下工业企业以抽样调查数替代全面报表数实现了平稳过渡。

改革固定资产投资统计方式。为反映全市固定资产投资结构及其对经济增长的拉动作用，城镇固定资产投资全部按项目实行超级汇总，房地产开发按企业实行超级汇总，并按经济类型、隶属关系分组；规模在500万元及以上的农村投资按项目实施超级汇总；增设农村更新改造投资统计内容。

【加强统计法制建设】 6月~9月，根据国家和省的统一部署，市统计局会同市监察局、市政府法制办、市司法局在全市范围内联合组织开展《统计法》执行情况大检查。依法查处统计违法行为254起，其中对102个单位予以行政处罚，对152个单位予以责令改正处理，维护了《统计法》的严肃性。

针对存在的问题，市政府发出《关于进一步加强依法开展统计工作的意见》；市统计局结合开展"走访千户家庭、服务千家企业"活动，对基层反映容易造成统计数据差错的报表设置作了较大改进。按照《杭州市人民政府行政执法责任制暂行规定》，修订了《杭州市统计法制工作年度考核办法》；结合统计工作实际，将行政执法责任制进行细化和分解；举办杭州市暨各城区《统计法》宣传咨询活动，努力营造依法统计的良好环境。

【开展重大国情国力调查】 根据国家的统一部署，第2次全国基本单位普查由市统计局、编制办、民政、财政、税务、工商、技术监督等部门共同组织实施。8月启动后，先后完成市、县、乡、村四级普查机构的组建，选调和培训普查工作人员，组织开展普查宣传活动，划分普查区、绘制普查地图，调查摸底、理清单位底册等各项准备工作。根据省的统一部署，在第3季度开展了“条块结合、以块为主”逐门逐户的地毯式普查登记工作。为摸清个私企业家底，全面反映全市个私经济发展情况，杭州市基本单位普查的范围扩大到除农户以外的所有个体户。国家和省普查办对杭州的普查工作给予肯定，中央电视台和省电视台多次来杭进行采访和报道。

第5次全国人口普查工作在成功组织实施现场登记的基础上，2001年重点转入数据处理和资料开发应用。为确保数据处理工作质量，通过组织试点、总结经验、制发工作制度和明确市、县两级工作职责等措施，加大对基层工作的指导力度。全市222万户600多万张普查表的数十亿个字符的数据处理工作，连续三次以“零”差错率通过国家和省的抽查验收，质量名列全省第一。市委常委会、市人大、市政协分别听取第5次人口普查情况汇报。及时发布《杭州市第5次全国人口普查主要数据公报》，编印《杭州市第5次全国人口普查手工快速汇总资料简要本》，撰写人口普查分析文章23篇。在市区4个主要办事大厅摆放人口普查有关资料卡片，将《公报》印成小册子发至各乡镇(街道)和社区，较好地发挥人口普查成果的经济和社会效益。

各级统计部门开展全社会科学研究与试验发展资源(R&D)清查工作。摸清了全市R&D资金的规模、来源渠道及使用情况，为完善科技创新体系建设提供了决策依据。

【努力拓展统计服务领域】 全市各级统计部门围绕当地党委、政府的工作重点，开展民情民意和专项调查。通过城市管理综合执法调查，向市委、市政府反映了市民所希望的城市管理综合执法模式；市民环保意识调查，为杭州市创建国家环境保护模范城市提供了许多有价值的意见和建议；就业状况和社会保障情况调查所反映的问题，引起市委、市政府主要领导的高度重视；行政审批制度改革“问计于民”调查，为市委、市政府再次削减1/3审批事项提供了依据；西博会系列活动调查，为西博会提供了信息反馈。社区建设跟踪调查，反映了社区重组后取得的成绩，也反映了市民对社区建设的期望。这些反映民情民意的调查得到市委、市政府和市级有关部门的欢迎。市委书记王国平对此评价：民情民意，党和政府科学决策的依据；调查网络，党和政府连结群众的桥梁。 (陈国勇)

·质量技术监督·

【概况】 2001年，杭州市质量技术监督工作坚持以“三个代表”重要思想为指导，解放思想，奋发有为，实现了“十五”计划的良好开局。

3月23日，经市编制委员会批复同意，市质量技术监督局下设8个分局、3个开发区(度假区)和5个县(市)局，同时增挂稽查支队牌子。分局为市质量技术监督局的派出机构，县(市)局为市质量技术监督局的直属机构。

全年全市质量技术监督部门对3030个企业生产的390种(类)、3222批次产品实施定期监督抽查，合格2730批次，合格率84.7%。对1171个企业生产的1672批次产品进行市场监督抽查，合格1125批次，合格率67.1%。

全年组织全市大规模集中打假治劣整治活动4次，与市政府有关部门联合组织打假行动4次；出动执法检查人员14816人次，检查企业、商店、摊位10270个；查处制售假冒伪劣商品案件4233件，立案查处1091件，其中万元以上大案225件，移送司法机关案件4件。查获假冒伪劣商品标值4252万元，捣毁制假窝点106个。

全年受理企业标准备案443项；制定市本级地方标准31个，县(市)级地方标准34个；企业计量水平确认59个。受理市长专线交办82件，办理市领导批示重要信访4件、省局转办15件，办结率均为100%。受理96316投诉举报电话6790件(次)，涉及产品价值999万余元，挽回经济损失149万余元。

【组织开展专项整治】 全市质量技术监督部门加大质量整治力度，对桶装饮用水、无证锅炉、“黑心棉”、农资产品、冷冻肉制品、酱油食醋、电线电缆、建筑用钢材、低压电器、中华2B铅笔等与人民群众生产、生活密切相关的产品与商品开展专项整治。对全市所有中小学锅炉的使用情况进行检查，对60个中小学使用的无证锅炉全部予以更换，消除了事故隐患。2季度始，每季度组织1次桶装饮用水质量监督抽查，检测结果在《杭州日报》上公布；对连续两次抽查不合格的3个外地企业的产品，禁止在杭销售；会同市卫生局制订《饮用水生产企业质量管理规范》，对生产企业进行整顿，饮用水质量有了明显提高。在对中华2B铅笔的整治中，采取打击假冒铅笔和推出放心店(柜台)二手抓的整治方案；6月中旬，组织中华2B铅笔专项执法检查，查获假冒铅笔1.1万支；经与上海第一铅笔股份有限公司和有关商场联系，推出杭州前进文化用品商店等10个放心店，并在《杭州日报》予以公告，确保高考考生买到正宗中华2B铅笔。

【完善名牌产品培育机制】 市质量技术监督部门积极实施名牌战略，帮助企业争创名牌。年内全市有56个产品被评为浙江名牌产品，其中工业名牌产品44个、农业名牌产品12个，占全省总数的27.5%。余杭分局积极争取政府支持，广泛开展“质量兴市”、“质量兴企”活动，取得明显成效，被国家质量监督检验检疫总局命名为全国“质量兴市”先进市(县)。建德市政府出台了《奖励和规范企业ISO9000质量体系认证实施办法》，市政府对通过ISO9000质量体系认证及ISO14000环境管理体系认证的企业经营者给予0.3万元~1万元奖励。加强龙井茶保护工作，制订《龙井茶统一产地标识管理若干规定(试行)》和《西湖龙井茶专卖店(点)确认和管理办法(试行)》，并在北京、上海、重庆、成都和杭州等地开设12个专卖店，开发启动龙井茶防伪保护系统，为43个龙井茶生产(经销)企业发放二维防伪标志47.88万张；11月，龙井茶被国家质量监督检验检疫总局认定为原产地保护产品。

【扎实有效地为企业服务】 2001年，市政府转发了《杭州市质量技术监督局关于为经济发展服务的意见》，全市质量技术监督系统积极开展服务区域经济工作。该项工作在富阳造纸行业进行试点，富阳局对该市299个造纸企业进行全面调查，并派人赴天津造纸研究所请专家给企业讲课和释难解疑，汇编《造纸技术100问》赠送给各造纸企业，深受企业欢迎，得到市领导的好评。建德局提出做大做强伞架行业的措施，为当地伞架业发展做了大量具体工作。在桐庐圆珠笔、萧山钢网架等工业园区建立检测站。开展"走百个乡镇、访千家企业"活动，全系统发放问卷调查表2000余份，召开各类企业负责人座谈会26个，走访乡镇151个，走访企业1611个。完善为企业服务网络，建立重点骨干企业、高新技术企业、外资合资企业、农业龙头企业、个私企业等5个服务网，吸纳网络成员单位500多个。为青春宝集团、杭州水泵总厂、中策橡胶股份有限公司、杭州食品厂等企业协调解决产品在外地被查封等问题。为40余个企业提供ISO9000咨询服务，有6个企业通过省二级计量水平确认，50个企业通过省三级计量水平确认，杭江乳品厂成为全省首家通过"C"标确认生产企业。

【稳步推进"放心"工程】 市技术监督局会同市文明办和市民政局在50个社区开展创建社区"放心店"试点工作，把放心商品送到市民家门口。为确保创建工作扎实有效，制订《社区"放心店"标准》，聘请人大代表和社区干部担任社区"放心店"监督员，组织创建单位负责人和监督员的培训，市局每季度、各区分局每月对创建单位进行一次检查。8月，市人大代表拱墅区团对创建单位进行了专项视察。年底，各区质量技术监督分局会同文明办和民政局对50个创建单位进行考核，有30个单位基本达标，被命名为社区"放心店"。开展了创建"放心眼镜店"、"放心加油站"、"放心超市"、"放心照相店"、"放心洗染店"、"放心维修站"、"放心经营户"等活动，经考核验收，有308个单位基本达标，被命名为"放心店、站、经营户"。

巩固和深化"放心"医疗设备工作。对全市266个乡镇(街道)以上医院(卫生院)使用的8129台(件)医疗计量器具逐台进行登记造册和强制检测，提高了医疗设备使用的准确性，促进了医疗质量的提高。在全市医院开展计量水平评定工作，有33个县级以上医院和部分区级医院达到三级计量合格水平。

【加强农产品安全管理】 2001年，全市质量技术监督部门切实开展农产品安全管理。建立农业标准体系。新制订农业地方标准、规范65个，基本覆盖粮食、蔬菜、渔业、茶叶、畜牧、竹笋、干(水)果、蚕桑、蜂业和花卉等10大农业主导产业，形成从种子、栽培技术、产品、包装、贮存、标志到检测方法的系列标准。围绕市委、市政府提出的发展10大农业主导产业要求，制订了《杭州市农业标准体系表(草案)》。

抓好标准的实施工作。重点是抓好示范园区建设和"放心菜"标志标识工作。市区建立10个放心菜示范园区，面积达666.7公顷，指导、帮助示范园区菜农按标准种植、检测和包装，确保园区蔬菜的安全。按照《杭州市无公害蔬菜标识》管理办法规定，开展无公害蔬菜标志标准实施的试点，市蔬菜科学研究所的"采风"牌、武警农场的"健武"牌和桐庐县歌舞乡的"歌舞"牌蔬菜均获准使用"杭州无公害蔬菜"标志。

建设农产品检测体系。市局及萧山、余杭分局均建立农产品安全监测中心，加强蔬菜监督抽查。市局每月、区分局每周对批发市场和农贸市场交易蔬菜进行农药残留量检测，在夏季农药使用高峰期、节日及西博会期间，增强检测次数，扩大检测范围。全年对蔬菜农药残留量监督抽查、定量检测802批次，现场定性检测7956批次。对蔬菜批发市场和农贸市场落实自查制度的督查，在国庆节和西博会期间，加强监督抽查，对4个蔬菜批发市场、35个农贸市场和6个超市的日常自检工作落实情况进行了检查。针对台账记录不实、上市前检测把关不严、个别检测人员不能胜任工作等问题，及时召开全市各蔬菜批发市场、农贸市场和有关超市负责人会议，进一步明确责任制，加强对有关人员的培训，严格进杭蔬菜准入制度，加大监督抽查力度，确保上市蔬菜的安全。

【技术机构和基础设施建设】 2001年，市技术监督局充分利用社会资源，新上一批适应当地区域经济特色的检测项目。如桐庐县局的圆珠笔检测站、萧山分局的钢结构检测站等。市质量计量监测中心399个项目通过了中国实验室国家认可委员会评审组的现场评审，此系浙江省市级依法设置的产品质量监督检验机构中第一个通过中国实验室认可的技术机构。 （鲍萱红）

·药品监督·

【概况】 2001年是杭州市药品监督管理药政、·药检职能归并后的第一年，也是从医药管理局到药品监督管理局的转换年。该局归并后为一套班子，两种职能，两块牌子。11月28日，举行杭州市药品监督体制改革暨区、县(市)药品监督管理局成立大会。

全市药品监督系统以药品生产、经营企业换发许可证为契机，关口前移，从源头上规范药品市场秩序。各地集中力量对各涉药单位逐个检查、验收，取消了一批不合格的药品生产企业和经营企业，全面推进药品生产企业的GMP认证及药品经营企业的GSP管理，促进了医药经济的健康发展。年末，药品零售企业比上年减少14%，药品批发企业减少20%。有28个药品生产企业和61个药品剂型通过国家GMP认证，处于全国领先水平。结合医疗器械生产、经营企业的换证和产品注册，对符合条件的132个医疗器械生产企业完成现场验收，其中94

个企业获得许可证;对53个一类医疗器械产品进行注册。配合桐庐县政府对桐庐县的医疗器械生产企业实行整顿，促进了地方经济的健康发展。

全年完成药品检验1857批(包括中药材、饮片和一次性医疗器械)，检出不符合规定的药品336批,占总检品的18.1%,检验不合格率比上年上升6.5%。其中抽验566批,不符合规定244批,占抽验检品的43.1%;送验样品1000批,不符合规定86批,占送验检品8.6%;复核检验291批,不符合规定6批,占复核检品的2.1%。对检出的不符合规定的检品,均按规定进行了处理,及时制止假劣药品的扩散。

把领导关注的难点、群众关心的热点作为药品市场整治的重点。2001年重点是对性辅助用品市场和野山参市场进行整顿与规范,取得了阶段性的成效。在对性辅助用品市场的整治中，市药品监督管理局专门成立了整治机构，配备了执法队伍;会同市计生、卫生、工商、物价等部门牵头制定出台了规范性文件，并把文件和整治告知书发放给所有相关的市场和商店；由局领导带队,联合公安、工商、卫生等部门先后两轮集中对性辅助用品市场进行整治;加大新闻报道的力度,营造良好的舆论氛围，号召广大市民进行监督。规范野山参市场的主要措施是：通过对野山参市场情况的调查摸底,出台了《杭州市山参移山参的管理办法》;举办大型的宣传咨询活动,大规模地宣传《管理办法》,并为市民提供现场咨询、鉴别等服务；联合工商部门在全市范围内集中开展山参、移山参市场的治理整顿工作。通过集中整治,规范了山参、移山参的进货渠道、质量检验与等级标示，使消费者买得明白，买得放心,维护了消费者的合法利益。

加强节假日和重要活动期间的巡查，加快投诉、举报的查处速度,与公安、工商、卫生、物价等部门通力协作,加大联合执法力度。全年收到各类投诉、举报2221件次,出动执法人员6041人次,检查药品和医疗器械的生产与经营企业、医疗单位、各类市场(摊位)4743个次;检查药品25万批次,发现伪劣药品212种,货值约380万元;立案查处案件117起,涉及金额约600万元;罚没款112.6万元,向公安、司法部门移送刑事案件2件。

【"打假保健康"专项整治】 从2000年11月~2001年4月底,市药监局多次对杭州市的药品、医疗器械市场进行全面清理和整顿。据统计，检查药品和医疗器械的生产与经营企业、医疗单位、各类市场(摊位)约2900个,处理无证经营户约2000个，发现假劣药品近百种，货值约120万元。

为确保群众用药安全,5月29日，市药品监督管理局联合市工商局、卫生局和公安局,开展"打假保健康"专项整治活动,集中打击制售假劣药品、无证经营药品等违法行为。此次集中整治重点是前期摸底过的制售假药窝点，无证经营药品的办事处,游医,无证经营或超范围经营的性"保健"用品商店。整治中,执法人员在内蒙古阿拉善药业有限公司驻杭州办事处内，查获药品中华灵芝宝29盒,灵芝复康宝17盒,因该办事处涉嫌无权经营药品,执法人员暂扣这批药品后，将对药品的真伪进行取证鉴别。执法人员在辽宁生物技术公司驻浙江办事处查扣人用浓缩狂犬病疫苗8箱计4000支,因该办事处是在没有冷藏条件的情况下，将疫苗运到办事处所在地,不仅违反了疫苗运输规定,而且也涉嫌无权经营药品。执法人员对位于莫干山路上的人生源保健品经营部等6个性"保健"用品商店进行检查，查获大量违法经营的药品、医疗器械。

【加强性保健用品市场管理】 5月17日,市政府出台了《切实加强性保健品市场管理意见的通知》,明确由市药品监督局、计生委、卫生局、工商行政管理局、物价局5部门加强对该市场的监管。

据不完全统计，杭州市区有各类性保健用品专卖店300多个。这些专卖店没有任何有关计生用具和性保健用品经营的审批手续，个别店甚至连工商营业执照都没有。专卖店经营管理极为混乱，为牟取暴利,有的违法销售假劣药品,有的公然向顾客出售国家明令禁止的"春药",有的在马路边摆放充满色情味的广告牌,严重扰乱市场秩序,损害市民的身心健康。

《通知》要求,凡经营计生药具和性保健用品的经营单位和个人,必须依照有关法律法规的规定向有关部门申请办理前置审批和许可手续,取得工商行政部门营业执照。凡经营此类药品和医疗器械的，必须有药监部门的经营许可证。凡经营此类保健食品、营养食品、医疗卫生用品和消毒药剂的，必须经卫生行政部门审查批准，取得相关的卫生许可证。《通知》要求对计生药具和性保健用品的广告宣传内容严格管理。《通知》明确规定在市区主要路段、学校200米周围、机场、港口、车站和景点不得开设性保健用品经营商店,已经开设的年内全部取缔。

《通知》下发后,市药监、卫生等部门对市区范围内的性保健用品专卖店进行摸底调查，要求各专卖店于5月底前，对各自的违法行为进行自纠整改,立即停止无证经营、销售药品、用具等的违法行为,并把剩余药品退回原供货单位。5部门参照有关法律法规，对仍在违法经营的性保健用品专卖店进行查罚。

【整顿参类市场】 2001年,杭州市药品监督管理局出台了《杭州市加强山参、移山参监督管理的若干规定(试行)》,对山参、移山参的鉴定、分级、经营、监管等各个环节做了明确规定。

山参、移山参均属中药材,不能随意经营。《试行规定》指出,只有持有《药品经营企业许可证》,并具有相应经营范围的企业才有权经营。有经营资格的药品零售企业，必须从具备经营资格的药品批发企业进货,并签订质量保证协议,以备检查和质量追踪。药品零售企业如擅自在各种市场内或展销会设摊销售山参和移山参,将按无证经营查处;各类集贸市场不得经营山参。

为让消费者买得明白、吃得放心。《试行规定》规定，药品零售企业经营的山参、移山参须附有专用标记、照片及相关资料。其中标签是检验合格山参、移山参的专用标记，其编号与照片的影印号必须一致；在包装的明显处，应标明“参”的级别；由于山参、移山参的分类复杂，经营企业必须在包装盒内放置由杭州市药品监督管理局统一规定的相关资料。按新规定，山参将分为3个级别，移山参则分为4个级别。山参、移山参的检验工作，由省药品监督管理局确认的药品检验所承担。山参、移山参的检验实行领导负责制和责任追究制，如发现有弄虚作假、徇私舞弊和收受钱财等违纪违法行为，将严肃追究有关领导和责任人的责任，并按《药品管理法》的有关规定进行处罚。经营单位库存的山参、移山参，也将按新标准重新检验。

【全面清查拜斯亭】 一种适用于降血脂、降胆固醇的药品——拜斯亭，因和其他药物合用产生不良反应，被国家药监局通令“封杀”。8月13日，市药监局对杭州市场上的拜斯亭进行全面清查，全面禁绝拜斯亭。在国家药监局发布有关禁令后，市药监局立即通知杭州的各药品批发、零售商，要求立即停止销售拜斯亭。据了解，杭州市未发现由于使用该药产生严重后果的案例。

【加强药监行风监督】 11月2日，职能归并刚满周年的市药品监督管理局宣布，将借组织机构调整之机，专门加挂一个执法监督处，监督自身的执法行为。

市药监局执法监督处职责为：接受来自社会各方对药品监督管理执法中的不作为、乱作为现象及违纪违法行为的投诉，并会同局纪委、组织人事处、机关党委进行调查和处理，并要求在7个工作日内，给投诉者以明确的答复。同日，该局公布了第1批行风监督点并特聘行风监督员12人，从外部给自己织就了一张监督网。在行风监督点授牌大会上，市药监局领导明确表示，监督员们若发现药监局工作人员有违法违纪的行为，不仅可以向局里反映、投诉，更可以向市纪委和省药监局等上级部门反映。

【恢复药店开办审批】 12月1日起，杭州市恢复已暂停近三年的开办零售药店审批工作。在杭开办药店的条件为：申请开办药店的人应熟悉《药品管理法》等有关法律、法规及药品专业知识，企业的质量负责人应是药师(中药师)职称以上的药学技术人员，药店在营业时间内须配备1名以上经注册的执业药师，从事药品保管、验收、养护、营业的其他人员应取得相应的职业技术等级证书。药店的营业场所在40平方米以上，仓库面积在20平方米以上；将要开办的药店与其他药店之间的距离不得少于150米。

市药监局专为申请开办药店定了明确的审核期限。即申请开办者从12月1日起，可向所在地的药品监督管理部门递交申请报告，经审核后发给《开办药品零售企业申请表》和《开办须知》；申请人被要求在3个月内递交完整的材料，包括相关从业人员的法定资格证书，经法定部门签证的劳动合同原件和复印件及有关证明，营业用房房产证明、《房屋出租证》、租房协议等；药监部门在5个工作日内对这些材料进行合格审查；审核后，申请人有3个月的时间，对药店营业场所进行现场装修等准备工作，药监部门在15个工作日内完成对药店的现场验收。验收合格后，药监部门将在5个工作日内发给申请人《药品经营许可证》，凭此申请人可到工商部门办理营业执照。

新开办的药店取得经营许可证后，药监部门要求在1年内通过GSP认证，否则将会在年检中被吊销经营资格。 （柳静波）

·杭州市经济建设规划院·

【概况】 2001年，该院积极参与杭州市重大项目的前期论证工作，为推进政府和企业投资项目决策的科学化、程序化做出了贡献。全年完成各类咨询、建筑设计项目30项，比上年增长3.4%；项目可计算建筑面积约140万平方米，增长87.5%；项目总投资额36.19亿元，增长60.9%。

完成咨询项目的规模、档次、质量有明显的提高。其特点为：特色工业园区规划项目和专题研究项目有较大幅度的增加，占项目总数的44%；对全市重大项目的参与度不断提高，如承担了杭州市行政中心迁建项目建议书的编制及杭州市地铁一号线资金筹措方案的制订工作，为市委、市政府提供决策参考。

为提高咨询工作的信息化水平，该院开通内部局域网，并运用ADSL技术与电信网互联，全院计算机均可进入互联网。组织技术业务骨干参加省经济建设规划院、省工程咨询协会组织的市场调研培训班和可行性报告编制培训班，业务能力有了进一步提高。

（市经规院）

信息化建设

·综述·

【概况】 2001年,杭州市认真贯彻"应用主导、面向市场、网络共建、资源共享、技术创新、竞争开放"的国家信息化发展思路,信息化建设取得全面进展。信息基础设施建设取得突破性进展,初步建成具有国内领先水平的宽带城域网;信息资源开发利用逐步深入,现代信息技术在政府、企业、社会和家庭的应用不断扩大;信息化发展环境建设明显加强,承担的国家城市信息化综合试点、电子政务试点、电子商务试点等工作全面展开,为"建经济强市,创文化名城"和提前基本实现现代化注入了新的动力。

改革开放20余年来,杭州市作为浙江省会城市、长江三角洲重要中心城市和沿海开放城市,经济和社会发展一直处于快速增长的态势。"九五"后期以来,杭州市经济总量连续居全国省会城市第二位、副省级城市第三位,城市综合实力跻身全国大中城市"十强"行列。经济的迅速崛起和不断壮大,使杭州市的信息化发展具备了较好的基础和条件,经过10多年的努力,取得了较大的进展。

信息基础设施发展迅速。为适应经济、社会发展日益增长的通信需求,从"六五"开始,杭州电信依靠科技进步,以发展话音业务和数据业务为主线,以增强综合通信能力、提高网络技术水平为重点,经过多次改造、提升,大力发展本地交换网、传输网、数据通信网和智能网,加快电信支撑网和服务网建设;1997年建成国内卫星地面站,进一步提高了杭州市的通信传输能力。随着广播电视事业的飞速发展,杭州市的有线电视传输网络从无到有,从小到大,自1991年有线电视开播以来,经历分别建网、市县连网、联合改组和提升改造4个发展阶段,逐步成为杭州市信息基础设施建设的骨干力量。至"九五"期末,全市基本形成以电信网和有线电视网为主体的网络基础,规模容量、适用技术均达到国内先进水平,具有较强的信息设备提供能力、信息传输能力和信息服务能力。覆盖全市的大容量公用电信网以光纤为主干,基于同步数字系列(SDH)、异步转换模式/互联网协议(ATM/IP)等先进技术,建立多媒体业务应用平台,扩大多媒体通信的应用范围,数字数据、分组交换和帧中继等计算机互联服务相继开展,进行光纤到小区(FTTZ)、光纤到大楼(FTTB)及无线接入网建设。有线电视网络与国家和省广电主干网连接,以SDH网为支撑,实现了市域7县(市)联网。

信息技术应用初见成效。1989年,杭州市政府启动办公自动化建设。从90年代始,杭州市利用第3期日元贷款逐步建成跨世纪信息化建设系统工程——杭州市宏观经济监测系统。该项目分两期实施,共计3.6亿日元,用款单位先后涉及30多个机关事业单位,授权市经济信息中心主持。1995年第一批设备到杭。2000年1月,第二批设备到货。该系统项目的顺利实施,为政府办公自动化和电子政务的开展,打下较好基础。

1995年,杭州市大多数党政机关建立起计算机网络系统,初步实现日常办公自动化管理。市政府于1996年开始建设杭州市党政机关计算机通信网,并建立完善多个共享信息库。1998年底,涵盖市级机关各单位和各区县(市)委、政府170个单位的党政网全面建成。2001年底,该通信网的用户已达300多个,日均传递信息总量近100兆,处于国内先进水平。

1999年3月8日,由市政府办公厅主办、市政府办公信息处理中心开发制作的国际互联网杭州市政府网站正式开通运行,6月开通英文版,9月全新改版。该网站充分发挥互联网的优势,开发和利用各种信息资源,以市政府名义全方位宣传杭州各类重大政治、经济、文化和社会发展信息。网站访问人数逐步增加,影响日益显现。

为提高办事效率、促进廉政建设、改善投资环境,市政府在简化行政审批事项的基础上,于2000年10月设立杭州市投资项目集中办理中心,17个办事窗口通过计算机联网,实行"一门受理,统筹协调,规范审批,限时办结"。

广大工商企业纷纷加强信息资源开发利用,拓展现代信息技术在生产、管理和经营各个环节的应用。CAD、CAM、CIMS和PDM等技术的应用日趋普及。随着网络业的不断升温,企业发展电子商务的热情越来越高。至2001年底,全市有1500个企业建立网站,数千个企业在互联网上制作网页,涌现了阿里巴巴、中国化工网、中国化纤网等具有相当知名度和一定业绩的著名商务网站。

2001年底,杭州市区居民家庭电脑拥有率达29台/百户。通过企业运作,市区已有一批与信息管线同步设计、同步施工、同步验收建设起来的智能化住宅区,还涌现出一些初步实现信息化管理的社区。

信息化发展环境逐步改善。1999年8月,杭州市委、市政府制定颁发"建经济强市"等3个重要文件。"加快发展信息产业,推进国民经济和社会信息化进程"被列为主要任务的重要内容。市委、市政府紧紧抓住信息化这一最活跃的现代生产力要素,提出要加速城市信息化和以信息化带动工业化、城市化,促进经济增长和社会发展,加快杭州走向世界的步伐。2000年4月,杭州市委、市政府作出加快建设以"两港三区"为重点的"天堂硅谷"的重大决策,把"信息港"建设列入"一号工程",加快了杭州信息化建设的步伐。

1999年8月,杭州市信息化工

作领导小组部署编制杭州市经济和社会信息化规划。2000年12月,《杭州市经济与社会信息化发展规划纲要(2001--2010年)》由市委、市政府印发全市组织实施。

杭州是首批国家"金卡工程"试点城市。"九五"时期,杭州承担并较好地完成流通领域信息化建设、制造业电子商务等多项国家试点工作。2000年8月,杭州被国家信息化推进办公室列为国家信息化综合试点城市。

2001年,杭州市信息产业实现增加值98.32亿元,比上年增长11.4%,占全市国内生产总值的6.3%;其中软件与信息服务业实现增加值50.27亿元,增长25.7%。杭州市的通信服务市场已经形成多家竞争的局面,至2001年底,在杭开展业务的网络运营企业有中国电信浙江公司杭州分公司、中国移动浙江公司杭州分公司、中国联通浙江公司杭州分公司、杭州网通信息港有限公司、中国铁道通信信息有限公司杭州分公司和中国吉通杭州分公司。

【杭州市信息化办公室正式成立】 2001年1月,市政府成立了市信息产业筹备办公室。经过近一年的筹建,杭州市信息化办公室于年底正式成立。市信息化办公室是主管全市信息化工作的市政府直属机构,承担市信息化工作领导小组办公室职能,内设7个处室(秘书处、综合规划处〈政策法规处〉、科技处〈信息安全处〉、产业发展处、信息化推进处、网络与信息资源管理处、人事处〈组织宣传处〉)。市信息化办公室以推进城市信息化和信息产业化为基本任务,负责组织和协调全市推进国民经济和社会信息化的各项工作,规划和指导全市信息产业的发展,对信息产品制造业、软件业、信息服务业、通信业行使行业管理职能。 (赵升可　陈丽华)

·信息产业·

杭州高新软件园

【高新区软件产业发展迅猛】 2001年,杭州高新软件园依托国家高新区基础及条件,充分利用国家火炬计划软件产业基地优势,使区内软件产业跃入迅速成长期。进区软件企业增至516个,其中软件园企业从55个增至64个。软件园企业技工贸总收入31.7亿元,比上年增长45.4%,其中纯软件收入15.7亿元;利税总额4.8亿元,增长115.2%;出口创汇558万美元。

高新区及软件园良好的创业环境,进一步推动软件企业的快速成长。在工业过程控制、邮电通信、金融、证券、保险、政府机关、安全部门、公用事业、交通、电力、教育、企业管理和涉及传统产业改造等领域产品及项目中,证券金融、服装/纺织CAD、工业自动化控制软件开发等继续在全国占有较高的市场份额。全国12个国产优秀软件中,杭州高新软件占有3个。杭州恒生电子股份有限公司、杭州信雅达系统工程股份有限公司、杭州宏华电脑技术有限公司、杭州中程兴达科技有限公司、浙江大学快威科技集团有限公司、杭州创业软件集团有限公司等一大批具有较高知名度的优秀软件企业已经崛起,士兰微电子公司的集成电路设计能力在国内已占领先地位,超软、虹软和富通集团等公司已成为杭州软件加工出口骨干企业。其中,年总收入亿元以上规模企业7个,比上年增加2个;1000万元以上企业43个,增长72%。

7月12日,杭州市软件行业协会在杭州高新区成立。70余个软件企业会员中,90%以上为杭州高新区软件企业。9月5日,新利软件(集团)股份有限公司股票正式在香港联交所创业版(CEM)挂牌交易,成为浙江省第一个上市的软件企业。 (王祥焜)

·信息基础设施·

【杭州电信网通信能力增强】 2001年,杭州市电信分公司配合完成杭福(州)贵(阳)成(都)光缆扩容、高速传输网浙江段、沪杭福穗光缆二期扩容工程浙江段、同步数字系列(SDH)二期与三期扩容等工程。至年底,长途电话业务电路总数38.71万路,比上年增长1.77倍。

继续抓好交换网建设和优化工作。完成2个局的设备替换工程,为电话号码顺利升位奠定基础;完成全网F-150交换机改造,使之具备来电显示功能;新增便携电话(PAS)网基站1196个,使全市网络覆盖面增加22平方千米。本地电话交换机容量289.49万门(市区147.40万门)。

加快本地传输网工程建设。完成杭州SDH传输网五期~七期工程,完成景芳、东新两个汇接局和两个零母局配套传输工程,完成4个交换主汇接局间的骨干层光缆网络工程，完成市区光纤到大楼、到小区79个点的施工。新建17条局间中继光缆并投入使用；配合城市道路建设，新建电信管道80.42管程千米。

数据通信网建设取得成效。全市异步转移模式(ATM)交换网新增220个155兆比特(MB)接口、31个622MB接口和712个2MB接口。完成杭州至7个县(区、市)数字数据网(DDN)延伸工程，新增1056个DDN接入端口，市区宽带接入商务楼和住宅小区60个，端口总量7898个。

至年末，全市本地电话用户203.52万户（市区101.30万户)，比上年增长26.3%(市区21.2%)；电话主线普及率32.35线/百人（市区54.65线/百人)，增长6.42个百分点(市区8.02个百分点)。市电信公司国内长话通话量、数字数据、因特网等业务量均比上年有较大增长。

【杭州电信宽带城域网】 宽带网络作为互联网的重要基础设施，对互联网的应用普及和信息化进程有着重要影响。中国电信大力建设中国公用计算机互联网(CHINANET)，该网国际出口带宽已达4580兆比特(MB)，占中国国际出口带宽总量的80%；在"八纵八横"的光纤基础骨干网外，建设3个以10千兆比特(GB)密集波分复用(DWDM)环状网为主体的全国高速大容量网，成为中国带宽最宽、覆盖范围最广的互联网，其节点覆盖国内所有大中城市。杭州电信公司凭借该互联网优势，依托光纤网络建立公众宽带IP城域网，已覆盖杭州市区和郊县主要城镇，实现了"千兆到大楼、百兆到楼层、十兆到办公室"，并进入住宅小区、宾馆饭店、院校和社会团体。5月，浙江大学校园网通过电信宽带网进入信息高速公路；滨江和下沙高教园区10余所大学的学生宿舍首期开通电信宽带网3000余个端口，为大学生高速上网服务。同时，杭州电信宽带网开始进入家庭，市区有数十个房地产公司与杭州电信公司签订宽带接入协议，共同建设智能化住宅小区。9月，杭州望湖宾馆在100间客房接入速率10MB的电信宽带网，开通了"e客房"。此后，又有一批星级饭店、宾馆把电信宽带网接入客房。

杭州电信宽带网有力地推动了城市信息化的进程，在西博会期间，来自全国和世界各地的客商和游客在宾馆、饭店客房里就能浏览西湖博览会最新消息，享受高速上网的乐趣。（许烈弟）

【本地网系统投入运行】 12月22日，杭州市"九七"二期本地网延伸工程基本完成。杭州本地网内7个区、县(市)电信局的市话业务(包括便携电话业务、"一线通"ISDN业务）及数据增值业务的基础数据资料均导入杭州电信"九七"系统并投入运行，结束了各区、县(市)电信局人工处理的管理模式，保证了基础数据资料的动态滚动，提高了各电信局的生产效率和服务质量，实现了数据共享、信息共享和资源共享，有助于杭州市电信业务及资源的统一管理和灵活调度，进一步加快企业信息化的进程。（江　瀛）

【接入网监控系统通过验收】 2000年3月，为提高接入网运行质量，改善障碍测试手段，缩短障碍查处时限，市电信公司对接入网设备集中监控系统立项施工。由于市区接入网设备有3种制式，生产厂家各异，设备不同，暂不能建立统一的网管监控系统。根据实际情况，建立了3套独立的接入网监控系统，待时机成熟再整体割入统一平台。经过1年多的工程施工，2001年8月完成了集中监控系统安装调测。12月7日，由市电信公司运行维护部组织对接入网设备集中监控系统进行验收。通过对现场安装工艺的检查，网管基本功能的测试，112系统对接测试和电源告警测试，基本符合验收要求。该系统的投入运行，使接入网系统的维护管理达到新的水平，可为客户提供更优质的服务。

（杨建幸）

【杭州网通宽带信息网络投入运行】 5月，设有1200多个光节点的市区有线电视网络提升改造工程完工并开通运行。该网络的运行，大大提高了杭州市的电视传输能力，在增加节目套数的同时，图象清晰度由3级提升至4级。随同有线电视传输线一起敷设的五类线，为市区40万户家庭提供了宽带接入到户的条件，基本实现"千兆到小区、百兆到楼层(单元)、十兆到家庭"的预期目标。5月16日，举行数字电视·杭州有线网启动和杭州网通信息港有限公司揭牌仪式。至2001年底，由中国网通、杭州有线电视网络中心、浙江经济投资公司联合组建的杭州网通信息港有限公司的市区宽带接入用户已达4万户。

杭州有线宽带网建成和电信网多种接入方式的发展，基本解决了杭州市区"最后一公里(千米)"的普遍接入问题。至此，由光纤同轴混合网和宽带城域网构成的杭州现代化信息网络系统正式投入运行。全市信息基础设施建设基本形成了"两环支撑"的宽带信息骨干传输网络架构。2000年，杭州市实际使用的城域出口总带宽为615M，居民宽带用户130户；2001年分别为18G和6万户。

【信息管线资源建设起步】 杭州市原有的信息管线资源基本上是由中国电信建设起来的。历史原因形成的垄断，严重地制约和阻碍着信息化的推进。由杭州有线电视网提升改造工程建设起来的杭州网通宽带城域网，打破了这种独家垄断，形成了竞争的局面。2001年4月，市计委、建委、规划局和信息办联合发文，规定各类新建小区和大中型建筑物必须对信息管线实行"同步设计、同步施工、同步验收"，并纳入基本建设审批和管理。此后，杭州市从规范增量建设开始，积极筹建经济成分多元化的专门公司，通过政府规划引导、市场化运作，以城市新区开发为突破口，对信息管线等公共资源实行集约化建设与管理。

（赵升可　陈丽华）

·信息化工程·

【加快城市规划信息化建设步伐】 11月，市规划局召开全市城市规划信息化会议，研究部署城市规划信息化建设有关工作。根据“十五”计划，“十五”期间将分近、中、远期3个目标，大力推广和实施城市规划信息化建设。1.有步骤地推进城市规划管理办公自动化进程，在业务审批上建立和逐步推广、应用电子报批系统，利用市规划局的网页，建设和使用电子会议系统。规划设计将广泛应用CAD、三维动画、多媒体等各种新技术，提高设计质量和水平。在测绘上大力推广使用遥感、全球定位和地理信息系统。2.建立基础空间数据库、规划数据的规范化标准化体系、城市规划综合信息管理系统和规划成果数据库和设计、服务等其他应用系统。3.建立整个杭州地区的空间数据基础设施，建立全市城市规划决策支持系统和图文一体化办公系统。加快与国际先进技术接轨的步伐，建成以网络为支撑，3S技术应用为基础，工程信息管理为核心的集成应用系统，使勘测设计与管理初步实现一体化。要求各县(市)、开发区结合自身实际情况，全面规划，分步实施，因地制宜，量力而行，全面推进城市规划信息化建设，实现杭州市经济社会跨越式发展。 (王 宁)

【数字电视广播试验顺利进行】 数字电视的广播试验是市委、市政府加快建设“天堂硅谷”的一项战略性举措。市计委、市信息办、市广电局、市科技局通力合作，整合了国内一流的宽带网络(杭州网通)、世界先进水平的数字电视传输技术（浙江大学）和高水准的显示设备制造技术(数源科技)三大优势资源，在有关部门和试验企业的大力支持下，制定试验方案，严密组织实施，在9月科技合作周上成功地进行了首次数字电视演示。2001年西博会期间，数字电视广播试验通过市区40多个展示点公开演示。

(赵升可 陈丽华)

【数据和宽带新业务发展迅速】 杭州市电信分公司在抓好数据和窄带拨号上网业务的同时，于年初推出电信宽带新业务。针对不同用户需求，提供对称数字环路技术(ADSL)、局域网(ALN)、数据虚拟专网(VPN)、酒店IP Hotel模式、校园宽带201+模式等不同技术方式的宽带接入手段。在宽带应用方面，建立体现多媒体互动特点的杭州电信宽带门户网站，分别与新华社浙江分社、易游网、杭州网联、浙江图书馆等单位合作，开展应用栏目建设，为宽带业务发展奠定了较好的基础。与社会各界广泛合作，进一步推进政府、企业、家庭上网工程，发展上网用户群，启动信息化区、县(市)建设和“浙江信息港”工程建设。

至年末，全市数字数据用户6562户(市区4437户)，比上年增长15.8%(市区10.1%)；帧中继用户1887户(市区1690户)，增长20.7%(市区19.3%)；因特网用户44.23万户(市区35.75万户)，增长1倍(市区90%)。宽带新业务发展势头较好，发展ASDL用户1.62万户(市区1.23万户)，LAN用户3230户(市区1313户)。全年发展网吧100多个，累计380个。 (许烈弟)

【稳步推进网络建设】 2001年，市经济信息中心抓好物理网络建设。按照国家计委和国家信息中心的统一部署，在年初完成国家计委“纵向网”(杭州节点）一期工程的设备安装、调试、验收、开通、应用工作，实现了专线ATM联通，开通了视频会议、IP电话。1月15日，杭州节点与国家计委纵向网同步开通投入使用，并保证了网络的正常链接。

在充分调研和周密规划基础上，按照“一门受理，统筹协调，规范审批，限时办结”的原则，组织实施市计委局域网项目建设工程，完成配机调试、软件开发、人员培训、业务应用等工作，6月底开通试运行以来，系统运行良好。至年底，市计委通过该网受理项目审批434个，办结393个。该系统基本达到设计要求，得到项目单位的好评。

继续做好市投资项目集中办理中心广域网的技术服务和日常维护，完成了该中心的日报表、项目抽查模块、项目办理统计等软件的修改和系统第二版的开发，增加了系统用户权限控制等多项功能。该网络运行一年多来，累计受理项目审批23880个，办结21739个。

为适应不断扩展的需求，完成了《杭州信息网》的升级、改版、移植和维护工作。《杭州信息网》主机已由原DEC ALPHA2100成功地转换到SUN E450上，DDN专线运行速率从原256K升级至2M。完成了市政府大楼内接入单位的网络改造和主页的改版，全年累计更新主页600余页，完成20余万字符的加载任务，上网访问量累计达120多万人次。年内，还获得国家信息中心中经网《地方经济》、《政策法规》、《招商引资》等3个栏目共建一等奖。启动省发展计划委员会投资审批网的建设。 (金 征)

·信息技术应用与服务·

【积极推进电子政务发展】 2001年，根据国务院办公厅2001年度政府信息化建设工作指导书的精神和国务院办公厅、省政府的有关要求，市政府办公信息处理中心将全市党政机关计算机通信网全面升级成100Mbps的IP宽带城域网，构建了杭州市党政机关计算机联网的高速网络主平台，与全国和全省的政府办公业务资源网实现高速互联，为各部门实施网上交互式办公提供了良好的网络环境和公共平台。年内，市党政机关之间公文、信息的传递和市财政局的会计集中结算网络系统、市工商局的企业登记注册前置并联审批管理系统、市信访局的“12345”市长公开电话交办反馈系统均已上网运行。为确保通信网正常、高效、安全地运转，中心完成电话号码升8位后通信网各工作站用户拨号连接设置更改工作；结合机构改革，完成通信网用户名及字典表的调整等工作。通信网全年发送市委、市政府各类电子公文2171件；发送不另行文发送的各类会议通知136件、信息刊物1231期、信息11217条。

国际互联网杭州市政府网站

(http://www.hangzhou.gov.cn)积极发挥对外发布杭州市重大政治、经济、文化和社会发展等方面信息的职能作用。做好市长信箱市民来信的收发及处理工作；加载《杭州政报》全年各刊的内容；完成1999年~2001年杭州市地方性法规规章上网工作；探索政务信息和政府各职能部门的链接，推出工商、规划、环保等职能部门的网上办事试点项目。2001年，该网站获中国“十大优秀网站”评选提名奖。

市政府办公信息处理中心承担研制开发的杭州市党政机关办公自动化系统，参加由国务院办公厅秘书局和科技部高新司组织的全国政府系统OA应用软件交流会，获2001年全国政府系统政务信息化应用软件优秀奖。结合全市党政机关办公自动化和政务信息化建设的需求，积极做好该软件的推广应用工作，为全市电子政务的进一步发展奠定了良好的基础。 (陈 佳)

【科技情报信息咨询服务业持续发展】 至2001年底，杭州市有科技情报和信息咨询服务机构1100个，从业人员2.5万余人。各区、县(市)的科技情报和信息咨询服务业发展较快，萧山区被国家计委和信息产业部确定为信息化试点县(市、区)，该区企业在开展电子商务方面走在全省前列。如中国化纤信息网、杭州时比特电子有限公司、杭州新伟业计算机网络有限公司都有较好的业绩。6月，淳安县科技信息服务中心成立，开通了千岛湖科技信息服务热线网站(www.qdhk.com)和咨询电话，为农户和企业提供科技信息和产供销市场信息。 (陈志良)

【“银联”标志银行卡在杭试点】 杭州市系全国首推“银联”标志银行卡的5个试点城市之一。10月，杭州银行卡中心完成银行卡标准化改造任务；年内，在杭17个发卡机构，有16个完成系统改造并通过银行卡中心测试。银行卡业务迅速增长，至年底，在杭各发卡机构累计发卡总量943万张，能受理银行卡的特约商户1044户，ATM(自动柜员机)980台、POS(销售终端机)2789台；全年银行卡网络交易总额达45.6亿元。2001年，杭州银行卡中心开发了银行卡特别服务信息共享系统，实现银行卡信息资源共享，有效控制信用卡发卡风险，为共同防范信用卡恶意透支、维护银行整体合法权益发挥了重大作用。

【建设公用事业费收费“一户通”】 建设“一户通”系统是对传统银行代收、代付城市公用事业费的革新，解决了城市公用事业单位(包括社会保障部门、税务征收机关)收费(税)多头开户，居民多头缴费的问题。该系统由杭州金融清算中心作为处理中心，一头链接在杭各商业银行、信用社、邮政储蓄机构，一头链接各公用事业单位，形成以清算中心为核心的电子结算网络。公用事业单位收费上“一户通”后，市内任何一个银行网点都可为其代收费用，居民可到任何一个银行网点向其缴纳费用。该系统自1999年11月开通，至2001年底，有8个单位的10个费(税)种通过系统征收。2001年，通过系统结算金额超过21亿元。

(蒋海峰)

【调研课题成果丰硕】 2001年，市经济信息中心独立或合作承担市委、市政府和市计委、市科委等下达的及向社会承接的《未来五年杭州经济发展战略和新经济增长点研究》、《杭州市区经济社会中长期发展研究》、《利用民间资本发展杭州高等教育产业研究》、《旅游景观房产的战略构想与实践研究》、《杭州经济圈发展的初步设想》、《从15个副省级城市“十五”规划看未来杭州经济发展》、《加快杭州县域经济发展的研究》、《杭州市“九五”经济发展成就和“十五”目标任务》以及《杭州市城市总体规划(2001—2020年)》专项规划之一的《经济社会发展规划》等各类研究及调研课题20多项。其中《未来五年杭州经济发展战略和新经济增长点研究》的研究成果成为市委、市政府领导的决策参考，并被市人大会议报告所采用。市计委委托研究的《旅游景观房产的战略构想与实践研究》获得市主要领导的充分肯定。11月17日，作为特邀嘉宾出席在杭州香格里拉饭店举行的中国旅游景观房产论坛，并以《杭州发展旅游景观房产的优势研究》为题作了演讲。国家信息中心委托的课题《迈向21世纪现代化国际性都市研究》获得国家经济信息系统2001年度优秀研究成果二等奖。

【发挥信息服务和技术服务优势】 2001年，市经济信息中心积极发挥信息服务和技术服务两大特色优势，为政府和社会提供优质服务。在参与市信息化办公室筹建过程中，积极参与机构方案和多项课题的调研工作，提出了A、B两套方案；协助完成了《杭州市综合信息交换平台建设思路》、《数字西博操作思路》、《关于杭州市信息管线集约化建设思路建议》、《关于市民“社保一卡通”方案建议》、《关于引进方正数码来杭投资的建设性方案》等调研课题；协助起草《杭州市信息化建设管理条例(草案)》、《杭州市信息资源管理暂行办法》等多个文件；与《杭州日报》房地产专版共同主办“创业在杭州，关注写字楼”专题研讨会。认真参与区县(市)信息化建设规划编制指导工作，有效促进了相关区、县(市)信息化建设与发展工作，其中余杭、桐庐等区县的规划编制工作已经完成，正在付诸实施之中。完成市劳动局计算机信息项目的局域网系统建设及软件开发、市劳动局医保大厅及办公楼PDS结构布线工程、市政府法制办公室局域网建设，开发了市对外经贸局2001年招商引资库；更新了法规法制库内容，添加了2001西湖博览会新信息。完成了《杭州工商企业网》、《省会和中心城市信息网》、《建材信息网》、市轻工工艺纺织品进出口公司网站建设。完成预备役某部新大楼弱电综合智能化方案设计和市锅炉检验所新大楼布线方案设计；参与了桐庐县政府计算机网络工程项目招投标和工程监理等工作。

(金 征)

【电子社区建设全面展开】 2001年，杭州市开展了建设电子社区的实践。市信息办、市民政局对电子社区建设进行全面规划和指导，通过政府部门规划协调、市场化方式运作，网络营运企业、上市公司、专业服务机构、物流配送等单位广泛参与的社区信息服务体系建设方案基本形成并付诸实施。市民政局与世迈科技公司合作研制开发的容数据库技术、网络互连技术、多媒体技术和地理信息技术为一体的社区事务管理信息系统（“好好家园”），已在50个社区投入使用，覆盖家庭8万余户、近30万人。12月，在民政部和国家信息中心举办的'2001昆明电子政务、数字社区高峰论坛上，该系统的演示引起与会者的关注。以社区管理、就业管理、社会保障、公安信息等多项子系统成熟运行为基础的“社会保障一卡通”工程，正在市区大力推进中。

【推进电子商务试点与环境建设】 杭州市的网络建设为电子商务试点与环境建设奠定了基础。至2001年底，杭州市已有163、169注册用户近11万户，非注册用户18万户，加上有线网等其他一些ISP的用户，互联网用户已近50万户。作为全国首批12个金卡工程试点城市之一，杭州市银行卡的特约商户已有1044户，全年金卡中心交易总额45.6亿元。公园IC卡和射频式公交IC卡投入使用。杭州海关完成了EDI应用试点工程。市财政和工商管理的税收征管信息系统、工商企业注册登记系统均已建成并投入运行。流通领域及制造业电子商务试点工程取得初步成果，国家“九五”科技攻关项目杭州市流通领域电子商务试点工程和华立集团承担的制造业电子商务示范工程先后通过国家验收。佑康集团电子商务系统开发与建设被列为国家经贸委2001年度技术创新重点项目。西湖博览会网站（中英文版）的开通和运行、“点点通”多媒体网络终端的设计和应用、杭州旅游服务中心的建设以及“网上商城”的开通等，均产生了较好的社会效益。

【“杭州网上商城”开通】 “杭州网上商城”（www.0571.net）采取商城的形式，建设面向全市的综合电子商务公用平台，为传统商家开展电子商务提供“一揽子”解决方案，共享统一的宣传平台、统一的支付手段、统一的物流配送。“杭州网上商城”由市贸易局牵头，杭州科希盟科技有限公司具体承建、运营“商城”网站，杭州邮政投递服务公司提供电子商务的物流配送，中国联通有限公司浙江分公司和杭州网通信息港有限公司分别提供无线和有线网络的接入服务，杭州市消费者协会对网上销售的商品及服务质量进行统一的监督。“杭州网上商城”在政府的领导下，充分发挥各家的优势，实现“信息流、商流、物流、资金流”的四流合一，形成了统一的城市电子商务综合平台。网站设有知名品牌区、综合购物区和服务展示区三大模块，图文并茂，集全市各行各业的著名商家、特色商店和专业市场于“商城”，将服务从网下延伸到网上，为消费者提供全方位的购物选择和方便、快捷的服务。

【中小企业服务网江干区信息网点设立】 5月22日，杭州市经委和江干区计划与经济局联合举办“信息上门，服务到家”活动——中小企业服务网江干区信息网点设立仪式。中日合作共建的中小企业服务网是中日中小企业振兴计划调查的一个重要实验项目。该服务网为杭州及周边地区的中小企业搭建一个高效快捷的信息交流平台，使杭州市量大面广的中小企业充分实现信息资源的共享。作为中小企业服务网建设的重要内容，在杭州各区、县（市）布网设点，建立信息查询站，是进一步扩大网站的影响和辐射力，充分发挥信息网络的桥梁和纽带作用，推进杭州市中小企业信息化建设的积极举措。此次“信息上门、服务到家”活动，通过在江干区设立首个网络站点，将为全市中小企业信息化建设和发展起到积极示范作用，以点带面，进一步把信息网点延伸到其他各区、县（市）。

【“天堂硅谷”投融资交流大会召开】 为进一步拓宽高新技术企业投融资渠道，更好地贯彻和落实市委、市政府建设“天堂硅谷”的目标，市计委、信息产业筹备办、科委、高新管委会、科协于6月26日在杭州黄龙饭店联合组织召开杭州市建设“天堂硅谷”投融资交流大会。大会得到在杭各家银行、高新技术企业、上市公司、投资公司、大专院校和科研部门的积极支持。参加这次大会的有东方通信、浙大海纳、UT斯达康等63个高科技企业，浙江大学等11所大学及科研机构，省铁路投资公司、上海中路投资公司等16个投资企业，解百、百大、万向等7个上市公司以及其他企业，人民银行、建设银行、工商银行等13个在杭银行的领导和高层人士。会后，工商银行、建设银行、农业银行、中国银行、上海浦发银行、中信实业银行、深圳发展银行、招商银行、华夏银行、民生银行等10个银行进行了现场咨询，并表示将设立“高新技术企业固定联系窗口”，便于与企业联系和沟通。

（赵升可　陈丽华）

党 政

·中国共产党杭州市委员会·

【概况】 2001年，全市各级党组织和党员干部认真贯彻江泽民“七一”重要讲话和中共十五届六中全会精神，坚持以“三个代表”重要思想总揽全局，解放思想、抢抓机遇、开拓创新、加快发展，实现市委八届六次全会提出的“‘十五’计划良好开局”要求。

经济强市建设形势喜人。全市经济在“九五”较快增长的基础上继续保持良好的发展势头，经济运行的质量和效益持续提高，国内生产总值连续十一年保持两位数增长，在全国省会城市中仍名列第二，主要经济指标继续位居全省全国前列。以粮食购销市场化改革为契机，调整农业结构，推进农业产业化，效益农业得到较大发展。产权制度和劳动用工制度两项改革继续推进。继续实施“一号工程”(建设以信息港、新药港、国家级高新技术产业开发区、国家级经济技术开发区、杭州高教园区为重点的“天堂硅谷”)和“旅游西进”战略，成功举办2001年西博会，以旅游业为龙头，商贸、房地产、金融和文化产业等为重点的服务业得到新发展。事业单位改革、党政机关机构改革全面推开，行政审批制度改革继续深化。招商引资力度加大，引进内资、利用外资取得突破，外贸出口保持增长，特别是自营出口保持高增长。调整市区行政区划，启动钱江新城工程，建成绕城公路北线，加快城乡基础设施建设，调整重组社区，完成乡镇撤并，加大撤乡(镇)建街、撤村建居力度，城市化水平有新提高。

文化名城建设再上台阶。坚持法治德治并举，贯彻《公民道德建设纲要》和市委八届七次全会精神，推进文明创建，推广青年志愿者活动，实施“蓝天、碧水、绿色、清静”工程，加大拆违和环境综合整治力度，开展相对集中行政执法，荣获“浙江省文明城市”、“全国环境保护模范城市”称号和“联合国人居奖”。深化文化体制改革，发展文化产业，组建杭州日报报业集团，兴建西湖文化广场、杭州大剧院等重大设施。推进素质教育，高教园区、人才高地建设有新进展。

为民谋利成效明显。人均国内生产总值突破3000美元。市区居民年人均可支配收入突破万元，恩格尔系数首次降至40%以下，农民年人均纯收入近5000元。以“两个确保”(确保下岗职工领到基本生活费，确保离退休人员按时足额领到基本养老金)、“三条保障线”(下岗职工基本生活费、失业救济金、城镇居民最低生活保障)为基础的社会保障制度改革稳步推进。坚持为民办实事，加强再就业工作，开展“春风行动”，实施“49100”帮扶工程(重点扶持全市尚未实现小康目标的49个欠发达乡镇和100个经济薄弱村)，全市困难群众、弱势群体的生活得到基本保障，经济欠发达地区奔小康步伐不断加快。加强信访工作，完善“12345”市长公开电话受理工作，为民排忧解难。

民主法制建设继续推进。市委出台《加强和改进人大工作的若干意见》，认真贯彻《进一步加强新时期人民政协工作的若干意见》，实施“二五”依法治市规划和“四五”普法教育。爱国统一战线有新的发展，民族、宗教、侨务和对台工作不断加强。深入开展“严打”整治斗争和“打黑除恶”行动，坚决与“法轮功”邪教组织作斗争，加强社会治安综合治理，社会治安总体水平居全国前列。

党的建设进一步加强。认真开展国有大中型企业“三讲”和农村“学教”活动，切实加强理论武装。围绕“靠得住、有本事、过得硬”的要求，加强领导班子和领导干部队伍建设。开展满意单位不满意单位评选活动，加强集中办证中心建设，组织万名干部下基层，机关作风有所好转。全面加强基层组织建设，实施“领头雁”工程(加强农村基层干部队伍建设)。加大反腐败斗争力度，党风廉政建设取得新进展。

【市委八届七次全体（扩大）会议】 7月22日~24日召开。省委常委、市委书记王国平代表市委常委会作《学习贯彻江总书记“七一”重要讲话，掌握解放思想金钥匙，推动经济社会大发展》的工作报告。会议审议通过《关于杭州市2001年~2005年依法治市规划的决议》、《关于召开中国共产党杭州市第九次代表大会的决议》、《关于加快发展杭州文化产业的若干意见的决议》、《关于提高市民素质的若干意见的决议》等4个文件。全会强调，代表先进文化前进方向，加快文化名城建设，是落实“三个代表”要求，加快杭州新发展，率先基本实现现代化的重要内容，也是本次全会要研究部署的一个重点问题。推进杭州文化名城建设要在“三个代表”重要思想指导下，以推进文化体制改革为动力，以发展文化产业为突破口，以提高市民素质为基础，以德治法治结合为手段，大力发展具有鲜明时代特征、地方特色、大众特性的社会主义文化，把杭州建设成为浙江都市文化建设的龙头、精神文明的首善之区、长江三角洲乃至中国东南部的重要文化中心之一。

【市委八届八次全体(扩大)会议暨读书会】 12月27日~28日召开。王国平代表市委常委会作《迎难而上，奋发有为，推动杭州经济社会再上新台阶》的工作报告。市委常委、副市长马时雍代表市政府汇报2001年全市经济运行情况和2002年经济工作思路。会议对2001年市委工作进行回顾，全面分析新形势，提出2002年市委工作要坚持以“三个代表”重要思想总揽全局，坚持解放思想、加快发展，坚持大都市发展

附： 2001 年中共杭州市委开展系列专题调研活动

日　期	地　点	调 研 主 题
01-02~01-04	湖滨街道长生路社区、天水街道灯芯巷社区、朝晖街道家政社区	城区(社区)工作专题调研
02-08~02-09	苏州、吴江、昆山	考察学习招商引资工作
03-06~03-08	高新技术产业开发区、经济技术开发区、滨江、下沙、小和山高教园区和各城区科技经济园	扩大招商引资,建设"天堂硅谷"专题调研
04-05~05-23	灵隐二期、5 县(市)、萧山区、拱墅区、余杭区、黄山市	"实施'旅游西进'战略,打响'游在杭州'品牌"专题调研
05-24~07-12	钱江新城、杭州大剧院、图书城、新华书店、游泳健身中心、文物公司、城市学院、第三医院、宋城集团、杭报、源清中学、黄龙越剧团	文化产业调研
09-17~09-21	桐庐县、淳安县、建德市、下城区、拱墅区、西湖区、市公交总公司、市煤气公司、杭州锅炉集团有限公司、杭州新华纸业集团、杭州汽轮动力有限公司、解百股份有限公司、市科委、教委、文化局、广电局、新闻出版局、社科联、文联	加强和改进党的作风建设
11-07~11-30	钱江新城、绍兴市、西湖区、江东工业新城(筹)、良渚文化村和良渚遗址、上海	城市化系列专题调研

战略,坚持促进人的全面发展,坚持全面加强党的领导。重点落实 7 个方面的任务:1.构筑大都市框架,坚持"环境立市",按照"构筑大都市、建设新天堂"要求,围绕 2005 年建成国际花园城市和 2010 年建成生态城市目标,高起点规划、高标准建设、高强度投入、高效能管理,实施"城市东扩、旅游西进,沿江开发、跨江发展"战略,加快城市化进程。2.发展大都市产业,增强市区的创新服务功能,发挥县域的发展空间优势,发展以高新技术产业和旅游业为先导、传统优势产业为支柱、综合服务业为依托的大都市产业。3.深化改革扩大开放,适应"入世"形势,抢抓"入世"机遇,深化机构改革和行政审批制度改革,转变政府职能,加快县域经济发展,打造"信用杭州",加大引资力度。4.加强精神文明建设,贯彻落实中央《公民道德建设实施纲要》和杭州市《关于提高市民素质的若干意见》,加强思想政治工作,引入市场化运作机制,促进科技、教育、卫生、体育、人口等各项事业发展。5.推进民主法制建设,充分发挥人大、政协等各方面的积极作用,加强基层民主建设。6.维护社会稳定,坚持中央"稳定、安全、灵活、多元"的方针,着力构筑维护稳定工作体系。7.改善人民生活,坚持以人为本,为民谋利,采取切实措施帮助困难群众排忧解难,妥善安排其生活和就业。

【农转居多层公寓建设】 为加快杭州"大都市"建设,促进城市规划顺利实施,解决农居拆迁安置难和日益严重的"城中村"问题,满足城区扩展、城市建设节约土地和招商引资的迫切需要,深化城区基层行政体制改革,加快城市化进程,市委、市政府决定进一步扩大撤村建居改革试点范围,并在撤村建居地区推行农转居多层公寓建设。市委书记办公会议和常委会议在年初即开始筹划部署,先后 4 次专题研究,反复征求各区意见,充分考虑城市建设规划问题。12 月,市委、市政府联合下发《关于扩大撤村(乡镇)建居(街)改革试点,推行农转居多层公寓建设的意见》,按照"统一规划、突出重点、因地制宜、依法办事、确保稳定"的原则,在城市核心区近郊开展扩大撤村建居改革试点和推行多层公寓建设工作。对撤村建居范围以内和过去已经撤村建居的地区(西湖风景名胜区除外),要依托现有集镇、开发区、科技园区和重大投资项目,统一调整居(农)住区规划,逐步建设一批有一定规模的多层公寓小区,不准自行新建住宅。该工程涉及下城、江干、拱墅、西湖区的 53 个村 1.8 万农户,征集土地近两千万平方米,力争花 5 年时间完成。

【"旅游西进"战略】 2001 年,是杭州市实施"旅游西进"战略的开局之年。4 月~6 月,市委书记王国平就"实施旅游西进战略,打响'游在杭州'品牌",先后到 9 个区、县(市)的 33 处旅游景区、景点和旅游文化设施建设现场进行专题调研,并率团赴安徽省黄山市和英国、法国、瑞士学习考察旅游工作。7 月,市委、市政府召开全市旅游发展工作会议,在前期大量调研活动的基础上,出台了加快推进"旅游西进"战略的实施意见。8 月 3 日,市委召开"交通西进"座谈会,提出"交通西进"是实施"旅游西进"战略的前提和基础,5 年建成全市"一个半小时交通圈","交通西进"公路网总里程 620 千米,估算造价 58 亿元。从 2001 年起,市委、市政府每年将筹集 4000 万元的旅游发展资金,用于全市旅游的规划编制和整体宣传促销。

【迈入"钱塘江时代"】 杭州城市建设从围绕西湖发展的"西湖时代"跨入以钱塘江为依托,沿江开发、跨江发展的"钱塘江时代",是新世纪杭州发展的重大战略举措。7 月 1 日,钱江新城暨杭州大剧院建设工程正式开工。钱江新城规划总面积 15 平方千米,将是杭州政治、经济、文化、科技交流的一个新的中心区,承担区域性行政办公、金融、贸易、信息商业、会展旅游等功能,是杭州"城市东扩、旅游西进,沿江开发、跨江发展"战略的关键一步,将推动市区形成"一主三副(一个主城和江南、临平、下沙三个副城)、双轴六组团

（东西向以钱塘江为轴线的城市生态轴，南北向以主城—江南城为轴线的城市发展轴，临浦、瓜沥、义蓬、塘栖、余杭、良渚六大组团）、六条生态带（在中心城区、外围组团之间设置六条生态隔离带）”和“东动西静南新北秀中兴”的新结构体系。

【贯彻落实党的十五届六中全会精神】 市委围绕加强和改进党的作风建设这一主题，对全市党的作风建设现状进行深入系统的调查研究。中共十五届六中全会召开以后，市委于9月30日召开全市领导干部会议，传达贯彻会议精神，下发《关于认真学习贯彻党的十五届六中全会精神的通知》，提出具体贯彻意见。同时发出《关于认真贯彻落实中办发（2001）27号和浙委（2001）78号文件精神，进一步精简会议和文件的通知》，要求把贯彻会议精神与新一轮“解放思想、加快发展”大讨论结合起来，与满意单位不满意单位评选活动结合起来，与领导班子换届、机构改革、西博会各项工作和党内“创优争先”活动结合起来。切实加强管理，坚决压缩各类会议活动；采取有效措施，大力精简文件简报；严格把关，减少领导同志的事务性活动。通过认真落实，取得初步实效。

【调查研究活动】 年初，市委确定了《2001年市委市政府重点调研课题》，强调凡出台重大政策、重大规划，必须事先进行深入调查研究。全年对城区（社区）工作、扩大招商引资、旅游西进工作、发展文化产业工作、加强党的作风建设、运河整治与开发、城市化发展和未来五年大都市发展战略问题等专题进行系统调研活动，在全市形成调研、务实、创新的良好氛围。10月中旬~11月中旬，市委结合市第九次党代会主题，组织领导干部对杭州新一轮改革发展中的重大问题，分成16个专题进行深入调研。调研中注重发挥“外脑”作用，依靠专家学者，先后就良渚保护区建设、“旅游西进”、“二五”依法治市规划、“一号工程”信息港建设、运河文化、女装产业发展、城市发展概念规划等问题进行座谈和研讨，提高调研质量和档次。通过开展调研活动，深入贯彻中共十五届六中全会精神，切实转变了机关工作作风，并为2002年市第九次党代会的召开打下了基础。

【开展“春风行动”】 10月，市委号召深入开展以“社会各界送温暖，特困职工沐春风”为主题的“春风行动”。要求以江泽民“三个代表”重要思想为指导，以帮扶困难职工群体为重点，进一步加大对困难职工群体的帮扶力度，积极推进对失业困难群体再就业的指导和服务工作，提高再就业率；结合《杭州市城镇职工基本医疗保险暂行规定》的实施，积极筹备建立职工医疗互助补充保险基金，加大对大病职工的医疗救助力度。围绕困难职工群体再就业工作，开展万名机关事业单位职工帮助千户特困职工家庭活动，发动社会各界广泛捐助，深入开展访贫问苦送温暖活动，在全市营造了良好的社会氛围。全市募集捐助款2486万元，其中市区募集捐助款1161万余元；2150名下岗失业人员重新上岗，其中217名特困下岗失业人员实现再就业。市劳动和社会保障局、市总工会举办下岗失业人员培训班70期，接受适应性培训、创业培训和职业技能培训7826人。社会各界伸出帮扶援助之手，全市形成奉献爱心、扶贫济困的热潮，有效地加强和改进杭州市党的作风建设，促进了全市两个文明建设。

【重要工作会议】 2001年，市委、市政府先后召开以下重要工作会议：城区工作、政法工作、“城市资源经营与城市竞争力”研讨、农村工作、计划生育与环境保护工作、党建工作、反腐败工作、市直机关思想作风建设暨行政区划调整工作、乡镇企业工作、关心下一代工作、信访和“12345”市长公开电话工作、新世纪人才工程工作、招商引资工作、帮扶奔小康工作、社会治安工作、科技文化双拥共建工作、社区党建工作、提高市民素质工作、市属改制企业党建工作、清理整顿报刊出版发行秩序工作、禁毒工作、旅游发展工作、西博会暨创建文明城市动员、“二五”依法治市和“四五”普法教育动员、军转安置工作、文化产业工作、党报党刊发行工作、社会治安综合治理工作、领导班子建设工作、换届工作、“诚实立身、信誉兴业”主题教育工作、人大工作、扩大撤村建居改革试点推行多层公寓建设工作、女装产业发展工作。

【市委新设立和调整的非常设机构】 鉴于工作需要，市委新设立的非常设机构有：行政区划调整实施工作领导小组、杭州市和浙江大学战略

窃密泄密案例展

合作促进委员会、市级机关(事业)单位会计集中结算联席会议制度、市县乡机构改革领导小组、2001中国杭州西湖博览会组织委员会、第七届中国艺术节杭州市筹备委员会、国家安全领导小组、重建雷峰塔文艺创作领导小组、海外交流协会、发展文化产业指导委员会、扩大撤乡镇(村)建街(居)改革试点推行农转居多层公寓建设领导小组、领导干部违反住房规定专项清理工作领导小组、统战工作协调小组、城市管理领导小组、社区建设领导小组。

市委调整的非常设机构有:关心下一代工作委员会、“五好文明家庭”创建活动协调小组、禁毒工作领导小组、国有资产管理委员会、拥军优属拥政爱民领导小组、行政审批制度改革联席会议、对外开放工作协调小组、对台工作领导小组、国防教育委员会、民间组织管理工作领导小组、“送温暖工程”联席会议、维护稳定工作领导小组。 (欧阳周)

【举办“警钟长鸣——窃密泄密案例展”】 5月15日~18日,市保密局在省科技馆举办“警钟长鸣——窃密泄密案例展”杭州巡展。市委副书记、市委保密委员会主任于辉达出席开幕式并讲话。市委书记王国平参观巡展并题词:“新形势下保密工作只能加强,不能削弱”。市政协主席虞荣仁等21名市四套班子领导、市委保密委全体成员和全市各地、各部门党政负责人以及机关干部1万余人参观展览。由于各级领导重视,宣传发动深入,组织工作严密,巡展取得圆满成功,进一步增强了全市涉密人员在新形势下加强保密工作的自觉性。

【做好计算机信息系统的安全保密工作】 2001年,由市委保密委牵头,市公安局、国家安全局、信息化办公室有关人员组成联合调查组,采用书面调查和实地调查相结合的方式,对全市166个计算机信息系统用户单位的安全保密情况进行全面调查。调查后形成《关于我市计算机信息系统安全保密情况存在的问题和对策》的调研报告,为制定加强计算机信息系统安全防范和管理的有关政策性文件提供了依据。在省保密局和有关专家的支持、帮助下,完成对杭州市中级人民法院计算机涉密网的审批工作。在两期涉密人员培训班上,增加了计算机信息系统安全保密技术工作培训的内容。

【加强机构改革中的保密工作】 根据机构改革的要求,2001年3月22日,市保密局下发《关于切实做好机构改革中保密工作的通知》等有关文件,对机构改革尤其是机构撤、并中的保密工作提出了具体要求。 (孙玉卿)

【开展“三个代表”重要思想学习教育活动】 2001年,根据中央统一部署,杭州市在农村和国有大中型企业开展“三个代表”重要思想学习教育活动。“学教”活动涉及全市乡镇234个,区、县(市)部门828个,行政村4645个,市属国有及国有控股企业21个,干部6.68万余人。全市有17位市委常委、党员副市长和200多位县级领导干部都建立了各自的学习教育活动联系点;234位乡镇党委书记全部集中到市委党校培训,市委5位正副书记分别给乡镇党委书记上课。在乡镇、部门和村级“学教”阶段,全市先后3次组织万名干部进村入户“听意见、访民情、办实事”。农村“学教”活动紧密结合实际,突出抓了“领头雁工程”和“49100工程”建设。毛泽平先进事迹、淳安县村级“学教”以“五个为主”的做法(学习培训以正面教育和集中辅导为主,征求意见以书面为主,整改提高以乡镇和村上下联动为主,组织领导以乡镇为主,整改落

附: 2001年中共杭州市委举办领导干部系列报告会

	时 间	报告会内容
第1讲	4月14日	苏州市委常委、副市长汪国兴作题为《苏州市对外开放、引进外资、加快经济发展的经验及成效》的报告
第2讲	6月2日	深圳市副市长郭荣俊作题为《深圳市发展高新技术产业,加快经济发展的经验及成效》的报告
第3讲	10月13日	大连市委常委、常务副市长刘长德作题为《大连市在新一轮发展中如何提升城市的品位,抓好城市建设和管理,促进经济发展的做法、经验及成效》的报告
第4讲	11月24日	温州市副市长吴敏一作题为《温州市发展非公有制经济的做法、经验及成效》的报告

欢送市级机关干部参加村级“学教”活动

实以办实事为主)、桐庐县分水镇为发展经济服务、富阳市法制下乡、余杭区“民情恳谈会”、萧山区“365天为民办事窗口”、建德市和临安市的公开选拔村干部等先进典型和工作经验,在全省和全市范围内得到推广。

【领导班子建设】 6月,召开全市干部工作会议,对县局级领导班子建设作出了具体部署。市委组织部集中力量对101个市直单位的领导班子和领导干部进行届末考核;圆满完成市第九次党代会的代表选举、人事方案等有关组织工作。抓住机构改革和区、县(市)班子届中调整的有利时机,大力培养选拔年轻干部。2001年,市委提拔县局级领导干部70人,其中40岁以下的年轻干部31人、女干部8人。调整充实区、县(市)市管后备干部289人,使市管领导干部队伍和后备干部队伍的年龄、文化、性别、党派等结构有了明显改善。抓好领导干部的培养教育工作,在完成年初安排的各类干部培训外,举办领导干部英语培训班2期,参加培训的正处级以上领导干部85人。

【干部人事制度改革】 2001年,市委组织部在干部任用、选拔上全面推行任前公示、考察预告、民主推荐、中层干部竞争上岗等制度。在余杭区、江干区试行干部任免票决制。萧山、临安、富阳等地对有的部门副职进行全额竞争上岗。

【领导干部监督管理】 市委组织部认真抓好县局级党政主要负责人年度总结报告制度的落实。全市115个单位的133名党政主要负责人进行了年度总结报告工作,组织部门对383名班子成员进行民主测评。加大对局级党政主要领导的经济责任审计,全年安排18名局级党政“一把手”的经济责任审计。

【实施“领头雁”工程建设】 2001年,全市投入教育资金300多万元,在农村基层干部中开展“领头雁”工程建设。组织村主要干部2687人参加高中学历教育和农村支部书记岗位培训,618人参加大中专学历教育;全市已有100多个乡镇开展“公选”村干部工作,选拔村后备干部近2000人;建立村干部报酬保障制度,解决村党支部书记误工报酬长期得不到落实的难题;在萧山区瓜沥镇航民村建立杭州市农村基层干部培训基地,全市农村党支部书记240人参加了培训。“领头雁”工程得到省、市领导的充分肯定。

【基层党建工作】 2001年,市委组织部认真抓好基层党建工作。结合社区体制改革,在5个老城区原有586个居民区重新组成275个新型社区的基础上,积极组建了社区党总支。5月,中共中央政治局常委胡锦涛来杭视察社区党建工作后,市委下发了《关于认真学习贯彻胡锦涛同志重要讲话精神,进一步推进社区党建工作的意见》,并在上城区、下城区试点的基础上下发《社区党总支工作细则(试行)》。针对企业改制后党建工作出现的一些新情况、新问题,在组织力量进行专题调研的基础上,5月17日下发《中共杭州市委关于加强改制企业党建工作的意见》;控股公司或主管局撤销后,原所属企业的党组织需要调整隶属关系,市委组织部9月21日下发《关于部分市属企业党组织隶属关系调整的通知》。

全市有3人以上党员的非公有制企业2499个,已建立党组织的有2361个,其中单独建立党组织的1966个。职工在50人以上的非公有制企业中,党员总数达18681人。（黄其乐）

【开展农业农村现代化教育】 2001年,全市农村开展了以“整治社会风气、整治居住环境”为突破口的农业农村现代化教育。期间,全市农村取缔非法经营迷信用品场所103个,整治滥建坟墓5.5万余座,拆除露天粪坑近1万座;新增绿地面积138.82万平方米,新建无害化公厕2125座,新增垃圾中转站208个、垃圾填埋场111个、垃圾箱4200个;新组建保洁队伍908支,保洁员2934名;道路硬化1211千米;捣毁赌窝766个,查处非法、黄色书刊28779册与非法音像制品21638件。经过集中整治,农村社会风气有新的好转,村民生活环境有新的改善,村民的文明程度有新的提高。

【加强新闻队伍建设】 8月~12月,在全市新闻队伍中开展马克思主义新闻观教育活动,近2000名新闻工作人员参加了此次活动。期间,学习了市委宣传部和市记协编选的《马克思主义新闻观教育学习读本》;1100多名新闻采编人员参加全市统考,合格率98%;组织辅导报告3次、演讲1场、学习交流会2次、调查研究1次;1100多名新闻从业人员撰写心得体会。通过教育活动,推进了全市新闻队伍的思想作风建设,增强了新闻从业人员学习马克思主义新闻观的自觉性和政治意识、大局意识、责任意识。

【组织纪念建党80周年宣传活动】 2001年,围绕建党80周年纪念活动的主题,全市各新闻单位制定详细的宣传报道计划,发挥各自优势,全力以赴做好宣传报道工作。充分挖掘杭州市地方党史资料进行宣传报道,《杭州日报》刊登了《照片背后的故事》、《纪念碑的故事》等报道;重走先辈走过的革命之路,宣传中国共产党80年的光辉历史,《杭州日报》刊登了《革命圣地行》报道、杭州电视台摄制了专题片《红色京杭线》等;宣传报道身边共产党员的先进典型,有《身边的好党员》、《党员先锋》等。

各新闻单位根据自身特点,制订专项计划,开办专栏和专题,组织重点文章和重大报道,多角度、全方位地展开宣传。由省委宣传部、省直属机关工委和杭州市委宣传部共同举办的浙江省暨杭州市纪念中国共产党成立80周年大型歌咏文艺晚会——“永远的旗帜”,作为省市主要纪念活动之一,于6月29日在余杭区体育馆举行,省市四套班子领导和各界群众代表出席活动并观看演出。同日,市委宣传部组织全市13个区、县(市)举办纪念建党80

周年演讲比赛——“我身边的社区优秀共产党员”,西湖区代表队获比赛第一名。

【西博会文化和新闻宣传活动】 市委宣传部承担了2001年西博会文化活动板块的协调工作。牵头实施《人间天堂》开幕式文艺晚会、西湖狂欢节和《群星璀璨》闭幕式文艺晚会各项工作，取得圆满成功。2001年西博会的新闻宣传以开幕式、狂欢节和烟花大会为核心，各个项目都得到充分的报道和展示。西博会前，市委外宣办协同其他部门分别在上海、北京、南宁、杭州等地召开新闻发布会,邀请国外及境外驻京、驻沪新闻机构代表参加会议，从整体上对杭州进行的形象宣传。西博会期间,《杭州日报》、《都市快报》均推出《西博会特刊》,电视台、电台各频道除在新闻节目中做好宣传外，每天推出几档栏目，以活泼多样的形式进行宣传。5月~11月,《杭州日报》、《都市快报》发稿1400余篇、图片600余幅、专刊和专版160余个；市广电系统发消息、专题等1000余篇。有14个国家和国内的100多家新闻媒体来杭采访报道，发稿6000余篇(条)。充分发挥网络优势，杭州市政府网站以图片的形式宣传西博会,点击率大幅度提高。

【对外宣传工作】 2001年,市委外宣办以经贸活动为契机，配合市有关部门在南宁、上海、北京等地召开新闻发布会,开展对外宣传活动,介绍杭州经济社会发展情况和投资环境。西博会期间,组织境内外新闻单位来杭采访，并刊发大量的宣传报道(详见[西博会]条目)。杭州各电视台摄制的60余部对外宣传专题片在美国、加拿大等国的电视台播出,其中专题片《三代强国梦》被国务院新闻办公室、中国广播电视学会评为一等奖。

【全市宣传思想工作会议】 1月19日召开。会议认真学习贯彻江泽民在全国宣传部长座谈会上的重要讲话,根据全国、全省宣传部长会议精神和市委八届六次全体(扩大)会议精神，部署2001年宣传思想工作。市委副书记吴键到会并讲话。市委常委、宣传部长顾树森对2000年宣传思想工作作了总结,对2001年工作进行部署。会议表彰1999年度杭州市精神文明建设“五个一”工程获奖作品和获奖单位。

【拓展理论学习与研究的形式】 2月~3月,市委宣传部、市委政研室、市计委、市委党校联合举办“世纪晨钟——宣传杭州市‘十五’计划百场报告会”活动。报告会由各组办单位和各区、县(市)的有关领导、专家集中宣讲,宣传杭州“十五”计划纲要,展示杭州市未来五年的发展蓝图和经济社会发展的主要任务，该项活动历时两个月,宣讲108场,近10万人听取报告。6月~7月，为庆祝建党80周年,市委宣传部、市委党史研究室、杭州日报社联合举办“杭州市纪念建党80周年党的知识竞赛”活动,有61个部门和单位集体参赛,收回答卷1万余份。同时,还主办“新世纪共产党人的历史责任”征文活动,收到征文100余篇,其中局级以上领导干部撰写的文章12篇。9月8日和9月17日,市委宣传部和市委组织部联合组织以“七一”重要讲话为主要内容的全市市管领导干部理论考试，有703名市管领导干部参加考试，参考率95%。

【加快文化产业发展】 为贯彻落实《浙江省文化大省建设纲要》，杭州市开展了“加快发展文化产业”的调研活动。市委书记王国平率工作组对全市文化系统进行历时半个月的调研。市委宣传部组织有关单位对文化产业进行调查研究，对以往全市文化产业调研的成果进行分析、归纳,结合新形势、新要求,提出新的对策,形成《关于杭州市文化产业发展的调查与思考》调研报告,被省委宣传部全文转发并评为一等奖。在调研、论证的基础上形成的《关于加快杭州文化产业发展的若干意见》,在市委八届七次全委(扩大)会议上讨论通过。市政府出台了《关于加快文化产业发展若干经济政策的意见》和《关于加快市属文化事业单位转企改制的若干意见》。全市性的文化产业改革紧紧围绕“创文化名城”的总体目标积极展开:杭州日报报业集团正式成立，实行企业化运作和管理；市广电集团筹备工作全面展开；市文化系统深化文化体制改革，推进事业转企改制，制定了《文化企事业单位深化改革的实施意见》，对所属22个基层单位分公益型、经营型两大类进行改革。《都市快报》编辑部、市有线广播电视网络中心等10个文化单位探索市场经济条件下走产业化道路的经验，在全市交流并推广。

【做好社会舆情信息工作】 年初，研究下发《杭州市社会舆情信息直报点管理办法》,同时下达信息需求要点。7月,召开全市社会舆情信息工作会议，对舆情信息工作进行总结和部署，邀请省委宣传部负责信息工作的有关人员作辅导报告,4个单位交流了工作经验，对优秀直报点进行表彰奖励。做好社会舆情联席会工作和全市43个直报点的考核工作。全年编发《社会舆情专报》14期,省《社会舆情分析专报》除综合采用杭州市上报的信息外，还两次全文转发杭州市报送的专报。

【学习、宣传“三个代表”重要思想】 2001年,杭州市把学习“三个代表”重要思想同学习邓小平理论结合起来,全面、准确、深入宣传“三个代表”的重大意义和精神实质。召开学习“三个代表”重要思想理论研讨会;围绕加强和改进党的作风建设,深入宣传中共十五届六中全会精神,组织万名机关干部下基层活动。全市各基层党校以省委宣传部编发的《回顾光辉历程实践伟大纲领——2001年党员读本》为主要学习内容,在基层党员中深入开展“三个代表”重要思想的教育。5月,全市组织34名机关干部参加省里举办的“双学”骨干培训班。上半年,市委宣传部组织杭州日报社、杭州电视台11频道、杭州人民广播电台的精干力量,深入农村基层,连续报道淳安县土管员毛泽平的感人事迹，树立了新时期乡镇干部的楷模。12月，“一报两台”推出了经各部门、各系统层层推荐的58个先进集体和个人的宣传报道，为全市党员、干部实践“三个代表”重要思想树立了典型。

【杭州城市总体形象研究】 “杭州‘构筑大都市，建设新天堂’总体形象研究”系杭州市科委2001年重大软科学研究项目，由市委宣传部与浙江大学人文学院共同承担。项目调研从2001年6月开始，到2002年1月结束，主要目的是：了解杭州城市形象的历史和现状，为设计和建设杭州城市形象提供客观依据，在市民中普及城市形象知识，提升市民的城市形象意识，为推进杭州城市形象的设计和塑造造就良好的舆论气氛。调查范围以市区为主，采取随报（《都市快报》）问卷和深度访谈的方式；调查内容包括城市理念、城市行为规范、城市视觉形象和城市历史文化资源等4个方面；调查对象以普通市民为主，也选取部分专家、学者。调查回收有效问卷3233份、网上调查有效问卷500份，调查结果以统计方法汇总。此次城市形象研究调查形成《以“人间天堂、快乐杭州”为核心概念的“杭州‘构筑大都市、建设新天堂’总体形象研究报告”》，同时形成《国际国内城市形象设计的理论和实践的综述报告》、《杭州城市形象设计的历史文化基础分析报告》、《杭州市城市形象的区位特色（外缘条件）分析报告》和《杭州城市形象设计的现有条件分析研究报告》等4个分项报告。

【政工职称评定工作】 2001年，杭州市的政工职评工作进一步规范。根据省政工职评办出台的《浙江省思想政工专业职务任职资格评审量化标准》有关要求，杭州市对政工职称评定在专业作品、荣誉、经验推介、学历、考核等方面采用量化评分。进一步做好非公有制企业中的政工职称评定工作，有来自非公有制企业的政工人员26人参加中、高级职务的评审，其中评上高级政工师4人、政工师17人。全年全市评出高级政工师36人、政工师80人。

【宣传干部培训】 为建设一支“政治强、业务精、作风正”的宣传工作队伍，市委宣传部加强对全市宣传干部的培训。4月2日~6日，举办全市干部理论教育骨干备课会，研究部署2001年干部理论教育工作，各区、县（市）委宣传部的理论教育科长、市级机关各单位党委中心组学习秘书、部分党校的教学骨干100余人参加了备课会。4月11日~26日，举办两期部管干部培训班，全市宣传系统机关处级干部和新闻、文化单位的中层干部及基层单位主要负责人100余人参加培训。8月16日~17日，举办全市江泽民“七一”重要讲话学习会，各区、县（市）及市级机关各单位的党委中心组学习秘书近200人参加学习会。7月23日~24日，举办企业干部学习江泽民“七一”重要讲话精神培训班，有120余个国有、集体和私营企业的党政负责人参加培训。9月12日~18日，在市委党校举办全市宣传干部进修班，各区、县（市）委宣传部的分管副部长、科长和市级各单位的宣传干部40余人参加了培训学习。同时，各单位、各部门还举办各类讲座和培训班，加强宣传干部现代化知识和法律法规知识的学习。 （徐建华）

【贯彻落实三级统战工作会议精神】 全国、省、市统战工作会议召开以后，全市各地、各部门结合工作实际，认真贯彻落实三级统战工作会议精神。市委召开常委会专题分析、研究统战工作，作出建立统战部部务会议牵头协调的工作机制、确定余杭区委常委兼统战部长的试点等若干决定；在深入调研的基础上，制定和下发《中共杭州市委关于贯彻〈中共中央关于加强统一战线工作的决定〉的实施意见》，从21个方面提出加强全市统战工作的意见。2月和7月，市委统战部两次召开全市统战部长会议，传达贯彻三级统战工作会议精神，总结交流经验，部署全市统战工作。此后，13个区、县（市）相继召开统战工作会议，其中12个区、县（市）制订了贯彻落实会议精神的《实施细则》。深入开展全国统战工作会议精神学习、传达和宣传活动，编印《全国统战工作会议学习参考资料》、《全市统战工作会议专辑》等学习材料5000余册，举办专题学习会、报告会、座谈会、市管干部进修班、统战业务培训班20余场（期），在《杭州统战》期刊上开辟学习专栏和《书记谈统战》专栏。组织5000多人次参加全国统一战线知识竞赛；组队参加全省“长城杯”统一战线知识电视大奖赛，获第一名。12月，市委统战部会同市委办公厅、市委组织部等部门组成市委统战工作督查组，对市和区及市级各单位贯彻落实三级统战工作会议精神的情况，进行专题督查，整体推进杭州市的统一战线工作。

【进一步加强党领导的多党合作和政治协商制度】 5月~7月，市委统战部协助各民主党派、工商联认真做好换届前的各项准备工作；协助市民革、民盟、民建、民进、农工党、致公党、九三学社7个民主党派和市工商联顺利地召开代表大会，选举产生新一届领导班子。召开市委领导与新一届党派、工商联主要领导座谈会，听取民主党派、工商联新班子的意见和建议，共商杭州发展大计，加强了中共和各民主党派、工商联的合作共事基础。在建党80周年之际，以市委名义召开各民主党派、工商联代表，无党派人士等各界人士座谈会，畅谈体会和感想。坚持通过通报会、谈心会等形式，就重大问题与民主党派协商，征求意见和建议。加强多党合作的各项配套制度建设，召开市政府有关部门与市各民主党派、工商联对口联系工作会议，总结经验，促进对口联系制度的进一步落实。由市委、市政府领导召开解决民主党派实际困难的专题协调会议，通过与市有关部门共同协商，较好地解决了民主党派机关如兼职主委待遇和党派机关内设机构、人员编制、办公经费等方面的问题，调动了各民主党派、无党派人士民主监督、参政议政的积极性。

【举办民主党派、工商联领导干部读书班】 9月，市委统战部委托中央社会主义学院在北京首次举办杭州市各民主党派、工商联秘书长以上领导干部读书班，通过高层次培训教育，提高新一届党派领导班子成员做好新时期民主党派工作的自觉性，增强坚持党领导的多党合作和政治协商基本政治制度的坚定性。在市社会主义学院开办民主党派市委委员、中青年和无党派人士骨干培训班，加大了对全市民主党派、无党派人士的培训力度。

【海外联谊联络工作有了新发展】 市委统战部全年邀请和接待来自美国、加拿大、荷兰、德国、挪威、比利时、卢森堡、法国、西班牙及香港、澳门、台湾等国家和地区的各界朋友48批、200余人次，进一步密切了与海外人士的联系。以港澳为重点，拓展新的工作渠道。年初，在深圳召开新春团拜会，联络老朋友，结识新朋友。5月，召开杭州海联会海外理事茶叙会，加强与海外人士的联系，宣传和扩大杭州的影响。通过做好台湾夏潮联合会夏潮合作经济考察团、台湾大专院校青年访问团、荷兰华侨总会"寻根之旅夏令营"等联谊与接待工作，将工作延伸到海外人士的第二、第三代上。与10多个国家的海外社团建立了联系，加强祖国统一的宣传工作。

【党外知识分子工作】 2001年，市委统战部将党外知识分子工作列入重要议事日程。调查研究后，提出基本思路和工作意见；积极筹建杭州党外知识分子联谊会，为开展工作创造条件；加强与市属大专院校、科研单位和国有大中型企业的沟通，指导、帮助这些单位做好党外知识分子工作；通过调研与沟通联系，建立市一级的党外知识分子代表人士队伍。 (王桂富)

【市区党校实行联合办校】 根据建设"大党校"的要求，从有利于优化干部教育资源配置，有利于调动市、区两级办学积极性，有利于提高办学效益出发，市委决定实行市区党校联合办校，并转发了市委组织部、市委党校《关于市区党校联合办校的实施意见》。《实施意见》规定：以市委党校为主体，城区党校统一改为"中共杭州市委党校××区分校"，建立集中与分散相结合、市委党校与城区分校紧密联系的新的管理模式；统一各分校的主体班次学制、培训任务、教学计划、师资调配与教学考评，以加强对分校教研工作、教师队伍建设的指导和帮助。9月30日，举行市委党校6分校统一授牌仪式。实行市区党校联合办校，是推进干部培训体制改革、优化党校干部培训资源配置的重要一步，对于推进新世纪党校事业发展，提高教学质量和办学效益具有重要意义。

【党校干部培训教育工作】 2001年，围绕杭州市建"强市名城"和率先基本实现现代化的工作大局，市委党校积极探索走"大党校、大教育、大队伍"的新路子，加大干部培训力度，全面完成市委、市政府下达的各项培训任务。全年举办各类干部培训轮训班次38期(不包括函授教育)，培训学员4088人次。其中，市管干部培训班2期，学员90人；中青年干部培训班2期，学员83人；领导干部专题研讨班1期，学员35人；行政学院办班4期，学员962人；社会主义学院办班3期，学员125人。函授学区录取新生2748人，其中学区直属班747人、大专499人、本科187人、中青班112人。函授学区专业学历证书班招收学员711人，2001级公务员学历班招收学员42人。2001年，学区在校生8553人，比上年增长31.2%。

【党校教学科研成果丰硕】 2001年，市委党校继续按中央提出的党校教学新布局精神，深化教学改革，加强江泽民"三个代表"重要思想、"七一"讲话精神和政府管理经济社会职能转变等专题的教学，全面提高领导干部素质。不断改进教学方式与方法，情景模拟、专题辩论、老学员回校交流、专题调查等参与式教学在具体操作中不断得到调整，取得良好的教学效果。课堂教学质量进一步提高，教学的针对性、现实性和学员的参与性不断得到强化，学员对授课的满意度不断提高，年度学员考评的平均分数达89.11分，比上年提高2.57个百分点。进一步完善科研激励机制，加大科研工作力度，取得了较为丰硕的科研成果。全年撰写论文116篇(含课题报告、调研报告)，其中公开发表77篇(省级以上刊物32篇)，出版专著5部；获得市级以上奖励26项，其中全国党校系统理论研讨会二等奖1项，全省党校系统理论研讨会二等奖1项、三等奖3项；入选浙江省"五个一"工程理论文章1项，入选杭州市"五个一"工程理论文章1项。根据党校科研形势的发展，及时完善《科研成果考核奖励条例》，推进精品工程，调动教研人员的科研积极性和主动性。召开2001年杭州市党校系统理论研讨会，推动各县(市)区党校科研工作不断发展。《中共杭州市委党校学报》约请名家撰稿，不断提升刊物的质量和水准，全年出刊6期。

【党校实施干部人事制度改革】 2001年，市委党校引进专业技术人员7人，参照公务员2人。其中硕士研究生6人，具有高级职称2人，进一步改善了教工队伍结构。通过社会调查、下派(挂职)锻炼、进修培训和外出考察等途径，不断提高教师的素质和理论联系实际的能力。继续推进干部人事制度改革，本着公开、公平、公正和择优的原则，推出7个中层干部职位竞争上岗。继续推行专业技术人员评聘分离的办法，加大评聘分离工作的力度。

(翟慧清)

【基层党校建设】 2001年，市委宣传部会同市委组织部、市纪委制订下发《关于进一步加强基层党校建设的意见》，要求全市各地通过抓规范化建设，把基层党校建设推上一个新的台阶，并制订了《杭州市基层党校规范化建设考核细则》。在全市708所基层党校中，评出市级示范党校12所，先进基层党校45所，基层党校先进教务工作者28名。上

城区湖滨街道党校被列为全国基层党校示范点。（徐建华）

【杭州解放纪念碑广场奠基】 5月3日，在钱塘江大桥北岸举行奠基仪式，杭州市四套班子领导和参加解放杭州的老同志为纪念碑铲土奠基。纪念碑广场占地面积1.91公顷，纪念碑高17米、宽22米，以旗门造型为主体，红旗飘飘寓意着解放—胜利。

【市委党史研究室被评为全国党史工作先进单位】 经全省党史系统推荐，中共杭州市委党史研究室被评为全国党史工作先进单位。6月30日，在北京人民大会堂召开的全国党史研究室主任会议上举行颁奖仪式。胡锦涛代表党中央接见了出席会议的先进单位和先进个人代表，并作了重要讲话。

【《中共杭州历史大事记》公开出版】 全书40万字，记载了自1919年5月~2000年12月间，中国共产党杭州地方组织从创建到20世纪末各个历史阶段的重大活动、重要事件，较全面而真实地反映党领导全市人民进行革命和建设的历史过程，热情讴歌了党的丰功伟绩，是一部体例相对合理、内容比较完整的杭州地方党史工具书。该书由市委党史研究室编辑，市委书记王国平作序，中国档案出版社出版。

【纪念建党80周年党史宣传教育工作】 2001年，市委党史研究室根据市委的统一部署，开展了形式多样的党史宣传教育活动。制作、播放了系列电视片和专题广播：有与市电视台合作拍摄的反映1927年~1937年间被关押在国民党浙江陆军监狱内的共产党员英勇斗争事迹的电视专题片《红色囚徒》，反映新民主主义革命时期杭州党史的10集电视系列片《红色记忆》，介绍杭州革命遗址的7集电视新闻片《纪念碑下的故事》；与省电视台影视文化频道合作拍摄的12集电视专题片《重返革命遗址》中反映杭州地区4集；与杭州广播电台合作录制有关杭州党史专题报道《红色历程》15篇；与西湖之声广播电台合作录制系列报道《星火燎原》7集。在《杭州日报》上发表纪念文章：5月15日~7月8日，刊登系列报道《80年光辉岁月——照片后面的故事》14篇；6月20日，用整个版面，刊登《星斗阑干照杭城》专题文章4篇；6月29日，专辟2个版面，刊登《万古江南多壮观》专题文章11篇。举办研讨会、报告会、图片展、知识竞赛等纪念活动。与市历史学会联合召开杭州市史学界纪念建党80周年学术研讨会，交流论文30余篇；与市老干部局联手组建杭州市纪念建党80周年党史党建演讲团，深入机关、学校、企事业单位、街道、社区、部队等，历时3个月，宣讲105场，听众2.3万人；与市新四军研究会合作举办纪念中国共产党建党80周年书画展，展出书画作品76幅；与市委宣传部等单位合作举办杭州市纪念建党80周年党的知识竞赛，全市有56个基层党组织、1.2万余名党员群众参加知识竞赛，评出组织奖8个，一等奖10名、二等奖30名、三等奖80名。

【衙前农民运动80周年纪念活动】 衙前农民运动作为中国共产党领导下的第一次农民革命运动，为后来党领导农民运动提供了丰富的历史经验。9月27日，中国中共党史学会，省、市委党史研究室和萧山区委、区政府联合举行纪念活动。中央和省、市领导，省内外专家学者和各界人士800余人出席纪念大会。中国中共党史学会常务副会长李传华、省委副书记梁平波出席大会并讲话。与会者参观了衙前农民协会旧址、衙前农民协会纪念馆和李成虎烈士墓，考察了东南网架厂、衙前恒逸集团、党山梅林镇和杭州万向集团。学术讨论会上，与会专家、学者深入探讨衙前农民运动的历史地位、作用、意义，对衙前农民运动主要领导人之一的沈定一的思想作了客观、公允的评价。会议收到论文20篇。（蔡卫平）

【老干部工作】 2001年，全市有离休干部6002人，比上年减少165人。其中，红军时期21人(不含异地安置3人)，抗日战争时期1470人，解放战争时期4511人；属党政机关1725人，事业单位1535人，企业单位2742人；享受县(处)级以上待遇3402人；70岁以上5167人，其中80岁以上579人。

切实加强和改进老干部思想政治工作。1.按照中组部《关于认真学习贯彻江泽民同志“七一”重要讲话的通知》要求，全市各级党委、老干部部门，把组织老同志学习《讲话》作为落实老干部政治待遇、加强思想政治建设的头等大事来抓。市委举办地专级老干部学习《讲话》理论读书班两期，举行学习《讲话》专题报告会两场。各地、各单位结合实际，制定学习《讲话》计划，给老同志发放学习资料，举办各类学习《讲话》读书会、报告会和理论研讨会。全年区、县(市)和市直部、委、办、局党政领导为老干部上政治辅导课33次，主持召开老干部座谈会105次，向老同志通报情况163次。学习中，各单位坚持把学习《讲话》与学习马列主义、毛泽东思想和邓小平理论结合起来，与回顾老同志的亲身经历结合起来，与参观改革开放所取得的新成就结合起来，使广大老同志加深了对《讲话》精神的理解，坚定了共产主义理想和信念。全市广大老同志从思想上、行动上自觉与党中央保持一致，积极支持和参与现代化建设。2.深入开展揭批“法轮功”的斗争。组织老干部收看“法轮功”危害人类的专题录像，观看《宇宙与人》电影，座谈“法轮功”的危害，使老干部进一步认清“法轮功”反人类、反社会、反科学的反动本质。3.坚持组织老干部定期学习、通报情况、征求意见、听报告及走访慰问等制度。市委组织8次情况通报会，市委领导亲自向老干部通报杭州经济社会发展形势，传达中央和省、市重要会议精神；组织“我看杭城新变化”等大型参观活动。各地、各单位也从组织上、制度上确保老干部政治待遇的落实。4.按照老干部党支部建设规划细则，抓好工作落实。市委老干部局举办老干部党支部书记轮训班1期，各区、县(市)和部分市直单位也组织了老干部党支部书记、委员、学习骨干的培训,发挥老干部党支部“自我管理、自我教育、自我服务”的作用。坚持“适度、适量、因人而宜、量力而行”的原则，充分发挥老干部的政治优势,组织他们在关心教育下一代、党风监督、培养教育年轻干部、开展“三个代表”教育、促进杭州经济发展、维护社会稳定等方面多做贡献。

进一步落实离休干部生活待遇。根据省、市委的部署和要求,重点解决离休干部的“两费”(离休金和医药费)拖欠问题。年初,各单位对所属离休干部的“两费”落实情况进行了认真检查，及时发现并解决“两费”拖欠问题。全市企业离休干部“两费”保障机制得到进一步完善，市直企业离休干部参保率为99.1%,各区、县(市)企业离休干部的“两费”保障机制运转情况良好。对生活比较困难的老干部及遗孀给予重点关心和照顾。各地各单位按照离休干部医疗规定，定期报销离休干部的医疗费，组织离休干部体检、疗养等。经市老干部局与有关部门协商，将离休干部的定点医院由2个扩大到27个,为老同志就医看病提供了方便。

各单位认真贯彻市委《关于加强企业离休干部管理服务工作的意见》,按照“安置到位、待遇到位、管理到位、服务到位”的要求,落实改制企业离休干部的管理和服务。

加强老干部活动中心设施建设。市委、市政府投入130余万元资金,修缮了西湖一公园“澄庐”老干部活动室;富阳市投入150万元,新建了2000平方米的老年活动室;淳安县将原县法院办公楼划给老干部局,作为老年大学用房;临安市进一步改造了老干部活动中心的环境和设施；余杭区完成了活动中心二期扩建改造任务。至年末,全市有老干部活动中心(室)161个。市老年大学把“争创全国一流”作为办学目标,深化教学改革,公开向社会招聘教师，根据老同志的需求重新设置了课程，加强了国内外老年文化交流。各区、县(市)老年大学围绕“争创省优胜老年大学”的目标,加强管理,充实教学力量。至年末,全市老年大学和分校有学员6000余人,班级63个。

提高老干部活动质量。围绕建党80周年,各地老干部活动中心把开展活动与陶冶老同志思想情操、坚定信念和增强身心健康紧密结合起来，开展了丰富多彩的文化娱乐活动。组织老同志宣讲团，深入机关、学校、街道宣讲党的革命历史和宣传“三个代表”重要思想,计200多场,听众3万多人次;举办艺术作品综合展览13期（次)，展示作品2000余件;组织老干部艺术团演出以“歌颂党、歌颂祖国”为主题的文艺节目,展示了老干部精神风貌。举办老干部运动会、书画交流展、征文比赛、文艺表演、知识竞赛、报告会、座谈会等活动800多场次。

各级老干部工作部门按照“三个代表”的要求,不断加强自身的思想建设、组织建设和作风建设,增强了老干部工作者的奉献意识和为广大老同志服务的观念。全年各级老干部部门走访慰问老同志1万余人次，及时帮助和协调解决了一些老同志及遗孀生活上的困难。

(吴维康)

【关心下一代工作】 2001年,杭州市把关心下一代工作的重点放在对青少年的理想信念教育活动上。结合建党80周年的纪念活动,市关工委编印宣讲材料，指导全市开展宣讲活动;“七一”前夕,各级关工委以“党在我心中”、“做新世纪主人”、“回首党的历史,领会‘三个代表’精神”为主题,召开座谈会,唱响共产党好、社会主义好、改革开放好的主旋律;一些区、县(市)和市直单位关工委以学习座谈、读书写作、演讲比赛、知识竞赛、文艺表演等形式为载体,开展理想信念教育,寓教于乐,收到了较好的效果。全年全市受教育青少年80多万人次。

法制宣传与帮教失足青少年工作落到实处。配合《未成年人保护法》颁布10周年和《预防未成年人犯罪法》实施2周年的宣传,各地把9月份定为“两法”学习宣传月,围绕“新世纪青少年的道德教育与法制教育相结合”等课题展开讨论,并对有不良行为的青少年进行调研、剖析。建德市对在押未成年犯的赴监帮教经验得到推广。市劳动就业管理局等单位在监管所开展就业培训,使失足青少年看到光明和希望,鼓起重新做人的勇气和信心。

为青少年办好事实事活动深入开展。各级关工委采取捐资助学、结对助学等形式帮助特困生，全年全市关工委系统帮困助学5000余人次,其中萧山区关工委为总牵头,发动社会资助特困生1227人。不少区、县(市)建立了帮困助学基金;建于1992年的杭州市关心下一代基金会本金已达260多万元，每年将增值部分用于为青少年办好事实事;市关工委新设立“奋飞”奖,全年奖励品学兼优的特困生50人。为鼓励城乡青年科技立业，富阳等地创办职业技术学校，对初中毕业未能升学的青少年进行技术培训;桐庐、淳安等地组织老干部科技服务团上山下乡,进行科普宣传和服务活动。全年举办科技咨询、培训讲座700多场次,有15万人次参加。

基层关心下一代工作普遍得到重视。市关工委领导深入上城、下城区所属社区开展调查研究，提出加强社区关心下一代工作意见，市委办公厅《杭州信息》给予全文印发。淳安县关工委开展创建“无犯罪、无科盲、无懒汉、无不孝子女”的“四无”村(居)活动,取得初步成效。

3月,配合杭州市关工委成立10周年,开展了“五个一”(即开好一个庆祝会,举办一台文艺晚会,在《杭州日报》出一个专版,编印一本书《关工委十年志》,给参与关心下一代工作满10年的137位老同志每人颁发一枚荣誉章)活动。市委书记王国平出席庆祝大会并讲话。各地关工委也先后举行关工委成立10周年纪念活动,促进了全市关心下一代工作的深入开展。(陈乐栋)

【市直机关党建工作】 2001年,市直机关工委辖直属机关党组织94个,其中机关党委64个、企业党委2个、机关党总支10个、直属党支部18个；有党员9361名。全年新成立党委2个，改建党委4个，27个党组织换届；发展党员169名，预备党员转正596名。

市直各单位机关党组织以江泽民“三个代表”重要思想和党的十五届五中、六中全会精神为指导，紧紧围绕改革、发展、稳定大局和市委、市政府的中心工作，认真贯彻《中国共产党党和国家机关基层组织工作条例》和市委《实施意见》，大力开展机关作风建设活动，为推进杭州市新一轮发展提供强有力的思想、组织保证。

学习贯彻“三个代表”、“七一”重要讲话和党的十五届六中全会精神。年初，下发《2001年市直机关党员干部政治理论学习意见》，对理论学习工作作出部署。全年召开各种类型学习座谈会6次；举办处级干部和党务干部培训班各2期；举办大型专题报告会6场，参加人数6000余人次。

在深入开展调研的基础上，机关工委制定下发了《加强和改进市直机关思想政治工作的意见》，指导基层党组织做好机构改革中的思想政治工作。4月，召开市和区、县(市)机关党建工作交流会；7月，承办全省机关党建工作交流会。

推进市委的工作部署在市直机关的有效落实。年初，认真抓好市委八届六次全会和市“两会”精神的学习贯彻。4月，按照市委、市政府的要求，组织市直机关开展“为省直部门服务月”活动，全市89个机关单位到省直130多个部门上门走访，收集意见，帮助省直部门办实事、解决问题280余件。6月，机关工委领导率领和参加2个市委督查组先后对部分市直机关和区、县(市)就市委、市政府2001年重点工作完成情况和市委第119次常委会精神贯彻落实情况进行专项督查，并及时向市委、市政府写出专题报告。11月，发动和组织广大党员、干部、职工积极投入第二次“春风行动”，市直机关和事业单位的个人捐款264万余元，并建立起机关党组织与困难家庭帮困结对联系制度。

做好中央《条例》和省、市委《实施意见》贯彻落实工作。机关工委先后30余次到13个区、县(市)和部分市直单位开展具体指导，突出抓好理顺管辖范围、配强班子、配齐专职党务干部等工作。向基层党组织印发修改后的《市直机关党建工作目标任务考核细则》，进一步规范机关党建工作制度，加强基层组织建设。会同市委组织部组成3个督查组，对26个市直机关、区、县(市)就贯彻落实市委《实施意见》情况开展督查。

组织市直机关开展纪念建党80周年系列活动。以“学党史、颂党绩、举党旗、讲党性”为主题，开展征文、演讲、知识竞赛等活动，机关工委会同市委组织部组织5000名机关党员参加中组部开展的纪念中国共产党成立80周年知识竞赛活动。会同市委宣传部组织千余名机关干部观看重庆歌乐山渣滓洞革命烈士纪念馆工作人员创作并演出的《红岩魂》形象报告展演会。召开市直机关纪念建党80周年大会暨文艺汇演，表彰2000年度先进机关党组织83个、优秀共产党员162名、优秀党务工作者94名、重视机关党建工作党员领导干部13名。组织市直机关300余名新党员举行入党宣誓仪式。市机关党建研究会组织党建工作理论研讨活动，交流研究成果，有25篇论文获奖。

坚持从严治党的方针，认真组织开展警示教育和党风党纪教育，突出抓好党风廉政责任制的落实，认真履行党内监督职能，做好检查监督工作。机关纪工委会同市纪委在市直机关开展了党风廉政情况自查，专项清理领导干部违反规定接受现金、有价证券和支付凭证等工作。加大查办案件力度，会同市纪委全年查处党员干部违纪案件12起，涉及党员干部15人；结案8起，处分党员干部11人。 (刘延怀)

·中国共产党杭州市纪律检查委员会(杭州市监察局)·

【市纪委第六次全体（扩大）会议】 1月10日召开。市委副书记、市纪委书记吴键传达中纪委五次全会精神，并代表市纪委常委会作题为《加大工作力度，强化治本措施，取得反腐败斗争的新成效》的工作报告。全会认真审议并通过工作报告和《关于认真履行纪检监察职能，确保我市“十五”计划顺利实施的决议》。余杭、富阳、桐庐等县(市)纪委在会上作了交流发言。吴键在工作报告中总结了2000年全市党风廉政建设和反腐败斗争取得的主要成效以及近年来杭州市纪检监察机关的工作体会：党委、政府的重视支持，为做好纪检监察工作提供了重要保证；牢固树立为经济建设服务的指导思想，增强了纪检监察工作的有效性；切实履行组织协调职能，形成了反腐败斗争的合力；坚持从实际出发，从具体事情抓起，健康有序地推进了反腐败斗争；建设一支能战斗、过得硬的纪检监察干部队伍，是圆满完成各项工作任务的组织保证。会议部署了2001年反腐倡廉工作任务：要进一步规范党员干部从政行为，加强领导干部廉洁自律工作；要继续加大查办违纪违法案件的力度，严厉惩处腐败分子；要继续抓好纠风和执法监察工作，解决群众反映突出的问题。

【全市反腐败工作会议】 3月16召开。会议认真学习贯彻江泽民总书记重要讲话和中纪委五次全会、省纪委七次全会精神，回顾杭州市2000年反腐败工作，部署2001年工作任务。省委常委、市委书记王国平，吴键在会上讲话。虞荣仁、于辉达、朱报春等市四套班子领导出席会议。会议由市委常委、常务副市长马时雍主持。王国平在讲话中指出，要认清形势，增强信心，总结经验，不断深化对反腐败斗争的认识；要在继续抓好治标的同时，切实加大治本力度，努力从源头上预防和治理腐败现象。将预防腐败寓于作决策、抓工作之中；发展社会主义民主，健全社会主义法制；通过深化改革和制度创新，铲除滋生腐败的土壤；构筑反腐倡廉、拒腐防变的思想防线。他还要求全市各级党组织和党员领导干部要以深入学习“三个代表”重要思想为契机，坚持不懈地抓好理想信念、宗旨观念、党性党风和党纪国法教育。

【全市纪委书记会议】 6月19日召开。会上各区、县(市)和市直各系统相互交流了开展纪检监察特色性工作的做法和经验，研究分析领导班子和领导干部党风廉政建设方面存在的突出问题，有针对性地提出一些意见和建议。吴键参加会议并讲话，指出全市各级党委、政府和纪检监察机关必须认清形势，狠抓进度，推动2001年反腐败工作任务落到实处。在思想认识上和今后工作中必须正确处理五个关系：第一，要正确处理治本与治标的关系。第二，在正确处理领导干部廉洁自律工作中，既要重点抓好县(处)级以上领导干部，又要注意抓好基层干部的廉洁自律的关系。第三，要正确处理严肃执纪与宽严相济、区别对待的关系。第四，既要重视用典型的反面教材来进行警示教育，又要注意及时地发现、树立并大力宣传一批廉洁奉公、勤政为民的先进典型。第五，既要不断加大纪检监察机关反腐败的力度，又要进一步动员全党力量抓好反腐败各项任务的落实。

【市纪委第七次全体（扩大）会议】 7月31日召开。会议认真学习贯彻江泽民"七一"重要讲话精神，传达贯彻省纪委第八次全会和市委八届七次全会精神，回顾总结年初以来工作进展情况，研究部署下一阶段任务。吴键代表市纪委常委会作工作报告。他指出，江总书记在庆祝建党80周年大会上的重要讲话是纪检监察干部做好党风廉政建设和反腐败工作的强大思想武器。全市各级纪检监察机关和纪检监察干部一定要认真学习领会江总书记"七一"重要讲话精神，把"三个代表"的重要思想贯彻到党风廉政建设和反腐败斗争中去。各级党委、政府和纪检监察机关要以落实党风廉政建设责任制为龙头，狠抓督查考核和责任追究，切实加强对反腐败工作的领导。要以改革创新的精神，切实加强纪检监察机关思想、组织和作风建设，不断适应反腐败斗争的需要，努力开创反腐倡廉新局面，以党风廉政建设和反腐败斗争的实际成果取信于民，为实现杭州市新世纪发展的宏伟目标提供坚强的政治保证。会上表彰了全市纪检监察系统先进集体和先进工作者。

【全国副省级城市纪检监察工作研讨会】 9月19日~20日在杭州市召开。全国15个副省级城市纪委、监察局的代表出席会议，中纪委办公厅、各直辖市和浙江省纪委、监察厅的领导应邀出席会议。王国平出席会议开幕式并致词，副市长金胜山出席开幕式，吴键主持会议。王国平代表市委、市政府对会议的召开表示祝贺，并简要介绍了杭州的历史、近年来经济社会发展、党风廉政建设与反腐败工作等情况。与会代表一致认为，各级纪检监察机关要深入学习江总书记"七一"重要讲话，按照"三个代表"的要求，积极探索加强和改进纪检监察的工作机制、工作方式和工作作风的有效途径；积极探索标本兼治，从源头上预防和治理腐败的有效措施，进一步加大党风廉政建设和反腐败斗争的力度，以党风廉政建设的实际成果更好地取信于民。会议交流研讨文章15篇。会议期间，与会代表还参观了杭州经济技术开发区、杭州市投资项目集中办理中心等。

【全市纪委书记、检察长联席会议】 9月25日~26日召开。会议着重对下一步如何做好预防职务违纪违法工作进行研究，提出了措施和要求。吴键参加会议并讲话。市检察院检察长刘晓刚和市纪委副书记、监察局长俞宝祥在会上分别通报市纪委、监察局和市检察院一年来的工作情况，并对下一步协同配合工作提出具体意见和要求。吴键指出，要坚持标本兼治，"打、防"结合，加大从源头上预防和治理腐败的力度，切实推进预防职务违纪违法工作。要从关系党和国家生死存亡的高度来认识反腐败工作，加大查处职务违纪违法案件力度，依纪依法严厉打击腐败分子。要加强教育，严格管理，不断提高党员干部的思想道德素质，增强拒腐防变的自身免疫力。要从"权、钱、人"三个环节入手，着力于改革，通过体制、机制和制度创新，不断铲除职务违纪违法行为等腐败现象滋生蔓延的土壤。要求各级纪检监察机关和检察机关认真履行职能，加强协同配合，进一步形成反腐败的合力。

【贯彻党风廉政建设责任制】 2001年，全市各级党委、政府和纪检监察机关始终把坚持责任分工与责任追究相结合，强化责任考核，推动了反腐倡廉齐抓共管局面的进一步形成。年初，各地各部门按照党风廉政建设责任制要求，抓好全年反腐倡廉工作的任务分解，明确组织领导和责任分工，并加强对各级领导班子和领导干部贯彻责任制情况的检查考核，抓好年度报告制度的落实，与目标考核有机结合起来。认真实施党风廉政巡视制度，市纪委组织巡视组对余杭、临安两地党风廉政建设状况进行巡视。突出关键环节，严格责任追究，对违反责任制规定的党员干部14人追究纪律责任，维护了责任制的严肃性。

【领导干部廉洁自律工作】 重点开展领导干部违反规定接受现金、有价证券和支付凭证的专项治理。通过采取专题动员部署、明确政策界限、设立举报电话、查处典型案件等措施，专项清理工作取得明显的阶段性成效。对一些违反纪律规定又不在限期内主动纠正问题的党员干部，予以严肃查处，并公开曝光，全市有23人受到纪律处分。同时，领导干部配偶、子女从业"两不准"规定在试点的基础上延伸到县处级；领导干部及其配偶、子女持有的因私护照和前往港澳通行证、外国居留证的登记工作基本结束。

【查办违纪违法工作】 2001年，全市纪检监察机关受理信访举报7696件次，比上年下降0.97%；立案查处违纪违法案件1074件，结案1087件（含上年遗留），分别上升1.99%和3.13%。在立案案件中，违反社会管理秩序类514件，占

47.9%;经济类391件,占36.4%;失职类91件,占8.5%;侵权类40件,占3.7%;违反社会主义道德类24件,占2.2%;政治类8件,占0.7%;组织人事类4件,占0.4%;其他类2件,占0.2%。处分党员干部1072人,其中县处级以上41人,乡科级100人。受处分人员中有929人受到党纪处分(开除党籍254人,留党察看134人,撤销党内职务14人,党内严重警告152人,党内警告375人),有210人受到政纪处分(开除公职51人,开除留用察看15人,行政撤职29人,行政降级8人,行政记大过39人,行政记过18人,行政警告50人),有67人受到党政纪双重处分。全市查处万元以上经济大案165件。市和区县(市)两级纪委自办案件334件,其中市纪委、监察局自办案件18件。通过办案,为国家挽回直接经济损失2646.73万元。市纪委查处的大要案主要有:原市房管局市场处处长叶淡君、原临安市副市长郑柏松和原滨江区常务副区长沈国灿等严重经济违纪违法案。

【纠正行业不正之风工作】 2001年,全市各级纠风办以民主评议行风活动为载体,组织行风评议代表加强对热点部门、行业行风建设情况的明查暗访,及时通报情况,督促整改存在问题,有力地促进了行风建设。在抓好面上工作的同时,全市上下联动,对房管系统行风情况进行重点评议,解决了一些群众反映强烈的突出问题,取得较好成效。对个别商业企业违规发售代币购物券问题进行了查处;治理医药购销中不正之风工作取得进展,全市173个医院中有113个实行药品集中联合招标采购,整顿药品和医疗服务价格,抑制医疗费用不合理上涨,对一些医务人员收受回扣等问题进行了调查处理。加大对全市境内国道、省道和主要县乡道"三乱"(乱设站卡、乱收费、乱罚款)情况的明查暗访力度,及时纠正不规范收费行为,基本实现公路(水路)无"三乱"的目标,顺利通过了上级的考核验收。集中清理整顿报刊出版发行秩序,规范内部刊物管理,全市清理报刊52种,其中取消16种。

举办反腐倡廉展览

【党风廉政宣传教育】 2001年,在全市范围内开展以学习范匡夫廉政勤政先进事迹为主要内容的从政道德教育活动,举办反腐倡廉成果展览。对有信访反映的领导干部859人实施信访监督谈话,对新提拔的市管干部66人集中进行廉政专题教育,取得了良好效果。注意运用新载体,探索新路子,专门制作了廉政公益广告,建立党纪政纪知识测试题库,加大党风廉政建设的宣传力度,加强对党员干部的教育引导。

【反腐倡廉成果展览】 5月28日上午在省科技馆开幕。王国平、虞荣仁、朱报春、王建满、顾树森、盛继芳等市四套班子领导出席开幕式。市委副书记于辉达在开幕式上讲话,马时雍主持开幕式。开幕式后,市领导与市级机关干部500余人一起参观了展览。吴键观看了预展。该展览以大量的图片和部分实物,全面反映了中央和省、市在党风廉政建设和反腐败斗争中作出的重大部署和取得的一系列成果,展出近年来杭州市查处的39个贪污受贿、失职渎职、徇私枉法、赌博嫖娼等典型案例,展示淳安县严家乡土管员毛泽平等16个先进集体和个人的事迹。展览由市纪委、市委宣传部、市人民检察院、市监察局、市广电局联合举办。展出时间为5月28日~6月13日,其中6月5日起赴各区、县(市)巡回展出,共有5万余人参观。

【行政执法监察】 全年全市实施执法监察项目161项,处理违纪违法人员36人,挽回经济损失504万元。在城区拆违执法监察中,重点对城郊农村党员干部违建实施监督,严肃查处顶风违纪违法人员18人,清理党员干部违建户596户,推动了拆违工作的深入。

【反腐败源头治本工作】 结合行政审批制度改革,实施网上并联审批试点,建立以投资项目集中办理中心为主体的便民服务中心。市投资项目集中办理中心成立以来共受理项目审批24934项次,办结22763项次,办结率达91%;有9个区县(市)、56个乡镇建立了便民中心。深化财政制度改革,建立机关会计结算中心,强化对资金的监管。市本级89个单位全部纳入结算中心实行统一管理,大部分区县(市)建立会计结算中心。富阳、西湖等地还建立乡镇财务管理服务中心,对村级财务进行会计代理。推进干部人事制度改革,普遍实施竞争上岗、考察预告、任前公示、党风廉政一票否决等制度。有形建设市场进一步规范,全面推行无标底招标,实施中标人公示制度,加强社会监督。市本级实施公开招标项目465个,平均降低造价15%以上,对绕城公路等7个重点工程实施效能监察。实行政府采购制度效果明显,全市政府采购合同总价4亿元,节约资金1.31亿元;其中市本级采购总价2.28亿元,节约4060万元。国有土地使用权出让招标拍卖土地18宗55公顷,中标价28.31亿元,高于招标底价11.59亿元。开展党政机关与所办经济实体脱钩工作"回头看",市本级638个应脱钩经济实体年内办理了脱钩手续。政务、村务、厂务公开继续推进,全市1168个非行政管理职能事业单位全部推行内部事务公开制。(方东晓)

·杭州市人民代表大会·

【市九届人大六次会议】 2月20日~2月25日举行。市九届人大代表名额480名,实有代表479名,出席本次会议代表455名。

会议在中共杭州市委的领导下,以邓小平理论和"三个代表"重要思想为指导,按照市委八届六次全会精神的要求,充分发扬民主,严格依法办事,正确执行政策,听取和审查市九届人大常委会工作报告、市人民政府工作报告、市中级人民法院工作报告、市人民检察院工作报告,审查和批准杭州市国民经济和社会发展"十五"计划纲要,审查和批准杭州市2000年国民经济和社会发展计划执行情况的报告与2001年计划,审查和批准杭州市2000年财政预算执行情况的报告和2001年财政预算,审议和通过《杭州市制定地方性法规的规定(草案)》,选举产生市人大常委会主任1名。

2月19日下午召开预备会议,选举产生由71名成员组成的大会主席团,并选举张明光兼任大会秘书长;通过会议议程。

会议期间共举行5次全体会议、5次主席团会议和1次财经委员会会议。

会议收到代表10人以上联名提出的议案311件。其中,涉及工业、交通25件,农业、财贸52件,城建、城管151件,科技、教育、文化、卫生43件,政治、法律及其它方面40件。大会主席团决定:将18件议案交由市九届人大有关专门委员会审议,提出审议结果的报告,经市人大常委会审议批准后,在下次市人民代表大会时印发全体代表;其它293件议案交由市政府及有关机关和部门研究处理,并负责答复代表。会议还收到代表提出的建议、批评和意见96件。

【市九届人大常委会第三十一次至第三十九次会议】 市九届人大常委会年内共举行9次会议,讨论审议50项议题,作出8项决定、决议,制定7个地方性法规,任免国家机关工作人员75名。

第三十一次会议于1月12日举行。主要议题:1.审议并通过《杭州市人大常委会关于召开市九届人大六次会议的决定(草案)》。2.讨论并原则通过市人大常委会工作报告(稿),决定委托丁可珍代主任向市九届人大六次会议报告。3.讨论并通过市人大常委会2001年工作要点(稿)。

第三十二次会议于2月6日举行。主要议题:1.听取并审议市人大常委会关于召开市九届人大六次会议筹备工作情况的汇报,审议并通过市九届人大六次会议主席团和秘书长等各项建议名单、议程和日程草案(提交市九届人大六次会议选举、决定和推定),通过了列席人员名单。2.征求对市政府工作报告、市中级人民法院工作报告、市人民检察院工作报告(征求意见稿)的意见。3.审议并通过市人大常委会主任会议、市政府的人事任免事项。任命叶茂东为市人大常委会研究室副主任,决定任命谢春山为市科学技术委员会主任、许保水为市林水局局长,决定免去高德仁的市科学技术委员会主任职务、洪航勇的市林水局局长职务。

第三十三次会议于3月12日举行。主要议题:1.听取市行政区划调整实施工作领导小组负责人代表市委、市政府通报杭州市行政区划调整的有关事项。2.审议并通过市人大常委会关于萧山市、余杭市撤市设区有关政权机构名称等问题的决定(草案)。

第三十四次会议于4月17日~18日举行。主要议题:1.审议并通过《杭州市西湖龙井茶基地保护条例(草案)》,报请省人大常委会批准后颁布施行。2.审议《杭州市城市物业管理条例(草案)》。3.审议并通过市人大常委会主任会议关于提请设立法制等工作委员会及任命刘争平等人职务的议案,作出市人大常委会关于设立法制等工作委员会及任命刘争平等人职务的决定。任命刘争平为市人大常委会法制工作委员会主任,刘文华、路江通为市人大常委会法制工作委员会副主任,徐爱秀为市人大常委会财经工作委员会主任,赵立康为市人大常委会财经工作委员会副主任,高定康为市人大常委会城建环保工作委员会主任,陈建平为市人大常委会城建环保工作委员会副主任,郭林祥为市人大常委会教科文卫、民宗侨工作委员会主任,吴树铭为市人大常委会教科文卫、民宗侨工作委员会副主任。4.审议并通过市政府、市中级人民法院、市人民检察院的人事任免事项。决定任命杨戌标为市政府副市长。

第三十五次会议于6月25日~27日举行。主要议题:1、审议《杭州市村经济合作社财务管理条例(草案)》。2.听取并审议市政府关于《建筑法》及相关法律法规贯彻执行情况和执法检查工作情况报告,市人大常委会执法检查组关于检查《建筑法》及相关法律法规执行情况的报告(书面)。3.听取并审议市政府关于落实《市人大常委会关于加强杭州市区西部旅游资源保护开发的决定》实施方案的报告。4.听取并审议市政府关于杭州市个私经济发展情况的报告。5.审议并通过市中级人民法院、市人民检察院的人事任免报告。任命沈建光为市中级人民法院副院长、魏民为市人民检察院副检察长。

第三十六次会议于8月14日~17日举行。主要议题:1.审议并通过《杭州市村经济合作社财务管理条例(草案)》,报请省人大常委会批准后颁布施行。2.审议并通过《杭州市城市绿化管理条例(修订案)》,报请省人大常委会批准后颁布施行。3.听取并审议市政府关于杭州市本级2000年财政决算草案和2001年上半年财政预算执行情况的报告,市政府关于杭州市本级2000年财政预算执行情况审计工作的报告,作出《关于批准杭州市2000年市本级财政决算的决议》。4.审议并通过关于实施《杭州市2001年~2005年依法治市规划的决议(草案)》。5.听取并审议市中级人民法院关于贯彻执行《中华人民共和国行政诉讼法》情况的报告。6.听取并审议市人大常委会主任会议关于杭州市人大常委会设立20周年纪念活动筹备情况的报告。7.听取并审议市政府关于杭州市"旅游西进"公路规划实施计划的报告。8.听取并审议市政府关于杭州市贯彻执行《市人大常委会关于加强历史文化资源保护利用的决定》情况的报告。9.听取市政府关于杭州市开展"严打"整治斗争工作情况的汇报;10、听取市政府关于杭州市整顿和规范市场经济秩序工作情况的汇报。11.审议市卫生局、市园文局局长述职评议整改情况的报告(书面)。12.审议并通过市人大常委会主任会议、市中级人民法院的人事任免事项。任命施国强为市人大常委会代表工作室副主任。

第三十七次会议于10月15日~17日举行。主要议题:1.审议并通过《杭州市物业管理条例(草案)》,报请省人大常委会批准后颁布施行。2.审议《杭州市城市房屋拆迁管理条例(草案)》。3.审议《杭州市良渚遗址保护管理条例(草案)》。4.审议《杭州市道路旅客运输管理若干规定(草案)》。5.审议并通过关于市九届人大六次会议主席团交付市人大各专门委员会审议的代表议案审议结果的报告。6.听取并审议市政府关于杭州市社区卫生服务工作情况的报告,审议市人大教科文卫委员会关于杭州市社区卫生服务工作情况的调查报告(书面)。7.听取并审议市政府关于杭州市市区经济适用房建设情况的报告,审议市人大城建环保委员会关于杭州市市区经济适用房建设情况的调查报告(书面)。8.听取并审议市政府关于杭州市预算外资金管理情况的报告。9.审议并通过关于2002年杭州市人民代表大会换届选举工作的报告(草案)。10.审议并通过市政府人事任免议案。

第三十八次会议于11月26日举行。主要议题:1.审议并通过市人大常委会关于废止、修改《杭州市劳动争议处理条例》等14件地方性法规的决定(草案),报请省人大常委会批准后颁布施行。2.审议并通过市政府人事任免事项。作出市人大常委会关于同意仇保兴辞去杭州市市长职务的决定。决定任命徐一超为市教育局局长。

第三十九次会议于12月24日~26日举行。主要议题:1.审议并通过《杭州市城市房屋拆迁管理条例(修订案)》,报请省人大常委会批准后颁布施行。2.审议并通过《杭州市良渚遗址保护管理条例(草案)》,报请省人大常委会批准后颁布施行。3.审议并通过《杭州市道路旅客运输管理若干规定(草案)》,报请省人大常委会批准后颁布施行。4.听取并审议市政府关于市九届人大六次会议代表议案、建议、批评和意见办理情况的报告,市人大常委会关于市九届人大六次会议代表议案、建议、批评和意见办理情况的报告。5.听取市政府关于部分变更2001年杭州市本级地方财政收支预算议案的说明,审议市政府关于部分变更2001年杭州市本级地方财政收支预算的议案,作出市人大常委会关于部分变更2001年杭州市本级地方财政收支预算的决定。6.听取并审议市政府关于杭州市贯彻执行《环境保护法》情况的报告,审议市人大常委会执法检查组关于《环境保护法》执法检查情况的报告(书面)。7.听取并审议市政府关于加快杭州城区河道综合整治的决议2001年度实施情况的报告,审议市人大常委会视察组关于加快杭州城区河道综合整治的决议2001年度执行情况的视察报告(书面)。8.听取并审议市政府关于拆除违法建筑遏制违法建设行为的决定2001年度实施情况的报告,市人大常委会视察组关于拆除违法建筑遏制违法建设行为的决定2001年度执行情况的视察报告(书面)。9.听取并审议市政府关于加快运河综合整治的决议2001年度实施情况的报告,审议市人大常委会视察组关于加快运河综合整治的决议2001年度执行情况的视察报告(书面)。

【地方立法工作】 2001年,市人大常委会紧扣发展主题,密切结合市情,加强地方立法。按照年度立法计划和改革、发展的需要,审议通过地方性法规5件,修订2件,作出有关法律性问题的决定14件。

龙井茶是中国众多名茶中的佳品,是杭州珍贵的历史文化遗产。为保护龙井茶这一历史形成的著名品牌,常委会在初审的基础上,审议通过《杭州市西湖龙井茶基地保护条例》,经省人大常委会批准颁布实施。为规范城市的物业管理行为,维护业主、使用人和物业管理企业的合法权益,常委会初审后,将《物业管理条例(草案)》在《杭州日报》上公布,又专门召开立法听证会,广泛征求社会各界和市民的意见、建议。该《条例》经常委会审议通过后,已经省人大常委会批准颁布实施。

常委会还先后审议通过《村经济合作社财务管理条例》、《良渚遗址保护管理条例》和《道路旅客运输管理若干规定》,修订了《城市绿化管理条例》和《城市房屋拆迁管理条例》等。

为维护国家法制统一,适应中国加入世贸组织的需要,对杭州市现行有效的46件地方性法规进行全面清理,作出废止《杭州市劳动争议处理条例》的决定和修改13件地方性法规的决定。

【监督工作】 2001年,市人大常委会突出监督重点,增强监督实效,围绕全市经济和社会发展中的突出问题,抓重点、议大事、求实效。

关注社会热点,选准检查重点,加强执法监督。6月初,常委会联合区、县(市)人大常委会,在全市范围内对贯彻实施《建筑法》以及相关的招投标和工程质量等法律、法规的情况进行检查。在听取和审议了市政府和执法检查组的报告后,对执法检查和各级政府自查中发现有问题的建筑项目,提出限期整改意见。还提出停止使用与《建筑法》相抵触的政府规章。这次检查重点突出,各级人大代表广泛参加,强化了各级政府和建筑从业人员的法制观念,取得了一定成效。9月底,又联合区、县(市)人大常委会对杭州市《环境保护法》的执行情况进行检查,并听取和审议了市政府的有关汇报,结合执法检查中发现的问题,提出加大整治力度、加强长效管理等审议意见。各专门委员会还根据各自的监督重点,对《村委会组织法》、《残疾人权益保障法》、《气象法》、《药品管理法》、《浙江省禁毒条例》、《浙江省文化市场管理条例》等法律、法规的执行情况进行执法检查,向市政府及有关部门提出了整改意见和建议,市政府都作了认真研究。

开展专项检查,督促依法审判,加强司法监督。常委会组织部分委员对杭州市两级法院贯彻执行《行政诉讼法》的情况进行专项调查,并对市中级人民法院自1999年至2001年6月底前审结的一、二审行政诉讼案件随机进行抽查。在调查的基础上,听取和审议了市中级人民法院有关情况的报告,提出了整改建议。

继续把计划预算审查监督放在重要位置。7月,常委会听取和审议了市政府所作的关于市本级2000年财政决算草案和2001年上半年财政预算执行情况的报告,关于市本级2000年财政预算执行情况和其他财政收支的审计工作报告;批准了2000年度市本级财政决算。12月,根据形势发展需要,常委会作出部分变更2001年度市本级财政收支预算的决议。此外,还听取和审议了市政府关于预算外资金管理使用情况的报告,对预算外资金管理规范化、法制化提出了要求。

继续加强对事关经济社会发展重大问题的讨论和决定。常委会听取和审议了市政府贯彻落实《关于加强市区西部旅游资源保护开发决定的实施方案》的报告。7月,听取和审议了市政府关于杭州市“旅游西进”公路建设规划实施计划的报告。还先后听取和审议了杭州市行政区划调整情况通报,并就萧山和余杭撤市设区有关政权机构名称等问题作出了决定。听取和审议了杭州市个体私营经济发展情况、“严打”整治斗争工作情况、整顿和规范市场经济秩序工作情况、社区卫生服务工作情况、经济适用房建设情况等报告。

继续加强对大会决议和常委会决定落实情况的跟踪监督。11月,常委会组织部分委员和代表,对市八届人大六次会议作出的关于加快杭州城区河道综合整治的决议和市九届人大常委会第二十二次会议作出的关于同意市区河道综合整治提高标准延长整治时间的决定、市九届人大五次会议作出的关于加快运河综合整治决议、1999年市人大常委会作出的关于拆除违法建筑遏制违法建设行为的决定的执行情况进行跟踪视察,并听取和审议了市政府的汇报,提出了新的建议和要求。

【代表工作】 2001年,代表工作有了新进展。1.坚持代表议案督办制度,不断提高办理质量。市九届人大六次会议期间,代表提出议案、建议458件。根据代表议案、建议的新特点和代表们的新要求,常委会积极开拓思路,改进工作方法,采取抓重点议案督办、抓办理工作规范化建设、抓督办与定向视察结合、抓不满意件的重新办理等措施,加大督办力度。至年末,办结率达99%,代表满意和基本满意率为98.5%,7件不满意件有5件经督促承办单位重新办理后,代表也表示满意。常委会还组织实施了对本届人大5年来办理代表议案、建议的“回头看”工作,督查所有议案、建议的落实情况;在闭会期间陆续收到代表提出的建议、批评和意见101件,已答复69件。另外,还收到和处理代表和人民群众的来信来访778件。2.坚持各项代表联系制度,接受代表监督。常委会坚持代表来访接待制度和上门走访代表制度,认真听取代表意见。通过组织代表参加执法检查、开展会前视察、专题调查、持证视察、定向视察和列席常委会会议等形式,继续丰富代表闭会期间活动,为代表依法履行职责提供服务。及时总结代表开展活动的经验,对选民评议人大代表和人大代表向选民述职等代表工作的新课题进行调研,指导全市代表工作的开展。3.加强对全市乡镇人大换届选举工作的指导。常委会分管副主任分别带队赴萧山、余杭、富阳、桐庐、建德等区、县(市),就乡镇人大换届选举进

市人大代表视察杭州市道路交通改造情况

行调查研究。先后3次召开各区、县(市)人大常委会分管主任会议,11月份在余杭区召开现场经验交流会,具体部署换届选举工作,针对换届选举中出现的新情况、新问题,提出指导性意见,促进了全市乡镇人大换届选举工作的顺利进行。

【纪念市人大常委会设立20周年】 到2001年年底,杭州市人大常委会设立20周年。常委会举行了隆重热烈、丰富多彩的系列纪念活动,并将此作为深入宣传人民代表大会制度的重要载体。12月20日,市委召开全市人大工作会议暨纪念市人大常委会设立20周年大会。市委还专题听取常委会党组关于人大工作的情况汇报,制订印发《关于加强和改进人大工作的若干意见》。常委会有关部门与杭州日报社联合举办宪法和人民代表大会制度知识竞赛;委托杭州电视台制作《人民权力高于一切——市人大常委会20年工作纪实》专题电视片;杭州人民广播电台在早新闻节目中连续播出6集《百姓话人大》专题;《杭州日报》要闻版开辟《纪念杭州市人大常委会设立20周年》栏目,从12月15日起连续刊登6篇通讯。常委会先后邀请省市法学界、理论界的专家和学者进行座谈,举行全市人大工作经验交流会和理论研讨会。通过对20年人大工作的回顾和总结,展示了杭州市民主法制建设不断发展的进程和人民代表大会制度的特点、优势,为进一步坚持和完善人民代表大会制度作出了新的贡献。 (王 健)

·杭州市人民政府·

【市政府常务会议】 2001年,市政府举行常务会议17次。

1月3日,举行第49次市政府常务会议。会议听取市土管局关于经营性房地产项目用地全面推行公开招标拍卖方式出让有关情况的汇报,并进行了讨论,决定2001年1月1日起,在全市范围内凡经营性房地产开发项目用地,必须实行公开招标或拍卖方式出让。除工业用地外的其他经营性用地一般采取公开招标或拍卖方式出让。

2月28日,举行第50次市政府常务会议。会议听取市外经贸委《关于对发展开放型经济实施目标责任制考核的通知》(送审稿)、《关于对外商投资项目、外地来杭投资项目引荐者实行奖励的规定》(送审稿)、《关于进一步鼓励外商投资的若干规定》(送审稿)、《关于进一步加快开发区建设和发展的若干意见》(送审稿)的情况汇报,并进行了讨论。会议原则同意所汇报的实施意见。会议听取市经协办关于《杭州市人民政府鼓励来杭投资发展的若干规定》(送审稿)的情况汇报,并进行了讨论。会议原则同意所汇报的实施意见。

3月5日,举行第51次市政府常务会议。会议听取市政府办公厅关于《2001年市"两会"建议、提案情况及办理工作建议》的情况汇报。会议要求,尽早召开全市建议、提案交办会议,全面部署和落实省、市"两会"建议、提案的办理工作;研究确定一批重点建议、提案,加大办理力度,提高满意率;采取多种形式,进一步提高与代表、委员的面商率;市政府办公厅要加强督促检查,认真抓好落实工作,确保2001年的办理工作上一个新的台阶。会议听取市政府办公厅《关于对今年〈政府工作报告〉确定的任务进行分解、落实和开展督查工作的意见》的情况汇报。会议要求市政府办公厅抓紧召开工作交办会议,在广泛征求各部门意见基础上,促使各责任单位进一步做好对目标任务的分解、落实工作,确保圆满完成2001年《政府工作报告》提出的各项任务。会议听取市政府法制局关于《杭州市危险房屋安全管理办法》(审议稿)的情况汇报,并进行了讨论。会议要求根据即将开展的机构改革中明确的各部门职能,对该《办法》作进一步修改完善后以市人民政府令发布施行。会议听取市政府法制局关于《杭州市依法没收的建筑物处置办法》(审议稿)的情况汇报,并进行了讨论。会议原则同意所汇报的实施意见,要求有关部门对该《办法》作进一步修改完善后,以市人民政府令发布施行。

5月2日,举行第52次市政府常务会议。会议听取市政府法制局关于《杭州市城市管理相对集中行政处罚权实施办法》(审议稿)的情况汇报,并进行了讨论。会议原则同意此《办法》,要求作适当修改后以市人民政府令发布施行。会议听取市市容环卫局关于《杭州市开展相对集中行政处罚权试点工作的实施方案》(送审稿)的情况汇报,并进行了讨论。会议原则通过此实施方案。会议听取市城乡建委关于《杭州市引进人才购买经济适用住房暂行办法》(送审稿)的情况汇报,并进行了讨论。会议要求有关部门对该《暂行办法》作进一步修改后尽快发布实施。

5月7日,举行第53次市政府常务会议。会议研究市级机关机构改革方案(略)。

5月18日,举行第54次市政府常务会议。会议听取市政府法制局关于《杭州市城市房屋拆迁管理条例(修改草案)》的情况汇报,并进行了讨论。会议原则通过该《条例(修改草案)》,决定以市人民政府议案提交市人大常委会审议。会议听取市政府法制局关于《杭州市实施立法听证会制度的规定》的情况汇报,并进行了讨论。会议原则通过此规定,决定以市人民政府令发布施行。

6月1日,举行第55次市政府常务会议。会议听取市科委关于《进一步促进科技企业孵化器建设和发展实施意见》(送审稿)的情况汇报,并进行了讨论。会议原则同意按所汇报的方案实施。会议听取市劳动局关于《杭州市国家公务员医疗补助暂行办法》(送审稿)的情况汇报,并进行了讨论。会议原则同意所汇报的方案。会议听取市政府法制局关于《杭州市城市绿化管理条例(修改草案)》的情况汇报,并进行了讨论。会议原则同意所汇报的方案,要求市有关部门根据会议讨论的意见对该《条例(修改草案)》作进一步的修改完善后,以市人民政府议案提交市人大常委会审议。

6月11日,举行第56次市政府常务会议。会议听取市人事局关于政府机构改革有关事项的汇报，并进行了讨论。会议原则同意所汇报的实施意见，要求对方案作进一步的调整后提交市人大、政协讨论。

7月16日，举行第57次市政府常务会议。会议听取市财政局关于《杭州市区土地年租金征收暂行办法》(送审稿)的情况汇报，并进行了讨论。会议原则同意按所汇报的方案实施，决定对该《办法》在征求市人大意见后作进一步修改完善。会议听取市政府办公厅关于《加快杭州文化产业发展若干经济政策意见》(送审稿)的情况汇报，并进行了讨论。会议原则同意该《意见》(送审稿)。会议听取市体改委关于《加快市属文化事业单位转企改制的若干政策意见》的汇报，并进行了讨论。会议原则同意按所汇报的方案实施。

7月30日，举行第58次市政府常务会议。会议听取市科委关于《技术成果作价入股意见》(送审稿)的情况汇报，并进行了讨论。会议原则同意按所汇报的方案实施。会议听取市民政局关于《杭州市民办非企业单位登记若干规定》(送审稿)的情况汇报，并进行了讨论。会议原则同意所汇报的实施意见。会议听取市广电局关于《杭州广播电视集团(筹)组建方案》的汇报，并进行了讨论。会议要求对广电系统机构整合实施方案再作进一步的调整和完善。会议讨论了杭州市机构改革的方案。

8月13日，举行第59次市政府常务会议。会议听取市广电局关于《杭州广播电视集团(筹)组建方案》的汇报，并进行了讨论。会议原则同意按所汇报的方案实施。会议听取市审改办关于《第二轮行政审批制度改革情况》的汇报，会议对31项尚有争议的审改事项进行了认真讨论，要求市审改办根据会议意见，对审改方案作进一步的调整和完善。

8月20日，举行第60次市政府常务会议。会议听取市土管局关于《贯彻国务院国发〔2001〕15号文件进一步加强国有土地资产管理的若干意见》(送审稿)的情况汇报，并进行了讨论。会议原则同意所汇报的方案，要求市土管局按讨论意见修改后，报下次市长办公会议审定。会议听取市房管局关于《湖滨地区建设整治工程房屋拆迁及货币安置试行办法》(送审稿)的情况汇报，并进行了讨论。会议原则同意按所汇报的货币安置办法实施。

9月3日，举行第61次市政府常务会议。会议听取市土管局关于《贯彻国务院〔2001〕15号文件，进一步加强国有土地资产管理的若干意见》的情况汇报，并进行了讨论。会议原则同意市土管局根据市政府第60次常务会议精神所作的修改意见，并作出了有关决定。会议听取市药品监督管理局关于《杭州市药品监督管理体制改革实施意见》(送审稿)的情况汇报，并进行了讨论。会议原则同意按所汇报的方案实施。会议听取市政府法制局关于《政府规章清理情况》的汇报，并进行了讨论。会议决定取消现行规章中与行政审批制度改革的规定和政府职能转变不相符合、与市场经济要求和WTO运行规则不相适应的110项行政审批事项。

9月7日，举行第62次市政府常务会议。会议听取市土管局关于《市政府第152号令实施情况及有关问题》的汇报，并进行了讨论。会议原则同意所汇报的实施意见，并作出了有关决定。会议听取市政府法制局关于《杭州市地下管线盖板管理办法》(送审稿)的情况汇报，并进行了讨论。会议原则同意按所汇报的方案实施，要求市有关部门对该《办法》作进一步的修改完善后，以市政府令颁布实施。会议听取市政府法制局关于《杭州市生鲜牛乳质量管理暂行规定》(送审稿)的情况汇报，并进行了讨论。会议要求市有关部门根据会议讨论的意见，对该《规定》作进一步的修改完善。会议听取市政府法制局关于《杭州市保安服务管理办法》(送审稿)的情况汇报，并进行了讨论。会议原则同意按所汇报的方案实施，要求市有关部门将该《办法》予以公示，征询公众意见，作进一步修改完善后以市政府令颁布实施。

9月24日，举行第63次市政府常务会议。会议听取市政府法制局关于《杭州市市长公开电话行政投诉办法》(送审稿)的情况汇报，并进行了讨论。会议原则通过该《办法》，要求市有关部门对该《办法》作适当修改完善后，以市人民政府令发布施行。会议听取市政府法制局关于《杭州良渚遗址保护管理条例(草案)》的情况汇报，并进行了讨论。会议原则同意所汇报的实施意见，要求市有关部门根据会议意见，对该《条例(草案)》作进一步修改完善后，以市人民政府议案提交市人大常委会审议。会议听取市政府法制局关于《杭州市道路旅客运输管理若干规定》(送审稿)的情况汇报，并进行了讨论。会议原则同意按所汇报的方案实施，要求市有关部门根据会议意见，对该《规定》作进一步修改完善后，以市人民政府令发布施行。会议听取市政府法制局关于《杭州市城市房屋拆迁管理条例(草案)》的情况汇报，并进行了讨论。会议原则通过该《条例(草案)》，要求市有关部门对该《条例(草案)》作进一步修改完善后，以市人民政府议案提交市人大常委会审议。会议听取市政府法制局关于《杭州市临时建设工程管理规定》(送审稿)的情况汇报，并进行了讨论。会议原则同意按所汇报的方案实施，要求市有关部门根据会议意见，对该《规定》作进一步修改完善后，以市人民政府令发布施行。会议听取市政府法制局关于《杭州市劳动合同管理条例(草案)》的情况汇报，并进行了讨论。会议原则同意按所汇报的方案实施，要求市有关部门根据会议意见，对该《条例(草案)》作进一步修改完善后，以市人民政府议案提交市人大常委会审议。会议听取市人事局关于《进一步鼓励出国留学人员来杭创业的若干规定》(送审稿)的情况汇报，并进行了讨论。会议要求市有关部门根据会议意见，对该《规定》作进一步修改完善。

10月23日，举行第64次市政府常务会议。会议听取市政府法制办关于《杭州市有限合伙管理暂行办法》(送审稿)的情况汇报，并进行了讨论。会议原则同意按所汇报的方案实施，要求市有关部门根据会议意见，对该《办法》作进一步修改完善后，以市人民政府令发布施行。

10月29日，举行第65次市政府常务会议。会议听取市建管局关于杭州市建设工程施工“无标底”招标投标管理情况的汇报，并进行了讨论。会议决定对市政府第121号令《杭州市建设工程施工招标投标管理办法》进行修改，引进“无标底”招标的原则和内容。会议要求市法制办会同有关部门根据会议要求抓紧修改，以市人民政府令重新发布施行。会议听取市房改办关于《杭州市廉租住房管理试行办法》的情况汇报，并进行了讨论。会议原则同意按所汇报的方案实施，要求市有关部门对该《办法》作进一步的修改完善。

【市长办公会议】 2001年，市政府举行市长办公会议35次。

1月2日，举行第73次市长办公会议。会议研究部署2001年1月份市政府主要工作。

1月3日，举行第74次市长办公会议。会议听取市农村税费改革领导小组关于实施杭州市农村税费改革试点方案的情况汇报，原则审议通过西湖区政府、富阳市政府上报的试点方案。会议听取市政府办公厅关于《吴山景区统一管理的实施意见》的情况汇报，同意按所汇报的方案实施，决定建立吴山景区管理委员会，要求上城区政府与市园文局互相协调配合，共同完善吴山景区的管理体制。

1月12日，举行第75次市长办公会议。会议听取市粮食局《关于举办杭州销地粮油批发交易市场的建议意见》和《关于确定市级粮食储备规模的意见》的情况汇报，原则同意按所汇报的方案实施。会议听取市医药管理局关于北京华大基因研究中心在杭设立研发基地问题的情况汇报，原则同意所汇报的实施情况，决定对北京华大基因研究中心在杭州设立研发基地给予资金和场地的大力支持。会议对台湾日月光集团在杭投资项目问题进行了认真的讨论和研究。会议对副市长工作分工进行了调整。

2月2日，举行第76次市长办公会议。会议研究部署2月份市政府的主要工作。

2月12日，举行第77次市长办公会议。会议听取市人事局关于《杭州市新世纪人才工程实施意见》的情况汇报，原则同意所汇报的实施方案，决定实施杭州市新世纪人才工程，重点实施“新世纪131优秀中青年人才培养计划”。会议听取市房管局关于《杭州市物业管理招投标工作的实施意见》的情况汇报，原则同意按所汇报的方案实施。会议听取市建委关于《天荒坪电站杭州蒋村生活基地市政规划占地补偿问题》的情况汇报，同意按所汇报的方案实施。

2月18日，举行第78次市长办公会议。会议听取市建委关于实施《杭州市城市消防规划》的情况汇报，原则同意所汇报的实施方案，并对该实施方案提出了修改意见。会议听取市规划局关于《望江地区控规》的情况汇报，原则同意按所汇报的方案实施。会议听取市规划局关于《高新技术产业开发区之江区块有关地块规划问题》的情况汇报，原则同意所汇报的实施方案。会议听取市建委关于《“三违”住宅补交的配套费用于小区截污纳管资金分配意见》的情况汇报，原则同意按所汇报的方案实施。会议听取市财政局关于《杭州市国有资产转让收益管理的若干规定》、市交通局关于《对市区原已投入营运的小型客运出租汽车征收出租汽车经营权有偿使用费的方案》的情况汇报，原则同意所汇报的实施方案。会议听取市大剧院筹建协调小组关于杭州大剧院筹建情况的汇报，原则同意所汇报的实施方案，要求对筹建方案作进一步修改和完善。会议听取市园文局关于《杭州孔庙复建保护工程方案评审会议情况》的汇报，对孔庙复建保护工程方案提出了修改意见。

2月25日，举行第79次市长办公会议。会议研究部署3月份市政府的主要工作。会议听取市西博会组委会办公室关于《2001年西博会总体方案、组委会机构设置和第二批上报项目》的情况汇报，原则同意所汇报的实施方案。会议听取市土管局关于欧尚超市用地情况以及将杭州市区部分基本农田外移的情况汇报，原则同意按所汇报的意见实施。

3月7日，举行第80次市长办公会议。会议听取市体改委关于《进一步调整重组我市工业系统国有资产营运机构的方案》(审议稿)的情况汇报，要求对该方案作进一步修改完善。

3月24日，举行第81次市长办公会议。会议听取市农经委关于浙江田园集团公司申请土地拍卖问题的情况汇报，并作出了有关决定。会议听取市市政公用局《关于贯彻落实国务院〈关于加强城市供水、节水和水污染防治工作通知〉的实施意见》的情况汇报，原则同意按所汇报的方案实施。会议听取市市政公用局关于《杭州市天然气利用工程有关问题》、《关于加快杭州市城市天然气发展的若干规定》(送审稿)的情况汇报，要求市天然气利用工作协调小组立即与中国石油天然气股份有限公司西气东输工程项目经理部进行洽谈并争取直接与之签订供气合同。会议听取项勤副市长关于《市区农村撤村建居多层农居建设若干意见》(送审稿)的情况汇报，要求市土管局根据会议讨论确定的原则会同有关部门抓紧提出具体实施意见。会议审议了市财政专项资金支出项目的有关方案。会议听取了杭州经济技术开发区管委会关于出口加工区有关用地政策的实施意见，并作出了有关决定。会议根据第79次市长办公会议精神，就市区部分基本农田保护指标外移问题，要求市有关部门抓紧组织实施。

3月30日，举行第82次市长办公会议。会议研究部署4月份市政府的主要工作。

4月22日，举行第83次市长办公会议。会议听取市市级机关事务管理局关于省人民大会堂杭州厅设计方案评选情况及市府大楼锅炉房改建会议厅项目资金取向问题的汇报，原则选定多数专家肯定的杭州厅第3号设计方案。会议听取市信息产业筹备办公室关于《杭州市信息化管理机构组建方案》的汇报，原则同意按所汇报的方案实施，决定单独设立杭州市信息化办公室。会议听取市有关部门负责人关于做好迎"五一"旅游高峰准备工作的情况汇报，对做好"五一"旅游旺季的各项准备工作提出了具体要求。会议审议了市财政专项资金支出项目的有关方案。

5月2日，举行第84次市长办公会议。会议研究部署5月份市政府的主要工作。会议听取市规划局关于浙江数码广场规划选址审批情况的汇报，原则同意所汇报的方案。会议听取市交通局关于1995年以前市区行政审批的营运出租车征收经营权有偿使用费的情况汇报，原则同意所汇报的方案。会议听取市城乡建委关于2001年城建资金安排情况的汇报，原则同意汇报方案，并提出修改意见。会议听取市计委关于2001年地方财力及其他资金安排项目投资计划的情况汇报，对有关具体项目提出了意见。

5月18日，举行第85次市长办公会议。会议听取金胜山副市长关于杭州华大基因1000万元资金借用问题的汇报，决定帮助华大基因落实开发建设期的发展资金。会议听取市财政局关于《杭州市区占补平衡委托垦造耕地》的情况汇报，原则同意所汇报的实施方案。会议听取杭州高新开发区管委会关于保留省经贸厅之江区块"培训中心"项目土地使用权的情况汇报，原则同意所汇报的实施意见。会议听取市土管局关于部分地块协议出让的情况汇报，原则同意所汇报的意见。会议听取市商业资产经营公司关于《杭州华商集团公司企业改制方案》的汇报，原则同意所汇报的实施意见。

6月1日，举行第86次市长办公会议。会议研究部署6月份市政府的主要工作。会议听取马时雍副市长关于蒋村商住区建设和管理移交问题的汇报，原则同意所汇报的实施意见。会议听取市城乡建委关于净地出让土地中住宅小区公建服务配套建设问题的汇报，要求市有关部门按照市场经济的思路和要求，对住宅小区公建设施配套建设方案进行调整，待方案基本完善后，再提交市长办公会议讨论。会议听取市财政局关于杭州羊毛衫厂南肖埠地块级差地租返回问题的汇报，原则同意所汇报的实施意见。

6月11日，举行第87次市长办公会议。会议听取市计委关于《杭州活水宽带通信系统城项目房地产的补偿办法》的汇报，经过认真讨论，提出了具体意见。会议听取市体委关于杭州市体育馆维修改造方案和经费问题的汇报，原则同意按所汇报的方案实施。会议听取市财政局关于《返还市纺织化纤公司补助款问题》、《返还黄龙体育中心土地款问题》的情况汇报，原则同意所汇报的实施意见。

6月20日、21日举行第88次市长办公会议。会议听取来坚巨副秘书长关于分水江水利枢纽工程涉及临安市乐平乡有关情况的汇报，提出了具体的实施方案。会议听取市计委关于《要求落实我市列入国家计委、省计委高技术产业化项目地方配套专项资金》、市市政公用局关于《公共客运线路招标试点工作》的情况汇报，原则同意按所汇报的方案实施。会议听取市规划局关于《杭州城市西部地区保护与发展规划》的汇报，经过认真讨论，对规划予以原则肯定，并提出了修改意见。会议听取市旅游西进办公室关于《杭州市委、市政府关于加快推进杭州"旅游西进"战略的实施意见》(送审稿)的汇报，经过认真讨论，提出了具体意见。会议听取杨菊芳副秘书长关于《加快杭州市旅游业发展的若干政策措施》的汇报，原则同意所汇报的实施意见。

6月25日，举行第89次市长办公会议。会议听取市民政局关于《余杭区、临安市乡镇行政区划调整》的情况汇报，原则同意所汇报的实施意见。会议听取市城乡建委关于《杭州湖滨商贸旅游步行街区城市建设》的情况汇报，对同济大学建筑城规学院城市设计研究室等单位共同编制的城市设计方案予以原则肯定，并提出了修改意见。会议听取市财政局关于杭州陶瓷品市场三期工程建设问题的汇报，要求市有关部门对方案按要求进行完善后，再提交市长办公会议讨论。

6月30日，举行第90次市长办公会议。会议研究部署7月份市政府的主要工作。会议听取市劳动局关于《进一步做好2001年全市社会保障工作的通知》(送审稿)、市财政局关于《杭氧"债转股"土地批租返还增加国家资本金》、市科委关于贯彻《科技类民办非企业单位登记审查与管理暂行办法》(送审稿)的汇报，原则同意所汇报的实施意见。会议听取市残联关于《对残疾人实行优惠扶助的若干规定》(送审稿)的汇报，原则同意所汇报的实施意见，决定对符合国务院规定的残疾人评定标准并持有全国统一颁发的《中华人民共和国残疾人证》的残疾人实行优惠扶助。会议听取市城乡建委关于《对东方中学违法建筑的处理》的情况汇报，原则同意按所汇报的方案实施。会议听取市体改委关于《深化市属事业单位改革若干政策问题的处理意见》(送审稿)的汇报，原则同意所汇报的实施意见，要求对方案作进一步修改完善。会议就杭州高新技术开发区管委会提出的关于《活水宽带系统城项目供地方案》进行了认真的讨论，提出了具体意见。会议就杭州机电控股公司关于美国通用电器公司收购挪威克瓦纳杭发项目的情况，进行了认真的讨论，提出了具体意见。

7月16日，举行第91次市长办公会议。会议听取市财政局关于《取消我市蔬菜实物储备补贴改建资金储备的意见》、市城乡建委关于《杭州虎跑路复线工程方案比选》的情况汇报，原则同意按所汇报的方案实施。会议听取詹家芳副秘书长关于《富阳市、淳安县要求调整乡镇行政区划的意见》的汇报，原则同意淳安县人民政府的请示意见，由原12个镇、25个乡调整为12个镇、18个乡，要求尽快上报省政府审批；原则同意富阳市人民政府的请示意见，由原17个镇、8个乡调整为15个镇、5个乡、4个街道办事处，同意将富阳市的意见尽快转报省政府审批。

7月30日，举行第92次市长办公会议。会议研究部署8月份市政府的主要工作。会议听取市规划局关于《萧山、余杭区城乡规划工作职权的暂行规定》(送审稿)的汇报，原则同意按所汇报的方案实施。

8月6日,举行第93次市长办公会议。会议听取市市政公用局关于《70周岁以上老年人优惠乘坐城市公交汽电车》、市市政公用局关于《燃气体制改革方案》、市国资局关于《杭州市商业银行不良资产置换》的情况汇报，原则同意按所汇报的方案实施。会议就杭州丝绸控股公司关于《要求暂借3000万元新华丝厂破产资金的请示》和《要求协议转让福华宾馆的请示》问题,进行了认真的审议，要求市有关部门按会议要求，对该实施意见作进一步修改完善后实施。

8月13日,举行第94次市长办公会议。会议听取市劳动局关于《杭州光富摩擦材料有限公司新厂房建筑工地"六二六"山洪灾害事故调查报告》的汇报,经过认真讨论，一致同意事故调查报告，并要求尽快上报省政府。会议听取市土管局关于《黄龙体育中心原田园公司地块协议出让给省国土资源厅》、《南山路196号地块处置》和协议出让的9个地块的情况汇报，原则同意所汇报的实施意见。会议听取市政府副秘书长、西博办主任冯俊关于西博会几项工作经费预安排情况的汇报，原则同意所汇报的意见。会议听取市房地产领导小组及规划局关于调整浙江荣邦房地产开发有限公司富华地块容积率问题及相关工作意见的汇报,原则同意所汇报的意见。

8月20日,举行第95次市长办公会议。会议听取市城乡建委关于《2001年城市维护建设(续建项目)计划资金安排》的情况汇报,原则同意安排计划资金119317.9万元,专项用于2001年城市维护建设(续建项目)。会议听取市经委关于《市属中小企业属地管理问题的处理意见》(送审稿)的汇报,要求市有关部门根据各类企业的具体情况，分门别类地制订不同的实行属地化管理的意见报市政府审定。会议就市财政局关于幸福丝织厂地块出让金返还问题进行了认真审议，原则同意市财政局提出的意见。会议听取市规划局关于《浙江航达集团公司要求建造装饰建材超市的请示》的汇报，要求市规划局会同市外经贸委外出实地考察，经市房地产领导小组对该项目选址进行地价评估后,再提交市长办公会议讨论。会议听取市规划局关于《浙江耀江房地产开发公司在蒋村——塘北开发建设住宅需占用规划东北向商业金融及非市属机关办公用地》的情况汇报,原则同意按所汇报的方案实施。会议听取市拆违办关于《杭州市创建无违法建筑示范社区(街道)、村(镇)考核办法》(送审稿)的汇报,原则同意所汇报的实施意见。会议听取市房管局关于《萧山区、余杭区房屋所有权登记发证的意见》(送审稿)的汇报,原则同意按所汇报的方案实施。

9月3日,举行第96次市长办公会议。会议研究部署9月份市政府的主要工作。会议听取市公安局关于《要求市政府拨款完善见义勇为基金会》的情况汇报,会议决定拨款完善见义勇为基金会，对见义勇为人员实行奖励和提供保障，并就有关事项提出了要求。会议听取市城乡建委关于《加快经济适用住房销售的若干意见》的汇报,原则同意经济适用住房建设单位在领取《建设工程规划许可证》后，即予开展摇号选房工作，并就有关事项提出了要求。会议就市财政局关于《杭州电缆厂剩余级差地租返还》、《杭州市物资再生利用总公司土地级差地租返还》、《转制企业土地出让金》、《扩建国家新药安全评价研究中心》、《西湖区体育馆项目土地出让金级差地租返还》等问题进行了审议。

9月7日,举行第97次市长办公会议。会议听取市民政局关于《建德市要求调整行政区划的意见》的汇报，原则同意建德市乡镇区划调整方案，同意将建德市的意见尽快转报省政府审批。会议听取杭州之江国家旅游度假区管委会、规划专家咨询委员会关于《之江国家旅游度假区内"航天科技教育城"项目论证情况》的汇报,就有关事项提出了要求。

9月7日,举行第98次市长办公会议。会议听取市政府办公厅关于《周恩告市政府收取城市增容费一案的处理意见》的汇报,原则同意按所汇报的方案实施。会议听取杭州西湖博览会组委会办公室关于《2001西博会预算草案》的情况汇报,原则同意2001年度西博会预算草案,并提出了具体要求。会议听取市财政局关于《第五届中国国际民间艺术节经费预算》、《欧尚超市土地出让金级差地租返还》的汇报,并进行了认真的审议。会议听取杭州高新技术开发区管委会关于《杭州活水宽带通信系统城项目》的情况汇报，原则同意按所汇报的方案实施。会议听取市政府办公厅关于《杭州市区机动车辆发放、整治和残疾人专用车置换》的情况汇报,原则同意按所汇报的方案实施。

9月24日,举行第99次市长办公会议。会议听取杭州丝绸控股(集团)有限公司关于《杭丝联破产终结、资金平衡方案》的汇报,原则同意按所汇报的方案实施。会议就市财政局关于《杭州职业技术学院下沙新校园土地款》、《杭州仪表电机厂级差地租返还》、《返回清江路136号地块级差地租》、《见义勇为基金会启动资金》等问题进行了审议,并提出了原则意见。

10月8日，举行第100次市长办公会议。会议研究部署10月份市政府的主要工作。

10月23日，举行第101次市长办公会议。会议听取市科技局关于《市科技成果转化资金使用安排意见》的情况汇报,原则同意按所汇报的方案实施。会议听取市规划局关于《浙江航达集团公司要求建造装饰建材超市》的汇报,同意该建设项目的选址方案。会议听取市国土资源局关于6个地块协议出让问题的汇报,并分别提出了出让条件。会议听取市财政局关于《2002年杭州市本级水利建设项目和资金计划》的汇报，原则同意所汇报的实施意见。会议听取市财政局关于《购买破产企业资产行为缴纳的契税可否享受财政补贴问题》的汇报，原则同意按所汇报的对购买破产企业资产行为缴纳的契税不予享受财政补贴的方案实施。会议听取市二轻控股(集团)有限公司关于《包装工业公司破产申报问题》的汇报，就有关问题提出了要求。会议听取市经委关于《人本集团房产过户契税计税依据问题》的汇报，原则同意按所汇报的方案实施。会议听取杭州高新技术产业开发区管委会关于《杭州中天微系统有限公司情况》的汇报，原则同意对中天微系统有限公司启动资金给予政策支持的意见。会议听取市房管局关于《进一步明确开发区房地产管理权限问题》的汇报，原则同意按所汇报的方案实施。会议就市财政局关于《充实市送温暖工程基金》、《返还土地出让收益安置职工》、《耀江·文欣苑、耀江·文萃苑项目返还级差地租》、《浙江维美纺织公司土地出让收益问题》、《杭州通达集团公司土地出让收益》、《支付富春江通信公司欠款》等问题进行了审议，提出了原则意见。会议听取市财政局关于《全国所得税收入划分改革座谈会主要精神传达提纲》的汇报，要求市财政局根据杭州市实际，就有关工作尽快提出应对措施和方案，向市政府专题报告。

10月29日，举行第102次市长办公会议。会议听取市建委关于《上塘路延伸线跨运河桥初步设计方案比选》的情况汇报，原则同意按所汇报的方案实施。会议听取市市政市容管理局关于《热力管网建设贷款贴息》的情况汇报，原则同意给予热力公司享受贷款贴息2年(2001-2002年)每年900万元的扶持政策，以维持热力管网的正常运行。会议听取市科技局关于《市高科技投资公司与曼哈顿资本集团探索创业投资有限合伙的运行模式》的汇报，同意按所汇报的方案实施。会议听取市建委关于《实施建设国家康居示范工程“杭州大家·碧城”》的汇报，原则同意选取九堡镇实施国家康居示范工程“杭州大家·碧城”建设，并与杭州市经济适用住房的建设进行统盘考虑。会议就市财政局关于《地方外事经费》问题进行审议，原则同意追加2001年度地方外事经费。

11月5日，举行第103次市长办公会议。会议研究部署11月份市政府的主要工作。

11月27日，举行第104次市长办公会议。会议听取市财政局关于《对部分困难改制企业缴纳契税后适当增加契税财政补贴》的情况汇报，原则同意对经营困难、资产过户量较大、上交契税有一定困难的改制企业缴纳契税后适当增加契税财政补贴。会议听取市国土资源局关于《西湖区五联村三产项目的用地政策》、市园文局关于《杭州植物园宾馆问题》的汇报，原则同意按所汇报的方案实施。会议听取市财政局关于《所得税收入划分改革有关情况》的汇报，原则同意所汇报的实施意见，并提出了具体要求。会议听取市财政局关于《对杭州市区地税机构完善垂直管理》的汇报，原则同意对杭州市区地税机构完善垂直管理(不包括萧山、余杭区)，实行“垂直管理、属地征收、分级入库、平稳过渡”的管理原则。会议决定，该机构改革方案报市机构改革领导小组讨论决定。会议听取市建委关于《杭州市运河综合整治情况》的汇报，就进一步加大整治力度提出要求。对关于轨道交通公司组建和大型工业园区问题，会议确定，市轨道交通筹建办公室增挂轨道交通公司(筹)牌子，按市场经济的思路结合今后的营运体制筹措建设资金，开展有关工作。关于年内工作问题，会议要求各副市长抓紧时间开展调研，尽快确定2002年工作思路，对年初《政府工作报告》所确定的任务进行逐一检查，确保全面按时完成各项年度任务。

12月8日，举行第105次市长办公会议。会议部署12月份市政府的主要工作，研究了杭州市2002年经济工作思路。会议听取杭州高新技术产业开发区管委会关于《开发建设杭州活水宽带通信系统城项目备忘录》的汇报，并进行了认真讨论。会议就市财政局关于《杭州职业技术学院下沙新校区一期工程资金审批》、《钱江新城资金审批》情况，进行了认真审议。

12月11日，举行第106次市长办公会议。会议听取市机构改革领导小组办公室关于《市政府14个机构“三定”方案》的汇报，经过讨论，原则同意所汇报的市政府所属14个机构“三定”方案的实施意见。

12月18日，举行第107次市长办公会议。会议听取市卫生局关于《杭州市整形医院改革实施方案》的汇报，原则同意按所汇报的方案实施。会议就市财政局关于《解决杭丝联、新华丝厂破产补偿款问题》、《解决市纺化公司职工分流安置费用问题》进行了审议，并明确了具体意见。会议听取市体改办关于《杭州市物资总公司机构改革方案》的汇报，原则同意按所汇报的方案实施。会议听取市体改办关于《市土特产总公司改制中遇到的棉花政策性亏损问题研究意见》的汇报，并明确了具体意见。会议听取市法制办关于《应对入世清理地方性法规、政府规章和其他政策措施问题》的汇报，原则同意按所汇报的方案实施，要求市法制办根据会议意见尽快完善清理工作计划。会议听取市电力局关于《杭州电网“十五”发展计划》的汇报，经过认真讨论，就市电力局市区电力电网基本建设提出了具体意见。会议讨论了2002年人代会政府工作报告的提纲，原则同意按此提纲起草报告，在2002年1月中旬拿出初稿。

2000年12月29日，举行第72次市长办公会议。会议听取市财政局、林水局《关于2001年杭州市本级水利建设项目和资金计划的请示》的情况汇报，原则同意市财政局、林水局提出的水利建设项目和资金安排计划。会议听取市财政局、绿化办《关于2001年杭州市城市绿化建设专项经费计划》和市财政局、农经委关于《2001年杭州市农发基金项目资金分配计划的请示》、市财政局关于《杭州市国有资产收益管理暂行办法》的情况汇报，原则同意所汇报的实施方案。会议听取市卫生局关于《杭州市整形医院产权制度改革方案》的情况汇报,原则同意按所汇报的方案实施。会议听取市建委、房管局关于《杭州市经济适用住房建设供应实施意见》和《杭州市市区经济适用住房销售管理实施意见》的情况汇报,原则同意所汇报的实施方案。会议听取市土管局关于对30宗协议出让地块处理意见的情况汇报,原则同意市土管局关于协议出让地块的意见。会议审议了150万元以上财政专项资金支出的有关项目。(补遗) (李济龙)

【表彰 奖励 处罚】 1月,市政府决定,命名萧山市新湾镇等34个镇(乡)为杭州市教育强镇(乡)。

市政府决定,对江西省人民政府驻浙江办事处等55个外地驻杭机构和广厦建设集团有限责任公司等10个来杭投资企业先进单位予以通报表彰。

市政府决定,对获得2000年度市农业丰收奖的118个项目、获得农业经济成果奖的21个项目予以表彰和奖励。

2月,市政府决定,对上城区政府等170个杭州市"九五"期间计划生育先进集体和杨君清等120名杭州市"九五"期间计划生育先进个人予以通报表彰。

市政府决定,对上城区人民政府等12个杭州市环境保护工作先进集体和张竞成等54名先进个人予以通报表彰。

市政府决定,对2000年度人口与计划生育目标管理责任制考核优良单位萧山市等13个区、县(市)及市财政局等13个部门予以奖励。

市政府决定,对2000年度市区河道清淤工作中成绩突出的西湖区政府等5个区、(县)市和市交通局等5个部门予以通报表彰。

市政府决定,对2000年政府环境保护目标责任制考核优良单位上城区政府等13个区、(县)市予以奖励。

市政府决定,对杭州市2000年工业销售产值和国有及国有控股大中型企业扭亏脱困工作目标完成较好的萧山市政府等10个单位予以通报表彰和奖励。

市政府决定,对市计划委员会等29个2000年度政务信息工作先进单位予以通报表彰。

3月,市政府决定,对获得乡镇企业综合经济效益考核前3名的萧山市等区、县(市)政府以及前10名的萧山区宁围镇等乡镇政府进行通报表彰。

4月,市政府决定,授予杭州市轻工工艺纺织品进出口有限公司等50个企业2000年度杭州市出口创汇先进企业"金龙奖",并予以通报表彰。

市政府决定,对上城区政府等12个2000年度利用外资工作先进单位予以通报表彰。

市政府决定,对列杭州市2000年度外商投资企业销售(营业)收入前30位、自营出口前30位、利润总额前30位、税金总额前30位的企业予以通报表彰。

市政府决定,对实施"跨世纪科技人才工程"做出显著成绩的余杭区人民政府等10个先进集体和业绩突出的祁国宁等10名培养人选先进个人予以通报表彰和奖励。

5月,市政府决定,对滨江区人民政府等13个"双对口"工作先进集体和吴一鹏等20名"双对口"工作先进个人予以通报表彰。

市政府决定,对市劳动局等获得2000年市政府为民办实事工程一、二、三等奖的先进单位予以通报表彰和奖励。

市政府决定,对杭州城站广场改建工程指挥部等6个杭州市重点工程建设组织单位予以通报表彰。

7月,市政府决定,对上城区凤山门小学等53个群众体育先进单位、王瑜瑛等38名杭州市群众体育先进个人予以通报表彰。

市政府决定,命名九堡镇等63个乡镇为"杭州市村民自治模范乡镇"。

10月,市政府决定,对西湖区等26个2000年冬季征兵工作先进单位和王晋江等48名先进个人予以通报表彰。

市政府决定,对杭州市天子岭废弃物处理总场等15个2001年杭州市市容环卫工作先进集体和庄云等50名优秀城市美容师予以通报表彰。

11月,市政府决定,对上城区勘界工作领导小组办公室等4个杭州市勘界工作先进集体和张刚等28名先进个人予以通报表彰。

12月,市政府决定,对杭州绕城汽车专用公路收费所等13个全市农产品运销"绿色通道"工作先进集体和金子强等55名先进个人予以通报表彰。市政府同意,授予蒋有水等10人"1999年度~2000年度杭州市有突出贡献的优秀科技工作者"称号,孟琼华等43人"1999年度~2000年度杭州市优秀科技工作者"称号。

市政府同意,授予采用规整填料塔及全精镏制氩技术的新型大中型空分设备等87项科技成果2001年杭州市科技进步奖。

市政府决定,给予1人开除行政公职的处分。 (吕芬芳)

【市政府新设立和调整的非常设机构】 2001年,根据工作需要,新设立和调整了一批非常设机构。新设立的机构有:杭州市"旅游西进"工作领导小组、杭州市城市总体规划修订工作领导小组、杭州市钱江新城建设领导小组、2001年浙江对外经贸洽谈会组委会、杭州市水土保持委员会、浙江大学国家大学科技园建设领导小组办公室、杭州市整顿和规范市场经济秩序工作领导小组、杭州市轨道交通筹建领导小组、杭州市军事设施保护委员会、灵隐景区扩建工程协调小组、杭州市铁路无人看守道口安全管理协调小组、杭州市"学生饮用奶计划"实施领导小组、杭州市林业分类经营领导小组、杭州市申请发行西湖风景邮票领导小组、杭州市防治动物疫病指挥部、杭州医药产业发展资金管理领导小组、杭州市女装发展领导小组、诺基亚全球研发中心项目协调小组、杭州市历史文化名城保护委员会、杭州市反假货币工作联度会议制度、杭州市"社区老年福利服务星光计划"实施工作领导小组、杭州市防治动物疫病指挥部、杭州市地名专家咨询委员会、2006年世界休闲博览大会申办领导小组、2003年中国国内旅游交易会申办领导小组、杭州市旅游形象推广委员会。

调整的机构有：杭州市森林防火指挥部、杭州市绿化委员会、杭州市电力设施建设和保护领导小组、杭州市国有资产管理委员会、杭州市人民政府防汛防旱指挥部、市区河道清淤工作领导小组、杭州市行政执法责任制评议考核小组、杭州市推进城市化工作协调指导小组、杭州市人民对外友好协会常务理事会、杭州市商业特色街规划建设领导小组、杭州市创建国家环境保护模范城市工作领导小组、杭州市创建节水型城市领导小组。（唐　奕）

【完善政务督查工作】 2001年，杭州市更好地落实和完善了《政府工作报告》和市政府重要会议部署工作落实情况定期督查制度。年初，将《政府工作报告》确定的任务、指标分解落实到各部门，明确进度和质量要求；每季度政府全体会议布置任务后，按照任务性质，确定相应责任部门，以半月为间隔，对落实情况进行督查和分析，每月检查工作完成情况。

以目标管理考核为动力，推进政务督查工作。把各部门落实《政府工作报告》和市委全会明确的重大工作情况作为目标管理主要内容，将市政府为民办实事工程、招商引资工作纳入市级机关目标管理考核，有效地保障了这些工作的顺利完成。服从和服务于市委、市政府的中心工作，对社会影响面大、事关群众切身利益的工作展开专项督查，对政府工作中有较强紧迫性的重大工作进行实地督查。政务督查机构通过承办单位自评、互评和不定期抽查等形式，把握工作实施阶段的进展情况；采用分解任务、限时反馈、暗访抽查、公开评比考核等手段，使政务督查的严肃性、全面性、准确性、时效性得到较大提升，推动各部门高效、优质地完成工作任务。

【目标管理考核工作】 2001年，市级机关目标管理责任制考核工作在促进市级机关工作目标细化、深化、强化的基础上，进一步完善考核程序，讲求科学性、合理性和可操作性，加大期中检查和年终考核力度，推进了各部门工作。经市目标办组织对各部门共性目标和职能目标详细考评，并报市目标考核领导小组审定后，有市委办公厅、市人大常委会办公厅、市政府办公厅、市政协办公厅、市信访局、西博会组委会办公室、市计生委、市计委、市经委、市纪检委、市直机关党工委、市民政局、市人事局、市统计局、市电力局、市质量技术监督局、市环保局、市农办、市贸易局、市委宣传部、市司法局、市委统战部等22个单位被评为完成市级机关目标管理成绩显著单位；市委组织部、市科协、市残联、市档案局、市体改办、市政府驻北京办事处、市外经贸局、市财政局、市交通局、市建委、市国土资源局、市气象局、市农业局、市工商局、市教育局、市体育局、市委政法委、市检察院、市九三学社、市工商联、市台办等21个单位被评为目标管理工作先进单位。

【第二轮行政审批制度改革】 2001年，杭州市继续深化行政审批领域的改革。市委、市政府要求在第一轮行政审批制度改革的成果上，再取消30%左右的审批和审批类事项，审批时限平均压缩1/3。通过市行政审批制度改革办公室和各审批职能部门的努力，在充分听取和征求市人大代表、市政协委员、企业家、省级各部门和市民意见的基础上，全市行政审批事项从787项减少到568项。下放、转移了一批审批事项，一批审批事项不再列入审批范围或改为备案管理。单个审批事项的审批时间得到严格控制，普遍压缩1/3左右，部分改为当即办理。在固定资产投资项目审批进行改革，建立投资项目集中办理中心后，又进行了制度创新，建立“绿色通道”审批制度，为省、市的重点投资项目开辟行政审批的绿色通道，借以切实解决审批效率低的问题。通过第二轮行政审批制度改革，有力地推进了政府工作的全面“提速”。

（韩东晓）

【市投资项目集中办理中心运行良好】 2001年，该中心受理各类办理项目24934项次，办结22763项次，办结率为91.3%。

一门受理，限时办结。中心采取各审批部门集中办公、联合审批的形式，达到进一个门办多件事的目的。调整原先的审批程序，审批手续能简化则简化，串联环节可并联则并联，并实行限时审批；结合杭州市第二轮行政审批制度改革，简化审批手续，压缩审批时间，审批项目办结时间在原定基础上进一步缩短。不少窗口单位制订简单审批当日办结制，对符合规定的简单审批事项，只要资料齐全，条件具备，即事即办。8月，中心开设项目审批“绿色通道”，至年底，有97个项目进入“绿色通道”。

规范审批，统筹协调。中心将办事程序的流程图上墙公布，各窗口严格按办事程序工作。在办事大厅陈列《“中心”办事指南》、《市国土局办事程序》、《外资审批办事须知》、《环保审批服务指南》、《征地拆迁政策法规手册》等资料10余种，方便办事者了解政策和办事程序。免费提供会议服务，全年安排各类项目评审会、论证会、协调会826场次。

政务公开，实行多层次监督。中心向办事者公开审批内容、审批条件、审批程序和审批时限，并将审批情况纳入计算机系统管理。大厅内设电子触摸屏，可随时查询。形成了投资者监督、本单位本部门监督、各窗口互相监督、“中心”办公室监督、行政效能监督等多层次的监督机制。中心设立投诉监察室，市监察局监察人员常驻中心，接受投资者的投诉，监督项目办理的情况，在日常工作中对项目办结情况进行随机抽查，起到“关口前移，预防为主”的预警作用。

中心每半年进行一次窗口工作评议活动，让投资者、办事者、窗口单位及领导小组办公室成员对各窗口的服务态度、服务质量、工作效率、勤政廉洁、综合评价等5个方面进行评议,评议结果张榜公布,并将收到的意见和建议反馈给各窗口单位。2001年,各窗口社会满意率均在88%以上。 (吴金德)

【人大代表建议和政协委员提案办结率达100%】 2001年,杭州市政府承办省、市"两会"人大代表建议、政协委员提案1276件。其中,省人大代表建议13件,省政协委员提案89件;市人大代表建议559件,市政协委员提案615件。代表、委员针对杭州市城建城管、商贸旅游、文教卫体、群众生活等方面,提出许多建设性的意见和建议。经过各承办单位努力,建议、提案办结率达100%,满意率99%,有力地促进了全市物质文明和精神文明建设。

市政府在办理建议、提案中主要开展4个方面的工作:1. 加大办理工作力度。年初,召开市长办公会议,对建议、提案办理工作进行研究部署;各位市长对重要的建议、提案进行阅批;分管秘书长深入实际调查研究,协调有关问题;各承办单位领导带头抓重点建议、提案的办理工作,使一些人大代表、政协委员和广大群众关注的热点、难点问题得到较好的解决。2.加强与代表、委员沟通面商。各承办单位采取现场办案会、座谈会、上门走访、调查研究等方式,与代表、委员进行沟通,直接听取意见和建议,共商解决问题的办法,效果良好。3.突出重点,注重解决问题。各承办单位把代表、委员关注的问题,作为办理工作的重点,集中力量,加大办理力度,不但解决了一批涉及面广、带有全局性的问题,也使一些关系市民生活的问题得到较好的解决。4.加强考核,进一步规范办理工作。将办理工作纳入市级机关目标考核范围,并对各承办单位的办理进度、办理质量等定期进行通报,促进了建议、提案的办理质量。年内,对全市建议、提案经办人员进行了一次业务培训。 (刘志民)

【受理来信来访情况】 2001年,市信访局转变作风,开拓创新,正确处理和化解人民内部矛盾,为密切党和政府与人民群众的关系,为杭州市的社会稳定、经济繁荣、城市发展和两个文明建设发挥了积极的作用。全年受理群众信访32221件次,其中来信15362件次、来访16859人次,均比去年略有下降。集体上访407批10423人次,增加14%和8.9%。

2001年,群众信访电的特点为:信访电总量在前几年持续上升的基础上,首次出现下降;集体上访增幅大;反映的热点问题相对集中,处理难度大,如破产、歇业、转制企业职工保险、医疗及基本生活保障和拆违、拆迁安置、村级财务、市场管理、道路整治等问题。

全力做好社会稳定工作,努力维护信访秩序。全年排出不稳定因素和信访老户140余个,通过落实责任单位和责任人,及时工作,尽力采取措施,确保社会稳定。变群众"上访"为干部"下访",市信访局干部深入基层处理较大信访问题75余起,化解了许多不稳定因素,维护和促进了社会稳定。接待处理集体上访407批、10423余人次,坚持耐心疏导,晓之以理、动之以情,在坚持原则不迁就的基础上,注意工作方法,较好地控制了局面,避免了事态的蔓延。与市司法局联手引进律师,开展法律义务咨询活动,全年律师参与接待来访群众263人次。全年市领导参加来访接待日12次,接待来访群众149人次,解决了一批疑难信访问题。

市信访局在积极为群众排忧解难中,重点抓好五个环节:主动协调,多办实事;突出重点,加强调研;坚持原则,敢于碰硬;联手媒体,重点突破;抓好反馈,确保质量。年内,中央、省交办的26件重要信访,全部按时办结;市领导批示的1680件重要信访,95%以上办结。

为进一步提高信访工作整体水平,市信访局举办两期信访和12345市长公开电话工作人员培训班。全市评出2001年度信访和12345工作先进集体39个,先进个人87名。 (郑 蓉)

【"12345"市长公开电话受理来电逾12万件次】 市长公开电话受理中心进一步健全工作制度,强化网络建设,加大督查力度,加强调查研究,接受行政和舆论监督,积极发挥"传、帮、督"(即正确迅速传递信息,认真及时帮助老百姓办实事,督促机关转变作风)作用。全年"12345"市长公开电话处理群众来电120146件(次),比上年增加7.8%。其中,当场答复55733件,交有关部门办理64413件。反馈率99.7%,办结率99.4%,满意率96.9%。呈报市领导阅示217件,编发简报208期、12345工作动态26期、督查专报56期,落实市领导批示410件。

健全工作制度,规范办事程序。为强化12345市长公开电话的监管力度,中心建立电脑网上巡查制度,并修订完善了工作制度。市委、市政府办公厅联合下发《杭州市市长公开电话工作追究责任制实施办法》,市政府出台了《杭州市市长公开电话行政投诉办法》。

加强网络建设,夯实工作基础。"中心"网络单位由原61个增加到63个,全年召开网络单位联席会议12次。加快办公自动化建设,与6城区及交警支队实现电脑联网,50%以上的交办件通过网上交办处理和反馈,提高了工作质量和效率。

加强调查研究,加大督查力度。"中心"先后组织或参与对市容卫生、道路整治、有线网通、破墙开店、公交IC卡等20多项市民反映的热点问题的调研,提出建设性意见。加大对疑难问题的督查力度,全年参与协调、督办1500余人次,及时为群众排忧解难,市民重复投诉率下降,满意率上升。

加强舆论宣传,搞好两个监督。市委宣传部专门印发了《关于加强"12345"市长公开电话的宣传报道意见》。全年市级"二报六台"刊、播发有关12345市长公开电话的报道2395篇,其中批评报道近百篇。"12345"与新闻单位密切配合,对一些疑难问题进行跟踪督办。就群众关心的热点问题,与电视台联合组织策划电视专题谈话节目3次,帮助群众解惑答疑。 (黄 莉)

【人口机械增长情况】 2001年，杭州市人口机械增长办公室运用政策集聚人才，抓好城市人口机械增长的管理、协调和确认工作。全年核准进入杭州市区的人员92982人，比上年增加43.9%。其中，引进本科以上学历及具有高、中级专业技术职称的4016人，大、中专及低学历的特殊人才1667人；省委组织部调入干部118人；公安三投靠(即解决夫妻投靠、老年人投靠子女和未成年子女投靠父母)进杭9772人；纳税入户389人；大中专院校及技校毕业生分配进杭16460人（市区生源毕业生5000人）；在杭各大中专院校及技校招生进杭58254人；其他人员进杭2306人。剔除市区迁出人员35629人，实际机械净增57353人，增加96.7%。

市区因征用土地，撤村建居就地“农转非”等原因，增加商品粮人口5546人，办理蓝印户口162人。

全年审批办理5县（市）及萧山、余杭区各类“农转非”20916人。其中，萧山区5026人、余杭区4781人、建德市3547人、富阳市3099人、临安市1918人、桐庐县1472人、淳安县1073人。

为适应发展需要，加快城市化建设进程，市政府于2001年9月将杭州市人才引进办公室更名为杭州市人口机械增长协调办公室。

（沈玉英）

【无线电管理】 2001年，杭州市无线电管理处运用无线电监测系统实施无线电信号监测，掌握电磁环境数据，为频率科学配置提供技术保障。努力提高频率利用率，做好日常监听及实地电磁环境监测，及时收回利用率不高的频率，节约频率资源。全年核准频率36个，其中异频单工18个，调整收回频率24个；核准设置各类无线电台427部；验收无线电通信网13个；检测各类无线电发射设备187台。为给频率指配提供技术依据，加强无线电信号监测及干扰查处，全年对预指配频率、在用频率、欲收回频率累计监听监测558小时。

按照信息产业部要求，对杭州地区相对高度在50米以上的高楼、高塔、高山设置的无线电发射设备进行普查，核对设备112台(个)。其中，广播电视发射设备23台，寻呼发射机74台，转信台15个。

（郑福洪）

【修志编鉴进展顺利】 2001年，杭州市的修志编鉴工作取得新的进展。《杭州市志》第11卷(文献篇)于7月由中华书局出版，全书91.5万字，由杭州地方文献，著述目录，文选，诗词曲、歌谣、楹联选，碑刻选等5部分组成。该书载有234种现存杭州地方文献提要；著录1912年~1985年与杭州有关的文选出版物1050种，载杭州籍人士编、纂、著、校、译的古今书目1万余种；选载杭州地方党史资料27篇、政府文告13篇、古今散文205篇；选载古今诗词曲604首、歌谣114首、楹联640联；选载杭州现存碑碣刻石681石(处)。《杭州市志》第12卷(索引)约140万字，在上年完成7卷《杭州市志》关键词的提炼，并输入计算机的基础上，经有关专家的指导帮助，开发了索引编制辅助软件，设置了多种助检手段。11月，该书基本定型，进入规范、校对阶段。至此，杭州市基本完成社会主义时期的第一轮修志工作。

为进一步挖掘和利用杭州市丰富的历史文化遗产，经市政府批准，翻印出版全国著名的“临安三志”(即南宋乾道、淳祐、咸淳3部志书)。经征得国家图书馆同意，有偿使用该馆收藏的宋版“临安三志”。11月，与富阳市华宝斋富翰文化有限公司签订出版印刷协议。

《杭州年鉴》(2001)的编纂工作，继续追求精品意识和创新意识。总体框架在保持连续性的基础上，对类目和分目作了适当调整。为更全面地反映杭州市经济和社会发展的新特点，刊载了“九五”回眸、“十五”计划纲要主要指标统计图与“十五”计划全文，新设“会展业”类目，刊发杭州市创建文明城市专稿和新出台的改革开放政策性文件。全书118万字，设33个类目、263个分目、1486个条目，随文插图174幅、插表116张，有统计表18张，彩页82页。8月，该书由中华书局出版，并同步完成杭州市党政机关计算机通信网上的《杭州年鉴》(2001)电子版加载工作。11月，出版《杭州年鉴》(2000~2001)多媒体光盘。

进一步加强业务学习和交流。市志、年鉴编辑部人员先后在《年鉴信息与研究》、《浙江方志》等国家、省级刊物上发表论文5篇，其中《创新是年鉴的生命和动力》获第三届全国年鉴学术论著评比论文二等奖。

（志　鉴）

【接待工作】 2001年，市委、市政府接待来杭视察、考察、参观、洽谈、投资和经济技术交流的中央和全国各地党政领导及港澳台同胞、海外知名人士20284人次。来杭视察的党和国家领导人有20位，中央国家机关部以上领导130位，解放军和武警部队军以上领导15位。来杭考察、参观和进行经济技术合作交流的各省(自治区、直辖市)和副省级市副省以上领导有34位，有19个省(自治区、直辖市)和131个城市(地区)组团来杭访问。来杭考察访问、洽谈投资的港澳台同胞和海外华侨有2558人次，美国、英国、德国、法国、日本、瑞士、澳大利亚等国家的外宾有661人次。（接待办）

【市政府驻外办事机构】 2001年，市政府驻北京、上海、深圳办事处和杭州(香港)实业有限公司注重基础性工作，加强与政府及有关部门之间的沟通，利用西博会在各地召开的新闻发布会，积极宣传杭州，着力提高杭州的知名度和扩大杭州的影响力。

北京办事处加强与中央、国务院有关部门的联络，与国家外经贸部、国家计委、医药管理局、海关以及国家经贸委、国家旅游总局等部门建立良好关系，争取对杭州工作的支持和帮助。上海办事处把沟通沪杭两市政府之间在政治、经济、文化等方面的合作与交流作为工作重点，抓住上海在新一轮发展中和杭州市互补融通的承接点，利用工业博览会、农产品推介会等有利时机，做了大量联系服务工作。深圳办事处邀请深圳8个上市公司和投资企业的负责人，赴杭参加国内经济合作洽谈会暨高新技术成果发布会，加深他们对杭州投资环境和社会经济的印象，为促进两地的广泛联系起到了积极作用。杭州(香港)实业有限公司,在与香港贸发局、中华总商会、香港总商会以及美国商会、英国商会等国内外驻港机构和组织保持稳定联系的基础上，走访了香港数十个大公司及跨国公司的在港机构,积极宣传杭州。

加快各地信息交流，提高信息质量。北京办事处编发《北京信息》128期,《北京信息专递》150期,《各地动态》10期,《调研专刊》3期;深圳办事处编发《深港信息》266期,《海外摘编》24期;杭州(香港)公司及时收集香港地区及世界各地的经济、政治信息,编发《香港信息》和《专发快递》21期。据统计,各办事处全年向市委、市政府提供各类信息3900余条,一些有深度、有价值的信息市领导专门作了批示；有些动态信息被省政府信息处录用。北京办事处提供的信息，名列全市各部门榜首。

围绕市政府中心工作，各办事处为全市加强对外联系及招商引资等做了大量接待工作。北京、上海、深圳办事处全年接待市领导和市外出考察人员2300余人次。香港办事处在无接待经费、无车辆的情况下，接团60余个,近600人次。

千方百计为发展杭州经济牵线搭桥。北京办事处多次邀请驻京外国使馆官员和国内外企业赴杭参加各类经贸活动，向杭州有关部门介绍项目6个，其中2个外资项目已分别在西湖区和开发区落户。上海办事处抓住时机,先后为14个国内外客商牵线搭桥，不少项目已有投资意向。深圳办事处加大招商引资力度，联络天津磁卡公司深圳办事处参加杭州公交实施IC卡改造竞标，中标后投入车装IC卡机资金600万元；邀请深圳越港投资公司来杭投资7000万元,购得滨江土地16.7公顷进行房地产开发。杭州(香港）公司组织香港大公司的港商和跨国公司的外商5批、20余人次来杭考察。（陈友贵）

·政协杭州市委员会·

【市政协七届五次会议】 2月19日~23日举行。会议审议并通过常务副主席沈者寿代表市政协七届常委会所作的工作报告，审议并通过副主席李明法所作的市政协七届四次会议以来提案工作情况的报告，听取并讨论市长仇保兴所作的《政府工作报告》和副市长马时雍所作的《关于编制杭州市国民经济和社会发展第十个五年计划纲要（草案)》的说明以及其他有关报告。会议选举赵纪来为七届市政协秘书长。会议对35名“双好”(政协工作好、本职工作好)委员和市政协七届三次会议以来的25件优秀提案进行表彰。会议期间,32名委员作大会发言和书面发言。大会收到以提案形式提出的意见建议520件,其中委员提案490件，提出提案的委员390人,占委员总数的83%。市各民主党派、工商联和有关人民团体以组织名义提出提案25件,市政协专委会提案5件。经审查立案485件,占收到提案的93.3%。编印会议简报55期。

会议坚持以邓小平理论和中共十五届五中全会精神为指导，深入学习江泽民“三个代表”重要思想和在庆祝人民政协成立50周年大会上的重要讲话，以及全国统战工作会议精神。会议认真总结市政协七届四次会议以来的工作，提出了市政协2001年的主要任务:牢牢把握团结、民主两大主题,按照市委八届六次全会精神,切实履行政治协商、民主监督、参政议政的职能,为实现“建经济强市、创文化名城”和率先基本实现现代化的目标和促进祖国和平统一作出新的贡献。全体委员以高度的政治责任感和历史使命感,回顾2000年各项工作,分析面临的机遇和挑战，紧紧围绕杭州率先基本实现现代化的这个宏伟目标,对加快推进工业化、城市化、信息化,不断增强城市综合竞争力,努力提高市场化、国际化和高新技术产业化水平,推进农业增效、农民增收,改善生态环境,加快文化事业发展以及做好新世纪人民政协工作等问题，提出了许多有见地的意见和建议。

会议期间,中共杭州市委、市政府的领导参加小组讨论，听取了大会发言。王国平、仇保兴在听取大会发言后作重要讲话。王国平和省政协副主席龙安定、汪希萱,市领导仇保兴、于辉达、吴键、朱报春,老同志周峰、陆祖德等应邀出席开幕式和闭幕式。

【市政协七届常委会第二十五次至第三十次会议】 第二十五次会议于1月19日举行。会议主要内容:协商召开七届五次会议议程、日程(草案),审议通过《市政协七届常委会工作报告》及报告人，审议通过《市政协七届四次会议以来提案工作情况的报告(草案)》及报告人,协商通过关于表彰市政协七届委员会“双好”委员和市政协七届三次会议以来优秀提案的决定,讨论《市政府工作报告（征求意见稿)》、《国民经济和社会发展“十五”计划纲要(送审稿)》等。

第二十六次会议于2月21日举行。会议主要内容是协商市政协秘书长候选人名单(草案),协商选举办法(草案)等。

第二十七次会议于2月22日举行。会议听取市政协七届五次会议分组讨论情况的汇报，通过市政协秘书长候选人名单，通过选举办法(草案),通过市政协七届五次会议决议(草案),通过市政协七届委员会提案委员会关于七届五次会议提案审查情况的报告(草案)。

第二十八次会议于6月25日~26日举行。会议主要议题是围绕推进杭州市行政区划调整后城市化进程中的问题进行协商讨论并提出意见和建议。市政协主席虞荣仁出席会议。常务副主席沈者寿在会上讲话,他指出,在推进杭州城市化进程中,首要问题是要树立正确的理念。一是城市的人口规模不能一味求大，要有意识地创造条件逐步向城市周边疏散转移，城市化率的提高主要靠推进杭州的城镇化来实现；二是城市建设的风格不能一味地求“洋”，城市的格调一定要保持地方和民族特色，注重弘扬人文精神，保护富有杭州特色的历史文化，突出良渚文化、南宋都城文化、吴越文化的发掘和利用，并要重视提高城市居民素质；三是不能一味求热闹和繁华，而应追求安全、舒适、文明、清静的环境；四是不能一味追求眼前的功利而降低城市的品位。副市长杨戌标在会上向政协常委通报了杭州市行政区划调整后城市化进程工作的有关情况。常委们围绕杭州市行政区划调整后加快城市化进程的主题进行分组讨论，并提出了建设性的意见建议。市政协常委、市各民主党派、工商联、各人民团体和市政协各专门委员会紧紧围绕杭州市行政区划调整后加快城市化进程的议题，积极参政议政，建言献策。会议收到大会发言和书面发言21份。会议通过《关于我市行政区划调整后城市进程中几个问题的建议》，报送市委、市政府。会议经协商决定，增补陈小平为七届市政协副秘书长。

第二十九次会议于9月30日举行。市政协主席虞荣仁出席并主持会议。会议就进一步加强常委会自身建设进行协商讨论，并对2000年市政协出台的进一步加强政协工作规范化、制度化建设8个工作意见的贯彻落实情况，进行认真的回顾和总结，提出进一步改进的意见和建议。会上有19人进行即席发言交流。与会人员结合江泽民“七一”重要讲话、中共十五届六中全会精神和市政协工作实际，畅所欲言，在认真总结本届政协近五年来在常委会自身建设方面所取得成绩和经验的基础上，也指出存在的问题和不足，提出了许多富有建设性的意见和建议。大家对市政协近年来坚持团结和民主两大主题，履行职能、发挥作用和树立形象等方面取得的成绩，给予充分的肯定。大家认为，政协工作能否与时俱进，富有成效，主要取决于常委会的自身建设的水平，取决于政协自身的积极性、主动性和创造性。政协的三项职能是互相联系、相辅相成、不能分割的。政治协商是首要职能，逐步使“协商于决策之前”纳入党委、政府的决策程序；民主监督的外延宽泛，但主要通过“协商、讨论、批评、建议”的形式；参政议政要坚持“少而精、深而专”的原则；提案工作要树立精品意识，强化质量意识；机关要加强作风建设，不断适应新形势的高要求。会议经协商讨论，同意赵纪来辞去市政协秘书长职务。常务副主席沈者寿在会议总结讲话时强调，“三个代表”重要思想，不仅是新时期党的建设的伟大纲领，也是做好政协工作的根本指针；加强政协自身建设，要注重提高“围绕中心、服务大局”的自觉性，增强改革开放意识和开拓创新意识；进一步树立全面发展观，提高“两手抓”的自觉性；进一步增强群众观念，为杭州“建经济强市、创文化名城”建言献策；要始终突出团结和民主两大主题，处理好两大主题与三项职能的关系。

第三十次会议于12月11日~12日举行。会议围绕进一步改善杭州市投资创业环境问题进行协商讨论。市政协主席虞荣仁出席会议并对会议进行小结。市委常委、常务副市长马时雍通报了杭州市2001年的经济形势和改善投资环境的工作情况。副市长项勤听取市政协常委的大会发言并讲话。市政府副秘书长、办公厅主任詹家芳通报了市政协七届五次会议提案办理工作的情况。有13人先后在会上发言。与会常委们在充分肯定成绩的基础上，就今后进一步改善杭州市的投资创业环境提出意见和建议。虞荣仁主席在会上传达了全国地方政协工作经验座谈会精神，并对做好杭州市政协工作，提出了必须注意把握好几个问题：参政议政立意要高，抓大事；民主监督要深，抓成效；提案工作要实，抓质量；自身建设素质要高，抓基础；常委会会议要活，抓选题。关键是要精选课题，深入调研，改变形式，建立激励机制。

【市政协常委读书会】 7月25日~26日举办。会议认真学习江泽民“三个代表”重要思想和“七一”重要讲话以及中共杭州市委八届七次全体(扩大)会议精神，统一思想、提高认识，以“七一”讲话为指导，扎扎实实做好政协各项工作。市委书记王国平到会作重要报告，他在报告中通报了中共杭州市委八届七次全体(扩大)会议的主要精神，对正确理解江泽民“七一”重要讲话的丰富内涵作了深刻的阐述，还联系杭州实际，对进一步加强新时期杭州市政协工作提出了要求，他说，政协工作要认真贯彻落实“三个代表”重要思想，发挥优势，履行职能；加强民主党派工作，推进共产党领导的多党合作和政治协商制度的规范化和制度化建设；充分发挥知识分子，尤其是青年知识分子的作用，为加快实施科教兴市、以法治国、以德治国方略服务；积极做好非公有制经济代表人士的工作，为大力发展非公有制经济做出努力；加强海外统战工作，大力发展开放型经济，为促进祖国统一大业贡献力量；高度重视民族宗教工作，落实党的民族宗教政策，在维护社会政治稳定中发挥更大的作用。虞荣仁主席在会议结束时作总结讲话。读书会期间，大家围绕江总书记“七一”重要讲话和王国平的报告，结合政协工作的实际，就加强新世纪政协工作进行了热烈的讨论。有14人在大会上作了交流，畅谈学习体会。

【市政协工作研讨会】 9月19日召开。会议以邓小平理论和江泽民“七一”重要讲话为指导，交流学习邓小平、江泽民、李瑞环等中央领导关于新时期人民政协工作重要讲话的体会，回顾总结本届政协五年来工作的基本经验和一些成功的做法，探索履行政协职能和做好新时期人民政协工作应当确立的新的理念与新的工作思路，为总结本届政协工作、起草七届常委会工作报告奠定基础，也为下届政协工作提供一些借鉴。会议收到研讨文章31篇，有18人作大会发言，分别就政协工作的指导思想、工作原则、方向和主题，坚持党的领导，履行政协职能，发挥委员主体作用，制度建设以及其他专项工作，发表了各自的见解，总结了许多宝贵经验。

会议认为，本届政协近五年来，围绕中心，服务大局，牢牢把握团结和民主两大主题，在前进中开拓，在开拓中前进，积极履行三项职能，为杭州改革、发展和稳定作出了新的贡献，充分显示了人民政协在政治协商和社会生活中的重要地位和独特优势。会议在总结经验的同时，提出了许多建议：要进一步改善委员结构；要进一步加强政协机关的自身建设；要进一步提高协商、调研视察、提案和反映社情民意的质量；要进一步加强政协党组的领导；要进一步调动委员的积极性；要进一步加大民主监督的力度。市各民主党派、工商联、人民团体、各区县(市)政协以及机关和部分论文作者80余人参加研讨会。

【市政协之友联谊会老同志座谈会】 11月12日~13日在桐庐举行。来自各区、县(市)的老同志30多人参加了座谈会。市委书记、市人大常委会主任王国平作了重要讲话，他指出，政协之友联谊会是一个特殊的群体，其成员多数是从党政领导岗位上退下来并在政协这条战线上作过贡献的老同志和民主党派、各界代表人士中有影响的老朋友，他们德高望重、经验丰富，联系面广，地位超脱，有其特殊的优势，能发挥特殊的作用；要重视、关心和支持政协之友联谊会开展工作，发挥作用；要及时向联谊会老同志通报情况，认真听取联谊会老同志的意见、建议，并为联谊会开展工作创造必要的条件。省市领导孙家贤、虞荣仁、于辉达、沈者寿、管竹苗和联谊会名誉会长周峰到会并讲话。联谊会会长陆祖德主持会议。与会老同志纷纷表示今后要继续为杭州市改革、发展、稳定和进一步做好新时期的政协工作多做贡献。

【宣传与文史资料征集工作】 市政协的信息工作按照“选题要准、内容要实、时效要快、价值要高”的要求，以反映人民群众关心的热点难点问题为主要内容，进一步拓宽反映社情民意的渠道，通过下情上达，为党和政府决策提供了参考。全年召开委员约谈会11次、走访委员46人，收到信息737条，受理人民群众来信53件。专报市委、市政府信息115条，其中市委《决策参考》刊登6篇，得到市委、市政府领导批示27条次；通过省政协向省领导和全国政协报送信息182条，其中36条被全国政协采纳。2001年，市政协信息工作被全国政协办公厅评为二等奖，在全省政协系统信息工作评比中再次获得一等奖。

市政协、市委统战系统围绕“大联合、大团结”的主题，联合举行纪念中国共产党成立80周年大型文艺演出。演出通过电视转播，在社会上产生良好影响，进一步扩大了人民政协的影响。认真做好人民政协的宣传工作，加强与杭州日报、杭州电视台等新闻单位的联系，积极宣传政协委员参政议政情况，及时报道政协重要会议和活动情况。全年编发《政协之声》专刊13期，出刊《政协通讯》6期。年底，召开《政协通讯》创刊40周年座谈会。

编辑出版《杭州百事通》、《杭垣旧事》、《于谦研究》(第二辑)和《杭州文史资料丛编》(4卷6册266万字)，较好地发挥了存史、资政、团结、育人的积极作用。举行市政协书画院成立20周年纪念活动。该院有特聘画师96人，大部分为全国美协、全国书协会员。活动期间，出版了收录该院画师佳作的《西湖书画集》和市政协书画研究院论文集。

【深入进行调研视察】 2001年，市政协领导亲自牵头，深入基层，开展专题调研，并在广泛听取各方面意见的基础上，撰写调研报告，提出意见建议，推动参政议政水平的提高。市政协组织委员深入调研视察，提出《市政协常委会关于我市行政区划调整后城市化进程中几个问题的建议》、《关于加快我市县域经济发展的几点建议》、《进一步加快科技企业孵化器的建设与发展》、《关于加快我市“旅游西进”的几点建议》、《关于杭州城市基础设施建设的几点建议》、《关于做好我市历史名镇保护工作的建议》、《杭州大都市的大气生态环境规划与保护》、《关于维护社会稳定的几点建议》、《关于加强我市就业管理工作的意见和建议》、《关于我市社区建设情况的调查报告》、《关于加快我市人才引进工作力度的几点建议》等意见建议，得到市委、市政府主要领导的高度重视，并被有关部门所采纳。市政协组织各民主党派、工商联、人民团体和各专门委员会在市政协全体会议和常委会议上积极建言献策，选送大会发言材料64篇。积极协助省政协就开展民主监督、加强省级机关作风建设等问题展开调研，先后召开征求意见座谈会10次。

【推进团结联谊工作】 2001年，市政协两次成功举办“相聚杭州、共谋发展”活动。上半年，组织港澳台知名人士考察团来杭参观考察投资环境；西博会期间，邀请8个国家的24位海外侨领相聚杭州，亲历西博盛况，共谋杭州发展，为招商引资牵线搭桥，进一步沟通政府、国内企业与海外侨领的联系。促成美国中国商会的精英软件科技有限公司、浙江高盛科技软件有限公司来杭落户。配合杭州“新药港”建设，积极争取国家药品监督管理局主办的首届“中药与植物药国际高级论坛”于西博会期间在杭举办。开展新一轮结对帮扶工作，12位市政协领导分别与12个欠发达乡镇结对，下乡调研指导20多次，确定落实重点扶贫项目和重点工作30项；联系市区科技干部下乡，到淳安威坪镇和桐庐莪山乡开展实用农业技术培训和其他智力帮扶活动，推动了这些乡镇的经济发展。（王克平）

民主党派和工商联

·综述·

【概况】 2001年,杭州市各民主党派、工商联认真学习邓小平理论和中共中央总书记江泽民的“三个代表”重要思想,传达贯彻中共十五届六中全会和全国统战工作会议精神,积极参政议政,履行职责。市各民主党派、工商联主要负责人参加中共杭州市委、市政府召开的各类协商会、谈心会、通报会共8次,就“十五”计划、重要人事安排、新的医疗保险制度等建言献策。全年安排调研课题67个,开展调研活动94次,有478人次参加,写出调研报告42篇,有8篇得到市领导批示。各民主党派、工商联成员在市人大九届六次会议上提出议案118件,被采纳30件;在市政协七届五次会议上提交团体提案47件、个人提案356件,其中5件被评为优秀提案。

市各民主党派和工商联根据各自《章程》的要求,在5月~7月进行换届,选举产生了新一届领导班子。新领导班子成员政治素质好,年龄结构、知识结构都较合理。通过换届,促进了领导班子和后备干部队伍的建设。

市各民主党派切实加强自身思想建设、组织建设和制度建设。全年发展新成员178名,其中有高级职称的33人,中级职称的110人。举办爱国主义系列教育讲座4次,873人次听讲。38位民主党派负责人参加中央社会主义学院培训,进一步学习江泽民“七一”讲话精神及中国共产党领导的多党合作和政治协商制度;46位骨干参加市社会主义学院举办的民主党派培训班。各党派全年举办骨干培训班9期、485人参加,新成员培训班4期、156人参加。各民主党派坚持学习和生活会制度,注意发挥基层组织的整体功能,深入开展争创先进支部、争做优秀成员活动,不断加强基层组织建设。民主党派成员在各自工作岗位上兢兢业业,为党派树立良好形象。

市各民主党派、工商联发挥联系广泛的优势,积极参加社会服务和促进祖国统一工作。全年承办科技咨询项目87个,支边扶贫项目15个,资助人民币共计257.8万元;接待侨胞、台胞和港澳同胞558人次,与境内外各界进行文化科技交流56次,有153人次参加交流活动;引进外资1538万美元,内资11207万元。党派所属的6所业余学校办班179个,培训学生6388人,为社会培养多种专业人才。工商联引导会员企业为政府分忧,腾出1700多个岗位,安排下岗职工就业。 (俞建敏)

·中国国民党革命委员会杭州市委员会·

【概况】 2001年,市民革重视自身思想建设,把提高整体素质放在首位。民革市委会组织全体党员认真学习江泽民“七一”讲话,努力实践“三个代表”重要思想,全面贯彻全国统战工作会议精神,开拓进取,使各项工作有了新的进展。6月,民革市委会换届,顺利完成了领导班子的新老交替和政治交接。

民革市委会积极反映社情民意,拓展参政议政的新渠道,并以信息工作为突破口,扩大党员参与面。全年共收到党员反映的各类信息近200篇,涉及经济、旅游、文化、行风、环保以及对台工作等各个方面,质量较高。其中14篇被省政协采用,5篇被全国政协采用。

民革市委会加强信访接待工作,全年共接待300余人次。在接待中,本着为人民、为党员服务的宗旨,提供法律咨询,宣传相关政策,化解矛盾,排优解难,维护了社会稳定,增强了组织的凝聚力。

民革市委会致力于祖国统一工作,以文化为纽带,以感情为基础,以民间促官方,加强沟通,消除隔阂,增进共识,促进两岸交流。主委陈重华应邀赴台参加文化交流期间,会见了在台湾的亲友,向他们介绍祖国大陆改革开放以来的辉煌成就,宣传杭州的美丽风光、投资环境和西博会盛况,并邀请他们来大陆讲学、探亲、投资和观光游览。

民革市委会积极参加“春风行动”,组织医疗专家到富阳新登镇双江民族村进行较大规模的医药下乡活动,为村民义诊和检查,并赠送价值3000余元的药品。市委常委、市第三医院眼科副主任医生

附: 2001年杭州市各民主党派组织成员情况一览

单位:个、人

	组织情况					成员情况		
	市委会	县委会	总支部	支部	小组	总数	女成员	新成员
中国国民党革命委员会杭州市委员会	1	1		35		557	184	18
中国民主同盟杭州市委员会	1	2	3	67		1154	504	29
中国民主建国会杭州市委员会						1136		
中国民主促进会杭州市委员会	1	3	4	72	3	1222	605	34
中国农工民主党杭州市委员会			7					
中国致公党杭州市委员会								
九三学社杭州市委员会						1034		
合计	7	8	14	334		6290		178

杨灵萍还为一名患白内障失明多年的残疾老人成功地进行了手术，使他重见光明。

民革市委会鼓励党员立足本职，发挥自身优势，为两个文明建设作贡献。体育支部高级教练娄红梅培养的学生在全国第九届运动会上夺得3枚金牌，国家级教练王惠玲率杭州广通女子羽毛球队在日本大阪取得第七届国际女子羽毛球赛B组团体冠军。江干支部张涌森与美国安泰克斯国际有限公司合作，投资950万美元，生产激光彩色平面(PLED)显示器。不少党员在机构改革、岗位竞争中展示才干，西湖一支部蔡茜、单敏分别担任了西湖区审计局局长和西溪街道副主任，江干区张利群担任了江干区农业局副局长。　　(高俐英)

·中国民主同盟杭州市委员会·

【概况】 2001年，民盟市委会认真履行参政党职责，围绕中共杭州市委、市政府提出的中心工作，充分发挥自身优势和各界盟员的积极性，参政议政。一年来，先后对进一步改善杭州市投资环境、加强古建筑保护、重视市区环境综合整治以及文化发展机制的创新、高等教育的发展、蔬菜生产的规范化、青少年的法制教育等社会难点、热点问题，广泛开展调研，向市委、市政府及有关部门反映社情民意，提出建议和意见。全年反映社情民意的稿件有70余篇，其中25篇呈送市委、市政府、市政协，均受到了有关领导和部门的重视。

为加强自身建设，民盟市委会建立以常委为主体的理论中心学习组，认真学习中共中央江泽民总书记的“七一”重要讲话，带动了全体盟员的学习，取得了良好效果。

为充分调动盟内书画家更好地为“创文化名城”出力，市委会组织成立了华夏书画学会杭州分会（华夏书画学会是省民盟的书画家组织）。分会成立后，立即组织书画家下乡献艺，深受农民群众欢迎。

民盟市委会于6月17日~19日召开第十次代表大会，选举产生了新一届领导班子，陈振濂任主任委员。

【《杭州民盟简史》《参政议政文稿选编》出版】 为配合中国民主同盟成立60周年大庆，市委会组织编写了《杭州民盟简史》一书。该书以中国共产党和中国民主同盟亲密合作、肝胆相照的优良传统为主线，全面介绍了市民盟50多年来的发展历程。同时出版的还有《参政议政文稿选编》，编纂了市委会在教育、科技、文化、社会等方面的调研报告和其他文章50余篇，展示了10年来参政议政工作的成果。　　(刘大培)

全国人大常委会副委员长、民盟中央主席丁石孙在北京接见民盟杭州市第十届委员会领导班子

·中国民主建国会杭州市委员会·

【概况】 2001年，市民建切实加强自身建设，紧紧围绕杭州市的中心工作，积极履行参政党职能，各项工作都取得可喜的成绩。

一年来，民建市委会围绕杭州市改革开放和现代化建设的重点、难点和热点问题，深入调查研究，积极参政议政。在市人大、政协会议上，会员中的人大代表和政协委员共提交议案30件、提案41件；在市政协全会和常委会上，会员中的政协委员先后作了题为《加快人居环境建设，加速杭州城市发展》等6次大会发言，受到了市领导和有关部门的重视。市委会还注意发挥专门委员会和支部的作用，组织会员就商贸旅游、国企改革、城建城管、环境保护、农业发展等问题开展调查研究，形成调查报告3份，编发《调研与建议》5期。

市民建发挥自身优势，多层次地开展为两个文明建设服务的活动。民建会员经理厂长联谊会面对中国加入世贸组织的新形势，先后组织会员参加“关于中国入世的最新动态”、“加紧完善法人治理结构，积极应对中国入世”等内容的报告会，帮助他们了解情况，抓住机遇，积极应对。市委会加强与各开发区的联系，深入了解招商引资工作中存在的不足，积极反映外商在经营中碰到的困难和问题，做好牵线搭桥和服务工作，努力为他们排忧解难。

市委会积极推动会员参与社会公益活动。下城区总支发动会员中的民营企业家在“春风行动”中捐款1.3万余元。建德市委会发动成员向山区6个镇、10个行政村的烈属、伤残军人分送了慰问金和生活用品。会员吴忠泉先后向贫困山区、求是小学和困难职工捐款16万余元。

市委会以杭州民建成立50周年为契机，先后组织开展了一系列丰富多彩的纪念活动，鼓舞人心，凝

市民进组织杭州西子业余学校和邮电路小学的50名小朋友，与甘肃省平凉市白水乡大潘小学50名同龄人结成“手拉手”对子，图为结对活动现场

聚力量，教育会员切实加强自身建设，继承和发扬优良传统，开拓创新，再创辉煌。为加强对会员和骨干的培养，先后输送10余人去中央和省、市社会主义学院学习；市委会还举办了市委委员、新会员和骨干读书班，培训会员120余人次。基层组织建设进一步加强，先后组建了民建上城区总支部、拱墅区总支部和江干区家电灯饰商会支部，为更好地发挥参政议政作用创造了条件。组织发展工作积极稳妥，全年发展会员46人。

民建杭州市第十次代表大会于6月初召开。大会选举产生新一届领导班子，蒋福弟为主任委员。成立了老年工作、城建环保、第三产业、农业和农村工作、企业改革、妇女工作、三胞联络等工作委员会。

（洪颖志）

·中国民主促进会杭州市委员会·

【概况】 2001年，民进市委会以中共中央总书记江泽民“七一”讲话和中共十五届六中全会精神为指导，积极参政议政，认真履行职责。

民进市委会组织市委委员和会员中的人大代表、政协委员，围绕杭州市中心工作开展调查研究，先后完成了《加快萧山、余杭两区的小城镇建设》、《关于加快我市IT行业人才引进的几点建议》、《整合杭州博物馆资源，促进杭州文博旅游事业的发展》、《高度重视农药残留的危害，切实加强“放心菜”工程建设》等4个调研报告，分别在市政协有关会议上发言。在市九届人大六次会议和市政协七届五次会议期间，撰写议案20余件、提案39件。为更广泛地调动会员参政议政的积极性，市委会加强了信息工作，全年共收到信息110条，其中转为议案、提案的11条，向有关部门提供17条、被采纳9条。在民进全省参政议政工作交流会上，市委会被评为信息工作先进单位。

市委会重视基层组织建设和后备干部队伍建设。5月28日~30日，召开市民进第十次代表大会，选举产生新一届领导班子，韩国熹为主任委员。换届后，市委会先后制定《关于民进杭州市委会委员职责的若干规定》和《专门工作机构通则》，调整充实各专门工作机构，撤并支部1个，新成立总支1个、支部4个，召开城区和萧山、建德、临安3区、县（市）民进工作会议，完成市人大、市政协民进成员人选的推荐、考察工作。全年发展会员34名。

2001年，市委会响应民进中央等4部委的号召，配合西部开发战略，开展“三下乡”工作，与甘肃平凉市大潘小学再结“手拉手”对子30余对，捐赠总价值1万余元的鼓号、图书、树苗，为当地教师上教学示范课，并发动会员捐款5000元。市委会还筹集课桌椅250套、图书1.2万册，捐赠给建德老区檀村镇中心小学。

（陈云祥）

·中国农工民主党杭州市委员会·

【概况】 2001年，市农工民主党以邓小平理论为指导，认真学习中共中央江泽民总书记“七一”重要讲话、中共十五届六中全会和全国、省、市统战工作会议精神，积极履行参政党职能，把参政议政作为党派的中心工作来抓，开展了多层次、多形式的参政议政活动，取得了新的成绩。

一年来，农工党市委会紧紧围绕中共杭州市委、市政府的中心工作和人民群众关心的热点、难点问题，组织8次考察、调研活动，积极提建议、献良策，及时反映社情民意，共提交各类提案、议案139件；各县（区）基层组织开展调研活动30余次，提交提案、议案85件。市委会在市政协七届四次全会上所作的题为《关于发展杭州市社区卫生服务的建议》的大会发言，被评为杭州市的优秀提案；妇女工作委员会的《妇女准犯罪问题的调研》被农工党省委会采用，并在省政协会议上作了专题发言；萧山、富阳总支部有2件提案被评为萧山区和富阳市的优秀提案；《在杭州市“十五”计划中要重视图书馆建设》、《深入开展爱国卫生运动，努力推进城市化进程》等提案得到政府有关部门的高度重视，许多建议被采纳。担任各级监督员、行风评议员的16名党员，放弃休息日100余天，参加各类检查、评议、监督活动120余次；行风评议代表唐振权被市政府评为先进行风评议代表。

市委会重视自身建设，把思想建设放在首位。一年来，编印学习资料6期，组织理论学习10次、报告会8次,举办党员骨干培训班1期,出版《杭州农工》4期、《农工通讯》6期,450余人次参加了全国统一战线竞赛活动。在学习中,广大党员发扬“自己提出问题,自己分析问题,自己解决问题”的传统,政治素质明显提高,进一步认识到,民主党派作为中国共产党的亲密友党和参政党,不仅要认真学习江泽民“七一”讲话精神,深刻领会“三个代表”重要思想的科学内涵,而且要借鉴中共党建经验,全面推进自身建设,努力成为适应时代发展要求的高素质参政党。在中国共产党成立80周年纪念日前后,市委会通过召开纪念会、座谈会、出版《杭州农工》专刊、举办画展、图片展、义诊等活动,使党员再一次感受到中国共产党的光荣和伟大,进一步坚定了跟共产党走、走社会主义道路的信心和决心。

在组织建设方面,6月7日~8日召开第七次党员代表大会,顺利完成了换届工作。新一届领导班子成员平均年龄明显下降,学历有较大提高,知识结构更趋合理,整体素质明显增强。基层组织建设进一步加强,富阳总支部和市第三医院总支部分别被农工党中央授予全国基层组织工作先进集体优秀奖和全国基层组织工作先进单位称号。全年发展党员13名。

市委会发挥自身优势,进一步拓宽了社会服务领域。2001年继续加大“希望工程”、“光明工程”、“爱心工程”的投入:向桐庐现代小学捐赠电脑,为教师体检,捐款改造学校卫生设施;为156名白内障病人解除痛苦,使他们重见光明,全年减免医疗费用20余万元;为下岗工人免费培训,到福利院为孤寡老人服务,3000余人受益。广大党员还积极参加农工党中央在内蒙古创办的“农工世纪林(草)工程”活动,捐款6395元,可营造2.13公顷“农工世纪林(草)”。在军民共建活动中,组织医师、演员、律师、书法篆刻艺术家到海岛连队为战士服务,并赠送彩电、药品、墨宝。市委会门诊部一年来诊治患者22869名,被区卫生局评为社会办医先进集体。由于社会服务工作成绩显著,市委会被农工党中央授予“智力扶贫先进集体”和“国际科学与和平周先进集体”称号。(钱月明)

·中国致公党杭州市委员会·

【概况】 2001年,致公党杭州市委会以邓小平理论和中共中央总书记江泽民“七一”重要讲话为指导,认真学习贯彻中共十五届六中全会精神,努力实践“三个代表”重要思想。除通过基层支部组织成员学习外,还在暑期与市民盟、市民革联合委托省社会主义学院举办骨干成员学习班,市委会领导班子成员参加了由市委统战部组织的在中央社会主义学院举办的统战理论读书班。经过学习,成员的思想认识不断提高,参政议政的积极性进一步加强。一年来,致公党成员在市委会主要领导主持下,紧紧围绕当前政府工作的中心任务,根据自身的特点和优势,分别就农村现代化建设、城市化进程中的小城镇建设和对外开放吸引投资的软环境建设等课题深入调查研究,完成了7篇调研报告。在市政协七届五次全会上,大会发言《打响“游在杭州”品牌的对策与策略》和《创文化名城的几个结合点》均引起较大反响;党员中的市政协委员和人大代表提交了27件提案、5件团体提案和2件议案。有两位政协委员被评为“双好”(参政议政好、本职工作好)委员,一位人大代表被评为代表工作积极分子。

致公党成员全年出境、出访、探亲8人次,接待海外亲友300余人次。市委会发挥成员与海外联系广泛的优势,全年协助有关部门引进投资项目5个,引进资金50万美元。

在2001年的西博会上,致公党成员首次以党派成员名义集体报名参加志愿服务工作。市第二医院的姜宏医师参加西博会全过程的志愿服务活动,并担任国际女装展志愿者的联络人

6月22日~24日,召开中国致公党杭州市第三次代表大会,选举产生新一届领导班子,郁嘉玲任主任委员。市委会的5个专门委员会的成员均作了调整和充实。10月,各支部也进行了支委会换届,并新建西湖和政经司法两个支部。

5月,全国政协副主席、致公党中央主席罗豪才来杭考察调研时,召集市委会正副主委和秘书长举行座谈会,就党派组织建设和参政议政工作听取了汇报。(李 虹)

·九三学社杭州市委员会·

【概况】 2001年,九三学社杭州市委会根据新形势、新任务的要求,把加强政治理论学习作为思想建设的首要任务来抓。及时下发了《关于学习贯彻江泽民同志“七一”重要讲话精神的意见》,对基层组织搞好学习提出了具体要求。新一届正、副主委和秘书长参加了市委统战部委托中央社会主义学院举办的培训班。与省社会主义学院联合举办新委员培训班,邀请专家集中进行统战理论和“三个代表”重要思想的学习辅导。组织200多名社员参加省、市委统战部举办的新时期统战政策理论报告会和专题讲座。组织成员参加全国统战知识竞赛,有40多个支社参赛,共回收答题卡600余份。多次召开常委会、社员座谈会,结合自身的实际畅谈学习体会。通过学习,各级领导班子和广大社员的政治意识、大局意识、忧患意识和责任意识不断增强,整体素质有了明显提高。

一年来,市委会参政议政工作出现了“两多一高”的可喜现象,即调研多、提案多、质量高。市委会组织社员围绕杭州市经济社会发展中的重大问题,如“十五”计划、行政区划调整、环境保护、反腐倡廉等,积极开展调查研究,撰写出调研报告和材料7份,其中《正确处理好“一号工程”实施中的若干关系问题》、《旅游西进要重视生态和景观的保护》、《高起点规划新城,构筑大都市形象》先后被中共杭州市委办公厅主办的《杭州发展》转载。在市政协全会上,提交大会发言材料2份、团体提案4件、联名和个人提案47件,其中《关于大力扶持我市中小企业发展的建议》、《关于对杭州市运河进行综合整治的建议》被评为优

秀提案。有5位委员被评为"双好"委员。

市委会对信息工作十分重视，由常务副主委直接抓落实，扩大、健全了信息网络，并制定了《信息工作考评办法》，对做好信息工作提出了具体要求。一年来，共向省、市有关部门报送各类信息近100条，有50余条被市、省、全国政协及《杭州信息》、《杭州政务》采用。

市委会面向社会，积极组织为民服务活动，鼓励和推动社员敬业奉献，发挥科技骨干作用。市委会组织书画研究会成员为浙江省残疾人职业学校学生进行书画指导；组织社内部分高中级医师为凯旋街道景芳社区、小河街道塘河社区近900名居民进行义诊；组织部分社员到滨江老人公寓进行亲情服务，为天水街道2000余名居民进行高血压、糖尿病普查，编写卫生科普宣传墙报6期；向市儿童福利院捐衣1300余件。全年社员出国访问、探亲、接待境外亲友150余人次，协助有关部门引进杭州中豹工贸有限公司等项目4个，引进内、外资折合人民币2785万元。获各级科技进步奖和先进工作者等荣誉称号的社员有近100人次，在国际、国内各级刊物上发表论文200多篇。体育支社社员所带练和输送的运动员，获世界级锦标赛冠军2个、亚军1个，全国冠军12个、亚军1个，省级冠军45个。

5月25日~27日，市委会召开第五次社员代表大会，选举产生了九三学社杭州市第五届委员会，朱荫湄任主任委员。

【开展"国际科学与和平周"活动】 11月中旬，根据九三学社中央的统一部署，市委会组织各基层组织积极参加第十三届"国际科学与和平周"活动。以"和平与发展"为主题，举办了"基因计划与疾病预防"、"吃好的学问"、"中老年人心血管病的预防与保健"、"WTO基本规则"等专题讲座；开展科普读书周活动和现代工业常用技术咨询，有600余人次参加；举办"海洋知识"、"崇尚科学，破除迷信，反对邪教"等科普图片展，参观者达2000余人次；开展助残扶贫活动，为杭州市儿童福利院的孤残儿童和杭州市长河高级中学贫困学生免费接种甲肝、乙肝、风疹疫苗250余份；组织社内医疗卫生专家赴建德市大同镇、萧山区楼塔镇，为近1000名居民进行医疗咨询服务，并发放各种医疗、预防保健宣传资料1000余份。由于成绩显著，市委会获"国际科学与和平周"中国组委会、九三学社中央联合颁发的特别贡献奖。（吴松杰）

·杭州市工商业联合会·

【概况】 2001年，杭州市各级工商联以中共中央江泽民总书记"三个代表"重要思想为指导，紧紧围绕市委、市政府的中心工作，积极履行工商联的职责，为推进杭州市非公有制经济健康发展和非公有制经济代表人士健康成长，作出了应有的贡献。

江总书记"七一"讲话发表后，市工商联先后召开座谈会、研讨会，举办培训班，认真学习贯彻，各区、县(市)工商联也积极组织形式多样的学习培训活动。通过学习，进一步明确了做好工商联工作的方向，提高了参政议政的积极性。市工商联紧紧围绕非公有制经济发展中出现的新情况、新问题，深入调查研究，全年撰写提案和反映社情民意的材料35件、调研报告8篇。其中《关于改善我市中小型民营企业投融资环境的几点建议》、《从深圳角逐全球"绿色奥斯卡"构想杭州创建"国际花园城市"》被《杭州政务》、《中共杭州市委党校学刊》等刊物采用。《进一步完善我市行业中介，组织优化投资环境》一文，引起社会各界的关注，反响较大。各区、县(市)工商联也积极发挥会员中的人大代表、政协委员作用，搞好调查研究和参政议政工作。

市工商联大力加强基层组织建设，全年共发展会员454个。至年末，共有会员8178个，其中企业会员6122个，乡镇街道(专业市场)商会138个。组建了杭州市总商会园林花木商会和杭州市总商会瑞安商会，同业公会和直属基层商会已达13个。

市工商联以服务立会，扎实有效地开展各项为非公有制经济服务的工作。主要有：组织银(行)企(业)合作活动，进一步为中小企业融资服务；积极开展法律顾问和咨询工作，为企业维权服务；继续开展人才招聘、职称评定、业务培训等服务工作；继续开展各类经贸和对外联络活动，全年组织各类经贸活动6次。

市工商联积极发动市区非公有制经济代表人士参加各类社会公益事业。在第二轮捐资助学活动中，有40余位非公有制经济代表人士捐资10万元与淳安县100名儿童结对，扶贫助教。46个会员企业在杭州市第二次"春风行动"中捐款31.41万元。各区、县(市)工商联会员企业参与扶贫帮困、捐资助学、修桥铺路、支持家乡教育事业等社会公益事业，先后捐款、捐物达760万元。

7月2日，市工商联召开第十次会员代表大会，选举产生了新一届领导班子，鲍世甲当选为会长，非公有制经济代表人士进入领导班子的比例比上届有较大提高。为更好地开展活动，市工商联成立了宣传教育工作委员会、参政议政工作委员会、经济联络工作委员会、维权工作委员会、原工商业者工作委员会、妇女工作委员会等6个专门委员会。（辛　涛）

职工 青少年 妇女组织

·职工组织·

【概况】 2001年,全市有工会会员101.56万人,比上年增加27.29万人;基层工会1.04万个,增加2198个。市总工会下属13个区、县(市)总工会,1个开发区总工会,18个产业(局、控股公司、资产经营公司)工会,23个直属基层工会和9个直属事(企)业单位。5月,市总工会召开十一届七次全委(扩大)会议。6月与11月,富阳市和拱墅区分别进行总工会换届改选。

全市各级工会以邓小平理论和江泽民"七一"重要讲话为指导,贯彻落实党的十五届六中全会精神,团结和依靠广大职工,全面履行工会组织职能,工会各项重点工作取得成效。

【首个社区工会成立】 3月19日,杭州市成立首个社区工会——凤凰社区基层联合工会。该社区由3个居民区重组而成,共有住户2900余户。为了把社区内的个私工商户、失业职工、非正规就业人员和外来劳务人员吸引到工会组织中来,维护他们的合法权益。市总工会、上城区总工会和社区党委多次协商,统一认识,经过2个月的调查摸底、上门登记、建立档案等筹备后,建立了社区工会组织,第一批发展会员34人。针对社区特点开展社区文化活动,开设宣传橱窗和黑板报,为失业职工再就业牵线搭桥等。至年末,全市成立社区工会组织123个,占社区总数的44.7%.

【完成组建工会和发展会员任务】 2001年,全市新组建私营企业等非公有制企业工会7977个,新发展会员34.4万人,分别完成年度工作目标的122.7%和126.7%。各级工会充分认识组建非公有制企业工会和发展会员的重要性和紧迫性,依靠党委,采取针对性措施,做到哪里有职工哪里就建工会,哪里建工会哪里就发展会员,使组建和发展工作同步推进。市总工会制订了贯彻《浙江省私营企业工会条例》的实施意见,会同有关部门提出外地来杭企业和进杭施工企业工会组织建设及工作意见。对已建工会提出制度建设、业务培训、工作指导等规范化要求,发挥新建企业工会作用。加强乡镇、街道工会建设,全市撤扩并后的230个乡镇、街道全部建立了工会,专职工会干部配备率76.9%,比上年增加34个百分点。

【第二次"春风行动"】 于11月20日拉开帷幕。总体目标是以江泽民"三个代表"重要思想为指导,帮扶贫困职工群体为重点,加大对贫困职工帮扶力度,促进全社会帮扶救助机制的完善。活动分广泛开展社会募捐,积极筹集帮扶救助资金;开展下岗、失业职工再就业服务月;筹备建立职工医疗互助补充保险;继续访贫问苦送温暖等四方面。全市机关、学校、医院、工厂、商店等企事业单位及个人纷纷伸出援助之手,帮助特困或困难职工渡过难关。至年末,全市筹集各类捐款2196万元,其中市"春风行动"捐款办公室收到1116万元,各区、县(市)收到捐款1080万元。市政府还拨款300万元,充实送温暖工程基金。市委、市人大、市政府、市政协四套班子领导带头捐款,市级机关和事业单位的干部职工积极与特困职工挂勾结对、捐款帮扶,部分省属在杭企业、外地驻杭企业、民营企业、外资企业及市民也加入到捐款行列,参加捐款的企事业单位300多个、市民5.5万人。市总工会和市劳动局把下岗、失业职工实现再就业作为帮扶脱困的重点,对有愿望有能力就业的下岗、失业职工实行政策倾斜,提供就业机会;部分民营企业主和个体工商户纷纷提供岗位,招收下岗、失业职工。11月20日~12月20日,为期1个月的杭州市再就业服务月中,先后举办58期下岗、失业人员劳动技能培训班,有7206人接受了适应性培训,2150人实现再就业。市总工会通过调查摸底和测算,做好建立职工医疗互助补充保险的前期准备工作。新闻单位在"春风行动"中营造良好的社会舆论氛围。《杭州日报》、《都市快报》、杭州电视台、杭州人民广播电台开辟专栏、专题,宣传活动中的感人事迹和特困、困难职工自强不息的先进典型,杭州电视台制作了"春风行动"的公益性广告,杭州人民广播电台举办了"春风行动在我身边"广场直播活动。市委、市政府办公厅及有关部门联合举办了"春风行动"大型文艺义演晚会。为了把捐款及时送给特困、困难职工,市监察局、市审计局与人大代表、政协委员、捐款企业代表等共同组成"春风行动"捐款资金使用监督委员会,保证每名市属特困和困难职工分别得到2500元和1800元的资助。对患大病重症、自负医疗费较高的困难职工再给予2000元至3000元的医疗补助。

【开展职工技术创新活动】 5月18日,市总工会、市经委、市劳动局等10个单位联合制订了《关于开展职工经济技术创新活动的意见》,要求在全市职工中广泛深入开展以市场为导向、以企业为主体、以提高职工素质为重点、以推动体制创新和技术创新为目的的职工经济技术创新活动。各级工会开展提合理化建议、技术革新、技术协作和操作比武活动。工业企业围绕产品、质量、成本、安全开展劳动竞赛;商贸企业围绕提高服务质量,开展"十佳文明窗口"、"最佳营业(服务)员、明星营业(服务)员"争创活动;困难企业组织职工在调整结构、转换机制、加强管理、开拓市场等方面进行创新,争取尽快走出困境;市重点工程建设中推广应用新技术、新工艺、新材料,降低成本，提高经济效益和工程质量。全市53万名职工投入到经济技术创新活动中,41万名职工参加各类技术革新、技术协作和技术比武。杭州汽轮动力集团公司攻克的“GRC汽转子修复技术”和杭州前进齿轮箱集团公司的“X175/2.5行星增速箱”两个项目获全国职工技术成果奖；市管道煤气公司的“户内煤气设施暗封技术”和市环境监测中心的“高速公路大气噪声自动监测系统”均获全国建设建材系统技术协会优秀成果奖。全市举办了车工、中西式烹饪、汽车驾驶、计算机应用、动物检验检疫、高变电运行、建筑架子等8个工种的技术比武竞赛。

12月27日,市总工会等10个单位联合召开总结表彰会,对24个市职工经济技术创新活动先进集体,46名市级技术能手（优秀选手),90名区、县(市)级操作能手进行了表彰和奖励。

【进行“三新三爱”教育】 2001年,全市职工思想教育的主要内容为“迎接新世纪,热爱我的祖国;学习新知识，热爱家乡杭州；当好新主人,热爱自己的岗位”的“三新三爱”教育。各级工会开展内容丰富、形式多样的活动。西湖区总工会开展“爱岗敬业,我为西湖增光添彩”活动,组织职工志愿者队伍为西博会增光添彩；市教育系统结合职业道德建设,开展群体师德创优活动;杭州电化集团公司聘请专家学者对职工进行企业管理和质量管理培训。市总工会组织了全市职工“三新三爱”主题演讲比赛、征文比赛及“庆五一党在我心中”职工合唱比赛。

【推行事务公开制度】 市总工会在完成国有、集体(控股)企业建立厂务公开制度任务后，把工作重点转到非行政管理职能的事业单位,推行事务公开制度。全市有1168个事业单位实行事务公开制度，推行率达99.9%。

3月21日，市厂务公开办公室发出通知,要求把学校、医院、科研所等非行政管理职能的事业单位纳入厂务公开工作范围，切实加强对事业单位职(教)代会的指导,落实职(教)工民主决策、民主参与、民主监督的权利。推行事务公开制度得到了广大事业单位的响应，有的进一步建立健全职(教)代会制,落实职(教)代会职权;有的建立事务公开栏,接受职(教)工的监督;有的制定内部事务公开实施细则，明确内容、范围和程序;有的建立民主评议小组，加强对领导干部的民主监督和廉政监督。

【市劳动模范医疗保障资金】 于6月27日建立。该资金体现党和政府对劳模先进的关怀，劳模先进的基本医疗得到保障。劳模医疗保障资金适用于企业歇业、破产、改制而造成劳模先进医疗待遇难以落实,或终止劳动合同失业的劳模先进。资金来源于政府拨款、社会捐助及利息收入。第一年市政府拨款100万元，以后每年根据实际需要列入市财政预算。

劳模医疗保障资金的补助标准是:(1)“协缴”劳模先进个人自负的医疗费,当年账户不足以支付时,由该资金给予全额补助。(2)失业劳模先进个人应缴纳的基本医疗保险费,由该资金给予支付;在市医疗统筹资金起付标准以上自负的医疗费由该资金给予实报实销。至年末,全市有市级以上劳模先进23人享受医疗保障资金的补助。

【设立市属基层工会主席保障资金】 7月9日,市总工会发出通知,决定设立市属基层工会主席（包括主持工作的副主席)保障资金。规定了基层工会主席依法开展工作而受到不公正待遇,经济收入受到较大影响,或身心受到严重伤害，一次性给予1000元~3000元补助;因维护职工合法权益而受到打击报复致使失业，除给予法律援助和帮助恢复工作外,失业期间,按上年度全市职工平均工资补足收入;身患大病重症,年自负医疗费超过7000元的,一次性给予1000元~3000元的补助;因企业改制、破产而失业,但仍在企业履行职责，一次性给予500元~2000元补助;获得市以上优秀工会工作者称号的因企业改制、破产而失业,一次性给予500元补助。市总工会建立基层工会主席保障资金管理领导小组,负责资金管理和运作。

【争创满意部室（窗口）活动】 4月,市总工会在机关、产业(控股公司)工会和所属事(企)业单位中开展争创满意部室(窗口)活动。从全局观念、服务宗旨、服务质量、办事效率、勤政廉洁、工作业绩等六方面,采取基层工会、职工群众投票评选,上级工会和横向部门征求意见,考评小组考核等方法，每年评选2

职工技术比武

次(年中初评和年末总评),总评得分前两名部室和产业工会、所属事(企)业单位,授予优秀满意部室(窗口)称号;末位的部室(窗口)给予黄牌警告并扣发奖金。对连续两年受黄牌警告单位的主要负责人进行调整。至年末,全市签订集体合同企业1.17万个,其中到期续签企业2069个,建立工资集体协商制度企业2008个。全市工伤事故发生率分别比上年下降22.5%和4.5%。完成工会调研报告70余篇,并制订了《维护外来务工人员合法权益》、《加强改制企业职工思想政治工作》等文件。全市工会经费比上年增长8.4%。

【《杭州工人报》改刊】 《杭州工人报》于2001年10月31日停刊,从2002年起改为《杭州工运》。新刊物由市总工会主办,11月和12月各试刊1期(16开本),主要发行对象为全市基层工会。宗旨是宣传党的工运路线、方针、政策,研究工人运动理论和实践,探讨新时期工会工作新情况、新思路、新方法,交流工会工作经验,反映工会工作动态。

【调整3条社会保障线标准】 7月27日,市劳动局、市民政局、市财政局联合发出通知,决定从8月1日起,对市区下岗职工基本生活费、失业救济金、城镇居民最低生活保障等3条社会保障线标准进行调整。调整后的下岗职工基本生活费第一年为361元/人·月,第二年为289元/人·月,第三年为284元/人·月;失业救济金为284元/人·月,另补医疗费14元;城镇居民最低生活保障标准为263元/人·月。(竺锡雄)

·青少年组织·

【概况】 2001年,全市有共青团团员29.16万人,专职团干部694人,基层团支部1.35万个。

全市各级团组织坚持以江泽民“三个代表”重要思想统揽工作全局,贯彻落实党的十五届六中全会、市委八届七次全会和团省委第11次团代会精神,通过树立“抢抓新机遇,促进新发展”的意识,集中力量实施重点项目。继续推进青少年读书求知行动、创新创业行动和文明传播行动。加强共青团自身建设,各项事业取得新进展。开展第三届十佳(优秀)外来务工青年评选活动,深化“进城务工青年发展计划”,为外来青工2万余人提供了免费人身意外保险和体检。

【青少年政治思想教育】 团市委以迎接建党80周年和纪念五四运动为契机,开展“理想·责任·作为”青少年主题思想教育活动。开展“党在我心中”主题教育、第二届杭州青年艺术节及“理想·责任·作为”征文演讲比赛。以知识讲座、读书交流、互联网应用比赛等形式,开展读书学习活动,提高青少年道德素养和知识水平。举办“校园拒绝邪教”、第5个“杭州市18岁成人仪式”、大学生“三个代表”社会实践接力营、“红岩魂”报告展演、全市中小学生科技节、少先队员“新世纪我能行”体验教育、“红领巾跟党走”、“在党旗下茁壮成长”等活动,推进青少年学生素质教育,促进青少年全面发展。开展“十杰青年”系列评选,宣传先进事迹。加强西子青年网站和杭州志愿者网站建设,开通了西子青年网信息管理发布系统和电子邮件发布系统。以读书会、报告会、座谈会等多种形式,开展学习江泽民“七一”讲话、农村“三个代表”学习教育和“满意机关”争创等活动。以市直属和乡镇团干部为重点,组织团干部培训班29期,培训1700余人。

【创志愿者行动品牌】 团市委以“服务西博会、奉献西博会”为宗旨,采用社会化的运作方式,重点开展“西博会志愿者行动”。全市有西博会志愿者1.5万余人,为近20万人次提供服务,服务时间50余万小时。团市委被授予“西博会工作先进单位”称号,20人被评为西博会优秀志愿者。以“国际志愿者年”为契机,广泛开展“三五”青年志愿者系列活动。配合杭州创建国家环保模范城市,开展“我为创模出份力”回收废旧电池、清洁母亲河等环保志愿活动,团市委被授予“创模工作优秀单位”称号。五一、国庆等节假日期间,组织开展“假日旅游志愿服务”,深化“走进社会福利院”志愿者敬老活动。启动社区志愿服务推进计划,全市建立了20个社区志愿服务站示范点,推行注册志愿者制度。

【企业青工创新增效活动】 通过深化读书求知活动,举办首届市青少年计算机和互联网络大赛、市第三届青年岗位能手技能运动会等活动,引导全市青年职工争当创新型青年岗位能手。以《创新项目书》运作为突破口,进一步规范小发明、小

西博会万名志愿者誓师大会

革新、小改造、小设计、小建议的“五小”科技活动，开展第10届杭州市“五小”科技优秀项目评比活动，举办“天堂硅谷·杭州青年科技创业”大赛，激发青年创新热情。发挥市青年联合会具有的联络广泛优势，邀请海外和著名高校学者来杭考察指导，为青年学子创新项目与生产企业对接牵线搭桥。

【加强团组织建设】根据全市社区建设与管理总体要求，团市委组织召开了全市城市社区共青团工作会议，市委办、市府办转发了《关于进一步加强社区青少年工作的若干意见》，在12个青年文明社区示范点开展创建工作。全市符合建团条件的261个社区中建立团组织203个，建团率77.8%，超额完成年度目标。在4个国家级开发区中的非公有制企业开展建团工作。杭州之江国家旅游度假区和高新技术产业开发区相继成立了团工委。全市符合建团条件的2488个非公有制企业中，建立团组织2351个，建团率94.5%。

【发挥农村青年星火带头人作用】杭州市青年星火带头人协会指导重点乡镇协会开展工作。确定重点青年星火带头人联系对象，与在杭大专院校结对，组织参加农产品展销会或合作洽谈会，帮助增强产品的社会影响力和市场竞争力。发挥各级青年星火带头人协会和带头人的示范作用，组织会员进行特色农副产品生产技术的实地培训指导，有效地提高了青年农民科技应用水平和致富能力，促进了效益农业的开发。

【创建青年文明号】2001年，围绕“以德治市”和“环境立市”，全市开展了青年文明号“信用示范·服务创优”主题活动，发挥青年文明号的先进示范作用。在“窗口”行业中，开展青年职工普通话、英语会话比赛，青年文明号“公益伞”等活动。严格执行青年文明号考核、管理制度，推行青年文明号“社会公示制”和“末位淘汰制”。至年末，全市涌现出21个全国级、154个省级和656个市级青年文明号，淘汰51个不合格单位。市公共交通公司K16路集体获得“全国杰出青年文明号”称号。

【创建优秀青少年维权岗】杭州市完善优秀青少年维权岗创建机制，把好考核表彰和申报关，16个单位获省级、29个单位获市级优秀“青少年维权岗”称号。创建覆盖面扩大，在服务、卫生等10个行业中开展了争创优秀“青少年维权岗”活动。临安市等开展了区县(市)级维权岗的创建活动。杭州市成立了预防未成年人违法犯罪领导小组，区县(市)未成年人保护组织建设得到加强，预防青少年违法犯罪工作力度加大。加强青少年法制教育，开展了青少年禁毒宣传教育，举行了农村青少年法律知识竞赛、青少年出版物专项整治和调研、《未成年人保护法》颁布10周年宣传咨询、为特困未成年人送温暖、失足青少年帮教、文化市场监督检查、青少年心理卫生教育等活动，办好青少年热线，为青少年健康成长营造良好环境。

【青少年校外教育阵地建设】杭州青少年活动中心发挥在青少年校外教育中的龙头示范作用，探索建立校外青少年教育社会化新模式。各区县(市)做好贯彻落实《关于加强浙江省青少年宫建设和管理工作若干规定》精神督查的具体组织工作。对杭州的青少年宫建设、管理、安全防火设施等展开督查，指导全市青少年活动阵地建设。杭州青年学院加快新校园建设，团干部培训、团工作理论研讨、学历教育等工作取得良好发展。

【市青联工作】市青年联合会进一步发挥服务青年、服务委员、服务社会的作用。组织杰出青年作巡回报告，与失足青少年进行结对帮教、医疗和法律援助等活动，发挥杰出青年的示范作用。出访韩国、美国及国内部分城市，接待了韩国丽水青年会议所、香港青年协会、台湾青年商会总会、海外学人回国创业周代表团等来杭访问，拓展了与国内外青年组织的交流渠道。（黄 玲）

·妇女组织·

【概况】2001年，全市街道、乡(镇)妇联组织231个，社区妇联组织284个，基层妇代会5210个，妇女之家、妇女学校、妇女活动中心等各类妇女活动阵地2142个，党政群机关、民主党派、科教文卫等事业单位妇女委员会239个，其它经济组织妇女委员会24个。有专职妇女干部326人。市妇联下属13个区县(市)妇联，3个妇女工作委员会，2个直属事业单位。

全市各级妇联以邓小平理论及“三个代表”重要思想为指导，以强烈的政治责任感做好妇女思想政治工作。广大妇女干部坚决与党中央保持一致，与“法轮功”邪教组织作斗争，做好妇女群众的宣传引导工作。建党80周年之际，编纂出版了《女共产党员风采》，召开“为党旗增辉，为杭城添彩”女共产党员座谈会。举行“世纪晨钟”——杭州市“十五”计划报告会，激发广大妇女投身改革和建设的热情。杭州人民广播电台开设《女性世界》栏目，宣传妇女工作和妇女典型。市妇联举办“女性与发展”国际培训等各类型、各层次培训，提高妇女的整体素质。注重思想、作风、组织建设，推动各级妇联自身建设的步伐。参与“春风行动”、“送温暖”活动，以结对帮扶、对口扶贫等形式，千方百计做好扶贫帮困工作，慰问、捐助了208个特困家庭、特困母亲、困难女工。帮助下岗、失业女工子女入学，积极实施“春蕾计划”，开展“可月”用品义卖捐资助学活动，义卖款全部资助特困学生150人。多渠道筹集助学资金，帮助特困学生30人与有关单位和个人结对。做好与淳安县鸠坑乡下严村的对口帮扶工作，采用请上来、走下去的方式，举办科技培训班，用8万元资助扶贫款帮助发展茶叶基地。配合组织部门，做好女干部的培养、选拔工作，为妇女干部脱颖而出营造良好的政策环境。针对杭州外来妇女情况、社区老年妇女精神状况和需求、农嫁居妇女土地承包权益落实、女性参政情况、“五好文明家庭”创建活动、妇联与妇女工作、市区儿童少年成长环境与状况等存在的问题进行调研，为政府制订政策提供参考，维护妇女儿童合法权益。

杭州市被评为全国实施妇女儿童纲要先进集体，市妇保委被评为省维权工作先进集体，市家庭教育学会被评为省家庭教育工作先进单位，市妇联被评为杭州市创建模范城市先进集体和杭州市社会治安综合治理优秀达标单位。

【“双学双比”活动】 市妇联围绕农业农村工作中心，开展“双学双比”活动，以提高妇女素质为着力点，发挥妇女骨干的“领头雁”作用，鼓励农村妇女走产业化发展之路。广泛开展“三十工程”(10个“妇字号”龙头企业、10个“妇字号”示范基地、10个“妇字号”营销大户)和“百名促千户”活动。注重培养、扶持、评选“十佳”，实现了“树一人、促大家”的发展思路。全市兴建“三八水利工程”136个；营造“三八绿色工程”基地121个，面积660余公顷。全市有“双学双比”生产示范基地400余个，女科技示范户近2500个。加强农业科技知识普及，为农村妇女提供培训服务。各级妇联结合实际，组织开展了实用技术、高新技术和农函大等培训，受训妇女13万余人，农村妇女2372人获绿色证书，935人被评为女农民技术员。市妇联举办了养殖女能手培训班和专业大户培训班，并深入乡(镇)、村举办8期实用高新技术培训班，500人受训。依托市“双学双比”科技指导站，编辑出版《农村妇女科技信息报》，开展送科技下乡活动，成立农业科技专家30人组成的市农家女新技术推广培训讲师团，下乡传递有效信息和指导生产。

【“巾帼建功”活动】 全市“巾帼建功”活动在城镇开展，立足于抓培训、促规范、上水平，动员妇女为推进企业改革和城市化进程服务。市妇联与卫生、金融系统举行了“巾帼天使杯”护理技术操作比赛和“巾帼杯”金融法律法规知识竞赛。举办了市级“巾帼文明示范岗”负责人培训班。全年城镇妇女10万人参加竞赛，涌现出各级“巾帼文明示范岗”1768个。

【社区妇女工作切实有效】 市妇联有计划、有步骤地把妇女工作延伸至各个社区。围绕“建立一支以妇女为主体的社区服务骨干队伍、发展一批具有较高服务质量的社区机构、兴办一批妇字号社区服务实体、培养一支巾帼创业带头人”的要求，社区妇联的组建做到高起点、高标准、严要求。引导广大妇女积极参与社区建设和发展以现代化服务业为主的第三产业。重点实施与100名特困女工结对，兴建10个以女性为主的巾帼社区服务骨干实体，培养5名巾帼社区服务明星，并在社区服务实体中开展争创“巾帼文明示范岗”活动。全市已建社区妇联284个，各社区妇联在精神文明建设、维权、妇女教育等方面发挥了独特的作用。杭州市在全省社区妇女工作现场会作经验介绍，与会代表实地考察了杭州社区妇女工作情况。至年末，全市有妇女再就业培训基地91个，举办下岗女工培训班190期，受训人数6455人；有巾帼社区服务实体183个，安置下岗女工就业3381人；培养巾帼创业带头人400余人，建社区巾帼志愿者队伍900余支，2.7万余人参加志愿活动；106个单位或个人与特困女工106人结对帮困。

【创建五好文明家庭】 全市各级妇联围绕“以德治市”和创建“五好文明家庭”活动，引导妇女追求科学、文明、健康的生活方式。开展了“家庭环保活动”、“我为创模出份力”等活动，举办3期市级健身秧歌培训班，赴淳安等12个区县(市)开展培训，推广健身秧歌。西博会期间，市妇联举行“新世纪杭州女性风采展”、各界妇女喜迎西博会健身表演活动。举办第二届“千名好妈妈·喜看杭城新面貌”和“强素质、树形象、争做新世纪优秀母亲”座谈会活动，举行“科普进社区”宣传咨询服务、《市民教育读本》和社区家庭交通法规知识竞赛、双休日家庭教育讲座、女性心理卫生知识讲座、家庭美德建设讲座等，编撰了《杭州市家庭教育优秀文集》，召开了全市“家庭文明工程”经验交流会，表彰市五好文明家庭(楼群)、五好文明家庭标兵户。

至年末，全市各级五好文明家庭77.59万个，五好文明楼群(单元)1.15万个。

【妇女儿童维权工作】 全市各级妇联始终把代表和维护妇女群众的根本利益作为工作出发点和落脚点，完成了市、区县(市)两级《“九五”妇女发展规划》和《“九五”儿童发展规划》终期监测评估报告工作。市政府印发了杭州市《“十五”妇女发展规划》和《“十五”儿童发展规划》。

围绕《婚姻法》的修改、贯彻、实施，市妇联下发了《关于广泛开展学习宣传〈婚姻法〉活动的意见》，配合市委组织部做好《农村法律基本常识教学片——婚姻家庭篇》撰稿工作。开展“不让毒品进我家”活动，配合有关部门举办“远离毒品、珍惜生命”文艺晚会。与区县(市)禁毒办和妇联签订禁毒帮教工作承诺书，充分发挥妇联组织在禁毒帮教工作中的作用。召开预防和制止家庭暴力座谈会，并在“国际消除对妇女的暴力日”联合省妇联、各区县(市)妇联举行了宣传咨询活动。举办了信访干部和特邀陪审员培训班，成立了杭州市法律援助中心妇联联络处，举行“148”妇女维权法律咨询周。全年市妇联系统接待来访1354件(次)，来信257封，结案率99.2%。

(吴持瑛 赵智芸)

劳动 人事

·劳动·

【概况】 2001年,杭州市各级劳动保障部门围绕全市劳动保障"十五"规划目标和改革、发展、稳定大局,不断深化劳动和社会保障领域的各项改革,发挥综合管理和服务职能,较好地完成了年初确定的工作目标。至年末,全市分流安置下岗职工1.28万人,失业人员实现就业(包括临时性就业)21.6万人,城镇登记失业人数6.97万人(市区3.81万人。以下市区数据均不包括萧山、余杭区),失业率4.5%(市区4.4%);全市参加养老保险在职人数99.30万人,比上年增长21.2%;企业退休人员养老金社会化发放率达100%;基本医疗保险制度开始实施,参保人数达73.47万人;全市企业职工年人均工资收入15855元,增长23.4%;全市受理劳动争议案件1480件,结案率96.8%;受理行政复议案件8起。

【进一步推进劳动就业工作】 全市各级劳动保障部门以建立市场导向的就业机制为目标,以促进下岗、失业人员再就业为重点,全面推进劳动就业工作。年初起,全市停止企业富余人员进入再就业服务中心。至年末,全市分流安置下岗职工1.28万人,企业下岗职工数由上年末2.31万人下降到1.03万人,下降55.4%。其中,5县(市)和萧山、余杭区全部完成下岗职工分流工作;市区下岗职工由上年末的2万人下降到1.03万人,下降48.5%。随着下岗职工人数的下降,5县(市)和萧山、余杭区已撤销再就业服务中心,实现下岗职工基本生活保障向失业保障制度的并轨,市区再就业服务中心(站)由上年末的239个下降到36个。

两个"确保"(确保下岗职工领到基本生活费,确保离退休人员按时足额领到基本养老金)继续得到巩固。至年末,全市筹集再就业资金1.23亿元,市本级1.18亿元(企业自筹2460万元、社会筹集4742万元、各级财政安排4588万元),保证100%的下岗职工领到基本生活费;企业离退休人员养老金全部按时足额发放,实现了100%的目标。

2001年,国家劳动和社会保障部提出的第2个"三年千万"(化3年时间,培训1千万下岗、失业人员)培训计划正式启动,杭州市各级劳动保障部门认真抓好落实,广泛开展再就业技能培训、上岗适应性培训和创业培训。全市培训下岗、失业人员5.47万人次,比上年增长48.2%,完成省定目标任务的134.7%。

【四级就业信息网络建设进展顺利】 全市加强市、区两级劳动力市场就业信息网络建设,重点抓好街道(乡镇)和社区的就业信息网络建设。至年末,市区已有40个街道(乡镇)和152个社区建立劳动和社会保障管理站、服务室,实现了信息联网实时运作,分别完成应建站(室)的77%和54%。萧山、余杭两区的就业信息网络建设步伐加快,安装调试了职工介绍、失业保险等计算机软件系统。富阳、桐庐、建德、淳安等县(市)就业信息网络建设已进入安装运行阶段。全年全市职介机构已为26万多名下岗、失业人员和外来劳动者提供就业指导和服务。

【从事非正规组织就业逾2万人】 为促进就业弱势人群的再就业,全市各级劳动保障部门分3个层面(即鼓励支持自主创业,鼓励自谋职业,政府援助就业)开展非正规组织就业。至年末,全市开发非正规组织就业岗位3.15万个(市区1万个),有2.09万名(市区0.5万名)下岗失业人员走上工作岗位,其中市区从事公益性岗位工作0.25万人;审定非正规就业劳动组织92个,其中公益性劳动就业组织31个。

【实行城乡一体化就业】 1月起,市区取消用人单位招用外来劳动力计划审批制度,废止《不准和限制招用外来劳动力行业和工种》等政策规定,实行城乡一体化就业。市外来劳动力市场全年接待用人单位3.22万个,提供岗位18.73万个(人次),接受外来人员求职登记22.8万人次。

较好地完成特种人员的安置任务:全市安置退伍军人和军转干部家属1404人(市区557人),办理原杭州知青子女返杭入户331人,办理职工调动进杭和家属在农村的老职工子女户口对迁106人,选派使馆工勤人员4人,下达特殊工种招工计划18人。新办和续办境外人员在杭《就业证》886人,向境外输出劳务人员52人。

全市各级劳动保障部门积极参与企业改革,努力做好改制企业职工分流安置工作。市本级参与论证、审核企业改制方案55个,协助市政府及有关部门做好改制企业职工思想工作,妥善处理了多起群体性上访事件。

【受理劳动争议案件上升27.8%】 2001年,全市各级劳动争议仲裁委员会受理劳动争议案件1480件,比上年上升27.8%,涉及劳动者3486人;审理结案1433件,结案率96.8%;为用人单位和劳动者追回经济损失3396万元(其中为劳动者追回经济损失2949万元)。

劳动仲裁基础工作进一步加强。至年末,全市有14个劳动仲裁委。其中,12个建立了标准仲裁庭,13个配备了计算机;聘请兼职仲裁员132人,参与办案率38%。全市乡镇基本建立劳动关系协调组织,全年调解劳动争议768起。有3个乡镇的劳动关系协调委员会被列为省级示范点,4个列为市级示范点。全年全市培训劳资人员和企业调解干部1.12万人。杭州市和江干区、上城区、萧山区、富阳市劳动仲裁委员会被省劳动厅评为2001年度省级优秀仲裁委。

继续做好劳动合同鉴证工作。全年全市鉴证劳动合同21.55万份,比上年增长21.3%。其中,首签合同7.19万份,续签合同4.02万份,变更合同1.01万份,外来用工劳动合同8.28万份,乡镇企业劳动合同1.05万份。纠正违法、无效合同7931份,督促企业补签合同1.1万份,制止招用童工6人。

【强化劳动监察】 全市各级劳动保障监察机构结合整顿和规范市场经济秩序工作的展开,认真做好日常巡视监察和社会保险扩面、清理拖欠工资等专项监察,维护了用人单位和劳动者的合法权益。全年全市检查用人单位1.1万个,涉及职工60余万人;为劳动者追回被拖欠工资1714万元,涉及职工3.05万人;补缴社会保险金2342万元,涉及职工3.5万人;为职工2043人清退风险抵押金66.6万元;督促用人单位补签劳动合同21.07万份;清退童工66人。受理群众举报案件4263起,结案率100%;处理突发事件102起,涉及4669人;处理用人单位违法案件4154起,行政处罚用人单位93个。对6956个用人单位进行劳动年检。

【改革企业工资宏观调控办法】 2001年,全市各级劳动保障部门按照宏观管理、微观放开的要求,对企业工资宏观调控办法进行改革。市区除国有(含国有控股)企业外,取消了企业工资总额计划的审批,由企业根据经济效益状况自主决定工资分配。市区核发《工资总额使用手册》703本,审批327个企业的工资总额使用计划,为57个企业追加工资总额。调整企业职工最低工资标准:市区(含萧山、余杭)和富阳市企业职工最低工资标准由380元/月调整到440元/月,临安、建德、桐庐、淳安4县(市)由350元/月调整到410元/月。为建立与现代企业制度相适应的工资分配制度,在全市范围内逐步推行企业工资集体协商制度。至年末,全市建立工资集体协商制度的企业有1391个(市属企业67个)。职工年人均工资收入17645元,比上年增长28.7%;其中企业职工年人均工资收入15855元,增长23.4%。

【推行职业资格证书制度】 2001年,在劳动和社会保障部规定的90个持证就业工种中,杭州市实施的工种由上年的33个增加到60个。全市新批建培训机构8个,批建和调整鉴定机构3个,新增鉴定工种6个。经培训、考核(鉴定),合格发证5.55万人,比上年增长31.2%。其中,获职业技能培训结业证书1.04万人,获初、中、高级职业资格证书4.46万人,获技师资格证书547人。技师社会化考评的工种由上年的12个扩大到17个。

【技校毕业生中级工合格率达99%】 2001年,全市技工学校录取新生3512人(市区1241人),年末有在校学生1.5万人。技校毕业生2920人参加全省统考,中级工合格率为99%。全市职高毕业生10016人参加考工定级,获初级资格证书3387人,中级资格证书1803人,结业证书1236人。在全省技工学校技能运动会上,杭州市分获车工、钳工、汽车修理工团体二等奖,计算机操作员专业团体三等奖。杭州交通高级技工学校经省级评估,增挂杭州技工学院牌子。

【安全生产和安全监察】 2001年,结合全市整顿和规范市场经济秩序工作,全市各级劳动保障部门组织了3次全市性安全生产大检查。至年末,全市工矿企业发生工伤事故143起,死亡85人,受伤76人,直接经济损失1063万元,分别比上年下降7.1%、4.5%、22.5%和5.3%。

推行企业注册安全主任制度。全市举办企业注册安全主任培训班36期,参加培训3035人,其中1933人获初、中级注册安全主任资格。

全市检验电梯3243台,起重机械1220台,厂内机动车辆215辆。检验在用锅炉3717台,在用压力容器1427台,在用液化石油器钢瓶50.25万只;监检生产厂家锅炉2652台,压力容器4726台,各类压力管道2.39万米。对全市中小学校的558台在用锅炉进行逐台检查,查处无证伪劣锅炉98台。

全市对矿山进行3487矿次预防性安全监察,下达直接关闭意见书121份,停产整顿意见书115份,实际关闭矿山397个。对272个矿山进行作业环境检测。

【基本医疗保险制度正式实施】 2月,市政府发布《杭州市城镇职工基本医疗保险暂行规定》。4月1日起,率先在财政、卫生、劳动保障系统实施基本医疗保险制度。至年末,市区参加基本医疗保险人数达73.47万人,收缴基本医疗保险基金(大病保险基金)3.47亿元,支付2.28亿元。为确保基本医疗保险制度的正常运作,经市编委批准建立市基本医疗保险管理服务中心,核定人员编制80人;开发了计算机管理系统;确定92个定点医疗机构和6个定点药店,并与市医保中心实现计算机联网。临安、富阳、萧山、余杭等市(区)的基本医疗保险制度改革方案已报经杭州市政府批复。

【全面推进社会保险制度改革】 2001年,全市参加基本养老保险的在职职工99.30万人(机关事业单位14.09万人),比上年增加17.34万人(机关事业单位增加6.09万人);离退休人员34.77万人(机关事业单位3.71万人),增加3.07万人;收缴养老保险基金36.96亿元,收缴率97.5%;支付离退休费32.35亿元,支付率100%;历年养老保险基金滚存积余15.23亿元,增加4.21亿元。其中,市区参加基本养老保险在职职工56.40万人(机关事业单位5.58万人),离退休人员22.74万人(机关事业单位1.56万人);收缴养老保险基金23.36亿元(机关事业单位2.66亿元),收缴率97.3%;支付率100%;历年养老保险基金滚存积余8.01亿元(机关事业单位4.14亿元)。

全市失业保险参保单位1.13

万个（市区6070个），参保人数95.52万人(市区64.29万人),比上年增加1.92万人;收缴失业保险基金3.05亿元(市区2.08亿元),收缴率96%(市区97%);发放失业救济金3.25亿元(市区1.95亿元),用于下岗职工基本生活保障和再就业资金7767万元（市区7615万元);历年失业保险基金滚存积余2.25亿元(市区2.35亿元)。

全市参加工伤保险职工47.77万人(市区31.16万人),收缴工伤保险基金2891万元（市区1776万元），支付工伤保险费用1229万元(市区589万元)。结合基本医疗保险制度的实施,出台新的《杭州市职工生育保险暂行办法》,7月1日起对职工生育保险的开支渠道和支付办法进行调整，提高了生育补偿标准，实现与部颁标准的接轨。至年末,全市参加生育保险职工60.48万人(市区44.11万人),收缴生育保险基金1715万元（市区1028万元),补偿支付718万元（市区359万元),补偿4749人(市区2787人)。

企业退休人员社会化管理工作取得进展。至年末,市区建立破产企业退休人员管理中心9个，接受退休人员3.47万人;建立街道退休职工活动中心16个，为30个街道和90个社区配备计算机并实现联网。各县(市)及萧山、余杭区的社保经办机构均建立退休人员管理中心，对破产企业退休人员实行直接管理。全市对9.86万名企业退休人员实行不同形式的社会化管理,占企业退休人员的31.9%；对31.06万名企业退休人员实行养老金社会化发放,社会化发放率达100%。市区和富阳市开始对机关事业单位退休人员养老金实行社会化发放。

市劳动鉴定委员会全年接受病退报告2420份，工伤鉴定552份,经鉴定同意提前退休1799人;审批同意从事特殊工种人员退休100人。（吴奕才）

·人事·

【概况】 2001年是全面实施杭州市人才人事“十五”计划的开局之年。全市人事干部紧紧围绕经济建设和市委、市政府的中心工作,统筹安排,突出重点,扎实工作,完成各项人才人事和机构编制工作任务。全市引进各类专业人才21263人；确定新世纪“131”(即:100名45岁左右国内和省内领先的学术技术带头人,300名40岁以下后备学术技术带头人,1000名40岁左右优秀专业技术骨干）人才工程第一批培养人选915人，落实人才培养资金1100万元;接受继续教育的专业技术人员22.9万余人次;进入人才市场应聘的各类人才34万余人次;全市各人才网站实现联网，年点击人数达200万人次；稳步推进机构改革，完成42个市直部门的“三定”(定职能、定内设机构、定人员编制)规定草案的审定；完成全国统一事业单位法人初始登记工作,有3407个事业单位换证。以市政府或市人事局的名义,出台了杭州市人才人事“十五”计划和2010年长期规划纲要、杭州市新世纪人才工程实施意见、杭州市国家公务员培训“十五”规划、杭州市专业技术人员继续教育“十五”规划、“四五”人事普法规划和关于进一步鼓励出国留学人员来杭创业的若干意见等规划和政策性文件。

杭州市人事局被评为全省军转安置工作先进单位。

【引进人才逾2.1万人】 1月,市政府出台了《关于进一步鼓励科技人员创新创业促进高新技术成果转化的若干意见》。该《意见》规定,具有硕士学位或拥有发明专利者，其配偶及未成年子女可随其调迁进杭；具有博士学位或获高级专业技术职务任职资格者，其直系亲属可随其调迁进杭。外省市来杭从事高新技术成果转化项目的经营管理人员，经本人申请，由市有关部门审核后，准予其本人、配偶及未成年子女的户口进杭。通过宣传政策、开通绿色通道、外出招聘、举办人才集市和大型人才交流会及网上人才市场等形式,全市引进各类人才21263人,比上年增长26%。其中,博士57人,硕士研究生318人，本科生8339人；具有高级专业技术职称的266人。

【新世纪人才工程启动】 4月,召开杭州市跨世纪科技人才工程总结表彰暨新世纪人才工程工作会议。会后，各地各部门推荐出杭州市第一批新世纪人才工程“131”优秀中青年人才培养人选1092人,通过组织专家评审和市人才工程协调小组审核,确定第一批“131”培养人选915人。其中,第一、第二和第三层次的培养人选分别为81人、170人和664人。培养人选中有博士48人，本科以上学历的占总数93%,中级以上技术职称的占95%。核拨省“151”人才工程第一、第二层次人

新世纪杭州人才交流大会

选培养经费82万元,资助培养对象从事科研项目129项(市级以上科研项目60项,企业科研项目69项)。落实人才培养资金1100万元。

【公务员培训和专业技术人员继续教育】 全市党群系统和政府机关的公务员(机关工作人员)2700人参加常用英语标注培训考核。全面完成杭州市公务员“九五”培训计划。2001年有1481名机关工作人员报名参加学历教育,其中报考博士、硕士研究生315人,专升本266人,大专919人。市人事局与市委组织部联合下发“十五”期间杭州市开展电子商(政)务培训考核工作的通知,首批培训、考核市直机关和事业单位工作人员330人。完成军队转业干部166人的岗前培训工作。组织专业技术人员和其他管理人员1581人参加继续教育在职学习。通过举办高研班、电子政务(商务)、WTO知识讲座、学历教育和各单位自行组织的各种形式的培训,全市接受继续教育的专业技术人员(含管理人员)229267人次,覆盖面在45%以上。

【组织实施人事考试】 2001年,市人事局组织完成有15414人参加的经济类任职资格、职称外语等全国统考的考务工作,办理、发放11个种类的全国专业技术人员资格考试合格证书8060本。组织实施全市计算机应用能力的培训考核工作,培训考核合格28657人。组织市区原城管监察人员800余人竞争上岗的考务工作,完成有1775人报考的面向社会公开招聘市、区城管行政执法队员的考务工作。组织安排机关事业单位技术工人参加30个工种的岗位培训考核,核发技术等级证书1147本。推荐汽车驾驶员等5个工种的高级工参加浙江省统一考评,有75人取得技师任职资格。

【博士后科研工作站建设初具规模】 2001年,全市企业博士后科研工作站新招博士后2名,新设立博士后课题3项。经国家人事部批准,浙江万马集团有限公司、杭州九源基因工程有限公司、杭州富通集团有限公司建立企业博士后科研工作站。至年末,全市已有企业博士后科研工作站8个,占全省建站总数的42%。

【优化留学人员来杭创业环境】 2001年,市政府出台了《关于进一步鼓励出国留学人员来杭创业的若干意见》,使留学人员来杭创业环境得到进一步优化。市人事局向人事部和省人事厅申报的17个留学人员创业资助资金项目,批准13个。市人事局会同市科委、财政局、高新区管委会等部门,分两批对来杭创业的留学人员28人进行资助,核拨资助资金200万元。先后组织出国留学人员200余人到高新技术产业开发区考察。协助办理留学回国人员10人来杭落户手续,为5人解决子女入学困难。至2001年末,出国留学人员在杭创办的企业有73个,在创业园创业和工作的留学人员230人,总投资额1.23亿美元。报经人事部、科技部和教育部批准,杭州高新技术产业开发区留学人员创业园区被确定为国家级留学生创业示范园区。

【探索职称考评新途径】 2001年,配合全市党政机关机构改革,市人事局下发了《关于党政机关机构改革分流人员专业技术职务任职资格评聘工作的意见》;适应杭州城市化发展需要,拟定了《杭州市消防安全工程技术人员职称评审办法》;探索实行“以考代评”的人才评价途径,拟制了《杭州市档案专业晋升初、中级专业技术资格实行“以考代评”的实施意见》。制订实施了《关于专业技术资格与职务实行评聘分开的实施意见》及有关工资待遇处理的试行意见。允许人事关系不在杭州市的聘用人才评审任职资格。调整、建立和完善职称评审组织和机构,全市有50个高、中级专业技术职务评委会建立了评委库;从实际出发,逐步取消晋升中级职务需经初级评委会推荐等程序;修改和调整了各职务系列晋升中级职务任职资格的破格条件。在滨江区开展职称社会化评审试点取得成效。

全市专业技术人员中,通过评审有4639人取得中级专业技术资格,1276人取得高级专业技术资格。其中,40岁以下晋升高级职务795人。会同有关部门对农技、农机、林业、水利4个专业不具备规定学历的人员进行评审,晋升中级职称136人、初级职称37人;评审通过杭州市乡镇以下企事业单位经济类中级职称160人、初级职称270人;采取“考评结合”方式,评审通过乡镇以下企事业单位安全工程类技术人员中级职称123人、初级职称70人。

年末,全市高、中级专业技术人员分别为1.2万人和7.3万人。

【积极引进国外智力】 2001年,市人事局先后组织市农业局、汽轮动力集团等20多个部门和企业的中高级专业技术与管理人员260人赴美国、德国、澳大利亚等发达国家及香港特区进行业务培训,引进美国、德国、法国、澳大利亚和日本等15个国家与台湾地区的新技术项目66个、专家93人。加快农业引智成果的转化,建立梨、草莓、肉兔养殖新品种、新技术等5个引智成果推广示范基地。市园文局聘请的法国花卉专家罗兰·戈达德博士,获得国家“友谊奖”,受到朱镕基总理的亲切接见。

【接收大中专毕业生增长11.2%】 全年全市接收大中专毕业生18181人,比上年增长11.2%。其中,博士生27人,硕士生318人,本科生6739人,专科生4563人,中专生6543人;进党政机关工作292人,事业单位工作2080人,企业就业9535人。全市接收外地生源的研究生和本科毕业生的数量分别为273人和5194人。组织举办2001年大中专毕业生就业招聘洽谈会,有448个用人单位到场设台招聘,接待各类毕业生8.1万人次,与用人单位达成意向1.85万人次。

【机构改革工作基本完成】 2001年,杭州市机构改革方案经省委、省政府批准后,市机构改革领导小组办公室积极组织实施。拟定了市直

附： 2001年杭州市人才交流会情况

	场次	进场或上网招聘单位数（个）	招聘人才数（人次）	进场人数或总访问量（人次）	达成意向（人次）
人才集市	119	9 300	132 000	517 000	148 000
全市性人才交流会	2	1 521	22 000	233 249	96 178
“世纪精英”高级人才招聘会	3	395		8 846	1 292
杭州人才网（市本级）		412	17 103	1 264 223	-

各单位的“三定”方案和规定，对13个区、县（市）的机构改革方案进行审核和批复；制定《杭州市区、县（市）机构改革实施意见》、《杭州市乡镇机构改革实施意见》、《关于市级机关各部门报送“三定”意见的通知》、《关于杭州市机构改革人员分流的实施意见》、《关于市级党政机关机构改革人员定编定岗的实施意见》等一系列配套文件。机构改革后。杭州市设党委工作部门10个，政府工作部门从原50个精简为40个；城区设党委机构7个，政府机构从原平均22个精简为19个；县（市）党委机构设8个，政府机构由原平均28个精简为23个。全市人员编制精简18%，精简后为5485人；各县（市）编制精简20%，乡镇机关编制精简23%。

【完善公务员管理】 杭州市组织引进高学历人才进党政机关工作。为部分市级机关和区、县（市）录用硕士、博士或具有高级职称的人员15人进党政机关工作；按照公开、公平、竞争、择优的原则，从报考的应届毕业生935人中，选拔录用147人充实公务员队伍。市人事局办理国家公务员调任手续30人，办理转任手续155人（含3个原行政性公司转制后到机关20人，尚未转制公司6人），完成杭州化工控股集团等3个转体公司原机关工作人员43人的分流安置工作。指导市公安局和市司法局等单位的竞争上岗工作。全市参加年度考核的机关事业单位工作人员有166079人。其中，被确定为优秀等次21334人，不称职（不合格）等次228人。建立机关优秀公务员健康休养制度，组织市级机关优秀公务员52人分别赴成都、大连、青岛等地健康休养。

【推行事业单位综合配套改革】 2001年，市政府出台了《关于市属事业单位改制若干政策的意见》。《意见》实施后，全市有192个事业单位改企转制，10.03万名事业单位职工签订了聘用（任）合同。根据《杭州市事业单位技术、管理等生产要素参与收益分配的指导意见》，指导有关事业单位采取科研成果作价入股、年薪制等多种形式搞活分配；积极推行专业技术资格与职务评聘分开工作，坚持在评聘中向优秀中青年和一线专业技术人员倾斜。全年鉴证市属事业单位人员聘用合同3300人次。

【工资福利工作】 2001年，对全市机关事业单位在职人员17.8万人，分别给予正常晋升工资档次和调整工作人员补贴、市定岗位补贴和工资标准，人均月增资498元，其中市级机关事业单位人均月增资530元。对全市机关事业单位离退休人员5.68万人，分别增加离退休费和生活补贴费，人均月增资469元。做好机关统发工资工作，全市列入统发工资的有102个机关单位的在职人员7915人和离退休干部2654人。对经费来源和经济效益发生变化的54个事业单位适时调整了津贴比例。对202个事业单位的工作人员10664人进行健康体检，体检经费从每人40元提高到100元。为机关事业单位职务变动人员21390人晋升职务（技术等级）工资，为机关公务员（含依照公务员管理）4594人正常晋升级别工资和倒级差级别工资，对连续三年考核优秀的公务员385人提前晋升级别工资，为有特殊贡献的退休人员和高级专家53人提高退休费标准，为全市机关事业单位离休干部1560人增加生活补贴，对机关事业单位交流（换岗）、调动人员4560人和安置在机关事业单位的部队转业干部340人的工资作了重新处理，为机关事业单位到龄工作人员3571人及时办理退休手续。

【接收安置军转干部405人】 2001年，全市接收安置计划分配的军队转业干部405人。其中，师职干部3人，团职干部89人，营职干部127人，连排职干部68人，专业技术干部90人，自主择业的军转干部28人；安置在杭州市区（含萧山、余杭）316人，安置在5县（市）61人。在接收安置中，对师、团职转业干部，基本都安排了实职；对获二等功以上奖励的军转干部，分别安排在工商、财税、质量技术监督等党政机关单位。首次对到市级机关的营以下军转干部，实行考试、考核的方法进行安置。全市安置随调家属53人，随迁子女53人。

【人事仲裁和调研】 全年全市处理结案人事争议仲裁案4起。年内，举办仲裁员培训班两期，有182人获得仲裁员资格。各级人事部门积极组织人事调研，撰写调研论文45篇。在省人事厅组织的人事论文评选中，获二等奖1篇、三等奖2篇。完成人才战略研讨文章汇编工作。开展全市非公有制企业人才情况调查，据统计，全市非公有制企业从业人员74万余人，其中专业技术人员21万余人。 （俞兴民）

外事 侨务 台务

·外事·

【概况】 2001年,杭州市外事工作深入贯彻中央外事工作会议精神,发挥为中央整体外交服务、为地方经济建设和社会发展服务两项职能作用,全方位发展对外友好交往合作关系,着力提升杭州在国际上的影响和知名度,为新世纪杭州市外事工作的全面展开奠定了良好的基础。全年来杭访问的境外客人为81.94万人次(含旅游数),比上年增加15.9%。审批因公出国(境)团组1641批、5321人次。

来访的外国政府省部级以上代表团45批、1569人次。主要外宾有:越共中央总书记农德孟、博茨瓦纳议长摩洛莫、阿尔巴尼亚议长吉努什、德国民主社会主义党主席加布里勒·齐默尔、多米尼加共和国劳动党主席弗洛里安、黎巴嫩纳赛尔人民组织主席穆斯塔法·萨阿德、罗马尼亚和平联盟主席多布拉尼奇、阿尔及利亚前总统阿妮莎·布迈丁夫人、意大利前总理达莱马、韩国前副总理赵淳、哥伦比亚总统府秘书长皮萨诺、丹麦外交大臣吕克托夫特、俄罗斯科技部副部长费德罗维奇、泰国最高行政法院院长阿卡通·朱拉叻等。

【主要出访活动】 吴键率团访问法国、西班牙 2月19日~3月3日,市委副书记吴键率杭州市友好代表团一行5人赴法国、西班牙访问。访问期间,代表团参加了尼斯狂欢节,考察了西欧旅游业。

仇保兴率团访问美国、日本 3月6日~18日,以市长仇保兴为团长的杭州市政府代表团一行访问美国、日本。在美期间,代表团与哈佛大学就西湖申报世界自然文化遗产一事进行商谈,并拜会波士顿市市长。在日期间,代表团拜会日本经济通商大臣,与杭州市的友好城市岐阜市、福井市的市长、议长进行会谈,参观了松下、东芝、泰尔茂等在杭州市有投资的公司。代表团还在东京举办杭州投资说明会。

王国平率团访问英国、法国、瑞士 6月7日~20日,省委常委、市委书记、市人大常委会主任王国平率杭州市友好代表团一行7人赴英国、法国和瑞士访问。出访期间,王国平与杭州市友好城市英国利兹市、法国尼斯市政府和议会进行深入商谈;参加在利兹市举行的约克郡国际商务大会,和与会的美国前总统克林顿进行会晤;与尼斯市长商定杭州市派团参加'2002尼斯国际博览会事宜。在瑞士期间,王国平书记拜会中国常驻联合国日内瓦办事处和驻瑞士其他国际组织代表团特命全权大使乔宗淮,会晤世界卫生组织总干事特别代表。王国平出席法国杭州联谊会成立大会并致辞。代表团访问著名跨国公司壳牌国际有限公司、赛诺菲公司、三菱欧洲电讯公司等。

马时雍率团访问南非、巴西 9月7日~19日,市委常委、常务副市长马时雍率杭州市政府代表团一行7人访问南非和巴西。在南非期间,代表团专程拜会开普顿市长和议长。在巴西期间,马时雍代表市长仇保兴与库里蒂巴市市长塔尼古奇签署两市缔结友好城市协议书。

王建满率团访问澳大利亚、新西兰 9月12日~24日,市委常委、萧山区委书记王建满率团出访澳大利亚、新西兰。访问期间,代表团考察了当地的社区建设及公务员管理、培训体制等。

于辉达率团访问日本、韩国 11月17日~28日,市委副书记于辉达率杭州市友好代表团访问日本、韩国。出访期间,于辉达与日本狭山市政府、议会、日中友协,以及韩国丽水市政府、议会等进行会谈交流,会见了韩国前副总理、现任民主国民党总裁赵淳。

丁可珍率团出访英国、德国 11月28日~12月11日,以市人大常委会副主任丁可珍为团长的杭州市人大代表团一行7人访问英国、德国。出访期间,代表团专程拜会利兹市、林堡市市长和议会议长,与两市议会进行了交流,达成继续开展交流的意向。

【主要来访活动】 日本昭和电线电缆株式会社客人访杭 2月20日,市长仇保兴在香格里拉饭店会见来访的日本昭和电线电缆株式会社常务取缔役萝藤昌彦先生一行。仇保兴要求有关部门配合协助完成该株式会社与杭州富通集团公司合资创办的杭州富通昭和电缆有限公司和杭州富通昭和光通信有限公司光纤预制棒项目。

法国赛诺菲公司客人访杭 2月27日,市委书记王国平、市长仇保兴会见来访的法国赛诺菲圣德拉堡公司主席、总裁兼首席执行官戴和克先生一行。

美国休斯顿市客人访杭 2月28日,市委书记王国平在黄龙饭店会见来访的美国休斯顿市市长行政助理谭家瑜女士一行。

日本出版协会客人访杭 3月21日,市委书记王国平在黄龙饭店会见以日本出版协会理事长石原萌记为顾问、东京电力株式会社副社长山本胜为团长的爱华日中友好访华团一行。

荷兰皇家壳牌公司客人访杭 3月22日,杭州市与荷兰皇家壳牌集团公司在西子宾馆签订天然气项目合作意向书。市委书记王国平出席签字仪式并会见来杭访问的壳牌公司天然气和发电集团全球首席执行官琳达科克女士一行。

德国麦德龙公司亚太地区总裁等客人访杭 4月25日,市委书记王国平会见来访的德国麦德龙公司亚太地区总裁贝汉思、德国德累斯登银行上海分行行长贺安盟一行。会见时,王永昌、蒋福弟、胡克昌在座。

日本昭和电线电缆株式会社社长访杭 5月9日，市委书记王国平在西子宾馆会见来访的日本昭和电线电缆株式会社社长权正信行一行。权正信行此次访杭是参加杭州富通昭和光通信股份有限公司股东大会以及杭州富通昭和光通信配件有限公司与昭和电线电缆株式会社合同章程签字仪式的。

澳大利亚堪培拉市市长访杭 5月17日、18日，市委书记王国平和市长仇保兴分别在西子宾馆和黄龙饭店会见来访的澳大利亚堪培拉市市长伽雷·汉弗雷斯一行。两市于18日在黄龙饭店举行以教育和环保为主题的杭州—堪培拉第3次商务合作委员会会议。

挪威驻沪总领事访杭 6月19日，常务副市长马时雍在市政府接待厅会见来访的挪威新任驻沪总领事魏博先生。杭州市与挪威各界人士近年来有过多次互访，在经济方面的合作也有了良好的开端。马时雍希望总领事此次来访能进一步加强双方的联系，促进经济等领域的合作，希望有更多的挪威企业来杭投资。魏博先生表示今后会介绍更多的企业来杭进行经贸交流和投资兴业。

美国中大陆集团董事长访杭 6月23日，市长仇保兴会见来访的美国中大陆集团有限公司董事长拜简·卡萨里一行。在杭期间，客人与杭州康莱特公司签订了投资5000万美元组建由中方控股合资公司的协议。

日本福井市市长、议长访杭 7月7日，市长仇保兴在黄龙饭店会见来访的日本福井市市长酒井哲夫、议长皆川修一等。宾主就两市的友好交流进行深入的交谈。

意大利马切拉塔省客人访杭 7月9日，市长仇保兴在西子宾馆会见来访的意大利马切拉塔省常务副省督保尔先生一行。市政协副主席李明法等参加会见。

美国布朗斯维拉市客人访杭 8月11日，市长仇保兴在西子宾馆会见以素洛蒙为团长的美国布郎斯维拉市代表团一行。会见后，美国布郎斯维拉市工业园区与杭州经济技术开发区举行缔结“姐妹开发区”签字仪式。会见时，副市长金胜山在座。

德国海德堡市市长访杭 8月31日，德国海德堡市市长碧特·威柏尔女士一行6人来杭访问。市长仇保兴和市人大副主任杨耀梁等分别会见、宴请了代表团。

日本三菱电机株式会社客人访杭 9月21日，市委书记王国平在浙江世贸中心会见来访的日本三菱电机株式会社高级副总裁中西道雄一行。会见时，副市长金胜山在座。在杭期间，客人们参加该公司与西湖电子集团合资建立的三菱数源移动通信设备有限公司的开业典礼。

日本栃木县客人访杭 10月15日，市人大常委会副主任丁可珍会见了以副议长相马宪一为团长的日本栃木县县市议会议长访华团一行。

法国安万特作物科学公司主席访杭 10月18日，市长仇保兴在市政府会见来访的法国安万特作物科学公司主席及首席执行官贝特朗·梅赫先生一行。在杭期间，客人们参加杭州农药厂与安万特公司合资兴建的“锐劲特”农药投产庆典仪式。

韩国前副总理访杭 10月19日，市委书记王国平会见来访的韩国前副总理、现任民主国民党总裁赵淳一行。赵淳先生是韩国政界、经济界资深人士。10月21日，市长仇保兴在市政府会见赵淳，并授予赵淳“杭州市政府经济顾问”称号。

驻华使节代表团访杭 10月21日，市委书记王国平会见应邀来杭参加西博会的摩洛哥、南非等国驻华使馆及南斯拉夫、瑞士、以色列、比利时、印度等国驻沪总领馆的使节代表团。朱报春、张明光、金胜山、李明法等参加会见。

英国利兹市市长访杭 10月23日，市委书记王国平会见来访的英国利兹市市长大卫·哈德森一行。马时雍、王永昌、丁可珍、金胜山、陈士良等参加会见。

韩国庆山市市长访杭 10月30日，市长仇保兴在西子宾馆会见来访的韩国庆山市市长崔喜旭。双方签署了两市友好交流协议书。市人大常委会副主任杨耀梁参加会见。

菲律宾碧瑶市市长访杭 10月31日，市长仇保兴在黄龙饭店会见由菲律宾碧瑶市市长伯纳德·弗加拉、国会议员杜摩根率领的代表团。副市长杨戌标参加会见。

韩国江原道民日报客人访杭 11月8日，市委副书记吴键在西子宾馆会见由安享淳社长率领的韩国江原道民日报社友好交流代表团。吴键对安享淳社长一行专程来杭参加杭州日报报业集团成立表示欢迎，希望江原道民日报与杭州日报的友好交流不断发展，并成为两地经济、文化、旅游等方面交流与合作的“桥梁”和“窗口”。

授予赵淳先生“杭州市政府经济顾问”称号仪式

【主要外事活动】 市友协召开2001年理事会 2月8日下午，杭州市人民对外友好协会2001年理事会在浙江世贸中心召开。市友协会长虞荣仁和副会长吴键、王建满、史济烜出席会议并讲话，省友协副会长韩国劲到会祝贺，市友协常务理事和各县（市）友协、各开发区管委会以及各区外经贸局负责人50余人参加会议。

联合国生物技术和生物安全相关的生命伦理学研讨会在杭召开 4月2日，联合国教科文组织和杭州市政府在杭召开该研讨会。会议的组织者是中国科学院基因组信息学中心/华大基因研究中心。在历时3天的研讨会上，来自海内外的生物、社会、医学和法律等领域专家14人，对生命伦理学进行富有成果的研讨。副市长金胜山到会致欢迎词，并代表市政府宴请全体代表。

全省外事工作会议在杭召开 5月16日～17日，浙江省外事工作会议在杭召开。来自各市、县政府和外办及省直机关有关单位分管外事的领导、外事部门负责人470余人参加会议。省委书记张德江、省长柴松岳、省委副书记周国富、副省长王永明出席会议，并向首次获"外交部资深地方外事工作者"称号的30位浙江省外事工作者颁发荣誉证书。外交部新闻司司长、发言人朱邦造和外管司参赞郑祥林出席会议并作报告。

杭州市获"联合国最佳人居奖" 10月1日，联合国世界人居日庆典活动在日本福冈市举行。杭州市政府被联合国人居奖评选委员会评定为9个"最佳人居城市"之一。9月30日～10月5日，仇保兴市长率杭州市政府代表团赴日本福冈市参加联合国人居日大会，并接受2001年联合国人居奖。代表团顺访京都、名古屋等地。

友城展中尼泊尔勒利德布尔市展位

举办第2届中国（杭州）友好城市国际消费品展览会 11月1日～4日，该展览会在浙江世贸中心举办。菲律宾碧瑶市长、韩国庆山市长、英国利兹市副市长和俄罗斯喀山市、尼泊尔勒利德布尔市、澳大利亚堪培拉市、德国符登保州、日本岐阜市、福井市、韩国丽水市等国外10城市、15个代表团的外宾70余人来杭参加友城展。王国平、汪希萱、仇保兴、朱报春、华丽珍、李松春、金胜山、沈者寿等省市领导到现场参观指导，中国人民对外友好协会办公厅副主任何及锋和浙江省外办主任蔡舜等出席展览会开幕式。

'2001浙江省暨杭州市国际马拉松赛在杭举行 11月3日～5日，由省友协、省体委和杭州市外办联合举办的'2001浙江省暨杭州市国际马拉松赛在西子湖畔举行。杭州市邀请的日本岐阜、福井、狭山、向日、松江、东金等市的选手100余人参加了马拉松赛，并在此期间与杭州市有关单位进行了交流。市长陈重华出席开幕式。

第3届西湖国际中小企业研讨会在杭举行 11月9日～11日，该研讨会在浙江工业大学召开。来自国内及加拿大、美国、澳大利亚、韩国、马来西亚等国家的专家参加了研讨会。市人大常委会副主任张在堂出席开幕式并致词。此项活动由浙江工业大学及杭州市外办主办。

（傅荣昌）

附：国际友好城市简介

巴西库利蒂巴市 2001年9月19日与杭州市缔结为友好城市。该市位于巴西东南部，海拔3000米，濒临大西洋，城市面积431平方千米，人口130万，系巴西巴拉那州首府。库利蒂巴市主要工业有家具、纸张、汽车、水泥、卷烟和纺织品，也是茶叶、啤酒、果汁、木材和牛肉的重要加工中心。库利蒂巴市建有面积为43平方千米的新工业城，吸引国外企业来该市投资办厂。

库利蒂巴市是一个多民族、多元文化城市，有许多意大利、德国、波兰、叙利亚和日本移民。该市是巴西的教育、文化和现代化商业中心，市内有巴拉那公教大学（建于1959年）、巴拉那联邦大学（建于1912

附： 2001年杭州市其他主要出访团组

出访时间	代表团团长及职务	出访代表团	出访国家
2001-04	副市长金胜山	杭州市赴美招商代表团	美国
2001-05	副市长杨戌标	杭州市政府代表团	巴西、阿根廷
2001-05	副市长陈重华	杭州市友好代表团	意大利、奥地利
2001-05	副市长项勤	杭州市政府代表团	美国
2001-07	市人大副主任李松春	杭州市文艺代表团	摩洛哥
2001-08	市政协副主席董燮清	杭州市教育代表团	法国
2001-09	市人大副主任华丽珍	杭州市人大代表团	澳大利亚、新西兰

附： 2001年杭州市领导会见其他重要来访团组

来访时间	会见领导及职务	来访贵宾及代表团
2001-01-03	市人大副主任张明光、副市长金胜山	美国内陆帝国商会考察团
2001-01-06	副市长金胜山	阿联酋乌姆干湾酋长国王子、国王办公室主席、海关码头免税区总裁阿姆拉一行
2001-01-17	副市长金胜山	法国圣戈班集团(世界500强)玻璃纤维公司总裁凯里亚利一行
2001-01-18	市长仇保兴	美国哈佛大学设计学院西湖申报世界自然文化遗产专家组
2001-01-18	副市长金胜山	挪威驻华大使馆商务参赞一行
2001-01-19	副市长金胜山	阿塞拜疆盖恰乌市市长加拉巴格雷一行
2001-02-16	市委书记王国平、市长仇保兴	杭州活水宽带通信系统城项目台湾、美国开发访问团
2001-02-16	副市长金胜山	美国 Polymer Technology 公司国际业务部主任一行
2001-02-21	副市长金胜山	美国前国家安全事务副顾问、马克基金会斯坦伯格一行
2001-03-01	副市长金胜山	英国利兹市中小企业家代表团及陪同来访的英国驻沪总领事苏保罗
2001-03-01	副市长金胜山	英国怡和集团中国首席代表团韦蔼德一行
2001-03-29	副市长金胜山	美国眼力健公司全球营运副总裁夏捷女士一行
2001-04-09	副市长金胜山	美国商网总裁董家威一行
2001-04-26	市委书记王国平	日本三菱电机株式会社通信系统产业本部武晃副部长一行
2001-05-08	副市长丁德明	意大利卡拉比市代表团
2001-05-14	副市长陈重华	日本日中文化交流协会会长团伊玖磨一行
2001-05-16	副市长安志云	美国普渡大学福莱德博士一行
2001-05-22	副市长金胜山	美国伟创力公司董事长麦克·马克斯一行
2001-05-23	副市长马时雍	美国思科网络系统公司高级副总裁李思睿一行
2001-05-25	市委副书记吴键	韩国丽水市书法协会会长宋泗锡一行
2001-06-01	副市长安志云	日本大分县大正琴友好交流访华团
2001-06-12	副市长金胜山	日中经济协会副会长、日本朝日啤酒株式会社社长濑户雄三
2001-06-18	副市长安志云	联合国开发计划署官员苏法拉德·荷一行
2001-06-21	副市长马时雍	英国渣打银行中国区总裁黄远辉一行
2001-07-05	市长仇保兴	美国科学院院士、诺贝尔奖获得者穆拉德一行
2001-07-10	市长仇保兴、市人大副主任张明光	日本狭山市代表团
2001-07-17	副市长陈重华	美国波士顿市哈佛大学妇女问题研究所专家组
2001-07-18	副市长金胜山	以色列驻沪总领事康雅柏
2001-07-24	副市长金胜山	尼泊尔中国研究中心代表团
2001-08-21	副市长项勤	澳大利亚堪培拉市教育局长福兰·辛顿女士一行
2001-08-31	市长仇保兴	出席国际人类基因组计划协作组第10次战略会议的国际著名科学家
2001-09-03	副市长安志云	德国耶格尔集团总裁安德列·耶格尔一行
2001-09-11	副市长金胜山	丹麦驻沪总领事魏思远
2001-09-12	市长仇保兴	以色列新任驻沪总领事马奕良
2001-09-14	副市长金胜山	纳米比亚驻华大使盖平一行
2001-09-18	副市长金胜山	委内瑞拉驻华大使胡安·蒙蒂利亚一行
2001-10-10	市长仇保兴	美国 IFF 香精香料总公司总裁高仕敦一行
2001-10-12	市长仇保兴	日本东芝株式会社多媒体网络公司社长西田厚聪一行
2001-10-16	副市长丁德明	芬兰可恩索联合纸业有限公司总裁苏萨米一行
2001-10-19	市人大副主任丁可珍、副市长安志云	杭州市荣誉市民杉山幹夫、中嶋岦、长濑登、村濑恒治等
2001-10-22	市长仇保兴	日本松下电化株式会社社长林义孝一行
2001-10-22	副市长项勤	日本枥木县青年代表团
2001-10-26	市委书记王国平、副市长金胜山	摩托罗拉中国总部总裁高瑞彬一行。
2001-11-02	市长仇保兴	英德拉为团长的尼泊尔商会代表团
2001-11-08	副市长金胜山	加拿大驻沪总领事贝思德一行
2001-12-04	副市长金胜山	瑞士新任驻沪总领事汉斯·罗斯一行
2001-12-18	副市长丁德明	韩国情报通信部副部长金东善一行
2001-12-30	副市长丁德明	日本东芝公司总部高层领导代表团

年)、巴拉那博物馆,还有著名的巴拉那大教堂(建于1892年)及巴卡谢里湖畔的具有埃及风格的寺庙。

库利蒂巴市城市基础设施齐全,公共交通极为发达,被联合国列为发展中国家城市公共交通系统最佳城市。该市对外交通便利,有公路、铁路和航空线与巴西其他主要城市相连接。(杜士根)

·侨务·

【概况】 2001年,杭州市侨务部门紧紧围绕为现代化建设服务这个中心,加大引资引智力度,拓展对外交流渠道,抓好依法护侨工作,充分发挥华侨华人和归侨侨眷的优势,为新世纪侨务工作的全面发展创造了良好开端。

全市侨务系统全年接待华侨华人和港澳同胞830人次,处理来信来访156件(次),为"三侨"考生出具身份证明27人次,为已故归侨侨眷安葬南山公墓出具证明18人次,为华侨投资者享受随迁户口政策出具证明7人次,帮助来杭投资的侨商获得来华(5年)免签证待遇8人次,向困难归侨发放扶贫金4000元。

市侨办帮助海外侨胞成立欧洲杭州联谊总会和法国、意大利、德国、挪威、西班牙、比利时、卢森堡等8个杭州联谊会,接受香港应善良福利基金会的两个捐赠项目计33.36万元,与市公安局联合签发出台《华侨、港澳投资企业报户口管理办法》。

市侨联新创办机关刊物《杭州侨联》,全年出刊6期;印发《中华人民共和国归侨侨眷权益保护法》和实施办法合订本3500册;组织全市侨务干部和归侨侨眷参加"冠城园杯"《归侨侨眷权益保护法》知识竞赛,发放试卷1950份,返回答卷3175份,返回率达162%,被主办单位中国侨联、国务院侨办、法制日报社评为单位组织奖;11月,市侨联福利基金会第12次暨石华玉医学专项奖第11次颁奖大会在杭召开。

【加大留学生创业园引资引智力度】 2001年,市侨办在上年争取到杭州留学生创业园作为国侨办重点联系单位的基础上,加大引资引智力度,积极向海外留学人员宣传创业园的规划建设、创业发展情况以及杭州市的留学人员创业政策,以吸引更多的海外留学人员来杭创业。至年末,杭州留学生创业园的留学人员企业已从上年挂牌时的27个增至70个,注册资金近9000万美元,总投资额达1.2亿美元,留学人员总数超过200人。

全年组织海外留学人员和侨商投资者24批次、150人来杭进行考察和项目洽谈。其中市侨办直接联系签约的项目5个,引进外资150万美元;引荐成功项目3个。

【杭州市海外交流协会成立】 10月30日,杭州市海外交流协会举行成立大会。市委书记王国平给大会发来贺信,市委副书记于辉达到会并讲话。市领导李松春、金胜山、董燮清等出席成立大会。杭州市海外交流协会是由在杭的华侨华人、港澳同胞、留学生及其投资的企业、杭州市的企事业单位、社团及个人代表组成的地方联谊性组织,其宗旨是促进杭州与海外在经济贸易、科学技术、文化教育、新闻传播、旅游观光、体育卫生、社会福利等领域的交流与合作,为杭州的经济社会发展服务。

【拓展对外交流渠道】 2001年,市侨办接待来自美国、日本、荷兰、法国、德国、挪威、卢森堡、比利时、西班牙、奥地利、意大利、澳大利亚、泰国、加拿大、中国香港等国家和地区的海外来宾38批、276人次。特别是西博会期间接待海外客人80多人次,接待量为上年的4倍。陪同法国华侨华人会考察团、奥地利华人总会考察团的客人考察了杭州高新技术产业开发区、东方通信股份有限公司和余杭经济技术开发区。在接待中,市侨办向客人介绍杭州的地理、人文环境、投资政策,发放西博会宣传资料,宣传近年来杭州市在城市建设、经济发展等方面取得的成就。

【开展华文教育工作】 7月,市侨办组织来自美国、法国、中国香港等地的华裔青少年28人来杭参加"新世纪故乡行"活动,并赴北京参加"'2001中国寻根之旅"活动。在杭期间,组织营员们参观、植树,与杭州市青少年联欢,在浙江大学学习中文。在京期间,党和国家领导人李岚清等接见了营员们并讲话。通过活动,使华裔青少年受到中国传统文化的熏陶,增进了对中华民族悠久历史和灿烂文明的了解和认识,也加强了世界各地青少年学生之间的交往与情谊。

【接受华侨捐赠33万余元】 7月,市侨办派员陪同香港应善良福利基金会代表参加富阳、淳安、建德等地捐建学校的竣工典礼。应善良福利基金会代表认为香港沈炳麟先生捐资建学的精神在杭州市各个捐建点都得到很好的体现,在当地起到很好的作用。实地考察后,香港应善良福利基金会又签订了捐建富阳市渔山乡辅导小学"庆恩楼"15.12万元和捐建桐庐县石阜镇中心小学"庆恩楼"18.24万元两个捐赠协议。

【举办侨务干部业务培训班】 3月,为深入学习邓小平侨务思想,贯彻执行涉侨法律法规,提高全市侨务干部的综合素质,市侨办、市侨联联合举办杭州市侨务干部业务培训班,来自各区、县(市)、乡镇、街道的侨务干部35人参加此次培训。培训中,除组织学员学习《归侨侨眷权益保护法》、侨务对台工作、侨务信访工作、WTO等方面的知识外,还组织学员分赴侨乡实地考察。

【参政议政落到实处】 做好人大代表、政协委员的推荐工作。2002年是杭州市人大、政协的换届之年,市侨联专门召开有侨联委员和老同志参加的推荐会,按照组织程序做好侨界人大代表、政协委员候选人的选拔、考察工作。全市推荐侨界人大代表候选人5名,政协委员8名。在市政协全会上,市侨联提交的《在全

附：2001年杭州市领导会见来访华侨华人、港澳同胞

来访时间	会见人及职务	来访的华侨华人、港澳同胞或社团
2月17日	副市长金胜山	香港五丰行有限公司董事长陈树林一行3人
2月27日	副市长金胜山	美国浙杭同乡会会长丁德坤夫妇
3月7日	市委书记王国平	法国杭州联谊会会长朱天东一行2人
3月28日	市委书记王国平	欧洲杭州联谊总会会长胡玉梅一行2人
4月29日	副市长丁德明	在日中国科学技术者联盟访问团一行6人
5月25日	副市长丁德明	德国GEDYS INTERNET PRODULTS AG公司董事长兼首席执行官Geishausey
5月31日	市委书记王国平	荷兰你好集团董事长吴洪刚
6月17日	副市长金胜山	美国江浙工商总会会长李天骥一行13人
8月8日	市委书记王国平	奥地利健达贸易有限公司董事长倪健
9月17日	市委书记王国平 市委副书记于辉达	美籍华人、著名社会活动家陈香梅女士
9月20日	市委副书记于辉达	澳籍华人、著名画家姚迪雄
10月9日	副市长金胜山	日本盐濑总本家川岛一世访华祭祖团一行13人
11月30日	副市长金胜山	参加浙江海外学子回国创业发展研讨会的留学生代表33人
12月12日	市委书记王国平	香港知名人士、全国人大常委会香港基本法委员会副主任、香港亚洲电视董事局主席黄保欣

市各区、县(市)建立健全基层侨联组织，以充实、完善政协界别组成》团体提案得到中共杭州市委的重视。9月3日，中共杭州市委书记办公会议研究同意成立杭州市各区侨联；12月21日，市委办公厅就建立杭州市城区侨联组织以书面形式下发5点意见。

据统计，2001年全市各级侨界人大代表、政协委员向人大、政协会议提交的提(议)案82件，其中涉侨提(议)案6件。

【杭州市侨联青田籍归侨侨眷联谊会成立】4月，杭州市侨联青田籍归侨侨眷联谊会正式成立。该联谊会是居住在杭州地区的青田籍归侨侨眷和青田籍各界友好人士的社团组织，是杭州市侨联的团体会员。联谊会的宗旨是高举社会主义、爱国主义两面旗帜，联系和团结海内外各界人士，为弘扬民族文化，早日实现祖国统一，促进祖国和家乡的繁荣昌盛作出贡献。联谊会聘请邱竹仁、孙民权等45名海外侨领为高级顾问、名誉会长。联谊会成为市侨联拓展海外工作的有效载体。联谊会全年开展各类活动8次；在市侨联的支持下创办会刊《心声》，年内出刊2期。

【组织参加"百名博士浙江·杭州行"活动】"百名博士浙江·杭州行"活动是省委统战部、杭州市政府、省工商联、省侨联联合举办的大型海外交流活动，也是杭州西湖博览会的一项重要内容。为组织好杭州籍海外博士参加此次活动，市侨联专门发文要求各县(市)侨联积极参与和搞好服务接待工作。全市各级侨联向世界各地的杭州籍海外博士发出邀请函137封，收到返回参加活动意向函14封，最后确定邀请4名博士。活动期间，市侨联组织区、县(市)侨务干部21人参加企业与海外高新技术合作洽谈会；帮助加拿大博士黄海啸、美国博士侯凤联系杭州依维柯汽车齿轮有限公司和杭州临安青蜂竹制品有限公司，双方洽谈后已达成合作意向。

(郑 军 苏 挺)

·台务·

【概况】2001年，杭州市的对台工作坚持党的"和平统一、一国两制"基本方针和江泽民提出的"八项主张"，深入开展"反台独、反分裂"斗争。围绕"强化对台招商年"这一工作重点，加强对台招商引资，推进杭州台湾交流交往。及时妥善地处理好涉台突发事件，高度重视做好防范台湾地区"法轮功"分子渗透境内的工作，确保全市社会稳定和各项对台工作的完成。

全市台办系统进一步转变工作作风，在为台胞台属服务中，推行"立即办"制度，提高服务质量。全年受理台胞台属投诉和信访250件(次)，帮助台商办理申领本地驾驶证和年检年审75人，办理公园和寺庙票34人，帮助解决台商子女入学3人，会同有关部门妥善处理台胞死亡、遭劫等涉台突发事件5起。7月，省、市人大对杭州市贯彻和宣传《台湾同胞投资保护法》和《浙江省台湾同胞投资保护条例》的情况进行检查，肯定了杭州市在严格执法、依法维护台胞台商权益上所取得的成绩。

【新引进台资企业逾百个】 2001年，全市新引进台资企业111个、总投资2.17亿美元、协议利用台资1.52亿美元，分别比上年增长122%、115.8%和91.7%。其中市台办直接牵线引进台资企业5个，协议利用台资3600万美元。年内有台湾日月光、力霸、统一、茂业、电机电子同业公会、新竹科学园区同业公会和宽频传输技术协会等企业团体49批、801人次应邀来杭考察。杭州市组织各类经贸团组赴台考察12批、53人次。市台办与台湾工商行政管理大学建立了合作定点招商关系，直接为台商考察杭州、投资杭州提供服务。在省经贸洽谈会、西博会及台资企业协会节庆等活动期间，集中力量开展对台招商引资工作。

结合招商引资工作，年内杭州市两度举行台商投资说明会。3月31日，邀请台湾电机电子同业公会访问团成员110人参加投资说明会；10月27日，应邀来杭参加西博会的台商120人与台湾3家新闻媒体参加了投资说明会。说明会上，市领导和市有关部门介绍杭州的投资环境，欢迎台商来杭投资兴业。

【杭台交流交往保持高发展态势】2001年，来杭探亲、旅游和经贸考察的台胞21.9万人次，杭州市赴台交流团组28批、234人次。来杭台胞和赴台交流人数均比上年有较大幅度的增加。杭州市党政干部赴台交流层次提高，数量增多，分管对台工作的市委副书记、副市长和市政府两位副秘书长以及市有关部门负责人等市管以上干部25人赴台进行交流考察，各级台办干部和市级有关部门干部13人也赴台考察交流。台湾上层人士来杭比上年增多。交流范围涉及经济、文化、科技等各个领域。

【对台宣传与涉台教育形式多样】2001年，杭州市各级台办通过举办报告会、座谈会等形式宣讲台湾形势和两岸关系，宣传中央对台方针政策和江泽民提出的“八项主张”。市台办全年编印《台情参考》9期、《杭州对台工作》18期、《涉台工作情况反映》24期，做好涉台教育工作，增强干部群众的涉台意识。市台办、市新闻办、市直机关党工委联合组织全市各级干部和群众参观台湾问题图片展。

市台办邀请中央电视台和多家台湾传媒来杭采访。5月，中央电视台《天涯共此时》栏目组来杭，全程拍摄由台湾同胞捐赠骨髓、浙江大学附属第一医院为白血病患者进行骨髓移植手术的实况，并通过卫星转播了该节目。7月，台湾真相电视台派出3个摄制组来杭，围绕“住在杭州、学在杭州、游在杭州、创业在杭州”的主题，开展为期11天的全方位采访拍摄，制作成20余集反映杭州市经济和社会发展成就的电视专题片，在台湾连续滚动播出1个月。10月，台湾东森卫视、《工商时报》、《少年中国晨报》、《投资中国》4个新闻媒体应邀来杭采访西博会，在台湾媒体上发表有关西博会的消息和系列报道。

举办“杭州—台湾两地名家书画展”

【杭州海峡两岸经济文化交流促进会成立】经杭州市政府同意、市民政局批准，杭州海峡两岸经济文化交流促进会于7月20日正式成立。该会以“爱国、团结、统一”为宗旨，以“推动、促进杭台两地的经济文化交流与合作”为职责，以“最终实现祖国的完全统一和中华民族的伟大复兴”为目的。10月17日~19日，促进会在杭州画院，与台湾中华博远经济文化协会共同主办“杭州—台湾两地名家书画展”，弘扬中华文化，促进祖国统一。

【台北—上海城市论坛会议参访团来杭参观考察】3月3日，参加完台北—上海城市论坛会议的台北市政府代表团部分成员，从上海专程来杭考察。考察期间，参访团就城市发展、交通、环保、教育、文化等议题与杭州市有关方面进行广泛的交流，参观了胡雪岩故居，游览了西湖、灵隐寺等名胜。

【举行海峡两岸“人·水·环境·发展”研讨会】9月15日~20日，2001年海峡两岸“人·水·环境·发展”研讨会在淳安县千岛湖举行。该研讨会系国务院台湾事务办公室2001年的重点交流项目。来自海峡两岸的环保、旅游界专家和学者及有关人士83人参加了研讨会。会议收到学术论文38篇，就湖泊资源科学保护和旅游开发等课题进行了广泛的学术交流，形成许多创新理念。

（张万林 金寿林）

政 法

·综述·

【概况】 2001年,全市政法机关紧紧围绕服务经济建设这一中心工作,把维护稳定作为压倒一切的任务,坚持以落实领导责任制为龙头,以"严打"整治斗争为重点,以夯实基层基础工作为着力点,以加强队伍建设为保障,充分发挥职能作用,严厉打击严重刑事犯罪活动,认真落实社会治安综合治理的各项措施,维护了社会政治稳定,为杭州市"构筑大都市,建设新天堂"营造了良好的治安环境和法制环境。

开展与敌对势力和"法轮功"等邪教组织的斗争,对企图利用热点、敏感事件制造事端的敌对势力依法进行查处。加强对"法轮功"骨干分子的监控,查堵"法轮功"顽固分子进京"护法"活动,认真做好"法轮功"一般练习者的教育转化工作,有效遏制了"法轮功"问题的反弹。

全力开展"严打"整治斗争,依法从重从快打击各类严重刑事犯罪和经济犯罪,并对治安混乱地区和突出的治安问题进行重点整治。

认真学习推广"枫桥经验",全面落实社会治安综合治理各项措施。继续深化安全文明小区(村)创建活动,"创安"覆盖率进一步提高。规范外来人口管理,在实行公寓式管理的基础上,逐步推开信息网络化、服务规范化、管理社会化的"三化"管理模式。普遍建立健全了矛盾纠纷排查调处工作领导责任制和群体性事件的防范机制,多数矛盾纠纷和群体性事件得到有效处置。积极探索刑释解教人员安置帮教工作的新举措,有效巩固改造成果。

实施市委、市政府反腐败斗争的总体部署,采取有力措施,严肃查处一批贪污、贿赂、渎职等职务犯罪案件,挽回经济损失3260多万元。

坚持"公开、公平、公正"原则,努力推进司法改革。政法各部门从健全执法监督体系入手,进一步落实执法责任制和错案追究制,提高了执法工作水平。全市各级党委政法委认真履行党内执法监督职能,全年依法协调疑难、重大案件299件,督办重点案件80件(纠正2件),促进了公正执法。自觉接受人大代表、政协委员、人民群众以及新闻舆论的监督,增强了司法工作的公开性和透明度。

坚持"内强素质,外树形象"的要求,大力加强政法队伍建设。继续在全市政法队伍中开展"争创人民满意"活动,树立典型,弘扬正气。加强人事制度改革,建立和完善公开、公平、竞争、择优、能上能下、能进能出的用人机制和竞争激励机制,提高队伍的整体素质。同时,以严肃法令、政纪为重点,严厉查处干警队伍中的违法违纪问题。

8月31日,杭州市社会治安综合治理学会正式成立。

【签订社会治安综合治理目标管理责任书】 年初,市委书记王国平、市长仇保兴与13个区、县(市)和17个市属有关部门签订了2001年度社会治安综合治理目标管理责任书,把维护社会稳定的责任落实到第一责任人身上。经考核,签约的30个单位全部达标,其中拱墅区、淳安县、市农经委、市妇联等4个单位被评为优秀达标单位。

【开展"严打"整治斗争】 4月起,全市政法、综治部门按照上级的统一部署,围绕中央提出的"两年内社会治安取得新的明显进步"和市委提出的"首善之区"的工作目标,全力开展"严打"整治斗争,依法从重从快打击各类严重刑事犯罪和经济犯罪。在开展"严打"斗争的同时,市综治委组织力量对全市10个重点治安混乱地区进行重点整治。通过整治,治安状况得到明显改善。"严打"整治斗争开始后,全市刑事发案率增幅连续8个月下降。

【开展"法制下乡"活动】 2001年,市政府拨款70多万元用于"法制下乡"活动;市综治委组织编写了《农村常用法律知识读本》送到全市每户农民家中。年底,市综治委组织有关单位开展了"农村青少年法律知识竞赛"活动,提高了广大农民特别是农村青少年的法制意识。

【矛盾纠纷排查调处】 年初,市委办下发《关于进一步加强矛盾纠纷排查调处工作的实施意见》。各地按照要求,普遍建立了矛盾纠纷排查调处工作领导责任制和群体性事件的防范机制,坚持每季度一次排查矛盾纠纷,及时掌握矛盾纠纷的动态,采取法律的、行政的、经济的手段,把大量的人民内部矛盾解决在基层。全年全市发生的747起群体性事件,多数得到及时处置。

【设立市委维护稳定工作领导小组】 根据浙维稳[2001]1号文件精神,杭州市委设立了维护稳定工作领导小组及其办公室。市委副书记于辉达任组长,市委常委、常务副市长马时雍,市委常委、市委秘书长王永昌,市委常委、宣传部部长顾树森,市委常委、公安局局长盛继芳任副组长,市委政法委副书记龚源良兼办公室主任,办公室设在市委政法委。

【召开社会治安综合治理工作会议】 9月26日,杭州市召开社会治安综合治理工作会议,市委副书记于辉达到会并讲话。会议对1991年以来杭州市贯彻中共中央、国务院和全国人大常委会《关于加强社会治安综合治理的决定》所取得的成绩作了充分肯定。会议指出,社会治安综合治理工作事关改革发展和人民群众安居乐业,在新的历史条件下,各级党委、政府必须以"三个代表"重要思想为指导,认清新形势,探索新路子,落实新举措,努力做到"预警早、打得狠、防得牢、调处好、管得严、教育好”,为杭州市“构筑大都市、建设新天堂”营造良好的社会环境。会议还要求,西博会重大活动必须做到“不失一把火,不死一个人,不发生一起政治性事件”。(楼敏雄)

·公安·

【概况】 2001年,全市公安机关紧紧围绕经济建设大局和“建经济强市,创文化名城”的战略目标,大力开展严打整治斗争,继续深入基层基础工作和防控机制建设,切实改进和加强公安行政管理,扎实推动公安队伍建设,为杭州市经济社会的快速发展和持续稳定做了大量卓有成效的工作。始终保持高度的政治敏锐性和鉴别力,继续深入开展同“法轮功”等邪教组织的斗争,社会政治稳定的局面得到巩固。出色完成西博会等多项大型活动的安全保卫工作任务,实现市委、市政府提出的“不失一把火、不死一个人、不发生一起政治性事件”的总体目标。

全年全市公安机关破获各类刑事案件19694起,破案增幅高于发案增幅6.2个百分点;抓获网上逃犯2000多名;对全市43处治安混乱地区和场所进行专项整治。在公安部组织的明察暗访中,人民群众对杭州市社会治安的满意率名列全国30个大城市首位。认真开展“无毒害社区”创建活动,之江度假区成为全市首个无毒害地区。在全市开展“金融系统安全防护设施达标年”活动,达标率84.7%。大力收缴枪支弹药,切实加强烟花爆竹和危险物品管理。积极开展公众娱乐场所消防整治,杜绝了群死群伤恶性事故。扎实推进畅通工程和平安大道创建活动,畅通工程保持全国A类城市二等管理水平。社区警务工作取得新进展,市区275个社区中,已有248个落实社区警务用房。积极投入创建“安全社区”工作,安全文明小区巩固率达88.3%,实现了市综治委提出的创建目标。全市公安机关投入经费1400万元用于科技装备和技术改造。市区全面实现网上迁户。坚持管理与服务并举,推动行政审批制度改革,放宽进杭入户限制,为招商引资和人才引进创造了条件;继续开展创建人民满意活动,推出善待外地客、外地车措施,促进了假日经济和旅游经济的发展。

全市公安机关认真贯彻政治建警、从严治警、依法治警、从优待警方针,推进队伍规范化、正规化建设。组织开展民警岗位练兵和警务技能大比武活动和“三项教育”回头看活动,提高了队伍整体素质。全面推行治安案件公开裁决、交通事故责任公开认定及刑事案件受理回执制。深化干部人事制度改革、公开选拔任用优秀中青年干部。成立了民警执法权益保护委员会。年内涌现出二级英模张仲新等一大批先进个人和先进集体。

全年发生道路交通事故9740起,死944人,伤5869人,造成经济损失6815.44万元;发生火灾事故2913起,死19人,伤21人,直接经济损失1124.89万元。

【全力维护社会稳定】 2001年,全市公安机关对维护社会稳定工作紧抓不松。坚持以防止敌对势力现行破坏为重点,充分运用法律武器和斗争谋略,有效控制并果断挫败了境内外敌对分子在杭的活动,煽动性案件查破率达90%。依法打击非法宗教活动,及时发现处置“法轮功”邪教组织策划的非法聚会、串联煽动等违法犯罪活动。超前掌握各类不安定因素,妥善处置因人民内部矛盾引发的群体性事件。同时,积极探索并建立起有效的处置群体性事件工作机制,坚持依靠党委、政府领导,努力将事态处置在初始阶段,处置在当地,不使其激化。认真落实公安信访责任制,重视初信初访工作,办结信访案件2719起,其中重要信访案件的办结率达96%。

【“打黑除恶”专项斗争取得明显成效】 根据中央、省市委和上级公安机关关于开展“严打”整治斗争的总体部署,从2000年12月份以来,全市公安机关坚持“露头就打”的方针,把打击黑社会性质组织和车匪路霸等流氓恶势力作为“严打”整治斗争的重要工作来抓。在深排细查的基础上,对重大黑恶势力犯罪案件组织精兵强将实行专案专办。全市摧毁危害社会治安的各类违法犯罪团伙202个,抓获团伙成员1564人,特别是省、市公安机关督办的18起恶势力团伙案件均已成功告破,得到公安部领导高度肯定。

【严重暴力犯罪案件破案率上升】 2001年,全市公安刑侦部门加大对杀人等严重刑事案件的侦破力度,取得明显成效。全年发生杀人案件148起,破获129起,破案率为87.2%,比上年上升2.6个百分点;发生伤害致死、强奸、绑架、劫持、爆炸、放火等严重暴力犯罪案件390起,破获376起,破案率达96.4%,上升11.6个百分点。两项破案指标均高于年初确定的工作目标,为近年来侦破此类案件的最好成绩。

【打击扒窃犯罪行动成绩良好】 3月,针对扒窃犯罪案件大幅上升的严峻形势,为有效遏制扒窃案件发案势头,市公安局从20日起在全市城区和富阳市开展为期两个月的打击扒窃犯罪集中行动。行动中,各参战单位认真落实市公安局集中行动方案的各项措施,积极开展抓现行、打团伙、端窝点、守阵地工作,取得了良好成绩。侦查破获各类扒窃案件307起,抓获犯罪嫌疑人497人。其中,刑拘186人,治安拘留94人,逮捕47人,劳动教养59人。

9月底,成立了杭州市公安局交通治安分局。该局围绕争取在年内实现公交车反扒成效明显和出租车治安防范机制、大交通治安网络初步形成三大任务,积极开展工作。全年全市公安机关破获扒窃案件1449起,抓获扒窃犯罪嫌疑人2588人,追缴赃款赃物147.72万元,分别比上年提高28.3%、47.1%和16.6%。

【扎实推进社区警务建设】 2001年,全市公安机关牢固树立“打防结合、以防为主”的思想,抓住城市社建设这一契机,积极探索建立社区警务新机制,引导和督促社区民警

市领导接见社区优秀民警

围绕“发案少、秩序好、社会稳定、群众满意”的根本目标，立足社区，扎实开展情报信息、人口管理、治安管理、安全防范、群众工作等基础工作。至年末，市区275个社区中有248个建立社区警务室，实现派出所工作阵地前移、工作重心下移，促进公安基层基础工作，密切了警民关系。中共中央政治局常委、国家副主席胡锦涛在杭考察社区党建工作期间，专门视察了社区警务室，看望慰问了社区民警，对社区警务机制予以充分肯定。杭州市公安局适时与钱江晚报社等部门联合举办“市民评选杭州社区好民警”活动，评选出孙琦等10名“十佳社区民警”和任峰等10名“优秀社区民警”。

【组建协警支队】 1月1日，市公安局在原杭州市工人纠察队基础上组建成立了杭州市协警支队。一年来，协警支队协助公安机关侦查破获各类案件8543起(其中重大刑事案件241起)，抓获违法犯罪嫌疑人23159人（其中刑事拘留3050人、逮捕683人），缴获大批赃款赃物，收容盲流人员6977人。为维护全市治安稳定做出了积极贡献。

【开展全警岗位练兵大比武活动】 3月~9月，全市公安系统开展了有15个警种、2000多人次参加的岗位练兵大比武活动。练兵比武包括了公安实用法律法规应用、计算机应用操作、实战应用射击、盘查搜身、现场勘查等近40个方面的内容，具有很强的针对性和实战性，涵盖了公安业务工作和警务技能的主要方面。通过练兵比武，广大民警经受了意志、毅力的锻炼和考验，丰富了业务知识，在执法水平、业务能力、实战技能等方面都有了普遍提高。

【选拔联合国维和民事警察】 联合国维和民事警察系应联合国秘书长的请求，由各成员国派出为联合国工作的警官。目前世界上已有50多个国家派遣的3000多名维和民事警察参与联合国的维和行动，占维

附： 2001年杭州市火灾、交通事故情况

	火灾事故				交通事故			
	次数（起）	死亡（人）	受伤（人）	经济损失（万元）	次数（起）	死亡（人）	受伤（人）	经济损失（万元）
1月	382	4	1	74.70	923	105	566	621.35
2月	247		1	84.30	868	64	555	603.92
3月	324	2	2	119.87	734	67	406	494.36
4月	212	2	1	73.52	872	70	480	560.90
5月	248	3	2	98.17	760	67	469	565.83
6月	200	2	3	128.10	732	45	451	530.58
7月	333		2	75.27	732	66	500	535.69
8月	201			87.19	697	52	443	594.41
9月	204		2	151.21	710	70	445	499.08
10月	219	3	3	30.42	812	81	476	570.73
11月	258	1	3	132.28	801	74	478	527.70
12月	85	2	1	69.86	1 099	183	600	710.89
合计	2 913	19	21	1 124.89	9 740	944	5 869	6 815.44

和总人数的1/3。1998年,中国宣布参与联合国维和民事警察行动。经过选拔、培训和考核,杭州市公安局西湖公安分局民警吕志勇光荣地成为中国派往联合国执行维和任务的第4批民事警察中的一员。2001年10月27日,吕志勇和另外9名维和民事警察一起,代表中国首次进驻波黑,执行联合国在此间的维和任务。（虞伟楠）

·检察·

【概况】 2001年,全市检察机关认真贯彻“公正执法,加强监督,依法办案,从严治检,服务大局”的检察工作方针,围绕党和国家工作大局履行检察职能,突出查办贪污贿赂、渎职等职务犯罪案件,严厉打击各种刑事犯罪活动,加强法律监督,维护司法公正,为杭州市的社会稳定和新一轮发展创造了良好的法制环境,推动了全市反腐败斗争的深入开展和检察工作整体水平的提高。全年受理各类案件1.77万件,办结1.70万件,受理数比上年增加0.7万件,办结数与上年持平。

为提高检察人员的业务素质和执法水平,采取自学和集中学习相结合、理论学习和案例研讨相结合、专家辅导和考察取经相结合等多种方式,开展业务教育培训工作。根据最高人民检察院对全国检察人员进行基本素质考试的要求,全市两级检察机关深入动员,认真组织,使素质考试取得好成绩。全市检察机关检察人员中本科生及在读本科生以上学历的占总数的54%。经浙江省人民检察院考核验收,全市13个基层检察院全都达到“五好”标准。市人民检察院对缺位中层干部职位开展竞争上岗,通过自荐报名、公开演讲、群众测评、组织考察、任前公示等程序,公开选拔中层干部11人(正职3人,副职8人)。

全年全市检察机关有15个科、室被荣记集体二等功或三等功。西湖区人民检察院被最高人民检察院授予人民满意检察院称号,淳安县人民检察院被评为浙江省政法系统人民满意政法单位。

争创人民满意单位活动报告会现场

【侦查贪污贿赂等职务犯罪案件207件】 2001年,全市检察机关立案侦查贪污贿赂等职务犯罪案件207件,比上年增加11.3%;通过办案,为国家挽回经济损失3631万元,增加17.6%。

全年反贪工作的重点是突出查办大案要案,立案侦查大案要案200件,比上年增加13%;其中贪污贿赂犯罪数额在50万元以上的11件。查办的大要案中,县处级干部犯罪案件32件,与上年持平。加大对重点部门职务犯罪案件的查办力度,立案侦查发生在国有企业中的贪污贿赂等职务犯罪案件94件,为国有企业挽回直接经济损失2816万元;查办发生在金融证券、建筑工程、土地管理、房地产、医药等部门的案件137件。加强职务犯罪预防工作,检察机关会同有关行政执法部门召开预防职务违法违纪研讨会,探讨新形势下的职务犯罪预防工作;结合办案,积极探索检察机关专门预防与社会预防相结合的有效途径,尤其在个案预防、网络预防、专项预防上下功夫,做工作,取得较好的成效。

【查办渎职侵权案件有新突破】 2001年,全市检察机关以查办发生在司法机关中的贪赃枉法、徇私舞弊等职务犯罪案件为重点,认真研究《刑法》规定的新领域犯罪和侦查对策,积极努力,主动出击,多方开辟案件线索来源,促进渎职侵权案件的查办工作,特别是在查办新领域犯罪案件上有新的突破。所办案件涉及到徇私枉法罪、帮助犯罪分子逃避处罚罪、违法发放林木采伐许可证等新罪名犯罪。全年初查94件,立案侦查15件,比上年增加114%,其中查办县处级领导干部渎职犯罪案件3件。

【受理群众举报3677件】 2001年,全市检察机关以创建文明接待室为载体,充分发挥举报工作的窗口作用,进一步完善举报宣传、线索管理、审查协调、分流反馈、奖励和保护等环节的工作机制,鼓励公民和单位举报。继续坚持检察长接待日制度,跟踪督办有关案件。开展举报宣传周活动,送法下乡,接受举报。为进一步方便群众举报,部分检察院设置了举报电话自动受理系统和网上举报电子信箱。全年受理举报3677件,其中属检察机关管辖的1912件,对有可查性的线索初查752件,成案139件,占贪污贿赂、渎职侵权等职务犯罪案件立案总数的62%。

【运用检察职能参与“严打”整治斗争】 全年受理公安、国家安全机关移送审查批捕的各类刑事犯罪案件5648件、7965人,经审查批准逮捕5116件、7337人;受理移送审查起诉的各类刑事犯罪案件6455件、

9758人，经审查提起公诉的6046件、9003人。在“严打”整治斗争中，突出“三类”打击重点：有组织犯罪、带黑社会性质的团伙犯罪、车匪路霸和流氓恶势力犯罪，爆炸、杀人、抢劫、绑架等严重暴力犯罪以及盗窃、抢夺等严重影响群众安全的多发性犯罪。特别是对挂牌督办以及有影响的重特大刑事犯罪案件，切实加大打击力度。全年批准逮捕上述“三类”重点案件3320件、5778人，起诉4736件、6975人。对重特大案件坚持提前介入，依法快捕快诉，全年提前介入805件。

【打防结合综合治理】 按照“打防结合，标本兼治、重在治本”的工作方针，认真落实检察环节的社会治安综合治理措施。主要是：结合办案，运用检察建议，帮助发案单位建章立制，堵塞漏洞；配合社区建设开展法制宣传教育，坚持送法下乡，增强人民群众的法制意识；开展“青年文明号”和“青少年维权岗”活动，成立杭州市青少年法律志愿服务队检察分队，建立青少年法制教育基地，加强对未成年人的法制教育工作；根据社会治安形势深入调查研究，撰写情况分析和调研报告，给党委、政府落实社会治安综合治理工作提供决策依据；认真办理来信来访，依法妥善处理突发性事件和群体性事件，化解矛盾纠纷，促进社会安定。

【司法监督工作】 全年全市检察机关依法向公安机关发出要求说明不立案理由通知64件、77人。其中，公安机关直接立案38件、52人，检察机关通知公安机关立案18件、21人。在监督纠正的案件中，已起诉29件、42人，法院已作有罪判决22件、28人（其中判处5年以上有期徒刑的5人）。坚持抓好以防止错捕错诉、漏捕漏诉为重点的刑事诉讼监督工作，决定增捕犯罪嫌疑人20人，追诉15人；决定不批准逮捕546人（其中无罪不批准逮捕105人），不起诉130人。

加强刑事审判监督。对认为确有错误的刑事判决、裁定，依法提出抗诉10件、17人，法院经审理改判3件、4人；对审判活动中的其他违法行为，提出纠正意见4件。

履行民事审判、行政诉讼监督职责。受理民事申诉案件657件，立案222件；提请抗诉137件，提出抗诉49件，终止审查22件，法院审理改判30件。有3件案件被最高人民检察院评为全国民事行政抗诉精品案件。

【监所检察】 以落实监所检察室规范化建设为突破口，先后对超期羁押、减刑假释、监外执行、刑罚执行等开展专项检察工作。全年依法纠正超期羁押39人，审议减刑8018人、假释230人，提出不报、缓报意见160人。对监外执行罪犯2987人进行检察，建议督促公安收监24人。在严打斗争中积极开展狱内政治攻势，挖出线索1104条，查证229件，依法对在押人员兑现奖励政策27人。提出案件防范建议79件。还开展了对罪犯减刑、假释、暂予监外执行裁定的审查监督，积极配合人民法院对罪犯减刑、假释进行公开庭审的试点。

全市检察机关在认真开展专项检察工作的同时，切实加大对监管场所的检察力度，落实驻场、驻所检察，加强刑罚执行监督工作和安全防范检察，协助监管部门促进文明管教，提高改造质量。

【申诉复查】 全年受理申诉案件349件，处理348件。其中，管辖内的申诉案件66件，立案复查29件，经过复查维持原决定14件、改变原决定15件。办理刑事赔偿案件6件，赔偿复议2件，复议后给予赔偿1件。在申诉复查案件办理中，坚持“有法必依、有错必纠”的原则，该纠正的依法纠正，该赔偿的依法赔偿。对长期上访，久诉不息的申诉，坚持热情、细致、耐心的工作方法，积极做好息诉工作。

【使用检察技术为办案提供科学依据】 全年受理法医鉴定143件，出具鉴定书、文证审查报告等85件，提供技术协助72件；受理文件检验案件13起，出具鉴定书9份，分析意见5件；受理司法会计检查鉴定案件24件，出具检查报告23份。为检察业务和法制宣传直接提供视听技术协助136场次。检察技术的广泛使用，为办案提供了科学依据，促进了办案工作。年内，首次讯问全程录像已在自侦案件中全面使用，市检察院和部分基层检察院在出庭公诉中已使用多媒体示证系统。

【三项公诉制度改革】 2001年，全市检察机关全面开展和深化三项公诉制度改革。1.全面推行主诉检察官办案责任制工作。逐步建立和完善各项规章制度，不断摸索总结办案经验，使主诉检察官办案责任制逐步走上规范化道路，形成权责统一、监督有力的办案制度。2.推行刑事案件普通程序简化审工作。为提高诉讼效率，以公正审判为前提，在适用普通程序的基础上，全面试行刑事普通程序简化审，即对庭审中讯问被告人、举证等程序的内容进行简化。3.进行庭前证据开示制度试点工作。公诉制度改革，对保证办案质量，提高工作效率，增强办案责任，起到了积极作用。

【预防职务违法违纪研讨会】 6月8日，市纪委、市检察院、市监察局联合召开杭州市预防职务违法违纪研讨会。全市各区县(市)纪委、检察院、监察局分管领导，有关行政执法单位和行业主管部门纪委(纪检组)领导参加会议。省检察院研究室、人民银行杭州中心支行等有关单位领导和市检察院专家咨询委员会成员应邀出席会议，上海市检察院预防处的专家到会介绍了预防工作经验。会上，交流了10篇较有代表性的论文。研讨会全面总结了杭州市预防职务违法违纪工作的经验，并就今后开展预防职务违法违纪工作进行了研讨，提出了建设性意见：要进一步统一思想，提高认识，在预防职务违法违纪工作中强化全局意识、务实意识、创新意识；要坚持党委牵头，切实加强领导；要抓重点、热点，做到有的放矢；要不断完善机制，狠抓落实。

（沈福泉）

·法院·

【概况】 2001年,全市法院忠实履行职责,围绕“公正和效率”的主题,扎实推进审判工作,全面深化改革,狠抓队伍建设,各项工作都有很大进展。受理各类案件77476件,审结案件78652件(含旧存),比上年分别增长5.3%和6%。

全年有18个集体、57名个人受到记三等功以上的表彰。桐庐法院被评为浙江省人民满意的政法单位,杭州市中级人民法院吕文红被评为全国法院信访立案工作先进个人。7月20日,最高人民法院院长肖扬到杭州市中级人民法院考察工作,对中院所取得的成绩给予充分肯定。

全市法院撤销告诉申诉庭,设立立案庭和审判监督庭。市中院和部分基层法院成立了事业编制的速录中心,公开招聘102名速录员担任书记员工作,为实行审判员与书记员分类管理打下基础。

全市法院基层基础工作有新起色。西湖等5个基层法院建成新大楼,市中院和9个基层法院建成计算机局域网;全市基层法院人民法庭的调整撤并工作顺利完成,将原52个法庭撤并至28个。

11月16日和12月27日,智利最高法院院长阿尔瓦雷斯和联合国国际法院大法官刘大群分别参观访问了西湖区法院。

【突出抓好“严打”整治斗争】 全市法院认真贯彻全国社会治安工作会议精神,开展“严打”整治斗争。全年受理一审刑事案件6374件,审结6400件(含旧存),分别比上年上升11.3%和12%;判决发生法律效力的案件6223件,判处罪犯9236人。贯彻依法“从重从快”方针,重点打击有组织犯罪、带黑社会性质的犯罪和流氓恶势力犯罪,爆炸、杀人、抢劫、绑架等严重暴力犯罪以及盗窃等严重影响群众安全的多发性犯罪。审结严重刑事犯罪案件1707件,判处严重刑事罪犯3235人,其中判处5年以上有期徒刑直至死刑的罪犯1177人。

【严惩严重经济犯罪】 全市法院受理一审经济犯罪案件478件,审结482件(含旧存),分别比上年下降4.6%和3.0%;判处5年以上有期徒刑直至死刑的罪犯198人;为国家、集体挽回经济损失3856.92万元。依法审结原省新闻出版局局长罗鉴宇受贿与原省供销合作社党组书记、主任朱承岭受贿等职务犯罪案件140件,判处罪犯161人(其中县处级以上干部23人)。重点打击破坏市场经济秩序的犯罪,审结此类案件232件,判处罪犯350人。

【依法调整经济关系】 全年受理经济一审案件14276件,审结14479件(含旧存),分别比上年上升7.8%和7.4%;诉讼标的金额79.9亿元。重点审理好企业破产案件73件,审理中依法规范企业破产程序,防止国有资产流失,协助做好职工稳定工作。依法审理各类合同纠纷案件13588件,维护了正常的市场秩序。及时审理涉及金融行业的借款、票据、证券、保险等纠纷的案件3882件。认真审理专利权、商标权等知识产权案件167件。依法审理涉外、涉港澳台案件55件。

【依法调整民事关系】 全年受理一审民事案件20889件,审结21201件(含旧存),分别比上年上升5.3%和7.3%;诉讼标的金额9.7亿元。贯彻修订后的《婚姻法》,及时审结8365件婚姻家庭纠纷案件。依法调整劳动关系,审结劳动争议纠纷案件1155件。认真审理涉及土地使用权出让、转让、商品房预售、房屋拆迁等纠纷的案件2222件。审结涉及身份权、人格权、人身损害赔偿等案件2636件,审理中合理确定、严格把握精神损害赔偿的适用范围及标准。

【行政审判工作】 全年受理行政一审案件311件,审结306件,分别比上年上升41.4%和12.1%。其中,维持行政机关决定的63件,撤销或变更行政机关决定的20件,撤诉和驳回起诉的168件。办结行政执行案件11件,办结行政机关向法院申请执行案件759件。受理和处理国家赔偿申请2件。

【有效开展执行工作】 2001年,全市法院依靠党委领导和人大监督,争取社会各界支持,积极探索指定执行、提级执行、公告督促、举报奖励等方法,开展“执行月”、“争创执行工作良性循环法院”和评选“十佳执行法官”等活动,推动执行工作有效开展。全年受理各类执行案件22038件,执结22619件(含旧存),分别比上年上升2.2%和2.9%;执行标的金额达44.33亿元。各基层

最高人民法院院长肖扬(右)到杭州市中级人民法院考察工作

法院加大改革力度，普遍成立执行局，将强制执行权分离为执行裁决权和执行实施权，确保司法公正。

【立案和审判监督工作】 2001年，全市法院处理来信31465件次，接待来访27506人次。其中，立案40732件，转处1374件，说服息诉、驳回等其他情况16865件次。认真开展审判监督，对已发生法律效力的判决裁定，发现错误及时纠正。全年受理审判监督案件166件，审结167件(含旧存)。通过审判监督程序改判的有6件，发回重审3件，维持74件，撤诉、驳回及终结、调解等其他案件84件。

全市法院积极开展司法救助，对民事、行政诉讼案件中经济确有困难的当事人，依法实行缓交、减交或者免交诉讼费用。全年共对489起案件的当事人减、缓、免交诉讼费144.4万元。继续开展院长接待日活动，仅市中院接待来访群众198人次。

【办结法医技术鉴定案件1179件】 全年全市法院办结各类法医技术鉴定案件1179件，比上年上升10.8%。其中，活体检验鉴定562件，法医文证审核499件，文件检验鉴定38件，尸体检验鉴定80件。法医技术鉴定工作为刑事案件正确定罪量刑和审理民、商事案件提供了科学依据。如魏得强、何桂强因玩电脑游戏和游戏房管理人员陆利忠发生争执，将陆打伤，公安法医鉴定陆为轻伤，检察机关以“寻衅滋事罪”起诉。在余杭法院审理期间，经委托，杭州市中院的法医对陆的伤势重新鉴定，认定只构成轻微伤，故魏、何的行为不构成犯罪。法院及时与公诉机关联系，使其撤回起诉，避免了错案的发生。

【积极参与社会治安综合治理】 2001年，全市法院坚持“打防结合，预防为主”的方针，积极参与社会治安综合治理。选择典型案件，组织召开宣判大会27场，宣判案件143件、罪犯247人，旁听群众累计近8.6万人。全市法院的少年法庭实施教育、感化、挽救的方针，“寓教于审、惩教结合”，判决未成年人罪犯629人。认真做好减刑假释工作，对确有悔改或者立功表现的罪犯，依法予以减刑或假释，全年办结此类案件1万件。注重民、商事案件的调解工作，及时化解矛盾，调解结案13331件，占所办案件总数的37.4%。提出司法建议12条，督促有关单位完善制度。采取多种形式宣传法制，其中在媒体上发表宣传法制的文章2600余篇。

普法教育宣传活动

【开展“一教育三整顿”活动】 4月起，全市法院开展了以加强法官职业道德教育和整顿领导班子、整顿审判纪律、整顿审判作风为主要内容的“一教育三整顿”活动。各法院都从群众反映较大的问题和改判、发回重审、超审限(审理期限)的案件入手，对近两年办结的部分案件质量进行抽查。采用召开座谈会、发函等形式，广泛征求社会各界对审判工作的意见和建议，并对个别法官有悖职业道德的问题进行处理。完善内部监督机制：全市法院的纪检组、督查组、审监庭对所办案件质量从程序、实体和廉政方面全面评查，将评查结果与干警岗位目标管理考核挂钩；拓宽外部监督渠道，向案件当事人发放《执法执纪跟踪卡》；设立举报信箱和公开举报电话，聘请社会各界人士担任廉政监督员。

【实施案件审判流程管理】 2001年，全市法院全面实施以立案排期为主体、以审限跟踪为核心的案件审理流程管理制度。该制度将案件审理分为立案审查、送达保全、排期开庭、审理宣判、移送执行、案件评查、违法处理、结案归档等8个阶段，由立案庭对各阶段的工作进行跟踪管理、全程监督，将每个阶段当事人享有的权利、义务公布于众，使当事人清楚地了解法院审案的全过程，使法官明确职责，自觉接受监督。该制度的实施，对保证案件审理运转的公正高效和办案效率的提高，完善审判工作各环节的监督制约，提供了制度保障。 （赵 欣）

·司法·

【概况】 2001年，全市司法行政机关围绕党委政府的中心工作，按照“加快发展、强化基础、深化改革、优化素质、开拓创新”的总体要求，强化司法行政职能，服务社会稳定大局，为杭州市“构筑大都市、建设新天堂”作出了贡献。

广泛开展各种形式的教育活动。在监狱劳教干警中开展历时近3个月的执法执纪专项教育活动，首创离岗培训班，进行试岗教育；在法律服务队伍中开展思想政治和道德纪律教育；在司法局机关开展“三个代表”学教活动和“满意机关”创建活动。同时,深入开展基本素质教育活动,全市司法系统的机关干部、司法助理员、监所干警积极参加司法部组织的全国统考,取得较优异的成绩;监狱民警开展实用技能训练,通过了上级的检查考核。

年底,杭州市司法局被人事部、司法部授予全国司法行政系统先进集体称号,淳安县司法局局长章柏顺被评为全国司法行政系统先进个人。

【监所秩序持续稳定】 2001年,全市各监狱、劳动教养所严格执行各项制度,落实民警直接管理,狠抓督促检查,确保监所安全稳定。全市5个监所连续3年实现“四无”(无逃跑、无重大事故、无非正常死亡、无哄监闹监),市劳教二所6年实现“五无”,东郊监狱实现监管安全三级达标。杭州南郊监狱等3个单位因创建文明监所工作成绩突出,分别荣立集体二等功。各监所初步形成“强化专项整治、深化狱所务公开、规范执法行为”的三位一体工作格局。

【积极配合“严打”整治斗争】 2001年,全市各监狱、劳教所克服关押收容能力和警力严重不足等困难,坚决、及时、有效地确保了“严打”期间收押收容任务的完成。各级司法行政机关加大法制宣传力度,积极营造良好社会氛围,全年印发法制宣传资料12.39万份,出刊板报3088期,出动宣传车83辆(次),举办法制报告、宣传活动243场(次),悬挂横幅501条。加强对律师刑事辩护工作的指导,较好地完成刑事辩护工作和法律援助任务。将"严打"斗争同不安定因素和疑难纠纷的排查调处结合起来,加强对刑释解教人员的教育和控制。

【启动“二五”依法治市和“四五”普法】 2001年,市委全委会和市人大先后审议通过“二五”依法治市规划,并全面启动“四五”普法规划。各级司法行政机关积极与有关部门协商,在全市顺利开展了领导干部和公务员、青少年与中小学师资、WTO法律知识三类法制宣传教育。成功举办了“崇尚文明、反对邪教”的大型图片展,并将“法制下乡”活动推向全市农村。12月4日前后,在第一个全国法制宣传日期间,围绕"增强宪法观念、推进依法治国"这一主题,举办各类法制宣传活动31场(次),发放宣传资料1.52万份,解答市民法律咨询1091次,展出板报247块,出动宣传车41辆次,使群众性法制宣传活动取得良好效果。

在全国和全省的“三五”普法表彰中,全市司法行政系统有3个单位获普法先进集体称号,10人获普法先进个人称号,2个单位、1人荣立二等功。

【深化法律服务改革】 年初,全市国资律师事务所脱钩改制工作全面完成,律师机构和队伍总体保持稳定。

各律师事务所继续改革运行机制、完善内部管理,部分律师事务所试行分配年薪制。各公证处积极推行要素式公证书格式和主办公证员负责制,并抓住机构改革机遇,全面启动公证体制改革。年内,已有4个公证处改制为自收自支事业单位。调整整顿基层法律服务机构,撤销不符合要求的法律服务所44个。组织法律服务工作者参加全国统考,对考试合格者607人重新核发执业证。

至年末,全市有律师事务所75个,比上年增加7个;有执业律师828人(专职律师664人,兼职律师164人),增加150人。全年全市律师办理各类案件21057件,增长13.9%。其中,代理刑事辩护案件3264件,民事诉讼案件5846件,经济诉讼案件5673件,行政诉讼案件171件,代理非诉讼法律事务6103件。全市律师担任2892个单位的常年法律顾问。

全市有公证处14个,注册公证员66人。全年办理各类公证92075件,增长52.8%。其中,国内经济公证41553件,国内民事公证26582件,涉外公证23474件,涉及台湾地区公证360件,涉及港澳特别行政区公证105件。

【召开第4次律师代表大会】 9月22日,第4次全市律师代表大会在之江饭店召开,来自74个律师事务所的170名律师代表和30名特邀代表参加会议。与会代表对第3届理事会成立3年来的工作进行了回顾,充分肯定第3届理事会的工作成绩,并对进入新世纪后杭州律师业的发展进行展望,提出了建议。会议还在充分酝酿的基础上选举产生了由15名常务理事组成的新一届领导班子。

【加强基层基础建设】 2001年,机构改革全面启动后,乡镇司法所(办)机构的保留和司法助理员队伍的稳定成为一项紧迫的任务。在各级党委、政府的重视和关心下,经过各级司法行政机关的努力,全市撤扩并后的180个乡镇中已有176个乡镇的司法所(办)挂牌,48个街道中有46个街道的综治(司法)办挂牌,各县(市)司法局设在乡镇的直属司法所22个,人员队伍基本稳定。通过健全考核机制、加强基础工作,司法所(办)的规范化建设扎实推进,以司法所(办)为依托的联合调解中心以及法律援助、96148法律服务、安置帮教等三类工作站的建设也顺利展开。

【稳步推进调委会建设】 2001年,全市司法行政机关紧紧抓住城市化进程加快这一机遇,大力推进社区调委会建设工作。至年末,全市277个社区均成立了社区调委会,其中110个社区单独设立调解室,社区调解人员的结构得到改善,工作的规范化和协作互动网络建设逐步走上正轨,防范和化解人民内部矛盾的“第一道防线”作用日益显现。

至年末,全市有基层调解组织6709个,调解人员21458人;司法所(科)249个,司法所工作人员781人,司法助理员231人;基层法律服务机构103个。全年调解民间纠纷19205件,调解成功18329件,防止民转刑案件172件、770人,防止非正常死亡77件、82人。全市基层法律服务机构代理民事诉讼案件4951件，非诉讼法律事务2510件；协办公证773件；担任1044个单位的常年法律顾问；向乡镇(街道)领导提建议333件，其中采纳279件；协助乡镇(街道)政府制定规范性文件487件。

2001年，全市"148"法律服务热线接听电话25812个，接待来访12161人次，提供上门服务1624次，解决纠纷3093件，避免和挽回经济损失1287万元。（杜红心）

·案例·

【侦破"一二·一九"抢劫杀人案】 12月19日下午6时许，金洪茂(男，57岁，上虞市人)到西湖区翠苑派出所报案称：其女金映(31岁，上虞市人)自12月8日下午打电话回家后一直没能联系上，特地来杭寻找。当晚，派出所民警随同金洪茂来到金映租住的翠苑三区一间出租房内，发现金映及其同住的涂文华(男，25岁，江西南昌人)两人已被杀死。案情重大，市公安局刑侦支队和西湖区公安分局迅速派出侦察、技术人员赶赴现场开展侦查，市公安局、市公安局刑侦支队、西湖公安分局等领导亲临现场指挥。经刑侦人员深入调查，案情在20日得到重要进展。专案组获悉11月被害人金映曾用郑绿云的身份证将一笔款子存入银行的重要线索。经进一步侦查，在建设银行查到这笔7万元存款，并查明12月10日上午有人在建行高新支行翠苑储蓄所提走此账号中剩余的4.3万元。

据此线索，在深入调查中经辨认，发现提款的男子系绰号叫"猛子"的江西人。11月28日该人与另一江西人由在临安开美容店的江西人刘录军带来杭州找过涂文华的哥哥涂文通。专案组民警当即赶赴临安，将刘录军抓获。经连夜突击审查，刘录军交待：11月28日~12月2日，刘录军曾带江西人"猛子"和"小龚"到杭州找涂文华，并住宿案发现场附近的小旅馆。专案组民警迅速查明"猛子"和"小龚"的真实身份："猛子"真名龚菊平，"小龚"真名龚国军，两人均系江西南昌县幽兰镇人。同时获悉此二人已逃离杭州。专案组当即兵分两路，一路去临安监控，另一路赴南昌追捕。12月23日，专案组民警获悉两龚将在南昌某火锅城吃饭后，在当地公安机关配合下迅速行动，抓获了犯罪嫌疑人龚菊平。经审查，获悉另一犯罪嫌疑人龚国军在南昌的住处，并于12月24日中午将龚国军抓获。经审讯，两龚对在杭杀死涂、金二人并劫财而逃的犯罪事实供认不讳。

【侦破一起蒙面入室抢劫案】 8月14日凌晨1时，西湖区留下镇一有限公司发生一起特大入室抢劫案。两名犯罪分子蒙面、持菜刀闯入该公司管理人员宿舍，采用捆绑、威逼手段，抢走人民币11.4万元、台币3万元、手机3只、金项链1条。案发后，西湖公安分局刑侦大队和留下派出所立即抽调力量，成立专案组开展侦查。通过对该公司内部人员的全面排查摸底，专案组发现曾在该公司工作过的李军、李峰(李生兄弟，28岁，湖北枣阳县人，李军涉嫌在2000年盗窃该公司工业原材料，在逃)有重大作案嫌疑。当晚，专案组4名民警赶赴湖北枣阳进行查证、追捕。

湖北方面查得李军、李峰两人有犯罪前科，曾受过刑事处罚，经比对，技术人员发现两人留档指纹与现场遗留指纹相吻合。同时，通过对湖北李军女友赵某家人的访问，得知赵某的妹妹在浙江台州路桥打工，可能知道两李的去向。获知这一信息后，专案组又派4名民警在16日晚赴台州进行调查。8月17日晚，从台州传来消息，两李在广东东莞打工的女友处，准备于18日早晨逃离。获知这一情况时，已无当日航班。专案组立即与广东公安机关联系，请求协作。18日凌晨，广东公安机关在东莞抓获犯罪嫌疑人李军、李峰。8月20日，专案组民警从广东将犯罪嫌疑人押解回杭。经审查，两李对犯罪事实供认不讳。（虞伟楠）

【10龄童异位甲状腺被误切引发医疗纠纷案】 12月24日，杭州市中级人民法院对10岁的王某因异位甲状腺被误切引发的医疗纠纷案作出一审判决：浙江医科大学附属儿童医院(以下简称儿童医院)赔偿王某医疗、护理等费用合计15059.28元，赔偿王某精神抚慰金80000元；王某后续治疗费用的60%，由儿童医院承担。这是杭州法院判决的最大一笔精神损失费。

1997年8月，王某因颈前肿块到儿童医院检查，被诊断为"甲状舌骨囊肿"并作颈部肿块切除术。后王得知其异位甲状腺已被误除，遂诉之法院，要求判令医院赔偿损失1055000元。

市中院审理认为，医院在对王某进行手术前未能正确诊断出王患有异位甲状腺伴桥本氏病，手术中也未及时采取措施明确诊断，而将王异位甲状腺误切。虽医院在王出院时确诊了王是异位甲状腺伴桥本氏病，但颈前肿块切除术造成了王的甲状腺功能减退，故应对王的损失承担赔偿责任。

【"蓝白蓝"包装盒引发不正当竞争案】 2月，杭州市中级人民法院对一起因包装盒引发的不正当竞争案作出一审判决：判令萧山市伟刚汽车零件厂(简称伟刚厂)立即停止不正当竞争行为，赔偿万向钱潮股份有限公司(以下简称万向公司)损失15万元。

万向公司主营产品"钱潮"牌万向十字轴总成已有20多年历史，是知名商品，采用以"蓝白蓝"为主要视觉特征的包装是该知名商品特有的包装。1999年1月成立的私营独资企业伟刚厂以生产万向节总成为主，2000年始亦启用以"蓝白蓝"为主要视觉特征的外包装盒，生产达一定规模。万向公司认为伟刚厂使用与其相似的包装，误导用户，是不正当竞争行为，故诉之法院。

法院审理后认为：将原、被告产品隔离观察，一般消费者仅施以普通注意力，仍有可能误认伟刚厂的产品即是万向公司的知名产品或是万向公司的联营产品、系列产品，故认定伟刚厂已构成"使用与知名商品近似包装"的不正当竞争行为，遂

作出上述判决。伟刚厂不服上诉后，省高院维持一审判决。　(赵　欣)

【罗鉴宇受贿案】 罗鉴宇，男，1945年12月出生，汉族，浙江省诸暨市人，大专文化程度，原系浙江省新闻出版局局长、党组书记。

罗鉴宇在其担任绍兴市供销合作总社主任、绍兴鑫达房地产开发有限公司董事长、浙江日报社副总编辑、浙江省新闻出版局局长期间，利用职务便利，收受贿赂；在任浙江省新闻出版局局长时，与他人共同收受贿赂。经查，罗鉴宇单独和共同受贿计人民币276.42万元、港币10万元、美金1.5万元。案发后，赃款赃物全部追回。

此案由浙江省人民检察院立案并补充侦查终结后，依法移送杭州市人民检察院审查起诉。

杭州市中级人民法院审理认为，罗鉴宇身为国家机关工作人员，利用职务之便，单独及伙同他人非法收受财物，为他人谋取利益，已构成受贿罪，公诉机关指控的罪名成立。其受贿数额特别巨大，犯罪情节特别严重，依法应予严惩。据此，根据罗鉴宇受贿犯罪的事实、性质和情节以及对社会的危害程度，依照法律，判处罗鉴宇死刑，剥夺政治权利终身，并处没收财产国库券人民币15万元，美金25094.36元。

罗鉴宇提出上诉。经浙江省高级人民法院依法组成合议庭审理，综合全案，认为罗鉴宇尚不属必须立即执行死刑的罪犯。于是，依据法律作出改判，以受贿罪判处罗鉴宇死刑，缓期二年执行，剥夺政治权利终身。

【费健政贪污案】 费健政，女，1958年11月出生，汉族，初中文化程度，原系杭州市之江牧工商公司综合批发部经理。

据查，1998年5月~2000年3月，费健政利用担任杭州市之江牧工商公司下属综合批发部经理的职务之便，将业务单位打给之江公司的返利款计324775元，以冲抵销售款的形式调取现金，其中除9万元分给职工外，余款为费侵吞。

1993年~2000年6月，费健政利用职务之便，截留营业收入共计3004323.45元，私设小金库，其中除1647067.5元分给职工外，余款费占为己有，并将小金库的账销毁。1998年~2000年5月，费健政利用职务之便，用18张红字批发凭证在公司财务冲抵做账，截留营业收入计158649.01元，并将其中118648.55元占为己有。根据承包协议和审计结论，扣除被告人费健政应得的数额后，费贪污人民币1461963元。案发后，检察机关冻结被告人费健政存款人民币151627.55元、美金2500元，费退出赃款人民币114万元。

此案由杭州市江干区检察院立案侦查终结后，依法移送杭州市检察院审查起诉。

杭州市中级人民法院审理认为，费健政身为国有公司从事公务的人员，利用职务上的便利侵吞公款，其行为已构成贪污罪。公诉机关所控事实和罪名成立。其贪污所得数额特别巨大，本应严惩，鉴于贪污所得款已基本追回及本案犯罪情节、危害后果等，酌情予以从宽处理。据此，依照法律，判处费健政无期徒刑，剥夺政治权利终身，并没收个人全部财产。

(沈福泉)

附：

杭州市及区、县(市)检察院反贪污贿赂侦查局一览

单　位	地　　址	联系电话	邮政编码
杭州市检察院反贪局	杭州市香积寺路302号	(0571)88323537	310014
上城区检察院反贪局	杭州市中山中路153号	(0571)87807063	310002
下城区检察院反贪局	杭州市麒麟街11号	(0571)87028365	310003
拱墅区检察院反贪局	杭州市珠儿潭6号	(0571)88390775	310011
西湖区检察院反贪局	杭州市梅灵南路8号	(0571)87933717	310013
江干区检察院反贪局	杭州市华家池65-2号	(0571)86049589	310020
滨江区检察院反贪局	杭州市滨江区中兴大道1号	(0571)87702060	310051
萧山区检察院反贪局	杭州市萧山区金城路人民广场南侧	(0571)82624706	311200
余杭区检察院反贪局	杭州市余杭区南苑商贸城	(0571)86245437	311100
富阳市检察院反贪局	浙江省富阳市富春江街道秦皇路2号	(0571)63334436	311400
桐庐县检察院反贪局	浙江省桐庐县石明弄	(0571)64622819	311500
建德市检察院反贪局	浙江省建德市新安东路33号	(0571)64722524	311600
淳安县检察院反贪局	浙江省淳安县千岛湖镇南山大街58号	(0571)64881071	311700
临安市检察院反贪局	浙江省临安市锦城镇城中街245号	(0571)63722816	311300

军　事

·综述·

【概况】 2001年,杭州军分区以江泽民“三个代表”重要思想和中央军委新时期军事战略方针为指导,抓落实、争一流,做好新时期军事斗争准备,完成各项重大任务。思想政治建设和军事斗争准备成效明显,部队建设呈现整体推进的良好态势。

落实《军队高中级干部学习规划》,完成市场经济理论、中共党史等专题学习,组织军分区本级机关和人武部领导参加省军区网上理论集训,两级党委中心组和机关干部理论学习质量提高。纪念建党80周年、申奥成功和加入WTO等期间,开展理想信念、拥护支持改革和党员先进性教育。面对国际国内重大事件,及时用上级指示精神统一思想,始终从政治上、思想上与党中央和中央军委保持一致。

规范党委工作程序,建立健全《党委议事规则》,坚持重大问题集体讨论决定,核心领导发挥较好作用。开展领导干部从政道德教育,严格“生活圈”、“社交圈”管理,党风廉政建设取得新成效。制定《加强人才队伍建设实施意见》,明确人才培养指导思想、主要目标和工作方法,落实干部教育管理、考核和培养制度,正确对待各种利益关系调整带来的矛盾和冲击,顾大局、讲奉献、干实事。出台《预任干部管理实施细则》,加强基层武装干部教育管理及老干部教育管理和服务保障工作。

落实“一保战备、二保生活”原则,加大后勤管理和改革力度,保障以军事斗争准备为主线的各项工作。后勤保障社会化改革有实质性进展,财务和物资管理进一步规范,营房基础设施得到改善,各项有偿服务取得较好效益。计划生育工作进一步加强,军分区被南京军区评为“九五”计划生育工作先进单位。

【人武部三年规划建设见成效】 2001年是杭州市落实人武部三年规划建设最后一年。各区、县(市)人武部在地方党委和政府支持下,“五个一”工程基本落实,软件建设和正规化管理水平提高。5月,召开杭州市人武部三年规划建设现场观摩交流会。10月,省委、省政府和省军区在余杭区召开全省人武部三年规划建设总结表彰大会,滨江区、余杭区和淳安县人武部受到表彰。

【组织国防动员委员会战时行动演练】 军分区贯彻江泽民关于做好国防动员工作和新时期军事斗争准备的重要指示,推进全市国防动员工作。3月~6月,组织市、县两级国防动员委员会进行战时行动演练。演练起点高、规模大、影响面广,通过演练增强了党委对军事斗争准备的领导,探索出一套符合杭州实际的后备力量应急动员基本战法,提高了战时组织指挥能力,增强了地方各级领导的国防观念,密切了军政军民关系。省国防动员委员会和市委、市政府领导对演练予以高度评价。

·民兵　预备役　兵役·

【民兵预备役部队军事训练】 2001年,杭州市民兵军事训练按照《民兵军事训练大纲》和省军区有关规定,贯彻《杭州市民兵规范化军事训练实施细则》,把落实军事训练作为完成年度工作的重要环节,严格要求,强化训练,突出以民兵应急分队、专业技术分队和对口专业分队为重点的民兵军事训练,组织民兵参加两个文明建设,军事效益和社会效益得到体现。坚持按纲施训,探索组织训练的形式和方法,深化训练改革,注重实战运用训练。开展后备力量科技练兵,依托地方人才和设备,抓好接口补差训练,民兵战时科技支前、科技保障、科技参战能力提高。全年民兵训练任务于7月完成,在组织的考核中总评成绩优秀。

预备役部队训练按年度参训兵力制定计划,优先安排新编人员和机关、战斗(保障)分队成建制训练,增加重点、难点课目,突出快速动员演练,提高部队遂行任务能力。

【民兵组织建设】 军分区围绕“打得赢”和“维护稳定”的需要,按照“五规范”(规范组织机构建设、工作任务、职责制度、方法手段、指导保障)、“三步走”(试点、普及、深化)的方法要求,抓紧民兵信息网建设,基本形成“布局合理、规模适当、重点突出、政治可靠、业务精通、制度健全、保障落实”的民兵信息网络。9月,完成杭州市民兵信息网建设。

【兵役工作】 2001年,杭州市圆满完成新兵征集任务。新兵中党团员占75.3%,高中以上文化占70.2%,大专以上文化程度77人,总体素质较往年提高。各级地方政府成立征兵工作领导小组,召开动员大会,签订任务责任书。区、县(市)以上领导100余人次到基层检查征兵情况,帮助解决难点、重点问题。杭州市承担向社会公开征集女兵和在校大学生入伍试点工作。杭州电视台播出征集女兵公告,西湖区征兵办在高等院校内开设咨询台,接受在校大学生应征咨询,并在校园局域网上公布相关政策和措施。全市各职能部门密切配合,抽调体检医生460人、政审人员2031人、公安干警1174人,快速准确地了解和掌握应征对象情况,确保兵员的政治和身体素质。

【民兵武器装备管理】 军分区注重民兵武器装备管理、武器仓库建设和管理人员教育,对民兵武器装备库进行围墙电网改造和库区综合整治,库区环境及安全性能得到改善。增强市、县两级民兵武器装备库看管力度,组织民兵武器装备仓库主任和保管员集训,提高业务素质和规范化管理水平。余杭区人武部被南京军区评为民兵武器装备管理工作先进单位，上城区、萧山区人武部被省军区评为民兵武器装备管理先进单位。民兵武器装备管理实现第18个安全无事故年。

·国防教育与军民共建·

【概况】 杭州市国防教育、军民共建和双拥工作以做好军事斗争准备为龙头，以深化全民国防观念为基础，以《国防教育法》出台和争创全国双拥模范城"四连冠"为契机，以密切军政军民关系为目标，探索社会主义市场经济条件下开展全民国防教育和双拥共建工作新路子，军地双方"同呼吸、共命运、心连心"，促进了地方经济发展和社会进步，部队战斗力进一步提高。

年初，市政府将国防教育、军民共建、双拥工作纳入政府工作报告，列入市"十五"计划纲要。针对全市经济社会发展形势和军事斗争需要，提出"要力求使国防教育、双拥共建与杭州社会经济发展相适应，相协调，相互促进，共同发展"。"要在坚持经济建设与国防建设一起抓上下功夫，在科技拥军与科技支前上下功夫，在拴心和留人上下功夫"。各级领导做到谋大事、办实事、解难事，为开展国防教育、双拥共建提供良好环境。

八一前夕，市委、市人大、市政府、市政协、军分区和各有关部门及各区县(市)主要领导组成拥军慰问团，专程赴南京军区汇报杭州市经济社会发展情况和围绕军事斗争准备开展双拥共建工作情况，听取军区首长机关对深化国防教育、深入开展双拥共建工作的指导性意见。5月~7月，市四套班子及各区主要领导赴东南沿海慰问在前线参加演习的部队官兵。

【加强机构建设】 市委、市政府以创一流工作业绩为标准，加强组织机构建设。年初，调整充实国防教育、军民共建、双拥工作领导机构，发挥领导小组在组织、协调、指导等方面的作用；在精简机构编制的情况下，市委专门召开常委议军会，确定市双拥办编制人员2名、市国防教育办公室编制1名，加强军地之间联系与沟通，落实领导决策部署，确保各项任务的完成。

【科技文化双拥共建工作】 4月，杭州市召开科技文化双拥共建工作会议，总结推广浙江大学、市教育局、市农业科研所等单位科技拥军的经验和做法，制定《关于认真做好科技拥军工作的意见》，确定10项科技拥军项目，4个高新科技单位与驻杭部队结成军民共建对子。市科技局、市科协组织专家到部队进行科技讲座7次，市教育局和市劳动局为部队举办科技文化培训班，市疾病预防控制中心两次赴舟山"杭州舰"为官兵调整食品营养结构。市及各区、县(市)全年投入150万元用于支持部队科技练兵，赠送电脑200余台、科技书籍2000余册，1000余名官兵参加地方成人学校学习并取得文凭。

【开展全民国防教育活动】 2001年，全市掀起学习贯彻《国防教育法》热潮，各区县(市)及驻杭部队参与全国《国防教育法》国防知识竞赛、征文和"国防连着你我他"3项活动，参加知识竞赛190万人，参加征文征集9500余人。全市中小学开展了读国防书籍活动。9月15日，在武林广场举行杭州市"全民国防教育日"宣传教育启动仪式，8个区和驻杭部队成立了国防教育宣传小分队，分发宣传资料1万余份；天水街道将《国防教育法》宣传活动深入到社区，组织辖区人员参加辅导讲座。八一前夕，中央电视台拍摄了反映杭州市国防教育专题片《聚焦沿海——杭州篇》。杭州市被全国国防教育委员会评为宣传《国防教育法》系列活动先进单位。

【拥军爱民活动】 为适应国防后备力量军与作战部队同步建设、同步发展、同步提高的要求。近年来，各区县(市)先后共投资上亿元，解决人武部办公大楼、自动化指挥中心、民兵训练基地等基础工程建设；拨款2200万元，置换3公顷土地，加强预备役部队基本建设。

随着社会用工制度改革，随军家属安置就业成为影响和制约部队建设发展的问题。市有关部门在广泛调研、征求意见的基础上，采取市政府下达105个随军家属指令性计划指标分解到各部、委、办、局及8个区；市人事局、劳动局组织用工单位集中召开招聘洽谈会，对暂时难安置的随军家属每月发放120元生活补助费。全年安置随军家属就业100余人，发放生活补助费70余万元。市政府及时解决部队医院用水问题，赠送驻杭部队某部和"杭州舰"面包车各1辆。为保证军人子女进重点中学就读，市教育局在对驻杭部队军人子女考普通高中给予10分优惠的基础上，出台考重点高中给予5分优惠政策。

驻杭部队开展形式多样的拥政爱民活动，参与全市两个文明建设。全年派出500余人次为浙江大学、浙江工业大学、杭州电子工业学院、杭州师范学院、杭州商学院、杭州科技职业学院进行学生军训，受训人数3.04万人；派出教员上国防教育课500课时。省军区、省武警总队、驻杭部队接待参观人员5万人次。西博会期间，部队主动请战，发扬连续作战精神，提供人员、车辆等保障。驻杭解放军和武警部队出动1200余人与杭州市民一起清洗街头非法涂画的各种广告，为美化杭州出力。 (何卫军)

·人民防空·

【概况】 杭州市人民防空工作贯彻全国第四次人防会议精神，落实《中共中央、国务院、中央军委关于加强人民防空工作的决定》和《浙江省委、省政府、省军区关于加强全省人民防空工作的意见》，取得打实基础、重点突破、整体推进的成效。

完成结建防空地下室16.21万平方米，为上年结建面积200%，占整个"九五"期间结建总面积80%。结建工程面积首次超过自建工程面积。全市人防工程总面积95.82万平方米，市区面积扩大后，人均人防工程面积0.39平方米，达全国先进水平。巡查、检查、整改工程总数365个。收取人防建设费4187万元，比上年增长24.6%。利用社会建设资金6.3亿元。人防平战结合创产值（营业额）7650万元，创利税634万元，收取使用费397万元。人防工程开发利用率58%，安置就业3000人。新增防空警报18台，总数92台。临安市、桐庐县结束无防空警报状况。市区警报鸣响覆盖率超过85%。人防知识教育向新区和县（市）普及，受教育学生6.03万人。组织开展人防建设成果巡回展、国防知识竞赛、电台电视台播放人防宣传片等活动。完成省国防教育动员委员会战时行动演习，开展人防专业队伍整组及4391名师生参加的防空袭行动演练等工作。原属市人防办的两个企业完成脱钩工作并进行改制。完成《杭州市人防建设第10个五年计划和2015年发展纲要》编制工作。

建立健全市人防行政执法网络，完善行政执法责任制，全年查处违法案件13起，依法收取人防工程拆除赔偿费208万元。

加强机关作风建设，以市投资项目集中办理中心人防审批窗口为重点，加强管理，健全制度，增强服务意识，提高办事效率。实施轮岗制，充实窗口工作人员。全年审批项目661项，办结率100%。

【提出10个人防建设新目标】3月14日，市政府组织召开全市人民防空会议，市政府、杭州军分区、市各职能部门、各区县（市）负责人140人参加。大会提出杭州人防建设10个新目标：贯彻落实第四次人防会议精神要有新思路，做好人防应急准备要有新措施，完善行政执法工作要有新要求，加强人防工程建设与管理要有新举措，开发地下空间要有新规划，建设人防组织指挥保障体系要有新方法，开展人防宣传教育和科研要有新观念，深化平战结合工作要有新行动，盘活人防国有资产要有新途径，全面推进机关建设要上新台阶。杨戌标在会上提出要加强学习、全面落实，振奋精神、扎实工作，加大投入、提高水平，突出重点、夯实基础，做好准备、强化素质，转变作风、深化改革，多方配合、大力支持，促进杭州人防工作取得更大成绩。

【庆春广场人防工程开工】2001年，市人防办投资1961万元，在庆春广场下兴建面积4642平方米、防护等级6级的人防工程，战时作人员隐蔽场所，平时为商业用房。7月18日开工，计划至2002年7月竣工。改变了杭城东部地区人防自建面积不足的状况，为“城市东扩”提供了规模较大、设施先进的地下空间。

【选用新型防空警报系统】市人防办增加防空警报安装数量，选用新型警报器，提高警报维护管理效率和扩大音响覆盖率。7月，市人防办改变传统采购方法，运用市场机制进行警报选型采购的尝试。集中4个厂家生产的6个新品种，在桐庐进行技术参数和性能质量等选型测试，确定4千瓦电动警报为杭州市“十五”期间警报建设主导产品。该产品具有低电耗、重量轻、安装方便、价格便宜等优势，自动关闭音窗、设置不锈钢网罩和声障板。

【人防行政执法取得新成效】市人防办提高执法人员素质，建立执法网络，全面落实行政执法责任制，加大对人防工程依法建设和依法管理工作的力度。全年对170个结建工程、42个早期人防工事、21个重点工程和存在较为严重问题的26个使用工程进行了执法大检查。发现问题，及时查处并督促整改，整改率80%。

【组织防空袭演习】9月29日，在全市防空警报试鸣放的同时，市人防办与市国动委、市教育局等联合举行了第一次较大规模的中学生防空袭演习，12所中学的4391名师生参加。随着防空警报的响起，师生们做了教室隐藏、学校空地或操场伏卧、按秩序进入附近防空洞等演练。根据“战事”变化，进行了防护器具的穿戴使用、战场求生、战地救护、较远距离疏散等演习。师生们结合课堂上所学的人防知识和现场演练，提高了在“战争”中自救互救、应急处置的能力。

【人防专业队伍整组】经市政府和军分区批准，市人防办和军分区司令部负责实施对人防专业队进行较大规模的整组。整组工作贯彻中央军委“积极防御和人防‘长期准备、重点建设’”的方针，根据杭州市所处的重点战略位置，结合高技术战争的特点，以提高城市抗毁能力和确保城市安全为目的，分摸底调查、制订方案、干部配备和人员编组、最后命名授旗等4个阶段。整组原则是平战结合、专业对口，采取条块结合、专群结合、一人一职的方式。整组重点是防化、医疗救护、抢险抢修、通信4支专业队，涉及4个部门、26个单位。经过整组，杭州人防专业队成员由1388人增至1531人，将同时承担城市和平时期事故灾害的应急救援任务。

【灵西隧道开工兴建】市人防办承建的第3条城市交通隧道——灵西隧道于12月开工建设。该隧道为杭州市区最长的交通隧道。南起灵隐路，经原杭州香料厂处穿通北高峰，在新凉亭与西溪路相接。工程预算总投资1.2亿元，工程总长2347米，其中隧道长1480米，北接线375米，南接线492米。隧道及接线道路宽12米，隧道采用单心圆直墙衬砌形式，墙高3米，通行空间4.5米，洞口按4级人防工程标准设计，设置先进的监控系统和通讯设施。计划于2002年年末贯通，2003年上半年建成通车。灵西隧道作为风景区交通主干道，建成后将分流西湖风景区及周边地区道路交通的压力，缓解灵隐景区行车难的矛盾，使西湖风景区与规划中的西溪风景区相互贯通。（徐　宏）

·武警·

【概况】2001年，武警杭州市支队坚持以邓小平理论、江泽民“三个代表”重要思想为指导，贯彻上级党委精神，落实《军队基层建设纲要》。年初，支队党委提出“成绩面前找差距，提高标准抓落实，打牢基础求发展”，贯彻《支队（团）落实〈纲要〉三十条》具体意见，实现先进支队“三连冠”目标。

开展党纪条规学习月、厦门特大走私案反面典型警示、“反对庸俗化、保持纯洁性”密切内部关系等专题教育，组织“看片学《条例》”、“以案说纪”活动，参观“反对邪教、崇尚科学”图片展、浙江省暨杭州市党风廉政建设和反腐败成果展，增强遵纪守法的自觉性，促进部队党风廉政建设。发挥支队有效载体作用，全面推广“以德育人”、转化伤病战士思想等经验，增强经常性思想工作。西博会期间，支队出动950人，完成西博会开幕式、西湖狂欢节、国际烟花大会等安全保卫任务。机动大队200人组成2个阅兵方队，参加市公安局组织的西博会誓师大会暨市公安机关阅警式。市防暴小分队在武警总队举行的军事业务比武中取得团体总分第二名，25人荣记三等功。

支队被中组部评为“婚育新风进万家”先进单位，被中宣部、司法部评为法制教育先进单位，被总政治部评为全军法制教育和爱国卫生先进单位，被武警总部评为计划生育红旗单位、学习成才先进集体，被武警总队评为基层建设、落实解困工程、新闻宣传、情报侦察、军械正规化管理、运输正规化管理先进单位。支队长王平、政治委员陈新成被总队评为“一对好主官”。建德市中队被总队评为基层建设标兵中队并记集体三等功；余杭区中队被总队评为学雷锋先进集体、先进团支部、密切内部关系先进单位。全年有1人立二等功，87人立三等功，285人被评为优秀武警士兵，1名战士直接提干。

武警官兵参加半山镇石塘村抢险

【完成执勤任务】 支队坚持把军事训练作为提高战斗力的基本手段，开展专勤专训和各类集训，严格落实勤务制度，坚持每季度召开“议中心”会议，执行执勤中队专职勤务值班制度，8个执勤目标建成远程监控系统。成功制止混监、暴狱、冲监事件，妥善处置群体性上访的秩序维护40余次。支队实现固定目标连续15年安全无事故。

美国“9·11”事件发生后，支队组织开展以反恐怖事件为主题研究，制订《处置恐怖事件行动预案》和《反袭击增援预案》。深入开展“严打”行动，完成西博会等重大活动的安全保卫任务。全年出动2987人次，配合公安部门抓获犯罪嫌疑人144人，收缴和销毁各类枪支6450支。完成半山镇石塘村抢险和临平山山林火灾扑救任务。

【加强支队基层建设】 支队组织工作组开展内部关系专题调研，解决实际矛盾。8月，召开第八届士兵代表大会，表彰尊干爱兵“双十佳”；顾承峰、赵国岳、汪治海被总队评为优秀带兵干部。支队常委分片包干，机关股长挂钩蹲点，实施指导帮扶；开展保持共产党员先进性教育和基层干部称职等级评定活动，提高党员干部的整体素质；开展“夺红旗、争红星”活动，坚持每季度分析讲评基层建设形势，调动了基层官兵的积极性。

【增强综合保障能力】 支队探索建立正规化后勤战备秩序，落实应急物资储备，加强应急保障训练。注重向管理要效益，后勤规范化管理程度明显提高。争取地方经费650万元，实现收支平衡。支队落实了千岛湖船艇码头0.33公顷征用地，下城中队搬入新营房，一批新营房完成报批或在建设中。全年产菜5.92万千克，建德中队农副业生产得到武警总部和总队肯定。

（黄志龙）

教 育

·综述·

【概况】 2001年,杭州市教育事业快速协调发展,素质教育全面推进,全民受教育水平明显提高。全市3周岁~5周岁幼儿入园率91%,其中市区已全面普及。义务教育入学率(包括智力、语言听力、视力残疾儿童少年入学率)、巩固率、完成率保持在全国前列,杭州市被评为全国基本普及九年义务教育、基本扫除青壮年文盲(简称"两基")工作先进地区。流动人口子女入学问题得到妥善解决,市区解决外来人员适龄子女入学2.5万余人,流动人口子女入学问题研究得到了全国教育界及联合国教科文组织的关注。高中段教育发展迅速,普通教育和职业教育比例合理,优质高中教育资源扩大,全市高中段学校招生6.46万人,比上年增加7410人,初中毕业生升入各类高中占85.3%。开展一系列职业教育教学改革,试行学分制,试办综合改革实验班及综合高中。高等教育规模扩大,市属高校招收全日制新生1.07万人,增长33.4%。部、省属在杭普通高校在校生达16.2万人。全市高等教育毛入学率26.7%。成人教育向终身化发展,全市青壮年非文盲率99.1%。

调整教育管理体制和运行机制。以杭州师范学院为主体筹建杭州综合性大学取得进展,杭州医学高等专科学校并入杭州师范学院并成立杭州师范学院医学院,实现了市属高校资源重组和优化。出台《关于杭州市国有民办学校试点工作的若干意见》,源清中学、杭州第二中学分校等学校的办学机制趋于完善,落实具体政策,招生规模扩大。

全面推进素质教育,学校德育工作针对性、实效性提高。中小学校园文化建设取得阶段性成果,54所中小学校在创建"绿色学校"活动中表现突出,成为市首批"绿色学校",其中26所被评为首批浙江省"绿色学校"。中学课程和教材改革全面启动,小学小班化教育试点稳妥进行。市区初中毕业考试权限下放,由各初中学校组织初中毕业考试。市直属重点高中继续招收"保送生",中等职校继续招收"直升生"。举办市区首届高中学生田径运动会和全市中小学生科技节。

干部和教师队伍整体素质提高。全面启动名教师培养工程,从省外引进中青年骨干教师缓解高中入学高峰的师资紧缺矛盾。举办学科带头人培训、特级教师学术交流培训、特级教师系列讲座等活动,发挥特级教师对青年教师的指导和培养作用。校长和干部队伍建设不断加强,干部培训有序开展,出台《杭州市中小学校长培训"十五"规划》,确定100名省内外知名校长的培养目标。全年培养教育后备干部98人。

教育科研工作取得丰硕成果。杭州市参与省"九五"重大科研工作有16项成果获奖;完成年度省基础教育优秀科研任务,12项成果获奖;承担教育部"面向21世纪教育振兴行动计划"中2项任务,并分获一等奖、二等奖;2项中等职业教育课题分获教育部"面向21世纪职业教育教材建设与课程改革规划课题"一等奖、二等奖;新课程教材研究、教学法改革、教育改革成果推广初见成效。

增加教育投入,改善办学条件,示范学校建设成绩显著。全市教育总投入37.07亿元,比上年增长35.9%;撤并薄弱中小学校,新增校舍面积51.8万平方米,教学设施趋于现代化;规范学校办学行为,加强收费管理,落实责任制,杜绝乱收费现象;加强校园安全管理和住校生管理,确保正常的教学秩序;学校专项督查工作有序进行,做到依法治校。

【"两基"工作跻身全国前列】 1986年,杭州市开始实施九年义务教育,1993年全面普及,1996年通过省政府"基本普及九年义务教育、基本扫除青壮年文盲"评估验收,提前一年实现通过省"两基"评估验收目标。市和各区县(市)、镇(乡)巩固"两基"成果,坚持"以发展求巩固、以改革促提高"的指导思想,突出重点抓落实,在实现义务教育公平化道路上取得了成绩。6月,市"两基"工作在国务院召开的全国基础教育工作会议上得到肯定,受到国家教育部、财政部和计委表彰。

【创建教育强区县(市)和强镇(乡)】 2001年,全市开展创建教育强区、县(市)和教育强镇(乡)活动。富阳市和上城区、下城区、西湖区、江干区、拱墅区、滨江区顺利通过省教育强区、县(市)评估验收。杭州市有9个区、县(市)成为省教育强区、县(市),占全市的69.2%。新增9个省教育强镇(乡)和8个市教育强镇(乡)。首次开展创建现代化标志性教育强镇(乡)工作,余杭区塘栖镇被命名为杭州市现代化标志性教育强镇(乡)。

【28所社会力量办学学校通过等级评估】 全市有社会力量创办的学校1100所,其中幼儿园883所,小学11所,普通中学36所,职业学校5所。在校学生15.4万余人,其中幼儿8.93万人,小学1.14万人,初中1.62万人,普通高中6800人。各类资产达6.3亿余元,其中国有资产9384万元,举办者投入资产2.17亿元,接受捐赠资产2.42亿元。各类仪器设备价值功能1.1亿余元。自有校舍建筑面积50.37万平方米。市教育局开展对社会力量办学等级评估,促进社会力量办学向上等级、上规模和规范化建设方面发展,2001年有28所学校首批参评并通过评估。

【举办中小学生科技节】 11月17日~25日,市教育局、市科技局、市科协、团市委和杭州青少年活动中心联合举办了杭州市中小学生科技节。围绕科技节主题,32万余名学生参加了丰富多彩的科技教育活动。市直属学校组织开展全市中小学生计算机比赛、航空航海模型比赛、科普图片展览、创新大赛和科学辩论会等16项科技活动。各区、县(市)开展特色鲜明的科技教育活动。各中小学校开展科普讲座(报告会)、召开主题班会、校内科技作品展览评比等小型多样的科技教育活动。

【54所学校成为首批“绿色学校”】 9月20日,市教育局和市环境保护局在学军中学联合召开杭州市创建“绿色学校”工作经验交流会,总结交流各区、县(市)、直属学校创建“绿色学校”的工作经验。各校普遍建立相应的组织体系,制订各具特色的“创绿计划”,投入了大量人力、物力,有领导、有计划、有步骤地开展环境教育活动。校园环境更洁、更静、更美,广大师生的环境保护意识增强,学生们把在学校养成的良好品德和行为习惯普及到了家庭和社区。54所中小学校被命名为首批杭州市“绿色学校”。

【治理教育乱收费】 市教育局贯彻省教育厅、省物价局、省财政厅《关于坚决治理中小学乱收费问题的通知》,规范学校收费行为,召开了各区县(市)教育部门及各直属学校负责人会议,部署了治理中小学、幼儿园乱收费工作。结合杭州实际,与市物价局、市财政局联合发出《关于坚决治理全市中小学、幼儿园乱收费的通知》,与各区县(市)教育局及各直属学校签订了《杭州市规范中小学、幼儿园收费行为责任书》,组织力量对中小学、幼儿园收费情况进行专项检查,集中受理收费专项投诉和接待来访,及时查处乱收费事件。

【对外交流】 2001年,市教育部门对外教育交流工作以积极、稳妥、有序的态势发展。全年接待17个国家和地区的友好人士来访132批、2400余人次,比上年增长14.5%,其中业务交流55批、853人次;出访交流78批、776人次,比上年翻一番,其中赴境外参加英语夏(冬)令营21批、574人次,派遣高中生30余人赴澳大利亚和新加坡留学。新增友好姐妹学校4对,满足了中小学师生的互动式交流需求。

附: 2001年部分国外教育代表团来杭访问情况

到访单位	到访时间	接待单位
日本福井少年友好大使团	3月22日~23日	杭州市教育局 安吉路实验学校
西澳洲教育部亚洲教育基金代表团	4月23日~27日	杭州市教育局 杭州第二中学 杭州第十一中学
西澳洲总理一行代表团	7月1日~7日	杭州第二中学
省海外华裔青少年“新世纪故乡行”代表团	7月20日~22日	学军中学
澳大利亚堪培拉市教育代表团	8月21日~25日	杭州市教育局

附: 2001年杭州市教育代表团出访情况

出访单位	出访时间	访问地点
学军中学赴日交流团	1月28日~2月3日	日本东京
杭州高级中学代表团	4月27日~5月7日	美国
学军中学代表团	6月24日~7月2日	德国卡尔卡市
学军中学代表团	6月24日~7月3日	英国利兹
杭州第四中学代表团	6月1日~30日	澳大利亚
学军中学代表团	9月14日~22日	德国克雷菲尔德
杭州高级中学友好代表团	9月29日~10月6日	日本福井
杭州高级中学中美文化交流团	9月29日~10月28日	美国波士顿

·高等教育·

【概况】 2001年,市教育局通过调

对外教育交流

查研究,制订出台《大学城建设实施方案》,推进了杭州高等教育快速发展。市属普通高校全日制毕业生2000人,招收全日制新生1.07万人,在校生2.2万人;部(省)属在杭普通高校全日制毕业生2.1万人,招收全日制新生5.4万人,在校生达16.2万人。杭师院接受了国家教育部本科教学合格评估,为筹建综合性万人大学迈出了坚实步伐;浙江大学城市学院占地12.73公顷、总建筑面积8.8万平方米的二期工程竣工投入使用,占地46.8公顷的三期工程已开工建设;杭州职业技术学院下沙新校区一期工程的主校舍竣工,10月投入使用;杭师院下沙高教园区新校区基本完成建设前期基础工作。杭州广播电视大学完成与杭州城市建设学校的实质性合并。在杭各高等专修学院得到发展,全年招收新生7000人。远程教育发展迅速,逐渐被学生所接受。杭州电大继续招收浙江大学、中国人民大学等院校的远程教育点学生,浙江人才专修学院、浙江三联专修学院等民办院校开始招收湖南大学、江南大学、北方交通大学等院校的远程教育学生。全年市属高校科研成果累计1160余项,比上年增长20%。出版专著112部,发表论文1000余篇,其中SCI(核心)论文4篇,SCI(扩展)论文11篇,国外学术刊物95篇,全国性学术刊物612篇;科技成果通过省部级鉴定5项,获各级各类优秀成果奖86项。

【举办高等教育改革与发展国际研讨会】 10月25日~27日,联合国教科文组织亚太地区办事处、浙江大学、杭州市政府联合在杭召开"高等教育改革与发展国际研讨会",来自美国、荷兰、法国、英国、日本、加拿大等国的专家,联合国教科文组织(亚太地区)办事处高等教育专家王一兵、中国教育学会会长顾明远、厦门大学副校长潘懋元等著名专家,以及来自北京大学等国内著名院校的学者80余人参加。会议就高等教育的大众化、改革与发展、制度创新等问题进行了研讨。

附: **2001年在杭高等院校基本情况**

单位:人

单位名称	在校学生数		本年招生数	本年毕业生数	教职员工数	
	本年	为上年(%)			合计	其中:专任教师
浙江大学	29 415	98.47	6 919	7 126	9 047	3 768
浙江工业大学	14 899	119.58	4 809	2 196	2 553	1 042
中国美术学院	2 103	185.94	1 104	131	498	251
杭州电子工业学院	9 120	140.87	3 716	1 014	1134	524
浙江工程学院	7 609	140.67	3 154	887	941	520
中国计量学院	5 176	151	2 341	542	690	314
浙江科技学院	4 833	147.26	2 108	520	529	245
浙江林学院	5 602	157.70	2 434	367	667	354
浙江中医学院	3 657	162.53	1 749	313	542	329
杭州商学院	12 303	159.12	4 048	1 260	1 352	642
浙江财经学院	6 424	125.54	2 207	893	801	290
杭州师范学院	9 989	121.74	3 789	1992	2122	1 038
浙江水利水电专科学校	2 578	131.46	1 036	396	310	147
浙江广播电视高等专科学校	2 318	160.53	1 157	282	272	152
浙江公安高等专科学校	1 667	101.03	568	545	360	125
浙江树人大学	5 563	157.55	2 616	553	550	265
浙江交通职业技术学院	2 603	174.23	1 241	125	397	218
浙江教育学院	1 139	169.75	467	–	–	–
浙江广播电视大学	9 579	–	3 101	3614	–	–
杭州机电职业技术学院(筹)	2 540	279.74	1 636	–	218	112
浙江建设职业技术学院(筹)	1 132	159.89	425	–	234	129
浙江艺术职业学院(筹)	464	165.71	187	–	237	151
浙江医学职业技术学院(筹)	836	371.56	614	–	205	95
浙江经贸职业技术学院(筹)	2 056	196.93	1 012	–	142	75
浙江商业职业技术学院(筹)	2 683	311.25	1 825	–	366	170
浙江求是职业技术学院(筹)	816	205.54	424	–	85	40
浙江经济职业技术学院(筹)	1 026	185.54	565	–	158	93
浙江旅游职业学院(筹)	643	283.26	417	–	128	72

（续表）

浙江育英职业技术学院(筹)	1 175	183.59	554	–	192	95
浙江司法警官职业学院(筹)	1 583	249.29	949	–	164	93
浙江金融职业学院(筹)	1 176	300.77	785	–	175	100
杭州职业技术学院(筹)	3 470	226.06	1946	–	449	259
杭州科技职业技术学院(筹)	1 328	162.53	511	–	113	82
浙江职工体育运动技术学院	113	230.61	64	–	–	–
浙江长征职业技术学院(筹)	128	–	128	–	120	43
浙江大学城市学院	4 293	223.13	2 395	–	54	33

附：　2001杭州市普通中等学校情况

学校类别		学校数（所）	毕业生数(人)	招生数（人）	在校生数(人)		初中毕业生升入各类高中的升学率(%)
					本年	为上年（%）	
全市	初中	314	75 722	93 516	285 203	105.83	85.31
	高中	88	22 012	30 838	79 632	109.01	_
市区	初中	138	42 661	52 669	158 855	106.24	90.00
	高中	61	14 628	18 133	48 213	103.54	_
市属	初中	_	3 198	1 152	5 362	67.89	_
	高中	17	5 277	7 038	18 978	107.68	_

·普通高中教育·

【概况】 2001年,全市普通高中在校生7.96万人,比上年增加137个班级、6583人，市区进入高中阶段第5个入学高峰。通过学校的新建、改扩建和内部挖潜等措施，扩充和优化了优质教育资源，全市初中毕业生升入普通高中3.12万人,占初中毕业生升入高中段学校总数的48.3%，初中毕业生升入各类高中比例85.3%,增长1.6%,市区达到90%。举办首期市德育高级研修班和德育专家系列报告会；召开学生劳动和社会实践基地建设研讨会,出台《学生劳动和社会实践基地评估方案》;开展了"遵守法规,讲究卫生,看谁的行为更文明"检查活动和创建"绿色学校"活动;中学课程和教材改革全面展开，高中招生和考试制度完善。

【16所优质高中同批招生】 2001年，市教育局首次将市区办学规模较大、学校声誉较高的一般普通高中与省级重点普通高中列入同批次志愿选择范围和同批次招生的办法，缩小了一般普高与重点普高的生源差距，一般普高的生源质量明显改善，扩充和优化了高中教育资源。市区16所优质高中同批次招生，招收162个班新生7800人,占市区普高招生总数的75.5%。

【开办第二届新疆高中班】 杭师院附属三墩高级中学在秋季新学期迎来了第二届新疆高中班学生80人。学校招收新疆高中班学生达到160人,主要来自维吾尔族、哈萨克族及回族等少数民族地区。新疆学生在该校接受1年预科教育和3年高中教育。

【重点中学招收保送生】 市属省一级重点中学杭州高级中学、杭州第二中学、杭州第四中学、杭州师范学院附属三墩高级中学、杭州第十四中学、浙江大学附属中学、学军中学招收保送生683人。市教育局要求学校公开保送生的条件、名额分配和学校选拔保送的操作程序，招生学校公布录取名单,接受社会、家长和学生的监督,完善保送生制度,使保送生工作真正做到公开、公平、公正。4月招生结束,新生进入重点中学接受预备教育，参加以研究性学习为重点内容的社会实践活动。

·中等职业技术教育·

【概况】 2001年,全市中等职业教育技术学校招生3.34万人,比上年增长16.1%；其中职业高中招生2.02万人,在校生4.7万人,中专招生5000人,技校招生3700人,中等职业学校与普通高中招生数的比例为52:48。

理顺中等职业学校管理体制。在杭近50所中等专业学校(含普通高校中专部)的招生、教学业务、学籍管理和毕业证书验印等工作从省教育厅划归市教育局管理。市中策职业学校的电子电器应用与维修专业和烹饪专业、市旅游职业学校的旅游服务与管理专业、市电子信息职业学校的计算机及应用专业和电子技术应用专业、市交通职业高级中学的汽车运用与维修专业、市商贸职业高级中学的商品经营专业、市江滨职业学校的食品生物工艺专业、市人民职业学校的文秘专业、市服装职业高级中学的服装设计与工艺专业、余杭区临平职业高级中学的机械制造与控制专业等10所学校的12个专业被确认为省中等职业学校示范专业。推荐保送了180名中等职业学校毕业生到高等职业技术学院深造。市区职业学校招收免试"直升生"4630人。开展直属职业学校学生寝室管理工作检查,切实加强住校生安全管理。

确认13所职业学校为省级重点职业学校。其中市电子信息职业学校、萧山区第三中等职业学校、桐庐县桐江职业学校为省一级重点职业学校;市交通职业高级中学、余杭区乔司职业高级中学为省二级重点职业学校;市江滨职业学校、西湖区职业高级中学、拱墅区职业高级中学、余杭区良渚职业高级中学、萧山区第二中等职业学校、富阳市富春职业高级中学、淳安县千岛湖职业高级中学、淳安县职业高级中学为省三级重点职业学校。至年末,全市有各类重点职业学校 37 所,其中国家级重点职业学校 9 所,省一级重点职业学校 8 所,省二级重点职业学校 5 所,省三级重点职业学校 13 所,其他省级重点职业学校 2 所。杭州第九中学、萧山区第八高级中学、萧山区第九高级中学、富阳市场口中学、杭州开元(景芳)中学、桐庐县横村中学被确认为省第一批综合高中。

【一批中等职业学校更名】 为扩大优质中等职业教育规模,提高职业教育质量和办学效益。7 月,杭州中策职业高级中学和莫干山路中学合并办学,合并后学校更名为杭州中策职业学校,原莫干山路中学校名保留到在校初中生毕业止。杭州江滨中学更名为杭州江滨职业学校;杭州人民中学更名为杭州人民职业学校;杭州电子仪表工业学校成建制并入杭州电子职业高级中学,合并后学校更名为杭州电子信息职业学校,杭州电子仪表工业学校校名保留到在校中专生毕业止。

附: 2001 年在杭职业技术学校情况

学校类别		学校数(所)	毕业生数(人)	招生数(人)	在校生数(人)	
					本年	为上年(%)
中等专业学校		26	15 202	5 424	32 763	72.42
技工学校		24	6 155	5 554	14 743	93
职业高中	全市	41	12 008	19 869	47 033	116.11
	市区	21	8 520	12 680	31 590	112.31
	市属	8	3 993	4 815	13 019	101.62

·义务教育·

【概况】 2001 年,全市小学入学率和巩固率均在 99.99%和 100%,初中入学率和巩固率分别为 99.13%和 99.9%。撤并办学力量薄弱的中小学校 367 所,其中小学 305 所,初中 62 所,小学、初中校均学生数分别为 346 人、915 人。召开小学德育工作实效性研讨会和小学小班化教育研讨会。深入开展"轻负高质"为主题的教育科研指导,对部分区、县(市)属学校进行以实施素质教育为主要内容的办学水平评估,指导学校开展自评工作。智力、语言听力、视力残疾儿童少年入学率达 98.4%。一批学校经评估成为省市示范学校。临安市石镜小学等 14 所学校被确认为杭州市农村示范小学。

【解决流动儿童少年入学问题】 杭州市教育系统通过挖潜、拓宽渠道等方式,妥善安排流动儿童少年在杭各类学校就读,保证在顺利入学的前提下,提高其接受义务教育的质量。市区 90%公办学校招收流动儿童少年就学,天成、明珠、蓝天、运河、蓓蕾等 5 所学校为独立设置的民工子女学校,共招生近 5000 人。市区共解决外来人员子女 2.5 万人入学,占市区小学在校生总数的 9.6%。

【小班化教育试点初见成效】 全市 111 所学校的 409 个班级进行小学小班化教育探索。自 1998 年以来,以上城区胜利小学和下城区刀茅巷小学为试点进行小班化教育的研究与实践。学校通过开展小班化教育取得初步成效,成为提高义务教育质量的有效途径。市教育局要求至 2005 年市区小学基本实现小班化教育,各县(市)有条件的小学也要实施小班化教育。

·幼儿教育·

【概况】 2001 年,全市有幼儿园 1249 所,其中社会力量办园 883 所,占 70.7%;街道、乡镇办园 251 所,占 20%;教育部门办园 38 所,占 3%;其它部门办园 77 所,占 6.2%;国有民办幼儿园 38 所,占 3%。在园幼儿 17.42 万人,学前 3 周岁~5 周岁幼儿入学率 91%,比上年增长 1.3%。园长、教师学历合格率达 90.2%。

加快幼儿教育发展进程,规范幼儿园办园行为,市政府下发了《进一步加强杭州市幼儿教育工作补充意见》,明确 3 周岁前幼儿教育归口教育部门管理。小区配套建成的幼儿园属国有资产,无偿划归教育部门使用、管理。举办幼儿教师自制教具、玩具展。修订《幼儿园分等定级评估标准》,全年新增省级示范幼儿园 7 所、农村示范幼儿园 8 所。

附: 2001 年杭州市小学、幼儿园、特殊学校情况

类别		学校数(所)	毕业生数(人)	招生数(人)	在校生及在园幼儿数(人)	
					本年	为上年(%)
小学	全市	1 354	93 365	74 122	467 982	96.36
	市区	577	52 311	42 660	260 589	97.18
幼儿园	全市	1 249	70 184	72 263	174 204	103.44
	市区	487	41 199	37 654	107 056	101.87
盲聋哑学校		8	92	107	724	102.12
弱智学校		5	37	22	332	102.15
工读学校		1	55	50	85	94.44

【全市幼儿教育工作会议】 于3月27日~28日召开，各区、县(市)教育系统、幼儿园负责人参加。会议总结了“九五”期间全市幼儿教育事业发展情况，分析当前幼儿教育存在的问题，部署幼儿教育发展的近期和远期工作任务。提出全市幼教事业发展的工作重点是理顺幼教管理体制，规范办园行为，启动“托幼一体化”工作。

附： 2001年杭州市中小学、幼儿园教职工情况

学校类别		教职工总数(人)	其中：专任教师数(人)		达到规定学历的专任教师比例(%)		平均每名教职工负担学生数(人)
			初中	高中	初中	高中	
普通中学	全市	25 670	15 685	5 262	95.77	87.38	14.21
	市区	15 359	9 082	3 244	96.63	89.12	13.48
	市属	2 891	592	1 364	98.82	92.08	8.42
职业高中	全市	3 709	_	2 731	_	63.93	12.68
	市区	2 358	_	1 686	_	73.13	13.40
	市属	1 146	_	715	_	78.32	11.36
中等专业学校		2 053	1 051		_		_
技工学校		1 591	945		_		_
小学	全市	25 535	23 179		99.10		18.33
	市区	14 929	13 486		98.78		17.46
幼儿园	全市	11 447	7 880		90.20		15.22
	市区	7 668	5 160		92.73		13.96
盲聋哑学校		198	159		_		_
弱智学校		96	81		_		_
工读学校		40	30		_		_

·成人教育·

【概况】 2001年，全市成人教育以推进农村成人教育，构建终身教育体系，加快学习型企业进程为重点，抓好企业教育综合改革实验单位的调查研究，提高城乡劳动者整体素质。贯彻实施省“百万农民培训工程”和市委《关于加强村党支部书记队伍建设的意见》精神，培育“百万农民培训工程”项目112个。承办全国农村成人教育改革和发展研讨会。全市青壮年非文盲率99.1%。召开全市社区教育工作会议，下城区被教育部确定为国家社区教育实验区。制订《杭州市职工教育“十五”规划》，职工全员培训率35.2%。进一步规范社会力量办学工作，做好办学等级评估，试点推广，年检年审，及民办非企业法人登记等，促进社会力量办学向上等级、上规模方向健康发展。下发《关于杭州市大力推进终身教育体系构建工作的若干意见》等文件。全年成人中专招生5000余人，其中普通班730人；毕业生、结业生验证验印1.6万余人。其中1000余名部队、武警官兵参加成人学校学习并取得毕业文凭，科技拥军的做法和经验在市科技文化双拥共建工作会上介绍推广。

【加强成人学校建设】 各区、县(市)加大对成人学校建设的投入，拓展办学功能。投入500余万元，用于改善乡镇成人学校办学条件，其中拱墅区上塘镇将原熔炉小学划拨给成人学校使用，建成了省一级成人学校；富阳市教育局拨款20余万元用于改善高桥、受降、大源、永昌4所成人学校。成人学校各类教育与培训72.34万人次，其中实施“百万农民培训工程”培训15.93万人次。乡镇成人学校开展中等、高等学历教育，全年招生5790人，招收应届初中毕业生2928人。与有关大专院校联合招收大专层次学员3408人。组织村干部(含部分后备干部)2728人进行成人高中学历达标教育。成人学校毕业生3948人。全市乡镇成人学校校园占地总面积42.9万平方米，校舍建筑面积14.8万平方米，办学条件得到较大改善，为推进农村城市化进程和创建省教育强区(市)打下了良好基础。

【全国农村成人教育改革和发展研讨会】 于8月24日~27日在杭召开，来自全国各省、市、自治区、计划单列市教育部门负责人，部分农村成人教育先进地区的代表、农村成人学校校长200人参加。会议总结交流了各地开展农村成人教育工作经验，反映和提出当前农村成人教育存在的问题和应对策略，探讨新时期农村成人教育面临的新形势及改革发展的目标、任务和措施。与会代表对所考察的富阳市富阳镇、余杭区塘栖镇2所成人学校的办学经验予以肯定。教育部职业成人教育司负责人在大会总结时称赞：“杭州市农村成人教育的经验和做法代表了经济发达地区的发展趋势。”中国农村教育杂志社刊印了《中国农村教育·杭州成人教育特刊》。

·师资队伍建设·

【概况】 2001年，市教育行政部门加快中青年跨世纪学科带头人和骨干教师的培养，加强各层次教师培训，提高教师实施素质教育的能力和水平。全市选拔515人为实施培养跨世纪学科带头人和骨干教师人选，其中157人为浙江省名教师培养人选，完成“高素质园丁”工程的年度目标要求。举办市第二次特级教师学术研讨会，成立了特级教师协会。大力开展各层次教师的培训

工作，稳步推进中小学教师技术培训试点和经验推广工作。首次组织中学英语骨干教师24人赴澳大利亚进行为期1个月的培训。全市中小学教师中有484人晋升高级职称，其中45岁以下246人，占50.4%。教师合格学历和高学历比例大幅度提高，小学、初中、普高、职校教师学历合格率分别达99.1%、96%、87.4%、63.9%。小学教师大专以上学历占33.5%，初中教师本科以上学历占37.6%。开展对口支援西部地区教育工作，全年派遣教师和教育管理干部24人，支援四川省乐山市、凉山地区的教育工作。

【表彰和引进优秀教师】 全市加强教师职业道德教育，开展师德师风建设，涌现出一大批师德高尚的先进模范人物。任继长、计翔和徐松泉被评为全国模范教师和全国教育系统先进工作者。张天孝被评为浙江省功勋教师。潘志平、徐秀梅、孙伟华、吴立群、施人和被评为省中小学师德楷模。46人获省第十四届"春蚕奖"，10人获省第二届"绿叶奖"。章亚玲等64人被评为杭州市优秀教师，许炎明等25人被评为市优秀教育工作者。

全年引进教师303人，其中特级教师5人，高级教师82人，优秀教师216人；具有本科以上学历213人。采取重新建档的办法，加大引进特别优秀教师的力度。

·改善办学条件·

【概况】 2001年，全市教育事业费总投入达35.07亿元，比上年增加9.8亿元，增长35.9%。征收农村教育费附加6.88亿元，增长19.4%。全市新增中小学校舍面积51.8万平方米，中小学校舍累计面积649.4万平方米，生均占有面积分别为小学5.5平方米、普通中学9.26平方米、职业高中11.47平方米。全市撤并办学力量的薄弱中小学367所。中小学现代化建设工程顺利实施。杭二中新校区投入使用，学军中学、杭四中完成全面改造，杭州高级中学全面改造二期工程和浙大附中全面改造工程加快建设，城北高级中学开工建设，杭师院附属三墩高中新疆班教学部建设竣工，杭二中国际部建设完成前期工作。萧山六中、余杭职高、严州中学新校区等一批区、县(市)属学校相继建成并投入使用。

高教园区的浙江工程学院

【现代信息技术教育发展迅速】 杭州市以多媒体和计算机教学为标志的现代技术教育装备基本普及，杭州教育信息网全面开通，并实施了"校校通"工程。杭州市被国家教育部确定为全国现代教育技术实验区。全市有全国现代教育技术实验学校7所，省现代教育技术实验学校41所。

【勤工俭学总收益10.78亿元】 2001年，全市开展勤工俭学活动的中等、初等学校有1256所，占学校总数的69.9%；其中有校办产业的学校483所，占学校总数的26.9%；校办产业中有校办工厂36个、第三产业197个、学农基地362个。全年有920个基地接纳学生521万人次参加劳动。校办产业年总产值及营业额86.96亿元，比上年增长9.4%；勤工俭学年总收益10.78亿元，增长6.3%，上缴利税与教育附加费6.69亿元，增长10.4%；校办产业的总资产74.59亿元，总负债30.19亿元，资产负债率40.5%.全市校办产业的净资产已超过44亿元，经济实力继续增强。纯收益中用于补充教育经费2438万元，占总收益的22.6%；用于改善办学条件787万元，用于集体福利425万元。全市创利10万元以上的校办企业有73个，创利30万元以上的有35个，100万元以上的14个。上城区勤工俭学纯收益9.13亿元，富阳市纯收益超亿元，萧山区纯收益超2000万元，临安市纯收益超1000万元。市直属和余杭区纯收益均超500万元。出口创汇校办企业有21个，出口产品31种，共创汇人民币2.53亿元。校办企业开发新产品34个，新增产值21亿元。

（袁森浩 郑利敏 吕政）

文 化

·综述·

【概况】 2001年，杭州市文化部门共有专业艺术表演团体11个，艺术学校1所，群艺馆和文化馆15个，公共图书馆10个，博物馆12个，电影发行放映公司8个，35毫米电影放映单位95个，16毫米电影放映单位56个。市属文化单位有艺术、图书、群文、文博等系列的在职专业技术人员720人，其中高级117人、中级313人、初级290人。

搞好艺术创作生产。全市40余个专业和民间艺术单位及大专院校参加了杭州新剧（节）目汇演，推出18台剧（节）目，演出21场。涌现出一批思想性强、艺术性高、有较大市场潜力的新剧（节）目。杭州市要成为第七届中国艺术节的主要会场。

文艺舞台成绩喜人。一批优秀文艺作品得到国家级和省级奖励。40余件作品在省级以上文化部门举办的展演中获奖。儿童音乐剧《寒号鸟》获中宣部“五个一工程”奖和第十四届曹禺戏剧奖暨剧本奖；舞蹈《红色恋人》获第五届全国舞蹈比赛创作二等奖；校园剧《虚拟的爱情》、小戏《燕归来》分获第八届全国“曹禺杯”戏剧演出二等奖；民乐合奏《逗趣》、合唱《绿色世界》及一批美术、摄影作品在全国“蒲公英”奖评选中获得4金7银；杭州歌舞团、市艺术学校创作演出的15个舞蹈节目获省优秀节目奖；9人获全省舞蹈和越剧比赛“十佳”青年舞蹈、越剧演员奖；市艺校赴摩洛哥参加国际艺术节并获金奖。

群众文化精彩纷呈。围绕建党80周年、春节、国庆等节庆活动举办大中型文化活动116项。组织“文化下乡”、“金蛇狂舞闹元宵”灯会、第十五届“三江”歌手大赛、“永远的旗帜”纪念建党80周年文艺晚会、第二届“风雅颂”民间艺术展示、“春风行动”大型义演等活动。协办、承办了西博会文化活动，强调“一流的艺术精品、一流的活动内容、一流的工作佳绩”，通过组织承办第五届中国国际民间艺术节开幕式暨西湖狂欢节，“西湖风情”书法、国画、篆刻系列展等活动，聚集人气，提升文化名城的品位，为西博会增添光彩。各区县（市）文化部门注重在发掘文化活动载体和地域特色上下功夫。如淳安县“秀水节”，临安市根艺、根雕艺术节，拱墅区运河文化节，上城区京剧票友艺术节等。基层文化建设以全国文化先进县、万里边疆文化长廊（“东海明珠工程”）、“蒲公英”计划、知识工程建设为主线，推动群众文化活动的普及与发展。临安市於潜镇、河桥镇、岛石镇，余杭区双溪镇、塘栖镇，桐庐县富春江镇，淳安县梓桐镇，萧山区义桥镇，滨江区长河镇等9个乡镇被命名为市级“东海明珠工程”。

文化体制改革深入。制订《杭州市文化企事业单位深化改革的实施意见》，按资产非经营性和经营性标准对市属文化部门22个基层单位进行公益性、经营性划分和界定，提出改革意见。第一类12个公益性文化事业单位，继续保留事业单位性质，深化内部管理体制、分配制度、用人制度改革。第二类10个经营性文化企事业单位，推行以产权制度改革为核心的转企改制，实现国有非经营性资产向经营性资产转换。

文化设施建设进展顺利。7月1日，杭州大剧院举行开工典礼。11月14日，红星文化大厦正式对外开放。市图书馆新馆进行了前期论证和筹建工作。萧山区歌剧院、临安市人民广场、余杭区人民广场、淳安县千岛湖中心广场、夏衍故居等一大批文化设施相继建成并对外开放。

文化市场管理有序。“扫黄打非”活动取得阶段性成果，开展音像市场规范化整顿和法制月活动，整顿压缩电子游戏经营场所，对互联网服务经营场所重新进行审核。

【组建红星文化大厦有限责任公司】 9月，红星文化大厦基本建设全面竣工。按《公司法》要求，大厦以评估值1.35亿元实物资产进行工商注册登记，成立国有独资红星文化大厦有限责任公司。红星剧院于6月下旬对外开放。红星宾馆承接了“第二届大城市文化产业发展论坛”等全国性大型会议的接待任务。11月，红星文化大厦全面对外开放。

【“西湖风情”艺术系列展】 于10月28日在西湖美术馆举办。展览包括“西湖风情”全国名家邀请赛、西湖诗词扇面展、西湖胜景百印展、西泠印社藏秦砖汉瓦展4个部分，充分展示杭州的人文资源优势，凸显杭州地域文化特色，展览格调高雅，21天接待参观者5万余人次。

【文化交流频繁】 杭州市全年派出文化出访团9个、155人次，分赴日本、西班牙及中国香港和台湾演出。杭州青少年杂技团赴日本演出690余场；杭州歌舞团受文化部委派赴蒙古共和国进行文化交流演出，一台充满东方神韵和杭州风情的歌舞节目，受到当地观众欢迎。先后邀请或引进俄罗斯、德国、以色列、西班牙等国外艺术团体36批次，演出80余场。引进中国京剧院、总政歌舞团、上海越剧院红楼剧团、山东杂技团等32个国内优秀表演团体，演出249场，观众24万余人次。

·专业文艺·

【新剧（节）目汇演】 全市40余个专业、民间艺术单位和大专院校参加了新剧（节）目汇演，演出28场，观众3万人次。推出18台剧（节）目，涌现出滑稽戏《钱塘阿哥》和《12345》，绍剧《状元与小偷》，话剧《苏东坡》、《的妹与警哥》，越剧《新龙凤锁》，歌舞剧《宋城千古情》等一批思想性、艺术性、可看性强的新剧目。

【儿童音乐剧《寒号鸟》获大奖】 该剧中的快乐鸟既聪明又懒惰，惰性的膨胀使它濒临死亡，在树公公、织布鸟、喜鹊、啄木鸟等关心帮助下，快乐鸟战胜了惰性，战胜了自我，对现代少年儿童有所启发。该剧创作排演以来多次获奖，2001年获中宣部第八届“五个一工程”奖、第十四届中国曹禺戏剧奖剧本奖、杭州市“五个一工程”奖。

·社会文化·

【金蛇狂舞闹元宵活动】 2月6日~8日，杭州市区以夜西湖为主线，设置15个灯会、灯谜、游艺活动点，展出座灯215只，宫灯、串灯2.5万余只，仿古和现代牌楼26座。杭城彩灯高照、人潮如海，170余万人次参加闹元宵活动。

【第十五届“三江”歌手大赛】 5月18日，“三江”歌手大赛在淳安举行，23人进入决赛。该赛事吸引了大批业余文艺骨干参赛，为专业艺术团体输送了胡小娥、吕薇等知名歌手，成为展示群众文化培训成果，专业艺术团体挑选人才的窗口，在省内外具有较高的知名度。

【第二届“风雅颂”民间艺术展示】 10月举办。全市14支民间艺术队伍参加表演。在对民间艺术进行整理、加工和提高的基础上，“严州斗虾”、“临安水龙”、“萧然灯鼓”等一批节目在活动中亮相。

【第五届中国国际民间艺术节暨西湖狂欢节】 于西博会期间举办，艺术节汇聚了国内外69个表演团队(国外14个)，25辆彩车，5680人参加表演。狂欢队伍的表演从吴山广场至环城西路，场面壮观，60余万人观看表演。“淳安竹马”、“南宋街市”等节目获得全国民间文艺最高奖“山花奖”和世界艺术友谊金杯奖。组织14个国外团队的320余名表演艺术家赴余杭、萧山、临安、富阳、桐庐、建德、淳安等地参加“三江两湖”文化旅游交流演出活动。

话剧《苏东坡》剧照

【图书馆业务建设】 杭州图书馆全年接待读者43.3万人次，外借图书52.7万册次。杭州少儿图书馆全年接待读者39.4万人次，外借图书19.1万册次。公共图书馆自动化建设有新发展。杭州图书馆流通、采编等部门实行计算机管理，采取培训和引进计算机人才，加强文献信息资源和重点数据库建设等多项措施，促进计算机自动化管理上档次、上水平。杭州少儿图书馆加强电子阅览室建设，举办少儿电脑培训班，新增多媒体外借馆藏点，提供光盘外借等服务，受到小读者欢迎。萧山、余杭、富阳、淳安等区、县(市)图书馆业务部门实行了自动化管理。

【电影发行放映】 2001年，全市放映电影4.83万场，比上年下降12%；观众231.2万人次，下降9%。放映收入2507万元，下降6%；发行收入1311万元，下降8%。放映收入超100万元的影院有庆春电影大世界(1493.5万元)、西湖电影院(354.7万元)、萧山电影院(100.9万元)。在电影市场份额急剧下降、资金匮乏、机制落后等问题的困扰下，市电影公司根据人员臃肿、影院破旧、设备老化等状况进行改革。尝试了“5元票价”，出台《杭州市区电影票价轮次调整方案》，从1月1日起电影票价全面降价。地处市中心湖滨地区的4个影院进行资产重组，调整布局，打破所有制界限，抓住中国加入世界贸易组织后电影业发展的机遇，以股份制、合资、合作等形式，着手组建以国有为主体、多种经济成分并存的杭州电影“院线制”，增强竞争实力，争取市场份额。推出多种电影促销形式，与省电影公司联合举办《紫日》、《真心》、《庭院里的女人》、《刮痧》、《宇宙与人》的观众见面会、有奖销售、发放纪念品等电影营销活动。9月，东坡剧院买断影片《国庆记事》放映权，单项收入26.8万元。

·西泠印社·

【概况】 西泠印社提高学术含量，成立了学术研究委员会和艺术创作委员会，通过巡展、大赛等多种形式增强学术研究活力。印社的文物保护工作卓有成效。大面积维修了社址“山川雨露图书室”、“竹阁”、“还朴精庐”、“遁庵”等，清理了“潜泉”淤积。6月，孤山西泠印社社址被国务院批准列入第五批全国重点文物保护单位。

【中国印学博物馆】 全年举办各类金石书画艺术作品展18期，接待国内外来访团体104批，参观者近8

万人次。9月,被列入浙江省爱国主义教育基地。（陆 慧）

·文联与各协会·

【概况】2001年,杭州市文联系统按照市五次文代会提出的工作目标,立足繁荣文艺创作,为创建文化名城和宣传杭州开展各项工作。

文艺创作强调精品意识。召开年度文学题材交流会,对当年申报的10余部长篇文学作品的题材、结构等进行交流研讨,确定7部签约重点作品。组织专家对申报市"五个一工程"奖的作品进行评选,9个文艺门类的20件作品中评出18件推荐上报。市作协举行儿童文学笔会,完成包括散文、童话、诗歌、儿歌在内的儿童文学作品40余篇。市文联科幻系列小说创作群体"剑齿虎工作室",根据出版社对第一辑作品的反馈意见,总结创作经验,确定了更切合当前阅读热点的第二辑写作方向;举行为期6天的秋季小说笔会,

附：

2001年杭州市文化部门单位(个人)获奖情况

专业类：

作品名称	获奖单位(个人)	获 奖 情 况
少儿音乐剧《寒号鸟》	杭州越剧院 市艺术创作中心	中宣部第八届精神文明建设"五个一工程"奖 第十四届中国曹禺戏剧奖、剧本奖 2000年度杭州市精神文明建设"五个一工程"奖
双人舞《红色恋人》	杭州歌舞团	第五届全国舞蹈比赛创作二等奖 张云峰获2001浙江省舞蹈青年演员大赛优秀新节目创作奖 王永林获2001浙江省舞蹈青年演员大赛"十佳"舞蹈青年演员称号 金艳获2001浙江省舞蹈青年演员大赛"十佳"舞蹈青年演员称号
舞蹈《繁漪》	杭州歌舞团 唐 娅	2001浙江省舞蹈青年演员大赛"十佳"舞蹈青年演员称号
舞蹈《顶碗》	杭州歌舞团 边巍巍	2001浙江省舞蹈青年演员大赛"十佳"舞蹈青年演员称号
舞蹈《秋海棠》	杭州歌舞团 徐岸清	2001浙江省舞蹈青年演员大赛"十佳"舞蹈青年演员称号
舞蹈《心》	杭州歌舞团 刘海波	2001浙江省舞蹈青年演员大赛"十佳"舞 蹈青年演员称号
滑稽戏《欢乐人家》	杭州滑稽艺术剧院	2000年度杭州市精神文明建设"五个一工程"奖 2001年杭州市新剧、节目汇演创作一等奖、优秀演出奖、优秀导演奖
杂技《彩绸魂》	杭州杂技总团	2000年度杭州市精神文明建设"五个一工程"奖
杂技《彩蝶纷飞》	杭州杂技总团	2000年度杭州市精神文明建设"五个一工程"奖
绍剧《状元与小偷》	萧山绍剧团	2001年杭州市新剧、节目汇演创作一等奖、优秀作曲奖、优秀伴奏奖、优秀舞美设 计奖、优秀演出奖、优秀导演奖
歌舞剧《宋城千古情》	宋城艺术团	2001年杭州市新剧、节目汇演优秀演出奖、优秀导演奖、优秀舞美奖
越剧《新龙凤锁》	桐庐越剧团	2001年杭州市新剧、节目汇演优秀演出奖、优秀作曲奖、优秀伴奏奖
舞蹈《单双三人舞蹈专场》	杭州歌舞团	2001年杭州市新剧、节目汇演优秀演出奖、 优秀导演奖
《陈芬芳演唱会》	杭州歌舞团	2001年杭州市新剧、节目汇演优秀演出奖
话剧《的妹与警哥》	杭州话剧团	2001年杭州市新剧、节目汇演优秀演出奖、优秀导演奖、优秀舞美设计奖、优秀伴奏奖
轻喜剧《12345》	天堂滑稽剧团	2001年杭州市新剧、节目汇演优秀导演奖、优秀舞美设计奖
越剧《曲江风月》	杭州越剧院	2001年杭州市新剧、节目汇演优秀舞美设计奖、优秀伴奏奖
话剧《苏东坡》	市艺术创作中心	2001年杭州市新剧、节目汇演优秀作曲奖
杂技《晃管》	杭州杂技总团	2001年杭州市新剧、节目汇演优秀演出奖
杂技《蹬人》	杭州杂技总团	2001年杭州市新剧、节目汇演优秀演出奖
独脚戏《酒使糊涂》	杭州滑稽艺术剧院	2001年杭州市新剧、节目汇演优秀演出奖
独脚戏《双推母》	杭州滑稽艺术剧院	2001年杭州市新剧、节目汇演优秀演出奖

群众文化类：

（续表）

作品名称	获奖（选送）单位	获 奖 情 况
民乐合奏《逗趣》	大关小学	文化部第二届“蒲公英”奖表演金奖、创作金奖 浙江省少儿音乐大赛表演金奖、创作一等奖、优秀辅导奖
歌曲《绿色多美好》	杭州青少年活动中心	文化部第二届“蒲公英”奖创作金奖、表演银奖 2000年度杭州市精神文明建设“五个一工程”奖
合唱《别把老师惊醒》	下城区青少年活动中心	文化部第二届“蒲公英”奖银奖
书法作品《杨柳五言》	江干区五堡小学	文化部第二届“蒲公英”奖银奖
书法作品《咏梅》	萧山区文化馆	文化部第二届“蒲公英”奖银奖
美术作品《下课的时候》	市群艺馆	文化部第二届“蒲公英”奖金奖
美术作品《雨中微笑》	市群艺馆	文化部第二届“蒲公英”奖银奖
《临安水龙》	临安市	第五届中国国际民间艺术节友谊金杯奖
戏剧小品《燕归来》	余杭区文化馆	中国曹禺戏剧奖银奖 2000年度杭州市精神文明建设“五个一工程”奖
戏剧小品《迟到的歌声》	桐庐县文化馆	文化部“群星奖”戏剧小品比赛金奖 第六届华东地区话剧小品大赛一等奖
莲花落《说也说不清楚》	萧山区文化馆	文化部“群星奖”戏剧小品比赛金奖 2001年浙江省曲艺新作大赛表演一等奖
歌曲《走在春风里》	余杭区文化馆	浙江省乡镇文艺调演演唱金奖
歌曲《问一声老汉》	萧山区文化馆	浙江省新人新作大赛演唱金奖
歌曲《新世纪畅想》	西湖区文化馆	浙江省新人新作大赛演唱金奖、创作金奖
舞蹈《萧然灯鼓》	萧山区文化馆	浙江省广场民间（灯彩）舞蹈大赛金奖
《太阳的娃娃》	杭州青少年活动中心	浙江省少儿音乐大赛表演金奖、创作金奖
小品《汇报咏叹调》	萧山区文化馆	浙江省第十一届小品大赛创作一等奖、表演一等奖 2001年杭州市新剧、节目汇演创作一等奖、优秀演出奖
小品《相亲》	西湖区文化馆	浙江省第十一届小品大赛表演一等奖 2001年杭州市新剧、节目汇演创作一等奖、优秀演出奖
小品《蜜月后的礼物》	上城区文化馆	浙江省第十一届小品大赛创作一等奖
小品《邻里之间》	萧山区文化馆	2000年度杭州市精神文明建设“五个一工程”奖

中青年作者10余人对新作品进行了修改加工。市文联编辑出版含小说、诗歌、散文、文艺理论等11本图书的《桂雨文丛》（第二辑）。全市分别召开了戏剧、音乐、曲艺和民间文艺的题材规划会，作品加工会和创作笔会等，推出一批新人新作。据统计，全年发表文学作品1300余万字，出版个人专著50余部。各类文艺作品获国际奖7件、全国奖38件、省级奖75件，获省“五个一工程”奖1件、市“五个一工程”奖9件。

组织开展较大规模的文艺活动10余项。春节前夕组织书画下乡活动，为当地群众书写春联2000余对、送画30余幅；举办杭州市庆祝建党80周年书画、摄影展和“七一

景区文艺表演

颂歌”文艺晚会,“万民共迎西博会”倒计时30天文艺晚会和“美的瞬间”摄影比赛。组织大学校园戏剧专场参加杭州市新剧(节)目汇演。举办新世纪杭州市书法大展、纪念辛亥革命90周年书画展,参与主办杭州市公益广告大奖赛等。

开展文化艺术交流活动。市剧协组成杭州戏剧代表团赴澳门参加“杭港澳戏剧联演”。杭州画院接待美国华李大学朱一雄教授一行14人,进行美术作品学术研讨。市书协承办由中国杭州市、威海市与韩国丽水市共同参加的中韩书法交流展。市文联、市美协接待参加中国油画大展的俄罗斯艺术家。杭州画院举办由上海水乡书画研究院等江南7个画院院长和书画名家参与的作品展。市文联派员参加在沈阳、合肥召开的全国第11届历史文化名城文联会议和全国部分城市文联工作会议,探讨和交流新形势下文联工作。

中俄艺术家进行文化交流

【市第五次文代会召开】 3月29日~4月1日,杭州文艺界和省市各有关单位近400人出席大会。省委常委、市委书记王国平结合杭州文化建设工程,从文化的地位、形式和发展作了阐述,强调要将文化艺术作为一个城市的灵魂和根系,杭州的发展要打“文化牌”,全市文艺工作者要在杭州“构筑大都市,建设新天堂”的实践中发挥重要作用。市文联主席孙银标作题为《按照三个代表要求,围绕文化名城目标,努力开创杭州市文艺事业的新局面》的工作报告;市文联副主席马国超宣读《杭州市文学艺术界联合会章程》(草案),并作了《章程》修改说明。会议审议通过市文联第四届委员会工作报告和经修改后的市文联《章程》,按民主程序选举产生53人组成的市文联第五届委员会,孙银标当选主席。市领导吴键、马时雍、顾树森、李松春等出席会议。

【6个文艺家协会换届】 2001年,市文联所属戏剧家协会、曲艺家协会、美术家协会、音乐家协会、民间艺术家协会、舞蹈家协会等6个协会,先后召开会员代表大会,选举产生新一届主席团成员,完成换届工作。选举产生市剧协主席叶玉珊,市曲协主席翁仁康,市美协主席吴山明,市音协主席陈红冰,市民协主席吕春生,市舞协主席崔巍。

【长篇小说创作研讨会】 于6月18日~19日召开,省市近30名作家、评论家参加。会议以国内外优秀长篇小说《发条橙》、《长恨歌》、《尘埃落定》、《北大之父蔡元培》等为蓝本,剖析莫言的新作《檀香刑》,结合杭州长篇小说创作的现状和存在的问题,就如何提高创作质量作了探讨。

【秋季小说笔会】 市文联、市作协于11月5日~11日在临安西天目山举行笔会,10名中青年作者参加。笔会介绍、交流严大伟的长篇小说《绿色复仇者》下集“废墟”的构思和写作;青年女作者陆亚芳的长篇传记小说《走过荒原》中“轮子”章节的写作;女作者赖晓红完成了短篇小说《磨刀》;王敏建修改完成了“文化大革命”题材的短篇小说《划破蓝天的鸽影》;方国娟的短篇小说《悟》修改后在笔会上定稿;赵庭耀的中篇小说《高速公路》、张爱萍的长篇小说《薄地》、郎健的短篇小说《别人的城市》、叶鹃的短篇小说《花开的声音》等都进行了修改加工。作者们在写作之余相互进行了交流研讨,并受到知名作家、评论家的指导。

【庆祝建党80周年文艺活动】 6月17日,市文联主办、市美协承办纪念建党80周年美术作品展在浙江展览馆开幕,展出中国画、油画、版画、宣传画、水彩画等作品300余件。《红旗,不倒的火炬》、《五指山上》、《曙光》、《马克思故居》、《红军横渡铁索桥》等50余件作品专门为该展览创作。还展出50幅少儿美术作品。

6月28日晚,市文联、市文化局共同主办,市剧协、舞协、音协、曲协、影视协、书协、作协、摄协等参与表演的杭州文艺界庆祝建党80周年文艺晚会“七一颂歌”在东坡剧院举行。特邀上海民族乐团、浙江京昆艺术剧院、杭州黄龙越剧团和市青少年活动中心西子少儿舞蹈团等加盟演出。晚会主题鲜明,气氛热烈。

【“万民共迎西博会”广场文艺晚会】 于9月22日晚在吴山广场举行,市委宣传部主办,市文联承办,市领导顾树森、张明光、金胜山、卜昭晖等与上万市民观看演出。晚会场面宏大,气氛欢快热烈,以载歌载舞的形式营造了万民同庆共迎西博会的场景。演出活动分两大区域,外围区有威风锣鼓、雄狮大鼓、腰鼓队、木兰扇和国标舞等群众民间文艺演出活动;专业表演区,省市各专业文艺团体表演了歌舞、戏曲、杂技、小品、独角戏、古彩戏法、爵士乐和武术等群众喜闻乐见的节目。

【"美的瞬间"摄影大奖赛】 由西博会组委会、市文联主办,省市摄协、钱江晚报社、市宣传品制作中心联合承办。比赛以西博会为主题,要求以摄影艺术的眼光记录下与西博会有关活动的人和事。大赛组委会制定参赛者摄影指南和比赛章程,发布了征稿广告,分发了有关资料,在《中国摄影报》、《人民摄影报》刊登广告,影响波及全国。共收到700余名作者新创作作品5000余幅(组)。其中《大侠笑谈西博会》、《拍拍手,我们都是好朋友》获金奖;《杭城新貌迎西博》、《寻宝西博会》、《掌柜》、《灿烂天堂》获银奖;另评出8个铜奖,100个优秀奖。114幅获奖作品先后在浙江展览馆和市政府大厅展出,《浙江摄影报》刊出2个专版。

【举办企业文化培训班】 7月16日~30日,市文联与市经委联合举办营造企业文化环境业务知识培训班。培训对象为市经委所属企事业单位的文化工作骨干40人。课程内容主要有企业文化在企业竞争与发展中的地位和作用,企业整体环境的布置、美化、协调、统一,企业内部报刊、宣传橱窗的版面设计,企业广告的策划,摄影技术基础知识及在企业中的运用,舞蹈和戏剧小品的编排,如何策划组织企业文艺演出活动等。市文联聘请老师授课,培训班受到学员好评,提高了企业干部职工的文化素质。

【我们的舞台——大学校园戏剧专场】 于11月19日晚在杭歌剧院参加2001年杭州市新剧(节)目汇演。演出小舞剧《校园往事》(浙江工业大学)、音乐剧《雪落无声》(浙江广播电视高等专科学校)、独幕剧《小夜曲》(杭州电子工业学院)、独幕喜剧《杀鸡》(浙江师范大学)和独幕剧《虚拟爱情》(杭州师范学院)5个单独剧目。剧目通过大学生从不同视角看世界,显现出他们具备的艺术思辨能力,得到专家、评委们高度评价及学生的欢迎。剧目获创作、演出、导演一等奖3个,创作二等奖、三等奖各1个,演出奖2个。

【杭州戏剧代表团访问澳门】 2月22日~26日,市戏剧家协会主席包朝赞率杭州戏剧代表团一行19人访问澳门特区,带着由市剧协、杭州话剧团和杭州钱塘戏剧研究社共同排演的美国现代剧作家尤金·奥尼尔的名剧《安娜·克里斯蒂》参加"杭港澳戏剧联演"。《安娜·克里斯蒂》(杭州话剧团)、《微笑的鱼》(澳门晓角剧社)、《生活究竟是什么?》(香港个个剧社)在澳门综艺二馆小剧场登台亮相,赢得观众的欢迎。杭州戏剧代表团还拜访了澳门特别行政区政府文化局和中央人民政府驻澳门联络办公室,赠送介绍杭州人文景观和西博会情况的有关书籍及音像制品。澳门电视台为联演活动开辟《舞台无边界》专题节目,现场直播采访杭州和香港剧目导演。

【区县(市)文联工作】 各区县(市)文联加强文艺创作和人才培养,配合当地中心工作开展文艺活动。萧山区文联依托《湘湖》、《学生文艺报》等文学阵地发表大量文学作品,编辑出版文学作品集《萧然文丛》10本;余杭区文联创作各类文艺作品400余件,出书8本;临安市文联举办文学笔会、文艺沙龙活动10余次,进行专业培训6次,组织会员外出采风创作;建德市文联举办文学笔会30余次,出版报告文学集和诗集;桐庐县文联组织出版长篇小说和杂文集;富阳市文联和建德市文联进行少儿文艺专业考级和各类文艺培训工作。各区县(市)文联加强干部思想教育、内部管理和硬件建设,挖掘文艺阵地的潜力,展示当地两个文明建设风貌。举办书画摄影展、征文演讲和书法比赛等各类文艺活动,组织编印反映当地经济建设和社会发展的大型摄影画册。 (项日槐)

·档案事业·

【概况】 2001年,杭州市各级档案部门贯彻执行《中华人民共和国档案法》,提高档案管理水平,开发利用档案资源,为市委、市政府中心工作服务,为全社会服务。全市14个综合档案馆,馆藏总量74万余卷,资料11.6万余册,向社会开放档案29万卷;其中市档案馆馆藏档案20.7万余卷,资料1万余册,开放档案近9万卷。桐庐县档案局(馆)被评为杭州市级文明单位;市档案局(馆)被列入杭州市争创满意不满意单位考核部门;临安市、萧山区档案局(馆)投入创满意单位的评议活动。全市评聘档案专业技术职务173人,其中高级7人、中级55人、初级111人。

【档案馆基础建设】 全市各级档案馆加强基础建设,丰富馆藏。接收档案4.64万卷,资料638册,其中市档案馆接收档案4174卷。20世纪珍贵档案征集活动继续开展,市档案馆征集珍贵档案资料2400件,有江泽民、李鹏等中央领导人在杭视察的照片,万事利集团获大世界吉尼斯之最的《香港文汇报丝绸珍藏版》,海军某支队赠予的导弹驱逐舰"杭州舰"模型等;萧山区征集苎萝王氏宗谱、萧邑祟化潘氏宗谱6种44卷,赵孟頫书写《萧山县学重建大成殿议》碑文拓片等;上城区征集"全国先进游泳之乡"、"全国先进游泳池馆"等7块奖牌;建德市征集赵朴初先生题玉泉寺、万福寺词2幅。各档案馆还征集了一批名人档案。

全市档案馆重视数据库建设,全年录入数据100余万条,累计450余万条。市档案馆推广应用电子文件档案管理系统,会同市政府信息中心在90个联网单位进行安装培训,名列全省综合档案馆现代化管理评估榜首。《电子文件归档方法研究》课题被省档案局列入省级科研攻关项目。萧山区档案馆《电子目录接收和电子档案管理》为省内首创,达到国内先进水平。完成了杭州、桐庐、淳安、建德、萧山的民国档案数据采集上报任务。

市档案馆9000平方米新大楼

于年末竣工，总投资2700余万元。富阳市、滨江区、淳安县投资装备库房密集架、计算机等；西湖区添置一批档案装具。

【网上档案馆】 6月，市档案馆网站正式开通，网址：www.hzda.org。主页窗口设机构概况、档案馆指南等15项内容，可通过关键字、分类项目查询。采用具有先进互联网技术的网上虚拟档案馆信息管理系统，上半年试运行，符合国家信息安全标准，申报《基于互联网虚拟档案馆实现技术研究》课题，被省档案科技立项评审专家委员会正式立项。萧山区档案馆网站充实内容，电子档案库链接126万条馆藏档案数据库，为政府和社会公众服务。

【开发利用档案资料】 各档案馆注重档案资源开发利用，拓展服务功能。全年接待档案利用者1万余人次，提供档案资料4万卷(册)次；其中市档案馆接待565人次，提供档案资料1.53万卷(册)次。

加强档案资料编研工作。全市各档案馆编纂档案资料28种100余万字。市档案馆编纂了《毛泽东在杭州的日子》，市委书记王国平为该书作序；萧山区《越山湘水识萧然》、下城区《下城区文物古迹》、江干区《古陶钱币文学论文作品集》等编研资料，再现了档案利用价值。开展杭州市档案部门优秀编研成果(1999年~2000年)评选活动，评出优秀成果20项，其中一等奖2项、二等奖6项、三等奖12项。

【档案工作管理】 全市开展档案目标管理认定工作，促进机关、企事业单位的档案管理规范化、标准化建设。329个单位通过档案目标管理认定，其中国家级7个、省级117个、市级134个、区县(市)级71个。萧山区第一人民医院成为全省首个县级档案工作达到“国一级”标准的科技事业单位，富阳市受降镇成为全市首个档案工作达到“省一级”标准的乡镇。

农业与农村档案工作重点为巩固基础、提高水平。开展乡镇机关、行政村档案工作目标管理认定。全市65%乡镇机关档案工作达省级标准，99%行政村建立档案。拱墅区、桐庐县全部乡镇机关档案管理达标，萧山区64.8%行政村档案管理达标。

杭州市档案局印发了《关于加强转制及破产企业档案工作意见的通知》。余杭区、建德市、淳安县根据辖区情况，加强对转制企业档案工作的监督与指导。4月，市城乡建设委员会召开杭州市城建档案工作会议。市城建档案馆印发了《关于加强杭州市城建档案管理实施意见》、《杭州市城市地下管线工程档案管理办法》，并推行签订《建设工程竣工档案移交承诺书》制度，全年签订各类《承诺书》584份。

配合机构改革和行政区划调整，市档案局印发了《关于在市直机构改革中加强档案管理的意见的通知》；召开杭州市化工控股(集团)有限公司、轻工控股(集团)有限公司、纺织化纤工业公司及医药管理局4个撤销单位会议，商定档案归属。指导完成萧山、余杭行政区划调整后的档案工作。萧山区、余杭区分别印发《关于做好撤市设区档案工作的意见》。其它区县(市)分别在镇乡行政区划调整和机构改革中，提出档案管理意见。

【档案法制建设与宣传】 开展档案年检工作，600余个单位通过年检，其中市区119个。市档案局会同市劳动就业管理局处理在档案传递中抽取和伪造档案的违法案1件。市档案局参加市第15届科普宣传周活动，进行档案咨询、播放录像及宣传画版展出。上城区、临安市、桐庐县档案部门参加当地科普宣传周活动。桐庐县举办家谱展览，展出25种姓氏宗谱，参观者5000余人。各区、县(市)通过电台、电视台、报刊等新闻媒体扩大档案宣传面。

【档案教育与档案学研究】 市档案局组织档案干部业务培训班2期，121人参加上岗培训。各档案部门结合业务指导，分别以专项培训、以会代训等形式举办各种培训班37期，受训人数1300余人。各级档案学会开展档案学研究活动。市档案学会举行第13次档案学术讨论会，1篇论文获全国档案学会评选二等奖，2篇论文获省档案学会评选二等奖，2篇论文获市社科联评选三等奖。《杭州档案》全年出刊5期。各区县(市)印发了档案刊物，扩大交流。上城区开展了社区档案和民营企业档案管理的调研工作。

【OA系统与电子档案国际学术研讨会】 11月11日~16日，市档案局与浙江大学信息资源管理研究所、杭州意能电子技术公司联合举办了“OA系统与电子档案国际学术研讨会”。来自中国、美国、英国、瑞士、阿根廷等国的高等院校和档案电子文件管理专家67人汇聚杭州，围绕《办公自动化与电子文件管理》课题，进行理论研究和交流。对杭州市借鉴国内外办公自动化与电子文件管理的先进理论和方法，开拓视野，指导电子政务建设起了促进作用。市档案局与市政府信息中心联合开发的电子文档一体化系统在会上进行了演示。 (沈森泉)

杭州市计划生育委员会

地　址：杭州市延安路484号
电　话：0571-85157912
传　真：0571-85159101-3501
邮　编：310006

2001年11月5日~7日，国家计生委、国家计生协会、国家民政部在杭州召开全国城市社区计划生育工作会议，有关方面负责人300余人参加会议。

国务委员、国务院秘书长王忠禹（左一）在市计生委主任陆瑞芬（中）陪同下考察社区。

国家计生委主任张维庆（左二）考察江干区芙蓉社区人口与计划生育工作。

杭州市科

局领导班子研究工作，左二为局长谢春山

举办科技活动周

学技术局

该局是市政府综合管理全市科技工作的职能部门。2001年，根据市机构改革方案，由原市科学技术委员会变更为现名。其主要职责是贯彻执行党和国家有关科技工作的方针政策和法律法规，按照“科教兴市”战略，组织拟订全市科技发展和科技促进经济、社会发展的战略、方针、政策和法规草案；确定全市科技优先发展领域，组织制订科技发展中长期规划，合理配置科技经费；归口管理全市科技计划工作，科技成果登记、鉴定、奖励工作；组织重大科技成果和先进适用技术的引进示范和推广应用等工作。近年来，杭州市围绕实施“两港三区”，加快建设“天堂硅谷”为重点的“一号工程”，大力发展高新技术及其产业，重点加强创新创业环境建设和服务体系建设，初步形成以政府引导、企业为主、社会参与、市场运作为特征的科技投入体制。“两港”建设已见成效，创业孵化器孵化面积9.9万平方米，孵化企业301个，开发高新技术项目436个，总销售收入2.65亿元，拥有国家级软件产业基地。为了进一步深化产学研合作，举办了首届科技合作周。目前，杭州已成为创业首选城市之一。

全市科技工作会议

王国平等领导为2001年杭州科技合作周开幕剪彩

杭州市和中科院签订合作协议

杭州信息港建设研讨会

地　址：杭州市惠兴路2号
电　话：0571-87061063
传　真：0571-87023872
邮　编：310001

国家三级乙等综合性医院
——萧山第一人民医院

地 址：杭州市萧山区
萧然南路468号
电 话：0571-82625463
82626201
传 真：0571-82626201
邮 编：311203

局长、党委书记：商炜炜

萧山是全国6个卫生保健示范县(区)之一。近年来，萧山卫生部门以管理为推动力，以改革为突破口，扎实有效促进医风医德建设，加强人才和干部队伍建设，规范医疗卫生执业行为，提高业务工作素质，卫生事业发展迅速。2001年，该区有医疗卫生机构647个，实际开放医疗床位2718张，卫生技术人员4072人，拥有市辖区、县(市)中惟一一所三级乙等综合性医院，省名中医馆分馆、省关节病医疗中心等一些重点专科享有较高知名度。萧山2/3以上镇创建成为省、市、区卫生镇，年诊疗362.2万人次，完成科研课题20项，妇幼保健院和防疫站率先通过ISO9000质量体系认证。涌现了一批全国卫生系统先进集体、全国优秀院长、省级文明单位、省级劳模等先进典型。

杭州市萧山区卫生局

萧山区首届“十佳护士”

ISO质量管理体系认证单位、省文明单位——妇幼保健院（下）和防疫站（右下）

市城市管理行政执法局成立仪式在武林广场举行

2001年9月9日，杭州市成立市城市管理行政执法局，这是行政执法体制的重大改革，也是加强城市管理的重大举措。根据国务院法制办的批复，该局在全市开展相对集中行政处罚权试点工作，与市政市容局、规划局、园文局、工商局、公安局等部门共同承担城市管理任务，集中行使这些部门的全部或部分行政处罚权。

该局成立以来，以争创全国文明城市为目标，“严格执法、热情服务”为宗旨，以加强执法队伍建设、提高文明执法水平为重点，以开展城市管理行政执法竞赛活动为抓手。坚持解放思想，求实创新；坚持依法行政，强化管理；坚持内强素质，外树形象。为全面推进杭州市城市管理行政执法工作，提高城市管理水平打下良好基础。

局领导班子研究工作

市委书记王国平、副市长杨戌标在局受理中心调研

局　长：赵荣福
地　址：杭州市体育场路238号
电　话：0571-85170441
传　真：0571-85170441
邮　编：310003

杭州市城市管理行政执法局

城市管理行政执法队员

杭州市盐务管理局
杭州盐业公司

法定代表人：俞铁民
地　　址：杭州市中山中路123号
电　　话：0571-87028032
　　　　　87807438
传　　真：0571-87028894
邮　　编：310002

局长王泽（右三）与联络室等人员合影

办事大厅

该局和公司两块牌子、一套班子，是一个国有独资的盐业专营机构，市公安局在该局设有联络室。该局担负着杭州市区盐业市场的管理及所辖县（市）盐政管理工作的指导、协调和行政复议案件的审理等工作。公司承担着市区（除萧山、余杭区外）200余万人口和近1000个工厂、饭店、学校用盐的供应任务。几年来，该局依法行政，以法治盐，确保了杭州市盐业市场的健康发展。

杭州市档案局（馆）

局领导班子学习“三个代表”的重要思想

市档案馆成立于1965年4月，市档案局建立于1989年12月，1996年局、馆合并，一套班子，两块牌子，为市委、市政府直属机构，履行全市档案事业管理和市级档案的保管、利用职能。1996年12月该馆通过省一级考评，1997年11月晋升为国二级档案馆。该馆藏有自清康熙31年（公元1692年）以来杭州各个历史时期的档案资料21.6万余卷（册），其中开放档案近9万卷，还有一批照片、音像、计算机软盘等不同载体的档案，基本形成一个门类较为齐全、结构较为合理、载体较为多样、颇有杭州地方特色的馆藏体系。2001年6月，该馆网站正式开通，社会各界和市民可凭个人有效证件前往查阅或上网查询部分档案资料。

新落成的杭州市档案馆，建筑面积9000平方米

档案馆控制室

档案馆大厅

法定代表人：张树兴
地　址：杭州市香积寺路3号
电　话：0571-85380605
传　真：0571-85379435
邮　编：310004
网　址：www.hzda.org

上城区

市容环境卫生局

该局下辖直属事业单位10个，职工1300余人，负责全区197万平方米的道路保洁和120座公共厕所保洁，以及日平均520吨生活垃圾的收集运输等作业服务。该局领导班子认真落实"三个代表"要求，带领全局深入社区为民服务，急群众所急，积极解决热点、难点问题，勇于改革创新，积极探索体制、人事、分配制度和作业机制改革，增强单位竞争活力，建成一批一流压缩式垃圾中转站，试用垃圾微生物处理机，采用新型机扫车、高压冲洗车，不断提高作业服务水平，较好树立都市环卫形象。他们努力探索环境卫生作业服务市场化、社会化新路，近年来，与上海至诚清洁公司合作，通过市场招投标，承揽了铁路杭州新客站、宁波火车站、嘉兴市政府、杭州市政协新大楼等单位大型保洁项目，取得了良好的社会效益和经济效益。

党委书记、局长：叶承良

高压冲洗车

地　址：杭州市皮市巷88号
电　话：0571-87079570
邮　编：310003
电子信箱：schw@hzcnc.com

微生物有机垃圾处理机

压缩式垃圾中转站

余杭区环境保护局

该局认真贯彻国家环境保护方针、政策和法律、法规，对全区环保实行统一监督管理。坚持以环保目标责任制为重点，以污染物排放总量控制为核心，严格实行建设项目“环评”和“三同时”制度，突出环境综合治理，强化环境执法力度，实行公众参与有奖举报制度，切实解决环境问题和污染纠纷。实施空气质量日报，环境质量月报，提高公众对环境状况的知情权。建立和健全党风廉政制度和工作责任制，依法行政，树立行业形象。环境监理、环境监测队伍实行标准化、规范化建设。该局多次被浙江省、杭州市政府评为环境保护先进集体。2001 年 3 月，余杭撤市设区，对余杭的环保事业带来新的机遇和要求。2001 年 12 月，余杭区启动了创建“国家环境保护模范城市”工作，作为区委、区政府为民办实事的“民心工程”、“德政工程”。未来的余杭——山更青、水更秀、天更蓝、人更美。

区委书记徐松林（右三）作“创模”动员

陆寿良局长（右一）在全区环境会议上为先进集体授奖

经济开发区工业污水处理

地　址：杭州市余杭区临平
藕花洲大街 22 号
电　话：0571-86229894
传　真：0571-86222056
邮　编：311100

余杭环保大楼

富阳市环境监理站

该站是富阳市环境保护局下属单位，依法对富阳市内的企事业（含个体私营）单位实施环境监理、排污费征管等工作。有监理执法人员34人，下设环境监理中队和举报查处中心。该站充分利用法律、经济手段，加强污染源治理和控制，努力改善城乡环境质量，对关停企业实施监督；检查监督企事业单位执行环境管理制度、排放污染物和污染防治设施运行情况；负责排污费征收、上缴和污染源治理资金使用的监督；现场调查和处理违反环境保护法规的行为。在污染治理设施运行管理上，组织实施公众参与有奖举报机制。严格执法确保治污设施的正常运转，两年来受理群众举报1500余件，查实违法排污企业700余个（次），兑现举报金80万元，该站被杭州市政府评为杭州市模范集体。

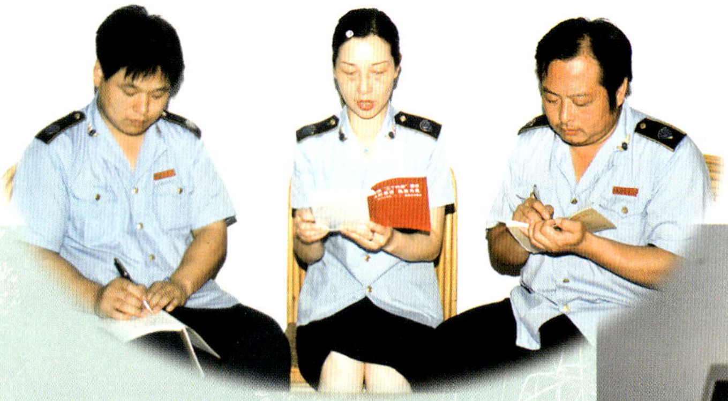

站长会议研究环境工作，中为站长倪敏

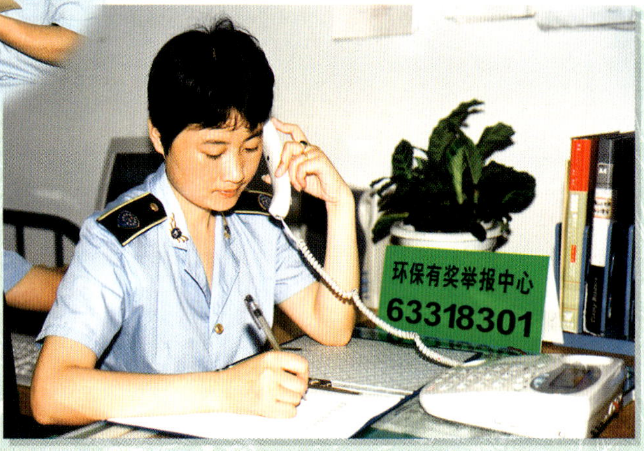

受理举报

地　址：富阳市富春街道春江路180号
电　话：0571-63326950
传　真：0571-63320502
邮　编：311400

执法人员现场检查单位排污情况

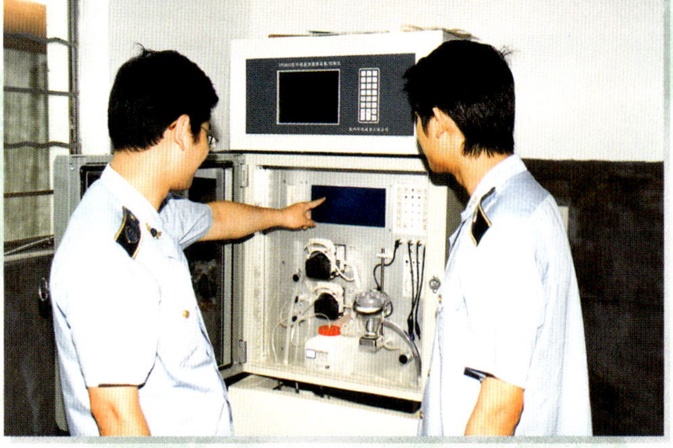

执法人员检查企业污染物排放在线监测系统

富阳市供电局

该局是国家二级企业，有员工500余人，其中各类专业技术人员200余人。2001年，富阳电力业持续、稳步发展，全年实现供电量15.49亿千瓦时，比上年增长11.8%；售电量14.44亿千瓦时，增长12.4%；最高负荷24.42万千瓦，为历史之最；线损率6.8%，电费回收率100%，陈欠电费回收率74%。富阳电网目前拥有220千伏变电所1座、110千伏变电所9座、35千伏变电所11座，变电总容量95.03万千伏安。

局领导班子在创建国家一流县级供电企业誓师大会上签名

该局以"励精图治、超越自我、谋求发展、追求卓越"为企业精神，努力当好地方经济建设的"先行官"。该市先后成为全国节电示范县、农村电气化县。该局相继被评为全国"三为"服务达标单位、县级电网调度自动化系统实用化单位、安全文明生产双达标单位、浙江省电力系统行风建设与优秀服务"十佳县供电局"等。2001年，该局在富阳71个窗口单位"争创满意单位，争做满意公仆"活动中被评为满意单位，并获省电力公司优质服务先进集体、富阳市文明单位、杭州市电力局文明单位等称号。同年9月29日是富阳供电50周年，富阳市四套班子和杭州市电力局领导充分肯定了电力职工所取得的成绩。

220千伏中埠变电所

富阳供电50周年庆典现场

地　址：富阳市富春街道光明路5号
电　话：0571-63391057
传　真：0571-63322442
邮　编：311400

浙江省湘湖师范学校
杭州师范学院初等教育学院(湘湖校区)

2001年3月30日,浙江省湘湖师范学校增挂了杭州师范学院初等教育学院(湘湖校区)新校牌,在由中等师范学校向高校过渡中迈出了重大步子。该校是伟大的人民教育家陶行知先生于1928年亲自指导和参与创办的师范学校,长期以来形成了“苦硬、实干、研究、进取、注重情谊”的“湘湖精神”和注重实践能力、注重艺术教育的办学特色,成为浙江近代教育史上的一所名校,创办至今已为国家培养毕业生1.4万余名。该校直属杭州市教育局领导,是环境优美的花园式单位,各项教育教学和生活设施完善,其中图书馆藏书量、电脑多媒体教学系统网络、钢琴、数码钢琴教练室、大型民乐队、大型铜管乐队、专用书画楼、游泳池、塑胶田径场和塑胶室内外球场等在全省同类学校中居于前列。

学校面向杭州市招生,现有普通、音乐、幼教、中文、英语等5个专业19个班,具有高、中级专业技术职称的教师占全部教学人员的86%。学校以“教人求真,学做真人”为校训,教风严谨,学风优良,管理严格,学生全面发展,学有专长,教育教学质量不断提高。学校自1999年开始在初中毕业生中招收五年制大专班,2001年又开始在师范学校毕业生中招收三二分段制大专班,为小学、幼儿园培养高一层次学历的新师资。

校长阙沛霖(中)带领干部到抗战期间湘师流亡办学的校址之一——浙南山区景宁道化村慰问

增挂新校牌仪式

地　址:杭州市萧山区西河路206号
电　话:0571-82623634　82623900
传　真:0571-82624717
邮　编:311203

学生演出的大型舞蹈《萧然灯鼓》在省、市大赛中连获金奖

新敷设的塑胶田径场

杭州第九中学

该校创建于1932年，是一所市直属高级中学，省级综合高中。其“横向沟通，纵向衔接”为特色的办学模式得到教育系统的普遍关注。该校现有40个班级，在校生1919名，教职工157名。在专任教师中，高级教师36名，一级教师47名。学校教育质量稳步提高。目前校园面积达2.38万平方米，建筑面积1.96万平方米，校园环境优美，绿化面积4516平方米。教学现代化设施先进，音乐、美术、舞蹈、体育等场馆一应俱全，语音教室、电脑教室、多媒体教室、电子阅览室、教师多媒体工作室配备齐全。学校已建成校园局域网，教师办公室和各行政处室实现联网。

学校一向重视学生的创造精神和实践能力的培养，曾获“全国开辟多种渠道培育新型人才，‘活跃的中学生活’先进学校”、“全国青少年科技活动先进学校”、“杭州市绿化先进单位”、“杭州市文明单位”等荣誉称号。杭九中综合高中的主要特点是：教学内容的综合性、教学管理的动态性和学生发展的可选择性。学校以教师为本，教师以学生为本，重视学生个性发展。目前，杭九中正以“厚基础、强特长”，“个个有发展、人人能成才”的教育理念，努力把学校办成一流的综合高中。

教学楼二号楼

运动场

校　长：刘洪法
地　址：杭州市双菱路68号
电　话：0571-86046266（办公室）
0571-86041560（总机）
传　真：0571-86432260
邮　编：310020
电子信箱：djzx@mail.hz.zj.cn

校园

浙江省萧山中学

该中学创建于1938年，是浙江省首批重点高中、全国现代教育技术实验学校。占地10.4公顷，建筑面积近4万平方米，校园依城环水，环境恬静优美。2001年，该校有42个班，在校生2248名，教职工182名，专任教师150名，其中特级教师4名、高级教师51名、中级教师62名。

该校现代教育设施先进，设有电化教育中心，多个计算机教室、语音教室和现代化音乐教室，45个教室都拥有多功能多媒体教学系统。还有1000兆校园网络系统，全塑胶运动场馆、足球场等设施一应俱全。

近两年教师撰写的论文和制作课件，获全国和省一、二、三等奖的30篇(件)，获市级奖项的46篇(件)。25名教师成为省、市乃至全国的教坛新秀或优秀教师。2000年该校被评为全国现代教育技术实验评估成果突出学校，1999年和2001年2次获浙江省文明单位称号。

天文台

体育艺术馆

校　长：夏国良
地　址：杭州市萧山区拱秀路538号
电　话：0571-82722091
邮　编：311201

萧山中学一角

浙江省淳安中学

该中学创建于1929年，1998年成为省一级重点中学，1999年被评为浙江省文明学校。现校园面积9.45万平方米，建筑面积3.3万平方米。布局合理，环境幽雅，设施现代化。

该校以教风严谨，学子刻苦而闻名，学校始终把示范性、高质量、有特色作为办学总目标，以促进学生终身发展为己任，全面贯彻党的教育方针，积极推进素质教育，以"加强管理、强化目标、优化过程、重视科研、协调发展"为指导思想，努力提高教师队伍的整体水平，教育质量稳步提高，办学水平跻身省重点中学前列。该校先后被评为省推进《国家体育锻炼标准》先进集体、省群体先进集体、省勤工俭学先进集体、省绿化先进单位、省综合治理先进单位、省先进团委、省自考优秀考点、省公众形象优秀学校、省卫生先进单位、省科研兴校200强等。学校已形成"校风严明，制度健全，主体参与；教风严谨，敬业爱岗，轻负高质；学风严实，主动自信，素质全面"的办学特色。

中共中央委员、全国政协常委、全国记协主席邵华泽（左一）回母校与学校负责人亲切交谈

校数学教研组获市模范集体和市师德群体创优先进集体

风景如画的校园

法定代表人：管社平
地　址：杭州市淳安县千岛湖经济开发区开发路
电　话：0571-64880866
传　真：0571-64880866
邮　编：311700

千岛湖镇南苑社区

该社区坐落于千岛湖镇南面，1996年4月成立，占地1.45平方千米，有住宅楼74幢，入住居民1682户、4898人。该社区以争创省文明社区为目标，以提高居民素质和社区文明程度为切入点，坚持社区教育、管理、服务、环境、文明和治安并举，坚持经济开发区管委会、社区党组织、居委会、物业管理公司和居民联合的"五有"共建机制，人称"老黄牛"的党支部书记张志强，一心扑在社区建设上，两个文明建设取得明显成效。社区有280平方米活动中心，为居民提供8项优质服务，投资120多万元，进行高标准绿化、美化，人均绿化面积7平方米。1999年以来被评为县文明社区、县安全社区、创建国家卫生县城示范居民区、杭州市志愿者服务站先进单位。2001年该社区被评为杭州市文明社区，张志强被评为杭州市劳动模范。

党支部书记：张志强

社区办公楼

法定代表人：胡水平
地　址：杭州市淳安县千岛湖镇
南苑新村1号
电　话：0571-64880715
传　真：0571-64810103
邮　编：311700

小班化多媒体课堂教学

杭州康桥中学

该校创办于1968年，是浙江省示范初中。校园占地1.81万平方米，建筑面积7528平方米，绿化面积3710平方米，是拱墅区的绿色学校、爱国卫生先进单位和区文明单位。校党支部被评为区先进基层党组织、工会被评为区先进职工之家。

该校有15个班，学生531人，教职员工47名。师资学历达标率100%，其中本科学历16人、研究生4人。1999年该校被评为浙江省现代教育技术实验学校。初中小班化多媒体教育实验是该校的办学特色，有66.7%的教学班采用多媒体小班化教学。该校园文化从“美化、绿化、净化”向“人文化、生态化、智能化”高层次发展，具备了“教育性、知识性、艺术性”三大功能。

校务会成员在研究发展规划，中为校长杨纪忠，右四为书记姜国祥

地　址：杭州市康桥镇学前路1号
电　话：0571-88041501-8082
传　真：0571-88041501-8081
邮　编：310015

学校外景

杭州市天成小学

市委副书记朱报春（前左二）等领导视察天成小学，前左一为校长孙宝瑞

1999 年 1 月 11 日，经批准，杭州市成立了第一所专门招收外来民工子女的公办民助、自收自支的学校——天成小学。该校占地面积 2925 平方米，建筑面积 1972 平方米。2001 年 12 月，又在笕桥镇开办黎明校区，占地 2920 平方米，建筑面积 2381.5 平方米。学校成立 3 年多来，已发展成为有 30 个班级、1481 名学生、66 名教职员工的规模。学生来源除本省来杭民工子女外，还有其他 20 个省级行政区来杭打工的流动人口子女。

为了保证办学质量，学校作出爱护学生、文明执教等 5 项承诺，把“心中有祖国、实践加创造”，“文明、礼貌、勤学、健美”作为校训和座右铭。在办学方式上，打破常规，凡具备入学条件，只要班级容纳得下，便允许学生插班就读。在收费上，采取“低门槛”，以大多数流动人口能承受为原则。

在全体师生的共同努力下，2000 年度该校被江干区委、区政府评为安全文明学校和社会治安综合治理先进集体。

省教育厅长侯靖方（右一）视察该校

地　址：杭州市江干区严家弄 4 号
电　话：0571-86032322　86430839
传　真：0571-86032322
邮　编：310021

市教委主任张绪培（右二、现为省教育厅副厅长）视察该校

多媒体课堂教育

杭州市采荷第一小学

该校创建于1987年，占地1.14万平方米，分采荷、双菱两个校区，有30个班级，在校学生1300多名。教职工71名，其中大专以上学历占教师总数的70%，高级教师25名，教坛新秀占30%以上。学校把“高起点、规范化、有特色、创一流”作为办学目标，综合实力不断增强。近年来，先后被评为江干区文明单位、区一级学校、区示范性家长学校、杭州市家教先进学校、市雏鹰红旗大队、市教科研先进集体、市绿色学校和浙江省国防教育先进学校，校党支部被评为区先进党支部。同时，该校还被确定为杭州师范学院教育实习基地、浙江师范大学美育研究基地。

校　长：朱　国
地　址：杭州市采荷一区
电　话：0571-86950035
　　　　86950036
邮　编：310016
网　址：www.hzchyx.com
电子信箱：hzchyx@mail.hz.zj.cn

信息技术课

江干区教育系统歌咏比赛一等奖

市少年鼓乐队比赛二等奖

校园新貌

杭州青少年活动中心

王国平书记等视察青少年活动中心

该中心是有着40年历史的综合性青少年社会教育文化场所，被国家教育部、团中央、全国妇联评定为全国一级一类优秀校外教育机构，是杭州市模范集体。

中心占地8万平方米，建筑面积3.2万平方米，建有儿童乐园、艺术楼、科技楼、娱乐楼、联欢厅、友谊宫等。进行文艺、书画、文学、科技、体育、劳技等兴趣特长培训，让青少年儿童的潜能得到充分开发，各类群众文化活动使广大青少年启迪智慧、提高能力、陶冶情操。西子少儿艺术团、合唱团、舞蹈团、民乐团、交响乐团、书画社、文学社、少年科学院、车模队、计算机队、头脑奥林匹克队、三棋队、武术队、艺术体操队、少先队干部学校等26支少年社团，在省、市、全国和国际的各项比赛中摘金夺银，为专业院校输送了大批人才幼苗。

中心在省市领导和社会各界的关怀下成长，在改革开放中发展。现代教育研究所、友谊宫、青年文化传播公司、青年旅行社发挥了多种作用。活动中心凭借环境优美、师资力量雄厚的优势，在青少年校外教育文化事业中赋予研究中心、指导中心、活动中心的使命，起着全省校外教育龙头的作用。

金娟娟主任（右）和工会副主席、职工代表在市劳模表彰会上

中心组织承办的浙江省暨杭州市建团80周年纪念大会

地　址：杭州市昭庆寺里街22号
电　话：0571-85118566
传　真：0571-85115174
邮　编：310007

下城区武林街道

党工委书记：吴国营
办事处主任：张鑫良
地　址：杭州市中山北路观巷47号
电　话：0571-85566018
传　真：0571-87033832
邮　编：310003

1999年7月成立
长寿桥居民区团支部

街道团工委组织非公有制企业团员重温入团誓言

该街道地处市中心，面积1.18平方千米，常住人口5.7万。近几年来，街道在两个文明建设中成绩较突出，开展招商引资增强经济实力，深化城管工作美化街道环境，加强社区建设夯实城市基础。党的建设和精神文明建设不断创新，先后获得全国城市体育先进社区、全国社区侨务工作示范单位、省级社会治安综合治理先进单位、省级民政全优街道等称号。共青团和青年工作充分发挥生力军作用，坚持“党建带团建”、以“三个满意”（群众满意、青年满意、领导满意）为目标，团的建设成效明显。街道团工委1993年被评为全国先进团委，1992年、1999年被评为省级先进团委，2001年被评为省五四红旗团委，2002年5月被团中央授予全国五四红旗团委称号。

杭州市政府机关幼儿园

该园创建于1950年，是一所含日托、全托为一体的省级示范性幼儿园。分两个园区，总园占地1.07万平方米，分园占地5000平方米。共有18个班，入托幼儿600余名。

该园有教职工63名，教师本、专科学历占77%，其中市、区级教坛新秀7名，中学高级教师1名，幼儿园高级教师占56%。在岗保育员全部经过专业培训。幼儿园致力于形成团结、求实、创新、奉献的园风，注重为幼儿营造平等、愉快、宽松、和谐的氛围，培养幼儿良好的心理品质和健全的人格。开拓“科教兴园”的新思路，对幼儿实施全面发展教育，使幼儿园成为孩子们健康成长的乐园。近年来，该园荣获省绿色学校、省巾帼文明示范岗、市模范集体、市“三八”红旗集体、市少儿工作先进集体、市优秀教研组、市青年文明号、市重点涉外单位等多项荣誉。每年接待来访外国友人，展示幼儿教育情况。

园领导班子

幼儿活动场所

法定代表人：江耀英
地　址：杭州市下城区
　　　　灯芯巷25号
电　话：0571-85152790
传　真：0571-85152790
邮　编：310006

主任：陈 晨

该青少年宫是萧山区集业余艺术科技培训、幼儿艺术教育、娱乐活动于一体的校外教育活动中心。10余年来，坚持为共青团组织服务、为少先队服务、为青少年服务的办宫方向，贯彻普及、巩固、发展、提高的业余艺术科技教育指导方针。在教育实践中不断探索，以尊重青少年儿童个性发展为前提，以艺术科技基础知识与基本技能为教学内容，培养学生动手动脑和社会实践能力，在开发儿童智力、提高综合素质和掌握校外教育规律等方面积累了较为丰富的经验。2001年，该宫有9个班规模的艺术幼儿园1所，业余艺术科技学校年培训超过2万人次，每年有300余名学生在省、全国艺术科技知识竞赛中获奖。在应试教育向素质教育转变过程中，取得引人瞩目的成绩。2000年9月，该宫被评为全国先进青少年宫，受到团中央、国家文化部表彰。

舞蹈《赛场风采》

地　址：杭州市萧山区
人民路125号
电　话：0571-82621175
传　真：0571-82621175
邮　编：311200

萧山区青少年宫

赛场一瞥

学员演奏电子琴

夏令营学员参观航空博物馆

举办百米长卷书画比赛

灵隐寺大雄宝殿释迦牟尼佛像高 19.6 米，用 24 块香樟木雕琢而成

杭州灵隐寺创建于公元 328 年，为全国佛教名刹。图为大雄宝殿

杭州净慈寺始建于公元 954 年,图为天王殿门景

中天竺法净寺圆通宝殿于 2001 年重建,殿内供奉 48 臂大悲观音像

上天竺法喜寺于 1995 年重建,图为大雄宝殿五百罗汉群雕像

会　长：俞昶熙
地　址：杭州市灵隐路法云弄 2 号
电　话：0571-87968180
传　真：0571-87976531
邮　编：310013

杭州市佛教协会

新落成的禅源寺大雄宝殿

禅源古刹重兴

月照大和尚（右二）在大雄宝殿落成法会上说法

西天目山佛教始于东晋。禅源寺乃中国东南名刹之一，于清康熙四年（1665年）由玉琳国师主持增建。占地3.34公顷，殿堂、禅堂、僧房、客房500多间，规模宏伟，金碧辉映，寺僧1000余人，藏经1.3万卷，历经400多年，几经兴衰，名传四方。1941年毁于兵燹，中断香火60年。

2000年11月，由月照大和尚主持复建禅源寺主体工程大雄宝殿。2001年6月16日举行上梁庆典法会，于11月18日举行大雄宝殿落成庆典，一座建筑面积1200平方米、重檐重彩的大殿，重现西天目山南麓。全国民族宗教委员会伊德尔局长、中国佛协副会长一诚大和尚、中华慈善总会副会长张汉兴、中国国际公共关系协会会长柴泽民、省佛协副会长俞昶熙及文艺界名人、临安市有关领导、诸山长老、信众弟子2000余人参加庆典。11月5日，全国民族宗教委员会和禅源寺在北京举行天目山禅源寺复建周年联谊会暨《天目重辉》大型纪念集首发式活动，国家领导人李瑞环、程思远、铁木尔·达瓦买提、钱伟长、万国权、李贵鲜、毛致用、王文元、罗豪才等出席。月照法师致辞。

月照法师在落成庆典上介绍大殿建筑情况

西天目山禅源寺

方　丈：月照法师
地　址：浙江省临安市西天目山
电　话：0571-63857246
传　真：0571-63857248
邮　编：311311

萧山区老年颐乐园

老年学员散步

该园1999年10月开工兴建,2001年4月正式开园,是萧山示范性的“夕阳红工程”,也是老年人颐养天年的乐园,被列为萧山市政府1999年为民办十件实事之一。

该园环境优雅,交通便利,占地3.34公顷,绿地占49.6%,建筑面积2.9万平方米,总投资4700余万元。颐乐园融“养、医、教、为、学、乐”于一体,其中老年公寓8800平方米,有160间套房,实行使用权转让;托老部7600余平方米,204张床位;医疗中心4000余平方米,由门诊大楼和病房组成;老年活动中心2100平方米,有教室、阅览室、书画室、乒乓室、棋牌室、录像厅、舞厅、形体房等,室外还有风雨门球场、中国象棋盘和健身场地等。园内设有线电视、程控电话、呼叫系统、电梯、无障碍通道等设施。

打乒乓球

园内老人民主座谈会

法定代表人:丁小策
地　址:杭州市萧山区南江公园旁
电　话:0571-82375932
　　　　82375166(总机)
传　真:0571-82375932
邮　编:311201

杭州市第一社会福利院

老人公寓

该院地处良渚文化发祥地瓶窑镇，占地6.86公顷，依山傍水，清雅幽静，绿地覆盖率60%以上，是一所集生活、医疗、休闲、康复于一体，具有园林化格局的社会福利事业单位，设有医疗康复楼、阅览室、棋牌室等。该院主要承担市区“三无”老人的供养和老人自费寄养。坚持供养与保健、休闲与康复并重的方针，竭诚为老年人服务，欢迎老年朋友咨询、参观、入住。

法定代表人：陈国民
地　址：杭州市余杭区瓶窑镇凤山村
电　话：0571-88541817
传　真：0571-88541817
邮　编：311115

中心景区

杭州市第二社会福利院

该院是市民政局直属的社会福利事业单位，成立于1991年，1996年获浙江省一级社会福利事业单位称号，占地面积6800平方米，建筑面积6400平方米。主楼为四层楼房，有单人、双人、三人间100余间，可接纳老人200余人。该院配备中级以上职称医务人员多名，化验、抢救等医疗仪器及卫生设施齐全，护理、后勤人员都经过业务培训。院内环境幽雅，空气清新，四季花木扶疏，是老人颐养天年的理想乐园。2002年被杭州市批准为城镇职工医保定点医疗机构。

老人与青年志愿者联欢

法定代表人：陈运福
地　址：杭州市江干区机场路三里亭
电　话：0571-86402354
传　真：0571-86402353
邮　编：310004

福利院休养楼外景

杭州浙麻离退休人员服务中心

该中心成立于1999年12月，是杭州市首家因企业破产、离退休人员从企业剥离而创建的新型管理服务机构。该中心以“三个代表”重要思想为指导，围绕稳定服务大局，针对服务对象的特点，边工作边摸索，不断改进和完善服务内容和方式。认真管理5200多人的医疗费用和门诊的首诊工作，热情接待离退休人员来信来访，开展经常性的病访、慰问及职工的亡故善后工作，为孤寡老人排忧解难，为特困户、精神病患者、绝症病人等特殊人群送去党和组织的关心和温暖。组织形式多样、丰富多彩的活动，陶冶老人情操，使离退休人员真正做到老有所养、老有所医、老有所乐、安度晚年。该中心踏实工作，赢得离退休人员的信任和认可，对社会稳定、企业改制起到积极作用，被市政府授予杭州市模范集体称号。

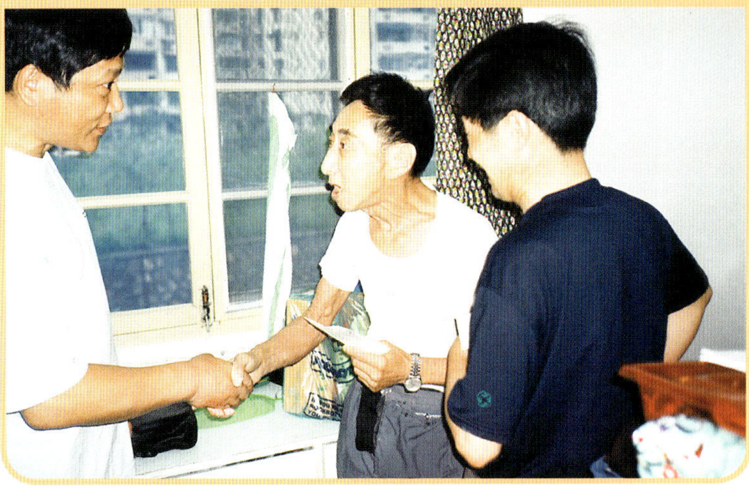

中心工会主席慰问退休孤老职工

法定代表人：谭　敏
地　址：杭州市拱宸桥定海路1号
电　话：0571-88015504
传　真：0571-88020881
邮　编：310015

中心党总支组织党员活动

中心中药房医务人员为病员服务

奖状和锦旗

余杭区残疾人联合会

由余杭区残联组队训练的省男女盲人门球队在全国锦标赛上合影

该残联作为全区3万多名残疾人的组织，较好地履行了“代表、服务、管理”的职能，残疾人事业取得明显成效，残疾人的物质文化生活水平得到明显提高。2001年分散安置残疾人就业254人，培训残疾人242人，800余名残疾人得到康复治疗和训练，扶持贫困残疾人家庭504户。由该区残联组队训练的浙江省盲人门球队在全国首届盲人门球锦标赛上取得了女子组第三名、男子组第五名的好成绩。2001年该会被评为全国残疾人扶贫先进单位和2001年度浙江省残疾人工作先进单位。

区残联理事长邬祖根（左三）被评为省优秀残疾人工作者

地　址：余杭区临平丘山大街132号
电　话：0571-86225942
传　真：0571-86225942
邮　编：311100

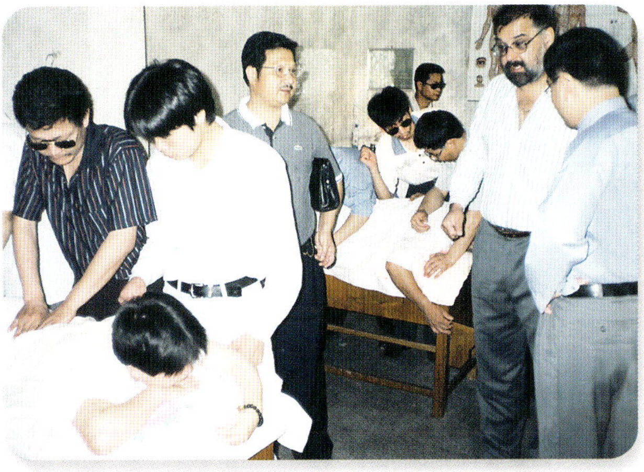

澳大利亚堪培拉市社区总干事麦克尔·史瓦茨保德一行考察盲人按摩培训、就业情况

杭州市第一人民医院
杭州师范学院医学院附属医院

该院是一所融医疗、科研、教学、预防、保健为一体的综合性三级乙等医院，省级文明医院、市级文明单位和省卫生系统职业道德建设先进集体。占地面积4.4公顷，院内绿树成荫，环境宜人。

该院以心血管内科、心胸外科、肝胆外科、消化内科、中西医结合、创伤外科、整形美容、口腔正畸、小儿脑瘫为特色专科，医学特殊检测为市重点专科。该院为杭州市心血管病研究所、市临床医学特殊检测中心、市烧伤中心、市120急救点之一、浙医一院协作医院等。医院拥有先进的全身螺旋CT、C臂DSA血管造影机、800MA X光机、口腔定位全景X光机、骨科C臂机、彩色B超、蔡司全套手术显微镜、中心监护仪、全套腹腔镜设备、体外震波碎石仪、电子胃镜、电子肠镜、鼻内窥镜等大型、精密医疗设备。

该院以精湛的技术、优质的服务、优良的环境，为广大患友提供医疗服务。

药剂楼

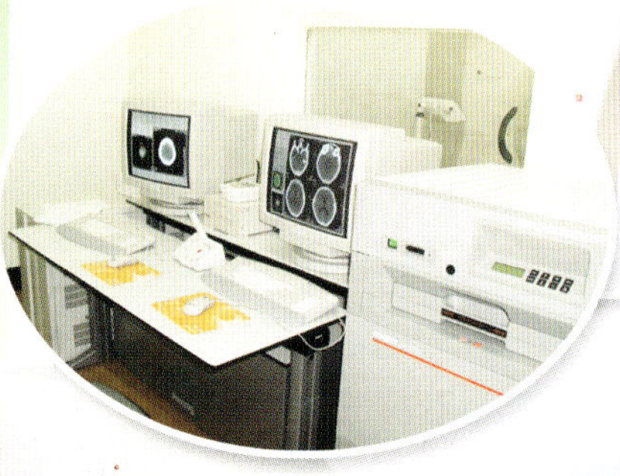

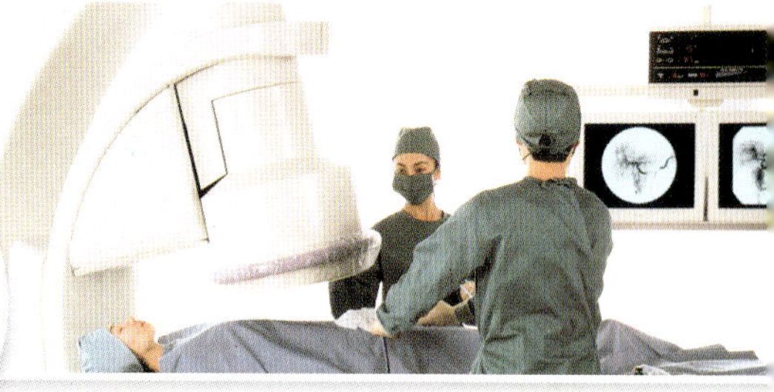
先进的DSA血管造影机

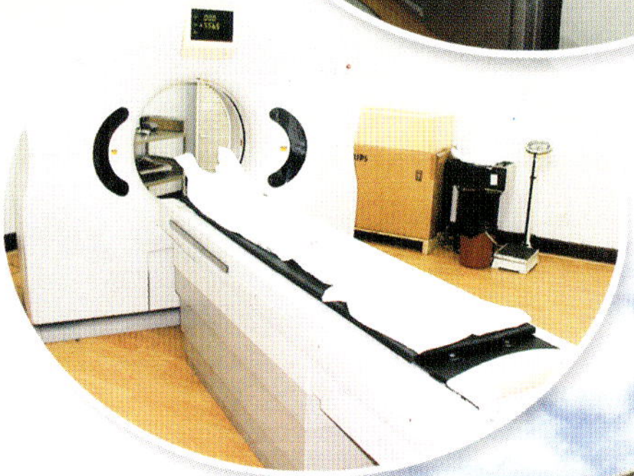
先进的CT设备

新门诊大楼

法定代表人：章志量
地　址：杭州市拱宸桥温州路1号
电　话：0571-88028822(总机)
传　真：0571-88021730
邮　编：310015

杭州市疾病预防控制中心

HANGZHOU CENTER FOR DISEASE PREVENTION AND CONTROL

该中心是政府举办的公益事业单位，于1999年12月由原市卫生防疫站、市职业病防治院和市结核病防治院组合而成，有职工301人，主要承担全市疾病预防与控制、监测检验与评价、健康教育与促进、科研培训与指导、技术管理与服务等任务。

近年来，该中心确保完成各项卫生防病任务，为保障全市人民身体健康取得显著成绩。先后被授予区级、市级、省级文明单位，全国性病防治、计划免疫、职业病防治先进集体等称号。该中心2001年通过国家实验室认可评审，检验后出具的数据获得55个国家和地区的互认，拥有市医学重点实验室——中毒物质检测中心。大肠埃希菌中LEE与HPI毒力岛的临床流行病学研究、流行性腮腺炎免疫策略研究均获省科技进步二等奖，鼠蝇蜚蠊实验带菌消长研究和流行病学意义获省科技进步三等奖。与美国南加州大学合作“吸烟与健康促进”科研项目取得阶段性成果，与香港大学玛丽医院开展了微生物、医院感染控制等相关领域的科研合作。室内环境污染检测项目的开展深受社会欢迎。

通过ISO/IEC17025:1999国家实验室认可

中心党政领导班子成员

中心主任项海青在美国南加利福尼亚大学学术研讨会上发言

地　址：杭州市武林路71号
电　话：0571-85152724
传　真：0571-85165007
邮　编：310006
电子信箱：wsfy@mail.hz.zj.cn

奖状

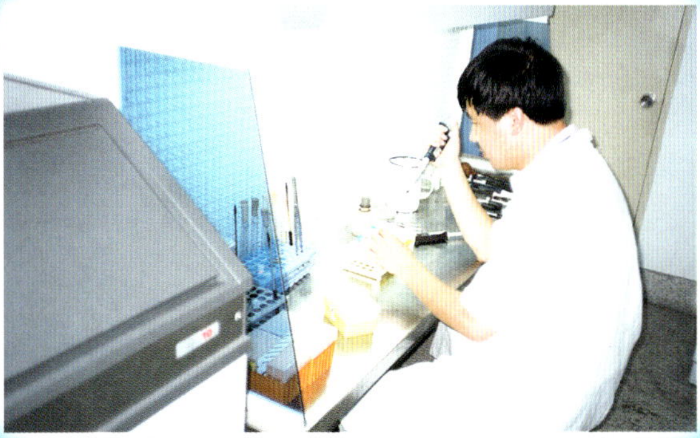
课题负责人、副主任技师潘劲草主持的课题获省科技二等奖

杭州市癌症康复协会

肝癌康复老人全玉琪题

该协会成立于1991年，注册会员近3000名，是癌症患者和热衷于抗癌事业的非癌症患者及单位（团体）自愿组成的社会团体，坚持以法治会，以德办会，曾获得省优秀社会团体和市先进社会团体称号。该协会宗旨是一切为癌症患者的康复服务，重点是帮助新生患者康复，目标是战胜癌症、回归社会、再作贡献，任务是宣传科学抗癌、防癌知识，使患者走科学康复之路。

党和国家领导人尉健行、倪志福在北京接见该协会常务副会长詹长根（左三）

癌症的防治和康复是一项全社会的工程，必须动员社会力量对抗癌事业及癌症患者的支持和关爱，诚望携手合作，共筑癌症复康之路。让癌症患者扬起生命的风帆，走向希望的明天。

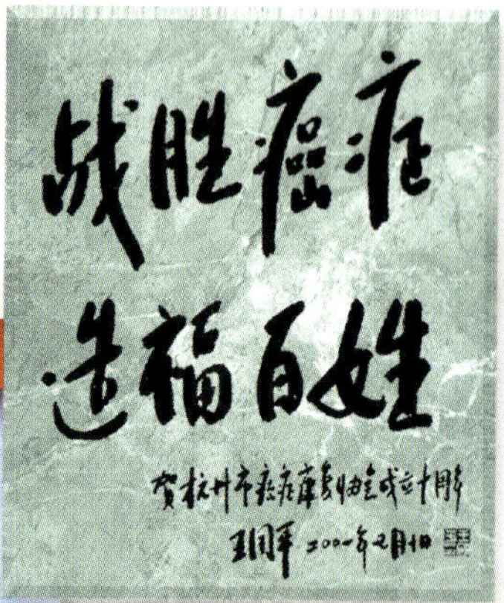

被评为省首届抗癌明星和抗癌积极分子的该协会会员合影

法定代表人：姚林根
地　址：杭州市上仓桥严官巷34号
电　话：0571-86068426
传　真：0571-87214600
邮　编：310002
活动中心：杭州市庆春路110号2层
电　话：0571-87214600

该协会130多名会员参加西博会万名志愿服务者宣誓大会

富阳市中医骨伤科医院

FUYANGSHI ZHONGYI GUSHANGKE YIYUAN

省名老中医张绍富之子、副院长张玉明为德国患者诊断

法定代表人：张玉柱
地　址：富阳市桂花西路 63 号
电　话：0571-63326240
传　真：0571-63326240
邮　编：311400
网　址：www.fuyang.com/gs

该医院坐落于美丽富饶的富春江畔，是一所非营利性的全民所有制医疗单位，浙江省二级甲等中医骨伤医院和浙江省中医正骨医疗中心，并是全国中医骨伤重点专科建设基地。该院以中医骨伤为重点，实施“整体辨证、手法整复、杉皮固定、内外兼治、骨筋并重、动静结合、功能锻炼”综合治疗骨折，引进现代化的医疗技术，开展手术整复内固定，全髋、膝、肩置换，血管神经移植及显微外科、脊柱外科手术，使原有的骨伤事业再上一个台阶，成为卫生部定点的国际救援中心网络医院。

该院重视精神文明建设，取得显著成绩。多年来分别被评为富阳市红旗单位、杭州市双文明建设先进集体、杭州市模范集体、文明行医示范点、省卫生系统职业道德建设先进集体以及省级文明单位。

医院住院部

浙江安贤陵园®

ZHE JIANG AN XIAN CEMETERY

浙江省副省长章猛进（左一）与省民政厅负责人商谈安贤园的建设

该陵园是省民政厅创办的园林文化示范陵园，占地66.6公顷，紧邻320国道。该园三面青山环抱，前方古运河蜿蜒而过，明月松间照，清泉石上流，宛如世外桃源。通过园林化设计、艺术化造型、人情化服务和现代化管理，陵园以民族文化为底蕴，人文艺术为主题，汇聚多种艺术风格，营造以休闲、纪念、教育、文化为一体的人文纪念园，成为杭州文化历史名城的又一景观。

陵园拥有树葬、花葬、壁葬、塔葬、墓葬、艺术墓穴等安葬方式，并由省民政厅推出安贤园网上纪念馆服务，为逝者精彩的人生和亲人无尽的思念保留永远的空间。

法定代表人：施　华
地　址：杭州市半山水洪庙
服务热线：0571-88141111
电　话：0571-88132468
邮　编：310022
网　址：www.anxianyuan.com

新闻出版

·综述·

【概况】 2001年,杭州市新闻出版系统坚持以邓小平理论和江泽民“三个代表”重要思想为指导,围绕市委、市政府中心工作,把握正确舆论导向,为“构筑大都市,建设新天堂”,唱响主旋律,打好主动仗。加强新闻队伍建设,努力提高舆论引导水平,繁荣出版发行事业,规范印刷业管理,各项工作取得进展。

加强对重大主题报道的组织、策划、协调工作。各新闻单位重点围绕中央确定的建党80周年纪念活动主题,结合全市实际,精心组织;挖掘典型进行宣传,推进“三个代表”重要思想的学习教育活动;做好西博会、建设“两港三区”、实施“一号工程”、招商引资、城市区划调整、“旅游西进”等宣传报道,效果较好。

为适应日益发展和激烈竞争的新闻事业的需要,集中学习教育,增强新闻工作者树立马克思主义新闻观的自觉性。全面推进思想作风建设,增强新闻从业人员政治意识、大局意识和责任意识,全市新闻队伍更具生命力。

广播电视网络建设成绩突出。杭州网通港信息有限公司成立,宽带城域网基本建成,为杭州信息化建设搭建了平台,加快了城市信息化建设的进程。

出版发行事业健康有序发展。行政审批制度改革取得实质性进展,行政执法人员素质提高。图书出版数量稳定、质量提高,发行网络更加完善。版权管理和打击盗版侵权活动向纵深发展。

全年杭州市出版报纸9.9亿份,杂志8547万册,出书182种。经国家广播电视总局批准,广播电台1座3套节目每天播出63小时,电视台1座4套节目平均每周播出533.7小时。至年末,全市广播综合覆盖率98.3%,电视综合覆盖率98.1%。 (徐建华)

·报纸·

【杭州日报报业集团】 11月8日,杭州日报报业集团正式挂牌成立,标志着杭州报业进入新阶段。

杭州日报报业集团由《杭州日报》、《杭州日报·下午版》、《都市快报》、《众安周报》、《风景名胜》、《今日青年》和杭州网等7个媒体组成,以《杭州日报》为主体,门类齐全,覆盖面广,是适应多层次读者的报刊体系。集团资产规模近4亿元。

坚持正确舆论导向,“唱响主旋律,打好主动仗”,推进新闻改革,报刊质量明显提高。内部管理以干部竞聘上岗、职工双向选择、新进人员聘任制等干部人事制度改革为突破口,把竞争和激励机制注入报社。大胆探索经营部门市场化运作新路子,拓展报业经营范围。

建党80周年宣传为全年报道重点,以大型系列报道、特别报道为主线,形成宣传建党80周年的强大主导舆论。日报推出大型报道《革命圣地行》,快报推出特别报道《欧洲红色之旅》,下午版推出系列报道《80年光辉岁月——照片背后的故事》。江泽民“七一”讲话发表后,各报集中力量开辟专栏,充分阐释《讲话》精髓,及时反映广大干部群众学习贯彻《讲话》情况,深入宣传认真实践“三个代表”重要思想的典型事例和成效。西博会期间,集中利用各媒体全程反映西博会进展情况,用群众喜闻乐见的形式,报道杭州城市面貌、市民素质等新气象、新变化;在倒计时100天和倒计时30天时形成两个宣传高潮;《杭州日报》、《杭州日报·下午版》、《都市快报》和杭州网开设专版、特刊160余个,文字报道3000余篇,图片新闻1600余幅,向国内外报道西博会盛况。

把“建经济强市、创文化名城”和思想道德建设贯穿于报道之中。宣传杭州综合环境、城市资源优势,营造“创业在杭州”的良好氛围。日报相继推出工业、农业、商贸、高新技术产业等再创业典型报道;下午版对园文、旅游、文化等行业作大量专题报道。春节、五一、十一“黄金周”期间,各媒体用大容量、高强度信息,充分凸显“游在杭州”主题。贯彻江泽民“以德治国”重要指示和市委、市政府关于加强道德建设部署,各报刊开展社会公德、职业道德、家庭美德教育宣传,日报先后推出《学雷锋精神、扬天堂新风》和《寻找文明使者》等栏目,集中报道学雷锋、树新风的好人好事和乐于奉献的文明使者。下午版、快报分别推出《新时代新雷锋》和《以德治市、弘扬美德》专栏,全方位、多角度报道新人新风,鞭挞不文明行为。重点宣传学雷锋标兵、青年志愿者、社区好干部等一批先进典型。日报推出先进人物毛泽平的报道,树立新时期乡镇干部楷模新形象,社会反响较大。

杭州日报报业集团5篇作品获省好新闻奖,其中2篇获一等奖;43篇作品获市好新闻奖,其中一等奖12篇。《都市快报》记者程洁发表“女记者劝说持枪抢劫者走上自首之路”系列报道,在社会上引起较大反响,有13个逃犯看到报道后向公安机关自首。中央电视台《讲述》、《今日说法》、《东方时空》、《实话实说》栏目4次邀请程洁录制节目,该组报道被评为省、市好新闻奖一等奖。《都市快报》配合全市“创模”活动,策划“天堂拒绝一次性木筷”大型主题报道活动持续1个月,先后用5万双天竺筷换回5万双一次性木筷;然后通过美院学生的行为艺术加工,将木筷拼制成一棵“大树”,形象地向公众展示一次性木筷对环境和资源的损害;再将“筷子树”运至木材厂加工制成电脑桌椅,经公开拍卖得款近2万元,最后购树苗近百株栽于龙井山园,取名“筷子林”。整组报道环环相扣,一气呵成,社会影响广泛，被同行称为主题新闻报道经典，在《中华新闻报》上介绍。

4月，杭州网经国务院新闻办公室批准为具有新闻发布权的网站，获得浙江省邮电局颁发的电信与信息服务经营许可证，8月22日独立建站运行，以新闻和信息服务为主的综合性网站定位，并进行了全新改版。杭州网精心策划重大主题报道，江泽民"七一"重要讲话、中国申办奥运会成功、中国加入世界贸易组织、公民道德建设、美国"9·11"事件、揭批"法轮功"等均制作专题进行重点报道。西博会报道浓墨重彩，以图文并茂形式，翔实发布西博会进展情况和各种动态信息。10月，杭州网在网上对2001年中国网络峰会暨第二届"西湖论剑网络峰会"进行独家直播，全部内容被新浪网独家转载。杭州网点击率从年初日平均8万次升至年末40万次，日均IP地址访问数超过5000次。

集团党委以争创满意单位为目标，发挥机关党委、工会、团组织作用，加强理论教育和思想工作，营造良好工作氛围，为集团事业发展提供思想保证、精神动力和智力支持。对全体采编人员进行马克思列宁主义新闻观专题教育，先后3次召开报社全体新闻从业人员交流讲座。采编人员在学习的基础上，撰写学习心得或论文，参加市委宣传部、市记协组织的书面理论考试，合格率99%。坚持每月召开党委思想工作例会，掌握分析干部群众思想动态，有针对性地开展工作。全体员工踊跃参加集团组织的义务献血、扶贫帮困献爱心等公益活动，"春风行动"中员工捐款9.1万元。制定《关于加强职业道德建设禁止有偿新闻》，公布有偿新闻举报电话。20多名记者、行政经营人员将所得礼金、礼品、礼券上缴。

广告、发行、印刷、基建等各项工作完成情况良好。广告中心准确定位，找准市场重点攻关，重视开拓省外市场，创新营销手段和方法，全年广告营业额2.14亿元，比上年增长15%。报社发行部按企业化运作模式进行公司制改造，组建浙江新时代报刊发行有限公司，针对市场变化，作出战略调整，强化公司品牌，增加收订网点，拓展发行零售市场，在全市乃至全省各地形成渠道畅通的发行网络，报刊发行总量110万份。报社技术装备更新，建有现代化新闻采编计算机平台，及远程传版、激光照排、高档双面彩印等一流设施。印务中心引进3组高斯机完成安装调试，印刷能力和质量大幅提高。新闻大楼主体工程于10月结顶并通过验收。

【整合报社机构和版面】 8月，杭州日报社进行日报和下午版机构和版面整合，实现采编分离。杭州日报编辑部改为中心制，即成立采编中心、国际国内中心、专刊副刊中心、编务中心，下辖13个部室。组织两次四批中层干部竞聘上岗，日报系统、行政后勤部门中层领导均重新竞争上岗，一批优秀年轻人脱颖而出，15人相继走上中层领导岗位，干部知识、专业、年龄结构明显改观。推行采编人员双向选择、优化组合、内部待岗等制度。

10月15日，《杭州日报》(含下午版)全新改版，每天推出13个~15个新闻版，10个专刊、副刊版。新闻板块立足杭州，兼顾全省，反映全国，直面世界大事；专刊副刊板块关注现代人内心生活和感情世界，展示杭州地域文化，为读者提供生活服务指南。日报按照"鲜明的党报特色、强烈的时代特征、典型的杭州特点"主攻新闻，加大信息量。下午版注重滚动新闻、生活服务等。

《都市快报》创刊三年来，以较快的发展速度确立了在浙江报业市场的优势。形式、内容、管理、经营等全面创新，快速扩张和发展，日最高发行量突破50万份，市区日零售量突破16万份，广告额1亿元，成为全省最有影响力的报纸之一。

《风景名胜》增加信息量，拓展读者面，提高发行量。在新闻出版总署举办的中国期刊展览上，《风景名胜》杂志进入展览重点推出的"中国期刊方阵"。《今日青年》、《众安周报》针对专业性较强、读者面过窄等问题，调整办报、办刊思路，重新进行了定位。 (徐建忠)

·广播电视·

【概况】 2001年，市广播电视局围绕市委、市政府工作中心，服务改革开放大局，抢抓历史性机遇，寻求跨世纪发展。把握舆论导向、扩大宣传规模、提高节目质量、推进科技创新、加快网络发展、理顺机构体制、加强班子建设、深化思想教育、强化内部管理、实现创收目标。

广播电视节目质量提高，调整、改版和引进节目，收听收视率上升。杭州电视台11频道《杭州新闻》、《十分关注》、《新闻夜班车》，41频

杭州日报报业集团成立

道《江南人家》、《中国娱乐报道》，生活频道《有线新闻》、《都市生活》、《欢乐总动员》，影视频道《影响》，以及杭州人民广播电台《杭广早新闻》、《阿通伯说新闻》、《股市直播室》，西湖之声《早新闻》、《城市猎手》、《金手指》，经济之声《天天听世界》、《现代温馨》等节目受到群众欢迎。

党委班子认真执行年度党建工作目标细则。坚持理论学习制，中心组学习有计划、有议题、有中心发言；坚持民主集中制，重大问题按党委议事程序集体讨论决定，使决策民主化、科学化；落实工作责任制，召开党委会和局长办公会，总结部署阶段性工作，明确分工，落实责任，按期督查。基层党组织健全，新成立1个党总支，调整16个党支部。全局组织开展"双思"、"三讲"回头看、"警示"、"职业道德"、"作风建设"等活动，利用外出考察学习、请专家作报告、宣扬典型事迹、组织汇报交流、观看电影或录像等形式，提高人员素质。在全国范围内招聘7名播音员（节目主持人）和1名局总工程师。127人参加大专、本科和研究生广电专业学习，毕业29人。

全市广播电视作品获省级以上奖58项。电视连续剧《我亲爱的祖国》获全国"五个一工程"奖；电视连续剧《我亲爱的祖国》获第十九届中国电视"金鹰奖"长篇电视剧优秀奖；大型综艺晚会《人间天堂》获第十九届中国电视"金鹰奖"综艺晚会提名奖；专题片《走进新时代》获第十九届中国电视"金鹰奖"电视专题片提名奖；戏曲电视剧《乾嘉巨案》获第十九届中国"金鹰奖"中篇戏曲电视剧提名奖；《面向新世纪的友好之歌》获第十四届电视文艺"星光奖"综艺节目三等奖；《月上断桥》获第十四届电视文艺"星光奖"音乐节目三等奖；电视专题片《三代强国梦》获第五届中国"金桥奖"一等奖；电视专题片《一个老人一条溪》获第五届中国"彩虹奖"二等奖；电视专题片《学中医的洋弟子》获第三届中国"彩虹奖"三等奖；《还清碑的故事》获第五届中国"彩虹奖"；《茶妹情》获第二十届电视剧"飞天奖"戏曲电视连续剧三等奖；电视剧《小萝卜头的故事》获第二十届电视剧"飞天奖"少儿电视连续剧二等奖；《西湖绸伞的故事》获中国广播电视学会电视专题片一等奖；《千年一回千年对话》获中国广播电视学会广播新闻奖社教综合性节目二等奖；《一个知名品牌"失而复得"说明了什么》获2000年度中国广播电视新闻奖电视社教经济节目二等奖；《新闻自己拍俱乐部成立》获中国广播电视新闻奖二等奖；《康师傅大食袋》获第七届全国广告优秀作品展入围奖；《心灵之约》获2000年度全国第二届电视散文大赛银奖；《新世纪的曙光照过来》获2000年度中国广播电视学会电视经济节目三等奖；《孤老过年市长作客》获第七届中国"残疾人事业好新闻奖"优秀奖；《林祖藻和浙图的故事》获第九届全国政协好新闻奖三等奖；《金秋》获全国老年节目电视栏目二等奖；《我和摄影》获全国老年节目电视节目优秀奖；《明珠新闻》获国家广电总局电视节目技术质量评比一等奖。全年送中央台稿件102篇，比上年增加1倍。西博会期间，完成14小时大型电视现场直播——"走进西博会"，开启全国城市电视台长时间电视直播的先河。与中央人民广播电台合办大型现场直播——"来自西湖的问候"；与中央电视台合办文艺晚会"人间天堂"。

杭州市实现"一城一网"，有线电视用户增加到48.5万户。市区网络改造迅速，网络数据中心、数字交换、计算机交换和数字电视等信息平台建成。有线网改造后将广播电视节目输入互联网，杭州地区广播电视节目通过有线网实现快速、优质、安全的双向传输。成立杭州信息网络有限公司和杭州网络联合有限公司，加快网络建设和多功能开发，与教育、公安、工商、银行等部门达成业务开发协议，为政府、企业、百姓提供优质高效的信息服务。11月，市委、市政府发文件取消区电视播出前端，标志杭州市区广播电视管理体制基本理顺。12月，市和县（市）广播电视局对乡镇广播电视站的人、财、物及广播电视网络实行统一领导、统一管理、统一建设、统一经营。理顺乡镇广播电视管理体制，推动杭州地区特别是7县（市）广播电视事业的发展，为"村村通、户户通"广播电视打下良好基础。

全年广播电视技术设备改造投资1380万元，完成中波954电台调频和播出设备改造工程，更新经济之声音频工作站和西湖之声发射机固定设备，维修加固广播电视发射塔，计算机局域网进行布线安装，硬盘播出系统和新闻网站完成前期准备。对10信道转播车技术指标、设备配置、系统构成进行反复论证和商务谈判，最终达成协议。加强各类

杭州电视台10信道数字电视转播车启用仪式

技术设备维修、保管和使用,安全播出水平达到甲级标准。

经营创收突破历史记录。创收2.5亿元,比上年增长46%,其中广告创收增长19%。电视11频道创收5000万元,增长16%;41频道创收4705万元,增长10%;生活频道创收3800万元,增长38%;影视频道创收1037万元,增长30%;中波954创收471万元,增长7%;西湖之声创收1439万元,增长12%;经济之声创收477万元,增长13%。全年支出占收入的89%,比上年下降7%。

6月4日,中国广播电影电视总局下发《关于同意杭州电视台和杭州有线广播电视台合并、调整节目频道设置的批复》,合并后台名为"杭州市电视台",播出名"杭州电视台";原无线台综合频道变更为第一套节目综合频道,原西湖明珠频道变更为第二套节目西湖明珠频道,原综艺频道变更为第三套节目生活频道,原影视频道变更为第四套节目影视频道。各频道传输方式和技术参数不变,使用新台标。

市广播电视局承担市本级和区、县(市)广播电视年检年审的初审和报批、社会管理(音像制品、地面卫星接收、影视制作、有线电视网络规划、建设管理等)职能。全年查处违规经营单位1200个,查扣非法音像制品3万余盘,捣毁非法制作窝点2个,拆除非法安装卫星接收器58座。开展以作风建设为主要内容的满意不满意评选动,全面整治广播电视系统的治安、消防、环境及人员行为规范,加强内部管理,杜绝事故发生,提高安全保障、生活服务和环境设施条件。市广电局被评为省级卫生文明示范单位、市级综合治理先进单位。

对外交流不断加强。全年派出13批、25人次,赴美国、法国、德国、西班牙、韩国和中国香港进行友好交流和考察。邀请日本、韩国广播电视同行来杭进行交流及参与西博会报道。

【杭州人民广播电台】 频率954千赫,发射功率25千瓦,全天播出19个小时。主要有《杭州新闻》、《杭广早新闻》、《阿通伯说新闻》、《午间最新报道》、《晚报导读》、《晚间说新闻》、《今日新闻汇总》、《整点新闻》等。作为时政台,对重大主题报道加大投入、精心组织。向中央台和国际台发稿,播出稿件34篇,其中专题节目《爱情之都——杭州》、录音专题《在杭州创业》在中央台黄金时段播出,向海内外宣传杭州良好的创业环境。10月1日,与中央台合作转播的FM97.9兆赫(杭州调频)发射功率扩大为10千瓦。

【杭州人民广播电台西湖之声】 频率105.4兆赫,发射功率10千瓦,全天24小时播出。元旦期间,在市区开设5个户外直播室,制作了大型节目"听西湖之声,点世纪心愿",听众到现场说新世纪的心愿,从2万余首歌曲库中点喜欢听的歌;除夕夜,与市公交公司联合推出"开心年夜车"除夕特别节目,让市民免费乘坐公交车,《人民日报》作头条新闻报道。7月1日,策划杭州市首次非公有制企业大型无偿献血活动。9月20日,与中国国际广播电台合作,推出宣传杭州、宣传西博会的2小时大型直播节目"直播杭州——来自西湖的问候"向全球播出,香港地区新城电台二套频率同时播出。

【杭州人民广播电台经济之声】 频率91.8兆赫,发射功率10千瓦,全天播出20个小时。全年播发新闻稿3.57万篇,其中自采稿件1630篇,向中央台发稿并被采用49篇。严格把握舆论导向,体现时尚、活力,信息量大的特色与风格。新闻节目分早、晚两大板块,早板块新增《新闻聚焦》栏目,将社会的热点、难点问题通过背景材料,制作成广播语言,让听众及时了解需要关心的社会问题。1月29日开办新春特别节目。3月初开始主办历时3个月的"全国十城市电台环保运河行"。6月,举办"谢霆锋杭州个人演唱会"。7月13日,举办"申奥狂欢夜"大型直播活动等。10月,首次与中央台《海峡之声》栏目联手,面向东南亚地区直播2001年浙江省对外经贸洽谈会。

【杭州市有线广播电视网络中心】 2001年,网络中心拥有用户48.5万户,市区覆盖率95%。进行模拟网升级改造,提高网络运行质量,有线电视节目从原28套增加到33套。新增广东、重庆、江西、中央9套、江苏卫视、安徽卫视6个频道,图像质量从三级提高到四级,网络稳定性提高。完成5县(市)2区IP骨干网建设,包括30个机房(其中8个骨干机房)建设,架设临安—富阳光缆干线近70千米。

【杭州电视台综合频道】 全年播出6783小时。播发新闻1.49万条,其中自采稿件1.01万条,中央电视台采用57条(《新闻联播》中播出14条),浙江卫视采用新闻663条,上海台与东方台采用80余条,提供全国城市电视台新闻交换网170余条。制作专题栏目播出488期;电视剧播出70部1568集,其中国产剧59部1300集,占总播出量82.9%;播放电影377部565个小时,动画片7部370集。坚持正确舆论导向和以正面报道为主的方针,完成迎接新世纪,省市人大和政协会议,春节、五一、十一"黄金周",深入揭批"法轮功"邪教组织,杭州市行政区划调整(萧山、余杭撤市设区),创建国家环保模范城,雷峰塔地宫发掘,开展"严打"整治斗争,治理整顿市场经济秩序,学习毛泽平先进事迹等系列报道。联合北京电视台、上海东方电视台、南京电视台策划、组织《红色京杭线》大型采访活动,庆祝建党80周年。

【杭州电视台西湖明珠频道】 全年播出6935小时。播发新闻6372条,中央电视台采用2条,浙江卫视采用80条,全国城市电视台新闻网采用580条。明珠频道定位于城市文化娱乐,节目突出娱乐性、参与性,自办《明珠新闻》、《明珠娱乐世界》、《明视文化博览》、《名家名作》、《江南人家》、《警界41》等实力栏目。《明珠新闻》拓宽报道面,在原社会新闻、文娱新闻、网络新闻基础上新增体育新闻。增加深度报道和新闻评述,把握正确的舆论导向。《明视娱乐世界》栏目每天黄金时间推出大型文娱节目;《明视文化博览》、《走进明珠》等栏目地方文化特色鲜明,形式和影响力提高。MTV《圆梦》列入中国音乐电视大奖参赛作品,专题片《乌镇》于10月获中国广播电视学会电视文艺研究会优秀采风奖一等奖。《江南人家》11月改版为《江南人家——脑力大震荡》,以知识性问答为主,通过紧张刺激的擂台赛方式产生获奖者,倡导"知识就是财富"主题,节目与观众互动。

【杭州电视台生活频道】 全年播出7665小时。播发新闻6000余条,中央电视台采用43条,浙江卫视台采用276条。突出节目的传播理念平民化、风格都市化等特点。《杭州青年文明号"真品真货,真心真情"活动》、《新春拜年,好大一个温暖的家》、《杭州旧城改造,居民喜迁新居》等9条新闻在央视《新闻联播》中播出。按照"加强经济报道,反映都市生活,拓展城区宣传,关注社区建设"总要求,《有线新闻》、《城区新闻》实施整合,新办《都市报道》栏目,关注大众话题,讲述百姓故事。推出《钱塘人家》、《生活调查》、《信访聚焦》等3个新闻专栏,贴近百姓、贴近生活。《都市财经》显现专业特色,推出评选股民信赖的股评人士,向股民提供广泛证券资讯信息。全年播出电视剧75部1795集,电影365部。组织"创意游戏大赛",参与中央电视台《清风车影》栏目发起的"一升油极限挑战赛"。

【杭州电视台影视频道】 全年播出6935小时。节目以电影、电视剧及影视栏目为主,容量大,编排密集。通过有线网传输覆盖市区及各县(市)。全年播出电视剧3650集,动画片365集,电影365部。自办栏目《影响》每天播出1集,集观赏性与艺术性于一体,体现影视频道专业特色。

【杭州广播影视周报社】 全年出版52期,期发行量15万份。坚持为广播电视服务,为读者服务的宗旨。突出工具性、服务性、娱乐性。配合广播电视频道,发挥桥梁纽带作用。文章和图片选登严格,版式统一,富有特色。为适应形势发展需要,两次调整栏目,设《节目天地》、《央视卫视》、《省台专递》、《市台荧屏》、《社会透视》、《广电要闻》、《星海泛舟》、《健康养生》、《休闲旅游》等10余个栏目,受到读者欢迎。 (童庆林)

·出版发行·

【概况】 2001年,杭州出版各类杂志170种,8547万册;图书4365种,2.59亿册。杭州出版社和西泠印社出版社坚持"加强出版,优化结构,提高质量"和"出版产业化"要求,面向市场抓出版选题,调整结构抓图书质量,完善机制抓队伍建设。出版一批特色书、系列书及精品挂历。整顿规范印刷企业取得新成绩,报刊舆论导向正确,发行秩序进一步规范。整治电子出版物市场,落实行政执法责任制,提高执法人员素

附: 杭州市公开出版的报刊

名　称	主　编	地　址	刊　号
杭州日报	赵　晴	市体育场路218号	CN33-0002
杭州日报·下午版	史定张	市体育场路218号	CN33-0077
都市快报	杨　星	市体育场路218号	CN33-0099
杭州广播影视报	周　建	市莫干山路86号	CN33-0094
众安周报	王　进	市体育场路218号	CN33-0075
萧山日报	洪佳士	萧山市城河街88号	CN33-0043
建德日报	陈利群	建德市新安江镇菜市路34号	CN33-0050
富阳日报	朗瑞隆	富阳市桂花路天马大厦6楼	CN33-0068
淳安日报	汪林星	淳安县千岛湖镇炉峰路	CN33-0065
余杭日报	李国平	余杭市临平镇星火南路42号	CN33-0100
临安日报	杨菊三	临安市府大院	CN33-0101
语文新圃	吴锡根	市文一路96号	ISSN 1003-0654 CN 33-1070/H
茶叶机械杂志	胡景川	市中河中路175号	ISSN 1005-8680 CN 33-1189/S
杭州化工	汪曾祁	市湖墅石灰坝7号	ISSN 1007-2217 CN 33-1199/TQ
西湖	李杭育	市延安路472号市府综合大楼	ISSN 1000-291X CN 33-1037/I
风景名胜	陈大卫	市体育场路218号	ISSN 1003-5516 CN 33-1063/K
今日青年	杨寅华	上城区开元路66号开元大厦9楼	ISSNIOOS-0728 CN 33-1164/C
英语画刊(初中版)	张均煜	市天目山路46号国际花园西写字楼16H	ISSN 1008-8954 CN33-1052/H
英语画刊(高中版)	张均煜	市天目山路46号国际花园西写字楼16H	ISSN 1008-8954 CN33-1051/H
杭州科技	沈悦林	市惠兴路2号	CN33-1152/N
发酵科技通讯	韩雨人	市秋涛路306号	CN33-1131/TS
深冷科技	边　瑾	市艮山门外东新路90号	CN 33-1130/TB
杭州政报	伍　彬	市环城北路318号	CN33-1283/D
中共杭州市委党校学报	陈　宁	市十五奎巷99号市委党校理论室	CN 33-5046/D
杭州师范学院学报	陈　星	市文一路222号杭州师范学院学报编辑部	ISSN 1000-2146 CN 33-5034/C

质,加大"扫黄打非"力度,加强版权管理。图书发行网络完善、结构合理,发行量保持大幅增长。市新华书店效益增长,民营书店有序发展。"西湖书市"举办成功,"假日书市"开张营业,杭州文化商城建设前期工作完成。

【杭州出版社】 2001年,杭州出版社出版图书182种(次),其中初版图书101种,比上年增长102%,重印81种(次),增长28.6%;总印数127.9万册,增长106.4%;总印张1215万张,增长83.9%;发行码洋2015万元,增长39.4%;缴税126.1万元,增长41.2%。10月14日,杭州出版社在浙江图书大厦召开出版《中国杭州》、《西湖文化博览》丛书(第二辑)、《西湖诗画揽胜》、《西湖水印藏书票》、《西湖志》等5种图书的新闻发布会。在中国出版协会城市出版社工作委员会三届一次年会图书评比中,该社《万寿典》、《西湖寻梦》获一等奖;《简明古今汉语词典》、《杭州史话》和《动物幽默词典》分获二等奖和三等奖。在省出版协会第17届优秀图书编辑奖评选中,《简明古今汉语词典》获一等奖;《杭州史话》、《动物幽默词典》分获二等奖、三等奖。《西湖文化博览》丛书被评为杭州市"五个一工程"奖。

【西泠印社出版社】 坚持专业分工原则,运用西泠印社品牌和知名度,围绕金石书画优化选题。理顺体制,规范出版管理和流程。确定和提高单位品种的投入和产出率,保证图书质量的提高。社内实行公开招聘、竞争上岗,调动员工积极性和创造性。全年出版图书33种(含挂历14种),发行码洋1700万元。其中《中国篆刻史》、《甲骨文书法篆刻丛编》获省第17届优秀图书编辑奖一等奖,《齐白石篆刻精品赏析》等3种图书获二等奖、三等奖。

【整顿规范印刷企业】 2001年,市新闻出版局在印刷企业的设立、变更、审批等事项中,实行前置审批,接受申请设立印刷企业52个,其中批准设立印刷企业49个,不予审批1个,不予领证2个;印刷企业申报变更80个,其中法人代表变更42个,经济性质变更34个,经营地址变更24个。12月,结合年检换证,组织印刷企业法人代表接受有关政策法规教育,对直接发证的400余个印刷企业的法人代表,分3期进行年检换证政策法规培训。各县(市)、区对属地管理印刷企业进行了年检换证和法规教育。

【清理整顿报刊出版发行秩序】 6月,市新闻出版局建立报刊出版发行清理整顿工作领导小组,市委、市政府转发《关于清理整顿报刊出版发行秩序的实施意见》,对全市25种公开发行报刊和106种内部报刊(资料)进行了全面清理整顿。杭州日报社接收《风景名胜》杂志、《今日青年》杂志和《众安周报》,6种内部报刊资料更改刊形,4种内部资料停刊,12种未经审批的报刊被取缔,40种市级党政机关主办的内部资料作了整改。公开发行报刊实行"私订公助"办法。全年编发报刊审读简报12期。

【电子出版物管理】 2001年,杭州市关闭杭州电子市场、杭州高新电脑城和杭州高新科技广场等3个场内非法电子出版物经营区。年初,市新闻出版局对杭州市电子出版物市场进行实地调查,制订整治计划,会同市工商局、市公安局召开整治动员大会,发动市场主办单位做好自查工作。4月,完成实施关闭工作准备。5月开始,先后会同工商、公安、文化等职能部门对3个市场进行重点检查和全面验收。7月,制定长效管理制度,3个市场的主办或主管单位分别向市委、市政府及有关职能部门签下责任承诺书,确保市场内各经营单位在核准登记经营范围内和规定经营点亮证经营。市新闻出版局公布举报电话:85252316。全年组织大规模整治行动13次,普查24次,受理群众举报11起,查处非法经营单位31个,取缔地下窝点3个,收缴盗版光盘3万余张(盒)。

【图书发行效益提高】 2001年,全市图书发行网点由量增向质优转变。网点布局合理,图书品种增加,服务质量提高,购书环境改善。市新华书店年销售额1.77亿元,比上年增长15.8%,其中普通图书1.14亿元,占64.2%;课本和教学辅导材料4100万元,占23.1%;音像制品1620万元,占9.1%;文具用品630万元,占3.6%。杭州图书城坚持走"上规模求发展"道路,年销售额1.5亿元。市新闻出版局坚持现场办公制度,严把图书质量关,全年编发审读简报6期。民营书店由数量增加逐步向提高效益转化,经营和服务理念更加务实。

"假日书市"受大众欢迎

【加强版权保护】 8月7日~13日，市新闻出版局联合省新闻出版局、省版权局共同开展打击软件盗版行为宣传周活动。在杭州颐高数码广场等电脑专业市场设置咨询台，解答有关反盗版法律法规，现场分发反盗版宣传资料1000余份；通过浙江人民广播电台《交通之声》节目向社会宣讲版权保护相关内容，介绍识别盗版软件方法及有关知识；组织4个正版软件经营单位联合向社会发出“抵制盗版、弘扬正版”的倡议；利用媒体公开招聘反盗版义务监督员50人，鼓励市民参与监督，共同净化软件市场。组织杭州连邦软件、正普软件、美迪软件和大自然音像等4个软件专营单位，开展正版软件优惠展销服务，1000余个品种正版软件与消费者见面，赠送参与反盗版活动市民正版软件1000盘。

全年，市新闻出版局出动500余人次，检查出版物市场和零售摊点1017个(次)，收缴非法书刊4.5万余册、非法报刊2.5万份、非法电子出版物5万余盘，取缔无证经营出版物市场经营区3个、摊点80余个，处罚违法违规经营单位7个。

【“西湖书市”举办成功】 10月26日~30日在黄龙体育中心举办。书市经营场地面积1万平方米，设10大展区、300个标准展位，接待读者24万人次，实际销售额809万元。134个新闻、出版、印刷、复制、发行单位，全方位展示包括图书、报纸、期刊、音像制品、电子出版物及网络出版的新闻出版业最新面貌。创造浓厚文化气息，营造良好购书环境。以竞争、开放的姿态，实现参展主体多元化，以品种丰富、针对性强的精品和新品，满足广大读者多层次需求，以灵活的营销策略和促销手段，挖掘出版物市场内在潜力，以创新机制和方式，改变传统书市固有模式，以周到细致的服务，实现“政府搭台，企业唱戏，读者满意”的目标，受到参展单位和市民群众的欢迎。

【“假日书市”开张营业】 市新闻出版局经过多年调查研究和反复论证，根据杭州实际，借鉴兄弟城市经验，于5月1日在浙江图书馆广场开出“假日书市”。新闻出版、公安、工商、城市管理等部门组成联合执法检查队伍，确定书刊现场审读、特约巡查员和经营人员守则等制度。开张营业以来，市民踊跃参与。管理部门实行全天候、全方位监督，保护合法经营，打击非法盗版，社会反应良好。 (黄云凯)

·新闻出版团体·

【杭州市记者协会】 坚持“为党和国家大局服务、为新闻队伍建设服务、为广大新闻工作者服务”的方针，发挥“联系、协调、服务”功能，组织开展多种形式的活动，为杭州新闻事业发展作出贡献。

举办马克思主义新闻观教育活动，全市1082名采编人员参加考试，合格率97.8%。开展2001年杭州市新闻奖评选，142篇作品获奖，其中特别奖1篇，一等奖30篇，二等奖46篇，三等奖65篇。15篇作品获省好新闻奖，其中一等奖2篇，二等奖4篇，三等奖9篇。组织全省计划生育好新闻、第二届中国科技新闻奖、第五届残疾人事业好新闻奖作品推荐。5月17日~24日，《新闻纵横》编辑部和西湖明珠频道牵头的杭州市新闻业务论文笔会在临安举行，40余人在会上作交流，《中国记者》、《新闻战线》、《中国广播电视学刊》、《中华新闻报》等8个全国性和省级报刊领导和编辑到会指导。年初，市记者协会、市新闻出版局领导到各县(市)报社进行调研指导。召开了企业报(副刊)研讨会，组织全市老新闻工作者参观杭城新变化和西博会会展，市记协部分理事和先进工作者赴成都休养，市新闻界11支队伍参加纪念建党80周年歌咏比赛，在武林广场举办“关注社会、服务百姓”活动。接待全国记协代表团、贵阳市记协代表团、全国记协老龄委代表团、波兰新闻代表团、日本外国记者新闻中心理事团等。《杭州新闻界》全年出刊40期。

(徐建忠)

【杭州市印刷行业协会】 该协会有团体会员单位352个。开展评选“2000年度杭州市文明印刷企业和杭州市文明印刷示范单位”活动。4月27日~28日，杭州市印刷行业协会三届二次年会在淳安召开，260个团体会员单位参加。浙江省邮电印刷厂等7个单位被评为“杭州市文明印刷示范单位”，杭州杭松印刷有限公司等15个单位被评为“杭州市文明印刷企业”。7月~10月，组织团体会员赴山东、云南及东南亚地区参观考察。会员单位的16个印刷企业参加了“西湖书市”。

【杭州市企业报研究会】 坚持“当好管理部门的助手，做好企业的虚拟领导，搞好为会员单位的服务”。3月30日，召开五届二次年会，表彰16个优秀企业报、28名优秀办报工作者、67篇(件)好新闻。8月，组织部分企业报负责人赴延安采访考察。11月，举办了马克思主义新闻观教育培训班。 (黄云凯)

卫 生

·综述·

【概况】 2001年，全市医疗机构1496个(不含个体诊所)，比上年减少103个；医院床位2.35万张，增加217张；卫生技术人员3.66万人，增加1156人；平均每千人口拥有医生2.72人；平均每千人口拥有医院床位3.76张。医院诊疗2812万人次，出院43.61万人次。县及县以上医院治愈好转率94.6%。急性传染病总发病率293.21/10万，比上年下降33.46个10万分点；孕产妇死亡率24.42/10万，婴儿死亡率9.88‰。市区居民期望寿命78.64岁，其中男性77.65岁，女性79.82岁。居民死亡原因前5位顺序：呼吸系统病、恶性肿瘤、脑血管病、心脏病、损伤中毒。

制订《杭州市城乡医药卫生体制改革的实施意见》、《杭州市区域卫生规划》和《杭州市卫生事业"十五"计划》。全市98个医院列入定点医院，其中市属12个，社区卫生服务机构47个。医疗机构分类管理与实施区域卫生规划和调整卫生资源相结合，完成94个县及县以上医疗机构的分类核定，其中93个为非营利性医疗机构，1个为营利性医疗机构。强化卫生行业管理，优化卫生资源配置。杭州第三医院、红会医院成为浙江中医学院附属医院；杭州锅炉厂职工医院成建制划转杭州第二医院；临安市中医院、锦城镇医院和於潜卫生院分别兼并藻溪、横畈、堰口卫生院；富阳市将新建卫生院并入新关卫生院，新民卫生院并入东洲卫生院；建德市撤销长林眼科医院，设立市一医院"长林眼科中心"，撤销中医院妇产科，成立市妇保院。规范医疗机构执业行为，下发《杭州市医疗机构冠名管理办法》、《杭州市医学义诊咨询管理办法》等，适度放开私人诊所、社会办医的申办条件。

全市医疗卫生单位普遍实施以全员聘用合同、中层干部竞聘上岗、技术职务评聘分开、分配与岗位和业绩挂钩为主要内容的人事和分配制度改革。市本级对新进人员实行人事代理，对落聘人员实行托管；实行院长（主任）任期目标责任制管理，局长和直属9个单位签订院长(主任)3年任期目标责任书；市妇保院试行民主选举院长。推进人事制度改革，县以上医院推行"病人选择医生"。萧山区2个医院院长实行民主选举，各区、县(市)公开竞聘院长制度全面推开。探索分配制度改革，市卫生局下发《关于技术、管理等生产要素参与分配的指导意见》。市红会医院开展绩效工资制度试点，对优秀人才和技术骨干采用不同分配办法。萧山区试行岗位固定工资和绩效工资制，妇保院试行"年薪制"。余杭区、建德市、淳安县、江干区实行部分工资和津贴浮动。临安市把岗位补贴纳入奖金分配，试行"工效挂钩"。上城区、下城区、拱墅区、西湖区、滨江区实行津(补)贴和工资浮动分配。富阳市新登中医骨伤科医院试行医疗组长"年薪制"。

加强无偿献血管理。制订《杭州市公民用血管理办法》、《杭州市公民用血互助金管理办法》，建立无偿献血志愿者名库，落实责任制。健全临床用血的规章制度，科学合理用血。全市无偿献血人数7.79万人次，无偿献血占临床用血率57.9%，完成市政府下达指标数70.8%。

加快市级医疗机构基本建设，在建规模7万平方米。全年完成基建投资7800万元，竣工面积1.2万平方米。市中医院后勤综合楼竣工，市一医院、市六医院门诊病房综合楼在建，市三医院门诊楼、市五云山疗养院改造前期项目启动。全市卫生系统参评正高级卫技职称61人，通过39人；副高级职称289人，通过222人；中级职称1260人，通过961人。

【医药用品集中招标采购】 组织市级药品联合招标采购，品种扩大255种；招标医疗设备314件，价值6000余万元，节省400余万元；招标22台触摸屏电脑查询系统，节省26万元；采购柴油600余吨，节省15万元。萧山区、余杭区、拱墅区、临安市、淳安县、桐庐县、下城区、西湖区实行药品集中招标采购。市级医院实行药品收支两条线管理，按

召开首次药品招标采购情况通报会

规定上缴财政7000万元。余杭区、淳安县、建德市药品收支两条线管理进入启动阶段。

【医疗机构产权制度改革】 杭州市整形医院改制工作进展顺利。萧山区28个卫生院实施整体资产公开转让、职工工龄置换。淳安县15个卫生院实施"动产卖断、不动产租赁"。余杭区第二医院及勾庄镇、博陆镇卫生院改制试点正式实施。富阳市5个卫生院实施"动产拍卖、不动产租赁"初见成效。建德市7个乡镇卫生院,1个产权整体拍卖出让,1个实行股份制,5个实行"动产拍卖、不动产租赁"。桐庐县毕浦中心卫生院经营权转让后运转良好。

【卫生监督和防保体制改革】 市与区县(市)两级建立卫生监督和疾病预防控制体系。市疾病预防控制中心适应社会经济发展要求和医学模式转变,初步建立集疾病预防与控制、监测检验与评价、健康教育与促进、应用研究与指导、技术管理与服务为一体的综合性疾病预防控制新体系。市卫生监督所完善各项制度,落实行政执法责任制,实行综合卫生执法。江干区、西湖区、拱墅区、下城区、上城区、富阳市等成立疾病预防控制中心和卫生监督所,萧山区在原卫生监督所的基础上成立疾病预防控制中心。

·预防保健·

【疾病控制】 杭州市加强心脑血管、肿瘤等慢性非传染病研究和防治,注重霍乱、肝炎、痢疾、结核病、性病和艾滋病等重点传染病的预防和控制。全市传染病发病率较上年下降9.7%,传染病报告率99.5%。加强肠道门诊、性病、艾滋病、结核病、血液、血制品和一次性医疗卫生用品、村卫生室消毒隔离等专项管理。巩固消灭脊灰成果,完成强化服苗。全市开展创建规范化接种门诊,合格接种室80%以上。加大结核病查、治、管力度,及时处理结核病暴发疫情,市疾病控制中心被评为全省结核病防治工作先进集体。以健康教育主动监测疫情处理和重点单位建设HIV初筛实验室为重点加强艾滋病防治。开展慢性病防治,建立健康档案30.18万户,建档率62.6%;5个区、10个街道开展居民死亡漏报调查。加强医院消毒隔离,检验样品1466项次。规范医用废弃物管理,对257个卫生院以上医疗单位的一次性医疗用品集中回收,回收处理率99.2%,医疗废弃物处理率92.2%。

【社区卫生服务】 规范126个社区卫生服务中心(站)功能。在全国率先推出"社区居民选家庭医生"活动,6个区的6个省市级社区卫生服务示范点中首批推出36名素质高、业务好、责任心强的家庭医生供居民选择,3158名居民有自己的家庭医生。选择7个市级医疗单位的42名专家支持6个试点社区卫生服务机构,保证医疗服务质量,社区卫生服务机构标识统一,开展了"健康知识进万家"的宣传活动。

【妇幼保健】 出台了《妇幼保健门诊和产科门诊标准》,全市婚前医学检查定点单位进行第二轮审批,由原51个缩减到32个。中英妇幼保健合作项目进展顺利,5个县级新生儿急救中心运行良好。全市53个医疗保健单位参与新生儿疾病筛查,筛查率41.7%;出生缺陷监测4.18万人,占同期出生数83.7%,出生缺陷发病率10.2‰。加强高危孕产妇筛查和产科急诊抢救管理,全年孕产妇死亡率24.42/10万,婴儿死亡率9.88‰。

【干部保健】 各区县(市)建立健全干部保健管理和服务机构。建立每月为老红军、每季为市级离退休老干部上门医疗保健服务制度,建立市级领导保健医师联系制度,新增干部病房80个。扩大干部特约医院和用药范围,完成202个市级事业单位1.05万人健康体检,参检率95.9%;完成在职和退休省管干部、市管干部、军队团职转业干部、具有正高级职称知识分子及有突出贡献科技工作者、跨世纪人才等1123人的体检。安排离休干部22批3095人赴五云山疗养院休养体检。完成市委组织部交办的援藏干部300余人的体检。

·农村卫生·

【概况】 全市210个乡镇初级保健达标,合作医疗、农村改水改厕成果巩固扩大,合作医疗覆盖率50.2%。村卫生室消毒隔离工作有较大提高。桐庐县修订《农村合作医疗大病基本医疗保险实施办法》,合作医疗覆盖率100%;为250名农民报销医药费49万元。临安市新确定5个达标乡镇,加强预防保健队伍建设、基础知识培训和技能考核,进行目标质量考评,扩大社区卫生服务试点。建德市大洋镇开展补助型合作医疗,15个村、600余人参加。

【地方病防治】 制订《杭州市地方病防治"十五"规划》。73个乡镇的658个村组织开展血防查螺,用工1.6万余工,查螺面积8700万平方米。开展碘缺乏病防治宣传,进行甲状腺肿大监测检查和碘盐专项执法检查,甲状腺肿大率4.5%,碘盐合格率100%。

·医院管理·

【概况】 规范全市医疗单位执业行为,实施医疗安全管理责任制,进行医疗安全专项检查。实施医师资格和护士执业考试。医疗机构导入ISO9000管理系统,确定市一医院、市三医院、市红会医院为导入ISO9000管理系统试点单位,市三医院通过英国帕尔公司认证。

各医疗单位开展业务培训和技术比武,提高卫技人员业务素质,危重病人抢救成功率、手术成功率等质量指标上升,医疗纠纷减少。推出便民服务措施,改善诊疗环境,加强行业间医疗技术合作,赢得医疗市场。

【医疗机构规范执业】 在县级以上医疗机构开展规范执业活动,重点对医疗机构名称、专科、专病、专家门诊、科室设置、诊疗科目、临床用血、一次性医疗用品、合理用药、合理检查、合理收费等进行规范。市卫生局多次组织规范执业监督检查。依法履行医疗机构医师、护士资格准入,完成1673名医师资格考试的报名和考务工作,1297名医师参加实践技能考试,合格率75.6%;1322名医师参加综合笔试,合格率83.7%;完成983名护士执业考试的报名和考务工作,合格率72.7%,4026名护士注册。市属29个医疗机构完成注册校验。新批准设置非纯公有制医疗机构8个。

【加强临床用血管理】 制订《杭州市公民临床用血管理办法》和《杭州市公民用血互助金管理办法》,实施临床用血互助金制度,全年收取临床用血互助金22.05万元,其中返还4.45万元。严格用血审批制度和输血会诊制度,组织专家对29个县级以上医疗机构的临床用血进行检查,降低临床用血量,成分输血74.8%。规范采供血机构执业行为,对采供血机构进行督查,加强采供血管理。

·中医中药·

【概况】 组织全市287人参加中医类执业医师考试,实施中医病案和中医护理国家行业标准,做好中医继承和医疗气功清理整顿,加强医疗质量管理,对17个县级中医院进行检查,规范和指导中医执业行为。6名全国老中医、专家带教学术继承人出师。钱宝庆、邬成霖、王福仁、张玉柱被评为省级名中医。农村适宜中医技术推广率100%。

2001年,杭州市中医院被授予"浙江省内科医疗中心",上城区中西医结合医院被授予"浙江省中医不孕不育医疗中心",富阳市中医骨伤科医院被授予"浙江省中医正骨医疗中心"。萧山区中医院被授予"浙江省中医关节病医疗中心",并成为"杭州市中西医结合儿童哮喘病防治"建设基地。淳安县中医院成为二级乙等中医院,淳安县被授予"浙江省农村中医工作先进县"。

【创建"放心中药房"】 浙江省人民医院、下城区中西医结合医院、下城区妇幼保健院、拱墅区妇幼保健院等4个单位挂上"放心中药房"牌子。全市有"放心中药房"17个。《中药定量小包装配方试点》课题通过省级鉴定,达到国内先进水平。

·医教科研·

【概况】 突出重点发展学科和重点项目。市中医院中医肾病科和妇科、市三医院"白癜风"专病、富阳市中医骨伤科医院中医骨伤科、萧山区中医院手外科被列为国家中医管理局重点专科专病建设单位。市红会医院中西医结合脑血管病专科、中西医结合脊柱病专科、中西医结合男性不育专科被省中医药管理局列为重点专科建设项目。萧山区中医院手外科、儿童哮喘病专科被列为省中医重点专科建设项目。对原14个重点专科专病建设项目进行考核验收,新申报24个市医学重点专科专病项目,确定市一医院神经内科、市疾病预防控制中心中毒检测中心、富阳市中医骨伤科医院中医骨伤科为市医学重点专科;确定萧山区第一医院高血压脑出血外科治疗为市重点专病。全市确定省级重点专科4个,市级重点专科12个,市级重点专病8个,奠定了特色医疗发展基础。评出1999年度~2000年度有突出贡献卫生科技工作者4人,优秀卫生科技工作者10人。上城区、下城区、拱墅区、西湖区、淳安县、桐庐县召开卫生科技大会,出台配套政策措施;萧山区、余杭区制定卫生科技创新政策并增加投入。市卫生局制订《关于进一步促进杭州市医药卫生科技发展的若干意见》。全年市本级卫生科技成果获省科技成果进步奖三等奖2项、三等奖4项;获市科技进步二等奖4项,三等奖11项;获浙江省医药卫生科技创新一等奖2项、二等奖2项、三等奖8项;获浙江省中医药科技成果进步奖一等奖1项、二等奖2项。

【卫生科技人才培养】 全市推荐选拔55人为市级新世纪培养人选,其中第一层次6人,第二层次16人,第三层次33人。投入高层次人选培养经费近100万元,选送培养28人,其中到国外学习20人。与浙江大学医学院等院校联系,输送技术骨干进修学习,申请硕士、博士学位,市本级输送103名青年卫生技术骨干参加学习,输送43名护理人员就读本科学历。为引进、留住人才争取政策。引进具备博士学位的学科带头人,给予100平方米建筑面积货币分房资金,根据业绩给予20万元内期权奖励,重置人事档案,购买经济适用房等措施。全年引进231人,其中博士4人,硕士48人。

·卫生监督·

【概况】 市卫生行政审批受理中心和市卫生局驻市投资项目集中办理中心实施一门受理、规范化服务,所有审批项目限5个工作日办结。制定《蔬菜采购、清洗加工规范》、《熟食卫生管理要求》、《茶馆业卫生管理规范》、《学生两餐及饮水管理规范与学校食堂卫生管理规定》、《违法行为量罚参照标准》等。加大经常性卫生监督力度,开展对超市、学校、茶馆、性保健用品经营单位、放射卫生点等40余个专项检查,监督检查各类食品、公共场所、学校、化妆品、饮水、职业卫生近19万个次,查处违法案件4416宗,罚款253万余元。开展重点场所和重点健康相关产品的卫生监测,检测样品9万余件。全市食品、公共场所、饮水、化妆品、学校、劳动等社会公共卫生状况明显提高,卫生合格率达到80%以上。

【开展"三项整治"活动】 全市开展食品卫生、一次性医疗用品、医疗执业行为"三项整治"活动,组织专项整治40次,出动1.18万人次,检查食品生产经营单位17.17万个次,一次性医疗用品生产经营单位1716个次、医疗机构1106个次。取缔各类无证窝点458个,非法行医163处,罚没款230万元。(章欣兰)

·爱国卫生·

【概况】 2001年，杭州市爱国卫生运动委员会(以下简称市爱卫会)发挥新时期爱卫会议事协调、组织发动、检查监督、指导服务职能，创新务实，推进城乡爱国卫生工作向纵深发展。全市新创5个省级卫生镇(乡)，西湖乡成为全省首个卫生乡；新创10个市级卫生街道、镇(乡)，7个市级卫生示范单位；新创58个省级卫生先进单位和138个市级卫生先进单位。新增16座水质卫生合格水厂，完成295座水厂水质检测工作；新增4.32万人饮用安全卫生水，农村自来水普及率89%。新建、改建4.62万户农村卫生厕所，普及率76.2%，其中三格式无害化户厕率25.1%。根据社区重组和撤村建居实际，市区97.9%的社区建立爱卫会组织，99%的社区制订爱国卫生规章制度。61个社区开展组织制度、环境保洁、绿化管理、楼道卫生、健康教育、消灭“四害”、环境保护、水箱清洗等8项爱国卫生工作；11个撤村建居点基本做到道路硬化平整、保洁工作落实、垃圾清运及时，达到市政府年度爱国卫生工作任务目标要求。

【创新爱国卫生工作机制】 2001年，市爱卫会创新爱国卫生工作考评机制，实施申报制、公示制、淘汰制。18个街道、镇(乡)在申报、公示、调研考核后，15个成为省市级卫生街道、镇(乡)；68个在1995年后取得市级卫生先进的单位，因卫生状况滑坡等原因，被撤销或取消卫生先进单位称号。创新监督机制、拓宽监督时空。市爱卫会向社会公开招聘爱国卫生义务监督员53人，全年接受投诉320起，按时处理反馈率96.9%。创新除“四害”工作机制，提高除“四害”质量。滨江区开展灭鼠市场化、专业化运作(PCO)试点，通过省市专家的考核验收，各项指标较好的达到国家控制标准。创新改水、改厕技术。制订《杭州市农村水厂水质管理办法》，首次对全市农村饮用水供水提出质量标准；三格式无害化粪池进行集中预制并推广使用，统一规范农村改厕中粪便无害化处理技术。

【开展爱国卫生工作调研】 2001年，市爱卫会组织开展4项调研，总结和提升爱国卫生工作理论，更好地指导工作。

对农村改厕试点调研，推动农村改厕工作的规范化和产业化运作；对社区爱国卫生工作新特点调研，界定新时期社区爱国卫生组织的功能定位及任务要求；对村级爱国卫生创建工作调研，为创建工作向农村延伸、发展，提供可操作的依据；对滨江区灭鼠达标工作市场化、专业化运作(PCO)全过程跟踪调研，为提高除四害工作质量、在全市推广提出了可行性方案。

【通过全省卫生复查考核】 11月，省爱卫会在全省城市卫生复查中，对杭州市及各县级市卫生进行随机暗访和民意调查。考核认为杭州市在市委、市政府领导下，坚持“环境立市”发展战略，以创建文明城市为载体，以改善环境质量为主线，以改革创新为动力，以提高人民生活质量为根本出发点，开展环境综合整治，用创新、务实的工作思路推进爱国卫生各项工作，城市卫生面貌发生了较大变化，巩固和发展了国家卫生城市成果，整体卫生水平处于全省领先。对市民与游客的调查中，满意率94%。各县级市也较好地巩固了国家级、省级卫生城市成果。

【第十三个爱国卫生月活动】 4月7日，省、市爱卫会围绕“清洁在城郊、干净在社区、整齐在城镇”主题，联合在吴山广场开展爱国卫生月大型宣传活动。通过文艺演出、黑板报联展、群众签名、卫生咨询、媒体现场直播等，营造浓厚的爱国卫生工作氛围。据统计，爱国卫生月期间，有13.7万人次参与环境卫生综合整治活动，清运垃圾废土8000余吨，清理卫生死角1433处，清理楼道堆积物1938个单元，改善了城乡卫生面貌。

【农村改水改厕】 2001年，全市在提高农村自来水、卫生厕所普及率的同时，将改水、改厕工作重心逐步转移到提高水质和粪便无害化处理上。农村改水实行分类指导，根据各地经济状况、地理环境、水厂规模等情况，推行区域集中供水或分散点二氧化氯消毒器水质处理模式，提高农村自来水供水质量。农村改厕工作结合“双整治”活动，取缔露天粪坑，新建、改建一批卫生厕所。为规范无害化户厕建设，在江干区及萧山区进行三格式无害化粪池统一预制生产试点，并树立改厕示范村，以点带面，推动农村改厕工作。在2001年全国27个省会城市农村改水、改厕统计中，杭州市分别名列第二位和第七位。

(市爱卫办)

检查农村改水改厕工作

·红十字会·

【概况】 杭州市有基层红十字会组织827个，会员近24万人。各级红十字会履行《中华人民共和国红十字会法》赋予的各项职责，做好中国红十字会倡导的红十字博爱系列社会工程及具体工作。募集救灾款物140.5万元，全部送往省内外灾区。做好普及自救互救知识，开展救护培训工作，为保护人的生命和健康作出贡献。据统计，各级红十字会开展自救互救培训7.49万人次。在“世界红十字日”开展大规模宣传活动，宣讲红十字会人道主义精神。全年组织宣传活动27次，通过媒体宣传359次，发放宣传品14.2万份。年初，市红十字会召开第七届六次常务理事会，聘请省委常委、市委书记王国平为名誉会长。

【赈灾募捐工作】 年初，内蒙古自治区锡林郭勒盟等地区遭受50年来罕见的特大暴风雪袭击。市红十字会广大会员以及热心社会公益事业的企事业单位，向灾区人民伸出援助之手。募集资金92.69万元、物资折合人民币23.67万元，及时送往灾区，在灾区援建1所杭州博爱小学和1个杭州博爱卫生院。入夏以来，部分县(市)遭受洪水袭击。市红十字会赶赴建德、桐庐等地察看灾情，紧急下拨8万元救助款，对生活暂时陷入困境的特殊人群进行救助。

春节期间，市红十字会响应市委、市政府发起的“春风行动”倡议，与浙江康莱特药业有限公司、市妇联、杭州有线电视台等单位合作，举办“博爱送万家，红十字永驻人间”送温暖活动。向326个因病或下岗等原因造成生活困难的女工及特困家庭学生提供10万余元救助款，向县(市)红十字会及癌症患者发放价值127.9万元春节慰问物品。

按照《中国红十字会灾害救助原则及条例》，市红十字会严格做好捐赠款物管理及使用。建立向社会公示制度，接受审计部门和社会公众监督。

【群众性卫生救护培训】 落实全国人大常委会副委员长、中国红十字会会长彭珮云关于开展红十字会社区服务工作的指示。市红十字会、市卫生局联合开展全市社区医疗机构院前急救培训，举办3期师资培训班，培训师资骨干134人。市红十字会配合市体育局做好游泳池(场)救生员初训和复训150人次。对默沙东制药有限公司和长城集团公司100余人进行现场心肺复苏和创伤急救培训。接受浙江电视台《紧急救护专题》和浙江人民广播电台专题采访，传播自救互救知识。萧山区红十字会组织摩托车驾驶员培训44期，受训1万余人次。下城区红十字会加强救护网络建设，协同初级保健、健康教育部门，对不同行业、不同人群进行现场急救培训，举办培训班16期，800余人参训。江干区红十字会在居民群众中开展初级卫生救护培训。滨江区红十字会举办以辖区单位卫生室(所)人员为对象的救护培训班。

【无偿献血人数增多】 依照《红十字会法》和《献血法》的规定，各级红十字会做好无偿献血社会宣传、动员、组织和表彰等工作，无偿献血工作呈现良好势头，献血人数不断增加。据统计，全市有7.79万人次无偿献血，比上年增加1.67万人次，增长27.4%。萧山区建立一系列配套政策，献血者1.39万人次，增长47%；无偿献血占临床用血比例130%；临床用血214.8万毫升，下降26%。建德市参加无偿献血者达3986人次，增长8.1%。淳安县无偿献血工作较快发展，全年参加献血3349人次，完成任务数24%。

【红十字青少年活动】 全市各级红十字会与教育部门配合开展活动，培养学生乐于助人的精神，传播卫生救护技术和防病知识。举办红十字知识竞赛49次，3.76万人参赛；组织社区公益活动196次，8.34万人参加；进行卫生救护、常见病防治培训152次，受训2.05万人次。

萧山区102个学校建立红十字会组织，红十字青少年参加社区活动7.8万人次，在学生中普及卫生救护知识，组织学生夏令营活动，评选十佳红十字青少年。上城区红十字会举办培训、讲座、知识竞赛，受教育青少年会员3.5万人次。拱墅区红十字会和区教育局联合举办以“博爱奉献、情暖童心”为主题的慰问特困学生活动，为他们购置学习用品和食品。富阳市红十字会赠送东图乡白石皎小学贫困学生新服装。临安市红十字会组织城南小学红十字青少年200人参加“洁我家乡”爱国卫生活动。下城区、江干区、余杭区、滨江区红十字会开展急救培训活动。

（郦　汀）

体 育

·综述·

【概况】 2001年,杭州市各项体育事业保持全面、快速、协调发展的良好态势。

群众体育和全民健身活动向纵深发展。群众体育组织在调整中得到巩固,基本形成了适应城市发展需要、充满生机和活力的框架结构。群众体育锻炼场所明显改善,全年新建健身苑38个、健身点112个。职业社会体育指导员等级制度和国民体质测试制度得到实施,在科学把握市民健康动态和指导群众健身活动方面取得初步成果。《国家体育锻炼标准》在各类学校中全面施行,达标活动实施面保持100%,适龄学生达标率98.6%,比上年提高0.14个百分点。群众性体育竞赛活动结合北京申奥成功、杭州西湖博览会等经济和社会活动开展。市民体育意识继续增强,体育人口占全市人口总数的42.2%。

体育竞赛和业余训练创出好成绩。举办了杭州市第十五届运动会,承办了3项全国比赛、4项全省比赛。发展等级运动员206人。向省体工队输送并转正运动员21人。杭州籍运动员参加国际国内重大比赛共获金牌48枚、银牌44枚、铜牌36枚;打破1项世界纪录、3项亚洲纪录、4项全国纪录。青少年选手参加全省比赛共获金牌145枚、银牌94枚、铜牌94枚。

体育设施建设加快。杭州体育馆维修改造工程比原计划提前60天竣工,于10月投入使用。陈经纶体校田径场看台、市航模俱乐部贴沙河空(海)模培训基地相继建成。陈经纶体校综合教学楼、市射击训练比赛基地和中国棋院杭州分院(杭州棋类运动学校)等建设项目破土动工。

体育产业迈出新步伐。市政府制定了《关于加快文化产业发展若干经济政策的意见》。市体育局对全市体育产业现状和发展趋势进行调研,拟定了《加快杭州体育产业发展的对策与思路》。体育行政部门坚持"面向社会,增强服务,促进产业发展,为广大市民谋利"的工作方针,加强对经营性体育场所的指导和管理,全市经营性体育场所发展到1129个,注册资金6.66亿元,就业人员5157人。体育系统各单位根据实际开发"体育产业",市游泳健身中心坚持两个效益并举和"自收自支、自负盈亏、逐步积累、滚动发展"的方针,创出了一条"国家投资搞建设,自负盈亏搞经营"的新路子,被国家体育总局评为全国体育系统先进单位,受到市委、市政府表彰。全市体育彩票销售额突破2亿元,体育彩票公益金在全民健身苑(点)建设中发挥了积极作用。

【杭州体育馆维修改造完工】 原浙江体育馆坐落于武林广场以东繁华地段,始建于20世纪50年代初,曾被誉为亚洲四大标志性体育馆之一。2000年12月,省政府决定将浙江体育馆划归杭州市管理。经大规模维修改造后于10月投入使用,更名为杭州体育馆。该体育馆设5000个观众席,配套设施先进,配建有保龄球馆、网球场等,再次成为杭城标志性建筑物中的一个亮点,为市民参加全民健身活动提供了好场所。

·体育竞赛·

【概况】 2001年,杭州市竞技体育坚持"依靠科技进步,促进人才培养"的原则和"突出奥运,立足省运,狠抓基础,提高效益"的工作方针,在贯彻实施《奥运争光计划纲要》方面成效明显。游泳、射击、体操、羽毛球、国际象棋等运动项目,为国家培养、输送了具有冲击世界冠军潜力的优秀运动员。

举办了杭州市第15届运动会,承办了全国游泳冠军赛、全国青少年游泳分区赛、全国航海模型(南湖船)锦标赛和4项省级比赛。杭州籍运动员参加国际国内重大比赛共获金牌48枚、银牌44枚、铜牌36枚。其中,获国际(A级)比赛冠军2项、亚军2项、第三名4项;获全国比赛金牌46枚、银牌42枚、铜牌32枚;1人1次打破1项世界纪录,2人4次打破3项亚洲纪录,3人6次打破4项全国纪录。

修缮一新的杭州体育馆

【杭州市第十五届运动会】 于3月22日~7月28日进行。全市35个代表团的3907名运动员分别参加了青少年部15个大项和成年部11个大项的比赛,共决出金牌425枚,10人12次打破12项省纪录,15人31次打破30项市纪录。52个代表队、347名运动员和裁判员获体育道德风尚奖。该届市运会检阅了近4年来杭州市体育工作的成果,展示了杭州市民的精神风貌,促进了群众体育的普及、全民健身的开展、竞技体育的巩固和运动水平的提高。

【罗雪娟获世界游泳冠军】 第九届世界游泳锦标赛于7月23日~28日在日本福冈举行。中国代表队获得的2枚金牌由杭州姑娘罗雪娟一人包揽,她分别以30秒84和1分07秒48的优异成绩战胜瓦尔、科瓦茨等世界名将摘取女子50米蛙泳和100米蛙泳桂冠,并打破世锦赛纪录和亚洲纪录。为中国游泳的重新崛起增添了希望。

【参加第九届全国运动会】 杭州运动员在广东举行的第九届全国运动会上共获金牌5枚、银牌6枚、铜牌9枚。其中,于诚获男子400米和1500米自由泳2项冠军,破2项全国纪录;吴鹏获男子200米蝶泳冠军,破全国纪录;罗雪娟获女子100米蛙泳冠军,破亚洲纪录。根据国家体育总局规定,叶钊颖在第27届奥运会上获女子羽毛球单打季军,按全运会金牌统计入账。杭州运动员的出色表现,为浙江代表团金牌总数、团体总分双双进入全国前10名立下了汗马功劳。

附: 杭州市第十五届运动会成年部成绩

单位	金牌	银牌	铜牌	奖牌总数	团体总分
上城区	56	53	48	157	1 897
余杭区	41	59	44	144	1 619
临安市	27	43	44	114	1 431
拱墅区	16	38	52	106	1 313
西湖区	49	27	26	102	1 134
下城区	29	34	35	98	1 057
萧山区	21	27	30	78	977
富阳市	34	24	23	81	922
江干区	24	19	19	62	817
桐庐县	42	7	6	55	537
建德市	9	13	15	37	392
淳安县	9	7	7	23	315
滨江区	1	8	2	11	210

附: 杭州市第十五届运动会青少年部前八名成绩

单位	金牌	银牌	铜牌	奖牌总数	团体总分
教育	22	15	21	58	382
邮电	20	12	16	48	317
公安	9	9	7	25	178
广电	11	10	5	26	169
卫生	2	2	9	13	121
交通	2	8	2	12	97
电力	4	5	1	10	79
市政	1	5	4	10	74

·群众体育·

【概况】 2001年,各级体育部门贯彻"积极发展体育事业,开展群众性的体育活动,提高全民族身体素质"的基本方针,通过宣传实施《体育法》和《全民健身计划纲要》,促进了群众体育事业的迅速发展。全市新建健身苑38个,健身点112个,部分学校和单位体育设施扩大对外开放,群众体育锻炼条件得到明显改善。群众性体育竞赛活动围绕"体育旅游年"、北京申办奥运会成功、中国足球队世界杯预赛出线,以及全国运动会、杭州市运动会和西博会召开等社会经济活动展开。据统计,全市举办县级以上运动会533次,

新建的社区全民健身苑

参加人数22.07万人，其中举办赞助性比赛173次，获社会赞助99.6万余元。经常性参加体育活动的人数占全市人口总数的42.2%，比上年提高0.2个百分点。12个单位、8人被评为全国群众体育先进集体和先进个人。53个单位、38人被评为杭州市群众体育先进单位和先进个人。杭州市获浙江省全民健身宣传活动月优秀组织奖。

全年各级体育部门举办群众性体育竞赛活动895项次，参加人数36.64万人次；各级体育社团举办的群众性体育竞赛活动607项次，参加人数10万人次；举办乡镇群众性体育竞赛活动147项次，参加人数2.16万人次。杭州市组织参加省级以上群众性体育比赛获团体第一名32个、第二名18个、第三名14个，获单项金牌93枚、银牌72枚、铜牌56枚。

【群众体育组织整顿】 2001年，市全民健身领导小组结合市区扩大、社区建设、乡镇“撤扩并”作相应调整，形成了充满生机和活力的群众体育组织框架结构。全市具有法人资格的体育社团61个。其中，区、县(市)体育总会13个，市级体育社团25个，县级体育社团23个。104个单项体育协会直接挂靠市、县(市)体育总会开展活动。全年举办各类体育培训班610项次，参加培训2.42万人，发展二级社会体育指导员206人。全市有三级以上社会体育指导员3000余人，占全省社会体育指导员总数的25%。群众体育组织和体育骨干在普及群众体育，指导群众开展科学、文明、健康、有序的健身活动中起了积极作用。

【开展国民体质测试】 2001年，杭州市完成国民体质测试样本3000个。市体育局组建了国民体质监测课题组，对上年度测试的1万余个样本进行科学分析，撰写了《2000年杭州市国民体质监测研究分析报告》，详细分析了各类人群的体质状况，为杭州市社会经济和生产力发展的研究决策提供了科学数据。市体育局被国家体育总局评为全国国

附：杭州籍运动员参加全国比赛夺冠情况

姓　名	性别	比赛名称	比赛项目
蔡晨辰	女	全国冠军赛	技巧 混双1套
蔡晨辰	女	全国冠军赛	技巧 混双全能
罗雪娟	女	全国冠军赛	100米蛙泳(破全国纪录)
杨　雨	女	全国冠军赛	200米自由泳
杨　帆	女	全国冠军赛	4×100米混合接力
罗雪娟	女	全国冠军赛	4×100米混合接力(破全国纪录)
杨　雨	女	全国冠军赛	4×100米混合接力
汤景之	女	全国冠军赛	4×200米自由泳接力
张　艳	女	全国冠军赛	4×200米自由泳接力
陈　桦	女	全国冠军赛	4×200米自由泳接力
杨　雨	女	全国冠军赛	4×200米自由泳接力
陈　桦	女	全国冠军赛	400米混合泳
杨　雨	女	全国冠军赛	400自由泳
罗雪娟	女	全国冠军赛	50米蛙泳
郑　静	女	全国冠军赛	800米混合泳
蔡晨辰	女	全国锦标赛	技巧 混双1套
蔡晨辰	女	全国锦标赛	技巧 混双全能
沈　沉	男	全国锦标赛	蹦床 男子团体
徐克谀	男	全国锦标赛	蹦床 男子团体
冯　锐	男	全国锦标赛	航海模型F1—V15
陈红芳	女	全国锦标赛	运动步枪60发卧射团体
俞红晓	女	全国锦标赛	运动步枪60发卧射团体
于　诚	男	全国锦标赛	1500米自由泳(短池)
吴　鹏	男	全国锦标赛	200米仰泳(短池)
吴　鹏	男	全国锦标赛	4×100米混合接力(短池)
高俊宏	男	全国锦标赛	4×100米自由泳接力(短池)
于　诚	男	全国锦标赛	4×100米自由泳接力(短池)
于　诚	男	全国锦标赛	4×200米自由泳接力(短池)
吴　鹏	男	全国锦标赛	4×200米自由泳接力(短池)
高俊宏	男	全国锦标赛	4×50米自由泳接力(短池)
于　诚	男	全国锦标赛	4×50米自由泳接力(短池)
罗雪娟	女	全国锦标赛	100米蛙泳(短池)
杨　雨	女	全国锦标赛	200米蝶泳(短池)
杨　雨	女	全国锦标赛	200米自由泳(短池)
汤景之	女	全国锦标赛	4×200米自由泳接力(短池)
陈　桦	女	全国锦标赛	4×200米自由泳接力(短池)
张　艳	女	全国锦标赛	4×200米自由泳接力(短池)
杨　雨	女	全国锦标赛	4×200米自由泳接力(短池)
陈　桦	女	全国锦标赛	400米自由泳(短池)
罗雪娟	女	全国锦标赛	50米蛙泳(短池)
陈　桦	女	全国锦标赛	800米自由泳(短池 破世界纪录)
于　诚	男	全运会	1500米自由泳(破全国纪录)

民体质监测工作先进集体。

【学校体育工作】2001年,杭州市以培养德、智、体、能全面发展的人才为目标,在教育和体育部门的配合下,结合素质教育巩固发展学校体育。《国家体育锻炼标准》在全市1864所中小学中全面实施。达标活动覆盖率保持100%。参加达标活动的学生68.66万人,达标学生占98.6%,其中优秀48.8%、良好33.5%、及格16.3%。全市青少年学生的身体素质逐步提高。

·业余训练·

【概况】杭州市业余训练坚持"突出重点,发挥优势,依靠科技进步,促进人才培养"的工作方针,以陈经纶体校和各直属训练单位为重点,区县(市)体校和各类体育传统项目学校为基础,着力培育具有杭州特色的高、精、尖运动项目,构建成"宝塔型"的启蒙、培养、输送体育人才的框架。全市有体育运动学校1所,教职员工144人,学生256人;市属业余体校5所,教职员工90人,学生312人;区县(市)业余体校10所,教职员工108人,学生5220人;省、市、县(市)三级体育传统项目学校186所,设传统项目13项、189个,经常参加传统项目活动的学生12.22万人。各级体校和传统项目学校坚持"群众体育为基础,普及与提高相结合"的方针,促进体育后备人才的培养与输送。全年发展等级运动员206人,其中二级运动员106人,三级运动员91人,少年级运动员9人。

杭州市把游泳训练项目列为业余训练重点,贯彻普及与提高相结合的方针,坚持从儿童抓起,注重科学选才和培养。先后为国家培养输送了罗雪娟、齐晖、陈桦、杨雨、于诚、吴鹏等高水平运动员20余人。

(续表)

姓　名	性　别	比赛名称	比　赛　项　目
吴　鹏	男	全运会	200米蝶泳(破全国纪录)
于　诚	男	全运会	400米自由泳(破全国纪录)
罗雪娟	女	全运会	100米蛙泳(破亚洲纪录)
叶钊颖	女	全运会	女子羽毛球(奥运会奖牌转)

附:　杭州籍运动员参加国际重大比赛成绩情况

姓　名	性　别	名　称	项　　目	名　次
罗雪娟	女	世界锦标赛	100米蛙泳(破亚洲纪录)	1
罗雪娟	女	世界锦标赛	50米蛙泳(破亚洲纪录)	1
王　娴	女	世界锦标赛	射击 3×20	2
杨　雨	女	世界杯赛	200米自由泳	2
许昱华	女	世界锦标赛	国际象棋　女子个人	3
冯　锐	男	世界锦标赛	航海模型 F1E〉1KG	3
罗雪娟	女	世界锦标赛	200米蛙泳	3
罗雪娟	女	世界锦标赛	4×100米混合接力	3
陈　桦	女	世界锦标赛	800米自由泳	4
蔡晨辰	女	世界锦标赛	技巧　混双全能	4
杨　雨	女	世界锦标赛	4×100米自由泳接力	5
陈　桦	女	世界锦标赛	400米自由泳	5

·体育交流·

【概况】2001年,市体育局组织参加国际体育交流活动14起、86人,其中出访11起、43人,接待来访3起、43人。杭州的武术、散打、木兰拳、羽毛球、乒乓球、少年足球、女子马拉松等代表团分别赴日本、美国、韩国、越南、香港、澳门等地进行了交流比赛;接待了日本围棋、软式网球、软式排球代表团来访。

各级体育运动协会组织出境或参加国内其他城市举办的国际国内体育交流活动144项次,并取得了好成绩。其中,在日本大阪举行的第七届国际友好妇女羽毛球比赛中,杭州广通羽毛球俱乐部女队夺得B组赛团体第一名;在第四届莫干山旅游节国际登山比赛中,杭州钱江长跑队包揽了中老年男女组4项团体总分第一名。余杭区承办浙江国际男篮对抗赛,美国瑞琦队和澳大利亚墨尔本老虎队应邀参赛。杭州武术界配合浙江大学举办中国武术国际交流大会,与来自美国、英国、德国、日本、法国、加拿大、澳大利亚、墨西哥等国,及国内其他城市的1000余名武林精英进行了交流。

【西湖龙舟队参加国际大赛】4月,由22名西湖船工组成的杭州西湖龙舟队应邀代表中国队参加在澳大利亚悉尼市举行的国际龙舟赛。在3个竞赛项目的激烈较量中,夺得1项冠军、2项亚军。

【日本福井市软式排球联盟代表团来访】访问活动于11月17日~19日进行。软式排球是杭州市与福井市体育交流的传统项目,每年交流一次。福井市软式排球联盟是第五次组团来杭,与杭州市软式排球队切磋了球艺,赛出了友谊。同时邀请杭州市软式排球队赴日参加2002年全日本第6回排球赛。

(陈雨舟)

民政　社会

·优抚安置　烈士褒扬·

【提高抚恤定补优待标准】 2001年末,全市有优抚对象16.33万人,其中革命烈士家属845人,因公牺牲、病故军人家属675人,现役军人家属3.82万人,革命伤残军人4140人,伤残国家机关工作人员57人,伤残人民警察29人,伤残民兵、民工17人,在乡复员军人7010人,在乡退伍军人11.23万人,在乡红军失散人员23人。

2001年1月1日起,全市提高了革命伤残人员抚恤(保健)金标准(详见附表1)和特、一等革命伤残人员护理费标准(详见附表2),提高了优抚对象定期抚恤、补助标准(市区标准详见附表3)。上年划入市区的萧山区提高的优抚对象定期抚恤金、补助金全部达到市区标准,余杭区(与市区还未接轨)和各县(市)虽低于市区标准,但都达到或高于省定标准。

全市享受定期抚恤的"三属"共780人,其中革命烈士家属395人,年发放定期抚恤金118.34万元,月人均249.7元,比上年提高18.4元;因公牺牲军人家属86人,发放定期抚恤金25.42万元,月人均246.3元,提高18.5元;病故军人家属299人,发放定期抚恤金82.35万元,月人均229.5元,提高11.6元。享受抚恤金(保健金)的革命伤残人员4243人,发放抚恤、保健金、生活补贴、护理费、护理补贴费和医疗减免费327.69万元。享受定期定量补助的在乡复员军人6311人,发放1456万元,月人均192.3元,提高15.8元。有682名在乡复员军人享受精简老职工补助,有17名在乡复员军人享受部队抚恤补助,在乡复员军人生活保障面继续保持100%。享受定期定量补助的在乡退伍军人3491人,发放定期补助金601.73万元,月人均143.6元,提高8元。享受定期定量补助的在乡红军失散人员23人,发放定期定量补助金5.18万元,月人均187.7元,提高11.6元。市区(除萧山区、余杭区外)对157名牺牲、病故军人和国家机关工作人员、群众团体工作人员、民主党派人士的遗属发放一次性抚恤金188.67万元。

优待享受定期抚恤的革命烈士家属、因公牺牲病故军人家属780人,发放优待金119.89万元,人均年优待1537元;政府补助医疗费47.68万元,年人均补助611.3元。对281名在乡三等革命伤残军人和17名伤残民兵、民工,政府补助医疗费34.6万元,年人均补助1161元。优待在乡复员军人6311人,发放优待金342.39万元,人均年优待542.5元;政府补助医疗费128.7万元,年人均补助203.9元。优待义务兵家属7726户,发放优待金3210万元,年户均优待4155元。市区优待义务兵家属、享受抚恤定补的烈属、因公牺牲病故军人家属、在乡伤残军人和在乡复员军人2034人,年发放优待金1493万元(优待补助标准详见附表4)。

附表1:2001年杭州市革命伤残人员抚恤(保健)金标准

单位:元/人·年

伤残等级	伤残性质	在乡		在职	
		原标准	新标准	原标准	新标准
特　等	因　战	6 000	7 000	1 180	1 500
	因　公	5 840	6 840	1 150	1 470
一　等	因　战	4 600	5 400	980	1 200
	因　公	4 470	5 270	940	1 160
	因　病	4 340	5 140	930	1 150
二等甲级	因　战	2 480	2 900	515	600
	因　公	2 370	2 790	495	580
	因　病	2 280	2 700	475	560
二等乙级	因　战	1 680	1 940	420	500
	因　公	1 600	1 860	400	480
	因　病	1 560	1 820	390	470
三等甲级	因　战	1 050	1 180	320	380
	因　公	1 030	1 160	300	360
三等乙级	因　战	930	1 050	265	320
	因　公	930	1 050	255	310

附表2:　2001年杭州市特、一等革命伤残人员护理费标准

单位:元/人·月

伤残等级	伤残性质	护理费	护理补贴费
特　等	因战 因公	300	100
一　等	因战 因公	300	80
	因病	300	60

附表3：2001年杭州市区优抚对象定期抚恤、补助金标准

单位：元/人·月

	优抚对象	类 别	原标准	新标准	备 注
三属定期抚恤标准	革命烈士家属	城镇户口	310	330	孤老380
		农村户口	280	300	孤老350
	因公牺牲军人家属	城镇户口	280	300	孤老350
		农村户口	250	270	孤老320
	病故军人家属	城镇户口	250	270	孤老320
		农村户口	235	255	孤老305
在乡复员军人定期补助标准	抗日战争时期入伍	城镇户口	250	270	孤老320
		农村户口	235	255	孤老305
	解放战争及建国后入伍	城镇户口	235	255	孤老305
		农村户口	215	235	孤老285
领取伤残抚恤金的在乡革命伤残人员定期补助标准		城镇户口	150	170	抚恤金和补助金合计不低于255元
		农村户口	140	160	抚恤金和补助金合计不低于245元

说明：本标准不含萧山、余杭区。

附表4：2001年杭州市区义务兵家属和部分优抚对象优待金标准

单位：元/人·年

优抚对象		城镇户口	农村户口
义务兵家属		9 600	4 500
赴藏服役义务兵家属		19 200	9 000
义务兵立功增发优待金	一等功	1 920	900
	二等功	960	450
	三等功	480	225
享受定期抚恤、定期定量补助的优抚对象	革命烈士家属	4 800	2 250
	因公牺牲军人家属	4 320	2 025
	病故军人家属	3 840	1 800
	在乡革命伤残军人	3 360	1 575
	在乡复员军人	1 920	900

说明：1.2001年上半年病故的“三属”、在乡复员军人、在乡革命伤残军人和下半年迁入市区的“三属”发给半年优待金。2.赴藏服役义务兵立功，分别按城镇、农村优待金的2倍发给。3.本标准不含萧山、余杭区。

【市拥军慰问团赴南京军区汇报慰问】 7月27日，省委常委、市委书记王国平和市委副书记、市长仇保兴带领市委、市人大、市政府及市有关部门负责人组成的杭州市拥军慰问团，专程赴南京军区机关举行市领导和军区首长座谈会。市委副书记、市长仇保兴和市委副书记吴键分别向南京军区首长汇报了杭州市经济社会发展情况和双拥工作情况，听取了南京军区对杭州市双拥工作的意见。市委书记王国平表示，要按照“保领先、创一流”的要求把国防后备力量摆上重要议事日程，在“科技拥军”、“科技支前”上下功夫，要千方百计地解决部队官兵工作、生活上遇到的各种难题，使子弟兵能够真正感受到第二故乡的温暖，与杭州人民一起建设新天堂，争创第四次全国双拥模范城。

【参加全国首届双拥成果图片展】 8月7日~9日，市双拥办携带自己制作的12块双拥成果图片展板赴北京军事博物馆参加全国首届双拥工作成果展。12块展板以110幅精美感人的图片配以文字说明，展示了杭州市在科技、文化、智力拥军，国防教育，军民共建，精神文明建设，为部队战备训练解决实际困难，服务保障，慰问官兵、优抚安置和驻杭部队参加抗洪抢险，支持市重点工程建设，环境治理等方面的双拥成果，受到全国双拥办和参观者的好评。

【江泽民为“杭州舰”题词】 2001年，海军“杭州舰”以江泽民总书记题词为动力，认真贯彻落实“三个代表”的重要思想，切实加强部队的各项建设，取得了新的成绩。

“杭州舰”在南海军事演习中成绩突出，受到江泽民总书记的高度赞扬，江总书记上舰看望慰问全舰官兵并合影。2000年12月23日，江泽民总书记为杭州舰亲笔题词“学好用好新装备，铸就海上铁拳”。

【开创双拥工作新局面】 1月10日，省领导和市四套班子领导带领市有关部门负责人分三路慰问驻杭部队官兵，下午举行浙江省暨杭州市2001年新春拥军慰问大会。1月17日，市委书记王国平、市长仇保兴带领市有关部门负责人慰问省军区和驻杭某部官兵，与部队领导共商双拥大计，晚上召开杭州市党政军领导新春团拜会。1月18日，市委副书记吴键带领市有关部门负责人和文艺演出小分队赴舟山慰问“杭州舰”官兵。4月12日，市双拥工作领导小组召开科技拥军、军民共建工作会议，总结推广浙江大学、市教委、市农科所科技拥军经验，协调4个高科技单位与部队结成科技文化双拥共建对子，确定了全年科技拥军11个项目。4月28日，市委、市政府办公厅下发《关于认真做好科技拥军工作的意见》。5月，组织机关干部、中小学生5万人参观《世纪大阅兵》展览，使大家受到一次形象生动的国防教育。7月19日，市委副书记吴键带领市双拥办和有关部门负责人赴闽慰问参加军事演习的驻杭部队官兵。7月27日，市劳动局、民政局举办驻杭部队干部随军家属招聘会，69个企业进场招聘392个岗位，有124名军嫂在现场与招聘单位签定了聘用意向协议。7月31日，市委书记王国平、

市长仇保兴、市委副书记于辉达带领有关部门负责人慰问驻杭部队医院和疗养员、伤病员、休养员。8月8日，市政府下达指令性指标，安置105名驻杭部队随军家属就业，各区在社区干部招聘中优先录取随军家属。8月26日～31日，市领导带领市有关部门负责人分批到火车站欢迎驻杭部队官兵参加军事演习后凯旋返杭。

2001年市财政拨款2456万元支持驻杭部队科技练兵、完成训练演习及各项设施建设。其中，慰问部队200万元，赠送电脑25台，科技书籍2000多册。为部队官兵举办文化补习、电脑操作、烹饪培训班30期，1000余名官兵获得专业技能结业证书。为市预备役高炮团置换土地3.03公顷，基础设施建设投资2000万元。为300名驻杭部队随军家属发放生活补助金43.2万元。为市区2163名革命伤残军人办理市区公交车免票证、计82.5万元。市自来水公司为117医院铺设自来水管减免300万元。市教委在对驻杭部队干部子女入普通高中优惠加10分的基础上，对入市重点中学也给予优惠加5分的照顾。全年在市级以上新闻媒体上刊登双拥、军民共建和国防教育稿件200余篇，中央电视台军事频道播出了专题片《聚集沿海－杭州篇》。全市军民共建2000多对，经常开展内容广泛、形式多样、丰富多彩的活动。城区各街道在继续坚持优抚服务制度、军人立功奖励制度、军人家庭财产保险制度和走访慰问制度的基础上，又设立了双拥活动基金，开展“母子情深”、“模拟家庭”和评“好军嫂”等富有特色的拥军优属活动。驻杭部队为大专院校学生和企事业单位职工军训3万人，省武警总队出动2000余官兵参加西博会的各项准备和维护治安。驻杭部队出动3万余人次、车辆2000余辆次，支援市区环境整治、整修道路、美化杭城，植树6000余株，义务献血1000余人次。

【开展重点优抚对象和优抚事业单位普查】 3月上旬～5月底，全市对2000年12月底在册的重点优抚对象和优抚事业单位进行了普查登记。共普查登记重点优抚对象16348人，其中革命烈士家属845人，因公牺牲军人家属115人，病故军人家属529人，革命伤残军人4101人，伤残国家机关工作人员56人，伤残人民警察27人，伤残民兵民工21人，在乡复员军人7010人，在乡红军失散人员23人，带病回乡退伍义务兵3621人。重点优抚事业单位20个，其中烈士纪念建筑物管理单位17个，军供站2个，光荣院1个。为做好普查工作，各县(市)、区成立了普查工作领导小组，落实普查经费37.5万元，培训普查员2098人。为确保普查数据的真实性和准确性，各乡、镇、街道的普查人员入村入户，对人对证，面对面采集数据，逐人登记填表，各县(市)、区领导小组汇总审核，装订成册，输入电脑。通过普查，基本掌握了重点优抚对象的住房、生活、身体状况和抚恤定补优待的兑现情况，对普查中反映的突出问题及时给予解决。

【继续开展爱心献功臣行动】 2001年，全市有931个机关企事业单位与1107户优抚对象结对。按照缺什么帮什么，帮扶至终身的原则，为优抚对象解决生活、医疗、住房等方面的实际困难。至年底，共为24户优抚对象建住房54间1625平方米，资助建房资金20.01万元，赠送慰问金52.38万元，赠送食品、衣被、家电等生活用品3069件、价值36.87万元，资助医疗费40.84万元、学杂费14.07万元。

【退役军人安置】 全市接收2000年度退伍义务兵、转业士官3797人，其中退伍义务兵3551人，转业士官246人。城镇安置542人，城镇复工复职117人，城镇自谋职业819人，农村安置2319人。城镇退伍义务兵自谋职业占城镇应安置人数的73.5%。

8月13日，市政府召开2000年度退役士兵和2001年春季转业士官安置工作会议。为切实保障退役士兵的第一次就业，市政府下达指令性安置指标。城镇入伍的退役军人安置，继续贯彻执行“按系统分配任务、包干安置”的政策，坚持政府指令性安置与有偿转移相结合，安置就业与政策扶持就业相结合，自谋职业与经济补偿相结合的办法。为积极鼓励退役士兵自谋职业，各县(市)、区结合实际，出台了各项优惠政策。上城区、下城区、西湖区、江干区、拱墅区、滨江区、余杭区、淳安县分别提高了退役士兵自谋职业一次性经济补助金标准；富阳市、建德市、桐庐县对自谋职业的转业士官的配偶、子女系农村户口的可享受“农转非”迁入城镇，免缴一切费用。对安置到非国有企业的退役士兵，由政府缴纳三年养老保险费。伤残军人自谋职业的，除享受一次性补助金外，享受在乡伤残军人待遇。各县(市)、区进一步完善安置保障金制度，共发放城镇退役士兵自谋职业金1650万元，城镇退役士兵生活补助费155万元，市区支付退役士兵大客车驾驶培训费和超指标安置34名退役军人奖励费共83.8万元。

农村退役士兵安置继续坚持立足农村、服务农村的原则。按照国家培养和使用军地两用人才工作发展规划的要求和当地劳动力市场发展的需要，积极推荐有一技之长的军地两用人才到不同所有制性质的企业就业。对从事农业生产的，当地有关部门在生产服务、技术指导、农用物资供应、农副产品收购等方面给予政策优惠。安排专项资金切实解决少数退伍士兵回乡后在生产、生活、住房等方面的实际困难。杭州市被省政府、省军区评为2000年度退伍安置工作先进单位。

【新老兵中转4.23万人次】 11月16日，市政府召开2001年新老兵中转联席会议，具体部署新老兵中转工作。

2001年，共中转新老兵4.23万人次，托运行李0.44万件，达到了“不伤、不亡、快速、准确、安全及时中转”的要求。

【继承先烈精神建设新天堂】 4月4日，市委、市人大、市政府、市政协、杭州军分区领导，各民主党派、工商联、市级机关、各群众团体负责人，驻杭部队指战员及社会各界代表350余人，在杭州市革命烈士陵园举行悼念革命先烈活动。市委书记王国平和市政协主席虞荣仁代表市委、市人大、市政府、市政协、杭州军分区向革命烈士纪念碑敬献花圈。市委副书记吴键在悼念仪式上讲话，号召全市人民要继承和发扬革命烈士不畏艰险、坚韧不拔、无私奉献的革命精神，切实按照"三个代表"的要求，围绕"构筑大都市、建设新天堂"的目标，进一步解放思想，开拓创新，以优异成绩告慰革命先烈的英灵。 （黄鸣安）

【军队离退休干部安置】 2001年，杭州市接收军队离退休干部6名，年末共有军队离退休干部、退休志愿兵972人。根据有关文件精神，向1850人次发放各类津贴194万元；向7名做出特殊贡献的1999年病故的离退休干部家属发放特别抚恤金7万元；为12名做出特殊贡献的2000年病故的离退休干部家属申报了特别抚恤金。有52名年满70岁的军休干部从2001年起享受护理费。

根据杭州市医疗保险办的规定，为350名军队退休干部办理了医疗保险，解决了31名军队离休干部家属的就医问题。分批分期安排军休干部体检，其中离休干部到五云山疗养体检251人，副团以上退休干部体检230人。

为使老干部老有所教、老有所学、老有所乐，采取集中与分散相结合的方法，全年组织军休干部学习党的重要文件、重大决策及法令法规25场次，参加学习7960人次；组织军休干部开展各类活动131场次，参加活动3635人次，投入活动经费7.9万元。

全年慰问住院病号和在家休养的重病号250余人次，慰问遗属92户次，走访困难户16户次，赠送慰问金和慰问品价值共5.4万余元。 （李永红）

副市长马时雍慰问军队离退休干部

·基层政权和社区建设·

【社区建设成绩显著】 2001年，杭州市除萧山以外的7个城区和桐庐县实行社区体制改革，撤销了633个居民区，组建300个社区，最大的翠苑三区社区4666户，最小的"117"社区483户，平均每个社区1760户。136名区、街道干部下派到社区，招聘录用了576名社区工作者。通过民主选举产生的1687名社区居委会成员中，文化程度大专以上457人，占27.1%；党员590名，占35.0%；平均年龄40.1岁。与上年相比，全市居委会成员平均年龄下降11.7岁，党员比例上升12.0%，文化程度大专以上比例上升17.5%。近5万名在职党员到社区登记参与社区建设，市区机关在职党员报名率达100%；有3.65万名企业退休党员的组织关系转移到了居住地社区党组织，占应转数的80%。市财政下拨社区工作和活动经费2293万元，各区财政按1：1标准已全部配套到位。各区还投入资金近1亿元，改善社区环境，并通过置换、购买、收回出租、与物业单位协商等形式解决了部分社区配套用房的问题。至年底，85%以上的社区配套用房达到300平方米以上。下城区建成1500平方米的社区事务管理服务中心，并与中国联通杭州分公司建立了"市民服务中心"，通过38个加盟企业和"96198"特服呼叫，为市民提供便利快捷服务。小营、湖滨、城站、闸口、紫阳、潮鸣、米市巷、拱宸桥、凯旋、灵隐、石桥、古荡等12个街道(镇)也建立了1000平方米以上的社区服务中心。建立248个社区警务室，每个警务室配备1名～2名社区民警，经合法选举有一名民警兼任社区居委会副主任。社区还普遍建立司法调解委员会，并将"96148"法律服务送进社区。建立46个社区卫生服务中心、80个社区医疗服务站和182个社区计生服务站，卫生医保服务已覆盖83.2%的社区、近120万人口。29个社区卫生服务中心被列入医保定点单位，居全省前列，在全国率先推出了"社区居民选家庭医生"活动。13个社区达到"市级绿色社区"标准，107个社区达到"区级绿色社区"标准。97%以上的社区建立了爱卫会组织，生活垃圾袋装化已达95.4%，15个社区开展了垃圾分类袋装收集试点工作。建立社区青少年阅览室182个，建立社区健身苑37个、健身点112个，举办了杭州市第二届社区青少年文化艺术节。已建和在建社区劳动保障服务站90个，统一配置电脑，实行市、区、街道(镇)、社区四级联网。创办非正规就业劳动组织30个，有2900多名失业人员从事个体劳动。有20个街道推出公益性劳动岗位2500多个，累计上岗2000多人。完成全市统一设计的社区事务管理软件，有100多个社区安装试用。有1800多个单位与社区签定了结对共建协议书。上城区小营巷、复兴南苑、彩霞岭、凤凰、涌金门、西牌楼社区，下城区灯芯巷、中北、京都苑、大家苑、所巷、德胜东村社区，西湖区湖畔、沿山河、东山弄、求智、翠苑四区社区，江干区洁莲、景湖、机神社区，拱墅区西苑第一、蚕花园、珠儿潭、塘河新村社区，余杭区梅堰居委会，萧山区百尺娄居委会等26个社区(居委会)被省民政厅命名为“浙江省示范社区居委会”。

1月8日~9日，市委、市政府召开以社区建设和城市管理体制改革为主要内容的城区工作会议。1月22日，下发了《杭州市城市社区建设五年发展规划(2001~2005年)》和《关于进一步加强城市社区建设的若干意见》。1月19日，市委、市政府召开全市社区居委会干部新春慰问大会，发出《致全市社区居委会干部和专职工作人员的慰问信》，并拨款42万元，奖励城区居民区党支部书记和居委会主任。4月和5月，相继召开社区建设经验交流会和社区党建工作经验交流会。9月，对全市落实社区建设工作进行督查。12月5日，召开“新城区和县(市)社区建设工作会议”，编印了《建设面向新世纪的现代新型社区》一书。委托杭州师范学院开办社区专业大专班，有200多名社区工作者通过正规考试被录取。

【评比村民自治模范单位】 1月11日，市政府办公厅下发《关于评比村民自治模范单位的通知》，各县(市)、区共评选出“村民自治模范村”1459个，全市“村民自治模范村”累计达2580个，占全市村总数的55.9%。

7月11日，市政府命名江干区九堡镇等63个乡镇为“杭州市村民自治模范乡镇”(名单附后)，全市“村民自治模范乡镇”累计达108个，占全市乡镇总数的60%。滨江、余杭区被省民政厅命名为“浙江省村民自治模范县(市、区)”。

附：杭州市村民自治模范乡镇名单

江干区：九堡镇

西湖区：转塘镇、龙坞镇、袁浦镇、三墩镇

拱墅区：康桥镇、上塘镇

滨江区：西兴镇

余杭区：临平镇、星桥镇、博陆镇、五杭镇、塘栖镇、崇贤镇、东塘镇、獐山镇、勾庄镇、良渚镇、安溪镇、余杭镇、仓前镇、闲林镇、长乐镇、瓶窑镇、黄湖镇、双溪镇、潘板桥镇、百丈镇、鸬鸟镇、彭公乡、云会乡、中泰乡、五常乡

富阳市：富阳镇、新登镇、洞桥镇、永昌镇、灵桥镇、环山乡、新义乡、三山镇

建德市：下涯镇、马目乡、洋尾乡、钦堂乡

临安市：玲珑镇、龙井桥乡、河桥乡、绍鲁乡

桐庐县：方埠镇、洋洲乡、富春江镇、钟山乡

淳安县：千岛湖镇、郭村乡、安阳乡、里商乡、左口乡、姜家镇、百亩畈乡、叶家乡、东亭乡、王阜乡

(梁　军)

·救灾救济·

【概况】 2001年，杭州市遭受“六二六”洪涝灾害和半山泥石流灾害，受灾人口208.42万人，成灾人口74.65万人，因灾死亡44人，因灾伤病599人；农作物受灾面积6.69万公顷，成灾面积3.08万公顷，绝收面积7482公顷，损失粮食1520吨，减产粮食6.5万吨；倒塌房屋4614间，其中居民住房2552间；损坏房屋2.57万间。直接经济损失9.66亿元，其中农业直接经济损失3.86亿元。灾情发生后，灾区广大干部群众积极抗灾救灾重建家园。全年救灾资金投入659.1万元，其中中央财政投入12万元，省级财政投入253万元，市级财政投入70万元，县级财政投入324.1万元。安排救济款432.4万元，救济人口9.36万人；其中口粮救济款204万元，救济粮食1432吨，救济口粮人口3.5万人；修复住房款155万元，修复住房1.57万间；治病救济款21.4万元，救济伤病人口435人；衣被救济款40万元，救济衣被人口1.02万人；转移安置款12万元，救济转移安置人口4.73万人。救灾救济工作扎实，确保了灾民有房住、有衣穿、有饭吃，没有发生因灾非正常死亡和乞讨现象。

春节期间开展了大规模的走访慰问农村敬老院、优抚对象、低保户、贫困户等活动。省委副书记周国富、市委书记王国平亲自到淳安等地访贫问苦，市四套班子领导率有关部门人员分成13路，走访慰问各县(市)、区的农村敬老院、低保户、优抚对象等弱势人群。据统计，全市走访、慰问敬老院154所，困难户1184户、2659人，发放慰问金和赠送慰问品价值共94.88万元。

救灾救济分级负担的体制不断健全，地方自然灾害救济事业费科目的建立取得较大突破，2001年落实资金1262万元，其中市本级财政250万元，县级财政468.46万元，乡镇级财政543.84万元，达到人均3元，比上年提高0.8元。全年支出地方自然灾害救济事业费1000余万元，占资金总额的80%。在发放过程中，严格救济到户、发放到户、公开公正的原则，群众反映较好。

2001年，全市农村有五保户5836户，五保老人6015人。农村敬老院224所，因合并比上年减少21所，床位数4097张，工作人员545人。集中供养五保老人2066人，年人均供养标准3107元，比上年增加207元，集中供养财政补贴金额641.9万元；分散供养五保老人3711户、3949人，年人均供养标准2350元，比上年增加50元，分散供养乡镇统筹金额742.4万元。五保老人的衣、食、住标准有了较大的提高，医药费基本实报实销。全市有院办经济的敬老院118所，年营业收入359.1万元，年利润88.24万元。有21所乡镇敬老院进行改建扩建，投入资金1409万元。

【常捐常赠强化扶贫帮困意识】 根据江泽民总书记关于在大中城市开展经常性捐助活动，支持灾区、贫

困地区的指示和省政府的要求，为帮助我国中西部地区贫困群众解决实际困难，强化全社会扶贫帮困意识，加强社会主义精神文明建设，市委、市政府决定2001年再次开展向贫困地区捐送衣被活动，定向支援四川省南充市和乐山市。共捐送衣被23个车皮（1.23万包、87.07万件），其中南充市15车皮（8592包、55.9万件），乐山市8车皮（3671包、31.17万件）。杭州市捐送的衣被质量好，受到接受地领导、群众的一致好评。

2001年，杭州市初步建立了经常性接收捐助工作网络站（点），市政府大楼成立了接收点，并正式挂牌；各区和各街道办事处也成立了相应的接收站。

【首批三峡库区移民来杭落户】2001年，杭州市按照国务院三峡工程建设委员会移民开发局和省移民办的工作安排，从2月10日正式开始对接重庆市奉节县永安镇三峡移民。经过数次赴重庆市奉节县对外迁移民资格的审查核对，以及移民来萧山、余杭实地考察，6月10日前有333户、1418位三峡库区农村移民签订了安置协议，同时签订了委托建房或购置当地闲置房协议书，其中：委托建房323户（套），移民自建房1户（套），购置当地闲置余房9户（套）。协议签订后，萧山、余杭两区移民办抓紧做好各乡镇委托建房工作，全力以赴把好建房质量关，7月底住房顺利竣工。实际建房情况为：委托建房311套，自建房13套，购闲置房或商品房9套。8月12日～28日，三峡市库区外迁的农村移民分两批到达萧山、余杭两区，安置在25个乡镇、2个街道办事处的103个行政村。12日，举行了欢迎交接仪式，常务副市长马时雍、副市长安志云分别参加了余杭、萧山两区的交接仪式。移民入住后，当地政府和有关部门相继为他们举办了生产、生活等方面的培训班，办理了户口登记、身份证等手续，先后落实了承包地、自留地，分期发放了生产安置费、基础设施费、生产资料购置补助费等资金。安排符合入学条件的220个移民子女就读学校，其中高中生7人，初中生49人，小学生164人。移民安置接收工作结束后统计，2001年接收安置三峡库区农村移民333户1418人，随迁人员31人，其中：萧山区接收安置192户807人，随迁11人；余杭区141户611人，随迁20人，超额完成省下达杭州市1400个三峡库区移民的接收安置任务。

【最低生活保障标准提高】2001年，通过深入贯彻国务院《城市居民最低生活保障条例》和省政府《浙江省最低生活保障办法》，杭州市城乡最低生活保障工作迈上了一个新台阶，进一步规范成熟。至年底，全市城乡最低生活保障对象2.59万人，比上年增加3978人，其中城镇居民4982人，增加2046人；农村居民2.10万人，增加1932人。全年支出保障金1631万元，增加445.62万元，其中城镇支出570.39万元，增加239.05万元；农村支出1060万元，增加206.57万元。

根据《浙江省人民政府办公厅转发省劳动厅等单位关于提高浙江省社会保障等待遇水平意见的通知》、《关于调整杭州市区"三条社会保障线"标准的通知》，杭州市城乡居民最低生活保障标准比上年提高15%以上。市区（不含萧山、余杭区）居民最低生活保障标准由215元／月提高到263元／月，市委办公厅、市政府办公厅还出台了《杭州市城市特困人员生活保障优惠扶助暂行办法》，从劳动就业、医疗、住房、就学、水、电、煤气等方面制定了优惠措施，有25户低保对象享受了市区廉租住房配套待遇。萧山、余

附： **杭州市区社会救济对象救济补助标准**

（2001年4月1日起执行） 单位：元/人·月

类别		标准	备注
社会福利事业单位各类人员生活标准	市社会福利院收养老人	280	其中：伙食费200元 医疗费50元
	市儿童福利院收养儿童		
	市遣送站（劳审所）盲流人员	5.2元/天	系伙食标准
	市安康医院精神病人	300	其中：伙食费200元 医疗费70元
救济对象补助标准	城区"三无"（无劳动能力、无收入来源、无法定赡养人）孤老	263	系生活困难补助
	国民党特赦人员	300	
	国民党起义投诚人员		
	享受定期补助的城迁孤老	250	
	享受定期补助的小车队人员	230	
	麻风病人	184	
精简职工补助标准	享受40%救济的精简老职工	310	城镇户口
		285	农村户口
	不具备享受40%救济老职工，但年老体弱无依靠无生活来源的	250	城镇户口
		230	农村户口

说明：本标准不含萧山、余杭区。

杭区和各县(市)城镇居民最低生活保障标准由原104元~182元/月提高到150~210元/月;纯农村居民最低生活保障标准由原66.6元~92元/月,提高到80元~106元/月。

4月1日起,市区社会救济对象救济补助标准进行了调整(详见附表)。(方向娟)

·社会福利事业·

【实施社区老年服务星光计划】 8月,民政部决定在全国范围内用三年时间在社区建设老年服务星光计划活动点,省民政厅将杭州市作为全省的试点城市。省、部还决定拨款1200万元,用于"星光计划"项目建设。11月19日,市政府召开实施社区老年福利服务星光计划动员大会,确定首批建设项目121个。这批项目的建成,将进一步完善社区老年福利服务功能,使市区初步形成以社区养老为基础、国办福利机构为主体、民办福利机构为补充的社会福利服务体系。

至年底,全市有社会福利机构43个(不含乡镇敬老院),实有床位数3697张,其中市区有老人公寓、福利院、敬老院32个(不含萧山、余杭区),床位数2790张。

(周伟华)

【福利企业实现利润大幅增长】 2001年,全市福利企业755个,分布在24个行业,以轻纺、电器器材、机械、食品、化工、建材、冶金、服装、纸制品等为支柱产业,有300余种产品,拥有职工4.34万人,其中残疾职工1.84万人,占职工总数的42.3%。全年完成工业总产值139.86亿元,产品销售收入127.69亿元,实现利润8.48亿元,分别比上年增长32.4%、31.3%和63.8%。其中,产品销售收入列全省各市福利生产榜首。

福利企业全年新安置761名残疾人就业,并对停产、半停产企业的576名残疾职工进行分流安置上岗。残疾职工上岗率100%。全年残疾职工养老保险投保金额1622万元,年人均保金为863.2元,比上年增长43.8%;残疾职工年人均工资5883元,增长27.5%。全市福利企业资助公益事业资金5510万元。

加强资质管理。市民政局制定下发了《关于加强对福利企业招用"残疾职工"事后监督的通知》、《关于规范福利企业异地招用残疾职工的通知》,并与市国税局联合发出《关于进一步加强对福利企业管理有关规定的通知》,进一步健全资质管理制度。全面推行残疾职工上岗公示制,实行残疾职工上岗监督卡册,佩带胸章上岗,对不符合残疾标准的"残疾职工"进行专项体检及清理。取消34个不合格的福利企业,全市福利企业合格率为95.5%。

产权制度改革进一步深化。全市福利企业改制累计达661个,改制面为87.5%,比上年提高4.8个百分点。全年技术改造立项68项,计划总投资5.3亿元,实际竣工60项,完成投资5.15亿元。购置国内外先进设备740台,开发新产品18种,新增产值13.7亿元、利润1.14亿元。拱墅区人人集团通过国际质量标准认证,被确定为市级技术开发中心。(王金根)

【福利彩票销售形势喜人】 2001年,杭州市销售社会福利彩票1.58亿元,比上年增长17.9%,人均销量25.39元,销售总量和人均销量均列全省各市之首。

电脑福利彩票销量稳定上升,全市设投注站314个,销售5196万元,发行量占全省1/3。经市场调研,9月1日起推出"15选5"、"30选7",并增加开奖期数、增设二次开奖,既提高趣味性又增强刺激性,深受彩民欢迎,销量成倍增长。即开型大奖组销售取得重大突破,全市销售即开型彩票1.06亿元,平均单点销量1178万元。临安市7天时间销售2000万元,为现金返奖大奖组销售及公司化操作提供了宝贵经验,并在全国和全省福利彩票发行工作会议上作了经验介绍。此后又陆续组织了8次大奖组销售,其中富阳市5天销售2600万元,创造了当时全国单点销量最高记录。

全年销售福利彩票筹集的社会福利资金4723万元,除上缴中央和省2543万元外,杭州市留用2180万元,其中各县(市)区1583万元,市本级597万元。全市资助5个社会福利事业设施建设116万元,促进了社会福利和社区建设事业的发展。(陈 晖)

【慈善总会募集资金2700余万元】 为加快多渠道募集慈善资金,市慈善总会在2001年举办帮助弱势群

市委书记王国平会见捐赠慈善资金100万元的港商林富华先生

体募集慈善款活动70余次。举行了“龙腾盛世，情暖人间”、“真爱在你身边”、“爱的奉献、爱的收获”等活动；在杭城的大街小巷设置了493只爱心箱；举办首次慈善酒宴，许多杭城的知名企业家参加，这些活动均收到了良好的社会效果。全年募集慈善资金2700余万元。有87位个人和113个单位捐赠。

4月，市慈善总会召开第二届会员代表大会，产生了新一届理事会成员。（韩筱玫）

·民间组织管理·

【概况】 2001年，全市注册登记的社会团体48个，其中学术性3个、专业性5个、行业性2个、联合性7个、职工持股会31个。注销社会团体24个，其中学术性3个、专业性2个、联合性4个、职工持股会6个。办理社团分支机构登记109个，备案办事机构8个。民办非企业单位登记92个，其中教育类62个、劳动类18个、民政类1个、文化类1个、科技类5个、其他5个。开展社团年检，参检的355个社团中，合格社团344个，不合格社团9个，暂挂2个。至年底，全市有社团组织1910个，其中学术性379个，专业性343个，行业性179个，联合性246个，职工持股会468个，职工技协295个。在社团组织中，市本级社团有808个（学术性125个，专业性189个，行业性26个，联合性27个，职工持股会168个，职工技协273个）。

根据国务院颁发的《民办非企业单位登记暂行条例》的规定，结合杭州市实际，制定了《杭州市民办非企业单位登记若干规定》和《杭州市科技类民办非企业单位登记审查与管理的实施意见》。7月，市民政局按照民政部“发展和培育社区民间组织试点”的要求，对上城区馒头山和下城区吴牙巷社区民间组织发展现状开展调查，形成了《发展民间组织，推进社区自治》的调研报告，为下一步在全市开展社区民间组织培育试点打下了基础。（何定珍）

·婚姻和收养管理·

【概况】 2001年，杭州市办理国内结婚登记43948对，比上年下降8.2%，其中初婚80699人，再婚7197人；复婚191对。办理离婚登记3623对，上升10.5%。办理涉外及华侨、港澳台同胞婚姻登记249对，下降12%，其中外国人65人，外籍华人33人，华侨29人，香港特别行政区居民60人，澳门特别行政区居民2人，台胞60人；另有留学生结婚登记22对。办理华侨、港澳台同胞离婚登记18对，下降10%。

全年办理收养登记386件，被收养人386人，比上年下降31.6%。其中市本级28人，建德市25人，富阳市22人，临安市26人，桐庐县20人，淳安县8人，余杭区54人，萧山区56人，上城区20人，下城区29人，西湖区32人，拱墅区30人，江干区33人，滨江区3人。

【改革婚姻登记管理体制】 按照民政部《婚姻登记管理条例》、《浙江省婚姻登记管理办法》规定及省民政厅提出的婚姻登记体制改革要求，余杭区、富阳市民政局在2001年先后实行相对集中婚姻登记。至此，全市13个县（市）、区中已有7个区、2个县（市）完成了相对集中婚姻登记工作。

【事实收养儿童户口申报结束】 市民政局会同公安局、计生委、人口控制办公室等部门在上年联合发出《关于解决事实收养儿童户口问题的通知》的实施工作，已于2001年6月30日结束，全市共有429名事实收养儿童申报了户口。（郑 凌）

·收容遣送·

【概况】 2001年杭州市遣送站收容11179人，遣送11236人（含上年末留站待遣人员）。直接遣送5612人，单位、亲属领回3511人，转其他部门处理266人，教育后自己离杭的1824人，劳动时逃跑21人，送福利院2人。年末留站待遣81人。

经审查，收容遣送人员中找工无着者5527人，求乞者1111人（其中本省80人），痴呆盲残哑19人，精神病人12人。有程度不同的违规违法行为的388人，犯罪嫌疑人30人，逃犯嫌疑人2人。

收容人员按年龄分，17岁以下1195人，18岁～59岁的9414人，60岁以上567人，年龄不明的3人；按性别分，男性9091人，女性2088人；按地区分，本省1800人，外省9374人，地区不明5人。

根据杭州市机构编制委员会批复，杭州市劳动审查所与杭州市遣送站合并，杭州市遣送站增挂杭州市待遣所、杭州市流浪儿童救助保护中心两块牌子。

市遣送站在前八年连续被评为杭州市社会治安综合治理先进单位的基础上，2001年继续坚持以人为本、重在教育、依法行政、文明管理的办站方针，加强内部管理，修订完善办事制度，公开承诺服务，规范各个环节的工作程序，制订和公示文明用语和文明管理的《七不准》。同时，加大设施设备改造力度。投入500万元扩建杭州市待遣所用房近2500平方米；投入50万元扩建杭州市流浪儿童救助保护中心；投入90万元增添文娱、体育器具，扩建活动场地，改善办公设施；投入近50万元进行全站电线线路改造，添置一辆17座依维柯车。（詹传东）

·殡葬管理·

【概况】 2001年，杭州市火化遗体3.42万具，火化率达到92.7%。杭州殡仪馆办理了7起国际运尸业务，承接了美国、荷兰、意大利、加拿大、台湾等国家和地区的遗体。举办了崔健、吴植缘、刘虎生等7位省级干部的遗体告别仪式。3月30日，举行了第九次骨灰撒江活动，有63位先人的骨灰撒入钱塘江。全市城镇公墓、陵园造墓7562穴。

“六二六”半山泥石流山体滑坡有死难者22人，是杭州市建国以来死亡人数最多的一次自然灾害事故。杭州殡仪馆调动所有车辆冒着大雨，及时赶到现场，将遗体一次运完，并及时为遗体清洗、整容、防腐、化妆、穿衣,配合事故处理工作人员稳定丧属情绪,顺利完成了善后处理工作,受到各级政府好评。

为适应中国加入 WTO 的形势,推动杭州殡葬行业的市场化,由杭州殡仪馆和南山陵园合股的杭州民益实业有限公司,于年初注册登记,注册资金 1000 万元,年内已开始营业。

【举行杭州市首次骨灰树葬仪式】 为进一步深化殡葬改革,促进社会主义精神文明建设,倡导骨灰处理多样化,杭州市在龙居寺公墓划出最好的一片土地建造"永乐园"用于树葬。规划面积 2 公顷,投入资金 30 万元,分设古樟园、长春园、梅园、桂园、迎春园五大园区,分别种植了樟树、龙柏、梅花、桂花、茶花、杜鹃等树木 1 千余棵,草皮 1 公顷及绿化带,同时在园区内建造石碑坊一座及配套的休息场所和卫生设施。4 月 23 日,举行杭州市首次骨灰树葬仪式,市委常委、常务副市长马时雍,省民政厅副厅长童禅福,杭州市老领导钟伯熙、项秀文及 200 多人参加。有 36 位先人的骨灰实施了树葬。（张　萌）

·残疾人事业·

【概况】 2001 年杭州市各级残联在全面履行各项社会职能的基础上,坚持突出"代表、服务、管理"的职能,在残疾人扶贫帮困、劳动就业、基层组织建设、文体教育、康复和残联自身建设各方面都取得了可喜的成绩,为全市改革、发展、稳定作出了积极贡献。市残联加强源头参与,认真履行"代表"职责,从维护残疾人合法权益入手,先后参与了市政府及有关部门的近十个文件的制订,起草并由市政府批转了杭州市残疾人事业"十五"计划。做好来信来访接待,全年受理来信来访 1186 件次,办结率 97.7%。做好节日期间慰问特困残疾人工作,并使之社会化、规范化。积极发挥自身优势,开展各种行之有效的帮扶活动,帮助残疾人实现劳动就业。全市有 4800 多名残疾人走上劳动就业之路,其中通过各级残联安置的残疾人劳动就业达 1949 人。残联整体工作水平不断提高,开展了思想作风和从政道德教育,先后三次组织调研活动。市残联以普及"中国手语"为着力点,提出"做残疾人工作必须加强与残疾人之间的沟通"的要求,作出具体规划,对残联机关、县区残联、市残联所属企事业的职工分期分批开展初级手语培训,经考核全部获得合格证书。加强市盲人协会、聋人协会、肢残人协会、残疾人集邮协会、智残人亲友协会等五大协会的建设,使全市残疾人组织形成较为完善的网络体系,并较好地发挥了作用。市残联积极扩大在国际事务中的对外交流,与澳大利亚、法国、日本等多个国家和地区建立了友好关系,并进行了友好访问。

【扶贫帮困保障残疾人的基本生活】 2001 年,市残联把扶贫帮困作为一项重点工作,开展各种行之有效的扶贫帮困活动,切实帮助贫困残疾人脱贫。动员社会各方力量,深入开展残疾人扶贫结对,把残疾人扶贫工作延伸到乡镇、街道、村、居民区,全年扶贫结对 1400 对,有 3500 人(户)脱贫。进一步加大城镇残疾职工参加养老、医疗和失业保险力度,要求社会福利企业对集中安置的残疾职工全部参加社会统筹保险,并积极鼓励个体就业的残疾人参加养老和医疗保险。将帮扶特困残疾人纳入市委、市政府部署的"春风行动"、"送温暖工程",使特困残疾人与全市特困职工一起,享受统一的生活补助和帮扶。"春风行动"中扶持贫困残疾人 2444 人,脱贫 500 人。符合条件的残疾人及其家庭已纳入城乡最低生活保障范围,初步解决了城镇贫困残疾人的温饱问题。重视小额信贷扶贫,对残疾人实行帮、包、带、扶。通过小额信贷等形式,把目标与措施相结合,手段与保障相结合,跟踪与效果相结合,从而确保资金到户,责任到人,措施到位。全年发放信贷资金 200 万元,其中从保障金中列支 100 万元,扶贫贴息 15.87 万元,共扶持 739 户残疾人家庭。

全市开展了扶贫先进单位的评比表彰活动,其中余杭区残联被评为全国扶贫先进集体。

【市残联被评为残疾人就业全国先进】 杭州市各级残联努力解决残疾人劳动就业,开展了调查摸底、求职登记、职业培训、职业介绍等大量工作,成绩显著。2001 年,市残联被评为"九五"全国残疾人就业先进单位。

从政策上对残疾人就业提供扶持。3 月,市政府办公厅发出《关于进一步做好残疾人劳动就业工作的通知》;7 月,市政府又发布《关于对残疾人实行优惠扶助的若干规定》;市残联也联合工商行政管理局等有关部门先后下发了《关于进一步加强盲人保健按摩行业管理的通知》、《关于进一步加强农村残疾人种养业和城镇残疾人个体就业的通知》等文件。

加大对残疾人就业保障金的收缴力度。3 月,根据市政府办公厅通知精神,提高了残疾人就业保障金收缴基数,同时改变收缴方式,从单纯性残联机构收缴到逐步由税务部门代为征收,使全市的残疾人就业保障金征收取得明显效果,依法推进了分散按比例就业,为贫困残疾人的就业创造了条件。全年各级残联用于扶持残疾人个体就业的保障金达 38.4 万元,扶持了 223 名残疾人从事个体就业。

加大对残疾人劳动就业的扶持力度。年初,市残联报请市政府批准出台了城镇残疾人个体就业扶助特殊政策,对城镇残疾人个体就业,凡符合条件,证件、手续齐全的,每人一次性扶持 7000 元。鼓励贫困残疾人自谋职业,扶持项目已拓展到饮食、文印、报刊亭、小百货、盲人按摩、家政服务等 10 多种。在农村,市残联推出了以"万户种养,共奔小康"为主题的助残活动,以进一步推进个体就业安置工作为重点,大力扶持贫困残疾人发展种养殖业。全市各级残联投入资金 214 万元,建立种养基地 28 个,培养 600 多户残疾人种养专业户,带动了一大批当地残疾人参加劳动就业。

开展科技下乡助残活动。市残

联先后邀请市种子公司、农科所、蓄牧总站、水产推广站和浙大农业系的专家、教授，到农村举办各种类型的培训班，向广大贫困残疾人介绍、推广科学技术，全年扶持1992名贫困残疾人参加劳动就业。

举办杭州市首届残疾人人才交流会。6月，市残联组织73家用人单位的363个岗位招聘残疾人就业，吸引了1000多名残疾人参加，有117名残疾人被用人单位当场录用或达成招聘意向。

"助行工程"为肢残人安装假腿

【加强社区残疾人组织建设】 2001年，市残联充分发挥"自我教育、自我管理、自我服务"的自身优势，把加强社区残疾人管理作为加强新时期残疾人工作的一项尝试进行了积极的探索和实践，初步形成了一套富有特色的工作格局，使社区残疾人组织建设取得显著成效。5月，市残联与民政局等13个部门联合下发《关于加强我市社区残疾人工作的意见》，开展社区残疾人协会的组建工作。至年底，全市组建社区残疾人协会240个，占社区总数的80%，其中上城、拱墅区已达100%。为进一步规范管理社区残疾人工作，市残联推出了南山街道、下城艮园社区等一批先期工作好的试点加以推广，要求社区残疾人协会由街道残联、居委会两级管理；协会对残疾人要做到"五个清"，即家庭、工作、经济、残疾类别、残疾人表现情况清。许多社区残疾人协会开展了大量的助残活动，有的建立了残疾人社区服务中心；有的社区与客运站、菜场、街道粮站、理发店、百货商店、食品店等单位签订了助残服务协议书，把辖区内凡能够为残疾人提供服务的单位均列入为残疾人服务的项目(地点)；有的社区建立了残疾人与志愿者服务队的联络站，发挥残疾人和健全人各自的优势进行助残活动；有的社区开展帮困结对，落实最低生活保障政策，并主动帮助残疾人在社区内就业，为残疾人解决实际困难；有的社区开展社区康复、社区文化活动，丰富了残疾人的精神生活。与此同时，市残联要求各区抓好骨干培训，积极稳妥地推进社区残疾人协会工作的开展。各区残联根据社区工作和社区干部的思想实际，开办社区残疾人工作者业务培训班，使社区干部增强做好残疾人工作的自觉性。

【残疾人康复指标超额完成】 杭州市切实加强社区残疾人康复工作，2001年成立社区康复服务指导中心、康复指导站123家，初步形成了以市残联为主进行指导、各区残联实际管理、社区具体落实的工作网络体系。各级残联利用多种形式积极开展预防残疾的宣传，使人们更多地了解科学知识，增强自我保护的意识。全年全市完成白内障复明手术2501例，肢体矫治手术64例，聋儿培训95名，智残儿童康复训练124名，低视力康复120名，残疾人康复各项任务指标全部超额完成。

【"助行工程"进展良好】 10月，市残联根据省残联的工作部署，组织开展了"给你一条腿，让你站起来，还你美好人生"为主题的"助行工程"。这项活动得到社会各界的广泛支持和参与，至年底募集资金40多万元，有60余名残疾人安装上了假腿。

12月3日是第十个国际残疾日，市残联举办了大型的书画义卖活动。50多位著名书画家应邀欣然参加，来宾中有80多岁高龄的浙江文史馆馆长、西泠印社常务副社长郭仲选，有著名书画家王伯敏、刘江、吕国璋、蒋北耿、黄镇中、张耕源以及西泠印社、市书画院、黄宾虹研究会的知名人士。在此之前，市残联已收到百余位著名书画家的作品一百多幅，所有作品都进行了现场拍卖，所得资金全部用于"助行工程"。

【"视觉第一中国行动"效益显著】 杭州市于1997年开始实施的"视觉第一中国行动"，取得了显著的社会效益，得到社会各界的一致好评。市残联、卫生局联合在市第一人民医院成立"视觉第一中国行动"白内障复明中心，并以此为依托，组织各县(市)区医院眼科医务人员在6个市级医院中进行系统的培训学习，共培训襄外手术和人工晶体植入医务人员60名，眼科护理人员30余名。至2001年，全市有近两万名白内障患者在"视觉第一中国行动"中受益，其中完成白内障复明手术1.40万例；人工晶体植入8468例，植入率61%；脱盲率达到98%；脱残1.08万例，脱残率77.3%。

【残疾人文体活动丰富多彩】 市残联制定了残疾学生入学的资金扶助政策，2001年有44名残疾人考上了大中专院校，被评为省残疾人教育先进单位。各级残联利用现有条件和自身优势积极开展丰富多彩的文体活动，活跃了残疾人的业余生

市领导看望参加手语培训班的残疾人

活，体现了他们自强不息的精神风貌。6月，市残联成功举办杭州市第六届残疾人文艺汇演，选送参加全国残疾人文艺汇演的节目获二等奖。在参加《残疾人保障法》的知识竞赛中，杭州市获得了全国《残疾人保障法》知识竞赛组织奖。2001年，市残联还先后举办了聋人乒乓球、羽毛球、坐地排球、轮椅篮球、盲人门球比赛，其中坐地排球、轮椅篮球、盲人门球等3支特殊球队在代表浙江队参加全国比赛中，分别获得了坐地排球全国锦标赛亚军、轮椅篮球全国锦标赛第六名、盲人门球全国比赛女子第三名和男子第五名的好成绩。 (严云云)

·民族·

【概况】 2001年，杭州市民族工作深入贯彻党的民族政策和中央民族工作会议精神，努力发展少数民族经济，维护少数民族合法权益，尊重少数民族风俗习惯，促进各民族团结和共同繁荣，取得了一定的成绩。市民族宗教事务局根据市委和市政府要求，在调查研究的基础上，起草了《杭州市少数民族经济与社会事业发展“十五”规划建议》，于年初上报市政府，供市政府及有关部门决策参考。为加强对少数民族经济发展专项扶持资金的监督管理，确保资金的合理有效使用，提高资金的使用效益，市民族宗教事务局与市财政局联合出台了《杭州市少数民族经济发展专项扶持资金暂行管理规定》，规范了全市少数民族经济发展专项扶持资金的使用和管理。

全年市级财政扶持少数民族发展经济专项补助资金40万元，扶持5县(市)中22个民族村的27个项目。根据《杭州市少数民族经济发展专项扶持资金暂行管理规定》，2001年少数民族发展经济专项资金采取财政贴息和财政直接拨款补助两种方式，并要求相关县(市)安排不少于市扶持资金的配套额度，以加强对发展少数民族经济的扶持力度。关心、支持市区11个街道(镇)与少数民族村的结对帮扶活动。继续做好清真牛羊肉的定点屠宰和供应工作，从少数民族专项资金中拨出7万元用于清真饮食网点建设，加强清真饮食网点的监督管理，维护民族团结和社会稳定。做好少数民族考生升学证明办理工作，为10个民族成份231名少数民族考生报考成人高校、初中升高中和高考开具证明。

【建立少数民族资料信息库】 在全国第五次人口普查的基础上，市民族宗教事务局会同各区、县(市)民族宗教事务部门，在各地人口普查办公室和公安部门的支持下，收集了全市少数民族资料，2001年初步建立起信息库。据统计，全市共有42个少数民族成份，有常住户口的28994人，比1990年第四次人口普查时增加6个民族成份，增加少数民族人口7717人。市区有41个民族成份、11848人，比1990年第四次人口普查时增加10个民族成份、6682人。该资料信息库的建立，为维护少数民族合法权益，更好地开展民族工作奠定了基础。

【召开民族乡村发展经济工作会议】 6月，为总结、交流、推广民族经济发展的经验，探索发展民族经济工作的新路子，市民族宗教事务局召开了全市民族乡村发展经济工作经

交流发展民族经济的经验

验交流会。会议回顾总结了近几年来发展民族经济的新鲜经验,分析存在的问题和薄弱环节,提出了发展民族经济和社会事业的对策和措施。9月,在桐庐县召开了6个集体经济薄弱民族村负责人座谈会,更新观念、提高认识,共同探讨发展集体经济的措施,发扬自力更生、艰苦创业精神,争取早日改变集体经济薄弱的面貌。

【调研民族乡村种植养殖业发展情况】 4月~5月,市民族宗教事务局组织干部深入全市26个民族村,对种植、养殖业发展情况进行调研,撰写了《关于我市民族村种植业养殖业发展情况的调研报告》。通过调研,初步掌握了全市民族村种植业、养殖业的基本情况,当前影响民族村种植、养殖业发展的突出问题,提出了发展种植业、养殖业和结构调整的建议,为有关方面决策提供参考。

【开展结对帮扶工作】 2001年,市民族宗教事务局认真落实市委《关于切实做好新一轮挂钩结对帮扶工作的通知》精神,与桐庐县莪山畲族乡铁钻石村结为帮扶对子。从少数民族专项资金中专门拨出1万元,支持该村种植3.33公顷毛竹的项目;发动市宗教界捐资12万元,扶持该村新浇筑3千米水泥路项目,极大地方便了当地群众的生产和生活。入汛以来,杭州地区普降暴雨,尤其是6月份持续的特大暴雨,给全市少数民族乡村造成严重灾害,大面积良田被淹,许多经济作物绝收,许多房屋受损或倒塌,不少机耕路、堤坝、渠道、田坎、机埠等被冲毁,有些民族村还发生了山体滑坡塌方等事件。为帮助受灾乡村做好恢复生产、重建家园的工作,市民族宗教事务局发动市佛教协会各寺院向受灾少数民族乡村捐赠10万元救灾款。 (杜振华)

·宗教·

【概况】2001年,全市宗教工作认真贯彻落实江泽民总书记关于宗教工作的重要指示,广泛深入地开展党的宗教政策和法规的学习、宣传、教育活动,依法加强对宗教事务的管理,积极引导宗教与社会主义社会相适应。积极配合做好西湖灵隐景区扩建工作,明确市佛教协会为灵隐景区扩建工程的第二主体地位,负责"极乐世界"景点、永福寺的修建和上、中、下三个天竺的扩建等工程。帮助伊斯兰教凤凰寺协调解决了后大殿维修经费。根据上级有关指示,认真研究部署,采取多种形式,加强宗教团体和宗教场所的安全防范工作,防止突发事件,确保社会稳定。一年来,市区佛教场所接待海外参观朝拜者近25万人次,接待港澳台同胞20余万人次,接待国内游客信众370余万人次,为杭州市旅游事业的发展作出了贡献。市区佛教界全年为社会公益事业捐资180多万元。

加强对宗教界人士的爱国主义教育。为提高广大教职人员爱国爱教觉悟,增强他们独立自主、自办教会的信念,7月举办天主教暑期修生培训班,8月又举办宗教团体爱国主义教育学习班,市各宗教团体副秘书长以上人员共40多人参加。

培训宗教干部。市民族宗教事务局于4月23日~25日举办了全市宗教干部法制培训班,各区、县(市)民族宗教干部40余人参加。通过培训,加深了对马克思主义的宗教理论和宗教工作形势的认识,提高了依法加强对宗教事务管理的能力和执法水平。

做好净慈寺元旦吉祥钟声和灵隐寺除夕夜佛教文化旅游活动各项工作。加快灵隐寺五百罗汉堂和第四、五进工程建设,提前对游人开放;优化环境,不断提升和丰富寺庙佛教文化的内涵和品位;改善寺庙基础设施;加强寺庙安全防范工作。净慈寺接待游客信众3000余人,灵隐寺接待游客信众近4000人,活动安全顺利,井然有序。

【开展宗教活动场所年检】 根据国家宗教局《关于宗教活动场所年检工作办法》,对宗教活动场所开展年检工作。2001年全市参加年检的宗教活动场所768处,参检率99.4%,合格率98.3%。对年检不合格的宗教活动场所,分别作出限期整改或撤销登记的处理。通过年检,对宗教事务的管理日趋制度化和规范化,提高了管理水平,也增强了宗教活动场所遵守法律、法规的自觉性。结合综合治理等活动,指导、帮助各区、县(市)整治小庙小庵,抓好长效管理,巩固专项清理成果。

【调研基督教原教派和青少年宗教信仰问题】为进一步做好新时期的基督教工作,市民族宗教事务局从年初开始,对全市基督教原教派问题开展了全面调研。通过调查,摸清

培训民族宗教干部

了基督教原教派的基本状况，分析了存在问题的原因，提出了相应的对策措施，写出调研报告，并在国家宗教局召开的华东地区宗教工作会议上作了交流。9月，市民族宗教事务局为认真贯彻党的宗教信仰自由政策，开展了对青少年宗教信仰问题的调查研究，写出个案材料14份，上报省民族宗教事务委员会，供领导研究参考。

【举行迎请佛螺髻发舍利供奉法会】 为正确贯彻党的宗教政策，满足广大佛教信徒对佛祖的崇敬心情，经省领导及有关部门同意，4月27日，在净慈寺成功举行迎请佛螺髻发舍利大型供奉法会。佛教界诸山长老和佛门弟子近3000人参加了迎请法会。这次活动时间紧、任务重、规模大、要求高，为保证活动安全有序，万无一失，整个法会做到周密计划，精心组织，多方协调，取得圆满成功。

【十一世班禅大师参访净慈寺和灵隐寺】 6月11日～12日，西藏十一世班禅大师在扎布伦寺寺管会主任等人的陪同下参访净慈寺和灵隐寺。十一世班禅大师参观了净慈寺运木古井、钟楼，灵隐寺天王殿、大雄宝殿和新建成开放的五百罗汉堂等，和杭州市佛教界交流了佛法，互赠了礼品，并合影留念。

【"南屏晚钟"御碑重建揭碑】 "南屏晚钟"御碑在"文革"中被毁。市民族宗教事务局组织有关人员，经过多年寻觅，终于在上海找到了御碑拓片。为了保证御碑的镌刻质量，使其最大限度地接近历史文物的原貌，多次邀请有关专家学者进行论证，并去北京等地采购优质石料，请国内雕刻高手精雕细刻完工。12月21日在净慈寺举行了"南屏晚钟"御碑重建揭碑仪式，全国人大常委、著名历史学家毛昭晰，副市长项勤和有关部门负责人，有关专家学者及社会各界代表参加了揭碑仪式。

【揭批"法轮功"邪教组织】 1月31日，市民族宗教事务局组织市佛教协会、道教协会、伊斯兰教协会、基督教"两会"、天主教爱国会的负责人进行座谈，愤怒谴责"法轮功"组织者在北京天安门制造残害生命的滔天罪行。各教会负责人结合各教的教义教规，揭露邪教"法轮功"反人类、反社会、反科学的本质，对李洪志直接蛊惑、唆使"法轮功"痴迷者自焚进行谴责，一致表示坚决拥护中央政府依法取缔"法轮功"的正确决定，坚决与"法轮功"斗争到底。

【开展"情系西部献爱心"活动】 5月～9月，杭州市宗教界广泛开展了"情系西部献爱心"活动。采取多种形式向宗教界人士和信教群众宣传党中央、国务院关于实施西部大开发战略的重大意义，组织各宗教团体、宗教界人士和信教群众捐款，组织参与西部开发、助学、扶贫、济困项目的考察和实施。为加强对这一活动的指导，建立了由各级民族宗教部门和各宗教团体负责人组成的协调小组，并设办公室负责日常工作。该项活动共收到捐款128万余元。 （杜振华）

"南屏晚钟"御碑重建揭碑仪式

·人民生活·

【城乡居民收入增长加快】 据抽样调查，2001年市区居民家庭人均可支配收入突破万元大关，达到10896元，比上年增长11.9%，是1997年以来首次两位数增长。国家增加机关事业单位在职和离退休人员工资，以及该项政策的示范效应，使居民工资性收入有了大幅提高。调查显示，在人均可支配收入中，来自单位职工的工薪收入为7005元，增长8.7%，增幅比上年提高5.2个百分点；人均离退休金增长了15.2%。收入来源多元化趋势明显。居民家庭来自国有、集体经济单位工薪收入所占比重明显下降。人均可支配收入中，来自国有、集体经济单位职工工薪收入比重为50.6%，下降4.7个百分点；而来自股份制经济、"三资"经济等其他经济单位职工收入和个体经营者收入比重不断上升，分别提高2.8和0.5个百分点。从事非正规就业、零星打工等得到的其他劳动收入继续保持较高增长，达26.7%。财产性收入大幅增长，为15.3%，其中利息收入增长21.1%。

2001年，在粮食购销市场化政策的引导下，全市农业生产结构调整步伐加快，效益农业发展势头良好，农民收入增幅明显提高。全年农民人均纯收入4896元，比上年增长8.9%，增幅比上年提高2.1个百分点。从农村居民人均纯收入构成看，主要特点表现为：1. 非农经济发展带动了工资性收入的快速增长。乡镇企业，特别是个私经济的较快发展为农村剩余劳动力提供了较多的就业机会，农民在各类企业就业人数比上年增长13.1%，从集体组织和各类企业得到的人均劳动报酬收入增长23%，增幅比上年提高13.9个百分点，对纯收入的贡献率首次超过50%，达52.7%。2.农民家庭经营收入回升，遏制了连续两年的下降局面。在家庭经营纯收入中，农民从事第一产业的纯收入增长6.9%，从事第二、三产业的收入增长1.6%。3.非经营性收入出现明显下降。由于非经营性收入中以土地补偿为主的财产性收入和亲友赠送为主的转移性收入具有很大的不稳定性，全年农民人均非经营性收入降幅达31.9%。

【收入差距的扩大趋势有所减缓】从市区看，反映居民收入差异程度的"基尼系数"有所下降，2001年为0.2348，比上年下降0.002；低收入家庭的收入增长快于高收入家庭。全年10%最低收入家庭人均可支配收入比上年增长10.6%，高出10%最高收入家庭1.1个百分点；高收入家庭收入占总收入的比重提高趋势明显趋缓。从农村居民看，低收入户也出现减少势头。人均纯收入低于全市平均水平的比重为61.6%，比上年减少1.9个百分点。

【居民消费倾向值提高】 2001年，在刺激消费政策的推动下，随着城乡居民收入的稳定提高，居民的消费支出增加较多。市区居民人均消费性支出达到8968元，比上年增长17.2%，超过收入增幅5.3个百分点，是1998年以来首次支出增长快于收入增长。调查表明，全年消费倾向值，即消费性支出占可支配收入的比重为82.3%，比上年提高1.7个百分点。农村居民人均生活费支出也有明显增长。人均支出3479元，比上年增长15.2%，高出纯收入增幅6.3个百分点。

【消费结构出现新的变化】 2001年，市区居民消费支出呈现新的特点。1.恩格尔系数首次降至40%以下。反映居民生活质量的恩格尔系数，即居民用于食品的支出占消费性支出的比重为39%，比上年下降3个百分点，表明居民生活水平又有了质的提高。2.享受型和精神生活方面的消费增长较快。调查显示，与上年相比，居民家庭对娱乐文教服务支出增长18.7%，其中教育支出增长47%，成人教育支出增长1倍；通讯支出增长27%；医疗保健支出增长24.4%，其中医药费增长35.6%，滋补药品增长21.7%；用于改善居住环境及家庭装饰的室内装饰品支出增长1.5倍；包括家政服务、维修服务在内的家庭服务支出增长1.4倍；旅游支出增长22%。3.居民的保险意识明显增强。市区居民用于保险支出增长70.5%，其中商业性的非储蓄性保险支出增长48.1%，储蓄性保险支出增长76.4%。4.居民的金融投资理财方式呈现多元化。调查显示，2001年居民用于购买股票、国债等有价证券及各种收藏品支出增长49.5%。

从农村居民生活费支出情况看，1.吃、穿消费明显增加。2001年全市农村居民人均食品消费支出1388元，比上年增长12%，其中用于蔬菜、肉食、水产品等副食品消费支出634元，增幅达15.9%。人均衣着支出169元，增长15%，其中购买成衣服装支出增长达21.3%，体现了农民对衣着方面新、美、舒适、便捷的追求。2.新型消费快速增长。随着农村居民生活质量的不断改善，消费观念的改变，对化妆品、装饰品需求越来越大，对旅游兴趣越来越浓，2001年用于这方面的人均消费支出达162元，增长26.6%。此外，农村居民用于购买通讯工具的支出也增长了26.5%。3.教育支出增长迅猛。调查显示，2001年用于文化教育方面的总支出人均409元，猛增39.6%，占生活消费的比重为11.8%，比上年提高2.1个百分点。4.医疗保健消费日趋重视。2001年全市农民的医疗保健费用人均支出210元，增长14.1%，其中医疗卫生保健用品服务费支出增幅更大，达32.8%。

【居住条件进一步改善】2001年全市住宅建设的步伐加快，居民居住面积进一步提高。全年住宅建设完成投资104.17亿元，比上年增长21.2%，住宅施工面积1251.92万平方米，竣工面积402.46万平方米。市区居民人均居住面积11.2平方米，农民人均住房面积为49平方米，分别比上年提高0.6和1平方米。随着城市基础设施建设加快，城市环境综合整治的不断深入，杭州市荣获"国家环境保护模范城市"和联合国人居奖，居民居住环境得到进一步改善。 （陈国勇）

·计划生育·

【概况】 2001年，杭州市人口与计划生育工作继续贯彻落实中共中央、国务院《关于进一步加强人口与计划生育工作稳定低生育水平的决定》，围绕全市提前基本实现现代化的目标，坚持现行生育政策，进一步稳定低生育水平，提高出生人口素质，坚持改革创新，基本建立起与市场经济体制相适应的综合治理人口问题的工作机制和人口与计划生育工作调控体系，整体工作水平和群众满意程度不断提高，为改革开放和现代化建设创造了良好的人口环境。全年出生52088人，人口出生率8.33‰，自然增长率2.92‰，计划生育率97.92%，统计误差率控制在2%以内，成绩显著，荣获浙江省"城市社区计划生育综合改革创新奖"。2001年，市计生委还被评为省"婚育新风进万家"先进集体、市信访工作先进集体和创建国家环境保护模范城市工作先进单位。市计生协会荣获全国"婚育新风进万家"先进单位称号。

市委、市政府始终把进一步强化人口意识、稳定低生育水平、优化人口环境作为一项事关经济社会发展全局的重大战略任务来抓，把人口与计划生育工作纳入杭州市"十五"发展规划。各级党委、政府都把计划生育工作纳入各级经济社会发展的总体规划，坚持党政一把手亲自抓、负总责，层层落实目标管理责任制，并将考核评估结果同领导干部考核挂钩，实行计划生育一票否决。1月9日,市委书记王国平主持召开常委扩大会议专题研究计划生育工作,通过《杭州市计划生育"十五"发展规划》,确定了2001年工作意见。2月23日,召开全市计划生育工作会议,通报2000年考核结果,签订2001年目标管理责任书。7月,市委、市政府召开半年度人口形势分析会,副市长陈重华分析了上半年人口与计划生育工作形势,对下半年工作提出了要求;市委副书记于辉达作了《以江总书记"七一"讲话精神为指针,抓好新时期人口与计划生育工作》的报告。9月,市委理论学习中心组举行学习活动,听取顾宝昌教授作的《现代化与人口发展问题》讲座。12月31日,召开市人口与计划生育领导小组会议,听取市计生委工作汇报,确定2002年工作意见,通过了《杭州市人口与计划生育工作综合改革实施意见》。

【社区计划生育改革成效显著】 为适应社区建设新形势,市计生委和市民政局于2001年联合制定了《关于杭州市社区计划生育工作的实施意见》,积极推进城市社区计划生育综合改革,落实以现居地为主的管理和服务模式,初步建立起"属地管理、单位负责、居民自治、社区服务"的城市社区计划生育管理新机制。以社区为中心,落实计划生育宣传、管理和服务各项任务。逐步推行计划生育居民自治,发挥计生协会作用,建立志愿者队伍,实行计划生育的民主参与、民主决策、民主管理和民主监督。完善社区内企业法定代表人计划生育责任,充分调动社区各方面的资源,开展计划生育综合服务。依托社区建设平台,构建、完善社区计划生育组织网络、服务体系和工作机制,把计划生育工作列入社区的七大功能之一,配齐、配强社区计生干部,保证社区计划生育职能、组织、阵地、投入"四落实"。加强部门协调,与市各有关单位联合出台指导城市社区计划生育工作的政策性文件,推进配套改革,为社区计生工作创造良好的环境。

11月5日~7日,国家计生委、民政部、中国计生协会联合在杭州召开全国城市社区计划生育工作会议。杭州市在城市社区计划生育改革中取得的成功经验,得到国务委员、国务院秘书长王忠禹,国家计生委、民政部、卫生部、公安部、工商行政管理局、人事部、劳动部、中国计生协会及与会代表的一致好评。

【宣传教育活动丰富多彩】 2001年是杭州市推进"婚育新风进万家"活动的总结评估年,全市自下而上全面开展了评估工作,评出全国先进县(市)、区3个,先进乡镇、街道13个,先进单位6个,先进个人16名。

全国城市社区计划生育工作会议在杭召开

在全省计划生育宣传品评选中,杭州市有4种宣传品分别获一、三等奖;上城区的计生磁性小折页荣获"三渔杯"中国第九届人口文化奖优秀奖。在"七一一"世界人口日,全市广泛开展了形式多样、寓知识性和娱乐性为一体的大型宣传活动。10月28日,在少年宫广场举办了大型"男性健康日"宣传活动。各级计生委全年自制宣传品160多种,发到家庭242万余份。全市共建1175个婚育新风图书角,同时还创有特色楼道,设置温馨、文明的"快餐栏",让社区居民随时取阅所需的各种计生宣传品。在农村增加计划生育经费投入,购置影碟机等宣传设备。全市计划生育宣传品进村(居)入户率和计划生育知识普及率均达90%以上。

【继续推进计划生育优质服务】 各区、县(市)认真贯彻落实市委、市政府办公厅于2000年发出的《关于杭州市开展计划生育优质服务工作实施意见的通知》精神,至2001年底,全市开展计划生育优质服务的乡镇已占乡镇总数的80%以上;避孕节育方法知情选择以点带面大力推进,已开展"知情选择"的村占行政村总数的75%以上。为满足育龄群众的不同需求,全市普遍开展了优生优育工程、出生缺陷干预工程、生殖保健工程,萧山区被列入全省首批实施这"三大工程"的项目试点。

【加强计划生育依法管理】 6月,为贯彻落实国家和省计生委关于计划生育依法管理的工作要求,市计生委、卫生局、民政局等单位联合对建德、淳安、富阳、临安、西湖等区、县(市)的非婚生育、凭证生育、凭证引产工作进行了联合执法检查,发现问题,及时指导解决。严肃生育政策,规范特殊情况生育审批,市计生委下发了《关于贯彻省计生委特殊情况生育审批的试行意见》的通知,将审批时间由原来的每季度审批改为每月审批。按照省统计改革的试点要求,在上城、下城、江干、拱墅、西湖、滨江区开展计划生育统计改革,探索以现居住地为主的管理和服务模式，改月报为季报，基层计划生育统计台帐由原来的16项精减为6项。继续落实计划外生育有奖举报制度，制止虚报、瞒报等违法情况的发生，加大检查监督力度。全市受理计划生育来信来访1322件（次），办结率为98.1%。

【提高流动人口计划生育管理水平】 根据《杭州市2001年流动人口计划生育管理工作意见》，积极发挥市流动人口计划生育协调小组的作用，定时召开联席会议，及时解决流动人口计划生育工作中的新情况、新问题。全年重点抓了五项工作。落实信息联系制度，做到现居住地与户籍地互通信息，密切配合，各自认真履行职责，发现计划外怀孕，及时落实补救措施；把流动人口计划生育管理工作列入平时暗访、年度考核，并落实奖惩制度；制订全市外来人口施行节育手术经费结算细则；抓好考核制的落实，探索将流动人口计划外生育逐步纳入现居住地考核；实行流动人口计划生育信息计算机管理，实现流动人口信息资源的共享。全市为流动人口落实补救措施2392例，流动人口发证率、验证率都达90%以上，初步形成流动人口计划生育综合治理的工作格局。

【计划生育协会工作健康发展】 2001年，杭州市计划生育协会以贯彻落实中共中央、国务院《关于进一步加强人口与计划生育工作稳定低生育水平的决定》为主线，以村（居）级协会整建为重点，围绕计划生育工作和育龄群众，广泛开展宣传、服务活动。在已建成的社区中全部重建了计生协会，村级协会整建率为81%。计生协会在村（居）民自治中充分发挥作用，全市13个县（市）区积极推行计划生育村（居）民自治，形成了在党支部领导下，计划生育实行民主管理、村（居）民自治的工作格局。市计生协会精心组织实施"青春健康"国际合作项目，开展PLA定性调查研究（指参与式调查与研究方法）和"青春健康"青少年生活技能培训试讲，举办了"青春健康"师资培训，筹建了杭州市青少年生殖健康服务中心，为解决青少年的性道德、性健康开设了一个咨询窗口。（陈赛权）

·老龄工作·

【概况】 2001年，杭州市人口老龄化趋势进一步发展。年末，全市60岁及以上老年人86.92万，占总人口的13.91%，比上年上升0.39个百分点；65岁及以上老年人62.89万人，占总人口的10.06%，上升0.66个百分点。市区60岁及以上老年人53.77万人，占市区总人口14.31%；65岁及以上老年人39.74万人，占市区总人口的10.58%。据8月底统计，全市百岁老人以虚岁计（1902年12月底前出生）共117人，其中男24人，女93人；以周岁计（1901年8月底前出生）68人，其中男12人，女56人。年龄最高的是家住滨江区西兴镇共联村1896年9月出生的王阿凤老太。

全市各区、县（市）在机构改革中，基本理顺了老龄委办公室的工作机制。老龄办设在民政局，大部分保留了行政编制。市老龄委根据中央和省老龄工作会议精神，拟定了市老龄办"三定"方案。基层老龄组织也得到进一步完善和调整，桐庐、建德、萧山等区、县（市）对乡（镇）老龄组织和村级老年协会都进行了调整，吸纳了一批在群众中有威信、低龄健康、乐于奉献的老同志担任老龄工作；上城、江干、拱墅、西湖区在社区建设中配合有关部门及时调整组建了社区老年协会（工作组）。年末，全市从事老龄工作的乡镇（街道）以上专职干部126人，兼职729人。全市老龄工作紧紧围绕老有所养、老有所医、老有所教、老有所学、老有所乐、老有所为开展工作，成效明显。

【加大《老年法》宣传力度】 4月，省人大常委会审议通过《浙江省实施〈老年法〉办法》，市老龄委抓住时机，广泛宣传《老年法》及《实施办法》，向各级老龄组织发放《实施办法》宣传册5000余册；与杭州电视台《金秋》栏目共同主办《老年法》及《实施办法》有奖知识竞赛；老人节期间，除配合省人大检查组对市级有关涉老部门和富阳市进行执法调研外，还指导各区、县（市）进行自查，使《老年法》及《实施办法》深入人心并得到进一步落实。各地在宣传贯彻《老年法》及《实施办法》的同时，还开展评选、表彰敬老助老先进单位和个人的活动，弘扬了敬老助老的传统美德。

【制定老龄事业发展规划】 2001年，市政府转发了市老龄委根据"十五"期间人口老龄化的发展趋势，制定的《杭州市老龄事业"十

杭州市第五届老年人运动会

五”发展规划》,从老年人经济供养体系、医疗保障体系、社会照料服务网络、维护老年人合法权益和发展老年文化体育事业五个方面提出了具体目标、任务和对策措施,并纳入杭州市经济和社会发展规划。西湖、拱墅、建德、下城等区、县(市)也已经或正在制定“十五”老龄事业发展规划。

发展老龄产业研讨会

【为老年人办实事】 老人节期间,市老龄委组织人力和物力,对全市117位百岁老人逐一进行慰问,送去慰问品和慰问金,了解其生活、身体和照料等情况。10月23日,市人大常委会副主任张在堂及市老龄委领导登门慰问了百岁夫妻孟昭熹、顾莲君和百岁教授陈鸿逵。年底,市老龄委筹资7万元,向淳安、建德、桐庐县(市)243位贫困老人发放慰问金和慰问品,这已是连续第七年向贫困老人送温暖。

2001年,市老龄委及时为到龄老人办理老年《优待证》共1.64万张。

【组织开展老年文体活动】 9月24日~27日,市老龄委与市体委、市老干部局等单位联合在浙大华家池校区邵逸夫体育馆举办杭州市第五届老年人运动会,13个区、县(市)480余位老年运动员参加乒乓球、网球、门球、象棋、太极拳、太极剑、健身球操、围棋、桥牌、钓鱼、定点投篮等11个项目的比赛,获得团体总分成绩城区组前五名的依次分别为上城、江干、下城、萧山、西湖代表队,县(市)组前三名的依次为富阳、建德、桐庐代表队,获道德风尚奖的是淳安、萧山、拱墅代表队。

10月24日~28日,市老龄委与省老龄委、省文化厅联合在吴山广场举办浙江省暨杭州市首届老年文化艺术周专场文艺演出,以及剪纸、绳结、口技等才艺表演,并在省老龄活动中心举办书、画、摄影作品展,全市500余位老人参加献艺。

10月25日,市老龄委与市园文局联合在老年乐园举行庆祝浙江省第14个老人节大型游园活动,内容有法律、医疗咨询,免费理发,修理家电等志愿者服务,有夹弹子、飞镖等趣味游艺,市公交总公司老年艺术团表演了精彩的文艺节目,1.3万老年人来到乐园,愉快地度过了自己的节日。

【老年电大教学班发展到292个】 杭州市老年电大分校在不断总结经验的基础上扩大教育点,努力做好组织、管理和服务工作。至年底,全市已有3所区、县(市)级分校,教学点130个,教学班292个,比上年增加157个。累计单课结业学员达5.07万人次,毕业人数5148人。2001年,杭州市老年电大分校被授予“浙江省老年电大先进办学单位”称号。

【开展老龄问题调研】 针对新时期老龄工作中遇到的新情况、新问题,各县(市)和城区老龄组织分别开展了“新时期如何发挥老年人协会的作用”和“城市社区建设中如何进一步做好为老服务工作”等课题研讨。9月4日~5日,市老年学学会与省人才开发协会联合在湖州市南浔镇召开“杭州市发展老龄产业研讨会”,并邀请华东师大桂世勋教授作学术报告。

11月,市老龄委配合省老龄工委的部署,对全市所有村(居)特困老人情况进行摸底调查,有1.49万名特困老人的情况被统计上报,为政府有关部门制定相关政策提供依据。

(郑文嫣)

附：　2001年杭州市百岁老人名录

姓 名	性别	出生年月	家 庭 住 址
王金富	男	1900-07	上城区闸口大资福庙前135号1-405
李雪琴	女	1900-07	上城区小营街道宗文弄5号
杨香翠	女	1902-08	上城区后市街129号1-301
严阿秋	女	1900-08	上城区南山路107号
罗明珠	女	1900-07	上城区旧仁和村11号
陈月珠	女	1901-01	上城区水滴巷28号8-302
周月珍	女	1902-05	上城区直吉祥巷53号202
陶瑞香	女	1902-07	上城区梅花碑2号102
沈菊花	女	1900-09	上城区湖滨尚农里6号西2-401
王彩英	女	1900-06	上城区元福巷78号
马　英	女	1898-11	上城区东平巷20号4-302
施安庆	男	1902-06	上城区始板桥新村9幢1-102
李锡云	女	1900-03	上城区彩霞岭35号
陈阿四	女	1899-05	上城区复兴南苑4幢2-104
周仙花	女	1897-07	下城区潮鸣街道石板巷143号
裘小华	男	1900-09	下城区艮山街道张官弄6-103
杨彩云	女	1901-10	下城区艮山街道沙田里5-105
濮国庆	男	1897-02	下城区石桥镇草庵村一组
沈杏姑	女	1900-03	江干区九堡镇三卫村五组
诸正明	男	1901-03	江干区采荷街道第一居委会27-2-203
陈鸿逵	男	1900-06	江干区农大社区1-205
孟昭熹	男	1900-01	江干区凯旋街道人民社区2-3-103
顾莲君	女	1901-10	江干区凯旋街道人民社区2-3-103
应长根	男	1902-04	江干区凯旋街道景芳五区28-3-10l
熊玉真	女	1902-12	江干区采荷街道商教社区3-10-303
沈阿章	男	1902-08	江干区九堡镇三卫村
张道玉	女	1902-08	拱墅区新昌新村3幢3-202
杨宝妹	女	1899-11	拱墅区金华新村20幢52-102
闻巧英	女	1900-04	西湖区三墩镇章家桥村一组
陈阿英	女	1896-11	西湖区西溪街道(住诸暨市)
张积襄	女	1901-08	西湖区西溪街道马腾路9号3-202
蒋师韫	女	1902-03	西湖区袁浦镇夏家桥村8组
王阿凤	女	1896-09	滨江区西兴镇共联村十三组
吴阿五	女	1899-03	滨江区西兴镇庙后五村
陈阿兰	女	1900-09	萧山区楼塔镇楼一村
凌爱苏	女	1902-01	萧山区楼塔镇岩上村
楼月芹	女	1899-03	萧山区河上镇于青村
俞水娟	女	1902-06	萧山区河上镇鲍坞村
金杏花	女	1900-10	萧山区许贤乡方家村
金雅娥	女	1900-04	萧山区许贤乡勤丰村
沈阿二	女	1901-05	萧山区义桥镇民丰村
赵杏仙	女	1901-12	萧山区浦阳镇尖山村
严彩凤	女	1901-05	萧山区城厢街道杭发厂宿舍
于阿大	女	1899-10	萧山区宁围镇合丰村
沈光泉	男	1902-04	萧山区宁围镇新北村
徐阿花	女	1900-10	萧山区新街镇华丰村
蒋小英	女	1900-10	萧山区新街镇元沙村
陈阿花	女	1901-06	萧山区新街镇芝兰村
汪友姑	女	1899-12	萧山区衙前镇敬老院(项家村人)
陈小康	男	1899-09	萧山区坎山镇张神殿村
方生姑	女	1899-02	萧山区坎山镇国庆村
龚阿花	女	1901-09	萧山区坎山镇八大村
项阿大	女	1901-09	萧山区坎山镇昙华村
施阿二	女	1902-08	萧山区坎山镇农丰村
孙其祥	男	1902-10	萧山区进化镇泥桥头村
方牛姑	女	1902-03	萧山区坎山镇孙家弄村
钱毛姑	女	1898-06	萧山区党山镇大潭村
徐阿香	女	1900-08	萧山区党山镇双圩村
钱爱姑	女	1902-03	萧山区党山镇八里桥村
寿牛姑	女	1901-07	萧山区益农镇东沙村
李才法	男	1901-03	萧山区益农镇众力村
潘琴姑	女	1902-09	萧山区益农镇利围村
王杏花	女	1899-11	萧山区所前镇张家畈村
戴永伦	男	1899-06	萧山区临浦镇下戴村
高福英	女	1899-12	萧山区河庄镇建设村
王庆姑	女	1901-12	萧山区河庄镇闸北村
叶阿大	女	1902-02	萧山区河庄镇向前村10组
刘阿二	女	1902-08	萧山区河庄镇向前村12组
沈马氏	女	1902-04	萧山区南阳镇南北村
徐阿二	女	1902-09	萧山区南阳镇赭东村4组
郁阿大	女	1902-11	萧山区南阳镇赭东村7组
冯和浦	男	1902-09	萧山区新湾镇街道(住滨江区长河镇)
陈大姑	女	1902-06	萧山区新湾镇新龙村
朱金姑	女	1901-09	萧山区党湾镇幸福村
赵阿花	女	1902-09	萧山区党湾镇永乐村
卜阿大	女	1902-06	萧山区党湾镇民新村
桑小花	女	1902-10	萧山区义蓬镇小泗埠村
马桂和	女	1900-02	余杭区崇贤镇贺家塘村
徐阿春	女	1900-12	余杭区獐山镇大善桥村坝郎自然村
丁阿蛾	女	1900-09	余杭区云会乡杨家斗11组
丁宝凤	女	1900-09	余杭区余杭镇承丰村章家组
马阿南	女	1900-04	余杭区塘栖镇塘南李解桥
陈叻珍	女	1901-10	余杭区东塘镇金家村7组
吴梯青	女	1901-07	余杭区临平武林厂宿舍29-1-501
於东兰	女	1901-04	余杭区乔司镇新三村2组
徐阿杏	女	1900-06	余杭区勾庄镇肇和叶盛斗村
盛宝珠	女	1901-08	余杭区良渚镇沿山村3组
姚素英	女	1902-08	余杭区乔司镇和睦村
张带英	女	1899-12	桐庐县桐庐镇迎春街财税局宿舍
卢金菊	女	1898-01	桐庐县富春江镇溪南村
叶荷仙	女	1901-11	桐庐县横村镇居委会
郑金春	男	1902-07	桐庐县百江镇松村
朱阿凤	女	1902-10	桐庐县洋洲乡滩头村
梁凤姑	女	1902-12	桐庐县分水镇大路村
陆兰香	女	1899-05	建德市杨村桥镇王谢村
余爱菊	女	1898-09	建德市航头镇曲斗村
宋娥娘	女	1901-07	建德市新安江镇府西居民区
汤秋香	女	1902-05	建德市下包乡下包村
喻春娥	女	1898-03	富阳市富阳镇城北居委会
王润森	男	1902-01	富阳市三山镇陆家村
冯竹妹	女	1899-09	富阳市三山镇程坟村
郑芝芳	女	1902-01	富阳市高桥镇观前村
鲁邦坚	男	1902-01	富阳市高桥镇舒古羊村
孙承照	男	190l-01	富阳市龙门镇(住杭州肉联厂宿舍)
陈阿银	女	1901-01	富阳市环山乡环四村
孙玉凤	女	1901-04	富阳市大源镇骆村
余菊英	女	1901-06	富阳市灵桥镇光明村
孟金花	女	1902-05	富阳市常绿镇村南村
徐阿多	男	1901-01	富阳市渔山乡五丰村
杨贞兰	女	1901-07	富阳市胥口镇灵山村
程宝春	女	1901-08	临安市青山镇宫里村
胡法木	男	1902-01	临安市洪岭乡车川村
陆阿春	男	1902-10	临安市玲珑镇锦秀村
陈开明	男	1900-12	临安市石瑞乡紫燕村
余桂英	女	1900-08	临安市板桥乡居仁村
马姣蓉	女	1902	临安市板桥乡高墙村
周伯寿	男	1901	临安市紫水乡阔滩村

人　物

·新任市领导简历·

茅临生　男，汉族，1954年1月出生，浙江天台人。1971年1月参加工作，1975年2月加入中国共产党，大学普通班毕业。历任解放军战士，浙江临海化肥厂工人，浙江化工学院无机化工进修班学生，化工系干部、政治辅导员、共青团团总支书记，院团委副书记，浙江工学院共青团团委副书记、书记，共青团浙江省委书记、共青团中央委员，全国政协委员，中共浙江省委候补委员，湖州市委常委、长兴县委书记，中共浙江省委统战部副部长(正厅级)，兼省民族宗教事务委员会党组书记、主任，中共浙江省委委员，衢州市委书记、市人大常委会主任，杭州市委副书记、代市长。2002年4月任中共浙江省委委员、杭州市委副书记、杭州市政府党组书记、市长。

王建满　男，汉族，1954年11月出生，浙江淳安人。1971年10月参加工作，1971年10月加入中国共产党，大专毕业。历任淳安县工作队队员，淳安县长岭乡文书、共青团团委副书记，共青团杭州市委常委、宣传部部长、党组成员，浙江广播电视大学杭州分校党政干部专修班学生，中共杭州市委落实知识分子政策办公室帮助工作，中共杭州市西湖区委常委、宣传部部长、区委办公室主任、区委副书记、副区长、代区长、区长、区委书记，中共杭州市委常委、宣传部部长、组织部部长，中共萧山区委书记。2002年2月任中共杭州市委副书记、萧山区委书记。

叶　明　男，汉族，1956年9月出生，浙江缙云人。曾任浙江省缙云县舒洪中学代课教师、县印刷厂美工。1984年8月参加工作，1983年6月加入中国共产党，研究生毕业。历任中共浙江省委办公厅综合处助理秘书、副主任科员，会议处副处长、秘书一处处长，办公厅副主任，中共浙江省委副秘书长、省直机关工委书记，中共杭州市委副书记。2002年2月任中共杭州市委副书记、纪律检查委员会书记。

王金财　男，汉族，1954年11月出生，浙江杭州人。1972年12月参加工作，1974年10月加入中国共产党，大专毕业。历任解放军战士，余杭县翁梅公社共青团团委负责人、人武部副部长、部长、公社党委委员、管委会副主任，中共余杭县五杭公社党委书记、五杭镇委书记、临平区委书记，余杭县农业局党委书记，中共余杭县委常委、组织部部长、县(市)委副书记、县(市)委党校校长，余杭经济技术开发区党组书记、管委会主任，中共杭州市委组织部副部长，中共建德市委书记(副厅级)，中共杭州市委组织部部长。2002年2月任中共杭州市委常委、组织部部长。

于跃敏　女，汉族，1958年4月出生，江苏宿迁人。1974年9月参加工作，1975年12月加入中国共产党，大学毕业。历任江苏省宿迁县晓店公社知青，峰山大队共青团支部书记、党支部副书记，公社党委委员、革委会副主任，县委工作队驻新庄工作组副组长，江苏省淮阴师范专科学校中文系学生，绍兴市柯桥中学教师、校共青团团委副书记，共青团绍兴县(市)委书记，中共绍兴市越城区委常委、宣传部部长，中共杭州市上城区委宣传部副部长、部长、区教育局党委书记，中共杭州市上城区委常委、宣传部部长，中共杭州市委宣传部副部长，中共杭州市下城区委书记，中共杭州市委委员，下城区人大常委会主任。2002年2月任中共杭州市委常委。2002年5月任中共杭州市委常委、宣传部部长。

张鸿建　男，汉族，1954年6月出生，安徽濉溪人。1970年8月参加工作，1973年9月加入中国共产党，大学毕业。历任杭州市郊区农机厂工人、党支部副书记，中共杭州市西湖区委、区政府办公室秘书，共青团杭州市西湖区委书记，共青团杭州市委常委、组织部部长，中共杭州市委委员，共青团杭州市委副书记、党组成员，杭州锅炉厂党委副书记、纪委书记，中共杭州市纪委常委，杭州市监察局党组书记、局长，中共杭州市纪委副书记、市监察局局长，中共杭州市拱墅区委书记、区人大常委会主任，中共杭州市委委员。2002年2月任中共杭州市委常委、市委政法委员会副书记，杭州市公安局党委书记。2002年6月任中共杭州市委常委、市委政法委员会副书记，杭州市公安局党委书记、局长。

林振国　男，汉族，1947年3月出生，福建福州人。1970年8月参加工作，1980年5月加入中国共产党，大学毕业。曾在解放军部队农场锻炼。历任杭州化工实验厂技术员，杭州市化工研究所技术员、副所长，杭州市化学工业公司组织处副处长、处长、党委副书记兼纪委书记，中共杭州市拱墅区委副书记、代区长、区长，中共萧山市委副书记、副市长、代市长、市长，杭州钱江外商台商投资区江南管委会党工委书记、主任，中共杭州市委候补委员，萧山区委副书记、区长，杭州市人大常委会党组成员。2002年4月任杭州市人大常委会党组成员、副主任。

朱荫湄　女，汉族，1944年4月出生，浙江宁波人。1966年2月参加工作，1992年7月加入九三学社，大学毕业。历任中国科学院南京土壤研究所研究实习员、助理研究员，赴意大利国家科学委员会土壤化学研究所访问学者，浙江农业大学环保系副教授，赴美国弗吉尼亚理工大学高级访问学者，浙江农业大学环保系主任、环境与资源学院副院长、教授、博士生导师，研究生部主任，浙江大学人事处处长，九三学社中央委员、浙江省委副主任委员，政协浙江省委常委，九三学社杭州市委主任委员。2002年4月任杭州市人大常委会副主任，政协浙江省委常委，九三学社中央委员、浙江省委副主任委员、杭州市委主任委员。

杨戌标 男，汉族，1956年9月出生，浙江杭州人。1976年4月参加工作，1984年8月加入中国共产党，研究生毕业，硕士学位。历任杭州春光丝织厂工人，浙江省电力安装公司变电队工人，浙江大学土木系学生，杭州自来水公司施工员、技术股股长、扩建指挥部副指挥、基建处处长，杭州市市政工程建设处副处长、直属党支部副书记、处长，杭州市城市基础设施开发总公司党委书记、总经理，杭州市城乡建设委员会党委委员、副主任、党委书记、主任，中共杭州市委委员，杭州市政府党组成员、市长助理，杭州市钱江新城建设指挥部总指挥。2001年4月任中共杭州市委委员，杭州市政府党组成员、副市长。2002年6月任中共杭州市委委员、杭州市政府党组成员、副市长、市规划局党组书记、市钱江新城建设指挥部总指挥。

孙景淼 男，汉族，1958年3月出生，浙江杭州人。1974年11月参加工作，1982年12月加入中国共产党，研究生毕业。历任萧山县头蓬公社知青，杭州纺织技工学校学生，杭州第二棉纺织厂南织车间工人、共青团总支书记、厂团委常委，中共浙江省委党校青干班学员，杭州第二棉纺织厂北织分厂党总支副书记，共青团杭州市委常委、办公室主任、调研室主任，共青团市委副书记、党组成员，杭州市统计局党组成员、副局长，党组书记、局长，中共淳安县委副书记、淳安县代县长、县长(副厅级)，中共杭州市委委员。2002年4月任中共杭州市委委员，市政府党组成员、副市长。

沈　坚 男，汉族，1956年8月出生，浙江杭州人。1975年1月参加工作，1978年3月加入中国共产党，大学毕业。历任解放军战士，杭州医药采购供应站组宣科办事员、办公室副主任、组织科科长、党委办公室主任、党委副书记、副总经理、副董事长，杭州市经济体制改革委员会(经济研究中心)党组成员、副主任、党组书记、主任，杭州市政府副秘书长、办公厅党组成员，杭州市经济体制改革委员会办公室党组书记、主任，中共杭州市委委员。2002年4月任中共杭州市委委员，杭州市政府党组成员、副市长。

曾东元 男，汉族，1947年2月出生，四川内江人。1969年3月参加工作，1981年12月加入中国共产党，大学毕业。历任黑龙江省同江县向阳公社知青、小学教师、中学教师，同江县第二中学教师，黑龙江省佳木斯师范专科学校学生，黑龙江省同江县第二中学教师、物理教研组组长，杭州市闸弄口中学教师、理化教研组组长，杭州市江干区文教局党委委员、副局长，中共杭州市江干区委组织部副部长，中共杭州市下城区委常委、组织部部长，中共杭州市西湖区委副书记、代区长、区长、区委书记、区人大常委会主任，中共杭州市委委员。2002年4月任中共杭州市委委员、政协杭州市委党组成员，政协杭州市委副主席。

俞国庆 男，汉族，1951年10月出生，浙江杭州人。1970年10月参加工作，1973年5月加入中国共产党，大学普通班毕业。历任浙江建设兵团工业3团班长、副排长、副连长、副指导员，浙江大学机械系学生，杭州汽轮机厂技术员、团委副书记、一汽车间党支部副书记、书记、副主任、厂工会副主席，杭州市机械工业局工会主任，杭州市总工会机械冶金工会主任，杭州市总工会党组成员、副主席、党组书记、主席，市七、八届人大常委会委员，中共杭州市委委员，全国总工会执委，中共建德市委书记(副厅级)，中共杭州市委组织部副部长(副厅级)，市九届人大常委会委员。2002年4月任政协杭州市委党组成员、政协杭州市委副主席。

陈振濂 男，汉族，1956年2月出生，浙江鄞县人。1976年10月参加工作，1990年12月加入中国民主同盟，硕士研究生毕业。历任上海工艺美术学校教师，浙江美术学院中国画系书法专业硕士研究生，浙江美术学院教师，省书法家协会副主席，中国美术学院教授、博士生导师，民盟浙江省委常委，政协浙江省委常委，浙江大学人文学院副院长兼艺术学系主任、博士生导师，民盟杭州市委主任委员。2002年4月任政协浙江省委常委，政协杭州市委副主席，民盟浙江省委副主任委员、杭州市委主任委员，浙江大学人文学院副院长兼艺术学系主任、博士生导师，中国美术学院教授、博士生导师，省书法家协会副主席。

韩国熹 男，汉族，1944年10月出生，浙江杭州人。1963年8月参加工作，1982年5月加入中国民主促进会，中专毕业。历任杭州市上城区高银巷小学教师，小营小学教师、教导主任，上城区中心教研组成员，杭州市上城区人大常委会委员、教科文卫工委主任，民进杭州市委常委、民进上城区总支部副主任、主任，杭州市上城区人大常委会副主任，杭州市上城区副区长，民进杭州市委副主任委员、主任委员。2002年4月任政协杭州市委副主席、民进杭州市委主任委员、上城区副区长。

郁嘉玲 女，汉族，1949年3月出生，浙江富阳人。1966年7月参加工作，2000年3月加入中国致公党，大专毕业。历任富阳县环山公社中埠大队知青，富阳县大源服装社工人、航运公司工人、毛纺厂工人，富阳县文联常委、副秘书长、副主任干事，政协富阳县委常委，政协富阳县(市)委副主席，致公党杭州市委副主任委员、主任委员。2002年4月任政协杭州市委副主席、致公党杭州市委主任委员、政协富阳市委副主席。

(市委组织部)

·新闻人物·

毛泽平 男,1945年出生,1963年毕业于浙江省煤矿学校,1988年加入中国共产党。曾任小学民办教师、生产队会计,1988年5月起任淳安县严家乡土管员。曾多次被评为县级先进工作者,所分管的工作先后获得20多项荣誉。2001年初,毛泽平在深入边远贫困村为民办事时,因劳累过度引发脑溢血,经抢救无效,于2001年1月27日不幸逝世。4月13日,中共杭州市委决定追认毛泽平为优秀共产党员,在全市广泛深入地开展向心系百姓的好干部毛泽平学习的活动。

毛泽平热爱人民,心系群众。任职以来,他踏遍了严家乡的山山水水,跑遍了所有的自然村,三年行程12500多千米,对全乡每一户的情况了如指掌,与群众心心相印,被群众看做是贴心人、亲兄弟、好朋友。他数年如一日,经常去看望燕川村的3位孤老,帮他们干农活、做家务,还从自己微薄的工资中挤出钱资助他们。

毛泽平"干"字当头,憨厚朴实,工作踏实,讲求实效。为了保护耕地,他曾9个月吃住在农家,测绘了全乡所有的农居房屋和土地使用现状图,对乡村建设进行了全面规划;逐村逐户地进行集体土地建设用地申报登记,完成了全乡农村宅基地有偿使用证的发放。他担任乡土管员期间,严家乡不但没有减少一分耕地,而且通过造田造地增加了20多公顷。在1996年6月30日的特大洪灾中,他连续几天几夜坚守在堤坝上;在修复闻家村至板桥村的机耕路时,他带着苞米饼吃住在一间连门也没有的石棚里,一干就是3个多月;在建造阴溪村石拱桥时,他2个多月没有离开过工地。

毛泽平刻苦钻研业务,一专多能。除了土管业务外,他还自学了公路、桥梁、房屋、水利、建筑等方面的知识,掌握了多种为民服务的本领,充分利用自己的专长为群众做好事,办实事。严家乡绝大部分公路、机耕路的建设改造,桥梁、涵洞的建造,各村自来水工程及一些村级小学的校舍,都是他利用业余时间帮助勘测、绘图、设计的,为乡村节约设计费10多万元。他帮助农民引进的适合高山栽种的山茱萸,如今成了当地农民的"摇钱树"。他根据严家乡实际,向乡党委提出"修建隧道,打通与临安的通道,构筑致富路"的发展思路。他还是一位称职的调解员、信息员、施工员、文化教员,被群众誉为"土专家"、"多管员"。

毛泽平依法办事,公正廉洁。他严格按照土地法规办事,从不徇私情。在办理审批的600多宗建设用地项目中,无一宗引起纠纷,被上级主管部门誉为"土地卫士"、"黄土魂"。严家乡政府和他个人曾多次被评为杭州市土地管理创"三无"(无违法批地、无违法管理和无违法用地)乡镇先进单位和先进个人。

(市委办)

韩柏青 男,1946年9月出生,杭州市总工会主席,全国五一劳动奖章和省劳动模范称号获得者。

韩柏青1995年担任杭州市总工会主席以来,认真贯彻落实党的全心全意依靠工人阶级的指导方针,解放思想,开拓创新,不断奋进,领导全市工会切实履行工会的职责。他每年突出地抓好几项重点工作,每年为职工群众办好几件有影响的实事、好事,使杭州的工会工作始终在全省乃至全国处于先进水平。市总工会1998年被评为全国集体合同建制先进单位,2001年被评为全国送温暖工程先进单位和女职工工作先进单位;市总工会领导班子1999年被评为杭州市优秀领导班子。

章方祥 男,1958年9月出生,中国东冠通信集团公司董事长,全国五一劳动奖章和省劳动模范称号获得者。

章方祥带领全体员工,经过20多年艰苦创业,改革创新,开拓奋进,把一个电力安装队发展成集通信信息、建筑建材、环保科技为一体的大型企业集团。至2001年末,东冠集团拥有10个子公司、2800名员工,总资产8亿元。2001年实现产值7.7亿元,利税6000万元。章方祥曾先后被评为市劳动模范、省十大杰出青年、全国乡镇企业优秀董事长,1997年当选为中国共产党第十五次代表大会代表。

韩国瑛 女,1947年2月出生,杭州市商业银行官巷口支行行长,全国五一劳动奖章和省劳动模范称号获得者。

韩国瑛一贯以团结奉献、开拓进取的精神感召员工和客户,在激烈的市场竞争中,她坚持科学的经营理念,狠抓业务建设,形成了适应市场经济的管理体制,使支行实现了超常规发展。1994年以来,她所在的支行存款余额从2.3亿元增加到26亿元,其他各项经济指标也都名列全行前茅。她坚持业务特色化经营,在杭州市率先开展二手房信贷和养老金社会化发放工作。1997年被评为市劳动模范。

郭裕茂 男，1958年10月出生，杭州市第十四中学特级教师，全国五一劳动奖章和省劳动模范称号获得者。

郭裕茂具有良好的职业道德，爱生如子，教书育人。他担任高中化学教学10多年，学生高考成绩均列全省前茅；指导学生参加全国高中化学竞赛，有近20人获一、二、三等奖。他承担的“化学四步教学法”教改实验课题通过省级评审鉴定，被评为全国二等奖。他先后在省级以上刊物上发表论文40余篇，其中2篇被评为全国一等奖，4篇被评为全国二等奖，5篇被评为省一等奖。1993年被评为全国优秀教师。1998年起享受国务院特殊津贴。

陈 灵 男，1960年10月出生，桐庐县公安局交通巡特警大队车辆管理所民警，全国五一劳动奖章和省劳动模范称号获得者。

陈灵从警17年，一直从事交通管理工作。他热爱人民，爱岗敬业，任劳任怨，乐于奉献，先后深入全县25个乡镇、500余个自然村和80多所中小学、50多个工矿企业，为6.5万余人上交通安全课，还帮助60余名迷路儿童寻找父母，6次扑救失火的车辆和房屋，为民排忧解难1000余次。

他严格执法，廉洁奉公，纠正各类交通违章1.6万多次，拒礼拒贿5000余元。2001年被评为全国优秀人民警察。

周智勇 男，1962年1月出生，杭州杭氧科技有限公司高级工程师，全国五一劳动奖章和省劳动模范称号获得者。

周智勇长期从事空分技术的设计和空分设备制造的现场指导、调试工作。20多年来，他刻苦钻研技术，大胆进行技术创新，敢于向世界顶尖技术挑战。他参加的20多套第六代、第七代大型、特大型空分设备的研制、调试，均一次开车成功，其中第六代空分设备获省级和部级科技进步一等奖。他热情对年轻的技术人员进行传帮带，时时处处为用户着想。2000年被评为市劳动模范。

（市总工会）

张仲新 男，1958年2月出生，安徽宿县人。1976年至1986年在部队服役，历任战士、班长、排长、副连职管理员、连政治指导员等职。1986年12月转业参加公安工作，先后获全国优秀人民警察、全国优秀社区服务者、全省优秀军转干部、全省学济南交警先进个人、全市政法系统双十佳个人、全市学雷锋标兵、西湖区优秀共产党员等荣誉称号。2001年6月15日因病不幸逝世。生前是杭州市公安局西湖区分局看守所正科级民警，中国共产党党员，二级警督。2001年9月获全国公安系统二级英模称号。

张仲新在部队时是爱兵习武的标兵；在公安岗位上，他热爱公安事业，恪尽职守，兢兢业业。他把群众的冷暖时刻挂在心间，身上常带着的一本笔记本上，记满了辖区需要得到帮助的群众情况。他曾经坚持11年照顾孤寡、病残家庭，常年坚持义务为群众理发。他把一片深情毫不保留地献给了群众，在平凡中体现了不平凡，用他憨厚纯朴的作风、踏踏实实的工作，谱写了全心全意为人民服务的动人篇章。

（西湖区公安分局）

唐孝威 男，1931年10月出生，江苏无锡人。1952年毕业于清华大学物理系。先后在北京中国科学院近代物理研究所、北京二机部原子能研究所、前苏联杜布纳联合原子核研究所、青海核工业部九院、北京中国科学院高能物理研究所、德国汉堡电子同步加速器中心、瑞士日内瓦欧洲核子研究中心等单位工作，任北京大学、中国科学技术大学等学校兼职教授。1980年当选为中国科学院数学物理学部委员（院士）。2001年3月起为浙江大学教授、博士生导师。

唐孝威主要从事原子核物理实验、高能物理实验、核技术应用、生物物理学、核医学、脑科学、神经信息学研究。20世纪50年代，他先后参加中国铀矿的野外勘探工作和高空环境的监测工作。1956年~1959年，在前苏联杜布纳联合原子核研究所工作。1960年4月起参加中国“两弹”研制工作。第一颗原子弹爆炸成功后，作为有功人员之一受到周恩来总理的接见。70年代参加中国“一星”研制工作。70年代末，其研究领域转至高能物理。1978年率中国改革开放后向西方派出进行国际合作的第一个科学实验研究组，到德国汉堡电子同步加速器中心进行高能物理实验。中国组与丁肇中教授领导的马克杰组合作，进行高能正负电子对撞实验，在实验方案设计、实验仪器制造、仪器安装调试、实验数据获取、事例选择等方面完成了大量工作，取得丰硕成果。80年代，他领导的实验组参加在瑞士日内瓦的欧洲核子研究中心莱泼高能正负电子对撞机上高能物理实验的国际合作，参加L3合作实验。90年代，他参加阿尔法磁谱仪的国际合作，进行探寻空间反物质与暗物质的研究工作。2000年起，他和神经科学家一起推动和组织中国“人类脑计划”和神经信息学的工作，并代表中国参加全球“人类脑计划”研究。

唐孝威在国内外重要学术刊物上发表论文450多篇，出版《粒子物理实验方法》、《正负电子物理》、《细胞运动原理》、《核医学和放射治疗技术》、《脑功能原理》、《脑功能成像》等6部学术专著，先后在中国科学院高能物理研究所、中国科技大学、北京大学、南京大学、浙江大学等科研机构和高校培养博士后、博士和硕士70余名。1979年被评为全国劳动模范。曾当选为中国共产党第十二次、第十三次全国代表大会代表，任中国和平统一促进会理事。

徐世浙 男，1936年10月出生，浙江台州人。1956年毕业于长春地质学院地球物理勘探系，1956年~1973年在长春地质学院任教，1974年~1983年在中国科技大学任教，1984年~1998年在青岛海洋大学任教，现为浙江大学理学院地球科学系教授、国务院学位委员会学科评议组成员。曾获山东省优秀教师、山东省科技拔尖人才称号。1992年起享受国务院颁发的政府特殊津贴。2001年当选为中国科学院院士。

徐世浙长期从事地球物理科研教学工作，在计算地球物理方面卓有建树。他创造性地提出用构制保角变换座标网的方法，使地球物理场的计算更加准确和科学。20世纪80年代以后，他致力于地球物理的数值计算方面的研究，是国内最早将有限元法用于地球物理勘探中的人之一，也是国际上最早将力学中的边界单元法应用于地球物理勘探中的人之一。以他为第一作者的《地球物理中的边界单元法》是该领域国际上的首部著作，国内出版后，即被美国勘探地球物理协会译为英文出版。

以徐世浙为第一作者出版的中文专著还有4部：《保角变换在电法勘探中的应用》、《古地磁学概论》、《地球物理中的复变函数》、《地球物理中的有限单元法》，其中《古地磁学概论》对中国开展古地磁工作起了重要的推动作用；英文专著1部：《The boundary element method in geophysics》，由美国勘探地球物理协会出版。作为第一作者出版的论文有77篇。

徐世浙曾获得部科技进步一等奖1项，省部级二等奖4项、三等奖1项；先后培养硕士、博士、博士后30余名。

郑树森 男，1950年1月出生，浙江龙游人。1973年毕业于浙江医科大学（现浙江大学医学院）临床医学系，1986年获浙江医科大学硕士学位，1989年获华西医科大学肝胆外科学博士学位，1990年~1992年赴香港大学外科系玛丽医院从事博士后研究。现为浙江大学医学院副院长兼附属第一医院院长、教授、博士生导师，浙江省政协委员，卫生部多器官联合移植研究重点研究室主任，中华器官移植学会副主任委员，中华医学会外科学分会常委，浙江省外科学会和器官移植学会主任委员，国际肝病学术委员会委员。2001年当选为中国工程院院士。

郑树森长期从事器官移植的基础与临床研究，在器官移植领域多次取得重大突破。1993年4月主持施行中国20世纪90年代首例肝移植手术并获成功，由此推动了国内第二次肝移植高潮的兴起。1994年4月为一位患糖尿病25年、尿毒症4年的生命垂危患者施行浙江省首例胰、十二指肠及肾联合移植获得成功，创造了亚洲患者最长存活纪录。此项目获国家科技进步二等奖。1999年2月率先在国内开展高难度的肝肾联合移植手术，在术中开创性地使用肾功能替代技术，使一位肝炎后肝硬化、肝功能衰竭合并肾功能衰竭的患者重获新生，患者存活时间为国内最长。该成果获2000年浙江省科技进步一等奖。郑树森主持施行了上百例肝移植、肝肾联合移植和胰肾联合移植手术，是中国多器官联合移植领域的开拓者。他还在肝胆胰外科的其他领域开展了许多创新工作。

郑树森培养博士、硕士56名，承担国家863计划、国家自然科学基金、教育部重大项目、省科技厅国际合作重大项目等多项国家级和省部级课题，先后10次获国家及省级科技进步奖，获全国先进工作者、国家级有突出贡献的中青年专家、全国优秀留学回国人员、全国优秀院长、浙江省有突出贡献中青年科技人员、浙江省医学杰出中青年科技人员、浙江省劳动模范、浙江省高校优秀共产党员等荣誉称号。他在《中华医学杂志（英文版）》、《中华外科杂志》、《中华器官移植杂志》等学术刊物上发表论文100余篇，主编《肝脏移植》、《胰腺移植》等多部专著，担任《中华外科杂志》、《中华器官移植杂志》等4种杂志的编委、常务编委和副主编。

（浙大人事部）

潘宏耕 男，1929年4月出生，杭州人。1949年参加中国人民解放军，1956年5月转业到杭州都锦生丝

织厂工作,1986年离休。浙江省首批野生动物保护协会会员。2001年4月获国家环保总局和香港“地球之友”联合设立的第五届“地球奖”。

从20世纪60年代开始,潘宏耕便一直从事保护鸟类的工作。1994年起,潘宏耕用自己制作的爱鸟护鸟、环境保护展品,先后在全省各地的广场、公园、学校、居民小区、疗养院等地举办展览180次,观众约30万人;报刊、电台、电视台报道他的事迹100多次,播出电视专题片12部,通过媒体受到教育的约100万人次。他不辞辛苦地肩背大包宣传资料,自费赴嘉兴、绍兴、金华、宁波、衢州等地办展览,有时累得生病。他还自费制作了2000顶印有“我要做个环保人”字样的太阳帽,赠送给学校和离退休干部门球队。

30多年来,潘宏耕不仅为环保事业奉献了无数个日夜,还把养老积蓄的3万多元钱花在爱鸟护鸟、保护环境的事业上。为了唤起人们的环境保护意识,潘宏耕多次向各级领导机关寄发自己精心收集和编写成册的资料,呼吁重视环保、维护生态平衡;将自费印制的宣传资料送到各级团委、风景区各学校和公安机关。2001年9月,潘宏耕关于在杭州西湖风景区设立严禁违法捕鸟警示牌的建议,得到了杭州西湖明珠电视台、杭州慈善总会的支持,制作了两百块警示牌挂在西湖风景区。

获“地球奖”后,潘宏耕将2万元奖金捐献给市园文局植物园,作为建立爱鸟护鸟、环境保护宣传亭——“爱鸟亭”的经费。 (黄炳元)

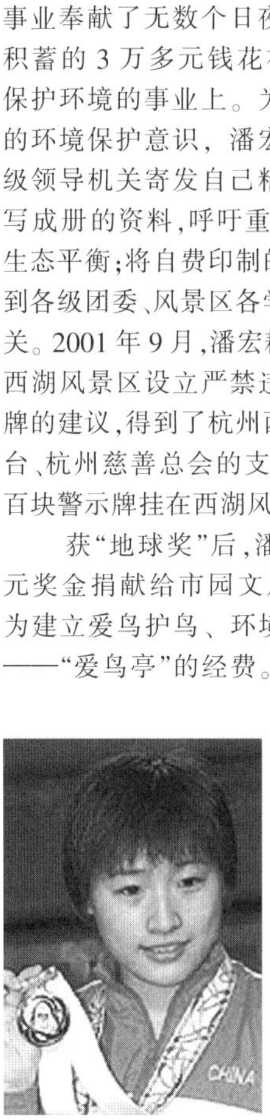

罗雪娟 女,1984年1月出生,浙江省杭州市人,游泳运动健将,浙江省游泳队队员,国家游泳集训队队员,2001年全国十佳运动员。

罗雪娟1991年3月进杭州市陈经纶体育运动学校业余游泳班学习游泳。1995至1997年,多次获全国、全省少年儿童游泳赛女子蛙泳全能冠军。1998年入选浙江队后,运动水平迅速提高,2000年获全国游泳冠军赛女子100米蛙泳冠军,全国游泳(短池)锦标赛女子50米蛙泳、100米蛙泳和4×100米混合接力冠军。2001年,她在全国冠军赛、全国锦标赛及第九届全国运动会上,获得6项冠军、4项亚军、1项第三名,并打破女子100米蛙泳全国和亚洲纪录。2001年7月,她在日本福冈举行的第九届世界游泳锦标赛中一举夺得女子50米蛙泳和100米蛙泳冠军,并打破该两个项目世锦赛纪录和亚洲纪录。11月~12月,她在国际泳联世界杯(短池)游泳比赛中多次夺得分站赛冠军,并打破了女子50米蛙泳的世界纪录。 (陈雨舟)

·在杭有突出贡献的老文艺家选介·

黄 源 男,1906年生,浙江海盐人。文艺活动家、译作家。现任浙江省文联名誉主席、中国作协名誉副主席。

30年代,黄源从事编辑进步文学刊物《文学月刊》、《译文》。《译文》成为左翼文化的重要阵地,受到鲁迅好评。

解放后,黄源主要从事华东地区及浙江的文化领导工作,致力于浙江文化事业发展和文艺人才培育。他主持改编的昆剧《十五贯》,被列为戏曲改革的典型,受到毛泽东、周恩来的赞赏。

黄源出版的主要译作和著作有:《屠格涅夫生平及作品》、《将军死在床上》、《屠格涅夫代表作》、《高尔基代表作》、《在鲁迅身边》等。

于冠西 男,1922年生,山东莒县人。文化工作组织领导者、作家。现任浙江省文学学会、省记者协会、省出版工作者协会和省写作协会名誉会长(主席)。

于冠西在浙江日报社和中共浙江省委宣传部担任领导职务期间,关注文学艺术创作,重视文化人才的培养,为浙江省的文化事业发展作出了突出贡献。他业余从事创作,成果颇丰。出版作品有:散文集《欧游纪事》、《记者日记》、《八步半的思忆》、《冠西散文》、《冠西选集》,诗集《七月雨》、《牧笛集》、《林之静美》等。

王伯敏 男,1924年出生,浙江台州人。美术史论家、国画家。曾任温州师范美术科主任、中国美术学院教授。现为中国美术学院博士生导师、敦煌研究院兼职研究员、浙江省美协顾问。

自1950年以来,王伯敏一直从事中国美术史的研究,著述宏富,其学术成就在本省以至国内外都有很大影响,是中国美术史学科教学与学术研究的带头人。王伯敏在国画创作上也有较高成就。

迄今为止,王伯敏出版专著40多部,其中10多部被日本、美国、英国、意大利、韩国等国家翻译出版。其主要著作有:《中国绘画通史》、《中国版画史》、《中国民间美术》、《中国古肖形印》、《山水画纵横谈》等,主编有《中国美术通史》、《中国少数民族美术史》等。

史 行 男,1916年生,江苏宜兴人。文化工作组织领导者、导演。曾任解放军总政文工团副团长兼话剧团团副团长、中共浙江省文化局党组书记、代局长等职。抗战时期,史行参演《放下您的鞭子》等街头剧及《热血忠魂》、《保卫我们土地》等电影,后赴延安鲁迅艺术学院剧作研究班学习。在抗日战争、解放战争、抗美援朝期间,从事战地文艺宣传工作,并进行文艺创作。1982年出任中共浙江省文化局(厅)党组书记、代局长后,着力抓戏剧创作,为创建浙江越剧“小百花”,推出一批优秀越剧表演人才,带动浙江戏剧的发展,作出了突出贡献。1999年获鲁迅文艺奖,并受聘美国莫利斯学院客座教授。

史行曾导演话剧、戏曲若干部,并出版文论集《艺海扬帆》等。

叶一苇 男,1918年生,浙江武义人。书法篆刻家、理论家。现为中国书法家协会会员、浙江省书法家协会顾问、西泠印社理事、浙江省文化研究馆馆员。

叶一苇诗书画印俱佳。尤其是篆刻艺术理论的研究,成果颇丰,影响较大。

迄今为止,叶一苇在国内外各专业报刊上发表论文100余篇,计80余万字。著有《篆刻丛谈》、《篆刻丛谈续集》、《中国的篆刻艺术技巧》、《雕虫札记》、《中国篆刻史》、《一苇印踪》、《一苇诗词选》等专著11册。

刘 江 男,1926年生,重庆市万州人。书法篆刻家、教育家。现为浙江省书法家协会首席顾问、西泠印社副社长。

20世纪60年代初,刘江在浙江美院率先建立书法篆刻专业,参与了该专业的筹建和教学大纲的制定。后一直从事教学工作,为浙江培养了大量书法篆刻艺术人才。

刘江的书法创作,以甲骨文、篆书成就最为显著。篆刻形式多变,独树一帜。书法、篆刻作品多次参加全国展,并赴日本、韩国、新加坡等国展出。刘江已发表书法、篆刻相关论文50余篇,出版有《篆刻艺术》、《篆刻美学》、《篆刻形式美》、《刘江篆书唐诗一百首》等专著,共计250万字,图片1万余张。

周大风 男,1923年出生,浙江镇海人。作曲家、音乐教育家。现为浙江省音乐家协会顾问。

几十年来,周大风致力于音乐和戏剧作曲,先后发表歌曲100余首,为大小剧目作曲60余部,整理发掘、研究、加工、翻译唐宋诗词170余首。其代表作《采茶舞曲》具有浓郁的江南特色,被联合国教科文组织列为亚太地区风格音乐教材之一。

周大风撰写出版的主要文集有:《浙江地方戏曲音乐选》、《越剧唱法研究》、《欣赏音乐的知识和方法》、《周大风音乐教育文集》、《钢琴的制作和维修》等。

赵延年 男,1924年生,浙江湖州人。版画家、美术教育家。20世纪40年代初,赵延年参加中华全国木刻界抗敌协会和中华全国木刻协会,创作了大量的木刻和漫画作品。现为中国美术学院教授、中国版画家协会顾问、省美术家协会顾问、省版画家协会名誉会长。

赵延年长期从事新闻出版和教育工作,创作了一批优秀木刻作品。代表作《鲁迅像》、《阿Q正传》插图等200余幅,为国内外10余所美术馆、博物馆收藏,获中国新兴版画杰出贡献奖。

60年来,赵延年共创作了700余幅版画,作品专集有:《赵延年版画选》、《赵延年木刻插图》、《木刻艺术》、《赵延年木刻版画回顾》、《赵延年画集》等。

顾锡东 男,1924年生,浙江嘉善人。剧作家、文化工作组织领导者。现为浙江省文联名誉主席。

顾锡东在戏剧创作上成就卓著,是浙江剧作家的代表人物。创作的剧本深受观众喜爱,在全国乃至海外都有较大影响,推动了浙江戏剧的发展和繁荣。作品多次获国家级奖项。同时,顾锡东为扶持浙江越剧"小百花",培养中青年戏剧影视创作、表演人才作出显著贡献。

顾锡东已创作70多个戏剧、电影和电视剧剧本,代表作品有:《五姑娘》、《蚕花姑娘》、《五女拜寿》、《汉宫怨》、《陆游与唐琬》等。

郭仲选 男,1913年生,山东苍山人。书法家、文艺工作组织领导者。现任浙江省文史研究馆馆长、浙江省书法家协会名誉主席、西泠印社常务副社长等职。

在任省、市书协领导期间,郭仲选团结书法界人士和会员,开展创作和研讨活动,加强同海内外交流,培养人才,为浙江省书法事业的发展作出了突出贡献。

郭仲选的书法创作博取众家之长,融汇先人之精华,自成一家,形成清雅含蓄的书风,是当代中国书坛具有代表性的书家之一。其作品获得国内外书法荣誉奖项10余次,并被各博物馆、纪念馆收藏。出版有作品专集《夕阳轩书画集》。

(2002年2月6日,浙江省文联隆重集会,表彰有突出贡献的老文艺家。以上选介部分长期在杭工作者。摘编自2002年2月7日《浙江日报》)

·逝世人物·

郑志新 男,1915年7月出生,浙江省杭州市人,原市人大常委会副主任,中国民主建国会浙江省委员会名誉副主任委员、杭州市委员会名誉主任委员。因病医治无效,于2001年5月23日在杭逝世,享年86岁。

郑志新于1951年加入中国民主建国会。他热爱祖国,热爱中国共产党,为党的爱国统一战线事业和民建工作勤勤恳恳,无私奉献,几十年如一日。1951年春,他响应党和国家的号召,联合其他7个工厂成立了杭州第一个制茶合营公司。历任第六、七届全国人民代表大会代表,杭州市第六、七届人大常委会副主任,政协浙江省第三届委员会委员、第四届常委,民建第二、三、四届中央委员,第五、六届中央咨议委员会委员,浙江省委第一、二届副主委,杭州市委第四、五、六、七届主委等职。

刘 晔 男,1918年3月出生,江苏省泗阳县人,原市政协副主席,离休干部。因病医治无效,于2001年4月16日在杭州逝世,享年83岁。

刘晔大学毕业后,先后在贵阳、杭州等地中学任教。1953年4月加入中国民主同盟,1958年起先后担任民盟杭州市第四届、第五届委员会副主委,第六届、第七届委员会主委,第八届、第九届委员会名誉主委。1982年后担任政协杭州市第四届、第五届委员会副主席。1990年5月加入中国共产党。

刘晔在长期民盟工作中,把全部精力投入到坚持和完善中国共产党领导的多党合作和政治协商制度上。他认真学习马列主义、毛泽东思想、邓小平理论,坚决拥护共产党的领导,坚持原则,顾全大局,严于律己,廉洁奉公。他的一生,是追求进步和革命的一生,鞠躬尽瘁为爱国统一战线工作的一生。他临终前表示丧事从简、不举行遗体告别仪式,表现出崇高的思想境界。

杨敏 女,1919年4月出生,浙江省宁波市人,原杭州市纺织工业局顾问,享受地专级待遇的红军离休干部。因病医治无效,于2001年1月3日在杭州逝世,享年82岁。

杨敏于1937年6月加入中国共产党,先后担任中共上海怡和纱厂党支部组织委员、书记,江苏常熟县梅北区委组织委员、江城区委书记,苏南财经处茅东县合作指导员,句容四区区委委员,宣当县曹塘区委组织委员,苏南地委专署纺织合作指导员,山东鲁中区党委工作团团员,新泰县城关区委组织委员,山东华东局土改工作团团员。1949年随军南下,历任杭州第一纱厂驻厂员、党支部书记兼工会主席、军代表,杭州纺织工会党总支委员,杭州纱厂党支部书记,市纺织工会组织科长、副主席、党组副书记、主席、党组书记,市总工会党总支委员,全国纺织工会丝绸委员会主任、组织部副部长、机关党支部书记,省总工会副主席,萧山棉纺织厂工会主席,杭州第一棉纺织印染厂党委副书记,杭州针织厂党委副书记,市棉纺织工业局党组成员、顾问。1983年11月离休。

马雨亭 男,1910年4月出生,浙江省建德市人,原中共山东省委党校党委委员、哲学教研室主任。因病医治无效,于2001年8月30日在建德市逝世,享年91岁。

马雨亭于1927年加入中国共产党,历任建德县小学教师,苏南根据地县委宣传委员、县长,威海市教育科长、秘书主任,华东大学部主任,山东大学党委委员、政治系副主任,山东政治学校副校长,中共中央第四中级党校党委委员、哲学教研室主任等职。1981年离休,享受厅局级待遇。

国内革命战争时期,马雨亭积极组织农民开展减租减息和夺粮斗争,发动农民暴动,积极保护被敌人追捕的革命同志,与国民党反动派进行坚决斗争。在抗日战争、解放战争时期以及建国后,他投身于党的教育事业,为党培养了大批干部。他在1958年整风补课中受到不公正待遇,在“文化大革命”中受到严重迫害,但始终坚持党性原则,表现了共产党人崇高的政治风范。

高来宾 曾用名高子鸿,河北省景县人,男,1915年3月出生,原杭州市政协副主席。因病医治无效,于2001年1月12日逝世,享年86岁。

高来宾青年时代想以枪杆子救中国,参加了国民党军队,抗日战争时期与日寇进行了不屈不挠的斗争,曾被捕入狱,备受折磨。解放战争时期,他对国民党反动派的腐朽统治极为不满,于1948年9月19日在山东济南战场毅然率部起义,参加了中国人民解放军,任第三野战军第七兵团三十五军一〇五师参谋长,并参加了著名的淮海战役。杭州解放后,任杭州警备司令部参谋长。从部队转入地方工作后,曾任杭州市人民政府房地产管理处副处长、处长,杭州市建设局副局长。1981年12月,当选为政协杭州市第四届委员会副主席。1987年12月离休。

王峰凯 曾用名王大可、王心悦,男,1916年5月出生,河南省城皋县人,原杭州市民政局党委副书记、副局长,享受地专级待遇的红军离休干部。因病医治无效,于2001年4月7日在杭州逝世,享年84岁。

王峰凯于1937年1月参加红军,1937年3月加入中国共产党。在部队历任副班长、班长、副排长,山西省宣县大队中队长,山西省清太县特务连副连长,山西西北办事处特务连连长,延安抗大第三大队学员,河南八团留守处副官处长,新四军江北指挥部副官主任,华中五支队游击纵队一大队大队长,华中抗大八分校学员、军事教员,华中二师五旅十四团通讯参谋,华中东南支队司令部侦察、作战参谋,东北工人纵队司令部作战科长,一三一师三九二团副团长,空军十九师五十七团团长,空军二十四师司令部副参谋长。1958年8月转业后,历任杭州汽车制造厂党委书记,杭州市重工业局党委副书记,西湖区委副书记,杭州市民政局副书记、副局长。

(吴维康)

·历史人物选介·

章炳麟 男,1869年出生,初名学乘,字枚叔,后改名绛,号太炎,余杭仓前人。清光绪十六年(1890年)入杭州诂经精舍,拜俞樾为师。光绪二十年加入强学会。次年,就梁启超邀,主《时务报》笔政,投身变法。光绪二十五年,赴日本,结识孙中山。光绪二十八年,遭清廷追捕,再次流亡日本。在日本,与孙中山握手定交。光绪二十九年,康有为鼓吹"中国只可行立宪,不可行革命"。章炳麟发表《驳康有为论革命书》,指出推翻清朝腐朽统治,建立近代的民族国家,乃是时代发展的必然,并直斥光绪帝为"载湉小丑,未辨菽麦"。与此同时,为邹容《革命军》作序,又与邹容、柳亚子等人连续在《苏报》上发表文章,猛烈抨击清政府。清廷与上海租界当局勾结,逮捕章炳麟等人,造成震动中外的"苏报案"。光绪三十二年六月出狱,孙中山派专使迎至日本,受到革命党人热烈欢迎。七月七日,由孙中山主盟,加入同盟会,任同盟会机关报《民报》总编辑。宣统二年,与陶成章等人在东京重建光复会,被推为会长。民国元年(1912年,以下采用公元纪年),任中华民国联合会会长。1913年3月,参加反袁斗争。1914年1月,大闹总统府,遭软禁,至袁世凯死后才获释。1917年9月,任孙中山护法军政府秘书长。"四一二"反革命政变后,严词斥责蒋介石叛变革命,被定为"学阀",遭国民党政府通缉。于是退居书斋,卖文鬻字,自称"中华民国遗民"。"九一八"事变后,再次奋袂而起,痛斥蒋介石"勇于私斗,怯于公战",呼吁抗日。1934年,迁居苏州,创立国学讲习会,主编《制言》杂志。1936年6月14日病逝于苏州。解放后,中共中央根据章炳麟死后"傍张苍水墓而葬"的遗愿,由江、浙两省人民政府主持,于1955年4月3日移柩杭州,安葬于南屏山麓。周恩来称誉章炳麟"是一代儒宗、朴学大师,学问与革命业绩赫然,是我们浙江人民的骄傲。"章炳麟著作宏富,集辑为《章氏丛书》、《章氏丛书续编》、《章氏丛书三编》。(摘编自《杭州市志》)

周传瑛 昆剧表演艺术家、教育家。男,1912年出生,江苏省苏州市人。原名周根荣,7岁上小学,两年后休学学艺,1921年8月考入苏州昆剧(曲)传习所,艺名传瑛,师承著名昆剧生角沈月泉,习大、小冠生,巾生,翎子生,鞋皮生。新中国成立后,先后任国风昆苏剧团、浙江昆苏剧团、浙江昆剧团团长,积极领导剧团进行昆剧的推陈出新,是该团的主要演员和主要教师,并负责对编剧、导演、音乐、唱腔、表演等的艺术指导。

周传瑛专擅昆剧生行(后兼末,即老生),演过的剧目很多,塑造了一系列生动的艺术形象,主要有《长生殿》中的唐明皇、《牡丹亭》中的柳梦梅、《西厢记》中的张君瑞等。他技艺精湛,功夫扎实,刻画人物细致深刻,塑造的人物性格鲜明,生动传神,深得昆剧真传。特别是1956年与王传淞、周传铮、包传铎、朱国梁等演出的昆剧《十五贯》,轰动艺坛。他在剧本改编、导演和演出中起了很重要的作用,并扮演剧中主角况钟,成功地塑造了一个为民请命、刚毅正直又足智多谋的清官形象。《十五贯》的演出成功使昆剧获得新生。《人民日报》于1956年5月18日头版发表题为《从一出戏救活一个剧种谈起》的社论。

周传瑛于1956年5月加入中国共产党,曾当选为中共浙江省第三次代表大会代表。1955年被评为全国先进工作者,1957年在浙江戏曲会演中获一等奖,1959年获浙江戏曲会演荣誉奖,1982年获江、浙、沪昆剧会演荣誉奖。曾任首届文化部振兴昆曲指导委员会副主任、昆剧研究会副会长,历任二、三、四届中国文联委员,中国剧协理事,浙江剧协副主席,浙江省第二届政协委员,浙江省第三、四届政协常委。1988年逝世。

王传淞 昆剧表演艺术家、教育家。男,1907出生,江苏省苏州市人。7岁读书,学名森如,10岁辍学,15岁考入苏州昆曲传习所,艺名传淞。初学生角,后改习付,兼工丑行,师承沈月泉、沈斌泉、陆寿卿,在长期艺术生涯中,塑造了众多的艺术形象。1956年参加昆剧《十五贯》的整理、改编和演出,饰演剧中娄阿鼠一角,饮誉海内外,被称为"江南名丑"。

1939年,王传淞应国风苏滩社的邀请担任说戏与教戏,后又引荐师弟周传瑛参加,用昆曲之优秀传统艺术对苏滩社进行革新改造,培养了许多"世"字辈青年演员。1961年,在浙江戏曲表演研究班传授《下山》等戏,为京剧、婺剧、绍剧、瓯剧、和剧及越剧培训丑角演员10余名。30年来,他为江、浙、沪培养了诸多昆曲付丑演员。

王传淞虽然读书不多,但在艺术生涯中勤学、勤问、勤记,因而知识渊博。已发表的口述记录文章有10多万字,待出版的论著稿约20万字,有的已被译成外文。苏联大百科全书和法国百科全书都录入王传淞小传。

王传淞于1960年2月加入中国共产党,曾被选为杭州市第三届人民代表,第二、五届政协委员。历任浙江昆剧团副团长、顾问以及中国文联第二、三届委员,浙江省文联委员,中国剧协浙江分会理事等职。1987年逝世。　　(周世璋)

区 县(市)

·上城区·

【概况】 全区面积18.1平方千米，辖9个街道、67个社区。人口31.73万人，人口自然增长率1.51‰。全年实现国内生产总值34.48亿元，比上年增长14.2%。

工业经济稳步增长。全年实现工业总产值87.10亿元，比上年增长17.9%；工业销售产值86.90亿元，增长18.4%。杭州娃哈哈集团公司、华日集团公司和新利软件公司被评为省“五个一批”重点骨干企业。固定资产投资13.50亿元，增长10.4%。全年技改投入4.60亿元，开发新产品54种，新产品产值率28.3%。原市属的杭州东南化工有限公司、杭州牙膏厂、杭州食品厂、杭州纺织化纤供销有限公司等4个企业成建制划归上城区管理。杭州东南化工有限公司、杭州牙膏厂、杭州食品厂3个企业被命名为区工业重点骨干企业。“三地一园”(创业基地、接产基地、后勤基地、科技经济园)建设扎实推进。建成5500平方米的孵化基地和1.2万平方米的产业化基地，有40个企业入驻，孵化项目80余个。科技经济园一期建设基本结束，有7个企业入园开工生产，全年实现工业总产值2.76亿元，工业销售收入2.80亿元，利润3887万元，上缴税金1500万元。企业改革不断深化，全区企业产权改制面达到95%，劳动用工制度改革人数占应改革人数的74.5%。

对外开放进一步扩大。加大招商引资力度，制定新的招商引资政策。新增外商投资项目24个，增资项目4个，协议外资3404万美元，实际利用外资1201万美元。引进内资项目154个，总投资14.90亿元，协议引资13.80亿元，注册资本4亿元。建立外贸出口退税周转金制度，鼓励企业扩大出口。外贸出口规模企业群体效应日益明显，1000万元以上外贸出口企业24个，比上年增加6个。出口商品供货总值9亿元，增长19.4%；自营出口4824万美元，增长47.3%。

三产经济比较活跃。全社会消费品零售总额20.10亿元，比上年增长16.2%；实现商品市场成交额68.80亿元，增长4.2%。以西博会为平台，大力开展各种形式的商贸旅游活动。11月1日~6日，协办第二届中国美食节——“娃哈哈”中华美食节，设摊位318个，销售额1100万元，吸引消费者135万人次，吴山广场成为举办大型美食小吃展销的理想场地。私营经济保持较快发展势头，全区私营企业1646个，增加566个。

全区财政收入6.50亿元，比上年增长16%；其中地方财政收入3.37亿元，增长48.9%，工业对地方财政税收增长的贡献率达到56.5%。地方财政支出2.98亿元，增长27.4%。

旧城改造步伐加快。全年新开工面积64.3万平方米，竣工面积54.3万平方米。旧城改造动迁1550户；安置3882户，其中3年以上过渡在外居民3266户。小营三期改造基本完成。拆迁安置房建设进度加快，近江小区竣工面积18万平方米，候潮小区1.7万平方米安置房建设竣工；以兴建安置房为主的近江地区望江片改造完成规划调整。实施建国中路、平海路等25条道路环境综合整治，完成陆家河头、信余里等20个旧小区整治，对35幢房屋进行平改坡。对铁路沿线等环境进行整治，完成甘王新村等4个小区的截污纳管工程。对新塘河进行清淤，完成新开河整治的动迁。环保主题公园开工建设，丁家花园建成开放。全年扩绿29.5万平方米，拆除违章建筑11.6万平方米。深入开展“城管杯”竞赛，进一步提高机械化收集垃圾水平，机械化清扫道路面积73.9万平方米。

各项社会事业全面发展。深入实施“科教强区”战略，通过国家和省科技先进县(区)的复查。大力实施人才工程，选拔培养新世纪优秀中青年科技人才42名，其中入选杭州市首批新世纪“131”优秀中青年人才35人。有小学32所，学生1.84万人；中学10所，学生1.18万人。西博会期间的狂欢节、“风雅颂”民间广场舞大赛以及京剧票友艺术节等文化活动，促进了群众文化的繁荣。有医疗卫生机构13个，医疗床位338张，卫生技术人员631人。全年门诊63.74万人次，业务收入8703万元。贯彻“预防为主”的方针，全年传染病发病率比上年下降23.99%。发展社区卫生服务，建立55个社区卫生服务站点。全民健身活动蓬勃开展，在市第十五届运动会上取得团体总分、金牌数、奖牌数三个第一的佳绩。

居民生活质量和社会保障水平不断提高。全年养老保险扩面人数净增4007人，参保人数达到20851人，离退休职工工资全部实行社会化发放。全区参加失业保险单位449个，参保人数18167人。全年累计享受失业保险金的失业人员15.44万人次，发放失业救济金4400余万元。进一步加强民主法制建设，认真做好市长、区长公开电话和信访办理工作，受理市长、区长公开电话15592件，反馈率100%；接待群众来信来访1.69万件次，办结率98.8%。

【社会治安综合治理被评为全国先进】 上城区认真实施“依法治区”战略，连续五年被杭州市委、市政府评为社会治安综合治理优胜达标单位，被省委、省政府命名为浙江省社会治安综合治理先进集体。全面启动“四五”普法教育，建立《依法治区普法教育工作制度》。落实领导责任制，抓好综治目标管理责任制的层层落实。积极开展严打整治、创建安全文明社区活动，全区安全文明小区巩固率95%以上,安全社区达标率达到30%。发挥基层综治组织网络的作用,建立矛盾纠纷排查调处信息网,及时对各类不稳定因素进行分析和妥善处理,使各类影响社会稳定的矛盾和群体性事件化解在萌芽中,促进全区的社会稳定。2001年8月,被中央社会治安综合治理委员会和人事部命名为全国社会治安综合治理先进集体。

【上城区成为省教育强区】 上城区不断加大教育投入,2001年教育事业费支出7675万元,比上年增长47.6%。学校标准化建设有效推进,全年校舍新开工面积2.65万平方米,竣工面积2.81万平方米,完成13所学校的重建和改扩建。教育信息化工程全面启动,全区有38所学校及幼儿园实现与市教育信息网的互联,开展了网上学习与网上师资培训的研究。12月,通过省教育评估组的验收,实现了省教育强区的目标。

【清河坊历史街区一期工程完工】 清河坊历史街区范围为华光巷以东,中河路以西,高银巷以南,鼓楼城隍山以北,总用地13.66公顷。2000年4月8日启动一期保护与改造工程,总建设用地3.59万平方米,总建筑面积3.5万平方米。2001年10月18日,举行河坊街开街仪式,标志着一期工程顺利完工。清河坊历史街区充分挖掘历史文化资源,优化业态布局,一期工程修复了大量的历史建筑,保护和修缮的文物保护建筑有"四拐角"、回春堂等。开街以后,先后引入古典艺术馆、世界钱币博物馆、三泰艺术馆、雅风堂等特色展馆,恢复、引入了保和堂、王星记、万隆火腿庄、种德堂等老字号店堂,荣宝斋、梦林阁、得意楼等文房四宝商铺,即将恢复的有状元楼、王润兴等老字号。河坊街开街以来,已接待海内外游客200余万人次,河坊街重现昔日繁华景象,成为杭城旅游的又一热点。

【创建星级社区24个】 上城区的社区建设以安居乐业为目标,通过整合重组,完成67个社区的调整,大力开展星级社区创建活动。加强社区硬件建设,不断提升社区品位,全年投入"创星"专项经费500万元。"五室两站一校一场所"(社区办公室、党建室、警务室、社会保障室、综合活动室、医疗服务站、社区服务站、市民学校、文体活动场所)建设到位的社区占总数的79.1%,有5个街道建立了1000平方米以上的社区服务中心,其中小营街道社区服务中心面积达到2500平方米。2001年全区建成五星级社区5个、四星级社区19个。

毛主席视察小营巷纪念馆

【重建毛主席视察纪念馆】 1958年1月5日,毛泽东主席来到小营巷视察卫生工作,先后走访61号、56号和42号三个墙门,和居民亲切交谈,察看了他们的卧室、厨房、水缸等房间和用具。毛主席对小营巷开展的爱国卫生群众活动十分满意。1972年,小营巷56号墙门被辟为"毛主席视察小营巷卫生工作陈列馆"。

由于年久失修,陈列馆有所损坏。2001年8月,上城区政府和小营街道拨出专款,辖区内单位捐款,投入80万元进行重建工程。对原建筑全部拆平后,就地按照原来样式重建,达到"修旧如旧"的效果。陈列馆重建后,定名为"毛主席视察小营巷纪念馆"。

【近江展馆建成】 杭州近江展馆位于近江路1号,是浙江近江集团、杭州新世纪装饰锁具市场投资5000万元兴建的专业展馆。展馆建筑面积2.2万平方米,总高24米,内部配套设施齐全,设有5000平方米中心广场、7200平方米绿化带。该展馆建设创造了2月份立项,5月份开工,9月建成,10月交付使用的佳绩,为成功举办西博会会展项目——'2001中国(杭州)国际五金展览会创造了条件。

【区中小企业担保中心成立】 为支持、鼓励上城区中小企业进一步加快发展,解决其发展资金短缺、融资难的实际问题,制订了关于建立中小企业信用担保资金管理办法等政策,12月1日,建立区中小企业担保中心。该中心位于惠民路26号,由区政府委托区工商联进行管理,到位资金400万元。至年末,受理贷款申请2个,发放贷款1个。

【扎实开展社区计划生育工作】 上城区扎实开展社区计划生育工作,全年计划生育符合率达到99.1%,取得良好社会效果。

小营街道社区服务中心是集计生卫生、健康教育、劳动保障、文化活动、老年大学、司法援助为一体的社区服务体系,以"你的满意、我的追求”为服务准则,开展多层次、多方位的服务活动。在开展社区计划生育工作中,以健康教育工作为基础,以家庭健康档案为切入点,与社区卫生联手,全面开展计划生育生殖健康保健服务。11月7日,国务委员王忠禹到小营街道社区服务中心和小营巷社区视察,高度评价上城区社区计生工作。

复兴南苑社区立足社区、以人为本、面向家庭、搞好服务,大力加强计划生育协会组织建设,建立协会小组30个,有计生联系员48人,成立社区志愿者服务队8支。望江街道根据辖区流动人口多、管理难度大的特点,将一个旧厂房改建成“外来人口公寓”,并在公寓内建立流动人口计划生育协会和会员之家,设立了计划生育服务室、人口学校、图书室、健身房、餐厅、美容美发等生活娱乐和服务设施,满足了入住人员的不同需求。

【上城区被命名为全国游泳之乡】 上城区发展游泳运动已有30余年,培养了不少游泳人才,平均每年向省、市体校输送运动员30人以上,累计向省队及以上游泳队输送运动员40多名,瞿韵、杨雨、张艳等优秀人才在国内外各类比赛中取得了优异的成绩。上城游泳运动成绩骄人,多次在国际及全国、省、市比赛中获得佳绩,在杭州市少年儿童游泳比赛中,已连续20年获团体总分第一,在历次省游泳比赛上均获总分前三名。

2001年3月23日,上城区被国家体育总局命名为第六批全国“游泳之乡”,定安游泳池被命名为全国“先进游泳池馆”。

(薛金炊　薛晓渝)

·下城区·

【概况】 全区面积30.94平方千米,辖1个镇、6个街道,有9个行政村、65个社区。人口32.09万人,人口自然增长率3.43‰。全年国内生产总值14.14亿元,比上年增长12.4%。

农业结构调整步伐加快。实现农林牧渔业总产值1.65亿元,比上年增长8.7%。全年粮食播种面积18公顷,粮食产量143吨。出栏商品猪20.1万头,蔬菜总产量1.97万吨,水产品产量928吨。全区粮食经济种植比例调整为10:90,畜牧业、水产养殖业的产值占农林牧渔业总产值的86.5%。加强农田水利基本建设,投入资金615万元,完成河岸砌石3310米,疏浚河道15千米。

工业经济保持稳步增长。实现工业总产值35.30亿元,比上年增长9.3%;实现工业销售产值35.21亿元,增长17.3%;产销衔接平衡,产品销售率100.7%。实现工业利润7218万元,增长14.6%。浙江兽王集团、杭州鸿星电子公司、杭州森佳木业制造厂等一批重点企业得到壮大,新增规模以上工业企业17个,全区规模以上工业企业达到102个。依靠科技进步,加大技术改造、新产品开发和网点建设,全年实施各类技改、新产品开发、网点建设等项目114个,投入财政贴息资金684万元,拉动2.9亿元的资金投入。通过坚持扶优扶强,全区已培育销售收入超亿元以上企业12个。引进各类内资企业1148个,总注册资金18.16亿元,其中投资1000万元以上企业37个。

加大科技经济园区建设力度,编制园区控制性详规和修建性详规,建成永华路,引进入园项目13个,总投资约6.48亿元。成立区科技创业中心和长庆、艮山、朝晖、华洲等分中心,共引进企业42个,注册资金5500万元。新改制企业13个,累计企业改制面99.3%;实施“二次改革”企业99个,基本完成企业改制任务。

商贸服务业发展势头强劲。全社会消费品零售总额15.59亿元,比上年增长30.8%。实现商业销售收入34.55亿元,增长27.8%。银泰百货公司、武林药店、易初莲花超市等一批特色商业企业健康发展。专业市场建设和管理得到加强,全区完成市场成交额124亿元,增长7.7%。完成丝绸特色街二期建设,新办新世纪钢材市场。全区的一、二、三产比例调整为5.6:46:48.4,三产经济比重首次大于第二产业。认真组织实施西博会项目,成功举办浙江国际家具装饰展、中国丝绸文化展示会,带动会展业和相关产业的发展。

财政收入稳步增长。全区实现财政收入6.35亿元,比上年增长50.8%;其中地方财政收入4.36亿元,增长71.2%。地方财政支出3.36亿元,增长74.8%。

城乡面貌明显改善。积极实施重点建设工程,东河沿线(下城段)改造工程全面完成拆迁,88%的居民得到回迁安置;建国北路延伸一期工程建成通车,二期工程完成70%的拆迁任务。全市最大的经济适用房项目——东新园小区全面开工,打铁关土地整理项目完成78%的拆迁任务。区行政中心正式开工建设。国都公寓、朝晖新城、建北公寓、运河福居等小区相继建成。全年完成房屋开工面积36.4万平方米,竣工面积14.6万平方米。

环境整治成效显著。完成新华路、河东路、德胜路等11条道路环境综合整治,环城东路被命名为省级市容示范街,稻香园创建成为精品小区。积极实施租地绿化、大型公建绿化,建成农民公园,全年新增绿化面积50.2万平方米。加大拆违力度,全年拆除各类违法建筑18.21万平方米。围绕创建国家环保模范城市,建成23个绿色社区、41个绿色学校。压缩灯塔养殖总场草荡分场养殖规模,实施100余户个体养猪户禁养工作,完成15个生活小区截污纳管及21条农灌河道的清淤整治。

社会事业全面发展。扎实推进社会保障体系建设,完成55个社区劳动和社会保障服务室的建设,通过各种渠道安置失业人员3185人。征收养老保险基金6019万元,收缴失业保险金331万元。建立信息化的市民服务中心。深入开展“星级社区”创建活动,施家花园、柳营、京都苑等5个社区被评为“四星级社区”,胭脂新村等9个社区被评为“三星级社区”。加强社区硬件设施建设,新建区级社区服务中心。

深化教育体制改革,创办浙江

工业大学附属中学、浙江教育学院附属中学和附属小学，新建青蓝小学和京都小学。全区有中学16所，中学生1.36万人；小学23所，小学生1.91万人。教学条件和质量明显提高，被确认为全国社区教育实验区和浙江省教育强区。

积极实施全民健身工程，在社区建成5个健身苑、23个健身点。巩固和发展初级卫生保健网络，建立55个社区卫生服务站（室），长庆、潮鸣社区卫生服务中心被评为省级社区卫生示范点。有医疗卫生机构166个，床位515张，卫生技术人员1038人。计划生育工作稳步推进，计划生育率99.20%。

民主法制建设扎实推进。全年办理区人大代表、政协委员议案、提案147件，办结率100%，满意率99.3%。认真做好区长公开电话受理工作，完善信访网络，全年受理群众来电1.50万次，办结率98%；受理群众来信1349封，办结率96%；来访7452批、9120人次，办结率98%。积极巩固和创建“安全文明小区”，安全小区覆盖率达到92%。

5月1日，中央政治局常委、国家副主席胡锦涛视察天水社区服务中心及灯芯巷警务室。

改造后的丝绸街

【举办下城投资洽谈会】 10月27日，在杭州东方假日宾馆举办“2001年西博会下城投资洽谈会”，市领导于辉达、华丽珍、杨戌标等出席，100多名来自国内和美国、日本等10余个国家和地区的企业家应邀到会。洽谈会签约37个项目，总投资38.5亿元。其中内资项目29个，总投资35.95亿元，注册资金10.43亿元；外资项目8个，总投资3105万美元。

【自营出口首次超过1亿美元】 下城区加快对外开放步伐，利用外资的规模和质量不断提高，全年引进外资项目41个，协议利用外资1529万美元，实际利用外资718万美元，分别比上年增长141%、4.9%和78.2%。为鼓励外贸出口，下城区制订了技改贴息、考核激励等政策措施，加大服务力度，帮助出口企业解决生产、经营、出口中碰到的困难和问题，外贸出口规模进一步扩大，全年实现出口商品供货总值11.64亿元，完成年计划的126.5%，增长44.9%。特别是自营出口首次突破1亿美元，达到1.1亿美元，增长32.1%。

【下城列为全国社区教育实验区】 近年来，下城区按照社区教育实验区的要求，以构建“学习型”社区为目标，搞好社区教育规划，筹建社区教育学院，召开社区教育工作会议，加强阵地建设与理论研讨，积极构建终身教育体系，力争将社区教育扩展到婴幼儿教育、青少年学生校外素质教育、在职人员和下岗职工培训、老年人社会文化教育和活动、弱势人群提高生存技能培训、外来人群适应城区社会生活培训，以及面向全体居民的科学文化、思想道德、社会生活等方面的教育培训活动。11月8日，该区被国家教育部确认为全国社区教育实验区。

【共建市民服务中心】 9月29日，下城区与中国联通浙江分公司成立共建的市民服务中心。

该中心是政府与企业合作的多元化综合性网络服务体系，以联通96198呼叫中心和165网站为依托，开设求助热线，提供家政、紧急求助、咨询、投诉受理等服务。

【举办丝绸文化展示会】 10月20日，2001年西博会中国丝绸文化展示会在中国丝绸城拉开序幕，省、市领导王国平、陈文韶、张明光、丁德明、陈士良等出席开幕式。展示会有摊位620余个，主要活动项目有中国丝绸旗袍展示表演，苏、蜀、湘、粤、杭五地的中国名绣展示、丝绸艺术品展示和万人争绣“西博旗”等，11万名群众参观了展示会，成交额2.9亿元。

【举办浙江国际家具装饰展】 10月26日，2001年西博会浙江国际家具装饰展在位于下城区的和平国际会展中心正式拉开序幕。省、市领导阙端麟、虞荣仁、于辉达、盛继芳、杨耀梁、丁德明出席开幕式。此次展览会有来自国内与美国、丹麦、意大利等国家和地区的200多个知名厂商参展。展区面积4万平方米，共设2000多个展位。

【东新园全面开工】 该小区是全市最大的经济适用房建设项目，位于颜家河以东，重工路以南，东新东路以西，香积寺路以北，总用地面积33.87公顷，规划总建筑面积58万平方米，计划总投资15亿元。小区规划绿地面积14.61万平方米，其中中心花园2.5万平方米，绿化率35%以上。4月25日小区正式开工，至年底238户居民全部拆迁，开工房屋建筑面积30万平方米。东新园计划于2003年建成。

【完成11条道路整治】2001年,下城区完成中山北路、建国北路、河东路、新华路、东新路、文晖路、上塘路、潮王路、德胜路、绍兴路、中河路等11条道路的环境综合整治。整治道路全长22.35千米,拆除违章建筑4.21万平方米,立面整治房屋421幢,面积90万平方米。实施"平改坡"22幢,空调器移位4828只;拆除广告(围墙)1.54万平方米,封闭阳台6152只,新增绿化2.35万平方米。通过整治,极大地改善了城市的环境面貌,美化了杭州城市形象。(周正达)

·江干区·

【概况】 全区面积210.22平方千米,辖6个镇、3个街道,有64个行政村、39个社区、15个居民区。人口32.86万人,人口自然增长率为3.74‰。其中下沙镇委托杭州经济技术开发区管理。该区围绕建经济强区、展江干新姿、重基层建设主题,在"发展、创新、深化、落实"上下功夫,全年实现国内生产总值42.77亿元(不含下沙镇,下同),比上年增长11.5%。

都市型农业加快发展。农业结构调整进一步加快,实施农业由近郊向远郊、种植业向养殖业、生产型向加工型、分散型向集约型、传统型向都市型的五大转移。培育省、市级农业龙头企业10个。开展以河道整治为重点的农田水利建设,对12条总长26千米的河道进行清淤。制定河道保洁管理办法和考核意见,落实河道管理的长效措施。全年上市蔬菜21.79万吨、鲜奶9444吨、水产6357吨。举办江干区优质农产品展示展销暨农业招商会,促进优质农产品的流通和新技术的引进。新建中得农业休闲园等农业观光园区。全年农林牧渔业总产值6.31亿元,比上年增长6.5%;农民人均纯收入7396元,增长8.4%。

工业生产有新提高。全年实现工业总产值97.94亿元,工业销售收入94.24亿元,分别比上年增长4.5%和7.3%。完成科技经济园控制性详细规划审批,基础工程进展顺利,首期3万平方米标准厂房破土动工,四季青服装集团研发中心开工建设。大力推进企业技术创新,制定鼓励企业技术创新和技改投入的政策和措施,全年技改投入达到3.7亿元,财政为技改贴息资金1000万元。改建区科技创业服务中心,有18个高新技术企业入驻区科创中心孵化。新增3个区外高新技术企业和市级技术创新重点企业,有3个企业的技术中心被认定为省、市级技术中心。实施规模品牌战略,着力培育西子电梯集团、万事利集团等一批基础好、有发展潜力的重点企业,33个企业分别通过ISO9000或ISO14000系列国际标准认证。非公有制经济持续发展,制定政策措施,大力扶持个体私营和外商投资企业,抓好杭州私营经济园区建设。

服务业得到新发展。全社会消费品零售总额14.94亿元,比上年增长19.7%。抓好重点项目建设,建成杭州口岸国际物流中心,麦德龙超市、北京华联超市相继开业。引进和建设百安居建材超市、杭州笕桥建材博览城等项目。新建、改建一批专业市场和农贸市场,杭派精品服装市场、清泰农贸市场投入使用。新的汽车东站小商品市场、常青意法服饰城等建设进展顺利。成功举办西博会参展项目——第二届中国(杭州)西湖电子音像博览会和国际智能家电展览会。进一步加强对商贸流通领域的监督管理,认真做好"放心肉"、"放心豆制品"、"放心早点"工作。采荷街道投资50余万元,将小区配套用房改建成早餐广场。

加快对外开放步伐。广泛开展"招商引资年"活动,制定一系列招商引资优惠政策,设立区招商服务中心办证大厅,召开招商引资签约大会。全年引进项目169个,协议引进资金18.68亿元,比上年增加1.43倍;实际到位资金10.52亿元,增加3.26倍。外向型经济进一步发展,全区出口供货总值20.02亿元,增长18.1%;全年自营出口1.02亿美元,5个企业外贸出口供货值超过1000万美元。全年合同利用外资2519万美元,实际利用外资1623万美元。

全区财政收入7.24亿元,比上年增长49%;其中地方财政收入3.92亿元,增长62.3%。地方财政支出3.62亿元,增长50.1%。

城市化进程明显加快,城乡环境面貌得到改善。积极配合搞好钱江新城建设,完成省、市重点工程征地拆迁任务。完成天城路、凤起东路等道路综合整治。加大对市政基础设施的养护管理,完成5个住宅小区、13个公建单位的截污纳管任务,对机场路等8处低洼积水地段进行整治。新增绿地面积142万平方米。其中钱江三桥绿化、城东公园、运河公园成为绿化建设的亮点。住宅建设稳步推进,全年开工面积30万平方米。积极推进城市管理体制改革,成立城市管理行政执法局。进一步深化"洁美杯"、"洁美村(社区)"创建活动,加强城乡接合部的环境卫生综合管理。投资750多万元,在住宅小区和撤村建居地区新建、改建一批环卫设施。大力推进旧有住宅小区整治,完成"平改坡"试点工作,开展"精品小区"建设。全年拆除违法建筑2232处、16.80万平方米。广泛开展创建国家环境保护模范城市活动,被市政府评为"创模成绩突出单位"。

各项社会事业全面发展。以创建省级文明城区为载体,广泛开展五好文明星级家庭创建活动和农村"双整治"工作,有15个社区被评为示范文明社区、特色文明社区,4个社区被命名为省级文明社区。全区实施科技项目47项,其中18个项目被列入省、市科技和新产品计划,10个项目通过省、市鉴定。区政府与浙江大学签订社会、经济、科技全面合作协议。成立江干区创业者俱乐部,为科技与经济界提供了交流合作的场所。举办杭州东部人才交流大会,全年引进各类人才673名,新增专业技术人员1168人。全区有中学11所,在校学生1.26万人;小学28所,在校学生2.04万人。笕桥镇通过省教育强区考核验收,彭埠镇、丁桥镇创建成为市教育强镇。举办纪念建党80周年、国庆52周年系列活动，以及迎接新世纪万人长跑、元宵灯会、社区文化艺术节等群众性文体活动。投资83万元,在社区建成15条健身路径、5个健身苑。组织参加市第十五届运动会和西博会的西湖狂欢节、民间艺术节活动,大型团体舞蹈《钱江放排》获得金奖。有医疗卫生机构11个,医疗床位256张，卫生技术人员552人。在全市率先开展一次性医疗用品集中招标采购制度。规范发展农村合作医疗和社区卫生服务，新建11个社区卫生服务站,建立健康老人档案，开展社区居民选家庭医生试点工作。开展以“建美好家园”为主题的爱国卫生运动。深化计划生育优质服务和“婚育新风进万家”活动,全区计划生育率99.55%。11月7日,国务委员王忠禹视察采荷街道芙蓉社区计划生育工作，并与社区志愿服务人员进行座谈。完成丁桥二期饮水工程和彭埠、九堡等地的自来水管网改造。开展村民自治活动，九堡镇被评为杭州市村民自治模范镇,6个村被评为区村民自治模范村。

坚持领导信访工作责任制,建立每周六的区领导信访接待日制度,完善镇、街道领导干部信访接待制度。努力办好区长公开电话,切实为群众排忧解难。全年受理信访专电1.29万件,办结率99.85%。

【科技创业服务中心建成】 江干区把推进科技进步和创新，作为加快发展都市型经济的突破口。7月~9月,作为引进、“孵化”高新技术企业基地的江干区科技创业服务中心建成。该中心位于天成路85号,使用面积3200平方米,设有区招商服务中心、统一办证中心和为中外投资者、企业提供各项投资服务的机构，对进驻企业在税收政策、商务服务、后勤保障等方面实行优惠政策。中心首批引进的11个企业涉及电子、软件、生物工程、环保产品、新材料等产业。该中心不定期邀请有关专家、学者,举办知识讲座、专题报告会等,中心成为创业者的俱乐部。

【14个项目进入科技经济园】 年初,江干区筹建杭州高新技术产业开发区江干科技经济园。该园位于九堡镇，占地面积370.89万平方米，其中工业用地219.72万平方米,配套市政设施用地7.92万平方米,规划绿化率45%以上。园区着重引进和发展电子信息、机电设备、生物医药、软件开发与制造等高新技术产业和无环境污染、有一定科技含量、发展前景好的传统产业。按照高起点、高标准、高效能的要求，抓好园区基础设施建设，开展形式多样的招商和经贸洽谈活动。7月26日,在首次举行的入园项目签约仪式上,引进项目14个,投资总额5.57亿元。

【组建39个新型社区】 随着杭州城市东扩和城市化进程加快，江干区针对社区工作面临的新情况、新问题，改革社区管理体制和运行机制,全面推进新型社区建设。按照区域相对集中,资源配置相对合理,功能相对齐全的原则,全区原88个居民区以及常青、景芳、闸弄口、三里亭4个撤村建居的居民区，经撤并组建为39个新型社区,分别纳入采荷、凯旋、闸弄口3个街道管理。3个街道的管辖范围以庆春东路、艮山西路为界作了调整。39个社区中，拥有居民户最多的有3000多户,最少的有400多户。每个社区均设有党组织、居民会议或代表会议、议事协商委员会、居民委员会,分别作为社区的领导层、决策层、议事层和执行层。建有居委会办公室、综合活动室、党建电教室、警务室,以及文体活动场所，为增强社区功能提供了必要的硬件基础。

【采荷社区学院成立】 8月28日,采荷街道参照国内外和兄弟街道的先进经验设立的采荷社区学院开

附： 2001年杭州市五城区乡镇情况

名　称	村委会(个)	乡村人口(人)	农民人均纯收入(元)	党委书记	乡(镇)长
石桥镇	9	10 586	9 060	陈　晨	徐嘉骅
笕桥镇	10	26 013	7 711	祝　卫	谢建华
四季青镇	5	14 531	8 273	金福根	陈震山
彭埠镇	14	22 836	7 300	姚家岐	任金高
九堡镇	9	20 053	6 843	包松法	王云龙
丁桥镇	10	11 269	6 715	吕樟昌	周志龙
下沙镇	12	17 222	7 511	詹国平	董　玮
上塘镇	3	4 859	8 435	陈希萍	齐　力
康桥镇	10	8 312	6 408	丁智明	王新宇
半山镇	4	2 768	6 850	孙璧庆	金志明
祥符镇	13	11 299	6 003	余忠良	李光辉
西湖乡	12	8 246	7 760	吴钟林	徐　隽
古荡镇	2	3 172	9 060	陈荣生	朱国鸣
留下镇	10	6 570	6 645	杨国琴	陈如根
龙坞镇	11	7 688	6 130	郑以华	黄金良
转塘镇	26	19 033	6 366	董庆达	梅建社
袁浦镇	14	26 033	6 247	孔献文	周卫兵
周浦乡	26	18 835	5 636	陈锡标	王祖德
三墩镇	29	2 819	6 003	樊生富	史佩峰
蒋村乡	12	12 014	5 543	朱莉莉	单金华
浦沿镇	14	26 033	6 247	毛　进	王木清
西兴镇	8	16 812	7 594	袁如祥	王永芳
长河镇	12	32 920	7 806	蒋金娥	徐金灶

注:上表不包括萧山区和余杭区乡镇情况。

学。该学院在原街道老年大学、市民学校、党校的基础上组建,并由辖区内的学校协办。学院聘请省委组织部、浙江大学、邵逸夫医院、市第四医院、市中医院、南方大酒店等单位的专家、学者组成讲师团,以讲座、培训课、专业课等形式传授知识、提供服务。开办了法律知识、股市评析、家庭养花、烹饪和点心制作以及少儿素描、书法、英语等讲座,开设了书画、舞蹈、越剧、老年保健、太极拳、旅游文化等课程。

【庆春广场动工】 该广场位于庆春东路东端北侧,是市"十五"重点工程项目之一,是杭州实施"城市东扩"战略、建设钱江新城的重要组成部分。广场占地面积4.39万平方米,建筑面积3100平方米,总投资约1.1亿元。广场分中心广场、市民广场、休闲广场、娱乐广场、广场地下空间、会展中心6个区块,以适应各类需求。7月18日,庆春广场动工兴建,预计2002年7月竣工。

【濮家码头退出繁华市区】 濮家货运码头位于秋涛北路与运河相交的东北侧,占地面积12.8公顷,年吞吐量140万吨(设计能力100万吨)。在建成使用的12年中,该码头是浙江省内河最大的前港后场码头和国内内河水系首家挖入式货运码头,也是华东地区建筑钢材主要集散地之一,钢材供应量约占杭城市场的80%。由于码头地处住宅密集区,货物装卸、汽车运输产生的噪声和灰尘等,给居民生活带来一定的影响。随着杭州市绕城公路的建成,外地车辆将不再穿越市区,制约了码头的扩大再生产。根据城市规划,运河将主要通行客船和游船。从保护城市景观和建设大杭州的角度出发,濮家码头退出城市繁华区域势在必行。3月22日,在北星桥外新建的管家漾码头为濮家码头搬迁办理了移交手续。

【麦德龙杭州商场开业】 4月24日,第一家进军杭城的外资零售企业,位于彭埠镇钱江二桥附近的麦德龙杭州商场开张营业。麦德龙公司诞生于1964年,总部设在德国,是世界上最大的现付自运制商业连锁公司,在世界商业集团中位居第三,综合实力在世界500强企业中列第32位。1996年以来,麦德龙发展中国市场的连锁经营,先后在上海、无锡、南京、宁波、福州等地开设10个商场,杭州商场是其第11个分店。麦德龙杭州商场占地面积2.6万平方米,营业面积1万多平方米,有300多个停车位,经营商品2万余种。作为大型仓储式配销中心,麦德龙以大批量、低成本、低价格为经营特点,采用会员制,向中小型零售商、酒店、工厂、机关团体及个人会员等提供各类商品。

【三三超市接轨北京华联超市】 浙江三三超市位于天成路,面积1.7万平方米,是杭城东部的一家大型零售企业。三三超市自1999年开业以来,一直寻找专业性的合作伙伴,在日趋激烈的零售业竞争中求发展。北京华联综合超市1998年面世后,已在南京、武汉等大城市开店23个,2000年零售额达50亿元,是内资连锁大卖场的领头企业。4月14日,北京华联综合超市与浙江三三超市举行合作签约仪式,以增资扩股形式持股三三超市。

【笕桥镇成为省级教育强镇】 近几年来,笕桥镇从优化教育资源配置入手,调整学校布局,加大教育投入,改善办学条件。先后撤并黎明、红星、联合等7所农村薄弱小学,腾出新集镇建设用地,投资1500万元,建成占地2万余平方米、建筑面积7600平方米的笕桥中心小学。该镇十分重视幼儿教育、成人教育,努力构筑终身教育新体系。2001年有幼儿园12所,学龄前三年和学龄前一年幼儿入园率均达到100%。还与浙江大学、浙江长征财经学院等联合举办实用技术、经济管理、财会等大、中专班,普及成人教育。根据企业需要,进行各种专业培训,提高就业人员素质。2000年成为杭州市教育强镇,2001年9月获得浙江省教育强镇称号。

(须同威 张杭平)

·拱墅区·

【概况】 全区面积87.73平方千米,辖4个镇、6个街道,有30个行政村、60个社区。人口28.77万人,人口自然增长率2.92‰。实现国内生产总值20.24亿元,比上年增长17.7%。

效益农业持续发展。农林牧渔业总产值1.47亿元,比上年增长4.5%;其中农业产值6802万元,林业产值161万元,牧业产值6213万元,渔业产值1535万元。经济作物与养殖业比重进一步提高,全年蔬菜复种面积973公顷,总产量1.83万吨;花卉苗木面积46公顷,生猪出栏6.86万头,家禽出栏33.82万羽。"百户万元"工程成效明显,新增年收入超万元农户105户。农产品品牌效应进一步扩大,花园岗牌罗汉松、华珍牌乳鸽、珍宝牌兔肉等产品在国家、省级农展会上获得好评。进行10.3千米河道砌石、完成下塘河和红旗河排涝站工程建设。农民人均纯收入6952元,增长9.9%。

工业经济快速增长。实现工业总产值58.97亿元,工业销售收入54.55亿元,工业利润1.89亿元,分别比上年增长18.8%、24.6%和32.8%。浙江滚动轴承有限公司、河合电器(杭州)有限公司、杭州中亚包装有限公司等33个工业优强、骨干企业的支撑作用明显增强,实现销售收入和利润分别占全区工业总量的44.6%和83.6%。浙江康桥汽车工贸集团公司等61个企业、计57.6万平方米土地,已办理国有出让土地使用证或租赁证。

全年实施工业技术改造和新上项目121项,完成投资3.2亿元,增长15%。全年实施各类工业科技计划项目107项,其中列入市级以上的36项;开发市级以上新产品36种。区政府与浙江大学材料与化学工程学院、浙江工业大学、浙江工程学院、杭州电子工业学院4所高校签订了科技合作协议。建立、完善科技项目专家评审论证机制,全区企业"产学研"合作项目30余项。全区完成国有、集体企业转制30个,累计国有、集体企业转制面分别达到97%和99%。

对外开放步伐加快。成功举办投资说明暨项目签约仪式等招商活动。全年实现外贸出口供货总值12.67亿元,比上年增长20.1%。新批三资企业37个,增资企业9个,合同利用外资3462万美元,实际利用外资1936万美元,分别增长42.1%和48.2%。协议引进资金12.45亿元,实际到位资金10.45亿元,其中引进1000万元以上项目30项。

区科技创业中心成效显著,引进科技型企业42个,注册资金7372万元。科技经济园建设进展顺利,基础设施建设启动,康园东二路南段、祥园中路西段和西塘河桥梁等工程项目已建成。杭州威利广电子有限公司等8个企业签订了入园协议。

第三产业加快发展。全区第三产业实现销售收入58.5亿元,比上年增长46%;第三产业增加值占全区经济的比重提高3.71个百分点,占41.3%。全社会消费品零售总额6亿元,各类市场成交总额72.51亿元,成交额超亿元的市场达到12个,均比上年大幅度增长。祥符假日大酒店、浙江中义汽车销售有限公司等一批重点项目建成开业,运河广场地下商城、欧尚超市项目开工建设,信义坊商业步行街建设进展顺利。成功举办第二届中国杭州国际汽车展览会,实现成交额11.4亿元,并获西博会优秀会展项目银奖。

全区财政收入4.8亿元,比上年增长45.9%;其中地方财政收入2.63亿元,增长32%。地方财政支出2亿元,增长32.3%。个私经济进一步发展,上缴税金在全区财政收入中的比重有提高。

区域环境进一步改善。全年城市建设实现开工70万平方米,竣工34万平方米,拆迁住户5000户,回迁拆迁户2400户。拱宸桥桥东区块改造进入扫尾阶段,开工面积和投资总额分别达到总量的80%与75%,按计划完成二期、三期回迁安置及七期拆迁工作。组建区城市建设发展中心,开展运河沿线地块旧城改造的拆迁。红石板、沈塘桥区块开工面积12万平方米,信义坊小区一期工程基本竣工。石祥路西段路幅拆迁全面完成。全年出让土地4块,回笼改造资金1.15亿元。全年新增绿地125万平方米,实施杭宣(城)铁路拱墅段、拱康路、康桥独城村和汽车生态园等重点绿化工程。实施定海新村、登云新村等32幢住宅“平改坡”工程,其中定海新村被评为市“平改坡”工程质量一等奖。完成知足亭、定海新村等4处低洼积水治理,完成绍兴新村、半道红等15个小区的截污纳管任务。对李佛桥河等21条河道进行整治,落实了河道管理措施。完成7个农贸市场和杭州灯塔养殖总场田园分场等企业污水治理工程。全年拆除违法建筑和到期临时建筑18万平方米,农村私人违法建房处理基本完成。

各项社会事业全面发展。以隆重庆祝建党80周年和进一步弘扬运河文化为主题,举办了运河划船比赛、“运河颂”广场歌咏晚会和首届运河文化研讨会。区被命名为省教育强区,上塘镇、半山镇分别通过省、市教育强镇验收,上塘镇中心小学、卖鱼桥小学等7所学校分别通过省、市示范学校验收。和睦小学综合楼、小河科技文化中心等建成使用。全区有中学7所,在校学生9365人;小学37所,在校学生1.56万人。全区有医疗机构9个,床位480张,卫生技术人员700人。组建区卫生监督所和疾病预防控制中心,区第二人民医院建成并投入使用,康桥镇被评为市级卫生镇。全区计划生育率达到99.19%。参加市有关文化活动和市十五届运动会,获得良好成绩。成功承办7项省、市级比赛项目。建成湖墅、拱宸桥、大关、和睦、小河、半山镇6个健身苑及大塘巷、珠儿潭等16个社区健身点。

组建46个社区,社区的配套用房基本达到或超过300平方米,米市巷、小河、拱宸桥街道的社区服务中心面积在1000平方米以上。创建10个安全文明示范小区(村),创建安全文明校园、路段等活动得到深化。蚕花园、大关南苑社区被评为省级文明社区。拓宽市民参政议政渠道,采用组织参加、自愿报名等多种形式,全年举行3次政务发布会。全年受理信访专电2.37万件(次),办结率97.5%;其中受理市长、区长公开电话8830件(次),办结率96.8%。(朱永红 周国如)

【举办首届运河文化研讨会】 11月2日~11月3日,首届中国杭州运河文化研讨会在杭州星都宾馆召开。省政协主席刘枫,省委常委、市委书记王国平为会议题词并发来贺信。全国人大常委会委员毛昭晰在会上讲话,市领导虞荣仁、于辉达、马时雍、顾树森、李松春、陈重华和浙江大学副校长黄书孟出席会议,国内经济、历史、文学、考古、建筑、旅游等方面的几十位专家参加研讨会。研讨会通过学术研讨,对运河两岸实地考察,听取运河文化景观带的规划设计说明,观摩运河拱墅段沿河地带城市设计方案模型等活动,进行了广泛的交流。各方专家提交了30余篇研究论文,为运河文化建设提供了丰富的资料和素材,对进一步保护、开发、建设运河文化提出了建议。会上,近20位专家学者共同倡议,在拱墅区建立中国大运河博物馆。(陈珏)

【加强与4所高校合作】 5月,为了充分利用高校的成果优势、人才优势,创建拱墅区的企业产品库、技术需求库、人才专家库和成果项目库,区政府与浙江大学材料与化学工程学院、浙江工业大学、浙江工程学院、杭州电子工业学院4所高校签订科技合作协议。2001年,该区的“产学研”合作项目已有30余项,出现了委托开发、合作开发、建立联合实体等合作模式,合作地域也由国内向国外拓展,创建了杭州万谷纺织研究所等2个市级企业技术中心,在浙江凌志精细化工有限公司设立“浙大凌志化学新材料实验室”。聘请了15名高校、科研院所的专家教授为区政府科技顾问,在重点项目论证、种子资金评审、高新企业申报、科技成果推荐、企业技术需求招标等方面发挥了积极作用。(辛兵)

【举办投资说明暨签约仪式】 10月25日,拱墅区在星都宾馆举办2001年投资说明暨项目签约仪式,主要分投资说明、项目签约和对口洽谈3个部分,整个活动邀请了来自法国、英国、德国、澳大利亚等国家和港澳台地区的工商界人士300多名宾客参加,签订30个内外资项目投资协议,总投资18.67亿元。杭州欧尚超市有限公司、杭州华德美居超市有限公司是法国“欧尚”、德国“欧倍德”等世界500强企业落户拱墅区的项目,投资建设大型日用百货和建筑材料超市。 (朱伟忠)

【人人集团被评为CAD应用工程示范企业】 杭州人人集团有限公司拥有总资产1.1亿元,主要生产汽车电器类产品,为省级高新技术企业,人人牌汽车用组合开关获省名牌产品称号。近两年来,该企业投入大量资金、人力,购买计算机辅助设计二维、三维软件,对员工进行计算机技术培训,建立了三维CAD设计平台,并与产品加工中心相链接,缩短了新产品研发周期,新开发的20多种产品全部投入批量生产。2001年3月,人人集团被国家科技部授予全国CAD应用工程示范企业称号。 (辛 兵)

【沈家桥农业园列入市十佳园区】 拱墅区围绕发展都市型效益农业,积极抓好基地建设,建成了一批集水产养殖、休闲垂钓和餐饮娱乐于一体的农业园区和园林观光基地。祥符镇沈家桥现代农业园区面积约35公顷,总投资800万元,形成多种经济性的现代园区,其中粮食示范区23公顷,鱼塘4.67公顷,养鳖场3.67公顷,还有山羊养殖区、鸽场、休闲垂钓区。园内田成方,路成网,林成行,河渠畅通,环境优美。该园区通过农业结构调整,逐步向农产品深加工和休闲观光方向发展,被杭州市政府评为十佳园区。 (王一平)

【汽车北站小商品市场开业】 12月8日,杭州汽车北站小商品市场建成,市场位于莫干山路与石祥路交叉口南侧,与汽车北站隔街相望,由浙江明珠发展有限公司和花园岗村共同投资3000万元兴办。市场占地1.67公顷,首期建筑面积2.5万余平方米,按三星级标准设计建造。场内配套设施齐全,管理服务优良,主要经营日用百货、服装和五金交家电类商品,辐射浙江、皖南、苏南等地区。该市场的建成开业,填补了杭州北站地区的商业空白,对于优化区域商业布局,促进三产发展起到了积极作用。 (周国如)

【拱墅城市建设发展中心成立】 3月,为全面推进运河沿线地区旧城改造,拱墅区组建了城市建设发展中心,主要负责实施大浒弄、和睦南区、长乐、三河交汇、娑婆小区等运河沿线地块改造的规划编制、拆迁安置及公建配套建设工作。该中心承担的改造面积4平方千米左右,通过土地整理可向市场出让经营性用地13.3公顷。需拆迁住户1.6万户,其中农居户2000余户,需建设安置用房120万平方米。至年末,全面开展各项前期准备工作,拆迁居民800余户。

【实施11路1口环境综合整治】 自2月起,经过8个月的努力,拱墅区投入资金4800余万元,全面完成潮王路、文晖路、大关路、上塘路、教工路、莫干山路(祥符立交以南段)、半山路、沈半路、绍兴路、德胜路、石祥路等11条道路和半山入城口的环境综合整治,拆除违章建筑2.22万平方米;立面整治房屋258幢,整治面积23.88万平方米;清洗房屋59幢,清洗面积10.81万平方米;清运垃圾7404吨;新增绿化7.79万平方米。 (余荣升)

【组建区疾病预防控制中心】 5月31日,拱墅区疾病预防控制中心正式挂牌成立。该中心位于莫干山路657号,总建筑面积2000平方米,有医技人员33人,是在原拱墅区卫生防疫站的基础上组建的公益性卫生事业单位。该中心集疾病预防与控制、卫生检测与评价、从业人员健康体检与培训、健康教育与健康促进、业务培训与指导等多种功能为一体,具体实施政府对社会疾病预防控制职能,向社会提供基本公共卫生技术服务,开展疾病预防与控制。 (陈 珏)

·西湖区·

【概况】 全区面积262.56平方千米,辖3个乡、6个镇、6个街道,有142个行政村、72个社区。人口49.23万人,人口自然增长率4.60‰。全年实现国内生产总值27.95亿元,比上年增长10.1%。

农业经济稳步增长。全区实现农林牧渔业总产值7.43亿元,比上年增长4.5%。粮食产量3.65万吨。蔬菜播种面积200.1公顷,产量4.26万吨。茶叶产量987吨。生猪饲养量32.57万头,肉类总产量2.44万吨。水产品产量1.22万吨,渔业总产值1.98亿元。“订单农业”发展迅速,完成销售总值5460万元。优质蔬菜、花卉、名优特畜禽、水产等产业发展迅速,总量占农业总产值的55.5%以上。龙井茶、西湖莼菜、西湖野鸭被评为国家级、省级名牌产品。加大水利基础设施建设力度,完成第五期8.02千米标准堤塘建设;疏浚河道47条,清淤147.3千米,完成2400米的元宝沙砌石围堤工程。大力发展生态农业、观光农业、都市农业、外向型农业和效益农业,加快传统农业向现代化农业转变,全面推进农业农村现代化。

工业经济优势增强。实现工业总产值76.49亿元,工业销售产值71.47亿元,工业利润2.92亿元,分别比上年增长23.3%、20.4%和28.3%,工业产品的产销率达到95.6%。技术改造投资2.88亿元,增长26.3%。工业经济以科技为主导,以结构调整为中心,发展成效显著,四大支柱行业实现产值37.23亿元,增长25.8%,占工业总产值的比重达到48.7%。有省级以上高新技术企业6个,有4个企业被列为杭州市首批50个科技创新重点企业,高新技术企业产值达到9.57亿元,占工业总产值12.9%以上。有省“五个一批”企业4个,康莱特药业公司、友旺电子公司、东风船舶制造有限公司、天堂伞业集团、西湖离合器集团公司等10个企业的规模、效益名列全省乃至全国同行业前茅。高新技术创业服务中心发展迅速，2.26万平方米的创业楼投入使用。企业基础管理进一步加强，通过各类质量体系认证的企业26个，工业企业产品质量稳定提高率95.8%。

园区建设全面推进，西湖科技经济园一期基础设施建设进展顺利，引进企业7个，总投资2.1亿元；转塘科技经济园完成定点，正在进行控制性详规设计；蒋村、西湖等乡镇工业园区启动，招商引资势头良好。民营、私营企业发展迅速，有列入全国私营企业500强企业3个。新办三资企业43个，增资8个，协议外资1903万美元，实际利用外资1399万美元。完成出口供货总值19.06亿元，增长14.8%；新增自营出口企业8个，自营出口额首次突破1亿美元。外经工作取得突破，康莱特药业公司在俄罗斯设立办事处，并在美国开办销售公司。

服务业发展势头良好。全社会消费品零售总额17.65亿元，比上年增长6.8%。各类市场成交额18.82亿元，增长16.8%。全年商业批发零售贸易业产值16.79亿元。第三产业以旅游商贸和房地产业发展为龙头，形成一批新的旅游景点，旅游开发呈现新的态势。完成西溪、灵山、龙坞、沙洲及农业观光等五大景区的控制性详规。启动大清谷等景点整治工程，努力保护旅游资源与生态环境。市场建设推进迅速，由古荡镇益乐村投资1000多万元、面积1.03万平方米的杭州城西花鸟工艺品市场建成，建成较大规模的蒋村商住区和以家友超市华商店、物美大卖场为中心的商业购物区。积极参加2001年西博会活动，区政府获优秀组织奖，承办2001中国(杭州)国际信息技术产品展览会获优秀展览项目铜奖。全区第三产业完成增加值9.65亿元，增长13.7%，占全区国内生产总值的比重达到34.5%。

全区财政收入9.11亿元，比上年增长52.3%；其中地方财政收入6.01亿元，增长72.3%。地方财政支出3.19亿元，增长45.5%。城镇职工平均工资性收入1.49万元，增长27.0%；农民人均纯收入6229元，增长9.1%。

城市化步伐进一步加快。完成浙江大学基础部、绕城公路南线等重点工程的征地拆迁任务。编制西部地区保护与发展规划和留下、龙坞、袁浦等3个集镇的控制性详规。秋水苑、山水人家、京都苑等住宅建设初具规模，蒋村商住区公建配套建设步伐加快。建成九里松、益乐等4个新农居点。通过租地绿化、公建绿化、河岸绿化和居住区绿化等新增绿地176万平方米。环境综合整治成效明显，通过“创模”验收。提前完成双流、留下2个水泥厂及12个矿山的关停任务。编制全区范围内畜禽养殖业污染整治方案，开展西溪景区“禁养”生猪工作。完成古翠路、学院路等12条道路综合整治和莫干山路、翠柏路等3个低洼积水点治理。拆除违章建筑20万平方米。完成22个生活小区、8个公建单位的截污纳管和曙光新村22幢旧住宅整治及“平改坡”试点。实施社区管理体制改革，将108个居民区整合为55个社区。增加硬件设施投入，建成北山、古荡、灵隐等社区服务中心，49个社区配套用房均在300平方米以上。湖畔社区成为全国党建工作示范社区，德加公寓、翠苑一区被评为省级文明社区，沿山河等5个社区居委会被命名为省示范社区居委会，翠苑四区等3个社区被命名为市级绿色社区，东山弄等20个社区被命名为西湖区二星级文明社区。

社会事业取得长足进步。科技进步工作扎实开展，区科技进步党政领导目标责任制考核各项指标名列全省名列前茅。实施市级以上科技项目53项，其中国家级6项，获得科技资助经费385万元。有中、小学69所，学生4.96万人。适龄儿童入学率100%，初中升学率98.54%。教育创强活动扎实开展，通过省教育强区评估验收。办学条件不断改善，投资9000余万元，完成文一街小学等6所中小学改扩建项目。建成区教育信息中心，中小学现代教育技术和信息技术教育基本普及。大力推进名校带动工程，求是、文三街、西湖3所小学分别设立了华立星洲校区、嘉绿苑校区、府苑校区，北山、武林门幼儿园分别承办了嘉绿苑园区、莲花港园区。

成功举办2001元宵灯会并获杭州市特别奖，舞蹈《龙井问茶》、彩车《相约龙井》分别在市第二届《风雅颂》大型民间艺术展示、西博会狂欢节上获奖。参加澳大利亚国际龙舟邀请赛获得1金2银。动工兴建区体育馆，建成24个健身苑、点，全民健身网络进一步完善。群众文化体育活动蓬勃开展，龙坞镇、三墩中学被国家体育总局评为全国群众体育先进单位。有医疗机构19个，医疗床位316张，专业卫技人员759人，全年门诊人数72.71万人次。社区卫生服务取得新的成绩，北山街道社区卫生服务中心被列为省社区卫生服务示范单位。深入开展农村“双整治”活动，农村社会风气和居住环境进一步改善。农村合作医疗继续扩大，农民参与率达到73.9%。爱国卫生运动深入开展，全年考核列城区第一，西湖乡通过首个省卫生乡验收。计划生育率提高到98.03%，达到一类地区标准。

5月1日，中共中央政治局常委、国家副主席胡锦涛到文新街道湖畔社区视察党建工作。该湖畔社区建于2000年12月，是由湖畔花园、政新花园、春天花园组成的新型社区。该社区以党建工作为核心，努力构建“五化”(服务功能网络化、居住环境园林化、配套设施现代化、文体活动群众化、道德风尚氛围化)现代新型社区，取得明显成效，获得了浙江省首批省级文明社区、全国城市物业管理示范住宅小区等称号。

(丁庆怀 马柏法)

【努力维护西湖龙井茶声誉】 龙井茶凭借深厚的历史文化内涵，一直在国内外享有盛誉。但较长时间以来，各种龙井茶品牌鱼龙混杂，在一定程度上影响了龙井茶的声誉。2001年，国家对龙井茶实施原产地保护，将浙江省范围内的16个县

(市)命名为龙井茶原产地,在西湖区168平方千米范围内所产的龙井茶被称为西湖龙井茶。

为加大对西湖龙井茶的保护,切实维护西湖龙井茶的声誉,西湖区积极配合市政府制定《西湖龙井茶基地保护条例》,对稳定西湖龙井茶基地面积,加强基地保护和管理,保障西湖龙井茶生产等作了详细的规定。为了进一步规范西湖龙井茶产销秩序,有力打击制售假冒伪劣龙井茶的行为,启用茶农用和销售用两种产地防伪标识。全年发放茶农用防伪标识151万余张,涉及茶农9253户,茶园1024公顷;发放销售用防伪标识50余万张。在全国范围内设立西湖龙井茶专卖店,已在北京、成都、上海等地开设12家。通过一系列措施,西湖区茶叶生产保持了稳产增值的良好势头。2001年,西湖区茶叶总产量986吨,总产值5944万元,分别比上年增长2.8%和18.8%。

【农业资源网开通】 12月18日,西湖区在各乡镇提供基本文字和图片资料的基础上,深入农户、田地,采摄了大量图片,并对图片、文字信息资料进行认真组稿、审核,正式开通区农业资源网。该网站由静态网页和动态网页两大部分组成。静态网页分农业概况、自然资源、文化科技、传统农业、现代农业、乡镇农业、农业企业、投资指南、办事指南等9个板块,动态网页分新闻公告、供求信息、企业档案、产品库、农业论坛、在线服务6个板块。共有106个企业申请了会员资格,发布各类农业新闻251条,发布农产品供求信息197条。网站开通以来,用户点击率逐步提高。对于引导广大农户调整农业结构,促进农业增效,帮助农民增收起到了积极的作用。 (陈 敏)

【颐高数码集团快速成长】 创办于1998年的浙江颐高数码科技集团有限公司是浙江省"五个一批"重点骨干企业和省信息产业厅重点高新技术企业。连锁经营、科技创新、科学管理是颐高数码迅速成长的三大法宝。公司连锁经营成功发展的模式被省政府列为专业市场"二次创业"的典型工程。该公司成功开发了杭州高新电脑城、杭州颐高数码广场、宁波颐高数码广场等8家连锁市场,成为省内最重要的IT产品销售平台,占有全省70%以上的份额。科技创新使公司拥有专业市场管理系统、商务管理软件、航运管理系统、房屋价值估算系统、企事业办公自动化系统、个体工商户IC卡管理系统等多项高质量的成型产品,公司成为国内商务管理软件和电子商务平台软件最有实力的供应和服务商之一。高效的科技管理体制使公司充分发挥人才、资金、管理、技术等优势,摸索出一条适于浙江实际情况,能使创业中心自身得到发展并能为创业企业进行投资、服务的市场化道路。2001年,该公司已拥有资产5000万元。

【关停矿山及矿山制品企业】 西湖区的矿山及矿山制品企业在各城区中数量最多,历史最久。为了保护生态环境,调整产业结构,与杭州市"旅游西进"规划接轨,西湖区加大对矿山及矿山制品企业的关停力度。区政府加强宣传教育,多次召集有关乡镇和各矿山负责人会议,强调生态环境保护对乡村经济发展的重要性,权衡矿山开采带来的利弊,逐步使多数矿山业主转变了认识,积极与政府配合,减少人员,回笼应收账款,最终实现关停。政府拿出200多万元资金,对按计划关停的矿山及矿山制品企业实行奖励;对不顾大局,乘关停之机,进行掠夺性开采的矿山,采取限量供应炸药,加强规范开采督查等措施及时制止。2001年,全区关停水泥厂2个,矿山12个。

【西湖物价所被评为规范化物价所】 2001年,西湖区物价检查所坚持抓物价检查队伍政治和业务素质的提高,健全规范内部管理制度,努力规范市场物价秩序,打击价格违规行为。开展"放心菜"市场检查、中小学乱收费整治、药品和医疗服务价格及收费检查、减轻农民负担的涉农价格检查等与人民群众生活密切相关的物价检查治理活动。全年查出价格违法案件金额80.90万元,其中退还消费者47.10万元,有效地维护了人民群众的合法权益。6月,被国家计委授予全国规范化物价检查所称号。

【完善农村养老保险制度】 随着城市化进程的加快,农村养老保险、特别是如何保证村干部和农转非人员老有所养问题显得十分突出。2001年,西湖区把农村养老保险工作提上重要议事日程,对全区乡镇干部、"农转非"人员养老保险情况进行全面调查,结合省、市有关规定,制定了《关于进一步扩大我区社会保障覆盖面的若干意见》、《关于扩大我区农村社会基本养老保险面工作的补充意见》等政策,并通过试点、经验交流现场会等形式,逐步完善农村养老保险。全区有62个村的村干部办理了养老保险手续,农村养老保险全面开展,农村"农转非"人员的养老保险工作进入试点阶段。

(胡 明)

【物美大卖场开张】 在2000年西湖博览会期间引进的,杭州商贸流通领域的又一家"航空母舰"——杭州物美大卖场于2001年9月正式对外营业。物美大卖场坐落在西湖区文一路,是北京物美大卖场股份有限公司继北京、上海、南京、苏州后,在国内投资兴建的又一家大型连锁超市。该市场总投资近5000万元,营业面积超过2万平方米,主要经营食品、日用百货、家用电器等商品。开张以后,日均营业额超过50万元。它的建成营业,填补了翠苑地区缺少高档次购物场所的空白。

【龙井山园建成迎客】 4月18日,西湖旅游南线上的又一个旅游景点——龙井山园建成开放,至年末游客已超过20万人次。龙井山园位于著名的龙井茶产地翁家山,该地森林茂密,环境优美,附近有龙井问茶、双峰插云等景点,山园占地8公顷。开发建设单位——杭州龙井山园有限公司是以个人投资为主,总投资额8000余万元的股份制企业。

山园整个设计遵循返朴归真的环保原则，将传统文化、地域文化、现代艺术与西湖自然景观融为一体，是一处集观赏性、娱乐性、参与性为一体的大型山地旅游景区。开园以后，先后举办了杭州首届山花烂漫节、山乡民族服饰节等主题活动。 (严 群)

【西湖区成为省教育强区】 该区以创建教育强区为抓手，大力推进教育现代化。以创建教育强乡(镇)和示范性学校为突破口，提高全区教育的整体水平。在农村，全区9个乡镇中，有8个已成为省、市教育强镇(乡)；有12所农村中小学成为省、市示范性学校，9个乡镇幼儿园中，有7个成为市农村示范幼儿园；成人文化技术学校均上了等级。在城区，以树立“精品”意识，打响“名校”品牌为目标，通过校舍改造、合并办学、名校办新校区等形式，提高办学水平和教育质量，不断满足群众对优质教育的需求。

大力推进教职工全员聘任制、领导干部竞争上岗制和新教师分配的双向选择制，加大城乡骨干教师的交流力度，实施“名师工程”，加强教师队伍建设。积极探索“轻负担、高质量”的教改之路，深化改革考试评价制度，组织中小学艺术节、科技节和社会实践活动，提高学生的综合素质，培养学生可持续发展的能力。近三年来，围绕新区学校抓紧配套、老城区学校加快改造、农村学校布局调整，新建学校8所，改扩建学校14所，有10所学校新建了塑胶跑道田径运动场，全面推进中小学现代教育技术和信息技术教育，运用开展“校校通”等手段，实现教育资源共享。12月，通过省教育强区评估验收。

【龙坞镇被评为全国群众体育先进单位】 龙坞镇重视群众体育工作，近两年来，投入20多万元资金，改善体育设施，组织参加体育比赛等活动。充分挖掘地方性的舞龙、乒乓球、健康趣味活动等体育项目，成立多支舞龙队，实施规范发展，赴京参加庆祝建国50周年等文体表演受到好评。根据茶乡茶农的生产、生活实际，开展丰富多彩、生动活泼的群众体育活动，开发旅游休闲体育，成功举办全国首届越野运动会。2001年10月，在广州举行的九运会期间，被国家体育总局评为全国群众体育工作先进单位。 (蔡云超)

【北山路被评为省级街容达标路】 北山路东起保俶路，西至曙光路，全长2730米，是西湖风景区内北山景区的主要游览性道路。2000年6月，西湖区对北山路实施道路整治，在保护古建筑风貌的基础上，拆除整治范围内的违章建筑，对古建筑加以修复，恢复历史原貌。结合“假日经济”进行交通改造，拓建岳坟至曙光路两侧慢车道，增设断桥、葛岭、西子3处港湾式停车站。开辟绿地，增设休憩带。整治后的北山路，成为西湖风景区内一条较有特色的道路，昔日被违章建筑“淹没”的人文景观和历史遗迹，重新掩映在秀山碧水之中。2001年12月，该路被省建设厅评为省级街容达标路。

(项朝晖)

【达盟山庄被评为爱国工程】 宝石地区近邻美丽的西湖，宝石山下的3号、4号地块是旧城改造的重点。1993年，市政府为了加快旧城改造的步伐，下发《关于同意实施宝石地区旧城改造规划给西湖区政府的批复》。杭州达盟物业有限公司对这一地块进行成片改造、开发建设和经营管理。1999年12月24日，达盟山庄一期工程——绿宝商务公寓开工，2001年12月正式交付使用。达盟山庄定位于“酒店式涉外商住区”，在上海举办的国际房展会和杭州西博会人居展上，打响了“住在杭州”品牌。绿宝商务公寓被联合国妇女发展基金会、中国妇女儿童事业发展中心授予“国际女性创业著名品牌”。至2001年末，达盟公司先后接待了美国、澳大利亚、日本、法国、德国和中国香港、台湾等国家和地区的客户，吸引众多跨国大公司驻杭机构人员入住。达盟山庄被中华爱国工程联合会评为“爱国工程”；达盟公司在全国妇联召开的世纪杰出女性创业论坛上，获2001年巾帼创业明星企业称号。 (施 智)

·滨江区·

【概况】 全区面积73.3平方千米，辖3个镇，12个社区，29个行政村。人口10.69万人，人口自然增长率5.88‰。全年实现国内生产总值18.79亿元，比上年增长13.5%。

效益农业得到发展。全年实现农林牧渔业总产值3.81亿元，比上年下降7%。加快农业产业结构调整步伐，蔬菜瓜果、花卉苗木种植面积有所扩大，都市型效益农业进一步体现。晶龙蜜梨和祖名豆制品系列分别被中国国际农业博览会组委会评为金奖和银奖。积极实施“科教兴农”战略，不断提高农业生产的科技含量。努力改善农业生产条件，东江围垦综合开发工程全面启动，钱塘江标准堤塘建设全线完工。努力探索农村集体经济管理的新办法，实施涉农价格和收费公示制度，加强对农民负担的监督管理。农民年人均纯收入7462元，增长7%。

工业经济稳定增长。完成工业销售产值63.2亿元，比上年增长20.2%；实现工业利润1.56亿元、出口交货值16.0亿元，分别增长29.8%和64.4%。按照“集团总部进城区、企业生产进园区”的工业经济布局要求，加快工业园区建设步伐，滨江科技经济园“五通一平”基础设施基本建成，引进项目陆续动工建设；西兴工业园区引进项目14个；长河、浦沿工业园区抓紧征地、基础设施建设等前期工作；“一园多点、区镇联动”的园区雏形正在形成。大力开展招商引资，全年引进各类项目27个，总投资13亿元。积极营造科技创新政策环境，开发区级以上新产品72种，产值11.43亿元，占工业总产值的17.4%。

积极推进企业改革和技术改造，企业与大专院校间的技术和产业化合作呈现出领域多元化、方式多样化的良好趋势，与浙江大学合作创建研究生挂职服务基地。建立企业技术研发机构32个，东冠通信集团技术中心通过市级验收，浙江长河光电股份有限公司、杭州远见智能数字设备有限公司被浙江省科技厅认定为省高新技术企业。长河公司的纯晶体材料、远见智能公司的可视电话等6项成果分别获得2001年省、市科技进步二、三等奖。对外开放保持良好势头。制订和完善招商引资政策,建立区、镇两级招商组织网络,加大招商引资宣传力度。全年引进各类项目29个,总投资13.12亿元,协议引进资金10.41亿元,合同利用外资1067万美元。外经外贸领域进一步拓展,新增自营出口生产企业7个。

加快发展第三产业。全社会消费品零售总额1.7亿元,比上年增长15%。区供销社转制工作进展顺利,浦沿镇着手筹划高新区、高教区配套服务业,中南建材市场二期项目通过方案评审,中兴花园三期、四期顺利结顶。区行政中心广场南侧中兴大道居住区块房地产开发项目顺利招标,房地产开发全面启动。

全年实现财政收入2.03亿元,比上年增长20.1%;其中地方财政收入1.21亿元,增长33.4%。地方财政支出1.33亿元,增长23.5%。采取积极的财政政策,加大对重点税源的监控力度。严格财政支出管理,建立区会计结算中心,实行财政资金集中统一管理和政府采购制度,全年实现政府采购51次、2474万元,节约资金298.87万元。

城市建设与管理迈出新步伐。规划编制进一步完善,府西路区块、中兴路两侧区块、中兴路居住区块的城市设计编制完成并通过会审,沿江地带4.2千米的城市景观设计正在进行。城市规划逐步向铁路以南扩展,南部地区历史保护与城市发展规划编制完成。全年基础设施建设投资6.7亿元,建成中兴路二期、丹枫路、通和路地下人行通道等工程,开工建设江陵路、滨兴路、春晓路、滨康路、市民南广场、滨怡路、新开河等项目,滨盛路、中兴路延伸、闻涛路、滨江公园等项目前期工作结束。组建区给排水公司,开工建设10万吨污水输送管道埋设工程,开展了与萧山联建10万吨级污水处理工程的前期工作。开工建设110千伏西兴变电所。基本完成十甲河驳坎工程和排涝泵站。制定《滨江区农村多层住宅建设实施细则》。全年开工建设江三、江二、江一、星民与七甲闸、共联与协同、西兴等6个小区。制定完善招、投标细则,对城建、城管领域的政府投资项目实行全过程招投标管理。加强宅基地审批管理,严格控制浙赣铁路以南区域的农民建房。积极开展文明城区创建活动,加大对重点部位和建筑工地的整治力度,全年拆违面积1.8万平方米。以中兴路和铁路沿线绿化为重点,新增绿地面积50万平方米。

精神文明和民主法制建设得到加强。制订《加强与改进区镇两级党委(党组)中心组学习实施意见》和《干部培训计划》,切实抓好干部的学习。以开展纪念建党80周年、诚信主题教育、参与西博会等活动为载体,加强对外宣传,扩大滨江的知名度和社会影响力。10月18日,由滨江区承办的西博会重要活动——第九届全国光电技术及系统学术会议在浙江宾馆举行。以创建省教育强区为契机,全面推进素质教育,新建校舍2.39万平方米,完成"校校通"信息网络建设工程。区小学升初中率100%,初中升高中率95.7%。进行基层卫生机构改革和医务人员分配制度改革,对医疗机构实行分类管理,建立乡镇社区卫生服务中心。有医疗卫生机构58个,医疗床位165张,卫生技术人员329人。探索除"四害"市场化运作新路子,顺利通过市"灭鼠"达标先进城区考核。大力推进计划生育优质服务,加强流动人口计划生育管理,计划生育率99.7%,获省"婚育新风进万家"活动先进单位和市"九五"期间计划生育工作先进集体称号。广泛开展"送法下乡"和普法教育,推进民主法制建设,不断提高全民法制意识和依法管理水平。

【设立6个社区】 为加快城市化建设步伐,实现村镇管理体制向城市管理体制和村民向市民的两个转变,滨江区制定了《关于社区建设实施意见》,确立因地制宜、稳步推进、逐步规范、体现特色的社区建设基本原则。通过财政支持、社会赞助等多元化渠道筹措社区建设资金,落实社区配套设施。12月,西兴镇成立西陵社区、水电社区,其中西陵社区由西兴街道第一、二、三居委会重组设立,有1014户居民;水电社区由西兴街道第四居委会改建设立,有1300户居民。长河镇成立天官社区、中兴社区,天官社区由长河街道一、二、三、四居委会重组设立,有1506户居民。浦沿镇成立之江社区、新浦社区,其中新浦社区由浦沿居委会和龙山化工厂家属委员会重组设立,有808户居民。中兴社区和之江社区是新设立的。

【实施农村多层住宅建设】 为提高城市品位,加快滨江城市化进程,提高土地使用效益,改善居住环境,改善人民生活,自2001年1月1日起,在浙赣铁路以北城市规划建成区的10个村正式实施《滨江区农村多层住宅建设实施细则》,规划定点6个小区,用地面积46.7公顷,建设总面积70万平方米。小区设计改变了传统农居独家独户的建造方法,充分体现现代化城市小区建设标准,电信、宽带网、煤气等配套设施一应俱全,绿化率35%以上。在户型结构上,充分考虑居住对象的特点和农村的居住习惯,提高层高,增大厨房、阳台面积。符合购房条件的按每人40+10平方米计算,但每户最多不得超过240平方米。为鼓励农民入住,区政府给予一定额度的补贴,4月16日,首期住宅在长河镇江三小区开工建设。至年末,开工建设21.8万平米,主体结顶15万平方米,5万平方米竣工交付使用。农村多层住宅建设在滨江城市发展历史上写下重要一笔。

【滨江区成为省教育强区】 滨江区提出"科教兴区"战略,把发展教育事业作为滨江建设品牌战略来抓,高标准推进素质教育。近三年来,共计新建校舍5万平方米,总投资7000万元。设立区"希望助学基金",募集善款近60万元,累计捐助287人。全区中学、中心小学建成校园网络,平均17.4名学生拥有1台计算机,实现了“校校通”。校园广播、闭路电视系统覆盖所有学校,教育设施初步实现现代化。全区有中、小学22所,其中完全小学18所,初级中学3所,职业高级中学1所,在校中、小学生1.28万人;幼儿园18所,145个班,在园幼儿4013人;成人文化技术学校3所,教师进修学校1所。有在职教职工652人。全区3个镇均为省、市教育强镇,区内有省示范小学1所,省文明学校2所,省示范性成人文化技术学校1所,3个镇的中学、中心小学均为市级示范学校。12月6日,滨江区通过省级教育强区考核评审验收。

【建立研究生挂职服务基地】 6月,为更好地发挥高校研究生的科技创新优势,促使科技成果向生产力转化,滨江区与浙江大学共同建立了研究生挂职服务基地。首批9名优秀硕士、博士生到区属企业开展为期半年的挂职服务,分别担任总经理助理和总经理科技助理职务。挂职研究生勤奋务实、踏实认真,受到了企业的普遍好评,提高了企业科技创新的意识,促进了科技成果的快速转化,为企业和高校架起“产学研”结合的桥梁,多家企业希望研究生毕业后能留在企业工作。10月,长河集团与中科院光机所、中国计量学院签订合作协议,建立光电子材料及器件研发中心;中南集团与同济大学签约成立同济中南钢结构高新技术研发中心。

【33公顷住宅用地成功出让】 为了加快城市化进程,促进房地产业发展,滨江区一次性推出33公顷土地,除了公建用地外,分10号、11号、12号3个地块实行土地招投标开发,要求建筑容积率不大于2.2,建筑密度不大于26%,绿地率不小于35%;沿街公建地块建筑密度不大于40%,容积率不大于3.5,绿地率不小于30%。。7月10日,33公顷住宅用地在浙江世贸中心五楼国际会议厅成功出让。招标以底价保密、价高者得的方式进行,共有26个公司参与投标,最终10号地块10.46万平方米由杭州市房屋开发总公司以30283万元的报价中标,11号9.36万平方米、12号7.12万平方米地块由杭州兴耀房地产开发有限公司以30658万元和25588万元的报价中标.

【钱江三桥入城口被评为形象工程】 钱江三桥入城口环境综合整治工程地处钱江三桥南岸,是杭州连接宁波、绍兴、浙南、福建等地的重要交通枢纽之一,也是连接杭州萧山国际机场,向世界展示杭州城市形象、迎送国际友人的重要窗口。工程北起钱塘江南岸南沙支堤,南至解放河与萧山区地界接壤,东连杭州萧山国际机场专用公路起点段,西接滨江区主干道中兴路,全线长3600米,总绿化面积18万平方米。工程突出色彩与线条、平面与空间的有机交融,运用园林造景艺术,通过树木、草坪、光线的流畅交换,体现杭州作为历史名城的丰厚文化底蕴,赋予经济强市的现代气息。工程由滨江区负责建设,投资2200万元,2001年1月动工,10月建成。入城口整治工程被市政府命名为“形象工程”。

【滨江区慈善总会成立】 慈善事业是社会主义精神文明建设的重要组成部分,是政府社会保障工作的必要补充和维护社会稳定和谐的有效形式,12月29日,滨江区慈善总会正式成立。首期募集善款607.2万元,征集单位会员60个,个人会员30个;参加慈善捐款的单位188个,人员1.47万人。首批捐助278户,发放资金42.03万元。其中助学120户,发放资金16.8万元;助医36户,发放资金11万元;助困122户,发放资金13.23万元,物资价值1万元。

【举办文化艺术节暨全民运动会】 6月7日,滨江区首届文化艺术节暨全民运动会开幕,历时4个月,于10月12日闭幕。这是滨江建区以来第一次全区性的重大文化体育盛会。艺术节以文体活动为载体,展示全区人民“团结、友谊、拼搏、奋进”的精神风貌,推动两个文明建设。文化艺术节暨全民运动会设置项目有书画作品展、摄影作品展、棋类、球类、田径等10个大类45个小项,设个人奖项526个、团体奖项127个。来自全区各镇、村和企事业单位、学校、驻滨江部队等34个代表团近5000人次参赛,浦沿镇、长河镇、浙江中南集团分别获团体总分前三名,浦沿镇、省公安高等专科学校等10个单位获优秀组织奖,杭州第二中学、机关代表团等10个单位获道德风尚奖。 (陈悦)

·萧山区·

【概况】 2001年,萧山行政区划作重要调整,经国务院批准,撤销萧山市,设立杭州市萧山区,面积1163平方千米;乡镇行政区划由原来的24个镇7个乡,调整为22个镇和城厢、北干、蜀山、新塘4个街道办事处;有739个行政村、155个居民区。人口114.58万人,人口自然增长率3.56‰。全年实现国内生产总值276.04亿元,比上年增长15.9%。

工业经济快速发展。实现工业总产值808.99亿元,比上年增长31.2%;销售收入785.65亿元,增长30.6%;完成工业利润28.08亿元,增长70%。全年工业性投入65亿元。全员劳动生产率41521元/人,增长14.2%;工业资金利润率7.2%,工业销售利润率4%,分别提高1.5个和0.9个百分点。出口商品交货值155.51亿元,增长27.1%;其中自营出口9.4亿美元。工业园区建设迅速发展,全区有18个镇、街道的工业园区立项,其中8个园区已命名;设立9个萧山经济技术开发区配套园区,进园项目180项。

农业和农村经济保持良好发展态势。实现农林牧渔业总产值37.08亿元,比上年增长12.7%。种植业结构调整成效显著,实现农业产值23.98亿元,增长11.9%。全年粮食种植面积7万公顷,减少11.9%;总产量36.65万吨,减少8.9%;棉花、络麻种植面积下降,产量分别为1602吨和972吨,下降6.8%和

32.7%;油菜籽产量8358吨,增长8.7%;蔬菜产量87.63万吨,增长19.6%;水果总产量6.16万吨,下降2.0%;茶叶产量817吨,下降6.1%。全年绿化造林154公顷,全民义务植树102万株,封山育林1334公顷,森林覆盖率21.3%;开发林特基地360公顷,建成水果基地3.27万公顷,实现林业产值4937万元,增长0.9%。实现畜牧业产值8.25亿元,增长11.6%;肉类总产量7.53万吨,增长2.4%。实现渔业产值4.37亿元,增长24.5%;产量3.13万吨,增长12%;水产养殖面积4257公顷,其中名优水产面积增长27.1%。全年投入水利建设资金2.08亿元,累计投工1670万工,完成土石方1744万立方米,建标准堤塘36.9千米,疏浚河道55.6千米,完成标准农田建设8000公顷。新增农机动力3.03万千瓦,增长4.8%。

第三产业加快发展。实现全社会消费品零售总额62亿元,比上年增长14.7%。其中国有经济5.71亿元,增长1.6%;集体经济3.12亿元,下降3.3%;个体私营经济38.69亿元,增长23%;股份制经济3亿元,下降15%;其他经济10.28亿元,增长12%。市场建设取得新成就,新增面积26万平方米,有各类市场111个,总建筑面积89.12万平方米。其中商品交易市场107个、面积84.8万平方米。全年实现市场成交额145.05亿元,增长17.4%;其中商业城成交98亿元,有较大幅度增加。

全年实现财政收入23.78亿元,比上年增长36.9%;其中地方财政收入13.29亿元,增长62.5%。地方财政支出13.83亿元,增长36.1%。金融机构年末各项存款余额262.95亿元,贷款余额168.54亿元。保险机构承保金额627.29亿元,保费收入4.57亿元,分别增长36%和26.3%;保险赔款8369万元。区信用联社被评为2000年度全国农村信用社支农先进集体。

全社会固定资产投资完成137.66亿元,比上年增长35.7%。其中基本建设投资27.87亿元,增长23.8%;更新改造投资16.82亿元,增长43.4%;房地产开发投资19.14亿元,增长61.3%。全年完成货运量2367万吨,增长11.7%;客运量3683万人次,增长22.9%。完成邮电业务总量11.30亿元,增长64.0%;其中邮政业务总量4726万元,增长8%。城乡交换机总量48.31万门,增长8.2%;固定电话31.61万部,移动电话30.17万部,分别增长17%和90.9%;"小灵通"用户3.80万部。登记注册因特网用户3.04万户,增长2.97倍。

推进"科教兴区"战略。全区有8个企业与中国科学院及所属科研院校合作,28个企业与中国科技大学达成合作意向44项,有15个"产学研"合作基地。新增18个高新技术企业,累计32个,其中国家级5个、省级15个。新认定12项高新技术转化项目和15种高新技术产品。创建CAD技术应用示范企业12个,组织实施科技计划项目159项,其中国家级10项、省级12项。列入省级以上新产品176种,其中国家级11种。有226个企业在互联网上独立注册,1682个企业在网上推出企业形象。

全区有230所小学,在校学生9.09万人;初中54所,在校学生5.29万人;高中17所,在校学生2.11万人。广播电台每天播出16小时,电视每周播出119小时。全年放映电影3625场次,观众16.42万人次。《萧山日报》日发行量13.5万份。有医疗机构165个,医疗床位2658张,专业卫生技术人员4038人。全区计划生育率99.46%。萧山区妇幼保健院《关于2000版ISO9001标准在本院的应用》课题,通过专家论证,达到国内领先水平。全年获杭州市级以上运动会奖牌139枚,其中省级金牌4枚、杭州市级金牌37枚;成功承办中澳男子篮球对抗赛、亚洲男子篮球超级联赛、全国足球乙级联赛浙江绿园队主场赛、全国部分沿海城市门球赛,协办第二届国际女子俱乐部乒乓球赛。

城乡居民生活水平继续提高,城镇居民年人均可支配收入12213元,比上年增长16.2%;农民年人均纯收入6755元,增长9.8%;城镇居民人均居住面积29平方米,农村居民人均居住面积60.4平方米,均比上年提高。有各类社会福利院、敬老院38个。

6月起,全区77个区级机关和部门结合各自实际,广泛开展"争创满意单位"活动。11月30日,在区级机关思想作风建设工作会议上,通报表彰奖励了满意率较高的7个单位,通报了满意率排名后三位的单位。萧山区审计局获国家人事部、审计署授予的全国2001年度审计系统先进集体称号。

【萧山撤市设区】 3月25日,经国

现代农业开发区

务院批准,撤销萧山市,设立杭州市萧山区的挂牌仪式在萧山行政中心举行。省、市领导李金明、王国平、李志雄、陈昭典、虞荣仁、于辉达出席挂牌仪式。萧山区委副书记、区长林振国主持挂牌仪式,省民政厅副厅长方泉尧宣读《浙江省人民政府关于撤销萧山市余杭市设立杭州市萧山区余杭区的通知》,省、市、区领导为区委、区政府、区人大、区政协揭牌,省委副书记李金明代表省委、省政府对萧山区的成立表示祝贺。省计委等22个省级部门和杭州市级85个部门的负责人,以及杭州市上城区、富阳市等6区、5(县)市负责人参加了挂牌仪式。此前,萧山市十二届人大常委会召开第二十九次会议,审议通过《萧山市人大常委会关于撤市设区有关政权机构名称等问题的决定》。

至年末,全区通过机构改革,机关政府部门从31个精简到24个,人员编制从1147人精简至901人;24个镇、4个街道行政编制从1379人减少至1062人,事业编制从1256人减少至924人。

【萧山财政收入超过20亿元】2001年,萧山区的财政收入达到23.78亿元,其中地方财政收入13.29亿元,分别比上年增长36.9%和62.5%。改革开放以来,萧山在经济建设中,以乡镇企业为排头兵,涌现了一批产值超10亿元的工业企业,其中万向集团、传化集团、航民集团、恒逸集团等企业已在同行中居领先地位。强劲的工业发展,为萧山的财政税收打下了坚实的基础。

【萧山国税局通过ISO9001认证】7月17日,萧山区国税局通过ISO9001质量管理标准体系认证。该局面对即将加入世界贸易组织的新形势,建立、健全适应市场经济发展,符合国际惯例的税收管理体系。4月始,对税收征收、管理、稽查及人事管理、行政管理、后勤服务等进行全程式的标准化操作,并把国家税务总局开发的中国税收征管信息系统融入质量管理系统内。通过征管质量考核达标验收,达标率达到100%,执法投诉率为"零"。

【万向集团收购美国UAI公司】美国当地时间8月28日,万向集团美国分公司成功收购美国上市公司UAI公司。万向集团为国内120个试点企业集团之一,2001年工农业收入68亿元,拥有80多亿元资产,近万名员工。UAI公司位于美国芝加哥,成立于1981年,以制造和销售汽车制动器及零部件为主业,是美国当今汽车零部件的主要供应商之一,客户涵盖美国各大汽车零部件的连锁店及其采购集团。该公司于1994年在纳斯达克证交所上市。2000年,该公司实现销售收入7100万美元。万向集团通过收购该公司股票,占有该公司58.8%的股份,成为其第一大股东,并出任UAI公司新的共同董事长。此次收购美国上市公司,标志着万向集团成功实施跨国经营的战略,使万向集团的主业——汽车零配件得到更先进的技术支撑,有利于开拓新产品的世界市场。

至年末,万向集团已在海外建立、收购、兼并17个公司。在中央电视台播出2001年CCTV经济年度人物颁奖典礼上,万向集团董事局主席鲁冠球被列为当今经济界最有影响力的10位明星人物之一。

【开发省级以上新产品152种】2001年,萧山区进一步拓展产、学、研结合,一批重点骨干企业与科研院所、高等院校建立技术依托关系。48个企业技术中心全年开发省级以上新产品152种,其中国家级11种,并认定12项高新技术转化项目和15种新技术产品。全区有4个项目被列为国家火炬项目,5个获国家级、13个获省级技术创新基金项目。信息化试点从区行政中心延伸到镇、街道办事处,实现计算机联网,15个技术示范企业应用先进的电子信息,其他进入信息化推广和应用阶段的企业300余个,80.5%的区重点骨干企业应用CAD技术。

【萧山被定为全国园艺产品出口示范区】12月,在全国园艺农产品工作会议上,萧山被农业部和外经贸部确定为全国园艺(蔬菜)产品出口示范区。萧山区共有出口蔬菜面积8000公顷,产品主要外销日本等10多个国家和地区,年出口量60万吨,总产值3亿元。萧山蔬菜进入国际市场早,产业链和产业基础好,区域特色明显,园艺和蔬菜产品在国际市场上具有成本优势。萧山确定为全国园艺(蔬菜)产品出口示范区后,为萧山农业产业的发展带来新的机遇。

【花卉苗木推介会在北京举行】10月30日,萧山区政府在北京人民大会堂举行"绿色奥运——萧山花卉苗木北京推介会",邀请国家林业局、全国绿化委员会办公室、中国花卉协会、中国奥委会、北京市政府及有关区(县)林业、园林绿化部门和单位的领导、专家200余人出席。推介会通过宣传画册、图板、多媒体演示等形式,展示中国花木之乡——萧山的风采。在推介会上,66名在萧山从事花木种植、经营的大户与北京有关部门和单位达成联合开发花木项目11个,合作资金达2亿元。按照协议,萧山将在北京新建135公顷苗木基地,其中当场签约的有70公顷苗圃。据统计,萧山从事花木生产的农民有5万余人,有花木种植面积5300余公顷,年产值近5亿元,销售额4亿多元。近三年来,萧山的花木已落户北京市400余万株,销售额1500余万元,在北京的昌平、大兴等地建立苗木基地130公顷。

【农业龙头企业快速发展】萧山区118个农业龙头企业全年完成产值23亿元,实现利税2亿元,出口创汇3.8亿元。农业龙头企业提供了1.2万名农民的就业机会,全区有30%以上的农民在农业龙头企业中获利。该区的农业龙头企业以农产品加工为主,其收购农产品产值的比例占全区农民年人均纯收入的20%。118个农业龙头企业建立原料基地2万公顷,其中订单农业基地6600余公顷,全年收购和加工农副产品38万余吨,直接受益的农户

10万户以上。农业龙头企业的发展带动了农业增效、农民增收,使农业产业结构得到优化，农产品的档次和附加值得到提高，至2001年末，已创农产品商标品牌233个，制定生产标准30项。

【三峡移民落户萧山】 8月12日，首批三峡库区移民151户、566人安全到达萧山。在由萧山区移民办公室、公安局、卫生局等联合组成的移民组护送下,13辆满载移民和物资的车队,先后驶进移民交接地。移居萧山的第一批移民来自四川省奉节县永安镇和新城乡，他们分别安置在萧山区东片、中片的13个镇。有关镇为移民们盖好房子，落实好承包耕地,完成了通电、通水、通路和土地平整等工作，对移民子女入学问题作了妥善安排。

【江寺公园建设启动】 7月22日，在萧山电影院举行江寺公园建设项目拆迁动员大会，标志着区政府为民办10件实事之一的江寺公园建设项目正式启动，这是萧山旧城改造历史上最大的项目。该公园东西长190米,南北长320米,面积5.18万平方米，涉及到拆迁居民房屋797户,其中大部分为70年代前建造,地势低洼、容易积水,卫生环境差,火险隐患较大。该项目将把江寺地块改造成公园,以改善居民居住、生活条件,增加城市绿化空间,提升城市品位。10月底,拆迁工作基本完成。

【萧山再获全国特殊教育先进】 1996年,萧山获得全国特殊教育先进县（市）称号,2001年又被教育部、民政部、中国残疾人联合会评为全国特殊教育先进区(市)。萧山的特殊教育起步于1986年,在靖江镇中心小学创办智残儿童教学班,之后,进行开设“三段九年一贯制”,智残儿童随班就读与单独编班相结合等特殊教育模式进行摸索。16年来,不断探索发展,特殊教育的“靖江模式”得到省教委的认定,并参加在美国进行的学术交流。近几年来,“靖江模式”遍布萧山区各镇、街道,出现了“留课不留级”、“进步教育”、“一体化融合教育”等模式。多种模式的特殊教育，还向初中和幼儿园延伸。

【海外博士代表团考察萧山】10月15日,来自美国、日本等国家和地区的40余名浙江籍海外博士组成的代表团考察萧山,这是“百名海外博士浙江杭州行”活动的一部分。该活动由省委统战部、杭州市政府主办，参加活动的博士团成员大多在国外研究机构和企业从事科研及经营管理工作,在现代化信息科技、生物制药、基因工程、环保、新型材料、新能源以及汽车、金融、农业等领域多有建树。考察中,代表团成员和万向集团、传化集团公司、亚太集团等区内20余个企业就合作项目进行了洽谈，还到萧山经济技术开发区和萧山高新技术产业园区创业中心参观。

【《说也说不清楚》获全国群星奖】 12月21日，萧山代表浙江省参赛节目——绍兴莲花落《说也说不清楚》在广州举行的全国第十一届“群星奖”曲艺节目决赛中获金奖。“群星奖”是由文化部于1991年始设立的政府最高文化艺术奖，本次决赛全国有35个代表团的245个节目参加。萧山参赛的节目讲述的是青年工人在最后一次分房时给领导送礼,从而引出一系列误会,情节生动风趣，塑造了一位清正廉洁的基层干部形象。该节目由萧山文化宫集体创作，在5月的浙江省选拔赛上曾获得创作和表演两个一等奖。

【杭州乐园成为4A级景区】 2001年，杭州乐园接待中外游客102.5万人次,比上年增长30%。为了吸引更多的游客，该园在景区的开发上力求精品化、多样化，全年投入1600多万元,对景区的硬件设施进行大规模整改，在原有高空蹦极等惊险、刺激的游乐项目基础上,新增翻江倒海、碰碰车、卡丁车等设施，使游乐项目增至50余项。在经营策划上力求创新，从5月1日起降低

附： 2001年萧山区镇情况

名 称	村委会(个)	乡村人口(人)	农民人均纯收入(元)	党委书记	镇 长
楼塔镇	31	25 051	5 356	顾大飞	陈关水
河上镇	34	27 131	6 911	裘国兴	楼关海
戴村镇	51	36 440	5 076	陈兴康	吴国祥
浦阳镇	55	30 622	5 007	徐晓福	陈纪坤
进化镇	55	45 931	4 738	华德法	祝关翔
临浦镇	51	40 957	6 340	俞志仁	陈亚利
义桥镇	50	51 324	6 152	张洪棋	王海尧
所前镇	38	35 034	5 509	俞渭成	朱益林
衙前镇	23	22 722	8 018	高锦耀	张振丰
闻堰镇	14	19 519	8 083	施天贵	周利明
宁围镇	21	43 859	11 311	韩学炬	陈 瑾
新街镇	20	44 945	10 286	施月仁	钱大荣
坎山镇	24	40 618	7 062	陈国昌	商 舟
党山镇	24	41 807	8 050	李强煜	易伟光
益农镇	22	40 652	7 728	董祥富	姜国法
瓜沥镇	27	48 692	8 128	汪观良	何兴良
靖江镇	11	27 796	7 676	朱先良	沈文珍
南阳镇	16	33 597	7 347	俞成良	陈金伟
河庄镇	21	44 972	7 792	任关甫	童一峰
党湾镇	20	39 768	7 653	王建校	沈华锋
新湾镇	25	31 875	7 250	高宜乔	茅国芳
头蓬镇	25	51 324	7 412	高卫国	李成良

门票价格52.2%，“五一”节推出“大寻宝”活动，国庆期间举办狂欢节，承办中国休闲经济国际论坛会议，提高知名度，增强了吸引力。景区管理通过国际标准体系认证。11月24日，通过了国家旅游局AAAA级景区的审核。 (孙汉良)

·余杭区·

【概况】 2001年，余杭行政区划作重要调整，经国务院批准，撤销余杭市，设立杭州市余杭区，面积1222平方千米；全区辖14个镇、1个乡、4个街道办事处，有505个行政村、76个居委会(含15个社区)。人口79.54万人，人口自然增长率1.24‰。全年实现国内生产总值155亿元，比上年增长11.9%。

农业经济稳步发展。全区农林牧渔业总产值27.50亿元，比上年增长9.5%。其中种植业产值12.81亿元，增长7.6%；畜牧业产值5.5亿元，增长10%；渔业产值5.59亿元，增长17.3%；林业产值2.31亿元，增长18.6%。农业种植结构调整幅度较大，粮食经济作物比例从上年的58:42调整到52:48。全年粮食种植面积3.71万公顷，下降15.2%；粮食总产量24.60万吨，下降10.9%；油菜籽产量1.34万吨，下降18.4%。蔬菜种植面积1.63万公顷，产量37万吨，分别增长5.2%和17.8%。茶叶总产量5573吨，增长16%；产值1.85亿元，增长22.3%。水果总产量1.2万吨，增长34.6%；产值2653万元，增长22%。蚕茧产量1171吨，增长23.4%；产值2153万元，增长15.8%。水产品总产量4.34万吨，增长16.7%；产值5.79亿元，增长17.3%。家禽年内出栏1663万羽，增长72.2%；羊年内出栏6.76万只，下降3%。年末生猪存栏21.49万头，增长30.3%。全年完成造林面积214公顷，林产品销售收入2.92亿元，分别增长18.6%和33.7%。实施区级农业产业化项目105项，总投资2.14亿元，其中99个项目通过验收。17个高效特色农业园区开始启动；农产品监测中心建立并制订各类各级农产品生产、质量标准，有120种农产品实行商标注册，全年引进农业新产品50余种。区农业办公室连续七年被评为省级农村工作先进单位。全年完成标准农田建设4787公顷，造田造地220公顷，新增耕地600余公顷。10月30日，灵项溪被国家水利部、财政部命名为全国水土保持生态环境建设示范小流域。

工业经济保持快速发展。全区工业总产值347.85亿元，比上年增长23.4%；其中区属工业完成57.01亿元，增长12.6%；集体经济120.96亿元，增长20.2%；私有经济169.88亿元，增长30%。完成工业销售产值334.01亿元，增长23.4%；全部工业产品销售率96%。实现工业利润13.82亿元，增长43.4%。全年工业生产性投入22亿元，增长39%。2001年，关停“五小”(小水泥、小化工、小印染、小制革、小造纸)企业90余个，推出区级重点扶持项目108个。130个企业通过各类标准的认证，10个项目通过省级新产品鉴定。成功引入深圳海王药业集团公司、浙江巨能集团公司等知名企业到余杭落户。全年完成外贸出口交货值58.3亿元，增长26.9%；完成外贸自营出口2.44亿美元，增长19.7%；外贸自营出口名列全省十强。新批外商投资企业48个，增资17个，总投资9516万美元，实际利用外资4101万美元；引进内资企业125个，实际到位资金14.27亿元；成立境外机构3个。

全社会消费品零售总额40.52亿元，比上年增长12.5%；市场建设加快，浙江世贸布艺城、华东家禽交易中心二期工程、杭州理想车城等建成并投入使用。有各类专业市场97个，城乡集市贸易成交额63.4亿元，增长24.3%。非公有制经济发展迅猛，有个体工商户2.22万户，私营企业4481个。旅游业发展取得新成绩，全年接待国内外游客120万人次，增长53.8%；旅游收入5.4亿元，增长53.6%。径山风景旅游开发区管委会成立。

全区财政收入12.81亿元，比上年增长38.3%；其中地方财政收入7.33亿元，增长59.8%。地方财政支出7.86亿元，增长44.2%。金融机构年末各项存款余额160.50亿元，增长26.1%；贷款余额93.68亿元，增长15.4%。保险机构投保金额416.58亿元，增长119.4%；保险费收入2.92亿元，增长98.6%；全年支付各类理赔款5209万元。

完成全社会固定资产投资56.74亿元，比上年增长29.8%。其中房地产开发投资17.43亿元，增长109%；工业性固定资产投资22.8亿元，增长21.7%。04省道余杭段一级公路、良(渚)塘(栖)公路全线贯通；杭宁(南京)高速公路余杭段完成路基工程。320国道余杭段文明样板路通过国家交通部考核验收。新建的35千伏星桥输变电所投入运行，110千伏仓前输变电、凤山输变电工程完成调试工作；农村电网改造完成486个村，实现照明电城乡“同网同价”。市政基础设施建设进展顺利，临平污水处理工程全线贯通，人民路、九曲营路、东大街改造等工程竣工，实施余杭、闲林应急输水管线工程，5个城区供水管网改建、扩建工程竣工。交通部门全年完成货物运输量69.8万吨，增长11.6%；货物周转量8100万吨千米，增长5.6%。客运量1243万人次，增长23.3%。邮电业务收入3.3亿元，增长26.9%。有固定电话用户20余万户，增长30%；便携电话(小灵通)用户超过5万户；移动电话用户15.8万余户，增长85.9%；数字数据用户346户，计算机互联网络用户1.44万户，分别增长2%和35%。

深入实施“科教兴区”战略。全区编制本级科技计划项目99项，省级余杭高新技术产业园区顺利通过验收并挂牌，新认定省级、市级高新技术企业各3个，引进37项高新技术项目、产品和技术。“产学研”合作领域进一步拓展，建立国家光学仪器研究中心余杭基地和国家纺织工业CAD技术余杭发展中心两个国家级研发中心，余杭区被国家科技部授予全国CAD技术推广应用工程示范区。12月19日，“国家纺织CAD技术余杭发展中心”成立。省级余杭高新技术产业园区通过考核验收。全年申请专利64项,专利授权80项。通过全国科技工作先进县(市、区)、浙江省科技先进县(市、区)的复查验收。

全区有小学164所,在校学生5.37万人;初中34所,学生3.61万人;高中7所,学生7693人;职业中学5所,学生5979人。小学入学率100%,小学毕业升初中99.51%,初中毕业升高中84.53%,高考上线率85.7%。临平职高被评为国家级重点职业学校,余杭第二高级中学通过省三级重点中学评估,塘栖镇被评为杭州市标志性教育强镇。有医疗机构114个,床位2088张,专业卫生技术人员2740人。城区实施美化、绿化、净化、亮化工程,良渚、仓前两镇通过"杭州市卫生镇"考核验收。7月9日,团中央和卫生部联合授予余杭区第一人民医院急诊护理站"全国青年文明号"。全区计划生育率99.13%。良渚遗址管理区管委会成立,为良渚遗址申报《世界遗产名录》和国家遗址公园项目建设做了大量工作。承办国际地掷球邀请赛等重大体育赛事,举行余杭市第七届体育运动会。原市体委、余杭镇获全国群众体育先进集体称号。安置三峡移民141户、612人。《余杭市志》(普及本)由中华书局出版。区文化馆、图书馆被评为杭州市社会文化先进集体。全年新增有线电视村80个,有线电视进村率84%,入户率55%。

城乡人民生活水平进一步提高,全区农民年人均收入5839元,比上年增长11%;城镇居民人均可支配收入9955元,增长14.5%。东湖街道梅堰小区被省精神文明建设委员会评为省级文明社区,在"我看杭城新变化"活动中,被定为新型社区建设参观点之一。

【余杭撤市设区】 3月12日,杭州市委、市政府在杭州新侨饭店举行杭州市行政区划调整新闻发布会:经国务院、浙江省人民政府批准,撤销余杭市、萧山市,设立杭州市余杭区、萧山区。余杭市要求市级机关各部门、各乡镇统一思想,认真做好撤市设区的准备工作。3月25日,余杭撤市设区挂牌仪式在临平剧院举行,杭州市余杭区正式成立。

8月8日,经省政府及杭州市政府批准,余杭区由27个镇乡调整为14个镇、1个乡、4个街道办事处。行政区划调整后,余杭区下辖乔司、运河、塘栖、崇贤、仁和、良渚、闲林、余杭、仓前、径山、瓶窑、黄湖、鸬鸟、百丈14个镇,中泰1个乡和临平、南苑、东湖、星桥4个街道办事处。20日,分别举行挂牌仪式。

【唐装面料提供给上海APEC会议】 10月21日,各国和地区首脑身着唐装出席上海APEC会议。该服装为本白色真丝衬衣和团花织锦缎中式外套,既古色古香,又有现代服装的活泼气息。

本白色真丝衬衣面料由杭州亭趾丝绸花本试样有限公司生产,用桑波缎织成,面料上有0.5厘米见方的"APEC"字母。纯白的面料织造难度较大,经厂方努力,于8月下旬按时将700米衬衣面料送往上海。

团花织锦缎中式外套面料由杭州兴裕丝绸厂生产,采用天然蚕丝,在原来织锦缎基础上增加了经纬密度,质感细腻,花纹凸出,立体感强,色泽鲜艳,花纹直径6.5厘米,外圈由8朵牡丹花围绕,中间直径3厘米圆圈中"APEC"字母从左到右、自上而下排列。8月底,6种颜色、8种面料的600米面料如期交货;根据需要,又增加200米蓝色面料。

【永远的旗帜文艺晚会在余杭举行】 6月29日,浙江省暨杭州市纪念中国共产党成立80周年文艺晚会——"永远的旗帜"在余杭区体育馆隆重举行。省、市领导张德江、李泽民、柴松岳、刘枫、王国平、仇保兴等出席晚会,应邀出席晚会的有老红军、老干部、老党员代表,浙江省先进党组织、优秀党务工作者、优秀共产党员代表,劳动模范、先进工作者代表,与1500余名观众一起观看演出,共庆党的80周年华诞。浙江电视台卫视频道向全国播出了"永远的旗帜"文艺晚会。

【良渚遗址管理区设立】 12月10日,杭州良渚遗址管理区党工委第一次会议在瓶窑召开。会议宣布了杭州良渚遗址管理区管委会职能配置、内设机构和人员编制方案,以及有关任命事项。该管理区的管辖范围涉及良渚、瓶窑两镇,总面积242平方千米,其中遗址保护区面积33.8平方千米,负责管理区范围内的文物保护、城乡规划、经济发展、社会管理及协调与监督等工作,以适度的开发来达到真正保护的目的。管理区管委会驻勾庄(原勾庄镇政府)。

附:

2001年余杭区乡镇情况

名称	村委会(个)	乡村人口(人)	农民人均纯收入(元)	党委书记	乡(镇)长
运河镇	30	42 722	6 108	李敏华	张明富
乔司镇	22	33 674	6 452	周建国	陈金生
塘栖镇	46	62 994	5 977	吴立炜	钟继根
仁和镇	43	56 594	5 292	楼建忠	卢红星
崇贤镇	28	36 989	6 160	方晨尔	陈炳鑫
余杭镇	31	32 459	5 120	杜坚强	严国琪
闲林镇	31	19 602	5 541	施建华	张桂林
仓前镇	25	30 667	4 865	郑朝阳	冯玉宝
中泰乡	24	23 315	5 030	王桂根	沈友忠
良渚镇	68	73 540	5 260	马金德	马伟忠
瓶窑镇	35	37 225	5 315	姚建华	俞卫强
径山镇	35	35 307	4 888	罗生祥	姚云良
黄湖镇	16	12 672	3 949	沈梅良	白美玉
鸬鸟镇	13	12 311	5 300	娄建明	何建民
百丈镇	8	10 710	5 556	谷小华	张来根

【余杭被评为全国质量兴市先进】 11月7日,在福建省福清市召开的全国"质量兴市"表彰暨经验交流会上,余杭区被国家质量检验检疫总局授予"全国质量兴市先进市(县)"称号。

自1998年起,余杭市提出"质量兴市"的发展战略,开展质量振兴工程。经过3年的努力,全区产品质量抽查合格率从1998年的75%上升到2001年的88%。3年共查处假冒伪劣商品标值总额500余万元,捣毁造假窝点20余个。全区已有省级名牌产品10个,省级著名商标11个,市级著名商标23个;有150余个企业通过计量达标验收,60余个工商企业被评为物价、计量信得过单位;有200余个企业贯彻GB/TI9000和ISO9000标准,108个企业取得ISO9000质量体系认证。

【余杭获得大禹杯银奖】 11月8日,省政府授予余杭区浙江省第七届水利"大禹杯"银奖,这是余杭水利建设获得的最高奖项。

近两年来,余杭的防洪能力大幅提高。东苕溪防洪实施了瓶窑、安溪两地的3.2千米退堤扩溪工程,改造南、北湖滞洪区,全线加固加高西险大塘,基本具备百年一遇的防洪能力。东苕溪北塘通过改建、兴建一批沿塘机埠、涵闸,全线加固79.5千米堤防,基本达到10年~20年一遇防洪标准。上塘河灌区通过治理,干旱缺水矛盾得到解决;投入资金3000余万元,建成横山一级、二级翻水站,星桥倒洪吸,和睦港节制闸等水利工程,形成向运河提水引灌的独立灌区。城市防洪工程全面启动,完成临平城区防洪工程总体规划编制。

【杭州余杭高新农业开发区建立】 5月,杭州余杭高新农业开发区管委会正式成立。开发区坐落在石塘湾,位于崇贤、仁和交界地段,东临京杭大运河,西至杭宁高速公路,南至仁和镇夏家桥村、普宁村与崇贤镇三家村交界处,总面积3.2平方千米,具体分为高新农业创业园区、瓜果生产区、名优水生作物水产区、名特花卉苗木区、农产品加工区、观光休闲农业区、科技服务区七大功能区块进行开发。

【石竹园村列入全国绿化千佳村】 百丈镇石竹园村地处余杭区西北部,有650户、2129人,土地面积10平方千米,山林面积1070公顷,毛竹面积707公顷。近几年来,该村投入资金300余万元,修建硬化沥青路14.6千米,道路绿化13.8千米。荒山、溪边、房前屋后种植桃、梨等果树6.7公顷。全村消灭露天粪坑230余只,设置垃圾箱28只,建造了垃圾堆埋场,家家户户安装了山泉自来水。有竹制品加工企业68个,竹制品畅销东南亚。2001年,该村完成产值1亿元,利润700多万元,人均收入6500元。1998年、1999年,分别获得杭州市生态建设示范村、浙江省卫生村称号;2001年3月23日,林业部授予石竹园村全国绿化千佳村称号。

【虎跑春竹茶叶获大奖】 杭州余杭天龙茶叶有限责任公司生产的"虎跑春竹"茶叶产于余杭区闲林镇灵溪村,属当地高山鸠坑茶品种,采取施无公害有机肥等措施,达到"绿色食品"的标准。整个炒制过程中,叶绿素始终没有受外部影响而流失。11月,由国际名茶品评会举办的国际名茶大奖赛在日本静岗县举办,参加评比的茶叶均是前次在国际茶叶博览会中胜出的名茶,有来自中、日、韩等地173个茶叶品种参评,最终30个茶叶品种获奖项,其中"虎跑春竹"以其叶色翠绿、滋味甘醇赢得大奖。

【华立集团收购CDMA手机核心技术】 10月17日,中国最大的电能表制造商——华立集团有限公司在杭宣布:华立集团向荷兰飞利浦皇家公司成功收购飞利浦CDMA手机核心技术。此举开辟了CDMA手机核心技术的第二通道,使国内每台CDMA手机的整机成本将比现行价格降低20余美元。华立集团通过此次收购,成为国内完整掌握IT产业核心技术的企业之一。2001年,该集团列为省信息产业企业,纳入国家信息产业部归口管理。

【西湖之春旅游节在双溪开幕】 2月28日,杭州市"西湖之春"旅游节在双溪开幕。开幕式现场位于"双溪竹漂"景区,省、杭州市有关领导为开幕式剪彩,并乘上竹筏,体验"竹海漂流"的游趣。兄弟县、市旅游部门负责人,江、浙、沪等地100余个旅行社(团)代表,60多个新闻单位记者参加开幕式。沿溪两岸聚集上万名群众,鸬鸟鳌鱼灯、余杭滚灯和舞龙表演队的精彩表演,赢得了观众阵阵欢呼。

【临平职高成为国家级重点学校】 3月,杭州市临平职业高级中学被国家教育部认定为国家级重点中等职业学校。学校新校址位于余杭区南苑,总投资7000万元,占地11.43公顷,建筑面积4.3万平方米。有全日制班28个,在校学生1400余人。有专任教师78人,其中高级教师14名、一级教师35名。有17个按国家标准配备的实验室、实习工场,4个计算机房、230余台计算机和多媒体闭路电视教学系统、数控培训中心等现代化教学设施。该校形成了自身的办学特色和优势,自1998年以来,连续三年毕业生一次就业率在97.6%以上。1994年,学校被评为浙江省首批示范性职高;1999年11月,被认定为浙江省一级重点职业高中。

【布艺博览会在临平举行】 10月19日~23日,2001年中国杭州市布艺博览会开幕暨浙江世贸布艺城开业仪式在临平世贸布艺城举行。省、市、区有关领导出席仪式。纺织业是余杭经济的一大支柱产业,全区有各类织机近万台,从业人员10余万人,年产值超过30亿元,被誉为"丝绸之乡",产品占全国布艺销量的1/3以上。博览会期间,参观者2万人次,场内实现成交额2500万元,杭州奥坦斯布艺有限公司、众望布艺有限公司、余杭区碧雅布业有限公司等12个纺织大户,与中外客商签订合同额1.5亿元。

【区残联被评为全国残疾人扶贫先进单位】1998年起,余杭建立了各级残疾人服务社,为残疾人选择脱贫项目,提供市场信息、产品销路等方面的帮助,依托种养业实施辐射、带动式扶贫,创办扶贫基地。2001年,向残疾人发放小额扶贫贷款87万元,扶持残疾人183名;帮助123名残疾人开展种养业;筹集资金23万元,创办2个扶贫基地,安置残疾人35名;186名丧失劳动力的残疾人被纳入最低生活保障范围。全年投入培训费15.8万元,培训各类残疾人242名。完成白内障复明手术160例,低视力康复15名,聋儿培训10名,肢残儿童康复培训14名,脑瘫儿童康复训练4名,肢体康复训练15名。2001年,余杭区残疾人联合会被评为全国残疾人扶贫先进单位和浙江省2001年度先进集体。

(沈文娇)

·桐庐县·

【概况】全县面积1780平方千米,辖11个乡、12个镇,有408个行政村、21个居民区。人口39.65万人,人口自然增长率2.91‰。全年实现国内生产总值60.40亿元,比上年增长11%。

农业生产结构优化。全年农林牧渔业总产值11.33亿元,比上年增长9.9%。调整种植业生产结构,经济作物比重明显提高,从上年的39.6%提高到44.1%;经济作物播种面积1.66万公顷,经济作物产值4.51亿元,占全部种植业产值比重由上年的67.3%提高到73.2%。粮食产量11.40万吨,下降12.5%。油菜籽1.44万吨,下降13.6%;蚕茧2120吨,增长6.6%;茶叶1508吨,下降6.7%;水果4.7万吨,增长39.8%;板栗2360吨,增长70.5%。全年荒山造林311公顷,下降7.2%;实现林业产值7654万元,增长6.9%;采伐木材8.3万立方米,增长2.5%。畜牧业产值3.05亿元,增长17.3%;肉类产量1.64万吨,增长9.9%。年末生猪存栏15.64万头,下降1.4%;肉猪出栏21.01万头,增长10.0%;年末牛存栏3608头,下降12.1%;羊存栏1.26万只,增长6.8%。家禽存栏78.78万羽,增长14.2%;禽蛋1650吨,增长12.6%。蜂蜜8641吨,增长42.2%;皇浆210.8吨,增长34.1%;年末蜂群7.69万箱,增长12.8%。水产品3637吨,增长43.8%;渔业产值4496万元,增长36.4%。农业机械总动力15.19万千瓦,增长1.9%;小型拖拉机2160台,耕作机械2094台,收获机械1.91万台,排灌机械6734台。农林牧渔业生产用电量3725万千瓦时,增长63.7%。施用化肥量7987吨,增长3.0%。县财政投入支农资金2584万元,增长45.3%;金融系统农业贷款年末余额2.49亿元,增长68.2%。

工业生产经济效益大幅提高。全社会实现工业总产值131.95亿元,比上年增长23.8%;其中县属工业128.87亿元,增长25.6%。个体私营工业占全县工业总产值的92.6%。全部工业产品销售率97.5%,其中县属工业产品销售率97.3%。。销售收入500万元以上规模工业企业实现利税3.15亿元,比上年增加3309万元,增长11.7%;其中利润总额1.92亿元,增加6703万元,增长53.5%。企业亏损面23.4%,下降7.1个百分点;流动资产周转率2.3次/年;资产负债率60.6%,与上年持平;工业经济效益综合考评得分165.95分,上升5.66分。有建筑企业31个,完成建筑总产值8.99亿元,增长33.0%;建筑业全员劳动生产率达到7.16万元/人。外贸出口供货总值38.23亿元,增长23.7%;有外贸自营出口企业42个,自营出口1.25亿美元,增长66.3%。新批外商投资项目25个,协议利用外资1534万美元,实际利用外资1010万美元;共有三资企业181个。

完成全社会固定资产投资18.35亿元,比上年增长73%;其中基本建设投资2.75亿元,增长46.5%;更新改造投资1.38亿元,增

附: 2001年桐庐县乡镇情况

名称	村委会(个)	乡村人口(人)	农民人均纯收入(元)	党委书记	乡(镇)长
桐庐镇	55	45 462	5 684	王德寿	周志平
富春江镇	23	15 948	5 168	童　明	钱潮力
芦茨乡	5	3 625	3 988	喻昌国	姚昌苏
窄溪镇	15	15 400	4 457	钱　钧	王金根
石阜镇	24	21 431	4 526	袁建刚	汪玉成
凤川镇	24	17 097	4 938	胡建高	朱小昌
深澳镇	9	11 648	5 034	余关平	金洪亮
新合乡	10	5 596	4 006	钟樟仁	周海静
横村镇	50	37 794	5 789	游　宏	毛振农
旧县镇	10	8 211	5 958	胡寿如	方仕民
莪山乡	13	9 307	3 980	雷国兴	钟玉华
钟山乡	16	16 235	4 556	王金才	吴玉凤
歌舞乡	7	5 391	4 377	徐志奎	申屠海荣
分水镇	28	23 235	5 820	濮明升	朱忠贤
瑶琳镇	13	11 582	6 427	王樟松	廖天水
百江镇	16	14 139	3 516	阙炳军	滕建明
印渚镇	25	20 633	4 031	童启发	柳永乐
高翔乡	11	8 945	4 178	钟一平	王金法
毕浦乡	19	13 595	4 441	蓝少华	王丽华
东辉乡	8	5 718	3 520	李　艺	王国荣
怡合乡	8	6 173	3 609	李泽平	潘爱琴
合村乡	12	5 809	4 008	丁有理	周华新
岭源乡	7	4 617	3 859	王先勇	鲁成水

长 18.1%；房地产投资 3.62 亿元，增长 100.3%；农村固定资产投资 8.13 亿元，增长 105.3%。全年用于电力、交通、邮电、水利等行业的基础设施投资额 3.40 亿元，增长 44.1%；占基本建设、更新改造投资的比重 82.2%。全社会房屋施工面积 146 万平方米，增长 21.0%；其中住宅施工面积 69 万平方米，增长 8.5%。竣工房屋面积 97 万平方米，下降 40.2%；其中住宅 53 万平方米，增长 40.8%。在重点项目建设中，新区中心广场如期竣工使用，220 千伏乔林变电所建成投入运行，农村电网改造顺利进行。交通部门全年货运量 810 万吨，运送旅客 1424 万人次，新建、改建公路 102 千米。电信局电信业务收入 6563 万元，邮政局邮政业务收入 1241 万元，分别增长 1.9%和 7.2%；浙江移动桐庐分公司移动业务收入 5518 万元，增长 12.1%。城乡固定电话用户 7.83 万户，增长 34.9%；移动电话用户 4.54 万户，其中新入网 1.78 万户；寻呼机用户 5108 户，减少 1.15 万户；因特网拨号注册用户 3220 户，增加 934 户。

全社会消费品零售总额 16.71 亿元，比上年增长 12.2%；其中个体私营经济零售额 12.38 亿元，占零售总额的 74.1%。城乡集市贸易成交额 8.55 亿元，增长 6.5%。居民消费价格总指数 99.5%，居民消费价格总水平下降 0.5%。城镇个体劳动者和私营业从业人员 5.44 万人。旅游业保持良好发展态势。全社会接待游客 251 万人次，增长 13.1%。其中景点接待游客 190 万人，增长 20.4%。接待境外和港、澳、台游客 2.8 万人次，增长 21.7%。全社会旅游营业总收入 6.9 亿元，增长 12.6%；其中景点门票收入 4353 万元，增长 19.1%。

全县财政收入 4.25 亿元，比上年增长 38.8%；其中地方财政收入 2.47 亿元，增长 63.7%。地方财政支出 3.07 亿元，增长 49.9%。全县金融机构各项存款余额 41.86 亿元，比年初增加 5.01 亿元，增长 13.7%；各项贷款余额 25.11 亿元，增长 11.4%。保险业发展势头良好，运行质量有较大提高，全县保费总收入 9150 万元，增长 499%；其中财产险 2894 万元，人寿险 5493 万元。保险赔款支出 1788 万元，上升 18.3%。

各项社会事业有新的发展。全县有各类在聘专业技术人员 9819 人，比上年增加 596 人；其中高级职称 175 人，中级职称 1764 人。全年列入计划的各类科技项目 81 项，完成 70 项。各类科技项目中，有 3 项通过省级鉴定，4 项通过县级评审。办理技贸合同登记 24 项，合同金额 550 万元。完成技术交易额 533 万元。有小学 91 所，在校学生 3.23 万人；普通中学 36 所，在校学生 2.53 万人。广播电视大学在校大、中专学生 883 人，参加高等教育自学考试 3647 人次。开展各类大中型文化活动 20 余次，接待 108 个文艺团体，下农村演出 1275 场。举办书画展、故事比赛、剪纸比赛等活动 152 场次。全年放映电影 2339 场。桐庐人民广播电台平均每天播音 16 小时 05 分，其中自办节目 4 小时；全年播出广播新闻稿 5076 篇。桐庐电视台平均每周播出 81 小时，其中自办节目 26 小时 45 分；全年播出电视新闻 4792 条。有线电视终端 6.8 万个，增长 10.9%；有共用天线系统终端 4500 户。《桐庐报》全年出版 203 万份。有医疗卫生机构 51 个，另有个体私营医疗机构 25 个。有医疗床位 941 张，专业卫生技术人员 1218 人。全县计划生育率 96.72%。举办较大规模群众性体育竞赛 32 次，参赛 1.64 万人次。全年获得市级以上各项比赛奖牌 59 枚，其中金牌 49 枚、银牌 7 枚、铜牌 3 枚。全县达到《国家体育锻炼标准》的学生 4.92 万名，达标率 99.74%。

城乡居民收入稳定。农民人均纯收入 4453 元，比上年增长 6.7%；农民人均生活消费支出 3106 元，增长 3.7%。城镇居民人均可支配收入 9106 元，增长 13.9%；城镇居民消费性支出 6961 元，增长 15.6%。城乡居民居住条件继续改善，新建商品房 19 万平方米，农村私人住宅 32 万平方米。城镇居民人均居住面积 16.68 平方米，农民人均住房面积 55.5 平方米，均比上年提高。城乡居民储蓄余额 26.44 亿元，增长 9.6%；全县人均储蓄 6667 元，增加 571 元。

桐庐市民休闲广场的莲花音乐喷泉

【分水江水利枢纽工程正式立项】 1999 年 3 月起，桐庐县完成《环评大纲》、《水土保持方案》、《移民安置规划》等文书。2000 年 12 月，国家水利部批复《项目建议书》。2001 年 4 月 6 日，通过国家计委审批，予以正式立项；2001 年 10 月 9 日，国家发展计划委员会原则同意分水江水利枢纽工程可行性研究报告。

该工程以防洪为主，结合发电，

兼顾灌溉、供水和旅游等。水库总库容1.93亿立方米,其中防洪库容1.44亿立方米,水库正常蓄水位为45米,汛期限制水位40米,水电站装机容量3万千瓦。工程为二等工程,拦河道、洪闸、水电站厂房等建筑物为2级建筑物,设计洪水标准为100年一遇,校核洪水标准为1000年一遇。水电站厂房、升压站设计洪水标准为50年一遇,校核洪水标准为100年一遇。工程建设期3年。项目建设总投资7.84亿元。

【富春江镇成为省级机械专业区】 8月,浙江省经贸委、财政厅、科技厅等10个部门联合确定第一批47个省级乡镇工业专业区,富春江镇机械专业区榜上有名。在20世纪70年代,桐庐县水工机械厂就制造水轮机,供应全国水力发电企业,拉丝机产品畅销全国各地。2001年,全县有规模型机械制造企业78个,另有38个企业落户工业园区。产品从原来的水轮机、拉丝机发展到系列配套的对焊机、夹剪机、卸丝机等20余种。春江牌拉丝机被评为省著名品牌,三金牌调直机成为省级推广新产品,龙生牌滑轨、座椅产量在全国名列行业前三位。全镇机械制造企业大都完成原始积累,开始向上规模、调整产品结构、提高科技含量方向转变。桐庐第一拉丝机制造厂原来只能生产普通拉丝机,2001年生产的小型水轮机用于国家技改项目的小浪底工程、三峡工程,并成为日本三菱公司生产变压器外壳的定点企业。三金机械厂转制后,提高产品科技含量,不断推出新品种,通过生产钢筋调直机带动了一批企业。该镇已成为国内重要的拉丝机生产基地。

【天地保健品公司通过国家星火项目验收】 11月14日,杭州天地保健品有限公司承担的国家星火计划项目,在杭州通过由省科技厅委托市科委组织的专家委员会的验收。

该公司是一家以加工蜂产品出口为主的省农业龙头企业,重点开发皇浆蜂胶粉、蜂胶、蜂蜜等产品,全国蜂皇浆产量的30%在此集中加工,出口到日本的皇浆冻干粉占该国市场进口量的50%,三年来蜂皇浆稳居全国出口量之首。2001年公司产值1.1亿元,出口创汇800万美元。以"蜂之语"为品牌的皇浆胶囊是该公司研制出的新一代蜂保健品,在获得两项国家专利后,还获得国际蜂疗保健品博览会金奖、全国发明博览会金奖、杭州市和浙江省名牌产品等称号。

【举办首届桐庐蜜梨节】 桐庐县种植蜜梨3300余公顷,年产量3万余吨,是杭州市种植蜜梨面积最大的生产基地县,也是全省蜜梨生产重点县之一。该县产的新世纪、翠冠、黄花等优良品种蜜梨,皮薄肉白、细嫩无渣、甜度高,多次在省、市、国家级评比中获奖。

8月8日,在蜜梨生产重点乡——钟山乡举行首届桐庐蜜梨节,吸引了八方来客。仅4天时间,1000余吨新世纪牌蜜梨销售一空,黄花梨也以每天50吨的销量运销省内外水果市场。一名温州果商相中旧县乡的优质早熟梨——"西子绿"及"清普"梨,签订了这两种梨2002年的包销合同。这次蜜梨节中发现分量最重的单只梨达到0.65千克。

蜜梨节突出了"科技兴梨",浙江大学园艺系沈德绪教授特意带来6只优质早熟梨品种,馈赠给梨农,希望能打响品牌,尽早上市。

【导游组被评为全国巾帼文明示范岗】 瑶林仙境自1981年开放以来,已有2000万左右中外游客前来游览。负责接待、引导游客尽兴游玩的是一支女子导游队,她们的口语表达技能、物景介绍水平、广博的知识面以及整体素质赢得了广大游客的好评。2001年3月,瑶琳仙境导游组被全国城镇妇女"巾帼建功"活动领导小组授予全国"巾帼文明示范岗"称号。

【举办首届富春山水节】 9月20日~22日,由杭州市旅游局、杭州市城乡建委、桐庐县政府在桐庐镇共同主办首届"杭州·桐庐富春山水节",活动内容为"春江花月夜"文娱晚会、中国电视吉尼斯竞技大赛和会展经贸活动三大部分组成。有128个企业、12大类600多个名优特新产品在节日期间亮相。产品零售额12.6万元,达成合同意向42万元;签约外来投资17项,总投资额5.03亿元,其中正式签约10项、投资额2.92亿元,签订意向7项、投资额2.11亿元。富春山水节是落实市委、市政府加快推进"旅游西进"战略的一次尝试,吸引了广大市民的参与。 (章祖森)

·淳安县·

【概况】 全县面积4452平方千米,其中水面612平方千米;辖18个乡、12个镇,有899个行政村、17个居民区。人口44.95万人,人口自然增长率1.09‰。全年实现国内生产总值37.26亿元,比上年增长11.7%。

农村经济保持稳定发展。全县农林牧渔业总产值12.96亿元,比上年增长7.6%。种植业结构进一步调整,粮食作物继续下降,经济作物增长较快,粮经种植比例69:31。全年生产粮食12.06万吨,下降6.2%;茶叶8284吨,增长4.8%;蚕茧3103吨,增长17.2%;油菜籽1.14万吨,增长7.6%。水果4.24万吨,增长28.2%;其中柑橘2.23万吨,增长40.8%。有56种农产品通过国家商标注册,梓桐源牌番薯粉丝等3种产品被评为中国国际农业博览会名牌产品。全年造林1720公顷,封山育林9.97万公顷,退还林地136公顷,森林覆盖率65.8%。生猪出栏19.56万头,增长3.1%;家禽出栏48.13万羽,下降11.7%;全县肉类总产量1.54万吨,增长3.5%。鲜鱼起水量4551吨,增长9.0%。完成农田水利工程总投资2780万元,投工471万日工,工程量550万立方米。汪家源流域全国"十百千"水土保持工程通过验收,进贤溪流治理工程全面完成。全县拥有农业机械总动力15.7万千瓦,有效灌溉面积9010公顷。

工业经济增长较快。全县实现

工业总产值38.82亿元，比上年增长18.4%；销售产值37.52亿元,增长18.5%；全部工业产品产销率90%。在工业销售产值中,国有企业和年销售收入500万元以上非国有工业企业实现销售产值11.77亿元,增长21.5%。个私经济实现销售产值35.02亿元,增长22.0%,占全县工业的93.3%,提高4个百分点。全年完成工业投入1.83亿元,一批重点技改项目顺利实施。全县独立核算工业企业实现利税2.33亿元,增长24.2%；其中实现利润1.1亿元,增长30.7%。亏损企业户数由上年的37个减少到29个，亏损企业亏损额由813万元减少到714万元,基本实现年度扭亏目标。招商引资成效显著,全年引进项目127个，协议利用资金6.82亿元,到位资金3.67亿元。开发区、工业园区成为招商引资的主渠道，招商引入工业项目62个,占全县的48.8%。

固定资产投资增长较快。全年完成固定资产投资10.82亿元,比上年增长17.7%。其中基本建设投资2.54亿元,下降41%;更新改造投资2.47亿元,增长96.2%;农村非农户投资1.89亿元，增长36.3%;农村农户投资1.78亿元,增长1.1倍；房地产开发投资1.36亿元,增长8.2%。05省道淳安段一级公路改造投资1.53亿元,南浦大桥工程累计完成投资2080万元。城镇基础设施建设得到加强,十字街、丁字街改造基本完成，明珠花园一期工程7万余平方米的建设工程全面展开,联通淳安网站建成投入使用,广播电视宽带网基本建成，左口自供区电网改造竣工。

交通运输业持续发展。全县境内通车公路里程860千米，全年完成货物运输量221万吨，比上年增长10.5%;旅客运输量973万人,增长9.1%。邮电业务总量4572万元,增长16.6%。全县固定电话用户5.77万户,增长59.4%;电话普及率由上年的8.1部/百人提高到12.8部/百人。有移动电话用户3.5万户,增长2.5倍。登记注册的互联网用户2830户,增长78.6%。

消费品市场稳中有旺。实现全社会消费品零售总额9.4亿元,比上年增长12.9%；其中个体私营经济零售额5.55亿元，增长30.9%。有商品交易市场16个,各种批发零售贸易网点6430个。商品市场成交额4.63亿元,增长12.1%。城区居民消费价格总水平比上年下降0.6%,七大类商品和服务价格水平与上年比较，食品类下降1.1%、衣着类下降2.3%、家庭设备及用品类下降4.6%、医疗保险类上升0.6%、交通与通信工具类上升1.8%、娱乐教育文化用品类上升0.2%、居住类上升2.1%。个私经济发展良好。新办私营企业197个，新发展个体工商户2061户。全县累计私营企业884个,从业人员1.43万人;个体工商户9592户,从业人员1.32万人。个体私营企业注册资金6.59亿元,增长22.8%。全年实现外贸出口供货总值8.93亿元，增长16.4%;其中自营出口总额4667万美元,下降8%。全县出口生产企业43个,产品出口43个国家和地区。全年协议利用外资277万美元。外派国际劳务326人，外派劳务人员主要分布在11个国家和地区。

旅游业持续发展。千岛湖景区全年接待中外游客91万人,比上年增长11.9%；其中境外游客4.5万人，下降7.8%。旅游经济总收入6.03亿元,增长24%。2001年成功举办中国千岛湖秀水节，提高了千岛湖的知名度。

全县完成财政收入2.41亿元，比上年增长55.2%；其中地方财政

附：　　2001年淳安县乡镇情况

名称	村委会(个)	乡村人口(人)	农民人均纯收入(元)	党委书记	乡(镇)长
千岛湖镇	34	11 597	4 053	童小威	余路成
威坪镇	67	35 264	2 485	占志明	祝云祥
大墅镇	38	14 225	3 414	柯尚逵	余运德
临岐镇	38	19 887	3 549	郑志光	汪仁发
中洲镇	42	19 935	2 513	方慧华	汪英健
枫树岭镇	43	12 846	2 982	汪爱祥	叶春晖
汾口镇	72	37 241	2 831	杨仁宽	董贤泽
姜家镇	33	12 255	2 993	姜　旭	江建辉
文昌镇	29	11 895	3 720	董文吉	邵春来
石林镇	17	4 851	3 603	洪永鸿	胡爱平
唐村镇	26	14 831	2 415	管三平	吴丁洪
梓桐镇	38	19 625	3 158	吴英奇	汪有策
浪川乡	36	20 212	2 961	吴中明	郑名勇
横沿乡	28	14 134	2 361	方　玺	黄钟云
左口乡	16	6 911	2 857	王利民	余樟来
郭村乡	25	13 835	2 859	黄存菊	丰年信
严家乡	18	6 527	1 789	方为宾	钱尼万
鸠坑乡	23	8 648	2 427	王恒堂	叶圣镁
光昌乡	8	6 817	2 552	叶柏根	徐明汉
界首乡	31	8 833	2 941	张宝富	严政平
瑶山乡	20	9 444	3 077	宋立新	余养成
里商乡	31	12 194	3 002	汪海军	陈本贵
安阳乡	31	11 734	3 003	张常山	王根标
王阜乡	28	12 118	2 274	钱文流	徐凤友
屏门乡	32	12 928	3 038	滕建平	周华生
白马乡	21	5 841	3 582	余书文	董建平
金峰乡	23	6 380	2 865	宋建国	吕贤悌
富文乡	18	8 401	3 041	钱美仙	江　城
汪宅乡	12	5 132	2 903	方树友	钱美琴
宋村乡	21	7 075	2 321	吕元胜	徐旭建

收入1.78亿元，增长90.2%。地方财政支出3.60亿元，增长57.6%。全县金融机构存款余额25.81亿元，增长14.9%；其中城乡居民储蓄余额15.72亿元，增长16.6%。贷款余额15.26亿元，增长6.9%。全县保险机构承保金额57.69亿元，增长25.9%；保费收入7466万元，增长45.6%。全年支付各类赔款1809万元，上升8.4%。

"科教兴县"战略进一步实施。全年完成科技发展计划项目25项，获杭州市政府科技进步二等奖1项，获淳安县政府科技进步奖13项。全县各类在职专业技术人员8607人，其中中级职称以上2472人。全年举办实用技术培训班403期，参训2.95万人。教育事业全面发展。有普通中学42所，在校学生2.62万人；小学232所，在校学生3.66万人；小学入学率100%，小学毕业升初中比例98.9%，初中毕业升高中比率77.3%。职业教育、成人教育、特殊教育受到重视，全县职业高中在校学生2204人；高等教育自学考试开设90个专业，参加自学考试4972人次。

文化事业多姿多彩。2001年成功举办杭州市第十五届"三江歌手"大奖赛，建成青少年活动中心。有文化馆(站)38个，公共图书馆1个，藏书量8万册。县档案馆接待档案查阅625人次，利用档案1160卷次。《淳安日报》全年发行258万份。县新华书店图书发行量68万册。全年放映电影875场次，观众3万人次。有电视台、广播电台(站)37个，有线电视节目25套，广播和电视人口覆盖率分别为87%和94.5%。

城乡医疗卫生条件继续改善。2001年创建省级中医先进县顺利完成。有各类医疗卫生机构70个，医疗床位796张，专业卫生技术人员1115人。全民健身活动丰富多彩，竞技体育迈上新台阶。在市级以上各类体育比赛中，运动员获金牌14枚、银牌10枚、铜牌7枚。达到《国家体育锻炼标准》学生4.34万人，达标率93.5%。

城乡居民生活水平不断提高。全年城镇居民人均可支配收入7534元，比上年增长16.6%。农民人均纯收入2901元，增长12.6%。城乡居民人均储蓄余额3500元，增长16.7%。年末城镇居民人均居住面积17.1平方米，农民人均住房面积37.9平方米。

【行政区划实施重大调整】 1992年淳安县实施了"撤区扩镇"，随着经济发展和社会进步，特别是交通、通讯等基础设施条件的改善，原乡镇行政区划建制镇多、规模偏小、布局分散、辐射带动功能不强，以及中心城镇难以培育、资源设施共享程度低等弊端日益突现，很大程度上制约了城市化进程和区域经济的发展。在全面调查研究、发扬民主、征求意见、科学决策基础上，新的行政区划调整方案体现了"调大调优调强"要求。在具体组合上，兼顾了尊重历史沿革和传统习惯。通过撤并调整，由37个乡镇调整为2001年的12个镇、18个乡。调整后合并、新设石林镇、界首乡、横沿乡等乡镇，撤销茶园镇、富溪乡、东亭乡等乡镇建制，里商乡、鸠坑乡，文昌镇、白马乡等23个乡镇保持原建制。

【举办千岛湖秀水节】 9月15日，"杭州金秋国际旅游节暨2001年中国·千岛湖秀水节"在千岛湖广场举行开幕式。省政府副省长王永明、省政协副主席汪希萱、省旅游局局长纪根立、杭州市委副书记于辉达、副市长项勤等出席，国家旅游局发来贺电。举办杭州金秋国际旅游节和千岛湖秀水节是实施市委、市政府"旅游西进"战略决策的重要举措。开幕后，举行了一场具有千岛湖文化特色的主题文艺演出。

秀水节期间，经贸合作洽谈会签约的项目有21个，项目总投资12.64亿元，协议投资3.33亿元，意向投资8.96亿元。签约项目中，工业项目9个，总投资2.79亿元；农业项目1个，总投资150万元；商贸项目1个，总投资1000万元；基础设施项目2个，总投资1.55亿元；旅游项目4个，总投资2.18亿元；科技项目2个，总投资5.5亿元；文体项目2个，总投资5000万元。

【千岛湖确定为国家级生态示范区】 2001年，淳安县成立县林业分类经营领导小组，提出"育十万亩千元山基地，建百万亩生态林工程"的目标。注重营造绿色生态环境，建立磨心尖、金紫尖、千亩田、龙门里4个自然保护小区，对千岛湖库区、公路沿线、河道两侧、山塘水库、源头生态公益林实施全面封育，面积近10万公顷，对千岛湖周边5.7万公顷山林进行封山育林，使千岛湖的森林覆盖率达到93%。为了保护千岛湖一湖碧水，该县制定了《千岛湖水环境管理办法》等文件，加大工业和生活污水的治理力度，关停并转污染企业20多个。从源头控制垃圾、残余农药、化肥等入湖入溪，全县建成环保垃圾房800个，绝大多数乡镇建成垃圾填埋场、焚烧炉。严密的保护措施，使千岛湖水澄清碧绿，能见度达7米，始终保持一级水体。采取有效措施保护好大气和声环境的质量，加强燃煤市场管理，限定燃煤含硫量，推广使用固硫剂，淘汰千岛湖镇20多只燃煤生活锅炉。采用昼夜流动监控和处理投诉相结合的办法，对千岛湖镇城区的娱乐场所、建筑工地实行噪音控制。游客称赞千岛湖的天格外蓝，空气分外清新。2001年6月，千岛湖被国家环保总局批准为国家级生态示范区。

【开展学习毛泽平活动】 毛泽平是淳安县严家乡人，1945年出生，1963年毕业于浙江省煤矿学校，1988年加入中国共产党，先后任小学民办教师、生产队会计，1988年5月任严家乡土管员。2001年1月因劳累过度引发脑溢血，1月27日以身殉职。毛泽平多次被评为县级先进工作者，分管的土地工作先后获得20多项荣誉称号。他在农村基层干部的岗位上，几十年如一日，心中始终装着老百姓。他的品德和行为，充分体现了党的优良传统和共产党员的高尚情操，体现了党员干部实践"三个代表"的不懈追求。中共浙江省委授予其"心系百姓的好干部"称号。杭州市委授予其"优秀共产党员"称号，在全市广泛深入开展向心系百姓的好干部毛泽平同志学习的活动。淳安县出现了以毛泽平为榜样,争做心系百姓好干部的热潮。

【干部与农民组成效益农业合作体】淳安农民居住分散,交通不便,信息不灵,许多人想致富却苦于少项目、少资金、少技术、少门路。2001年淳安县委、县政府在广泛调查研究的基础上,组成了由农民出田、干部出钱的效益农业合作体。即每位乡镇干部与一农户结成效益农业帮扶对子,双方商定发展效益农业的项目,由农民出田,并负责种植和管理;干部出钱(在200元以上),并负责技术指导和落实销售。如合作项目亏本,干部负担80%,农民负担20%;合作项目盈利,农民得80%,干部得20%。全年1566名乡镇干部为合作农户选定效益农业发展项目1579个,拿出帮扶资金60余万元,亲自跑市场、查信息、学技术,并深入田间与农民一起劳动,精心种植培管。这种效益农业合作项目,有的已取得丰厚回报,受到农民、干部的赞同。

【完成农村电网改造】 淳安县农村电网多数建于20世纪70年代,随着社会经济发展,农村家用电器的普及和应用,原有的农村用电设备和线路严重陈旧老化、抗自然灾害能力差、线损过高和窃电等问题逐渐突出,有149个村照明电价需要每千瓦时1元以上。1999年5月,淳安县被列入浙江省第二批农村电网改造县,通过2年努力奋战,整个农网建设工程投入改造资金7080万元。完成临岐、大市等变电所增容改造,322.47千米10千伏线路改造,196台高损耗变压器更换,220个村标准化用电改造,328个村低压户联线改造,对10.71万农户的一户一表改造。农网建设和改造工程的完成,使农村用电面貌大为改观,农村低压线损从1998年的33%下降到19%,农村平均电价从每千瓦时0.89元下降到每千瓦时0.7元,减轻农民负担423.7万元。

【05省道淳安段改建工程开工】 1月,淳安县为实现市委、市政府提出的"旅游西进"的战略决策,启动了05省道淳安段改建工程。05省道是从桐庐县分水镇到淳安县千岛湖镇的公路,其中淳安段改建工程全长32.16千米,公路等级为山岭重丘一级,整体式断面路基11.25米,中间设隔离带,工程中含中小桥梁16座、隧道6座。至年末,工程投资1.53亿元,完成工程形象进度50%,其中完成土石方403万立方米,占总工程量的94%。全线主要结构工程中的管坑连体隧道(197米)、新燕山隧道(278米)基本完工,新九龙隧道(260米)、马家坞隧道、浓坑连体隧道进入后期衬砌施工,全线桥涵工程全面开工建设。

【千岛湖镇加快城区建设】 2001年,千岛湖镇加快城市建设步伐,城区面貌日新月异。新安东路是千岛湖镇的东大门,通过拓宽改造,路宽达到36.40米,中间设绿化带,电力线、电话线等全部入地,改变了过去拥挤杂乱的局面。丁字街、十字街是千岛湖镇的两个商业中心,原来矮小的房屋、狭窄的街道,成了城市发展的"梗阻"。年内完成十字街、丁字街的拓宽改造,浇筑道路9200平方米,铺装彩色人行道板3600平方米,通讯、供电、电视"三线"全部入地,丁字街中间设立5米宽的绿化带。千岛湖镇最大的住宅小区——明珠花园一期工程,7万平方米主体工程年底结顶。新建占地7800平方米的宏山公园。全年新建绿地面积4.2万余平方米,栽植行道树3700余株,城区绿地面积达到41.5%,人均拥有公共绿化地面积8.62平方米。

【整顿教育乱收费】 2001年,淳安县把整顿规范教育收费作为减轻农民负担,稳定农村治安,搞好"科教兴县"的大事来抓,组织工作组深入乡村学校调查摸底,对教育收费开展专项整顿。对擅自设立的勤工俭学费、"初三"补课费、律师费、剑桥英语费、睦剧艺社培训费、午餐费、饮水费等收费项目,坚决给予取消。已收取的41.94万元违规收费全部限期清退。对违规收费的2名校长给予撤职,对相关学校负责人进行通报批评。县教委制定、下发了《关于规范全县中小学收费管理的若干规定》、《关于进一步加强勤工俭学管理的若干规定》、《关于进一步清理和规范学校小学、初中收费问题的通知》和《关于实行农村小学教师用餐付费制度的通知》等文件,下调学生代管费一项减轻农民负担560多万元;取消双休日活动费、外语听课费、自行车看管费,全年减轻家长负担271.17万元。至年末,全县通过取消、降低擅自收费和超标准、超范围收费20多项,比上年减少收费864万余元,全县平均每个学生减轻负担150元。

【努力开发特色文化】 淳安县加快发展文化事业,出现上下联动、共同繁荣农村文化的新局面。年初,县图书馆、文化馆、新华书店、电影公司等单位组成小分队赴临岐、安阳等乡村,开展文化下乡活动。县电影公司为100个村免费放映电影100场,县图书馆向贫困乡捐赠图书3000余册。各乡镇文化站也送文化下乡,全年乡镇举办各种文体活动120余次,单项性活动200余次。

在社区文化建设中,千岛湖镇通过抓好江滨、李家坞两个社区文化示范点,广泛深入开展各种社区文化活动。江滨居民区开设的"戏迷茶座"月月有活动,曾在市、省、中央电视台播出。李家坞居民区将文艺爱好者组织起来,成立"群艺俱乐部"。县文化馆成立业余艺术团,有戏剧、舞蹈、声乐、器乐等10个分队,文化活动开展得有声有色。开展对民间艺术全面系统调查,确定各乡镇特色文化和重点开发的特色文化项目。《里商仁灯》是继《淳安竹马》之后的又一特色文化项目,通过创作编排,作为文化品牌《淳安仁灯》推出,参加了杭州市第二届"风雅颂"民间艺术展示和2001年中国杭州娃哈哈西湖狂欢节的演出。

开发挖掘旅游文化,利用举办"千岛湖秀水节"等大型文化活动,推出一批富有地方文化韵味的文艺作品。组织发动各乡镇文化干部和业余作者,以千岛湖为主题,开展写千岛

湖、唱千岛湖、摄千岛湖、画千岛湖活动，全年创作各类文艺作品180余件。（章杜耿）

·建德市·

【概况】全市(以下均指建德市)面积2364平方千米，辖11个乡、12个镇、3个街道，有518个行政村、63个居民区。人口51.38万人，人口自然增长率2.91‰。实现国内生产总值75.01亿元，比上年增长11.1%。

效益农业快速发展。全市完成农林牧渔业总产值16.21亿元，比上年增长11.6%。种植结构调整步伐加快，粮食和经济作物种植面积分别为2.42万公顷和1.65万公顷，分别减少12.5%和增加19.3%；粮食总产量12.50万吨，下降9.5%；粮食与经济作物种植比例由上年的67:33调整到2001年的60:40。蔬菜种植面积6187公顷，产量17.45万吨，分别增长43.1%和28.7%；油菜籽产量9328吨，增长1.9%；花卉种植面积80.5公顷，增长1倍；茶叶、水果产量分别为2585吨和11.66万吨，分别增长10.7%和2.1倍。“浙江省万亩莲子出口创汇基地”正式挂牌，下包乡、寿昌镇分别成为浙江省“有机茶之乡”和“板栗之乡”。新安江牌草莓被评为省级名牌产品，“千岛银珍”茶等11种农产品分获国家和省农博会金、银、铜奖。全市绿化造林总面积1420公顷，生态公益林建设全面启动，成为国家首批公益林补助县(市)。城区新增绿地2.5万平方米，人均占有绿地8平方米。肉类总产量1.91万吨，增长13.1%；水产品产量6727万吨，增长5.5%。年末拥有农业机械总动力17万千瓦，增长3.5%；农用载重汽车652辆，增长5.7%；大中小型拖拉机4617台；联合收割机35台，增长6.1%。新建“三江”标准堤4千米，累计建成49千米，兴建水利工程540处。

工业经济稳步增长。完成工业总产值118.68亿元，比上年增长21.2%；完成工业销售值115.49亿元，增长21.3%；工业产品产销率95.3%。全市工业企业实现利税5.84亿元，增长22.3%；其中利润3.07亿元，增长49.6%。工业企业亏损户85个，减少41个；亏损额4590万元，下降18.1%。完成技改投入5.85亿元，增长27.2%。新批工业技改项目75个，在建技改项目115个，年底竣工项目72个。年初确定的22项重点项目开工建设21项，13项竣工投产。全市11个工业园区完成基础设施建设投资5674万元，33个企业入园发展。化工、碳酸钙、饮用水、低压电器、五金工具等主导产业规模继续扩大。新增ISO9000质量体系认证企业19个。实现建筑业施工产值3.24亿元，各类房屋施工建筑面积65.38万平方米，竣工面积26.47万平方米。完成房地产开发投资2.98亿元，增长83%；商品房销售面积9.9万平方米，商品房销售额1.36亿元。

对外开放继续扩大。立足资源优势和产业基础，大项目招商取得突破，年产300万吨水泥项目开工建设。新增外商投资项目3个，协议利用外资520万美元，实际利用外资390万美元。境外劳务输出160人。外贸出口保持较高增幅，完成外贸出口交货总值26.22亿元，比上年增长26%；其中自营出口5109万美元，下降4.8%。新增自营进出口企业11个，累计达到33个。28个国家和地区620余人(次)来建德进行经贸活动和友好访问。

消费品市场购销活跃。完成全社会消费品零售总额12.45亿元，比上年增长11.9%。其中批发零售贸易业零售额6.95亿元，增长16.7%；餐饮业零售额1.46亿元，增长19.1%。拥有各类商品交易市场43个，新增1个；商品成交额8.43亿元，增长4.4%。旅游业保持增长，引资2500万元建设千岛湖铜官峡景区。全年接待游客185.2万人次，增长8.7%；旅游总收入7.8亿元，增长6.8%。

固定资产投资增幅较高。完成全社会固定资产投资16.70亿元，比上年增长15.5%。其中国有单位投资5.54亿元，占33.2%；非国有单位投资11.16亿元，占66.8%。在基本建设和更新改造投资中，城市基础设施建设投资占46.3%。新安江城市防洪二期工程3.1千米干堤建成，广播电视大楼、污水处理厂、康乐路停车场、建德千岛湖通用机场以及文化广场、叶家路、白沙路等城市路网改造工程全面开工，“三江”交通联通工程严州、三都2座大桥合龙，航头输变电、安仁输变电、寿昌江蓄水等工程以及农村电网改造按期完成。

交通运输业持续发展。完成县乡公路改建81.3千米，新建通村简易公路27千米。全社会货运量369万吨，比上年增长9.2%；全社会客运量893万人次，增长2.5%。邮电通信业长足发展。全市电话交换机总容量10.28万门，增长12.7%。电话机12.15万部，增长28.6%；电话普及率23.65部/百人；登记注册因特网用户2493户，增长48.8%；移动电话用户4.7万户；便携电话(小灵通)5月开通，至年末达到7021户；无线寻呼用户1万户。邮电业务总量1.41亿元，增长18%。

全市完成财政收入4.53亿元，其中地方财政收入2.62亿元，分别比上年增长27.4%和41.9%；地方财政支出3.47亿元，增长42%。全市金融机构各项存款余额47.25亿元，增长15.3%；贷款余额28.02亿元，增长4.6%。保险机构保费收入9450万元，增长45.7%；全年支付各类赔款1938万元，下降7.4%。

全年组织实施科技发展项目127个，其中国家火炬项目2个，省级项目22个；新安化工公司的氯甲烷回收生产有机硅单体新工艺获省科技进步一等奖。新化化工有限责任公司成为省区外高新技术企业。深化与浙江大学合作，10名浙大研究生来挂职。加强招才引智工作，从19个省市引进或聘请各类专业人才217名。完成1.5万平方米人才住宅小区建设。全年认定登记技术合同38项，合同成交额766万元。有科研机构2个，各类专业技术人员1.8万人，比上年增长6.4%；其中高、中级职称人员3590人，增长12.9%。全市有普通中学37所，在校学生3.35万人，增长11.6%；职业中学6所，在校学生2683人,增长30.3%。小学199所，下降16.4%;在校学生4.51万人，下降6.8%。义务教育学龄人口入学率100%,初中入学率97.9%,高中普及率78%。李家镇通过杭州市教育强镇达标验收。

全年举办各类大中型文化艺术活动16次,《严州虾灯》等民间表演艺术参加西博会演出获好评。有电影放映单位38个,全年放映360场次,观众3万人次,放映场次及观众人次均大幅减少。有文化经营单位547个,比上年增长21.3%。乡镇有线电视全部联网，城区有线广播电视网升级改造1.8万户，新发展有线电视用户1138户。《建德日报》全年出版287期,平均每期发行量1.6万份。7月,为纪念建党80周年而作的画册《今日建德》出版发行。医疗卫生水平有所提高，有市级及集体以上各类医疗机构91个,医疗床位1486张，专业卫生技术人员1887人。个体诊所、卫生保健所等机构135个,村医疗点271个。农村初级卫生保健覆盖率100%。全市计划生育符合率93.8%。体育事业继续发展，全年举办市级以上各种体育比赛活动55项次，参加人数1.66万人次，获杭州市级以上各项比赛名次144项，其中金牌19枚、银牌23枚、铜牌25枚。近几年来，特别是浙江有了足球甲级联赛以后，建德球迷每次自发去杭城看比赛的有数百人,中央电视台、《足球》报等媒体均有报道。

城乡居民收入不断提高。城镇居民人均可支配收入8809元,比上年增长12.1%；农民人均纯收入3641元,增长10.7%。全市城乡居民储蓄余额30亿元,增长13%;其中城镇居民储蓄余额21.50亿元，农村居民储蓄余额8.50亿元,分别增长11.7%和16.3%。住宅条件进一步改善。城镇居民人均居住面积17.2平方米，农民人均居住面积43.7平方米。

【调整乡镇行政区划】 10月1日，根据《浙江省人民政府关于建德市部分行政区划调整的批复》和杭州市政府关于建德市乡镇行政区划调整的批复精神，建德市乡镇行政区划由15个镇、12个乡调整为3个街道办事处、12个镇、11个乡。撤销新安江镇、邓家乡设立新安江、洋溪、更楼街道办事处,撤销大同、劳村、乾潭、安仁镇4个镇,设立新的大同、乾潭2个镇。为了突出旅游品牌,檀村镇更名为大慈岩镇。寿昌、梅城等9个镇,上马、钦堂等11个乡保留原建制不变。

【新安股份上市】 9月6日,浙江新安化工集团股份有限公司（简称新安股份、代码600596、开盘价18.48元)挂牌上市。新安股份是建德市第一家上市公司,公司成立于1991年11月，于1993年4月改组为股份制企业。新安股份公司依靠科技进步,经过十年奋斗,从一个规模小、产品结构单一的化工农药企业改造成国家重点高新技术企业，并拥有自营进出口权。主要生产经营农药、化工原料及中间体、食品添加剂、有机硅四大系列的100余种产品,其中草甘膦、毒死蜱、甘氨酸、有机硅等主要产品生产规模位居全国前列，所有产品均通过ISO9002质量体系认证。2001年,该公司完成工业总产值15.34亿元，销售收入6.49亿元,利税3231万元,出口3.7亿元。

【严州中学举办百年庆典】 严州中学的前身是创办于1901年的六睦学堂,以高标准、现代化、创一流为办学目标,投资6400万元兴建的严州中学新安江校区,一期工程2001年竣工，并于9月1日迎来第一批学生。该校20世纪初即为省立中学,20世纪50年代是全省16所重点中学之一,1998年被命名为省一级重点中学，是建德市教育事业的一个著名品牌，百年来输送了2万多名人才。

10月6日，建德市在严州中学举行百年校庆庆祝大会。武警部队徐永清上将、教育部部长陈至立、浙

附：

2001年建德市乡镇情况

名称	村委会(个)	乡村人口(人)	农民人均纯收入(元)	党委书记	乡(镇)长
莲花镇	13	11 307	4 264	王奕鑫	赖志斌
乾潭镇	46	28 147	4 557	余新华	郭　坚
下包乡	20	9 406	4 355	赖新林	赖荣明
钦堂乡	20	8 502	3 200	陈　勇	唐晓良
梅城镇	20	18 927	3 550	吴铁民	马燕子
杨村桥镇	22	19 511	4 967	程　旭	诸建云
下涯镇	17	16 111	3 581	汪华瑛	赵志荣
大洋镇	15	14 417	3 055	朱友芳	王建平
马目乡	9	10 463	3 096	程卫根	钱志明
洋尾乡	8	8 916	2 579	徐锡生	蔡根法
麻车乡	9	10 934	2 971	盛聚旺	王百金
三河乡	14	9 214	2 800	方致远	应登昌
三都镇	41	21 667	2 874	张早林	杨福泉
姚村乡	5	2 994	3 216	楼春棋	张生友
凤凰乡	9	4 641	2 500	余民阳	章　明
寿昌镇	40	27 376	3 283	滕明湘	邱剑娟
航头镇	31	27 366	2 800	胡光伟	吴岳炎
大慈岩镇	33	22 944	2 860	童国方	何来信
童家乡	10	8 192	2 830	邓景祥	赵向明
石屏乡	11	8 122	2 750	汪杭京	郑田贵
大同镇	42	41 474	2 802	陈　刚	陈友明
李家镇	22	22 528	3 250	叶志忠	吕　平
上马乡	16	12 987	2 387	李愉松	邵国金

江省委书记张德江、杭州市委书记王国平向大会发来贺信。中共中央委员、中华全国新闻工作者协会主席邵华泽,新华社副社长马胜荣,中国工程院院士张齐生,中华全国新闻工作者协会常务副主席郑梦熊,浙江大学副校长黄书孟,省劳动和社会保障厅厅长韩春根,杭州市副市长项勤等校友或特邀嘉宾出席庆祝大会。会上,严州中学校友们举行了隆重的校旗传递活动。

【政府采购中心成立】 1999年6月,建德市政府开始采购工作试点,制定了《建德市政府采购管理暂行办法》、《建德市政府采购招投标具体实施办法》,从制度上规范政府采购工作,提高财政资金的综合使用效益。为了克服原先政府采购办公室既是管理者又是操作者的矛盾,2001年10月,市政府采购中心正式成立。至年末,组织政府采购8次,预算金额935.09万元,中标总价850万元,节约资金85.09万元,节约率为9.1%。

【依靠多元化建设城市】 2001年,建德市在城市建设上突破单纯靠政府投入的做法,走多元化经营城市之路。在新安江镇东区开发等工程上,把政府有限的投入作为贷款抵押,用贷款开发东区广场,再通过广场开发带动两旁土地增值,用增值资金进行滚动开发,加快城市建设进程。在新安江镇文化广场改建工程上,用地下商场项目开发权和土地使用权拍卖所得的485万元,用于地面部分的改建资金,有效解决文化广场设施陈旧、亟待改建与市财政紧张的矛盾。挂牌成立城市基础设施建设投资公司,参与市场融资、项目包装等市场化经营城市行为。通过多元化经营城市,东区开发进入全面建设阶段,严东关路和白沙路网改造、叶家路改造、文化广场改建、污水处理厂、康乐路停车场等市政重点工程陆续开工建设。全年城市基础设施建设总投入近2亿元,新区开发和旧城改造面积分别为3.5万平方米和2万平方米,均比上年有很大提高。

【城乡生活用电实现同网同价】 针对农村低压电网普遍存在的布局不合理、设备和线路陈旧老化、电价偏高等问题,建德市供电局从1999年开始对全市的农网进行建设改造。2年多来,新建35千伏变电所3座,改造35千伏变电所1座;完成35千伏线路改造21.83千米,10千伏线路改造48条、489.61千米;新增城镇公用变压器65台;完成标准村改造230个;城镇一户一表改造1.87万户;城镇低压线路改造67.86千米;农村农民电度表外移改造近7万只。2001年9月18日,总投资1.13亿元的市农村电网建设与改造一期工程通过省计委、省电力局等部门验收。经改造和验收合格的村,照明电价从0.7元/千瓦时下降到0.65元/千瓦时,平均线损率从1999年底的27.8%下降到2001年底的13.9%。从11月1日起,全市城乡居民生活用电实行同网同价,农村生活用电到户电价按0.53元/千瓦时执行。经测算,线损下降和电价下调减轻农民负担770万元。

【积极调整信贷结构】 建德市信用联社为解决"农民贷款难,农业资金投入难"的难题,从调整信贷结构着手,不断探索解决问题的办法。1997年底,在全市推广实施农贷"千家万户"(从大进大出的乡镇企业转到小额、流动、分散的千家万户)工程;1998年初,制定小额信用贷款制度;1999年,推出"联保贷款"和"公议授信"等措施。这些有益的探索引起中央的关注,2000年12月10日,朱镕基总理在浙江进行农村金融和农村信用社改革调研,该社主任作为县(市)级信用联社代表参与汇报。2001年11月,该社作为华东地区的县(市)级联社代表,参加了中国人民银行召开的信贷支农座谈会。2001年,该社累计发放各项贷款9.26亿元,贷款余额比上年净增5370万元;为10.36万农户授予信用等级,授信金额4.12亿元,农贷覆盖面近60%;投入中小企业贷款3.6亿元。结构调整带来了显著的效益,该社全年新增存款1.09亿元,各项存款余额首次突破10亿元。

【草莓市场日均交易量150吨】 建德市杨村桥镇绪塘村享有浙江草莓第一村美誉,种植草莓有20年的历史。1999年,投资68万元在绪塘村建成一个占地3000平方米的建德草莓市场,当年12月12日正式开业,可容纳1000多户莓农进场交易,日成交额25万元。2000年,交易量为1.4万吨,是全国最大的草莓专业市场。2001年销售旺季,该市场每天有4000多人进出,100多吨草莓通过汽车、火车、飞机运销全国各地。

建德草莓能快速发展,形成规模效益,主要依靠技术熟练的莓农队伍。据世界草莓业发展较快的日本专家考察,建德莓农的技术水平与日本莓农不相上下。有配套的草莓服务体系,通过浙江省草莓育苗中心和浙江省优质高效草莓示范基地的建设,不断引进和培植草莓新品种,向广大莓农提供优质草莓苗,还配套提供草莓专用肥、专用药、专用膜及滴灌设备等农资。有日益完善的草莓销售网络,全市5000多户运销专业户,与外地的批发商组成一张辐射全国(除西藏等少数边远省、市外)的草莓销售网络,能及时将外地需求的信息反馈给家乡调节生产;还在中国农业资源网上建立草莓信息网站。有稳中趋增的草莓种植规模,上世纪80年代初刚引种草莓时只有零星的露地种植,1989年推广大棚栽培技术后,种植面积迅速扩大,近几年建德市草莓种植面积稳定在1000公顷左右,产量2万多吨。 (徐 健)

·富阳市·

【概况】 全市(以下均指富阳市)面积1808平方千米,辖7个乡,比上年减少1个;15个镇,减少2个;新设4个街道办事处。有612个行政村、31个居民区。人口62.02万人,人口自然增长率4.93‰。全年实现国内生产总值113.82亿元,增长11%。

农业经济平稳发展。实现农林牧渔业总产值20.44亿元,比上年增长4.6%。粮食经济作物种植比例由上年的74:26调整为64:36。其中种植业产值8.48亿元，增长7.3%；粮食播种面积3.11万公顷，下降20.4%；粮食总产量17.87万吨，下降17.1%。蔬菜种植面积6423公顷，增长17.9%；蔬菜产量17.96万吨，增长23.5%。水果产量4.18万吨，增长39.9%。油料产量1.31万吨，增长17.0%。蚕茧产量982吨，增长18.2%。林业产值1.86亿元，增长12.9%；全年绿化造林1280公顷，幼林扶育2397公顷，成林扶育2403公顷。畜牧业产值3.88亿元，增长16.1%；全年出栏肉猪33.39万头，增长15.6%；家禽出栏374.97万羽，增长64.6%。渔业产值8400万元，增长15.6%；淡水养殖面积1484公顷，淡水产品产量4217吨，增长5.1%。全市拥有农机总动力37.12万千瓦，农村居民生活用电1.41亿千瓦时。全年投入支农资金1.02亿元，增长43.4%；投入水利建设资金1.08亿元，完成富春江标准堤建设20.9千米，灵桥低产畈改造项目被列为国家综合开发项目，高桥、受降、东洲畈土地整理项目被列入国家级示范项目和重点项目。投入农田水利基本建设劳动力484万工，完成土石方496万立方米。耕地有效灌溉面积2.02万公顷，占全部耕地面积的94%。

工业生产在改革和结构调整中持续快速发展。全年实现工业总产值281.85亿元，比上年增长16.8%；产销率达到96.3%。在全部工业中，市办工业产值22.09亿元，下降0.4%；乡镇工业产值259.76亿元，增长18.5%。个私工业产值占全市工业总产值的比重达91.3%，提高13.3个百分点。全市378个规模以上工业企业实现利税12.2亿元，增长18.4%；其中利润6.3亿元，增长27.6%。全年完成建筑业产值17亿元，增长32.4%；建筑施工面积194.73万平方米，竣工136.27万平方米。外贸出口交货总值29.9亿元，增长18.3%；其中自营出口1.14亿美元，增长12.1%。实际利用外资1511万美元，累计批准外商投资企业302个，实际利用外资2.06亿美元。

实现全社会消费品零售总额28.13亿元，比上年增长12.5%；其中市镇零售额21.84亿元，增长14.4%；农村零售额6.29亿元，增长6.3%。在全部零售总额中，餐饮业保持较高增幅，增长21.3%。城乡集市贸易成交额14.8亿元，增长2.1%。

全年完成固定资产投资26.35亿元，比上年增长50.6%；其中城镇以上基本建设投资3.67亿元，增长52.6%；更新改造投资2.37亿元，增长5%；房地产投资4.68亿元，增长133.9%；农村非农户和农户投资15.81亿元，增长133.9%。交通运输和邮电事业继续发展。春（江）永（兴）公路一、二期工程全面完工，杭（州）富（阳）沿江公路基本完成，320国道富阳段创建文明样板路通过国家交通部验收。年末公路通车里程811千米，完成货运量1447万吨，公路旅客运输量1354万人，分别增长15%和9.4%。完成邮电业务总量1.29亿元，增长42.8%。城乡交换机总容量19万门，增长26.7%；固定电话用户13.35万户，移动电话用户10.33万户，无线寻呼用户8000余户，因特网用户约4000户，全市电话普及率38.6部/百人。完成环境污染治理项目30个，总投资1.85亿元。市区园林绿化面积381公顷，新建公共绿地103公顷，人均公共绿地13.56平方米。市区道路总长度101千米，有公共汽车165辆，全年客运总量1900万人次。

财政金融实力增强。全年实现财政收入11.03亿元，比上年增长49.9%；地方财政支出6.17亿元，增长63.7%。金融机构存款余额81.07亿元，比年初增加15.5亿元；各项贷款余额54.27亿元，比年初增加6亿元。保费收入2.13亿元，增长1.32倍。

各项社会事业不断发展。全年组织实施各类科技计划100项，其中国家级8项、省级5项。新增高新技术企业国家级1个、省级8个。获市(地)级以上科技成果奖2项。专利申请102项，授权85项。认定登记技术合同19项，金额178万元。有各类专业技术人员1.86万人，比上年增长5.7%。12月，中国船舶重工集团公司第715所的研究员宫先仪当选为中国工程院院士。中小学布局进一步调整，完成市属7所中学扩容工作。有小学138所，在校学生5.11万人；普通中学47所，在校学生3.81万人；职业中学5所，在校学生5500人。新建、扩建校舍13.73万平方米，通过“浙江省教育强市”验收。全年放映电影1954场次，观众8.09万人次；剧团演出244场次，观众36.3万人次。杭州越剧三团赴香港演出取得成功，《小乔初嫁》表演节目获西湖博览会金奖。全市有线电视实现大联网，广电宽带

富阳镇居民小区新貌

网投入使用，有线电视宽带网进入乡镇。广播电台平均每日播音17.25小时，电视台平均每周播出140小时，有线电视用户11.2万户。《富阳日报》完成彩印扩版工作，全年出版281期，发行421.5万份。市图书馆藏书10.5万册(件)。有各类医疗机构115个，医疗床位2118张，各类专业卫生技术人员2123人。全市计划生育率95.58%。通过全省城市卫生检查验收。全年举办大型群众性体育比赛20次，参赛2500余人；获省级体育奖牌32枚、市(地)级奖牌83枚。7.28万名中小学生达到国家体育锻炼标准，达标率99.36%，优秀率44.06%。

城乡居民生活水平继续提高。城镇居民人均可支配收入9972元，比上年增长18.2%；农民人均纯收入5118元，增长10.3%。城乡居民储蓄余额42.9亿元，比年初增长17.6%，人均储蓄6919元。城镇居民人均居住面积16.68平方米，农村居民人均居住面积54.96平方米，均比上年提高。

1月29日，中共中央政治局常委、全国政协主席李瑞环视察中国古代造纸印刷文化村。2月12日，全国政协副主席、全国工商联主席经叔平考察杭州富通集团银湖工场。7月9日~11日，全国人大常委会副委员长、中国农工民主党中央主席蒋正华到富阳，出席中国农工民主党十二届中常委第十一次（扩大)会议开幕式，视察富阳中学和杭州富通集团银湖工场。11月22日，全国政协副主席毛致用参观中国古代造纸印刷文化村。

（于卫国　章金桥）

【财政收入首次超过10亿元】 富阳市全年实现地方财政收入6.05亿元，比上年增长89.1%；中央财政收入4.98亿元，增长19.8%；两项相加财政收入11.03亿元，比上年增长49.9%，首次突破10亿元大关，在全省各县(市)财政收入的排名由2000年的第14位上升到第10位。

改革开放以来，富阳的经济经历了3个加速发展时期。第一个时期是1984年前后，以农业生产尤其是粮食生产迅速增长为主要特点；第二个时期是1987年前后，以工业尤其是乡镇企业异军突起为主要特点；第三个时期是1992年以后，以工业经济尤其是外向型经济和非公有制经济的发展为主要特点。经过这几个时期的发展，形成通讯器材、造纸、建材、轻纺、电子、机械、化工、食品等15个具有地方特色的工业体系，2001年工农业总产值达到300.4亿元，为财政收入的快速增长打下了良好的基础。

【光通信产业形成规模】 富阳市通信器材行业起步于上世纪80年代中期，原以生产市话电线(缆)、铁插接件为主，经“八五”、“九五”时期的结构调整和产业升级，已发展为全市规模企业最多、高科技企业最多、科技人才和高级管理人才最多、名牌产品最多、发展速度最快的行业，形成以光纤预制棒为技术标志、光纤光缆电缆为基础、高中低技术器件相配套的产业链，成为全省最大的通信器材生产基地，其中电缆、光缆产量均占全国总量的1/4。至2001年底，全行业有工业企业309个，总资产46.4亿元，从业人员1.46万名。形成了光纤150万芯千米、光缆540万芯千米、电缆3200万对千米，光元器件与光缆、电缆相配套，比较齐全的通信器材生产规模。全年实现总产值67.18亿元，比上年增长22.8%；占全市工业总量的23.6%，首次超过造纸行业，成为全市第一大支柱产业。　（雷　君）

【光纤预制棒研制成功】 12月27日，富通集团在杭州向新闻媒体宣布：采用最新全合成工艺生产的光纤预制棒已研制成功，并投入批量生产。光纤预制棒是生产光纤光缆的上游产品，光纤由光通信顶端技术制造的光纤预制棒拉制而成。光纤预制棒利润率在整个产业链中所占比重为70%左右。目前，全球光缆制造商有数百家，主要的光纤拉

附：　2001年富阳市乡镇情况

名称	村委会(个)	乡村人口(人)	农民人均纯收入(元)	党委书记	乡(镇)长
高桥镇	37	28 114	6 799	凌志峰	孙春荣
受降镇	11	14 477	6 756	胡德华	陆献德
春建乡	11	9 012	5 515	高松坤	陈玉祥
胥口镇	24	17 333	4 892	蒋健宏	孙连娟
永昌镇	11	16 791	5 169	吕建明	丁忠苏
渌渚镇	26	16 289	5 100	蒋元洪	钟志豪
新登镇	71	54 822	5 231	王小丁	邵立春
万市镇	29	22 515	4 759	张生良	刘渭华
洞桥镇	25	19 686	4 306	姜香儿	林长龙
新桐乡	14	13 034	3 529	何培叶	王志明
场口镇	32	26 560	3 496	鲁秀利	凌国龙
东图乡	18	13 627	3 254	章军其	戴爱良
龙门镇	11	7 141	3 908	何志洪	董毓民
环山乡	19	11 515	4 119	申屠裕仁	孙建福
常安镇	36	25 910	4 101	潘国明	汪国良
湖源乡	27	14 843	3 565	张国繁	孙金土
上官乡	9	8 324	5 265	朱学富	秦法明
常绿镇	15	16 355	4 687	俞洪海	何富军
大源镇	34	33 538	6 248	李国生	陈建平
灵桥镇	27	24 192	5 464	郎卫国	张建明
里山镇	13	10 161	5 894	蒋　才	华建宝
渔山乡	12	15 078	5 438	蒋胜梁	张彩霞

丝厂有10多个,但有能力提供预制棒的企业不到5个。因此预制棒是产业“瓶颈”,价格居高不下。

富通集团创建于1987年,是一个从事通信产品研发制造销售的大型民营企业,信息产业部及科技部认定的全国电子百强企业和国家重点高新技术企业。生产销售综合实力居全国同行前3位。2000年5月11日,江泽民总书记考察杭州富通集团时,十分关注光纤预制棒的研制情况。集团董事长王建沂向江泽民保证,要以最快的速度进行研究,在2年~3年内攻克光纤预制棒技术。该项目得到国家及省市有关部门的重点关注和大力支持,分别被列入国家重点技术创新计划和国家重点技术改造计划。集团的项目组克服种种困难,用全合成技术生产出光纤预制棒产品。 (胡丽芬)

【建设现代农业示范园区】 至2001年底,富阳市现代农业示范园区建设初具规模,有农业示范园区17个,其中综合型园区4个、粮食主导型园区11个、设施栽培型园区2个,总面积983公顷。示范园区实现统一品种布局,良种覆盖率达100%。水稻直播、抛秧、旱秧、病虫无害化治理等新技术得到大面积推广和应用,普及率在95%以上。园区建设以市场为导向,调整种植结构,走上了粮食、经济作物并举的综合发展之路。 (雷 君)

【试行公安队伍管理长效机制】 8月,全国公安机关“三项教育”(全心全意为人民服务的宗旨教育,实事求是的思想教育和严格、公正、文明执法的法制教育)领导小组在各省、自治区、直辖市公安厅、局上报推荐单位的基础上,确定了全国第一批15个公安队伍管理长效机制建设试点单位,富阳市公安局是浙江省惟一的入选单位。

【创建企业信用工程】 3月29日,富阳工商分局为打造富阳的“信用”品牌,在省工商局推出合同信誉公示制的基础上,建立以全市所有市场经营主体为对象的信用工程管理信息资料库,将其近年来获得的多种荣誉和不良行为均记录在信息资料库,为政府和企业决策提供依据和服务,使企业更加注重自身形象的塑造。为规范“信用工程”信息资料库的运作,制定了《企业信用工程资料库建设、使用、管理规定》、《信用信息资料收集规范》、《信用工程资料库查询办法》、《企业信用公示办法》、《信用工程资料库工作人员守则》5项规定。为不断完善、充实资料库建设,召开有关部门负责人参加的“信用工程”座谈会,商讨促进经济发展良策。至年底,资料库已录入企业1.1万余个,个体工商户2万余户,从政府、司法、金融等数十个部门,收集有关企业和经营者的信用信息5万余条,经审核处理输入计算机,比较全面地反映富阳企业和经营者信用情况的综合面貌。

【绿芦笋获农博会名牌奖】 芦笋是多年生蔬菜。自1986年以来,富阳已有17年种植历史,产品出口日本、澳大利亚,销往北京、上海等全国各地。2001年,全市芦笋种植面积达733公顷,年产绿芦笋1.05万吨,比上年增长4.6%;总产值5250万元,增长12.3%。随着芦笋周年供产栽培技术的推广应用,使采收期从原来的6个月延长到10个月,能在春节前后的全国芦笋市场上独占鳌头。无公害芦笋栽培技术的全面推广,使富阳市绿芦笋的质量有了可靠保证,市场信誉度有很大提高。在2001年北京中国国际农业博览会上,鹳山牌富阳绿芦笋继1999年后又被评为名牌产品。

【积极开展“双整治”】 4月~11月,在富阳市各乡镇、街道办事处开展整治社会风气、整治居住环境工作。富阳市委、市政府下发了《关于深化“双整治”活动,推进我市农村精神文明建设的若干意见》,进一步推进、督促各示范村建立健全长效管理制度。据统计,全市有182个村组建保洁队伍,新增保洁人员485人,新建垃圾中转站50个、垃圾填埋场26个、垃圾箱529只。富春街道、春江街道、东洲街道全面深化“美在农村、美在农家、美在农民”的“创三美”活动,高桥、受降、湖源等乡镇建立了家庭卫生定期检查制度和村镇卫生考核制度,环山、上官、大源等乡镇建立了“门前三包”制度、干部义务劳动制度。

“双整治”工作注重实效。在居住环境整治方面,重点抓道路的硬化、亮化、净化、绿化,完成道路硬化212千米,亮化93千米,拆除违章建筑物1.45万平方米,取缔沿线非法经营摊贩99个。疏浚河道68千米,清淤11.5万立方米。开展大扫除活动277场次,参加人数2.4万人次,清理垃圾5415吨,处理“三废”排放超标单位132个,新建公厕217个,创建无露天粪坑村392个,自来水进村率由原来的88%左右提高到95%以上。新增农村绿地面积3.9万平方米。整治社会风气,力破陈规陋习。加强打击力度,维护了社会治安稳定。

【200多种动物落户野生动物世界】 杭州野生动物世界被浙江省政府列为2001年重点建设工程,由黑龙江省雄鹰集团与富春江经济开发区合作开发,占地233.3公顷。首期投资1.5亿元,建成游览观光区、综合服务区、野生动物后勤保障区、休闲度假区和生态缓冲区。富阳地处亚热带季风气候区,适宜多种动植物的生长繁殖。园内设有孔雀园、火烈鸟、顽猴天地、猩猩馆、熊猫、金丝猴、天鹅湖、澳洲原野、狮吼苍穹、荆丛豹影、虎啸深山等20多处观光景点,建有能同时容纳8000名游客的大型“中心演艺广场”。至年底,已落户的世界各地珍禽异兽和国内一、二级保护野生动物200多种、1万余头(只),其中珍稀动物约占70%。 (胡丽芬)

·临安市·

【概况】 全市(以下均指临安市)面积3124平方千米,辖7个乡、15个镇、4个街道,有662个行政村、21个居民区。全市39个乡镇撤并组建成22个乡镇,新设4个街道。人口51.64万人,人口自然增长率

1.26‰。全年实现国内生产总值86.35亿元,比上年增长11.5%。

农村经济稳步发展。农林牧渔业总产值16.15亿元,比上年增长4.8%。山核桃、香榧、青梅等经济林新增面积1933公顷,全市粮食经济作物比例达到53:47。岛石667公顷山核桃、西天目667公顷笋干竹、锦城无公害优质水果基地分别列入省和杭州市农林业特色基地,太湖源镇被杭州市列为667公顷无公害竹笋基地。粮食播种面积2.41万公顷,总产量14.16万吨,分别下降11.3%和14%。林业生产持续发展,完成绿化造林面积2320公顷,其中竹林、经济林1962公顷;封山育(护)林面积6.5万公顷。竹笋(折笋干)产量1.26万吨,增长50.3%;山核桃产量6173吨,增长12.7%。农业品牌逐步打响,文丽牌天目青顶茶叶、天目山牌雷笋获2001年中国国际农业博览会名牌产品称号;天目山牌无公害高山蔬菜等5种产品获浙江国际农业博览会优质农产品金奖、天目山牌本鸡等6种产品获银奖;天目山牌黄花梨在全省精品水果展销会上获金奖。杭州市无公害优质高效水果示范基地在后郎村建成挂牌。全市有农业龙头企业13个,其中省级3个、杭州市级2个。

工业经济继续增长。实现工业总产值180.64亿元,比上年增长20.7%;工业销售产值176.20亿元,增长20.5%;产销率98.1%。全市工业利税总额11.04亿元,增长26.5%;其中利润6.35亿元,增长33.3%。实现工业投入12.80亿元,增长30.2%。全市工业用电量4.92亿千瓦时,增长28.2%。规模以上工业发展较快,全市184个国有及年销售收入500万元以上非国有工业企业实现工业销售产值66.01亿元,增长12.4%;实现利税6.14亿元,增长12.3%。制定工业技改、企业改制补充政策和支持工业园区建设等优惠政策,建立省级经济开发区,锦城兰锦电缆园区列入省级专业园区。建立注册资金5000万元的中小企业贷款担保公司,缓解部分企业融资难问题。有3种新产品列入国家重点新产品试产计划,15种新产品列入省级计划,其中9种产品通过鉴定。新增2个国家火炬项目、1个国家级星火项目,1个企业认定为国家级高新技术企业,6个企业分别认定为省、杭州市高新技术企业及科技创新重点企业,其中3个企业为市科技创新重点企业。开发成功华特牌纳米膨润土和天松牌纳米高性能粉末涂料用聚酯树脂。新增浙江名牌产品2种,累计浙江名牌产品10种,杭州名牌产品12种。12个企业通过ISO9000认证,累计通过认证企业54个。个体、私营经济完成工业总产值113.69亿元,增长4.6%。

外贸出口快速增长。全年外贸出口交货总值21.91亿元,比上年增长31.8%;其中自营出口7676万美元,增长35.9%。出口产品中增幅较大的有化工类增长3.5倍、五金类增长1.7倍、机电类增长1.2倍、土畜类增长45.4%。利用外资形势较好,全年新批24个外商投资项目,总投资5442万美元,协议利用外资1765万美元,实际利用外资804万美元,增长32.2%。累计批准外商投资企业208个,总投资3.63亿美元。

商贸业持续发展。实现全社会消费品零售总额18.85亿元,比上年增长12.2%;其中批发零售贸易业增长7.7%,餐饮业增长30.1%。有各类商品市场24个,年成交额8.61亿元,增长12.8%。成功举办全市"名特菜评选"活动,评出地方名菜10种、特色菜20种,并在2001年西博会第二届中国美食节名菜名点大赛中获4金7银。房地产业发展势头旺盛,景观房产开发起步。个私经济迅速发展,个体工商户1.75万户,私营企业2046个,分别增长7%和42%。个体及私营经济商品零售额10.34亿元,增长15.8%。

旅游带动作用不断增强。旅游景点接待游客134万人次,比上年增长21.6%;门票收入2945万元,增长28.2%。着力建设浙西绿色长廊,突出生态品牌,推动旅游的"二次创业",加大"两山一湖"(即天目山、大明山和青山湖)开发力度,新开发石长城、神龙川、浙西天池、相思河等景点。"旅游乡镇"建设加快,涉旅企业发展和从业人员增加。

全市财政收入5.02亿元,比上年增长39.4%;其中地方财政收入2.89亿元,增长68.9%。地方财政支出3.68亿元,增长35.8%。

基础设施建设步伐加快。全社会固定资产投资20.61亿元,比上年增长17.1%。其中基本建设投资4.45亿元,增长59.1%;更新改造投资3.09亿元,增长40.2%。城建基础设施投资1.45亿元,增长49%;新建、扩建、改建城市道路总面积36.8万平方米,增长1.2倍。城市化进程加快,东入城口、环城西路、环

神龙川神农山庄

城北路、苕溪南路、横潭路、石镜街、竹林大街、西瓜路等8条道路建设和改造任务完成工程量的80%,石镜街、玲珑工业园区、环城东路北端、环城西路的污水管铺设完工。全市拆迁面积12万平方米,新增绿地7.52万平方米。市区园林绿地面积272公顷,公共绿地面积43公顷,人均占用绿地面积7.79平方米。杭昱线临安至昌化段一级公路建成通车,上甘至卦畈避城公路、东天目景区上山公路、候头至鸠甫、新桥石门潭至绩溪上胡家等县乡道路建设完工,禅源寺大雄宝殿竣工。全年商品房施工面积31.3万平方米,其中当年开工面积21.2万平方米。结合城市防洪、环境保护,全面启动苕溪、锦溪综合治理工程。市区有公交线路4条,线路总长度30千米;市区公共交通营运车辆48辆,客运总量480万人次。全市新增固定电话2.69万户、移动电话3万余户。

科教文卫体事业全面发展。全年新立各类科技计划项目110项,其中国家级3项、省级15项、杭州市级21项、市本级71项;结转科技计划项目36项。有7个项目通过省级新产品鉴定,获省级科技进步奖1个、杭州市级3个。全市累计有杭州市级以上高新技术企业13个。有小学117所,学生4.23万人;中学41所,学生3.46万人。全年小学入学率99.99%,小学毕业升初中比例99.92%,初中毕业升高中段比例83.03%。依托高等院校和科研院所,建成浙大博士生社会实践基地,与浙江林学院联合建设绿色硅谷。钱王陵和功臣塔被列为全国重点文物保护单位,吴越文化公园筹建工作顺利推进,《临安水龙》在中国国际民间艺术节上获国际友谊金杯奖,《农家小院》在首届中国农民画艺术节全国现代民间绘画展上获金奖、《老当益壮》获银奖,《乡村的故事》获第九届国际摄影展优秀奖。成功承办西博会中国民间文化艺术节。有各类医疗机构93个,医疗床位1199张,专业卫生技术人员1794人。全市计划生育率98.72%。全年组织大型体育竞赛39次,参加人员6796人次;参加杭州市级以上体育运动会35次,获金牌38枚、银牌55枚、铜牌53枚。全市中小学生《国家体育锻炼标准》达标率99.05%。

城乡居民生活水平提高。全年城镇居民人均可支配收入9511元,比上年增长11.9%;农民人均纯收入5002元,增长9.5%。城镇居民人均居住面积23.6平方米,农村居民人均居住面积55.2平方米,均比上年提高。

附: 2001年临安市乡镇情况

名 称	村委会(个)	乡村人口(人)	农民人均纯收入(元)	党委书记	乡(镇)长
板桥乡	21	17 396	4 248	吴云川	杨卫国
三口镇	13	9 128	4 158	王建良	纪立安
横畈镇	24	15 675	4 826	蒋 珍	俞建明
高虹镇	22	14 237	4 792	俞灵君	冯 镭
太湖源镇	51	33 284	4 915	潘林荣	周永顺
於潜镇	53	39 060	4 506	胡 竑	俞琳波
藻溪镇	31	20 626	4 281	殷根茂	郑晓林
西天目乡	22	12 731	4 530	陈林富	汪火建
千洪乡	10	6 543	4 501	孟建强	朱忠华
横路乡	13	10 555	3 674	何锡荣	张 勤
太阳镇	29	17 484	4 436	柴世民	沈文美
潜川镇	23	15 533	4 081	姜关成	陈水林
乐平乡	11	10 408	4 693	周 良	董 武
昌化镇	26	16 950	4 505	郭忠良	邵建良
龙岗镇	22	10 326	4 338	王凌尔	方文达
河桥镇	27	18 563	3 622	方锐根	许亚萍
湍口镇	30	13 483	3 902	何伟民	朱志辉
清凉峰镇	24	19 886	3 980	郑吉富	姚晓华
马啸乡	16	9 690	3 702	岳天明	谢兆时
岛石镇	32	17 861	3 890	帅雨国	胡尚新
新桥乡	15	7 016	3 304	徐玉平	胡学理
大峡谷镇	40	11 486	4 061	朱霞平	陈丽梅

【吴越国王陵和功臣塔列入全国文保单位】 6月25日,国务院公布第五批(518处)全国重点文物保护单位,临安市吴越国王陵和功臣塔2处榜上有名。吴越国王陵含钱镠墓、康陵和钱宽·水邱氏墓。钱镠墓位于锦城太庙山南麓,为大开型封土堆,唐王敕建。钱镠是唐末吴越国创始人,死后归葬故里临安。1961年4月,钱镠墓公布为省级重点文物保护单位。十年动乱期间,墓前设施遭到毁坏,但墓室未掘。钱镠墓为浙江省惟一保存完好的王陵。康陵是吴越国第二代国王钱元瓘夫人恭穆王后马氏墓,位于玲珑街道祥里村。该墓发现于1996年11月16日,为大开型封土堆,出土一批珍贵文物,墓室顶部有精致的天文图。1997年8月,公布为省级重点文物保护单位。钱宽·水邱氏墓位于锦城西墅明堂山,1978年7月和1980年9月相继发现。该墓出土国宝级文物数件,墓室顶部有精致的天文图。1989年12月,列为省级重点文物保护单位。

功臣塔位于锦城功臣山顶,为仿木结构楼阁式砖塔,塔因山得名,始建于五代后梁贞明元年(915年)。1961年4月,公布为省级重点文物保护单位。

【临安至昌化段改建工程通车】 该工程是02省道杭州至临安玲珑段的西延工程,于1999年1月1日动工,2001年7月1日建成通车。全线长46.9千米,总投资4.5亿元,是省重点建设项目。工程按4车道一级公路标准建设，路面宽22.5米，设计时速60千米/小时。建设资金由浙江之俊集团和临安交通实业开发总公司2家分别以80%和20%的股份合股。工程由临安市政府和项目业主单位共同组织实施，杭州交通设计院承担设计，杭州市交通工程监理处、宁波交通咨询监理有限公司、江西金洪建设监理公司担任监理。浙江大成建设实业公司、浙江丽水工程公司等承建。工程征用土地193公顷，拆迁房屋10.5万平方米，开挖路基石方327万立方米，路堤填筑321万立方米，最大山体开挖高度62米，最大路堤土填筑高度18米，筑沥青混凝土路面941.4万平方米，建桥梁33座，建互通立交1处。该工程被浙江省交通厅评为优良工程。

【临安经济开发区建立】 9月，经浙江省政府批准，建立浙江省临安经济开发区，区域范围东至余杭交界处(汪家埠)，南至青山水库南干渠，西至大园路，北至壁山脚下，总面积6.1平方千米。该开发区在原临安市青山工业园区的基础上建立，园区于2000年启动，列入省重点建设项目。2001年，新增入园企业7个，共有入住企业17个。其中合资企业2个，外资企业3个。总投资2000万元以上的有浙江天松管业有限公司硬聚氯乙烯双壁波纹管和加筋管项目、浙江华兴羽绒制品有限公司羽绒制品项目、杭州顺达集团有限公司聚异丁烯（中低分子量)项目、浙江松友食品有限公司新增出口食品生产线。

【加强与浙江林学院合作】 临安市境内拥有天目山、清凉峰2个国家级自然保护区和青山湖国家森林公园，享有全国生态示范建设县(市)、中国优秀旅游城市、中国竹子之乡、中国山核桃之乡等称号。近年来，生态旅游发展迅猛，城市生态环境日益改善。域内浙江林学院是全省惟一的省属农林类高等院校。2001年，临安市为了建设“经济强市”、“文化大市”和“生态名市”，与浙江林学院联手制定了共建“绿色硅谷”战略，在“产学研”等方面达成全面协作协议。临安市全力支持浙江林学院建设新校区，地址选定在临安市锦城东北面，与老校区相距约1.2千米。2001年~2005年为一期工程，总建筑面积30万平方米，总投资6.7亿元。2001年投资2.4亿元，基本建成教学楼、行政楼、风雨操场和学生公寓等建筑，面积约10.7万平方米。

【罐头食品公司出口水煮笋2.2万吨】 杭州临安罐头食品有限公司创建于1993年，先后开发成功笋块、笋片、笋条、笋丝、笋丁等不同形状、不同规格的小包装系列新产品100余种，针对日本市场的需求，开发萝卜罐头等产品，走上了一条贸工农一体化的兴业之路。2001年，该公司在青山工业园区投资2000万元，成立浙江松友食品有限公司，建成2条现代化生产加工流水线。2001年，有固定资产6005万元，年产水煮笋110万罐、2.2万吨，销售产值8065万元，出口交货值7500万元，创汇910万美元，名列临安市出口创汇第五名，产品外销率95%。其中在日本市场的客户发展到13家，产品销量占日本同类产品总销量1/10。该公司1998年被评为临安市农产品加工先进企业，1999年评为临安市农业龙头企业，2000年列入杭州市农业龙头企业，并取得浙江省自营进出口权。

【大峡谷镇整合旅游资源】 2001年，临安市接轨杭州“旅游西进”，实施旅游“二次创业”，丰富“绿色画廊”。在临安市乡镇行政区划调整中，撤并原龙井桥、鱼跳和上溪3个乡，成立新的大峡谷镇，进一步打响“浙西大峡谷”品牌。该镇旅游资源丰富，从1998年始，先后建成浙西大峡谷、浙西白马崖、浙西千顷天池3个旅游景点。浙西白马崖风景区在大峡谷延伸处，紧邻大峡谷狮象湾景点，属清凉峰国家级自然保护区中心地带，是一处峡谷型生态风光旅游点；浙西千顷天池紧靠大峡谷，位于大峡谷西北面，高山湖泊，风光独特。为了改变旅游景点小而散的状况，浙西大峡谷旅游开发公司不断完善、改进自身景区建设。以320万元收购兼并了浙西白马崖风景区；与浙西千顷天池风景区实行联营，协议每年向天池公司交70万元门票收入。3个景点整合后，以往景点各自为政的经营局面不复存在，浙西大峡谷成为一个全新的旅游景区，游客进入大峡谷后可一票多游，也可开展多日游。

【鑫富生化公司生产D-泛酸钙】 “D-泛酸钙”产品由浙江鑫富生化股份公司（前身为浙江临安生物化学有限公司）自行开发研制生产，1996年被列入国家级科技星火项目，1997年3月通过星火项目验收，填补了省内空白。2001年，该公司生产D-泛酸钙1050吨，产值1亿元，出口创汇968.5万美元，实现利税2500万元，走出了一条大投入、大产出、大效益、滚动发展的经营之路，成为国内最大的D-泛酸钙生产、销售基地。1998年5月，该企业通过ISO9002质量管理体系认证。2001年，通过ISO14001环境管理体系认证。

【机械化屠宰场建成】 12月28日，根据《生猪屠宰管理条例》“国家鼓励和推广机械化、工厂化、规模化屠宰”的精神，由临安食品公司等3个单位组建成临安天目肉类加工股份有限公司，投资350万元，在锦城回龙村建立机械化屠宰场。该屠宰场硬件设施和软件管理达到较高的水平，提高了肉品质量，使机械化屠宰生猪产品占全市总数的40%。2001年，该市生猪屠宰管理在质量、数量上都有较大幅度的提高，乡镇定点屠宰覆盖率达到96%，屠宰“放心肉猪”9.28万头，比上年增长36.2%。 （唐剑平）

统 计 资 料

·统计表·

杭州市土地面积、年末户数、人口数及人口变动情况
(2001 年)

指 标 名 称	计量单位	全 市	为上年(%)	市 区	为上年(%)
一、土地面积	平方千米	16 596	100.0	3 068	449.2
二、年末总户数	万户	195.56	101.1	115.81	209.3
三、年末总人口数	万人	629.14	101.2	379.49	211.8
按性别分					
男性	万人	322.78	101.2	194.59	-
女性	万人	306.36	101.3	184.90	-
按农业、非农业分:					
农业人口	万人	391.37	99.2	186.23	-
非农业人口	万人	237.77	104.7	193.26	-
四、人口密度	人/平方千米	379	101.1	1 237	47.2
五、人口自然变动情况					
自然增长人口	人	18 261	82.7	11 463	-
本年出生人数	人	52 088	83.6	30 902	-
本年死亡人数	人	33 827	84.1	19 439	-
自然增长率本年	‰	2.92		3.05	
上年	‰	3.57		-	
出生率本年	‰	8.33		8.22	
上年	‰	10.07		-	
死亡率本年	‰	5.41		5.17	
上年	‰	6.50		-	
六、人口机械变动情况					
(一)本年迁入人口合计	人	164 572	124.2	127 802	-
其中:省内	人	123 284	118.9	90 811	-
省外	人	41 288	143.6	36 991	-
(二)本年迁出人口合计	人	104 096	106.2	68 075	-
其中:省内	人	86 907	106.5	53 684	-
省外	人	17 189	104.8	14 391	-
(三)本年净迁入人口	人	60 476	175.4	59 727	-
七、暂住人口	万人	84.65	119.9	74.49	-

注:暂住人口中,市区的萧山、余杭区分别为 14.74 万人、8.60 万人;桐庐县 1.59 万人、淳安县 1.01 万人、建德市 0.72 万人、富阳市 5.02 万人、临安市 1.82 万人。

杭州市国民经济主要指标(一)

项　　目	计量单位	1978年	1980年	1985年	1990年	1995年	2000年	2001年
年末总人口	万人	505.55	515.53	543.05	574.78	597.96	621.58	629.14
#非农业人口	万人	116.06	128.88	153.46	169.00	191.43	227.00	237.77
人口自然增长率	‰	8.68	4.17	6.12	7.26	4.43	3.57	2.92
#市区	‰	5.13	2.86	6.82	4.94	1.72	2.30	3.05
年末从业人员数	万人	276.18	293.98	330.37	363.49	422.55	408.11	413.18
#职工	万人	78.80	90.53	105.15	118.24	124.48	90.82	84.26
国内生产总值(当年价格)	亿元	28.40	40.65	90.49	189.62	762.01	1 382.56	1 568.01
第一产业	亿元	6.34	8.15	15.97	30.94	69.25	103.96	111.46
第二产业	亿元	16.93	25.36	52.08	96.17	410.00	709.32	793.58
第三产业	亿元	5.13	7.14	22.44	62.51	282.76	569.28	662.97
国内生产总值指数(以1978年为100)	%	100.00	135.65	268.85	372.37	1 064.82	1 867.78	2 095.65
人均国内生产总值(当年价格)	元	565	791	1 675	3 310	12 797	22 342	25 074
人均国内生产总值指数(以1978年为100)	%	100.00	132.73	250.00	326.61	898.23	1 513.82	1 682.78
年末耕地面积	公顷	215 267	213 620	208 073	203 500	192 220	189 906	185 966
每万人耕地面积	公顷	425.81	414.37	383.16	354.05	321.46	305.52	295.59
规模以上独立核算工业企业利税总额	亿元	8.90	13.60	24.81	31.54	63.05	161.61	208.54
全社会交通运输客运量	万人次	2878	3905	6724	8119	16620	18 607	20 342
全社会交通运输货运量	万吨	1 706	2 070	2 488	6 522	10 347	11 459	12 443
全社会固定资产投资	亿元	4.83	7.09	22.97	36.63	232.34	515.49	630.97
# 其中建设投资	亿元	2.39	3.33	8.57	9.98	54.19	170.40	193.89
更新改造投资	亿元	0.53	0.92	3.32	7.39	27.94	77.02	99.63
社会消费品零售总额	亿元	9.36	16.08	37.45	77.00	234.76	403.95	458.82
来杭的外国人、华侨、港澳台同胞人数	万人次	5.35	12.50	23.84	38.83	44.13	70.71	81.94
实际利用外资(外商直接投资)	万美元	–	–	907	751	42 659	43 093	50 324

注:1、交通运输客货运输量1990年起为全社会数,1990年以前为交通系统数。

2、来杭的外国人、华桥、港澳台同胞人数1995年开始为全市数,1994年及以前系市区数。

杭州市国民经济主要指标(二)

项　　目	计量单位	1978年	1980年	1985年	1990年	1995年	2000年	2001年
财政收入	亿元	9.41	11.85	18.65	15.25	55.13	142.85	188.46
财政支出(预算内)	亿元	1.62	2.17	5.77	11.82	24.91	73.43	104.93
金融机构年末存款余额 *	亿元	8.68	18.10	48.50	133.77	707.97	2 088.47	2 621.51
金融机构年末贷款余额 *	亿元	13.67	17.34	58.01	162.27	567.21	1 686.64	2 087.70
城乡居民储蓄年末存款余额	亿元	2.07	4.04	15.96	69.75	342.34	788.56	941.84
全部职工工资总额	亿元	4.38	6.79	13.01	27.79	89.05	129.64	151.13
全部职工平均工资	元	597	777	1 266	2 382	7 156	13 715	17 645
市区居民消费价格指数(以1978年为100)	%	100.00	109.24	140.21	246.68	503.06	611.07	608.01
市区商品零售价格指数(以1978年为100)	%	100.00	110.28	142.61	256.45	476.99	504.42	480.71
城镇住户年人均可支配收入	元	338	521	1 026	1 985	6 301	9 668	10 896
农村住户年人均纯收入	元	162	250	624	1 171	3 012	4 496	4 896
高等学校在校学生数	人	13 319	23 545	36 996	39 866	63 124	122 386	174 894
中等专业学校在校学生数	人	8 711	9 453	16 527	23 564	42 784	45 238	32 763
普通中学在校学生数	人	350 024	247 734	244 399	199 940	257 071	342 533	364 835
小学在校学生数	人	605 137	560 244	414 839	460 514	513 988	485 679	467 982
卫生机构数	个	1 361	1 381	1 582	1 738	1 712	1 599	1 496
# 医院	个	421	425	404	440	414	396	391
卫生技术人员	人	19 059	21 110	25 593	30 990	34 245	35 487	36 643
# 医生	人	7 375	8 311	11 503	14 483	16 465	16 317	16 994
床位数	张	14 042	16 317	19 637	24 121	26 684	27 166	27 063
# 医院	张	11 704	13 478	15 010	18 879	21 360	23 303	23 520

注:带 * 号指标 1992 年及以前口径为银行年末存、贷款余额。

杭州市历年国内生产总值及发展指数

年份	国内生产总值(万元,按当年价计算)				国内生产总值发展指数(%)			
	总计	第一产业	第二产业	第三产业	总计	第一产业	第二产业	第三产业
1978	284 046	63 372	169 344	51 330	100.00	100.00	100.00	100.00
1980	406 508	81 524	253 545	71 439	135.65	105.63	151.06	130.71
1981	468 206	90 955	287 632	89 616	154.04	108.74	172.17	162.30
1982	501 854	108 769	294 725	98 360	165.12	129.80	177.73	176.31
1983	558 947	101 106	334 413	123 428	183.63	115.62	203.10	219.86
1984	694 690	126 443	405 535	16 712	225.25	140.10	245.38	283.68
1985	904 897	159 684	520 853	224 360	268.85	139.90	300.80	352.81
1986	1 053 589	177 589	601 277	274 723	299.88	145.01	335.28	409.85
1987	1 260 162	204 366	718 892	336 904	338.38	148.69	382.23	471.62
1988	1 525 427	256 838	855 305	413284	363.26	145.46	419.82	497.15
1989	1 662 945	282 746	896 736	483 463	352.06	145.10	396.51	508.97
1990	1 896 216	309 404	961 673	625 139	372.37	154.40	422.20	528.01
1991	2 279 545	334 024	1 131 088	814 433	439.77	161.12	492.38	669.52
1992	2 900 690	349 033	1 487 838	1 063 819	540.48	161.61	637.53	814.80
1993	4 247 094	419 364	2 264 440	1 563 290	703.16	171.15	878.66	1 004.65
1994	5 855 239	575 131	3 143 430	2 136 678	888.09	185.01	1 161.59	1 225.67
1995	7 620 055	692 510	4 100 008	2 827 537	1 064.82	198.15	1 434.56	1 445.06
1996	9 066 133	839 985	4 776 225	3 449 923	1 203.25	208.85	1 644.01	1 621.36
1997	10 363 299	913 611	5 415 017	4 034 671	1 360.88	223.05	1 852.80	1 861.32
1998	11 348 899	960 558	5 879 589	4 508 752	1 513.30	244.02	2071.43	2 060.48
1999	12 252 795	975 821	6 307 510	4 969 464	1 667.66	257.44	2 280.64	2 287.13
2000	13 825 616	1 039 641	7 093 233	5 692 742	1 867.78	272.11	2 565.72	2 563.87
2001	15 680 138	1 114 569	7 935 809	6 629 760	2 095.65	292.25	2 891.60	2 884.30

注:国内生产总值发展指数以1978年为100。

杭州市各县(市)经济主要指标
(2001年)

指标名称	计量单位	全市合计	市区	萧山	余杭	桐庐县	淳安县	建德市	富阳市	临安市
土地面积	平方千米	16 596	3 068	1163	1 222	1 780	4 452	2 364	1 808	3 124
年末总户数	万户	195.56	115.81	36.41	23.17	13.75	13.89	16.70	19.34	16.07
年末总人口	万人	629.14	379.49	114.58	79.54	39.65	44.95	51.38	62.03	51.64
人口自然增长率	‰	2.92	3.05	3.56	1.24	2.80	1.09	2.91	4.93	1.26
耕地面积	公顷	185 966	101 449	43 182	34 545	14 553	12 127	17 216	21 497	19 124
粮食总产量	吨	1 347 800	667 779	366 534	245 985	114 028	120 621	125 039	178 696	141 637
国内生产总值(当年价格)	亿元	1 568.01	1 195.17	276.04	155.00	60.40	37.26	75.01	113.82	86.35
全社会固定资产投资	亿元	630.97	538.13	137.66	56.74	18.36	10.82	16.70	26.35	20.61
社会消费品零售总额	亿元	458.82	373.28	62.00	40.52	16.71	9.40	12.45	28.13	18.85
财政总收入	亿元	188.46	161.22	23.78	12.81	4.25	2.41	4.53	11.03	5.02
财政支出(预算内)	亿元	104.93	84.95	13.83	7.86	3.06	3.60	3.47	6.17	3.68
年末职工人数	万人	84.26	70.49	7.15	5.95	1.40	2.15	3.09	4.65	2.48
全部职工工资总资	万元	1 511 259	1 306 281	110 786	81 128	23 600	28 841	44 017	72 882	35 638
全部职工平均工资	元	17 645	18 205	15 714	13 359	16 656	13 203	13 870	15 731	14 338

杭州市农林牧渔业总产值
(2001年当年价)

单位:亿元

指标名称	本年	上年	为上年(%)
农林牧渔业总产值	165.00	152.65	108.1
一、农业产值	96.50	90.33	106.8
(一)种值业产值	81.69	75.43	108.3
粮食作物	18.53	20.85	75.9
油料	2.00	1.96	102.0
棉花	0.20	0.22	90.9
麻类	0.04	0.04	100.0
甘蔗	2.26	2.38	95.0
药材类	1.19	0.60	198.3
蔬菜、瓜类	32.87	30.36	108.3
茶、桑、果	15.06	10.67	141.1
其他	9.54	8.35	114.3
(二)其他农业产值	14.81	14.90	99.4
二、林业产值	14.93	13.68	109.1
三、牧业产值	36.23	33.16	109.3
四、渔业产值	17.34	15.48	112.0

杭州市主要农产品产量
(2001年)

单位:亿元

指标名称	本年	上年	为上年(%)
粮食	1 347 800	1 530 785	88.0
谷物	1 192 369	1 361 014	87.6
豆类	69 357	82 198	84.6
薯类	86 074	87 573	98.3
油料	84 535	85 697	98.6
油菜籽	78 270	80 436	97.3
棉花(皮棉)	1 960	2 112	92.8
麻类	1 771	2 216	79.9
甘蔗	176 628	185 169	95.4
蔬菜	2 490 771	2 171 400	114.7
蚕茧	10 772	9 308	115.7
茶叶	24 732	24 810	99.7
水果	394 710	322 626	122.3
柑桔	83 665	51 826	161.4
梨	18 109	12 410	145.9
桃	22 022	20 433	107.8
葡萄	3 555	3 393	104.8
肉类	276 367	252 388	109.5
猪肉	201 725	185 977	108.5
禽蛋	64 832	60 782	106.7
鲜牛奶	45 365	40 122	113.1
水产品	115 087	98 274	117.1

杭州市规模以上工业企业主要工业产品质量
(2001年)

产品名称	计量单位	本 年	为上年(%)	产品名称	计量单位	本 年	为上年(%)
发电量	亿千瓦时	81.78	102.0	家用洗衣机	万台	74.28	102.2
罐头	万吨	9.42	113.7	灯泡	亿只	2.17	162.7
软饮料	万吨	321.43	118.3	电视机	万部	192.48	106.4
乳制品	吨	7 907.00	129.3	其中:彩电	万部	17.35	99.9
啤酒	万吨	42.91	91.0	中成药	吨	4 886.92	124.8
味精	吨	38 824.00	95.1	轮胎外胎	万条	460.55	110.2
卷烟	万箱	64.27	106.9	水泥	万吨	908.50	110.1
化学纤维	吨	542 578.00	159.5	平板玻璃	万重量箱	370.75	102.3
纱	万吨	9.40	122.2	钢	万吨	168.89	131.5
布	万米	99 954.44	137.2	生铁	万吨	125.14	115.1
印染布	万米	141 356.54	127.5	成品钢材	万吨	202.95	107.9
丝	吨	1 969.20	98.3	铜	吨	23 923.00	247.3
丝织品	万米	19 551.21	122.7	塑料制品	吨	213 107.04	103.3
服装	万件	14 690.65	102.3	搪瓷制品	吨	11 411.00	162.2
皮鞋	万双	246.47	105.6	工业锅炉	蒸吨	2 704.00	64.9
家具	万件	1 398.83	107.3	内燃机	万千瓦	160.61	103.3
机制纸及纸板	万吨	158.22	128.1	金属切削机床	台	5 294.00	126.9
焦碳	万吨	59.35	105.8	叉车	台	4 639.00	123.8
盐酸(含量31%以上)	吨	69 322.00	98.4	泵	台	177 502.00	79.0
硫酸(折100%)	吨	62 681.00	274.2	轴承	万套	6 416.06	131.4
碳酸纳(纯碱)	吨	86 134.00	103.0	电力电览	千米	83 362.00	124.7
氢氧化钠(烧碱)(折100%)	吨	103 031.00	98.4	自行车	万辆	203.79	91.2
农用氮、磷、钾化肥总计	吨	63 890.00	146.2	摩托车	辆	38 795.00	90.5
合成氨	吨	77 750.00	105.7	交流电动机	万千瓦	2.80	87.4
化学农药	吨	45 050.00	118.9	家用电冰箱	万台	11.57	78.2
合成洗涤剂	吨	128 108.81	92.5	收音机	万部	9.60	59.4
房间空气调节器	台	182 697.00	143.4	手表	万只	65.77	65.3
抽排油烟机	万台	48.57	160.7	肥皂	吨	22 295.70	79.9
移动电话机	万部	560.62	153.4	剪刀	万把	1 428.41	90.1
电风扇	万台	3.52	21.7	牙膏	万支	8 138.83	166.4

注:规模以上工业企业是指全部国有和年销售收入500万元及以上的非国有工业企业。

杭州市规模以上工业企业单位数、总产值
(2001 年当年价)

项目	全市				市区		
	单位数(个)		产值(亿元)		单位数(个)	产值(亿元)	
	实绩	为上年(%)	实绩	为上年(%)		实绩	为上年(%)
工业总计	3 580	131.9	1 919.51	126.1	2 645	1 615.62	125.4
一、按轻重工业分							
轻工业	2 177	142.1	995.70	130.3	1 582	837.75	128.5
重工业	1 403	118.6	923.81	122.2	1 063	777.87	122.4
二、按经济类型分							
国有经济	237	85.6	178.88	93.5	195	169.51	97.4
集体经济	252	62.8	191.13	84.5	200	179.22	93.0
股份合作制经济	218	113.0	46.08	98.0	196	41.56	101.8
联营经济	16	69.6	5.20	88.2	13	4.37	86.0
股份制经济	1 759	181.7	908.12	146.9	1 283	704.51	136.9
三资经济	660	126.4	519.20	134.1	545	474.67	136.9
其他经济	438	132.3	70.90	105.4	213	41.78	143.2
三、按企业规模分							
大型企业	100	100.0	514.39	104.5	88	480.64	103.5
中型企业	176	94.6	197.48	107.3	129	144.51	105.2
小型企业	3 304	136.0	1 207.64	142.3	2 428	990.47	143.2

注:工业产值为上年(%)按可比价计算。

杭州市规模以上工业企业主要财务指标
(2001 年)

单位:亿元

项目	合计		国有经济	集体经济	股份合作制经济	联营经济	股份制经济	三资经济	其他
	本年	为上年(%)							
企业单位数(个)	3 580	131.9	237	252	218	16	1 759	660	438
其中:亏损企业数(个)	650	116.1	104	43	34	2	282	119	66
工业总产值(当年价)	1 919.51	126.1	178.88	191.13	46.08	5.20	908.12	519.20	70.90
产品销售收入	1 828.28	124.8	173.82	187.46	41.20	5.31	850.83	504.77	64.89
产品销售费用	82.17	119.5	7.19	3.96	0.71	0.13	41.61	27.14	1.43
产品销售税金及附加	28.74	112.0	18.56	1.04	0.34	0.05	6.56	1.53	0.66
产品销售利润	211.01	125.0	27.91	16.54	4.23	0.40	96.53	60.82	4.58
年末固定资产原价	1 048.19	118.5	254.88	74.64	18.16	1.54	454.00	224.94	20.03
固定资产净值年平均余额	686.34	114.5	165.07	48.04	10.98	0.97	299.35	148.81	13.12
流动资产年平均余额	1 072.67	118.8	172.89	92.70	21.77	2.29	487.66	267.92	27.44
利润总额	107.56	141.2	15.91	9.64	2.15	0.20	48.07	29.87	1.72
利税总额	208.54	129.0	49.08	15.28	4.00	0.39	87.47	47.82	4.50

注:1、表内的工业总产值为上年(%)按可比价计算。
2、全市全部工业企业 65428 个,全部工业总产值(当年价)2777.51 亿元。

杭州市外商直接投资情况
(2001年)

项目	计量单位	本年	上年	为上年(%)
项目个数	个	483	315	153.3
协议总投资额	万美元	154 447	89 781	172.0
协议利用外资	万美元	103 023	64 548	159.6
实际利用外资	万美元	50 324	43 093	116.8

杭州市进出口情况
(2001年)

单位:亿美元

项目	实际数			构成比重(%)	
	本年	上年	为上年(%)	本年	上年
全市进出口总值(海关口径)	112.98	104.76	107.8	100.0	100.0
(一)出口总值	72.84	69.65	104.6	64.5	66.5
1、省属外贸公司	37.61	40.04	93.9	51.6	57.5
2、市县(市)属外贸公司	6.54	6.38	102.5	9.0	9.2
3、自营出口生产企业	7.84	7.24	108.3	10.8	10.4
4、三资企业	20.85	15.99	130.4	28.6	22.9
(二)进口总值	40.14	35.11	114.3	35.5	33.5

杭州市环境保护工业“三废”排放及处理率
(2001年)

单位:%

指标	全市	市区
工业废水排放达标率	98.93	97.62
工业废水重复用水率	60.51	71.54
工业废气二氧化硫去除率	19.77	22.14
工业废气烟尘去除率	92.91	94.47
工业废气工业粉尘去除率	75.71	85.78
工业废气二氧化硫排放达标率	94.17	92.96
工业烟尘排放达标率	96.73	95.98
工业废气工业粉尘排放达标率	93.51	82.41
工业固体废物综合利用率	93.92	97.04
工业固体废物贮存率	2.92	0.01
工业固体废物处置率	3.50	3.18
工业固体废物排放率	0.19	0.27
工业锅炉烟尘排放达标率	95.68	96.39
工业炉窑烟尘排放达标率	89.36	87.20

杭州市区城市公用事业情况
(2001年)

标　　指	计量单位	数　值	标　　指	计量单位	数　值
一、城市居民年末人均居住面积	平方米	11.2	供气总量	吨	109 788
二、城市公共交通			其中:家庭用气	吨	60 078
(市公交公司系统,不含萧山、余杭区)			家庭用气户数	万户	44.24
年末营运线路条数	条	194	2.人工煤气		
年末营运线路总长度	千米	2 458	供气总量	万立方米	32 583
年末营运公共汽车	辆	2 038	其中:家庭用气	万立方米	4 357
年末营运无轨电车	辆	200	家庭用气户数	万户	16.79
其中:铰接车	辆	94	3.全社会气化率	%	96.02
客运总量	万人次	85 444	六、园林绿化(含萧山、余杭区)		
全年票款收入	万元	52 185	园林绿地面积	公顷	7 076
三、城市供电(含萧山、余杭区)			其中:公共绿地	公顷	1 323
全年用电总量	万千瓦时	1 331 244	建成区绿化覆盖率	%	35.95
其中:农业用电	万千瓦时	24 817	公园个数	个	96
工业用电	万千瓦时	929 937	公园面积	公顷	581.56
生活用电	万千瓦时	167 873	苗圃面积	公顷	209
四、城市自来水供应(含萧山、余杭区)			七、公园、风景点游人量	万人次	2 765
总制水量	万吨	48 974	八、西湖游船售票量	万人次	239.92
最高日供水量	万吨	164.32	九、市政建设(含萧山、余杭区)		
平均日供水量	万吨	142.46	年末实有道路长度	千米	1 298
供水能力	万吨/日	218	年末实有桥梁数	座	587
供水总量	万吨	52 000	排水管道长度	千米	1 942
其中:生产用水	万吨	18 324	城市污水排放量	万吨/日	134
生活用水	万吨	25 710			
用水普及率	%	100			
五、城市供气(含萧山、余杭区)					
1.城市液化气					

杭州市金融机构年末存贷款余额
(2001年)

单位：万元

指标名称	全市		市区	
	本年	为上年(%)	本年	为上年(%)
一、各项存款	26 215 100	125.5	23 765 400	126.4
1.企业存款	13 338 100	122.7	12 550 900	122.7
2.财政存款	474 900	97.0	436 600	92.9
3.机关团体部队存款	257 600	129.0	229 000	127.8
4.城乡储蓄存款	9 418 400	119.4	7 976 400	120.5
5.农业存款	705 000	123.9	591 200	124.4
6.信托存款	13 900	193.1	13 900	193.1
7.其他存款	2 007 200	232.4	1 967 400	235.3
二、各项贷款	20 877 000	123.8	19 237 800	125.3
其中：				
1.短期贷款	1 2747 000	116.4	11 460 000	117.5
工业贷款	2 727 800	129.4	2 423 400	131.3
商业贷款	3 149 900	101.9	2 991 500	102.5
乡镇贷款	1 680 900	107.6	1 267 400	110.1
农业贷款	530 000	133.2	350 200	127.4
2.中长期贷款	6 472 000	133.4	6 184 100	134.3

杭州市农村居民家庭平均每百户耐用消费品年末拥有量

项目	计量单位	1985年	1990年	1995年	2000年	2001年
自行车	辆	137.1	198.9	209.0	183.0	192.0
电风扇	台	54.3	143.4	211.0	258.0	279.0
洗衣机	台	0.2	6.8	14.0	34.0	40.0
电冰箱	台	0.2	12.3	23.0	46.0	50.0
摩托车	辆	0.7	1.8	13.0	38.0	45.0
彩色电视机	台	1.7	11.3	34.0	86.0	100.0
黑白电视机	台	10.6	60.8	73.0	57.0	55.0
录像机	台	–	–	3.0	7.0	7.0
收录机	台	42.3	47.7	26.0	28.0	29.0
照相机	架	–	1.0	4.0	7.0	10.0
抽排油烟机	台	–	–	4.0	17.0	23.0
吸尘器	台	–	–	2.0	3.0	3.0
空调器	台	–	–	0.5	8.0	12.0

杭州市城镇居民家庭平均每百户耐用消费品年末拥有量

项　　目	计量单位	1985年	1990年	1995年	2000年	2001年
毛皮大衣	件	16.0	18.5	39.5	50.0	58.4
呢大衣	件	152.0	195.0	240.5	253.3	230.0
毛毯	条	100.7	132.0	166.5	158.3	163.6
大衣橱	个	112.7	108.5	111.5	98.0	87.7
沙发	个	132.7	131.5	133.5	112.7	111.4
写字台	个	111.3	105.0	114.5	102.3	90.0
组合家具	套	2.7	9.0	30.5	49.3	53.0
沙发床	个	10.7	12.0	28.0	30.3	32.3
自行车	辆	212.0	271.5	289.5	225.0	232.5
摩托车	辆	–	–	–	3.7	12.0
电风扇	台	172.7	262.0	296.5	248.7	260.0
洗衣机	台	37.3	76.0	93.5	96.3	98.9
电冰箱	台	38.7	91.5	103.5	101.7	103.0
电炊具	个	15.3	30.5	79.5	88.0	95.5
中高档乐器	件	10.0	16.5	14.0	5.0	8.9
彩色电视机	部	14.0	62.5	102.5	146.7	158.0
普通收录机	架	22.7	47.0	69.5	65.7	59.6
组合音响	台	–	1.0	12.0	28.7	30.7
录像机	台	–	5.5	30.0	37.7	35.0
照相机	架	13.3	36.5	54.0	64.7	64.1
空调器	台	–	0.5	43.0	104.0	113.0
家用电脑	台	–	–	–	23.0	29.0
影碟机	台	–	–	–	54.0	54.0
微波炉	台	–	–	–	39.0	40.0

第二次全国公路普查杭州市主要数据

普查标准时间:2000年12月31日
普查范围:杭州市辖区范围内所有国道(包括国道主干线)、省道、县道、乡道、专用公路及构造物进行实际测量

项目	指标内容						
公路里程(千米)(按行政等级分)	总计	国道		省道	县道	乡道	专用公路
			国道主干线				
	6 350	301	49	756	3 163	2 057	73

项目	总计	有路面里程					无路面里程
公路里程(千米)(按路面等级分)		小计	高级路面	次高级路面	中级路面	低级路面	
	6 350	6 350	1 379	3 488	1 418	65	

项目	总计	等级公路						等外公路
公路里程(千米)(按技术等级分)		小计	高速公路	一级公路	二级公路	三级公路	四级公路	
	6350	5 724	71	385	759	1 049	3 460	626

项目	总计		总计中:危桥		永久性		半永久性		临时性	
公路桥梁数(按使用年限分)	座	米	座	米	座	米	座	米	座	米
	2 332	88 270	11	340	2 332	88 270				

项目	总计		特大桥		大桥		中桥		小桥	
公路桥梁数(按跨径分)	座	米	座	米	座	米	座	米	座	米
	2 332	88 270	25	17 238	99	19 181	512	24 299	1 696	27 552

项目	以国土面积计算的公路密度	以人口数量计算的公路密度	不通公路的乡(镇)		不通公路的村	
公路密度及通达情况	(千米/百平方千米)	(千米/万人)	数量(个)	比重(%)	数量(个)	比重(%)
	38.3	10.2	1	0.4	220	4.8

项目	隧道总计		特长隧道		长隧道		中隧道		短隧道		公路渡口(处)	
公路隧道及公路渡口数	处	米	处	米	处	米	处	米	处	米		机动渡口(处)
	45	11 442					19	7 699	26	3 743	5	5

(资料来源:浙江省交通厅和省统计局发布的第二次全国公路普查浙江省主要数据公报)

杭州在全国15个副省级城市中的位次
(2001年)

城市	国内生产总值(亿元)	规模以上工业总产值(亿元)	全社会固定资产投资(亿元)	社会消费品零售总额(亿元)	外贸出口总额(亿美元)	城镇居民人均可支配收入(元)
杭州	1568	1 919.51	630.97	458.82	72.84	10 896
宁波	1310	1 646.2	450	414.18	62.4	11 991
广州	2685	2 829.15	987.21	1 248.28	116.23	14 694
深圳	1908	2 880.44	673.4	609.3	374.80	23 544
沈阳	1238	755.9	302.8	623.5	12.5	6 386
哈尔滨	1120	526.2	311.8	503	6.23	6 407
长春	1003	954.7	285	358.3	9.8	6 339
大连	1236	1 100.4	305.1	534.2	76.3	7 418
青岛	1316	1 671.7	384.4	352.9	71.2	8 731
武汉	1348	1 020.8	508.4	685.8	9.46	7 305
成都	1491	707.5	582.2	627.5	8.94	8 126
南京	1154	1 602.90	464.9	465.8	57.51	8 846
济南	1067	786.7	344.2	397.5	5.94	8 607
厦门	556	800.5	191.7	186.6	65.05	1 1365
西安	734	578.5	288.0	365.9	8.79	6705
位次	3	3	3	9	4	5

杭州经济占浙江省的比重
(2001年)

	计量单位	浙江省	杭州市	比重(%)
国内生产总值	亿元	6 700	1 568	23.4
第三产业增加值	亿元	2 570	622.97	25.8
农林牧渔业总产值	亿元	1 108	165	15.0
规模以上工业销售产值	亿元	7 652.15	1 869.55	24.4
社会消费品零售总额	亿元	2 555.46	458.82	18.0
全社会固定资产投资额	亿元	2 777	630.97	22.7
外贸出口总额	亿美元	229.76	72.84	31.7
实际利用外资	亿美元	22.12	5.03	22.7

文件索引与地方性法规选编

·2001年中共杭州市委重要文件索引·

文件号	发文日期	标　　题
1	2001-01-12	中共杭州市委2001年工作要点
2	2001-01-10	中共杭州市委、杭州市人民政府关于命名表彰第六批小康乡镇和第四批新农村乡镇的决定
3	2001-01-22	中共杭州市委、杭州市人民政府关于印发《杭州市城市社区建设五年发展规划(2001年~2005年)》的通知
4	2001-01-22	中共杭州市委、杭州市人民政府关于进一步加强城市社区建设的若干意见
5	2001-02-13	中共杭州市委、杭州市人民政府关于命名表彰第七批市级文明单位的决定
6	2001-02-13	中共杭州市委、杭州市人民政府关于表彰杭州市第二届“十佳”文明市民的决定
7	2001-04-09	中共杭州市委、杭州市人民政府关于加快结构调整发展效益农业的实施意见
8	2001-04-10	中共杭州市委、杭州市人民政府关于萧山、余杭撤市设区后管理权限等问题的通知
9	2001-04-13	中共杭州市委关于追认毛泽平同志为优秀共产党员的决定
10	2001-04-13	中共杭州市委关于开展向心系百姓的好干部毛泽平同志学习活动的决定
13	2001-05-17	中共杭州市委关于加强改制企业党建工作的意见
14	2001-05-25	中共杭州市委、杭州市人民政府关于乡镇行政区划调整的意见
15	2001-06-06	中共杭州市委、杭州市人民政府关于组建杭州市工业资产经营有限公司的通知
16	2001-06-16	中共杭州市委关于加强村党支部书记队伍建设的意见
17	2001-06-18	中共杭州市委、杭州市人民政府关于深化行政审批制度改革的实施意见
18	2001-07-11	中共杭州市委、杭州市人民政府关于印发《杭州市区、县(市)机构改革实施意见》的通知
19	2001-07-12	中共杭州市委、杭州市人民政府关于印发《杭州市乡镇机构改革实施意见》的通知
21	2001-07-18	中共杭州市委、杭州市人民政府关于加快推进“旅游西进”战略的实施意见
22	2001-08-02	中共杭州市委关于印发《杭州市2001年~2005年依法治市规划》的通知
23	2001-08-17	中共杭州市委关于印发《关于提高市民素质的若干意见》的通知
24	2001-08-17	中共杭州市委、杭州市人民政府关于印发《关于加快发展杭州文化产业的若干意见》的通知
25	2001-09-06	中共杭州市委、杭州市人民政府关于转发市委宣传部、市司法局《关于在全市公民中深入开展法制宣传教育的第四个五年规划》的通知
26	2001-09-28	中共杭州市委关于认真学习贯彻党的十五届六中全会精神的通知
28	2001-11-23	中共杭州市委关于加强和改进人大工作的若干意见
29	2001-12-17	中共杭州市委、杭州市人民政府关于扩大撤村(乡镇)建居(街)改革试点推行农转居多层公寓建设的意见
30	2001-12-18	中共杭州市委、杭州市人民政府关于命名第四批市级农业龙头企业的决定

·2001年中共杭州市委办公厅重要文件索引·

文件号	发文日期	标题
1	2001-01-03	市委办公厅关于印发王国平同志在市委八届六次全体(扩大)会议的报告的通知
2	2001-01-16	市委办公厅、市政府办公厅关于进一步加强对杭州市区乡镇广播电视站统一管理的实施意见
4	2001-01-22	市委办公厅关于印发《杭州市2001年~2005年党史工作规划》的通知
5	2001-02-10	市委办公厅、市政府办公厅关于印发《市委常委、副市长及市长助理2001年分工抓落实的重点工作》的通知
6	2001-02-26	市委办公厅、市政府办公厅关于市级机关(事业)单位实行会计集中结算制度的通知
7	2001-02-27	市委办公厅、政研室2000年工作总结和2001年工作要点
9	2001-03-26	市委办公厅、市政府办公厅关于印发《杭州市科学技术普及工作“十五”计划》的通知
10	2001-03-27	市委办公厅关于认真学习贯彻省委常委专题会精神的通知
12	2001-04-28	市委办公厅、市政府办公厅关于认真做好科技拥军工作的意见
14	2001-06-04	市委办公厅、市政府办公厅关于转发《共青团杭州市委关于进一步加强社区青少年工作的若干意见》的通知
15	2001-06-18	市委办公厅、市政府办公厅关于清理整顿报刊出版发行秩序的通知
16	2001-07-05	市委办公厅、市政府办公厅关于部分市属中小企业分批实施属地管理的通知
18	2001-07-30	市委办公厅关于印发王国平同志在市委八届七次全体(扩大)会议上的报告的通知
19	2001-08-08	市委办公厅、市政府办公厅关于转发《杭州市总工会关于在非公有制企业推行职工代表大会制度的意见》的通知
21	2001-08-22	市委办公厅、市政府办公厅关于转发市军队转业干部安置工作领导小组等单位《关于做好2001年军队转业干部安置工作的意见》的通知
22	2001-08-23	市委办公厅、市政府办公厅关于杭州市党政机构改革人员分流的实施意见
23	2001-09-28	市委办公厅、市政府办公厅关于市级党政机构改革人员定编定岗的实施意见
24	2001-10-18	市委办公厅、市政府办公厅关于转发《中共浙江省委、浙江省人民政府关于杭州市机构改革方案的通知》的通知
25	2001-12-28	市委办公厅、市政府办公厅关于认真贯彻落实中办发[2001]27号和浙委办[2001]78号文件精神进一步精简会议和文件的通知

·2001年杭州市人大常委会重要文件索引·

文件号	发文日期	标题
1	2001-01-08	关于表彰2000年度先进代表小组和代表工作积极分子的通知
2	2001-01-15	关于修改《杭州市人民代表大会常务委员会议事规则》等4项工作制度和废止《杭州市人民代表大会常务委员会关于人事任免表决办法的决定》的决定
3	2001-01-15	杭州市人大常委会2001年工作要点
4	2001-01-15	关于召开杭州市第九届人民代表大会第六次会议的决定
5	2001-02-06	关于召开杭州市第九届人民代表大会第六次会议有关事项的通知
9	2001-03-01	关于提请批准《杭州市制定地方性法规的规定》的报告
10	2001-03-16	关于萧山市和余杭市撤市设区有关政权机构名称等问题的决定
11	2001-04-18	关于提请批准《杭州市西湖龙井茶基地保护条例》的报告
12	2001-07-30	关于提请批准杭州市人民代表大会换届选举有关事项的请示
13	2001-08-23	关于批准杭州市2000年市本级财政决算的决议

(续表)

文件号	发文日期	标题
14	2001-08-23	关于实施依法治市规划的决议
15	2001-08-23	关于提请批准《杭州市村经济合作社财务管理条例》的报告
16	2001-08-27	关于提请批准《杭州市人民代表大会常务委员会关于修改〈杭州市城市绿化管理条例〉部分条款的决定》的报告
17	2001-10-25	关于提请批准《杭州市物业管理条例》的报告
18	2001-11-26	关于同意仇保兴同志辞去杭州市市长职务的决定
19	2001-11-27	关于提请批准《杭州市人民代表大会常务委员会关于废止〈杭州市劳动争议处理条例〉的决定》等14个决定的报告
20	2001-12-26	关于部分变更2001年杭州市本级地方财政收支预算的决定
21	2001-12-30	关于提请批准《杭州市城市房屋拆迁管理条例(修订案)》的报告

·2001年杭州市人民政府重要文件索引·

文件号	发文日期	标题
1	2001-01-11	关于进一步鼓励科技人员创新创业促进高新技术成果转化的若干意见
2	2001-01-11	关于加快杭州市城区科技经济园区建设的通知
3	2001-02-05	关于杭州市经济适用住房建设的实施意见
4	2001-03-02	关于印发《杭州市国民经济和社会发展第十个五年计划纲要》的通知
5	2001-04-02	关于印发杭州市科学技术“十五”发展计划的通知
6	2001-04-09	关于鼓励来杭投资发展的若干意见
7	2001-04-09	关于进一步加快开发区建设和发展的若干意见
8	2001-04-09	关于进一步鼓励外商投资的若干意见
9	2001-06-06	关于进一步促进科技企业孵化器建设和发展的实施意见
10	2001-07-19	关于加快杭州市旅游业发展若干政策措施的通知
11	2001-07-23	关于印发杭州市水土保持总体规划的通知
12	2001-08-14	关于加快文化产业发展若干经济政策的意见
13	2001-08-22	关于印发杭州市2001年~2010年高技术产业规划纲要的通知
14	2001-08-23	关于市属事业单位改制的若干政策意见
15	2001-09-14	关于贯彻国务院国发[2001]15号文件进一步加强国有土地资产管理的若干意见
16	2001-09-24	关于印发杭州市妇女发展规划和杭州市儿童发展规划的通知
17	2001-10-24	关于进一步鼓励出国人员来杭创业的若干意见
18	2001-11-05	转发市建委等部门关于杭州市建设工程施工“无标底”招标投标暂行规定的通知
19	2001-11-26	批转市物价局关于杭州市城市供水价格管理实施细则的通知
20	2001-12-24	关于加快女装产业发展的若干意见
21	2001-12-26	关于杭州市天然气发展前期工作的意见
22	2001-12-31	关于加快我市中心镇改革试点若干政策的意见

·2001年杭州市人民政府办公厅重要文件索引·

文件号	发文日期	标题
1	2001-01-03	关于印发《杭州市人民政府文件格式细则》的通知
2	2001-02-08	关于杭州市市区经济适用住房销售管理的意见
3	2001-02-20	转发市人事局关于杭州市新世纪人才工程实施意见的通知
4	2001-03-20	关于进一步做好残疾人劳动就业工作的通知

（续表）

文件号	发文日期	标　　题
5	2001-04-02	转发市质量技术监督局、工商行政管理局关于龙井茶统一产地标识管理若干规定(试行)的通知
6	2001-04-09	关于对外地来杭投资项目引荐者实行奖励的若干意见
7	2001-04-09	关于对外商投资项目引荐者实行奖励的若干意见
8	2001-04-09	转发市物价局、市财政局、杭州经济技术开发区关于杭州经济技术开发区实施“一站式”收费服务实施办法的通知
9	2001-05-22	转发市农业局关于杭州市“十五”期间种子工程建设实施意见的通知
10	2001-05-30	转发市物价局等部门关于杭州市行政事业单位培训班收费管理办法的通知
11	2001-07-12	关于印发杭州市区引进人才优先购买经济适用住房暂行规定的通知
12	2001-07-18	关于科技类民办非企业单位登记审查与管理的实施意见
13	2001-08-03	转发市人事局关于杭州市国家公务员培训“十五”规划的通知
14	2001-08-03	转发市计委关于固定资产投资项目审批绿色通道暂行实施办法的通知
15	2001-08-23	关于印发《杭州市民办非企业单位登记若干规定》的通知
16	2001-08-28	转发市科委关于杭州市技术成果作价入股实施意见的通知
17	2001-08-30	批转市劳动局等部门关于杭州市国家公务员医疗补助暂行办法的通知
18	2001-09-14	关于印发《杭州市药品监督管理体制改革实施意见》的通知
19	2001-11-07	关于杭州市国有民办学校试点工作的若干意见
20	2001-11-30	关于适应我国加入世界贸易组织进程清理地方性法规政府规章和其他政策措施的意见
21	2001-12-07	关于印发《杭州市人民政府文件格式细则》的通知
22	2001-12-31	转发市建委关于进一步加强杭州市建设工程前期管理若干意见的通知

·地方性法规选编·

杭州市公园管理条例

（2000年9月21日杭州市第九届人民代表大会常务委员会第二十八次会议审议通过，2000年12月28日浙江省第九届人民代表大会常务委员会第二十四次会议批准，2001年2月18日杭州市人民代表大会常务委员会公告公布施行）

第一章　总　则

第一条　为适应建设国际风景旅游城市的要求，提高公园建设、管理水平，美化城市，创造良好的公众游憩环境，增进人民身心健康，为公众服务，根据国家有关法律、法规，结合本市实际，制定本条例。

第二条　本条例所称的公园，是指具有休憩、观赏、游乐功能，供公众游憩，有一定规模的公共绿地。公园的具体名录由市人民政府公布。

第三条　杭州市市区范围内各类公园的规划、建设、管理和使用，应当遵守本条例。

第四条　公园实行市、区分级管理。市人民政府公园行政主管部门负责组织实施本条例，并负责市管公园的行政管理。

各区人民政府公园行政主管部门负责本辖区内除市管公园以外的公园行政管理工作，业务上受市公园行政主管部门的指导。

建设、规划、土地、市容环卫、环境保护、工商、物价、质量技术监督、公安等部门，应按各自职责，协同市、区公园行政主管部门做好公园行政管理工作。

第五条　市、区人民政府应当将公园的建设、管理和养护纳入国民经济和社会发展计划。

市、区人民政府应当鼓励和引导社会力量筹集公园的建设、管理和养护资金。

市、区人民政府应当加强公园建设,并积极创造条件,逐步增加公益性公园。

第六条 任何单位和个人都有保护公园的义务,对违反本条例的行为,有控告和举报的利。

第二章 规划和建设

第七条 市公园行政主管部门应当根据《杭州市城市绿地系统规划》和《杭州市西湖风景名胜区总体规划》以及国家、省、市有关法律、法规,编制本市各公园的控制性详细规划。公园控制性详细规划应报市人民政府批准,报市人大常委会备案。

第八条 公园控制性详细规划确定的公园用地,任何单位和个人不得侵占或擅自改变其使用性质。

因特殊情况确需调整公园用地的,应报市人民政府批准,并就近补偿相应的公园用地。市人民政府批准的公园用地调整方案,应报市人大常委会备案。

第九条 新建、扩建的公园,绿化用地比例应当符合国家和省的有关规定。

已建成的公园,绿化用地比例未达到国家规定的,不得新建、扩建各类建筑物、构筑物。

第十条 规划行政主管部门应当对公园周围的建设项目加以控制,使其与公园景观和环境相协调。

第十一条 公园内新建、扩建、改建各类建筑物、构筑物,其体量、外形、高度、色彩都应与周围景观、环境相协调,不得损害自然景观和人文景观。

任何单位和个人不得在公园内新建、扩建与公园功能无关的建筑物和构筑物。

第十二条 公园建设项目的设计、施工,应当按照建设工程招投标的有关规定确定设计、施工单位。

第十三条 公园建设项目设计方案,应当符合公园控制性详细规划和有关设计规范。

公园建设项目设计方案,应经市公园行政主管部门和有关部门审查同意,并报市人民政府备案。

经批准的公园建设项目设计方案,任何单位和个人不得任意改变;如需变更,应经原批准部门审查同意。

第十四条 公园建设项目竣工后,应经市公园行政主管部门会同有关部门验收合格,方可交付使用。

游乐设施的设计、安装、竣工验收,按国家有关规定办理。

第十五条 公园绿化应合理配置植物群落,注重生态效应和园林造景,提高公园绿化园艺水平。

第三章 保护和管理

第十六条 公园业主单位应当按照园林植物栽植和养护的技术规程,加强对园林植物的养护和管理,枯树枯枝、残花败叶、地被杂草应及时清除。

公园业主单位应加强对文物古迹、古建筑的保护,加强对展出动物的保护和管理。

第十七条 公园业主单位应加强公园设施的维护和管理,保持其安全、完好、整洁,色彩、外形与园容相协调,并符合下列规定:

(一)游乐设施保养、维修、更新符合有关规定;

(二)环境卫生设施保持其使用有效;

(三)说明牌、警示牌、导游牌等标牌应按规定标识,采用中外文对照,并保持齐全、清晰、准确。

第十八条 公园业主单位应当在公园内设置公共信息标志。公共信息标志的设置和维护必须符合国家和杭州市的有关规定。

第十九条 公园业主单位应按照法律、法规的有关规定,制定游园手则和公园安全管理制度,落实防范措施,加强安全管理,以保障游客安全。

第二十条 公园业主单位应加强车辆管理。除老、幼、病、残者使用其专用车辆外,其他车辆未经允许不得进入公园。经允许进入的车辆,应使其行驶和停放不影响游览和安全。

第二十一条 公园业主单位应加强环境卫生管理,落实环境卫生责任制度,保持环境整洁,水体清洁。

禁止向公园或在公园内排放影响公园环境的废水、废气和噪声。

第二十二条 公园内举办宣传、演出、咨询、展览等公众活动,内容应健康、文明,遵守法律、法规的有关规定。

公园内举办规模较大或对本市有重大影响的公众活动,应报市人民政府批准;举办一般性公众活动,应报市、区公园行政主管部门批准。法律、法规另有规定的,从其规定。

第二十三条 公园应当定时开放,具体开放时间由公园业主单位报市、区公园行政主管部门备案。

除特殊情况外,需要变更开放时间或停止开放的,须经市、区公园行政主管部门批准,并提前公告。

第二十四条 居住小区配套公园、广场公园、敞开式公园实行免费游园;其他公园经市人民政府批准,可以实行收费游园。收费公园应设立相应的售票处和出入口,告示游园内容,明码标价。

收费公园应按规定对老年人、学生、残疾人、现役军人和教师等游客实行免费或优惠。

人民政府设立的收费公园,每日清晨对市民免费开放。具体时间和公园目录由市人民政府公布。

第二十五条 公园门票和公园游园项目的价格,物价行政主管部门应按《中华人民共和国价格法》的规定予以核定。公园的门票收入应当用于公园的维护和建设。

因公园增加游园项目或游园项目内容以及其他原因,需要提高公园门票价格的,物价行政主管部门应当组织价格听证。

经市人民政府批准,公园内举办的重大活动需要实行收费或提高公园门票价格的,由物价行政主管部门核定。

第二十六条 公园业主单位应当与公园游园项目的其他经营者依照法律、法规及其他有关规定签订合同,约定公园设施维护和安全管理等责任界限,报市、区公园行政主管部门备案。

第二十七条 公园内商业服务网点的布局,应遵循统一规划、控制规模、方便游客的原则。

公园业主单位应根据公园的控制性详细规划和有关技术规定,制定商业服务网点的设计方案,并报市公园行政主管部门和规划行政主管部门批准。

第二十八条 凡需在公园内从事商品经营的经营者,应先征得公园业主单位的同意,经工商行政等部门批准后,持有关证照,在商业服务网点规划确定的区域或设施内经营。在公园内从事商品经营的经营者应当遵守下列规定:

(一)商业服务人员应佩带服务证上岗,文明经商,礼貌待客;

(二)不得擅自扩大经营面积,搭建经营设施,占用绿地、道路从事经营活动;

(三)商品的陈列、宣传不得影响景观和周围环境;

(四)物价、工商、食品卫生、治安等有关法律法规的规定。

第二十九条 公园管理人员应当文明管理,遵守下列规定:

(一)佩带服务证上岗,恪守职责,礼貌待客,热情服务;

(二)发现公园内有违反本条例行为的,应当劝阻、制止,并及时报告有关行政执法机关;

(三)本条例和其他法律法规的有关规定。

第三十条 游客应当文明游园,爱护公园的绿化和设施,遵守游园守则;不得逃票或使用假票。

第三十一条 公园内禁止下列行为:

(一)兜售物品、乞讨、堆放杂物、晾晒衣物、擅自张贴或设置标语或户外广告等有碍园容的,在凳、椅、亭、廊等处躺卧妨碍他人游憩的;

(二)随地吐痰、便溺,乱扔瓜皮果壳、纸屑、烟蒂、包装袋(盒)等废弃物,焚烧树叶、垃圾,倾倒废土、废渣及其他有碍公园环境卫生的;

(三)算命、占卜等封建迷信活动的;

(四)擅自攀登、移动、刻划、涂污或损坏围栏、亭、廊、雕塑、标牌及其他公园设施的;

(五)擅自采石取土、攀折花草树木、采摘果实或毁坏草坪、植被等损毁绿化的;

(六)未经许可捕捉野生动物、捕捞水生动植物或伤害展出动物的;

(七)法律法规禁止的其他行为。

第四章　法律责任

第三十二条 违反本条例第九条规定的,由市公园行政主管部门责令其限期改正,恢复原状,并可处以10000元以上50000元以下的罚款。

第三十三条 违反本条例规定,有下列行为之一的,由市、区公园行政主管部门责令其限期改正,并可按以下规定处以罚款:

(一)公园建设项目竣工后,未按规定进行验收或验收不合格交付使用的,处10000元以上50000元以下的罚款;

(二)未按规定批准,在公园内举办公众活动的,处2000元以上10000元以下的罚款;

(三)公园设施存在安全隐患不排除的,处1000元以上10000元以下的罚款;

(四)枯树枯枝、残败花卉、地被杂草不及时修整的,未按规定时间开放或擅自停止开放公园的,处200元以上2000元以下的罚款;

(五)车辆未经允许进入公园的,或经允许进入公园的车辆行驶、停放影响他人游览的,处200元以下的罚款。

第三十四条 违反本条例规定,有下列行为之一的,分别由市、区公园行政主管部门责令其限期改正,并可按以下规定予以处罚:

(一)公园管理人员或商业服务人员上岗未佩带服务证的,处50元以上100元以下的罚款;

(二)从事商业服务的经营者擅自扩大经营面积、搭建经营设施的,处200元以上2000元以下的罚款。

第三十五条 违反本规定,有下列行为之一的,由市、区公园行政主管部门责令其改正,拒不改正的可按以下规定予以处罚;造成损失的,应予以赔偿:

(一)兜售物品的,在凳、椅、亭、廊等处躺卧妨碍他人游憩的,可处以20元以上200元以下的罚款;

(二)逃票或使用假票的,擅自攀登、移动或损坏围栏、亭、廊、雕塑、标牌及其他公园设施的,擅自捕捞水生动植物或伤害展出动物的,可处以50元以上500元以下的罚款。

第三十六条 违反本条例规定,涉及《杭州市市容和环境卫生管理条例》规定行为的,由市容环境卫生主管部门委托市、区公园行政主管部门所属的具有管理公共事务职能的事业组织按照《杭州市市容和环境卫生管理条例》的有关规定予处罚。

违反本规定,其他法律、法规已有处罚规定的,由有关行政主管部门按有关法律、法规的规定予以处罚,并告知公园行政主管部门。

第三十七条 公园行政主管部门工作人员玩忽职守、滥用职权、徇私舞弊的,由其所在单位或者上级主管部门给予行政处分;构成犯罪的,依法追究刑事责任。

第三十八条 本条例规定的行政处罚,公园行政主管部门可依法委托具有管理公共事务职能的事业组织实施。

第五章　附　则

第三十九条 本条例所称公园业主单位,包括公园业主或受公园业主委托建设、经营、管理公园的法人、组织以及政府批准设立的公园管理机构。

本条例所称公园游园项目是指利用公园主要设施为游客提供独立的游乐、观赏等公园服务项目。

公园游园项目的其他经营者,是指与公园业主单位约定,利用公园场地或主要设施,从事公园游园项目经营活动的单位和个人。

第四十条 本条例自公布之日起施行。

杭州市西湖龙井茶基地保护条例

(2001年4月18日杭州市第九届人民代表大会常务委员会第三十四次会议通过,2001年6月29日浙江省第九届人民代表大会常务委员会第二十七次会议批准,2001年7月16日杭州市人民代表大会常务委员会公告公布施行)

第一条 为稳定西湖龙井茶基地面积,加强西湖龙井茶基地的保护和管理,保障西湖龙井茶生产,根据国家有关法律、法规的规定,结合本市实际,制定本条例。

第二条 本条例所称的西湖龙井茶基地,是指杭州市西湖区东起虎跑、茅家埠,西至扬府庙、龙门坎、何家村,南起社井、浮山,北至老东岳、金鱼井的范围内,由市人民政府划定予以保护的茶地。

第三条 杭州市人民政府负责组织实施本条例。

西湖区人民政府依照本条例的规定,具体负责西湖龙井茶基地的保护和管理工作。

市农业、土地、园林、规划、林业、市容环卫等行政主管部门应按职责分工,配合西湖区人民政府做好西湖龙井茶基地的保护和管理工作。

第四条 西湖龙井茶基地实行长期保护。其规划应与杭州市土地利用总体规划、杭州市城市总体规划、西湖风景名胜区总体规划、西湖区村镇建设规划相衔接。

第五条 西湖龙井茶基地实行分级保护。分为一级保护区和二级保护区:

(一)西湖区西湖乡行政区域(东至南山村,西至灵隐、梅家坞,南至梵村村,北至新玉泉)内的龙井茶基地,为西湖龙井茶基地的一级保护区;

(二)其余龙井茶基地为西湖龙井茶基地的二级保护区。

第六条 在本条例第二条规定的范围内建立西湖龙井茶后备基地,用于弥补国家重点建设项目需要征用龙井茶基地而造成的面积减少。

第七条 西湖龙井茶基地和西湖龙井茶后备基地的具体范围,由杭州市人民政府划定,发布公告,并由西湖区人民政府制定保护规划,绘制图纸,登记造册,统一设立保护标志。西湖龙井茶基地和后备基地的变更情况,应报市人大常委会备案。

禁止任何单位和个人破坏或擅自移动保护标志。

第八条 西湖龙井茶基地一经划定,必须加以保护。

一级保护区范围内的西湖龙井茶基地,除国家能源、交通、水利、军事设施等重点建设项目选地确实无法避让需要征用外,一律不得占用;二级保护区范围内的西湖龙井茶基地,除市级以上重点建设项目需要征用外,不得占用。

征用西湖龙井茶基地的,必须先补后征,在西湖龙井茶后备基地中按相应等级予以补足。

第九条 符合本条例第八条规定征用西湖龙井茶基地的,必须在规划定点前征求市农业行政主管部门和西湖区人民政府意见,并报市人民政府审查同意后,依法办理有关报批手续。

第十条 征用西湖龙井茶基地和西湖龙井茶后备基地,用于非农业建设的,用地单位除按规定缴纳征地等费用外,必须再缴纳每亩不少于30000元的西湖龙井茶基地保护费,具体标准由市人民政府确定。

西湖龙井茶基地保护费由市人民政府委托市土地行政主管部门统一收取,全额上交市财政,实行财政专户管理,专款用于西湖龙井茶基地的保护和建设。

第十一条 禁止非法侵占或损坏西湖龙井茶基地的基础设施。

依法批准在龙井茶基地或周围施工的建设单位,在开工前必须采取有效措施保护西湖龙井茶基地基础设施整体功能的正常发挥。因施工损坏其正常功能发挥的,建设单位必须限期修复。

第十二条 禁止任何单位和个人闲置、荒芜西湖龙井茶基地。

禁止任何单位和个人将西湖龙井茶基地改种其他作物或挖塘养殖。

禁止在西湖龙井茶基地建坟、采矿、挖沙、取土等行为。

第十三条 禁止向西湖龙井茶基地和西湖龙井茶后备基地倾倒、堆放和处置废弃物。

禁止在西湖龙井茶基地和西湖龙井茶后备基地附近建设有污染环境、损害西湖龙井茶生产的项目。已经建设的有污染的项目,应采取措施限期治理;无法治理的,必须予以搬迁。

第十四条 市、区人民政府应扶持西湖龙井茶基地建设,市、区财政预算中的农业发展基金要安排一定数量的资金,用于西湖龙井茶基地的基础设施建设,提高西湖龙井茶基地的生产能力和龙井茶品质。

第十五条 不得在西湖龙井茶基地和西湖龙井茶后备基地内使用国家禁止使用的农药和其他化学物品。

在西湖龙井茶基地和西湖龙井茶后备基地使用肥料和作为肥料的城市垃圾、污泥的,应当符合国家有关标准。

市、区农业行政主管部门应当会同同级环境保护行政主管部门对西湖龙井茶基地地力、施肥效应和环境污染进行监测和评价，并定期向本级人民政府提出地力变化状况报告和环境质量与发展趋势的报告。

第十六条 建立西湖龙井茶基地和西湖龙井茶后备基地建设保护监督检查制度。市人民政府应组织农业、土地、规划等行政主管部门及其他有关部门和西湖区人民政府，定期对西湖龙井茶基地建设保护情况进行检查。

被检查的单位和个人应如实提供有关情况和资料，不得隐瞒和拒绝。

第十七条 有下列行为之一的依照《中华人民共和国土地管理法》的有关规定追究法律责任：

（一）未经批准、骗取批准或超过批准用地数量，非法占用西湖龙井茶基地的；

（二）买卖或以其他形式非法转让西湖龙井茶基地的；

（三）非法批准征用、使用西湖龙井茶基地的。

第十八条 违反本条例规定，擅自移动、破坏西湖龙井茶基地保护标志的，由农业行政主管部门责令恢复原状、赔偿损失，并处以100元以上500元以下的罚款。

第十九条 征用西湖龙井茶基地满1年未使用的，由土地行政主管部门按同类基地年产值的3倍标准收取闲置费；连续2年未使用的，经原批准机关批准，由同级人民政府无偿收回用地单位的土地使用权；西湖龙井茶基地原为农民集体所有的，应当交由原农村集体经济组织恢复种植。

第二十条 违反本条例规定，侵占、损坏西湖龙井茶基地的基础设施的，由农业行政主管部门责令恢复原状、赔偿损失，并处以500元以上5000元以下的罚款。

第二十一条 违反本条例第十二条第一款规定的，由农业行政主管部门给予警告或者处以500元以上5000元以下的罚款。

第二十二条 违反本条例第十二条第二款、第三款规定的，由土地行政主管部门责令限期恢复原状，赔偿损失，并处以被毁坏西湖龙井茶基地每平方米10元以上30元以下的罚款。

第二十三条 违反本条例规定，在西湖龙井茶基地和西湖龙井茶后备基地内倾倒、堆放和处置废弃物的，由环境保护或市容环卫行政执法部门按照有关法律和法规规定进行处罚。对限期治理逾期未完成治理任务的企业，由作出限期治理决定的人民政府责令停业、关闭。

第二十四条 违反本条例第十五条第一款规定的，由农业行政主管部门责令其停止使用，没收其使用的农药或其他化学物品，监督销毁受污染的茶叶制成品，根据所造成的危害后果，给予警告，可以并处30000元以下的罚款。

第二十五条 违反本条例第十五条第二款规定的，由农业行政主管部门给予警告或者处500元以上10000元以下的罚款。

第二十六条 本条例自公布之日起施行。

·行政规章选编·

杭州市实施立法听证会制度的规定

（杭州市人民政府令第168号　2001年5月19日起施行）

第一条 为进一步发扬立法民主，增强立法透明度，提高立法质量，更好地体现和保障人民群众当家作主的权利，根据《中华人民共和国立法法》的有关规定，结合本市实际，制定本规定。

第二条 下列立法事项，应当组织立法听证会进行听证：

(一)创设审批、收费事项的；

(二)涉及企业、公民切身利益的；

(三)其他应当听证的事项。

第三条 立法听证会由市政府法制工作机构组织并主持。

第四条 市政府法制工作机构负责人作为听证人。必要时，市政府有关部门负责人可以应邀作为听证人。

听证主持人由市政府法制工作机构指定，负责组织听证会。听证主持人可指定听证秘书，负责具体事项。

提出地方性法规、政府规章草案的政府有关部门为解答人。

第五条 立法听证会应当公开举行。

举行立法听证会前，市政府法制工作机构应当采取登报或者其他方法公布举行立法听证会的通知。通知内容包括下列事项：

(一)立法听证会的时间、地点；

(二)听证会的主要内容；

(三)对参加立法听证会人员的要求；

(四)其他有关事项。

第六条 公民、有关单位和组织可以向市政府法制工作机构提出参加立法听证会的申请。

立法听证会的参加人应当具有广泛性和代表性。市政府法制工作机构应当根据报名发言的主要内容和报名先后顺序以及不同意见的发言者大致对等的原则，确定听证会参加人名单。必要时，市政府法制工作机构可以指定与立法事项有利害关系的单位、个人作为听证会参加人。

第七条 听证会参加人确定后,市政府法制工作机构应当及时通知其有关事项,并提供必要的资料。听证会参加人接到通知后,应当就有关事项进行准备,并按时出席立法听证会。经市政府法制工作机构同意,听证会参加人可以委托他人在立法听证会上代为陈述意见。

第八条 凡报名要求参加旁听的,一般应允许其参加旁听,旁听人数由市政府法制工作机构根据会场可容纳程度确定。

第九条 立法听证会应当如期举行。确需变更的,市政府法制工作机构应当事先公告并及时通知有关人员。

第十条 立法听证会按照下列程序进行:

(一)听证主持人宣布立法听证会开始,并宣布立法听证会的内容和纪律;

(二)解答人陈述意见和理由;

(三)听证会参加人在听证主持人的主持下进行发言;

(四)听证主持人宣布立法听证会结束。

第十一条 解答人应当对听证事项进行说明,并对相关问题进行解答。

第十二条 听证会参加人应当按照确定的顺序发言。

听证会参加人应当围绕听证的内容陈述自己的观点和意见,并可要求解答人就有关问题进行解答。

听证会参加人的发言不得超过规定的时间;确需延长发言时间的,应当经听证主持人同意。

第十三条 听证会参加人对解答人的发言有不同意见的,经听证主持人同意,可以进行质疑和辩论。

听证会参加人在规定的时间内未能详尽发表的意见,可以书面形式提交给市政府法制工作机构。

第十四条 旁听者有新的观点或补充性意见需要发言的,应举手示意,由听证主持人视情况安排发言。

旁听者发言的内容,必须围绕立法听证会确定的听证事项进行,并不得超过听证主持人允许发言的时间。

旁听者对有关问题有疑问或有意见、建议的,可在会后向市政府法制工作机构反映。

第十五条 听证人可以对听证会参加人、解答人提问,有关人员应当予以回答。

第十六条 立法听证会上的发言,由听证秘书进行记录、整理。

第十七条 立法听证会结束后,市政府法制工作机构应当对解答人、听证会参加人及旁听人的意见进行研究,并写出书面听证报告。

听证报告包括以下内容:

(一)立法听证会的基本情况;

(二)解答人陈述的意见和理由;

(三)听证会参加人的基本观点;

(四)立法听证会上争执的主要问题;

(五)听证人的意见和建议;

(六)其他有关内容。

第十八条 听证报告供市政府法制工作机构在审查地方性法规、政府规章草案时参考。在向市政府常务会议提交地方性法规、政府规章草案时,应作为附件一并提交。

第十九条 本规定自发布之日起施行。

杭州市市长公开电话行政投诉办法

(杭州市人民政府令第172号　2001年9月27日起施行)

第一条 为充分发挥市长公开电话作用,监督行政机关及其工作人员依法履行职责,保护公民和其他组织的合法权益,根据《浙江省县级以上人民政府执法监督条例》及《浙江省信访条例》,结合本市实际,制订本办法。

第二条 “12345”市长公开电话是杭州市人民政府设立的行政投诉专用电话。

公民、法人和其他组织对本市行政机关及其工作人员在执行公务活动中的违法或不当行为以及行政机关应当作为而不作为的行为,均可以通过市长公开电话或互联网市长公开电子信箱向市人民政府进行投诉。

第三条 市长公开电话(含互联网市长公开电子信箱,下同)受理公民、法人和其他组织对行政机关提出的以下各种投诉意见、建议或要求:

(一)对无正当理由拒绝审批、登记和颁发许可证、执照等证照的投诉;

(二)对违法进行行政性收费的投诉;

(三)对违法采取行政强制措施及强制执行措施的投诉;

(四)对要求行政执法机关查处违法行为的投诉;

(五)对要求行政机关帮助解决直接影响群众生活的有关问题的投诉;

(六)反映突发事件的情况;

(七)对我市改革开放、经济建设、市政建设、城市管理方面的意见或建议;

(八)属于政府部门应当处理的其他有关问题的意见和建议;

(九)法律、法规、规章规定可以投诉的其他行政行为。

第四条 通过市长公开电话进行投诉应当遵守下

列规定:

(一)有明确的投诉对象;

(二)投诉内容客观、真实,不得捏造或者歪曲事实;

(三)语言简明扼要,尽量缩短通话时间;

(四)自报投诉人真实姓名、联系电话、工作单位或家庭住址;

(五)如实回答受理工作人员的询问。

第五条 杭州市人民政府市长公开电话受理中心负责受理市长公开电话投诉工作。

市人民政府各部门和各区、县(市)人民政府是市长公开电话网络单位,按照职能分工负责处理市长公开电话受理中心交办的投诉事项,直接受理本部门、本系统和辖区居民的投诉事项。

第六条 杭州市人民政府市长公开电话受理中心应当履行下列职责:

(一)负责投诉电话的记录、答复、交办、催办、反馈和归档工作;

(二)负责交办投诉事项的督查工作;

(三)负责对市长公开电话网络单位的指导、协调和督办工作;

(四)负责综合与分析来电反映的问题,定期编发《市长公开电话简报》、《督查专报》和《"12345"工作动态》等刊物,为市领导提供决策信息;

(五)梳理汇集各类有较大价值的建设性意见,及时向市领导汇报或向有关部门转达;

(六)负责对行政机关、企事业单位被新闻媒体曝光查处事项的交办工作;

(七)负责领导交办的其它事项。

第七条 公民、法人或其他组织通过市长公开电话投诉的事项,属于行政复议受案范围的,由市长公开电话受理中心转送市人民政府法制工作机构按照《行政复议法》的规定处理;属于网络单位职责范围内的事项,转送有关网络单位进行处理,属于市政府职能范围以外的事项,转告相关部门。

第八条 市长公开电话受理中心工作人员受理投诉电话时,应当准确记录来电人的姓名、联系电话号码、工作单位或家庭住址。凡当场答复处理的,要写明答复处理情况;对电话交办、要求反馈处理结果的,要在《市长公开电话交办反馈登记表》上登记,以便督查;需书面交办、呈报的,应分别填写《市长公开电话交办单》和《市长公开电话呈报表》。对内容较为复杂的,可要求来电人寄送书面材料。

第九条 市长公开电话受理后,根据不同情况分别作出以下处理:

(一)当即答复。来电反映的问题,事实清楚,政策明确的,应当即答复来电人。

(二)电话联系。来电反映的问题,属于有关职能部门职责范围的,可将来电人的要求和联系电话告知有关职能部门,由有关职能部门直接与来电人联系处理。也可由受理中心受理后再作相应的处理。

(三)电话交办。来电反映的问题,需要有关职能部门处理的,应立即向有关职能部门交办,限期反馈结果,并告知来电人。

(四)书面交办。来电人反映的问题,情况比较复杂,又需要处理存档的,由受理中心填写《市长公开电话交办单》,以书面形式交有关职能部门处理,并按要求反馈处理结果。反映的情况涉及面较广,影响较大,属市民关心的热点或突出事件等重要来电,应填写《市长公开电话呈报表》,并呈报市领导。经领导批示后连同批示复印件交有关部门处理,并按要求反馈处理结果。

(五)协办。根据来电内容和受理情况,组织人员有重点地调查并督促、协助有关部门及时办理。

(六)属于行政复议范围的,及时转送政府法制机构处理。

第十条 市长公开电话交办事项的承办单位应及时反馈。书面交办的事项,承办单位应在接到交办通知5个工作日内,书面报告办理结果同时答复来电人;电话交办的,应在3个工作日内通过电话或书面报告办理结果,并直接答复来电人。重要事项,应随时报告。

不属于本单位办理的事项或在规定期限内不能办理完毕的,应主动向受理中心说明情况及原因。

受理中心工作人员应将承办反馈和书面交办的情况,记录在市长公开电话处理结果栏内。必要时可选择部分反馈结果在新闻媒体公示。

第十一条 受理中心经办人对交办的事项应及时催办。对超出办理期限的,可发《市长公开电话催办单》。催办2次以上仍不办理的,由受理中心予以通报,追究有关责任人的责任。

第十二条 对市长公开电话投诉处理实施新闻舆论监督。

市长公开电话网络单位的电话号码应向社会公开,并定期向社会公布网络单位对投诉事项的处理结果。

第十三条 来电人对投诉处理不服或者不满意的,可以向市长公开电话受理中心提出复查、复核要求,市长公开电话受理中心应当在接收之日起一个月内作出复查、复核答复。经复查复核,确认承办单位处理不当的,应当责成其予以纠正。

第十四条 市长公开电话受理中心对处理投诉事项的承办单位可行使下列职权:

(一)对承办单位办理结果不符合要求的,有权提出重办意见;

(二)有权调阅承办单位处理问题的有关材料和档案;

(三)有权要求承办单位负责人或经办人汇报投诉处理工作,研究提出解决问题的意见;

(四)有权召集相关单位负责人会议,协调处理有关投诉事项。

第十五条 市长公开电话受理中心对受理交办投诉事项敷衍塞责、拖延不办,经多次催办仍未办理或者未及时办理、未反馈办理结果的,以及处理不当、反馈不实的单位和个人,可视情予以通报批评或提请新闻媒体予以曝光。造成严重后果的,依法追究有关责任人的责任。

第十六条 市长公开电话受理中心工作人员，擅离岗位、玩忽职守、徇私舞弊、滥用职权、违反保密规定给工作造成损失的,视情节轻重,给予批评教育或者待岗、辞退处理;情节严重的,给予行政处分;构成犯罪的,依法追究刑事责任。

第十七条 来电人妨碍扰乱市长公开电话受理中心正常工作,受理中心工作人员有权予以制止,并给予批评教育;情节严重,违反治安管理规定的,提请公安机关依照《中华人民共和国治安管理处罚条例》予以处罚。

第十八条 各区、县(市)人民政府相应设立区长、县(市)长公开电话,参照本办法受理和处理公民、法人和其他组织的行政投诉。

第十九条 本办法自2001年10月1日起施行。

杭州市有限合伙管理暂行办法(摘要)

(杭州市人民政府令第174号　2001年10月26日起施行)

第一条 为促进杭州市风险投资机构的发展,规范有限合伙的组织和行为，根据国家和省的有关规定,结合杭州市实际,制定本暂行办法。

第二条 本暂行办法适用于杭州高新技术产业开发区范围内采取有限合伙形式的风险投资机构。

第三条 本暂行办法所称有限合伙,由有限合伙人和普通合伙人共同组成,有限合伙人以其出资额为限对有限合伙承担责任,普通合伙人对合伙债务承担无限连带责任。

有限合伙不具有独立的法人资格。

有限合伙的合伙人总数不应超过20人。

第四条 法人和具有完全民事行为能力的自然人可以成为有限合伙的合伙人。承担有限责任的法人只能成为有限合伙的有限合伙人。

除负有竞业限制义务的以外,普通合伙人可以成为其他有限合伙的合伙人，并负有向所有合伙人告知的义务。

第五条 设立有限合伙,应当具备下列条件:

(一)有一个以上的普通合伙人和一个以上的有限合伙人;

(二)有书面的合伙协议;

(三)合伙人的出资额总和不低于500万元人民币;

(四)普通合伙人具有风险投资的专业知识和技能;

(五)以从事风险投资为主业;

(六)有机构名称和经营场所。

第六条 有限合伙的合伙人应当以货币形式出资。

第七条 设立有限合伙，合伙人应当签订书面协议。有限合伙协议经全体合伙人签名、盖章后生效。

第八条 合伙人依照有限合伙协议的约定分配收益及承担风险。

第九条 符合本暂行办法规定条件的有限合伙,按照规定经工商行政管理机关登记后成立。

第十条 有限合伙人可以部分或者全部转让其财产份额。

有限合伙人在部分或全部转让其财产份额时,必须经包括全体普通合伙人在内的三分之二以上的合伙人同意,其受让人方能成为该有限合伙的有限合伙人。在同等条件下,其他有限合伙人有优先受让的权利。

第十一条 有限合伙的管理机构由普通合伙人组成,负责有限合伙的经营管理,执行合伙事务,作为对外代表。

有限合伙人不参与有限合伙的经营管理,但有权自行或者委托代理人查阅会议纪录、财务会计报表以及其他经营管理资料,有权了解和监督有限合伙的经营状况并提出意见。

有限合伙人如违反合伙协议约定参与经营管理的,视为普通合伙人,与普通合伙人一起对合伙债务承担无限连带责任。

第十二条 有限合伙不得发行债券，不得对外担保,不得从金融机构借贷。

第十三条 下列事项应当经有限合伙全体合伙人一致同意:

(一)修改、补充有限合伙协议;

(二)接纳新的合伙人入伙;

(三)处分合伙财产;

(四)解散;

(五)合伙协议约定需经全体合伙人一致同意的其他事项。

第十四条 有限合伙进行清算时,合伙财产在支付清算费用后,按下列顺序清偿:

(一)欠付招用职工的工资和社会保险费用;

(二)欠缴税款;

(三)合伙债务;

(四)返还有限合伙人的出资;

(五)返还普通合伙人的出资。

按以上顺序清偿后仍有剩余的,按合伙协议的约定进行分配。

第十五条 全部合伙财产不足以清偿债务时,债权人有权要求普通合伙人以其所有的全部财产清偿。

第十六条 有限合伙的所得税由合伙人分别缴纳。

附　录

·先进名录·

【杭州市获2002年全国五一劳动奖状单位】

万向集团公司

【2001年度杭州市模范集体】

非农业模范集体

杭州中法化学有限公司
杭州民生药业集团有限公司输液分公司
杭州炼油厂催化车间
杭州浙江麻纺厂离退休人员服务中心
杭州手表有限公司科室分工会
杭州路先非织造股份有限公司
杭州华商集团有限公司家友超市庆春店
杭州联合肉类有限公司冷藏公司
东风杭州汽车有限公司实业总公司汽配厂
浙江富春江集团杭州电缆厂导线分厂
杭州机床集团有限公司恒温装配车间
浙江美术地毯制造有限公司威尔顿地毯车间
杭州中北大酒店有限责任公司公关销部
杭州建新浮法玻璃工业有限公司一分厂
浙江横山铁合金厂冶炼三分厂302#炉丙班
杭州市城市基础设施开发总公司东部道路工程建设指挥部
杭州市城市排水泵站运行公司艮山门泵站
杭州市园林文物局岳庙管理处黄龙洞圆缘民俗园
杭州旅游商贸公司
杭州五洋宾馆前厅部
杭州西湖达利工业有限公司奥格斯服装分公司三厂十一组
杭州市钱江三桥管理处绕城公路东线工程建设指挥部
杭州第一汽车运输总公司快件物资运输公司营销部
杭州市中策职业学校
杭州青少年活动中心
杭州电视台综合频道
杭州市植物保护站
杭州市西郊监狱二监区
杭州大厦集团公司家电商场空调柜组
杭州市人民政府机关幼儿园
杭州市信访局“12345”市长公开电话受理处
杭州市商业银行科技部
杭州三替综合服务有限公司搬家部
杭州杭曼香精有限公司制造分公司
杭州宝钢钢材配送有限公司生产技术部纵切甲班
杭州市邮政局高新技术开发区邮政局大用户服务中心
杭州市电力局城南供电局运行带电班
杭州市第一社会福利院康复病区
UT斯达康(杭州)通讯有限公司无线手机研发部
东方通信股份有限公司系统设备营销总部
泰尔茂医疗产品(杭州)有限公司输液器制造车间
杭州市公安局上城区分局望江派出所
杭州中谊药店
杭州杨绫子学校
杭州长寿桥小学
浙江兽王集团有限公司国际贸易三部
西湖区教育局普教科
西湖区市容环境卫生局北山环卫所外湖清扫班
杭州市公安局拱墅区分局拱宸桥派出所
浙江关怀医院
浙江华威建材有限公司试验室
杭州市公安局江干区分局四季青派出所
杭州西兴实验小学
杭州市公安局滨江区分局长河派出所
杭州民生陶瓷有限公司耐陶分厂
萧山二轻购物中心化妆品柜
杭州萧山电子化工有限公司
浙江金首水泥有限公司四车间
浙江省萧山中学
萧山区第二人民医院输液室
萧山经济技术开发区热电有限公司运行三值
萧山晶体管厂
杭州华和食品有限公司
浙江华成建设实业有限公司萧山歌剧院项目部
浙江万达工具有限公司企业技术中心
浙江三元集团有限公司五分公司
杭州舒奇美卫生用品有限公司
浙江柳桥羽毛有限公司
杭宁高速公路余杭段工程建设指挥部办公室
杭州市公安局余杭区分局余杭派出所
余杭区临平环境卫生管理所北大街女子清扫班
余杭供电局塘栖供电所
杭州天力药业有限公司研究发展小组
浙江西泠啤酒有限公司销售公司
杭州钱潮建材集团有限公司企业管理处
杭州顿力实业有限公司电镀车间
富阳市劳动和社会保障局就业管理服务处
富阳市中医骨伤科医院
富阳市环境卫生管理处城东环卫所
富阳市环境保护局环境监理站
富阳市供电局220KV中埠变电所
杭州飞虹光缆通信有限公司
富阳市电动工具厂成品车间铣齿机组
临安市公安局刑侦大队
临安市卫生防疫站
浙江省电信公司临安电信局
临安市市容环境卫生管理处
浙江桐庐三亚进出口贸易有限公司成品检验、包装车间
桐庐县公安局横村派出所
交通银行杭州分行桐庐支行
农夫山泉股份有限公司建德水厂
建德市烟草专卖局(公司)
浙江省严州中学
建德市疾病预防控制中心疾病预防控制科
浙江省淳安中学数学教研组
淳安县中医院护理部
浙江省淳安沪千人造板制造有限公司生产部
杭州千岛湖外高桥大酒店有限公司客房部
杭州四季青服装市场保安队

农业模范集体

西湖区转塘镇南村村民委员会
拱墅区康桥镇蒋家浜村经济合作社
杭州之江园林绿化艺术有限公司
萧山区党山镇梅林村经济合作社
萧山区义桥镇潘山村村民委员会
余杭区百丈镇石竹园村经济联合社
富阳市春江街道八一村村民委员会
临安市潜川镇海龙村村民委员会

建德市新安江街道白沙村村民委员会
杭州天地保健品有限公司
淳安县茧丝绸总公司

【2001年度杭州市劳动模范】

职工劳动模范

方国钦　赵维强　孙祥林　柳志强
傅丰裕　樊汉卿　楼国清　洪　美(女)
储国海　陆培成　俞鹏骏　葛兆聚
朱敏燕(女)俞铁民　王光裕　王兆勤
徐曰升　诸贵阳　黄建平　陈向东
周　政　丁国荣　章慧贞(女)王官华
占和林　曹策明　叶哲华　邵剑明
祁国伟　周　为　李芳华(女)杜英杰
周妙亮　龚正明　郑财荣　王振庭
王仙花(女)　姚　旭(女)　范惠娟(女)
楼婷婷(女)　陈慧萍(女)　张志明
叶鸣青(女)　傅　勇　戚荣林　林肃浩
孙伟华(女)　程晓霞(女)　於　敏
许云龙　林福平　华尧胜　哈黎明
方　华　李健生　汤大勇　张宗和
孙海洋　王忠贤(女)　吕文红(女)
项兴富　陈尚志　吴玉兴　石小才
陈忠华　沈德忠　姚献平　黄巧灵
厉　玲(女)沈荣虎　吴太普　卜尚苗
韩保刚　陈晓雯　章　军　陶　晨(女)
应启寅　施建平　许金荣　陈春荣
刘志华　陈向东　耿俊岭　戴　钧
宋竹生　刘　晖　葛小平(女)王鹤鸣
周九铭　徐文奎　孙　琦　徐秀梅(女)
张水福　沈国荣　李大鹏　戎木根
陈永兴　杨秀龙　钟发根　钱国钧
马兴法　罗彩英(女)俞亚光　陈夏鑫
戚金兴　郭财根　周逊盛　陆柏春
汪载安　任国娟(女)沈国贤　金焕国
李利华(女)　陈卫琴(女)　蔡家荣
楼彩英(女)　钱珏美(女)　戚绚如(女)
全仁夫　戴静女(女)范淳杰　管锦英(女)
陈效忠　瞿新霞(女)　沈伟根　吴永军
管大源　赵小利(女)　邱建林　吕　军
沈建华　黄来兴　李水荣　魏来法
胡美娟(女)楼建华　王　炯　杨伟定
姚凤来　陆跃庭　丁晓航　戚卫峰
张潮正　李连兴　丁　华　胡炳年
祝维德　屈艳君(女)吴坚奋　谭均华
章海螺(女)　陈冬梅(女)　盛长财
张文其　周　杰　赵圣德　叶生华
麻伟平　王建沂　陈坚强　申屠琍明
李　群　夏利群(女)骆平雅(女)毛利君
王公民　陈方华　胡新萍(女)　童金山
顾敏权　黄海平　詹根祥　王春伟
陈敏珠(女)　俞金炳　李国飞　黄水明
叶绍虎　姚文娟(女)胡秋法　黄祥勇
龚素红(女)　邵　秋　邵根清　周曙光
夏秀娟(女)郑晓峰　吕红兰(女)童献国
何胤昉(女)　钱国才　童德根　张志强

农业劳动模范

沈有祥　张利洲　蒋有水　何美英(女)
胡金龙　周梓华　顾志山　蒋莉萍(女)
张坚明　沈加奎　张小其　伍云花(女)
斯华良　黄荣海　陈红娟(女)黄国成
郑永泉　郑团建　商小武　吴约木
俞仕标　金增泉　毛金洪　袁坤生
何国平　李生龙　方　勇　杭妙海
杨世秋(女)　屠士涌　严国春　周文华
黄振林

【2001年杭州市农业丰收奖】

农业丰奖先进区、县(市)

一等奖:萧山区人民政府
二等奖:余杭区人民政府
　　　　建德市人民政府
三等奖:江干区人民政府
　　　　淳安县人民政府
　　　　临安市人民政府

农业丰收奖十佳乡镇

下城区石桥镇人民政府
拱墅区祥符镇人民政府
西湖区西湖乡人民政府
萧山区宁围镇人民政府
余杭区运河镇人民政府
桐庐县分水镇人民政府
淳安县里商乡人民政府
建德市下涯镇人民政府
富阳市富春街道办事处
临安市高虹镇人民政府

农业丰收奖十佳现代农业园区

拱墅区半山镇沈家桥园区
西湖区转塘镇南村园区
滨江区长河镇长二园区
萧山区衙前镇凤凰园区
余杭区仓前镇石华园区
桐庐县瑶琳镇大洲畈园区
淳安县中洲镇中洲园区
建德市寿昌镇十八桥园区
富阳市高桥镇鸟町畈园区
临安市藻溪镇九里园区

农业丰收奖十佳种植大户

余卫东　江干区彭埠镇兴隆村
黄宝玉　西湖区周浦乡仁桥村
虞国冬　滨江区浦沿镇新生村
蒋莉萍　萧山区浦阳镇后湖村
李生龙　余杭区径山镇四岭村
朱世林　桐庐县桐庐镇大丰村
吴约木　淳安县白马乡乳洞山村
钟志荣　建德市三都镇宋村山村
冯佩娣　富阳市富春街道步桥村
徐银华　临安市太湖源镇横路村

农业丰收奖十佳养殖大户

陆冬泉　下城区石桥镇沈家村
王爱堂　拱墅区康桥镇义桥村
葛德兴　西湖区袁浦镇兰溪口村
沈跃军　萧山区瓜沥镇长巷村
施玉明　余杭区仁和镇施家洋村
袁金昌　桐庐县横村镇孙家村
江跃生　淳安县千岛湖镇后山村
张海仙　建德市上马乡上马村
洪利君　富阳市湖源乡路西村
杨阿华　临安市板桥乡白华村

农业丰收奖十佳营销大户

沈灵芝　下城区石桥镇永丰村
邬东方　西湖区转塘镇浮山村
陈传妙　杭州开发区下沙镇松合村
朱柏桥　萧山区河庄镇新创村
商章苗　余杭区百丈镇百丈村
严雪贤　桐庐县钟山乡朱边畈村
胡才良　淳安县石林镇富德村
胡有朝　建德市杨村桥镇绪塘村
凌荣高　富阳市新登镇沈家村
徐忠贤　临安市高虹镇陈家坎村

【杭州市第三批文明镇】　九堡镇
康桥镇　龙坞镇　留下镇　长河镇
新街镇　闻堰镇　义桥镇　义蓬镇
塘栖镇　乔司镇　径山镇　分水镇
枫树岭镇　洞桥镇　龙门镇　太阳镇
太湖源镇

【杭州市第三批文明村】　石桥村
普福村　草庄村　半山村　皋亭村
蒋家浜村　大清村　南村村　姚家坞村
冠一村　长河村　山一村　潘山村
蜜蜂村　新联村　金二村　盛东村
荣星村　裴家村　横蓬村　新湾村
民新村　光明村　凤升村　霞江村
建设村　长巷村　东周村　桥头村
大池溇村　大园村　高地村　费庄村
宝塔村　钱家滩村　西舍村　里洪村
西山村　洪福村　陆家桥村　上湖村
螺蛳桥村　和平村　姚村村　龙伏村
下城村　里湖村　岩峰村　竹里村
儒琅村　梅口村　大墅村　东庄村
岭足村　上章村　清溪村　秉贤村

中秋村　店口村　小坞村　联群村
潘塘村　陆家村　万市村　联盟村
外川村　寺坞村　齐农村　横潭村
九里村　研口村　银坑村　上汤村
民幸村　甘坞岭村

【2001年杭州市1000万元以上纳税大户】

杭州卷烟厂
浙江移动通信有限责任公司
东方通信股份有限公司
杭州西子奥的斯电梯有限公司
浙江省电力工业局(省电力公司)
正大青春宝药业有限公司
杭州娃哈哈保健品食品有限公司
杭州中策橡胶有限公司
杭州炼油厂
浙江钱啤集团股份有限公司
杭州顶益国际食品有限公司
中国电信集团浙江省电信公司
浙江省卷烟销售公司
浙江富兴电力燃料有限公司
浙江省工商信托投资股份有限公司
华立集团股份有限公司
杭州市西湖啤酒朝日(股份)有限公司
东风杭州汽车有限公司
杭州中萃食品有限公司
杭州大厦有限公司
西门子(杭州)高压开关有限公司
浙江省烟草公司杭州分公司
杭州娃哈哈饮料有限公司
杭州富通集团有限公司
萧山市供电局
杭州默沙东制药有限公司
杭州旺旺食品有限公司
杭州中美华东制药有限公司
春丝丽有限公司
杭州东信移动电话有限公司
中国烟草总公司浙江省公司
杭州松下家用电器有限公司
杭州摩托罗拉移动通信设备有限公司
浙江省火电建设公司
浙江飞虹通信集团有限公司
浙江康莱特药业有限公司
杭州娃哈哈非常可乐饮料有限公司
杭州民生药业集团有限公司
UT斯达康(杭州)通讯有限公司
杭州康明石油化工股份有限公司
杭州富通昭和光通信股份有限公司
中国银行浙江省分行
杭州前进齿轮箱集团有限公司
杭州娃哈哈百立食品有限公司
杭州赛诺菲圣德拉堡民生制药有限公司
杭州友旺电子有限公司
华东医药股份有限公司
浙江银泰百货有限公司
杭州协和陶瓷有限公司
杭州娃哈哈食品有限公司
百大集团股份有限公司
杭州胡庆余堂药业有限公司
杭州华商集团有限公司
浙江金汇烟草有限公司
浙江华达通信器材集团有限公司
杭州电化集团有限公司
杭州建新浮法玻璃工业有限公司
杭州娃哈哈永盛饮料有限公司
杭州顶园食品有限公司
浙江兽王集团有限公司
农夫山泉股份有限公司
富阳市供电局
临安市供电局
杭州协联热电有限公司
杭州汽轮机股份有限公司
杭州市自来水总公司
杭州顶正包材有限公司
杭州新丰纸业有限公司
萧山柳桥羽绒有限公司
浙江西泠啤酒有限公司
杭州叉车有限公司
杭州富通昭和电线电缆有限公司
余杭供电局
浙江国信通信有限公司
浙江荣盛化学纤维有限公司
浙江省烟草公司杭州市余杭区公司
浙江康莱特集团有限公司
杭州汇丽绣花制衣有限公司
建德市供电局
杭州萧山工艺印染厂
伊莱克斯(天津开发区)有限公司杭州空调分公司
杭州顺发包装有限公司
杭州汽车发动机厂
农夫山泉杭州千岛湖饮用水有限公司
杭州中策电缆(股份)公司富春江公司
浙江传化股份有限公司
浙江证券有限责任公司
杭州肯德基有限公司
杭州半山发电有限公司
杭州解百集团股份有限公司
杭州中良美特容器有限公司
杭州富春江冶炼有限公司
浙江新安化工集团有限公司
杭州龙山化工有限公司
杭州丰汇发酵有限公司
杭州华丰纸业有限公司
杭州富可达皮业有限公司
杭州蓝孔雀化学纤维(股份)有限公司
万向钱潮股份有限公司
杭州东南化工有限公司
浙江省烟草公司建德市公司
杭州俊杰印刷包装有限公司
杭州朝阳橡胶有限公司
浙江浙滇卷烟有限公司
杭华油墨化学有限公司
浙江富春江集团杭州电缆厂
杭州传化日用化工有限公司
浙江柳桥羽毛有限公司
浙江横山铁合金厂
浙江滚动轴承有限公司
杭州钱江电气集团股份有限公司
浙江省烟草公司杭州市萧山区公司
克瓦纳(杭州)发电设备有限公司
杭州工商信托投资股份有限公司
杭州顶津食品有限公司
浙江省电信公司杭州市分公司
华东电业管理局新安江水力发电厂
杭州航民热电有限公司
华伦集团有限公司
交通银行杭州市分行
浙江美浓丝网印刷有限公司
杭州杭联热电有限公司
中国工商银行杭州市湖墅支行
杭州钱江印染化工有限公司
建德市大洋化工厂
浙江万马集团电缆有限公司

·获奖产品名录·

【2001年度杭州市出口创汇先进企业“金龙奖”】

杭州摩托罗拉移动通讯设备有限公司
杭州市轻工工艺纺织品进出口有限公司
杭州市粮油食品土畜产进出口有限公司
杭州市五矿机械化工进出口有限公司
杭州西湖达利工业有限公司
浙江华越家具工业有限公司
浙江兽王进出口有限公司
萧山对外贸易经济有限公司
杭州得力纺织有限公司
杭州市对外经济贸易服务有限公司
杭州桦桐家私有限公司
杭州市萧山进出口贸易有限公司
泰尔茂医疗产品(杭州)有限公司
浙江华立进出口有限公司

杭州新富美时装有限公司
杭州松下马达有限公司
杭州宏越家具工业有限公司
浙江庆丰纺织印染有限公司
杭州余杭国际贸易有限公司
杭州红宝染化有限公司
UT斯达康(杭州)通讯有限公司
杭州萧山国际经济技术合作公司
国际香料香精(杭州)有限公司
浙江富可达皮业集团有限公司
恩希爱(杭州)化工有限公司
杭州洪达服装有限公司
浙江柳桥羽毛有限公司
杭州昌隆皮件服装有限公司
杭州明成制衣有限公司
杭州宏顺服装有限公司
杭州兴隆机械设备有限公司
浙江华励时装有限公司
杭州绫绣针织有限公司
杭州萧然进出口有限公司
杭州博世电动工具有限公司
杭州祥裕制衣有限公司
杭州东华链条总厂
杭州锦江集团有限公司
浙江华兴服装有限公司
杭州新生印染有限公司
桐庐雅丽进出口贸易有限公司
眼力健(杭州)制药有限公司
浙江汉欣家具工业有限公司
杭州松下家用电器有限公司
杭州大自然真泳磁电有限公司
杭州力武机电有限公司
杭州海兴电器有限公司
杭州友旺电子有限公司
杭州富泰运动器材有限公司
杭州天恒机械有限公司

【浙江省培育发展100个市场占有率居全国第一有竞争力的拳头产品及骨干企业名单(杭州市)】

空分设备 杭州制氧机集团有限公司
工业气轮机 杭州汽轮动力集团有限公司
万向节 万向钱潮股份有限公司
电能表 华立集团有限公司
轴承(圆柱滚子轴承)
浙江滚动轴承有限公司
工业链条 杭州东华链条总厂
泵(喷灌泵) 萧山水泵总厂
纺织机械(麻、绢纺成套设备)
浙江金鹰股份有限公司
微型电机(空调透风电机)
杭州松下马达有限公司
低压电器 中国德力西集团
船用齿轮箱 杭州前进齿轮箱集团有限公司
余热锅炉 杭州锅炉集团有限公司
摩托车 钱江集团有限公司
控制系统及先控软件
浙江浙大中控技术有限公司
证券软件 杭州恒生电子股份有限公司
手机 东方通信股份有限公司
CD-R可录光盘 杭州大自然股份有限公司
硅单晶 浙江浙大海纳科技股份有限公司
光缆 杭州富通集团有限公司
浙江富春江通信集团有限公司
光纤 杭州富通集团有限公司
通信电缆 杭州富通集团有限公司
浙江富春江通信集团有限公司
真丝弹力面料
杭州金富春丝绸化纤有限公司
临安海通实业公司
化纤布 萧山富丽达纺织有限公司
电脑绣花线 临安制线实业公司
皮革服装 杭州兽王集团
杭州半球皮货实业总公司
油墨 杭华油墨化学有限公司
颜料 杭州百合化工公司
杭州颜料化工公司
染料 杭州吉华化工有限公司
新型人造板防水剂 临安化工制剂厂
井岗霉素 桐庐汇丰生物化工有限公司
草甘膦 浙江新安化工集团股份有限公司
有机硅单体
浙江新安化工集团股份有限公司
纳米碳酸钙
杭州先进碳酸钙化工有限公司
康莱特注射液 浙江康莱特药品有限公司
医用内窥镜 杭州桐庐尖端内窥镜有限公司
百令胶囊 杭州中美华东制药有限公司
赛斯平 杭州中美华东制药有限公司
参麦注射液 正大青春宝药业有限公司
铁皮枫斗晶 浙江天皇野生植物有限公司
玻璃纤维纱 杭州玻璃集团有限公司
钢结构网架 浙江东南网架集团有限公司
中低、徽碳铬铁 浙江横山铁合金厂
软饮料 杭州娃哈哈集团有限公司
农夫山泉股份有限公司
特种纸(卷烟纸) 杭州华丰纸业有限公司
铱金笔(圆柱笔) 桐庐四海笔业有限公司
抽油烟机 杭州德意电气实业有限公司

·获科技进步奖名录·

【2001年杭州市获浙江省科技进步奖】

一等奖

草甘膦副产氯甲烷用于甲基氯硅烷单体合成新工艺 浙江新安化工集团股份有限公司 季诚建 任不凡 周曙光 胡跃华 翁路平 胡 江 张柏青 王桂仙
恒生证券交易管理系统 杭州市恒生电子股份有限公司 王则江 范径武 柳 阳 何仲君 吕不方 李池华 楼 明 胡德海
采用规整填料及全精馏制氩技术的新型大中型空分设备 杭州制氧机集团有限公司 毛绍融 周智勇 邵维达 查文杰 周家建 卢 杰 吕红星 徐 峰 吴巧仙等

二等奖

数控龙门式平面磨床系列产品 杭州机床厂 陈向东 徐慧芳 董凯夫 朱 琛 裘卓明 黄春韶
钒酸钇晶体材料 浙江长河光电股份有限公司 华水芳 赵贵兵 张 军
二氢月桂烯和二氢月桂烯醇生产技术的研究和开发 建德市新化化工有限责任公司 胡 健 王卫明 方浩伟 包江峰 邵卫平
双向真丝氨纶包覆丝于色织弹力乔其的工艺技术开发 临安市天信氨纶纺织有限公司 马建华 王永良 马海林 蔡明曙
大肠埃希菌中LEE和HPI毒力岛临床流行病学研究 杭州市疾病预防控制中心 潘劲草 孟冬梅 黄志成 斯国静 祝水芬 姚怀芳 孙建荣

【2001年杭州市科技进步奖】

一等奖

采用规整填料塔及全精馏制氩技术的新型大中型空分设备 杭州制氧机集团有限公司 毛绍融 周智勇 邵维达 查文杰 周家建 卢 杰 吕红星 徐 峰 吴巧仙等
恒生证券交易管理系统 杭州市恒生电子股份有限公司 王则江 范径武 柳 阳 何仲君 吕不方 李池华 楼 明 胡德海
草甘膦副产氯甲烷用于甲基氯硅烷单体合成新工艺 浙江新安化工集团股份有限公司 季诚建 任不凡 周曙光 胡跃华 翁路平 胡 江 张柏青 王桂仙

索 引

说明：

一、本索引采用分析索引方法，按标引词第一字汉语拼音（同音字按声调）顺序排列；第一字相同，按第二字音序排列。依次类推。

二、类目、分目用黑体字标示。标引词后的阿拉伯数字表示内容所在页码。数字后的拉丁字母 a、b、c 分别表示从左至右第一、二、三栏。图、表名称后注有“图”、“表”字样。

三、参见条目的标引词缩后两格放在相关分目或条目的标引词下面。标引词后有多个页码，则表示互见内容所在位置。

四、本年鉴的“特载”、“特辑”、“大事记”、“统计资料”、“文件索引与地方性法规选编”、“附录”和“彩色插页”均未作索引。

0—9

02 省道临安至昌化段 174c
03 省道萧山东复线 175b
04 省道余杭段 174c
05 省道淳安段 369a
0A 系统与电子档案国际学术研讨会 300c
100 米蛙泳 314a
130 网络盲区扫除 190b
16 省道桐庐至焦山段 175b
185 邮政服务中心 182c
2001 年颁布实施的地方性法规和政府规章 33a
2001 年市区经批准的标准地名 25b
2 月寒潮 60a
“3 个十”评选活动（女装） 71a
4A 级景点 133b
4A 级景区 360c
50 米蛙泳 314a
7 个世界 500 强公司来杭投资 122b
8 个全国外资 500 强 122a
8 月低温 60b
96198 市民服务热线 190c

A

爱国卫生 310c
  概况 311a
  工作调研 311b
  工作机制创新 311a
爱心献功臣行动 319b
安全保密工作（信息系统） 225a
安全管理责任制（生产资料行业） 107c
安全监察 262b
安全生产 262b
  铁路 176a
安万物杭州作物科学公司 79b
案件审判流程管理 279c
案例 281a
澳门晓角剧社 299b

B

白居易 70b
白马乡 189c
白马崖 378b
白蚁防治 142b
“百名博士浙江·杭州行”活动 271b
百岁老人名录（表） 334
  人数 332b
拜斯亭 215a
班禅大师 329b
搬运装卸单位数（公路） 177a
版权保护 307a
保费收入 27a
  平安保险 203b
  人民保险 201a
  人寿保险 201c
  太平洋保险 202b
保密工作（机构改革） 225b
保送生 290a
保险 195
报刊出版数 301a
报刊出版秩序清理整顿 306b
报纸 301b
北京华联超市 350b
北京牛津—剑桥国际集团 31b
北山路 355b
本地网系统 218b
编鉴 247b
表彰（市政府） 244a
滨江区 355c
  慈善总会 357b
  概况 355c
殡葬管理 324c
  概况 324c
冰雹 60a
兵役 283b
兵役工作 283c
病故军人家属数 317a
波立维 84a
玻纤生产线调整改造 82b
博士后科研工作站建设 264a
博物馆 294a
不合格出口商品
  货值 124b
  批量 124b
不合格进口商品
  货值 124b
  批量 124b
不正当竞争案 281c
布艺博览会 363c

C

CAD 应用工程示范企业 352a
CDMA 手机核心技术 363b
CDMA 业务 190c
财政 191
财政（国资） 191a

概况　191a
财政金融
淳安　367c
富阳　373c
建德　370c
临安　376c
桐庐　365b
萧山　358a
余杭　361b
财政审计　206a
财政收入
富阳　374a
杭州开发区　126a
萧山　359a
萧山开发区　128b
财政收支
滨江　356a
拱墅　351a
江干　348c
上城　344b
西湖　353a
下城　346c
财政支出　27a 191a
市区　191a
财政资金监管　192a
财政总收入　27a　191a
市区　191a
综合改革试点镇　29c
采伐限额管理　50b
采荷社区学院　349c
“菜篮子”商品　97c
“菜篮子”商品生产(商办工业)　106b
菜竹笋　92b
参加高等教育自学考试人数　27b
参加基本医疗保险单位数　27c
参加基本医疗保险职工数　27c
参加失业保险单位数　27c
参加失业保险职工数　27c
参加世界华商大会　122a
参加养老保险企业数　27c
参加养老保险在职人员数　27c
参加浙江投资贸易洽谈会　119b
参类市场整顿　214c
参政议政　251a
工商联　255b
九三　254c
民革　251c
民建　252c
民进　253a
民盟　252a
农工　253b
侨联　270c
致公　254b
《参政议政文稿选编》　252b
餐饮管理公司　103b
餐饮名店　98c
餐饮特色店　98c
餐饮业　102a
残疾人就业工作　325b
残疾人就业全国先进　325c
残疾人康复工作　326b
残疾人事业　325a
概况　325a
残疾人文体活动　326c
蚕茧产量　44a　46c
蚕茧产值　44a
蚕桑生产　47c
(表)　48
草甘膦副产氯甲烷用于甲基氯硅烷　92a
草莓产业　92c
草莓市场　372c
查办违纪违法工作　233c
查处经济违法案件数　208a
查处违法案件(城市管理)　151b
查处违规金额　205c
茶叶产量　44a
茶叶产值　44a
茶叶品牌建设　47a
茶叶生产(表)　48
拆迁管理　142a
拆违面积　27c
拆装式流动公厕　148a
产品出口外商投资企业　122c
“产学研”合作(拱墅)　351c
昌化镇　30a
长江三角洲城市区域合作　31a
长篇小说创作研讨会　298b
长效管理(环保)　153a
长运运输集团　172c
超市连锁经营企业数　26c
超限运输专项整治(公路)　178b
超亿元定点商场经营情况(表)　97
撤村建居试点　25a
撤市设区　24c
萧山　358c
余杭　362a
陈　灵　338a
陈振濂　336c
成本费用率(乡镇企业)　57b
成交额(西博会)　113c
成交额超10亿元市场(表)　111c
成交额超10亿元市场数　110c
成交额超亿元市场数　110c
成人教育　292a
概况　292a
成人学校建设　292a
成思危　185b
成灾人口　321b
承保金额　27a
承保资产(太平洋保险)　202b
承担风险责任(人民保险)　201a
城管　134a
概况　134a
执法新机制　152b
综述　134a
“城隍阁杯”优秀社火节目邀请赛　157b
城建　134a
概况　134a
综述　134a
城区扩绿　149a
城区绿化　148c
概况　148c
城市保洁　146c
城市防洪工程　55a
城市管理　151a
概况　151a
综合执法　151b
城市规划　135c
编制设计　135c
概况　135c
信息化建设　219a
城市化水平(综合改革试点镇)　29c
城市建设
滨江　356a
拱墅　351a
建德　372a
江干　348c
上城　344b
西湖　353b
下城　346c

城市气象服务　61c
城市综合管理(杭州开发区)　127a
城市总规编制工作　136c
城乡交换机总容量　27c
城乡生活用电　80c 372b
城乡一体化就业　261c
城镇规划　30a
城镇职工基本医疗保险
　参保单位数(市区)　29b
　参保人员数(市区)　29b
澄庐维护工程　162b
驰名商标数　207c
持证上岗制度(服务业)　103a
出版发行　305b
　概况　305c
出访团组(教育)　288b
出境旅游市场　164a
出口茶叶检验监督　125b
出口产品构成　26c
出口交货值　120a
出口创汇
　高新开发区　130b
　国家级开发区　27a
　杭州开发区　126a
　化工　78c
　建冶　81c
　丝绸　67b
　西湖电子　77a
　校办产业　293c
出口额前20位国家和地区(表)　120
出口额前20位企业(表)　121
出口服装(女装)　70b
出口加工区　123c
　概况　123c
　管理机构　124a
出口加工区通过国家验收　124a
出口加工区投资说明会　124b
出口退税　192b
出口总额　26c
出生率　22a
　市区　22a
出生人口　22a 330c
　市区　22a
初级保健达标　309c
初中毕业升高中段比例　27b
初中入学率　287a
储蓄存款余额　28b
　交行　198c
　人行　195a
　商行　199b
处罚(市政府)　244a
处理赔案(太平洋保险)　202b
创建文明城市工作　32a
"创模"活动(市政市容)　144b
"春风行动"　224b
　工会　256b
春江轻纺集团　69b
淳安县　366c
　概况　366c
　乡镇情况(表)　367
慈善总会募集资金　323c
从业人数(乡镇企业)　57b
从渔劳力人数　52b
村级邮政代办点　184a
村民自治模范单位评比　321a
村民自治模范乡镇名单　321b
村务公开　45b
存款余额　27a
　工行　196a
　建行　198a
　交行　198c
　农村信用社　200a
　农行　197a
　人行　195a
　商行　199b
　中行　197b
存量资产盘活(二轻)　73a

D

D-泛酸钙　378c
达盟山庄　355b
打防结合　277a
"打黑除恶"专项斗争　274b
打击扒窃犯罪行动　274c
打击走私(海关)　123c
"打假保健康"专项整治　214b
大峡谷镇　378b
大型展销活动　115c
大学校园戏剧专场　299a
大禹杯银奖　363a
代表工作(人大)　237b
代理业务(农行)　197a
贷款余额　27a
　工行　196a
　建行　198a
　交行　198c
　农村信用社　200a
　农行　197a
　人行　195a
　商行　199c
　中行　197b
担保机构(工业)　66a
担保资金额　66a
淡水产品产量　26a
蛋类产量　44a
党风廉政建设责任制　233c
党风廉政宣传教育　234b
党建工作(市直机关)　231c
党领导的多党合作制度　228c
党史宣传教育工作　230a
党外知识分子工作　229a
党政　222
党政领导科技进步目标责任制　91a
党支部书记培训班(个私协会系统)　89a
档案法制建设与宣传　300b
档案工作管理　300a
档案馆馆藏量　299c
档案馆基础建设　299c
档案馆建设　299c
档案馆数　299c
档案教育　300c
档案事业　299b
　概况　299c
　经费　299c
档案学研究　300c
档案资料开发利用　300a
导游组　366b
悼念革命先烈　320a
道路环境综合整治评选　135a
道路货运站(公路)　178a
道路整治(下城)　348a
道路综合整治数　27c
道路综合整治总长度　27c
德胜路电信营业厅　186c
邓麦村　90c
低产林改造面积　49b
地方病防治　309c
地方财政收入　27a 191a
　市区　191a
地方立法工作　236c
地方税务　193b

地理概况 21a
地理位置 21a
地貌 21a
地名管理 25a
地税收入 193b
地税征管体系 193c
地税执法监督稽查 193c
地下管线盖板管理 145b
地下管线普查(试验区) 138c
地形图更新工作 140a
第九届全国运动会获奖牌数 314a
第三产业
滨江 356a
淳安 367c
富阳 373b
拱墅 351a
建德 370b
江干 348b
临安 376b
上城 344b
桐庐 365a
西湖 353a
下城 346b
萧山 358a
余杭 361b
第三产业增加值 26b
第十三个爱国卫生月 311c
典当行业清理整顿 64c
电话磁卡 186a
电力工业 79c
概况 79c
电视覆盖率 301b
电视台数 301a
电台数 301a
电网投资 80a
电信 184a
概况 184a
电信放心工程 187a
电信公交专线车 187b
电影发行放映 295b
电影发行放映公司 294a
电子出版物管理 306a 306b
电子商务环境建设 221a
电子商务试点 221a
电子社区建设 221a
电子信息业 74c
概况 74c
电子政务 219c
电子制造企业 75a
调查研究活动(市委) 224a
调委会建设 280c
调研成果
经济信息中心 220b
市政协 250b
调整的非常设机构
市委 224c
市政府 244c
丁德明 90c
“订单粮食” 104a
“东海明珠”集镇 27b
东部开发(杭州开发区) 126c
东部软件园 76b
东方医院 127c
东方苑 133c
东风杭州公司 74b
东新园 347c
动物防疫 51c
都锦生实业有限公司 67c
《都市快报》 301b
都市区规划专项课题研究 137a
渎职侵权案件查办情况 276b
渡船数 178c
渡口数 178c
短消息业务 189a
短信欢迎系统 189b
对口帮扶农业开发性项目数 31c
对口帮扶社会公益性项目数 31c
对口帮扶脱贫 31c
对台宣传 272a
对外经济贸易 119
综述 119a
对外交流(教育) 288a
对外交流渠道拓展 270b
对外开放
滨江 356a
淳安 367c
富阳 373b
拱墅 351a
建德 370b
江干 348b
临安 376b
上城 344a
桐庐 364c
西湖 353a
萧山 357c
余杭 361b
对外宣传工作 227a
对外自营进出口总额 119a
多扶镇卫生院 32a

E

恩格尔系数 28a
二次转制(果品公司) 106b
二等水准网布设 140b
“二五”依法治市 280a
二轻工业 72c
概况 72c

F

发电量 79c
发明 94a
发展会员数 256a
法检商品 125b
法律服务改革 280b
法医技术鉴定 279a
法院 278a
概况 278a
“法制下乡”活动 273c
反腐败治本工作 234c
反腐倡廉成果展览 234b
反贪污贿赂侦查局一览(表) 282
方民生 91b
防保体系改革 309a
防护林面积 49b
防空袭演习 285b
房产管理 142a
概况 142a
房产交易 142a
房地产开发投资额 26b
房地产投资 205c
房改 142b
房改工作 142b
房屋倒塌数 321b
房屋交易产权一体化 142b
房屋竣工面积 140b
房屋施工面积 140b
房屋损坏数 321b
房屋所有权证颁发 142a
房屋维修 142c
纺化企业数 68a
纺织产品结构水平 68c
纺织产品装备水平 69a
纺织化纤工业 68a
概况 68a

纺织行业协会 68b
“放心菜”工作 46c
“放心豆制品”目标管理优秀区县 100a
“放心肉”供应 99b
“放心肉”目标管理优秀区县 100a
“放心中药房” 310b
非法招贴广告整治 148a
非机动渔船数 52b
非农业人口 21c
　市区 21c
非文盲率 292a
非正规组织就业 261b
费健政贪污案 282b
分户账话费查询系统 186c
分水江水利枢纽工程 365c
分水镇 29c 30a 30b
《风景名胜》 301b
封闭式管理(萧山开发区) 129b
封山护林面积 49b
封山育林面积 26a 49b
峰谷电价 81a
蜂存栏数 51c
扶贫帮困 322a 325b
服务创优活动 190b
服务立会(工商联) 255c
服务社区 146a
福利彩票 323b
抚恤定补优待标准 317a
妇女儿童维权工作 260c
妇女组织 256 259c
　概况 259c
妇幼保健 309b
副省级城市纪检监察工作研讨会 233b
富春江罗依尔光纤制造公司 76c
富春江镇 366a
富春山水节 366b
富通集团 374c
富阳市 372c
　概况 372c
　乡镇情况(表) 374

G

GPRS 业务 188c
改善办学条件 293a
　概况 293a
改善灌溉面积 55a
改善资产质量(农村信用社) 200b
改制资金筹措 106a
干部保健 309b
干部培训教育工作(党校) 229b
干部人事制度改革 226a
　党校 229c
干毛茶产量 46c
高等教育 288c
　概况 288c
高等教育改革与发展国际研讨会 289a
高等院校在校学生数 27b
高尔夫别墅 133c
高尔夫俱乐部 133b
高技术产业化项目申报 205a
高教园区建设(杭州开发区) 127b
高来宾 342b
高清晰数字彩电演示 77c
“高素质园丁”工程 292c
高新技术产业开发区 130b
　概况 130b
高新技术成果发布会 110b
高新技术企业 91c
高新技术研究开发中心 93a
高新区软件产业 217a
革命伤残人员保健金标准(表) 317
革命伤残人员抚恤金标准(表) 317
个人外汇买卖交易额(中行) 197b
个人信贷消费 99a
个人住房贷款
　工行 196a
　建行 198b
个私经济消费品零售额占社会零售总额比重变化情况(表) 89
个私经济增长(乡镇企业) 57b
个私协会会员培训中心 87c
个体从业人数 86a
个体工商户从业人员数 207c
个体工商户数 86a 207c
个体工商业情况(表) 88
个体私营经济 86
各民主党派组织成员情况(表) 251
各区、县(市)国内招商引资情况(表) 32
各项社会事业
　滨江 356b
　淳安 368a
　富阳 373c
　拱墅 351b
　建德 370c
　江干 348c
　临安 377a
　上城 344c
　桐庐 365b
　西湖 353b
　下城 346c
　萧山 358b
　余杭 361c
更新改造投资额 26b
　农场企业 57a
工程建设
　电信 184b
　联通 189c
　移动通信 188a
工程建设项目审计 206c
工程建设资金审计 206c
工会会员数 256a
工交离退休人员服务中心 65a
工龄置换职工数 28c
工农业总产值(农场企业) 57a
工青妇工作(个私企业) 89b
“工商进社区”活动 208c
工商企业投资效益农业 45b
工商行政管理 207b
　概况 207b
工商银行网上银行应用模式 196b
工业产品
　产销率 63a
　合格率 212b
　质量检查 212b
工业产值(萧山开发区) 129b
工业废水排放达标率 28a
工业固体废物综合利用率 28a
工业技改竣工项目 26b
工业技改投入 26b
工业经济 63
　滨江 355c
　淳安 366c
　富阳 373a
　概况 63a
　拱墅 350c
　建德 370a
　江干 348b

临安　376a
上城　344a
桐庐　364b
西湖　352c
下城　346b
萧山　357c
余杭　361b
综述　63a
工业企业服务月活动　66a
工业企业数　63a
工业销售产值
规模以上工业企业　26a
乡镇企业　44b　57b
工业烟尘排放达标率　28a
工业园区　58b
工业园区环保工作检查　154b
工业增加值　63a
工业总产值
规模以上工业企业　26a
杭州开发区　126a
乡镇企业　57b
综合改革试点镇　29c
工资福利工作　265b
公安　274a
概况　274a
公安队伍管理长效机制　375a
公共绿地面积(市区)　28a
公共图书馆　294a
公交客运量(市区)　28a
公交配套建设　148b
公交线路　144a
总长度(市区)　28a
公开拍卖企业数　28c
公开招标议标制度(国有集体商业)　101c
公路　176c
概况　176c
总里程　177a
公路营运
绕城北线一期　174a
绕城西线　174a
公司制现代科技型企业(机械)　74b
公诉制度改革　277c
公务员管理培训　265a
公务员培训　264a
公用事业费收费“一户通”　220b
公园景点接待游客量　166b
功臣塔　377c
供地计划　144a
供电服务承诺　80a
供电量　79c
供水管网改造
半山　145a
笕桥　145a
供水量(市区)　28a
供销合作社　105a
概况　105b
拱墅城市建设发展中心　352b
拱墅区　350c
概况　350c
拱墅区疾病预防控制中心　352b
拱墅区投资说明暨签约仪式　352a
古樟迁移　150a
股份有限公司数　29a
股份制改造　29a
股份制企业(工业)　63b
骨干乡镇企业的龙头作用　57c
骨灰树葬仪式　325a
骨优导　84a
固定电话号码升位　185b
固定电话用户数　27c　185c
固定电话主线普及率　27c
市区　27c
固定资产
电信　184b
联通　189c
移动通信　187c
邮政　182a
固定资产净值(电力)　79c
固定资产投资额　26b　205b
淳安　367b
富阳　373b
建德　370b
临安　376c
农场企业　57a
农村　26b
桐庐　364c
萧山　358a
余杭　361c
固定资产原值(电力)　79c
顾锡东　341b
瓜沥镇　29c
关税　123a
关心下一代工作　231b
观众数(西博会)　113c
管理创新(国有集体商业)　100c
管理体制改革(工行)　196b
光通信产业　374b
光纤预制棒　374c
广播电视　302c
概况　302c
广播覆盖率　301b
规范化物价所　354b
规范性文件备案审查　34b
规划管理工作　136a
规模以上工业主要经济指标完成情况(表)　64
规模优势(国有集体商业)　101a
规章清理工作　34a
规整填料塔及全精馏制氯技术　92a
郭裕茂　338a
郭仲选　341b
国防动员委员会　283b
国防教育　284a
概况　284a
机构建设　284a
国防教育课　284c
国际比赛获金牌数　27c
国际比赛获铜牌数　27c
国际比赛获银牌数　27c
国际结算业务量(交行)　198c
国际科学与和平周　255a
国际女装城　71c
国际友好城市简介　268c
国家高性能计算中心(杭州)　31b
国家环境保护模范城市　28a
创建工作　154a
巩固工作　151c
国家级集成电路设计产业化基地　76a
国家级开发区　126
国家级软件设计产业化基地　76a
国家级生态示范区　368c
国家级自然保护区　21c
国家免检产品　78a
国家软件产业基地　131a
国家税务　192b
概况　192b
国家星火项目　366a
国家优秀科技成果　67a
国民经济发展概况　26a
国民体质测试　315a

国内经济合作洽谈会　110b
国内旅游市场　163c
国内旅游收入　26b　163a
国内生产总值　26a
　滨江　355c
　淳安　366c
　富阳　372c
　拱墅　350c
　杭州开发区　126a
　建德　370a
　江干　348a
　临安　376a
　农场企业　57a
　上城　344a
　桐庐　364a
　西湖　352c
　下城　346a
　萧山　357c
　余杭　361a
　综合改革试点镇　29c
国内游客数　26b　163a
国内主要会展场馆情况比较(表)　113
国企改革
　建冶　82a
　工业　63c
国外教育代表团来杭访问情况(表)　288
国外智力引进　264c
国有(集体)商业　100a
　概况　100a
国有资产监管　192a
国有资产监管体系(商业)　101b
国有资产授权经营(工业)　63b
国有资产营运机构　29a
国有资产营运体系(商业)　101b

H

海关　122c
　概况　122c
海外博士代表团　360b
海外联谊工作(致公)　254b
海外联谊联络工作　229a
海外游客数　26b　163a
海峡两岸人·水·环境·发展研讨会　272c
《寒号鸟》　27b　295a
韩柏青　337b
韩国熹　336c
韩国瑛　337c
行业审计　207a
行业协会(个私经济)　87b
杭菜研究会　98b
杭城夜景　148a
杭齿集团　74a
杭海路　71c
杭籍名厨　102c
杭籍运动员国际重大比赛成绩(表)　316
杭籍运动员全国比赛夺冠情况(表)　315
杭申线航道护岸工程　179b
杭丝联　67c
杭台交流交往态势　272a
杭氧资产经营公司　29a　74b
杭州餐饮服务业大师　102b
杭州餐饮服务业名师　102b
杭州城市总体形象研究　228a
杭州出版社　306a
杭州第二邮政枢纽　182c
杭州电视台
　生活频道　305a
　西湖明珠频道　304c
　影视频道　305a
　综合频道　304c
杭州电信宽带城域网　218a
杭州电信实业公司　187a
杭州电信网　217c
杭州港货物吞吐量(水运)　179a
《杭州工人报》改刊　258a
《杭州工运》　258a
杭州工商信托投资股份有限公司　200b
　概况　200b
杭州供电90周年　80a
杭州广播电视集团(筹)　29a
杭州广播影视周报社　305a
杭州国际旅游区域合作研讨会　164a
杭州海峡两岸经济文化交流促进会　272b
杭州产品(南宁)展销会暨经济技术合作洽谈会　115c
杭州和平国际会展中心　118a
杭州"黑龙江粮油商品一条街"　104c
杭州横滨橡胶公司　78c
杭州话剧团　299b
杭州舰　318c
杭州解放纪念碑广场　230a
杭州金秋国际旅游节　165a
杭州金秋国际旅游节活动(表)　164
杭州经济技术开发区　126a
　概况　126a
杭州乐园　360c
杭州历史博物馆　161a
杭州龙网　46b
杭州旅游交易会　164b
杭州美发美容大师　102c
杭州美发美容名师　102c
《杭州民盟简史》　252b
杭州名菜示范研修班　103b
杭州木材总厂　107c
杭州企业外拓　31c
杭州汽车西站　175a
杭州人才市场新址　110a
杭州人民广播电台　304a
　经济之声　304b
　西湖之声　304b
《杭州日报》　301b
《杭州日报》版面整合　302b
杭州日报报业集团　29a　301b
　机构整合　302b
《杭州日报·下午版》　301b
杭州商贸特色品牌　99a
杭州商贸业发展战略研究中心　99c
杭州圣戈班维特克斯公司　82b
杭州师范学院　96a
《杭州师范学院学报》　96c
杭州时装有限公司　67c
杭州市4项重大考古新发现　160b
杭州市城市发展概念规划　137b
杭州市城市环境综合整治定量考核主要指标(表)　154
杭州市饭店协会　167b
杭州市工商业联合会　255b
　概况　255b
杭州市工业资产经营公司　29a
杭州市公开出版的报刊(表)　305
杭州市海外交流协会　270b
杭州市记者协会　307b
杭州市监察局　232b

杭州市教育代表团出访情况(表) 288
杭州市金融机构类别(表) 195
杭州市经济建设规划院 215c
概况 215c
杭州市农村信用合作社联合社 200a
概况 200a
杭州市企业报研究会 307c
杭州市青少年研究所 96b
杭州市人民代表大会 235a
杭州市人民政府 238a
杭州市商业银行 199b
概况 199b
杭州市五城区乡镇情况(表) 349
杭州市信息化办公室 217a
杭州市印刷行业协会 307c
杭州市有线广播电视网络中心 304c
杭州宋城集团 31b
杭州体育馆 313b
杭州天海新材料科技有限公司 31b
杭州网上商城 221b
杭州网通宽带信息网络 218b
《杭州文物精萃·馆藏文物图集》 162c
杭州五丰冷食有限公司 107a
杭州戏剧代表团 299b
杭州萧山国际机场 181a
通航航线 181
杭州信息科技有限公司 29a
《杭州研究》 96c
杭州优质农产品赴沪推介活动 117a
杭州伊萨尔公司 103a
杭州至澳门航线 181a
杭州至曼谷航线 181a
杭州轴承试验研究中心 29b
“杭州之夏”活动 164c
杭州自动化技术研究所 29b
航班起降架次 179c
航空安全年 180b
合理化建议活动(二轻) 73b
合作医疗覆盖率 27b 309c
何祚庥 94b
恒升证券交易管理系统 92a
红十字会 312a
概况 312a
红十字青少年活动 312c
红星文化大厦有限责任公司 294c
洪涝 60a
洪其虎 67a
鸿源科技公司 128a
胡锦涛 353c 347a
胡雪岩故居 157a
湖泊河流 21b
湖州震远同厂 107a
虎跑春竹茶叶 363b
护士执业考试 310a
沪杭福穗光缆二期扩容 186a
花卉苗木推介会 359c
花卉种植面积 26a 44a
花展节庆活动 158b
华大基因研发中心 83c
华东出口商品交易会 121a
华丰纸业 72b
华立集团 363b
华立科技股份有限公司 29a
华文教育工作 270c
化肥销售 106a
化工研究所 79a
化学工业 78a
概况 78a
话费对账单服务 189b
话务量开发 186c
环保 134a
概况 134a
综述 134a
环保科研 154a
环保资金审计 206a
环境保护 152b
概况 152c
环境国际研讨会 155b
环境卫生死角治理 147c
环境综合整治 352b
环卫改革 147a
环卫专业清扫面积 144b
换届选举
工商联 255c
九三 255a
民革 251c
民建 253a
民进 253a
民盟 252b
民主党派和工商联 251a
农工 254a
致公 254b
黄 源 340b
会展场馆 117a
会展业 113
概况 113a
综述 113a
婚姻登记管理体制改革 324b
婚姻和收养管理 324b
概况 324b
活水通信城 132a
火炬计划 93a
火灾情况(表) 275
货币回笼额 27a
货物运输(公路) 177c
货邮发运量(民航) 179c
货邮吞吐量(民航) 179c
货运管理(海关) 123a
货运交易市场(公路) 178a
货运量
公路 177c
全社会 172a
水运 178c
铁路 175c
获奖工程
城建设计院 139b
建筑设计院 139a
获奖作品(广播电视) 303a

I

IC 卡 186a
ISO9001 认证 359a

J

机电公司 74c
机动渔船数 52b
机耕面积 56c
机构改革工作 264c
机械栽植面积 56c
机械工业 73c
概况 73c
机械化清扫面积 144b
机械化屠宰场 378c
机械收割面积 56c
机械增长人口 22a
市区 22a
鸡血石 21c
迹地更新面积 49b

基本建设投资额　26b
　农场企业　57a
基本生活费　258a
基本医疗保险制度实施　262c
基层党建工作　226b
基层党校建设　229c
基层妇联组织数　259c
基层工会数　256a
基层基础建设(司法)　280c
基层建设(武警)　286b
基层团组织数　258a
基层政权建设　320b
基础管理
　电信　185a
　国税　193a
　联通　190a
　移动通信　188b
基础设施建设
　高新开发区　130c
　杭州开发区　126c
　萧山开发区　128c
　之江度假区　132c
　质量技术监督　213c
　综合改革试点镇　30a
基础设施建设投资额　27c
基督教原教派问题调研　329a
基建工程(铁路)　176c
基因技术　84a
《极品杭州菜》　103a
急性传染病总发病率　27b　308a
疾病监测(检疫检验)　125a
疾病控制　309a
疾病预防(检疫检验)　125a
集成电路设计产业化基地　131b
集成电路芯片生产线　76c
集邮文化展　183b
计划管理　204a
　概况　204 a
计划生育　330c
　概况　330c
计划生育率　330c
计划生育协会工作　332a
计划生育优质服务　331c
纪念建党80周年宣传活动　226c
技改投资(工业)　65c
技工贸总收入
　高新开发区　130b
　国家级开发区　27a
　萧山开发区　129a
技术比武　257a
技术改造(商办工业)　106c
技术革新　256c
技术合同交易额　27b
技术合同数　110a
技术合同总金额　110a
技术机构建设(质量技术监督)
213c
技术设备改造(广播电视)　302c
技术市场　110a
　概况　110a
技术协作　256c
技校毕业生中级工合格率　262b
加工贸易渠道管理　123a
家禽出栏数　51c
家禽存栏数　51c
“家庭医生”　309b
家友超市公司　101c
价格改革　209c
价格环境　209b
价格监督检查　210b
驾培行业管理　178b
假日旅游协调与管理　166c
“假日书市”　307b
监督工作(人大)　236c
监管进出境货运量　123a
监管进出境货值　123a
监所检察　277b
监所秩序　280a
笕桥镇　350b
检察　276a
　概况　276a
检察技术　277b
检验检疫　124b
　概况　124b
建材冶金工业　81c
　概况　81c
建成区绿化覆盖率　28a
建德市　370a
　概况　370a
　乡镇情况(表)　371
建设项目管理　136a
建设资金落实　205b
建筑工程质量　141c
建筑设计项目完成数　215c
建筑业　140b
　概况　140b
　增加值　140b
江干区　348a
　概况　348a
江干区科技经济园　349c
江寺公园　360a
江泽民　318c
奖励(市政府)　244a
蒋正华　374a
降水　59b
降雨量　21b
酱油产销管理　85b
交通工程管理　172b
交通工程质量　172b
交通基础设施投资　173b
交通事故情况(表)　275
“交通西进”公路建设　175b
交通信息指挥中心　175a
交通行业管理　172c
交通银行杭州分行　198c
　概况　198c
交通运输　172
　概况　172a
　综述　172a
轿车子午线轮胎　78c
教学科研成果(党校)　229b
教育　287
　概况　287a
　事业费　293a
　综述　287a
　总投入　287b
教育改革　287a
教育乱收费整顿(淳安)　369b
教育乱收费治理　288a
教育强区县(市)　287c
教育强镇(乡)　287c
接待工作　247c
接待海外旅游者人数前十名国际旅行社(表)　166
接待海外游客前十名星级饭店(表)
165
接待华侨人数　270a
接入网监控系统　218b
接收大中专毕业生增幅　264c
接受华侨捐款数　270a
接受华侨捐赠　270c
秸杆机械化还田　57a
揭批“法轮功”　329b
结对帮扶　45c　328a

结构调整
出口产品 120c
工业 63a
国有集体商业 100b
农业 46c
丝绸 67b
结婚登记数 324b
截污纳管 145a
借地绿化 149a
《今日青年》 301b
“巾帼建功”活动 260a
金融 195
金融服务 195c
金融监管 195b
金融审计 206a
金义集团涪陵有限责任公司 32a
紧缺专业人才引进 109c
近江展馆 345c
进出口环节税 123a
进出口检验商品货值 124b
进出口检验商品批量 124b
进出口企业 119c
经纪行业监管 111c
经纪行业培育 111c
经济关系调整 278b
经济管理 204
经济和社会发展概况 25c
“经济户口”综合监管软件 208c
经济技术合作项目数 30c
经济建设(个私经济) 86a
概况 86a
经济林面积 49b
经济体制改革 28b
经济效益
电信 184c
联通 189c
移动通信 187c
民航 180b
外资企业 122b
经济协作 30c
概况 30c
经济运行监测分析 210c
经济责任审计 207a
经叔平 374a
经营改革(国有集体商业) 100b
经营管理者人才市场 109b
精神文明建设 32a
电信 185a
高新开发区 131a
联通 190a
萧山开发区 129a
移动通信 188b
邮政 182c
之江度假区 132c
“警钟长鸣——窃密泄密案例展” 225a
净慈寺 329b
净资产
二轻 72c
机械 73c
丝绸 67b
西湖电子 77a
境外贸易机构 120b
境外企业 120b
纠正行风不正工作 234a
九三学社杭州市委员会 254c
概况 254c
九溪玫瑰园 133c
救济 321b
概况 321b
救济人口数 321c
救灾 321b
概况 321b
就业信息网络建设 261b
居民燃气用户数(市区) 28a
居民人均可支配收入(市区) 28a
居民生活质量(综合改革试点镇) 30b
居民文明程度(综合改革试点镇) 30b
居民消费价格指数 209a
居民消费倾向值 330a
居住条件 330c
《聚焦沿海——杭州篇》 284b
捐款数(工会) 256b
军队离退休干部安置 320a
军粮供应 104b
军民共建 284a 284b
概况 284a
军事 283
概况 283a
综述 283a
军事训练
民兵 283b
预备役部队 283c
军转干部接收安置 265c

K

开发新增外资项目 119c
开拓市场
广西 31a
四川 31a
云南 31a
凯地公司 68a
勘测设计 139a
勘察测绘工作 136b
康恩贝集团公司 31b
康莱特注射液 84a
考古发掘 160b
科技“创先” 91a
科技成果 92a
科技成果鉴定 92a
科技创新(乡镇企业) 58b
科技创业服务中心
高新开发区 131c
拱墅 186b
江干 349b
科技发展计划 90b
科技合作协议 90b
科技合作周 90c
科技计划实施 92b
科技教育(铁路) 176c
科技经费审计 206a
科技情报信息咨询服务业 220a
科技情报研究 93c
科技群众团体 94a
科技文化双拥共建工作 284b
科技兴税 193a
科技兴渔 53c
科技政策环境 90a
科普宣传周 94b
科学技术 90
科学研究和试验发展 90c
科研成果(市属高校) 289a
科研院所改革 91c
客运量
公路 177c
全社会 172a
水运 178c
铁路 175c
块状经济 58b 87a
宽带业务 219a
宽网技术应用 186b
矿山关停 354b

矿山整治　205b
矿山制品企业关停　354b
奎元馆上海连锁店　103a
扩大绿地面积　148c
　市区　28a
扩大内需　26b

L

来访境外客人数　266a
来访受理情况　246a
来访团组(教育)　288b
来杭台胞人数　272a
来杭投资企业　31b
来信受理情况　246a
“蓝天、碧水、绿色、清静”工程　153a
劳动　261　261a
　概况　261a
劳动监察　262a
劳动就业工作　261a
劳动争议案件受理情况　261c
老干部工作　230b
老虎洞窑址发掘　161c
老龄工作　332b
　概况　332b
老龄事业发展规划　333a
老龄问题调研　333c
老龄组织建设　332c
老年电大教学班　333b
《老年法》宣传　332c
老年人数　332b
　市区　332b
老年文体活动　333a
离婚登记数　324b
李瑞环　374a
理论学习形式　227b
历史人物选介　343a
历史沿革　21a
　概况　21a
立案工作　279a
立法工作　33a
利群环保纸业公司　72b
利润总额(国有集体商业)　100b
利税大户(农场企业)　57a
利用外资　121c
　服务业　122a
　建冶　82a
连锁经营　97a
连锁经营企业销售情况(表)　97
连锁门店数　26c
连锁门店销售额　26c
连阴雨　60b
联合国人居奖　28a　32a
联合国维和民事警察　275c
联通通信　189c
　概况　189c
良渚大遗址保护　160c
良渚遗址管理区　362c
粮经比　26a
粮经作物产值比例　44a
粮经作物种植面积比例　44a
粮食购销市场化改革　103b
粮食减产数　321b
粮食清仓查库　104b
粮食种植面积　26a　44a　46b
粮食总产量　26a　44a　46b
粮食作物生产(表)　48
粮油商业　103b
　概况　103b
粮油专业市场　104c
粮源基地建设　104a
“两港三区”　90a
两个文明建设
　民革　252a
　民建　252c
“两基”工作　287c
列入中国外资企业500强情况(杭州开发区)(表)　127
烈士褒扬　317a
烈属数　317a
林地管理　50b
林地征占用审核率　49b
林木采伐量　49b
林木种苗生产经营　50a
林区治安　51a
林业　49b
　产值　44c
　概况　49b
林业特色基地　50a
林振国　335c
临安罐头食品公司　378b
临安经济开发区　378a
临安市　375c
　概况　375c
　乡镇情况(表)　377
临安至昌化段改建工程　377c
临床用血管理　310a
临平职高　363c
临浦镇　30a
灵西隧道　285c
灵隐寺　329b
领导班子建设　226a
领导干部监督管理　226a
领导干部廉洁自律工作　233c
领导义务植树　149a
领导重视(环保)　152c
“领头雁”工程　226a
刘　江　341a
刘　晔　341c
流动儿童少年入学　291b
流动人口计划生育管理　332a
流动资金周转天数(乡镇企业)　57b
留学人员创业环境　264b
留学人员创业园　131b
留学生创业园引智　270b
留学生创业园引资　270b
龙井茶基地保护　47b
龙井山园　354c
龙坞镇　355a
路政管理(公路)　177b
吕红兰　66a
吕志勇　275c
旅馆业　102b
旅客发运量(民航)　179c
旅客吞吐量(民航)　179c
旅客运输(公路)　177c
旅行社　165c
旅游　163a
　淳安　171b
　富阳　169b
　概况　163a
　建德　170c
　临安　169a
　桐庐　170a
　萧山　167c
　余杭　168a
　综述　163a
旅游餐饮　166a
旅游产品　165a
旅游产业增加值　26b
旅游饭店　165b
旅游购物　166a
旅游管理　166c

旅游黄金周　164a
旅游教育培训　167a
旅游节庆　164c
旅游经营　165b
旅游区(点)质量等级评定　165a
旅游市场　163c
旅游市场监督检查　166c
旅游外汇收入　26b　163a
“旅游西进”　163b
旅游西进决策　163a
“旅游西进”控制性详规　138a
“旅游西进”战略　223c
旅游业
　　淳安　367c
　　临安　376c
旅游资源开发　165a
律师代表大会　280c
绿化法规　150b
绿化建设(公路)　177b
绿化建设市场化运作　149c
绿化摄影大奖赛　151a
绿化优秀工程评选　150c
绿化造林数(农村)　44c
绿芦笋　375b
“绿色通道”　45a
“绿色学校”　288a
罗豪才　254c
罗鉴宇受贿案　282a
罗雪娟　314a　340a
络麻生产(表)　48
络麻种植面积　46c
落实十五届六中全会精神　224a

M

马雨亭　342b
麦德龙杭州商场　350a
满期给付(人寿保险)　201c
满意部室(窗口)活动　257c
“满意窗口”评比　146a
毛家桥住宅区块　73b
毛源昌眼镜　72b
毛泽平　337a　368c
毛致用　374a
毛主席视察纪念馆　345c
矛盾纠纷排查调处　273c
茅临生　335a
梅城镇　29c
梅汛期暴雨　60a
煤气供应　144b
每日客运班次(公路)　177c
“美的瞬间”摄影大奖赛　299a
美发美容国家队　102b
美发美容选手　102b
美发美容业　102b
美国UAI公司　359b
门票收入金额(西博会)　113c
“门前三包”责任制　148b
蒙面入室抢劫案　281b
蜜梨产业　92c
棉花生产(表)　48
棉花种植面积　46b
面积　21a
　　滨江　355c
　　淳安　366c
　　富阳　372c
　　拱墅　350c
　　建德　370a
　　江干　348a
　　临安　375c
　　上城　344a
　　桐庐　364a
　　西湖　352c
　　下城　346a
　　萧山　357c
　　余杭　361a
民兵　283b
民间艺术展示　295a
民间组织管理　324a
　　概况　324a
民生集团　67a
民事关系调整　278c
民用航空　179c
　　概况　179c
民政　317
民主党派工商联领导干部读书班　229a
民主党派和工商联　251
　　概况　251a
　　综述　251a
民族　327a
　　概况　327a
民族乡村发展经济工作会议　328a
民族乡村种植养殖业调研　328a
名城保护工作　159b
名牌产品培育机制　212c
名优茶产量　46c
模拟移动电话网络　188c
木老乡中华寿桃基地　32a
目标管理考核工作　245b
牧业产值　44c
募捐(工会)　256b

N

“纳税人在我心中”活动　193b
内部登记审批时限提速　208b
内部建设
　　平安保险　203c
　　人民保险　201b
　　人寿保险　202a
　　太平洋保险　203a
内部审计　207b
内资企业数　207c
奶类产量　44a
奶牛存栏数　51c
南充　31c
南充市华立电表有限公司　32a
南京军区　318a
“南屏晚钟”御碑　329b
南宋恭圣仁烈杨皇后宅遗址　161b
南宋民俗风情作品　73a
闹元宵活动　295a
扭亏解困(国有纺织企业)　68b
农博会名牌奖　375b
农产品安全管理　213b
农场企业　57a
　　概况　57a
农村电网改造(淳安)　369a
农村多层住宅建设　356c
农村改厕　311c
农村改水　311c
农村工作先进单位表彰　46b
农村经济　44
　　滨江　355c
　　淳安　366c
　　富阳　372c
　　概况　44a
　　拱墅　350c
　　建德　370a
　　江干　348a
　　临安　376a
　　桐庐　364a
　　西湖　352c
　　下城　346b
　　萧山　357c

余杭　361a
综述　44a
农村经济总收入　44c
(表)　44
产业构成(表)　45
农村精神文明建设　32b
农村敬老院数　321c
农村客车改造工作　178b
农村面源污染调查　155a
农村能源建设　46a
农村卫生　309c
概况　309c
农村五保老人数　321c
农村养老保险制度　354c
农村自来水普及率　27b
农副产品加工机械数　56c
农机化作业　56c
农林牧渔业总产值　44c
农贸市场监管　111b
农民人均纯收入　28a　44c　329c
农民人均收入(综合改革试点镇)　29c
农民人均住房面积　330c
农网改造工程　80b
农业标准化建设　48a
农业产值　44c
农业高科技示范园区　92c
农业机械　56b
概况　56b
农业机械原值　56c
农业机械总动力　44b　56b
农业科技示范基地　92b
农业龙头企业　359c
农业农村现代化教育　226b
农业农村现代化试点乡镇调整　46a
农业水源污染调查　155a
农业现代化示范园区　49a
农业新技术推广　47c
农业增加值　26a　44c
农业执法专项整治　49a
农业资源网　354a
农转居多层公寓　223b
农作物成灾面积　56b
农作物绝收面积　56b　321b
农作物受灾面积　321b
女兵　283c
女装产业　70a
概况　70a
女装产业发展意见　71b
女装产业园区　71b
女装发展领导小组　71a

P

排灌机械数　56c
排污管理　154a
潘宏耕　339c
培育重点出口企业　120a
赔付率(人民保险)　201a
赔款支出
人民保险)　201a
人寿保险)　201c
太平洋保险)　202b
配套企业(萧山开发区)　130a
皮棉产量　46b
漂浮垃圾清除
上塘河　147c
运河　147c
品牌经营(国有集体商业)　101a
破产企业　67c
濮家码头　350a
普通高等院校数　27b
普通高校在校学生数　287a
普通高中教育　290a
概况　290a
普通中等学校情况(表)　290

Q

“七一二”大风　60a
期货经纪公司数　29b
期货营业部数　29b
其他重要来访团组(表)　269
其他主要出访团组(表)　268
企业产权制度改革
供销社　105c
国有集体商业　101a
企业存款余额(人行)　195a
企业登记注册前置并联审批制度　208b
企业改革
建筑　141b
民航　180c
市农经委直属企业　45b
铁路　176a
企业改制
二轻　72c
化工　78b
机械　73c
建冶　81c
粮食系统　104c
商贸　98a
市食品酿造公司　84c
市属物资企业　107b
西湖电子　77a
园文　156b
企业改制工作联络组　28b
企业改制工作专题会议　28b
企业工资宏观调控　262a
企业管理(邮政)　182b
企业技术中心　64a
企业拍卖所得金额　29a
企业青工创新增效活动　258c
企业上市　29a
企业文化培训班　299a
企业信用工程　208c　375a
企业属地管理(工业)　63c
企业转制(乡镇企业)　58a
气候对春蚕桑的影响　60c
气候对春茶叶的影响　60c
气候对大小麦的影响　60b
气候对农作物的影响　60b
气候对水果的影响　60c
气候对晚稻的影响　60c
气候对早稻的影响　60b
气温　21b　59a
气象　58c
概况　58c
气象特征　21b
气象现代化　61a
气象研究(新安江水电厂)　81b
汽车北站小商品市场　352a
汽车出租行业　178a
汽车维修行业　178a
汽车运输经营单位　176c
千岛湖　21b　368c
千岛湖风光邮资明信片门票　184a
千岛湖秀水节　368b
千岛湖镇　369b
千顷天池　378b
迁入人口　22a
钱江大桥维修加固　174b
钱江三桥入城口　357b
钱江新城核心区块城市设计　138b
钱塘江标准海塘建设　55b
钱塘江两岸规划　138b
“钱塘江时代”　223c

钱塘江水系 21b
乾潭镇 30a
乔林输变电工程 81c
乔司变电所 80a
侨务 266 270a
概况 270a
侨务干部业务培训班 270c
禽蛋总产量 26a
勤工俭学总收益 293b
青春宝集团公司 29a
青春宝集团公司九龙制药厂 31c
青年文明号 259a
青少年科普教育 95a
青少年校外教育阵地建设 259b
青少年政治思想教育 258b
青少年宗教信仰问题调研 329a
青少年组织 256 258a
概况 258a
青田籍归侨侨眷联谊会 271a
青壮年非文盲率 287a
轻纺原料经营(土特产公司) 106a
清河坊历史街区 345a
清凉峰 21a
清收不良资产(工商信托公司) 200c
清淤配水工程 55b
清运粪便量 144b
清运垃圾量 144b
情报信息服务 94a
情报信息咨询 93c
“情系西部献爱心”活动 329c
庆春广场 350a
庆春广场人防工程 285b
庆祝建党80周年文艺活动 298c
秋季小说笔会 298b
区县(市)旅游 167c
区县(市) 344
区县(市)文联工作概况 299b
区域科技创新体系 91b
区域市场群体 110c
全国“五个一工程”奖 295a
全国CAD应用工程示范企业 74c
全国比赛获金牌数 27c
全国比赛获铜牌数 27c
全国比赛获银牌数 27c
全国残疾人扶贫先进单位 364a
全国党史工作先进单位 230a
全国环境保护模范城市 32a
全国巾帼文明示范岗 366b
全国经贸普法先进 67a
全国绿化千佳村 363b
全国农村成人教育改革和发展研讨会 292b
全国群众体育先进单位 355a
全国社区教育实验区 347b
全国市场营销创新论坛 66b
全国特殊教育先进单位 360a
全国饮食服务业政研会理事会 102c
全国游泳之乡 346a
全国园艺产品出口示范区 359b
全国质量兴市先进单位 363a
全警岗位练兵大比武活动 275a
全民国防教育活动 284b
全民健身活动 313a
全民义务植树 49c
全民运动会(滨江) 357b
全社会用电量按行政区域构成(表) 80
全社会用电量按用电性质构成(表) 80
全省卫生复查考核 311b
全市反腐败工作会议 232c
全市纪委书记会议 233a
全市纪委书记检察长联席会议 233b
全市招商引资大会 121c
全市宣传思想工作会议 227a
全市幼儿教育工作会议 292a
全员劳动生产率
铁路 175c
乡镇企业 57b
群星奖 360b
群艺馆 294a
群众举报受理情况 276c
群众体育 314a
概况 314a
组织整顿 315a

R

“让世界清洁起来”活动 152a
绕城公路北线一期工程 173c
人才工作站 109c
人才交流大会 109b
人才交流会情况(表) 265
人才交流集市 109a
人才市场 109a
概况 109 a
人才网站 109b
人大代表建议办结率 246a
人防工程开发利用 285a
人防建设费 285a
人防建设新目标 285a
人防行政执法 285b
人防专业队伍整组 285c
人防总面积 284c
人均居住面积
农民 28b
市区居民 28a 330c
人均绿地面积 148c
人均消费性支出(市区) 28a
人均占有绿地(市区) 28a
人口
滨江 355c
淳安 366c
富阳 372c
拱墅 350c
建德 370a
江干 348a
临安 375c
上城 344a
桐庐 364a
西湖 352c
下城 346a
萧山 357c
余杭 361a
人口变迁 21c
概况 21c
人口出生率 27c 330c
人口机械增长情况 247a
人口自然增长率 27c 330c
人民防空 284c
概况 284c
人民生活 329c
淳安 368a
富阳 374a
建德 371a
临安 377c
上城 344c
桐庐 365c
萧山 358c
余杭 362a
人人集团 352a
人身意外伤害保险(建筑) 142a
人事 261 263a
概况 263a
人事代理服务 109c

人事调研　265c
人事考试　264a
人事仲裁　265c
人武部三年规划　283b
人物　335
人员分流(二轻)　73b
认证企业(检疫检验)　125c
日本福井市软式排球联盟代表团　316c
日照　59c
日照时数　21b
融资服务　66b
肉类总产量　26a　44a
入境旅游市场　163c
入园幼儿数　291c
软件企业
　　电子　75a
　　杭州开发区　128a
软件园(高新开发区)　131a
软科学研究计划　93a
锐劲特　79b

S

“三杯”竞赛活动　146b
三堡船闸通过船舶数　178c
三大产业比例　26a
三大交易会成交额　121a
“三个代表”宣传　227c
“三个代表”学习　227c
“三个代表”学习教育活动　225b
三级统战工作会议精神落实　228b
“三江”歌手大赛　295a
“三江”渔业资源开发　54a
三菱数源移动通信公司　77b
三三超市　350b
三峡库区移民安置　32a　322a　360a
“三十工程”　260a
“三项整治”活动　310c
“三新三爱”教育　257a
“扫黄打非”　306a
　　海关　123a
缫丝工全能第一名　66a
森林病虫害防治率　49b
森林病虫害监测覆盖率　49b
森林覆盖率　21c
森林火灾　51b
森林火灾受害率　49b
山林纠纷调处　50c
伤残国家工作人员数　317a
伤残军人数　317a
伤残民兵民工数　317a
伤残人民警察数　317a
商办工业　106b
　　概况　106b
商标使用行为规范　111b
商品房施工面积　26b
商品房销售面积　26b
商品流通　97
　　概况　97a
　　综述　97a
商品市场　97a
商品市场成交额　26c　110b
商品市场管理　110b
　　概况　110b
商品市场数　26c
商品质量抽查　212b
上城区　344a
　　概况　344a
上城区胜利小学　291b
上海 APEC 会议　362b
上缴税金
　　电力　79c
　　农场企业　57a
　　萧山开发区　129b
少数民族发展经济专项补助资金　327b
少数民族人数　327c
少数民族数　327c
少数民族资料信息库　327c
设计合同数
　　城建设计院　139b
　　建筑设计院　139a
设计优良品率(建筑设计院)　139a
设计招标
　　科技类标准厂房　138c
　　西溪风景区规划　138a
社会　317
社会办学数　27b
社会办学在校学生数　27b
社会保险制度改革　262c
社会保障体系建设(财政)　191c
社会保障线标准调整　258a
社会服务工作
　　九三　255a
　　民革　251c
　　民建　252c
　　民进　253b
　　民盟　252b
　　民主党派和工商联　251b
　　农工　254a
社会福利事业　323a
社会公益工作(工商联)　255c
社会公益活动(个私经营者)　88c
社会活动(个私经济)　87c
社会科学　95a
　　概况　95a
社会科学研究成果　95b
社会力量办学　292a
社会力量办学学校数　287c
社会文化　295a
社会消费品零售额　26c
社会舆情信息工作　227c
社会治安综合治理　34c　279a
　　上城　344c
社会治安综合治理工作会议　273c
社会治安综合治理目标管理责任书　273b
社区残疾人组织建设　326a
社区妇女工作　260b
社区工会　256a
社区计划生育改革　331a
社区计划生育工作(上城)　345c
社区建设　320b
　　滨江　356b
　　江干　349c
社区警务建设　274c
社区科普活动　94b
社区青少年工作　259a
社区卫生服务　309b
涉农收费项目
　　取消数　45b
　　停止数　45b
涉台教育　272a
申报世界遗产工作(西湖)　157c
申诉复查　277b
沈　坚　336a
沈家桥农业园　352a
审计　205c
　　概况　205c
审判监督工作　279a
审批事项清理(财政)　192b
生产经营规模(个私经济)　86c
生产能力(女装)　70b
生产企业数(女装)　70b
生产要素市场　110b
生产资料市场　110b

生产资料行业　107b
概况　107b
生活垃圾分类收集　147b
生态公益林　49c
生猪出栏数　51c
生猪流通领域准运管理　51c
生猪饲养量　51c
生猪屠宰监控体系　51c
省“五个一批”企业调整(工业)　63c
省10强软件企业　75b
省级机械专业区　366a
省级教育强镇　350b
省级街容达标路　355b
省级科技进步奖获奖数　27b
省技术进步优秀企业(工业)　65c
省教育强区
滨江　356c
上城　345a
西湖　355a
省农博会　45a
省知名特色网站　65a
省重点自然保护小区名单　51
尸体火化率　324c
尸体火化数　324c
失业救济金　258a
师资队伍建设　292c
概况　292c
湿度　21b
湿法脱硫　81a
十大女装品牌　71a
十佳服装设计师　71a
十强女装生产企业　71a
丝绸　68a
“十五”规划编制　205a
“十五”规划研究　205a
石钟韶　75c
石竹园村　363b
时尚女装特色街　71c
实际到位内资金额　30c
实际利用外资额　26c　119a　119c
高新开发区　130c
国家级开发区　27a
杭州开发区　126b
萧山开发区　128b
之江度假区　132a
实施科技项目(高新开发区)　130c
实现利润
电子　74c
二轻　72c
福利企业　323a
工商信托公司　200c
规模以上工业企业　26b　63a
化工　78b
机械　73c
交行　199a
金融机构　195a
商办工业　106b
食品　84c
西湖电子　77a
乡镇企业　44b　57b
萧山开发区　129b
烟草　108a
一轻　72b
医药　83a
实现利税
电子　74c
二轻　72c
纺化　68b
高新开发区　130b
供销社　105b
规模以上工业企业　26b　63a
国家级开发区　27a
国有集体商业　100b
杭州开发区　126a
化工　78b
机械　73c
食品　84c
西湖电子　77a
一轻　72a
医药　83a
实现税金(乡镇企业)　44b　57b
实现税前利润(农场企业)　57a
实现运输利润(铁路)　175c
实心砖禁用　82c
食醋产销管理　85b
食品工业　84b
概况　84b
食品卫生　310c
食品展销会　85c
食用竹笋　92c
史　行　340c
士兰公司　76c
世界钱币博物馆　161a
世界游泳冠军　314a
市残联　325c
市茶叶产业协会　47a
市长办公会议　240a
市长公开电话受理情况　246c
市场　109
市场办管脱钩　208b
市场长效管理　208a
市场活动整顿规范(个私经济)　87a
市场基础管理　111a
市场经济秩序(检疫检验)　125b
市场经济秩序整顿和规范　110c
工业　66c
市场经营主体行为监管　111a
市场举办主体准入规范　111a
市场营销(邮政)　182b
市场预赔制度　111b
市场占有率(平安保险)　203b
市场秩序整顿和规范　208a
市城建设计研究院　139b
市创业联合投资协作网　91b
市档案馆新大楼　299c
市第十五届运动会　314a
成人部成绩(表)　314
青少年部前八名成绩(表)　314
市电信分公司通信情况(表)　184
市纺织化纤工业公司　68b
市工业资产经营公司　65a
市和区、县(市)机构概况　35a
市话初装费取消　185c
市机械科学研究所　29b
市级科技进步奖获奖数　27b
市级农业龙头企业　45a
市级森林公园　50a
市级文明社区数　32b
市级主要机构及负责人名单　35a
市纪委第六次全会　232b
市纪委第七次全会　233a
市建筑设计研究院　139a
市教育科学研究所　96a
市节能技术设计研究所　29b
市经济体制改革委员会　95c
市经济研究中心　95c
市九届人大常委会　235b
市九届人大六次会议　235a
市勘测设计研究院　140a
市科学技术协会　94a
市劳动模范医疗保障资金　257b
市领导会见来访港澳同胞(表)　271

市领导会见来访华侨华人(表) 271
“市民林” 150a
市青联工作 259b
市区部分优抚对象优待金标准(表) 318
市区财政收支情况(表) 194
市区党校联合办校 229a
市区道路清扫面积 147a
市区降水与常年比较(图) 62
市区居民人均可支配收入 329c
市区气温与常年比较(图) 62
市区日照与常年比较(图) 62
市区社会救济对象救济补助标准(表) 322
市区义务兵家属优待金标准(表) 318
市区用地 143c
市区优抚对象定期补助金标准(表) 318
市区优抚对象定期抚恤金标准(表) 318
市区主要博物馆(表) 162
市区主要主副食品零售价格(表) 210
市人大常委会设立20周年纪念 238a
市容环境卫生问题有奖举报 152a
市软件行业协会 75c
市社会科学界联合会 95b
市社会科学院 95b
市水产科学研究所 29b
市投资项目集中办理中心 245c
市委八届八次全会暨读书会 222c
市委八届七次全会 222c
市委党史研究室 230a
市委举办的领导干部报告会(表) 225
市委维护稳定工作领导小组 273c
市委专题调研活动(表) 223
市文化部门单位(个人)获奖情况
　　群众文化类(表)297
　　专业类(表)296
市物资系统主要物资销售情况(表) 108
市辖区主要机构及负责人名单 39b
市新华书店 306a
市拥军慰问团 318a
市邮政局基本情况(表) 183
市政府常务会议 238a
市政府驻外办事机构 247c
市政公用系统信息化建设 145c
市政设施养护工作招标 145b
市政市容事业 144a
　　概况 144a
市政协常委读书会 249b
市政协工作研讨会 249c
市政协七届常委会 248c
市政协七届五次会议 248b
市政协宣传工作 250a
市政协之友联谊会老同志座谈会 250a
市直属国有企业改制面 28c
市直属国有企业改制数 28c
市直属企业改制 28b
　　改制面 28c
　　改制数 28c
市属基层工会主席保障资金 257c
“视觉第一中国行动” 326c
事实收养儿童户口申报 324b
事务公开制度 257a
事业单位转企改制 29b
事业单位综合配套改革 265b
适龄儿童巩固率 291a
适龄儿童入学率 291a
适龄儿童入园率 287a
逝世人物 341c
收获机械数 56c
收容遣送 324b
　　概况 324b
收容人数 324b
收入差距 330a
收养登记数 324b
寿昌镇 30a
受理信访投诉(城市管理) 151b
受理质量监督面积 140c
受灾人口 321b
受灾直接经济损失 56b 321b
售电量 79c
售后服务 111b
授权专利数 27b
蔬菜产量 26a
蔬菜实物储备 98c
蔬菜种植面积 26a 44a 46b
蔬菜总产量 44a 46b
数据业务 219a
数源科技公司 78a
数源西湖彩电 78a
数字电视广播试验 219a
双溪 363c
“双学双比”活动 260a
双拥成果图片展 318b
双拥工作 284b 318c
“双整治” 375b
《谁也说不清楚》 360b
水产品产量 44a
　　(表) 53
水产品市场 52c
水产品总产量 52a
水产行政事业单位数 52b
水产养殖 52b
　　名特优新 52c
水产养殖面积 52a
　　(表) 53
水产业 52a
　　概况 52a
水果产量 26a 44a 46c
水果生产(表) 48
水果种植面积 26a
水利 54C
　　概况 54C
水利建设投工数 44b 55a
　　投资数 44b
　　完成土石方数 44b
　　资金投入总额 55a
水陆运输结构调整 173a
水陆运输市场秩序整顿 173b
水路旅游运输经营资质管理 173a
水路运输企业数 178c
水泥散装总量 83a
水泥行业专项整治 155a
水上交通安全形势 179a
水土保持工作 55c
水运 178c
　　概况 178c
　　交通事故 178c
水政监察巡查制度 55c
水煮笋 378b
税收职能作用发挥 192b
税收秩序整顿和规范 192c
税务 191
税务行政执法规范 192c
丝绸发展战略与规划 68a
丝绸工业 67a
　　概况 67b
丝绸文化展示会 347c

司法　279c
　概况　279c
司法监督工作　277a
私人住宅电话初装费变化情况(表)　185
私营企业雇工数　86a　207c
私营企业情况(表)　88
私营企业数　86a　207c
私营企业投资者数　86a
死亡率　22a
　市区　22a
死亡人口　22a
　市区　22a
四季青服装研究发展中心　71c
四新产品(丝绸)　67b
"四五"普法　280a
宋城　133a
宋城华美学校　133b
素质教育　287a
随军家属　284c
孙景森　336a

T

台北—上海城市论坛会议参访团　272b
台务　266　271b
　概况　271b
唐孝威　338c
唐装面料　362b
搪瓷有限公司　72b
搪瓷总厂　72b
淘汰落后生产能力
　钢铁行业　64b
　水泥行业　64b
特等革命伤残人员护理费标准(表)　317
特色工业园区(综合改革试点镇)
　面积　29c
　数量　29c
　投资额　29c
特色文化开发(淳安)　369c
特色养殖基地(水产)　53c
特殊学校情况(表)　291
提高市民素质　32c
提供支农资金(乡镇企业)　57b
体育　313
　概况　313a
　综述　313a
体育产业　313a
体育传统项目学校　316a
体育交流　316a
　概况　316b
体育竞赛　313c
　概况　313c
体育设施建设　313a
体育运动学校　316a
天地保健品公司　366a
天目山　21a
"天堂硅谷"　90a
"天堂硅谷"投融资交流大会　221c
铁路　175c
　概况　175c
　客货运量(表)　176
铁路沿线环卫综合整治　147b
铁通浙江分公司　176c
通关速度　123b
通关作业改革　123b
通航城市(民航)　179c
通航里程(水运)　178c
通信能力(邮政)　182a
同网同价　372b
同业存款(工行)　196b
桐庐蜜梨节　366b
桐庐县　364a
　概况　364a
　乡镇情况(表) 364
统计　210c
　概况　210c
统计法制建设　211c
统计方法改革　211a
统计服务工作　211a
统计服务领域拓展　212a
统计执法检查　211c
投资洽谈会(下城)　347a
投资软环境改善(个私经济)　87c
图书出版量　305c
图书发行效益　306c
图书馆业务建设　295b
土地出让　143c
土地复垦数　143a
土地管理　143a
　概况　143a
土地面积构成　21b
土地拍卖(萧山开发区)　130a
土地使用权流转机制　45c
土地市场专项清理整顿　144a
土地收购储备　143c
土地招标拍卖　144a
土地执法监察　143c
兔出栏数　51c
团结联谊工作(市政协)　250c
团员数　258a
团组织建设　259a
　非公有制企业　259a
推进"放心"工程(质量技术监督)　213a
推进企业发展(财政)　191c
推进企业改革(财政)　191c
退役军人安置　319b
拖拉机数　56c

W

娃哈哈广元分公司　31c
娃哈哈集团　84c
娃哈哈集团公司涪陵有限责任公司　32a
歪理邪说批驳　95a
外地企业来杭投资兴业　31c
外地企业总部迁杭　31c
外地驻杭办机构数　31b
　新审批数　31b
外汇存款余额
　交行　198c
　人行　195a
　中行　197b
　交行　198c
　人行　195a
　中行　197b
外汇管理新方式　195c
外来人口管理　35a
外联人数前十名国际旅行社(表)　166
外贸出口(农场企业)　57a
外贸出口交货值(二轻)　73a
外贸发展基金审计　206a
外贸　119c
外派劳务人员　120b
外商投资(纺织业)　69a
外商投资企业数　207c
外事　266　266a
　概况　266a
外向型经济(乡镇企业)　57c
外资企业数　119a
外资企业总投资额　119a
外资　121c
完成审计项目数　205c
完成土石方数(水利)　55a

完善国有资产营运体系(财政)　192a
“万民共迎西博会”广场文艺晚会　298c
万向集团　359b
王伯敏　340c
王传淞　343c
王峰凯　342c
王建满　335a
王金财　335b
王忠禹　346a　349a
网络服务之星(电信)　187c
网络建设　219b
网上档案馆　300a
网上商城　99a
网上洗衣服务　103a
网上营业厅(电信)　186b
威坪镇　30b
为老年人办实事　333a
为民办实事工程　144b
为民办实事项目达标情况(表)　41
为企业服务(质量技术监督)　213a
维护社会稳定　274b
维权工作(个私经营者)　88a
维修一级企业　78a
卫生　308
　概况　308a
　综述　308a
卫生技术人员数　308a
卫生监督　310c
　概况　310c
卫生监督改革　309a
卫生救护培训　312b
卫生科技人才培养　310b
未来世界　133b
文博建设　160a
文昌镇　30b
文代会　298a
文化　294
　概况　294a
　综述　294a
文化产业　227b　294b
文化馆　294a
文化交流　294c
文化经营单位　112a
文化设施建设　294b
文化市场管理　112a
　概况　112a
文化艺术节(滨江)　357b
文联与各协会　296a
　概况　296a
文明村数　32c
文明导游员　167a
文明服务
　电信　185a
　移动通信　188b
文明社区创建覆盖面　32b
文明乡镇数　32c
文明样板航道　179c
文明样板路(公路)　177a
文史资料征集工作　250a
文物　156a　159a
　概况　159a
文物点保护　159c
文物法制建设　160a
文物机构建设　160a
文学创作规划　296b
文艺创作　294a
文艺创作成果　296b
文艺活动　294b
文艺家协会换届　298a
文艺交流活动　297a
文艺作品获奖数　296b
　国家级　27b
　省级　27b
《我亲爱的祖国》　27b
污水处理在线监测系统　145c
无偿献血　312b
无公害果园建设　47a
无线电管理　247a
吴山广场　298c
吴越国王陵　377c
“五个一工程”奖(杭州)　33a
　获奖电视专题片　33a
　获奖电视剧　33a
　获奖歌曲　33a
　获奖广播剧院　33a
　获奖节目　33a
　获奖理论文章　33a
　获奖摄影美术作品　33a
　获奖图书　33a
　获奖戏剧　33a
　获奖作品和单位(表)　33
　组织工作奖　33a
五好文明家庭　260b
“五小”科技活动　258c
武警　285c
　概况　285c
武林路　71c
武器装备管理(民兵)　283c
物价　209a
物价管理概况　209a
物美大卖场　354c
物业管理　142a
物资协作　31b

X

西博会
　广播信息发送　189a
　会期(西博会)　113c
　会议项目(表)　116
　会展成交额　26c
　活动项目(表)　116
　开幕式门票承销　183a
　气象服务　61b
　文化活动　227a
　新闻宣传活动　227a
　展览项目(表)　115
　志愿者行动　258c
西部地区保护与发展规划　137c
西湖　21b
西湖达利工业公司　68a
西湖底泥疏浚工程　157b
西湖电子集团　76c
　概况　76c
西湖风景区管理　156a
《西湖风景名胜区总体规划》　157a
“西湖风情”艺术系列展　294c
西湖国际雕塑邀请展　156c
西湖花会　156b
西湖卡发卡量　199c
西湖龙井茶　353c
西湖龙舟队　316c
西湖啤酒　72b
西湖区　352c
　概况　352c
“西湖书市”　307a
西湖数源软件园　77c
西湖水质保护　158a
西湖物价所　354b
西湖西进　158c
西湖之春旅游节　164c　363c
西泠印社　295c
　概况　295c
西泠印社出版社　306a
牺牲军人家属数　317a
喜得宝集团　67c

喜恩开胶囊　84b
下拨救灾款数　321b
下城区　346a
　概况　346a
下城区刀茅巷小学　291b
下城区市民服务中心　347b
先进国家高新区　131c
先进技术外商投资企业　122c
县(市)城镇建设　155b
　概况　155b
县(市)主要机构及负责人名单　40c
现代流通方式　98b
现代农业示范园区　375a
现代商业业态　98b
现代信息技术教育　293b
现金收入额(人行)　195a
现金支出额(人行)　195a
现役军人家属数　317a
线缆行业　75a
乡镇企业　57b
　概况　57b
　企业数　57b
　总产值　44b　57b
乡镇行政区划调整　24c
香港个个剧社　299b
项目审价　192a
项目质量(外资)　122c
消费结构　330b
消费品零售总额　97a　98a
消费品市场　110b
消费税　192b
萧山国税局　359a
萧山化纤和面料生产基地　69b
萧山经济技术开发区　128b
　概况　128b
　桥南区块　129b
萧山开发区创业中心　129c
萧山开发区管委会迁址　129b
萧山区　357c
　概况　357c
　镇情况(表)　360
销售产值
　电子　74c
　二轻　72c
　工业　63a
　机械　73c
　建冶　81c
　食品　84c
　一轻　72a
　医药　83a
销售额
　国有集体商业　100b
　家友超市　101c
　粮油商业　103c
　市属物资企业　107b
　粮油商业　103c
　烟草　108a
销售收入
　规模以上工业企业　63a
　商办工业　106b
　丝绸　67b
　西湖电子　77a
销售总额(供销社)　105b
销售总值(烟草)　108a
小班化教育试点　291b
小城镇综合改革　29b
　概况　29b
“小灵通”电话　186b
小水电发电量　55a
小水电装机数　55a
小学毕业升初中比例　27b
小学毕业生升学率　291a
小学平均学生数　291a
小学情况(表)　291
小学入学率　27b　287a
小学数　291a
效益农业合作体　369a
“校校通”工程　293b
协警支队　275a
协议利用外资额　26c　119c
　高新开发区　130b
　国家级开发区　27a
　杭州开发区　126b
　萧山开发区　128b
　之江度假区　132a
　西博会　113c
协议引进内资金额　30c
　西博会　30c　113c
新安股份　371b
新安江镇东区开发　372a
新产品
　化工　78b
　建冶　82a
　西湖电子　77a
新产品产值　26b
新产品开发
　萧山　359b
　校办产业　293c
新登记个体工商户数　207c
新登记内资企业数　207c
新登记内资企业注册资本　207c
新登记私营企业数　207c
新登记私营企业注册资本　207c
新登记外商投资企业数　207c
新登记外商投资企业注册资本　207c
新登镇　30a
新风景园林景点建设　156a
新合乡　189c
新建非公有制企业工会数　256a
新建绿化点　149b
新疆高中班　290a
新疆和田丝绸厂　65b
新剧(节)目汇演　294c
新老兵中转　319c
新签外商投资项目　26c
新任市领导简历　335a
新设立的非常设机构
　市委　224c
　市政府　244c
新世纪人才工程　263c
新闻出版　301
　概况　301a
　综述　301a
新闻出版团体　307b
新闻队伍建设　226c
　广播电视　303a
新闻人物　337a
新兴市场(外贸)　120a
新型防空警报系统　285b
新药港产业园区　83b
新业务(移动通信)　188a
新引进台资企业数　271c
新增全国重点文物保护单位　160b
新增省级文物保护单位(表)　43
新增投资项目
　高新开发区　130b
　杭州开发区　126b
　萧山开发区　128b
新增外商投资项目(之江度假区)　132b
新增校舍面积　293a
新增星级旅游饭店数　163b
鑫富生化公司　378c
信贷结构调整
　建德 372b

农行　197a
人行　195a
信贷投入(中行)　197b
信贷投向
工行　196a
商行　199c
信贷支农(农村信用社)　200a
信访接待工作(民革)　251c
信息产业　217a
信息服务和技术服务　220c
信息工作(九三)　255a
信息管线资源建设　218c
信息化工程　218c
信息化建设　216
概况　216a
综述　216a
信息基础设施　217c
信息技术应用与服务　219c
信用卡发放量
交行　198c
农行　197a
星光计划　323a
星火带头人　259a
星火计划　93b
星级社区(上城)　345b
星级文明规范市场(表)　112c
刑释解教人员重新犯罪(错)率　35a
行政复议　34b
行政机关不作为行为监督　34b
行政区划　22a
概况　22a
(表)　24
行政区划调整
淳安　368b
建德　371a
行政审判工作　278c
行政审批制度改革　245b
行政投诉制度　34a
行政执法公示制　34a
行政执法监察　234c
行政执法人员业务培训　34b
行政执法人员证件年审　34b
行政执法责任制(文化市场)　112b
行政执法责任制评议考核　34a
性保健用品市场管理　214b
性别比　21c
市区　21c
修志　247b
徐世浙　339a
许可证制度(林木种苗生产经营)　50a
许仙与白娘子邮票　183c
畜牧业　51c
概况　51c
总产值　51c
畜牧业生产情况(表)　52
宣传干部培训　228b
宣传教育(计划生育)　331c
学术交流　94c
学校体育工作　316a
汛情　56a

Y

衙前农民运动80周年纪念活动　230b
衙前农协旧址维修　162a
雅马哈钢琴　130a
烟草薄片　72b
烟草专卖　108a
概况　108a
“严打”整治斗争　273b
法院　278a
检察　276c
司法　280a
严重暴力犯罪案件侦破率　274c
严重经济犯罪严惩　278b
严州中学　371c
研究生挂职服务基地　357a
羊出栏数　51c
杨　敏　342a
杨戌标　336a
养护质量(公路)　177a
养老保险基金审计　206c
药材产值　26a
药材种植面积　26a
药店开办审批　215b
药监行风监督　215a
药品监督　213c
概况　213c
药品市场整治　214a
野生动物保护管理　50c
野生动物世界　375c
业务改革(检疫检验)　124c
业务总收入(民航)　180a
业余体校　316a
业余训练　316a
概况　316a
重点项目　316a
叶　明　335a
叶一苇　340c
一般普通高中　290a
一次性医疗用品　310c
一等革命伤残人员护理费标准(表)　317
“一二·一九”抢劫杀人案　281a
“一户一表、计量出户”工作(自来水)　145a
“一会一展”　142c
“一教育三整顿”活动　279b
一棉纺织公司　69b
一轻工业　72a
概况　72a
医教科研　310b
概况　310b
医疗废物集中处置　154c
医疗机构产权制度改革　309a
医疗机构规范执业　309c
医疗机构基本建设　308a
医疗机构数　308a
医疗执业行为　310c
医师资格考试　310a
医药孵化器　83b
医药卫生体制改革　29b
医药业　83a
概况　83a
医药用品招标采购　308c
医院病床数　308a
医院管理　309c
概况　309c
医院诊疗人数　308a
依法管理
计划生育　331c
文化市场　112a
依法治市　33a
移动电话用户数　27c
移动通信　187c
概况　187c
公益伞　189b
基站　189c
直放站　77c
移动信息化示范点　189b
遗址保护工作　159b
颐高数码集团　354a
义务教育　291a
概况　291a
义务植树尽责率　49b

义务植树人数　49b　149a
艺术精品　294b
艺术学校　294a
异位甲状腺被误切医疗纠纷案　281b
易威电子　124b
因公出国人数　266a
因公出国团组数　266a
因特网注册用户数　27c
因灾死亡人数　321b
音像市场监督　112c
"银联"标志银行卡　220a
银企合作(建行)　198b
银企合作洽谈会　66b
引进人才数　263b
饮料开发　84c
饮食服务业　102a
　　概况　102a
《英语画刊》　96c
印刷企业整顿规范　306b
印铁包装容器开发生产基地　73c
迎请佛螺髻发舍利供奉法会　329a
营业收入(农场企业)　57a
营运货车数(公路)　176c
营运客车数(公路)　177a
拥军爱民　284b
"永远的旗帜"文艺晚会　362c
用材林面积　49b
用电量(市区)　28a
优抚安置　317a
优抚对象数　317a
优抚事业单位普查　319b
优秀教师表彰　293a
优秀教师引进　293a
优秀科技工作者　92a
优秀旅游商品征集评选　99c
优秀青少年维权岗　259b
优质服务(民航)　180c
邮电　182
　　业务总量　27c
邮政　182a
　　概况　182a
　　投递体制改革　183a
　　业务收入　182a
　　业务总量　182a
油菜籽产量　46c
油菜籽生产(表)　48
油菜籽种植面积　46c
游客数(之江度假区)　132b
游泳训练　316a
有奖举报(环保)　153c
有突出贡献的老文艺家　340b
幼儿教育　291c
　　概况　291c
幼儿园建设　291c
幼儿园教职工情况(表)　292
幼儿园情况(表)　291
幼儿园数　291c
于冠西　340b
于跃敏　335b
余杭高新农业开发区　363a
余杭局(电信)　186c
余杭良塘公路　174c
余杭区　361a
　　概况　361a
　　乡镇情况(表)　362
余杭区残联　364a
余杭装饰用家纺织物基地　69c
俞国庆　336b
渔场数　52a
渔业产值　44c
渔业机械动力　52b
渔业执法管理　54b
渔业总产值　52a
《语文新圃》　96c
玉泉新景点　158b
郁嘉玲　336c
预备役　283b
预防保健　309a
预防职务违法违纪研讨会　277c
预警机制(建冶)　82c
预算管理体制改革　191c
预算执行情况审计　205c
园林　156　156a
　　概况　156a
园林绿地面积(市区)　28a
园林养护项目招标　157b
园文执法　156b
原麻产量　46c
运河　21b
运河市区段清淤工程　179b
运河文化研讨会　351c
运输船舶数　178c
运输服务单位数(公路)　177a
运输经营(铁路)　175c
运输收入(铁路)　175c

Z

杂志出版量　305c
灾情　56a
再就业中心(二轻)　73b
在杭高等院校基本情况(表)　289
在杭职业技术学校情况(表)　291
在乡复员军人数　317a
在乡红军失散人员数　317a
在乡退伍军人数　317a
在校大学生入伍　283c
在园幼儿数　291c
造地造田数　143a
造林面积　26a　49b
曾东元　336b
增值税　192b
增资政策到位　191b
债券交易量(商行)　200a
债转股改制(杭齿)　74a
债转股资金　66b
战时行动演练　283b
张鸿建　335c
张仲新　338b
章炳麟　3432a
章方祥　337c
招商引资　204c
　　之江度假区　132a
招生数
　　成人教育　292a
　　普通高中　290a
　　市属高校　289a
　　中等职业技术教育　290b
赵延年　341b
浙川化纤公司　32a
浙大科技园　131b
浙江大学基因组信息学研究所　31b
浙江电子信息产品制造业30强(表)　76
浙江对外经贸洽谈会　119a
浙江国际家具装饰展　347c
浙江华孚纺织有限公司　31b
浙江九洲药业股份有限公司　31b
浙江林学院　378a
浙江烹饪大师　102c
浙江三花钱江实业有限公司　31b
浙江省基因组信息学实验室　31b
浙江省文明城市　32a
浙江世界贸易中心会展中心　117a
　　部分会展情况(表)　117

浙江香娟集团　31b
浙江新安化工集团股份有限公司　29a
浙江银泰百货有限公司　31b
浙江元华建设置业有限公司　31b
浙江展览馆　118a
　部分会展情况(表)　118
浙西大峡谷　378b
振兴中小企业调查(工业)　66c
赈灾募捐　312a
征地制度改革　143c
征管改革　192c
征收公路建设基金数　177a
征收航道养护费数　179a
征收养路费附加费数　177a
征收养路费数　177a
蒸发量　21b
证券交易总额(工商信托公司)　200c
郑彩萍　66a
郑树森　339b
郑志新　341c
政策性文件清理(财政)　192b
政法　273
　概况　273a
　综述　273a
政府采购审价　192a
政府采购中心(建德)　372a
政府交办的审计　207b
政府性基建投资项目审价　192a
政工职称评定工作　228a
政务督查工作　245a
政协杭州市委员会　248b
政协委员提案办结率　246a
政治协商制度　228c
之江国家旅游度假区　132a
　概况　132a
支持企业发展(财政)　191a
支持事业发展(财政)　191a
支农资金审计　206c
支柱产业　63b
执法监督　34a
执勤(武警)　286b
执行工作　278c
直管公房综合整治　142c
直接遣送人数　324b
职称考评新途径　264b
职工技术创新活动　256c
职工人数
　电力　79c
　电信　184a
　二轻　72c
　纺化　68a
　工业　63a
　化工　78b
　机械　73c
　建冶　81c
　联通　189c
　女装　70b
　食品　84b
　丝绸　67b
　移动通信　187c
　邮政　182a
职工组织　256　256a
　概况　256a
职务犯罪案件侦查情况　276b
职业资格证书制度　262b
志愿者行动品牌　258c
制定利用外资鼓励政策　122b
制度创新(建筑)　140c
制度建设(市政市容)　144c
治理水土流失面积　55a
质量技术监督　212b
　概况　212b
质量技术专项整治　212b
中策啤酒公司　85a
中等职业技术教育　290b
　概况　290b
中等职业学校更名　291a
中低产田改造　48a
《中共杭州历史大事记》　230a
中共杭州市委党校　95c
中国(广州)出口商品交易会　121a
中国(杭州)第二届最佳人居环境展览会　143a
中国工商银行浙江省分行营业部　196a
　概况　196a
中国共产党杭州市纪律检查委员会　232b
中国共产党杭州市委员会　222a
　概况　222a
中国国际高新技术成果交易会　110a
中国国际民间艺术节暨西湖狂欢节　295a
中国国民党革命委员会杭州市委员会　251b
　概况　251b
中国杭州——2001年西湖博览会　113c
　概况　113c
中国建设银行浙江省分行营业部　198a
　概况　198a
中国美食节　98a
中国民主促进会杭州市委员会　253a
　概况　253a
中国民主建国会杭州市委员会　252c
　概况　252c
中国民主同盟杭州市委员会　252a
　概况　252a
中国农工民主党杭州市委员会　253b
　概况　253b
中国农业银行浙江省分行营业部　196c
　概况　196c
中国女装网　71b
中国烹协　103b
中国平安保险股份有限公司杭州分公司　203b
　概况　203b
中国人民保险公司杭州市分公司　201a
　概况　201a
中国人民银行杭州中心支行　195a
　概况　195a
中国人寿保险公司杭州市分公司　201c
　概况　201c
中国太平洋保险公司杭州分公司　202b
　概况　202b
中国物业管理发展论坛　142c
中国银行浙江省分行(杭州地区)　197b
　概况　197b
中国印学博物馆　295c
中国致公党杭州市委员会　254b
　概况　254b

中汇棉纺织公司　69a
中间业务(建行)　198b
中介服务工作(市商业总会)　100a
中肽生化公司　128a
中小企业创新服务基地　91b
中小企业服务网(工业)　65a
中小企业服务网江干区信息网点　221b
中小企业技术创新基金　91c
中小型企业担保中心(上城)　345c
中小学教师继续教育　292c
中小学教职工情况(表)　292
中小学生科技节　287c
中小学生体育锻炼达标率　27c
中小学现代化建设　293b
中药与植物药论坛　83b
中医中药　310a
　概况　310a
种植业　46b
　概况　46b
《众安周报》　301b
重大国际比赛获奖牌数　313c
重大国内比赛获奖牌数　313c
重大国情国力调查　211c
重大科技成果简介　92a
重大行政处罚备案审查　34b
重点工程建设(公路)　173b
　概况　173b
重点工程建设(之江度假区)　132b
重点普通高中　290a
重点软件园区　75c
重点乡镇的龙头作用　57c
重点项目审计　206c
重点优抚对象普查　319b
重要工作会议(市委)　224c
周传瑛　343b
周大风　341a
周智勇　338b
昼夜零售药店　84b
朱家良　91b
朱荫湄　335c
主体市场(外贸)　120a
主要出访活动　266a
主要来访活动　266c
主要天气气候事件　60a
主要外事活动　268a
主要畜产品产量(表)　52
住房资金审计　206c
住宅建设投资额　28a
住宅竣工面积　28a　330c
住宅施工面积　28a　330c
住宅用地出让　357a
注册资本　86a
注册资金　86a
"助行工程"　326b
著名商标数　207c
专家咨询委员会　91b
专利　94a
专项资金审计　206c
专业技术人员继续教育　264a
专业技术人员数
　二轻　72c
　机械　73c
　建冶　81c
　邮政　182a
专业文艺　294c
专业文艺表演团体　294a
专业渔村　54b
专业园区建设(杭州开发区)　127a
转关进口废纸检验　125a
资产负债率(农场企业)　57a
资产收益率(工商信托公司)　200c
资产总额(工商信托公司)　200c
资金储备　98c
资金利税率(乡镇企业)　57b
资源清查　90c
自来水供应　144b
自然保护小区建设　50c
自然科学　90a
　概况　90a
自然增长率　22a
　市区　22a
自然增长人口　22a
　市区　22a
自然资源　21c
自身建设
　工商联　255c
　九三　254c
　民革　251b
　民建　252c
　民进　253a
　民盟　252b
　民主党派和工商联　251a
　农工　253c
　致公　254b
自营出口　119a
　开发区　119c
　下城　347b
　萧山开发区　129c
自有品牌(家友超市)　101c
宗教　328b
　概况　328b
宗教活动场所年检　328c
综合保障能力(武警)　286c
总产值
　电子　74c
　二轻　72c
　纺化　68b
　工业　63a
　化工　78b
　机械　73c
　建冶　81c
　商办工业　106b
　食品　84c
　丝绸　67b
　西湖电子　77a
　医药　83a
总规修编征求意见　137c
总户数　21c
　市区　21c
总人口　21c
　市区　21c
总述　21
总资产
　二轻　72c
　机械　73c
　农场企业　57a
　丝绸　67b
　西湖电子　76c
足球联赛门票承销　183a
组织建设
　残联　325b
　民兵　283c
组织境外投资活动　120c
祖国统一工作
　民革　251c
　民主党派和工商联　251b
最差公厕　146a
最差公园(景区)　150c
最差形象建筑　135a
最低生活保障　258a
最低生活保障标准提高　322b
最佳公厕　146a
最佳公园(景区)　150c
最佳形象建筑　135a

附:笔画检字表

说明:

一、本表收录索引中全部标引词首字,供按笔画查阅之用。

二、各标引词首字按笔画数排列。同画数的字按第一笔的笔形顺序排列。笔形顺序为:横、竖、撇、点、折。

三、标引词首字后的拉丁字母表示该字在索引中的位置。如“安 A”,即表示“安”字应在“A”部查找。

四、标引词首字为数字的,在索引中的“0–9”中查找。标引词首字为拉丁字母的,则在该字母部位查找。

一画

一 Y

二画

丁 D　七 Q　二 E　十 S
九 J　人 R　入 R

三画

万 W　三 S　下 X　于 Y　土 T　士 S　大 D
工 G　干 G
上 S　山 S　巾 J
个 G　义 Y　千 Q
广 G　门 M
乡 X　卫 W　女 N　小 X　尸 S　马 M

四画

不 B　专 z　五 W　区 Q　历 L　天 T　开 K
支 z　无 W　木 M　王 W　艺 Y　世 S
中 z　内 N　少 S　日 R
今 J　从 C　公 G　分 F　化 H　反 F　毛 M
气 Q　长 C　风 F
为 W　之 z　方 F　火 H　计 J　订 D　认 R
双 S　引 Y　水 S　邓 D

五画

东 D　功 G　古 G　布 B　打 D　末 W　本 B
玉 Y　石 S　龙 L
业 Y　史 S　叶 Y　四 S　申 S　电 D　目 M
北 B
代 D　处 C　外 W　失 S　瓜 G　生 S　用 Y
白 B
主 z　市 S　永 Y　立 L　让 R
丝 S　出 C　加 J　发 F　台 T　司 S　奶 N
对 D　幼 Y　民 M　皮 P　矛 M　纠 J

六画

再 z　刑 X　列 L　动 D　在 z　地 D　存 C
成 C　执 z　扩 K　有 Y　机 J　死 S
百 B　老 L　考 K　西 X　达 D　协 X
光 G　同 T　吕 L　因 Y　团 T　师 S　网 W
肉 R
乔 Q　价 J　企 Q　众 z　优 Y　会 H　伤 S
先 X　全 Q　创 C　华 H　印 Y　各 G
合 H　名 M　多 D　朱 z　杂 z　羊 Y
自 z　行 H　行 X
交 J　产 C　关 G　军 J　农 N　冰 B　刘 L
安 A　汛 X　江 J　污 W　许 X　设 S
庆 Q
妇 F　孙 S　导 D　异 Y　收 S　红 H　纪 J
观 G　防 F　驰 C

七画

两 L　严 Y　劳 L　医 Y　块 K　寿 S　志 z
扭 N　扶 F　技 J　投 T　抚 F　护 H
报 B　更 G　李 L　村 C　来 L　杨 Y
极 J　花 H　运 Y　进 J　连 L　麦 M
助 z　县 X　吴 W　园 Y　时 S　财 C　足 z
邮 Y
低 D　住 z　体 T　何 H　余 Y　兵 B　利 L
我 W　每 M　私 S　迎 Y　近 J　饮 Y
宋 S　完 W　汽 Q　沈 S　沪 H　灾 z　社 S
良 L　证 z
张 z　改 G　灵 L　纳 N　纺 F　陈 C　鸡 J

八画

事 S　其 Q　担 D　拆 C　拖 T　招 z　拥 Y
杭 H　林 L　武 W　环 H　现 X　直 z
矿 K　英 Y　茅 M　表 B　规 G　转 z
软 R　郁 Y　青 Q
典 D　固 G　国 G　图 T　昌 C　易 Y
罗 L　虎 H　非 F　凯 K
供 G　依 Y　侨 Q　兔 T　制 z　周 z　征 z
服 F　牧 M　物 W　股 G　货 H　质 z
采 C　金 J　版 B
净 J　学 X　宗 z　实 S　审 S　性 X　房 F
放 F　油 Y　治 z　法 F　波 B　注 z
视 S　话 H　郑 z　闹 N

参C　居J　建J　承C　线X　组z
经J　降J　驾J

九画

南N　城C　奎K　威W　封F　持C　政z
春C　查C　歪W　残C　玻B　研Y
胡H　茶C　草C　药Y　赵z　轻Q
面M　革G　项X
临L　品P　战z　星X　省S　骨G　恒H
保B　俞Y　信X　修X　受S　律L　急J
拜B　秋Q　种z　科K　贷D　适S
重z　食S　香X
养Y　奖J　客K　宣X　总z　洪H
活H　美M　语Y　迹J　音Y
娃W　昼z　结J　绕R　络L　统T　费F
退T

十画

原Y　振z　捐J　换H　校X　桐T　档D
烈L　班B　破P　素S　获H　蚕C　轿J
逝S　都D　配P　顾G
党D　恩E　监J　紧J　峰F
借J　债z　徐X　爱A　特T　牺X　留L
航H　造z　钱Q　铁T　笕J
唐T　家J　宽K　效X　旅L　案A　流L
浙z　海H　消X　涉S　烟Y　畜X
疾J　病B　离L　谁S　调D　资z　郭G
高G
通T　预Y

十一画

乾Q　副F　勘K　培P　基J　授S　排P
接J　推T　救J　教J　梅M　检J　理L
职z　菜C　营Y　萧X　著z　黄H
悼D　情Q　赈z　野Y
假J　售S　秸J　移Y　第D　银Y　领L
商S　康K　淘T　淡D　淳C　清Q　渎D
渔Y　章z　鸿H
婚H　维W　综z　绿L　蛋D　随S

十二画

募M　博B　喜X　提T　揭J　期Q　棉M
森S　联L　落L　蒋J　超C　雅Y
韩H
最z　赔P　遗Y
储C　短D　禽Q　税S　销X　锐R　集J
富F　寒H　就J　普P　曾z　渡D　游Y
湖H　湿S　道D
编B

十三画

勤Q　搪T　搬B　蒙M　蒸z　蓝L
蜂F　路L
衙Y
数S　新X　满M　滨B　煤M　福F　粮L
酱J　慈C
群Q

十四画

颐Y　境J　截J　模M　殡B　聚J
管G
漂P　精J　蜜M
缫S

十五画

增z　撤C　蔬S
德D
潘P　澄C　澳A

十六画以上

融R　警J
餐C
鑫X
濮P

下城区天水街道

街道领导班子在研究工作，左四为党工委书记姚爱玉，右三为主任张理元

该街道位于杭城中心地带，东起中河路，南靠风起路，西临武林路，北至环城北路，辖区面积1.37平方千米，有居民1.29万余户，常住人口3.89万人，下设7个社区。近年来，该街道按照市、区“建经济强市，创文化名城”和“经济增实力、环境出精品、社区上水平”的要求，全面实施“天水风貌甲天堂”计划，大力发展区域经济，深化社区体制改革，强化社区服务，创造性地开展社区党建和精神文明建设。2001年，完成商贸收入10亿多元，利润3375万元，上缴税金6692万元，经济指标连续三年名列全市街道前茅。“党为核心、议行分设（议事班子和行政班子分开）”的社区自治体制开创了全国的先河，得到国家民政部的肯定。以灯芯巷“社区服务一条龙”为代表的社区服务工作，在创新载体活动的基础上，进入了信息化、智能化、现代化阶段。2001年，中共中央政治局常委、国家副主席胡锦涛，全国人大常委会副委员长彭珮云，中宣部常务副部长刘云山，国家劳动和社会保障部部长张左已及省、市领导张德江、李金明、周国富、乔传秀、王国平、仇保兴等视察了街道的社区党建和社区建设工作。

中国联通浙江分公司与天水街道创建全市首家社区信息中心

该街道先后获得“全国最佳街道”、“中国街道之星”、“省级文明单位”、“市红旗文明单位”等50多项市级以上称号，2001年获得“全国婚育新风进万家活动先进”、“全国文明社区示范点（灯芯巷社区）”、“省级先进团委”等称号。

由国家民政部颁发的“中国街道之星”奖牌

地　址：杭州市武林新村104号
电　话：0571-85152648
传　真：0571-85165654
邮　编：310006

繁华的武林街区

下城区长庆街道

法定代表人：胡　伟
地　址：杭州市下城区青春坊31幢
电　话：0571-87228903
传　真：0571-87228903
邮　编：310003

党工委书记张汝民（前左）在签约仪式上

长庆街道科技创业中心

该街道地处杭州城区中心，是省先进街道和全国造林绿化百佳街道。2002年4月，中共中央政治局常委、国务院副总理李岚清，中共中央政治局委员、中宣部部长丁关根视察社区医疗工作和文化设施，给予了高度评价。该地区人文荟萃、商业繁华、经济发达，呈现出“五多”的特点：专业市场多，有中国丝绸城、家电城、环北小商品市场、杭州文物监管品市场等市场和家友超市；新闻单位多，有浙江报业集团、杭州广电局、电视台等；学校多，大、中、小学及幼儿园齐全；金融机构多，有省农行、省人寿保险、华夏银行市分行、市工行及各支行；文体设施多，有省体育场、市体育馆、庆春电影大世界等，形成了吃、住、行、游、娱、购为一体的鲜明特色经济，并为创业者提供了良好的投资环境和广阔的发展空间。该街道欢迎各界有识之士投资、创业、发展，为你提供免费全程办理注册手续等各项服务，并享受优惠政策。

国际友人参观屋顶花园

社区举办文体活动

西湖区文新街道

该街道面积5.05平方千米，辖11个社区与2个撤村建居的五联、骆家庄居委会，规划居住3.7万户，11.4万人。已建成住宅小区53个，有德加公寓、湖畔花园、桂花城等众多代表“住在杭州”的精品楼盘，是目前杭城最大的商住区。该街道办事处与西湖区蒋村商住区建设管理办公室系两块牌子、一套班子，负责该地区日常行政事务管理和道路、公建设施的建设任务。

党工委书记：鲁传富
办事处主任：杨佐勇
地　址：杭州市西湖区文苑路428号
电　话：0571-88983801
88983810
88983456(总机)
传　真：0571-88983805
邮　编：310012

2001年街道先后引进浙江东方蓬莱置业有限公司等大型企业，全年完成企业产值4.84亿元，利润2632万元，地方财政收入692万元，分别为上年的2.98倍、1.98倍和1.62倍。图为街道与宝德香港公司签约仪式。

街道注重精神文明建设，立足一流的住宅环境，追求高品位的文化氛围，开展形式多样、丰富多彩的文体活动。图为在德加社区举行的第五届中国国际民间艺术节交流活动。

文新街道办事处大楼

西湖区三墩镇三坝居委会

居委会办公楼

该居委会坐落在三墩镇东南面，紧靠杭州高新技术开发区，交通方便，地理位置十分优越。居民区有住户293户，1100余人，土地100公顷，年人均收入6000元。居委会管理的商铺经济发展较快；农贸市场经营红火，共设有150多个摊位，既解决乱设摊的毛病，又解决农民买菜难问题。集体经济日益发展，3000多平方米的农居点正在规划设计之中，2.2公顷的工业园区正在启动。该居委会多次被西湖区评为小康村、新农村村，被杭州市政府评为市级文明村。

三坝农贸市场

居委会商铺房

法定代表人：徐治芳
地　址：杭州市西湖区三墩镇三坝
电　话：0571-88951457
邮　编：310030

江干区四季青镇

杭州四季青服装市场

该镇位于杭州市区东部，钱塘江北岸，面积8平方千米，人口2.47万人，下辖5个行政村、2个居民区。曾获全国十佳乡镇、浙江省百强乡镇和杭州市综合实力十强乡镇称号。

2001年，全镇国民经济实现增加值12.79亿元，工业销售产值20.38亿元，外贸出口交货值2.53亿元，生产性固定资产投资2.25亿元，地方财政收入6405万元，分别比上年增长20.3%、8.3%、18.6%、1.1%和57.6%。全镇工业发达，有企业集团9个，形成了轻工机械、食品饮料、服装制衣、印刷包装、建筑建材、精细化工、通讯电缆等八大支柱产业，拥有青春牌电缆电线、小霸王童车、双峰牌牛奶、天荷牌藕粉等一批名优产品。第三产业欣欣向荣，有各类专业市场13个，总面积35万平方米，年成交额130亿元，仓储运输业初具规模。集约化、规模化、效益型农业发展迅速，八大副食品基地和三大农业园区的收入占农业总收入的73%。城市化进程加快，基础设施日臻完善，环境面貌大为改观，社会保障体系不断健全，精神文明建设取得丰硕成果。

民政部授予四季青镇为中国乡镇之星

法定代表人：陈震山
地　址：杭州市杭海路219号
电　话：0571-86959578
传　真：0571-86046656
邮　编：310016

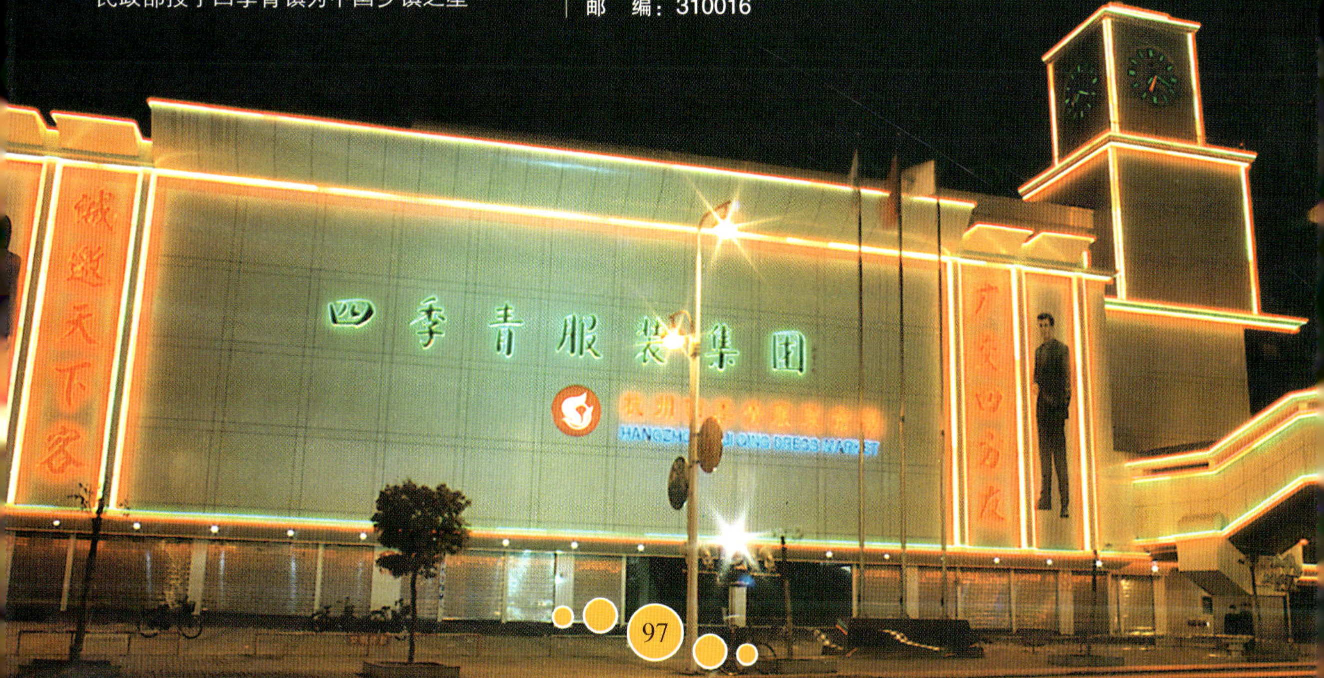

四季青服装集团夜景

江干区闸弄口街道

国家劳动和社会保障部部长张左已（前左四）视察街道

该街道位于杭州市中心区域东侧，面积8平方千米，人口近8万，由12个社区组成，区内有机关、部队、企事业单位100余个，京杭大运河贯穿于该辖区。近年来，街道深入实践"三个代表"重要思想，围绕创"示范文明社区"的目标，以群众满意为标准，深化党建、强化服务、美化环境、推进自治、突出特色、创建示范，不断提高文明社区创建水平，推进"有序、安全、方便、洁美、和谐"的新型文明社区建设，基本形成一个社区一个品牌的格局。创建省级文明社区1个，市级文明社区3个，区级特色文明社区5个。街道先后被评为省民政工作全优街道、省体育先进街道、省计划生育工作红旗单位、市先进基层党组织、市文明单位、市绿色街道、市军民共建标兵单位、市计划生育示范街道、市卫生先进街道等，各项事业进入了一个全面发展的新时期。

党工委书记：高杏荷
办事处主任：范卫东
地　址：杭州市江干区机神新村濮家井27号
电　话：0571-86458210
传　真：0571-86460863
邮　编：310004

社区服务长廊

江干区闸弄口街道机神社区

社区党员干部学习关于“三个代表”的讲话

该社区位于京杭运河以北，机场路以东，天城路以南，总面积0.2平方千米，绿化面积6万平方米，住户2500户，人口7000余人。社区深入实践“三个代表”重要思想，围绕创建“示范文明社区”目标，立足居民群众需要，以党建为龙头，在优化环境、拓展服务、深化教育等方面重点突破，提升社区品位和文明程度，推进两个文明建设。在机神社区，共驻共建蔚然成风，党建的旗帜凝聚人心。社区在街道率先成立党委，建立与地区单位党组织责任共担、资源共享、社区共建的机制，社区党建和建设同步推进。“管好自家门，教好自家人”是分内职责，“从我做起，从身边事做起”是共同心声，“敬业在岗位，奉献在社区”是党员的自觉行动。该社区被评为江干区文明社区示范点、市首批绿色社区、市安全文明小区、市文明社区示范点、市级文明社区、浙江省文明社区、浙江省示范社区居委会等，社区党委被评为江干区先进基层党组织。

党委书记：陈国强
居委会主任：汪幼仁
地　　址：杭州市江干区
　　　　　机神新村4幢北侧
电　　话：0571-86450876
传　　真：0571-86460863
邮　　编：310004

晨练

江干区彭埠镇

该镇是江干区的重镇，占地面积14.76平方千米，总人口9.5万，辖14个行政村(其中4个行政村将撤村建居)、3个居民区。地理环境优越，交通十分便利，沪、杭、甬高速公路和沪杭、浙赣、杭甬、杭长铁路在此交汇。杭州火车东站、汽车东站和三堡码头均在境内，京杭大运河与钱塘江水运交通穿境而过，规划中的杭州地铁有三个站坐落在彭埠。

该镇经济发达，拥有电子通讯、机械五金、服装工艺品、建筑材料、交通运输等支柱产业和一批优质名牌产品。有8个区域性专业市场，全球500强企业麦德龙投资的麦德龙杭州商场及宝马、奔驰、本田、尼桑等著名品牌的汽车销售中心均在镇内。具有20年历史的杭州兴隆服装厂，年生产梭织类各式男女服装120万件以上。2001年该镇实现工业销售产值18.12亿元，社会总产值23.4亿元，社会总收入44亿元，农民年人均纯收入7300元。

兴隆服装制作车间

麦德龙杭州商场

红五月村引进企业生产的圣诞礼品

党委书记：姚家岐
镇　长：任金高
地　址：杭州市艮山东路明月桥路1号
电　话：0571-86490044
传　真：0571-86490115
邮　编：310017

镇政府办公大楼

拱墅区祥符镇

该镇素有杭城“北门重镇”之称，是著名的花木之乡，地理位置优越、通讯便捷、交通发达，104国道、绕城公路、莫干山路等贯穿全镇，155路、313路、333路公交车途经该镇。该镇有企业200余个，主要生产电子电器、仪器仪表、通用机械、工艺品、服装等产品。全镇有近700公顷土地尚待开发，有较多的项目可供合作。如汽车北站周边的专业市场和三产建设项目，石祥路的汽车及配件销售一条街项目，古翠路和睦路区域的大型超市项目及规划中近70公顷的镇工业园区开发项目，都具有广泛合作前景和发展空间。

该镇宽松的投资环境，优惠的房租价位，周到全面的跟踪服务及促进项目投资的相关优惠政策，给投资者创造了理想的条件，热诚欢迎各界人士来祥符投资创业。

汽车北站小商品市场开业

党委书记余忠良（左）和镇长李光辉（右）商讨开发项目

地　址：杭州市拱墅区莫干山路1325号
电　话：0571-88170688
传　真：0571-88175581
邮　编：310011

农业观光园一角

镇工业园区

XIANGFUZHEN YUANJIAQIAOCUN GUFEN

祥符镇阮家桥

文化娱乐中心

法定代表人：施林昌
地　址：杭州市拱墅区祥符镇阮家桥村
电　话：0571-88184452
传　真：0571-88096177
邮　编：310011

村委会办公楼

村属企业

INGJIHEZUOSHE

村股份经济合作社

该村(近期改为股份经济合作社)地处杭州市拱墅区西南部，紧靠杭州高新技术产业开发区，总面积2平方千米，耕地占1/2，下辖7个村民小组，总人口1635人，其中农业人口976人。2001年人均收入6650元。

多层新农居

该村有大小企业15个，以杭州嘉艺蒙时装有限公司为龙头，以中小型个私企业为依托，形成大小企业紧密结合、协调发展的趋势，集体经济实力雄厚，并不断壮大。2001年实现产值1.2亿元，创利税1360万元。随着城市化进程的不断推进，该村重视精神文明建设，首先建起了祥符镇第一个农民公园，进一步改善和提高村民的生活水平及环境质量。该村属第二批撤村建居村，为配合推行“农转居”的需要，立项审批建设4.5万平方米的多层公寓，第一批100户村民在2003年底将搬入新居。为安排撤村建居后的剩余劳动力，投资1.65亿元，建造富强超市和文化娱乐中心，将于2005年竣工。

富强超市

富强公园

拱墅区蒋家浜村经济合作社

合作社领导班子在研究工作，中为党总支书记蒋兴祖，左三为主任倪洪奎

老年公园一角

该社位于拱墅区康桥镇集镇地段，面积 2.2 平方千米，辖 9 个村民小组，农户 689 户，人口 2490 人，地理位置优越，水陆交通方便。

2001 年，该社围绕以经济建设为中心，优化产业结构为主线，创文明村镇为目标，坚持科教兴社和可持续发展战略，同时加强两个文明建设，加强法制观念，提高农民道德、法律意识，积极推进社会公益事业，提高农民生活质量和居住环境。全村有 8 个工厂、3 个公司，全年实现工业产值 1.2 亿元，销售收入 2.07 亿元，账面利润 169 万元，农民人均收入 6590 元。该村班子招商引资，发展效益农业，鼓励村民发展个体经济，为民办实事，建立老年活动公园，河道砌石，整治绿化，改造三面光渠道，村道安装路灯，建起全镇一流安乐堂。2002 年，该村被市政府评为市模范集体、市文明村，被区政府授予社会治安综合治理先进单位、卫生先进单位、绿化先进单位等称号。

法定代表人：蒋兴祖
地 址：杭州市拱墅区康桥镇拱康路 206 号
电 话：0571-88043005
传 真：0571-88040132
邮 编：310015

拱墅区康桥镇谢村村经济合作社

三里洋码头一角

该社位于拱墅区北部，东靠杭州汽车北站，南接石祥路，西邻京杭大运河，交通方便，地理位置优越。该村区域面积1.5平方千米，耕地面积50公顷，有353户，人口1258人，年人均收入6800元。2001年，该村实现社会总产值5300万元，创税利580万元，工业销售值4500万元，拥有下属企业8个，其中杭州三里洋装卸公司是拱墅区的重点骨干企业，有200吨大型行吊1台，其他各种装卸机械35台，运河岸线300米，年货物吞吐量200万吨以上，是杭州地区规模较大的内河运输码头。精神文明建设取得较好成绩，如为农业生产实行免费服务，每月为60岁以上老人发放养老金，村民可享受60%的医疗费报销以及对大、中专学生实行奖学金制度。村容整洁、治安稳定，多次被评为区小康村、卫生先进村、文明示范村，党支部书记卜水桥曾被杭州市政府评为优秀青年企业家、杰出青年代表等。

码头200吨吊装机

书　记：卜水桥
主　任：沈金寿
地　址：杭州市拱墅区康桥镇谢村村
电　话：0571-88010068　88014699
传　真：0571-88014914
邮　编：310015

货物装卸

余杭区瓶窑镇

YUHANGQU PINGYAOZHEN

该镇地处杭州市北部，总面积128.81平方千米，总人口5.33万人。1997年被列为浙江省小城镇综合改革试点镇，1999年被评为杭州市文明乡镇，2000年被确定为浙江省中心城镇。

2001年，瓶窑镇实现工业产值23.5亿元，销售收入19.5亿元，形成了长命印刷厂、日通绒毛公司、华兴集团等一批骨干企业。该镇的竹笋、茶叶、青虾等传统农副产品逐步向规模化、品牌化经营发展，彭公笋干、毛元岭桃子等品牌享有一定知名度，都市型农业的态势逐步形成。

该镇利用当前发展的大好契机，继承良渚文化五千年文明的深厚底蕴，凭借良好的工农商贸与科教文卫基础，提出“经济强镇、科教兴镇、文化名镇、生态立镇”口号，争取把瓶窑镇建设成为杭州北郊一座功能完善的卫星新城。

华兴大厦

瓶窑镇全景

杭州瓶窑大厦

凤山小区

党委书记：姚建华
镇　长：俞卫强
地　址：余杭区瓶窑镇新窑路
电　话：0571-88541527
传　真：0571-88541155
邮　编：311115

余杭区乔司镇泥桥村

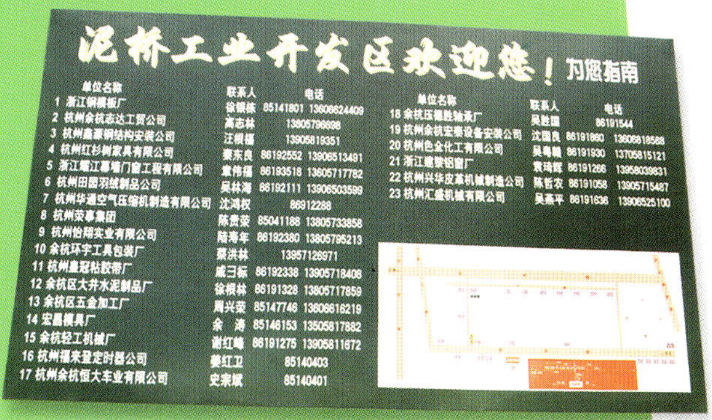

入驻泥桥工业区的企业名单

老年活动中心

该村位于乔司镇西部，与江干区丁桥镇、笕桥镇相邻，距杭州市中心17千米，全村有9个村民小组，农户508户、1819人。2001年，该村紧紧围绕镇党委、政府提出的要求，立足自身，扎实工作，以发展壮大村集体经济实力，率先实现农业和农村现代化为目标，搞好对企业的后勤服务工作，使两个文明建设得到健康的发展。该村全年工业总产值1.53亿元，比上年增长44%，完成销售收入1.17亿元，增长45%；实现工业利税481万元，完成工业投入1880万元，实现村级当年可支配收入220万元，村民人均收入6880元。集体经济的壮大，带动了公益事业的发展，近年来，投资150余万元合建大井小学，投资13万元新建老年活动中心，对困难户、五保户的住房及生活设施进行维修和更新，决定从2002年起对男60周岁以上、女55周岁以上的老人发放生活补贴。

杭州荣事木业有限公司

法定代表人：杭妙海
地　　址：杭州市余杭区
　　　　　乔司镇泥桥村
电　　话：0571-86191778
邮　　编：311101

杭州怡翔实业有限公司

LINANSHI GAOHONGZHEN

临安市高虹镇

临安景良照明电器有限公司

该镇地处临安市东北部，2001年8月由原高虹镇和石门乡合并而成，总面积109.2平方千米，其中耕地面积704.5公顷，下辖22个行政村，总人口1.46万人。

2001年，该镇按照发展才是硬道理这个主题，实施产业结构调整。在农业上，围绕“农业增效，农民增收，农村稳定”目标，因地制宜发展高效农业，种植高山竹笋545公顷，总产量6148吨，全镇实现农业总产值7500万元，被评为杭州市效益农业十佳乡镇。在工业上，生产节能灯特色产品，从原30个企业发展到60余个企业，从业人员3000余人，全镇实现工业总产值6.3亿元，获临安市工业强镇称号。

党委书记：俞灵君
镇　长：冯　镭
地　址：临安市高虹镇
电　话：0571-63777005
传　真：0571-63777007
邮　编：311307

高虹镇貌

下峰村花卉基地

杭州市公安局之江分局

HANGZHOUSHIGONGANJUZHIJIANGFENJU

局领导班子与该局市劳模刘晖（中）合影

该分局成立于1997年7月，担负着杭州之江国家旅游度假区社会治安稳定和游客的安全。5年来，该局始终以保持度假区政治稳定、维护社会治安和旅游秩序为首要目标，全面推进各项业务工作，努力加强队伍教育管理，团结一致，奋发向上，努力开创公安工作新局面，为度假区经济和事业发展做出积极贡献。2001年3月，市政府授予度假区“无毒区”称号。2001年6月，该局党组织被中共浙江省委授予先进基层党组织称号。整体队伍纪律严明，无违法违纪现象，还涌现出市劳模等先进典型，树立了公安民警的良好形象。

法定代表人：陈建法
地　址：杭州市五云中路2号
电　话：0571-86653100
传　真：0571-86653084
邮　编：310008

分局办公大楼

杭州市西郊监狱

团结的监狱领导班子，中为政委高土生，右二为监狱长钟老虎

该监狱组建于1984年，隶属杭州市司法局，具有较强的警力和完善的设施。该监狱坚持依法从严治监，科学文明管理，以提高改造质量为宗旨，以维护社会稳定为己任，坚持以人为本，提高队伍素质，积极探索新的教育方法，改造硬件环境。该监狱致力于整体水平的提升，多次被评为省、市司法行政系统和全省监狱系统先进集体。1992年荣立集体二等功，1997年被授予一级监管安全单位，1998年建成省现代化文明监狱，2000年荣立集体三等功，2001年二监区获杭州市模范集体称号。多次被市委、市政府评为文明单位和综合治理先进单位。

地　址：杭州市余杭区闲林镇
电　话：0571－88681441
传　真：0571－88683488
邮　编：311122

现代化文明监舍

民警勤学苦练

行政办公楼

HANGZHOUSHI

杭州市 第一劳动教养管理所

开拓进取的领导班子。中为党委书记、政委、市劳模华尧胜

该所地处余杭仁和镇。近年来,该所坚持以"三个代表"重要思想为指导,认真贯彻司法部令和创建要求,以创建现代化文明劳教所为载体,夯实各项基础工作,全面推进各项工作发展。已连续四年实现场所安全无事故;逐步形成管理工作法制化、规范化,完善和深化所务公开,依法治所工作得到加强,教育改造质量不断提高;生产经济持续稳定发展,已连续五年实现安全生产、消防安全无事故;领导班子团结务实,以人为本,民警队伍素质显著提高。场所布局合理,被余杭区授予花园式单位。1999年度被评为杭州市社会治安综合治理先进单位。2000年被省司法厅命名为省级现代化文明劳教所,荣立集体二等功。2001年底,省司法厅已同意该所正式申报部级现代化文明劳教所。

劳教生活区矗立着"新生"雕塑

劳教人员参加计算机应用技术培训

法定代表人:陈志荣
地　址:杭州市余杭区仁和镇骆驼桥1号
电　话:0571-86391912
传　真:0571-86390616
邮　编:311107

举行升旗仪式和法官宣誓

地　址：桐庐县中心广场北侧
电　话：0571-64220069
传　真：0571-64220070
邮　编：311501

桐庐县人民法院

该院坚持以公正司法为核心，以"三个代表"和人民满意为最高标准，以争创一流工作业绩为目标，全面推进各项工作的开展。该院面对10年内人员未增加，案件数每年递增12%的情况，充分发挥主观能动性，积极履行审判职能，团结拼搏，努力工作，为改革、发展、稳定提供强有力的司法保障。该院党组坚持讲政治，合力创业绩，努力带队伍，积极强自身，树立起"公正、文明、廉洁、高效"的院风。领导班子、工作业绩连续六年创优，2000年被省高院授予"人民满意的好法院"荣誉称号，并荣立集体三等功。2001年被市委、市政府评为文明单位，被省政法委授予"人民满意的政法单位"称号，被省高院记集体二等功。

院长邵天一(右四)主持审委会讨论案件

法院大楼

法定代表人：殷国忠
地　址：杭州市余杭区余杭镇
电　话：0571-88662045
传　真：0571-88662929
邮　编：311100

民警认真学习“三个代表”重要思想和人民警察内务条令

余杭区公安分局余杭派出所

该派出所有民警25人。管辖56个行政村，11个居民区，辖区面积145平方千米，有常住人口8.8万人，外来人口7000余人。近年来，该所紧紧围绕“发案少、秩序好、群众满意”的工作目标，以改革、探索、求实、创新、奋进的精神风貌，努力工作，负重拼搏，取得了可喜成绩，被辖区群众誉为“威武之师，文明之师”。3年来，该所荣立集体二等功1次，三等功3次，2000年~2001年连续被评为杭州市级优秀派出所，余杭区十佳政法单位，被杭州市政府授予杭州市模范集体称号，该所团支部被团省委命名为省青年文明号，1名民警被授予省公安机关创人民满意活动优秀人民警察称号，4名民警荣立个人三等功，2名民警荣获余杭区第一、第二届十佳青年称号，2名民警被评为余杭十佳政法民警。

开展法制宣传教育

发还追回的赃物，群众送来锦旗

建德市人民法院

2001年，该法院充分发挥审判职能，积极为企业改革、经济建设和社会稳定服务。以人民满意为宗旨，以公正效率为主题，以争创一流法院为目标，开拓创新，与时俱进，法院的审判、执行、改革、队伍和基础设施建设齐头并进，取得新的成果。领导班子和工作业绩被建德市委评为优秀等次，执行工作被省高级法院命名为“执行工作良性循环法院”，纪检监察工作被省高院评为省级先进，建德法院被省高院评为人民满意好法院，荣记集体三等功。

法定代表人：胡世乾
地　址：建德市新安江街道白沙新村
电　话：0571－64796004
传　真：0571－64796059
邮　编：311600

法院办公楼

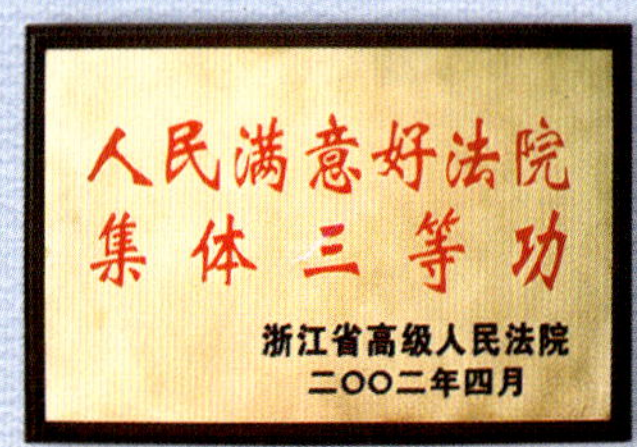

奖牌

桐庐县公安局横村派出所

民警每周进行政治业务学习

该所位于桐庐县西北部，距县城12千米，有民警15人，辖区面积289.4平方千米，有3乡2镇，96个行政村，4个居民区，企事业单位1300余个，常住人口10.6万。辖区山高坞深、面广线长，外来务工人员多，治安情况较复杂。近年来，该所坚持抓班子、带队伍、促工作、保平安，以创人民满意为目标，以保一方平安为己任，积极探索农村社会治安管理模式，在全省农村派出所率先推出民警驻乡、驻村工作制，将阵地前移、工作前移、服务前移、监督前移，受到辖区群众的赞誉。1998年以来，该所连续四年被评为省、市优秀公安派出所和先进科、所、队，2002年被杭州市政府评为杭州市模范集体。

奖牌

所　长：吴群峰
指导员：胡长成
地　址：杭州市桐庐县横村镇
电　话：0571－64671047
邮　编：311512

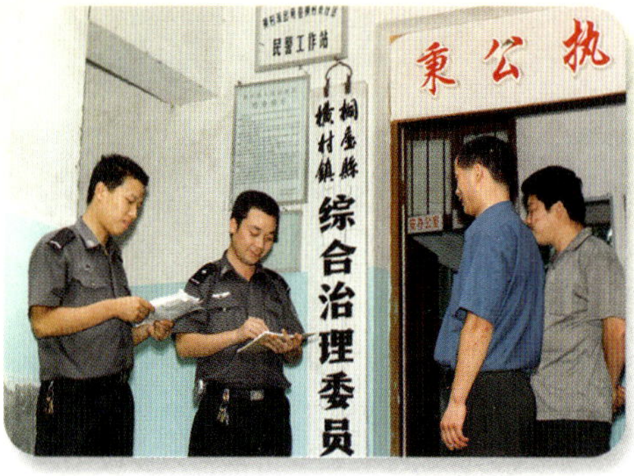

责任区民警在驻村工作站接待群众

杭州市南山陵园

法定代表人：郑来鑫
地　址：杭州市上城区闸口南山陵园
电　话：0571-86085413
邮　编：310008

杭州市革命烈士陵园

南山陵园管理处办公室

该陵园是杭州市最大的公墓，东靠八卦田，南临钱塘江，西通虎跑路，北依玉皇山，建有墓穴近4万穴。在浙江、上海、江苏一带乃至海外侨胞中具有广泛的影响。

南山陵园原名南山公墓，始建于1951年，占地11.5公顷，有棺墓8588穴。1961年，公墓中建造了烈士陵园。1978年，杭州市开始殡葬改革，制止乱葬乱埋现象。1981年5月，经省、市民政厅(局)批准，恢复骨灰造墓业务。因公墓地处玉皇山南麓，为了与西湖风景相协调，从1987年开始投入大量资金，对墓区和环境进行全面改造，迁移了60年代以前的棺葬墓，种植了大量的树木花卉，使之成为园林化公墓。从此，该园山清水秀、林木葱郁、亭台楼阁、小桥流水与西湖风景融为一体，不是公园胜似公园。1992年南山公墓正式更名为南山陵园。1994年，烈士陵园被命名为杭州市爱国主义教育基地。

陵园一角

陵园公园

杭州殡仪馆

举行告别仪式的大厅——天下第一殿

法定代表人：马全坤
地　址：杭州市西湖区西溪路 731 号
电　话：0571-85229183
传　真：0571-85229784
邮　编：310023

天塔

该馆有职工 82 人，占地面积 4 公顷，建筑面积 9800 平方米，在全国享有一定声誉。该馆是一个能提供各项配套殡殓服务的大型综合性殡仪馆，有各类礼厅 13 个，风格各异，富有文化气息和民族风俗韵味，花卉、绿树、草坪、水池等构成丰富多彩的典雅花园。2001 年又加强了硬件建设，投资 100 多万元，使各业务功能区均实行电脑联网管理，是集殡殓、防腐、火化、服务于一体的殡仪服务单位，排污符合国家标准，通过 ISO9001 质量体系认证，曾被民政部评为全国殡葬事业先进单位，被省民政厅评为十佳窗口单位，获市级文明单位称号，多次被评为市综合治理、市绿化先进单位，1998 年被民政部评为国家一级殡仪馆。

该馆紧紧抓住“奉献在岗位、服务于丧户”的主题，继续向社会承诺服务，使丧户的办事满意率达到 98%以上，向“让逝者得其所，使生者了无憾”目标迈进。

服务大厅外景

杭州市地图
比例尺 1：700000
宁国
河沥溪镇
华阳
大方村
永和
南容
中溪镇
报福镇
章村镇
仙霞
田青塘
三溪镇
桥埠
千秋关
西天目山
老庵
东天目
火山
横路
天目山国家自然保护区
岛石镇
浙西天池
谢家桥
旌德
金沙
汪公坦
校头
大峡谷镇
沈家
千洪
西天
新桥
浙西大峡谷
白马崖
下腰铺
盛村桥
白地
源头
龙井源
昌化镇
太阳镇
於潜镇
藻溪镇
安
浙基田
石长城
马啸
龙岗镇
金竹山
伏岭镇
清凉峰镇
河桥镇
柳溪江漂流
清凉峰国家自然保护区
大源
里仁
瑞晶洞
潜川
绩溪
凉溪
大明山风景区
昱岭关
塘里
横塘
田里
溪头镇
湍口镇
湍口温泉
乐平
陈家
竹铺
双坑
徽
隐蒋
霞坑镇
瑶山
怡合
印渚镇
张家
上光天
合村
大川溪漂
严家
分水镇
周家
岭源
里郎
红灯笼乡村家
歙县
徽城镇
王阜
屏门
临岐镇
翰坂
东辉
百江镇
瑶琳
西溪南
河村
塔上
唐村镇
新
安
江
文昌镇
莪山
甘坪
光昌
歌舞
森村
湖山庵
街口镇
左口
后坞
省
威坪镇
宋村
浪洞
中包坪
方腊洞（聚义）
汪宅
大柘坞
黄山市
鸠坑
金峰
北坞
下包
上洪
胡家
温馨岛
燕山
长宁
乾潭
程家
梓桐源
田莘里
富文
石门
梓桐镇
淳安
千岛湖镇
里芳
富春江国家森林公园
沈畈
龙山岛
神龙岛
潘村
莲花镇
杨村桥镇
梅峰观岛
千岛湖国家森林公园
羡山
梅城
郭村
界首
淡竹岭
猴岛
天池岛
下涯镇
孔雀岛
好运岛
姚家
蜜山岛
岭后
建德市
马目
札源
浪川
姜家镇
里商
石林镇
桂花岛
樟村
新安江水库
里黄
大洋
中洲镇
汾口镇
新岭湾
玳瑁岭
童家
叶村
大墅镇
安阳
千岛湖石林
石屏
龙门
横沿
儒洪
十五坑
范家
西岭
朱家
三河
寿昌镇
乌龟洞"建德人"遗址
枫树岭镇
西坑源
何田
李家镇
大同镇
航头镇
大慈岩
铜山
上坊
大慈岩镇
大溪边
十里观荷
320
上方镇
上马
330
兰
菖蒲
白马
童源
孟湖
中村
庙前
石佛
开化
七里
衢
州
市
205